Architektur in Niederösterreich im 20. Jahrhundert nach Friedrich Achleitner

A–Z
0001–2287

Architektur in Niederösterreich
im 20. Jahrhundert nach Friedrich Achleitner

Herausgegeben von
Doris Grandits
Caroline Jäger-Klein
Theresa Knosp
Architekturzentrum Wien

Birkhäuser
Basel

Essays

12 Vorworte

22 Zu Unrecht unterschätzt: Niederösterreichische Architektur im 20. Jahrhundert
Franziska Leeb

40 Weiterdenken mit Achleitner
Ingrid Holzschuh, Monika Platzer

56 Bauten des gewöhnlichen Bedarfs. Über Achleitners „Österreichische Architektur im 20. Jahrhundert"
Gabriele Kaiser

70 Ein Beitrag zur Inventarisation der Architektur des 20. Jahrhunderts in Niederösterreich
Doris Grandits, Theresa Knosp

Objektteil

96 Hinweise zur Nutzung
106 Zahlen zum Buch
114 Typologien zum Einstieg

131 Objekte
    Atreju Allahverdy, Markus Gesierich, Doris Grandits, Caroline Jäger-Klein, Juliane Johannsen, Theresa Knosp, Franziska Leeb, Agnes Liebsch, Inge Scheidl, Elisabeth Schnattler

133 A–F 0001–0393
211 G–I 0394–0807
283 J–L 0808–1113
345 M–P 1114–1534
433 Q–S 1535–1968
507 T–Z 1969–2287

Anhang

568 Personenregister
582 Ortsregister
594 Kurzbiografien Autor*innen
596 Autor*innenverzeichnis
600 Quellenverzeichnis
601 Abkürzungsverzeichnis
602 Abbildungsnachweis

Vorworte

Friedrich Achleitner war ein Unikat. Seine Vorlesung an der Universität für angewandte Kunst Wien faszinierte nicht nur deshalb, weil er bereits damals über die zeitgenössischen Bauten seiner Kolleg*innen berichtete, sondern auch dadurch, dass er unkonventionelle Themenfelder der Architekturgeschichte aufbrachte: Sein Fokus galt gleichermaßen Banken und Geschäften, Arbeiter*innenwohnhäusern und Industriebauten. Sein Ansatz der Vermittlung der Architekturgeschichte, gewisse Architekturströmungen anhand ihrer Gebäudetypologien und nicht ihrer Stile zu beschreiben, prägte wohl meine Generation. „Architektursprache" sollte Achleitner dazu sagen, und er konnte dadurch weitaus gesamtheitlicher das Wesen von Architektur als in Bauten gegossene, gesellschaftliche Entwicklungen beschreiben.

An ebendiese besondere Herangehensweise Achleitners, die er in seiner Buchserie *Österreichische Architektur im 20. Jahrhundert* verfolgte, schließt das Forschungsprojekt AFNÖ (Architekturführer Niederösterreich) an, dessen Resultat die vorliegende Publikation darstellt. Dieses an der Technischen Universität Wien im Institut für Kunstgeschichte, Bauforschung und Denkmalpflege durchgeführte Projekt ist nun jedoch ein Gemeinschaftsunterfangen der nächsten und übernächsten Generation, das unter der Federführung von Doris Grandits und Theresa Knosp mit viel Einsatz und Energie, erfrischenden Ideen und höchster Präzision erfüllt wurde. Diese Teamarbeit, der ich als Projektleitung vorstehen durfte, erforderte, das Individuelle dem gemeinsamen Ganzen unterzuordnen. Schon deshalb unterscheidet sich diese Publikation von den Bänden zu den übrigen Bundesländern. Was der vor allem didaktische und kommunikative Mehrwert der Arbeit der jungen Forscher*innen ist, lässt sich an den parallel zu Buch und Datenbank entstandenen Kurzfilmen und ArchitekTOUREN anschaulich nachvollziehen (siehe www.afnoe.at).

Inventarisationen des Kulturbestandes sind zwingend nötig, um diesen systematisch pflegen, erhalten und in die Zukunft führen zu können. Als Präsidentin von ICOMOS (International Council on Monuments and Sites) Österreich ist mir dies ein ganz besonderes Anliegen. Gerade das jüngere, und damit noch scheinbar weniger wertvolle, bauliche Erbe war zu allen Zeiten in Nöten. Unser Beitrag zur Dokumentation des niederösterreichischen Baubestandes des 20. Jahrhunderts zeigt auch auf, wie sehr er sich schon verändert hat, seit Achleitner mit der Identifizierung dieses Erbes begann. Deshalb gebührt der explizit ausgesprochene Dank für den Anstoß zum Projekt sowie seine Finanzierung der Forum Morgen Privatstiftung und der Abteilung Kunst und Kultur des Landes Niederösterreich, dem Projektinitiator Dietmar Steiner, seiner Frau Margarethe Cufer und dem Architekturzentrum Wien für die fruchtbare Kooperation sowie dem Birkhäuser Verlag für die Geduld bei der Vollendung.

Caroline Jäger-Klein
Professorin für Architekturgeschichte an der TU Wien
und Präsidentin von ICOMOS Österreich

In den 1960er-Jahren begann Friedrich Achleitner mit der systematischen Vermessung Österreichs. Zeugnis für seine über vier Jahrzehnte andauernden Recherchen und Begehungen vor Ort ist das umfangreiche Friedrich Achleitner Archiv, das im Jahr 1999 von der Stadt Wien angekauft und dem Architekturzentrum Wien übergeben wurde. Mit seinen über 100.000 Bilddokumenten, weit über 20.000 Karteikarten, Hunderten Plandarstellungen und Sekundärmaterialien liefert es eine einzigartige Dokumentation der gebauten Umwelt in Österreich. Die Übernahme des Archivs bildete einen wichtigen Wissensbestand für die Etablierung der Sammlung des Az W, die inzwischen mit über 100 Vor- und Nachlässen sowie Fotoarchiven und Projektsammlungen zur bedeutendsten Sammlung zur österreichischen Architektur des 20. und 21. Jahrhunderts ausgebaut wurde. Das Architekturzentrum Wien, das 1993 von der Stadt Wien und der Republik Österreich gegründet wurde, ist das einzige der Architektur gewidmete Museum in Österreich. Aktuell wird die Digitalisierung des Friedrich Achleitner Archivs einschließlich der Neuerfassung Niederösterreichs abgeschlossen und mit umfassenden Wissensbeständen aus der Sammlung des Az W verknüpft. Somit wird diese bedeutende Ressource in Zukunft für alle Interessierten online verfügbar sein.

In seinem fünfbändigen Werk *Österreichische Architektur im 20. Jahrhundert* führte Friedrich Achleitner seine Forschungen prägnant und konzise zusammen. Es umfasst alle Bundesländer – mit Ausnahme von Niederösterreich, das nun eine eigene Publikation erhält. Sie nimmt ihren Ausgangspunkt mit der Auswertung der bereits vorhandenen Materialien von Friedrich Achleitner im Az W, erweitert diese aber sowohl zeitlich als auch methodisch durch geteilte Autor*innenschaft und bewusste Multiperspektivität. Initiator des Projekts war der Gründungsdirektor des Architekturzentrum Wien, Dietmar Steiner, der Achleitner einst selbst auf seinen aufwendigen „Befahrungen" begleitet hat. Gabriele Kaisers Text gibt einen eindrücklichen Einblick in diese Arbeitsweise. Mit der TU Wien wurde eine starke Partnerin für das Forschungsprojekt gefunden, mit den beiden Forscherinnen Doris Grandits und Theresa Knosp unter der Leitung von Caroline Jäger-Klein, stets beraten und begleitet von der Geschäftsführerin des Az W Karin Lux und Az W-Sammlungsleiterin Monika Platzer. Mit ihrer profunden Expertise begleitete Ingrid Holzschuh als wissenschaftliche Koordinatorin den reibungslosen Austausch zwischen Az W und der TU Wien. Mein Dank gilt allen Autor*innen, Fotograf*innen, Gestalter*innen und Förderinnen und Förderern dieses Projekts. Leider konnte Dietmar Steiner die Fertigstellung des Buches nicht mehr erleben.

Wie Ingrid Holzschuh und Monika Platzer in ihrem Text beschreiben, war sich Friedrich Achleitner der Zeitgebundenheit seiner Arbeit bewusst, wenn auch vielleicht nicht aller blinder Flecken und Auslassungen, wie zum Beispiel entlang der Dimension Gender. *Architektur in Niederösterreich im 20. Jahrhundert nach Friedrich Achleitner* bietet daher nicht nur einen überfälligen Blick auf die Architektur des Bundeslandes, sondern zeigt, wie historische Archive weitergedacht werden können. Wir freuen uns auf viele weitere gegenwartsbezogene Forschungen mit der Sammlung des Architekturzentrum Wien.

Angelika Fitz
Direktorin Architekturzentrum Wien

Die Anknüpfung an das mehrbändige Standardwerk *Österreichische Architektur im 20. Jahrhundert* von Friedrich Achleitner und die Bearbeitung des noch „ausständigen" Bundeslands Niederösterreich war das erste von Forum Morgen initiierte Projekt. Die vorliegende Publikation stellt nun einen wichtigen Teil der Tätigkeit der Forum Morgen Privatstiftung dar. Eine qualitativ (z. B. die seit 2018 anwendbare DSGVO betreffend) und quantitativ (das größte Bundesland) äußerst herausfordernde Aufgabe wurde bewältigt. Nach der Fertigstellung des dritten Bandes über Wien im Jahr 2010 war mit einem Schließen der „Fehlstelle" zu Niederösterreich nicht mehr gerechnet worden.

Erster Ansprechpartner für das Projekt war Dietmar Steiner, der Gründungsdirektor des Architekturzentrum Wien und langjähriger Wegbegleiter Friedrich Achleitners. Steiner hatte federführend im Jahr 1988 in St. Pölten die Ausstellung „Geburt einer Hauptstadt" kuratiert. Da Forum Morgen stets die Kooperation mit universitären Einrichtungen anstrebte, wandte sich Steiner an das Institut für Kunstgeschichte, Bauforschung und Denkmalpflege der TU Wien. Für die daraus erwachsene Kooperation und die „Rettung" des Projektes nach dem Ableben Dietmar Steiners sowie die äußerst professionelle Arbeit dürfen wir dem Team um Caroline Jäger-Klein, Doris Grandits und Theresa Knosp herzlich danken. Dank gilt auch dem Architekturzentrum Wien, das den Nachlass von Friedrich Achleitner verwaltet und die Realisierung des Vorhabens stets unterstützte. Ohne die finanzielle Beteiligung und das Engagement des Landes Niederösterreich wäre dieser wichtige Beitrag zur Architekturgeschichte nicht zu leisten gewesen. Der Birkhäuser Verlag ist der richtige und kompetente Ort für diese Publikation.

Wir freuen uns, dass die Publikation als „Schlussstein" der Buchreihe *Österreichische Architektur im 20. Jahrhundert* gelten kann, der sich Friedrich Achleitner von 1965 bis 2010 gewidmet hatte und die in diesen bewegten Zeiten ein weiteres Bild der niederösterreichischen Baukultur zeichnet.

Susanne Höllinger, Joachim Rössl, Christian Grave
Stiftungsvorstand der Forum Morgen Privatstiftung

Es ist besonders erfreulich, im Rahmen des 100-jährigen Jubiläums des Landes Niederösterreich mit *Architektur in Niederösterreich im 20. Jahrhundert nach Friedrich Achleitner* ein Werk in den Händen zu halten, welches das reiche architektonische Erbe Niederösterreichs dieser Jahre in all seiner Vielfalt präsentiert. Gleichzeitig wird damit der bisher unveröffentlichte Niederösterreich-Bestand aus dem Nachlass des bedeutenden Architekten und Architekturkritikers Friedrich Achleitner zur Publikationsreihe *Österreichische Architektur im 20. Jahrhundert* aufgearbeitet, ergänzt und publiziert. Über die komplexe Entstehungsgeschichte dieses Architekturführers über Niederösterreich wird in den nächsten Kapiteln noch ausführlich berichtet. Er ist eine wertvolle Quelle für Architekturbegeisterte und Reisende, die Fassaden und Facetten erkunden wollen, genauso wie für die ortsansässigen Personen, die mehr über das architektonische und kulturelle Erbe unseres schönen Bundeslandes wissen möchten. Es ist unser Anliegen, ein tieferes Verständnis der kulturellen Identität unseres einzigartigen Lebensraums Niederösterreich zu fördern. Dazu leistet dieses Buch einen wichtigen Beitrag, der über die technischen Aspekte hinaus auch soziale Hintergründe und historische Zusammenhänge vermittelt. Dabei war die Erfassung der Bausubstanz des 20. Jahrhunderts in Niederösterreich, dem flächenmäßig größten österreichischen Bundesland mit fast 600 Gemeinden, kein leichtes Unterfangen. Unser Dank geht an das gesamte Projektteam der TU Wien für die wissenschaftliche Aufarbeitung des Niederösterreich-Archivs von Friedrich Achleitner und all die zeitgemäßen Ergänzungen und Erneuerungen, die die Grundlage dieses Buches sind; an das Architekturzentrum Wien für die eingebrachte Expertise und das Zurverfügungstellen des Achleitner-Nachlasses samt der im Buch enthaltenen Original-Abbildungen; an die Forum Morgen Privatstiftung, die das Projekt von Beginn an unterstützt und – recht wörtlich – aus den Schubladen des Karteikastens von Friedrich Achleitner geholt hat. Unser Dank gilt auch allen Beteiligten, die mit diesem Architekturführer die Bedeutung der niederösterreichischen Architektur als Zeugin historischer Entwicklungen verdeutlichen, das Profil unseres Niederösterreichs als Kunst- und Kulturland schärfen und es für ein breites Publikum so anschaulich erzählen.

Hermann Dikowitsch
Leiter der Abteilung Kunst und Kultur
Amt der NÖ Landesregierung

Essays

Essay 01

Zu Unrecht unterschätzt:
Niederösterreichische
Architektur im 20. Jahrhundert
Franziska Leeb

„Nicht vorkommen ist die härteste Kritik", soll Friedrich Achleitner gesagt haben. Auf die Architekturgeschichte des 20. Jahrhunderts in Niederösterreich gemünzt, bedeutet dies, dass selbst in Fachkreisen immer noch die Meinung kursiert, das architektonische Schaffen Niederösterreichs im 20. Jahrhundert sei kaum der Rede wert. Baukunst aus Niederösterreich, darunter versteht man mittelalterliche Kirchen und barocke Klosteranlagen, herrschaftliche Schlösser und zunehmend auch die anonyme bäuerliche Architektur wie Mostviertler Vierkanter und Weinviertler Kellergassen. An moderner Architektur haben sich höchstens die Bauten für die Landeshauptstadt St. Pölten ins kollektive Gedächtnis geprägt. Dass dies so ist, liegt – so meine These – in erster Linie daran, dass das niederösterreichische Baugeschehen des vergangenen Jahrhunderts zu wenig dokumentiert und publiziert wurde.

Mit rund 19.180 Quadratkilometer Fläche ist Niederösterreich das größte Bundesland, mehr als siebenmal so groß wie Vorarlberg. Was die Wahrnehmung des Architekturschaffens betrifft, verhält es sich umgekehrt. Das hat nicht zuletzt auch damit zu tun, dass Niederösterreich nicht nur groß ist, sondern auch vielfältig, was seine topografischen und wirtschaftlichen Bedingungen angeht. Und „Wer schreibt, der bleibt", so lautet eine bekannte Redensart. Friedrich Achleitners Führer zur Architektur im 20. Jahrhundert erschien in den anderen Bundesländern bereits in den 1980er- und 1990er-Jahren, Niederösterreich aber musste warten, eben weil es so groß ist und die Aufgabe, alles Relevante zu dokumentieren, sich als schier unlösbar erwies. „Da müsste ich 100 werden", meinte Achleitner. Während seine Architekturführer in den anderen Bundesländern also seit Jahrzehnten eine wichtige Quelle für die Einordnung und Weiterbearbeitung darstellten, dauerte es in Niederösterreich länger.

Zugleich wurde „der Achleitner" zum Referenzwerk dafür, was schützenswert ist. Dort vorzukommen, war wichtig, weil sozusagen nicht existierte, was dort nicht zu finden war. Achleitner fand das „furchtbar": „Wenn das Bundesdenkmalamt etwas im ‚Achleitner' findet, sagt man ‚Vorsicht!', und wenn nicht, dann nicht. Das ist Unsinn. Mir geht es nicht darum, eine Liste wertvoller Sachen zu erstellen. Ich wollte immer zu bestimmten Problemen hinführen."[1] Wenn wir also davon ausgehen, dass alles, was in den Achleitner-Bänden dokumentiert wurde, sakrosankt ist, und alles andere nicht, so war die Architektur des 20. Jahrhunderts in Niederösterreich de facto zum Abriss freigegeben.

Mit zunehmenden Debatten zur Ökologisierung des Bauens, zu neuen Dämmvorschriften, neuen pädagogischen Konzepten in den Schulen und neuen Regeln zur Barrierefreiheit erschien es oft als einfachste Lösung, den Bestand zu ersetzen oder bis zur Unkenntlichkeit zu überformen, statt kreative Energie in adäquate, bestandswahrende Lösungen zu investieren. Nie werden wir erfahren, wie viele Bauten deshalb geopfert wurden, weil sie nie nennenswert publiziert und daher nicht als wertvoll eingestuft wurden. Ohne Zweifel verschwand verstärkt ab den 1990er-Jahren und beschleunigt in der mehr denn je investorengetriebenen Bauentwicklung ab 2000 vieles, was Achleitner noch in den 1980er-Jahren in seiner Niederösterreich-Kartei erfasst hatte.

Erst mit Gründung des niederösterreichischen Architekturnetzwerks ORTE im Jahr 1994 wurde damit begonnen, systematisch einen Überblick über die Architektur des 20. Jahrhunderts zu geben und einen kontinuierlichen Architekturdiskurs zu führen. 1997 veröffentlichte ORTE den von Walter Zschokke verfassten ersten Band der Reihe *Architektur in Niederösterreich,* der sich mit dem zeitgenössischen Baugeschehen ab 1986 befasst und exemplarische und innovative Bauten aus dieser Zeit vorstellt. In der Zwischenzeit ist die Reihe auf vier Bände angewachsen. Ab 2007 erschienen unter dem Titel *Architekturlandschaft Niederösterreich* als Koproduktion

Kellergasse in Poysdorf

Kunsthalle Stahlwerk Berndorf, ehemalige Turbinenhalle der Berndorfer Metallwarenfabrik, 1905

der Kunstbank Ferrum und ORTE zu den vier Landesvierteln jeweils handliche Führer zur Architektur ab 1919, und 2017 folgte schließlich ein Überblick über die niederösterreichische Architekturlandschaft von 1848 bis 1918.

Gründerzeitliche Anfänge

Zahlreiche wesentliche Weichenstellungen für die baukulturelle Entwicklung in den Städten und Ortschaften Niederösterreichs erfolgten im Zuge von Demokratisierung und Industrialisierung im Lauf des 19. Jahrhunderts. Militärisch nicht mehr als notwendig erachtete und als Hindernisse für Verkehr und Stadtentwicklung wahrgenommene Stadtbefestigungen wurden entweder zur Gänze abgebrochen oder blieben nur fragmentarisch erhalten. Stattdessen entstanden Parkanlagen und Promenaden zur Erholung der Bevölkerung. Entlang der neu geschaffenen Bahnlinien entwickelten sich Industriebetriebe und neue Siedlungen für die Arbeiter*innenschaft ebenso wie beliebte Sommerfrische-Destinationen. Das Gesundheits- und das Bildungswesen wurden gleichermaßen ausgebaut wie die Verwaltung. Es entstanden vielerorts bis heute prägende Gebäude und Straßenzüge. Aus architekturhistorischer Sicht war der Preis dafür der oftmals leichtfertige Abbruch von nicht mehr als zeitgemäß betrachteten Gebäuden. Geschichte wiederholt sich. Dennoch: Die Architekturlandschaft Niederösterreichs des 20. Jahrhunderts ist nicht nur vielfältig, sondern auch wertvoll und verfügt über eine beachtliche Reihe an Pionierbauten in allen Bautypologien.

Neue Gebäudetypologien

In den ersten beiden Jahrzehnten bis zum Ersten Weltkrieg setzte sich fort, wozu im Jahrhundert zuvor die Grundlagen geschaffen wurden. Die der Industrie und der mit ihr gewachsenen Bevölkerung dienende Infrastruktur wurde ebenso ausgebaut wie jene, die der wachsenden Zahl an Sommerfrischler*innen den Aufenthalt an den jeweiligen Destinationen komfortabel und unterhaltsam gestaltet. Die Wassertürme von Amstetten (k. k. österreichische Staatsbahnen, 1908) und Wiener Neustadt (Theiss & Jaksch, 1910) wurden zu Wahrzeichen für die beiden industriell geprägten Städte.

Carlo von Boog, der in Kierling-Gugging und Allentsteig bereits Erfahrungen im Krankenanstaltenbau gesammelt hatte und später mit Otto Wagner an den (damaligen) Niederösterreichischen Landes-Heil- und Pflegeanstalten für Nerven- und Geisteskranke am Steinhof (danach Otto-Wagner-Spital und heute Klinik Penzing) in Wien gearbeitet hatte, schuf mit der Kaiser Franz Joseph-Landes-Heil- und Pflegeanstalt Mauer-Öhling (1902) eine hochmoderne Pavillon-Anlage im Jugendstil. Anders als Wagner, der publizistisch weitaus präsenter war, geriet er jahrzehntelang in Vergessenheit, obwohl er aufgrund seiner Verdienste im Brücken- und Straßenbau in mehr als 30 Gemeinden zum Ehrenbürger ernannt worden war.

Das Kaiser-Franz-Josef-Museum (Fertigstellung 1905) von Karl Badstieber und Karl Reiner, die Sommerarena (1909) von Rudolf Krausz und das Stadttheater (1909) von Fellner & Helmer in Baden oder das Krahuletz-Museum in Eggenburg von Richard Jordan (1902) und ebendort auch das Lichtspielhaus von Clemens Holzmeister (1917) seien exemplarisch für die zahlreichen Kulturbauten zu Anfang des

Jahrhunderts genannt. Stadttheater entstanden in Bruck an der Leitha (Rudolf Roese, Franz Lengenfelder, 1904) oder in Baden (Fellner & Helmer, 1909).

In der Kategorie Wohnen sind nicht nur unzählige Villen zu verzeichnen, sondern auch herausragende Wohnbauten für die weniger betuchte Gesellschaft wie die Reihenhausanlage von Sepp Hubatsch im secessionistischen Stil in Brunn am Gebirge (1912) oder die Wohnanlagen von Hubert Gessner in Mödling und Schwechat (1913).

Aktuelle internationale Tendenzen im Sakralbau spiegeln Josef Hoffmanns Waldkirche in St. Aegyd am Neuwalde (1903) und die evangelische Heilandskirche in Krems von Otto Bartning (1913) wider.

Moderne Tendenzen

Nach dem Zusammenbruch der Monarchie vom Kronland zum größten Bundesland des demokratischen Österreichs geworden, setzte in den 1920er-Jahren ein erneuter Modernisierungsschub ein, der seinen Ausdruck in zahlreichen neuen Bautypologien fand. Es entstanden die ersten großen Freibäder, und mit der Rax-Seilbahn wurde 1926 die erste Personen-Seilbahn Österreichs in Betrieb genommen. Die erstarkende Wirtschaft brachte die Errichtung und den Ausbau großer Industriebetriebe mit sich, wie etwa die Tabakfabrik in Krems von Paul Hoppe (1922) mit den dazugehörigen Arbeiter*innenwohnhäusern. Die von Hugo Bunzl bei Josef Frank beauftragte Arbeiter*innenkolonie Ortmann in Waidmannsfeld-Neusiedl bei Pernitz (ab 1919) vermag mit platzsparend errichteten Reihenhäusern auf zwei Geschoßen mit Balkonen und Terrassen sowie kleinen Wirtschaftsgärten Anregungen für einen sozialen, ressourcenschonenden Siedlungsbau unserer Zeit zu liefern. In Neunkirchen entstand der Robert-Zangerl-Hof im Art-déco-Stil (Hubert Gessner, 1927) für Arbeiter*innenfamilien der örtlichen Schraubenwerke.

Rudolf Frass, einer der erfolgreichsten Architekten dieser Zeit, plante vor allem in St. Pölten und in der Mariazeller Gegend Wohnhäuser und öffentliche Bauten und schuf eine der Neuen Sachlichkeit verpflichtete Schule in Lilienfeld. Karl Krist, der im Wiener Siedlungsbau sehr aktiv war, plante für Pottendorf eine Schule mit Terrasse und Schwimmbad (1929), die ein auch heute noch modern anmutendes pädagogisches Konzept abbildet.

Tendenzen der internationalen Moderne fanden in der Zeit der Wirtschaftskrise der 1930er-Jahre insbesondere im Kirchenbau Niederschlag. Unterstützt vom Klosterneuburger Augustinerchorherrn Pius Parsch konnte Robert Kramreiter nach seiner Zeit im Büro von Dominikus Böhm in Köln moderne Raumkompositionen im Kirchenbau auch in Niederösterreich verwirklichen. So plante er in dieser Zeit die Pfarrkirche Kledering (1933, mit Leo Schmoll), die als Denkmal für Engelbert Dollfuß errichtete Kirche (1935) auf der Hohen Wand, die Filialkirche Ortmann in Neusiedl-Waidmannsfeld (1936), die Pfarrkirche von Edlach an der Rax (1939) und die Filialkirche hl. Maria in Neusiedl (1936). Clemens Holzmeister, der Stararchitekt des Ständestaats, wurde schon 1927 mit der Planung der Pfarrkirche in Gloggnitz beauftragt, die 1934 geweiht, aber erst in den Jahren 1960 bis 1962 fertiggestellt wurde. Rudolf Wondracek, der in den 1930er-Jahren für mehrere Wohnhausanlagen in St. Pölten verantwortlich zeichnete, plante die Pfarrkirche in Sigmundsherberg (1937), die Pfarrkirche St. Leopold in Klosterneuburg (1937) und die Pfarrkirche St. Pölten-Wagram (1938), die ebenfalls modernen Bauauffassungen verpflichtet sind.

Große Pläne und prominente Planer für das Dritte Reich

Während der Zeit des Nationalsozialismus bestimmten Parteimitglieder – insbesondere mit Planungen für Großsiedlungen und die Rüstungsindustrie – das Geschehen. Ab 1938 entstand nach Plänen des deutschen Architekten Georg Laub die als „Tochterstadt von Wien" konzipierte

Franz Hubatsch, Reihenhaus-Ensemble, Brunn am Gebirge, 1912

Holzweber-Siedlung in Guntramsdorf (später Eichkogel-Siedlung, heute Neu-Guntramsdorf), von der nur ein Bruchteil der geplanten 5.000 Wohnungen umgesetzt wurde. Viele Planungen blieben (kriegsbedingt) unrealisiert, wie jene von Max Fellerer und Eugen Wörle für Autobahnraststätten in Hochstraß und Melk und ein Bebauungsplan für Melk.

Nach Plänen von Theiss & Jaksch entstanden die Gauführerschule Schwechat (1938), ein Müttererholungsheim der Nationalsozialistischen Volkswohlfahrt (NSV) in Hinterbrühl (1938) sowie eine NSV-Kindertagesstätte in Kaltenleutgeben (1939); alle drei sind Umbauten bestehender Gebäude. Zu den viel beschäftigten Architekten – die durchwegs nach dem Krieg weiterarbeiten konnten – zählten auch Josef Becvar und Viktor Ruczka. Sie waren auf niederösterreichischem Boden mit der Planung der „Flugmotorenwerke Ostmark" in Wiener Neudorf beauftragt. Georg Lippert und Kurt Klaudy planten in Krems die Schmidhütte (1943) und eine Werksiedlung sowie Wohnhausanlagen in Ternitz (ab 1940).

Wiederaufbau, Bildungsbau und neue Landmarks

Nach dem Krieg galten die Anstrengungen naturgemäß zunächst dem Wiederaufbau, bald kündeten aber etliche architektonische Zeichen von wirtschaftlichem Aufschwung und gesellschaftspolitischer Neuorientierung. Dank des 1949 unter dem sozialdemokratischen Landesrat Franz Popp eingerichteten Schulbaufonds konnte die Bildungsinfrastruktur, in die weder in der Zeit der Ersten Republik noch unter den Nationalsozialisten nennenswert investiert worden war, ausgebaut werden. Zahlreiche namhafte Architekt*innen wurden mit Schulplanungen beauftragt:

Roland Rainer mit der Mittelschule St. Valentin (1954; saniert und verändert von Poppe-Prehal Architekten, 2004), Wilhelm Reichel, Hans Riedl und Wilhelm Hubatsch mit dem Gymnasium in Horn (1961), Johann Staber plante eine Volksschule mit Freiluftklassen in Gmünd (1965), Anton Schweighofer wurde mit einer Schule (1968) und einem Kindergarten (1974) in Allentsteig sowie einem Kindergarten in Wördern (1968) betraut, Traude und Wolfgang Windbrechtinger mit einer Volksschule samt Landeskindergarten in Ennsdorf (1975, Bauwerk stark überformt).

Als unübersehbare Zeichen des Modernisierungswillens entstanden erste Hochhäuser. Für Wimpassing plante Leo Kammel jun. ein Wohnhochhaus mit angeschlossenem Kino (1957), in Korneuburg steht ein Wohnhochhaus (1971) des Ateliers P + F (Herbert Prader, Franz Fehringer). Ein weithin sichtbarer Repräsentant für den Fortschritt und Innovationsgeist im wirtschaftlich prosperierenden Niederösterreich war auch das 1972 fertiggestellte Lehr- und Werkstättengebäude des Wirtschaftsförderungsinstituts (WIFI) in St. Pölten aus Sichtbeton von Karl Schwanzer. War, denn keine drei Jahrzehnte später fiel 1999 der 54 Meter hohe Internatsturm der Abrissbirne zum Opfer und wurde sozusagen erst posthum zu einer Ikone des österreichischen Brutalismus. Der flache Werkstätten- und Lehrtrakt ist nach wie vor in Verwendung und ist denkmalgeschützt. Die Zerstörung eines weiteren Schüler*innenwohnheims, des Canisiusheims in Horn von Ladislaus Hruska (1960), konnte dank der Initiative von ORTE und des Denkmalschutzes sowie eines engagierten Investors verhindert werden.

Siedlungsstrukturen im Wandel

Bei aller Modernisierungseuphorie blieb Niederösterreich ein „Bauernland". Von den stattlichen Vierkantern des Mostviertels bis hin zu den Kellergassen und Stadelzeilen am Rand der Weinviertler Angerdörfer zeugen Siedlungs- und Baustrukturen von landwirtschaftlich geprägten Bautraditionen. Einen wichtigen Beitrag zum Bewusstsein für die Ästhetik des ländlichen Bauens lieferte der Architekt Joachim Kräftner in den 1970er- und 1980er-Jahren mit seinen Publikationen zur „naiven Architektur" in Niederösterreich[2] und damit einhergehenden Veranstaltungen im ländlichen Raum, die zunächst durchaus auch auf Skepsis bei Öffentlichkeit und Politik stießen.[3] Dass unter Landeshauptmann Erwin Pröll, der im zweiten Kräftner-Band ein Vorwort beisteuerte, 1982 die Ortsbildaktion „NÖ schöner erhalten – schöner gestalten" ins Leben gerufen wurde, ist wohl auch diesem Diskurs zu den Qualitäten der vernakulären Architektur zu verdanken. Aber ebenso wie die Philosophie der Architektur der Moderne häufig missverständlich interpretiert wurde, kam es auch in der Praxis des ländlichen Bauens zu groben Missverständnissen. Unter diesen Vorzeichen sind auch die Botschaften im Zusammenhang mit der offiziellen Gründungsveranstaltung von ORTE, die nicht in einem zeitgenössischen Raum, sondern im Stift Melk stattfand, zu lesen.

Man wolle der Architekturkultur in Niederösterreich „mehr zeitgenössisches Leben einhauchen", hieß es in der Einladung. Roland Rainer hielt den Festvortrag und kritisierte „verführerisches Rückwärtsdenken, die geltenden Reglementierungen, die zu unnötiger Platzvergeudung durch lauter kleine Häuschen" führten, und forderte mehr Mut zu selbstständigem Denken.[4] Eine architektonische Wüste, tradierten Werten verhaftet, technologie- und innovationsfeindlich – lauteten damals die Schlagworte zur Einschätzung der niederösterreichischen Baukultur.

In einer 1987 publizierten Forschungsarbeit widmeten sich die Architekten Herbert Prader und Franz Fehringer (Atelier P + F) kritisch der landschafts- und ortsgestaltzerstörenden Zersiedelung mit dem Ziel, die Vorteile des geordneten Siedelns aufzuzeigen und Interesse an neuen Organisationsstrukturen für den sozialen Wohnbau im ländlichen Raum zu wecken.[5] „Wie wir uns zusammen- oder auseinander bauen, so werden wir mit- oder auseinander leben",[6] prophezeiten sie. Es wäre nicht korrekt zu behaupten, dass sich seit damals nichts verändert hätte. Das Problembewusstsein in den Kommunen, den Behörden und der Bevölkerung ist gestiegen, es gibt einschlägige Beratungsangebote und Initiativen ebenso wie

Förderungen zur Stärkung der Ortskerne. Doch bei einer Fahrt durch das Land oder bei Betrachtung von Luftbildern im Zeitverlauf wird offensichtlich, wie weit kritisches Bewusstsein und gebaute Realität immer noch auseinanderklaffen.

Partizipation im Wohnbau

Die von Prader und Fehringer propagierte Partizipation steht heute auch in Niederösterreich wieder auf der Agenda – weniger auf jener der offiziellen Wohnbaupolitik und der Bauträger*innen als auf jener von Architekt*innen und Baugruppen, die im ländlichen Raum leistbare Grundstücke für entsprechende Initiativen vorfinden. Niederösterreich kann man durchaus zugestehen, Schauplatz wegweisender Leistungen im partizipativen Wohnbau gewesen zu sein: So entstand in Hollabrunn die international rezipierte Wohnanlage „Wohnen Morgen" von Ottokar Uhl und Joseph P. Weber (1976). Nach der in den Niederlanden entwickelten S.A.R.-Methode geplant, gestattete die Trennung von Primärstruktur und Ausbau einen hohen Grad an Mitbestimmung durch die Bewohner*innen. Zeitgleich entstand die Wohnhausanlage Dr.-Hild-Gasse in Purkersdorf von Herbert Prader, Franz Fehringer und Erich Ott. Die Atriumanlagen „Les Palétuviers" (1980) am Tulbingerkogel, die Gemeinschaftswohnanlage in Sulz im Wienerwald der Planungsgemeinschaft Cooperative/Peter Raab (1983) oder die Öko-Siedlung Gärtnerhof in Gänserndorf von Helmut Deubner (1988) sind weitere pionierhafte Beispiele für Wohn- und Siedlungsformen, die soziale, ökologische und siedlungsgestalterische Fragen bis heute befriedigend in Einklang bringen.

Eigene Hauptstadt

Die neue Landeshauptstadt St. Pölten brauchte sehr lange, um sich als selbstbewusstes Zentrum des Landes zu positionieren und als ebensolches wahrgenommen zu werden. Die Aufbruchsstimmung der späten 1980er-Jahre, als deren architektonisches Zeichen der

Donaukraftwerk Ybbs-Persenbeug, 1938–1944

Helmut Deubner, Ökosiedlung Gärtnerhof, Gänserndorf, 1986–1988

temporäre Traisen-Pavillon von Adolf Krischanitz (1988) als „Geburtstempel"[7] in Erinnerung bleibt, war nicht von Dauer. Hingegen verfestigte sich das Bild der von der Industriestadt zur Beamt*innenhochburg gewordenen und provinziell gebliebenen Stadt nachhaltig, insbesondere in den Köpfen jener, die St. Pölten nicht kannten. Doch brachte die – letztlich erfolglos gebliebene – Bewerbung als Europäische Kulturhauptstadt 2024 sowohl eine neue Selbst- und Außenwahrnehmung mit sich als auch einen intensiven, von der Bevölkerung mitgetragenen Diskurs über verschiedene Aspekte der Stadtentwicklung.

Kulturbauboom ab Ende des Jahrhunderts

Im Sektor der Bauten für Kunst und Kultur kann die Hauptstadtwerdung St. Pöltens als Ausgangspunkt einer Entwicklung gesehen werden, die dem Bundesland eine große Anzahl an neuen Einrichtungen sowohl in spektakulären neuen Gebäuden als auch im Bestand bescherte. Parallel zum St. Pöltner Kulturbezirk (Festspielhaus von Klaus Kada, NÖ Landesbibliothek und Landesarchiv von Paul Katzberger, Karin Bily und Michael Loudon, Shedhalle und Landesmuseum von Hans Hollein) wurde die Kunstmeile Krems etabliert, wo Adolf Krischanitz die Tabakfabrik auf meisterhafte Weise zur Kunsthalle (1995) verwandelte und Gustav Peichl sich mit dem Karikaturmuseum (2001) ein Denkmal setzte. Das Museum Sammlung Essl[8] in Klosterneuburg von Heinz Tesar (1999) und die ebenfalls privat initiierte Maria Biljan-Bilger Ausstellungshalle in Sommerein von Friedrich Kurrent (2004) sind weitere Beispiele für den Kulturbauboom um die Jahrtausendwende. Mit den Museumsräumen in der zugänglich gemachten mittelalterlichen Klosteranlage des barocken Stifts Altenburg von Jabornegg & Pálffy (ab 2005), der Freiluftbühne Wolkenturm im Schlosspark von Grafenegg von the next ENTERprise (2007) oder der Revitalisierung und Ergänzung der Kasematten in Wiener Neustadt anlässlich der Landesausstellung 2019 durch die Laibacher Architekten Bevk Perović entstanden im Zusammenspiel mit dem Vorhandenen weitere Leistungen von internationalem Rang. Kulturelle und touristische Nutzungen wurden zu Retterinnen manch wertvollen Bestands. Mit der als „Icon Building" in die Kunstmeile Krems gesetzten Landesgalerie Niederösterreich von Marte.Marte Architekten fand 2019 der Reigen der Kulturbauten des Landes einen spektakulären und durchaus auch kritisch rezipierten (vorläufigen?) Abschluss.

Weibliche Beiträge

Das Baugeschehen des 20. Jahrhunderts blieb im ländlich und konservativ geprägten Niederösterreich trotz der Nähe zur Metropole Wien mit den einschlägigen Ausbildungsstätten – in der sich bis in die 1980er-Jahre ebenso nur wenige Frauen durchsetzen konnten – weitgehend eine Männerdomäne. Einigen Architektinnen gelang es dennoch, wichtige Spuren zu hinterlassen. So adaptierte Margarete Schütte-Lihotzky die Direktionsvilla der St. Pöltner Glanzstoff-Fabrik 1954 zu einem – in den 1990er-Jahren geschlossenen – Betriebskindergarten. Traude Windbrechtinger zeichnet in den 1950er- und 1970er-Jahren mit ihrem Mann Wolfgang Windbrechtinger für etliche Schulen und Kindergärten verantwortlich. Die bei Franz Schuster an der Hochschule für angewandte Kunst ausgebildete Maria Tölzer schuf mit ihrem Mann Peter Tölzer ein Erholungsheim in Bad Vöslau (1970) und ein Schulungsheim in Mödling, und von Marta Reitstätter-Bolldorf stammen der Glockenturm einer Kapelle in Pitten (1948, mit Anton Fox) und die Kriegergedächtniskapelle Hohenberg (1949).

Helene Koller-Buchwieser, deren eigenes Haus in der Hinterbrühl seit 2018 durch KABE Architekten eine Revitalisierung erfährt, plante das Jungarbeiter*innendorf Hochleiten in Hinterbrühl (1952), die Christkönigskirche in Gießhübl (1954), Wohnhausanlagen in Mödling (1960) und Maria Enzersdorf (mit Walter Jaksch, 1966), weiters die Aufbahrungshalle Hinterbrühl (1978) und ebendort Terrassenhäuser (1971). Eva Mang-Frimmel baute mit Karl Mang Einfamilienhäuser im Waldviertel und in Klosterneuburg, die Siedlung Wienerstraße in Gumpoldskirchen (1961), das Postamt in Horn (1980) sowie die Kirche hl. Josef in Winzendorf (1971) und die Sebastian- und Barbarakapelle in Baden (1992). Hedy Wachberger plante Einfamilienhäuser in Horn (mit Michael Wachberger), 1983 die HTL in der Alauntalstraße in Krems (mit Josef Kohlseisen, Umsetzung 1996–1998) sowie eine Wohnanlage in St. Pölten-Spratzern (1986) und eine Wohnanlage in Rannersdorf (mit Hans-Peter Mikolasch und Josef Hums, 1994).

Karin Bily (mit Paul Katzberger), Anja Fischer (mit Ernst Beneder), Bettina Götz (mit Richard Manahl), Monika Putz, Marta Schreieck (mit Dieter Henke) sowie Franziska Ullmann sowie die Landschaftsarchitektin Maria Auböck (mit János Kárász) zählen zu den Frauen, die ab den 1990er-Jahren architektonische Zeichen in Niederösterreich gesetzt haben.

Auch wenn heute durchaus Bemühen seitens öffentlicher und institutioneller Auftraggeber*innen erkennbar ist, Jurys und Einladungslisten nicht ausschließlich männlich zu besetzen, herrscht hinsichtlich der Gleichberechtigung in der Architektur immer noch Nachholbedarf. Aber auch hier gilt: Es ist nicht zu beweisen, was nicht dokumentiert ist. Die Mühen, die für die Herausgeberinnen dieser Publikation und die zahlreichen Mitarbeitenden damit einhergingen, Grundlagen zur Architektur in Niederösterreich zu erheben und Forschungslücken zumindest ansatzweise zu schließen, sollen uns Ansporn sein, weiterzuforschen, das baukulturelle Schaffen im Bundesland bestmöglich zu dokumentieren und kritisch zu reflektieren. Nur so wird es gelingen, Verständnis und Begeisterung für das Gute zu etablieren und so manchem Verlust – an Wissen und Bauten – vorzubeugen.

1
Franziska Leeb, „Ich war einfach goschert", Interview mit Friedrich Achleitner zum 80. Geburtstag, in: *Die Presse/Spectrum,* 22.5.2010.

2
Johann Kräftner, *Naive Architektur in Niederösterreich,* St. Pölten 1977; ders., *Naive Architektur II in Niederösterreich. Zur Ästhetik ländlichen Bauens in Niederösterreich,* St. Pölten 1987.

3
Johann Kräftner, „Von der Beschäftigung mit Niederösterreichs Naiver Architektur. Ein Blick zurück, ein Blick nach vorne", in: *Österreichische Zeitschrift für Kunst und Denkmalpflege,* H. 3/4, 2019, S. 39–45.

4
Anita Fritsche, „Der Glanz des wahren Bauens – In Niederösterreich entstand am Samstag eine neue Architekten-Plattform", in: *Der Standard,* 6.6.1994.

5
Herbert Prader, Franz Fehringer u. a., *Möglichkeiten positiver Einflussnahme auf typische Wohn- und Siedlungsformen im ländlichen Raum.* Forschungsbericht, gefördert vom Bundesministerium für Bauten und Technik, Wohnbauforschung, Wien 1987.

6
Ibid., S. 10.

7
Norbert Steiner, „St. Pölten, Geburt einer neuen Hauptstadt", in: Kunstbank Ferrum – Kulturwerkstätte, ORTE Architekturnetzwerk Niederösterreich (Hg.), *Architekturlandschaft Niederösterreich. Mostviertel,* Salzburg 2007, S. 18–21, hier S. 19.

8
Mit 1.7.2016 schloss das Essl Museum seinen Ausstellungsbetrieb, die Sammlung Essl wurde der Albertina übergeben. Seit 27.5.2020 werden die Werke der Sammlung in wechselnden Ausstellungen in der Albertina Modern im Wiener Künstlerhaus präsentiert; Sammlung Essl, http://sammlung-essl.at, Albertina Modern, https://www.albertina.at/albertina-modern/ (17.12.2020).

Essay 02

Weiterdenken mit Achleitner
Ingrid Holzschuh,
Monika Platzer

„Ja, es gibt dieses eigenartige Phänomen, dass ein Bau, sobald er ein gewisses Alter hat, völlig in seine Zeit eingebunden ist. Er verliert seine Individualität und bekommt die Aura seiner Zeit. Er vermittelt das Denken einer Zeit in einer Weise, die Zeitgenossen nicht erkennen können. Die registrieren vor allem jene Faktoren, die stören oder neu und ungewohnt sind. Doch mit der Zeit entsteht nicht nur eine Patina im herkömmlichen Sinn, sondern auch eine Zeitpatina. Dadurch bekommt ein Bauwerk im Rückblick eine andere Qualität, weil sich die Relationen ändern. Alterung ist auch ein Phänomen der sich ändernden Betrachtung." (Friedrich Achleitner)[1]

Das von Dietmar Steiner 2018 initiierte Forschungsprojekt „Architekturführer Niederösterreich" steht in unmittelbarem Zusammenhang mit dem im Architekturzentrum Wien aufbewahrten Friedrich Achleitner Archiv.[2] Den Ausgangspunkt bildet dabei der von Friedrich Achleitner über die Jahre erfasste niederösterreichische Baubestand.[3] Darauf aufbauend wurden neue Bauten hinzugefügt und Inhalte erweitert. Der damit notwendige neue methodische Ansatz gibt Anlass, die Achleitner'sche Herangehensweise zu befragen und die von ihm nachgezeichnete Historiografie der Architektur nach 1945 kritisch neu zu beleuchten.

Zeitgenossenschaft

Seit Achleitner mit der systematischen Erfassung der baulichen Substanz Österreichs in der Mitte der 1960er-Jahre begonnen hatte, 1980 den ersten Band herausgab und seine Arbeit mit der Weiterbearbeitung im 21. Jahrhundert vollzog, durchliefen die Architekturforschung und ihre Wissenschaftsgenerationen mehrere Entwicklungen, die zu Neuerungen in der Methodik und den Betrachtungsweisen führten. Retrospektiv war sich Achleitner der Problematik der eigenen Zeitgenossenschaft bewusst. Wiederholt verwies er auf das „Phänomen der sich ändernden Betrachtung" und forderte die nächsten Generationen zum Denken in anderen Kategorien bzw. zur Anreicherung mit fehlenden Erzählungen auf.

Friedrich Achleitner (1930–2019) studierte Architektur an der Akademie der bildenden Künste Wien und absolvierte von 1950 bis 1953 die Meisterklasse von Clemens Holzmeister. Damit gehörte er jener Generation an, die ihre Jugend in den Kriegswirren des Zweiten Weltkrieges verbrachte und danach aus den Bundesländern zum Studium nach Wien kam. Die unmittelbaren Nachkriegsjahre wurden von ihr als bedrückend und rückwärtsgewandt wahrgenommen. Sie richtete den Blick nach vorn und grenzte sich gleichzeitig von ihrer Elterngeneration ab. Die Architektur der späten 1940er- und beginnenden 1950er-Jahre wurde gänzlich als Wiederaufbau des durch Kriegsschäden verursachten Substanzverlustes und als identitätsstiftende Rekonstruktion von Repräsentationsbauten (Oper, Parlament, Stephansdom, Burgtheater, Bundeskanzleramt) klassifiziert, die aus ihrer Sicht von einem Neubeginn weit entfernt war.

Cover: Österreich baut, Bauen + Wohnen, 19. Jg., H. 9, 1965.

Neubeginn mit Abgrenzungen

Auch für Achleitner galt vorerst seine Generation als wegweisend für den architektonischen Neuanfang nach 1945. Fast zeitgleich mit dem Beginn der Arbeit an seinem Architekturführer publizierte Achleitner 1965 den Beitrag „Entwicklung und Situation der österreichischen Architektur seit 1945"[4] im Sonderheft *Österreich baut* der Schweizer Zeitschrift *Bauen + Wohnen.* Bei den von ihm angeführten Bauten handelt es sich vorwiegend um Projekte seiner Zeitgenossen, die – wie er selbst – in den 1950er-Jahren ausgebildet wurden und neue „Tendenzen"[5] in die Architektur eingebracht hatten. Eine Ausnahme bildeten für ihn vereinzelte Bauten von einigen wenigen Architekten, die vor 1945 ihr Diplom abgeschlossen hatten, wie u. a. das Strandbad Gänsehäufel (1950) von Max Fellerer und Eugen Wörle, der Messepavillon Felten & Guilleaume (1954) von Oswald Haerdtl und der Weltausstellungspavillon in Brüssel (1958) von Karl Schwanzer. Sie wurden von Achleitner als „Nachzügler"[6] der älteren Generation bezeichnet. Auch Roland Rainer (Diplom 1933) und seinen Bauten schrieb er „den größten Beitrag zu der Verwandlung der allgemeinen architektonischen Situation"[7] zu. Aus heutiger Sicht fehlen jedoch die wichtigen Bauten anderer Nachkriegsarchitekten – wie u. a. von Erich Boltenstern (1896–1991), Eugen Wachberger (1904–1971), Franz Schuster (1892–1972) sowie Ferdinand Kitt (1919–1973). Diese Tendenzen der in den 1960er-Jahren begonnenen Aufarbeitung prägten Achleitners Generation bzw. jene Chronisten der Architektur nach 1945, die sich von der heimischen Szene absetzen wollten und eine Rückkehr in die internationale Architekturbewegung anstrebten.

1969 kam es mit der Ausstellung „Österreichische Architektur 1960–1970" in der Schweiz zu einem der ersten internationalen Auftritte österreichischer Gegenwartsarchitektur.[8] Dies war ein Markstein für die jungen österreichischen Architekt*innen, denn direkt nach 1945 fungierten die Schweizer Kolleg*innen und deren

Friedrich Achleitner, Wien

Entwicklung und Situation der österreichischen Architektur seit 1945

Développement et situation de l'architecture autrichienne depuis 1945
Development and status of austrian architecture since 1945

Die Situation von 1945 schien ausweglos: nicht nur die wirtschaftliche, die naturgemäß das Bauen stark bestimmt, sondern auch die politische und kulturelle. Aus der geografischen Lage Wiens als Umschlagplatz im Bereich eines großen Einzugsgebietes war eine Endstation geworden. Prag, Brünn, Krakau, Budapest, Agram und Laibach, Städte, die fast alle näher bei Wien liegen als Salzburg und München, und auch immer mehr für Wien bedeutet hatten, waren abgeschnitten und soviel wie verschwunden. Verschwunden war aber für Wien auch jene Generation der Architekten und Bauherren, der Kaufleute und Kritiker, der Literaten und Journalisten, die, zum Teil aus diesen Städten kommend, das geistige Klima Wiens gemacht hatten.
Von der Architektenschaft der dreißiger Jahre waren nicht nur die meisten emigriert oder gestorben, sondern das Wien von 1945 wußte auch mit den wenigen Überlebenden aus jener Zeit nichts mehr anzufangen. So hatten weder Josef Hoffmann noch Lois Welzenbacher einen bedeutenderen Auftrag bekommen, wenn man von einigen, dem Schema nach vorgeschriebenen Wohnhausanlagen der Gemeinde Wien absieht. Josef Frank ist im Ausland geblieben. Aber auch Richard Neutra, Rudolph M. Schindler, Harry Seidler, Frederik Kiesler, H. A. Vetter, Ernst Plischke, Heinrich Kulka, Ernst Lichtblau, Oskar Wlach, Victor Gruen und viele andere wußte man nicht für den Wiederaufbau zu gewinnen.
So muten die wenigen bemerkenswerten Bauten unmittelbar nach Kriegsende wie Nachzügler an. Welzenbachers Café Greif in Innsbruck besitzt noch die großzügige, kultivierte Atmosphäre der besten Räume der Vorkriegszeit. In Wien entsteht isoliert das Gänsehäufel, ein Freibad von Max Fellerer und Eugen Wörle, das in seiner Art nicht mehr erreicht wurde. Oswald Haerdtls Messepavillon für Felten-Guilleaume bedeutet den Ausklang der Architektur der dreißiger Jahre. Die Hotelhochhäuser Welzenbachers, je zwei aufgestellte Scheiben mit Stegen verbunden, bleiben für Wien Utopie.
Clemens Holzmeister kehrt aus der Türkei zurück. Sein Einfluß wird nicht direkt spürbar, da sein persönliches Vokabular zu weitab von den kommenden Tendenzen liegt. Jedoch zählen die meisten der Architekten,

die später eine Wende herbaufführen, zu seinen Schülern.
Den größten Beitrag zu der Verwandlung der allgemeinen architektonischen Situation leistet in der Folge zweifellos Roland Rainer. Er ist der einzige Architekt, der von Anfang an ein klares Konzept erarbeitet hat, das zunächst in einigen Schriften, wie »Die Behausungsfrage«, 1947, »Städtebauliche Prosa« und »Ebenerdige Wohnhäuser«, beide 1948, den theoretischen Niederschlag findet. Die gedanklichen Wurzeln liegen zum Teil in der Tradition der Wiener Gartenstadtbewegung und des Werkbundes, sind also mit Adolf Loos und Josef Frank verknüpft. Rainer beginnt sich auch früh auf diese Tradition zu besinnen. Man könnte sogar behaupten, daß die anfänglich starke Beziehung zur angelsächsischen und skandinavischen Architektur, die besonders in den frühen Bauten auch formal sichtbar wird, schon in der Tradition des Wiener Wohnungsbaues begründet liegt.
Die städtebauliche Arbeit Rainers wird getrennt behandelt. Trotzdem ist seine Architektur nicht von dieser zu trennen. Sie wird im wesentlichen von sozialen, humanen und gesellschaftlichen Überlegungen und Entscheidungen bestimmt. Obwohl man von einer eigenen architektonischen Sprache sprechen kann, so steht sie jedoch kaum im Vordergrund. Mit Bestimmtheit tritt sie erst dort auf, wo die Schwelle zur »Architektur als Symbol« (Schrift von Josef Frank, 1930) überschritten wird, also zum Beispiel bei Stadthallen. Erst die konstruktiven Vorgänge, die besondere räumliche Situation und die symbolische Funktion der Halle in der Stadt (besonders deutlich in Bremen) rufen Entscheidungen auf den Plan, die nicht mehr von einem allgemeinen Programm her getroffen werden können. Dagegen bleibt die kleine Kirche von Simmering durchaus noch im Bereich einer »wohnlichen« Sphäre, der Rainer eher anonyme Qualitäten zugesteht. Die fortwährende Beschäftigung mit der Vorfabrikation, also mit grundlegenden Fragen des Bauens, das fast fanatische Studium anonymer Architektur und die starke Beziehung zur zurückhaltenden, breiten Baukultur des Biedermeier verdeutlichen die Architekturgesinnung Rainers, die an eine Verbesserungsmöglichkeit der »Welt« glaubt und sie auf breiter Basis anstrebt.

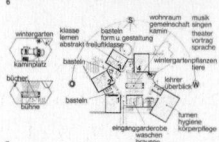

1
Lois Welzenbacher
Hotelhochhäuser am Donaukanal, Wien, 1946.
Hôtels-tours le long du canal du Danube, Wien.
High-rise hotels on the Danube Canal, Vienna.

2
Lois Welzenbacher
Café Greif, Innsbruck, 1948/49.

3
Max Fellerer, Eugen Wörle
Bad Gänsehäufel, Wien, 1950.
Piscine Gänsehäufel, Vienne.
Gänsehäufel Bath, Vienna.

4
Roland Rainer
Franz-Domes-Lehrlingsheim, Wien, 1951/52.
Centre d'apprentissage Franz Domes, Vienne.
Franz Domes Apprentices' Home, Vienna.

5
Roland Rainer
Wiener Stadthalle, 1952–58.
Hôtel de ville de Vienne.
Vienna City Hall.

6
R. Rainer, C. Auböck
Fertighaussiedlung Veitingergasse, Wien, 1953.
Quartiers de maisons d'habitation préfabriquées, Vienne, Veitingergasse.
Pre-fab housing, Veitingergasse, Vienna.

7
Arbeitsgruppe 4
Wohnraumschule, Projekt, 1953.
Ecole pour l'aménagement intérieur, projet.
Interior decorating school, plan.

Fachpublikationen für Österreich als Katalysator zur Welt. Nach dem Planungsgeschehen des Dritten Reiches wurde dem schweizerischen Bauschaffen eine Grundhaltung von „Nüchternheit, gepaart mit Sparsamkeit, Abneigung gegen den Überschwang und Großmannssucht, Eigensinn bis störrischer Bewahrung des Hergebrachten, Vorliebe für Gediegenheit und Genauigkeit" zugeschrieben.[9] Für Achleitner beruhte die Architektur in der Schweiz neben der schwedischen Qualität auf einer Art „solider Konvention des Bauens, wo die Struktur (oder Tektonik)" sichtbar blieb und „keine formalen Experimente und Entgleisungen" stattfanden.[10] Die zurückhaltende, klassische schweizerische und schwedische Spielart des Funktionalismus wurde zum Synonym eines Wunschbildes für den kulturellen Neubeginn eines identitätssuchenden Kleinstaates.

Wie groß die Diskrepanz der Wahrnehmung von österreichischer und schweizerischer Baukultur war, zeigt sich deutlich in dem 1961 erschienenen Buch *The New Architecture of Europe* des US-amerikanischen Architekten George E. Kidder Smith, einem der ersten Überblickswerke zur modernen Architektur in Europa.[11] Österreich ist darin mit insgesamt fünf Beispielen vertreten, der Wiener Stadthalle (Roland Rainer, 1958), dem Strandbad Gänsehäufel (Max Fellerer und Eugen Wörle, 1950), dem Volksheim in Kapfenberg (Traude und Wolfgang Windbrechtinger, 1958), der Kirche in Parsch (arbeitsgruppe 4, 1956) und der Europabrücke bei Innsbruck (Arbeitsgemeinschaft Firma Fürst und Waagner Biró AG, 1963). Von der flächenmäßig um die Hälfte kleineren Schweiz werden siebenmal mehr Bauten präsentiert, insgesamt 42 (!). Auch Achleitner studierte das Buch von Kidder Smith und nahm dieses zum Anlass, einen Vergleich der publizierten Bauten Österreichs und der Schweiz vorzunehmen, wie Dokumente in seinem Archiv zeigen. Achleitner kommentierte diesen wie folgt: „[...] würde ein Führer von 1895–1915 erscheinen, so würde wahrscheinlich das Verhältnis gerade umgekehrt sein."[12]

Gerade diese fehlende Rezeption österreichischer Gegenwartsarchitektur in ausländischen Überblickskompendien und die daraus resultierende Unzufriedenheit über die fehlende Außenwahrnehmung gaben der jungen Generation Anlass, den Anschluss an das internationale Baugeschehen zu suchen und die Wahrnehmung ihrer eigenen Arbeit von außen zu stärken.

Österreichisches mit Auslassungen

Im Gegensatz zur Bundesrepublik Deutschland, die sich nach 1945 unter dem Einfluss des Kalten Krieges dem (westlichen) Leitbild der „Bauhaus-Moderne" verschrieben hatte und dieses als nationales Gegenmodell zur „Unkunst" des Nationalsozialismus etablierte, suchte man in der Zweiten Republik nach dem Spezifikum der österreichischen Architektur. Die Suche nach eigenen Anknüpfungspunkten führte zur Wiederentdeckung der eigenen Geschichte und den Wurzeln der „Wiener Moderne". 1964 kam es oftmals unter der Autor*innenschaft der jungen Architekt*innen zu einer umfassenden Darstellung des Baugeschehens in Wien um 1900 und eine Vielzahl von monografischen Ausstellungen über Architekten wie Josef Frank und Adolf Loos folgten.[13] Einhergehend mit der Neuinterpretation der Wiener Moderne als pluralistisch und mehrstimmig wurde damit eine Kontinuität zwischen den Generationen konstruiert, die gleichzeitig von einer Kritik an der (Nachkriegs-)Moderne begleitet wurde und Brüche assoziierte.[14] Friedrich Achleitner begann 1961 in der *Abendzeitung* unter der Rubrik „Bausünden" und später in der Presse unter „Neues Bauen, kritisch betrachtet" für und gegen Tendenzen einer Nachkriegsmoderne zu schreiben.[15] Das Verwaltungsgebäude der Firma Hoffmann-La Roche (Georg Lippert, Roland Rohn, 1960–1962) und das Verwaltungszentrum NEWAG und NIOGAS (Franz Kiener, Wilhelm Hubatsch, Gustav Peichl, 1959–1963) sind nur zwei Beispiele, bei denen Achleitner die vordergründige Ästhetik der Bauten einer Revision unterzieht.[16] Seine Kritik galt dem modernistischen Einsatz des Vokabulars, so etwa dem Curtainwall, für den er in der räumlichen Konzeption im Inneren der Gebäude keine Notwendigkeit sah. Die negative Bewertung von Bauten der vorwiegend vorangegangenen Generation verfestigte das Bild einer uninspirierten Nachkriegsmoderne nachhaltig und überhöhte die Leistung der eigenen Zeitgenossenschaft, die während der Zeit des Wiederaufbaus, einer Phase der Isolation und des Stillstands, „weit unter dem Punkt Null beginnen mußte" und die „neben dem materiellen auch viel geistigen Schutt wegzuräumen hatte".[17] Inzwischen hat ein Paradigmenwechsel stattgefunden, und die Qualität der Bauten der Nachkriegsmoderne wurde einer Neubewertung unterzogen. Neue Fragestellungen an die Architektur nach 1945 führten zu einer Erweiterung der Achleitner'schen Architekturgeschichtsschreibung und der Wiederentdeckung von Akteur*innen. Heute werden die 1950er-Jahre-Bauten unter dem Lifestyle-Begriff „Mid-Century" subsumiert.

Mit der Ablehnung der Architektur nach 1945 und ihrer Akteur*innen wurde auch lange Zeit die Frage der Kontinuität von Architektur zwischen Demokratien und Diktaturen

Wiener Export: Adolf Wohlbrück

Wiedersehen in München

Du wirst erst richtig gut sein, wenn du graue Schläfen hast", prophezeite Hermine Körner einst dem Gentleman-Schauspieler Adolf Wohlbrück. In München meint man, ohne Wohlbrücks lange Erfolgsreihe schmälern zu wollen: sie hatte recht.

Wohlbrück, 1936 ausgewandert und seither nach einem kurzen Gastspiel in Amerika („Dort hat man mich seltsamerweise zunächst für einen verkappten Nazi gehalten") in London ansässig, wird in München im neuen Haus des Theaters „Kleine Komödie" nach langer Zeit wieder einmal in deutscher Sprache Theater spielen: den Bolingbroke in Scribes „Ein Glas Wasser". Von den Kollegen, mit denen er nun auf der Bühne stehen wird, kennt er niemanden mehr. „Aber man hat mir, besonders von den Damen, so viel Nettes erzählt, daß ich mich auf die Proben nur freuen kann", sagt er galant.

Wie so viele Wiener Schauspieler — auch schon in den zwanziger Jahren — hat Wohlbrücks Karriere in Deutschland begonnen. Ebenfalls in München, und ebenfalls im Stück „Ein Glas Wasser". Nur hat er damals nicht den Bolingbroke, sondern den jungen Masham gespielt. Über die Münchner Kammerspiele unter Falckenberg, Dresden und Berlin, wo er mit Werner Krauß, Agnes Straub und Gustaf Gründgens spielte, wurde er ein Star der UFA-Filme.

München hat Wohlbrück seit Kriegsende schon einmal, vor neun Jahren als „Dr. med. Hiob Prätorius", zu einem Gastspiel eingeladen. Wien hat den Wiener zuletzt vor allem als Wiener par excellence auf der Leinwand gesehen: In Ophüls Verfilmung von Schnitzlers „Reigen".

PREMIEREN-NACHLESE

‚Das Fenster zum Flur' im Volkstheater

Ein Berliner Volksstück von Curth Flatow und Horst Pillau, von Rudolf Weys ins Wienerische übertragen. Einige Kritiker loben, die Mehrzahl ist von der bedeutenden Rolle, die der Verdauung zugewiesen ist, entsetzt. Die Premiere war ein Fest von Lach- und Applausstürmen, obwohl der Inhalt — zumindest im Berliner Original — eher „hart" ist: Eine Hausbesorgerin und Mutter rackert sich, damit ihre Kinder es „besser" haben, geht aber dabei so energisch und ohne Verständnis für ihre Umwelt vor, daß sie den ganz vernünftigen Kindern das Leben nur schwer macht; und ihren Straßenbahnfahrer-Ehemann treibt sie prompt in einen Unfall. Unsere Meinung: Gespielt wird, vor allem von Paula Pfluger und Fritz Muliar, ausgezeichnet. Zur sehr milden, sehr breiten Wiener Fassung sind Pointen wie Durchfall oder die zärtlich geäußerte Ansicht, eine Ehe sei erst dann vollkommen, „wenn der Frau vor gar nix mehr graust", eine Frage des Geschmacks. Über den sich bekanntlich nicht streiten läßt.

dur

„*PRESSE*" (Piero Rismondo): „Zum Glück spielt Paula Pfluger ... Erich Margo hat sehr umsichtig und, soweit es ging, taktvoll inszeniert ... Fritz Muliar wird immer besser. Es zeigt sich, daß er auch der stillen Töne fähig ist."

„*ARBEITER-ZEITUNG*" (Fritz Walden): „Der Ausgang dieser Madame-Lear-Tragikomödie im Souterrain ist von den Autoren vermutlich als Überraschung geplant ... Obwohl nicht leicht ist, in diesem Stück bei jedem Satz nicht schon die darauffolgenden fünf Sätze zu erraten! Hier wird der Volkston nur zum Vorwand genommen, um anspruchslose Unterhaltung zu bieten."

„*WIENER ZEITUNG*" (Rudolf Holzer): „Das Charakteristische derlei dramatisierter Milieuschilderungen sind scharfe Zeichnung und Wirklichkeitsnähe. Diese Forderungen erfüllt das Stück vollkommen. Flatows und Pillaus Mutter Wiesner ist eine recht nahe Verwandte der Brechtschen Mutter Courage ... Schauspieler und Publikum fühlten sich merkbar wohl, endlich einmal in geistig normalen Zonen handeln und genießen zu können."

„*NEUES ÖSTERREICH*" (Otto Basil): „Das Fenster zum Kitsch. Das Auspacken von Gefühlskisten war schon immer ein Handwerk, das goldenen Boden hatte. Der Witz kommt freilich keineswegs aus der Tiefe des Volkes, sondern wird auf Barhockern, am Cuttertisch oder im Literatencafé geboren."

„*NEUE TAGESZEITUNG*" (Ernst Wurm): „Fast ein Volksstücktreffer ... hatte das Volkstheater beinahe einen Festabend im Zeichen seiner eigentlichen erzieherischen Aufgabe. „Das Fenster zum Flur" ist ein sehr ernstgemeintes Zeit- und Milieustück mit jenem flackernden Hintergrund des Streber- und Parvenütums, von dem heute auch schon biedere Volksschichten und schlichte Existenzen aufgeputscht sind."

„*KRONEN-ZEITUNG*" (Hans Weigelt): „Rhapsodie in Clo ..., oder die Volkstheaterbühne als moralische Bedürfnisanstalt. Vier Bilder lang wird mit Wasser gekocht. Dann wird mit Wasser gespült. Der Zweck heiligt die Abführmittel ... Das Clo hat seine Schuldigkeit getan, das Stück wird gehen."

„Dirigenten, Stars und Bürokraten"

Das in der „Abend-Zeitung" gestern vorgestellte sensationelle Buch über die Wiener Staatsoper des Ex-Pressechefs der Bundestheaterverwaltung Dr. Viktor Reimann erscheint im neu gegründeten Hans-Deutsch-Verlag in Wien.

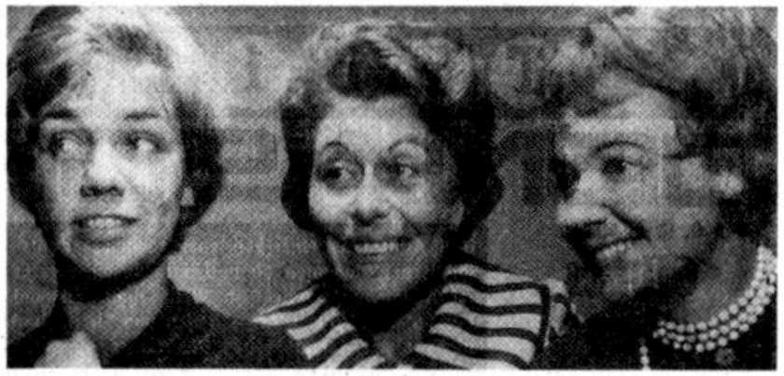

Erblondet für die Josefstadt sind Luzi Neudecker, Greti Elb und Helly Servi: Da sie in der morgigen Premiere „So war Mama" von John van Druten Damen norwegischer Herkunft spielen, legte Regisseur Edwin Zbonek auf milieugetreue Haarfarbe Wert. Das Stück, dessen deutsche Fassung von Carl Zuckmayer stammt, war in Wien schon einmal ein großer Erfolg. Foto: Hausknost

WOLFGANG HILDESHEIMERS NEUES THEATERSTÜCK „Die Verspätung" wird Mitte September in Düsseldorf aufgeführt werden.

***Bausünden* 30.**

KIRCHE IN NEU-KAGRAN

Vor mehr als einem halben Jahrhundert wurde das Wort „modern" für die zeitgemäße künstlerische Produktion eingeführt, die jedoch in einem krassen Gegensatz zur künstlerischen Mode stand. Inzwischen wurde das „Moderne" Mode und die echten Leistungen der Gegenwart liegen im Konflikt mit dem „Modernismus".

Die Kirche von Neu-Kagran: typische pseudo-moderne Architektur.

Die inflationistische Erscheinung des Modernismus ist der unkontrollierte, gesetzlose Gebrauch aller zur Verfügung stehenden baulichen und architektonischen Mittel, die je nach Laune oder Gusto kombiniert und attraktiv vorgeführt werden. Er ist der Fallstrick jener gutwilligen Bauherren, die in allen Dingen das Beste und Modernste suchen, aber nicht den unbestechlichen Sinn für Qualität besitzen, der die großen Bauherren auszeichnet. So bleiben sie, wenn der Architekt seine Wirkungsstätte verläßt, in einer ungereimten, widerspruchsvollen Welt sitzen, von der bald Teil um Teil abstirbt (unmodern wird). Solche Bauwerke altern nicht, indem sie Würde bekommen, sondern werden, ähnlich den „Stilkirchen" der Gründerzeit, zur Kuriosität.

Die Kirche von Neu-Kagran ist eine solche Sammlung von Modernismen. Die Architekten scheinen weder den Geist der neuen Liturgie noch irgendwelche Gesetze der Architektur zu akzeptieren. Liturgisch folgt die Kirche einem durchaus veralteten Klischee. Es wird weder die Versammlung der Gemeinde um den Altar angestrebt, noch ist das zentrale Geschehen bedeutend für die Raumgestalt. Lediglich die Trapezform und das Gefälle des Kinosaales wird benützt, um den Altar (auf vielen Stufen) stark herauszustellen. Gleichzeitig wird er jedoch durch einen bunten, bewegten Hintergrund wieder optisch zerschlagen.

Auch die Verwendung der modernen Hängekonstruktion gibt den Architekten keinen Anlaß, die Ökonomie und räumliche Tendenz dieses Typus als Grundlage für das weitere konstruktive und räumliche Konzept zu verwenden — wie, zum Beispiel, die Entwicklung der Kuppel von großer, veränderter Bedeutung für die Baukunst wurde.

Darin aber besteht eben der echte Modernismus, daß er zwar alle Dinge benützt, sie jedoch nicht in ihrem Sinn verwendet, sondern nur als willkommene Dekoration. So ist das große gelbe Betonkreuz (es gibt noch blauen, roten und grauen Beton) über dem Portal sogar der Beweis dafür, daß auch starke Symbole unter bestimmten Voraussetzungen zur Dekoration verarmen können. Diese „Haltung" ist in allen Teilen und Gegenständen des Bauwerks festzustellen, es fehlt hier der Platz, sie alle aufzuzählen.

Die fächerförmig angeordneten Lichtschlitze in den beiden Seitenwänden gleichen einem Effekt der Lichtreklame und streben einem imaginären Mittelpunkt unter der Erde zu. Die kreuzförmigen, schweren Türgriffe zerfallen beim Öffnen in zwei unselbständige, formlose Teile und das zeltförmige Tabernakel gleicht einem Lebkuchenhaus. Hoffentlich ist das nicht alles eine ungewollte Symbolik. christon

Nicht Sammlung, sondern Verwirrung ist der Eindruck des Kirchen-Innenraumes: die optischen Effekte überbieten einander.

Sechs Maler in der Sezession

Etwas Gutes für jeden

Die Vielfalt der Richtungen, die mit der Lorbeerkuppel der Wiener Sezession unter einem Hut gebracht sind, kommt in dieser Herbstausstellung ganz besonders zum Ausdruck: sie umfaßt Kollektiven, die vom Expressionismus bis zum Tachismus reichen. Vielleicht wird der Eindruck bemühter Vielfalt auch dadurch verstärkt, daß in der Liste, welche den Katalog ersetzt, die Preise der meisten ausgestellten Werke fein säuberlich verzeichnet sind.

Dem Gedächtnis von Professor Oskar Gawell ist eine umfangreiche Sammlung seiner Aquarelle gewidmet, die Ausdruck einer ruhigen, meisterlich abgeklärten Kunst sind. Die „Große Moorlandschaft", die Kompositionsskizzen „Versuchung" und „Menschen, die aufwärts schauen" geben vom reifen Können des Dahingegangenen vielleicht den stärksten Ausdruck.

In markantem Gegensatz zeigt Franz Klasek mit gedämpfter Palette geometrische Abstraktionen, die hin und wieder noch figurale Restbestände aufweisen. Wie logisch durchdacht diese Abstraktionen sind, zeigt die Serie der Frauenakte, die von geometrischer Konstruktion bis zur Abstraktion sublimiert sind, und die köstlichen Variationen über das Thema „Kühe", die man von ihrer Weide förmlich ins unheimliche Reich des ewig Linearen verschwinden sieht. Klasek könnte einen instruktiven Lehrfilm über organische Abstraktion zeichnen.

Venus und Vase

Vom Farbigen her abstrahiert Gertraud Pesendorfer ihre tachistischen, koloristisch stets ungemein reizvollen Kompositionen. Der Appell dieser — vielleicht geradezu gegen den Willen der Künstlerin — ausgesprochen charmanten Arbeiten ist am stärksten, wenn sie atmosphärische Vorgänge zum Anlaß haben. Die Reihen „Regen", „Gewitter" und „Sonne" geben an sich abstrakte Naturvorgänge so packend wieder, daß sie fast realistisch wirken.

Robert Libeski kommt vom Expressionismus her, den er elegant, geschmackvoll, irgendwie müde variiert. Das schönste Bild ist vielleicht jene „Venus", die in Akt und Gefäß verwandte Formen konfrontiert. Aber auch die starkfarbigen Architekturen in Kunstharz hinterlassen Eindruck, und Libeskis Frauenbildnisse werden nicht nur den Dargestellten gefallen.

Georg Rauch war so unbezweifelbar in Paris wie Raimunds Habakuk. Seine Landschaften kommen ebenso deutlich von Utrillo her, wie seine figuralen Kompositionen von Buffet beeinflußt sind. Nichtdestoweniger sind Rauchs Clowns und Musikanten aber fröhliche Leute, was sie sehr vorteilhaft von den Gestalten des großen Franzosen auszeichnet. Ansonsten kann man das Gefühl nicht unterdrücken, daß Rauchs Begabung eigentlich graphisch und in seinen Bildern die Farbe von der Linie verdrängt ist.

Echte Schlafzimmerbilder

Hat man all das gesehen und ist vielleicht ein wenig ermüdet, dann atmet man in der frischen Landluft von Franz Zülows Märchenbergländern auf, die von Kripperl-Figuren, Lebzeltreitern und allerhand Spielzeug bevölkert sind. Es ist schade, daß von all diesen Aquarellen und Kleisterbildchen, in denen die Bilanz eines reichen, frohen Lebens gezogen wird — sie sind von 1917 bis 1961 datiert —, nur ganz wenige Blätter zu verkaufen sind. Hier könnte man sonst eines jener echten, so seltenen „Schlafzimmerbilder" erwerben: Nämlich Bilder, die einem Freude machen, wenn man sie beim Erwachen als erstes sieht.

Theodor F. Meysels

Die Ausstellung ist bis zum 31. September täglich von 9 bis 17 Uhr, am Sonntag von 9 bis 13 Uhr geöffnet.

NEU INSZENIERT VON AXEL VON AMBESSER hatte am Wochenende im Münchner Residenztheater Kleists „Käthchen von Heilbronn" Premiere: anläßlich der 150. Wiederkehr des Todestages des Dichters am 21. November dieses Jahres. Die Münchner Kammerspiele werden des Todestages mit einer Neuinszenierung von „Amphitryon" gedenken. Wiener Bühnen haben den Todestag bisher nicht zur Kenntnis genommen.

TELE-NEWS

Lieber Fernseher!

Das Zweite Programm hat eine ausgesprochene Anziehungskraft auf die Fernsehleute, man kann das im Schönbrunner Studio immer wieder beobachten. Kaum haben sie etwas Zeit, sitzen sie auch schon im dazugehörenden Abwicklungsraum, wenn die Techniker sich auch fragen, ob ihre Mühe überhaupt einen Zweck hat: denn wer sieht schon das Zweite Programm? Es gibt keine Anmeldepflicht und damit auch keine Statistik ..: Gestern konnte der technische Leiter Vostrowsky seinen Mitarbeitern eine in dieser Richtung beruhigende Nachricht bringen. Die Fabrikslager für Zusatzgeräte sind bereits leer.

Wer noch keines hat, muß es heute nicht vermissen: es gibt nur das Erste Programm. Um 19.35 Uhr sehen Sie die kleine Modeplauderei von und mit Monique Traska. Sie war in Paris, als die großen Modehäuser der Seinestadt ihre Kollektionen für Herbst und Winter vorführten, und brachte eine große Zahl von Modebildern und Skizzen mit, um zu berichten, vorauszusagen und Tips zu geben. Für modisch Interessierte ist die Sendung gerade jetzt willkommen, weil man mit der neuen Wiener Mode, die in dieser Woche Wiens Haute Couture vorstellt, vergleichen kann.

Ab 20.30 Uhr wird der Film „Beichte eines Arztes", nach dem Schauspiel „Die erste Legion" von Emmet Lavery, mit Charles Boyer in der Hauptrolle gezeigt. In einem Jesuitenkloster gelingt es Dr. Morell, einen todkranken Pater zu heilen, plötzlich stehen Arzt und „Wunder" im Mittelpunkt des Interesses, und von weit her kommen Kranke. Morell kämpft gegen den Wunderglauben. Da wird ein gelähmtes Mädchen in der Kapelle des Klosters plötzlich gesund, und der Arzt beginnt nun zu zweifeln, das heißt zu glauben ... Ein Thema, das bestimmt interessierte Zuseher finden wird.

Ihr Venividi

Friedrich Achleitner, „Kirche in Neu-Kagran", in: *Abendzeitung*, Rubrik „Bausünden", 12.9.1961, S. 5.

NEUES BAUEN KRITISCH BETRACHTET (VI)
Filialgebäude Hoffmann–La Roche

Architekt: Georg Lippert

Irgendwann ist es passiert: da kamen die Wörter „Glas" und „modern" zusammen und seither kann eines kaum mehr ohne das andere auskommen. So ist man auch heute noch vielfach versucht, die „Modernität" eines Hauses nach den Flächen des verwendeten Glases zu bemessen. Demnach befänden wir uns beim heutigen Bauwerk Jacquingasse Nr. 16-18 (Gürtel) vor einem der modernsten Häuser. Solche Feststellungen haben aber wenig Wert. Es geht hier um ein vielschichtiges Problem, das sich vielleicht in der folgenden Beschreibung des Hauses etwas darstellen wird.

Das achtgeschossige, elegant aufstrebende Haus, in dessen vier Seitenflächen sich die ganze Umgebung spiegelt, ist mit einer Curtain-Wall (auch Vorhangwand genannt, weil die ganze Fassade in einzelnen Elementen vor der Konstruktion gehängt wird) aus Leichtmetall und Glas umgeben, die dem kubischen Baukörper eine bestimmte Leichtigkeit und Transparenz verleihen. Man vermutet ein Verwaltungsgebäude, das von unten bis oben Büroräume birgt.

So ist man innen etwas überrascht, wenn man von einem Vertreter der Firma in großzügiger Weise durchs Haus geführt wird: im Erdgeschoß befinden sich Halle, Expedit und Lager, im ersten Stock die Konfektionierung, im zweiten die Produktion, im dritten und vierten Stock Lager, im fünften Verwaltung, im sechsten Speisesaal und Reservebüros im siebenten Stock die Klimaanlage. Also alles hinter der gleichen Fassade, die gleichen Glaswände auch für Klimaanlage und Lager. Unwillkürlich denkt man an die moderne Verpackungstechnik, an die übertriebene Bedeutung der Hülle.

Besteht schon eine gewisse Diskrepanz zwischen dem Zweck des Gebäudes und seiner Erscheinung, so tritt im Baulichen fast ein Gegensatz zwischen außen und innen auf. Man erwartet innen, verwöhnt vom äußeren Anblick, einen freien Grundriß, eine bestimmte Variabilität und Leichtigkeit der Wände, man möchte den Raum spüren, der sich außen so großzügig ankündigt. Man erwartet ein einfaches, klares konstruktives Gerüst, das im Detail genau so sorgfältig behandelt ist wie die Fassade. Statt all diesen Dingen findet man aber eine beiläufig wirkende, gemischte Betonkonstruktion, in der sich runde Säulen und tragende Betonwände ablösen. Die Säulen sind dunkel gestrichen, um optisch zu verschwinden. Um so schwerer wirken die massiven Betonmauern.

So entsteht durch die Bauweise (nicht durch die Ausgestaltung) der Eindruck, als befinde man sich in einem alten Bauwerk, dem man nur die Außenmauern weggenommen und die durch Glaswände ersetzt hat. Der Geist, der die Fassade zu beherrschen scheint, war innen nicht tätig. So drängt sich ein um so mehr der Schluß auf, daß das Äußere wirklich nur ein Mäntelchen ist, eine repräsentative Hülle, in die man ein durchaus konventionelles Gebäude gesteckt hat.

Einmal zeigt sich aber auch der „innere Geist" außen: am „Heiligenschein", wie man im Haus den gesimsartigen, oberen künstlichen Abschluß des Gebäudes nennt. Dieser reine Zierat lüftet ein Geheimnis: Der Architekt scheint selbst seinen äußeren Mitteln nicht ganz zu trauen. Er nimmt ein Element aus einer ganz anderen Gestaltungsebene. Ein Beruhigungsmittel? Eine Konzession? Man liebt eben das Vermittelnde, das Mildernde: den Steirerhut zum Modeanzug, die Goldleiste zum technischen Gerät und den Barockrahmen zum modernen Bild. Damit aber beginnen Fragen, die uns bewegen.

Friedrich Achleitner

ausgeklammert. Erst in den 1980er-Jahren, als die „Opferthese" Österreichs zu erodieren begann, widmete sich die Architekturforschung vermehrt diesem Thema. Achleitner publizierte 1985 zur Wiener-Festwochen-Ausstellung „Wien 1945 davor/danach" den Beitrag „Wiederaufbau in Wien, Innere Stadt. Ein Stück lokale Architekturgeschichte wird besichtigt", in dem er ausführt, dass der Moderne in Wien „nicht nur von der konservativ-bürgerlichen bis reaktionären Seite der Kampf angesagt" wurde, „sondern auch, was vermutlich zunächst viel wirksamer war, von der linken und fortschrittlichen Kritik. Es gab also schon am Beginn der dreißiger Jahre eine verhängnisvolle und sicher nicht gewollte Allianz gegen die Moderne, so dass nach 1934, vor allem aber 1938, zumindest auf einer architekturtheoretischen Basis ein Widerstand kaum vorhanden war."[18] Im gleichen Jahr folgte der Text „Die geköpfte Architektur. Anmerkungen zu einem ungeschriebenen Kapitel der österreichischen Architekturgeschichte"[19], in dem Achleitner ausführt: „Es gehört zu den Halbwahrheiten der neueren Architekturgeschichtsschreibung, daß der ‚linear aufsteigende' Fortschritt der Moderne, der neuen Sachlichkeit, des Funktionalismus, neuen Bauens und Internationalen Stils jäh durch Faschismus, Nationalsozialismus und Krieg unterbrochen wurde."[20] Im Zentrum seiner Beobachtungen standen die Kontroversen um eine (internationale) Moderne.[21] Forschungen zur Architektur der Akteur*innen und Mitläufer*innen in der NS-Zeit sowie die Auseinandersetzung mit belastenden Biografien von Architekt*innen, wie sie in Deutschland von Winfried Nerdinger und Werner Durth geleistet wurden, fanden in Österreich mit starker Verspätung statt.

Zunehmend an Bedeutung für die Architekturforschung gewann ab den 1990er-Jahren die Genderfrage, die bei Achleitner kaum ins Blickfeld rückte. Im ersten Band seines Architekturführers sind lediglich drei weibliche selbstständige Architektinnen im Personenindex angeführt: Stiegler Christl, Lassmann Edith und Heubacher-Sentobe Margarethe. Der zweite Band dokumentiert etwa zwölf Architektinnen, deren Zahl im letzten Band kontinuierlich zunimmt. Heutige Forschungen zeigen ein anderes Bild vom Geschlechterverhältnis in der Architektur. Die Namen der Architektinnen fanden jedoch in den großteils von Männern verfassten Dokumentationen keinen Eingang. Als prominentes Beispiel sei hier die Vorarlberger Architektin Adelheid Gnaiger angeführt, die ab 1949 in Feldkirch ihr eigenes Büro hatte und Bauten wie das Rathaus in Lustenau (1958) plante, das heute unter Denkmalschutz steht. Sie beteiligte sich mehr als 30 Jahre lang am Baugeschehen in Vorarlberg und war bis in die 1980er-Jahre die einzige Ziviltechnikerin in diesem Bundesland. In Achleitners Architekturführer wurde sie – wie so viele – nicht erwähnt.[22]

Das Format

1980 erschien das erste Buch des fünfbändigen Achleitner-Werkes *Österreichische Architektur im 20. Jahrhundert*. Mit Ausnahme von Niederösterreich wurden bis 2010 alle Bundesländer erfasst.[23] Im Gegensatz zu den verschiedenen Kunsttopografien, mit Schwerpunkt auf früheren Jahrhunderten der Architekturgeschichte, gelang es Friedrich Achleitner durch intensive Recherchearbeiten, unbekannte Baukultur zu entdecken und die Architektur des 20. Jahrhunderts umfangreich zu dokumentieren. Achleitners Bände bestimmen bis heute unsere Kenntnis und unser Verständnis der jüngeren österreichischen Architektur und verfestigten einen Kanon, auf dem die Architekturgeschichtsschreibung aufbaut.

Am Beginn von Achleitners Arbeit stand die Idee eines einbändigen Architekturführers, der das gesamte Bundesgebiet umfassen sollte. Bald musste er erkennen, dass dieses Ziel sich mit seiner Arbeitsmethodik und seiner Intention nicht vereinbaren ließ.[24] Denn neben einer architekturgeschichtlichen Erfassung sollten auch jene Bauten verlistet werden, die von der klassischen Kunstgeschichtsschreibung lange übersehen wurden, wie der Industriebau, der Arbeiter*innenwohnbau und die anonyme Architektur. Der Achleitner'sche Blick zurück war somit gleichzeitig auch ein Blick nach vorne, der in der Zusammenschau aller Bände die Grenzen eines üblichen Architekturführers sprengte und damit ein neues Format darstellte.

Achleitners Bände schufen in den 1960er-Jahren ein neues Genre von Architekturführern, die sich wesentlich von jenen seiner Weggefährten unterschieden. Karl Schwanzer und Günther Feuerstein verfassten 1964 die Publikation *Wiener Bauten. 1900 bis heute*, die für den Besuch vor Ort konzipiert wurde und im historischen Abschnitt 1900 bis 1945 die Bauten chronologisch und nach Architektennamen verortet.[25] Im zweiten Teil werden die Bauten ab 1945 nach Bauaufgaben gruppiert. Große Teile der angeführten Bauten sind heute vergessen bzw. wurden kurz darauf unter dem Stichwort „Bauwirtschaftsfunktionalismus" zu den erklärten Feindbildern der „Avantgardisten" rund um die Zeitschrift *Bau*. Zwei Jahre später erschien der Architekturführer *Moderne Architektur in Wien von Otto Wagner bis heute* von Ottokar Uhl.[26] Uhl, einer der „führenden jungen Wiener Architekten", geht laut Klappentext in seiner Auswahl von „scharf umrissenen Prinzipien und Kategorien aus". Im Gegensatz zur Darstellung der zeitgenössischen Architekturproduktion anhand einer Ansammlung von Einzelprojekten wird hier das Qualitätsmerkmal „modern" eingeführt. Nach der Vorstellung der Wegbereiter der Moderne, u. a. Otto Wagner, Adolf Loos, Josef Hoffmann, Josef Frank und Ernst A. Plischke, folgt eine architekturkritische Bewertung des Zeitraumes von 1945 bis 1964. Nur zwei Bauten der ersten zehn Jahre halten dem Qualitätsurteil Uhls stand: das Strandbad Gänsehäufel von Max Fellerer und Eugen Wörle und der Messepavillon von Oswald Haerdtl.[27] In den zehn Jahren nach dem Staatsvertrag (1955–1965) erreichen bereits fünf Bauten seine Maßstabskriterien: die Stadthalle (1955–1958) und das Böhler-Haus (1956–1958) von Roland Rainer, das Museum des 20. Jahrhunderts (1960–1962, vorher Weltausstellungspavillon in Brüssel, 1958) sowie das Philips-Haus (1962–1964)

ÖSTERREICHISCHE ARCHITEKTUR

im 20. Jahrhundert

Friedrich Achleitner

Ein Führer in drei Bänden

BAND I
OBERÖSTERREICH
SALZBURG
TIROL
VORARLBERG

Residenz Verlag

Friedrich Achleitner, *Österreichische Architektur im 20. Jahrhundert*, Bd. I, *Oberösterreich, Salzburg, Tirol, Vorarlberg*, Wien/Salzburg 1980.

von Karl Schwanzer und das Ausflugsrestaurant Bellevue (1961–1963) von Traude und Wolfgang Windbrechtinger.[28] Die Auswahl kommuniziert die Forderung einer selbstbewussten jungen Architekturavantgarde an die kommunalen Entscheidungsträger*innen und beamteten Architekt*innen nach einem Paradigmenwechsel innerhalb des Baugeschehens der Stadt. Der Subtext hinter dem modernen „Architekturwollen" mit Blick auf die internationale Architekturentwicklung geht einher mit dem Anspruch auf eine bauliche Umsetzung der neuen Tendenzen im Stadtkörper.[29]

Sowohl mit dem Anspruch der Vermessung von ganz Österreich als auch mit dem Beginn seiner Bearbeitung in den westlichsten Bundesländern hebt sich Achleitner mit seinem Architekturführer von den Publikationen seiner Vorgänger ab. Historisch vergleichbare Formate sind die um die Jahrhundertwende erstellten Handbücher des Kunsthistorikers Georg Dehio oder die *Österreichische Kunsttopographie*, eine Buchreihe des österreichischen Bundesdenkmalamtes. Beides sind mehrbändige, nach Bundesländern (Dehio) oder schwerpunktmäßigen Aufarbeitungen von Regionen geordnete Verzeichnisse von baulichen oder kunsthistorisch relevanten Denkmälern, wobei der Architektur nach 1945 nur ein kleiner Raum gegeben wird. Inzwischen definiert die Aufnahme in das „Achleitner-Inventar" genauso wie bei seinen beiden Vorgängern den Status der Denkmalwürdigkeit der dokumentierten Objekte.

Bemerkungen zum Schluss

Aufgrund der publizistischen Reichweite der Beiträge Achleitners und seines Alleinstellungsmerkmals als Multiplikator bestimmte er über Jahrzehnte (ungewollt) den Kanon der österreichischen Architektur. Selbstkritisch reflektiert Achleitner über seine architektonischen Auslassungen zwischen 1945 und 1958.³⁰ Darüber hinaus spricht er über seine paradoxe Rolle, selbst „Subjekt" und „Objekt" seiner eigenen Erzählung zu sein.³¹ Das Dilemma der Architekten, „Interpret" und „Zeitzeuge" ihrer eigenen Geschichte zu sein, ist für die österreichische Architekturgeschichtsschreibung nach 1945 symptomatisch, wurde die Aufarbeitung dieser von den Protagonisten bis jetzt fast ausschließlich selbst geleistet. In den letzten Jahrzehnten wuchs jedoch das Bewusstsein für die architektonische Qualität der Bauten aus den 1940er- und 1950er-Jahren. Achleitner anerkannte wiederholt das Desiderat in der österreichischen Architekturgeschichtsschreibung. 2016 schrieb er im Vorwort mit dem Titel „Zur Basis einer neuen Baukultur" in der Monografie des Architekten Franz Kiener: „Die sogenannte Nachkriegsmoderne (mit den Vorbildern zunächst aus der Schweiz, Italien und aus Schweden) war nach der doktrinären NS-Architektur so etwas wie eine stille Revolution in vielen Bereichen des Bauens, ein Aufbruch, der das Fundament vorbereitet für die späteren Entwicklungen. Mit dem heutigen Blick auf die Architektur dieser Zeit ist, nach einer Periode der Geringschätzung, eine solide Aufarbeitung angesagt."³²

Achleitner widmete dem Erforschen, Befragen und Befahren der österreichischen Architektur einen Großteil seiner beruflichen Laufbahn. Sein Archiv bezeugt sein intensives Nachdenken über die Zukunft von modernen Grundsätzen, über die kontrovers geführten Diskussionen innerhalb der Architekturschulen, die widersprüchlichen Gleichzeitigkeiten von Alltags-, regionaler sowie anonymer Architektur und seine Überlegungen zu den ästhetischen Auseinandersetzungen von Moderne und Postmoderne. In der Zusammenschau verdeutlicht sich sein Selbstverständnis, mit seinen Beiträgen an einer offenen Architekturdebatte teilzunehmen. Seine Architekturführer sind demnach nicht als lineare oder gar kanonische Architekturgeschichte zu bewerten.

Wir haben Achleitner beim Wort genommen und mit dem Kooperationsprojekt „Architekturführer Niederösterreich" auf seiner Grundidee angesetzt, aber zugleich erfuhr das Projekt vor allem durch seine multiple Autor*innenschaft eine neue inhaltliche Ausrichtung. Mit den neuen methodischen Ansätzen veränderten sich einerseits die Auswahlkriterien, andererseits ermöglichten diese den Einsatz von Neuen Medien, wie den der filmischen Dokumentation und der Oral History, die neue Vermittlungs- und Erfassungsebenen schaffen.

Damit ist es gelungen, auch für das letzte Bundesland, Niederösterreich, die Lücke der Vermessung der österreichischen Architekturlandschaft des 20. Jahrhunderts zu dokumentieren und auf Basis des Friedrich Achleitner Archivs im Architekturzentrum Wien neue Wege zu beschreiten.

1
Friedrich Achleitner im Gespräch mit Wolfgang Kos, „‚Von uns verachtet, von unseren Kindern gelobt' – Zur Bewertung der Nachkriegsmoderne", in: Judith Eiblmayr, Iris Meder, Wien Museum (Hg.), *Moderat Modern. Erich Boltenstern und die Baukultur nach 1945* (Ausstellungskatalog, Wien Museum, 20.10.2005–29.1.2006), Salzburg 2005, S. 145–154, hier S. 152.

2
Das Friedrich Achleitner Archiv umfasst 22.340 Karteikarten zu den Objekten, 2.690 Karteikarten zu den Architekt*innen, 66.500 Foto-Negative, 37.800 Diapositive, 13.800 Fotoabzüge, 570 Plandarstellungen, 250 Begehungspläne, 1.030 Bücher, Broschüren, Kataloge, Zeitschriften (z. T. komplette Jahrgänge der Zeitschriften *Profil, Der Bau, Der Aufbau, Perspektiven, Bauforum* u. a.) und topografisch geordnete Materialschachteln.

3
Der Bestand zu Niederösterreich umfasst rund 3.700 Karteikarten, 125 Negativstreifen, 7 Archivboxen mit Planmaterial und Dokumenten, 4 Objektmappen mit großformatigen Plänen, 3 Ringmappen mit Literatur und 3 Diaboxen. Siehe dazu: Doris Grandits, Theresa Knosp, *„Ein Beitrag zur Inventarisation der Architektur des 20. Jahrhunderts in Niederösterreich"*, S. 70.

4
Friedrich Achleitner, „Entwicklung und Situation der österreichischen Architektur seit 1945", in: *Österreich baut, Bauen + Wohnen,* 19. Jg., H. 9, 1965, S. 339–343.

5
Ibid., S. 339.

6
Ibid.

7
Ibid.

8
Grußworte Eugen Wörle, Präsident der ZV Österreichs, April 1969, in: Viktor Hufnagl, Österreichische Gesellschaft für Architektur (Hg.), *Österreichische Architektur 1960 bis 1970* (Ausstellungskatalog, La-Chaux-de-Fonds, 3.–23.5.1969), Wien 1969, o. S.

9
Hans Volkart, *Schweizer Architektur. Ein Überblick über das schweizerische Bauschaffen der Gegenwart. Wohnhaus, Siedlung, Miethaus, Schulen, Kirchen, Spitäler, Geschäftshäuser, Fabriken, Anlagen für Feste, Sport und Spiel,* Ravensburg 1951, S. 5–6.

10
Friedrich Achleitner im Gespräch mit Wolfgang Kos, 2005, S. 147.

11
George E. Kidder Smith, *The New Architecture of Europe,* Cleveland 1961. In der deutschen Auflage von 1964 wurde die Europabrücke bei Innsbruck aus dem Jahr 1963 als zusätzliches Bildprojekt aufgenommen. Siehe: George E. Kidder Smith, *Moderne Architektur in Europa. 230 Beispiele in Bild und Text,* München 1964, S. 218–219.

12
Achleitner Archiv, Architekturzentrum Wien, Sammlung, Friedrich Achleitner, handschriftliche Notiz, undatiert.

13
Gabriele Kaiser, „Bilanzen mit Ausblick. Die Ausstellungen der arbeitsgruppe 4", in: Sonja Pisarik, Ute Waditschatka, Architekturzentrum Wien (Hg.), *arbeitsgruppe 4. Wilhelm Holzbauer, Friedrich Kurrent, Johannes Spalt 1950–1970* (Ausstellungskatalog, Az W, 4.3.–31.5.2010), Salzburg 2010, S. 142–159.

14
Friedrich Achleitner weist den österreichischen Bestrebungen mehrere Spielarten zu: Humaner Funktionalismus, Konstruktiver Humanismus, Ästhetischer Funktionalismus, Manager-Funktionalismus, Erweiterter Funktionalismus, Super-Funktionalismus und Gegenströmung; siehe: Friedrich Achleitner, „Aufforderung zum Vertrauen. Architektur seit 1945", in: Otto Breicha (Hg.), *Aufforderung zum Misstrauen. Literatur, bildende Kunst, Musik in Österreich seit 1945,* Salzburg 1967, S. 561–584.

15
Eine Auswahl der Kritiken ist in folgender Publikation abgedruckt: Friedrich Achleitner, *Nieder mit Fischer von Erlach,* Salzburg/Wien 1986.

16
Friedrich Achleitner, „Filialgebäude Hoffmann-La Roche, 7.12.1962", in: ders., 1986, S. 30–32; Friedrich Achleitner, „Erste Fragen zur ‚Gartenstadt Süd', 17./18.8.1963", in: ders., 1986, S. 60–62.

17
Friedrich Achleitner, „Bemerkungen zum Thema ‚Österreichische Architektur'", in: Viktor Hufnagl, Österreichische Gesellschaft für Architektur (Hg.), 1969, o. S.

18
Friedrich Achleitner, „Wiederaufbau in Wien, Innere Stadt. Ein Stück lokale Architekturgeschichte wird besichtigt", in: Liesbeth Waechter-Böhm (Hg.), *Wien 1945 davor/danach* (Ausstellungskatalog, Museum des 20. Jh., 31.5.–7.7.1985), Wien 1985, S. 107–115, hier S. 109.

19
Friedrich Achleitner, „Die geköpfte Architektur. Anmerkungen zu einem ungeschriebenen Kapitel der österreichischen Architekturgeschichte", in: Zentralsparkasse und Kommerzialbank Wien (Hg.), *Die Vertreibung des Geistigen aus Österreich. Zur Kulturpolitik des Nationalsozialismus* (Ausstellungskatalog, Hochschule für angewandte Kunst, Wien), Wien 1985, S. 196–198.

20
Ibid., S. 198.

21
Ibid.

22
Ingrid Holzschuh (Hg.), *Adelheid Gnaiger 1916–1991. Die erste Architektin Vorarlbergs,* Zürich 2014.

23
Friedrich Achleitner, *Österreichische Architektur im 20. Jahrhundert. Ein Führer in drei Bänden,* Salzburg u. a., 1980–2010.

24
Siehe dazu: Gabriele Kaiser, „Bauten des gewöhnlichen Bedarfs. Über Achleitners ‚Österreichische Architektur im 20. Jahrhundert'", S. 56.

25
Karl Schwanzer, Günther Feuerstein, *Wiener Bauten. 1900 bis heute,* Wien 1964.

26
Ottokar Uhl, *Moderne Architektur in Wien von Otto Wagner bis heute,* Wien/München 1966.

27
Ibid., S. 89.

28
Ibid.

29
Ibid., S. 92.

30
Friedrich Achleitner im Gespräch mit Wolfgang Kos, 2005, S. 145–154.

31
Friedrich Achleitner, „Der ‚Aufbau' und die Aufbrüche 1945–1975", in: ders., Annette Becker, Dietmar

Steiner, Wilfried Wang (Hg.), *Architektur im 20. Jahrhundert. Österreich 1995–1997* (Ausstellungskatalog, Deutsches Architekturmuseum, Frankfurt am Main, 14.10.1995–14.1.1996; Architekturzentrum Wien, 1997), München/New York 1995, S. 43–49, hier S. 43.

32 Friedrich Achleitner, „Zur Basis einer neuen Baukultur", in: Ingrid Holzschuh (Hg.), *Franz Kiener. Eine Ordnung als Anfang,* Zürich 2016, S. 11.

Essay 03

Bauten des gewöhnlichen Bedarfs. Über Achleitners „Österreichische Architektur im 20. Jahrhundert"

Gabriele Kaiser

„10.1.2009. Übergangslos ins neue Jahr geglitten. In dieser straße in der donaustadt haben wir im letzten sommer die weinbergschnecken vom asphalt gelöst und in die wiese gesetzt, die architektur links liegen gelassen. In der kälte eine letzte runde, nördlich der donau ist alles begangen. Nun in döbling auf planquadrattour. Der weltensprung ist groß, das bürgerliche empfängt uns mit schmuckvollen häusern, die argwöhnisch behütet werden. Da ist er wieder, der entdecker-elan, das glück des vorortseins mitten unter den randständigen und bemerkenswerten bausteinen der stadt. Wir agieren wie feldforscher, die ein gelände systematisch durchforsten. Ich am beifahrersitz mit dem 2000er-plan, in welchem die avisierten gebäude schon mit filzstift eingetragen sind. Die route ist gut getaktet und wir erledigen mehr als 10 häuser, deren planakten ich auf der ma 37 ausheben werde.

Am samstag in der hackhofergasse 39 nach dem einstigen sommerhaus josef czechs gesucht. Alles zugewachsen, ich erspähe durch die hecken den ansatz einer schmalen, betonierten gartenstiege. Die fotos und pläne, die hermann czech gemailt hat, wecken neugier, vielleicht gibt der akt auf der baupolizei hinweise auf den heutigen zustand?

Ich übergebe fritz ein kuvert mit frischem material und der karteikarte: 21., wenhartgasse. Der text ist noch zu verfassen. Fritz mailt mir die von barbara korrekturgelesene brigittenau im satzspiegel.

Die brigittenau ist somit fast fertig. Die last des bevorstehenden ist geringer als die bereits abgetragene. Wir bearbeiten nun die restlichen efh in döbling. Die meilensteine von loos und frank sind erledigt, nun stehen uns häuser von hoffmann, oskar marmorek, robert oerley etc. bevor. Fritz beschließt, die villa von heinrich von ferstel in der straßergasse 36 noch ins 20. jahrhundert zu schummeln, zumal es einen aktuellen gläsernen zubau gibt. Man kann den beginn der moderne endlos zurückdatieren, sage ich im auto und meine es nicht zynisch. Auf jeden fall bis 1836 (gründung der allgemeinen bauzeitung), sagt fritz, aber eigentlich bis durand. Die kaffeepausen mit soda-zitron und gemischtem toast sind teil der routine, an manchen orten erkennen sie uns schon an den immer gleichen accessoires: kamera, planrolle, begehungsbuch, karteikartenbündel. Ich habe mir mit karabiner und gummiring eine bleistiftumhängung gebastelt, damit ich immer beide hände freihabe, z. b. um bauherrenhände zu schütteln."

(Tagebuchnotiz von Gabriele Kaiser nach einer gemeinsamen Begehung mit Friedrich Achleitner. Kaiser war von 2003 bis 2010 Mitarbeiterin Achleitners bei seinem letzten Wien-Band, der die Bezirke 19 bis 23 dokumentiert.)

Vor Ort sein, Bilanz ziehen

„Nie zuvor ist die Architektur eines Landes derart vollständig dokumentiert worden", [1] konstatiert die *Berliner Bauwelt* 2011 in einer Ausgabe über das architekturforschende Wirken des Schriftstellers und Architekten Friedrich Achleitner. Mitte der 1960er-Jahre hat er begonnen, die Architektur des 20. Jahrhunderts in Österreich systematisch zu erfassen, 2010 schließt er mit Erscheinen des letzten Wien-Bandes das Projekt – unvollendet – ab. Anfänglich schwebt ihm in völliger Unterschätzung der eigenen Gründlichkeit ein handlicher Führer im Taschenbuchformat vor, als Lieferdatum für das ganz Österreich betreffende Manuskript peilt er das Jahr 1968 an. Der Residenz Verlag übt sich in Geduld, auch als sich das Projekt zu einem immer größeren Vorhaben auswächst – zu einem „Monsterprojekt" – und schließlich zu dem, was man ein „Lebenswerk" nennt.

Da Friedrich Achleitner die Architektur im Wien der 1960er-Jahre bereits als überdokumentiert empfindet, während es über die architektonischen Entwicklungen in den Bundesländern kaum Publikationen gegeben hat, startet er mit seinen Erhebungen im westlichsten Bundesland Vorarlberg. Die vorhandene Literatur gibt nur vagen Überblick, die Quellenlage erscheint dürftig. Ihn zieht es ins Gelände, niemals wird er über Architektur schreiben, die er nicht, mitunter mehrmals, vor Ort überprüft hat. Systematisch beginnt Achleitner Objektlisten auf A6-Karteikarten anzulegen, alle größeren Städte und Ortschaften abzufahren und Haus-zu-Haus-Begehungen durchzuführen, wobei ihn nicht nur die Highlights der Moderne, sondern auch und vor allem die Bauten des „gewöhnlichen Bedarfs" interessieren. Der Vorarlberger Architekt Hans Purin hat ihn auf den Industriebau aufmerksam gemacht, Achleitner erkundet die frühen Arbeiter*innensiedlungen und erhält in den 1970er-Jahren zu diesem Thema einen eigenen Forschungsauftrag. In einer Zeit, in der ein ästhetisch orientierter

Friedrich Achleitner fotografiert eine Kirche von Clemens Holzmeister in Liesing.

Architekturbegriff allmählich einem breiteren Verständnis von Baukultur weicht, widmet Achleitner den stillen Qualitäten der Alltagsarchitektur besondere Aufmerksamkeit. Nicht das Erlesene und Besondere ziehen ihn an, sondern das Typische und Allgemeine, nicht die einzelne Bauleistung, sondern der „größere Zusammenhang". Sein Freund Dieter Roth, der sich selbst vorgenommen hat, jedes Haus in Island zu fotografieren, rät ihm, er möge doch einfach jedes Gebäude in Österreich in seine Bände aufnehmen. Diese wertungsfreie „totale Dokumentation" hätte dem Achleitner'schen Projekt jede Grundlage entzogen, ist es ihm doch gerade darum gegangen, in der selektiven qualitativen Zusammenstellung einzelner Objekte die „charakteristische Bausubstanz Österreichs" zu vermitteln. Gerade die Hinwendung zu den Bauten des „gewöhnlichen Bedarfs" ermöglicht es dem Autor, von der Würdigung architektonischer Einzelleistungen zur umfassenden Darstellung baugeschichtlicher Phänomene vorzudringen. Die zwangsläufige Subjektivität der Projektauswahl wird im Architekturführer daher nicht unterdrückt, sondern ausdrücklich betont: „Für die Auswahl und Gewichtung der Objekte ist ausschließlich der Autor verantwortlich", schreibt Achleitner in jeder seiner Einleitungen. Die Verantwortung wird nicht ausgelagert, nichts wird delegiert, auch die Arbeitsteiligkeit innerhalb des Projekts ist begrenzt und bleibt auf wenige Mitarbeiter*innen (meist nur eine Person) beschränkt. Die *Österreichische Architektur im 20. Jahrhundert* ist die Tour de Force eines Einzelnen, der alle Produktionsschritte selbst durchläuft: von der Recherche über die fotografische Dokumentation mit der Nikon-Kleinbildkamera (zuerst Schwarz-Weiß-, dann Farb-Dias) bis zum Verfassen der Texte und der Gestaltung des Layouts.

Sprachkunstwerk

Im Unterschied zu den meisten Architekturführern, in denen jedem ausgewählten Objekt quantitativ gleicher Raum zugewiesen wird (z. B. eine Seite), reicht bei Achleitner das Spektrum von der bloßen Auflistung der Objektdaten über Kürzestbeschreibungen ohne Foto und Plan bis hin zur umfänglichen Darstellung über mehrere Seiten. Manchmal sind es gerade die knappen Formulierungen – sprachliche Miniaturen von hoher Treffsicherheit –, die ein Gebäude anschaulich charakterisieren; mitunter genügt ein Satz, um einen Bau zu entschlüsseln oder zu „erledigen". Diese beiläufig wirkende, gründlich abgewogene ungleiche Gewichtung der Objekte erlaubt es dem Autor, innerhalb der Themengruppen Wertungen vorzunehmen, Entwicklungen und Zusammenhänge aufzuzeigen, die in einer scheinobjektiven gleichförmigen Präsentation gar nicht darstellbar wären. Keiner der Bauten, die in den Architekturführer aufgenommen werden, steht für sich allein, sondern hat – wie in der Realität – eine mehr oder weniger geglückte „Nachbarschaft". Achleitner öffnet mit knappen Formulierungen den sachdarstellenden Deutungsraum und ordnet den baulichen Einzelfall undramatisch in ein größeres Ganzes ein. Wenn der Architekturführer auch nicht als Literatur im Sinne der Belletristik bezeichnet werden kann, so erweist er sich doch als das Werk eines Autors, der nicht nur über fachliche Kompetenz verfügt, sondern auch über eine pointierte Sprache voller Witz und Poesie. Es ist nicht Achleitners Methode oder seine Gründlichkeit, sondern gewiss die Sprache, durch die sich die *Österreichische Architektur im 20. Jahrhundert* am meisten von anderen Unternehmungen in der Gattung „Architekturführer" unterscheidet. Zwar hat der Dichter und Architekturpublizist Achleitner seine beiden Schreibsphären Architektur und Literatur immer säuberlich getrennt gehalten und sich ihnen in regelmäßiger Pendelbewegung zwischen Knochenarbeit und Vergnügen abwechselnd gewidmet; es erscheint aber fraglich, ob man die sprachlichen Mittel, die man als Autor*in literarischer Texte erkundet, wirklich von der außerliterarischen Textproduktion ganz abkoppeln kann. In der Architektur hat die Spracharbeit dem Autor jedenfalls eine Art Beschreibungszwang eingetragen – „lebenslänglich", wie Achleitner gerne trocken hinzufügte.

Chronik eines laufenden Jahrhunderts

Als Achleitner am Architekturführer zu arbeiten beginnt, hat er seine erste Dichterzeit als Mitglied der „Wiener Gruppe" (mit H. C. Artmann, Konrad Bayer, Gerhard Rühm und Oswald Wiener) sowie eine kurze Laufbahn als Architekt (mit Johann Georg Gsteu) hinter sich gelassen und ist als Architekturkritiker für unterschiedliche Medien tätig. Ab dem Jahr 1961 berichtet er auf Vermittlung von Dorothea Zeemann unter dem Pseudonym „christon"[2] zunächst in der *Abend-Zeitung* über „Bausünden", dann zehn Jahre lang in der *Presse* unter „Neues Bauen kritisch betrachtet" wöchentlich über relevante Neubauten, Architekturausstellungen oder Publikationen. Mit dem Schreiben über rezente Architektur wächst auch der Wunsch nach Kontextualisierung und qualitativer „Fundierung" dessen, was da eigentlich beschrieben und bilanziert werden soll. Mit dem Vorhaben, das relevante Baugeschehen in Österreich systematisch zu dokumentieren und an die Wurzeln der Moderne zurückzuführen, trifft Friedrich Achleitner Mitte der 1960er-Jahre einen Nerv der Zeit. Sämtliche Überblicksdarstellungen zur zeitgenössischen Architektur jener Jahre greifen mindestens bis zur Architektur Otto Wagners zurück, so etwa auch Ottokar Uhls *Moderne Architektur in Wien von Otto Wagner bis heute.*[3] In der Gesamtbetrachtung fällt auf, dass die architekturhistorische Auseinandersetzung mit der Wiener Moderne in den 1950er- und 1960er-Jahren intensiv in die Diskussion über gegenwärtige Verhältnisse eingebunden ist, gewissermaßen operativ eingesetzt wird, um Erkenntnisse für anstehende Entwicklungen zu gewinnen und das eigene Schaffen in einer Art Rückprojektion qualitativ zu verankern. Einige Verfasser von kanonbildenden Bilanzartikeln treten sowohl als „Schaffende" als auch als Chronisten und Zeitzeugen auf. Friedrich Achleitner hat auf die Problematik dieser Doppelrolle als Subjekt und Objekt der Geschichte als einer der ersten hingewiesen, als er Mitte der 1990er-Jahre neuerlich über die architektonischen Aufbrüche der Zeit von 1945 bis 1975 schreibt.[4] Friedrich Achleitners über Jahrzehnte anhaltende Tätigkeit als Architekturkritiker und Forscher, seine „sammelnde Sicht der Erscheinungen"[5] sowie die Bilanzen anderer Akteur*innen und Interpret*innen seiner Generation (Hermann Czech, Günther Feuerstein, Friedrich Kurrent, Ottokar Uhl etc.) sind in der österreichischen Architekturhagiografie des 20. Jahrhunderts – trotz oder gerade wegen dieser Doppelrolle – bis heute prägend; erst in den letzten Jahren ermöglichen neu erschlossene Quellen die Neukontextualisierung einzelner Positionen und Strömungen.

In den 1960er-Jahren ist die empirische Erfassung der zeitgenössischen Architektur vor dem Hintergrund der wiederentdeckten Moderne Projekt und Programm mehrerer Initiativen. Die Architekten Karl Schwanzer und Günther

Das Friedrich Achleitner Archiv in der Sammlung des Az W, hier fotografiert von Margherita Spiluttini, umfasst neben Tausenden von Dias und Materialien auch 22.340 Karteikarten zu Objekten in ganz Österreich.

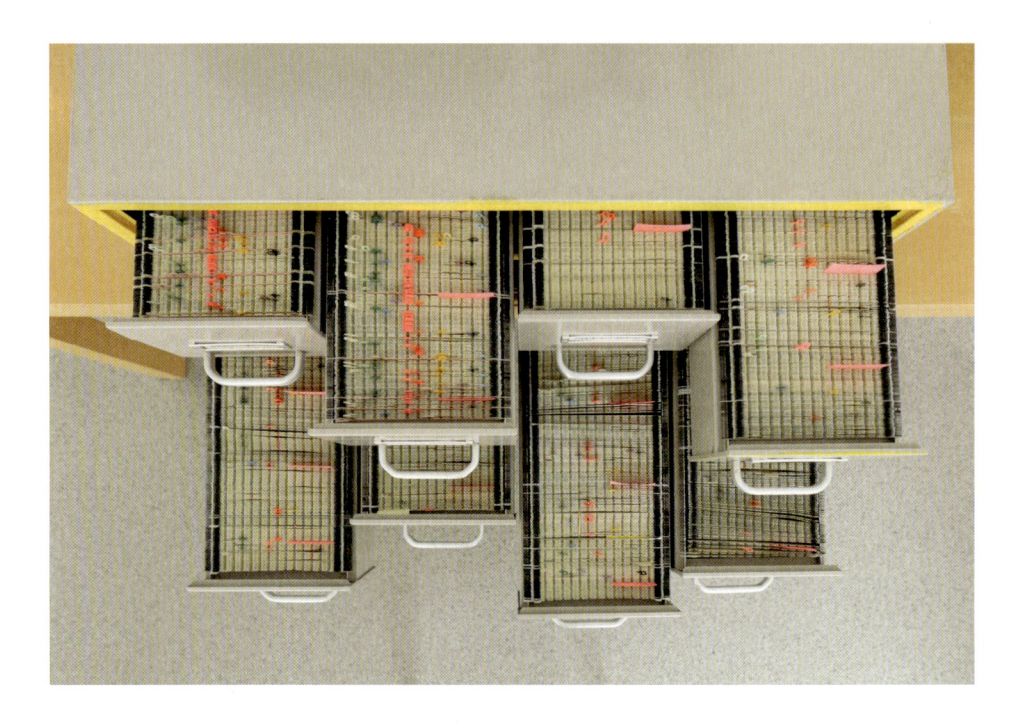

Der Achleitner-Karteikasten für das Bundesland Niederösterreich, ein lange schlummernder Bestand und Ausgangsmaterial für die aktuelle Forschung

Feuerstein beginnen Material für ihre Bautenführer zu sammeln, ab 1962 legt die Zentralvereinigung der Architekt*innen Österreichs (ZV) einen von Architekt Fred Freyler verwalteten Archiv-Karteikasten zur Erfassung rezenter Bauwerke an.[6] Als Achleitner im Jahr 1965 mit seinem Führer *Österreichische Architektur im 20. Jahrhundert* beginnt, kann er sich bereits auf diese Ansätze beziehen. Der 1964 von Karl Schwanzer herausgegebene und von Günther Feuerstein redigierte Führer *Wiener Bauten. 1900 bis heute* (Verlag Österreichisches Bauzentrum) stößt in der Fachwelt auf positive Resonanz.[7] Friedrich Achleitner hingegen nimmt, vor allem im Hinblick auf die seiner Ansicht nach allzu großzügige Bautenauswahl nach 1945, eine kritische Haltung ein, stellt aber fest, dass mit dieser „provisorischen" Schließung einer Lücke die Voraussetzungen für einen Architekturführer geschaffen worden sind, „der vielleicht einmal Anspruch auf Vollständigkeit erheben kann".[8]

Dieser Vollständigkeitsanspruch Achleitners mag auch der Grund dafür sein, warum es 15 Jahre dauert, bis 1980 der erste Band zu den Bundesländern Tirol, Vorarlberg, Salzburg und Oberösterreich im Residenz Verlag erscheint. 1983 folgt Band 2 mit Kärnten, der Steiermark und dem Burgenland. Bis dahin hält der Autor an der illusorischen Vorstellung fest, dass Wien und Niederösterreich gemeinsam als letzter Band erscheinen würden. 1990 kommt zunächst Band I mit den Wiener Bezirken 1–12 heraus, fünf Jahre später Band II mit den Bezirken 13–18 und 2010 der letzte Band III mit den Bezirken 19–23. Das Bundesland Niederösterreich hebt sich Achleitner bis zum Schluss auf, es bleibt Fragment. „Das soll eine jüngere Generation übernehmen", hört man ihn in den letzten Lebensjahren oft sagen, als er seine Kraft auf die Fertigstellung des immer umfangreicher werdenden letzten Wien-Bandes konzentriert und sich danach wieder verstärkt dem literarischen Schreiben widmet.

Mit dem Fortschreiten und Zu-Ende-Gehen des 20. Jahrhunderts hat sich der Betrachtungszeitraum schließlich auf das gesamte Jahrhundert ausgedehnt, sodass Achleitner im neuen Jahrtausend wehmütig auf die beiden frühen Bundesländer-Bände zurückblickt, die nun einen viel größeren Umfang beanspruchen und verdienen würden. „Eigentlich müsste ich jetzt wieder ganz im Westen von vorne beginnen", sagt er und wiegt den schweren letzten Wien-Band in der Hand.

Arbeitswerkzeug Karteikasten

Das in den 1960er-Jahren entwickelte Karteikartensystem als methodische Basis der architektonischen Kartografierung behält Achleitner über Jahrzehnte hinweg bei, er modifiziert und optimiert es und passt es an, als ihm für Umbruch und Fotoarchiv digitale Werkzeuge zur Verfügung stehen. Für die Bundesländer legt er zunächst eine Hängekartei mit A6-Karteikarten und farbigen Reitern an, die geografisch und bautypologisch sortiert sind. Kontaktabzüge von Begehungsfotos, Literaturhinweise und Baukennzahlen werden von ihm und seinen Mitarbeiter*innen auf diesen Karten eingetragen, die sich im Laufe der Recherchen als zu klein dimensioniert erweisen. Die Karteikarten für die Wien-Bände sind im A5-Format zwar doppelt so groß, aber auch hier sprengt die Informationsfülle zu manchen Objekten punktuell die Kapazität des Karteikartensystems. Die grundlegenden Informationen (Ort, Adresse, Einlagezahl, Planungs- und Bauzeit, Entwurf und Ausführung, Zustand etc.) sind auf den eigens produzierten Karteikarten der Wiener Firma Planothek GmbH übersichtlich „abrufbar". Achleitner schätzt die Informationsdichte seiner Karteikästen und die Haptik ihrer Handhabung. In den Schreibphasen in seinem Atelier in der Otto-Bauer-Gasse hat Achleitner immer mehrere Karteikarten von Bauwerken einer Typologie nebeneinander auf dem Tisch ausgebreitet, um Entwicklungen, Häufungen von grundrisslichen Merkmalen oder typologische Zusammenhänge zu orten und in die Einzelbeschreibungen einfließen zu lassen. Das analoge Archivsystem hat gegenüber digitalen Datenbanken den Vorteil, dass man mehrere Objekte gleichzeitig gut überblicken und handhaben kann. Die Karteikarten sind auch Requisit bei allen Begehungen, um Beobachtungen und Informationen unmittelbar vor Ort mit Bleistift eintragen zu können. Ein weiteres wichtiges Utensil sind – zumindest bei den Wiener Erkundungstouren – jene 360 Stadtplanquadrate im Maßstab 1:2000, anhand derer ganze Straßenzüge und Gassen Hausnummer für Hausnummer abgearbeitet werden. Auch das sogenannte Begehungsbuch, in dem die Tagesroute und die Zielpunkte sowie allfällige Termine mit Bauherr*innen und Architekt*innen eingetragen werden, ist für die nachträgliche Zuordnung der Fotoabzüge zu den richtigen Adressen und Karteikarten ein wichtiges Hilfsmittel. Die Adressen werden ohne GPS-Navigation angepeilt, ein Buchstadtplan in den Händen der Beifahrerin genügt zur Orientierung.

Nach den Ersterkundungen vor Ort, bei denen intensiv geschaut und nicht viel gesprochen wird, werden die Bauakten der vielversprechendsten Objekte ausgehoben, relevante Plandarstellungen kopiert und nachgezeichnet, die Eigentümer*innen und Architekt*innen für einen Besichtigungstermin kontaktiert, die Zeitschriften-Literatur nach Informationen durchforstet. Für das Interesse am durchschnittlichen Baubestand einer Stadt oder einer Region erweisen sich die empirischen Faktensammlungen

⑤ HART bei WEIZ
   EISENBAHNBRÜCKE

⑥ WEIZ HAUPTSCHULE
   FRIEDHOFSWEG 23
   + BUNDESGYMNASIUM u.
     BUNDESREALGYMNASIUM

⑦ WEIZ BRUNNEN bei
   SCHULZENTRUM   (216)

⑧ WEIZ VOLKSHAUS
   KAMMER FÜR ARBEITER u.
              ANGESTELLTE
   BIRKFELDERSTR. 22

⑨ WEIZ 3 WOHNBLÖCKE
   GOETHEGASSE 14,16 18-20, 22-24

⑩ WEIZ HOCHSPANNUNGSLABORATORIUM
   ELIN-WERKE

⑪ WEIZ (MOOSDORFER KG?)
   EISENGASSE 10 u. 9a
   (ALTE HAMMERWERKE)

⑫ WEIZ WERKSANLAGE
   MOSDORFER Ges.m.b.H.
   VERZINKEREI
   MOSDORFERGASSE

⑬ WEIZ ELINWERKE
   KLAMMSTR. 20
   (216)

⑭ WEIZ RATHAUS HAUPTPLATZ 7

⑮ WEIZ EF-WH SCHWARZ
   VIEHMARKTPLATZ

⑯ WEIZ 2 WOHNH. BLÖCKE ELIN-WOHNHÄUSER
   BAHNHOFSTR. 30 u. 32
   u. BAHNHOFSTR. 24, 26, 28

⑰ WEIZ WOHNH. BLOCK d. ELIN
   GLEISDORFERSTR. 55 u. 57

   ─────────────────────
   FILM-WECHSEL
   ─────────────────────

⑱ WEIZ 2 WOHNHOCHHÄUSER
   K. SCHÖNHERR GASSE

→ + EINZELHAUS BAHNHOFSTR. 34
   MF. WH
                    (217)

der Verbandszeitschriften *Der Bau* (ZV) und *Der Aufbau* (Stadtbauamt) als ergiebigste Quellen. Rundgänge oder Rundfahrten und die Materialauswertung und vertiefende Recherche folgen manchmal dicht aufeinander, manchmal verstreichen Wochen oder Monate, ehe die Zweit- oder Drittbesichtigung eines Gebäudes auf dem Programm steht. Diese mehrmalige Besichtigung von Objekten, die auch ständige Revisionen vorläufiger Zwischenbilanzen bedingen, mag einer der Gründe sein, warum der Achleitner-Führer eine bis heute nachvollziehbare Gültigkeit ausstrahlt. Die in Recherche und genaues Hinsehen investierte Zeit scheint sich in den Karteikarten abgelagert zu haben, sie ist dort gesichert und bleibt aktivier- und erweiterbar, solange ein Gebäude existiert. Doch bekanntlich schlägt gerade im Bereich der Industriearchitektur die Furie des Verschwindens oft unvermittelt zu. Wenn man dann bei einer Zweit- oder Drittbegehung plötzlich vor einer Brache oder Baugrube steht und nicht vor dem erwarteten Gebäude, verwandeln sich die Fotos der Erstbegehung blitzartig in Dokumente des Historischen. Dieser Wandel vom Arbeitsmaterial zum Artefakt eines Archivs vollzieht sich bei einzelnen Karteikarten ebenso wie bei der Gesamtheit des Zettelkastens. In diesem Sinn strahlt das Friedrich Achleitner Archiv als Teil der Sammlung des Architekturzentrum Wien heute etwas inspirierend „Objekthaftes" aus. Da Zettelkästen und Karteikarten als unscheinbare physische Ordnungssysteme ihre Selbstverständlichkeit längst eingebüßt haben, erzählen sie in ihrer handfesten Faktizität vor allem von einer „methodischen Anstrengung der Ordnung und der Disziplinierung der Erinnerung"[9]. Diese Erzählung ist bei aller Praktikabilität der Karteikarten rätselhaft und fragmentarisch genug, um – hoffentlich immer wieder – zu neuen Erkundungen des Geländes anzuregen.

1
Kaye Geipel im Gespräch mit Friedrich Achleitner, in: *Bauwelt,* 102. Jg., Nr. 14, 8.4.2011, S. 10.

2
Christon war der Mädchenname der Mutter Friedrich Achleitners.

3
Ottokar Uhl, *Moderne Architektur in Wien von Otto Wagner bis heute,* Wien 1966; auszugsweiser Vorabdruck, in: *Bau,* 21. Jg., H. 4, Wien 1966, S. 93; Kurzbesprechung, in: *Der Aufbau,* 22. Jg., H. 5, Wien 1966, S. 212.

4
Friedrich Achleitner, „Der Aufbau und die Aufbrüche 1945–1975", in: Annette Becker, Dietmar Steiner, Wilfried Wang (Hg.), *Architektur im 20. Jahrhundert. Österreich* (Ausstellungskatalog, Deutsches Architekturmuseum, Frankfurt am Main, 14.10.1995–14.1.1996; Architekturzentrum Wien, 1997), München/New York 1995, S. 43–49, hier S. 43.

5
Hermann Czech, in: Architekturzentrum Wien (Hg.), *Hintergrund,* H. 46/47, Wien 2010, S. 38–39.

6
Im Archiv der ZV befindet sich ein Karton mit rund 500 Karteikarten mit den Basisdaten und Abbildungen zu Bauwerken in Österreich nach 1945.

7
Ankündigung in: *Der Bau,* 19. Jg., H. 1, Wien 1964; Kurzbesprechung, in: *Der Bau,* 19. Jg., H. 6, Wien 1964; Rezension von Sokratis Dimitriou, in: *Der Aufbau,* 19. Jg., H. 9, Wien 1964, S. 378.

8
Friedrich Achleitner, in: *Die Presse,* 10/11.10.1964, o. S. Im Rückblick berichtet Achleitner, damals keine Vorstellung gehabt zu haben, dass sich das Vorhaben eines Architekturführers „im handlichen Taschenbuchformat" zu einem mehrbändigen Langzeitprojekt auswachsen könnte (Friedrich Achleitner im Gespräch mit der Verfasserin am 24.2.2016).

9
Hans Petschar, Ernst Strouhal, Heimo Zobernig, *Der Zettelkatalog. Ein historisches System geistiger Ordnung* (Ausstellungskatalog, MAK, Wien, 3.–21.2.1999), Wien/New York 1999.

Essay 04

Ein Beitrag zur Inventarisation der Architektur des 20. Jahrhunderts in Niederösterreich

Doris Grandits, Theresa Knosp

Ein Nachwort als Vorwort

Dietmar Steiner, der Gründungsdirektor des Architekturzentrum Wien und langjährige Mitarbeiter sowie Vertraute von Friedrich Achleitner, beschrieb im Nachwort der Publikation *Friedrich Achleitners Blick auf Österreichs Architektur nach 1945* das Werk und die Arbeitsweise Achleitners:

„Es gibt bekanntlich drei Existenzen von Friedrich Achleitner, die seine [...] integrative Persönlichkeit als Lehrer seit bald fünfzig Jahren speisen: den Schriftsteller, den Architekturkritiker und -theoretiker sowie den Autor des Führers zur österreichischen Architektur im 20. Jahrhundert. Natürlich sind diese drei Rollen, in einer Person verbunden, nicht immer klar voneinander unterscheidbar. Es wird noch viele Forschungsarbeiten und Analysen geben müssen, um die Interferenzen dieser drei Existenzen im Schaffen von Friedrich Achleitner aufzuklären.

Einzigartig in Methode und Resultat ist jedenfalls seine Arbeit am österreichischen Architekturführer mit dem Ergebnis eines ebenso umfassenden wie einzigartigen Archivs zur Architektur des 20. Jahrhunderts in Österreich. Beginnen wir mit dem Ergebnis, mit 22.340 Karteikarten zu Objekten, 2.690 Dateien zu Architekten, 66.500 Foto-Negativen, 37.800 Dia-Positiven, 13.800 Fotoabzügen, 570 Plandarstellungen, 250 Begehungsplänen und über 1.000 Büchern, Broschüren, Katalogen, Zeitschriften.

Dieses Archiv hat Achleitner seit 1965, als er mit der Arbeit am ‚Führer' begann, in unermüdlicher Arbeit angesammelt. Nicht wirklich beabsichtigt. Eher sind es Ablagerungen seiner eigentlichen Arbeit, die wichtigen Objekte zu selektieren, zu bewerten, zu beschreiben und zu publizieren. Die Bücher erschienen in unterschiedlich großen Intervallen von 1980 bis 2010. Der 1. Band rollte mit Vorarlberg, Tirol, Salzburg, Oberösterreich die Baugeschichte Österreichs von Westen her auf. Der 2. Band erschien 1983 mit Kärnten, Steiermark, Burgenland. Beide Bände hat Achleitner weitgehend selbst finanziert, nur geringe Unterstützung durch Forschungsaufträge haben die Recherchen entlastet. Duldsam begleitet wurde er dabei in den ersten Jahrzehnten vom legendären Verleger des Salzburger Residenz Verlags, Wolfgang Schaffler, mit dem er 1965 den Vertrag ausfertigte, der den Abschluss des Unterfangens mit 1968 fixierte. Doch dem straffen Zeitplan stand die Methodik der Arbeit von Achleitner entgegen. Schon am Beginn entschied er sich für die Primärforschung der Architektur des 20. Jahrhunderts. Es gab auch keine andere Möglichkeit, da die kunstgeschichtliche Forschung zu dieser Zeit die zeitgenössische Architektur ignorierte. Also ging er in die zeitaufwendige Feldforschung. Jede Stadt, jede Gemeinde, jeder Weiler wurde befahren, nach architektonischen Merkwürdigkeiten erforscht, fotografiert und in den lokalen Bauarchiven und mit sonstigen Quellen verifiziert.

All diese Befahrungen und Erkundungen waren von Achleitners obsessivem Blick dominiert. Es gab keine ‚objektiven Kriterien' der Beurteilung und Bewertung der Objekte. Es war vielmehr eine Form der akkumulierten Erfahrung, die sich an

LINZ

Schillerplatz 2, Studienbibliothek, E: Julius Smolik (Bundesministerium für Handel und Verkehr, Wien), 1930–32

Die unter Karl Schiffmann errichtete Studienbibliothek gehört heute noch zu den städtebaulich gut eingebundenen Objekten, sie »bewältigt« in vorbildlicher Weise den Übergang von der Edergasse zum Schillerplatz.

Promenade 39, Landestheater (Umbau und Erweiterung), E: Clemens Holzmeister, 1954 bis 1958

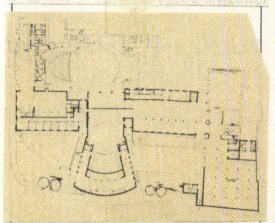

Die umfangreiche Neugestaltung des in seiner Geschichte mehrmals um- und ausgebauten ehemaligen »ständischen Ballhauses« (1695–97) – die Empire-Fassade auf der Promenade von Ferdinand Mayr stammt aus dem Jahre 1803 – betraf die völlige Erneuerung des Zuschauerraumes im alten Haus, die Vergrößerung und Verbesserung der dazugehörenden Pausenräume, Garderoben, Treppen sowie die Schaffung eines neuen Kammerspielsaales mit den dazugehörenden Bühnen- und Publikumsräumen, Kulissendepots, Werkstätten und Probesälen.

Untere Donaulände 7, Brucknerhaus, E: Kaija und Heikki Siren, BL: Horst Hedler, 1962; 1969–74

Es ist scheinbar ein Widerspruch: Das Linzer Brucknerhaus stellt einerseits in der österreichischen Architekturentwicklung eine Ausnahme dar, andererseits steht es in einer langen Tradition. Eine Ausnahme ist es deshalb, weil in der österreichischen Architektur der Gegenwart die Tätigkeit ausländischer Architekten im Land soviel wie keine Rolle spielt, dagegen hat der Einfluß nordischer Architekten eine längere Geschichte. Linz hat seine eigene Liaison mit dem Norden, sie beginnt mit Vinzenz Statz (Erbauer des Domes), geht über Kurt Kühne (Stadtbaudirektor der Zwischenkriegszeit), Peter Behrens (Tabakfabrik), Roderich Fick und Friedrich Tamms (Brückenkopf), Rudolf Schwarz (Theresienkirche) bis herauf zu Kaija und Heikki Siren.

Die Sirens haben im Anschluß an die Linzer Altstadt und die relativ integrierten Brückenkopfbauten einen Bau konzipiert, der sich in der Höhenentwicklung der Gipfellinie der Aubäume unterordnet. Das ganze räumliche und städtebauliche Konzept ist von der Uferlage, der Beziehung von Standort und Umraum bestimmt. Das Brucknerhaus ist wohl einer der letzten Vertreter jenes »skandinavischen Klassizismus«, der in den dreißiger Jahren eine Synthese mit dem Funktionalismus einging und sich durch eine einfache räumliche Disposition, Bescheidenheit in den formalen Mitteln und besondere Gediegenheit in Detail und Material auszeichnet. Die Grundform des Kreissegments erlaubt im konkreten Fall sowohl die Zuordnung der Säle als auch ein großes, zweigeschossiges Foyer, das seine Attraktion von dem Kontakt zur Szenerie der Linzer Stadtlandschaft bezieht. Die strenge Geometrie des Entwurfes wird im Detail für das Auge korrigiert oder gemildert, so etwa an den Ecken des Baukörpers durch leichte Einzüge oder in den Zierkelschlägen der Bestuhlung und der Deckenelemente der Säle, die nicht einen Mittelpunkt, sondern linear wandernde Zentren haben. Bestimmend für die Atmosphäre der Innenräume ist die ausschließliche Verwendung von hellem Holz und von Orange bei den Stühlen. Die übrigen Töne auf der Braun-Beige-Skala schaffen eine »gedämpfte Vornehmheit«, die weder steif noch lässig wirkt. Den Sirens scheint die geschmackliche Gratwanderung geglückt zu sein, die bei Mehrzweckbauten solchen Charakters erforderlich ist. Für Linz bedeutet dieser Bau die Erfüllung eines langjährigen Wunsches nach einem Konzert- und Veranstaltungshaus,

lokalen kulturellen Entwicklungen orientierte. Weshalb das Achleitner-Archiv eine kulturanthropologische Dimension hat, die jenseits von Meisterwerken der Architekturgeschichte, ohne diese auszuschließen, auch die Alltagsproduktion von Architektur, wir nennen sie häufig Baukultur, versammelt. Erstmals hat Achleitner beispielsweise die Entwicklung der Industriearchitektur und die der Arbeitersiedlungen dokumentiert. [...]

Die Bücher selbst entstanden ebenfalls nach einer ausgeklügelten Methode. Achleitner produzierte Formblätter mit Satzspiegel, die proportional zur künftigen gedruckten Ausgabe für die Typografie seiner IBM Kugelkopfmaschine passten. Auf diesen Formblättern legte er penibel fest, welches Objekt wie viele Spalten oder Seiten, wie viele und welche Abbildungen und welchen Textanteil erhalten wird. Die Hierarchie der von Achleitner zugeschriebenen Bedeutung der jeweiligen Objekte teilte sich somit auch im Layout mit.

Ab 1983, Achleitner erhält endlich einen komfortablen Lehrstuhl an der Hochschule für angewandte Kunst, begann die Arbeit an Wien. Schon bald erkannte er, dass Wien mit einem Band nicht ‚erledigt' werden könnte. Über die Jahrzehnte hatte er seine Erhebungsmethoden sosehr verfeinert, dass er sich langsam dem guten Rat seines Freundes, des Künstlers Dieter Roth, annäherte, der ihm schon am Beginn der Arbeit empfahl, doch einfach alle Bauten Österreichs in den ‚Führer' aufzunehmen.

Es erscheint, mit der Hilfe von recherchierenden Mitarbeiterinnen, 1990 der erste Wien-Band, 1995 der zweite. Aber Ende der 1990er-Jahre nahte auch die Emeritierung. Achleitner geriet in Panik. Was geschieht mit dem Archiv, wenn ich nicht mehr an der Angewandten bin? Wenn der oder die Nachfolgerin einfach all das eigentlich mit viel Aufwand privat erarbeitete Wissenspotenzial in den Keller räumt oder einfach entsorgt? Eine realistische Perspektive, denn Lehrstühle an Hochschulen sind keine Archive. Deshalb fragte er damals das Az W, Architekturzentrum Wien, ob es nicht Interesse hätte, das Archiv der österreichischen Architektur des 20. Jahrhunderts zu übernehmen. [...]

Im Jahr 2010 erschien der dritte und letzte Band zu Wien. Achleitner beendete die Arbeit am Architekturführer und widmete sich wieder der Literatur. Niederösterreich blieb unbearbeitet. Aber es wäre nicht Österreich, wenn Achleitners Führer nicht unvollendet geblieben wäre." (Dietmar Steiner)[1]

Neun Jahre sind seit diesem Resümee Dietmar Steiners vergangen. In gewisser Weise wird er, obwohl nun mit der vorliegenden Publikation ein Band zu Niederösterreich erschienen ist, auch recht damit behalten: Wenngleich Achleitners vorangegangene Recherchen als Basis für die Publikation dienen, so will und kann dieses Buch, wenn überhaupt, dann als Versuch einer Vervollständigung, nicht jedoch als Vollendung der Reihe verstanden werden.

Am Anfang war der Zettelkasten[2]

Friedrich Achleitners Beschäftigung mit Niederösterreich startete vermutlich, ebenso wie seine Arbeit an den Architekturführern *Österreichische Architektur im 20. Jahrhundert* für die anderen Bundesländer, bereits in den 1960er-Jahren. Während der erste Band der Reihe noch vier Bundesländer auf rund 470 Seiten umspannte und der zweite Band auf etwa 500 Seiten drei Bundesländer thematisierte, musste der dritte Band zu Wien infolge der intensiven Recherche und der großen Anzahl relevanter Objekte auf drei Bücher aufgeteilt werden und umfasst letztendlich insgesamt 1.100 Seiten. Seine Arbeit zu Niederösterreich wurde – nicht zuletzt aufgrund der Größe des Bundeslandes – nie fertiggestellt.

Friedrich Achleitner und Dietmar Steiner auf der Kykladeninsel Sifnos, 1973, fotografiert von Helmut Heistinger

1999 von der Stadt Wien als Vorlass angekauft, wurde das umfangreiche Archivmaterial Achleitners dem Az W übergeben. Achleitner selbst übertrug mit der Übergabe seines Archivs den Auftrag zur Fertigstellung der Architekturführer-Reihe Dietmar Steiner. Nachdem dieser 2016 als Direktor des Az W pensioniert wurde, initiierte er 2018 das Projekt AFNÖ (Architekturführer Niederösterreich) als Kooperation der Technischen Universität Wien (TU Wien) mit dem Az W, der Forum Morgen Privatstiftung und der Abteilung Kunst und Kultur des Landes Niederösterreich. Steiner, der bereits gemeinsam mit Achleitner an den Forschungen zu Salzburg und Oberösterreich gearbeitet hatte, übernahm die Projektleitung sowie die Hauptautorenschaft für das ursprünglich auf eine Laufzeit von drei Jahren ausgelegte Vorhaben.[3]

Im Zuge der Einbindung des Projektes in die Lehre an der TU Wien wurden Seminare veranstaltet, in denen Dietmar Steiner gemeinsam mit Studierenden das Archiv zu Niederösterreich zu sichten und zu inventarisieren begann. Im März 2019, kurz nachdem das Projekt gestartet war, verstarb Friedrich Achleitner im Alter von 88 Jahren. Im April 2019 erkrankte auch Dietmar Steiner schwer und verschied im Mai 2020. Die tragischen Ereignisse bedingten ein konzeptionelles Umdenken – neben der ursprünglichen Aufgabenstellung, auf den vorangegangenen Forschungen des „Vaters der heimischen Architekturkritik"[4] aufzubauen, galt es, einen würdigen Umgang mit dem geistigen Doppelerbe Achleitners und Steiners zu finden.

Altbewährtes neu interpretiert

Als Architekturführer betitelt, schuf Achleitner mit seiner Buchreihe ein Nachschlagewerk zur Architektur im 20. Jahrhundert, das sich neben anderen Lexika, wie beispielsweise dem *Dehio*-Handbuch, zweifelsohne zu einem Standardwerk in der österreichischen Architekturgeschichte entwickelt hat. Wenngleich die Forschungen zu vorliegendem Band auf den Recherchen Achleitners basieren und somit im Kontext seiner bisherigen Architekturführer stehen, versteht sich diese Publikation nicht als formaler Abschluss von Achleitners Buchreihe. Durch Beibehaltung des Charakters eines Nachschlagewerks und inhaltliche Ergänzung mittels begleitender Essays hat das Projektteam einen Mittelweg zwischen gestalterischer und inhaltlicher Anknüpfung an das Bestehende sowie einer Neuinterpretation der Aufgabenstellung angestrebt.

In Anlehnung an die bisherigen Bände bildet der Objektteil den Kern der Publikation. Alle aufgenommenen Einzelobjekte sind jeweils mit Basisdaten in Form eines Steckbriefes angeführt, etwa zwei Drittel der Objekte darüber hinaus mit unterschiedlich ausführlichen Informationstexten und Abbildungen versehen. Geordnet werden diese Einträge alphabetisch nach Ortschaften, innerhalb der Orte nach Funktionskategorien[5] und innerhalb dieser Kategorien alphabetisch nach Adressen.[6] Wie auch bei den Architekturführern Achleitners sind nicht nur bekannte und bereits publizierte Architekturbeispiele abgebildet, sondern auch Objekte aus weniger prominenten Bauaufgaben sowie vernakuläre und anonyme Architekturen. Erst aus dieser Zusammenschau ergibt sich, so Achleitner, das „Relief einer Kulturlandschaft", welches „nicht nur die Spitzen, sondern wirklich auch die ganze ‚Basiskultur' wenn man so sagen kann", erfasst.[7] Den Objekttexten wurde ein bundeslandweiter Überblick über die baulichen Entwicklungen in den jeweiligen Funktionskategorien vorangestellt, zudem erhielten ausgewählte Gemeinden bzw. Städte kurze einleitende Texte.

Achleitners Archivmaterial zu Niederösterreich umfasst den berühmten Zettelkasten mit Karteikarten und darüber hinaus Negativstreifen, Kopien aus Publikationen, Zeitschriften, Planmaterial und diverse Dokumente sowie persönliche Korrespondenz mit Architekt*innen.

Die nach dem unerwarteten Tod von Achleitner und Steiner veränderten Rahmenbedingungen verlangten eine inhaltliche Ergänzung zu den Objektbeschreibungen. In den vorangegangenen essayistischen Texten wird Achleitners einzigartige Primärforschungsmethode thematisiert, eine Verortung dieser in der Architekturgeschichtsschreibung des 20. Jahrhunderts in Österreich vorgenommen sowie ein einleitender Überblick über zentrale Fragen und Aspekte der niederösterreichischen Architekturlandschaft im vergangenen Jahrhundert gegeben.

Als materielles und geistiges Erbe stellte das Archiv Achleitners zu Niederösterreich die unumgängliche Grundlage der Forschungsarbeiten zum Objektteil dar. Das Archivmaterial zu Niederösterreich wurde von der TU Wien als Leihgabe vom Az W übernommen und die vorhandenen Unterlagen im Rahmen des Forschungsprojektes aufgearbeitet und inventarisiert. Es umfasst einen Karteikartenkasten mit 3.759 alphabetisch nach Ortschaften abgelegten Einträgen, drei Ringmappen mit Kopien aus Zeitschriften, sieben Archivboxen mit diversen Materialien, zwei Planmappen mit großformatigen Unterlagen sowie 125 Negativtaschen mit im Zuge von Achleitners Befahrungen aufgenommenen Fotos. Im Umgang mit diesem Nachlass stand schnell fest, dass Achleitners Objektauswahl den konzeptionellen Grundstock der weiteren Forschungsarbeiten bilden muss. Denn auch wenn es sich hierbei wissentlich nur um einen Arbeitsstand handelt, wird so seine Forschung und subjektive (Vor-)Auswahl der Objekte abgebildet. Erstes Ziel war es folglich, die 3.759 Einträge zu Einzelbauwerken, Ensembles oder Projekten durchzusehen, die Angaben zu prüfen und zu systematisieren. Sofern die Gebäude identifizierbar und heute in ihrer ursprünglichen architektonischen Qualität erhalten waren, wurden sie in die zu bearbeitende Objektauswahl aufgenommen.

In weiterer Folge wurde diese Objektauswahl aus der zeitlichen Distanz des 21. Jahrhunderts punktuell ergänzt, wobei jedoch – wie auch bei Achleitner – kein Anspruch auf Vollständigkeit erhoben wird. Zur Abbildung des geistigen Erbes von Achleitner erschien es wichtig, in der vorliegenden Publikation klar ersichtlich zu machen, welche Gebäude in der Objektauswahl auf ihn und seine Recherchen zurückgehen. Daher wurde jedes von Achleitner in der Kartei dokumentierte Objekt mit einem grauen Punkt am Ende der Steckbriefangaben markiert. Zur Illustration der Bauten sind nach Möglichkeit Fotografien gezeigt, die von Achleitner selbst während seiner Befahrungen aufgenommen wurden. Neben ihrem Wert als Zeitzeugnisse spiegeln sie auch seinen subjektiven Blick auf die Architektur wider. Die Fotografien sind ihren Originalen entsprechend in Schwarz-Weiß abgebildet und unterscheiden sich dadurch von den aktuellen, farbig abgedruckten Aufnahmen.

Neue Zeiten, neue Hürden

In oftmals mehreren Durchgängen befuhr Achleitner auf seinen Rechercheexpeditionen durch Österreich unzählige Städte und Ortschaften, beging Bauwerke und erlebte sie zu verschiedenen Tages- und Jahreszeiten. Seine Forschungen erstreckten sich über Jahrzehnte. „Wenn man jahrelang herumsucht, weiß man mehr und man sieht mehr. Das explodiert dann eigentlich", erklärte er 2010 in einem Interview anlässlich des Erscheinens des letzten Wien-Bandes die stets anwachsende Objektsammlung.[8] Achleitners Methode konnte, nicht zuletzt aufgrund der begrenzten Projektlaufzeit, nicht wiederholt werden, weshalb ein Umdenken in der Herangehensweise an die Aufgabe erforderlich war.[9] Statt eines Einzelautors erarbeitete nun ein neunköpfiges Autor*innenteam die Objektbeschreibungen: Die Recherche- und Textarbeiten wurden von Atreju Allahverdy, Markus Gesierich, Doris Grandits, Caroline Jäger-Klein, Juliane Johannsen, Theresa Knosp, Agnes Liebsch, Inge Scheidl und Elisabeth Schnattler durchgeführt, wobei die Objekte in bautypologischer Sortierung von den Autor*innen bearbeitet und die Einträge von Brigitte Ott lektoriert und indexiert wurden.

Neben seinem großen Wissen über die nationale Baukultur und der unkonventionellen Objektauswahl war es vor allem Achleitners charakteristische Schreibweise, die seine Publikationsreihe so einzigartig macht. Achleitner, der sich zeit seines Lebens als Architekt, Historiker und Kritiker mit der gebauten Umwelt auseinandergesetzt hatte, war überdies ein bedeutender Literat.[10] Pointiert, sprachlich versiert und dabei bekennend subjektiv fielen die Beschreibungen der Bauten aus. Die Texte, die oft in nur wenigen Sätzen dichte Informationen zu Objekten vermitteln, sind mitunter auch scharfzüngig. Architektur wurde analysiert, eingeordnet und bewertet. So hielt Achleitner etwa über das Restaurant Santo Spirito von

Günter Rupp in der Kumpfgasse 7 in Wien fest: „Eine augenzwinkernde ‚Postmoderne', die den Zitaten weniger abverlangt, als sie vielleicht sagen könnten; ein paar Erinnerungen an Erinnerungen, Beschäftigung für die Augen, wenn sich nichts Interessantes ein- oder danebenstellt."[11] Über ein Wohn- und Geschäftshaus in der Villacher Straße 9 in Klagenfurt schrieb er: „Ein etwas skurriler Jugendstil, gewissermaßen ein Olbrich auf Distanz, ohne Schärfeneinstellung. Liebenswürdig im Versuch, eine Mode nachzuahmen, ohne sich in ihr jedoch zurechtzufinden."[12] Diese spezifische Diktion kann und soll ebenso wenig wie seine Methodik imitiert werden, weshalb sich das Buch nun weniger als ein Architekturführer versteht, der den Lesenden oftmals knappe Hinweise für die Betrachtung vor Ort offeriert, sondern als sachlicheres Nachschlagewerk, das sich den Objekten vordergründig deskriptiv annähert. Im Fokus stehen das Schildern des Entstehungskontextes, das Benennen von Besonderheiten sowie das Aufzeigen von Zusammenhängen – Umstände, die nicht nur dem Format eines neutralen Überblicks im Sinne der Grundlagenforschung sowie der neuen Mehrköpfigkeit des Autor*innenteams geschuldet sind, sondern auch der unterschiedlichen Quellenlage bzw. deren Zugänglichkeit.

Mit der Befüllung des Karteikastens zu Niederösterreich dürfte Achleitner bereits in den 1960er-Jahren begonnen haben, sukzessive wuchs die Sammlung über die Jahrzehnte hinweg an. Er legte die Einträge jeweils alphabetisch nach Ortschaften im Zettelkasten ab, legte dafür jedoch drei jeweils von A bis Z reichende Systeme an, deren Einträge den Handschriften zufolge im Wesentlichen drei Personen anfertigten: Achleitner selbst sowie Dietmar Steiner und Margarethe Cufer, Architektin und Ehefrau Dietmar Steiners. Die Karteikarten unterscheiden sich in ihrer Informationsdichte erheblich voneinander und erlauben Rückschlüsse auf die Arbeitsweise. Zum einen handelt es sich um Einträge, die bei Befahrungen entstanden sein dürften; hier sind

Kontaktabzüge von Fotografien eingeklebt, die eingetragenen Informationen beschränken sich zumeist auf eine (mehr oder weniger präzise) Adresse. Demgegenüber stehen Karteikarten zu Objekten, die der Literatur entnommen wurden: (Bau-)Zeitschriften oder Publikationen sind genannt und die Informationen aus dem jeweiligen Artikel auf der Karteikarte eingetragen. Kopien dieser Quellen sind in vielen Fällen in den begleitenden Stehordnern abgelegt, Auszüge teilweise auch in die Karteikarten eingeklebt. Die dritte Kategorie an Karteieinträgen umfasst Bauten und Projekte, welche mit spärlichen Informationen versehen sind, jedoch über keine weiterführenden Hinweise verfügen.

Diese unterschiedlich angelegten Karteikarten dürften der Grund für die Dreiteilung des Karteisystems sein, wenn auch die Einträge zum Zeitpunkt der Übernahme nicht mehr stringent diesem System entsprechend eingeordnet waren. Infolge dieser Methodik entstand eine Vielzahl an Duplikaten und Mehrfacheinträgen, die sukzessive identifiziert und zusammengeführt werden mussten.

Um die vorhandenen Materialien zu systematisieren und die Informationen zu bündeln, wurde gemeinsam mit Elmar Bertsch eine Arbeitsdatenbank entwickelt, welche dem Aufbau des physischen Karteisystems Achleitners folgt und somit auch der Struktur der Achleitner-Datenbank des Az W zu den übrigen Bundesländern entspricht: pro Karteikarte ein Datensatz. In einem ersten Schritt wurden alle Inhalte der Karteieinträge digital erfasst und die von Achleitner gesammelten Unterlagen inventarisiert und archivgerecht verpackt. Nach Zuordnung der Planmaterialien und Dokumente zu den einzelnen Objekteinträgen folgte die Übernahme der Inhalte in die Datenbank, was nun einen Überblick über alle vorhandenen Unterlagen ermöglichte. Die Negative der Befahrungsfotos von Achleitner wurden hochauflösend

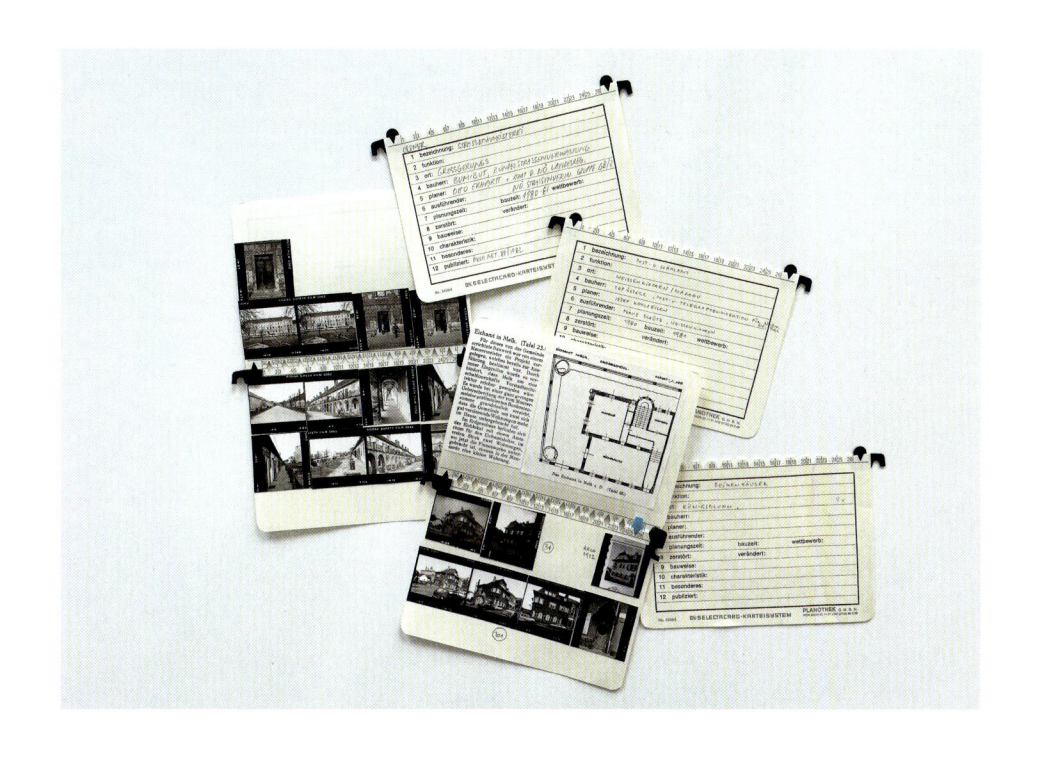

Die von Achleitner gesammelten Eckdaten auf den Vorderseiten der Karteikarten weisen eine unterschiedliche Informationsdichte auf; die Kontaktabzüge seiner Befahrungsfotos stellen wichtige Zeitzeugnisse dar.

Sukzessive konnten im Projektverlauf Daten zu Einzelobjekten zusammengeführt und ergänzt werden.

gescannt und neben Arbeitsfotos der Karteikarten und Dias aus Achleitners allgemeiner Diasammlung in die Datenbank eingespielt. Anhand der somit erarbeiteten Datensammlung konnten Zusammenhänge aufgezeigt und vermerkt werden. Diese Systematik war von Anfang an darauf ausgelegt, zusätzliche Recherchen sukzessive einzupflegen und neue Informationshierarchien und -vernetzungen schaffen zu können. Durch die Vergabe von Laufnummern sind alle physischen Karteikarten eindeutig mit einem digitalen Datensatz verknüpft und das Archiv nach Rückgabe an das Az W für künftige Forschungen übersichtlich aufbereitet.

Achleitner befuhr im Rahmen seiner Recherchen zu den anderen Bundesländern verschiedene Gemeinden, sah Pläne ein und trat in Kontakt mit Eigentümer*innen. Unterlagen im Nachlass belegen zudem, dass er auch Gemeindearchive anschrieb und um Zusendung bestimmter Unterlagen für seine Publikation bat oder dass Architekt*innen ihm Materialien zu ihren Projekten schickten, in der Hoffnung, in den Führer aufgenommen zu werden. Zu Projektbeginn 2019 sah die Forschungswelt jedoch anders aus. In den Bundesländern, wo Bauangelegenheiten auf Gemeindeebene bearbeitet werden, obliegt die Zustimmung zur Bauakteneinsicht zu Forschungszwecken der Einschätzung der jeweiligen Verwaltungseinheit. Einige niederösterreichische Gemeinden waren aufgeschlossen und bereit, das Forschungsvorhaben zu unterstützen und ermöglichten die Einsicht in die Akten ihrer Bauabteilungen sowie Stadtarchive. Vielen der Anfragen wurde jedoch negativ, sei es abschlägig oder zögernd, mit dem Hinweis auf rechtliche Bedenken begegnet. Die 2018 in Geltung getretene EU-Datenschutz-Grundverordnung (EU-DSGVO) wurde wiederholt zur Argumentation dafür herangezogen, nur mit schriftlicher Einverständniserklärung der Eigentümer*innen eine Akteneinsicht gestatten zu dürfen. Da bei dreieinhalbtausend Objekten das Einholen dieser Vollmachten keine Option darstellte, zumal die Eigentümer*innen insbesondere im Bereich der Wohnbauten und Einfamilienhäuser in so gut wie allen Fällen nicht bekannt waren, mussten andere Strategien entwickelt werden. Ein Ansuchen um generelle Bewilligung der Bauakteneinsicht im Rahmen des Projektes bei der Datenschutzbehörde blieb ebenso erfolglos wie eingebrachte Unterstützungsansuchen auf höherer politischer Ebene. Zuletzt wurde bei rund 200 Gemeinden, in denen sich wichtige zu recherchierende Objekte befinden, nicht um Akteneinsicht angesucht, sondern um die Übermittlung von Informationen zu Eckdaten der Bauten gebeten. Dankenswerterweise erklärte sich etwa die Hälfte dieser Gemeinden bereit, die entsprechenden Informationen zu erheben und zur Verfügung zu stellen und ermöglichte durch ihre Unterstützung die Aufnahme zahlreicher zuvor nicht publizierter Bauten in den Architekturführer.[13]

Ein weiterer unvorhersehbarer Aspekt, der die Forschungsarbeiten massiv beeinträchtigte, war der Ausbruch der Corona-Pandemie im März 2020. Die gesamte Projektlogistik der Feldforschungen und Einsichtnahmen kam nicht nur in den Phasen der Lockdowns, sondern auch in den dazwischenliegenden Zeitspannen der beschränkten Erreichbarkeiten und Zugänglichkeiten der Ämter und Institutionen immer wieder zum Erliegen.

Um die dadurch entstandenen Defizite in der Primärforschung auszugleichen und Informationen für bestehende Objekteinträge zu gewinnen, wurden sämtliche Jahrgänge wichtiger Bauzeitschriften für das 20. Jahrhundert[14] systematisch gesichtet. Auch die im Archiv der TU Wien befindlichen Unterlagen der „Stadtbauaufnahmen" von Hans Koepf[15] sowie die von Anton Schweighofer am Institut für Gebäudelehre und Entwerfen der TU Wien angelegten „Gebäudeanalysen"[16] lieferten hierzu Erkenntnisse. In mehreren Hundert Fällen wurde trotz aller Widrigkeiten versucht, Kontakt zu den Eigentümer*innen herzustellen und Vollmachten zur Akteneinsicht oder privat archivierte Unterlagen zu erhalten. Ein weiterer Arbeitsschritt bestand im Abgleich der Daten mit einem Auszug der internen Datenbank des Bundesdenkmalamtes. Durch diese Grundlagenforschung konnten nicht nur Informationen zu in der Kartei vermerkten Bauwerken erhoben, sondern darüber hinaus auch eine Vielzahl an ergänzenden Einträgen in der Datenbank vorgenommen werden.

Da viele der nun verfügbaren Informationen über zeitgenössische Literatur oder Publikationen bezogen wurden, stellte sich – wie auch bei allen von Achleitner aufgenommenen Objekten – in einem weiteren Recherchedurchgang

Die Bauarchive der Gemeinden, wie hier beispielsweise der Stadtgemeinde Horn, können als Schatzkammern der Primärforschung gelten.

Befahrung der ehemaligen Anderlfabrik in der Gemeinde Schrems

die Frage nach dem heutigen Zustand. Die geplanten systematischen Befahrungen des Bundeslandes, bei denen Bauakteneinsicht mit Zustandserhebungen vor Ort kombiniert werden sollten, konnten aufgrund der geschilderten Problematik nicht wie konzipiert stattfinden, weshalb auch hier andere Wege gefunden werden mussten. Einen großen Vorteil der Forschung im 21. Jahrhundert stellten die online verfügbaren Geodaten dar, die auf georeferenzierten Karten der Plattformen des Niederösterreich-Atlas sowie Google Earth und Streetview abrufbar sind. In Kombination von Literatur- und Onlinerecherchen konnten in weiten Teilen ein Überblick über die heutige Situation gewonnen und zudem jene Ziele benannt werden, welche einer Befahrung bedurften.

Alle im Rahmen des Projektes erlangten Forschungsergebnisse wurden samt Quellenangaben in der Datenbank aufbereitet und mit den Informationen der Kartei zusammengeführt. Ergänzendes Bildmaterial sowie digitalisierte Auszüge aus Publikationen wurden ebenfalls als Bilddatensätze in der Datenbank gesammelt. Die Arbeit Achleitners musste nachvollziehbar bleiben, seine Erkenntnisse jedoch aus der Gegenwart heraus verifiziert und die Daten aktualisiert und ergänzt werden. Über das stetig weiterentwickelte Interface der Datenbank sind die digitale Zugänglichkeit und die durch Quellenangaben transparente Nachvollziehbarkeit des gesamten, systematisierten Archivmaterials und aller zusätzlicher Informationen ermöglicht.

Im Zuge der Recherchearbeiten wurden zudem zahlreiche Bauwerke, welche Achleitner nicht in seiner Auswahl hatte, in die Datenbank aufgenommen, um ein möglichst breites Spektrum der Architektur des 20. Jahrhunderts abzubilden.[17] Die Objektsammlung wuchs so insgesamt auf rund 4.700 Objekteinträge und etwa 30.000 Bilddatensätze an. Wesentlich ist hierbei, dass das Buchprojekt ausschließlich bestehende Gebäude umfasst, wohingegen in der Datenbank auch heute nicht mehr erhaltene Objekte dokumentiert sind. Folglich entstand eine umfassende Sammlung an Einzelobjekten, die über das Projekt hinaus als Teil des Datenbanksystems des Az W als Basis für zukünftige Forschungsarbeiten bereitstehen wird.[18] Das Buchprojekt stellt somit einerseits die Essenz, andererseits aber nur einen Teil der Forschungsergebnisse dar.

Mit der Neukonzeption und Ansiedelung des Forschungsprojektes an der TU Wien konnten im Rahmen forschungsgeleiteter Lehre über sieben Semester thematisch gekoppelte Lehrveranstaltungen im Architekturstudiengang abgehalten und verschiedene Begleitprojekte umgesetzt werden. Achleitners Arbeit und dessen Bedeutung waren Thema in insgesamt 25 Kursen; im Rahmen kleinerer Rechercheaufgaben kamen Studierende in Kontakt mit den Archivmaterialien Achleitners und unterstützten durch Befahrungen und Onlinerecherche die Projektarbeiten.

In 15 Kurzdokumentarfilmen beschäftigten sich die Studierenden mit unterschiedlichen Fragestellungen zu Themenschwerpunkten der niederösterreichischen Architekturlandschaft sowie zur Arbeit Achleitners und deren Bedeutung. Die Filme stellen nicht nur einen Aspekt des digitalen Rahmenprogramms der Forschungsarbeit, sondern als Dokumentation von Oral History auch einen zusätzlichen methodischen Ansatz dar. Als begleitende Vermittlungsarbeit wurde das Konzept der ArchitekTOUR entwickelt: In zwei exemplarischen Städten beforschten Studierende Bauwerke aus der Kartei Achleitners und konzipierten Vermittlungskonzepte zu diesen. Exponate und Plakate wurden für individuelle Stadtspaziergänge zur niederschwelligen Vermittlung der Architektur des 20. Jahrhunderts vor Ort im Stadtraum positioniert. Die ArchitekTOUR Baden wurde in Kooperation mit der Stadtverwaltung und in Kopplung an den „International Day of Monuments and Sites" im Frühjahr 2022 abgehalten, die ArchitekTOUR Amstetten war im Rahmen des Projektes „Stadterneuerung Amstetten" im Frühjahr und Sommer 2022 zu sehen. Die digitalen Inhalte der ArchitekTOUREN sowie die entstandenen Dokumentarfilme sind auf der Projekthomepage www.afnoe.at veröffentlicht.

Summa summarum

Das vorliegende Buch präsentiert eine Auswahl von 2.287 Objekten, die auf der Objektsammlung Achleitners basiert. 591 Objekte hiervon wurden im Rahmen der aktuellen Forschung ergänzt, um einen möglichst facettenreichen und ausgewogenen Überblick über die Architekturlandschaft Niederösterreichs im 20. Jahrhundert zu geben. Dem Umfang der Publikation geschuldet, konnten nicht alle in der Datenbank angelegten und recherchierten Bauwerke aufgenommen werden. Besonderes Augenmerk bei der Auswahl wurde darauf gelegt, das Baugeschehen aller

Unter den Negativen von Achleitners Befahrungen in Niederösterreich finden sich vereinzelt persönliche Aufnahmen wie diese, die ihn vor der Burg Rappottenstein zeigt.

Zeitschichten bestmöglich abzubilden und darüber hinaus im Hinblick auf die bisher lückenhafte weibliche Architekturgeschichtsschreibung den wenigen dokumentierten Planungen von Architektinnen im Buch Raum zu geben. Die Gewichtung der Anzahl der Objekteinträge in den jeweiligen Funktionskategorien – den Großteil der Objekte machen Wohnbauten und Einfamilienhäuser aus – entspricht, ebenso wie das Verhältnis von Steckbriefnennungen zu textlich beschriebenen Objekten, weitgehend den vorangegangenen Bänden Achleitners.

Mit der Projektdatenbank liegt ein digitales Informationstool vor, welches die Dokumentationsmethode von Achleitner in die Gegenwart überträgt und eine erweiter- sowie revidierbare Datensammlung darstellt – von Basisinformationen zur Baugeschichte über Angaben zum Erhaltungszustand, Notizen zu Quellen und weiterführenden Unterlagen und Abbildungen bis hin zu Beschreibungen von Objekten. Durch die weitreichende Dokumentation der Architekturlandschaft des 20. Jahrhunderts in Niederösterreich lassen sich Entwicklungen und Phänomene im Gesamten wie auch innerhalb der einzelnen Bautypologien oder geografischen Bereiche nachvollziehen und eingehend betrachten. Die Datenbank kann nach beliebigen Schlagwörtern in den unterschiedlichen Bereichen durchsucht und gefiltert werden. Die sich daraus ergebenden kulturpolitischen sowie soziologischen Fragestellungen bieten großes Potenzial für zukünftige weiterführende Forschungen, als deren Anstoß sich das vorliegende Buch versteht.

Im Gegensatz zu Achleitners Bänden, die er auch selbst analog und händisch layoutierte, flossen bei der visuellen Konzeption der vorliegenden Publikation durch Christoph Schörkhuber vom Design-Studio seite zwei zeitgemäße, der Arbeitsweise mit der Datenbank entsprechende Gestaltungs- und Automatisierungsaspekte mit ein, sodass die Grafik nun als moderne Interpretation von Achleitners Layout der bestehenden Bände gelten kann. Die Sortierung der mit Laufnummern versehenen Objekte ist mit der Listung nach Ortschaften auf den kleinsten Nenner gebracht und zielt mit der grafisch visualisierten Hierarchisierung der Informationen in Kombination mit den beigefügten Registern auf eine optimierte Nutzbarkeit ab.

So ist schließlich ein Buch entstanden, welches, so unser gesetztes Ziel, mit größtem Respekt gegenüber der Aufgabenstellung und dem Erbe und im Sinne Achleitners als eine Fortführung seiner Reihe angelegt wurde, seine Methode jedoch sowohl in der Forschung als auch in der Umsetzung ins 21. Jahrhundert transportiert: ein Architekturführer nach Friedrich Achleitner.

1 Nachwort von Dietmar Steiner, in: Kunstuniversität Linz (Hg.), *Friedrich Achleitners Blick auf Österreichs Architektur nach 1945,* Basel 2015, S. 546–550 (gekürzt).

2 Der Titel geht auf den Homepage-Eintrag des Az W zum Friedrich Achleitner Archiv zurück. Siehe: Architekturzentrum Wien, Sammlungsbestände, Friedrich Achleitner Archiv, https://www.azw.at/de/artikel/sammlung/friedrich-achleitner-archiv (25.9.2023).

3 Die ursprünglich von 2018 bis 2021 angesetzte Laufzeit des Forschungsprojekts musste aufgrund der unvorhersehbaren Umstände verlängert werden. Ab 2022 wurde schließlich die Publikation als Folgeprojekt umgesetzt.

4 News ORF.at, „Friedrich Achleitner ist tot", 27.3.2019, in: https://orf.at/stories/3116678/ (25.9.2023).

5 Detaillierte Angaben zur Handhabung der Publikation und zu den Kategorien sind im einleitenden Begleittext des Objektteils zu finden.

6 Bei den Adressangaben und Gemeindezuordnungen wurde den Inhalten sowie der Schreibweise des NÖ Atlas (www.atlas.noe.gv.at) gefolgt. Hierbei handelt es sich um von der Niederösterreichischen Landesregierung veröffentlichte und laufend aktualisierte Geodaten sowie die offiziellen Adressregister-Angaben der jeweiligen Städte und Gemeinden.

7 Friedrich Achleitner im Interview mit Wolfgang Kos, in: Österreichische Mediathek, Ö1 Mittagsjournal, 28.6.1980, https://www.mediathek.at/katalogsuche/suche/detail/?pool=BWEB&uid=0905D5F8-14C-000EE-00000644-09053764&vol=30031&cHash=b1 61c56e4c21b5b43a6e1ae0e9836a3d (25.1.2023).

8 Rainer Elstner, „Achleitners Architekturführer abgeschlossen", 8.4.2017, in: Ö1 Kulturjournal, https://oe1.orf.at/artikel/260515/Achleitners-Architekturfuehrer-abgeschlossen (25.1.2023).

9 Zu Projektbeginn war vorgesehen, dass Dietmar Steiner als Hauptautor die Texte des Niederösterreich-Bandes verfassen würde. Da er diese Rolle nicht mehr einnehmen konnte, musste das Projektteam neu zusammengestellt werden.

10 Als Teil der „Wiener Gruppe" erlangte Achleitner gemeinsam mit H. C. Artmann, Konrad Bayer, Gerhard Rühm und Oswald Wiener ab Mitte der 1950er-Jahre unter anderem durch seine Mundartgedichte große Bekanntheit. Sein erstmals 1973 erschienener experimenteller *quadratroman* gilt als wichtiges Werk der konkreten Poesie.

11 Friedrich Achleitner, *Österreichische Architektur im 20. Jahrhundert,* Band III/1, *Wien, 1.–12. Bezirk,* Salzburg u. a. 2010, S. 76f.

12 Friedrich Achleitner, *Österreichische Architektur im 20. Jahrhundert,* Band 2, *Kärnten, Steiermark, Burgenland,* Salzburg u. a. 1983, S. 45.

13 Viele Objekte konnten aufgrund der nicht einsehbaren Unterlagen nicht ausreichend beforscht werden und so bildet die Objektdichte in den jeweiligen Gemeinden nicht zwangsläufig die Gewichtung in der Objektauswahl ab, sondern oftmals auch die Zugänglichkeit zu den Quellmaterialien.

14 Folgende Zeitschriften wurden systematisch durchgearbeitet: *Der Aufbau, Der Bau, architektur aktuell, Denkmalpflege in Niederösterreich.*

15 1963 startete Hans Koepf, der Ordinarius des damaligen Institutes für Baukunst und Bauaufnahmen an der TU Wien, gemeinsam mit Studierenden systematische Bauaufnahmen wichtiger Altstadtkerne Österreichs. Die umfangreichen Unterlagen des 1970 auch in Buchform publizierten Projektes befinden sich im Archiv der TU Wien.

16 Ab seiner Berufung an den Lehrstuhl für Gebäudelehre an der TU Wien 1977 ließ Anton Schweighofer seine Studierenden in Semesterarbeiten einzelne Gebäude recherchieren, dokumentieren und analysieren. Die Ergebnisse der studentischen Arbeiten sind als Schriftenreihe an der Bibliothek der TU Wien vorhanden.

17 In der Ergänzung der Objektauswahl stellte der Abgleich mit einem Auszug aus dem Inventar des Bundesdenkmalamtes einen wichtigen Schritt dar. Für die Ergänzung von Objekten insbesondere aus dem Zeitraum der 1980er- und 1990er-Jahre, als Achleitner die Arbeit an der Kartei zu Niederösterreich bereits weitgehend ruhend stellte, waren zudem die Publikationen des Architekturnetzwerks ORTE sowie die Onlinedatenbank architekturlandschaft.niederoesterreich des Vereins Kunstbank Ferrum – Kulturwerkstätte (http://www.architektur-noe.at (26.9.2023) wichtige Quellen.

18 Nach Projektende wird die Projektdatenbank an das Az W übergeben, wo sie in die Sammlungsdatenbank eingespeist, mit dem bestehenden Digitalbestand des Friedrich Achleitner Archivs zusammengeführt und öffentlich zugänglich gemacht wird.

Objektteil

Hinweise zur Nutzung

Im folgenden Objektteil sind 2.287 ausgewählte Bauten und Ensembles alphabetisch nach Orten, innerhalb der Orte typologisch nach Funktionskategorien und innerhalb dieser Kategorien alphabetisch nach Adressen sortiert. Die räumliche Zuordnung sowie die Schreibweise aller Angaben folgen dem NÖ Atlas (www.atlas.noe.gv.at), welchem das offizielle Adressregister aller Städte und Gemeinden zugrunde liegt.

Die Einteilung in Funktionskategorien orientiert sich an den Bänden Friedrich Achleitners und erfolgt jeweils anhand der bauzeitlichen Nutzung des 20. Jahrhunderts. Bezieht sich der Objekteintrag hingegen auf den baulichen Eingriff der Umnutzung, so ist das Objekt in der Kategorie der Umnutzung zu finden. Bei der Bezeichnung der Bauten wird die aktuelle Benennung vor etwaigen ehemaligen Nutzungen oder Namen angeführt.

Alle Objekteinträge bestehen aus einem Steckbrief, der in komprimierter Form einen Überblick über die Baugeschichte gibt. Bei rund zwei Dritteln der Einträge werden diese Basisinformationen um unterschiedlich lange Beschreibungen oder Kontextualisierungen ergänzt.

[→] Pfeile markieren Querverweise zu anderen Objektnummern und somit zu weiterführenden Informationen.

[•] Graue Punkte am Ende der Steckbriefe kennzeichnen Objekte, die von Achleitner in seine Objektkartei aufgenommen wurden.

Einleitende Texte zu den einzelnen Bautypologien geben zu Beginn des Objektteils einen niederösterreichweiten Überblick. Achleitners Kategorien wurden bezugnehmend auf die niederösterreichische Architekturlandschaft leicht adaptiert. Die folgende Übersicht zeigt die Reihung im Buch mit den wesentlichen darin subsumierten Bauaufgaben.

Ort (alphabetisch)
 Gemeinde: Bezirk:

Funktionskategorie

0001 Adresse (alphabetisch), Objektbezeichnung, Datierung, P: ... | bauliche Adaptionen ... •

 → Verweis

Zentren
Platzgestaltungen
Brunnen

Amts-, Verwaltungs-, Kommunal-, Bürobauten
Rathäuser
Amtsgebäude
Feuerwehr-, Polizei- und Gerichtsgebäude
Justizanstalten
Firmen- und Verwaltungssitze
Postämter
Zollhäuser

Religion, Kult
Sakralbauten
Pfarrheime
Friedhofsbauten
Denkmäler

Kultur, Veranstaltung
Theater
Konzert- und Festspielhäuser
Museen
Galerie- und Ausstellungsräume
Stadthallen
Stadtsäle
Kinos
Kultur- und Volksheime
Musikpavillons

Bildung
Schulen
Kindergärten
Universitäten
Bibliotheken
Lehranstalten

Gesundheit
Krankenhäuser
Sanatorien
Kuranstalten
Rehabilitations- und Genesungsheime
Ärzt*innenzentren

Freizeit
Sportanlagen
Bäder
Vereinsgebäude
Sport- und Turnhallen

Sonderbauten
Aussichtswarten
Raumbildende Kunstwerke
Rundfunkbauten
Pavillons

Wohnbauten
Mehrfamilienhäuser
Wohnanlagen
Siedlungen
Wohn- und Geschäftshäuser
Arbeiter*innenunterkünfte

Einfamilienhäuser
Einfamilienhäuser
Villen
Landhäuser und Gutshöfe
Ferienhäuser
Villenkolonien

Hotels, Heime, Klöster, Kasernen
Hotels
Pensionen und Herbergen
Internate
Senior*innen- und Pflegeheime
Waisen-, Kinder- und Jugendheime
Schwestern- und Erholungsheime
Kasernen
Klöster

Gastronomie
Gast- und Kaffeehäuser
Bars

Geschäftslokale, Einkaufszentren, Banken
Geschäfts- und Gewerbelokale
Apotheken
Supermärkte
Einkaufszentren
Banken
Schauräume

Industrie
Fabrikanlagen
Werke
Industriehallen
Lager
Brennereien
Brauereien

Spinnereien und Webereien
Werkstätten
Steinbrüche
Laborgebäude
Raffinerien

Landwirtschaft
Mühlen
Speicher
Weinkellereien
Meiereien

Energie
Kraft- und Umspannwerke
Trafostationen
Aquädukte
Pumpenhäuser
Wassertürme
Staustufen
Wehranlagen
Reaktorzentren

Verkehr
Brücken
Stege
Viadukte
Garagen
Tunnel
Straßenmeistereien
Raststätten
Bauten für Schienen- und Luftverkehr

Niederösterreich

Bezirke
20

Gemeinden
573

Katastralgemeinden
3.040

Fläche (km², gerundet)
19.180

Statutarstädte
St. Pölten, Krems, Waidhofen an der Ybbs, Wiener Neustadt

Regionen

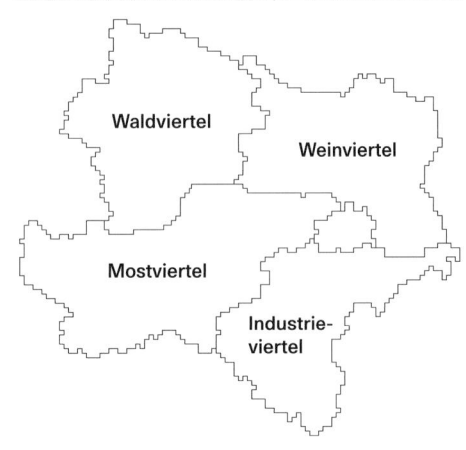

- Waldviertel
- Weinviertel
- Mostviertel
- Industrieviertel

Bezirke und Verwaltungssitze

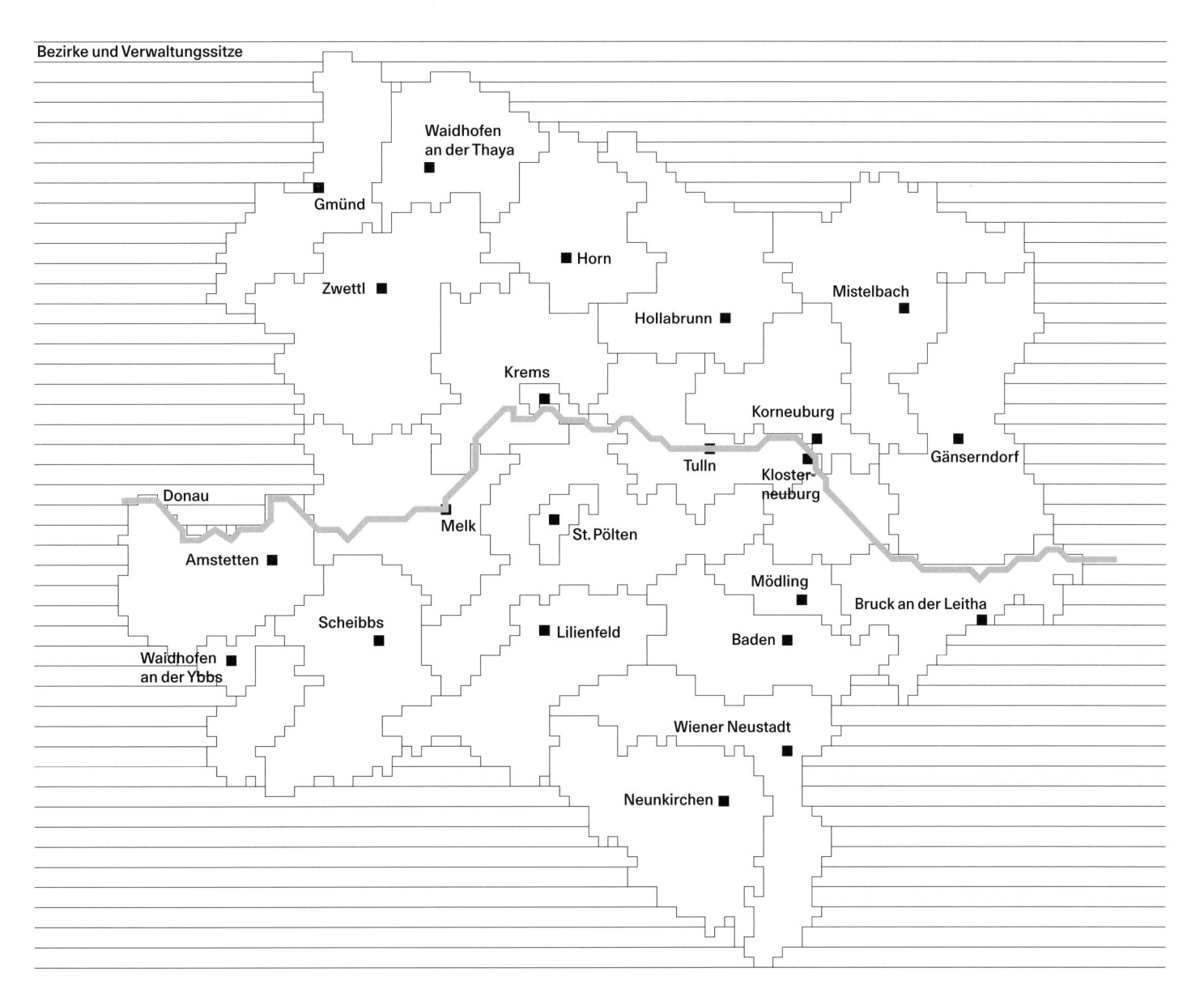

Ortsverzeichnis nach Gemeinden
Die Tabelle zeigt die Gemeinden (links) und die jeweils zugehörigen Ortschaften (rechts), in welchen die Bauten des Objektteils verortet sind.

Statutarstadt St. Pölten
Statutarstadt Krems
Statutarstadt Waidhofen an der Ybbs
Statutarstadt Wiener Neustadt

A

Absdorf	Absdorf
Achau	Achau
Aderklaa	Aderklaa
Aggsbach	Aggsbach Markt
Alland	Alland
Allentsteig	Allentsteig
Allhartsberg	Allhartsberg
	Burgerwiesen
Altenmarkt an der Triesting	Altenmarkt an der Triesting
Amstetten	Amstetten
	Hausmening
	Mauer bei Amstetten
	Ulmerfeld
Angern an der March	Angern an der March
	Mannersdorf an der March
	Stillfried
Annaberg	Langseitenrotte
Arbesbach	Arbesbach
Ardagger	Stephanshart
Aschbach-Markt	Aschbach-Markt
Aspang-Markt	Aspang Markt
Asparn an der Zaya	Asparn an der Zaya
Asperhofen	Siegersdorf
Atzenbrugg	Atzenbrugg

B

Bad Deutsch-Altenburg	Bad Deutsch-Altenburg
Bad Erlach	Bad Erlach
Bad Fischau-Brunn	Bad Fischau
	Brunn an der Schneebergbahn
Bad Pirawarth	Bad Pirawarth
Bad Traunstein	Bad Traunstein
Bad Vöslau	Bad Vöslau
	Gainfarn
	Großau
Baden	Baden
Berndorf	Berndorf
Bernhardsthal	Bernhardsthal
	Katzelsdorf
Biedermannsdorf	Biedermannsdorf
Bisamberg	Bisamberg
Blindenmarkt	Blindenmarkt
Blumau-Neurißhof	Blumau-Neurißhof
Bockfließ	Bockfließ
Böheimkirchen	Böheimkirchen
	Furth
Brand-Nagelberg	Alt-Nagelberg
Breitenau	Breitenau
Breitenfurt bei Wien	Breitenfurt bei Wien
Breitenstein	Breitenstein
Bruck an der Leitha	Bruck an der Leitha
Brunn am Gebirge	Brunn am Gebirge
Burgschleinitz-Kühnring	Sonndorf

C
D

Deutsch-Wagram	Deutsch-Wagram
Dietmanns	Alt-Dietmanns
Dobersberg	Dobersberg
Drasenhofen	Drasenhofen
Drosendorf-Zissersdorf	Drosendorf Stadt
	Heinrichsreith
	Unterthürnau
	Zissersdorf
Droß	Droß
Dürnkrut	Dürnkrut
Dürnstein	Dürnstein
	Oberloiben

E

Ebenfurth	Ebenfurth
Ebergassing	Ebergassing
Ebreichsdorf	Ebreichsdorf
Echsenbach	Echsenbach
Eckartsau	Eckartsau
	Kopfstetten
Edlitz	Edlitz
Eggenburg	Eggenburg
Eggendorf	Eggendorf
Eichgraben	Ottenheim
Emmersdorf an der Donau	Emmersdorf an der Donau
	Gossam
	St. Georgen
Engelhartstetten	Markthof
	Stopfenreuth
Ennsdorf	Ennsdorf
Enzersdorf an der Fischa	Enzersdorf an der Fischa
Enzesfeld-Lindabrunn	Enzesfeld-Lindabrunn
Erlauf	Niederndorf
Ernstbrunn	Dörfles

	Ernstbrunn	Grafenwörth	Grafenwörth	Hochneukirchen-	Hochneukirchen
	Steinbach	Gramatneusiedl	Gramatneusiedl	Gschaidt	Schwarzenbach
Ernsthofen	Ernsthofen	Gresten	Gresten	Hof am Leithaberge	Hof am Leithaberge
Eschenau	Eschenau	Grimmenstein	Grimmenstein	Hofstetten-Grünau	Grünau
Euratsfeld	Euratsfeld		Hochegg	Hohenau an der March	Hohenau an der March
F		Großebersdorf	Putzing	Hohenberg	Furthof
Felixdorf	Felixdorf	Groß-Enzersdorf	Groß-Enzersdorf		Hofamt
	Haschendorf	Groß Gerungs	Groß Gerungs		Hohenberg
Fels am Wagram	Fels am Wagram	Großgöttfritz	Großgöttfritz		Hoheneich
Fischamend	Fischamend	Groß-Siegharts	Groß-Siegharts	Hohenruppersdorf	Hohenruppersdorf
Furth an der Triesting	Furth		Weinern	Hohe Wand	Hohe Wand
Furth bei Göttweig	Klein-Wien	Grünbach am	Grünbach am		Maiersdorf
	Steinaweg	Schneeberg	Schneeberg	Hollabrunn	Hollabrunn
G		Gumpoldskirchen	Gumpoldskirchen		Sonnberg
Gaaden	Gaaden	Guntramsdorf	Guntramsdorf	Hollenstein an der Ybbs	Hollenstein an der Ybbs
Gablitz	Gablitz	Gutenstein	Gutenstein		Garnberg
Gaming	Gaming		Klostertal		Oisberg
	Kienberg		Urgersbach	Horn	Doberndorf
	Lackenhof		Vorderbruck		Horn
	Langau	**H**		Hundsheim	Hundsheim
Gänserndorf	Gänserndorf	Haag	Haag	**I**	
Gars am Kamp	Buchberg am Kamp	Hadersdorf-Kammern	Hadersdorf am Kamp	Inzersdorf-Getzersdorf	Getzersdorf
	Gars am Kamp	Hadres	Hadres		Inzersdorf ob der Traisen
	Kamegg	Hafnerbach	Hafnerbach	**J**	
	Thunau am Kamp	Hagenbrunn	Hagenbrunn	Jaidhof	Jaidhof
	Zitternberg	Haidershofen	Haidershofen	Japons	Japons
Gastern	Frühwärts	Hainburg an der Donau	Hainburg an der Donau	Jedenspeigen	Jedenspeigen
	Ruders	Hainfeld	Gölsen	**K**	
Gaweinstal	Gaweinstal		Hainfeld	Kaltenleutgeben	Kaltenleutgeben
Gerasdorf bei Wien	Gerasdorf		Landstal	Kapelln	Etzersdorf
	Kapellerfeld	Harmannsdorf	Würnitz		Kapelln
Gföhl	Gföhl	Haslau-Maria Ellend	Haslau an der Donau	Karlstein an der Thaya	Karlstein an der Thaya
	Großmotten	Haugsdorf	Auggenthal	Kasten bei	Kasten bei
Gießhübl	Gießhübl		Haugsdorf	Böheimkirchen	Böheimkirchen
Gloggnitz	Gloggnitz		Jetzelsdorf	Katzelsdorf	Katzelsdorf
Gmünd	Gmünd	Hausleiten	Perzendorf	Kematen an der Ybbs	Kematen
	Grillenstein	Heidenreichstein	Heidenreichstein	Kilb	Kilb
Göllersdorf	Göllersdorf		Kleinpertholz	Kirchberg am Wagram	Altenwörth
Golling an der Erlauf	Hinterleiten	Heiligenkreuz	Heiligenkreuz		Engelmannsbrunn
	Neuda	Hennersdorf	Hennersdorf		Kirchberg am Wagram
Göstling an der Ybbs	Göstling an der Ybbs	Hernstein	Grillenberg	Kirchberg am Wechsel	Kranichberg
	Lassing	Herzogenburg	Herzogenburg	Kirchschlag in der	Kirchschlag in der
	Oberkogelsbach		Oberndorf in der Ebene	Buckligen Welt	Buckligen Welt
	Strohmarkt		Ossarn	Klein-Pöchlarn	Klein-Pöchlarn
Göttlesbrunn-Arbesthal	Göttlesbrunn	Himberg	Himberg	Kleinzell	Kleinzell
Götzendorf an der Leitha	Pischelsdorf		Pellendorf	Klosterneuburg	Kierling
Grabern	Mittergrabern	Hinterbrühl	Hinterbrühl		Klosterneuburg
Grafenbach-St. Valentin	St. Valentin-Landschach	Hirtenberg	Hirtenberg		Kritzendorf
Grafenegg	Etsdorf am Kamp				Maria Gugging

		Weidling	Mannersdorf am	Mannersdorf am	Neunkirchen	Neunkirchen
		Weidlingbach	Leithagebirge	Leithagebirge	Neusiedl an der Zaya	Neusiedl an der Zaya
	Königstetten	Königstetten		Wasenbruck	Neustadtl an der Donau	Neustadtl-Markt
	Korneuburg	Korneuburg	Marbach an der Donau	Marbach an der Donau	Neustift-Innermanzing	Innermanzing
	Kottes-Purk	Kottes	Marchegg	Marchegg	Niederleis	Nodendorf
	Krems	Egelsee	Maria Anzbach	Gschwendt	Nußdorf ob der Traisen	Franzhausen
		Landersdorf		Pameth	**O**	
		Lerchenfeld		Unter Oberndorf	Ober-Grafendorf	Ober-Grafendorf
		Stein an der Donau	Maria Enzersdorf	Maria Enzersdorf	Obersiebenbrunn	Obersiebenbrunn
	Kreuttal	Unterolberndorf	Maria Laach am	Wiesmannsreith	Oberwaltersdorf	Oberwaltersdorf
	Kreuzstetten	Niederkreuzstetten	Jauerling		Obritzberg-Rust	Kleinhain
	Krumau am Kamp	Krumau am Kamp	Maria-Lanzendorf	Maria-Lanzendorf		Zagging
		Thurnberg	Maria Taferl	Maria Taferl	Opponitz	Ofenberg
	Krummnußbaum	Krummnußbaum	Markersdorf-Haindorf	Markersdorf an der		Opponitz
	L			Pielach		Thann
	Laa an der Thaya	Laa an der Thaya	Markgrafneusiedl	Markgrafneusiedl	Orth an der Donau	Orth an der Donau
		Ungerndorf	Markt Piesting	Markt Piesting	Ottenschlag	Ottenschlag
		Wulzeshofen	Matzen-Raggendorf	Klein-Harras	**P**	
	Laab im Walde	Laab im Walde		Matzen	Palterndorf-	Dobermannsdorf
	Ladendorf	Ladendorf		Raggendorf	Dobermannsdorf	
		Neubau	Mauerbach	Mauerbach	Paudorf	Meidling
	Langau	Langau		Steinbach		Paudorf
	Langenlois	Langenlois	Mautern an der Donau	Mautern an der Donau	Payerbach	Kreuzberg
		Zöbing	Meiseldorf	Stockern		Küb
	Langenrohr	Langenschönbichl	Melk	Melk		Payerbach
	Langenzersdorf	Langenzersdorf	Michelhausen	Michelhausen		Schmidsdorf
	Langschlag	Langschlag		Rust im Tullnerfeld	Perchtoldsdorf	Perchtoldsdorf
	Lanzenkirchen	Lanzenkirchen		Streithofen	Pernegg	Pernegg
	Lassee	Lassee	Mistelbach	Eibesthal	Pernitz	Feichtenbach
	Laxenburg	Laxenburg		Frättingsdorf		Pernitz
	Lengenfeld	Lengenfeld		Lanzendorf	Persenbeug-Gottsdorf	Persenbeug
	Leobendorf	Leobendorf		Mistelbach	Petronell-Carnuntum	Petronell-Carnuntum
		Unterrohrbach		Paasdorf	Petzenkirchen	Petzenkirchen
	Leobersdorf	Leobersdorf	Mitterbach am Erlaufsee	Mitterbach am Erlaufsee	Pitten	Pitten
	Leopoldsdorf	Leopoldsdorf		Mitterbach-Seerotte	Pöchlarn	Pöchlarn
	Leopoldsdorf im	Leopoldsdorf im	Mitterndorf an der Fischa	Mitterndorf an der Fischa	Pöggstall	Pöggstall
	Marchfeld	Marchfeld	Mödling	Mödling	Pottendorf	Pottendorf
	Lichtenwörth	Lichtenwörth	Mönichkirchen	Mönichkirchen	Pottenstein	Pottenstein
	Lilienfeld	Dörfl	Muggendorf	Kreuth	Poysdorf	Poysdorf
		Lilienfeld		Muggendorf	Pressbaum	Pfalzau
		Schrambach	Mühldorf	Niederranna		Pressbaum
		Stangental	Münichreith-Laimbach	Kollnitz	Prinzersdorf	Prinzersdorf
	Litschau	Litschau		Münichreith am Ostrong	Prottes	Prottes
	Loosdorf	Loosdorf	**N**		Puchberg am	Hochschneeberg
	Lunz am See	Lunz am See	Neudorf im Weinviertel	Zlabern	Schneeberg	Puchberg am
	M		Neuhofen an der Ybbs	Neuhofen an der Ybbs		Schneeberg
	Maissau	Limberg	Neulengbach	Neulengbach	Puchenstuben	Gösing an der
	Mank	Mank		Unterdambach		Mariazeller Bahn
			Neumarkt an der Ybbs	Neumarkt an der Ybbs		Puchenstuben

Purgstall an der Erlauf	Föhrenhain	**S**		Semmering	Semmering-Kurort
	Gaisberg	Sallingberg	Sallingberg	Senftenberg	Imbach
	Purgstall	St. Aegyd am Neuwalde	Kernhof		Senftenberg
Purkersdorf	Purkersdorf		St. Aegyd am Neuwalde		Senftenbergeramt
Pyhra	Heuberg	St. Andrä-Wördern	Altenberg	Sieghartskirchen	Abstetten
Q			Greifenstein		Gollarn
R			Hintersdorf		Ollern
Raabs an der Thaya	Kollmitzdörfl		Kirchbach		Ried am Riederberg
	Oberndorf bei Raabs		St. Andrä vor dem Hagenthale		Riederberg
	Raabs an der Thaya			Sierndorf	Sierndorf
	Weikertschlag an der Thaya		Wördern	Sigmundsherberg	Sigmundsherberg
		St. Anton an der Jeßnitz	Wohlfahrtsschlag	Sitzenberg-Reidling	Reidling
Raach am Hochgebirge	Raach am Hochgebirge	St. Egyden am Steinfeld	Gerasdorf am Steinfeld	Sitzendorf an der Schmida	Roseldorf
	Wartenstein		Neusiedl am Steinfeld		Sitzendorf an der Schmida
Raasdorf	Pysdorf	St. Georgen am Reith	St. Georgen am Reith		
Rabenstein an der Pielach	Rabenstein an der Pielach	St. Leonhard am Forst	St. Leonhard am Forst	Sollenau	Sollenau
		St. Martin	St. Martin	Sommerein	Sommerein
Ramsau	Haraseck	St. Peter in der Au	St. Peter in der Au-Markt	Sonntagberg	Böhlerwerk
Rappottenstein	Rappottenstein	St. Pölten	Oberwagram		Rosenau am Sonntagberg
Rastenfeld	Ottenstein		Unterradlberg		
	Peygarten-Ottenstein		Unterwagram	Sooß	Sooß
Ravelsbach	Gaindorf		Völtendorf	Spannberg	Spannberg
	Ravelsbach	St. Valentin	St. Valentin	Spillern	Spillern
Raxendorf	Raxendorf	St. Veit an der Gölsen	Rainfeld	Spitz	Spitz
Reichenau an der Rax	Edlach an der Rax		St. Veit an der Gölsen	Staatz	Staatz-Kautendorf
	Grießleiten	Scheibbs	Neubruck	Statzendorf	Absdorf
	Hinterleiten		Scheibbs		Rottersdorf
	Hirschwang an der Rax	Scheiblingkirchen-Thernberg	Scheiblingkirchen	Steinakirchen am Forst	Steinakirchen am Forst
	Oberland			Stetteldorf am Wagram	Stetteldorf am Wagram
	Prein an der Rax	Schönberg am Kamp	Plank am Kamp	Stetten	Stetten
	Preinrotte		Schönberg am Kamp	Stockerau	Stockerau
	Reichenau an der Rax		Stiefern	Stössing	Hochstraß
Reinsberg	Reinsberg	Schönbühel-Aggsbach	Aggsbach-Dorf	Strasshof an der Nordbahn	Strasshof an der Nordbahn
Retz	Retz		Berging		
Retzbach	Mitterretzbach	Schottwien	Schottwien	Sulz im Weinviertel	Obersulz
	Unterretzbach	Schrattenthal	Obermarkersdorf	**T**	
Ringelsdorf-Niederabsdorf	Niederabsdorf	Schrems	Anderlfabrik	Teesdorf	Teesdorf
			Schrems	Ternitz	Ternitz
Rohrbach an der Gölsen	Bernreit	Schwadorf	Schwadorf	Traisen	Traisen
	Rohrbach an der Gölsen	Schwarzau im Gebirge	Graben	Traiskirchen	Möllersdorf
Rohr im Gebirge	Rohr im Gebirge		Vois		Traiskirchen
Rosenburg-Mold	Mold	Schwarzenau	Schwarzenau	Traismauer	Oberndorf am Gebirge
	Rosenburg	Schwechat	Kledering		St. Georgen bei Wagram
	Stallegg		Mannswörth		Stollhofen
Rossatz-Arnsdorf	Hofarnsdorf		Rannersdorf		Traismauer
	Mitterarnsdorf		Schwechat	Trumau	Trumau
	Rossatz	Seefeld-Kadolz	Großkadolz	Tulbing	Tulbing
Rußbach	Stranzendorf	Seibersdorf	Seibersdorf		Tulbingerkogel
		Seitenstetten	Seitenstetten	Tulln an der Donau	Langenlebarn

Tullnerbach	Tulln an der Donau	Wolkersdorf im Weinviertel	Oberdorf
	Tullnerbach-Lawies		Wolkersdorf im Weinviertel
Türnitz	Freiland	Wöllersdorf-Steinabrückl	Steinabrückl
U			Wöllersdorf
Ulrichskirchen-Schleinbach	Kronberg	Wullersdorf	Grund
	Schleinbach		Kalladorf
Untersiebenbrunn	Untersiebenbrunn		Maria Roggendorf
V			Wullersdorf
Velm-Götzendorf	Velm	Würmla	Diendorf
Viehdorf	Viehdorf	**X**	
Vitis	Vitis	**Y**	
Vösendorf	Vösendorf	Ybbs an der Donau	Donaudorf
W			Ybbs an der Donau
Waidhofen an der Thaya	Dimling	Ybbsitz	Kleinprolling
	Waidhofen an der Thaya		Maisberg
Waidhofen an der Ybbs	Kreilhof		Schwarzois
	St. Georgen in der Klaus		Ybbsitz
	Zell-Markt	Yspertal	Yspertal
Waidmannsfeld	Neusiedl	**Z**	
Waldegg	Wopfing	Ziersdorf	Hollenstein
Waldenstein	Waldenstein		Ziersdorf
Waldkirchen an der Thaya	Waldkirchen an der Thaya	Zillingdorf	Zillingdorf-Bergwerk
		Zistersdorf	Zistersdorf
Wallsee-Sindelburg	Wallsee	Zwentendorf an der Donau	Erpersdorf
Wang	Grieswang		Kleinschönbichl
Weinburg	Mühlhofen		Zwentendorf an der Donau
Weissenbach an der Triesting	Neuhaus		
	Weissenbach an der Triesting	Zwettl-Niederösterreich	Zwettl-Niederösterreich
Weiten	Eitental	Zwölfaxing	Zwölfaxing
Weitersfeld	Starrein		
	Weitersfeld		
Weitra	Weitra		
Wiener Neudorf	Wiener Neudorf		
Wienerwald	Dornbach		
	Sulz im Wienerwald		
Wieselburg	Wieselburg		
Wildendürnbach	Wildendürnbach		
Wilfersdorf	Bullendorf		
	Hobersdorf		
Wilhelmsburg	Wilhelmsburg		
Wimpassing im Schwarzatale	Wimpassing im Schwarzatale		
Winzendorf-Muthmannsdorf	Winzendorf		
Wölbing	Anzenhof		
	Oberwölbling		
Wolfsgraben	Wolfsgraben		

Abbildungen

Der divergierenden Darstellung der Abbildungen liegt die Urheber*innenschaft der Aufnahmen zugrunde: Alle in Schwarz-Weiß abgebildeten Fotografien wurden von Friedrich Achleitner im Rahmen seiner Befahrungen aufgenommen und sind Teil des Friedrich Achleitner Archivs (Sammlung Architekturzentrum Wien), die farbigen Abbildungen – ebenso wie das Planmaterial – entstanden im Rahmen des Projekts AFNÖ (Architekturführer Niederösterreich). Das Planmaterial zeigt je nach Objekt den Entwurf bzw. Stand der bauzeitlichen Ausführungsplanung oder spätere Bauphasen. Gegebenenfalls befinden sich kurze Erläuterungen zu den Darstellungen am Ende des zugehörigen Texteintrags.

In der Kategorie der Einfamilienhäuser werden, im Gegensatz zu den anderen Typologien, aus Gründen der Privatsphäre nur Grundrisse abgebildet, die bereits in anderen Publikationen veröffentlicht worden sind. Größere Bilder, die mehrere Textspalten einnehmen, sind jeweils dem in Leserichtung vorangegangenen Objekt zugeordnet.

Quellen

Dem Umfang und dem Aufbau der Publikation geschuldet, können die Quellen zu den jeweiligen Objektbeiträgen nicht im Detail erläutert werden. Eine Übersicht der relevantesten Literatur- und Quellenangaben ist dem Anhang zu entnehmen, die vollständigen Angaben sind in der Projektdatenbank erfasst, die in die Sammlungsdatenbank des Az W eingespeist wird. Bei direkten Zitaten in den Texten sind die Urheber*innen bzw. Quellen in Klammern angeführt.

Gendergerechte Formulierung

Für die vorliegende Publikation wird eine gendersensible Formulierung gewählt, das Gendersternchen Asterisk macht hierbei alle Geschlechtsidentitäten typografisch sichtbar. Auch wenn historisch gesehen die meisten Beamt*innen Anfang des 20. Jahrhunderts Männer waren und auch in Arbeiter*innensiedlungen oftmals überwiegend Männer wohnten, so wird bei Bauaufgaben wie diesen dennoch in den Objektbezeichnungen eine mehrgeschlechtliche Formulierung verwendet. Ebenso ist bei der Wiedergabe der Eigennamen von Institutionen – wie Pensionist*innenheimen – auch die weibliche und diverse Seite sichtbar gemacht.

Abkürzungen

In den Steckbriefen werden folgende Abkürzungen verwendet:

P	Planung
AB	Architekturbüro
MA	Mitarbeit
BH	Bauherr*innenschaft
AF	Ausführung
S	Statik
K	Kunst (am Bau)
FRP	Freiraumplanung

Weitere Abkürzungen sind in einem ausführlicheren Abkürzungsverzeichnis im Anhang zu finden.

Zahlen zum Buch

Objektsammlung
Aufbauend auf Friedrich Achleitners Recherchen konnte eine große Menge an Bauwerken aus dem 20. Jahrhundert in Niederösterreich erforscht werden. Weitaus mehr Objekte, als im Buch präsentiert werden können, sind in der Projektdatenbank dokumentiert. In diesem digitalen Datensystem sind neben einer größeren Anzahl an Gebäuden mit lückenhafter Quellenlage auch Bauten und Ensembles aufgenommen, die heute nicht mehr bestehen oder stark überformt wurden. Von den insgesamt 4.726 Datensätzen sind in der vorliegenden Publikation 2.287 Objekte – und damit rund 48 Prozent aller Einträge – abgebildet. Sämtliche digitale Daten gehen ins Friedrich Achleitner Archiv und damit in die Sammlung des Architekturzentrum Wien über.

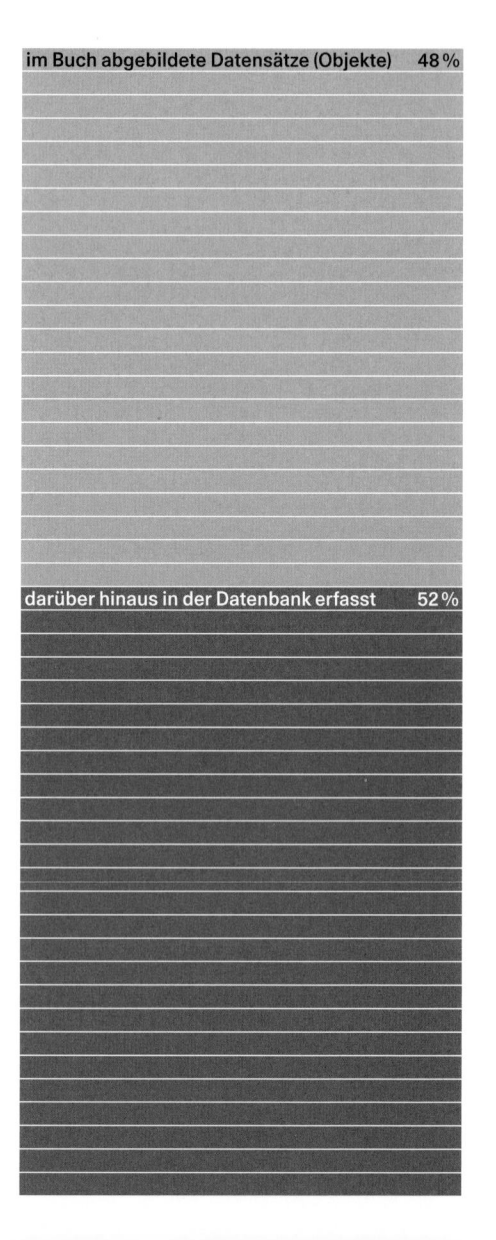

im Buch abgebildete Datensätze (Objekte)	48 %
darüber hinaus in der Datenbank erfasst	52 %

Objektauswahl im Buch

Um das geistige Erbe Friedrich Achleitners adäquat abzubilden, wurden nach Möglichkeit alle von ihm in seiner Objektkartei erfassten Gebäude für die Publikation aufgearbeitet. Die Objektauswahl wurde punktuell um weitere, aus heutiger Sicht wesentliche Bauwerke ergänzt, wobei rund drei Viertel der 2.287 Einträge auf Achleitners Auswahl zurückgehen und grafisch mit einem grauen Punkt markiert sind. Es wurde keine vollständige Dokumentation angestrebt, sondern versucht, Achleitners bekennend subjektiven Blick auf die Architektur wiederzugeben und durch hinzugefügte Objekte die heterogene Architekturlandschaft ausgewogen darzustellen. Das Friedrich Achleitner Archiv zu Niederösterreich umfasst unterschiedlich ausführliche Informationen und Unterlagen, jedoch keinerlei textliche Auseinandersetzung mit den aufgenommenen Objekten. Alle Beschreibungen entstanden im Rahmen des Projekts durch das Autor*innenteam.

Ergänzungsobjekte 25 %

Achleitner-Objekte 75 %

Objektdatierung

Obwohl die vorliegende Publikation die Architektur in Niederösterreich im 20. Jahrhundert beleuchtet, scheint es im Hinblick auf die Vielzahl kurz vor 1900 entstandener Projekte nicht sinnvoll, die Zeitspanne randscharf zu begrenzen.

Infolge der industriellen Revolution und des damit einhergehenden Ausbaus von Industrie und Infrastruktur als auch der zunehmenden Demokratisierung entstanden im ausklingenden 19. Jahrhundert einige Bauten, deren Bedeutung und teils auch sukzessive bauliche Erweiterung im 20. Jahrhundert eine Dokumentation in diesem Kontext rechtfertigen.

In der Verteilung der publizierten Bauwerke ist neben einer regen Bautätigkeit in den ersten Jahrzehnten des vergangenen Jahrhunderts, die mitunter durch die letzte Blüte der Habsburgermonarchie zu begründen ist, auch die Zäsur durch den Zweiten Weltkrieg deutlich ablesbar.

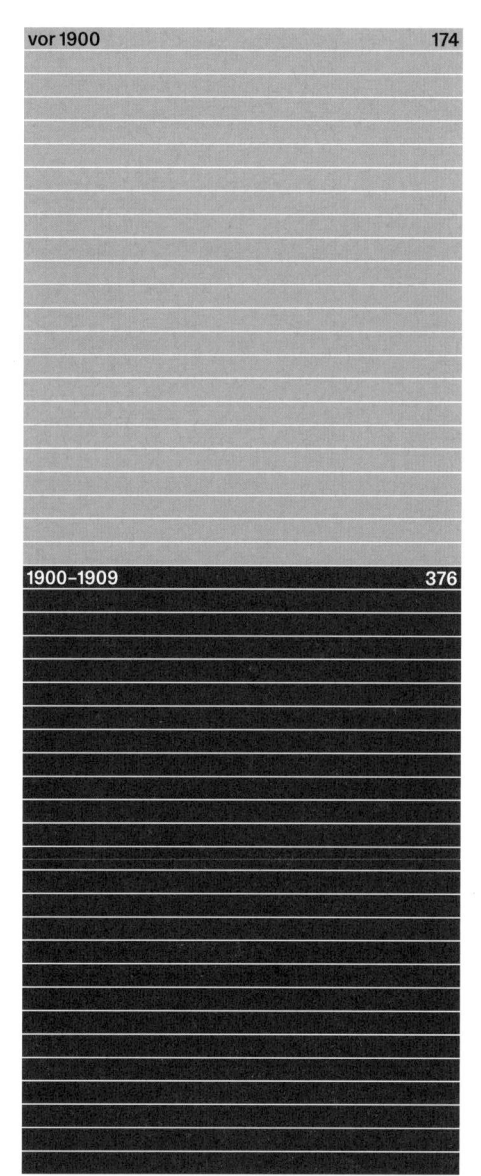

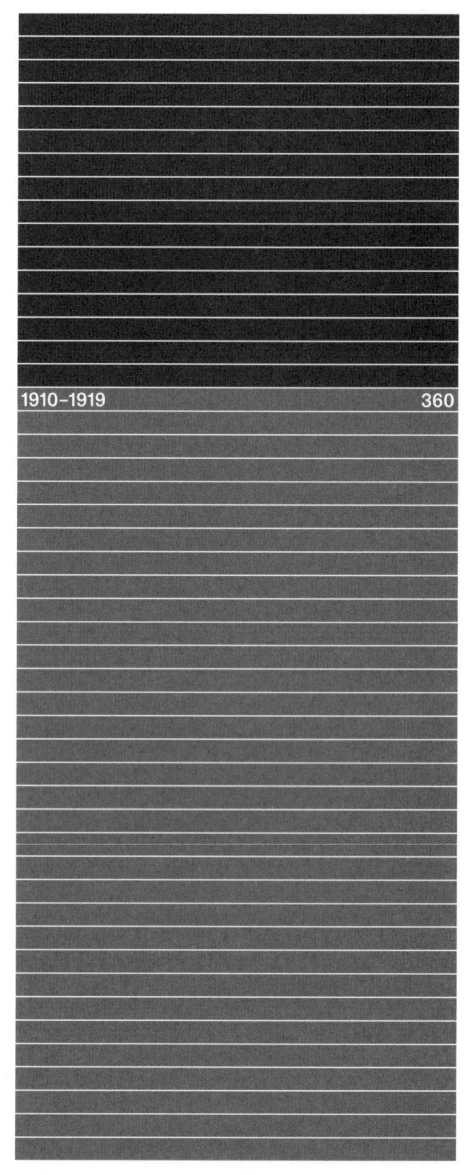

vor 1900	174
1900–1909	376
1910–1919	360

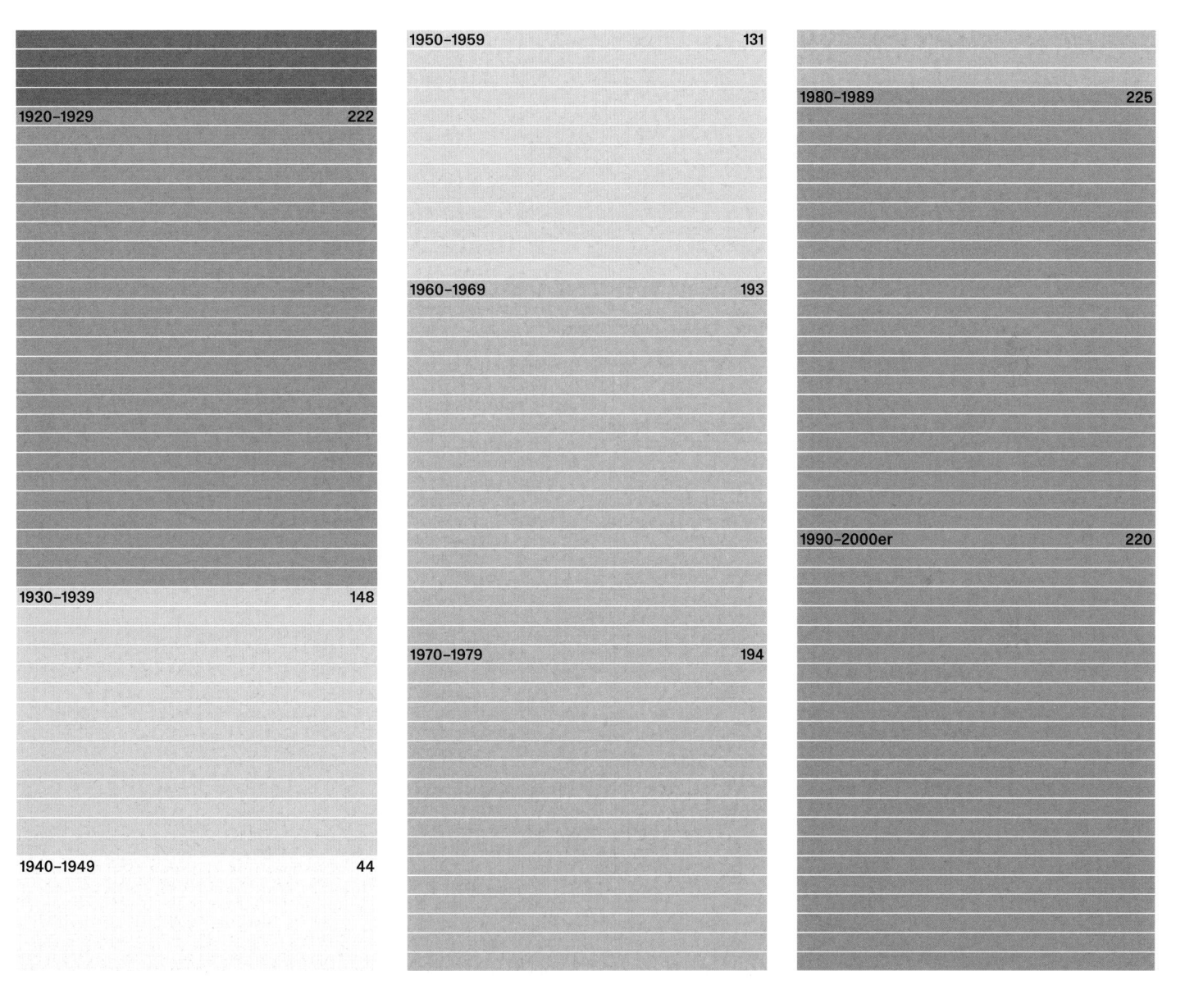

1920–1929 222	1950–1959 131	1980–1989 225
1930–1939 148	1960–1969 193	1990–2000er 220
1940–1949 44	1970–1979 194	

Objektteil

Verteilung der Objekte

Die Bauwerke und Ensembles dieser Publikation liegen über alle Bezirke Niederösterreichs verteilt, wobei der Bezirk St. Pölten die höchste Objektdichte aufweist. Ein kausaler Zusammenhang mit der zahlenmäßigen Verteilung der bestehenden Bausubstanz des 20. Jahrhunderts ist anzunehmen, jedoch nicht überprüfbar. Neben Achleitners Routenlegung für seine Befahrungen hatten auch die Thematisierung von Bauten in vorangegangenen Publikationen sowie die Zugänglichkeit zu den Quellenmaterialien einen Einfluss auf die letztendliche Objektauswahl.

Objektdichte pro Bezirk

Amstetten	102
Baden	191
Bruck an der Leitha	81
Gänserndorf	95
Gmünd	75
Hollabrunn	91
Horn	151
Korneuburg	82
Krems	149
Lilienfeld	58
Melk	98
Mistelbach	90
Mödling	178
Neunkirchen	176
St. Pölten	256
Scheibbs	60
Tulln	134
Waidhofen an der Thaya	46
Waidhofen an der Ybbs	31
Wiener Neustadt	99
Zwettl	44

Objektteil

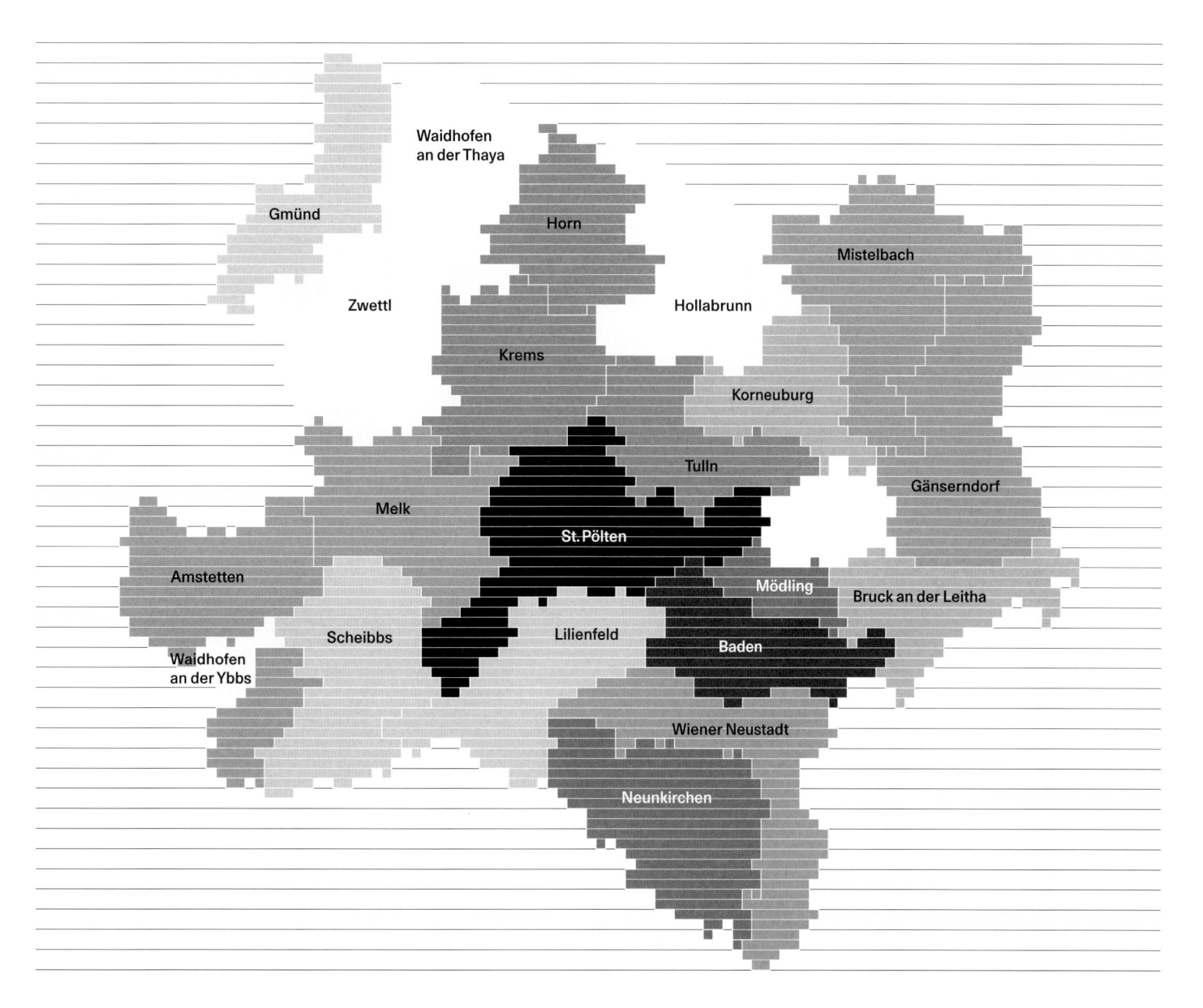

Objekte nach Typologien

Wie eingangs beschrieben, sind Achleitners bisherigen Bänden folgend die Objekte auch in dieser Publikation in typologische Kategorien eingeteilt. Entsprechend dem Baubestand weisen diese einen unterschiedlichen Umfang auf, wobei die Wohnbauten und Einfamilienhäuser numerisch den größten Anteil ausmachen. Die Objektverteilung auf die jeweiligen Kategorien kommt der Gewichtung der von Achleitner publizierten Bände gleich.

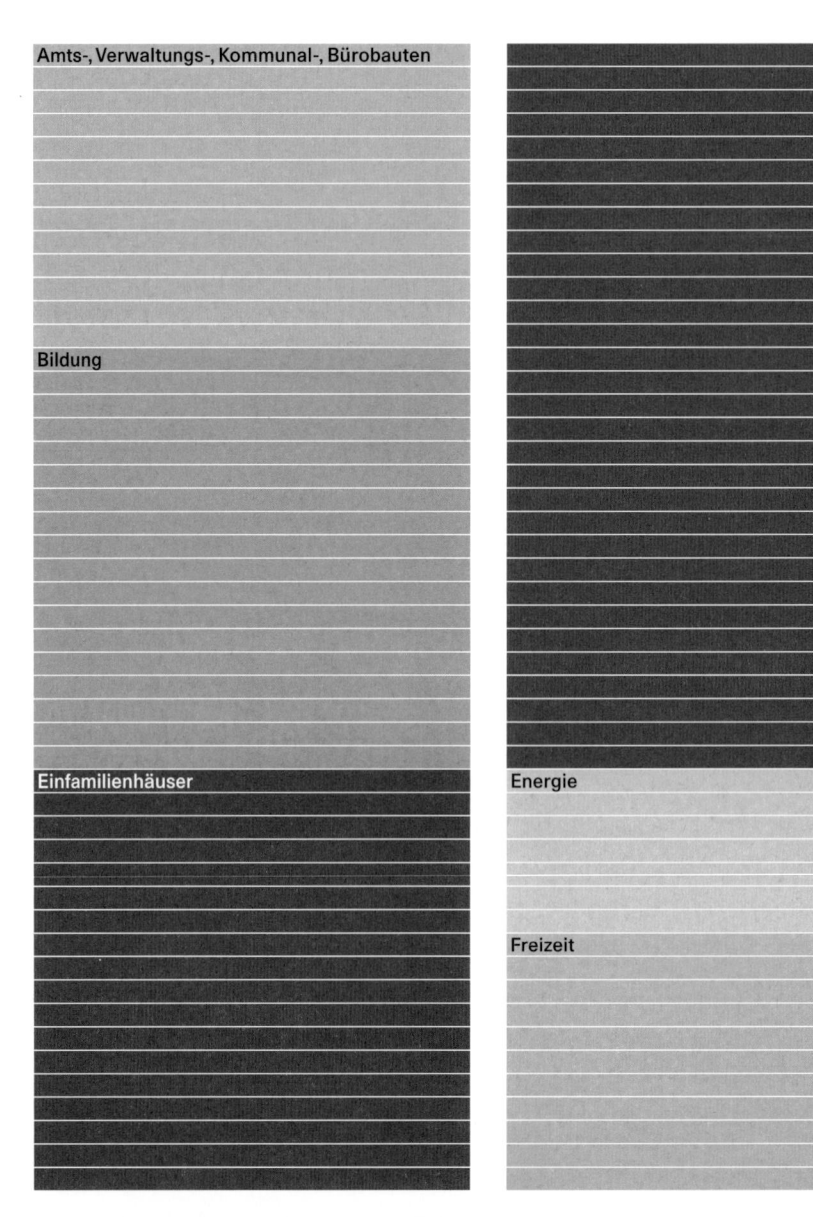

Amts-, Verwaltungs-, Kommunal-, Bürobauten

Bildung

Einfamilienhäuser

Energie

Freizeit

Gastronomie

Gesundheit

Hotels, Heime, Klöster, Kasernen

Industrie

Geschäftslokale, Einkaufszentren, Banken

Kultur, Veranstaltung

Landwirtschaft

Religion, Kult

Sonderbauten

Verkehr

Wohnbauten

Zentren

Objektteil

Typologien zum Einstieg

Die Texte des Objektteils wurden von einem neunköpfigen Autor*innenteam verfasst. Dafür wurden die Bauwerke entsprechend den Funktionskategorien aufgeteilt und gemäß der unten stehenden Aufteilung bearbeitet. Einzelne Texte wurden vonseiten der Redaktion ergänzt oder von Autor*innen anderer Kategorien verfasst, weshalb dem Anhang eine detaillierte Auflistung der Autor*innen aller Objektbeiträge zu entnehmen ist.

Zentren
Elisabeth Schnattler

Amts-, Verwaltungs-, Kommunal-, Bürobauten
Juliane Johannsen

Religion, Kult
Inge Scheidl

Kultur, Veranstaltung
Doris Grandits, Caroline Jäger-Klein, Theresa Knosp

Bildung
Agnes Liebsch

Gesundheit
Inge Scheidl

Freizeit
Doris Grandits, Caroline Jäger-Klein, Theresa Knosp

Sonderbauten
Doris Grandits, Theresa Knosp

Wohnbauten
Atreju Allahverdy, Markus Gesierich

Einfamilienhäuser
Agnes Liebsch, Elisabeth Schnattler

Hotels, Heime, Klöster, Kasernen
Elisabeth Schnattler

Gastronomie
Elisabeth Schnattler

Geschäftslokale, Einkaufszentren, Banken
Juliane Johannsen

Industrie
Juliane Johannsen

Landwirtschaft
Elisabeth Schnattler

Energie
Juliane Johannsen

Verkehr
Atreju Allahverdy

Einleitungstexte zu ausgewählten Gemeinden
Franziska Leeb

Zentren
Elisabeth Schnattler

Im 20. Jahrhundert änderten sich die Anforderungen an städtische Plätze und Platzgestaltungen rasant. Mit der Massentauglichkeit des Autos und seiner Eroberung der Stadt verschoben sich zunächst die Ansprüche an öffentliche Flächen, und durch die erhöhte Mobilität und das gesteigerte Reiseaufkommen kam es zu immer größeren Menschenströmen, die ein Umdenken im Bereich der Freiflächen mit sich brachten. Im fortgeschrittenen Jahrhundert kam es schließlich zu einer rückläufigen Entwicklung – hin zu mehr Fußgänger*innenzonen und Freiflächen, die mitunter den heute wiederum obsoleten technischen Errungenschaften, wie etwa Münztelefonen, Platz boten. Das Erscheinungsbild der neu entworfenen Zentren wandelte sich folglich stetig, und nur wenige der damals umgesetzten Konzepte sind noch vollständig erhalten. Eines der erhaltenen Beispiele ist der heilige Bezirk Maria Taferl, der anlässlich des 300-jährigen Bestehens der Wallfahrtskirche 1960 ausgeführt wurde (→ 1165). Die großflächig projektierte Umgestaltung des Oberen und Unteren Stadtplatzes in Waidhofen an der Ybbs hingegen wurde nicht vollständig verwirklicht und ist heute nur partiell erhalten (→ 2070). Die unterschiedlichen Gestaltungen von Plätzen sind stark von den gestalterischen Vorlieben ihrer Entstehungszeit geprägt, so zeigt beispielsweise der von Max Conrad Kropf entworfene, in sehr traditionellen Formen ausgeführte Rattenfängerbrunnen in Korneuburg (1898, → 0911) ein anderes Bild als der rund 100 Jahre später umgesetzte, mit der Architektur in Diskurs tretende postmoderne Platz von Meina Schellander beim Kremser Bundesamtsgebäude (1988–1991, → 0937).

Amts-, Verwaltungs-, Kommunal-, Bürobauten
Juliane Johannsen

Amts-, Verwaltungs-, Kommunalbauten

Bei Amts-, Verwaltungs- und Kommunalbauten ist im Allgemeinen ein starker Repräsentationsanspruch zu konstatieren, doch auch Bürobauten haben meist repräsentativen Charakter und die Gestaltung der Fassaden folgt der Ästhetik der jeweiligen Bauzeit. Innerhalb der Bauaufgabe ist festzustellen, dass sich um die Wende zum 20. Jahrhundert Jugendstil-Elemente kaum durchsetzen konnten und die Gestaltungen weitgehend dem Historismus verpflichtet blieben, wie beispielsweise am ehemaligen Rathaus Weikersdorf (Rudolf Krausz, 1903–1905, heute Rollettmuseum Baden, → 0100) oder an der Bezirkshauptmannschaft St. Pölten (Josef Klose, Richard Frauenfeld, 1908, → 1639). Als bemerkenswertes Beispiel für die 1920er-Jahre kann das Rathaus in Wieselburg (Anton Valentin, 1927–1929, → 2173) mit seiner turmartigen Eckausbildung und den expressiven spitzen Dach- und Erkerlösungen genannt werden. Von Valentin stammt auch das weniger expressive Gemeindeamt in Neuda (1923–1925, → 1285), bei welchem der Architekt Motive wie die Arkade oder repetitive Giebelflächen spielerisch einsetzte. Ab Mitte der Dreißigerjahre änderte sich die Formensprache dieses Bautyps erneut, ersichtlich am Amtsgebäude der Bundespolizei in St. Pölten (Julius Eberhard, Hans Kargl, Josef W. Pihaule, Ferdinand Weinmann, Rudolf Wondracek, ab 1937, → 1643), dessen Fassadengestaltung von Rudolf Wondracek stammt. Als einziges unter nationalsozialistischem Regime entstandenes Amtshaus ist das Finanz-, Vermessungs- und ehemalige Eichamt in Amstetten (1938–1939, → 0035) erfasst.

Während in der ersten Jahrhunderthälfte auch viele Rathäuser errichtet wurden, gibt es aus der zweiten Hälfte nur wenige Beispiele, so etwa das Gemeindeamt Arbesbach (Josef Wagner, 1982–1985, → 0071). Feuerwehrgebäude hingegen wurden in einem gegenläufigen Trend vermehrt als Neubauten umgesetzt. Genannt seien die Feuerwehrzentrale in Stockerau (Bernd Neubauer, 1976–1978, → 1931), das Feuerwehrhaus in Mödling (Ernst Hoffmann, 1984, → 1242) und die Feuerwehr- und Rettungszentrale in Perchtoldsdorf (Heinz Tesar, 1981–1983, → 1391).

Bedeutende Bauten der 1990er-Jahre im Bereich der Amts-, Verwaltungs- und Kommunalbauten finden sich unter anderem im Landhausbezirk St. Pölten, dem neuen Regierungsviertel nach Plänen von Ernst Hoffmann (1991–1997, → 1642), der im Zuge der 1986 erfolgten Hauptstadternennung errichtet wurde.

Bürobauten

Unter den wenigen heute unveränderten Bürobauten aus der ersten Hälfte des 20. Jahrhunderts finden sich in Niederösterreich zumeist Postamtsbauten, wie etwa jener in Eggenburg (Leopold Hoheisl, 1931, → 0325). Die meisten in diesem Band erfassten Bürogebäude stammen aus der zweiten Jahrhunderthälfte. Als bedeutendes Beispiel ist das Verwaltungsgebäude der heutigen EVN in Maria Enzersdorf (Wilhelm Hubatsch, Franz Kiener, Gustav Peichl, 1961–1963, → 1133) zu nennen, das in den 1990er-Jahren um ein Veranstaltungsgebäude erweitert wurde (Gustav Peichl, 1990–1993). Das monumentale Verwaltungsgebäude Schömer in Klosterneuburg (Heinz Tesar, 1985–1987, → 0864) greift tradierte Gebäudeformen auf, wirkt dabei jedoch trotzdem als zeitgenössischer Bau, der im Inneren eine beachtenswerte Raumerschließung aufweist. Eine sehr spezifische Lösung für einen Bürobau hat auch Carl Appel mit dem über oktogonalem Grundriss angelegten CA Verwaltungsgebäude in Wiener Neustadt gefunden (1976–1978, → 2139).

Religion, Kult
Inge Scheidl

Kirchen

Am Anfang des 20. Jahrhunderts wurden Kirchenneubauten in der Regel wie im 19. Jahrhundert als dreischiffiger Langhaustypus mit einem längs gerichteten Hauptraum und einem deutlich abgesetzten Chor als Altarraum gebaut. Ganz im Sinne des Historismus wurde bei der Außengestaltung auf ein malerisches Erscheinungsbild Wert gelegt (Mitterbach-Seerotte, Hubert Gangl, 1915, → 1237) und laut den Vorgaben der Amtskirche auf mittelalterliche Stile zurückgegriffen (Weinern, Karl Steinhofer, 1911, → 2111). In kleineren Orten wurden Bauten oft mit Heimatstil-Elementen der dörflichen Umgebung angepasst (Bullendorf, Carl Weinbrenner, 1912, → 0262). Die neoromanische Pfarrkirche in Pressbaum will hingegen mit einzelnen sezessionistischen Motiven moderne Aufgeschlossenheit zeigen (Max Hegele, August Rehak, 1906–1908, → 1487).

Nach dem Ersten Weltkrieg wurden bestehende Kirchen restauriert und einige durch Zubauten vergrößert (Niederkreuzstetten, Karl Holey, 1923, → 1325). Die wirtschaftliche Lage erlaubte jedoch kaum Neubauten. Nur vereinzelt wurden Kapellen (Krankenhauskapelle Hochegg, Hans Pfann, Erwin Ilz, 1924–1926, → 0692) oder auch Notkirchen (Kematen an der Ybbs, Matthäus Schlager, 1929, → 0828) errichtet.

Unter der Federführung von Dominikus Böhm setzten in Deutschland in den 1920er-Jahren liturgische Erneuerungsbestrebungen ein, die eine stärkere Einbeziehung der Gläubigen bei der Messfeier zum Ziel hatten und dem Altar eine zentrale Bedeutung zuwiesen. Der österreichische Architekt Robert Kramreiter war zu dieser Zeit Assistent von Böhm und brachte diese Ideen nach Österreich, als sich in der Ära des Austrofaschismus eine rege Kirchenbautätigkeit entfaltete. Vermehrt wurden nun saalartige Gemeinschaftsräume konzipiert (Sigmundsherberg, Rudolf Wondracek, 1937, → 1886), aber offensichtlich konnten sich die Architekt*innen nur schwer entschließen, die Sonderstellung des Altars aufzugeben und ihn in den Laienraum hineinzurücken – denn fast immer wird dem Rechteckraum eine mehr oder weniger deutlich ausgeprägte Apsis angefügt. Die Engelbertkirche auf der Hohen Wand (Robert Kramreiter, 1934–1935, → 0712) ist als Dr. Dollfuß-Gedächtnisstätte wohl das bekannteste Zeugnis dieser Zeit. Die Gestaltung der Kirchenbauten veränderte sich nun grundlegend. Es entstanden im Sinne der Neuen Sachlichkeit formal vereinfachte Betonbauten, die aus einzelnen geometrischen Körpern zusammengefügt wurden (Edlach an der Rax, Robert Kramreiter, 1938–1939, → 0315). Die Innenräume zeigen eine sehr variationsreiche Verwendung der modernen Materialien Glas, Beton und Stahlbeton (St. Pölten-Spratzern, Hans Zita, Otto Schottenberger, 1931–1932, → 1651).

Nach dem Ende des Zweiten Weltkriegs stand vor allem der Wiederaufbau im Vordergrund, der häufig mit der Vergrößerung bestehender Kirchen einherging und bei der die Architekten im Spannungsfeld von historisch und modern bemerkenswert vielfältige Lösungen fanden (Bad Traunstein, Ladislaus Hruska, 1959–1962, → 0086). Ab den 1950er-Jahren setzte im Kirchenbau ein wahrer Bauboom ein, und die Neubauten zeigen in der Außengestaltung einen erstaunlichen Variationsreichtum. Es entstanden teilweise überdimensionierte, monumentale Bauten (Marchlanddom, Stephanshart, Franz Barnath, Josef Gruber, 1956–1959, → 1924), Kirchen mit mächtigen, hohen (Ternitz, Josef Vytiska, 1959, → 1972) oder mit niederen, schlichten Türmen (St. Pölten-Harland, Johann Kräftner sen., 1965–1966, → 1660). Die Haupträume sind teils flach gedeckt (Möllersdorf, Carl Auböck, 1965–1967, → 1277), zumeist aber mit – oft asymmetrischen – Giebeldächern versehen (Breitenstein, Viktor Kraft, 1965–1969, → 0359). Die Kircheninnenräume werden generell als Gemeinschaftsräume konzipiert, der Altar bleibt aber wie bei den Bauten der Zwischenkriegszeit vom Laienraum mehr oder weniger deutlich getrennt (St. Valentin, Josef Friedl, 1954–1957, → 1762). Mit traditionellen Reminiszenzen überrascht Bruno Tinhofer, wenn er die konventionelle Dreischiffigkeit in modifizierter Form aufgreift (Guntramsdorf, 1962–1965, → 0579).

Das Zweite Vatikanische Konzil (1962–1965) brachte grundsätzliche Änderungen im Kirchenbau mit sich. Die Forderungen der liturgischen Erneuerungsbewegung wurden nun zur offiziellen Bestimmung und in den bestehenden Kirchen wurden Volksaltäre eingerichtet. Bei Neubauten wurde der Altar rigoros in den Laienraum, zum Teil sogar in das Zentrum des Hauptraumes, verlegt (Langenzersdorf, Roland Rainer, 1983, → 1058).

Die Grundrisse beruhten zunächst vor allem auf dem Rechteck (Wildendürnbach, Johann [Hans] Petermair, 1972–1974, → 2180) oder dem Quadrat (Jetzelsdorf, Johann [Hans] Hoffmann, 1975–1976, → 0812). Später fanden sich der Kreis als Viertelsegment (Paudorf, Friedrich Göbl, 1993, → 1376), das Dreieck (Mistelbach, Atelier P + F: Herbert Prader, Franz Fehringer, Erich Ott, 1978–1980, → 1215), das Oktogon (Pellendorf, Anton Seemann, 1986, → 1389) und zuletzt die Ellipse (Klosterneuburg, Heinz Tesar, 1994–1995, → 0866).

Türme verloren an Bedeutung und wurden allenfalls als singuläre, schlichte Baukörper neben den Kirchenbauten errichtet. Oft wurde kein Turm geplant und erst später auf Wunsch der Pfarrgemeinde dem Kirchenbau zugefügt (Baden, Stefan Bukovac, 1985–1987, → 0104).

Zumeist wurden die Kirchen als Mehrzweckräume konzipiert, um der Gemeinde neben der Liturgiefeier auch sonstige Veranstaltungen zu ermöglichen. Bei der Kirche in Kapellerfeld (1974, → 0821) hat Franz Xaver Goldner sogar acht verschiedene Verwendungszwecke – von der Liturgiefeier bis zu Tanz- und Sportveranstaltungen – geplant.

Wo es finanziell und räumlich möglich war, entstanden vielgliedrige Seelsorgezentren, in die der Kirchenraum integriert wurde. Das Einziehen beweglicher Trennwände eröffnete der Gemeinde die Möglichkeit, außer der Liturgiefeier auch andere, größere Veranstaltungen durchzuführen. Zum Teil wurde der Hauptraum durch die Verbindung mit der Werktagskapelle vergrößert (Böhlerwerk, Rainer Bergmann, 1971–1972, → 0228), gelegentlich konnte zusätzlich der Pfarrsaal miteinbezogen werden (St. Pölten-Stattersdorf, Wolfgang Pfoser, 1999–2000, → 1654).

Da das Konzil keine Bestimmungen zur äußeren Gestaltung der Neubauten erlassen hatte, ergab sich ein weites Feld für die architektonische Interpretation der traditionellen Bauaufgabe, und es entstand eine Vielzahl an verschiedenartigen Kirchengebäuden. Auffallend ist, dass den Gebäuden zumeist keine signifikante Wirkung verliehen wurde und sie sich auf den ersten Blick oft nicht von einem Profanbau unterscheiden. Die meisten wurden als flach gedeckte, niedere Stahlbetonbauten errichtet, teilweise dienten die farbigen Kontraste von Sichtziegeln oder rötlichen Lecasteinen der Gliederung sowie der optischen Auflockerung der Baukörper (Maria Enzersdorf Südstadt, Gerhard Düh, 1969–1970, → 1136).

Um den Altar in einen Gemeinschaftsraum zu integrieren, erfolgten auch einige interessante Kirchenvergrößerungen (St. Pölten-Viehofen, Richard Zeitlhuber, Wolfgang Zehetner, 1997, → 1649).

Friedhofsbauten
In Niederösterreich wurden die meisten Kirchenneubauten des 20. Jahrhunderts vor dem Zweiten Vatikanischen Konzil errichtet. Der gesellschaftliche Bedeutungsverlust von Religion und der daraus resultierende Schwund an Kirchenbesucher*innen führte schließlich zur Stagnation dieser einst so bedeutenden Bauaufgabe, die bis heute anhält.

Eine durchaus ähnlich vielschichtige Entwicklung zeigt sich anhand der Friedhofsbauten. Zu Beginn des Jahrhunderts wurden vor allem – zum Teil äußerst repräsentative – Mausoleen (Mausoleum Joppich, Wilhelm Knepper, 1904, → 1514) oder seltener Friedhofskapellen errichtet (Laa an der Thaya, Gustav Adolf Stosius, 1908, → 1010). Eine Ausnahme stellt der Heldenfriedhof in Korneuburg dar, den eine imposante Friedhofskirche auszeichnet (Karl Lehrmann, 1917, → 0916). Die Emanzipation der jüdischen Gemeinden zeigt sich in der Errichtung einer Reihe von Zeremoniengebäuden (Gänserndorf, 1907–1908, → 0408).

Insbesondere in kleinen Orten war es zum Teil bis weit in die 1980er-Jahre üblich, Verstorbene in deren Wohnhaus aufzubahren. Zunehmende sanitäre Bedenken führten ab den 1950er-Jahren zur Errichtung von zahlreichen, wiederum sehr unterschiedlich gestalteten Aufbahrungshallen (Waldfriedhof Schwechat, Erich Boltenstern, 1967, → 1815). In größeren Friedhöfen wurden mitunter Friedhofsbauten errichtet, in denen neben den Einsegnungshallen auch separate Aufbahrungsräume und diverse Nutzräume integriert waren (Baden, Anton Wichtl, Kurt Bartak, 1962, → 0102). Bei der Friedhofskapelle im Stadtfriedhof Wiener Neustadt (Richard Jordan, 1910, → 2144) wurde eine Aufbahrungshalle angebaut (Klaus Ruzicka, 1979–1982).

Denkmale

Auch die Denkmalarchitektur spiegelt den Weg von opulenten Formulierungen zu sachlich-nüchternen Lösungen wider, wobei Krieger- und Heldendenkmäler aufgrund der beiden Weltkriege den gesamten Denkmalbau dominieren. Am Anfang des Jahrhunderts finden sich Denkmale, die noch dem Kaiserhaus huldigten (Göfhl, Kaiserin-Elisabeth-Erinnerungshäuschen, Viktor Postelberg, Bildhauer Alfonso Canciani, 1908, → 0463). Nach dem Ersten Weltkrieg wurde insbesondere in den 1920er-Jahren eine unüberschaubare Zahl an Kriegerdenkmalen errichtet, die sehr unterschiedlich und mehr oder weniger aufwendig und kostspielig gestaltet wurden.

Eine Sonderstellung im Bereich der Denkmalerrichtungen nehmen die Südmährer Gedenkstätten ein, die entlang der Nordgrenze von Niederösterreich zur Erinnerung an die Vertreibung der deutschsprachigen Bevölkerung aus Südmähren 1945/46 (Beneš-Dekrete) errichtet wurden (Unterretzbach, Hans Krappel, 1980–1985, → 2037).

Kultur, Veranstaltung
Doris Grandits, Theresa Knosp

Das 20. Jahrhundert begann, dem zweiten Höhepunkt der Gründerzeit auf dem gesamten Gebiet der Habsburgermonarchie entsprechend, auch in Niederösterreich mit einer Blütezeit für die Errichtung von Kultur- und Veranstaltungsbauten. In einigen kleineren Städten erfolgten Neuerrichtungen von Stadttheatern; Baden und Eggenburg erhielten eigene Museen und die Funde der archäologischen Ausgrabungsstätte in Carnuntum wurden in einem eigens dafür errichteten Museum in Bad Deutsch-Altenburg öffentlich zugänglich gemacht. Darüber hinaus entstand der neue Gebäudetyp des Arbeiter*innen- oder Volksheims, der typologisch zwi-

schen Veranstaltungsbau, Theater und Lichtspielhaus einzuordnen ist. Bei den Bauten für die Musik handelt es sich in diesem Zeitraum vor allem um Musikpavillons in den schnell entstehenden neuen Sommerfrische-Kurorten.

Da in der Zwischenkriegszeit der 1920er- und 1930er-Jahre der Fokus der Bautätigkeit auf dem Wohnbau lag, entstanden nur vereinzelt Kultur- und Veranstaltungsbauten. Erst in der späteren Nachkriegszeit fanden die Bauaufgaben zögerlichen Aufschwung, und in einigen Städten und kleineren Orten wurden unter kommunaler oder privater Bauherr*innenschaft Gebäude für Versammlungen oder Kinos errichtet.

In den 1970er- und 1980er-Jahren wurden erneut vermehrt kommunale Versammlungsbauten projektiert und umgesetzt, und die Diskussion um die Landeshauptstadt in den 1990er-Jahren sollte schließlich für einen weiteren Bauboom als Sektor der Kulturbauten sorgen. Nicht nur im letztendlich zur neuen Landeshauptstadt erhobenen St. Pölten, sondern auch in anderen Städten, wie etwa Krems, entstanden sowohl prominente Museumsbauten als auch kleinere (temporäre) Veranstaltungsarchitekturen.

Kinos

Bei der Bauaufgabe des Kinos lässt sich in Niederösterreich sowohl in den 1910er- als auch in den 1950er-Jahren eine große Anzahl an Neubauten verzeichnen. Viele Kinobauten der ersten Jahrhunderthälfte wurden jedoch abgebrochen (Filmtheater Langenlois, Wachauer Lichtspiele in Spitz an der Donau, Lichtspiele Waidhofen an der Thaya, Apollokino St. Pölten) oder durch bauliche Eingriffe bis zur Unkenntlichkeit überformt (ehem. Lichtspiele Ebreichsdorf). Während das ehemalige Beethoven-Kino in St. Pölten (Leo Kammel sen., 1927, → 0107) und das Kino in Wimpassing im Schwarzatale (Leo Kammel jun., 1959, → 2194) weiterhin betrieben werden und heute weitgehend unverändert erhalten sind, erfuhr eine Vielzahl an Bauten eine Umnutzung zu anderen Zwecken – zum Museumsdepot (Eggenburg, Clemens Holzmeister, 1914–1917, → 0327), Wohnhaus (St. Pölten, Robert Wohlmeyer, 1913, → 1667), Kulturzentrum (Allentsteig, Wenzl Hartl, 1940, → 0016; Gresten, Franz Zajíček, 1950–1951, → 0534) oder zum China-Restaurant (Sieghartskirchen, Gerhard Schwab, 1958).

Stadtsäle/Stadthallen und Versammlungsbauten von Vereinen/Institutionen

Frühe Beispiele für Versammlungsbauten entstanden zu Beginn des Jahrhunderts überwiegend als Volkshäuser oder Arbeiter*innenheime in Industriestädten, etwa das ehemalige Arbeiter*innenheim der Steingut- und Porzellanfabrik in Wilhelmsburg (Andreas Ullmann, 1907, → 2181) oder jenes in Schrems (1927, → 1800), in dem neben Clubräumen auch ein Kino und ein Gasthaus untergebracht waren.

Nach Ende des Zweiten Weltkriegs kam es zu einer Fülle an Neubauten von Stadthallen oder Stadtsälen, die häufig unter kommunaler Bauherr*innenschaft und in moderner Formensprache errichtet wurden. Ein frühes Beispiel stellt die Stadthalle in Ternitz dar (1957–1959, → 1974), die Roland Rainer im Rahmen eines größeren Stadtplanungskonzepts entwarf. Weitere Neubauten folgten in Schwechat (1958–1960, abgebrochen) oder Ybbs an der Donau (1965, durch einen kürzlich fertiggestellten Umbau im Innenraum verändert, → 2228), die Babenbergerhalle in Klosterneuburg (Norbert Schlesinger, 1966–1969, → 0869) oder die Kulturheime in Traiskirchen (Herbert Ortner sen., 1962–1963, → 1996) und Wimpassing im Schwarzatale (1964, stark verändert). Ebenfalls im Auftrag der jeweiligen Gemeinde wurden die Volksheime in Ternitz (Roland Rainer, 1956–1957, kompletter Umbau) oder Traisen (Othmar Augustin, 1959–1965, → 1990) und der Stadtsaal in Tulln (Willy Frühwirth, 1971, abgebrochen) errichtet. Im Kontext von Fabriken und Werken entstanden in dieser Phase auch das Volksheim in Neusiedl (im Zusammenhang mit der Papierfabrik, Karl Jaray, 1927, → 1315) und das Werkskasino in Hohenau an der March (im Kontext der dortigen Zuckerfabrik, Felix Nemecic, 1958, nur Außenerscheinung erhalten, → 0705).

In den 1970er- und 1980er-Jahren häufte sich wiederum die Umsetzung größerer, kommunaler Veranstaltungsbauten, darunter das Kulturzentrum in Perchtoldsdorf (Stefan Bukovac, 1974–1976, → 1396), die Stadtsäle in Hollabrunn (Helmut Leierer, 1972, → 0717) und Mistelbach (Anton Schweighofer, 1989, → 1216) sowie das Gemeindezentrum in Hagenbrunn (Werner Zita, 1985–1986, → 0603). Eine frühe, gestalterisch interessante Adaptierung für ein zeitgemäßes Kulturleben fand mit dem Umbau des um 1910 entstandenen Arbeiter*innenvereinshauses in Horn statt (Anton Schweighofer, 1987–1989,

→ 0751). In St. Pölten wurde die Prandtauerhalle (Paul Pfaffenbichler, 1976–1978, → 1661) als Turnhalle errichtet, sie kann mit ihrer zusätzlichen Nutzung als Veranstaltungsbau jedoch als kategorienübergreifendes Beispiel zwischen Kultur- und Sportbauten gelten.

Museen/Ausstellungshallen

Neben der Gründung vieler Heimatmuseen kam es in Niederösterreich zu Beginn des 20. Jahrhunderts mit dem Krahuletz-Museum in Eggenburg (Richard Jordan, 1902, → 0326), dem Museum Carnuntinum in Bad Deutsch-Altenburg (Friedrich Ohmann, August Kirstein, 1904, → 0077) und dem Kaiser-Franz-Josef-Museum in Baden (Karl Badstieber, Karl Rainer, 1904–1905, → 0108) zur Errichtung von großen Museumsneubauten. Bis in die späten 1980er- und vor allem 1990er-Jahre gab es bis auf wenige Ausnahmen, wie etwa die Einrichtung des Rollettmuseums im ehemaligen Rathaus Weikersdorf (1912, → 0100) oder des Höbarth- und Madermuseums im ehemaligen Bürger*innenspital in Horn (ab 1964, → 0752), keine nennenswerten Neuerrichtungen. Mit Etablierung St. Pöltens zur Landeshauptstadt entstanden mit dem Traisen-Pavillon zur Propagierung der Planungen für die Landeshauptstadt (Adolf Krischanitz, 1988, 2001 abgetragen, verkauft und transloziert) und dem Museum Niederösterreich (Hans Hollein, 1992–2002, → 1664) schließlich prominente neue Museumsbauten. Aber auch in anderen Städten entwarfen gegen Ende des Jahrhunderts namhafte Planer*innen große Kulturprojekte. Besonders hervorzuheben ist hier Krems, wo Adolf Krischanitz die Kunsthalle in dem alten Tabakfabrikgebäude (1994–1995, → 0948), Gustav Peichl das Karikaturmuseum (1999–2001, → 0947) und Franz Gschwantner das WeinStadtMuseum (1993–1995, → 0946) umsetzten. Zudem gelten das unter privater Bauherr*innenschaft errichtete Museum Sammlung Essl von Heinz Tesar in Klosterneuburg (1999, → 0868) sowie die Maria Biljan-Bilger Ausstellungshalle in Sommerein von Adolf Krischanitz (1995–2004, → 1892) als bedeutende Beispiele.

Exemplarisch für die Adaptierung von Bestandsgebäuden zu Kultur- und Veranstaltungszwecken sind der Umbau des Badener Frauenbads zum Ausstellungshaus bzw. später zum Arnulf Rainer Museum (Werner Nedoschill, 1991–1994; Christoph Lottersberger, Richard Messner, Mario Dumpelnik, 2006–2009, → 0109) sowie die Umwandlung der Ostarrichi-Gedenkstätte in Neuhofen an der Ybbs in den Ostarrichi-Kulturhof (1995–1996, → 1295) und die Umgestaltung des sogenannten Heimatsaals in die Stadtgalerie Waidhofen an der Ybbs (1997–1998, → 2072), beide von Ernst Beneder und Anja Fischer geplant, zu nennen.

Theater und Festspielhäuser

Die Anfang des 20. Jahrhunderts erbauten (Stadt-)Theater haben sich im Verhältnis zu anderen Bauaufgaben der Kultursparte weitgehend original erhalten, wie etwa das ehemalige Krupp'sche Arbeiter*innentheater in Berndorf (Atelier Fellner & Helmer: Ferdinand Fellner II., Hermann Helmer, 1898, → 0180), das Stadttheater in Bruck an der Leitha (Rudolf Roese, Franz Lengenfelder, 1904, → 0245), das Stadttheater (Atelier Fellner & Helmer, 1909–1919, → 0110) und die Sommerarena (Rudolf Krausz, 1906, → 0106) in Baden sowie das Stadttheater samt Kino in Mödling (Ferdinand Schleicher, 1913, → 1246). Mit dem Passionsspielhaus in Kirchschlag in der Buckligen Welt (Alexander Schuster, 1957–1959, → 0850) fand um die Jahrhundertmitte auch diese spezielle Bauaufgabe in Niederösterreich eine Umsetzung.

Der nächste bauliche Aufschwung erfolgte auch unter den Theaterbauten erst gegen Ende des 20. Jahrhunderts, als neben dem Festspielhaus in St. Pölten (Klaus Kada, 1995–1997, → 1663) auch eine Reihe weiterer, innovativer Spielstätten entstand: Eduard Neversal schuf in St. Pölten mit der Bühne im Hof (1992–1993, → 1666) eine Aufführungsstätte in einem bestehenden Innenhof, an der Donauländ in Tulln setzte er zudem eine schwimmende Bühnenkonstruktion um (1999, → 2015). Die mobile Tribüne in Haag (nonconform: Roland Gruber, Dietmar Gulle, Peter Nageler, 1999–2000, → 0591), welche sich als temporäre Konstruktion saisonal in das Stadtbild der Altstadt einfügt, nimmt eine Sonderstellung ein. Mit der Burgarena in Reinsberg entstand ein weiterer Standort für kulturelle Veranstaltungen im historischen Baubestand (Johannes Zieser, 1997–1999, → 1566).

Bauten für Musikveranstaltungen

Um die Wende zum 20. Jahrhundert ist ebenso wie bei den anderen kulturellen Bauaufgaben auch bei den Bauten für die Musik eine gesteigerte Bautätigkeit zu konstatieren. Musikpavillons wurden als detaillierte Holzkonstruktionen in den Kurorten Baden (Josef Schubauer, 1894, → 0105), Gars am Kamp (J. Molnar, W. Hiebler, 1907–1908, → 0424), Payerbach (Carl Weinzettel, 1909, → 1377) und Reichenau an der Rax (Franz Gölles, 1903, → 1556) errichtet. Mit dem heute als Konzerthaus Weinviertel betriebenen Veranstaltungssaal in Ziersdorf (Heinrich Blahosch, 1910, → 2248) hat sich ein in Jugendstil-Formen gestalteter Saalbau für (Musik-)Veranstaltungen erhalten. Im weiteren Verlauf des Jahrhunderts ist exemplarisch mit dem Zubau zum Musikheim in Kematen (Gustav Blei, 1971–1974, → 0829) auf einen kleinen, weitgehend unbekannten Bau zu verweisen. Eines der letzten Beispiele des 20. Jahrhunderts ist der inzwischen zum Wahrzeichen des St. Pöltner Kulturbezirks gewordene Klangturm (Ernst Hoffmann, Gottfried Hattinger, 1994–1997, → 1662).

Bildung
Agnes Liebsch

Die Kategorie Bildung beschreibt Schulen, Kindergärten sowie Universitäten und Bildungseinrichtungen für Erwachsenen- und Volksbildung. Für ein besseres Verständnis wurden veraltete Bezeichnungen (Bürgerschule, Neue Niederösterreichische Mittelschule usw.) durch die heute aktuellen Begriffe ersetzt.

Schulen

Viele niederösterreichische Schulbauten wurden in Phasen intensiver Bautätigkeit errichtet. Von der Jahrhundertwende bis zum Ausbruch des Ersten Weltkriegs entstanden zahlreiche neue Schulgebäude, die vom Typus meist als klassische Gangschulen konzipiert waren. Die stilistische Ausgestaltung passte sich dabei oft dem jeweiligen lokalen und zeitgenössischen Geschmack an. In den 1920er-Jahren wurde begonnen, den bisher gängigen, streng kasernenhaft organisierten Bautypus zu hinterfragen und eigenständige Lösungen zu entwickeln. Rudolf Frass experimentierte mit verschiedenen Grundrissformen (Mittelschule St. Pölten, nicht realisiert; Mittelschule Dörfl, 1929, → 0280). Als „modernste Schule Österreichs" wurde zu ihrer Errichtungszeit die Volks- und Mittelschule in Pottendorf (Karl Krist, 1929, → 1464) bezeichnet, deren Raumprogramm mit Wasseranschlüssen in jeder Klasse, Duschen in den Turnsaalgarderoben, Arztzimmer und eigener Schulzahnklinik sämtliche Hygieneanforderungen erfüllte. Die hohen und hellen Räume, bewegliche Tische statt fix verbauter Bänke und zahlreiche Gemeinschaftseinrichtungen spiegeln die reformpädagogischen Ansätze wider.

Die ersten Nachkriegsjahre waren vom dringenden Bedarf nach Unterrichtsräumen geprägt. Viele Schulen wurden im Krieg zerstört oder schwer beschädigt. Ab den frühen 1950er-Jahren setzte eine rege Bautätigkeit ein, oftmals begleitet von hohen architektonischen Qualitätsansprüchen – ruhte doch auf dem Bildungssystem die Hoffnung, dass eine aufgeklärte Gesellschaft einen wesentlichen Beitrag zu einem friedvollen Europa liefern kann. Auf der Suche nach der angemessenen architektonischen Umsetzung entstand in den Nachkriegsjahren eine Vielzahl an Bildungsbauten, die die verschiedenen stilistischen, funktionalen und technischen Strömungen der Zeit abbildet.

Einige der frühen Bauten schließen an die Architektursprache des Heimatstils an und nehmen regionale Traditionen auf, wie etwa die Gartenbauschule in Langenlois vom jungen Architekten Otto Leopold (1948–1954, → 1042). Technische Innovationen, wie etwa die Deckenstrahlungsheizung, zeichnen die Mittelschule in Steinakirchen am Forst aus (Alfred Hellmayr, Johann Gangl, 1949–1954, → 1915). Die mit zwei hohen Türmen monumental gestalteten Dr. Theodor Körner Schulen (1949–1954, → 1670) von Tassilo Lendenfeld und Ludwig Heintschel in St. Pölten zeugen mit Schiebe- bzw. Kippschiebefenstern und einem Schwimmbad im Keller von der technischen Innovationsfreude sowie vom gestiegenen Komfort der Schulbauten.

Die Schulbauten von Roland Rainer in Ternitz (1952–1954, → 1975) und St. Valentin (1954, → 1763) leiteten einen Umbruch im Schulbau ein, der vom Wunsch nach Funktionalität und dem Verzicht auf monumentale Gestaltung geprägt ist. Offenheit, Blickbezüge und großzügige Gemeinschaftsflächen wurden zur gestalterischen Leitidee. Auch die Volksschule in Landersdorf (Leopoldine Kirschner, 1955–1957, → 1033) nimmt mit den großflächigen Verglasungen und einem wohnlich gestalteten Pausenraum die Entwicklungen der 1960er- und 1970er-Jahre vorweg.

Die Einführung neuer pädagogischer Konzepte beeinflusste zunehmend die typologische Gestaltung der Schulbauten. In der Mittelschule Heidenreichstein von Johann Staber (1965–1966, → 0630) wurde jedem Klassenraum eine eigene Freiluftklasse vorgelagert, Anton Schweighofer vereinte in Allentsteig in einem aus Fertigteilen und Sichtziegelmauerwerk errichteten Bauwerk (1965–1968, → 0018) eine Volks-, Mittel- und Allgemeine Sonderschule. Die Klassenräume sind hier um die gemeinschaftlich genutzten offenen Bereiche angeordnet. Den Typus der kompakten Hallenschule, in der die Unterrichtsräume um eine zentrale Halle positioniert sind, repräsentieren die im brutalistischen Stil ausgeführten Schulbauten von Matthias Szauer und Gottfried Fickl in Schwadorf (1969–1975, → 1808) und Felixdorf (1972–1974, → 0374) sowie die Mittelschule in Mauer bei Amstetten von Wolfgang und Traude Windbrechtinger (1972–1975, → 1181). Ein Unikat stellt das heute nur in Teilen erhaltene WIFI von Karl Schwanzer in St. Pölten (1965–1972, → 1672) dar, dessen expressive Anmutung den Stellenwert und das neue Selbstverständnis im Bildungsbau repräsentiert.

Durch die zunehmende Zahl an Schüler*innen wurden auch Erweiterungsbauten von Schulen und Umnutzungen bestehender Gebäude zu wichtigen Bauaufgaben im Bildungsbereich. Der Neubau des BG/BRG Perchtoldsdorf (Atelier Neufra: Heinz Neumann, Sepp Frank, 1975–1978, → 1397) hebt sich beispielsweise in seiner Materialität und Formensprache deutlich vom Bestandsgebäude aus dem Jahr 1912 ab. In Wiener Neustadt wurde hingegen durch die Umwidmung eines Fabrikareals zentrumsnah eine neue Schule geschaffen (BRG Gröhrmühlgasse, Alois Machatschek, Gerhard Holzbichler, 1977–1981, → 2147), indem eine repräsentative Fabrikantenvilla adaptiert und um einen Neubau erweitert wurde, der sich in seiner Gestaltung auf den Bestandsbau bezieht.

Kindergärten

Frei stehende Gebäude für Kindergärten sind in der ersten Hälfte des 20. Jahrhunderts als eine Rarität zu sehen, da diese meist gemeinsam mit Schulen oder anderen Gemeinschaftseinrichtungen in einem Bauwerk vereint waren. Eine Ausnahme stellt der Kindergarten der Arbeiter*innenkolonie Ortmann in Neusiedl bei Pernitz von Josef Frank dar (1921, → 1319).

Wie im Schulbau nahmen auch bei den Kindergärten pädagogische Konzepte einen wesentlichen Einfluss auf die architektonische Gestaltung. Es entstanden aufgelockerte Grundrisse mit pavillonartig angeordneten Gruppenräumen, denen jeweils eigene Freiräume zugeordnet waren. Traude und Wolfgang Windbrechtinger schufen mit dem Kindergarten in Amstetten (1970–1971, → 0039) einen Vorreiter für diesen Typus. Generell entstand ab den 1970er-Jahren eine Reihe von Kindergärten von hoher architektonischer Qualität. Anton Schweighofers Kindergarten in Allentsteig (1970–1974, → 0017) und Stefan Bukovac' eingruppiger Kindergarten in Heiligenkreuz (1973–1974, → 0639) demonstrieren die hohen gestalterischen Ansprüche, modernste Technik wurde im Kindergarten in Heidenreichstein (Peter Payer, Erich Sadilek, 1974–1975, → 0631) mit einer Aluminiumsystem-Skelettbauweise erprobt.

Gesundheit
Caroline Jäger-Klein

Die Objekttexte zu dieser Kategorie wurden von Inge Scheidl verfasst.

Kuranstalten und Sanatorien

Die Bauwerktypen zum Thema Gesundheit umfassen ein sehr breit aufgefächertes Spektrum, sowohl hinsichtlich der Bauaufgabe als auch der daraus resultierenden formalen Umsetzung. In den Kurorten finden sich die Badebauten, in denen das Baden zum Erhalten oder zur Wiedererlangung der Gesundheit betrieben wurde. Für Niederösterreich von zentraler Bedeutung ist in diesem Bereich die 2021 in die UNESCO-Welterbe-Liste eingetragene Kurstadt Baden, in der die zahlreichen Badebauten vom Beginn des 19. Jahrhunderts bis in die Zwischenkriegszeit hinein mit weiteren Kur- und Badehäusern (Kurhaus, Maximilian Katscher, Eugen Fassbender, 1885–1886, → 0118; Dr. Gustav Lantin's Curanstalt Gutenbrunn, Karl Haybäck, 1898–1899, → 0120; Kaiserin Elisabeth-Curhaus für k. k. Staatsbeamte, Joseph Urban, 1899–1900, → 0121; Städtische Bade- und Heilanstalt, Franz Krauß, Josef Tölk, 1902–1903, → 0119), Kurhotels und einer Art-déco-Trinkhalle (Josef Fischer, 1928, → 0117) inner- und außerhalb des Kurparks ergänzt wurden. Die Familie Nemetz in Personalunion als Hotelbetreiber*innen und Architekt*innen erwarb ab den späten 1960er-Jahren einige der ehemaligen Kurhäuser und Kurhotels der Jahrhundertwende in Baden und baute diese zu zeittypischen Hotels um (Hotel, ehem. Städtische Bade- und Heilanstalt von Franz Krauß und Josef Tölk, Umbau 1968–1969, Walter Nemetz, → 0119; Thermen- und Sporthotel, ehem. Dr. Gustav Lantin's Curanstalt Gutenbrunn, Umbau 1973, Walter Nemetz, → 0120). Mitte der 1990er-Jahre fügte Roland Nemetz gemeinsam mit Franz Fehringer und Peretti & Peretti die verschiedenen Gebäude des ehemaligen Kurhauses (→ 0118) zu einer gestalterischen Einheit zusammen, die im Laufe verschiedenster Umbau- und Erweiterungsphasen – mit durchaus namhaften Architekten (Josef Hoffmann, Oswald Haerdtl u. a.) – verloren gegangen war. In einer letzten Transformationsphase am Ende des 20. Jahrhunderts verwandelte sich so manches Badehaus in Baden in eine Kultureinrichtung; prominentes Beispiel ist etwa das ehemalige Frauenbad, das 1994 zum Ausstellungszentrum umgebaut wurde und seit 2009 als Arnulf Rainer Museum geführt wird (→ 0109).

Ähnlich verhält es sich mit den Luftkurorten; auch hier hat Niederösterreich mit der bereits 1998 zum UNESCO-Welterbe erklärten Kulturlandschaft Semmering eine bedeutsame Gesundheits- und Erholungsregion vorzuweisen, deren Bauten durchaus als landschaftsbezogenes Kurensemble anzusehen sind. Das im Heimatstil entworfene Kurhaus am Semmering (Franz Krauß, Josef Tölk, 1907–1909, → 1849) ist umgeben von palastartigen Kur- und Sommerfrischehotels.

Sanatorien und Rehabilitationszentren
In der gesamten Mittelgebirgsregion am Ostende der Alpen entstanden um den Ersten Weltkrieg Lungensanatorien für alle gesellschaftlichen Schichten in einer neobiedermeierlichen Landhausarchitektur (Wopfing, ehemaliges Genesungsheim der Gremialkranken-Kasse, → 2216; ehem. Offizierskurhaus „Weißes Kreuz" in Breitenstein, → 0242, beide 1914). Ein ähnlicher Stil wurde bei derselben Bauaufgabe für Objekte im Wienerwald gewählt (Neulengbach, Rekonvaleszent*innenheim für Bedienstete der k. k. österreichischen Staatsbahnen, Anton Krones jun., 1914–1916, → 1296; Lungenheilstätte Alland, Leopold Theyer, 1896–1898, → 0013; Tullnerbach, Sonderkrankenanstalt Wilhelmshöhe, Anton Krones sen. und Anton Krones jun., 1910, → 2025). Beim ehemaligen Sanatorium Wienerwald (Feichtenbach, errichtet 1903–1904 und bis ins Jahr 1980 kontinuierlich umgebaut und erweitert, → 0370) wurden jedoch die Baukörperkomposition und die architektonische Gestaltung des Ursprungsbaus durch die Modernisierungsmaßnahmen der 1950er- bis 1970er-Jahre maßgeblich geprägt.

Dienten der Semmering und Baden eher als Kurregionen für die gehobeneren Gesellschaftsschichten, „demokratisierte" sich das Kurwesen im Laufe des 20. Jahrhunderts zu einem Gesundheitswesen für breitere Bevölkerungsschichten, die durch den Ausbau des Krankenversicherungssystems nun auch „auf Kur" gehen konnten. Dieser gesellschaftliche Paradigmenwechsel lässt sich sehr anschaulich an den äußerst wechselvollen Baugeschichten so mancher Sanatorien Niederösterreichs ablesen (beispielsweise am ehemaligen Waldsanatorium in Perchtoldsdorf, 1907–1908 von Karl Haybäck errichtet, 1927 von Rudolf Perthen erweitert und für die Wiener Gebietskrankenkasse 1949 durch Carl Witzmann saniert, → 1399).

In einer Bauwelle der 1970er-Jahre wurde eine Vielzahl an Bauten der Jahrhundertwende mit den finanziellen Mitteln der verschiedenen Krankenkassen zu Kur- und Rehabilitationszentren um- und ausgebaut. So entstand etwa aus dem ehemaligen Kurhotel Kaiserbad in Bad Deutsch-Altenburg 1974 bis 1978 das Kurzentrum Ludwigstorff (Hans Krebitz, 1974–1978, → 0078). Als Erweiterung der Gesundungsanstalt Stollhof in Kierling (Ernst Gotthilf, 1909, → 0839) wurde das AUVA Rehabilitationszentrum „Weißer Hof" in Kritzendorf als großzügig dimensionierte Anlage errichtet (Kurt Hlawenicka, Hannes Lintl, 1878–1886, → 0984). Das ehemalige Blindenheim „Harmonie" in Unterdambach, das Johann Staber von 1972 bis 1976 als großen Neubau mit ansprechender moderner Architektur als Sommererholungsheim konzipierte (→ 2030), wird heute als Campus Wienerwald weitergeführt.

Architektonischer Höhepunkt der niederösterreichischen Sanatoriumsbauten ist das frühere Sanatorium in Purkersdorf (Josef Hoffmann, 1904, → 1516) mit der benachbarten Villa Paula (Leopold Bauer, 1908, → 1515), das der Industrielle Victor Zuckerkandl zum Kurieren von Nervenkrankheiten der gehobenen Wiener Gesellschaft aus einer vormaligen Wasserheilanstalt mit Kurpark errichten ließ. Der Bau erlangte aufgrund seiner Modernität internationale Bekanntheit und zählt bis heute zu den Schlüsselbauten der Internationalen Moderne.

Krankenhäuser
Aufgrund der speziellen Situation, dass das vormalige Kronland Niederösterreich als Umfeld der Reichs- und Residenzhauptstadt Wien immer schon deren anspruchsvollen Krankenhausbedarf bei gleichzeitigem Platz- wie Grünraummangel abdecken musste, findet sich hier eine Vielzahl an „ausgelagerten" Krankenhäusern und Heil- und Pflegeanstalten. Das heutige Landesklinikum Mauer (Kaiser Franz Joseph Landes-Heil- und Pflegeanstalt in Mauer-Öhling, Carlo von Boog, Erich Gschöpf, 1902, → 1182) wurde als Vorgängerbau der Landes-Heil- und Pflegeanstalt für Geistes- und Nervenkranke am Steinhof (heute Otto-Wagner-Spital in Wien) errichtet, welche in die internationale Architekturrezeption als Inbegriff des modernen Pavillonkrankenhausbaus der Jahrhundertwende eingegangen ist.

Die Krankenhausinfrastruktur des Landes wurde ebenfalls bereits Anfang des 20. Jahrhunderts durch Krankenhausbauten in den Bezirkshauptstädten sichergestellt, von denen allerdings heute bereits fast alle, die noch aus den Zeiten der Monarchie stammten, abgetragen wurden (etwa Spital Horn, 1891: 1988 für Neubau abgerissen; Krankenhaus Lilienfeld, 1903: ab 1975 für Neubau abgerissen; Krankenhaus Mistelbach, 1908–1909: 2011–v2019 kompletter Neubau. Bestehen oder teilweise bestehen blieben dennoch einige Krankenhausbauten wie das Landesklinikum Melk (1896–1899, → 1193) oder das Landesklinikum in Waidhofen an der Ybbs (Miklós Bukovics, 1908–1910, → 2075). Der Bertha-Kupelwieser-Trakt des Krankenhauses in Scheibbs (Hans Schimitzek, 1907–1911, → 1778) wurde renoviert und in der Außenerscheinung unverändert erhalten, obwohl 2008 bis 2013 durch Paul Pfaffenbichler umfangreiche Zu- und Neubauten zum Krankenhaus erfolgten. Auch in Krems ist das alte Spital (1852; 1912–1913 durch Hans Schimitzek um- und ausgebaut, → 0951) als Wirtschaftsbau des Universitätsklinikums (Paul Pfaffenbichler, 1975–1982) noch erhalten.

Anton Schweighofer versuchte, das Pavillonsystem der Jahrhundertwende im 20. Jahrhundert weiterzudenken. Sein Pavillonkrankenhaus in Zwettl (Landesklinikum Zwettl, 1973–1979, → 2270) erfuhr im In- und Ausland offensichtlich die nötige Beachtung, um es zu erhalten, wohingegen das Unfallkrankenhaus in Neunkirchen (1960–1963) abgebrochen wurde und der Erweiterungsbau (gemeinsam mit Rupert Falkner, 1963–1965) des ehemaligen

Krankenhauses der St. Ullrich-Stiftung in Allentsteig (1927–1928, → 0019) seit 2005 geschlossen ist.

Freizeit
Doris Grandits, Theresa, Knosp, Caroline Jäger-Klein

Die unter Freizeitbauten subsumierten Projekte umfassen im Wesentlichen Badeanlagen – teilweise als größere Fluss- und Strombadeanlagen konzipiert und als Sport- oder Erholungszentren bezeichnet – sowie Hallenbauten für Sport und Sportveranstaltungen. Die Fluss- und Strombadeanlagen im Verbund mit ausgedehnten Wochenendkolonien können hierbei als spezifisch niederösterreichisches Phänomen der Vor- und Zwischenkriegszeit angesehen werden. Sie entstanden vor dem gesellschaftspolitischen Hintergrund, dass nun Sport- und Freizeitaktivitäten für eine breitere Bevölkerungsschicht möglich wurden.

Bäder
In den ersten beiden Jahrzehnten des 20. Jahrhunderts ist eine rege Bautätigkeit insbesondere bei Fluss- und Strombädern zu verzeichnen, von denen sich eine große Anzahl in weitgehender Authentizität erhalten hat (etwa die Kamptalbader in Thunau am Kamp, 1928, → 1984, Plank am Kamp, 1928, → 1451, und Schönberg am Kamp, 1908, → 1793, oder das Strandbad an der Thaya in Drosendorf, 1929, → 0290). Entlang der Donau ist zwischen Greifenstein und Klosterneuburg eine Vielzahl an Strombädern zu finden, die sich aus den Schwimmschiffen des 19. Jahrhunderts entwickelten. Bereits unmittelbar nach dem Ersten Weltkrieg entstanden urban geprägte Anlagen um gestaltete Plätze (zentraler Platz des Strandbads Klosterneuburg von Franz Polzer, 1919–1920, → 0876; Rondeau des Strombads in Kritzendorf von Heinz Rollig und Julius Wohlmuth, 1928, → 0985), an denen Einrichtungen wie Kassa oder Café-Restaurant mitunter in monumentalen „Kopfbauten" angeordnet sind.

Entlang des Donaustrands wurden in langen, manchmal zweigeschossigen und hintereinander gestaffelten Kabinentrakten mit Sonnendecks die Dauergäste untergebracht (Kabinentrakt des Strandbads in Klosterneuburg, 1927–1928, → 0876). Um die Badeanlagen entwickelten sich „Weekendsiedlungen" aus hochwassersicher aufgestelzten Badehäuschen (Strandbad Klosterneuburg, Strombad Kritzendorf) und Ende der 1920er-Jahre entstanden daran anschließende Kolonien von großzügig angeordneten Strandhäusern und Strandvillen (Strandbadsiedlung Haas-Kolonie Klosterneuburg, → 0875; Sportklubareal Kritzendorf).

Neben den Flussbädern stellten zu Beginn des 20. Jahrhunderts auch (städtische) Badehäuser, welche weniger Erholungs- als vielmehr Hygienezwecken dienten, eine wichtige Bauaufgabe dar (beispielsweise in Korneuburg, 1908–1909, Anton Horetzky, seit den 1970er-Jahren als Stadtmuseum genutzt, → 0917). Vereinzelt wurden auch Freibäder errichtet, so zum Beispiel jenes in St. Pölten (um 1900, Richard Frauenfeld, nicht erhalten) oder das Ungarbad in Wiener Neustadt (1916–1917, Hugo Wilcenc, bestehendes Eingangsgebäude wird heute als Restaurant genutzt, → 2150).

Entsprechend der Freizeitbewegung der Zwischenkriegszeit entstanden in diesem Zeitraum ebenfalls einige repräsentative Bäder, die teilweise auf den bereits von den Römern genutzten Quellen der Thermenlinie, die Erzherzog Rainer um 1900 wiederbeleben ließ, aufbauten (wie etwa Bad Fischau, Hans Goldschmied, 1925–1928, → 0082). Das Thermalbad in Bad Vöslau (Peter Paul Brang, Wilhelm Eduard Luksch, Louis Breyer, 1926, → 0088) stellt mit seinen barockisierenden Architekturelementen eine historisierende Lösung für eine monumentale Badeanlage der Zwischenkriegszeit dar. Ein weiteres prominentes Beispiel ist das Thermalstrandbad Baden (Alois Bohn, 1926, → 0116), das architektonisch zwischen später Secession und Art déco einzuordnen ist und eine Art Schlusspunkt in der zur Römerzeit begründeten und im Biedermeier gipfelnden Badetradition der Kurstadt darstellt. Das wenig später errichtete Stadtbad von Mödling (Hermann Tamussino, 1927–1928, → 1251) entspricht in seiner Gestaltung im Sinne der Neuen Sachlichkeit einer weitaus moderneren Architektursprache. Nach einer Periode geringer Bautätigkeit in den 1930er- und 1940er-Jahren ist in der Nachkriegszeit wieder eine Vielzahl an Neuerrichtungen zu verzeichnen. Während sich unter den Freibädern dieser Epoche einige architektonisch bemerkenswerte Beispiele erhalten haben (Ternitz, Parkbad, Roland Rainer, 1958–1963, → 1977; Purgstall, Erlauftalbad, Oskar Scholz, 1958–1962, → 1509; Freibad in Schönberg am Kamp, Roland Cäsar, 1972–1973, → 1794), wurden beinahe alle Hallenbäder der 1960er- und 1970er-Jahre bis zur Unkenntlichkeit umgebaut (wie Viktor Krafts Weinlandbad in Mistelbach, 1960) oder abgebrochen (beispielsweise Gerhard Lindners Hallenbad in Horn, 1972–1974). Mit dem Hallenbad Schwechat (Franz Huber, 1972–1973, → 1821) ist ein weitgehend unverändertes Gebäude aus den 1970er-Jahren bis heute in Betrieb.

Eine besondere Bedeutung beim Bäderbau kommt dem als „Bäderpapst" titulierten Architekten Friedrich Florian Grünberger zu, der ab 1967 im Auftrag des Europarats mit dem „Europabad" ein variables Baukonzept entwickelte, nach welchem auch in kleineren Gemeinden günstig (Hallen-)Bäder mit individueller Schwerpunktsetzung errichtet werden konnten. Unter einer Vielzahl der nach diesem Konzept in Deutschland und Österreich errichteten Bäder finden sich auch in Niederösterreich Beispiele (etwa das Hallenbad Tulln, Friedrich Florian Grünberger, 1972–1975, → 2017).

In den 1970er- und 1980er-Jahren machte sich der Trend bemerkbar, anstatt „monofunktionaler" Schwimmbäder größere Anlagen zu errichten, welche Hallen- und Freibadeanlagen mit Sportplätzen und gastronomischen Einrichtungen kombinierten. Exemplarisch sind hier die umfangreiche, brutalistische Anlage des Freizeitzentrums Perchtoldsdorf (Kurt Eckel, 1976–1979, → 1401) oder – in gestalterischem Kontrast dazu – das als Pavillonanlage konzipierte Freizeitzentrum Wieselburg (Oskar Scholz, 1975–1979, → 2175) anzuführen.

Für das ausgehende 20. Jahrhundert sind darüber hinaus der Umbau der historischen Mineralschwimmschule Baden in die „Römertherme" (Roland Nemetz, Wolfgang Junger, Rupert Weber, 1997–1999, → 0123) sowie das Naturbad in Amstetten (Zechner & Zechner, 1997–2000, → 0041) nennenswert, welche beide durch einen großflächigen Einsatz des Baustoffs Glas – in Baden als riesige Hängedachkonstruktion, in Amstetten als transparente Fassade zum Grünraum hin – interessante Ein- und Ausblicke zulassen.

Sporthallen
Unter den Sportbauten entwickelte sich ab dem späten 19. Jahrhundert die vom Schulbau entkoppelte Turnhalle als eigenständige Bauaufgabe. Die Gebäude entstanden oft unter der Bauherr*innenschaft von Vereinen und wurden in kleineren Gemeinden

auch als Veranstaltungsstätten genutzt, weshalb ihnen ein gewisser repräsentativer Anspruch zugrunde lag. In Niederösterreich haben sich mehrere zu Beginn des 20. Jahrhunderts errichtete, historisierende Sportbauten erhalten, wie das durch eine klassizistische Tempelfassade am Zubau ergänzte Turnvereinsgebäude in Ybbs an der Donau (1898 errichtet, 1923 durch Leo Christophory erweitert, → 2229) oder die neobarocke Formen aufweisende Turnhalle (1895–1897, → 0644) am Schillerring in Herzogenburg. In Dimension und Expression bereits den Austrofaschismus vorwegnehmend, ist die Halle des Turnvereins St. Pölten (Leo Keller, 1928–1929, → 1680) einzuordnen.

In den 1950er-Jahren entstanden vereinzelt Sportbauten, die heute jedoch meist nicht mehr bestehen (etwa das Stadion Wiener Neustadt von Paul Kutscha-Lissberg, 1952, oder, in kleinerem Maßstab, das Sportheim Böhlerwerk von Traude und Wolfgang Windbrechtinger, 1957).

Gegen Ende der 1970er-Jahre kam es zur Errichtung mehrerer hybrider Sport- und Veranstaltungshallen, wie etwa der konstruktiv innovativ gelösten Sporthalle in Hollabrunn (Helmut Leierer, 1975, → 0722) oder der heute optisch stark veränderten, jedoch im Kern erhaltenen Johann-Pölz-Halle in Amstetten (Heinz Schimek, 1979–1982, → 0042). Beispiele wie die Pielachtalhalle in Ober-Grafendorf (Hans Wolfgang Jäger, Werner Havlicek, 1979–1980, → 1335) oder die Jubiläumshalle in Biedermannsdorf (Adolf Straitz, 1979–1980, → 0199) belegen, dass derartige Bauaufgaben nicht nur in größeren Städten, sondern ebenso in kleineren Gemeinden Realisierung fanden.

Eine Sonderstellung nimmt aufgrund seiner Maßstäblichkeit das Bundessport- und Freizeitzentrum Südstadt in Maria Enzersdorf ein (Wilhelm Hubatsch, Friedrich Florian Grünberger, Erhard Hubatsch, 1964–1975, → 1140). Entstanden als Teil der Masterplanung der Gartenstadt Süd, umfasst die Anlage neben einer Schwimmhalle mehrere Sporthallen, Verwaltungsbauten, ein Internat sowie ein Stadion.

Sonderbauten
Doris Grandits, Theresa Knosp

Die Kategorie der Sonderbauten wird in Niederösterreich von der Bauaufgabe der Aussichtswarten unter der Bauherr*innenschaft lokaler Natur-, Fremdenverkehrs- und Verschönerungsvereine dominiert. Einige Beispiele, die sich zumeist keinen Planer*innen zuschreiben lassen, entstanden um die Jahrhundertwende und in den 1920er-Jahren. Eine erneute Häufung an Neuerrichtungen von Aussichtstürmen ist in den 1960er- und 1970er-Jahren zu verzeichnen. Clemens Holzmeisters Leopold-Figl-Warte auf dem Tulbingerkogel (1965–1968, → 2009) oder die beiden formal ähnlichen in Stahlbeton ausgeführten Bauten von Robert Krapfenbauer in Obermarkersdorf (Europawarte St. Benedikt, 1980, → 1343) und in Doberndorf (Papstwarte, 1983, → 0275) stellen imposante Beispiele dar.

Ebenfalls zu den Sonderbauten zählen Kunstwerke im öffentlichen Raum, von denen eine Vielzahl infolge des Kulturförderungsgesetzes des Landes von 1996 realisiert werden konnte. Die Werke reichen von Mahnmalen und autonomen Skulpturen über künstlerische Interventionen bis hin zu Stadtmöblierungen und Platzgestaltungen. Da die Mehrzahl der Objekte nicht in direktem Bezug zur Architektur steht, haben nur vereinzelte Beispiele Eingang in den vorliegenden Band gefunden. Hier sind etwa der Pavillon des ehemaligen Gendarmerie Einsatzkommandos Wiener Neustadt (Martin Feiersinger, Werner Feiersinger, 1993, → 2152) oder der „Blindgänger" in Hof am Leithaberge (POOR BOYs ENTERPRISE, 1998–2000, → 0700) zu nennen.

Bauten für den Rundfunk, wie Gustav Peichls ORF Landesstudio Niederösterreich (St. Pölten, 1994–1998, → 1681), oder das heute als „Haus der Gmündner Zeitgeschichte" genutzte ehemalige Lagertor des Flüchtlingslagers Gmünd (1914, → 0492) fallen als Einzelbeispiele ebenso in die Kategorie Sonderbauten wie der Badener Beethoven-Tempel (Wilhelm Eduard Luksch, 1927, → 0125) oder das Donauentlastungsgerinne in Langenzersdorf (Kurt Schlauss, 1975, → 1060).

Wohnbauten
Atreju Allahverdy, Markus Gesierich

Städtische Wohn- und Geschäftshäuser
Infolge einer kontinuierlichen Entwicklung sowohl bautypologisch als auch formell in der Tradition des 19. Jahrhunderts verhaftet, entstanden bis Anfang des 20. Jahrhunderts städtische Wohnhäuser mit Geschäftsflächen in der Sockelzone. Während der städtebauliche Maßstab meist im lokal üblichen Rahmen blieb, standen weitgehend stilistische Fragen im Vordergrund. Dies führte zu einer an den Fassaden deutlich erkennbaren Entwicklung: Schwerpunktmäßig wurde späthistoristisch gebaut, zugleich lassen sich vielerorts sowohl die Verbreitung von Merkmalen des Jugendstils, wie beispielsweise beim Wohn- und Geschäftshaus des Wagner-Schülers Hugo Wanderley am Hauptplatz 13 in Hollabrunn (1898–1899, → 0730), als auch das Bauformvokabular des Heimatstils ausmachen, wie etwa an den Bauten in der Riedmüllerstraße Nr. 2–8 in Waidhofen an der Ybbs (bis 1905, → 2078, → 2087, → 2088, → 2079); vereinzelt wurden Bestandssubstanzen nachträglich äußerlich secessionistisch überarbeitet. Aus dem Kreis der Wiener Secession kommende Architekt*innen, darunter weitere Schüler Otto Wagners, wie etwa Sepp Hubatsch, waren maßgeblich an einer weit in den ländlichen Raum greifenden Etablierung der „modernen" Architektur in Niederösterreich beteiligt. Auch die namhaften, im Historismus ausgebildeten Architekt*innen setzten sich mit dem Vokabular der Secession und der Wagner-Schüler auseinander und wandten dieses teilweise an, wie etwa Eugen Sehnal, Schüler von Heinrich Ferstel und Karl König, am Bahnhofplatz in St. Pölten (1901, → 1683). Ihnen gegenüber stehen lokale Baumeister, wie etwa Johann Steiner in Horn, die teilweise den städtischen Formen- und Gliederungsapparat an den Fassaden übernahmen oder adaptierten.

In der Zwischenkriegszeit fanden häufig unterschiedlich stark gesättigte Mischformen eines regional angepassten Heimatstils mit teilweise expressionistischen Anklängen und Details Anwendung, so etwa bei den Bauten von Rudolf Frass in St. Pölten (→ 1698, → 1710, → 1717). Die Nachkriegszeit ist einerseits durch reine Instandsetzungen und einen formell häufig auf Historizität ausgerichteten Wiederaufbau gekennzeichnet. Andererseits entwickelten sich zugleich zeittypische, nüchtern-moderne Formensprachen, wie beispielsweise beim Herrenhof in St. Pölten (Franz Barnath, 1952–1955, → 1718).

Das Erscheinungsbild des Wohn- und Geschäftshauses veränderte sich zwar bis in die Nachkriegszeit, aus typologischer Sicht blieb die Bauaufgabe jedoch weitgehend gleich. In der zweiten Jahrhunderthälfte verlor die Bauaufgabe an Bedeutung, da zunehmend Überlegungen zur Schaffung von Wohnfläche – sowohl durch innerstädtische Nachverdichtung als auch durch Stadterweiterungsprojekte – sowie Fragen der Ressourcen- und Raumökonomie und Forderungen nach qualitätvollem Wohnraum in den Vordergrund traten.

Mehrfamilienhäuser und Wohnhausanlagen
Im Bereich des innerstädtischen Mehrfamilienhauses und der Wohnhausanlagen lassen sich unterschiedliche städtebauliche Lösungen nachvollziehen: einerseits die Fortsetzung von Baulinien im Blockrand, andererseits Einzelstrukturen und zeilenförmige Bebauungen entlang der städtebaulichen Achsen. In den Randzonen überwiegen zeilen- und punktförmige Grundrisse. Sowohl im Zentrum als auch in der Peripherie etablierten sich punktuell zudem Anlagen aus verdichteten Flachbauten, wie etwa bei der Wohnsiedlung am Doktorberg in Kaltenleutgeben (Carl Auböck, Harry Glück, 1967, → 0817), oder Anlagen aus Mischformen unterschiedlicher Typologien, wie beispielsweise bei der Wohnhausanlage an der Oskar Helmer-Straße in Traiskirchen (Roland Rainer, 1970, → 1999). Die Gruppierung von Mehrfamilienhäusern zu zusammengehörenden Anlagen erfolgte häufig entweder im Blockrand oder U-förmig um einen Hofbereich; zugleich sind sowohl strenge als auch aufgelockerte Anordnungen zeilenförmiger oder polygonaler Strukturen verbreitet – auch sie zumeist im Kontext einer zugehörigen Freifläche, wie etwa bei der Wohnhausanlage in der Castelligasse in Hollabrunn (Helmut Leierer, 1982, → 0729). Mehrteilige Wohnhausanlagen finden sich privat oder von der Industrie genossenschaftlich finanziert, wie etwa die um 1930 errichteten Wohnhausanlagen der Österreichischen Tabakregie in Hainburg an der Donau und in Krems (→ 0607, → 0608, → 0959, → 0969, → 0955, → 0956), die für die im Jahr 1910 gegründete Gemeinnützige Arbeiter-, Bau- und Wohnungsgenossenschaft errichtete Arbeiter*innen-Wohnhausanlage in Gloggnitz (Hubert und Franz Gessner, Karl Kubacsek, 1911, → 0476) oder das genossenschaftliche Mehrfamilienhaus an der Kremser Ringstraße (Gustav Schläfrig, Hans Reiser, 1927–1928, → 0967). Parallel dazu entstanden partnerschaftlich finanzierte Projekte wie zum Beispiel die Wohnhausanlage Ortmann in Pernitz (Franz Schuster, 1950–1951, → 1433).

Eine Vorwegnahme des sozialen Wohnbaus in Wien ist an der von der Bau- und Wohnungsgenossenschaft „Gartenstadt" errichteten Wohnhausanlage in Klosterneuburg (Otto Wytrlik, 1914, → 0884) festzustellen. Größere kommunal finanzierte Strukturen finden sich erstmals in der Zwischenkriegszeit in Wiener Neustadt, wo Theiss & Jaksch die Wohnhausanlage am Flugfeld errichteten (1918–1922, → 2157); zu den ersten kommunalen Wohnbauten der Stadtgemeinde Stockerau zählen die Anlagen in der Grafendorferstraße (Wenzel Tiersch, 1926, → 1941) und in der Eduard Rösch-Straße (Karl Stepanek, 1927, → 1940).

Nach dem Zweiten Weltkrieg etablierte sich mit dem Wohnhochhaus ein Typus, der einerseits der punktuellen Verdichtung in Zentrumslagen und andererseits auch Lagen am Stadtrand und dem ländlichen Raum gerecht wurde. Die Wohntürme entstanden entweder als Teil einer innerstädtischen Sockelbebauung im Blockrand, wie am Kremser Bahnhofplatz (Franz Sturm, Heinz Rollig, 1959–1963, → 0953), integriert in eine Zeilenbebauung wie an der Kremser Ringstraße (Franz Sturm, Rudolf Vorderegger, 1960, → 0966), als teilweise geschlossene Hofanlage, wie der St. Pöltner Leopold Kunschak Hof mit Hochhausscheibe (Hans Zahlbruckner, 1956–1960, → 1704), oder als frei stehendes Punkthaus – wie etwa im Fall der Hochhäuser in Wimpassing (Leo Kammel jun., 1957, → 2196) sowie in Korneuburg (Atelier P + F, 1969–1971, → 0919). Als städtebauliche Höhendominante wurde Hochhäusern stellenweise auch ein Zentrumscharakter zuteil, der sich in der Anlage von Geschäftsflächen in der Sockelzone widerspiegelt. Die Anzahl der Geschoße erhöhte sich innerstädtisch teilweise beträchtlich, zunehmend wurden jedoch auch niedrigere Bauten auf punktförmigem Grundriss oder in Scheibenform umgesetzt. Teilweise entwickelten sich damit einhergehend auch neue Grundrisstypen, so etwa der sternförmige Grundriss der Wohnhausanlage von Rupert Weber in Amstetten (1978–1982, → 0046), als Teil einer mehrteiligen Anlage in Mischform mit Zeilenbauten, wie in Horn durch das Atelier P + F geplant (1965–1968, → 0758), oder – ausgehend von einem punktförmigen Grundmodul – paarweise oder zu dritt gruppiert wie von Sepp Müller in Traiskirchen (1973, → 1998).

Insgesamt folgten die sich etablierenden typologischen und formalen Ausprägungen ökonomischen Gesichtspunkten und gingen mit den steigenden Ansprüchen an Hygiene und Wohnraumstandards einher.

Siedlungen
Der Siedlungsbau stellt eine umfassende und ausgesprochen heterogene Bandbreite an unternehmerischen Projekten und städtebaulichen sowie architektonischen Konzepten dar, vereinzelt bis hin zu sozialreformerischen Absichten. So sind etwa um die Jahrhundertwende frühe Formen des gehobenen Einfamilienhaus- und Villenbaus nachvollziehbar, die häufig in Form geschlossener Straßenzüge oder Zeilen realisiert und anschließend veräußert wurden, teils in unternehmerischer Eigenregie der Architekt*innen oder Baumeister*innen. Die Jugendstil-Reihenhäuser von Sepp Hubatsch in Brunn am Gebirge (1912, → 0251) oder die genossenschaftlich errichtete Einfamilienhauszeile von Theiss & Jaksch und Franz Hof in Maria Enzersdorf (1910, → 1152) sind stellvertretend für diese Villenarchitektur – auch mit Modellcharakter für die künftige umgebende Bebauung – zu nennen.

Von weitreichender gesellschaftlicher Bedeutung sind die meist von betrieblicher Seite errichteten Arbeiter*innensiedlungen und Kolonien, die im Zuge industrieller Neuansiedlungen oder Expansionen oftmals grundlegende Wohnstandards für Industriearbeiter*innen überhaupt erst etablieren konnten. Neben kleineren Bauten oder Gebäudegruppen zur Unterbringung von Werkarbeiter*innen entstanden häufig auch weiträumige Siedlungsareale – oft mitsamt sozialer Infrastruktur und Möglichkeiten der Nah- sowie Selbstversorgung der Familien. Auch die Staats- und später Bundesbahnen zeichneten für die Errichtung von Wohnbauten und größeren Wohnarealen verantwortlich, so etwa bei der als umfassende Arbeiter*innenstadt nördlich Wiens projektierten Eisenbahner*innenkolonie Strasshof (1909, → 1960, → 1959). Gänzlich andere Siedlungskonzepte finden sich hingegen für das Wiener Bürger*innentum oder die Beamt*innenschaft in Form von lebensreformerischen oder der Erholung und Sommerfrische dienenden Siedlungsgebieten wie der nach dem Ersten Weltkrieg errichteten Siedlung Am Föhrenhain bei Karl Brunner in Purgstall an der Erlauf (1921–1925, → 0384).

Fürsorgecharakter und die augenscheinliche soziale Gleichstellung bei hoher Einheitlichkeit des Baubestands bildeten in der Zwischenkriegszeit einen zentralen Eckpfeiler im peripheren und ländlichen Wohnbau. Jene Eigenschaften eigneten sich dann auch im Nationalsozialismus als besonders ideologiekonform, und den völkischen Wohnbauprojekten kam die Rolle als zentrales Instrument der gesellschaftlichen Gleichschaltung zu. Großflächige Beispiele für den oftmals auch genossenschaftlich oder industriell organisierten NS-Siedlungsbau stellen die WAG-Siedlung in Traisen (1939–1943, → 1992), die auf dem freien Feld projektierte Siedlung Neu-Guntramsdorf (1938–1945, → 0580), die Werksiedlungen des Nibelungenwerks in St. Valentin (Herzograd, 1941–1943, → 1764; Langenhart, → 1765, beide Franz und Siegfried Mörth, 1941–1943) oder die nur teilweise realisierte Werksiedlung Lerchenfeld in der Gemeinde Krems (Georg Lippert, Kurt Klaudy, ab 1940, → 1093) dar.

Die Bauaufgabe Wohnbau zeigt sich im Siedlungsbau der zweiten Hälfte des 20. Jahrhunderts als facettenreiches Experimentierfeld. Insbesondere im Einfamilien- und Reihenhausbau, aber auch bei der Errichtung von Wohnhausanlagen führten neue Konzepte zu Impulsen innerhalb der typologischen Bandbreite. Weiterhin ging es um eine Optimierung der Grundrisse, um das Erproben neuer Ansätze und zunehmend um die Planung von privaten Freiflächen, wie etwa bei der Terrassensiedlung „Goldene Stiege" in Mödling (Eugen Wörle, 1969, → 1256). Nebenbei zeigt sich phasenweise der signifikante Einsatz von Faserzement (Eternit), wie etwa bei der Reihenhausanlage in Schrambach (Josef Lux & Sohn, 1967, → 1797) ortsbildprägend.

Zudem rückten Fragen der Raum- und Kosteneffizienz und des ressourcenschonenden Bauens und Betreibens in den Vordergrund – Ansprüche, denen die zahlreichen Projekte von Traude und Wolfgang Windbrechtinger, von Helene Koller-Buchwieser, vom Atelier KPK (Werner Kessler, Robert Poschacher und Odo Kulcsar) oder vom Atelier P + F versuchen, gerecht zu werden. Auch das Thema Ökologie erhielt erhöhte Aufmerksamkeit, wie etwa in der Ökosiedlung Gärtnerhof in Gänserndorf (Helmut Deubner, 1986–1988, → 0418). Vereinzelt wurden im Rahmen der Planung partizipative Ansätze verfolgt, wie beispielsweise bei der Wohnhausanlage von Hermann Czech in Perchtoldsdorf (1994, → 1403).

In formaler Hinsicht ist ein Changieren erkennbar zwischen Ortsbildschutz-Gedanken samt Reinterpretation lokaler Bautraditionen, wie bei der Wohnhausanlage in der Josef Schöffel-Gasse 63 in Klosterneuburg (Wolfgang Riedl, Rudolf Rollwagen, 1984, → 0881), und modernen Ausprägungen, wie etwa bei der gemischt-typologischen Reihenhaussiedlung Unterer Mühlweg in Korneuburg (Friedrich Kuchler, ab 1975, → 0920). Dem Satteldach verpflichtete Anlagen, wie etwa die Wohnhausanlage Grubenhof in Oberwölbling (Jiri Mezricky, 1983–1984, → 1359), stehen Flach- bzw. Pultdächer, wie beispielsweise bei der Siedlung Kleinhain (Gottfried Haselmeyer, 1998, → 0852) und der Reihenhaussiedlung in Allhartsberg (Leopold Hörndler, 1999–2001, → 0025), gegenüber.

Kleinere, teils periphere Siedlungsprojekte, die aus Kombinationen unterschiedlicher Wohntypologien bestehen, wie etwa die Siedlung „Schönere Zukunft" in Zistersdorf (Rupert Weber, um 1961, → 2257), die Werk- und Gemeindesiedlung in Wiener Neudorf (Josef Vytiska, Waldemar Zelfel, um 1961, → 2131) und die Wohnhausanlagen in Purkersdorf (Atelier P + F, 1976 und 1978, → 1519, → 1523), liefern mit ihren Lösungen teilweise neue Akzente. Auch in städtebaulicher Hinsicht lassen sich neue Ansätze benennen, wie etwa bei der terrassierten Wohnhausanlage „Goldtruhe" in Brunn am Gebirge (Hans Puchhammer, Gunther Wawrik, 1966–1969, → 0250) oder bei der Wohnhausanlage von Werner Höfer und Harry Glück in Mödling (ab 1976, → 1252). Eine übergeordnete Großform, die ihrerseits die gesamte Bandbreite an Wohnbautypen umfasst und hinsichtlich ihrer Dimension als Satellitenstadt eine Ausnahme darstellt, ist die Südstadt in Maria Enzersdorf (ab 1960, → 1141), deren städtebaulicher Entwurf von Wilhelm Hubatsch, Franz Kiener und Gustav Peichl stammt.

Einfamilienhäuser
Agnes Liebsch, Elisabeth Schnattler

Die Kategorie der Einfamilienhäuser umfasst eine Vielzahl verschiedener Bauten, die sich stilistisch nur schwer in gesamtheitlich linearen Entwicklungen oder in für Niederösterreich typische Erscheinungen zusammenfassen lässt. Daher werden an dieser Stelle die wichtigsten Bautypen und Strömungen anhand einiger repräsentativer Beispiele aufgezeigt.

Um die Jahrhundertwende wurden zahlreiche Villen für wohlhabende Bürger*innen aus den Städten für die Sommerfrische in Kurorten wie Gars am Kamp, Baden und Semmering erbaut. Die meisten Orte waren von der Handschrift einiger weniger Baumeister*innen und Architekt*innen geprägt, die eine Vielzahl an Aufträgen ausführten. Beispielsweise sind die Namen Franz von Neumann jun. und Alfred Wildhack untrennbar mit dem Villenbau am Semmering verbunden, die Baumeisterfamilie Buhl war mit dem Bau zahlreicher Villen in Gars am Kamp beauftragt und Anton Breyer und Franz Xaver Schmidt führten eine Vielzahl an Bauten in Baden aus. Im Zuge der regen Bautätigkeit in diesen Kurorten entstanden Häuser wie die Villa Kleinhans (Semmering, Josef Panzl, Franz von Neumann jun., 1899–1900, → 1857), die Villa Miomir (Semmering, Siegmund Müller, 1909–1910, → 1855) und die beiden Villen von Otto Prutscher in der Radetzkystraße in Baden (1912, → 0157, und 1912–1913, → 0156). Stilistisch orientierten sich viele Bauten entweder am schweizerischen Chaletstil, dem Jugendstil, dem Heimatstil oder an frühmodernen Formen.

Trotz der nur noch eingeschränkten Möglichkeiten einer ausgedehnten Sommerfrische nach dem Zusammenbruch der Monarchie bestand der Wunsch, dem Alltag zu entfliehen, weiterhin. Oftmals wurde die Entspannung in der Natur mit landwirtschaftlicher Aktivität oder mit der Jagd verbunden, wie im Landhaus Weinberger in Haraseck (Alfred Keller, 1915, → 0622) oder bei den ehemaligen Rothschildhäusern in Langau (vor 1906, → 1038), die im vorliegenden Band der Kategorie Landwirtschaft zugeordnet wurden. Ferienhäuser ohne solche Nebennutzungen finden sich zum Beispiel in Payerbach, wo Adolf Loos ein ganzjährig benutzbares Zweithaus für Paul Khuner errichtete (1928–1930, → 1383), und in Kritzendorf, wo Walter Loos 1932 ein solches für Adolf Luser erbaute (1932, → 0987). Jüngere Beispiele für die manchmal nur wenige Wochen im Jahr genutzten Wohnbauten befinden sich in Kritzendorf (Hugo Potyka, Rudolf Zabrana, 1968, → 0986) oder in Blindenmarkt (Ernst Beneder, 1990–1993, → 0205) und, in besonders großem Format, in Tulbingerkogel (Fritz Waclawek, 1972–1974, → 2011).

Städtische Villen, wie jene von Max Conrad Kropf in Korneuburg und Stockerau, zeichneten sich besonders in den letzten Jahren der Monarchie durch ihre aufwendige, an vergangene glorreiche Zeiten anknüpfen wollende Gestaltung aus. Die in Korneuburg erbaute Marienvilla (Atelier Fellner & Helmer, vor 1907, → 0926) und das von Joseph Maria Olbrich in St. Pölten geplante Wohnhaus (1899–1900, → 1726) zeugen von einem repräsentativen Anspruch der Bauherr*innen.

Eine eigene Bauaufgabe stellen die Fabrikantenvillen dar, die meist in unmittelbarer Nähe zur Betriebsstätte errichtet wurden und den Direktoren oder Eigentümer*innen einen adäquaten Wohnsitz boten. Hervorzuheben sind die Bauten von Josef Hoffmann und Alfred Rodler für den Nadelfabrikanten Emil Hanebeck (Villa Gretl, Gars am Kamp, 1924, → 0445) und Josef Frank für die Direktoren der Papierfabrik Bunzl & Biach in Neusiedl (Wohnhaus Bunzl, 1914, → 1317; Direktorenvilla, 1924, → 1318). Ein modernes Beispiel findet sich in Etsdorf am Kamp, wo Johannes Spalt ab 1969 eine Villa für den Möbelfabrikanten Franz Wittmann schuf (→ 0363).

Stilistisch folgen die Einfamilienhäuser dem Wandel der Zeit, aber auch dem Geschmack der Eigentümer*innen – Historismus, Heimatstil und Jugendstil dominieren den Anfang des 20. Jahrhunderts. Aus der Strömung der Neuen Sachlichkeit haben sich bemerkenswerte Gebäude beispielsweise in Perchtoldsdorf (Haus Gussenbauer, Viktor Josef Fenzl, 1937, → 1419, sowie Haus Harberger, Karl Harberger, 1930–1931, → 1421) und Stockerau (Haus Krehan, Karl Krehan, 1932, → 1944) erhalten.

Das 20. Jahrhundert war geprägt vom Einsatz neuer Fertigungstechniken und Materialien. Als frühes Beispiel für den Einsatz von Beton ist etwa die Villa Betonia (Klein-Wien, Carlo von Boog, 1901, → 0861) anzuführen, stellvertretend für die Verwendung des Baustoffs in der Nachkriegszeit kann eines der wenigen Wohnhäuser von Günther Domenig und Eilfried Huth in Neunkirchen genannt werden (1969, → 1311). Eines der ersten Fertigteilhäuser Mitteleuropas entstand bereits 1910 durch Wenzl Hartl für die Jagdausstellung in Wien, dieses wurde anschließend nach Echsenbach transloziert (→ 0312). Hans Puchhammer und Gunther Wawrik demonstrierten in dem in nur sechs Wochen errichteten Betonfertigteil-Versuchshaus in Traiskirchen (1962 errichtet und kürzlich abgebrochen) die Vorzüge der industriellen Vorfertigung. Die Energieeffizienz der Häuser wurde zunehmend zu einem Gestaltungskriterium: Eine offene, sonnendurchflutete Südausrichtung mit großflächigen Verglasungen, die mit einem in Massivbauweise errichteten, wärmespeichernden Bauteil kombiniert wird, bildet die Struktur der Niedrigenergie- und Passivhäuser. Kreative Lösungen finden sich in Langenschönbichl, Ziersdorf und Putzing (→ 1057, → 2250, → 1533).

Auch soziale Entwicklungen spiegeln sich in der Bauaufgabe wider: In der Nachkriegszeit wurden Einfamilienhäuser auch für die arbeitenden Klassen erschwinglich, die Gruppe geförderter Bauten in der Ing.-Karl-Proksch-Gasse in Horn kann hier exemplarisch angeführt werden (1951–1953, → 0788). Der Wunsch, Arbeit und Wohnraum in einem Haus zu vereinen, zeigt sich etwa an zahlreichen Wohnhäusern mit angeschlossenen Praxen oder Büroräumlichkeiten, wie am Einfamilienhaus mit Zahnarztpraxis von Roland Hagmüller, Peter Lindner und Rudi Krebel in Kirchbach (1978–1980, → 0843) oder am Privathaus des Architekt*innenpaares Karl Mang und Eva Mang-Frimmel (Ruders, 1972–1978, → 1621). Auch Künstler*innen aus anderen Gattungen der bildenden Künste verbanden in ihren Häusern Wohnraum und Atelier, so etwa die Fotografin Tatjana Jowa Parisini, die sich von Ernst Hiesmayr ein Atelierhaus in Neusiedl am Steinfeld (1966, → 1320) errichten ließ, oder Karl Korab, dessen Haus von Helmut Christen und Eduard Zeleny in Sonndorf geplant und ab 1971 immer wieder an die wechselnden Bedürfnisse des Bauherrn angepasst wurde (→ 1895).

Hotels, Heime, Klöster, Kasernen
Elisabeth Schnattler

Hotels
Wie bei vielen Entwicklungen der lokalen Architektur lässt sich auch bei den Hotels und Beherbergungsbetrieben in Niederösterreich ein enges Verhältnis zu Wien erkennen. Baden war als Kur- und Erholungsort bereits im 19. Jahrhundert beliebt, was beispielsweise das kurz nach der Jahrhundertwende errichtete späthistoristische Hotel Herzoghof belegt (Wilhelm Eduard Luksch, 1908–1909, → 0168). Im Luxus-Kurort Semmering, an der von Karl Ritter von Ghega geplanten Bahnstrecke, entstanden zwei außerordentliche Grandhotels: Das Südbahnhotel (Robert Flattich, 1881–1882; Erweiterung durch Alfred Wildhack und Robert Morpurgo, 1901–1903, → 1870) und das Hotel Panhans (Peter Handler, 1888, Erweiterung 1912–1913 durch das Atelier Fellner & Helmer, → 1868) sind in ihrer frühen Entstehungsgeschichte eng miteinander verknüpft, doch weisen sie stilistische Unterschiede auf.

Viele der ehemals florierenden Hotelbauten standen in den vergangenen Jahren und Jahrzehnten aufgrund des veränderten Reiseverhaltens leer, darunter etwa das ehemalige Hotel und Terrassencafé Blauensteiner (errichtet im 19. Jahrhundert, umgestaltet 1926, vermutlich durch Johann Buhl, → 1985) im Sommerfrische- und Kurort Thunau am Kamp, der Nibelungenhof in Rossatz (Carl Kopetschny, 1910–1912, → 1619), das medial vieldiskutierte Südbahnhotel oder die ehemaligen Dependancen des Hotels Panhans am Semmering. Das Panhans selbst verlor viel von dem an Schweizer Luxusbauten angelehnten Glanz und wurde bis zu seinem Konkurs vor wenigen Jahren als erschwinglicheres Hotel weitergeführt. Ein ähnliches Schicksal erfuhr das Palace-Hotel, ein weiterer wegbereitender Bau am Semmering, dessen frühe moderne Formensprache im Zuge einer baulichen Erweiterung als Erholungsheim für die Angestellten der OMV in den 1970er-Jahren stark überformt wurde (Emanuel Stwertnik, 1912–1913, Umbau 1979 durch Emil S. Lusser und Leopold Wagner, heute Sporthotel Semmering, → 1864).

Auch andere Hotelbauten, darunter einige Beispiele von Rudolf Frass, sind heute nicht mehr als solche in Betrieb: Der Betrieb in der 1909 errichteten Pension Ötscherblick in Langseitenrotte ist stillgelegt (→ 1069), in Puchenstuben wurde das Hotel Burger aus dem Jahr 1910 in ein Pflegeheim umgewandelt (→ 1506) und in St. Pölten blieb nur die Fassade des 1914 eröffneten Hotels Böck bestehen (→ 1734). Aus der Zwischenkriegszeit haben sich nur wenige Hotelbauten erhalten, allen voran das Hotel Tulbinger Kogel, das mit seinen späteren Erweiterungen heute noch als solches geführt wird (Max Fellerer, Eugen Wörle, 1932, → 2012).

Mit dem Hotel Klinglhuber (1994–1996, Elena Theodoru-Neururer, Alois Neururer, → 0974) findet sich in Krems ein Hotelbau des späten 20. Jahrhunderts, der den Vorstellungen und Ansprüchen des 21. Jahrhunderts konzeptionell gerecht wird und auch in seiner architektonischen Gestaltung heute noch sehr zeitgemäß wirkt.

Heime und Klöster
Das als Priesterseminar geplante ehemalige Canisiusheim in Horn, heute campus Horn (Ladislaus Hruska, 1959–1960, → 0794), kann als ein gut erhaltenes Beispiel für veränderte Nutzungskonzepte angesehen werden. Mischnutzungen lassen sich in vielen Beispielen des Typus finden und wurden spätestens ab den 1960er-Jahren gezielt umgesetzt, wie beim Seminarzentrum in Raach am Hochgebirge

(Josef Krawina, 1963–1965, → 1541). Das Architektenduo Guido Gnilsen und Erich Eisenhofer errichtete in Niederösterreich zwei Jugendherbergen (Melk, 1962–1965, → 1206; Lackenhof, 1962–1965, → 1029) und entwarf in den 1960er- und 1970er-Jahren weitere vielseitig nutzbare Bauten, die, wie die Erweiterung der Jugendherberge in Lackenhof, mit ihren reduzierten Formen und innovativen Baustoffen den Geschmack der Zeit trafen.

Eine Gattung der Heimbauten, die im frühen 20. Jahrhundert vermehrt auftrat, war das Kinderheim. Die in Niederösterreich errichteten Kinderheime wurden oft von der Stadt Wien betrieben und mussten anderen Anforderungen gerecht werden als die für den Tourismusbetrieb ausgerichteten Großherbergen. Als Beispiele seien hier der im Pavillonsystem ausgeführte Lindenhof in Eggenburg (Franz Berger, Adolf Trampler, 1906–1908, → 0335) oder die Erweiterung des Schlosses Wasenhof in Biedermannsdorf (Karl Ritter von Schlag, 1904–1905, → 0200) genannt. Das SOS-Kinderdorf in Hinterbrühl aus dem Jahr 1957 verfolgte mit seiner ausgedehnten, von einzelnen Wohneinheiten geprägten Anlage moderne Erziehungsansätze (Friedrich Frank, Karl Tragseil, Ignaz Gallowitsch, Heiner Hierzegger, → 0667).

In der Altenpflege haben sich durch ebenfalls stark veränderten Vorstellungen der humanen Betreuung neben dem Pflegeheim Stockerau (Max Conrad Kropf, 1910, → 1945) nur wenige Bauten aus der Frühzeit des 20. Jahrhunderts erhalten; die bedeutenden „historischen" Heime, das Barbara-Heim in Gänserndorf (Jörg Klinger, → 0420) und das Pflege- und Betreuungszentrum Perchtoldsdorf (Helmut Leierer, Ernst Maurer, → 1423), stammen beide aus den frühen 1980er-Jahren und wurden wie die meisten anderen Beispiele dieses Bautyps zumindest teilweise überformt.

Im sakralen Sektor sind die Klosterbauten neben der Berücksichtigung alter Bausubstanz oft durch Vorgaben des jeweiligen Ordens beschränkt – in Niederösterreich wurden aber auch neue Klosterbauten im 20. beziehungsweise späten 19. Jahrhundert errichtet. Hier ist etwa das ehemalige Franziskanerinnenkloster in Hochstraß zu nennen, welches heute als Hotel geführt wird (Josef Schmalzhofer, 1894–1896, → 0699). In Maria Roggendorf befindet sich mit dem Kloster Marienfeld ein spannendes Beispiel für eine weiterhin betriebene sakrale Anlage der Zisterzienserinnen aus den 1970er-Jahren (Walter Hildebrand, 1976–1980, → 1164).

Kasernen

Das 20. Jahrhundert brachte für Österreich (und damit auch für Niederösterreich) gravierende militärische Veränderungen; mit der Armee eines Vielvölkerstaats während der Monarchie entstand Bedarf an entsprechenden Kasernen und Exerzierplätzen. Die von Theiss & Jaksch entworfene Flugfeld-Kaserne in Wiener Neustadt (1914–1916, → 2167), von der sich neben dem martialisch anmutenden Tor nur wenige Bauteile erhalten haben, stellt einen Neubau an einem historisch gewachsenen Militärstandort dar. Die zuvor von denselben Architekten geplante Birago-Kaserne in Melk (1912–1914, → 1208) wurde noch vor dem Ersten Weltkrieg als neuer Standort errichtet. Die Martinek-Kaserne in Baden (Leo Splett, 1938–1941, → 0169) mit ihren an die Renaissance angelehnten Architekturzitaten wurde unter dem NS-Regime erbaut, unter welchem die meisten bestehenden Militäranlagen ausgebaut wurden. Der Zweite Weltkrieg und der Sturz des NS-Regimes trugen später erheblich zur Zerstörung und Beschädigung der Areale bei. Im Zuge von mehreren Militärreformen der Zweiten Republik entwickelten die Architekten Peter P. Pontiller und Peter Swienty einen Idealentwurf für eine Reihe von Kasernen in ganz Österreich. Dieser wurde in der Ostarrichi-Kaserne in Amstetten (1979–1982, → 0054) zu großen Teilen umgesetzt und kann als Prototyp des kreuzförmigen Kasernenbaus zur Erweiterung der Unterbringungs- sowie Bürokapazitäten gelten.

Gastronomie
Elisabeth Schnattler

Das Gastronomiegewerbe ist ständigem Wandel und neuen Anforderungen der Gäste unterworfen und verlangt in seiner Ausstattung nach stetiger Erneuerung, weswegen eine Vielzahl der errichteten Architekturen in diesem Bereich heute bereits verloren ist – oder Gefahr läuft, bald verloren zu sein, wie beispielsweise das ehemalige Gasthaus Stadtturm von Rudolf Six in Zwettl aus den 1920er-Jahren (→ 2279). Einige wenige Bauten, wie das Hofbräu am Steinertor in Krems, dessen Gastgarten aus dem Jahr 1931 sich nahtlos in das angeschlossene Einkaufszentrum aus den frühen 1990er-Jahren einreiht (Hans Steineder, 1931, → 0976), wurden jedoch fast gänzlich erhalten.

Geschäftslokale, Einkaufszentren, Banken
Juliane Johannsen

Geschäftsbauten

Geschäftsbauten wie Kaufhäuser, Läden und Banken sind, oft verstärkt durch die Kurzlebigkeit der Pachtverhältnisse, vermehrt Umgestaltungen oder baulichen Veränderungen ausgesetzt. Stetig erforderliche Anpassungen von Innenräumen und Fassaden an zeitgenössische Gestaltungsvorlieben sowie Umnutzungen führten oftmals zu massiven Überformungen. So sind aus der Zeit um die Jahrhundertwende in Niederösterreich nur wenige Ladeneinbauten erhalten: Das heutige Rathaus von Haag, zwischenzeitlich als Sparkasse genutzt, wurde 1898 von Eduard Zotter als Kaufhaus errichtet (→ 0597). Ein späthistoristisches Kastenportal findet sich an der ehemaligen Apotheke am Hauptplatz 29 in Retz (1906, → 1592). Erwähnenswert ist auch die Apotheke Hoyer in St. Valentin (1911, → 1769), die in den 1950er-Jahren eine umfassende, jedoch an den Bestandsbau angepasste Erweiterung erfuhr. Aus der zweiten Jahrhunderthälfte sind einige Geschäftsbauten ihrem ursprünglichen Charakter weitgehend entsprechend erhalten, beispielsweise das Wesely-Haus in St. Pölten (Reinhard Pfoser, 1968, → 1741), für das jedoch aktuell Umbauten geplant sind. Stetige bauliche Veränderungen finden auch an der SCS Vösendorf statt, für deren Planung in der ersten Bauphase von 1974 bis 1975 Georg Frankl verantwortlich zeichnete (→ 2054). Die meisten der heute ohne Umbauten erhaltenen Geschäftslokale stammen aus den 1990er-Jahren, wobei etwa das Maderna-Haus in St. Pölten (Adolph-Herbert Kelz, 1992–1996, → 1742) oder das Sportgeschäft Gigasport in Brunn am Gebirge (Heinz & Mathoi & Strehli Architekten: Karl Heinz, Dieter Mathoi, Jörg Streli, 1997, → 0258) zu nennen sind.

Banken

Den sich verändernden Anforderungen des Kund*innenverkehrs geschuldet sind Bankgebäude, ebenso wie Kaufhäuser und Läden, einem starken Modernisierungsdruck unterworfen.

Als eines der wenigen erhaltenen Beispiele um die Jahrhundertwende kann die mit einem ausgeprägten secessionistischen Fassadendekor ausgestattete ehemalige Sparkasse in Hollabrunn (Hugo Wanderley, 1898–1899, → 0730) genannt werden. Insgesamt bestehen heute nur noch wenige Banken aus der ersten Hälfte des 20. Jahrhunderts, aus der zweiten Hälfte sind einige Bauten erhalten, wobei die meisten, wie etwa die Bank in Gumpoldskirchen an der Wiener Straße 62 (Josef Krawina, Günther Oberhofer, 1978, → 0574) in den 1970er-Jahren entstanden. Die Sparkasse in Herzogenburg am Rathausplatz wurde bereits 1956 errichtet, erfuhr jedoch 1978 bis 1979 eine umfassende von Gustav Blei geplante Erweiterung (→ 0651).

Industrie
Juliane Johannsen

Schon die Bezeichnung des südöstlichen Teils von Niederösterreich als „Industrieviertel" lässt erahnen, dass der Bestand an Industriearchitektur in Niederösterreich beträchtlich ist. Nicht zuletzt aufgrund der knappen Quellenlage zur langen und komplexen Baugeschichte der zahlreichen Industrieareale ist eine Dokumentation dieser Bauten schwierig.

Eine Vielzahl an Industriebauten geht auf das 19. Jahrhundert zurück und erfuhr über die Zeit umfassende bauliche Veränderungen. In der vorliegenden Publikation sind Industrieobjekte aufgenommen, bei denen es sich um Neubauten des 20. Jahrhunderts handelt oder bei denen wesentliche Umbau- und Erweiterungsmaßnahmen im vergangenen Jahrhundert erfolgt sind.

Baukünstlerisch wird die Industriearchitektur meist unterschätzt, da ein Gros der Bauten der Funktion entsprechend mit geringem Kosten- und Materialaufwand möglichst effektiv errichtet wurde. Insbesondere um die Jahrhundertwende entstanden auch einige baukünstlerisch gestaltete Industriebauten, wie beispielsweise die Hammerbrotwerke Schwechat (Franz und Hubert Gessner, 1908–1909, → 1830) und die Börtel- und Litzenfabrik in Ebreichsdorf (1902, → 0309), die heute als Rathaus genutzt wird. Auch viele ab 1950 errichtete Bauten weisen eine durchdachte Gestaltung auf. Als Beispiele hierfür seien die heute als Wohnhaus adaptierte Lampenfabrik ZKW in Berging (Baumeister Ottendorfer, 1947–1950, → 0177), das Zentralbutterwerk Mirimi in Prinzersdorf (1967–1969, → 1497) oder die Tiernahrungsfabrik in Bruck an der Leitha (Sepp Müller, 1984–1985, → 0248) genannt.

Zudem lässt sich die technische Entwicklung hinsichtlich Konstruktionsweisen an Industriebauten ideal ablesen. So sind beispielsweise bei der Papierfabrik in Kematen die einzelnen Bauphasen an den Fassaden und der jeweiligen Konstruktion ersichtlich (Errichtung 1872, sukzessive Um- und Ausbauten ab 1948, → 0833).

Die Bedeutung von Industriebauten für die Ortsstruktur ist beträchtlich. Meist befinden sich die Areale abseits des Ortskerns, nicht selten entwickeln sich in weiterer Folge auch neue Wohngebiete in diesen Bereichen. Manche Ortschaften, wie etwa Blumau-Neurißhof oder Böhlerwerk, gründen sogar auf der Errichtung eines Industriestandorts. Während in Blumau-Neurißhof die um die Jahrhundertwende errichteten Wohnhäuser für die Betriebsangehörigen der Munitions- und Pulverfabrik eine aufwendige Gestaltung erhielten (→ 0218), wurden Arbeiter*innenunterkünfte andernorts häufig mit geringem Wohnraum konzipiert und rein zweckmäßig gestaltet. Als Beispiel für die vorbildliche Unterbringung der Belegschaft ist die Werksiedlung der Perlmooser Zementwerke (Mannersdorf am Leithagebirge, Roland Rainer, 1952–1953, → 1123) anzuführen. Hier wurde vom Bauherrn ein Wettbewerb mit detaillierten Vorgaben ausgeschrieben, der unter anderem die architektonische Gestaltung sowie die ökologischen Aspekte betrafen. Wenngleich einige der Beispiele baulich adaptiert wurden und heute noch als Wohnbauten genutzt werden, so hat sich die Mehrzahl der Arbeiter*innenwohnhäuser von niederösterreichischen Betrieben jedoch nicht bis ins 21. Jahrhundert erhalten.

Landwirtschaft
Elisabeth Schnattler

Niederösterreich verfügt aufgrund seiner geografischen Gegebenheiten über die wichtigsten agrarisch nutzbaren Anbauflächen Österreichs; 42 Prozent der Fläche des Bundeslandes sind Ackerland, welches neben dem Obst-, Gemüse- und Weinanbau vor allem für den Getreideanbau verwendet wird und das Bundesland somit nicht nur metaphorisch zur „Kornkammer des Staates" macht. Die Lagerung der Produkte trieb ab den 1940er- und 1950er-Jahren die Erbauung von großen Siloanlagen nach amerikanischem Vorbild stark voran. Es entstanden geometrische Betonbauten ohne jeglichen architektonischen Schnörkel, die, ebenso wie die Industriebauten, oft von rein zweckgebundenen Ansätzen (etwa der Orientierung an den Eisenbahnstrecken) geleitet wurden und einer ständigen Modernisierung und Produktionsoptimierung unterworfen waren. So wurden die Silos in Waidhofen an der Thaya und in Absdorf unzählige Male durch neue Hallen und Zubauten erweitert und technologisch auf den neuesten Stand gebracht (→ 2068, → 0006). Auffallend ist die zunehmende Monopolisierung durch die Raiffeisen-Bankengruppe, die mit der Einverleibung der weithin sichtbaren, hochproduktiven Betonmonolithen nicht nur optisch ihre Stellung im Land äußert.

Die Verarbeitung des Getreides, aber auch von Ölsaaten und Holz, erfolgte historisch in den zahlreichen Mühlen, die sich die Wasserkraft der Zuflüsse der Donau – allen voran des Kamps – zunutze machten. Auch heute noch befinden sich die Mühlen an ihren jahrhundertelang gewachsenen Standorten, wobei sich die Anlagen oft weder baulich noch stilistisch in logische Bauabschnitte fassen lassen. Begründet liegt dies im Umstand, dass hier mehr als bei anderen Bauaufgaben einzelne Gebäudeteile Bränden und Hochwassern zum Opfer fielen und sich zudem oftmals die Ausrichtung der Betriebe im Laufe der Zeit änderte. Veränderte betriebliche Umstände lassen sich beispielsweise an der heute nur mehr als Kleinkraftwerk geführten ehemaligen Bruckmühle in Wieselburg (→ 2177) oder der als hochmoderne Fabrik weiterbetriebenen Gutschermühle in St. Georgen bei Wagram (→ 1630) nachvollziehen.

In manchen Fällen wurde besonderer Wert auf die Ästhetik der Gebäude gelegt, wie bei der ehemaligen Dampfmühle Fürnkranz in Asparn an der Zaya (→ 0074), deren Straßenfassade nicht unbedingt einen landwirtschaftlichen Betrieb vermuten lässt, oder beim ehemaligen städtischen Schlachthof in Hollabrunn (→ 0745), dessen Jugendstil-Gebäude heute als Eventlocation genutzt werden.

Einen weiteren historisch wichtigen Sektor der niederösterreichischen Landwirtschaft stellt die Holzwirtschaft dar. Anspruchsvollere Gestaltung erfuhren beispielsweise das von Josef Hoffmann für Karl Wittgenstein entworfene Forstamt und Forsthaus in Hohenberg (1900, → 0709). Ebenfalls bemerkenswert ist die Forstverwaltung in der Ortschaft Langau, deren heutiger Sitz in den ehemaligen Jagdhäusern der Familie Rothschild (vor 1906, → 1038) untergebracht ist. Max von Ferstel, Sohn des großen historischen Wiener Architekten Heinrich von Ferstel, entwarf die eklektischen Um- und Zubauten der Wirtschaftsgebäude des Guts Jaidhof (1902–1907, → 0809), von welchem aus die Forste des Guts verwaltet werden.

Bedeutend für die landwirtschaftliche Entwicklung sind etwa die Versuchswirtschaft, welche die Universität für Bodenkultur 1903 in Groß-Enzersdorf errichtete, oder der von der Industriellenfamilie Krupp 1908 finanzierte moderne Rinderstall in Pottendorf, den später die Veterinärmedizinische Universität übernahm (→ 0548, → 1468). In diesen beiden Anlagen zeigt sich auch die Verbindung zur Hauptstadt Wien, die als Auftraggeberin und Abnehmerin der Produkte immer von großer Bedeutung war. Dass dieses Verhältnis zeitweilig auch ein exklusives war, zeigt sich an der ehemaligen Dependance des Wiener Rathauskellers in Gumpoldskirchen, dem heutigen Weingut Gebeshuber, welcher auch heute als modernes Weingut betrieben wird (1905–1906, → 0576).

Nicht unerwähnt sollen abschließend die sogenannten Aussiedlerhöfe der Siedlung Linde (Willi Erdmann, 1939, → 1345) bleiben, welche auf den durch das NS-Regime enteigneten Gründen in Oberndorf bei Raabs im Zuge einer Umsiedlungsaktion ganzer Ortschaften durch das NS-Regime von einem eigens dafür beauftragten deutschen Architekten nach einem minder erfolgreichen „Idealschema" für landwirtschaftliche Betriebe entstanden.

Energie
Juliane Johannsen

Die Kategorie der Energiebauten umfasst unterschiedlichste Bauaufgaben, wobei für die Energiegewinnung in Niederösterreich zumeist Wasserkraftwerke, verbunden mit Wehranlagen und Staumauern, zum Einsatz kamen. Zudem entstanden auch mehrere Gaswerke sowie das einzige Atomkraftwerk Österreichs in Zwentendorf an der Donau (Heinz Scheide, Rudolf Nitsch, 1972–1978, → 2265), das jedoch nie in Betrieb ging. Für die der Energieversorgung dienenden Umspannwerke und Wassertürme sowie Strom-, Wasser- und Gasleitungen seien hier exemplarisch der für die Zweite Wiener Hochquellenleitung errichtete Viadukt der Luegerbrücke in Neubruck (1906–1907, → 1284), der Ybbsdüker in St. Georgen am Reith (Franz Kuhn, 1923–1924, → 1629) und die Barbara-Rohrbrücke über die Donau in Schwechat (Franz Masanz, Waagner-Biro AG, 1958, → 1834) genannt.

Die Bauten der Kategorie Energie sind von hohem technischem Wert und symbolhaft für die voranschreitende Entwicklung zu sehen. So weisen das Kraftwerk Wienerbruck (Eduard Engelmann jun., 1908–1911, → 1070), das Pumpenhaus in Völtendorf (Rudolf Wondracek, 1927, → 2050) und die großen Donaukraftwerke, die in den 1950er- bis 1980er-Jahren entstanden sind (Greifenstein, → 0533; Ybbs-Persenbeug, → 0279; Altenwörth, → 0849; Melk, → 1209), einen hohen baukünstlerischen Wert auf. Die Kette der Enns-Kraftwerke wurde in den 1950er-Jahren am Kamp zwischen Thurnberg-Wegscheid und Ottenstein realisiert (→ 0992, → 1372, → 1986). Die auf ober- sowie auf niederösterreichischem Gebiet gelegenen Energiebauten wurden von Friedrich Achleitner bereits für Oberösterreich publiziert.

Verkehr
Atreju Allahverdy

Schienenverkehr

Der die Hauptstadt Wien umschließenden Lage entsprechend, offenbaren die übergeordneten Verkehrswege Niederösterreichs neben der eigenen Flächenerschließung die Stellung als Transitland. Die Hauptstrecken, die dieser Situierung als wichtige Eisenbahnachsen in der Monarchie gerecht wurden, waren bereits bis in die 1870er-Jahre fertiggestellt. Streckenweise folgten noch zweigleisige Ausbauten bis zum Ersten Weltkrieg. Der Zerfall der Donaumonarchie brachte für das 20. Jahrhundert eine erhebliche Verlagerung der Verkehrsströme, und es folgten nur mehr punktuelle Anpassungen und Ausbauten der Strecken und Bahnhöfe an den Verknüpfungen zu den bis zum Ende der Monarchie ausgebauten Lokalbahnnetzen. Die touristische Erschließung des Wiener Umlands und der Sommerfrischeorte war größtenteils bereits erfolgt, die Lokalbahnen und die Raxseilbahn (1925–1926, → 0686) waren zur Jahrhundertwende noch in Planung oder in Bau. Die Zahnradbahn auf den Schneeberg wurde hingegen schon 1897 eröffnet. Bemerkenswert ist die Vielzahl an Schmalspurbahnen, die nach Vorgabe des Militärs in strategischer Absicht mit der bosnischen Spurweite von 760 Millimetern projektiert wurden und deren größte Ausdehnung mit den drei großen Netzen der Ybbstalbahn, im Weinviertel und der Mariazellerbahn vor 1914 erreicht wurde (→ 0406, → 0637, → 0520). Mit der Semmeringbahn als Teil der Südbahnstrecke (→ 1875) und einzelnen Streckenabschnitten – etwa der Donauuferbahn ab Krems (→ 0012) – sowie Abschnitten der Schmalspurnetze bestehen Gebirgsbahnen, deren bautechnische und architektonische Leistungen vornehmlich in den Kunstbauten der Viadukte und Tunnels sowie den Trassenführungen in anspruchsvoller Landschaft liegen. Zahlreiche der ausgedehnten Lokalbahnnetze haben das 20. Jahrhundert nicht überstanden oder wurden erst kürzlich aufgelassen und abgebaut.

Für die Bahnhöfe der Schmalspur- und Lokalbahnnetze entstanden überwiegend Typenserien, die von Raumbedarf und -aufteilung sowie gestalterischen Grundlagen der bauzeitlichen Bahnhofsarchitektur zeugen. Charakteristisch sind zumeist ein- bis zweigeschoßige, giebelständige Bauten mit Satteldach für die Personalräume und L-förmig angrenzendem Quertrakt mit Warteraum sowie gleisseitig vorgelagerter Veranda als Plattformüberdachung. Größere Aufnahmegebäude an den Hauptstrecken entstanden vereinzelt ab 1900 vereinzelt als Um- und Neubauten, wie an der Südbahn das 1913 erweiterte und um 1975 komplett umgebaute Stationsgebäude Semmering (→ 1874), der nach dem Zweiten Weltkrieg neu errichtete Bahnhof Krems (→ 0981) und um 1980 das in Fertigbauweise errichtete Aufnahmegebäude mit einer Fassade aus reliefiertem Sichtbeton in Stockerau (→ 1951). Ein durchaus interessanter Neubau der 1960er-Jahre in Gmünd ist seit einem jüngeren Umbau nur noch bedingt erkennbar. Von stetigen Umbauten waren insbesondere Einbauten und Bahnsteigdächer betroffen, an denen sich auch das jeweils aktuelle Corporate Design der ÖBB zeigt. Teilweise noch vorhanden ist das Bahnsteigsystem der Schnellbahn etwa in Stockerau, modulare Überdachung und Design der 1990er-Jahre in Amstetten (→ 0060). Mit der ÖBB-Bahnhofsoffensive um die Jahrtausendwende gingen ein neues Corporate Design und auch der Ersatz von Aufnahmegebäuden, wie zum Beispiel in Baden (1999–2004, → 0174) oder in Wiener Neustadt (Paul Katzberger, Karin Bily, 2009), einher.

Straßenverkehr

Straßenseitig zeugen nur mehr wenige erhaltene Tankstellen und Autogaragen von den Anfängen der automobilen Erschließung des Landes. Deren Realisierung und die spätere Massenmotorisierung Mitte des Jahrhunderts sind analog der Eisenbahn im 19. Jahrhundert anhand der Entwicklung des lokalen sowie des Fernstraßennetzes nachvollziehbar. Der bereits im Zweiten Weltkrieg fortgeschrittene Bau der Autobahn zwischen Salzburg und Wien wurde nach dem Krieg mit Priorität auf schon begonnene Abschnitte fortgesetzt. Die letzten Lückenschlüsse der Westautobahn im Wienerwald und bei Amstetten erfolgten 1966 und 1967. Konstruktiv und gestalterisch stellt die in diesem Zuge errichtete Wolfsgrabenbrücke bei Pressbaum (1966, → 2206) eine Innovation gegenüber der noch angelehnt an die Reichsautobahnplanung errichteten Brückenbauten, wie dem Talübergang Erlauf bei Niederndorf (1958, → 1332), dar. Im Zuge einer Neuordnung der Straßenerhaltung errichtete die niederösterreichische Straßenverwaltung ab den 1970er-Jahren über ein Dutzend neue Straßenmeistereien, denen die gemeinsame Betreuung des Bundes- und Landesstraßennetzes oblag. Die funktional von hoher Einheitlichkeit geprägte Bauaufgabe wurde jedoch in einer beachtlichen Breite an lokal adaptierten Entwürfen ausgeführt. Topografisch oder der Siedlungsform angepasste Anlagen sind etwa jene von Helmuth Zellhofer in Gaming (1982, → 0407) sowie von Egon Presoly in Ravelsbach (1984–1986, → 1554), eine abweichende Auseinandersetzung mit der städtischen Peripherie stellt die Architektur der Straßenmeisterei St. Pölten-West von Franz Gschwantner (1910, → 1760) dar.

Brücken

Den Brückenbau um die Jahrhundertwende prägten vornehmlich Eisenfachwerk-Konstruktionen, besonders verbreitet durch die im 19. Jahrhundert gegründeten Firmen von Rudolph Philip Waagner, Anton Biró (später Waagner-Biro AG) und von Ignaz Gridl. Eine weitere innovative Konstruktion setzte sich mit dem Stahlbeton-Fachwerksystem des Schweizer Ingenieurs Franz Visintini durch, das ab 1903 in Österreich, jedoch zunächst für Deckenkonstruktionen im Hochbau, angewendet wurde. Die zahlreichen frühen Stahlbetonbrücken nach dem System Visintini wurden hauptsächlich für den Brückenbau der Zwischenkriegszeit prägend. Nach dem Zweiten Weltkrieg gab es auch hinsichtlich der baulichen Donauquerungen akuten Handlungsbedarf, da die lediglich zwei existierenden Straßenbrücken in Tulln und zwischen Stein und Mautern von der abrückenden Wehrmacht gesprengt worden waren. Unter sowjetischer Aufsicht gelang die Wiedererrichtung der Mauterner Brücke in wenigen Monaten (→ 1920). Zu Neubauten kam es erst 1969 mit dem bundesweiten Ausbau des übergeordneten Straßennetzes und dem „großen Brückenschlag", mit dem die festen Donauquerungen in Melk, Krems und Hainburg – Letztere in Form der Schrägseilbrücke nach Kurt Schlauss – bis 1972 als Teil des Bundes- und Schnellstraßennetzes realisiert wurden (→ 1211, → 0980, → 0611). Von den zuvor verbreiteten Rollfähren über die Donau sind lediglich jene zwischen Spitz und Arnsdorf in der Wachau (→ 1906) und zwischen Korneuburg und Klosterneuburg (→ 0932) erhalten und in Betrieb.

Luftfahrt

Eine übergeordnete verkehrliche Rolle erlangten das Land sowie die Gemeinde Schwechat mit der Ansiedlung des internationalen Luftverkehrs von Wien durch den zivilen Ausbau des vormaligen Militärflughafens und die Errichtung des architektonisch wegweisenden Terminalgebäudes Mitte der 1950er-Jahre (→ 1835). Die folgenden Jahrzehnte prägte der mit dem Boom der Luftfahrt sowie auch eng mit der Entwicklung der Austrian Airlines und der Einflottung neuer Flugzeugmuster verbundene, sukzessive Ausbau der Abfertigungsbauten und Hangars sowie der Technik- und Logistikgebäude des internationalen Flughafens (→ 1836).

Objekte
A–Z
0001–2287

A–F
0001–0393

Absdorf 3125
Gemeinde: Statzendorf, Bezirk: St. Pölten

Amts-, Verwaltungs-, Kommunal-, Bürobauten

0001 Feldbahnstraße 8, ehem. Verwaltungsgebäude des Kohlebergwerks, 1925–1930 ●

Um 1893 wurde in Statzendorf der erste Versuchsschacht in Betrieb genommen und bis zur Stilllegung 1941 als Werk der Statzendorfer Kohlenwerk Zieglerschächte AG betrieben.

Die Kraftzentrale entstand um 1925, und bis 1930 war das Verwaltungs- bzw. Direktionsgebäude fertiggestellt. Dieses ist als übergroße Fabrikvilla mit hohem Walmdach und neoklassizistischer, verflachter Tempelfassade an der Schauseite, zur Eisenbahn hin, ausformuliert. Im Giebelfeld ist das Bergwerkwappen zu sehen.

Mit auffallender Inkonsequenz wird die monumentalisierte Tempelfassade durch ein außermittig sitzendes, rundbogiges Eingangsportal und viel zu hoch angesetzte seitliche Erker konterkariert.

Einfamilienhäuser

0002 Feldbahnstraße 12, Direktionsvilla, um 1920/1930 ●

Absdorf 3462
Gemeinde: Absdorf, Bezirk: Tulln

Amts-, Verwaltungs-, Kommunal-, Bürobauten

0003 Hauptplatz 1, Rathaus, 1908 | Zubau, 1986 | Umbau, 2013–2014, P: Peter Wenzel ●

Bildung

0004 Hauptplatz 11, Museum, ehem. Volksschule, 1878 | Erweiterung, 1899 | Umnutzung zu Büro/Bank, ab 1968 | Umnutzung zum Museum, ab 1987 ●

Wohnbauten

0005 Bahnhofstraße 14, WH, 1926 ●

Unweit des Bahnhofs liegt das traufständige Gebäude mit zwei Geschoßen und sieben Fensterachsen. Es wird durch einen rustizierten Sockel, ein hohes Eingangsportal und Dekor in Jugendstil-Formen geprägt.

Landwirtschaft

0006 Bahnhofstraße 23, Lagerhaus, 1958–1960, BH: Landwirtschaftliche Genossenschaft Absdorf | Adaptierungen, 1966, 1978 ●

Ab den 1950er-Jahren entstanden in den getreidereichen Gebieten Österreichs unzählige Silos nach amerikanischem Vorbild. Diese massiven, zweckgebundenen, geometrischen Betonbauten ohne jeglichen architektonischen Dekor erlaubten den ausführenden Baumeister*innen und Architekt*innen der Moderne eine kompromisslose, gänzlich der Technik dienende Bauweise, die jedoch scheinbar nicht immer den Vorstellungen der Bauherr*innen entsprach, denn die auch in Niederösterreich häufig vorkommenden Sgraffiti an den patschokkierten Wänden der Silos zeigen durchaus den Wunsch nach künstlerischer Gestaltung und Idealvermittlung.

Auch auf dem 1958 entworfenen, 36 Meter hohen Silohalbturm in Absdorf befindet sich ein weit sichtbares Wandbild eines Bauern mit dem Schriftzug „Gib uns unser täglich Brot", was gewissermaßen die Bedeutung des Lagerhauses verdeutlichen soll.

Abstetten 3441
Gemeinde: Sieghartskirchen, Bezirk: Tulln

Landwirtschaft

0007 Zur Mühle 5, Zubauten zum Restaurant „Die Mühle", ehem. Mühle, 1933, 1956 •

Achau 2481
Gemeinde: Achau, Bezirk: Mödling

Wohnbauten

0008 Biedermannsdorfer Straße 2, 4, Arbeiter*innenhäuser, 1908, P: Hubert Maresch •

0009 Hennersdorfer Straße 1–20, Siedlerstraße 1–15, 2–20, EFH-Siedlung, um 1961, P: Leo Kammel jun. •

Aderklaa 2232
Gemeinde: Aderklaa, Bezirk: Gänserndorf

Religion, Kult

0010 48°17'05.3"N 16°32'13.9"E, Dorfanger, Filialkirche Schmerzhafte Muttergottes, 1964, P: Kurt Eckel, Sepp Stein, AF: Michael Vogl, K: Josef Mikl (Glasfenster), Fritz Tiefenthaler (Betonrelief an der Hauptfassade), Peter Gangl (Keramik-Altarnische) •

In der Mitte des kleinen Angerdorfs stand eine 1851 erbaute Kapelle. Der barockisierende Bau mit einem Fassadenturm fügte sich unauffällig in das dörfliche Umfeld der 200-Seelen-Gemeinde ein. Da 100 Jahre später größere Renovierungsarbeiten notwendig gewesen wären, beschloss die Gemeinde, die Kapelle durch einen modernen Neubau zu ersetzen. Die interessante Variante eines zeitgemäßen Kirchenbaus der 1960er-Jahre zeigt im Grundriss des Hauptraumes ein spitzwinkeliges Dreieck. Der ebenfalls dreieckige Turm durchdringt das Dach an der Spitze und bildet über dem Altar einen Baldachin. Das gesamte Gebäude wird in Traufhöhe von einer rechteckigen, weit auskragenden und auf Säulen ruhenden Betonplatte umfasst. 1973 erhielt die Kirche von der NÖ Landesregierung das Prädikat „Als vorbildliche Leistung anerkannt" und wurde unter den Schutz der Haager Konvention gestellt.

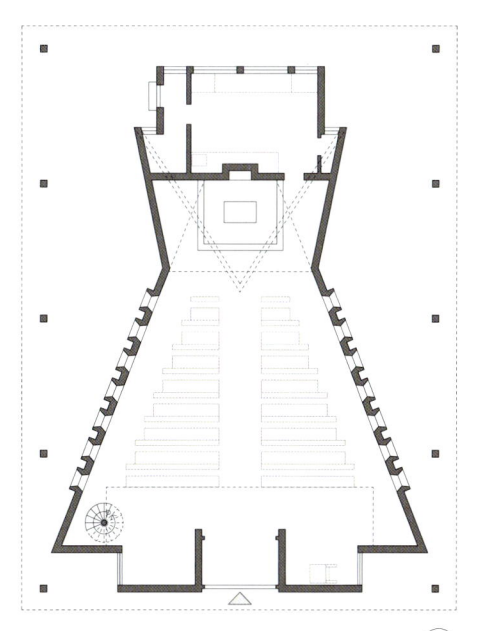

Aggsbach-Dorf 3394
Gemeinde: Schönbühel-Aggsbach, Bezirk: Melk

Einfamilienhäuser

0011 Am Steig 13, Villa Komlóssy, 1911, BH: Karl Komlóssy •

Die Bogenöffnung im oberen Geschoß war ursprünglich fensterlos und nur mit Läden zu verschließen, die neuen Eigentümer*innen ersetzten diese nach 1980 durch ein mehrteiliges Kastenfenster.

Aggsbach Markt 3641
Gemeinde: Aggsbach, Bezirk: Krems

Verkehr

0012 Aggsbach Markt 62, Bahnhof, 1909, P/BH: k. k. österreichische Staatsbahnen •

Als Fortsetzung der im Jahr 1898 fertiggestellten Lokalbahn von Mauthausen errichteten die k. k. österreichischen Staatsbahnen bis 1909 die Strecke Krems–Grein als Teil der durchgehenden Verbindung entlang der Donau. Der Wachauer Streckenteil mit Gebirgsbahncharakter wurde auf Betreiben Rudolf Pichlers und Rudolf Mayreders aus denkmalpflegerischen Bestrebungen mithilfe aufwendiger Viadukt- und Tunnelbauten teils abseits der Donau geführt, um mit der Trasse nicht die Orte vom Ufer zu trennen oder das Landschaftsbild zu stören (→ 0340). Die meisten Stationsbauten entsprechen sich wiederholenden Typen einstöckiger,

L-förmiger Bauten, die einen regionalen Heimatstil mit Elementen der Neuen Sachlichkeit verbinden. Größere, an lokale Wohnhäuser angelehnte Bauten finden sich in Spitz an der Donau (→ 1907) sowie gespiegelt in Dürnstein (→ 0301) in Form giebelständiger Bauten mit Quertrakt und typischer gleisseitiger Veranda als außen liegende Wartebereiche. Prägend sind die steilen, biberschwanzgedeckten Dächer mit Krüppelwalmen und Schleppgauben. Die ebenfalls spiegelverkehrten Bauten von Aggsbach Markt und Klein-Pöchlarn weisen einen noch kompakteren Grundriss und flacheren Dachstuhl auf. In Willendorf, wo im Zuge des Baus im Jahr 1909 die eiszeitliche Kalksteinfigur der Venus von Willendorf entdeckt wurde, entstand ein schlichter Haltestellenbau. Die Strecke wird in Niederösterreich nur mehr teilweise touristisch betrieben, östlich von Weitenegg wurde der Oberbau 2018 abgetragen.

Alland 2534
Gemeinde: Alland, Bezirk: Baden

Gesundheit

0013 Alland 146, Rehabilitationszentrum, ehem. Lungenheilstätte, 1896–1898, P: Leopold Theyer, BH: Leopold Schrötter, AF: J. Schmid, W. Wegwart | Zubau, 1905, P: Leopold Theyer | Umnutzung zu einem Rehabilitationszentrum, 1986 ●

1886 gründete der Arzt Leopold Schrötter den „Verein Heilanstalt Alland", um mithilfe von Spenden eine Lungenheilstätte zu errichten. Zehn Jahre später konnte nach sorgfältiger Grundstückswahl Leopold Theyer mit der Realisierung beauftragt werden. Die Anlage bestand zunächst aus dem Hauptgebäude, das durch einen gedeckten Gang mit einem Küchen- und Speisesaalpavillon verbunden war. Die Anordnung der Gebäude ergab sich durch die Hanglage, die erzielte Fernwirkung war wohl erwünscht, denn ganz bewusst wurden die insgesamt acht Nebengebäude – das größte war der Meierhof für 40 Kühe – aus dem Blickfeld gerückt. Die Gebäude wurden, wie es in der *Wiener Bauindustrie-Zeitung* heißt, im „geschmackvoll, vornehmen Stil ausgeführt". Während es zu dieser Zeit üblich war, große Gebäude mittels Heimatstil-Elementen in die Landschaft einzubinden, zeigt Theyers Entwurf einmal mehr die breite Palette an Gestaltungsmöglichkeiten im Historismus. Sich am deutschen Renaissance-Schlossbau orientierend, erzielte er mit Sichtziegelbauten, die durch weiße Putzfelder strukturiert und akzentuiert sind, eine andersartige, vielleicht herbere, aber durchaus malerische Qualität. Wegen des regen Zuspruchs wurde von Theyer bereits 1905 ein weiterer Krankenpavillon dazugebaut. In den folgenden Jahren wechselten die Besitzer*innen, und es wurden mehrmals Innenadaptierungen und Restaurierungen durchgeführt.

Allentsteig 3804
Gemeinde: Allentsteig, Bezirk: Zwettl

Religion, Kult

0014 48°41'26.2"N 15°22'11.5"E, Truppenübungsplatz, Lager Kaufholz, Militärkirche, 1966–1968, AB: Atelier P + F (Herbert Prader, Franz Fehringer, Erich Ott) ●

Im Jahr 1938 wurden zur Errichtung eines Truppenübungsplatzes die rund 7.000 Bewohner*innen von 48 Ortschaften östlich von Allentsteig zwangsweise ausgesiedelt. Das ca. 160 Quadratkilometer große Gebiet entwickelte sich in der Folge zum „größten Schießplatz" des Deutschen Reichs, wo bis zu 60.000 Soldaten stationiert waren. Nach 1945 wurde der Truppenübungsplatz von sowjetischen Besatzungstruppen übernommen und im Jahr 1957 schließlich dem Österreichischen Bundesheer übergeben. Im Zuge umfassender Sanierungsarbeiten wurden einzelne Gebäude der verlassenen Dörfer konserviert, die Soldatenunterkünfte restauriert und im Jahr 1966 die Errichtung einer Militärkirche beschlossen. Das Architektenteam Prader und Fehringer schuf mit weit ausgreifenden Betonwandscheiben einen im Grundriss dreieckigen Zentralraum und setzte an dessen Spitze einen offenen Glockenturm. Mit der Zeltform des Baukörpers und der nüchternen Sachlichkeit, die sich auch bei den unverputzten Betoninnenwänden zeigt, gelang den Architekten eine plausible Lösung für die Bauaufgabe Militärkirche.

0015 Spitalstraße 18, Kriegerdenkmal, 1926, K: Steinmetz Bednar | Neuaufstellung, 1962 ●

Der voluminöse vierteilige Säulenstumpf steht auf einem quadratischen Sockel und trägt auf zwei Reihen mächtiger Steinquader eine Feuerschale. Ursprünglich wurde das Kriegerdenkmal 1926 am Kalvarienberg zum Gedenken an die Gefallenen des Ersten Weltkriegs errichtet. Im Jahr 1962 wurde das Denkmal auf den heutigen Standort übertragen und zusätzlich von einer halbkreisförmigen hohen Granitsteinmauer umfasst. Die eingelassenen Gedenktafeln erinnern nun auch an die Gefallenen des Zweiten Weltkriegs.

Kultur, Veranstaltung

0016 Dr. Ernst Krennstraße 20, Kulturzentrum Lichtspiele Allentsteig, ehem. Kino, 1940, P: Wenzl Hartl | Sanierung und Umbau, 2016, 2018 ●

Das während des Zweiten Weltkrieges entstandene Kino mit 500 Sitzplätzen steht mit seiner doppelläufigen Stiegenanlage in Bruchstein in der Tradition der klassischen Lichtspieltheater. Die Architektur des zweigeschoßigen Baukörpers mit dem markanten Mittelgiebel über dem Flachdach der Kinoeingänge und den flankierenden Bullaugenfenstern changiert zwischen Tradition und Moderne.

Bildung

0017 Schaichgasse 18, Landeskindergarten, 1970–1974, P: Anton Schweighofer ●

Auf einer Anhöhe am Rande des Ortszentrums wurde ein Kindergarten mit drei Gruppen errichtet, der sich aufgrund der Lage an einer Geländekante über mehrere Ebenen erstreckt. Durch den auf Straßenniveau gelegenen Eingang wird der zweigeschoßige Mehrzweckraum erreicht, der mit einer vertieften Ebene als Bewegungsraum sowie unter Einbeziehung der Galerie als Veranstaltungshalle genutzt werden kann. Die Gruppenräume treten mit einer rundum laufenden erhöhten (Sitz-)Stufe, verschiedenen Fensterformaten und halbhohen Spielboxen in Beziehung zum Außenraum. Der Entwurf ist durch die Blickachsen zwischen den einzelnen Bereichen und eine gezielte Lichtführung geprägt, die jedoch durch einen Umbau des Daches maßgeblich verändert wurde.

0018 Schulstraße 1, Volks-, Mittel- und Allgemeine Sonderschule, 1965–1968, P: Anton Schweighofer | Zubau Sonderschule, 1972, P: Anton Schweighofer | Generalsanierung, 1994–2000 ●

In einem quadratischen Baukörper in Hanglage gruppieren sich die Räume für die Mittel- und Volksschule um den zentral liegenden Turnsaal. Der Zugang zur Schule erfolgt durch zwei Eingänge in einem Pausen- und Erschließungshof, welcher über einen Durchgang im Straßentrakt erreicht wird. Die Klassenräume, Sonderräume und Pausenhallen befinden sich in der Randzone, den mittleren Bereich nehmen der Turnsaal, die Direktionsräume und der Pausenhof ein. 1972 wurde ein Zubau für die Sonderschule errichtet.

▶ *Pläne (nächste Seite): Zustand um 1968*

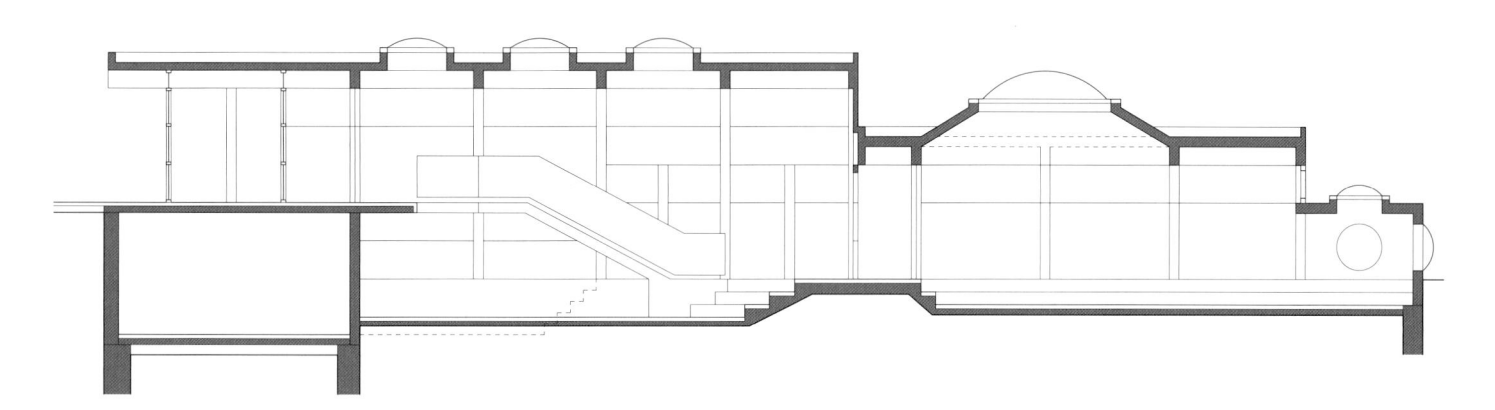

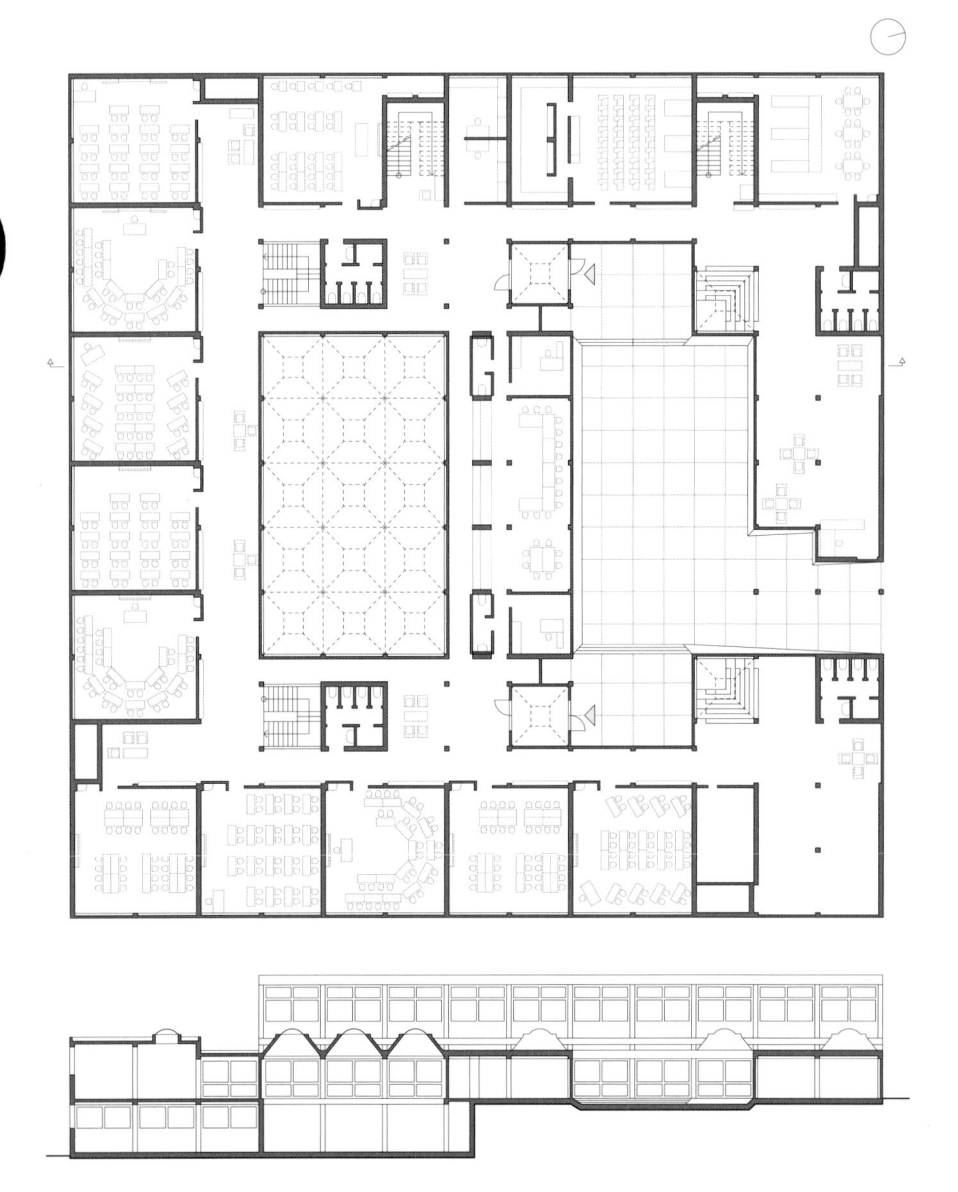

Gesundheit

0019 Pfarrer Josef-Edinger-Platz 1–3, <u>WHA Betreutes Wohnen, ehem. A. ö. St. Ulrich-Krankenhaus der Stadt Allentsteig, 1927–1928</u> | Zubau, 1963–1965, P: Anton Schweighofer, Rupert Falkner, BH: Stadtgemeinde Allentsteig | Adaptierung, 2013, P: Franz Friedreich ●

Das ehemalige Krankenhaus der St. Ulrich-Stiftung wurde in den 1960er-Jahren von Anton Schweighofer durch einen Zubau vergrößert. Um einen Vor- und Parkplatz zu schaffen, ist das schlichte, funktionale Gebäude von der Straße etwas zurückversetzt. Nach der Errichtung eines Neubaus in der Bahnhofstraße wurde das alte Krankenhaus 2005 geschlossen und 2013 als Anlage für Betreutes Wohnen adaptiert.

Sonderbauten

0020 Seestraße am Stadtsee, Landschaftsmesser, <u>Erinnerungsstätte Allentsteig, 1999,</u> P: Valie Export, technische Planung: Walter Kirpicsenko

Das Denkmal wurde zur Erinnerung an die Zwangsabsiedelung der Bewohner*innen um Allentsteig zwischen 1938 und 1941 infolge der Errichtung eines großen Truppenübungsplatzes durch das NS-Regime geschaffen. Die aus rostfreiem Stahl gefertigte Skulptur symbolisiert in Form einer sechs Meter breiten und vier Meter hohen Messerklinge die einschneidenden Ereignisse. Auf einer integrierten Glasstele sind die ausgesiedelten Dörfer aufgelistet.

Wohnbauten

0021 Hauptstraße 20, Umgestaltung Wohn- und Geschäftshaus, Anfang 20. Jh. ●

Der traufständige, zweigeschoßige Bau mit Satteldach und Ladenlokal in der Sockelzone geht auf eine ältere Bestandsstruktur zurück und erhielt seine secessionistische Umgestaltung Anfang des 20. Jahrhunderts. Zu den besonderen Merkmalen zählen das segmentbogenförmig hervortretende Fenster über dem Haupteingang – die Fassade erhält dadurch den Anschein, symmetrisch organisiert zu sein – sowie die beidseitig liegenden Koppelfenster, die ihrerseits durch Putzornamente flankiert und durch Gesimse miteinander verklammert sind.

0022 Wienerstraße 1–40, Wurmbacher Allee 1–15, Freiheitsstraße 1–40, Siedlung Wiener Straße, 1939 ●

Die heute unter Ensembleschutz stehende Siedlung besteht aus gekuppelt angelegten Wohnhäusern im Heimatschutzstil, die im Zuge der Einrichtung des Truppenübungsplatzes Allentsteig für Offiziere erbaut wurden: Errichtet in Holzbauweise auf einem Betonsockel mit vorgeblendetem Steinmauerwerk und akzentuiert durch Fensterläden erhalten die Häuser ihre charakteristische Silhouette durch das steile Satteldach und die breiten Dachgauben.

Einfamilienhäuser

0023 Schaichgasse 2, EFH, um 1927, BH: Johann Babun ●

Das für den Permuttfabrikanten Johann Babun errichtete Wohnhaus verfügt über eine schlichte Straßenfassade mit geschwungener Türrahmung. Die zum See gerichtete Südfassade ist mit einem auf Säulen gestützten Erker mit Rundbogenfenstern und Fassadendekor repräsentativ gestaltet.

Verkehr

0024 Hamerlingstraße, Garage, um 1953, AF: Wenzl Hartl Holzkonstruktions- und Baugesellschaft ●

Besonderheiten des zweiständigen Garagenbaus mit Satteldach sind das rautenförmige Oberlicht und die Fischgrätstruktur der hölzernen Garagentore in der straßenseitigen Giebelwand. Als frühes erhaltenes Beispiel zeugt der Bau von der automobilen Erschließung des ländlichen Raums.

Allhartsberg 3365

Gemeinde: Allhartsberg, Bezirk: Amstetten

Wohnbauten

0025 Südhang 16, 17, 18, 19, RH-Siedlung, 1999–2001, P: Leopold Hörndler, AB: H&W architekten (Sonja Hohengasser, Jürgen P. Wirnsberger)

Vier entlang der Straße linear angeordnete Niedrigenergiehäuser mit Pultdächern bilden einen Übergang zum südlich abfallenden Gelände. Die Baukörper in Holzbauweise erhielten ihr einheitliches Erscheinungsbild unter anderem durch die überwiegende Fassadenoberfläche aus sägerauer Lärche mit wenigen ausgewählten weiß verputzten Flächen. Die Häuser verfügen über individuelle nord-süd-orientierte Grundrisse mit Größen von 140 bis 180 Quadratmetern und zwischen den Einheiten liegende Carports.

Besonderer Wert wurde auf die großzügig dimensionierten südlich ausgerichteten und teilweise verglasten privaten Freiflächen wie Wintergärten, Balkone und Terrassen gelegt.

Alt-Dietmanns 3813
Gemeinde: Dietmanns, Bezirk: Waidhofen an der Thaya

Industrie

0026 Hauptstraße 52, Zubauten Textilfabrik Jil Silk, 1968, 1987 •

Der ursprüngliche Meierhof wurde 1865 vom Wiener Textilfabrikanten Ignaz Senefelder erworben und 1871 von der Seidenband- und Samtfabrik Hetzer & Söhne übernommen. 1893 wurde eine Werkhalle mit Sheddach errichtet, in der Hetzerstraße befinden sich Arbeiter*innenwohnhäuser des Unternehmens. 1926 übernahm die Schiel AG als Seidenweberei das Betriebsgelände und stellte während des Zweiten Weltkrieges unter anderem Fallschirmstoffe her. Ab 1945 wurden vornehmlich Futter- und Krawattenstoffe produziert. 1968 und 1987 wurde je eine neue Webhalle errichtet, wobei Letztere den alten Meierhof ersetzte. Seit 2003 betreibt der Eigentümer Heinrich Rabl mit seinem Textilunternehmen Jil Silk das Werkgelände.

Altenberg 3422
Gemeinde: St. Andrä-Wördern, Bezirk: Tulln

Sonderbauten

0027 48°20'16.2"N 16°14'34.6"E, Tempelberg-Warte, 1908, AF: Karner | Renovierung, 1956 | Sanierung, 2021–2022

Anlässlich des 60. Regierungsjahres von Kaiser Franz Joseph I. wurde 1908 am Tempelberg eine in Massivbauweise aus Stein errichtete Jubiläumswarte eröffnet. Das nach dem Zweiten Weltkrieg stark baufällige Gebäude wurde 1956 einer Renovierung unterzogen und unter dem Namen „Tempelberg-Warte" wiedereröffnet. Eine Besonderheit dieses Aussichtsturms ist die differenzierte Ausgestaltung der vier Schauseiten. Westseitig befindet sich unter einer vertikalen Fenster- und Erkerreihe das Eingangsportal im ersten Obergeschoß, das über zwölf steinerne Außentreppen über Eck erschlossen wird. Eine Kaiserbüste über dem Eingang erinnert an den Entstehungskontext. Über eine Treppe im Turminneren wird die erste Aussichtsplattform erreicht, eine Eisentreppe erschließt die zweite kleinere Plattform.

Einfamilienhäuser

0028 Adolf-Lorenz-Gasse 2, Villa Lorenz, um 1900, P: Carl Liehmann, BH: Adolf Lorenz

Das späthistoristische, schlossartige Wohnhaus des Begründers der modernen Verhaltensforschung und Nobelpreisträgers Konrad Lorenz wurde von dessen Vater in Auftrag gegeben. Zwischen 1990 und 2015 war hier das Konrad-Lorenz-Institut für Verhaltens- und Kognitionsforschung untergebracht.

Altenmarkt an der Triesting 2571
Gemeinde: Altenmarkt an der Triesting, Bezirk: Baden

Einfamilienhäuser

0029 Altenmarkt an der Triesting 52, Aufstockung Villa, 1907, P/K: Theophil Melicher •

Das etwas außerhalb des Ortskerns gelegene Gebäude wurde 1907 aufgestockt und mit geschnitztem Holzgiebel und Erkertürmchen zu einer dekorativen Villa umgestaltet. Die Fassade weist secessionistische Elemente auf und ist im Obergeschoß mit einer figuralen Bemalung versehen.

Altenwörth 3474
Gemeinde: Kirchberg am Wagram, Bezirk: Tulln

Bildung

0030 Hauptstraße 6, Kindergarten, ehem. Volksschule, 1913, P: R. Österreicher, Karl Wastl | Umbau, 1975 | Restaurierung, 1996 •

Alt-Nagelberg 3871
Gemeinde: Brand-Nagelberg, Bezirk: Gmünd

Wohnbauten

0031 Fischerweg 128, WH, ehem. Arbeiter*innenhaus der Glasfabrik, 1940, P: Hans Stojan •

0032 Hauptstraße 130, Hinterpocherstraße 34, Arbeiter*innenhäuser, 1951–1952, P: Hans Stojan | Sanierung Hinterpocherstraße 34, 2000 •

0033 Hinterpocherstraße 93, 94, Arbeiter*innenhäuser, 1922, P: Johann (Hans) Fürnsinn •

Amstetten 3300
Gemeinde: Amstetten, Bezirk: Amstetten

In der zweiten Hälfte des 19. Jahrhunderts erlebte Amstetten durch die Anbindung an die neuen Bahnlinien (Kaiserin-Elisabeth-Westbahn 1858, Kronprinz-Rudolf-Bahn 1872) und die damit einhergehende neue Rolle als regionales administratives Zentrum, durch Betriebsansiedlungen und ein rasantes Bevölkerungswachstum sowie schließlich durch die Stadterhebung 1897 eine enorme Dynamik in der Entwicklung.

Eugen Sehnal, Josef Stummer von Traunfels, Erich Gschöpf, Raimund Jeblinger sowie Leopold Spreitzer jun. waren Architekten, die diese Phase der Urbanisierung begleiteten. In der Zwischenkriegszeit planten Karl Dirnhuber und Ernst Anton Plischke für Amstetten, in der Nachkriegszeit Franz Fehringer und Herbert Prader, Wolfgang und Traude Windbrechtinger und Wilhelm Hubatsch, Johannes Zieser sowie das Büro Zechner & Zechner im ausgehenden 20. Jahrhundert.

Nach einem Stadterneuerungsprozess zu Beginn des Jahrtausends befindet sich Amstetten seit 2020 erneut in einer aktiven Phase der Stadtentwicklung. Zentrale Handlungsfelder sind die Umgestaltung der Zentrumszone (Masterplan von Yewo Landscapes, 2021) und eine umfassende Quartiersentwicklung auf einem etwa neun Hektar großen frei werdenden Bahnareal unter Einbeziehung der bestehenden Remise, die mit dem Wasserturm eines der letzten stattlichen Zeichen der Stadtwerdung ist.

Amts-, Verwaltungs-, Kommunal-, Bürobauten

0034 Anzengruberstraße 1, Freiwillige Feuerwehr, 1976, P: Rudolf Münch, BH: Stadtgemeinde Amstetten

0035 Graben 7, Finanz-, Vermessungs- und ehem. Eichamt, 1938–1939, P: Stadtbauamt, Ing. Waas, Alois Zehetner, | Umbau, 1969 •

Das im Stil des Kommunalbaus des Dritten Reichs ausgeführte Amtsgebäude befindet sich am Graben, direkt zur Straße hin situiert. Sowohl außen, durch gleichmäßige Fenstergliederung und blassen Putz, als auch im Inneren, durch strikt an Mittelgängen angeordnete kleine Büroräumlichkeiten, vermittelt der blockartige Baukörper ein Gefühl von Ordnung und Strenge.

In der durch die L-förmige Anordnung der beiden Baukörper entstehenden Ecke befindet sich der Haupteingang. Während der östliche Riegel bereits sechsgeschoßig ausgeführt war, wurde der westliche erst 1969 um ein weiteres Geschoß ergänzt. An der Nordseite des Amtshauses bringt eine vertikale Reihe mit größeren Fenstergruppen Licht in das Treppenhaus. Die schmale Westfassade wird durch eine Balkonreihe mit Stahlprofilen gegliedert.

Ursprünglich für Abteilungen der Stadtverwaltung errichtet, beherbergte der Bau nach der Fertigstellung unterschiedliche städtische Behörden, aber auch andere Einrichtungen wie beispielsweise Geschäftsräume des Roten Kreuzes. Heute sind hier das Finanz- und Vermessungsamt ansässig.

0036 Preinsbacher Straße 13, Bezirksgericht, 1910–1912, P: Josef Stummer von Traunfels, BH: Stadtgemeinde Amstetten, AF: Allgemeine Österreichische Baugesellschaft | Umbau, 1958 | Umbau und Teilabriss, 1994–2001 •

Das historisierende Gebäude mit Jugendstil-Elementen gibt durch die große, dekorativ gegliederte Fassade der Burgfriedstraße einen wirkungsvollen Abschluss. Durch mehrere Umbauten seit der zweiten Hälfte des 20. Jahrhunderts erfuhr das ehemals U-förmige Bauwerk wiederholt Veränderungen. Neben Um- und Zubauten in den Jahren 1958 sowie

1994 bis 2001 stellt der Abbruch des westlichen Arresttrakts im Jahr 1994 die maßgeblichste Veränderung des Gebäudes dar.

Religion, Kult

0037 Preinsbacher Straße 8, evang. Pfarrkirche, Heilandskirche, 1954, P: Friedrich Rollwagen, Rudolf Palmitschka

0038 Preinsbacher Straße 21, Pfarrkirche Herz Jesu, 1931, P: Raimund Jeblinger | Wiederherstellung, 1951–1953, P: Josef Friedl, K: Sepp Zöchling (Sgraffito Fassade), Walter Bacher (Kruzifix), Lucia Jirgal (Kreuzwegmosaike, Kirchenfenster), Hans Gerstmayr (Tabernakel), Franz Forster (Taufbecken) ●

1897 wurde auf Initiative des Druckereibesitzers Adalbert Queiser ein Kirchenbauverein mit dem Ziel gegründet, anlässlich des 50-jährigen Regierungsjubiläums von Kaiser Franz Joseph I. eine Kirche zu errichten. Der beauftragte Linzer Architekt Raimund Jeblinger war insbesondere auf Kirchenneubauten spezialisiert, die er jeweils in Stilen der Vergangenheit konzipierte. Für die Amstettner Kirche wählte er den neoromanischen Stil. Trotz der knappen finanziellen Mittel plante er einen monumentalen basilikalen Längsbau mit einer Doppelturmfassade, einem Rundchor sowie einem Querhaus mit einem Vierungsdachreiter. 1899 erfolgte die Grundsteinlegung. Als Queiser 1908 starb, geriet der Bau jedoch ins Stocken, und während des Ersten Weltkriegs begann das Gebäude zu verfallen. Der Verkauf der Kirche und des dazugehörigen Grundes 1918 an die Salesianer änderte nichts an der Situation. Die Salesianer konnten den Weiterbau nicht finanzieren und versuchten vergeblich, die Kirche wieder an die Gemeinde zu verkaufen. Erst 1925 wurde von einem tatkräftigen Pfarrer die Fertigstellung der Kirche betrieben, und 1931 konnte endlich die Weihe erfolgen. Bei einem Bombenangriff im März 1945 wurde die Kirche schwer beschädigt. 1951 begann der Architekt Josef Friedl, ebenfalls ein Spezialist im Kirchenbau, mit der Wiederherstellung des Gebäudes, wobei er einige Änderungen vornahm, aber im Großen und Ganzen den Originalzustand bewahrte. 1953 wurde die Kirche geweiht, obwohl die Innenausstattung noch weitgehend fehlte. Nur wenige Stücke konnten aus der zerbombten Kirche gerettet werden, und es dauerte noch rund zehn Jahre, bis die Einrichtung vollendet war.

Bildung

0039 Eggersdorfer Straße 60, Kindergarten, 1970–1971, P: Wolfgang Windbrechtinger, Traude Windbrechtinger

Den eingeschoßigen Bau aus Sichtziegel und Beton deckt ein skulptural geformtes Dach aus vier unregelmäßigen Pyramiden, die jeweils auf einer Seite ein Dachfenster bilden. Im Inneren entstehen dadurch hohe, helle Räume mit Holzuntersicht, die eine wohnliche Atmosphäre haben. Die drei Gruppenräume werden von der zentralen Halle erschlossen, Vor- und Rücksprünge im Gebäude formen für jede Gruppe eine gedeckte Terrasse, der jeweils ein eigener Garten zugeordnet ist.

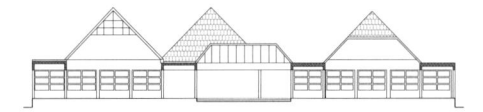

Gesundheit

0040 Nikolaus-Lenau-Straße 2, Ärztliches Zentrum und Wohnhaus, vor 1982, P: Rudolf Münch, BH: Genossenschaft Amstetten | Revitalisierung, 2018

Freizeit

0041 Stadionstraße 6, Naturbad, 1997–2000, AB: Zechner & Zechner (Christoph Zechner, Martin Zechner), BH: Stadtgemeinde Amstetten

An der Stelle eines Bades aus den 1960er-Jahren errichteten Zechner & Zechner infolge eines Wettbewerbssiegs ein Frei- und Hallenbad mit starkem Naturbezug. Das quaderförmige Hallenbad öffnet sich mit seiner komplett verglasten Südfront zum umliegenden Grünraum sowie mit großen

Oberlichtbändern Richtung Himmel, ermöglicht so vielfältige Ein- und Ausblicke und nutzt zudem die Sonneneinstrahlung energetisch.

Eine Galerie erschließt die Nebenräume an der Nordseite des Gebäudes, der Sitz der Badeaufsicht steht als UFO-artiger Körper frei im Raum. Der Freibereich bietet, neben einem Becken samt Wasserrutsche, mit einem großen Naturbadeteich auch eine chlorfreie Badealternative. Dem 2002 mit dem Österreichischen Staatspreis für Architektur ausgezeichneten Gebäude steht eine unsichere Zukunft bevor: Aktuelle Planungen der Gemeinde sehen einen Abbruch und Neubau des Bades vor.

0042 Stadionstraße 12, Johann-Pölz-Halle, 1979–1982, P: Heinz Schimek, MA: Bruno Stadlbauer, BH: Stadtgemeinde Amstetten, S: Kurt Hauer, Richard Wawrowetz | Zubau Eis- und Mehrzweckhalle, 1994 | Aufstockung Verbindungstrakt, 1999, P: Bruno Stadlbauer | Sanierung, Umbau und Fassadenänderung, 2013–2015, P: Pöchhacker GmbH ●

Mit dem Bau einer Stadthalle sollte der Mangel an Veranstaltungsräumlichkeiten der Stadt nach Vereinigung der Gemeinden Amstetten, Mauer, Ulmerfeld-Hausmening und Preinsbach behoben werden. Im Unterschied zu vielen anderen Hallenbauten der Zeit wurde in Amstetten keine große multifunktionale Halle gebaut, sondern es entstanden zwei getrennte Bereiche für Kultur und Sport, die durch ein gemeinsames Foyer zusammengeschlossen sind. In einem ersten Bauabschnitt zwischen 1979 und 1981 wurde die im Osten liegende Sporthalle samt Nebenräumen und Foyer errichtet. Im zweiten Abschnitt von 1980 bis 1982 kam die Kulturhalle mit ihren Nebensälen im Westen hinzu. Zu Ehren des ehemaligen Amstettener Bürgermeisters und Nationalratsabgeordneten Johann Pölz erhielt die Halle ihren endgültigen Namen. Charakterisiert ist der Entwurf durch die expressive Dachlandschaft, die sich aus mehreren Vor- und Rücksprüngen sowie unterschiedlichen Dachneigungen ergibt. Sport- und Kulturbereich sind baulich zu einem Gebäude zusammengefasst, die unterschiedlichen Funktionsbereiche waren jedoch ursprünglich anhand der differenzierten Außengestaltung ablesbar. Der Erdgeschoßbereich beider Hallen war als Sockelbereich mittels weißer Vordächer bzw. horizontaler weißer Farbbänder optisch verbunden. Darüber war die Fassade der Sporthalle überwiegend weiß verputzt und von schmalen Fensterbändern gegliedert, während das Volumen der Kulturhalle mit braunen, vertikal segmentierten Fassadenplatten verkleidet war. In der Mittelzone des Foyers gingen die beiden Fassadenmodi, entsprechend der gemeinsamen Nutzung, ineinander über.

1993 bis 1994 wurde östlich der Sporthalle eine Eis- und Mehrzweckhalle angebaut; größeren Einfluss auf die Gestalt der Johann-Pölz-Halle hatte jedoch ein Umbau in den Jahren 2013 bis 2015. Neben energie- und bautechnischen Sanierungsarbeiten fanden auch an der Substanz und Ästhetik des Gebäudes einige Veränderungen statt. Die Außenerscheinung der Halle erfuhr eine maßgebliche Veränderung, indem der Erdgeschoßbereich beider Hallen dunkelviolett gestrichen und die gesamte Dachlandschaft mit einer jeweils rechtwinkelig zu den schrägen Dachkanten angeordneten vertikalen Lattung verkleidet wurde. Ein die Halle im Norden und Westen umlaufender gedeckter Gang ersetzt das ehemalige Vordach.

Die große Sporthalle kann mithilfe von Vorhängen in drei separate Normturnhallen für Schulsport unterteilt oder als großer Hallenraum samt Tribünen für 470 Personen für Wettkampfveranstaltungen verschiedener Disziplinen dienen. Beachtlich ist insbesondere die ursprüngliche Dachkonstruktion: Diese setzte sich aus vorgefertigten HP-Shedschalen aus Spannbeton zusammen, die mit 32 Metern die größte Spannweite ihrer Art in Österreich aufwiesen. Durch die Shedelemente kam die Konstruktion ohne sekundäre Tragelemente aus, die geometrische Form ermöglichte zusätzlich eine geringe Bauhöhe. Zwischen den Spannbetonelementen lag eine schräge Isolierverglasung zur gleichmäßigen Belichtung der Halle. Aus turnierrechtlichen Gründen wurde die Sporthalle im Zuge der Sanierung erhöht, wobei die Dachkonstruktion der Spannbetonsheds abgebrochen und durch Holzleimbinder ersetzt wurde.

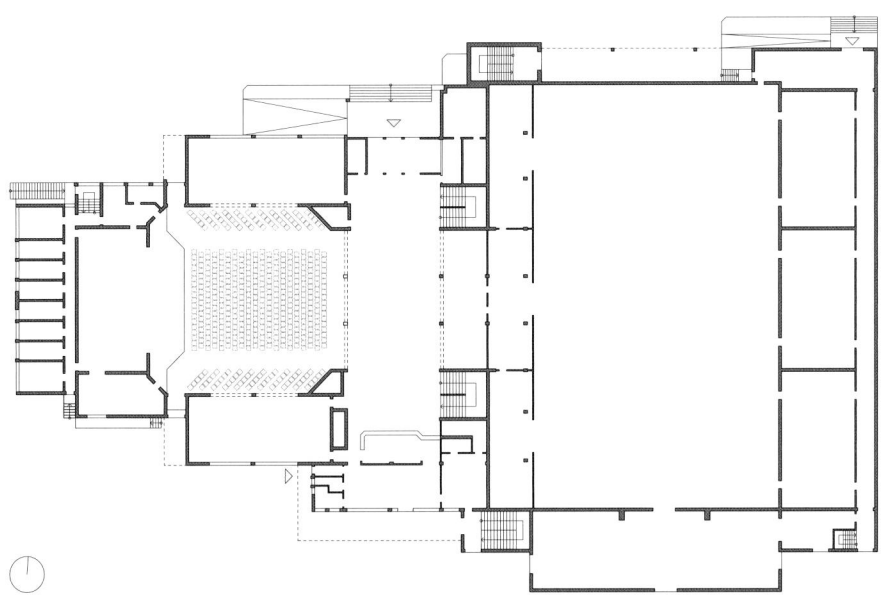

Das Herzstück der Kulturhalle ist ein großer, zweigeschoßiger Festsaal mit Bühne und U-förmigem Rang. Auch hier können die nördlich und südlich angrenzenden kleineren Nebensäle mit dem Festsaal zusammengeschlossen werden. Bei voller Bestuhlung des Parketts und des Balkons fasst der Saal 560 Personen. Die Kulturhalle wurde als Stahlbetonkonstruktion mit Ziegelausfachung und vorgehängten Fassadenelementen realisiert und von einer weit gespannten Rippendecke überdacht.

Beide Hallen werden über einen gedeckten Vorplatz durch das zweigeschoßige Foyer betreten. Eine große Öffnung in der Geschoßdecke des Foyers ermöglicht Sichtbeziehungen zwischen dem Eingangsbereich und dem die Tribünen der Sporthalle respektive die Galerie des Festsaals erschließenden Obergeschoß. Südlich des Foyers war ursprünglich ein Restaurant mit großer Terrasse situiert. Im Innenraum und insbesondere im Obergeschoß des Foyers ist die betonsichtig belassene, kassettenartige Deckenkonstruktion raumprägend.

▶ *Plan (vorherige Seite): Zustand um 1982, Foto: aktueller Zustand*

0043 Ybbsstraße 41, Stadiongebäude, Umdasch-Stadion, 1995–1996, P: Johannes Zieser, BH: Stadtgemeinde Amstetten

Das dreigeschoßige Lager-, Garderoben- und Pressegebäude mit anschließendem Zielturm samt runder Kameraplattform wurde anlässlich der Leichtathletik-Staatsmeisterschaft beim Zieleinlauf neben den bestehenden Tribünen errichtet.

Wohnbauten

0044 Kamarithstraße 6, WH, 1910, P: Leopold Spreitzer jun. ●

0045 Klosterstraße 14, WH, 1900, P/BH: Johann Schreihofer

0046 Laurenz-Dorrer-Straße 1, Anzengruberstraße 2–4, WHA, 1978–1982, P: Rupert Weber, BH: Gemeinnützige Bau- und Siedlungsgenossenschaft Frieden

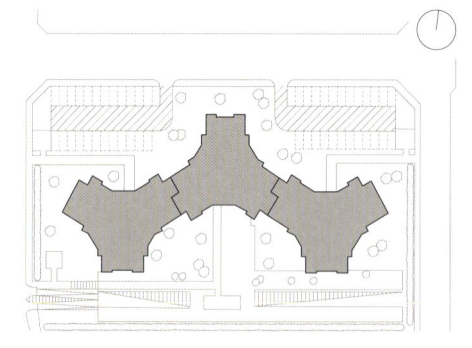

Die frei stehende Wohnhausanlage besteht aus drei zusammengeschlossenen Baukörpern, deren zentraler Trakt die seitlichen um ein Stockwerk überragt. Um für jede der Wohnungen mit einer Größe zwischen 70 und 95 Quadratmetern die Möglichkeit zur Querlüftung zu gewährleisten, wählte Rupert Weber eine Verbauung in „Sternbauweise" (Walter Laggner), zudem verfügt jede Einheit über eine Loggia. Beim aus dem Leichtbaustoff Durisol (mineralisierte zementgebundene Holzfasern) gefertigten Bau wurde auf eine moderne Ausstattung

Wert gelegt, so verfügte die Anlage von Beginn an über eine Gaszentralheizung mit Warmwasseraufbereitung.

0047 Leharstraße 1–19, Rudolf-von-Alt-Straße 1–30, RHA am Krautberg, 1967, P: Wolfgang Windbrechtinger, Traude Windbrechtinger

Insgesamt elf gegeneinander versetzte Reihenhausgruppen sind in Splitlevel-Bauweise und Südwest-Nordost-Ausrichtung in das Gelände eingepasst und werden über zwei Hauptwege erschlossen. Die Bauten verfügen jeweils über einen zentralen Erschließungskern, eine nach Südwesten orientierte Terrasse samt darüberliegendem Balkon mit Blick in den eigenen Garten sowie über einen unweit der Häusergruppen gelegenen Garagenplatz.

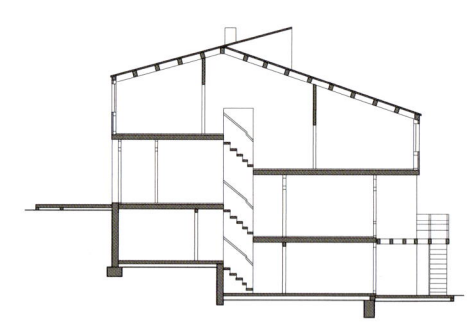

0048 Preinsbacher Straße 5, WH, 1910–1912, P: Leopold Spreitzer jun. ●

0049 Preinsbacher Straße 7, WH, 1910–1912, P/BH: Franz Schüller ●

Das ursprünglich zweigeschoßige Wohnhaus ist beidseitig der Mittelachse mit Zwerchhausgiebel von strenger Symmetrie geprägt. Die auffällig strukturierte Fassade wird durch zurückhaltende geometrische Ornamente, Blattwerk und Festons unter dem Traufgesims gegliedert. Die Aufstockung des Mansardengeschoßes erfolgte nachträglich in mehreren Bauphasen.

0050 Preinsbacher Straße 9, WH, 1910–1912, P: Leopold Spreitzer jun. ●

0051 Rathausstraße 7, Erweiterung WH, um 1910, P: Leopold Spreitzer jun. | Errichtung Schlosserwerkstätte, um 1935, P: Josef Schimek | Umbau Auslagenfront, um 1939, P: Richard Wawrowetz | weitere Umbauten, 1949, 1961, 2000, 2017 •

Der eingeschoßige Bestandsbau wurde um 1910 durch Stadtmaurermeister Leopold Spreitzer jun. aufgestockt und grundlegend umgebaut. Dabei erhielt er seine charakteristische Fassade mit floralem Jugendstil-Ornament und Weinreben über dem Portal.

Einfamilienhäuser

0052 Ardaggerstraße 80, Villa, 1909–1910, P: Andreas Putz, Wilhelm Weber •

0053 Silberweisring 2, EFH, 1991–1995, P: Martin Mittermair, BH: Andrea Schneider, S: Karlheinz Wagner •

Martin Mittermair fügte auf dem Grundstück eines bestehenden Hauses aus dem Jahr 1949, des letzten unveränderten seiner Art in der Straße, ein getrennt begehbares zweites Gebäude hinzu, das nur im Obergeschoß mit dem älteren verbunden ist. Der Neubau zeichnet sich durch seine offene, aufgrund großflächiger Verglasung lichtdurchflutete Raumgestaltung aus und traf mit der Fassadenschalung in lasiertem Sperrholz und dem – aus Nöten der Gemeindevorgaben eine Tugend machenden – Flachtonnendach den Nerv der Zeit.

Hotels, Heime, Klöster, Kasernen

0054 Schönbichl 36, Ostarrichi-Kaserne, 1979–1982, P: Peter P. Pontiller, Peter Swienty, BH: Bundesministerium für Bauten und Technik | Zubauten, 1984–1985 •

Amstetten bewarb sich schon zu Zeiten der Monarchie als Militärstandpunkt – in einer Größenordnung, die über temporäre Baracken oder Kriegsmaschineriegaragen hinausging. Dieser Wunsch wurde allerdings erst Ende der 1970er-Jahre erfüllt. Emil Spannocchi, Armeekommandant unter der Regierung Kreisky, verfasste Ende der 1960er-Jahre die sogenannte Spannocchi-Doktrin, die postulierte, dass Rekruten möglichst nahe ihres Wohnortes ausgebildet werden sollen, um ihre Heimat besser verteidigen zu können. Die älteren, oft baufälligen und abseits gelegenen Kasernen wären dafür nicht geeignet, weshalb sich dieses neue Konzept der Raumverteidigung von 1973 bis 1982 auch im Neubau von „Kasernenstädten" niederschlug.

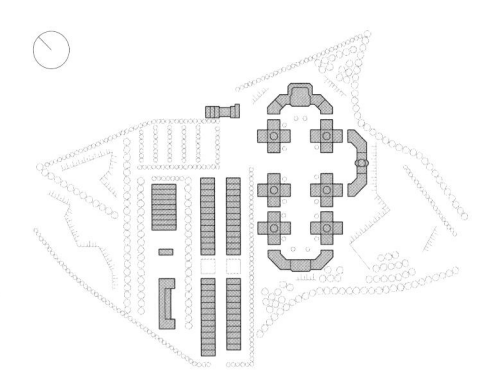

Peter P. Pontiller und Peter Swienty wurden mit dem Entwurf von Kasernen beauftragt, die als gleiches Idealmodell an sechs Standorten in ganz Österreich für eine Sicherung des gesamten Staatsgebietes sorgen sollten. Der Tiroler und der Vorarlberger Standort wurden wegen Geländeschwierigkeiten nie begonnen, die Anlage im burgenländischen Bruckneudorf nur halb errichtet, und auch die restlichen drei, in St. Michael in der Steiermark, in Kirchdorf an der Krems in Oberösterreich (2008 aufgelöst, ab 2012 in Wohnhäuser umgebaut) und Amstetten wurden nicht vollständig umgesetzt.

Der Entwurf sah sechs zweigeschoßige Kompanieunterkünfte mit kreuzförmigem Grundriss vor, die zu jeweils drei Stück an den Längsseiten eines rechteckigen Antrittsplatzes angeordnet waren. An den Schmalseiten waren Wirtschaftsgebäude inklusive Sporthalle und Verwaltungsgebäude auf halbkreisförmigem Grundriss geplant, die in einer zweiten Baustufe bis 1985 errichtet werden und wie Klammern den Platz abschließen sollten, während das restliche Gelände durch Baracken und Garagen ergänzt wurde. In Amstetten fehlt das südliche dieser beiden Wirtschaftsgebäude, doch setzte sich das Modell der kreuzförmigen, flach gedeckten und zweckmäßigen Kompanieblöcke bei vielen anderen Kasernen österreichweit durch, sodass auch Ergänzungen an historischen Kasernen in dieser Bauform ausgeführt wurden.

▶ Plan: Entwurf um 1979

Industrie

0055 Fabrikstraße 4, Buntmetall Amstetten GmbH, 1904, BH: Georg Adam Scheid | Umbau, ab 1938, BH: Krupp AG | Zubauten, ab 1960, BH: Vereinigte Metallwerke Ranshofen-Berndorf AG | Zubau Shedhalle, 1974, P: Lukas Lang, BH: Vereinigte Metallwerke | Umbau, 1984–1987 •

0056 Joseph-Umdasch-Platz 1, Forschungs- und Entwicklungszentrum, 1990, P: Günter Kaufmann, BH: Umdasch AG •

Das Holzbauwerk von Josef Umdasch wurde bereits 1939 an diesem Standort errichtet. Nachdem das Areal im Krieg fast vollständig zerstört wurde, begann 1949 der Wiederaufbau. Seit Mitte der 1950er-Jahre ist das Unternehmen auf Ladeneinrichtungen und Betonschalungssysteme spezialisiert. Die auf dem Fabrikareal angesiedelten zahlreichen Shedhallen und Holzlagerflächen wurden 1990 durch ein neues, repräsentatives Verwaltungsgebäude mit Forschungs- und Entwicklungszentrum ergänzt. Das mehrgeschoßige Gebäude steht auf V-förmigem Grundriss mit westlich angegliedertem Gebäuderiegel. Dieser Bauteil ist durch vertikal angeordnete, plastisch gefasste Fensterbänder rhythmisiert, die sich über die Dachkante in der Dachschräge als Oberlichten fortsetzen. Das Hauptgebäude ist in der Tiefe abgestuft, zudem lockert eine zur Mitte ansteigende Höhenstaffelung der straßenseitig verglasten Fassadenelemente die Baumasse auf.

Energie

0057 Eggersdorfer Straße 27, ehem. Wasserturm, ab 1898, P/BH: k. k. Staatsbahndirektion Wien | mehrere Ein- und Umbauten •

Der Wasserturm diente zur Versorgung der Dampflokomotiven entlang der Westbahnstrecke. Der mit 23,4 Meter Höhe eine räumliche Dominante bildende Bau mit lang gestrecktem, achteckigem Grundriss stellt einen der letzten von den Staatsbahnen errichteten Wassertürme dar. Das Sichtziegelmauerwerk wird durch schmale Fensterachsen und schräg eingestellte Kolossalpilaster gegliedert, deren Kapitelle das holzverkleidete Gehäuse des Wasserbehälters tragen. Abgeschlossen wird der Bau von einem polygonalen Walmdach mit einem markanten rechteckigen Laternenaufbau.

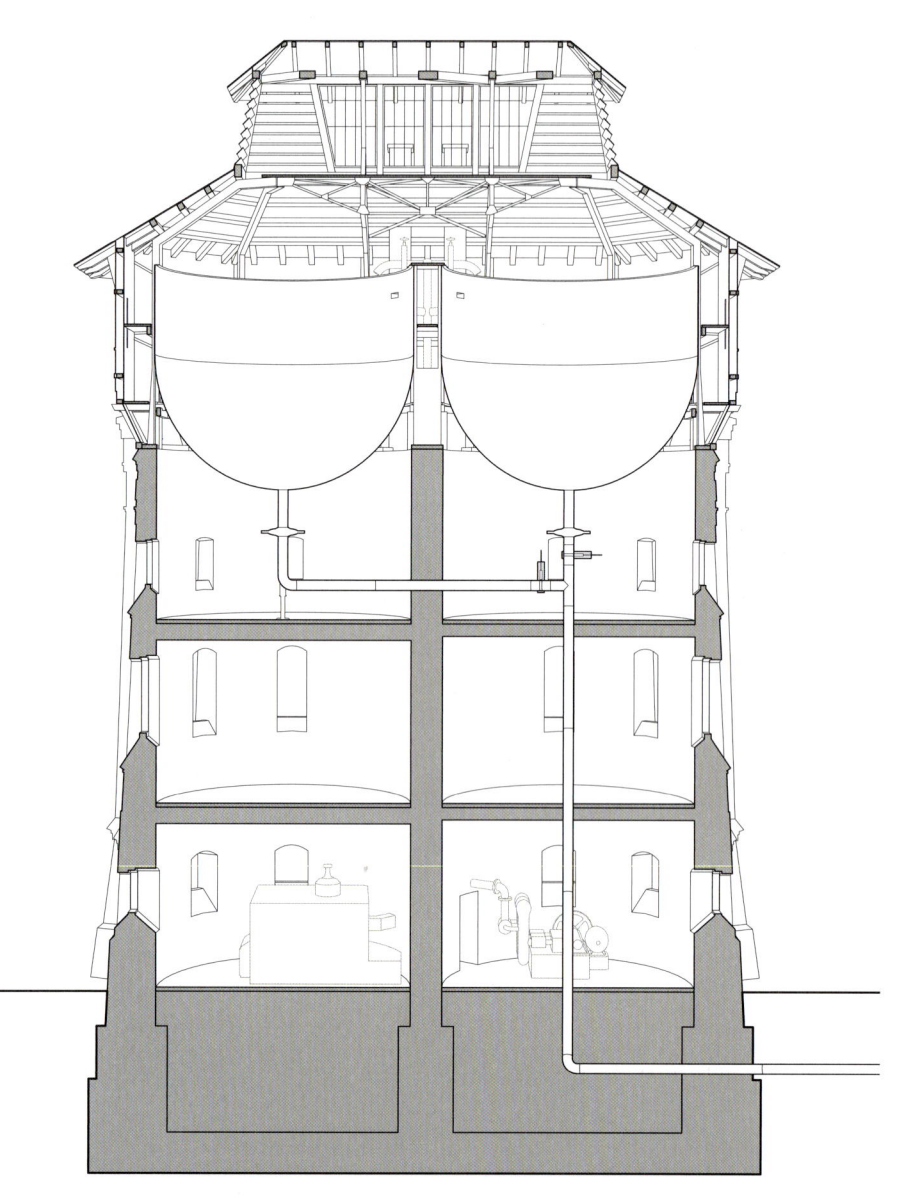

Das Relikt aus einstiger Zeit steht sinnbildlich für die Relevanz der Eisenbahn und dem damit verbundenen Aufstieg Amstettens zur Stadt.

0058   Schillerstraße 20, Elektrizitätswerk, um 1900, BH: Gemeinde Amstetten | Umbau, 1928–1931 | Sanierung Wehranlage, 2004–2005 | Zubau, 2010

Von dem 75 Meter breiten Wehr bei Greinsfurth führt der 1,4 Meter lange „Werkkanal" mit einem Nutzgefälle von zehn Metern von der Ybbs zum Krafthaus in Amstetten. Ab 1905 mit vier Francis-Turbinen ausgestattet, wird das Kraftwerk heute durch eine Kaplan-Turbine aus 1960 und eine Rohrturbine aus 1988 betrieben. 1928 wurde das bestehende Schalthaus durch ein neues ersetzt und infolge des Stromlieferungsvertrags der Gemeinde mit der NEWAG das Umspannwerk mit zwei Transformatoren errichtet. 2010 erfolgte bei der 2004 bis 2005 sanierten Wehranlage die Einrichtung eines Restwasserkraftwerks sowie einer Fischwanderhilfe.

Die ostseitige Hauptfassade des zweigeschoßigen Krafthauses weist einen dreigeschoßigen Mittelrisalit mit der Aufschrift „Elektrizitätswerk Amstetten" im Giebelfeld auf. Im rechten

Winkel zur Turbinenhalle sind am Südufer wasserseitig das Schalthaus und straßenseitig das 1928 errichtete Umspannwerk parallel zueinander angeordnet und bilden einen kleinen, dreiseitigen Hof.

Verkehr

0059 Eggersdorfer Straße 21, Remise und Drehscheibe, 1907–1909, P/BH: k. k. Staatsbahndirektion Wien | teilweise Zerstörung, 1944–1945 | Stilllegung, 2016 | Pläne Zu- und Umbau zur Büro- und Eventlocation, ab 2021 •

0060 Graben 56, 60, 62, Bahnhof, 1856, BH: k. k. privileg. Kaiserin-Elisabeth-Westbahn | Umbauten, 1906–1910, 1946, 1972–1974 | Umbau, 1993, P: Martin Zechner, Christoph Zechner, Harald Wallner, Albert Wimmer, BH: ÖBB, AF: Voest-Alpine MCE, S: Ingenieurteam Ziesel-Graf •

1993 wurde beim Bahnhofsumbau das nach einem Wettbewerb 1989 neu entwickelte Corporate Design der ÖBB umgesetzt. Der aus der Fassade vortretende und großzügig verglaste Rahmen markiert das neue Portal zum Aufnahmegebäude. Das einheitliche Farb- und Materialkonzept sowie der modulare Aufbau werden im Personentunnel und auf den Bahnsteigen fortgesetzt. Charakteristisch ist das feingliedrige, offene Stahlfachwerk der Bahnsteigdächer, dessen Stützenraster an den Waggonlängen orientiert ist.

Anderlfabrik 3943
Gemeinde: Schrems, Bezirk: Gmünd

Wohnbauten

0061 Anderlfabrik 4, 5, Beamt*innenwohnhaus und Arbeiter*innenhäuser der Anderlfabrik, um 1894, BH: Johann Anderl •

0062 Anderlfabrik 6, 7, Arbeiter*innenhäuser, 1908, BH: Conrad Anderl sen., Adolf Anderl •

Die Arbeiter*innenhäuser wurden 1908 für die Belegschaft der Anderlfabrik (→ 0063) errichtet.

Es handelt sich um zwei parallel zueinander angeordnete eingeschoßige Bauten mit je zwei beidseitigen Zwerchhäusern und insgesamt zwölf Wohneinheiten.

Industrie

0063 Anderlfabrik 1, Weberei, 1851–1855, BH: Wilhelm Altmann | Erweiterung, ab 1904, BH: Conrad Anderl sen., Adolf Anderl | Umbauten, 1908, 1950 | Stilllegung, 2004 •

Angern an der March 2261
Gemeinde: Angern an der March, Bezirk: Gänserndorf

Religion, Kult

0064 Kirchengasse 1, Pfarrkirche Zur Kreuzauffindung, 1957–1958, P: Erwin Plevan, AF: Hofman & Maculan, J. Kraus, K: Hermann Bauch (Mosaike im Portalbereich), Franz Deéd (Kreuzweg in Klebeglastechnik), Max Heilmann (Betonglaswand), Georg Pevetz (Glasfenster im Chor) •

Den Gläubigen von Angern stand lange Zeit nur eine kleine Kapelle des nahe gelegenen Schlosses zur Verfügung. Nachdem das Schloss im Zweiten Weltkrieg zerstört wurde, war ein Kirchenneubau dringend erforderlich, dessen Realisierung erst im Jahr 1957 erfolgen konnte. Der Architekt Erwin Plevan war Konsulent des Erzbischöflichen Bauamts der Erzdiözese Wien und entwarf zahlreiche Kirchenbauten, wobei er eine erstaunliche Flexibilität bewies und sehr unterschiedliche Konzepte realisierte. Die Kirche in Angern ist einer seiner ersten Kirchenbauten, und er berücksichtigte bei seiner Planung noch deutlich die konservative Erwartungshaltung der Diözese: Bei der Grundrisskonzeption folgte er nämlich einem traditionellen Langhaustypus, bei der Ausführung mit modernen Baumaterialien und -techniken zeigte sich Plevan hingegen aktuellen Architekturströmungen gegenüber aufgeschlossen. Dem mächtigen Langhaus ist seitlich ein hoher Turm beigestellt, der sich im Erdgeschoß als schmales Seitenschiff des Kirchenraums fortsetzt. Die Fassade ist mit einem zentralen Rundfenster und symmetrisch angeordneten, kleinen Rechteckfenstern gestaltet, die durch kräftige Betonumrahmungen akzentuiert werden. Unter der Holzdecke des Saalraums erstreckt sich ein hoch gelegenes

Fensterband, die Innenwände zeigen die Stahlbetonkonstruktion. Mit einer von Max Heilmann gestalteten durchgehenden farbigen Betonglaswand im Seitenschiff greift Plevan ein gängiges Gestaltungselement seiner Zeit auf. Im flach gedeckten Chor befindet sich eine Altarnische mit einem barocken Kruzifix, das aus der ehemaligen Schlosskapelle stammt.

Wohnbauten

0065 Bahnstraße 3b, WH, 1927, P: Carl Korn | Sanierung und Umbau, 2016, P: Verena Hirsch ●

0066 Zollhausgasse 2, Sozialzentrum, ehem. WH, 1938, P: Johann Kaspar | Umbau zum Sozialzentrum, 1990, P: Bernd Wilda ●

Einfamilienhäuser

0067 Ollersdorferstraße 39, Villa, 1929, P: Siegfried Drill | Umbau zum Mehrfamilienhaus, 2006 ●

Der ursprüngliche Fassadendekor der Villa ist heute nicht mehr erhalten.
▶ Foto: *frühere Gestaltung*

Landwirtschaft

0068 Ollersdorferstraße 5, Silo, 1978 ●

Anzenhof 3125
Gemeinde: Wölbing, Bezirk: St. Pölten

Wohnbauten

0069 Anzenhof 10, WH, ehem. Arbeiter*innenwohnhaus des Braunkohlebergbaus, um 1930 ●

0070 Anzenhof 11, 31, ehem. Arbeiter*innenwohnhäuser des Braunkohlebergbaus, um 1920 | Zubau von Windfängen, 1982 ●

Gegenüber der ehemaligen Kraftzentrale liegen parallel und zueinander versetzt die zwei Riegel der Arbeiter*innenwohnhäuser, die in einer vagen Kombination aus Heimatstil-Villa und Neoklassizismus gestaltet sind.

Auf historischen Fotografien lässt sich der damalige, durch die charakteristischen hölzernen Förderanlagen geprägte Gesamteindruck des Braunkohlereviers erahnen.

Arbesbach 3925
Gemeinde: Arbesbach, Bezirk: Zwettl

Amts-, Verwaltungs-, Kommunal-, Bürobauten

0071 Arbesbach 35, Gemeindeamt, 1982–1985, P: Josef Wagner ●

Die ansonsten schlicht gehaltene Fassade des zweigeschoßigen Gemeindeamts zeichnet sich durch ein unter dem Konsolgesims eingefügtes Fensterband aus. Im Zwerchgiebel zeigt sich anstelle der für Gemeindeämter typischen Uhr das Wappen der Gemeinde.

Aschbach-Markt 3361
Gemeinde: Aschbach-Markt, Bezirk: Amstetten

Freizeit

0072 Badstraße 5, Freibad, 1960–1962, AB: Atelier P + F (Herbert Prader, Franz Fehringer) | Sanierung und Umgestaltung Freiraum, 2016–2018, FRP: Ambient-Consult ●

Das in leichter Hanglage erbaute Freibad besteht heute nur noch in Teilen. Dem Gelände folgend, zieht sich der aus der Errichtungszeit erhaltene schmale, niedrige Kabinen-Baukörper neben den beiden Badebecken den Hang entlang. Zwei expressive Elemente des ursprünglichen Entwurfs, ein ausladendes Sichtbeton-Flugdach im Eingangsbereich sowie ein Betonrutschenturm beim Kinderbecken, wurden bei den Umbaumaßnahmen im Rahmen der Sanierung abgebrochen.
▶ Foto: *Eingangsbereich vor dem Umbau*

Aspang Markt 2870
Gemeinde: Aspang-Markt, Bezirk: Neunkirchen

Hotels, Heime, Klöster, Kasernen

0073 Hauptstraße 18–20, ehem. Hotel Goldener Löwe, nach 1901 ●

Neben der großen Hofzufahrt, ursprünglich mit zwei symmetrischen Eingängen in der Fassade versehen, wurde die Situation zu unbestimmtem Zeitpunkt zugunsten eines zentralen Eingangs unter dem Hauptgiebel verändert; bei dem Umbau blieben die kreissegmentförmigen Fenstergiebel mit dem Rankenwerk erhalten.

Asparn an der Zaya 2151
Gemeinde: Asparn an der Zaya, Bezirk: Mistelbach

Landwirtschaft

0074 Untere Hauptstraße 34, ehem. Dampfmühle Fürnkranz, um 1910, BH: Heinrich Fürnkranz ●

Der an ein älteres, zweigeschoßiges Verwaltungs- und Wohngebäude angeschlossene viergeschoßige Werkbau mit dem geschwungenen Giebel und der einfachen, aber eleganten Fassadengestaltung ist seit einem Brand 1989 nicht mehr in Betrieb und dem Verfall preisgegeben.

Atzenbrugg 3452
Gemeinde: Atzenbrugg, Bezirk: Tulln

Landwirtschaft

0075 Schubertstraße 15, Langer-Mühle, nach 1929 ●

Auggenthal 2054
Gemeinde: Haugsdorf, Bezirk: Hollabrunn

Bildung

0076 Auggenthal 156, Volksschule, 1975–1979, P: Günter Kaufmann, Johann (Hans) Hoffmann | Zubau und Generalsanierung, 2001 | Zubau, 2015 ●

Bad Deutsch-Altenburg 2405
Gemeinde: Bad Deutsch-Altenburg, Bezirk: Bruck an der Leitha

Kultur, Veranstaltung

0077 Badgasse 42, Museum Carnuntinum, 1904, P: Friedrich Ohmann, August Kirstein | Sanierung, 1988–1992, P: Hans Puchhammer, MA: Oskar Putz (farbtechnische Beratung) ●

Der secessionistische Museumsbau basiert auf einer nicht streng wissenschaftlich belegten Rekonstruktion einer Villa Rustica und erweist so den Ausstellungsgegenständen aus Carnuntum seine Referenz. Am auffälligsten sind die beiden dem Mittelrisalit vorgesetzten, frei stehenden Säulen mit Imperatorenbüsten und Legionsbezeichnungen. Der imposante, zweigeschoßige Mittelbaukörper mit einem mächtigen, mit Rustikasteinen gerahmten Rundbogenportal, das sowohl an die Manierismen der Spätrenaissance sowie den amerikanischen Richardsonian-Romanesque-Style erinnert, wird von Pylonen flankiert und überhöht. Daran schließt beidseitig jeweils eine offene Kolonnade mit protodorischen Säulen und einem geschlossenen Arkaden-Obergeschoß mit Rundbogenfenstern an. Der überhöhte Mittelrisalit mit Zeltdach wird seitlich von deutlich niedrigeren Satteldächern flankiert. Der offene Hauptraum mit umlaufender Galerie, der den Mittelrisalit vollständig ausfüllt, weist bereits ein flaches Glasdach auf, um die Ausstellungsgegenstände nicht der Witterung auszusetzen und doch natürlich zu belichten. Hier befindet sich ein abgesenktes Gewölbe zur Darstellung einer Mithraskultstätte. An den Hauptraum anschließend ergibt sich die zeittypische zu durchschreitende Enfilade von jeweils mehreren Ausstellungsräumen – wie bei allen Museen dieser ersten Generation. Die „Villa-als-Museum" steht inmitten eines von einer Bruchsteinmauer mit Pfeilerverstärkungen und runden Ecktürmchen gerahmten Gartenparks.

Nach 1945 waren die Dachdeckung, die Fenster, die Geländer, die originalen Vitrinen, die Farbgebung, Teile der Eingangszone, die Vorplatzleuchten und die Gartenanlage verändert worden. Bei der Generalsanierung durch Hans Puchhammer von 1988 bis 1992 wurde der ursprüngliche Zustand des Gebäudes einschließlich der polychromen Wandgestaltungen wiederhergestellt. Zudem mussten Ergänzungen hinsichtlich Brandschutz, die durch die Nähe zur Donau erforderliche Feuchtigkeitskontrolle und die Sicherheitseinrichtungen erfolgen.

▶ *Plan (nächste Seite): Entwurf um 1902*

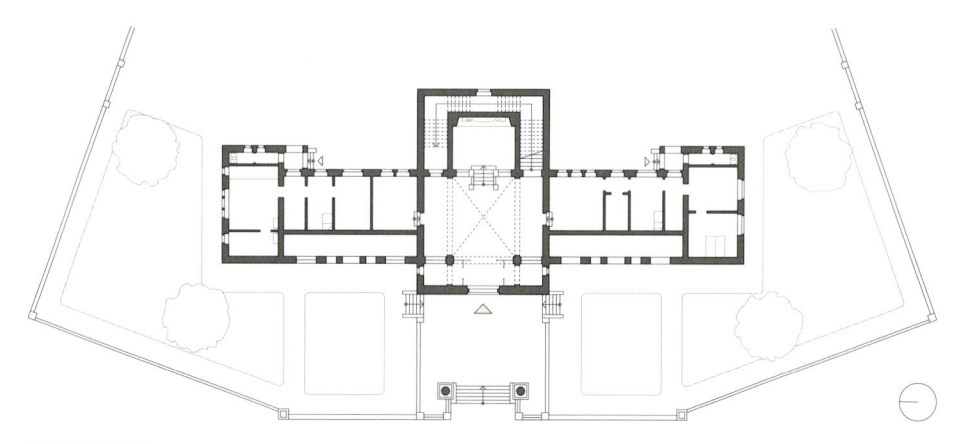

Gesundheit

0078 Badgasse 21–24, Kurzentrum Ludwigstorff, ehem. Kurhotel Kaiserbad, 1974–1979, P: Hans Krebitz, BH: Jod-Schwefel-Heilbad Betriebs GmbH und Co KG, AF: Porr AG •

Der Kurort Bad Deutsch-Altenburg verfügt über eine der stärksten Jod-Schwefelquellen Europas. 1974 erhielt Hans Krebitz den Auftrag für die Errichtung des großzügig angelegten Kurhotels „Kaiserbad". Mit allen für den Kurbetrieb erforderlichen Einrichtungen ausgestattet, fand insbesondere das Schwimmbad mit einer Schiebedachkonstruktion über Österreich hinausgehend Anerkennung. Vielleicht vom gerade im Bau befindlichen Centre Pompidou angeregt, verlegte der Architekt die Rohrleitungen teilweise sichtbar und betonte sie durch unterschiedliche Farbigkeit – allerdings verblieb er mit dieser technikaffinen Gestaltungsweise im Gebäudeinneren. Nicht einmal zehn Jahre nach Fertigstellung drohte dem Kaiserbad der Konkurs. Ursprünglich als Konkurrenzprojekt zum gegenüberliegenden Kurhaus „Ludwigstorff" geplant, wurde es 1985 ausgerechnet von dessen Eigentümer*innen gekauft, und die zwei Gebäudekomplexe wurden durch eine Brücke über die Badgasse miteinander verbunden. Das Schwimmbad wurde aus Kostengründen nicht saniert und dient heute als Versammlungssaal.

Einfamilienhäuser

0079 Hainburgerstraße 39, Villa, um 1910, P: Karl Wolschner, Rupert Diedtel, AF: Georg Ramsperger •

0080 Wienerstraße 28, Um- und Zubau WH, 1988–1989, P: Robert Kniefacz •

Bad Erlach 2822
Gemeinde: Bad Erlach, Bezirk: Wiener Neustadt

Religion, Kult

0081 47°43'38.6"N 16°12'58.4"E, bei Hauptstraße 7, Kirche hl. Antonius von Padua, 1933, P: Karl Holey

Bad Fischau 2721
Gemeinde: Bad Fischau-Brunn, Bezirk: Wiener Neustadt

Freizeit

0082 Hauptstraße 10, Umbau Thermalbad, 1898–1900, P: Georg W. Mayer, BH: Erzherzog Rainer Ferdinand, AF: Matthias Gerl | Umbau, 1925–1928, P: Hans Goldschmied | Zerstörung des Kur- und Eingangsgebäudes, 1945 | Erweiterung, 2001, P: Stefan Schmidt, BH: Gemeinde Bad Fischau-Brunn

Bei den bereits zur Römerzeit genutzten Thermalquellen in Bad Fischau wurde Anfang der 1770er-Jahre ein erstes öffentliches Badehaus errichtet. 1898 gekauft, ließ der kunstaffine Erzherzog Rainer Ferdinand die Anlage in natürlicher Hanglage nach seinen Vorstellungen zu einem neuen, parkartig gestalteten Kurbad ausbauen. An der Hauptstraße entstanden ein Kurhaus und ein Eingangspavillon; das zentrale, polygonale Herrenbecken sowie das neu geschaffene ovale Damenbecken wurden mit Quellwasser gespeist und erhielten hölzerne Kabinenbauten.

Ab 1925 erfolgte ein weiterer Zu- und Umbau, welcher eine Vergrößerung des Herrenbeckens und die Errichtung der hölzernen Kabinenanlagen mit Wandelgängen und Liegeflächen beim Herren- und Damenbecken umfasste. Die mit Holzsägewerk kleinteilig gestalteten Kabinenbauten mit ihrer gelbgrünen Farbgebung – und hierbei insbesondere der terrassenartig angelegte Bau inklusive Liegeflächen hinter dem ehemaligen Herrenbecken – prägen noch heute das Erscheinungsbild des Bades. Die hölzerne Architektur der Kabinenbauten in Bad Fischau steht in der Tradition der Fluss- und Strombäder und nimmt als Anwendungsbeispiel bei einer Thermalquelle eine Sonderstellung ein.

Nach Kriegszerstörungen im Zweiten Weltkrieg wurden Kurhaus und Eingangspavillon nicht wieder aufgebaut. Seit den 1950er-Jahren dient ein ehemaliges Bauernhaus als Eingangsgebäude. Der Zugang in diesem eher unscheinbaren Gebäude ist durch zwei eingestellte dorische Säulen und einen Giebel hervorgehoben.

Verkehr

0083 47°49'59.3"N 16°10'53.0"E, an der Südautobahn, Umbau Raststätte, 1989–1990, P: Friedensreich Hundertwasser, BH: WIGAST AG •

Bad Pirawarth 2222
Gemeinde: Bad Pirawarth, Bezirk: Gänserndorf

Gesundheit

0084 Prof. Knesl-Platz 2, Heilbad Dependance, ehem. Kurhaus, 1912–1913, P: Gebrüder Steingassner

Die sogenannte Dependance wird als letztes noch erhaltenes Gebäude der ehemaligen Kur- und Heilanstalt Bad Pirawarth heute für verschiedene Veranstaltungen vermietet.

Verkehr

0085 Bahnstraße 17, Bahnhof, 1903, BH: Lokalbahn Gänserndorf-Gaunersdorf •

Bad Traunstein 3632
Gemeinde: Bad Traunstein, Bezirk: Zwettl

Religion, Kult

0086 Oberer Markt 1, Erweiterung Pfarrkirche hl. Georg, 1959–1962, P: Ladislaus Hruska,

K: Alexander Silveri (Altarplastik, Osterleuchter), Albert Birkle (Betonglasfenster), Robert Helfert (Glasmalerei), Josef Troyer (Kreuzweg), Josef Elter (Auferstehungskreuz etc.) •

Die im Mittelalter erbaute Kirche war zu klein geworden und der Architekt Hruska wurde 1959 mit einer Erweiterung beauftragt, die den Turm und den gotischen Chor der bestehenden Kirche miteinbeziehen sollte. Hruska plante anstelle des Langhauses der alten Kirche einen stützenlosen Saalraum, der vom Turm und dem ehemaligen Chor flankiert ist und zum breit gelagerten Zubau überleitet. Der Altbestand wurde weiß verputzt, der Neubau mit Granitstein verkleidet. Dem damaligen Pfarrer Josef Elter war die Innenraumgestaltung ein besonderes Anliegen. Selbst als Bildhauer moderner Kunstwerke bekannt geworden, ließ er die weißen Wände mit Plastiken und Skulpturen verschiedener Bildhauerkollegen ausstatten. Auch er selbst trug etliche Kunstwerke bei, bemerkenswert ist das „Auferstehungskreuz", das nicht den sterbenden, sondern den auferstehenden Christus zeigt. Zu den expressiv gestalteten Kunstwerken passt die außergewöhnliche Faltdeckenkonstruktion aus Holz, die den Kirchenraum „wie ein wunderbares Ornament krönt" (Josef Elter). Betonglasfenster erzeugen eine stimmungsvolle Lichtwirkung. Der aus einem mächtigen Granitblock bestehende Altar wurde bereits vor dem Vatikanischen Konzil als „Volksaltar" von der Altarwand abgerückt und der Tabernakel auf einem Seitenaltar aufgestellt. Die Barockfiguren der Apostel Petrus und Paulus sowie die Ausstattung des zur Kapelle umfunktionierten Chors stammen von der alten Kirche.

Bad Vöslau 2540
Gemeinde: Bad Vöslau, Bezirk: Baden

Religion, Kult

0087 Raulestraße 5, evang. Pfarrirche, Christuskirche, 1966, P: Herbert Fritscher-Notthaft

Freizeit

0088 Maital 2, Thermalbad, 1926, P: Peter Paul Brang, Wilhelm Eduard Luksch, Louis Breyer | Sanierung und Erweiterung, 2022, AB: frötscher x prader architekten (Helmut Frötscher, Wolfgang Prader), BH: Vöslauer Thermalbad GmbH •

Seit 1822 geben auch die Mineralquellen von Bad Vöslau Anstoß zu Kuren. Die ersten, ausschließlich hölzernen Bauten initiierte der Bankier Moritz von Fries, 1868 bis 1873 wurden sie durch Planungen des Ringstraßenarchitekten Theophil Hansen erweitert, der Bestand jedoch 1924 abgetragen. Den baulichen Höhepunkt erreichte das Thermalbad durch die Monumentalbauten der frühen Zwischenkriegszeit im südlichen Jahrhundertwende-Flair. Planer war der siebenbürgische Hansen-Schüler Peter Paul Brang, der zuvor schon städtische Bäder in Reichenberg, Aussig an der Elbe und das Wiener Dianabad geplant hatte; nach dem Tod von Brang wurden seine Pläne von Luksch und Breyer realisiert. Die Anlage in Bad Vöslau zeigt mächtige Pfeilerkolonnaden mit barock anmutenden Eckpavillons und einen Pfeilerportikus mit gedrungenem Turm samt Uhr und Glockendach als seinen Baukörper-Mittelpunkt zum Außenraum. Innen rahmen zweigeschoßige Kabinentrakte das Warmwasserbecken – großstädtische Bäderarchitektur, die bis heute unter Denkmalschutz steht. Seit 2022 wird das Bestandsgebäude der Mineralwasserabfüllanlage behutsam saniert und durch eine badseitige zweigeschoßige Aufstockung erweitert.

Wohnbauten

0089 Roseggerstraße 4, WHA, ehem. Arbeiter*innenhaus der Kammgarnfabrik, um 1954 •

Der U-förmig angelegte „Preleuthnerhof" wurde als Wohnanlage für Mitarbeiter*innen der Kammgarnfabrik, im Speziellen für die Angehörigen der Werkfeuerwehr, erbaut und verfügte im Innenhofbereich ursprünglich über ein Schwimmbecken.

Einfamilienhäuser

0090 Hochstraße 20, Villa, 1895, P: Ludwig Baumann •

Die großzügige, späthistoristische Villa im Zentrum Bad Vöslaus wurde von dem Architekten Ludwig Baumann, der zu dieser Zeit im Auftrag von Arthur Krupp viele Bauten in Berndorf realisierte, für zwei Familien konzipiert. Sie fällt vor allem durch die farbliche Gestaltung der aufwendigen, blauen Holzbalkone und Holzelemente der Fassade ins Auge. Heute können Teile der Villa als Ferienappartements gemietet werden.

0091 Johann Strauß-Straße 9a, EFH, 1991–1993, P: Lukas Lang

Das an einem Südhang positionierte und mehrfach gestaffelte Haus besteht aus einem konstruktiven Skelettsystem mit Rundholzstützen, nichttragenden Blockwänden und Glas. Die hervorstehende Wohnhalle wird von einem begrünten Flachdach abgeschlossen und verfügt über eine südliche, fast vollständig zu öffnende Fensterwand.

Hotels, Heime, Klöster, Kasernen

0092 Johann Strauß-Straße 2, Hotel, ehem. Erholungsheim, 1970, P: Maria Tölzer, Peter Tölzer, Adolf Lukele, K: Heinrich Tahedl (Mosaike) •

Als ehemaliges Schulungs- und Erholungsheim der Kammer für Arbeiter und Angestellte für Wien errichtet, war das heute als Hotel geführte Gebäude vor allem in der Innenausstattung einigen Modernisierungen unterworfen. Die architektonische Struktur inklusive der wabenförmigen, im Erdgeschoß von freiliegenden Betonstützen getragenen Schulungsräume im Nordtrakt besteht jedoch heute noch originalgetreu. Auch die Fassadengestaltung mit den Sichtbetonloggien der Wohntrakte und den mit Spaltklinkern verkleideten nichttragenden Mauerteilen des Mitteltraktes entsprechen dem ursprünglichen Erscheinungsbild; ebenso die Aluminiumrahmen der Verglasung in den Speiseräumen und manche der von Heinrich Tahedl geschaffenen Mosaike. Eine Besonderheit des Baus sind die unterschiedlichen Tiefen der Unterkellerung und Fundamente, die einerseits auf das abfallende Gelände und die bestehenden Baugruben der beiden für den Bau dieses Heims abgerissenen Hotels und andererseits auf die Lage der Ersten Wiener Hochquellenleitung, die unter dem Grundstück fließt, zurückzuführen sind.

0093 Sooßer Straße 25, Landespensionist*innenheim, 1975–1978, P: Hans Kislinger, BH: NÖ Landesregierung

Geschäftslokale, Einkaufszentren, Banken

0094 Industriestraße 12, Einkaufszentrum, ehem. Merkur-Markt, 1991, P: Harald Wieser, BH: Merkur-Aktiengesellschaft •

Der für einen Großsupermarkt, mehrere Mietlokale sowie ein Fitnesszentrum errichtete Gebäudekomplex ist in seinem Volumen und den Dachformen differenziert gestaltet, um sich der benachbarten Bebauung besser anzugliedern. Im Erdgeschoß sind mehrere kleinere Shops entlang einer Passage angeordnet. Die Fassaden- und Dachform der im Obergeschoß liegenden Tennishalle mit der großen halbkreisförmigen Glasfront erinnert an ein Bahnhofsdach.

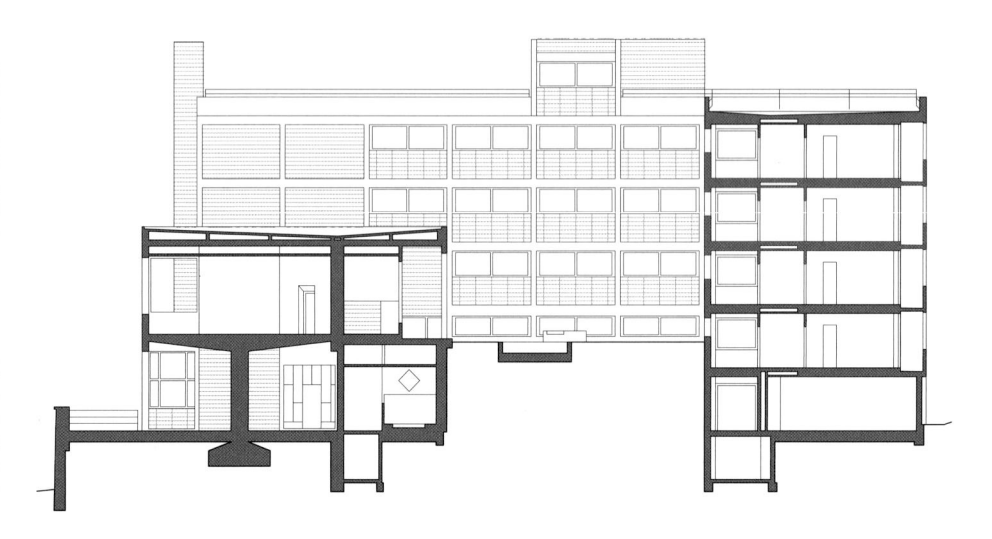

Industrie

0095 Industriestraße 8, Betriebsgebäude, 1987, P: Eveline Bettelheim, BH: Pressel & Co Versand, S: Peter Ferro, Heinrich Feketitsch ●

Baden 2500
Gemeinde: Baden, Bezirk: Baden

Unter Kaiser Franz I. zu Beginn des 19. Jahrhunderts zur bevorzugten Sommerfrische von Kaiserhaus, Adel, Großbürger*innentum und Künstler*innenschaft aufgestiegen, prägen gründerzeitliche Kureinrichtungen sowie klassizistische und biedermeierliche Villen das Stadtbild der Kurstadt. Mit dem weitgehenden Abbruch der Stadtmauern um 1800 setzte ein beschleunigter Bauboom ein, der untrennbar mit Josef Kornhäusel, dem wichtigsten Repräsentanten der Wiener Biedermeier-Architektur, verbunden ist. Einen neuerlichen Bauschub erhielten Baden und das 1912 eingemeindete Weikersdorf im Zeitraum von etwa 1870 bis 1910, aus dem zahlreiche Villen, Kureinrichtungen, Kultur- und Hotelbauten datieren. Otto Wagner, Eugen Gottfried Fassbender und Maximilian Katscher, Ludwig Baumann, Alexander Wielemans, August Sicard von Sicardsburg, Rudolf Krausz, Ferdinand Fellner und Hermann Helmer, Karl Reiner, Wilhelm Eduard Luksch, Friedrich Ohmann und Otto Prutscher zählen zu den in dieser Ära tätigen prominenten Architekten. Das Bild Badens wurde aber auch von Kursoren wie Franz Breyer und seinem Sohn Anton Breyer oder Franz Xaver Schmidt geprägt, die sowohl als Planverfasser als auch als Bauherren und Ausführende tätig waren.

Dem Ende dieser zweiten Glanzzeit durch den Ersten Weltkrieg und den Zerfall der Monarchie begegnete die Stadtregierung unter Bürgermeister Josef Kollmann mit dem Bestreben, Baden zum „Karlsbad Österreichs" zu machen. Die Errichtung des Thermalstrandbads (Alois Bohn, 1926), die Adaptierung des Kurhauses zum Spielcasino und der Bau des Beethoven-Tempels im erweiterten Kurpark (Wilhelm Eduard Luksch, 1927) sind wichtige bauliche Zeichen einer Zeit, in der Baden seine führende Stellung als Heilbad wiedererlangte. Als Lazarettstadt überstand die Bausubstanz Badens den Zweiten Weltkrieg weitgehend unversehrt. Die 1938 bis 1941 am südlichen Stadtrand auf einer Fläche von 30 Hektar errichtete Flak-Kaserne der Wehrmacht (Leo Splett) war 1945 bis 1955 Stützpunkt der sowjetischen Besatzung, Kaserne des Österreichischen Bundesheeres (ab 1963 Martinek-Kaserne) und ist seit der Schließung 2013 Zielgebiet der Stadterweiterung.

Eine Privatisierungs- und Erneuerungswelle, in deren Zuge Kuranstalten in den Besitz verschiedener Krankenkassen übergingen, kennzeichnet die Entwicklung in der zweiten Hälfte des 20. Jahrhunderts, in der sukzessive der Charakter der Kurstadt in Bedrängnis geriet. Architektonische Spuren hinterließen die ortsansässigen Architekten Stefan Bukovac und Gerhard Lindner, um die Jahrtausendwende außerdem ARTEC Architekten (EFAFLEX-Firmengebäude), Henke Schreieck Architekten (Bahnhof), Riegler Riewe Architekten (Bundesinstitut für Sozialpädagogik) und Sne Veselinović (Sonderkrankenanstalt der BVAEB).

Um dem von der Immobilienwirtschaft getriebenen Siedlungsdruck Paroli zu bieten und den Charakter der Kurstadt zu erhalten, sind sämtliche Instrumentarien der örtlichen Raumordnung gefordert. Die Einführung von Schutzzonen ab 2006 zeigt Erfolge, 2021 wurde Baden bei Wien als Teil der „Great Spa Towns of Europe" in die UNESCO-Welterbe-Liste eingetragen.

Zentren

0096 48°00'37.5"N 16°14'03.0"E, im Kurpark, Undinebrunnen, 1903, P: Bildhauer Josef Valentin Kassin | Sanierung, 2002–2003 ●

Anlässlich der Fertigstellung der städtischen Wasserleitung wurde ein Brunnen mit dem Motiv der Wassernymphe Undine, die gerade dem Wasser entsteigt, im Kurpark errichtet. Die vom Bildhauer Josef Valentin Kassin gefertigte Skulptur gilt als ein Hauptwerk österreichischer Jugendstil-Plastik.

Amts-, Verwaltungs-, Kommunal-, Bürobauten

0097 Conrad von Hötzendorf-Platz 6, Bundesamtsgebäude, 1982–1985, P: Herbert Ortner sen., BH: NÖ Landesregierung ●

Das Bundesamtsgebäude ist ein U-förmig angelegter, dreigeschoßiger Bau mit ausgebautem Dachgeschoß und begrüntem Innenhof. An der Ostfassade liegt der Haupteingang zum Arthur Schnitzler Park hin ausgerichtet, die Obergeschoße sind auf Rundpfeilern aufgeständert und kragen weit über das Erdgeschoß hinaus.

0098 Kanalgasse 9, Post-, Bau- und Verbundamt, 1980–1981, P: Rudolf Vorderegger

0099 Schwartzstraße 50, Bezirkshauptmannschaft, 1996, P: Helmuth Zellhofer, AF: Herbert Ortner

Das viergeschoßige Gebäude mit einem auf dem Haupttrakt aufgesetzten, zurücktretenden fünften Geschoß wurde über einem E-förmigen Grundriss errichtet. An der Hauptfassade treten die Seitenflügel als Eckrisalite hervor, in der Mitte befindet sich ein ebenerdiger Durchgang. Gezielt asymmetrisch angeordnet, befindet sich neben dem Durchgang das mit konvex hervorschwingender Glasfassade versehene Stiegenhaus. Hinter dem Bau liegen zwei mit Tonnen überdachte Zu- bzw. Ausfahrten der Tiefgarage. Auch das fünfte Geschoß des Haupttraktes ist mit einem Tonnendach überfangen – die Dachform findet sich zudem an der Wohnbebauung der gegenüberliegenden Straßenseite wieder. Ein zweigeschoßiger Zubau an der Nordseite greift den geschwungenen Straßenverlauf der Josef Kollmann-Straße auf. Die Fassade ist umlaufend mit grünen Fensterrahmen, weißem Putz und einer Steinverkleidung der Sockelzone und der Pfeiler im Bereich des Durchgangs gestaltet.

0100 Weikersdorfer Platz 1, Rollettmuseum, ehem. Rathaus Weikersdorf, 1903–1905, P: Rudolf Krausz | Umnutzung zu Museum, 1912

1903 ging der Architekt Krausz als Sieger eines Wettbewerbs zum Neubau des Rathauses, an dem auch Oskar Unger und Anton Blazek teilgenommen hatten, hervor. Nach zweijähriger Bauzeit wurde der Bau eröffnet, doch bereits 1912 verlor das Rathaus durch die Zusammenschließung der Gemeinde Weikersdorf mit der Stadt Baden seine Funktion und wurde als Museum weitergenutzt. Seit 1914 ist hier das Rollettmuseum untergebracht.

0101 47°59'31.6"N 16°13'24.3"E, in der Martinek-Kaserne, Sebastian- und Barbarakapelle, 1990–1992, P: Eva Mang-Frimmel, Karl Mang

0102 Friedhofstraße 3, Stadtpfarrfriedhof, Friedhofsbau, 1962, P: Anton Wichtl, Kurt Bartak, K: Florian Jankowitsch (Glasfenster) ●

Bereits 1939 wurde der Bau einer Einsegnungs- und Aufbahrungshalle geplant, die den Standards des 20. Jahrhunderts entsprechen sollte. Aber erst 1959 wurden die Architekten Anton Wichtl und Kurt Batak mit der Ausführung betraut. Sie planten eine von der Straße zurückversetzte oktogonale Einsegnungshalle, einen schmalen Rechteckbau mit der Aufbahrungshalle und diversen Nebenräumen sowie ein direkt an der Straße gelegenes Pförtnerhaus. Alle Gebäude sind durch geschlossene, mit großen Fenstern versehene Gängen verbunden. Ein hoher, komplett zugewachsener Turm lässt seine ursprüngliche Form nur erahnen. Im schlicht gestalteten Raum der Einsegnungshalle erzeugen schmale Fensterbänder aus französischem Dickglas, das mosaikartig in Betonstreifen versetzt ist, eine weihevolle Stimmung.

0103 Friedrich Schiller-Platz 1, Pfarrkirche St. Christoph, 1955–1957, P: Johann (Hans) Petermair

0104 Leesdorfer Hauptstraße 74, Pfarrkirche Leesdorf hl. Josef und Seelsorgezentrum,

1985–1987, P: Stefan Bukovac, BH: Erzdiözese Wien, K: Ute Brunner (Kreuzwegbilder), Jerzy Duda-Gracz (Kreuzigungsbilder Werktagskapelle), Anton Wollinek (Ikone) | Turm, 1993 ●

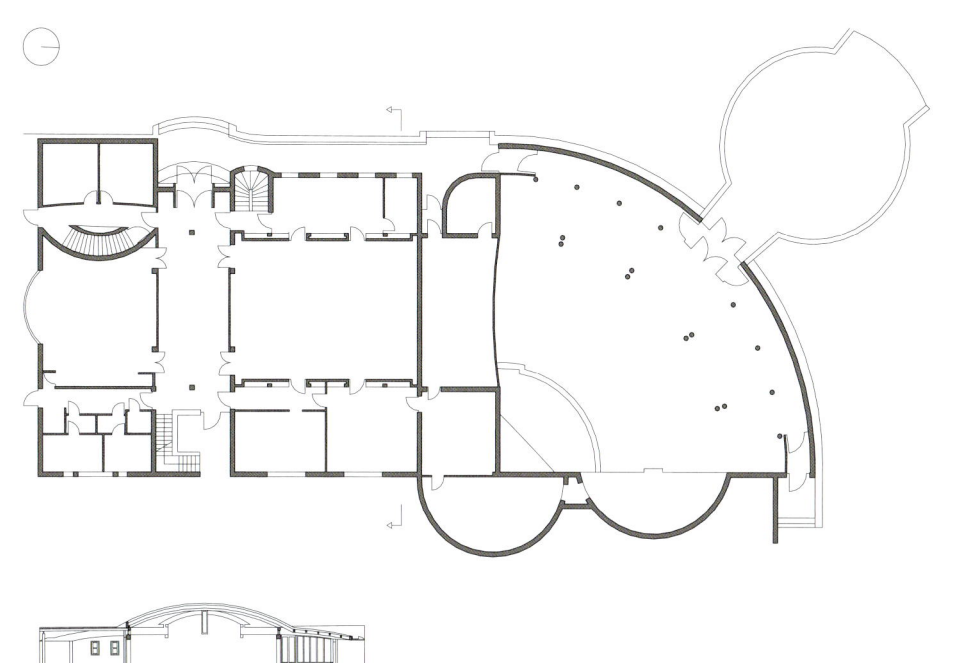

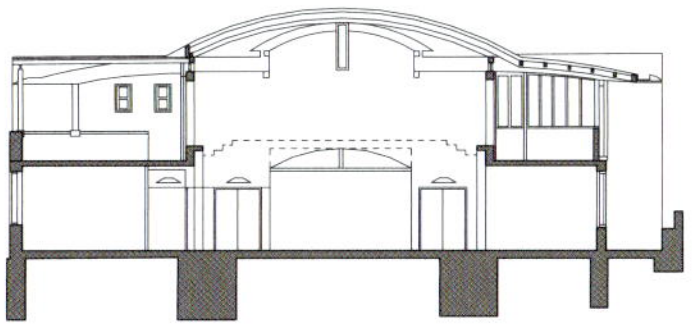

1932 wurde in Leesdorf, einem Stadtteil von Baden, eine Notkirche errichtet. Nachdem sie von den Nationalsozialisten 1938 beschlagnahmt worden war, wurde eine gemauerte Scheune als Ersatz gefunden. Anlässlich einer kanonischen Visitation 1959 wurde die Unzulänglichkeit dieser Notlösung festgestellt, und die Erzdiözese Wien erteilte den Auftrag zur Errichtung eines Seelsorgezentrums. Seit den 1930er-Jahren wurden liturgische Erneuerungsbestrebungen wirksam, die darauf hinzielten, die hierarchische Trennung zwischen dem Klerus und den Gläubigen aufzuheben und das Gemeinschaftsleben der Gläubigen zu stärken. Vermehrt wurden nun Saalräume konzipiert, die auch für nicht liturgische Zwecke genutzt werden konnten. Ab den 1970er-Jahren zeigt sich der Trend, Seelsorgezentren zu errichten, die Raumgruppen für Mehrfachnutzungen anboten. Diesem Konzept folgte auch das Seelsorgezentrum in Leesdorf. Nach langer Suche nach einem passenden Grundstück wurde 1980 ein Wettbewerb ausgeschrieben, den Stephan Bukovac gewann; mit dem Bau wurde aber erst 1985 begonnen. Der Architekt plante die Kirche als Viertelkreissegment, bei dem er an einem Schenkel einen rechteckigen, zweistöckigen Baukörper anfügte. Unmittelbar an die Kirche anschließend liegen die Werktagskapelle und daneben ein großer Saal. Diese drei Haupträume können für große Veranstaltungen miteinander verbunden werden. Rund um den Saalraum ordnete Bukovac als „Pfarrhaus" zwei Wohnungen sowie ein Pfarrcafé und diverse Nebenräume an. Der gesamte Gebäudekomplex ist mit einer Segmentbogentonne mit erhöhtem Mittelteil überdacht, beim Kirchenraum sorgt unmittelbar unter dem Dach ein Fensterband für einen hellen, freundlichen Innenraum. Wenn auch die Architekten Beton als vielseitig einsetz- und formbares Baumaterial sehr schätzten, bevorzugten im Kircheninneren die meisten das natürliche Material Holz zur Erzeugung einer stimmigen Atmosphäre. Auch Bukovac hat zu diesem Gestaltungsmittel gegriffen. Außergewöhnlich ist, dass er den offenen, mit Leimbindern ausgefachten Dachstuhl in hölzerne Säulenpaare übergehen lässt, die im Bogenbereich der Kirche den Raum akzentuieren. Der Architekt hat ursprünglich keinen Glockenturm geplant, und sein Projekt erhielt als hervorragendes Beispiel für eine Kirche ohne Turm den Österreichischen Bauherrenpreis 1989. Eine alte Geschichte verhalf der Kirche aber dann doch zu einem Glockenturm: Im Jahr 1698 hielt sich der protestantische Kurfürst August von Sachsen in Baden auf und trat heimlich zum Katholizismus über – eine Grundvoraussetzung, um König von Polen zu werden. Als Dank für seine Bekehrung versprach er der Stadt Baden eine Glocke, hat aber sein Versprechen nie eingehalten. Rund 300 Jahre später erfuhr eine polnische Stiftung von dieser Geschichte und ließ daraufhin 1992 in Polen eine Glocke gießen. Sie wurde dem Seelsorgezentrum übergeben, das sich infolgedessen veranlasst sah, einen Turm zu errichten. Auf einem quadratischen und frei stehenden Betonturm wurde ein gläserner Zylinder aufgesetzt, in dem sich nun, gemeinsam mit drei weiteren Glocken, das verspätete Geschenk befindet.

Kultur, Veranstaltung

0105 48°00'38.3"N 16°14'00.2"E, im Kurpark, Musikpavillon, 1894, P: Josef Schubauer | Sanierung, 1991–1992 | Restaurierung, 2021–2022, AB: LindnerArchitektur ZT GmbH (Gerhard Lindner), S: Harrer & Harrer ZT GmbH

Der im historischen Kurpark über dem Grundriss eines halben Zwölfecks mit geradem, offenem Bühnenabschluss errichtete Musikpavillon besteht aus einer Lärchenholzkonstruktion, die auf einem steinernen Sockel ruht. Die Fenster an der Hinterseite des mit historischem Dekor geschmückten Pavillons waren ursprünglich als große, versenkbare Hebefenster samt Markise ausgeführt. Im Zuge der Restaurierungsarbeiten 2021 bis 2022 wurde dieses Schiebefenstersystem wieder instand gesetzt und ertüchtigt.

0106 Arenastraße 1, Sommerarena, 1905–1906, P: Rudolf Krausz, BH: Stadtgemeinde Baden | Sanierung, ab 2021 ●

Schon 1841 befand sich auf dem Platz der heutigen Sommerarena das „k. u. k. privilegierte Tagestheater der landesfürstlichen Stadt Baden", ein hölzernes Freilufttheater, dem der Kurpark als Kulisse diente.

Die neue Sommerarena wurde 1905 im Auftrag der Kurstadt Baden vom Architekten Rudolf Krausz geplant und nach kurzer Bauzeit 1906 als Tagestheater für die Sommermonate eröffnet. Besonders innovativ war die Dachkonstruktion des im Jugendstil errichteten Logentheaters, denn Krausz konzipierte ein verschieb- und somit öffenbares Glasdach, das die Wirkung des Innenraums dominiert. Die aufwendigen Eisenkonstruktionsarbeiten wurden von der Firma Gridl ausgeführt.

Krausz war in und um Wien zu Beginn des 20. Jahrhunderts ein bekannter Architekt. Er hatte im Atelier Fellner & Helmer, das vor allem auf Theaterbauten spezialisiert war, gearbeitet, war ab 1898 selbstständig tätig und errichtete mit dem Rathaus in Weikersdorf bei Baden (→ 0100) bereits kurz zuvor einen für die Gegend wichtigen Bau.

Nach einer 1939 auferlegten Spielsperre wurde die Arena 1957 wiedereröffnet und ist bis heute ihrer ursprünglichen Nutzung entsprechend in Betrieb. Seit 2021 wird die Sommerarena einer umfassenden Sanierung unterzogen.

0107 Beethovengasse 2a, Cinema Paradiso, ehem. Beethoven-Kino, 1927, P: Leo Kammel sen. | spätere Umbauten und Adaptierungen im Innenraum

Das in der Außenerscheinung weitestgehend erhaltene Kino kann als Beispiel für die expressionistische Strömung der 1920er-Jahre gelten. Als narratives Moment der Architektur tritt das zweite Obergeschoß mit abgerundeter Fassade hinter die Gebäudefront zurück und wird von einem flachen Blechkuppeldach bekrönt, wodurch der Zuschauer*innenraum am Außenbau ablesbar wird. Nicht zuletzt durch den spitzen Dachaufsatz wird die Assoziation mit einem Zelt geweckt, das als sprechendes Element des Entwurfs an die früheren Aufführungsstätten von Filmen erinnert.

0108 Hochstraße 51, Kaiser-Franz-Josef-Museum, 1904–1905, P: Karl Badstieber, Karl Reiner, AF: Josef Eichholzer, BH: Verein der NÖ Landesfreunde | Zubau, 1908 | Wiederaufbau

und Renovierung, 1960–1965 | Umbauten, 2008, 2012, 2018–2019 •

Das in Höhenlage am nördlichen Stadtrand situierte Museum wurde durch den privaten Verein der Niederösterreichischen Landesfreunde zur Unterbringung der umfangreichen geologischen und prähistorischen sowie der landwirtschaftlichen und gewerblichen Sammlung mit drei Sälen auf L-förmigem Grundriss errichtet. Das Gebäude gliedert sich in Erdgeschoß, Obergeschoß und Dachgeschoß und bestand ursprünglich aus einem Trakt mit vier und einem quer dazu angeordneten, kürzeren Trakt mit drei Fensterachsen. Anlässlich des 60-jährigen Regierungsjubiläums des Kaisers im Jahr 1908 erhielt der Bau den Namen Kaiser-Franz-Josef-Museum und eine Erweiterung um zwei neue Säle, wofür der längere Trakt um zusätzliche vier Fensterachsen ergänzt wurde. Während die Außenerscheinung des Baukörpers mit dem ziegelgedeckten Satteldach traditionell anmutet und einem historisierenden Heimatstil zuzuordnen ist, zeigen einzelne Elemente bereits Anklänge an den Jugendstil. Die Erdgeschoßfassade wurde grob verputzt und weist Eckpilaster aus Naturstein auf, das Obergeschoß hingegen ist fein verputzt und an den Flächen zwischen den Fenstern mit Ornament-Wappen versehen.

0109 Josefsplatz 5, Umnutzung ehem. Frauenbad zum Ausstellungshaus, 1991–1994, P: Werner Nedoschill, BH: Stadtgemeinde Baden | Umbau zum Künstlermuseum Arnulf Rainer, 2006–2009, AB: lottersberger-messner-dumpelnik architekten (Christoph Lottersberger, Richard Messner, Mario Dumpelnik), BH: Stadtgemeinde Baden

1820 bis 1821 entstand nach Plänen des aus Frankreich stammenden Charles de Moreau unter Mitarbeit des Badener Stadtbaumeisters Anton Hantl das Frauenbad – dessen Name sich auf den Vorgängerbau, die Frauenkirche, bezog – als klar gegliederter, eingeschoßiger, klassizistischer Baukörper mit südlich eingeschnittener, neunachsiger Säulenvorhalle und wenig Dekorelementen. Im Zuge eines durch Stadtbaumeister Julius Heene 1876 bis 1878 ausgeführten Umbaus kam es unter anderem zu Veränderungen der Raumstruktur, zur Errichtung eines Dachaufsatzes oberhalb eines neu angelegten zentralen Saales sowie zur Veränderung der Säulenvorhalle durch grobe Postamente an den Säulen.

Nach Einstellung des Badebetriebs 1973 wurden die beiden Thermalquellen, die das Bad gespeist hatten, umgeleitet und ab 1977 Instandsetzungs- und Adaptierungsarbeiten vorgenommen, um das Gebäude zu Ausstellungszwecken umzunutzen. Eine Generalsanierung Anfang der 1990er-Jahre sollte den Ausstellungsbetrieb optimieren: Ältere Zu- und Einbauten wurden rückgeführt und ein Teil des Dachgeschoßes über ein Zwischengeschoß und eine Kaskadentreppe zusätzlich als Ausstellungsfläche erschlossen. 2006 erfolgten im Zuge der Neubespielung des Gebäudes als Künstlermuseum des 1929 in Baden geborenen Malers Arnulf Rainer weitere Umbaumaßnahmen. Die baulichen Eingriffe umfassten im Wesentlichen die Erweiterung und Umgestaltung des Foyers, den Einbau von Stegsystemen in die begehbar gemachten ehemaligen Badebecken, das Verlegen monochromer Terrazzo- bzw. neuer Holzböden, die Ausstattung mit schlichten, geradlinigen Möbeln und die Restaurierung und Nutzung von historischen Kabanen als Ausstellungsnischen. In der Außenerscheinung referenziert ein doppelschaliges schwarzes Lochblech, das die 1876 dem Dach aufgesetzte Laterne sowie die neue Haustechnikanlage kaschiert, auf die Übermalungstechnik Rainers und gibt dem Gebäude als Träger für den neuen Schriftzug Signalwirkung im öffentlichen Raum.

0110 Theaterplatz 7, Stadttheater Baden, 1908–1909, AB: Atelier Fellner & Helmer (Ferdinand Fellner II., Hermann Helmer) | Renovierungen: 1929, 1939, 1959, 1979, 2014, 2017 •

Das Bauwerk wurde zum Regierungsjubiläum Kaiser Franz Josephs I. als „Jubiläums Stadttheater" nach den Plänen des renommierten und auf den Theaterbau spezialisierten Ateliers Fellner & Helmer im neoklassizistischen Stil erbaut. Gleichzeitig mit dem Bau des Theaters wurde auf der Rückseite des angrenzenden Schulgebäudes von Fellner & Helmer das sogenannte „Batzenhäusel" (→ 0137) errichtet, welches durch eine Brücke direkt mit dem Theater verbunden ist.

Der Theaterbau ersetzte ein 1811 und 1812 nach Plänen von Joseph Kornhäusel erbautes Theater, welches seinerseits am Standort eines „Comoedienhauses" aus dem Jahr 1775 errichtet wurde.

Der Hauptzugang in das Gebäude erfolgt über eine Freitreppe an der Südfassade, die zu drei Doppeltüren führt. Die Fassade selbst ist zum Vorplatz hin leicht konkav gebogen, den oberen Abschluss bildet ein breit übergiebelter Portikus. Eine dezent zurückspringende Säulenloggia im Obergeschoß wird von kolossalen Doppelpfeilern flankiert. In der

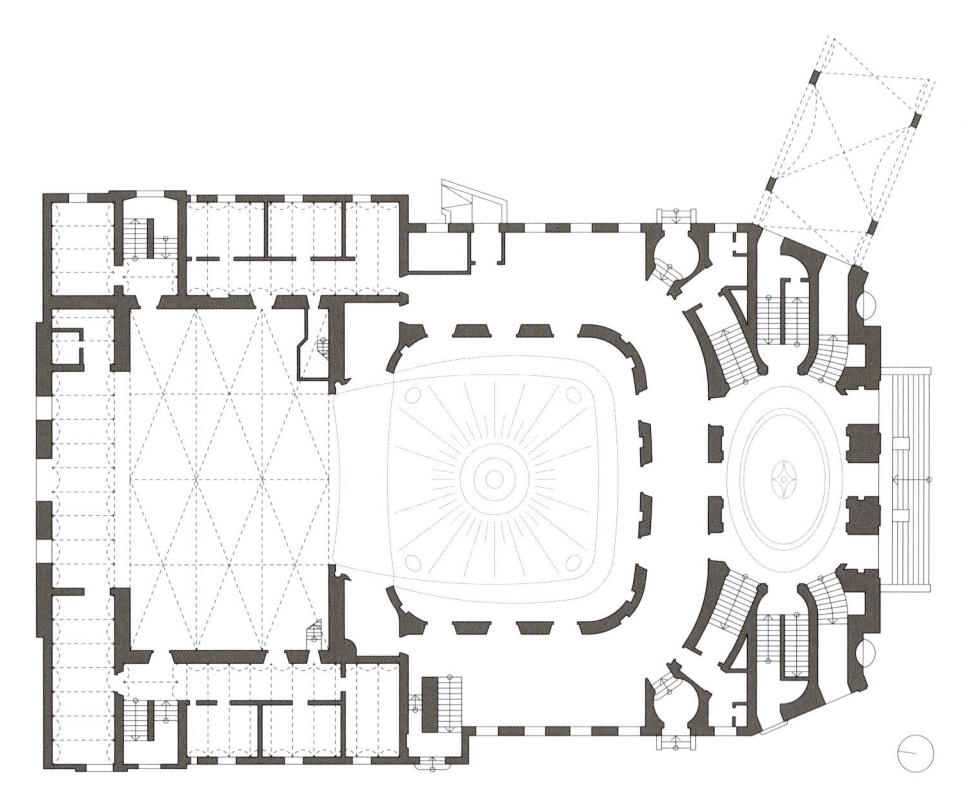

Achse der Eingangstüren befinden sich im Obergeschoß große Türöffnungen hinter Steinbalustraden mit darüberliegenden Hochovalfenstern. Die nördliche Fassade am Kaiser Franz-Ring ist von einem erhöhten Mittelrisalit mit Attikabalustrade und zahlreichen Puttenreliefs dominiert. Das große Tor im Erdgeschoß führt direkt auf die Hauptbühne. Der Theatersaal umfasste im Parterre und den zwei Rängen insgesamt 816 Plätze; der reiche Innendekor ist im neoklassizistischen Stil mit secessionistischem Einfluss ausgeführt.

Die ersten baulichen Veränderungen des Theaterhauses fanden bereits 1929 und 1939 statt, 1959 wurde das Gebäude generalsaniert. Im Jahr 1979 wurde das Theater im Zuge des 500-jährigen Jubiläums der Stadt Baden sowohl außen als auch innen komplett renoviert. 2014 erfolgte eine Erneuerung der Außenfassade und 2017 erhielt der Zuschauer*innenraum eine neue Bestuhlung.

Bildung

0111 Elisabethstraße 14–16, <u>Bundesinstitut für Sozialpädagogik, 1997–1998,</u> AB: Riegler Riewe Architekten ZT GmbH (Florian Riegler, Roger Riewe)

0112 Helenenstraße 13, <u>Landeskindergarten, 1984,</u> P: Wolfgang Mistelbauer, BH: Stadtgemeinde Baden ●

Der Kindergarten wurde an der Stelle der 1910 vom Architekten Armin Müller erbauten historischen Villa Harnoncourt errichtet.

Das eingeschoßige Gebäude mit Giebeldach passt sich in der Gliederung dem Raumprogramm für mehrere Kindergruppen an. Um eine zentrale, durch Oberlichten belichtete Halle sind die vier Gruppen und der Bewegungsraum angelegt. Der Bau ist von einem großen Freibereich umgeben; im Südwesten des Gartens blieben zwei Pavillons aus dem Baubestand von 1910 erhalten, die als Gartenschuppen genutzt werden.

0113 Pelzgasse 13–17, <u>Mittelschule, 1954–1961,</u> P: Anton Siegl, Joseph Fischer, Herbert Ortner sen., K: Maximilian Melcher (Wandmalerei in der Aula) | Zubau, 1993 ●

Aufgrund des Platzmangels an den Badener Schulen begannen 1954 Planungen für einen neuen „wachsenden Bau" einer Hauptschule. Bei einem Wettbewerb wurde das Projekt der Architektengemeinschaft Joseph Fischer, Herbert Ortner sen. und Anton Siegl zur Ausführung ausgewählt. Die Errichtung erfolgte in mehreren Bauphasen: Die Mädchenschule mit 14 Klassen wurde zwischen 1954 und 1957 gebaut, von 1958 bis 1961 erfolgte der Zubau der zwölfklassigen Knabenhauptschule, gefolgt vom Bau der Turnsäle bis 1961. Im Prinzip besteht die Schule heute aus zwei lang gestreckten, parallel liegenden, rechteckigen Baukörpern und einem dazwischenliegenden Querkörper, der als verbindendes Element dient. Im Jahr 1975 wurde die Geschlechtertrennung aufgehoben, worauf kleine bauliche Adaptierungen folgten. 1993 wurde ein Zubau im Südflügel errichtet. Die Schule soll in den kommenden Jahren durch einen Neubau ersetzt werden.

0114 Radetzkystraße 14, Volksschule Weikersdorf, 1960er-Jahre | Zu- und Umbau, 1993–1995, AB: LindnerArchitektur ZT GmbH (Gerhard Lindner), MA: Martina Lindner, Peter Turner, BH: Stadtgemeinde Baden, K: Peter Kogler (textile Wandgestaltung)

Gesundheit

0115 Adolfine Malcher-Gasse 1, Klinikum Malcherhof, ehem. SVA Rheuma Sonderkrankenhausanstalt, 1974–1978, P: Friedrich Florian Grünberger, BH: SVA Sozialversicherung der gewerblichen Wirtschaft | Zubau, 2010–2013, AB: atelier4architects (Manfred Hirschler, Peter Scheufler) •

Die Rheuma-Sonderkrankenanstalt entstand in den Jahren 1975 bis 1978 nach Plänen Friedrich Florian Grünbergers. 1988 wurden ein unterirdisches Schwimmbad und ein Turnsaal eingebaut, 2007 erfolgte die Umbenennung der Anstalt in „Klinikum Malcherhof". 2010 bis 2013 wurde das bestehende Gebäude adaptiert und durch Zubauten vergrößert.

0116 Helenenstraße 19–21, Thermalstrandbad, 1926, P: Alois Bohn, BH: Stadtgemeinde Baden | Sanierung, 1995, P: Kurt Bartak, Felix Stika •

Als das Thermalstrandbad 1926 eröffnet wurde, besaß es nicht nur den ersten Sandstrand Österreichs, sondern auch das größte Schwimmbecken des Kontinents. Nachdem im Jahr 1924 die Marienquelle, die größte und wärmste Quelle in Baden, gefasst worden war, beschloss die Stadtgemeinde, mithilfe des warmen Quellwassers ein Freibad mit Warmwasserbecken zu errichten. Die großzügig bemessene Anlage sollte ein riesiges Freiluftbad mit weiten Sandflächen, Umkleidekabinen, ein Kaffee-Restaurant, einen Friseur, eine Milchtrinkhalle und eine große Parkanlage erhalten und 15.000 bis 20.000 Besucher*innen pro Tag Platz bieten. 1925 wurde ein geladener Wettbewerb ausgeschrieben, den Alois Bohn gewann, der in Baden als erfolgreicher Architekt bekannt war. Das 160 Meter lange repräsentative Gebäude mit 59 Fensterachsen folgt dem leicht gekrümmten Verlauf der Helenenstraße und ist in einen Mittelbau mit angeschlossenen Seitenflügeln gegliedert. Das mächtige Eingangsportal im Art-déco-Stil dominiert die Fassade und signalisiert in seiner Monumentalität die Bedeutung des außergewöhnlichen Projekts. Die sparsam gesetzten Dekorelemente sowie die Glasmalereien der repräsentativen Eingangshalle wurden nach Entwürfen von Bohn ausgeführt. Die zwei 100 Meter langen Becken mit einer Gesamtfläche von 3.700 Quadratmetern und einem 10 Meter hohen Sprungturm waren eine Sensation. Die größte Attraktion aber war der rund 4.600 Quadratmeter große Sandstrand. Das Gerücht, dass der Sand von der Adria herbeigeschafft wurde, kam vermutlich nicht zuletzt wegen der nostalgischen Gedankenverbindung mit den Stränden Italiens auf, den immerwährenden Sehnsuchtsorten der Österreicher*innen. Tatsächlich stammten die rund 300 Waggons Sand aber aus einer Donaubucht bei Melk. Die gesamte Anlage wurde in einer unglaublich kurzen Bauzeit von nur 80 Tagen hergestellt. Der große Erfolg des Bades veranlasste die Stadt, 1930 den anschließenden Weilburgpark zu pachten und den Badegästen als weiteren Erholungsraum zur Verfügung zu stellen. Eine – allerdings nicht allseits geschätzte – weitere Attraktion des Thermalstrandbades war, dass die in der „Mineralschwimmschule" (der heutigen Römertherme → 0123) noch geltende Geschlechtertrennung aufgehoben wurde. Ab dem Jahr 1938 wurde der jüdischen Bevölkerung und in der Zeit sowjetischer Besatzung den Österreicher*innen der Besuch des Thermalstrandbades verboten, ab Juni 1947 war es wieder für die breite Öffentlichkeit zugänglich. Anlässlich des 50-jährigen Jubiläums des Bades wurden umfangreiche Adaptierungsarbeiten durchgeführt und die technischen Anlagen auf modernsten Stand gebracht. War nach 1926 von manchen Besucher*innen noch kritisiert worden, dass das Wasser „infernalisch stinkt", so war nun der altvertraute Schwefelduft kaum mehr zu verspüren. Aufgrund der aktuellen Hygienevorschriften muss das Wasser sehr stark gefiltert werden, und dabei bleiben gerade die Teilchen hängen, die für das charakteristische Aroma sorgen. 1995 wurde die Badeanlage von den Architekten Bartak und Stika mit diversen Attraktionen zum „Erlebnisbad" umgestaltet. Ungeachtet sämtlicher Sanierungs- und Adaptierungsarbeiten blieb das bestehende Gebäude weitgehend im Originalzustand erhalten.

0117 Kaiser Franz-Ring 1, Casino Restaurant Baden, ehem. Trinkhalle, 1928, P: Josef Fischer, BH: Stadtgemeinde Baden, AF: Hans Rappold | Adaptierung, 1937, P: Hans Pfann, Richard Weisse, Josef Hoffmann, Oswald Haerdtl | Adaptierung, 1968, P: Kurt Bartak | Umbau Innenausstattung, 1992–1995, P: Roland Nemetz, Peretti & Peretti (Liselotte Peretti, Friedrich Peretti) •

Die zunehmende Anzahl an Kurgästen veranlasste die Stadtgemeinde, eine Trinkhalle zu errichten. Eine 1885 gleichzeitig mit dem Kurhaus (→ 0118) errichtete hölzerne Wandelhalle mit einem Trinkbrunnenhäuschen wurde abgerissen und von Josef Fischer 1928 durch eine repräsentative Trinkhalle ersetzt. Der große überkuppelte Raum mit dem

Trinkbrunnen erhielt an zwei Seiten breite Hallen mit hohen verglasten Rundbogentüren. Da der Neubau nicht nur Heilzwecken, sondern auch gesellschaftlichen Veranstaltungen dienen sollte, plante Fischer am Eckpunkt der Wandelhallen einen mächtigen, runden Pavillon, der bei Musikveranstaltungen als Orchesterpodium diente.

Hohe schmale Glastüren konnten geöffnet werden, um von der davor liegenden Terrasse die Teilnahme an den Konzerten zu ermöglichen. Der im Art-déco-Stil ausgeführte Bau erhielt eine exklusive und elegante Innenausstattung, in der Mitte der Trinkhalle befand sich aus grünem Marmor hergestellte Trinkbrunnen, der von der Marien-, Römer- und Leopoldsquelle gespeist wurde. Im „Inhalatorium" stand ein hoher, vierstufiger Kaskadenbrunnen, auf dem das herabfallende Wasser zerstäubte. Im Jahr 1934 wurde der Kurbetrieb eingestellt und stattdessen das erste Casino Österreichs im Ganzjahresbetrieb eröffnet. Nach der Verlegung des Casinos in das Hauptgebäude wurden die Räume der ehemaligen Trinkhalle für den Betrieb eines Restaurants adaptiert.

0118 Kaiser Franz-Ring 1, <u>Congress Center Baden, ehem. Kurhaus, 1885–1886</u>, P: Maximilian Katscher, Eugen Fassbender, BH: Stadtgemeinde Baden, K: Hans Zatzka (Deckengemälde) | Adaptierung, 1937, P: Hans Pfann, Richard Weisse, Josef Hoffmann, Oswald Haerdtl | Adaptierung, 1968, P: Kurt Bartak | Umbau Innenausstattung, 1992–1995, P: Roland Nemetz, Franz Fehringer, AB: Peretti & Peretti (Liselotte Peretti, Friedrich Peretti) •

Gegen Ende des 19. Jahrhunderts beschloss die Stadt Baden, ein repräsentatives, modernes Kurhaus zu errichten. Den 1883 ausgeschriebenen Wettbewerb gewannen die Architekten Katscher und Fassbender. Sie entwarfen ein Gebäude, das, wie es damals in der *Wiener Bauindustrie-Zeitung* hieß, „unbeschadet der monumentalen Wirkung eine malerische Silhouette entwickelte und […] nach Motiven der Früh-Renaissance ein anmuthiges und zugleich würdiges Aeusseres zeigt". An der Repräsentationsseite am Kaiser Franz-Ring führt eine zweiarmige Rampe zum Kurhauseingang, der durch ein Portikusmotiv die Bedeutung des Gebäudes signalisiert. Die seitliche Fassade öffnete sich als „Curseite" mit einem Wandelgang in einer offenen Kolonnade und einer davor liegenden großen Terrasse zum Kurpark hin. In einem Eckpavillon wurden den Kurgästen verschiedene Mineralwässer angeboten. Um das Gebäude vor der Zerstörung durch die Dämpfe zu schützen, wurde das Badener Schwefelwasser hingegen in einem eigenen, abseits des Kurhauses situierten hölzernen Trinkstubengebäude gereicht, zu dem man über eine weitere, im rechten Winkel angefügte Wandelbahn gelangte. Der wichtigste Raum im Gebäudeinneren war der große, hohe Festsaal, der vor allem für diverse Musikveranstaltungen genutzt wurde. Auf einer umlaufenden Galerie befand sich an einer Schmalseite der Platz für das Orchester. Neben einem Café- und Restaurationssaal gab es eine Reihe von weiteren Räumen, die einen exklusiven und bequemen Kuraufenthalt garantierten, so etwa ein Musik-, ein Konversations-, ein Lese- oder ein Rauch- und Spielzimmer. Der Betrieb florierte und machte schon 1928 den Zubau einer Trinkhalle nötig (→ 0117). Im Jahr 1934 wurde der Kurbetrieb eingestellt und in den Räumen das erste Casino Österreichs im Ganzjahresbetrieb provisorisch eröffnet. Mit der strikten Auflage, dass die Außenerscheinung der historischen Gebäude weitestgehend erhalten bleiben müsse, wurde 1937 ein Wettbewerb für eine umfassende Restaurierung und Erneuerung des Kurhauses und der Trinkhalle ausgeschrieben. Zwei Architektenpaare gingen als Sieger hervor: Hans Pfann und Richard Weisse, die vor allem für Zu- und Umbauten sowie den Großteil der Innengestaltung und -ausstattung verantwortlich waren, sowie Josef Hoffmann und Oswald Haerdtl, die den „Cercle privé" modern gestalteten. 1945 okkupierte die sowjetische Besatzungsmacht das Haus als Verwaltungszentrum und Offiziersmesse. 1955 wurde es wieder der Stadt Baden überlassen und der Casinobetrieb erneut aufgenommen. 1968 erhielt der Architekt Kurt Bartak den Auftrag, das Kurhaus zu einem Kongresszentrum mit Casinobetrieb umzugestalten und die Casinoräume in der ehemaligen Trinkhalle zu adaptieren. Ab den 1970er-Jahren wurden noch mehrere kleinere Um- und Adaptierungsarbeiten durchgeführt. In den Jahren 1992 bis 1995 erfolgten durch die Architekten Roland Nemetz, Franz Fehringer (bis 1993) und Peretti & Peretti weitere Zu- und Umbauten, um die Gebäude „zu einer gestalterischen Einheit zu verbinden" (Roland Nemetz). Vor allem aber wurden die Innenräume einer umfassenden Neugestaltung unterzogen. Durch das Einziehen einer Zwischendecke im großen Saal wurde zusätzlicher Raum gewonnen und das unter einer Gipsdecke verborgene Deckengemälde der „Hygieia" von Hans Zatzka freigelegt. Das Casino wurde in dem wesentlich vergrößerten Saal des ehemaligen Kurhauses eingerichtet und die frühere Trinkhalle zu einem Restaurant umgestaltet. Die Außenansichten der historischen Bauten blieben weitgehend erhalten und bei der Innengestaltung wurden die wenigen noch vorhandenen Details sorgsam restauriert bzw. wiederhergestellt. Im März 1995 wurde das Congress Center Baden als größtes Casino Europas in Kombination mit einem Kongress- und Veranstaltungszentrum neu eröffnet. 2007 wurden der Spielsaal und die Restaurantbereiche einem modernen Relaunch unterzogen.

▶ *Plan: Zustand um 1995*

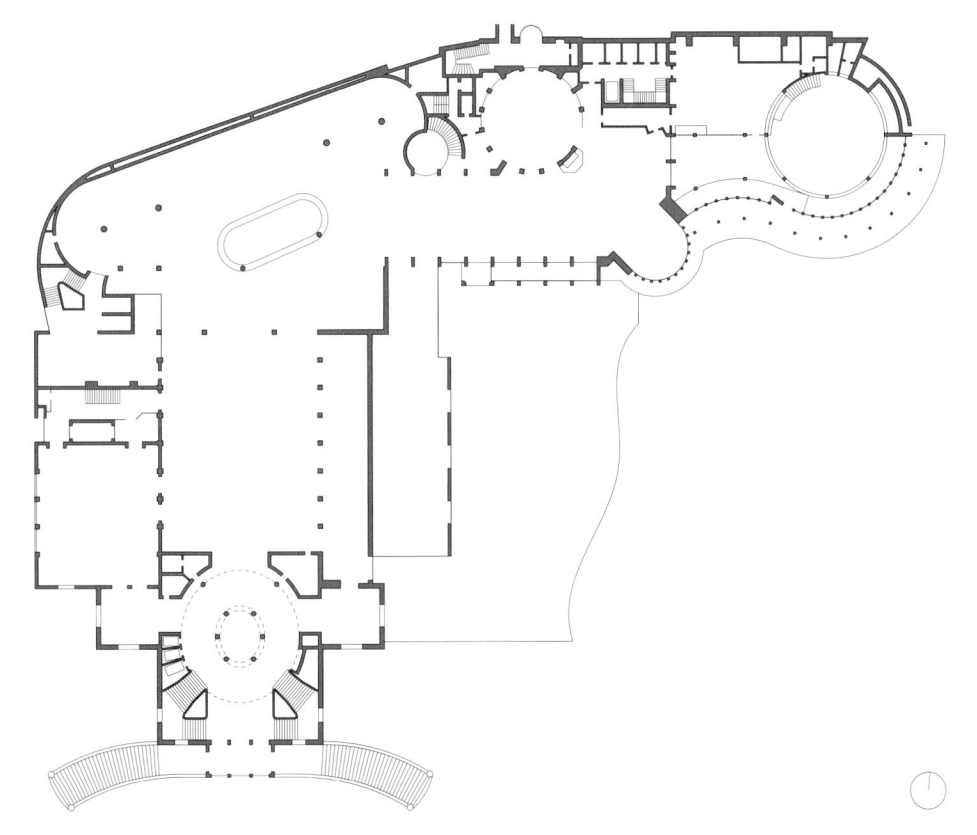

(Architekten- und Baumeister-Zeitung) errichtete, repräsentative Gebäude bestand aus einem Badetrakt sowie einem angeschlossenen Hotel für Kurgäste. Es erhielt eine vornehme Innengestaltung und die Ausstattung des Badetrakts erfolgte nach modernsten medizinischen Standards. Neben einem Dampf- und Wannenbad gab es eine Brausebadanlage, Räume für Kaltwasserbehandlungen und diverse Hydrotherapieverfahren sowie einen Raum mit „mechano-therapeutischen Bewegungsmaschinen". 1945 bis 1955 war das Haus von der sowjetischen Besatzungsmacht okkupiert, anschließend wurde es von der Stadtgemeinde Baden mit sozialversicherten Patient*innen belegt. Im Jahr 1967 wurde das Gebäude von Walter und Roman Nemetz gekauft und vom Architekturbüro Walter Nemetz zu einem Hotel umgebaut. Eine neue vorgeblendete Fassade ermöglichte die Ausstattung der Zimmer mit Balkonen bzw. Loggien. 1969 wurde es unter der Bezeichnung „Parkhotel" eröffnet. Ab 2012 wurde das nach wie vor im Familienbesitz befindliche Gebäude vom Büro planB architektur neuerlich adaptiert und ein Teil der Fassade begrünt. 2014 erfolgte die Eröffnung mit dem neuen Namen „At the Park Hotel".

0119 Kaiser Franz-Ring 5, Hotel, ehem. Städtische Bade- und Heilanstalt, 1902–1903, AB: Atelier für Architektur Krauß und Tölk (Franz Krauß, Josef Tölk), BH: Stadtgemeinde Baden, AF: Adolf Foller | Umbau, 1968–1969, P: Walter Nemetz, BH: Walter Nemetz, Roman Nemetz | Renovierung, 2012–2014, AB: planB architektur (Roland Nemetz, Elisabeth Hobik, Markus Maier), BH: Familie Nemetz ●

Das 1886 eröffnete Kurhaus (→ 0118) bot die Möglichkeit für verschiedene Trinkkuren, erlangte jedoch vor allem als Zentrum des elitären gesellschaftlichen Lebens herausragende Bedeutung. Um „eine Achse zwischen den zwei Mehrzweckfunktionen des Kurortes – der gesellschaftlichen und der gesundheitlichen – im Kurpark herzustellen" *(Wiener Bauindustrie-Zeitung)*, beschloss die Stadtgemeinde im Jahr 1902, eine Bade- und Heilanstalt zu errichten. Das vis-à-vis vom Kurhaus gelegene, von August Sicard von Sicardsburg und Eduard van der Nüll 1850 bis 1853 errichtete Dampf- und Wannenbad wurde abgerissen und 1902 ein Wettbewerb ausgeschrieben, den die Architekten Krauß und Tölk gewannen. Das große, im „modernisierten Barockstil"

0120 Rollettgasse 6, Thermen & Sporthotel, ehem. Dr. Gustav Lantin's Curanstalt Gutenbrunn, 1898–1899, P: Karl Haybäck, BH: Gustav Lantin | Erweiterung, 1907, P: Karl Haybäck | Adaptierung, 1973, P: Walter Nemetz | Adaptierungen, 1995 ●

Im Jahr 1897 erwarb Dr. Gustav Lantin das desolate Schloss Gutenbrunn sowie das umgebende Areal und ließ von Karl Haybäck eine Kuranstalt errichten. Der Architekt adaptierte einen Teil des Schlosses und plante zusätzlich einen Neubau, dem er mit einer starken Gliederung des Baukörpers sowie mit Erkern, Türmchen und Fachwerkromantik das malerische Aussehen verlieh, das damals bei großen Hotel- oder Kurbauten erwartet wurde. Die stark zunehmende Frequenz der Gäste erforderte bereits 1907 Erweiterungen, die ebenfalls von Haybäck durchgeführt wurden. Als Attraktion galt der über drei Geschoße gehende, über 100 Quadratmeter große Veranstaltungssaal, der „im englischen Charakter" (Zeitschrift Der Bautechniker) ausgeführt wurde. Im Zweiten Weltkrieg wurde das Kurhaus als Lazarett verwendet, 1945 von der Roten Armee okkupiert und schwer beschädigt. Im Jahr 1969 kaufte der Architekt Walter Nemetz die Kuranstalt und baute sie zu einem Hotel um, 1995 wurden neuerliche Adaptierungen durchgeführt: Die Fassaden wurden stark vereinfacht, in den Innenräumen hat sich teilweise der barockisierend-secessionistische Dekor erhalten.

0121　Valeriestraße 12, <u>WH, ehem. Kaiserin Elisabeth-Curhaus für k. k. Staatsbeamte, 1899–1900</u>, P: Joseph Urban, BH: Gesellschaft vom Goldenen Kreuz | Umbau, 1995 ●

Joseph Urban verlieh dem Kurhaus mit individuell interpretiertem secessionistischem Dekor ein elegantes Erscheinungsbild. Eine im Garten geplante Elisabeth-Kapelle wurde nicht realisiert. 1995 wurde das Gebäude mit stark vereinfachter Fassade und neuen Fenstern als Wohnhaus adaptiert.

0122　Ziehrerweg 1, <u>Pension, ehem. Erholungsheim Carl-Michael-Ziehrer-Haus, 1912</u>, P/AF: Karl Fasching, BH: Deutsch-Österreichischer Musikverein ●

Das Carl-Michael-Ziehrer-Haus wurde 1912 unter dem Protektorat Erzherzog Rainers für erholungsbedürftige Mitglieder des Deutsch-Österreichischen Musikvereins erbaut. Noch tief im Historismus verwurzelt, fügt sich das Haus unauffällig in die Architekturlandschaft Badens ein. Heute wird es als Pension geführt, Kunstschaffende erhalten nach wie vor vergünstigte Konditionen.

Freizeit

0123　Brusattiplatz 4, <u>Römertherme, 1997–1999</u>, P: Roland Nemetz, Wolfgang Junger, Rupert Weber, BH: Stadtgemeinde Baden

Die sogenannte Mineralschwimmschule, in den Jahren 1847 und 1848 nach Plänen von August Sicard von Sicardsburg und Eduard van der Nüll als Vergnügungs- und Heilbad errichtet, wurde Ende des 20. Jahrhunderts in ein Hallenbad umgebaut. Das ursprüngliche Freibad umfasste ein großes, für Damen und Herren zweigeteiltes Becken, welches an drei Seiten fast ehrenhofartig von Gebäudetrakten umfasst war. Der erhaltene historische Baubestand wurde mit neuen Nutzungen versehen und in den Umbau integriert, der Innenhof geschlossen und das nun im Innenraum liegende Becken mit einer riesigen Stahl-Glas-Hängekonstruktion überdacht. Diese galt als das größte freitragende Glasdach Europas und stellt, so die Architekten, eine Reminiszenz an die früher zur Beschattung über das Freibecken gespannten Tücher dar. Anstelle des ehemaligen Haupteingangs im Nordwesten, der als Giebelrisalit über aufwendigem Holzvordach ausgeführt und von hölzernen Lauben flankiert ist, wird das Bad nun über drei Rundbogenportale an der südwestlichen Schmalseite des Gebäudes betreten. Ein neuer, großzügig verglaster Wellness- und Fitnesstrakt wurde dem Bau seitlich des aktuellen Vorplatzes angeschlossen und dem Hallenbad ein Freibereich inklusive kleiner Freibecken südwestlich vorgelagert.

0124　Wiener Straße 84, <u>Trabrennbahn, 1893</u> | Sanierung, 2015, AF: Erlinger Holzbau

Die Gebäude der vollständig erhaltenen historischen Trabrennbahn wurden in Holzbauweise errichtet und stehen heute größtenteils unter Denkmalschutz. Das erste Rennen auf der einen Kilometer langen, ovalen Sandbahn fand 1893 mit sensationellen 15.000 Zuschauer*innen statt. Bald nach der Eröffnung wurde die Anlage um eine Tribüne erweitert und das Stallgebäude ausgebaut.

Sonderbauten

0125　48°00'43.6"N 16°14'04.2"E, im Kurpark, <u>Beethoven-Tempel, 1927</u>, P: Wilhelm Eduard Luksch, K: Hans Lukesch (Deckengemälde), Hans Vock (Beethoven-Maske) | Sanierung, 2019 ●

Der Beethoven-Tempel wurde anlässlich des 100. Todesjahrs von Ludwig van Beethoven 1927 im oberen Teil des 52 Hektar großen Kurparks errichtet. Als eines von vielen Kleindenkmälern im Park thront die kupfergedeckte Rotunde mit ihrer imposanten zweiläufigen Freitreppe über der Gartenanlage und gibt durch acht Säulen einen Ausblick über Baden frei. Das Deckengemälde der Flachkuppel stammt vom Maler Hans Lukesch. An der gemauerten Rückwand des Tempels ist eine Beethoven-Maske von Hans Vock angebracht.

Wohnbauten

0126　Erzherzog Rainer-Ring 3, <u>Wohn- und Geschäftshaus, 1909</u>, P: Josef Schmidt ●

Der fünfgeschoßige Baukörper unter einem hohen Mansardwalmdach ist über der hohen Sockelzone symmetrisch angelegt. Die drei zentralen Fensterachsen flankierend, liegen jeweils zweiachsige und zweigeschoßige Erker, die mit Wappen im gesprengten Giebelfeld besetzt und nach oben mittels Balkonbrüstungen abgeschlossen sind. Der Bereich über dem Sockel ist bandrustiziert, die darüberliegenden Geschoße sind mit Raupputz versehen. Das Fassadenbild ist außerdem geprägt durch späthistorische Detailformen und wird durch ein weit auskragendes Kranzgesims akzentuiert.

0127 Flamminggasse 37–55, Villensiedlung, 1902–1911, BH: Julius Ferenczfy, AF: Eugen Dunz, Josef Eichholzer, August Ramberger, J. Schmidt, Robert Schmidt ●

Von verschiedenen Baumeistern, unter ihnen August Ramberger und der Badener Stadtbaumeister Josef Schmidt, für den Tonwarenfabrikant Julius Ferenczfy errichtet, erstreckt sich das vielgestaltige Ensemble aus Einzel- und Doppelhäusern entlang der westlichen Straßenseite. Von der Straße durch begrünte Freiflächen abgesetzt, verfügen die einzelnen Häuser in südwestlicher Richtung über rückwärtige Gärten. Die Siedlung besteht aus zweigeschoßigen, teilweise gekuppelten Baukörpern mit markant geschwungenen, abgetreppten oder halbrunden Giebeln und asymmetrisch platzierten Balkonen, Eingängen oder Veranden. Charakteristisch ist zudem der Fassadenschmuck aus glasierter Keramik. Baumassengliederung und Dekor bestehen aus einer facettenreichen, für jedes Haus individuell abgestimmten Verschränkung aus Gestaltungsprinzipien des Historismus und des Jugendstils und sind partiell gepaart mit Heimatstil-Formen (→ 0130, → 0162, → 0141). Die abweichend gestalteten Villen in der Martin Mayer-Gasse 4 und 6 gehören ebenfalls zur von Ferenczfy als Immobilienspekulationsprojekt errichteten Siedlung, die früher zum überwiegenden Teil von Sommerfrischler*innen bewohnt war.

0128 Friedrichstraße 1, Habsburgerstraße 19–21, Weilburgstraße 65–67, WHA, um 1965

0129 Kaiser Franz Joseph-Ring 19, WH, 1896, P: Anton Breyer

Nördlich der Schwechat liegt der zweigeschoßige Baukörper mit asymmetrischer Fassade. Zu den Merkmalen zählt das bandrustizierte Seitenrisalit mit korbbogenförmigen Balkontüren, wobei die Öffnung im Obergeschoß von Halbsäulen mit Volutenkapitellen flankiert und mit einem geschwungenen Attikagiebel bekrönt wird. Charakteristisch sind zudem das polychrome, reich dekorierte Feld zwischen den Fensterachsen sowie die segmentbogenförmigen Verdachungen der Fenster im Obergeschoß und über dem Zugang, der durch ein Oculus im Giebelfeld hervorgehoben und ebenfalls von Halbsäulen gerahmt wird.

0130 Martin Mayer-Gasse 4–6, WH, P: Julius Ferenczfy

Die großzügig angelegte Doppelvilla wird von turmartig überhöhten Seitenrisaliten gerahmt und verfügt über ein abgewalmtes, durch Gauben gegliedertes, Satteldach. Die späthistorische, bisweilen pittoresk anmutende Fassadengestaltung erhält ihre Charakteristik durch Details, die von Heimatstil- und Jugendstil-Formen beeinflusst sind und die zum Teil aus glasierter Keramik hergestellt wurden (→ 0127, → 0162, → 0141).

0131 Palffygasse 28, WH, ehem. Amtshaus, 1914, P: Johann Rothmüller

Das ehemalige Amtshaus, ein traufständiger, viergeschoßiger Bau unter einem Mansardwalmdach, wird akzentuiert durch ein zentrales Giebelfeld und einen darüberliegenden polygonalen Dachreiter. Das symmetrisch organisierte Zentrum der Fassade wird seitlich gerahmt von aus der Baufluch leicht zurückversetzten Flanken. In der linken liegen Balkone, daneben schließt eine Rundung unter einer polygonalen turmartigen Überhöhung mit Glockendach den Baukörper seitlich ab;

der rechte Abschluss erfolgt in Form eines Volutengiebels. Auffallend sind die großen Segmentbogenfenster im hohen Sockelbereich, die in den beiden äußersten Achsen in Rundbogenportale übergehen, welche von schmalen Blechverdachungen hervorgehoben werden. Die historische Fassadengliederung mit weit auskragendem Kranzgesims weist vereinzelt neobarocke Details und Jugendstil-Formen auf. 1978 wurde seitens der Stadtgemeinde Baden der Ankauf des ehemaligen Amtshauses beschlossen. Das heutige Wohnhaus diente zuvor unterschiedlichen Nutzungen, wie etwa dem Ortsverband Gewerkschaftskommission Deutsch-Österreichs (1923), dem Arbeitsamt Wiener Neustadt (1945), dem Arbeitsamt Baden (1960), einem Zahnambulatorium (1970), einer Berufsberatung (1978), dem Arbeitsmarktservice Baden (1996), der Beratung und Betreuung von Ausländer*innen (2007) sowie einem Pfadfinder*innen-Clubheim (2008).

0132 Pergerstraße 11a, WH, 1911,
       P: K. M. Grünanger, Armin Müller

Der nahe der Schwechat gelegene, markante Baukörper mit abgeschrägter Ecke und charakteristischem Attikageschoß, das sich durch eine schmale Verdachung absetzt, überragt mit seinen fünf Geschoßen die benachbarte Bebauung. Von den drei einachsigen Erkern sind die beiden entlang der Pergerstraße durch arkadenartige Loggien miteinander verklammert und über Eckloggien mit jenem in der Johannesgasse verbunden.

0133 Pfarrplatz 4, WH, um 1910

Unweit des Stadttheaters Baden liegt der fünfgeschoßige, durch Polygonalerker und einen Runderker akzentuierte Eckbaukörper unter einem Satteldach mit Fledermausgauben. Charakteristisch ist zudem das weit auskragende Kranzgesims mit kassettierter Untersicht. Das Erdgeschoß und erste Obergeschoß bilden einen durch in glattem Putz eingetiefte Fenster- und Türöffnungen zusammengefassten Sockel, die darüberliegende Fassade ist durch ein rhythmisiert gerastertes Erscheinungsbild gekennzeichnet.

0134 Pfarrplatz 5, WH, um 1910

Am östlichen Rand des Pfarrplatzes liegt der symmetrisch organisierte, fünfgeschoßige Baukörper. Zu seinen besonderen Merkmalen zählen der dreigeschoßige, mittelrisalitartige Erker, das durch Verkröpfungen akzentuierte Kranzgesims und der reiche ornamentale Putzdekor über der durch Bandrustizierung zusammengefassten Sockelzone.

0135 Prinz Solms-Straße 20, WH, um 1900 ●

Der kompakte, villenartig anmutende, dreigeschoßige Baukörper mit Mansardwalmdach wurde mit einem späthistoristischen Gliederungs- und Dekorapparat gestaltet. In der Richtung Osten zum Garten hin orientierten, dreiachsigen, symmetrisch organisierten Hauptfassade liegt ein mittelrisalitartig vorgelagerter Bodenerker unter einer schmalen Verdachung.

0136 Schimmergasse 17, WH Nicoladoni-Hof,
       1912, P: Franz Illichmann

Der auch als „Nikoladonivilla" bekannte, viergeschoßige, symmetrisch angelegte Baukörper auf hohem Souterrain-Sockel unter einem Mansardwalmdach war nach 1945 die österreichische Zentrale des sowjetischen Geheimdienstes und wird heute als Wohnhaus genutzt. Die Fassade folgt in ihrer Gliederung einer späthistoristischen Systematik mit formalen Akzenten in Heimatstil-Formen. Der zentrale, zweiachsige Giebelrisalit nimmt zwei Loggien auf und wird beidseitig von jeweils drei Dachhäuschen flankiert. Die Hauptfassade wird zudem durch die polygonalen, turmartig überhöhten Ecken charakterisiert. Der hohe zentrale Zugang ist von Halbsäulen und seitlichen Mauervorlagen gerahmt, die sich in den Obergeschoßen zu kompositen Kolossalpilastern entwickeln. Die Seitenflügel sind mit Balkonen im ersten und zweiten Obergeschoß bestückt.

0137 Theaterplatz 9, WH „Batzenhäusel", 1909, AB: Atelier Fellner & Helmer (Ferdinand Fellner II., Hermann Helmer)

Das Gebäude wurde als nördlicher Abschluss des Theaterplatzes von Fellner & Helmer, den Architekten des Stadttheaters (→ 0110), errichtet. Der mehrteilige, drei- bzw. viergeschoßige Baukörper mit Mittelrisalit ist zum Pfarrplatz hin symmetrisch organisiert. Die an den Risalit anschließenden Bauten folgen der unregelmäßigen Kontur des Grundstückes und bilden Richtung Theaterplatz nicht zuletzt durch den Verbindungsbau zum Theater – in ihm liegt eine korbbogenförmige Durchfahrt – und den polygonalen Eckturm unter einem Glockendach eine städtebaulich vielgestaltige Vorplatz-, Durchgangs- und Hofsituation. Der zur Kirche St. Stephan orientierte Mittelrisalit wird im Erdgeschoß durch Rundbogenfenster und ein mittiges Rundbogenportal gegliedert, die Fenster im ersten Obergeschoß sind mit Dreiecksgiebeln, die darüberliegenden mit Segmentbögen bekrönt, und ein mittiges Giebelfeld in der Dachzone schmückt den zentralen Baukörper zusätzlich. Die Flügelbauten werden jeweils durch die betonte Mittelachse akzentuiert, sie besteht aus einem Rundbogenportal, einem darüberliegenden Fenster mit Dreiecksgiebel und einem Segmentgiebel in der Traufzone. Verklammert werden die Trakte durch die durchgehende Bandrustika und umlaufende Gesimse, wobei Kranz- und Giebelgesims durch Zahnschnitt im Bereich des Mittelrisalits die Bedeutung dieses Gebäudeteils unterstreichen.

Einfamilienhäuser

0138 Andreas Hofer-Zeile 16, Villa, 1910, P/BH: Franz Fasching ●

Maurermeister Franz Fasching errichtete für sich selbst eine Villa im Schweizerhausstil mit Steinsockel, weit auskragendem Balkon und dekorativen hölzernen Elementen. In den Jahren 1911 bis 1914 erhielt er die Aufträge, die angrenzenden Villen Nr. 17, 18 und 19 ebenfalls zu erbauen.

0139 Bergsteiggasse 3, EFH, 1989–1990, AB: Atelier 6B (Tomm Fichtner, Roland Köb, Christian Mascha, Christian Seethaler, Gerhard Zwirchmayr) ●

0140 Fabriksgasse 5, WB, ehem. Villa Anavi, um 1900, BH: David Anavi

Auf dem benachbarten Grundstück der Villa für die jüdische Gesellschafterfamilie Anavi lagen deren Emaillierwerke. Die Besitzer*innen wurden unter den Nationalsozialisten wegen angeblicher Zahlungsunfähigkeit zwangsenteignet, 1942 diente die Villa als Räumlichkeit für die Hitlerjugend. Mittlerweile sind in dem gut erhaltenen Gebäude Sozialwohnungen untergebracht.

0141 Gymnasiumstraße 17, Villa, 1912, P: Franz Xaver Schmidt, BH: Julius Ferenczfy

In der Mittelachse der giebelständigen Fassade liegt ein erkerartiger Balkon, Ornamentstreifen fassen die seitlichen Fenster der beiden Geschoße zusammen, dazwischen liegen rechteckige Ornamentfelder (→ 0127, → 0130, → 0162).

0142 Helenenstraße 29, EFH, 1911, P: Armin Müller ●

0143 Hochstraße 2d, Landhaus, 1912, P: Karl Jagersberger ●

Das gut erhaltene kleine Landhaus zeigt die verspielt versetzten Erker und Balkonlösungen, die für den großteils im Wohn- und Miethausbau erfolgreichen Architekten Jagersberger typisch waren, sowie ein hochgezogenes Krüppelwalmdach.

0144 Hochstraße 7c, Villa, 1981, P: Helmuth Zellhofer ●

0145 Johann Strauss-Gasse 8, EFH, 1974–1975, P: Stefan Bukovac ●

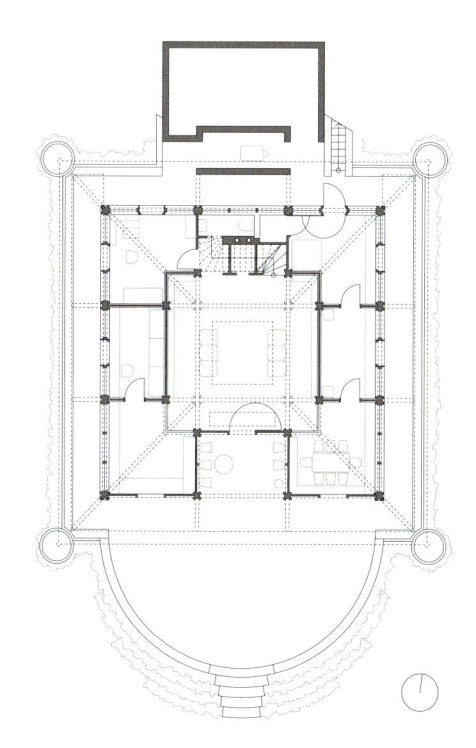

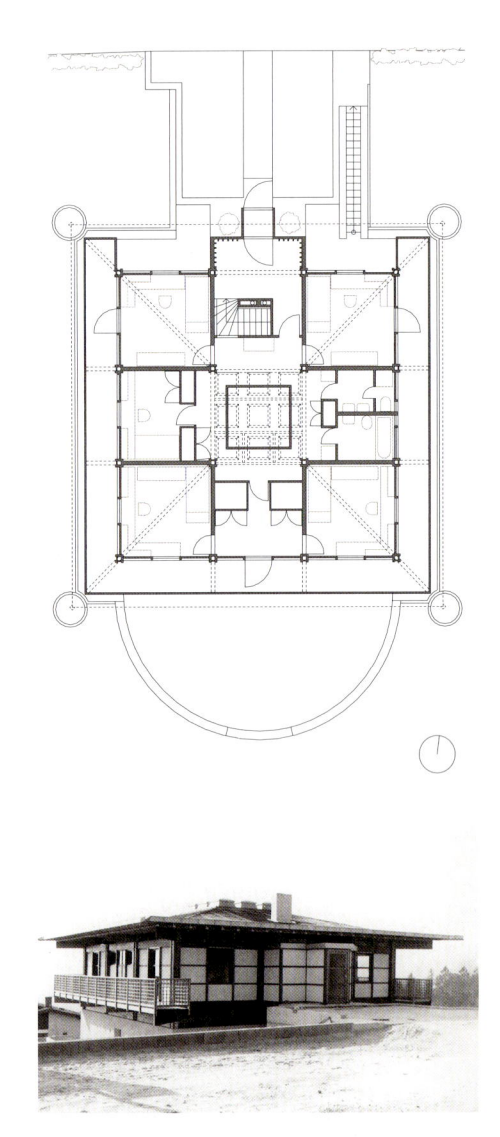

richtet wurde. Im Zentrum des quadratischen Grundrisses befindet sich der durch Lichtkuppeln belichtete hohe Wohnraum, um welchen sich im Erdgeschoß ein Speise- und ein Fernsehzimmer, eine gedeckte Veranda und Nebenräume gruppieren. Im Obergeschoß führt eine Galerie zu den Schlafzimmern und Nassräumen. Die Raumzusammenhänge sind aufgrund bewusst gesetzter Blickverbindungen und der sichtbaren Primärkonstruktion aus Holzleimbindern klar ablesbar. Die Wand- und Fensterelemente unterliegen einer konsequenten Dreiteilung. Diese strengen Gestaltungsprinzipien und die großflächige Verwendung von Holzelementen erwecken Assoziationen zur japanischen Architektur, weshalb das Gebäude den Spitznamen „Teehaus" erhielt.

▶ *Darstellungen: Grundriss Erdgeschoß (vorherige Seite), Grundriss und Foto Obergeschoß (diese Seite)*

0146 Josef Klieber-Straße 36, Villa, 1972–1974, P/BH: Wolfgang Mistelbauer ●

Bei der Gestaltung des Flachdaches des gegen die Straßenseite ebenerdigen und in der Hanglage zweigeschoßig werdenden Stahlskelettbaus mit Klinkerverkleidung waren besondere Familienmitglieder des Architekten ausschlaggebend: die Hunde. Ihnen sollte die an allen Seiten vorspringende Traufe ein trockenes Umrunden der Villa an Regentagen ermöglichen.

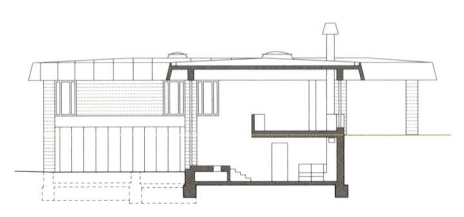

0147 Kaiser Franz-Ring 13, Villa Menotti, 1912, P: Karl Köhler, BH: Paula Manois, AF: Franz Vock (Stuckatur)

Für die russische Primaballerina und Chansonnette Paula Manois (genannt Menotti) errichtet, die in dem Haus rauschende Feste mit Mitgliedern des russischen Adels gefeiert haben soll, überstand die klassizistisch orientierte Villa die Wirren des Zweiten Weltkrieges unbeschadet und wurde nach langen Eigentümerstreitigkeiten Ende der 1980er-Jahre zu Büroeinheiten umgenutzt.

0148 Komzakgasse 7, Villa, 1908, AF: Anton Breyer

Der Bau von Anton Breyer wurde 1908 ausgeführt und zeigt an der späthistoristischen Fassade seiner zwei auf einem Sockelhalbgeschoß aufgesetzten Geschoße dezente Jugendstil-Elemente – etwa unter dem Balkon des Dachzimmers.

0149 Marchetstraße 38, Villa Zita, 1912, P: Armin Müller, BH: Maria Maschek

0150 Marienhofgasse 16, EFH, 1980–1981, P: Herbert Brunner, Wolfgang Dané, Werner Sallmann ●

Das Haus in Holzbauweise erhält sein charakteristisches Gebäudevolumen durch verschiedene Dachneigungen und -höhen. Der asymmetrisch geschnittene Grundriss ist um einen fast zentralen Kamin angelegt.

Klare Formen prägen das zweigeschoßige Wohnhaus, das auf einem Südhang über Baden er-

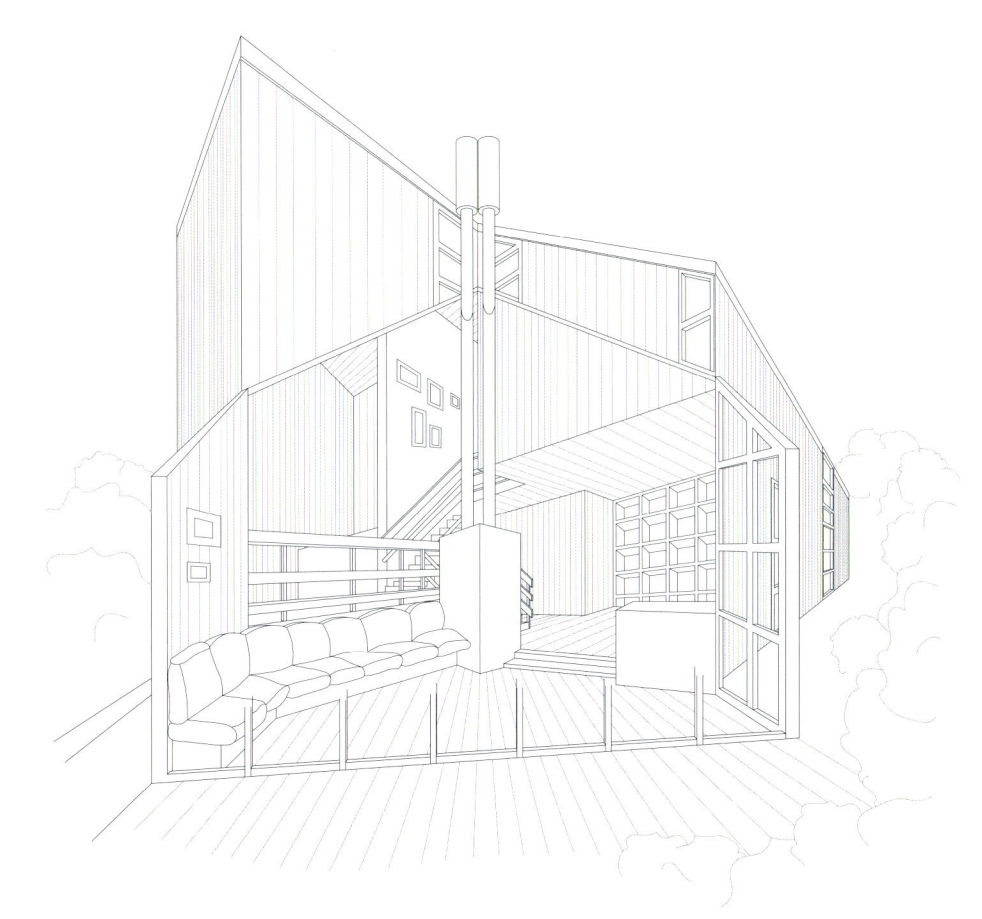

Der Maler, Fotograf und Kunstsammler Heinrich Böhler beauftragte Josef Hoffmann neben der Einrichtung seiner Wohnung in Wien auch mit der Umgestaltung seines 1880 nach Plänen von Hugo Zimmermann errichteten Hauses in Baden. Neben der Ausstattung des Wohnhauses unterzog Hoffmann den Garten einer kompletten Neugestaltung mit funktional klar getrennten Bereichen. Er entwarf sämtliche Gestaltungselemente – von der Einfriedung über überdachte Sitzgruppen bis hin zu den Blumentöpfen mit geometrischen Mustern (nicht erhalten). Der Gartenpavillon, ein kleiner kubischer Bau mit vorgesetzter Terrasse und offenem Stiegenaufgang, ist heute in Teilen erhalten.

0156   Radetzkystraße 4, Villa, 1912–1913, P: Otto Prutscher, AF: Robert Schmidt ●

Die Jugendstil-Villa mit auffälliger, vertikal gegliederter Fassade wurde vom Hoffmann-Schüler Otto Prutscher entworfen. Beachtenswert sind neben dem Gartenentwurf die ornamentalen Dekorationselemente des Gebäudeinneren, deren Entwürfe sich im MAK erhalten haben.

0157   Radetzkystraße 10, Villa Rothberger, 1902, P: Josef Schmidt | Umbau, 1912, P: Otto Prutscher, AF: Robert Schmidt ●

0151   Martin Mayer-Gasse 3, Villa Greipel-Golz, 1899, P: Hugo Zimmermann jun.

Der Architekt Hugo Zimmermann jun. war ein Schüler Otto Wagners, dessen bekannteste Werke und Formensprache in der Villa zu einem Pastiche verschmolzen werden.

0152   Mautner Markhof-Straße 25, Villa, 1910, P: Anton Breyer ●

0153   Mautner Markhof-Straße 33, Villa, 1910, P: August Ramberger ●

0154   Mozartstraße 16, Villa, 1910, AB: Atelier für Architektur Krauß und Tölk (Franz Krauß, Josef Tölk) ●

0155   Pelzgasse 11, Umgestaltung Landhaus und Errichtung Gartenpavillon, 1910, P: Josef Hoffmann, BH: Heinrich Böhler ●

Otto Prutscher war – wie viele seiner Zeitgenossen – gleichzeitig Architekt, Designer und Kunsthandwerker. Seine klassizistische Villa mit dem hölzernen Wintergarten wurde nach einer bewegten und auch von NS-Verbrechen geprägten Geschichte ab den späten 1980er-Jahren mit Originalwerkstücken aus seinem Œuvre in ein bewohntes Denkmal für den vielbegabten Künstler verwandelt. Die Einrichtung mag nicht originalgetreu sein oder dem Universalkunstwerk-Gedanken ihrer Zeit entsprechen, doch bietet sie einen Einblick in die Kunst des frühen 20. Jahrhunderts in situ.

0158 Roseggerstraße 21, EFH, 1997–2001, P: Paulus Ramstorfer, MA: Karin Eichberger

0159 Trostgasse 17, Villa Diller-Hess, 1896, P: Ludwig Baumann

0160 Trostgasse 18, Villa, 1911, P: Franz Xaver Schmidt

Die traufständige Villa über unregelmäßigem Grundriss verfügt über eine markante Gestaltung in Formen eines biedermeierlich beeinflussten Heimatstils. Gegliedert wird der asymmetrische Baukörper unter anderem durch einen runden Bodenerker, ein steiles Schopfwalmdach sowie einen Natursteinsockel. Der Eingangsbereich liegt in einer offenen Rundbogenloggia und wird durch eine darüberliegende Dachgaube akzentuiert.

Straßenseitig befindet sich ein attikaartiges walmdachgedecktes Obergeschoß mit Dachhäuschen, auf der Gartenseite ein turmartiger Seitenrisalit.

0161 Trostgasse 20, Villa, 1907, P: Anton Breyer

Die traufständige, mehrgeschoßige Villa wurde über einem unregelmäßigen Grundriss errichtet und verfügt straßenseitig über einen walmdachgedeckten, durch einen Fachwerkgiebel akzentuierten Risalit sowie einen breiten polygonalen Erker im Obergeschoß. Auch gartenseitig ist die Dachlandschaft mit partiell heruntergezogenem Walmdach, mittig liegender turmartiger Überhöhung und Dachgaube vielgestaltig. Der Bau stellt ein markantes Beispiel für die zeitgenössische Verschränkung von Heimatstil-Formen mit Elementen aus der Cottage-Bewegung dar.

0162 Trostgasse 27–29, Doppelwohnhaus, 1928, P: Henry G. Jaeger, BH: Julius Ferenczfy

Die firstständige Doppelvilla unter breit angelegtem Satteldach hinter straßenseitig zweigeteiltem Giebelfeld verfügt über Balkone im ersten Obergeschoß. Die Gestaltung zeichnet sich durch verschiedenartige Einflüsse aus dem Heimatstil, dem Historismus und dem Jugendstil aus (→ 0127, → 0130, → 0141).

0163 Weilburgstraße 22, Villa Hugo Blitz, 1928, P: Josef Frank, Oskar Wlach

Der vom Badener Strandbad aus zu bewundernde Terrassenbau wurde vom Mitentwerfer Oskar Wlach auch mehrfach in der Malerei festgehalten. Die ursprünglich aus dem 19. Jahrhundert stammende Villa wurde 1928 um einen kubischen, dreigeschoßigen Zubau im Stil der internationalen Moderne erweitert.

0164 Welzergasse 24, Villa, 1900, P: Franz Xaver Schmidt •

Hotels, Heime, Klöster, Kasernen

0165 Helenenstraße 40, WH, ehem. Hotel Esplanade, 1912–1913, P: Eduard Prandl, BH: Sofie Ruzek, Hermine Steiner | Zubau, 1973–1974, P: Alfred Pointner, Gerhard Zobel •

Zentral in Baden gegenüber der Milchtrinkhalle gelegen, wurde das Hotel für das unterhaltungsunternehmerisch bereits in Wien erfolgreiche Schwesternpaar Sofie Ruzek und Hermine Steiner in den Jahren 1912 und 1913 errichtet und von dem späthistoristischen Architekten Eduard Prandl typisch aufwendig gestaltet. Zwei symmetrische Zimmertrakte schließen an einen gerundeten, mit Kolossalsäulen versehenen Mittelteil an, während im Norden ein simpler, ebenerdiger und lange Zeit als Billardhalle genutzter Bau angefügt wurde. Hinter der Veranda im Westen wurde zwischen 1973 und 1974 ein oktogonaler Zimmerturm mit Aufenthaltsraum im Erdgeschoß zugebaut. Dieser ist mit dem Hauptgebäude durch einen Glasgang verbunden und wird wie andere Teile des ehemaligen Hotels heute als Suchtzentrum genutzt.

0166 Helenenstraße 55, Zubau Hotel Sacher, 1997, P: Ulrike Janowetz

0167 Josefsplatz 13, Finanzamt, ehem. Hotel Bristol, 1908, P: Robert Schmidt

Das schlicht gehaltene ehemalige Hotel mit auffälligen, weithin sichtbaren Lünettenfenstern im Attikageschoß verfügt über eine nachträglich veränderte Erdgeschoßzone, die als Geschäftsfläche dient.

0168 Kaiser Franz-Ring 10, Hotel Herzoghof, 1908–1909, P: Wilhelm Eduard Luksch, BH: Stadtgemeinde Baden, AF: Thomas Hofer, August Ramberger, K: Otto Barth (Glasgemälde) | Renovierungen, 1956, 1958 | Revitalisierung, 2000, P/AF: Roland Nemetz ●

In repräsentativer Lage direkt gegenüber dem Kurpark befindet sich das Hotel Herzoghof, dessen Geschichte bis ins 13. Jahrhundert zurückreicht. Der um 1700 als Bad errichtete und seit 1718 als Hotel genutzte Vorgängerbau musste dem heutigen Gebäude im Jahr 1908 weichen: Das bestehende Hotelgebäude wurde abgebrochen und die Räumlichkeiten des Anton- und des Herzogbads umgebaut. Zudem wurde das benachbarte Theresienbad, das aus mehreren Einzelbädern bestand, ebenfalls in den Komplex integriert.

Die 125 Zimmer entsprachen mit ihrer Ausstattung allen technischen Anforderungen der damaligen Zeit. Der Herzoghof war Österreichs erstes Hotel, bei dem es in jedem Zimmer ein eigenes Telefon gab und das Personal nicht mehr per Klingel, sondern über ein Lichtsignal gerufen werden konnte. In jedem Stockwerk befand sich ein Briefabwurf, durch den Briefe direkt in einen staatlichen Briefkasten eingeworfen werden konnten.

Jedes Gästezimmer verfügte über einen Kalt- und Warmwasseranschluss und jedes Stockwerk über ein eigenes Schwefel-Einzelbad, das aus der Thermalquelle gespeist wurde. Besonders zu erwähnen ist der zweigeschoßige Frühstückssaal, der hinter vier kolossalen Pfeilern der Gebäudeflucht einen Vorbau in Richtung Lichthof bildet, dessen gesamte hervorspringende Fläche als Glasgemälde von Otto Barth gestaltet wurde und das Helenental bei Baden zum Thema hat.

Nach Kriegs- und Besatzungszeit wurden in den 1950er-Jahren größere Eingriffe und Renovierungsarbeiten am Herzoghof vorgenommen. Das Anton- und das Theresienbad wurden nicht mehr für den Badebetrieb genutzt und schließlich bei weiteren Umbauarbeiten entfernt.

Nach mehreren Jahren des Leerstandes Ende des 20. Jahrhunderts wurde das Hotel im Jahr 2000 saniert, die modernen Standards angepasst und der Trakt an der Theresiengasse zu 73 Wohnungen, Büros und Ordinationen umgenutzt. Es handelte sich dabei um eines der größten vom Land Niederösterreich geförderten Althaussanierungsprojekte. Während die Hotelzimmer größere Veränderungen erfuhren, geben die imposante und doch feingliedrige Fassade mit ihren Balkonreihen in den drei Obergeschoßen sowie die Gesellschaftsräume des Hotels im Erdgeschoß noch einen Eindruck des bauzeitlichen Erscheinungsbildes um 1909.

0169 Vöslauer Straße 106, Martinek-Kaserne, 1938–1941, P: Leo Splett

Die ca. 30 Hektar große, für die NS-Wehrmacht errichtete Flak-Kaserne erinnert mit ihrem runden Eckturm, den Arkadengängen und den sichtbaren Holzträmen in den Durchgängen am Eingangsgebäude entfernt an eine weitläufige Renaissance-Schlossanlage. Die lose anschließenden, zwei- bis dreigeschoßigen Unterkunfts- und Garagengebäude sind simpler gestaltet und sollten von Beginn an ca. 2.000 Soldaten beherbergen. Da die Sprengversuche beim Rückzug der Nationalsozialisten 1945 vereitelt wurden, überstand die Kaserne die Kriegsjahre mit vergleichsweise wenig Schaden und wurde nach der sowjetischen Besatzung als Kaserne der Zweiten Republik – seit 1963 unter dem Namen „Martinek-Kaserne" – bis 2013 genutzt. Seitdem gibt es Bestrebungen, das verwildernde Areal zu verkaufen und neue Nutzungskonzepte zu entwickeln.

Gastronomie

0170 Gaminger Berg 5, Rudolfshof, 1900, P: Josef Schubauer ●

0171 Hauptplatz 19, Zubau Cafe „Central", ehem. Café „Français", 1909, BH: Ludwig Frisch | Innenausstattung, 1960 ●

Den Kern der Anlage bildet das Palais Attems aus dem Jahr 1797, das ab 1841 als Café genutzt und im Zuge dessen sukzessive umgebaut wurde. 1909 fand unter Ludwig Frisch eine der größeren Veränderungen statt, in deren Zuge auch die Veranda entstanden sein muss. Diese wurde wiederum in den 1960er-Jahren verändert.

Industrie

0172 Haidhofstraße 74, VHS und Werkstättengebäude der HTL Baden, ehem. Oetker-Fabrik, 1908 | Stilllegung, 1960

Verkehr

0173 48°00'21.0"N 16°13'55.5"E, Kaiser Franz Josef-Brücke (Löwenbrücke), 1897–1898, P: Ignaz Gridl, BH: Bezirksstraßen-Ausschuss Baden, AF: Ig. Gridl, k. u. k. Hof-Eisenconstructions-Werkstätte, Schlosserei und Brückenbau-Anstalt

0174 Conrad von Hötzendorf-Platz 1, Umbau Bahnhof, 1999–2004, AB: Henke Schreieck Architekten ZT GmbH (Dieter Henke, Marta Schreieck), BH: ÖBB

0175 Gutenbrunner Straße 2, Parkdeck Zentrum Römertherme, 1989, P: Helmuth Zellhofer

0176 Wiener Straße 45, WH, ehem. Garage der Mercedes-Villa, 1906, P: Franz-Xaver Schmidt

Berging 3394
Gemeinde: Schönbühel-Aggsbach, Bezirk: Melk

Industrie

0177 Wachaublick 6, WH, ehem. Lampenfabrik ZKW, 1947–1950, P: Baumeister Ottendorfer, BH: Karl Zizala | Umbau zum WH, um 2000 ●

1938 gründete Karl Zizala sein Unternehmen in Wien, u. a. für die Erzeugung von Autoteilen und -zubehör. Sein zweiter Standort, ein sechsgeschoßiges Gebäude, das über dem Ort thront, entstand 1947. Der Bau ist L-förmig angelegt, während die Ecke abgerundet und etwas hervorspringend – mit Balkonen versehen – ausgeführt wurde. Nach der Stilllegung in den 1980er-Jahren wurde das Gebäude um 2000 von der GEDESAG zum Wohnhaus umgebaut. Die für Industriebauten typischen Fensterbänder wurden ersetzt und zusätzliche Balkone angebaut. Davon abgesehen ist der ursprüngliche Charakter des Baus noch wahrnehmbar.

Berndorf 2560
Gemeinde: Berndorf, Bezirk: Baden

Die Entwicklung des Ortes im Triestingtal ist ab der Mitte des 19. Jahrhunderts eng mit der von Alexander Schoeller und der deutschen Unternehmerfamilie Krupp im Jahr 1843 begründeten Berndorfer Metallwarenfabrik verbunden. Zunächst eine Besteckerzeugung mit 50 Mitarbeiter*innen, wuchs die Firma unter Arthur Krupp zu einem Weltkonzern mit 6.000 Arbeiter*innen und Angestellten. Mit gleicher Rasanz entwickelten sich die ursprünglich bäuerlich geprägten Siedlungen Ober- und Unter-Berndorf, die zum Zeitpunkt der Fabrikgründung aus etwa 40 Häusern bestanden und 1882 vereinigt wurden. 1886 wurde Berndorf zur Marktgemeinde und 1900 zur Stadt erhoben, deren Bevölkerungsstand 1910 mit fast 13.000 Einwohner*innen den Höchststand erreichte.

Schon bald nach Errichtung der Fabrik wurde mit dem Bau von Arbeiter*innenwohnhäusern der durch den Zuzug von Arbeitskräften entstandenen Wohnungsnot begegnet. Mit Übergang der Metallwarenfabrik in den Alleinbesitz von Arthur Krupp (1856–1938) im Jahr 1890 stieg auch der sozial- und gesellschaftspolitische Einfluss des Unternehmens. Schon 1888 setzte Krupp den Architekten Ludwig Baumann (1853–1936) als künstlerischen Direktor der Fabrik und ab 1892 als Chefarchitekten für die Stadtplanung ein. Es entstanden die Werksiedlungen Wiedenbrunn, Margarethen und Griesfeld, ein umfangreiches soziales und medizinisches Versorgungsnetz, Infrastruktur sowie Bauten für Bildung und Kultur, analog zu den Bauprogrammen und Wohlfahrtseinrichtungen des deutschen Familienzweigs der Krupps in Essen. Das außergewöhnliche dort sei, hielt der französische Journalist Jules Huret in seiner 1907 unter dem Titel „En Allemagne" erschienenen Sammlung von Reisefeuilletons fest, „dass eine solche Stadt mit 230.000 Einwohnern sozusagen das Eigentum eines einzelnen Individuums ist. [...] man hat das irritierende Gefühl, dass es ohne die Zustimmung des Herrn gar nicht möglich wäre, hier zu leben". In kleinerem Maßstab traf dies ebenso auf Berndorf zu. In paternalistischer Manier sorgte Arthur Krupp für das Wohl der Arbeiter*innen, band sie an das Unternehmen und machte sie zugleich davon abhängig. Die von Krupp auf günstig erworbenem Grund errichteten Häuser verschiedener Kategorie und Preisklasse konnten gegen einen wöchentlich zu leistenden Tilgungsbetrag plus Zinsen abbezahlt werden und gingen nach 18 Jahren in das Eigentum der Arbeiter*innen über. Das Wirken nach dem Wahlspruch „Arbeit, Bildung und Friede" erfasste alle Lebensbereiche der Arbeiter*innenfamilien und war hochprofitabel.

Im Ersten Weltkrieg wurde auf Rüstungsproduktion umgestellt. Die nach Ende des Krieges gegründete Glockengießerei erfreute sich großer Nachfrage, da im ganzen Land die im Krieg eingeschmolzenen Geläute zu ersetzen waren. 1923 wurden die Ortschaften St. Veit, Ödlitz, Veitsau und die Rotte Steinhof eingemeindet. Im Wohnungsbau der von Arbeitslosigkeit gekennzeichneten Zwischenkriegszeit orientierte sich die Gemeinde unter dem sozialdemokratischen Bürgermeister Karl Kislinger am Vorbild des Wiener Gemeindebaus.

Nach dem „Anschluss" im Jahr 1938 wurde die Berndorfer Metallwarenfabrik dem deutschen Krupp-Konzern eingegliedert und stand erneut im Dienst der Kriegsproduktion. Auf dem Gelände der Metallwerke befand sich ein Lager für Kriegsgefangene und Zwangsarbeiter*innen, die auch im Fabrik- und Siedlungsbau eingesetzt wurden. Mit der Freiraumplanung der Anlagen war der deutsche Landschaftsarchitekt Hermann Mattern betraut, mit der Ausführung der Gartenanlagen Otto Gälzer, der ab 1935 Leiter der Landesgruppe Österreich der Deutschen Gesellschaft für Gartenkunst war.

Nach Kriegsende wurde die Metallwarenfabrik von der sowjetischen Armee beschlagnahmt und bis 1955 den Betrieben der USIA (Verwaltung des sowjetischen Vermögens in Österreich) eingegliedert. Danach wurde sie verstaatlicht und mit den Vereinigten Aluminiumwerken Ranshofen fusioniert. In den 1980er-Jahren erfolgte die Privatisierung und Aufteilung in mehrere Einzelfirmen.

Religion, Kult

0178 47°56'10.0"N 16°05'56.7"E, östlich der Steinhofstraße 7a, Erweiterung Veitsauer Kapelle, 1910 | Restaurierung, 2012–2013

Der im Kern auf eine barocke Kapelle zurückgehende Bau wurde Anfang des 20. Jahrhunderts im secessionistischen Stil erweitert.

0179 47°56'32.6"N 16°06'09.1"E, Margaretenplatz, Pfarrkirche hl. Margareta, 1910–1917, P: Ludwig Baumann, AF: Wenzel Wegwarth, Eugen Essenther, BH: Arthur Krupp, Margareta Krupp, K: Ernst Hegenbarth (Haupt- und Seitenaltar, Weihwasserbecken), Domenico Mastroianni (Bronzereliefs der Kreuzwegstationen) | Errichtung Pfarrhof, 1916–1917, P: Ludwig Baumann

Der Unternehmer Arthur Krupp, Inhaber der Berndorfer Metallwarenfabrik (→ 0195), war ein großer Förderer des Ortes. Um die Jahrhundertwende beschäftigte er bereits rund 6.000 Arbeiter*innen, für die er nicht nur Wohnraum schuf, sondern gemeinsam mit seiner Frau Margareta auch einen Kirchenneubau stiftete. Für die Ausführung beauftragte er Ludwig Baumann, der als künstlerischer Direktor der Fabrik insbesondere für die städtebauliche Planung der Werksiedlungen sowie den Entwurf der Arbeiter*innenwohnhaus-Typen zuständig war. Der auf einer leichten Anhöhe gelegene Bau beeindruckt durch seine repräsentative Größe und aufwendige Gestaltungsweise, außergewöhnlich ist die Wahl des neobarocken Stils. Diese Wahl zeigt paradigmatisch die tiefgreifenden Umwälzungen auf, die sich im 19. Jahrhundert im sozialen und gesellschaftlichen Gefüge der Donaumonarchie vollzogen hatten. Waren früher allein das Herrscherhaus, der Adel oder der Klerus befugt – und finanziell auch in der Lage – eine Kirche zu stiften, so konnte nun auch ein wohlhabender Fabrikant diese Aufgabe übernehmen. Denn bemerkenswert ist, dass die einzige neobarocke Kirche in Wien ebenfalls von einem reichen Privatmann gestiftet wurde, und zwar die Kaasgrabenkirche im 19. Wiener Gemeindebezirk. Der wohlhabende Großbürger tritt somit allegorisch in die Fußstapfen der Kirchen- und Landesfürsten als patriarchaler Wohltäter und Schutzherr. Als Architekt des Historismus in den Stilen der Vergangenheit bestens ausgebildet und mit der ikonologischen Symbolik der Barock-Epoche vertraut, entwarf Baumann in diesem Sinn einen repräsentativen, möglichst authentisch wirkenden barocken Kuppelbau. Diese Originaltreue war dem Bauherrn offensichtlich sehr wichtig: Auf seinen ausdrücklichen Wunsch wurden die im eigenen Werk hergestellten Kupferplatten für die Dacheindeckungen mit einer Säure behandelt, um der Kirche durch die Patina sogleich den Anschein eines Jahrhunderte alten Bauwerks zu verleihen. Der ebenfalls von Baumann entworfene 20 Tonnen schwere Hochaltar wurde in der Berndorfer Metallgießerei hergestellt. Die zentrale, hoch aufragende, überlebensgroße Bronzestatue der hl. Margareta schuf der Bildhauer Ernst Hegenbarth. Sie zeigt die idealisierten Züge von Margareta Krupp, die in einer Hand das Kirchenmodell und die andere Hand schützend über eine kniende Frau hält. Einmal mehr kam hier traditionelle Symbolik zum Einsatz, um den hierarchischen Rang zu legitimieren und die Rolle des Ehepaars Krupp als Stifter*in und Wohltäter*in zu unterstreichen.

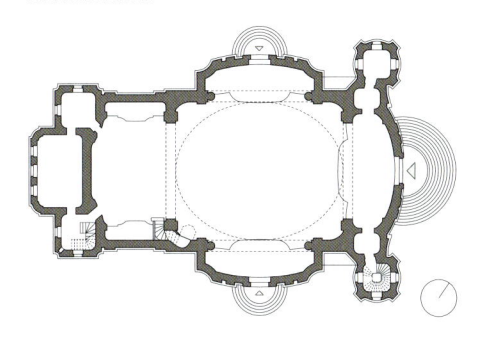

Kultur, Veranstaltung

0180 Kislingerplatz 6, Stadttheater, ehem. Arbeiter*innentheater, 1898, AB: Atelier Fellner & Helmer (Ferdinand Fellner II., Hermann Helmer), K: Victor Hausmann (Fresken im Innenraum) | Sanierung, 1986–1992, P: Hermann Scheifinger, Robert Krapfenbauer | Sanierung, 2004, P: Roland Nemetz

Arthur Krupp ließ hier für die Arbeiter*innen der Metallwarenfabrik (→ 0195) eine Reihe von Wohlfahrts-, Freizeit- und Bildungsstätten errichten. So entstand auch das anlässlich des 50-jährigen Regierungsjubiläums von Kaiser Franz Joseph I. gestiftete und gänzlich privat finanzierte Stadttheater als erstes „Arbeiter*innentheater" der Monarchie. Das Theater wurde 1899 im Beisein des Kaisers eröffnet. Mit der Planung wurde das auf den Bau von Theatern spezialisierte und äußerst renommierte Atelier Fellner & Helmer beauftragt, welches einen zweigeschoßigen, symmetrischen Baukörper im Stil der Neorenaissance errichtete. Die Hauptfassade des Theaters ist unüblicherweise nicht dem straßenseitig angelegten Vorplatz, sondern dem Theaterpark zugewandt. Die auffällige Front ist durch einen Mittelrisalit mit gestaffelten Giebeln und schmiedeeisernem Baldachin sowie seitliche, zweibogige Zugangsarkaden charakterisiert. Auch die szenischen Wandmalereien und die zwei Flacherker im Obergeschoß der Hauptfassade tragen maßgeblich zum Erscheinungsbild bei.

Die Innenräume, deren Freskierungen von Victor Hausmann stammen, wurden im Stil des Neorokoko ausgestattet. Der runde Theatersaal, der von den Architekten in ähnlicher Form beispielsweise auch beim Wiener Akademietheater ausgeführt wurde, sowie das Foyer und die Kaiserloge kamen bei einem Brand zu Schaden und wurden 1902 wiederhergestellt.

Im Ersten Weltkrieg wurde der Spielbetrieb eingestellt, im Zweiten Weltkrieg der Saal als Kino genutzt, bevor er durch Bombentreffer im Eingangsbereich beschädigt wurde. 1959 ging das Theater in das Eigentum der Stadt Berndorf über; erst nach der Generalsanierung von 1986 bis 1992 durch Hermann Scheifinger und Robert Krapfenbauer wird das Theater nach jahrzehntelangem Leerstand wieder als solches genutzt.

Bildung

0181 Margaretenplatz 2, 5, Volks- und Mittelschule, 1908–1909, P: Hans Peschl, Max Hegele, MA: Ludwig Baumann, BH: Gemeinde Berndorf (Baukosten), Arthur Krupp (Gestaltung der Klassenzimmer), Innenausstattung: Robert Jüttner, Wilhelm Ladewig ●

Die beiden Baukörper der Volks- und Mittelschule flankieren mit ihren neobarocken Fassaden und mächtigen Mansarddächern die Pfarrkirche im Norden und Süden. Die Klassenzimmer sind in zwölf verschiedenen historischen Stilen ausgeschmückt, um die Schüler*innen mit den wichtigsten Kunstepochen der Menschheit vertraut zu machen (ägyptisch, dorisch, pompejanisch, maurisch, byzantinisch, romanisch, gotisch, römische Renaissance, Barock, Louis XIV, Empire und Rokoko). Selbst die Schulmöbel in den sogenannten Berndorfer Stilklassen folgten dem jeweiligen Stil in Form und Dekor.

0182 Sportpromenade 19, BG/BRG, 1981–1984, P: Ruprecht Ottel, Brigitte Ottel | Aufstockung, 1994–1995 ●

Nach langen Verhandlungen wurde der Bau eines neuen Gymnasiums mit 18 Stammklassen, sieben Sonderunterrichtsräumen und zwei Turnsälen in Berndorf beschlossen. Der ein- bis zweigeschoßige, mit Flachdach gedeckte Baukörper ist durch horizontale Fensterbänder gegliedert und mit braunen Fliesen verkleidet. 1994 und 1995 wurde die bereits in der Erbauungszeit vorgesehene Aufstockung durchgeführt.

Sonderbauten

0183 47°56'35.0"N 16°06'37.6"E, bei Alleegasse, Hermann-Krupp-Tempel, 1910

Arthur Krupp ließ den aus acht ionischen Säulen gebildeten Rundtempel mit kupfergedeckter Kuppel als Denkmal für seinen 1879 verstorbenen Vater Hermann – den der vom Bildhauer Ruß entworfene und in der Berndorfer Metallwarenfabrik gegossene Bronze-Büstenpfeiler im Tempelinneren zeigt – errichten.

Wohnbauten

0184 Albertstraße 3, 7, 9, 11, 16, Hainfelder Straße 21, 23, 25–30, 32, Karl-Johann-Mayer-Straße 2, 4, 5, 7–12, 14, Kuhlmannstraße 51, Ludwigstraße 3, 7–10, 12, Werksiedlung Wiedenbrunn, 1918, BH: Arthur Krupp

Arthur Krupp ließ für die Arbeiter*innen und Angestellten der Metallwarenfabrik (→ 0195) zwischen 1880 und 1918 insgesamt 260 Wohnhäuser mit über 1.100 Wohneinheiten errichten. Die meisten der Objekte stehen heute unter Denkmalschutz.

0185 Hernsteiner Straße 30, WH, um 1900

0186 Kruppstraße, Dörflingerstraße, Klostermanngasse, Beamt*innensiedlung Kolonie Griesfeld, 1908–1913, P: Ludwig Baumann

Vom Krupp-Platz sanft ansteigend, folgt die Kruppstraße der Hauptachse der Margareta-Kirche. Sie ist an beiden Seiten mit einer geschlossenen Verbauung aus zweigeschoßigen Häusern gesäumt, die ursprünglich für Angestellte der Krupp-Werke errichtet wurden. Die reihenhausartige Siedlung besteht aus von der Straße durch kleine Vorgärten abgesetzte und giebelständig aneinandergereihte Einzelhäuser mit jeweils eigenem Garten. Charakteristisch ist das verwendete Repertoire an Heimatstil-Formen – von der Proportionierung der Baukörper mit roten Sichtziegelsockeln und Satteldächern über die teilweise Rhythmisierung durch von Veranden flankierte Giebelrisalite bis hin zur markanten Fachwerkdekoration. Als architektonischer und urbanistischer Leiter der Krupp-Werke ließ sich Baumann bei der Konzeption und Errichtung der Anlage von englischen und deutschen Gartenstadt-Konzepten beeinflussen. Die Krupp-Werke (→ 0195) bedienten die durch den russisch-japanischen Krieg zu Beginn des 20. Jahrhunderts gestiegene Nachfrage an Lieferungen für das russische Heer und hatten damit Anteil am wirtschaftlichen Aufschwung im Triestingtal. Mit Darlehen für die günstigen Grundstücke und kostenlos zur Verfügung gestellten Plänen wurde es interessierten Angestellten ermöglicht, Eigenheime zu errichten. In der angrenzenden Dörflingerstraße wie auch in der Klostermanngasse findet sich der gleiche Reihenhaustyp, jedoch in einzeiliger Ausführung.

0187 Pottensteiner Straße 15, Viktor Adler-Hof, 1927–1928, P: Wilhelm Krahle, BH: Gemeinde Berndorf

Einfamilienhäuser

0188 Hochstraße 6, Villa Hauch, ehem. Direktionsgebäude des Krupp'schen Nahrungsmittel-Lagerhauses, 1917–1919, P: Ludwig Baumann

0189 Kleinfelder Straße 3, Senior*innenwohnheim, ehem. Landhaus Mully, 1909, P: Ernst Ornstein

0190 Peter-Rosegger-Straße, Villenkolonie, 1906–1908, P/AB: Oscar Fraunlob (Nr. 6), Hans Grabenweger (Nr. 1, 3, 5, 18), Laske & Fiala (Viktor Fiala, Oskar Laske sen.) (Nr. 14), Wenzel Wegwart (Nr. 7, 8, 10)

In der Villenkolonie, die von Arthur Krupp vorfinanziert und unter der Beteiligung verschiedener Architekten 1906 bis 1908 fertiggestellt wurde, entstanden mehrere zweigeschoßige Villen mit reichen Dachformen und verschiedenen stilistischen Einflüssen: Späthistoristische und secessionistische Elemente sowie Bestandteile des Schweizerhausstils zeichnen die Gebäude aus.

▶ Foto: Haus Nr. 18

Hotels, Heime, Klöster, Kasernen

0191 J.-F.-Kennedy-Platz 2, ehem. Hotel König, 1908, P: Oscar Frauenlob

Das lang gestreckte, zweigeschoßige ehemalige Hotel König mit den eleganten Maskaronen unter dem Gebälk wurde 1908 vom lokalen Baumeister und Kunststeinerzeuger Oscar Frauenlob als erstes Hotel der Stadt errichtet.

0192 Leobersdorfer Straße 8, Pflegeheim, 1995–1998, AB: LindnerArchitektur ZT GmbH (Gerhard Lindner), MA: Martina Lindner, Peter Turner, BH: CA-Leasing Seniorenpark GmbH

Industrie

0193 Bahnhofstraße 4–8, Neugasse 11, Wohn- und Geschäftshäuser, ehem. Konsumanstalt, Wurstfabrik und Bäckerei, 1904–1908, P: Oskar Laske jun., AB: Laske & Fiala (Viktor Fiala, Oskar Laske sen.), BH: Metallwarenfabrik Berndorf

Die Konsumanstalt an der Bahnhofstraße 6 wurde 1904 zur Versorgung der Belegschaft der Berndorfer Metallwarenfabrik errichtet und 1908 um eine Wurstfabrik und eine Bäckerei zu einem Ensemble erweitert; ein Verwaltungsgebäude entstand um 1900 an der Neugasse 11.
Bemerkenswert in der sonst streng gegliederten Fassade an der Bahnhofstraße sind die Jugendstil-Details an Putzflächen und Fenstergittern sowie

die Bären-Skulpturen in der Dachzone zwischen den Gebäudeteilen. Die Bauten dienen heute Wohn-, Geschäfts- und musealen Zwecken.

Da die Belegschaft der Metallwerke zur Zeit des Ersten Weltkriegs anwuchs, wurde an der Grenze zu Pottenstein eine neue Fabrikanlage eingerichtet, von der lediglich der Wasserturm bestehen blieb (→ 1476).

0194 Ferdinand-Pölzl-Straße 2, Schaeffler Austria GmbH, ehem. Stahl- und Metall-Galanteriefabrik, 1873–1874, BH: Franz Rohrböck | Zubau Shedhalle, 1906 | Zubau Montierwerkstätte, 1912 | Umbau, 1957–1959, BH: Allgemeine Kugellagerfabrik Ferdinand Pölzl & Co | weitere Umbauten, 1915–1916, 1921, 1936, 1943–1944, 1974–1975, 1989–1990 ●

0195 Leobersdorfer Straße 26, Metallwarenfabrik, ab 1843, BH: Hermann Krupp, Alexander Schoeller | Umbau, 1939 | Wiederaufbau, ab 1955 ●

Die Metallwarenfabrik in Berndorf war 1880/1881 die erste vollständig elektrisch beleuchtete Fabrik Österreichs. 1905 wurde ein Elektrizitätswerk errichtet, das 1926 nach neuestem Stand der Technik eingerichtet wurde und nicht nur das Werkareal, sondern auch die Stadt Berndorf sowie die umliegenden Ortschaften mit Energie versorgte. Zudem wurden ein Kesselhaus und 1906 ein neues Großwalzwerk errichtet. In den Folgejahren wurde bis 1914 die Gießerei erweitert und eine Hohlwarenfabrik mit Versandmagazin und Lagerhalle realisiert. Während des Ersten Weltkriegs stellte die Fabrik auf Kriegsproduktion um und lieferte Patronen- und Granathülsen, ab 1916 auch Stahlhelme. 1938 wurde das Metallwarenwerk von der Essener Krupp AG übernommen, um Aluminium- und Halbfabrikate für die Luftwaffe herzustellen; 1939 entstand im östlichen Werkareal ein neues Verwaltungsgebäude.

Im Besitz des USIA-Konzerns unter der Leitung der sowjetischen Besatzungsmacht wurden bis 1955 etwa zwei Drittel des Werkareals zerstört. 1956 und 1957 fusionierten die Metallwerke mit den Aluminiumwerken Ranshofen zur „Vereinigte Metallwerke Ranshofen-Berndorf AG", die das teilzerstörte Areal in den Folgejahrzehnten wieder neu ausbauten; 1984 wurden die Berndorfer Metallwerke wieder ausgegliedert. An der westlichen Grenze des Werkareals befinden sich das Fabrikhauptgebäude und die Werkstätten aus dem 19. Jahrhundert. Das Zentrum des Gebiets ist von Werkhallen des ausgehenden 19. Jahrhunderts geprägt, während die östliche Seite das Verwaltungsgebäude von 1939 sowie die neuen Werkhallen der Nachkriegszeit umfasst.

Bernhardsthal 2275
Gemeinde: Bernhardsthal, Bezirk: Mistelbach

Bildung

0196 Schulstraße 60, Senior*innenwohnungen, ehem. Kindergarten und Haushaltungsschule St. Martha, 1926, P: Hubert Gangl | Um- und Zubau, 1993 ●

Die Ecke des zweiflügeligen Bauwerks mit schlichten Fassaden ist als Rundturm mit Kegeldach, Laterne und einem von ionischen Säulen flankierten Portal ausgebildet; im Obergeschoß befindet sich hier eine Kapelle. Das Bauwerk wurde nach einer Schenkung vom Orden der Barmherzigen Schwestern errichtet, um einen Kindergarten und eine Koch- und Haushaltungsschule zu beherbergen. Nach dem Krieg wurde anstelle der Haushaltsschule ein Altersheim für Frauen eingerichtet. 1993 wurde das Gebäude zu Senior*innenwohnungen adaptiert. Die letzten Schwestern verließen das Kloster 2015.

Bernreit 3163
Gemeinde: Rohrbach an der Gölsen, Bezirk: Lilienfeld

Industrie

0197 Bernreit 11, Automatofenfabrik, 1909–1910, BH: Automatofen-Baugesellschaft Alois Swoboda & Co, AF: Oesterreichische Stephansdachgesellschaft mbH

Biedermannsdorf 2362
Gemeinde: Biedermannsdorf, Bezirk: Mödling

Amts-, Verwaltungs-, Kommunal-, Bürobauten

0198 Georg Humbhandl-Gasse 7, Verwaltungsgebäude, 1986, P: Artur Paul Duniecki, BH: Funkberaterring GmbH ●

Es handelt sich um ein eingeschoßiges Gebäude in Skelettbauweise mit waagerecht kannelierten Stahlbetonplatten auf annähernd quadratischem Grundriss. Nach Westen, Süden und Osten kragen flugdachähnliche Lamellenkonstruktionen als Sonnenschutz über die Fassaden aus, im Westen ist eine Lagerhalle mit Rolltoren L-förmig an das Hauptgebäude angeschlossen.

Freizeit

0199 Siegfried Ludwig-Platz 1, Jubiläumshalle, 1979–1980, P: Adolf Straitz, BH: Marktgemeinde Biedermannsdorf, S: Robert Baldassari | Zubau Tennishalle, 1990 | Erneuerung der Eingangssituation, 2009 •

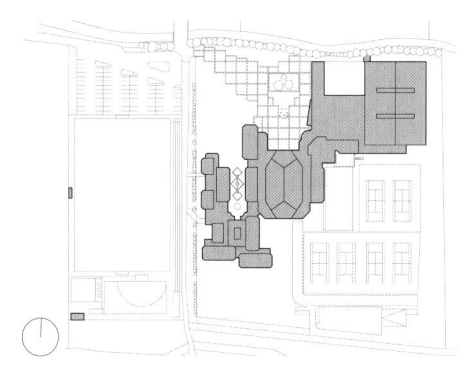

Die Sport- und Veranstaltungshalle mit Clubräumen, Restaurant und angeschlossenen Sporteinrichtungen wurde anlässlich der Erhebung von Biedermannsdorf zur Marktgemeinde 1980 errichtet. Ein durchgängiges Flachdach fasst den Komplex im Erdgeschoß baulich zusammen, darüber erheben sich zentral das große, an den Ecken beschnittene Walmdach der Halle sowie die Pultdächer der Nebengebäude. Die ebenfalls nach Plänen von Straitz westlich der Halle errichtete Volksschule korrespondiert in Struktur und Dachform mit dieser und wurde 1986 eröffnet. Die Jubiläumshalle ist, abgesehen vom Zubau im Westen und einer Neugestaltung des Haupteingangs, im Wesentlichen unverändert.
▶ *Plan: Zustand um 1990*

Hotels, Heime, Klöster, Kasernen

0200 Ortsstraße 56–58, Erweiterung Schloss Wasenhof, ehem. Stephaniestiftung, 1904–1905, P: Karl Ritter von Schlag, AF: Andreas Siegele | Erweiterungen, 1927 •

Das Herzstück der Anlage bildet das dreiflügelige Barockschloss, das 1731 den erstmals 1454 erwähnten Wasenhof überformte. Im Jahr 1883 schenkte Richard Ritter von Drasche-Wartinberg das Schloss inklusive Garten und Ländereien dem Wiener „Verein für die Erziehung und Pflege schwachsinniger Kinder". Nachdem Kronprinzessin Stephanie den Ehrenschutz übernahm, erhielt die Anstalt den Namen „Asyl der Stephanie Stiftung im Schloss Biedermannsdorf". Um 1890 wurde der zweigeschoßige Ostflügel nach einer Spende von Clementine Salcher um den nach ihr benannten Trakt erweitert.

1904 und 1905 errichtete der Laxenburger Baumeister Andreas Siegele nach dem Entwurf von Karl Ritter von Schlag auf der östlichen, freien Gartenfläche einen ebenerdigen Turnsaal und einen eingeschoßigen Speisesaal, in dessen Souterrain die Küchenräumlichkeiten untergebracht waren. Die beiden neuen Bauteile sind durch einen Gang, in dessen Mitte der Turnsaal liegt, mit dem Salchertrakt verbunden und zeichnen sich durch die simple, von der Pavillon- und Sanitätsarchitektur der Secessionsbewegung inspirierte Gestaltung mit Bandrustika und einfachen Giebeln aus. 1927 wurde das barocke Schloss zum Hof hin durch schmale Anbauten am Ostflügel und der Tordurchfahrt des Südflügels erweitert. 1939 übernahm die Stadt Wien das Heim als Erziehungsanstalt und betrieb es bis 2005 als Kinderheim; in dieser Zeit wurden zahlreiche Innenausbauten an allen Baukörpern vorgenommen, die historischen Gewölbe sind jedoch in vielen Fällen noch unter den eingehängten Decken vorhanden.

Die Fassaden des barocken Baus wurden 1980 restauriert bzw. teilweise rekonstruiert. Seit geraumer Zeit leer stehend, gibt es seit 2017 Bemühungen, die Anlage wieder aufzuwerten und zu nutzen – jedoch sind konkrete Pläne noch ausständig.

Bisamberg 2102
Gemeinde: Bisamberg, Bezirk: Korneuburg

Wohnbauten

0201 Josef-Dabsch-Straße 10, WHA am Schlosspark, 1981, P: Walter Dürschmid | thermische Generalsanierung, 2011

Auf dem Grund des ehemaligen Schlossparks, topografisch feinfühlig in den Baumbestand eingebettet, liegen fünf weiße Baukörper, deren jeweilige Geschoßanzahl mit dem ansteigenden Gelände abnimmt. Die Eigentumswohnungen verfügen über Loggien bzw. Dachterrassen und einen Stellplatz in der Tiefgarage.

Einfamilienhäuser

0202 Mürzsprung-Straße 14, Villa, P: Gert-Michael Mayr-Keber •

Blindenmarkt 3372
Gemeinde: Blindenmarkt, Bezirk: Melk

Religion, Kult

0203 48°07'26.8"N 14°59'21.0"E, Auhofstraße, Aufbahrungshalle, 1977–1978, P: Ernest Süss, BH: Marktgemeinde Blindenmarkt, K: Oskar Putz (Glasfenster)

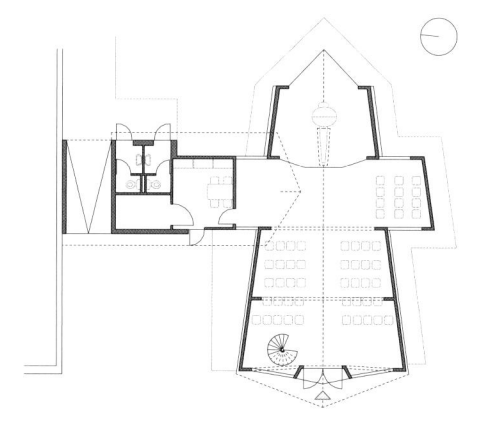

Über kreuzförmigem Grundriss erhebt sich die Halle mit ihrer markanten Satteldachkonstruktion aus A-förmigen Leimbindern. Die steilen Dachflächen sind seitlich bis zur Bodenkante gezogen und mit dunklen Eternitschindeln verkleidet; die Belichtung erfolgt über die zweigeschoßige geknickte Eingangsfront und die ebenfalls geknickte Ostfassade mit Glasfenstern des Künstlers Putz. Die Konzentration auf die Apsis als wichtigsten Punkt des Raumes wird durch eine sich verringernde Raumhöhe und -breite baulich gelenkt. Ähnlich einem Querhaus sind der Halle nördlich Nebenräume angeschlossen, südlich entsteht durch eine Art Schleppdachgaube, die sich bis zum Boden zieht, ein schräger Vorsprung aus der Gebäudefront.

Einfamilienhäuser

0204 Kogelstraße 7, Haus Graf 1, 1988–1991, P: Ernst Beneder ●

Die Dreiflügeligkeit der Anlage mit den steilen Pultdächern auf den holzverkleideten, eingeschoßigen Seitenflügeln ermöglichte ein lärmgeschütztes Atrium, das den Bewohner*innen eine Rückzugsmöglichkeit von den Emissionen der A1 im Norden bieten sollte. Die Seitenflügel fügen sich trotz ihrer Höhe in die sanfte Hanglage ein. Im östlichen Bereich liegen die Küche und Arbeitsräume, gegen Westen die Schlafräume. Der verbindende, flache Mittelflügel kann als Wohnzimmer oder Aufenthaltsraum Art dienen.

0205 Mühlbachstraße 4a, Haus Ausee 4, 1990–1993, P: Ernst Beneder, MA: Anja Fischer, S: Helmuth Locher ●

Auf einem dreieckigen Grundstück ragt ein holzverschalter Quader ostwärts über einen künstlich angelegten Teich. Die Positionierung des leicht wirkenden Quaders auf dem Betonsockel bietet neben dem optischen Kontrast auch einen Hochwasserschutz sowie Schattenfläche durch die Auskragung. Bei dem Bau mit seinen lose gestalteten Wohnbereichen ist eins um eine frühe Zusammenarbeit Ernst Beneders mit Anja Fischer, die seit 1996 eine Arbeitsgemeinschaft bilden. Das Modell des gelängten Wohnquaders sollte sich später in weiteren Projekten von Beneder wiederfinden.

Blumau-Neurißhof 2602
Gemeinde: Blumau-Neurißhof, Bezirk: Baden

Amts-, Verwaltungs-, Kommunal-, Bürobauten

0206 Feuerwehrstraße 6, Feuerwehr, 1916 ●

Das 1916 im Heimatstil errichtete zweigeschoßige Gebäude über U-förmigem Grundriss mit fünfgeschoßigem Schlauchturm wurde nach einer Explosion im Jahr 1922 wiederhergestellt und hierbei die Dachzone verändert. Der Turm mit seinen rundbogigen Fensteröffnungen und dem offenen Umlauf unter dem aufgeständerten Pyramidendach zielt in seiner Gestaltung eher auf Repräsentanz als auf Offenlegung seiner technischen Funktion ab. Dieser Gestaltung entsprechend sind die fünf Garagentore im Hauptgebäude als Rundbogenportale entworfen; an den Seitenflügeln sind die Erdgeschoßzonen hofseitig als Arkadengänge ausgeführt.

Heute wird der Bau nach wie vor als Feuerwehrgarage mit Bereitschaftsräumen sowie als Mehrfamilienhaus genutzt.

Religion, Kult

0207 Anton-Rauchplatz 1, Pfarrkirche hl. Josef, ehem. Arbeiterkonsum und Kantine der k. u. k. Pulverfabrik Blumau, 1935, P: Karl Franz Eder, BH: Orden der Kalasantiner ●

Zur Verpflegung der rund 30.000 Beschäftigten der Pulverfabrik Blumau (→ 0218) entstand 1917 ein Gebäude, in dem der „Arbeiterkonsum" sowie ein groß dimensionierter Ausspeisungsraum mit Küche untergebracht waren. Da die 1898 am Ortsrand errichtete und von den Kalasantinern betreute Pfarrkirche hl. Barbara (→ 0208) kaum Besucher*innen verzeichnete, beschloss der Orden im Jahr 1935 – in der Hoffnung, im Ortszentrum auf größeren Zuspruch zu stoßen –, den nicht mehr benötigten Ausspeisungstrakt zu kaufen und in diesen Räumlichkeiten von Karl Franz Eder eine Filialkirche einrichten zu lassen.

Der rechteckige Saal mit einer auf Betonpfeilern ruhenden, rundum laufenden Galerie erstreckt sich über die gesamte Breite des Gebäudes. An der Längswand bewirkten fünf große Thermenfenster im Erdgeschoß und darüber Rechteckfenster im Galeriebereich einen hellen, freundlichen Innenraum. Um einen Altar einzurichten, verschloss Eder das mittlere Fenster der Längswand und schuf mit einer in den Raum vorgerückten Pfeilerkonstruktion eine quasi nach innen gezogene Apsis als Nische für den Altartisch. Die scheinbar nie fertiggestellte Galerie wurde mit Glasscheiben zum Hauptraum verschlossen. Eine dem letzten Abendmahl von Leonardo da Vinci nachempfundene Kopie als Altarbild, ein geschnitzter Seitenaltar sowie Rechteckbilder in der Kassettendecke wurden offensichtlich von lokalen Künstler*innen ausgeführt. Das monumentale, gelb verputzte Gebäude ist mittels Heimatstil-Elementen dem Ortsbild angepasst und die breite Fassade durch weiße Lisenen strukturiert. Lediglich ein großes, als Putzrelief gebildetes, ebenfalls weiß gefärbtes Kreuz an der Stelle des zugemauerten Fensters sowie ein kleines Glockentürmchen am hohen Walmdach verweisen auf den sakralen Verwendungszweck. Sowohl im Äußeren als auch im Inneren stellt dieser Sakralbau deshalb eine Besonderheit dar, wobei der architektonische Reiz gerade aus der außergewöhnlichen Symbiose von profaner Grundstruktur und sakraler Weiterentwicklung herrührt.

0208 Hauptallee 12, Pfarrkirche hl. Barbara und Schulgebäude, 1897, BH: k. u. k. Reichskriegsministerium | Profanierung, 2022 ●

Gleichzeitig mit der Pulverfabrik Blumau (→ 0218) wurden vom k. u. k. Reichskriegsministerium Wohn- und Verwaltungsgebäude sowie in einem gemeinsamen Gebäudeblock eine Kirche und eine Schule errichtet. Die gesamte Anlage wurde wahrscheinlich von einem beamteten Architekten des Ministeriums geplant. So wie die gleichzeitig errichteten Arbeiter*innenwohnhäuser ist auch die Kirche als schlichter Putzbau hergestellt. Mit ihrer Außengestaltung erinnert sie verblüffend an die Alterlerchenfelder Kirche im 7. Wiener Gemeindebezirk. Die orthogonalen Gliederungen mit Sichtziegelbändern, die flachen segmentbogenförmigen Fensterverdachungen aus dem gleichen Material sowie sparsam eingesetzter Terrakottadekor verleihen dem Gebäude einen spröden Reiz. Laut Pater Michael vom Orden der Kalasantiner, die ab 1926 die Seelsorge übernahmen, wurde die Kirche von der „sozialistisch ausgerichteten Bevölkerung" jedoch kaum besucht. Anfang 2022 schenkten die Kalasantiner die Kirche der Gemeinde Blumau, die derzeit ein Konzept für einen neuen Verwendungszweck erarbeitet.

Wohnbauten

0209 Hauptallee 3, WH, ehem. Direktionsgebäude der Salvator Kaserne, 1915, AB: Theiss & Jaksch (Siegfried Theiss, Hans Jaksch) ●

0210 Hauptallee 4, 7, 8, WH, ehem. Bürogebäude, Kommandantenwohnhaus, Beamt*innenwohnhaus, um 1891, BH: k. u. k. Pulverfabrik Blumau ●

0211 Hauptstraße 2–8, Offizierswohnhäuser der Salvator Kaserne, 1915–1917, AB: Theiss & Jaksch (Siegfried Theiss, Hans Jaksch) ●

0212 Kasernenstraße 1, 3, WH, ehem. Salvator Kaserne der Pulverfabrik, 1915, AB: Theiss & Jaksch (Siegfried Theiss, Hans Jaksch) ●

Die Pulverfabrik Blumau (→ 0218) wurde durch das Militär geschützt. Im Zuge der Erweiterung der Fabrik entstanden ab 1916 die einander gegenüberliegenden Kasernenbauten des Kommandogebäudes und Mannschaftswohnhauses mit dazwischenliegendem Exerzierplatz.

0213 Marodenhausstraße 3–5, 6, Werkwohnungen, um 1890, BH: k. u. k. Pulverfabrik Blumau ●

0214 Teesdorfer Straße, Koloniestraße, Arbeiter*innenwohnhäuser, um 1915, P: Bruno Bauer, BH: k. u. k. Pulverfabrik Blumau ●

0215 Wiesenhausstraße 1, 3, WH, ehem. Direktionsgebäude der Pulverfabrik, um 1916, P: Bruno Bauer, BH: k. u. k. Pulverfabrik Blumau ●

Einfamilienhäuser

0216 Josef Holzinger-Straße 3, Villa, ehem. Direktions- und Verwaltungsgebäude der Pulverfabrik, 1916 ●

Gastronomie

0217 Schießstättenstraße 1, WH, ehem. Gasthaus, um 1916 ●

Industrie

0218 Ehem. k. u. k. Pulverfabrik, 1890, BH: Reichskriegsministerium | Errichtung Nitrozellulosefabrik, 1892, BH: Dynamit Nobel A. G. | Erweiterungen der Fabrikanlage, u. a. 1903, 1911, 1914–1918 | Errichtung Kunstsalpeterfabrik, 1914–1916 | weitgehende Zerstörung der Pulverfabrik, 1945

Die Gründung der Pulverfabrik in Blumau ist mitunter auf den Einsatz von Repetiergewehren in der k. u. k. Armee Anfang der 1880er-Jahre zurückzuführen, für deren kleineres Gewehrkaliber ein anderes Pulver erforderlich war. Im Jahr 1890 erwarb daher das Reichskriegsministerium das Gut Blumau-Neurißhof und ließ auf 340 Hektar die k. u. k. Pulverfabrik errichten. Sie umfasste vorerst mit Fabrikhallen, Wohn- und Verwaltungsgebäuden 36 Bauten und war die erste staatliche Munitionsfabrik der Monarchie. 1892 wurde durch die Dynamit Nobel A. G. eine Nitrozellulosefabrik errichtet, welche zwei Jahre später von der k. u. k. Pulverfabrik übernommen und 1897 um eine Salpetersäurefabrik erweitert wurde. Die Gemeinde erlebte durch die Etablierung Blumaus als bedeutender Industriestandort einen wirtschaftlichen Aufschwung. Der Ausbruch des Ersten Weltkriegs führte zu einem neuerlichen Ausbau des Unternehmens, das zu dieser Zeit rund 30.000 Mitarbeiter*innen beschäftigte. Zu den baulichen Erweiterungen aus dieser Zeit zählen etwa die Errichtung einer Kaserne (→ 0212) sowie der Kunstsalpeterfabrik (→ 0219). Zur Verpflegung wurde 1917 im Zentrum des Ortes ein Bau für den Konsumverein geschaffen.

Nach dem Ende des Ersten Weltkriegs reduzierte sich die Pulvererzeugung stark, und die Produktion konnte nur mehr mit wenigen Mitarbeiter*innen fortgesetzt werden. 1920 erfolgte die Zusammenlegung aller Betriebsinspektionen zur „Staatsfabrik Blumau"; nach einer schweren Explosion 1922 wurde das Areal 1924 als „Sprengstoff-Werke Blumau" wieder aufgebaut und in den folgenden Jahren sukzessive erweitert.

Nach dem „Anschluss" Österreichs übernahm das Heereswaffenamt das Werk, welches die Produktion im Zweiten Weltkrieg weiterführte und erneut ausbaute. 1945 wurden die Fabrikanlagen weitgehend zerstört; verschiedene Ruinen befinden sich auf einem Teil des Areals, welches heute dem österreichischen Bundesheer als Truppenübungsplatz sowie der Polizei für Katastrophenübungen dient. Einige Verwaltungs- und Wohngebäude, die im Kontext der Pulverfabrik entstanden, werden heute als Wohnhäuser genutzt.

In der ersten Bauphase der 1890er-Jahre entstanden eine Reihe von Arbeiter*innenwohnsiedlungen und Fabrikgebäuden, die durch kubische Volumina und orthogonale Gliederungselemente charakterisiert sind. Die zweite große Bauphase zwischen 1914 und 1918 wurde vom Industriearchitekten Bruno Bauer geplant und zeigt die Formensprache des Heimatstils.

0219 Werkstraße 6a–b, Portalbau und ehem. Verwaltungsgebäude der Kunstsalpeterfabrik, 1914–1915, P: Bruno Bauer, BH: k. u. k. Pulverfabrik Blumau ●

Von der 1916 in Betrieb genommenen Kunstsalpeterfabrik hat sich neben einem Feuerlösch- und Garagengebäude auf Nr. 4 sowie einem verfallenen Werkstättengebäude auf Nr. 2 heute nur der Portal-Bauteil erhalten. Das Einfahrtsensemble besteht aus zwei walmdachgedeckten, zweigeschoßigen Verwaltungsgebäuden, die durch einen offenen Verbindungsgang baulich zusammengeschlossen sind und sich spiegelsymmetrisch um eine satteldachgedeckte Einfahrt gruppieren.

Energie

0220 Pottendorferstraße 12b, Wasserturm der Pulverfabrik, 1914–1915 ●

Bockfließ 2213
Gemeinde: Bockfließ, Bezirk: Mistelbach

Amts-, Verwaltungs-, Kommunal-, Bürobauten

0221 Hauptstraße 56, Gemeindeamt und Volksschule, 1959, BH: Marktgemeinde Bockfließ ●

Böheimkirchen 3071
Gemeinde: Böheimkirchen, Bezirk: St. Pölten

Amts-, Verwaltungs-, Kommunal-, Bürobauten

0222 Würth Straße 1, Würth-Zentrale, 1999, P: Ernst H. Huss

Religion, Kult

0223 48°11'50.1"N 15°45'43.7"E, Am Berg, Kriegerdenkmal, 1922, BH: Stadtgemeinde Böheimkirchen, K: Wilhelm Frass ●

Bei Kriegerdenkmälern mit figürlichen Darstellungen war es zumeist üblich, einen Soldaten in heroischer oder trauernder Haltung abzubilden. Der damalige Pfarrer soll jedoch eine Darstellung des hl. Sebastians gewünscht haben, der selbst Soldat war und als Schutzpatron der Soldaten verehrt wird. Sein Märtyrertum sollte hier wohl symbolisch die Leiden aller Gefallenen verkörpern. Bei der letzten Renovierung wurden allerdings die Bronzepfeile, die ursprünglich den Körper durchbohrten, entfernt. Die sehr expressiv gekrümmte, fast nackte jugendliche Figur ist daher nicht auf den ersten Blick einordenbar und wirkt bei einem Kriegerdenkmal einigermaßen irritierend. In den 1950er-Jahren erweiterte Wilhelm Frass das Denkmal um zwei querrechteckige Kalksteinblöcke, die die 205 Namen der im Zweiten Weltkrieg gefallenen Pfarrangehörigen nennen.

0224 Am Berg 1, Pfarrzentrum, 1972, P: Johann Kräftner sen. ●

Im Zuge einer umfassenden Kirchenrenovierung in den 1970er-Jahren wurde beschlossen, ein Pfarrzentrum zu errichten. Mit der Planung wurde der Architekt Johann Kräftner sen. beauftragt. Er entwarf ein vielgliedriges Gebäude, das aus mehreren eingeschoßigen, miteinander verbundenen Trakten besteht, die jeweils durch Pyramidendächer gekennzeichnet sind. Der auf das Jahr 1580 zurückgehende alte Pfarrhof wurde bis auf einen Teil, die sogenannte Moarstube, abgerissen. Dieser vierjochige Raum mit toskanischer Mittelsäule und Kreuzgratgewölben wurde unter Denkmalschutz gestellt und von Kräftner in einen der Trakte integriert.

Bildung

0225 Am Berg 4, Zu- und Umbau Volksschule, 1929, P: NÖ Landesbauamt, Robert Litschke | Zubau, 1955–1957, P: Werner Zieritz | Zu- und Umbau, 2008, P: Richard Zeitlhuber ●

Im Jahr 1929 wurde ein bestehendes Schulgebäude ausgebaut. Die mehrflügelige Anlage mit Turmaufsatz wurde über einen repräsentativen Vorplatz mit Blumenbeeten und Denkmal durch eine gedeckte Arkade betreten. Während im straßenseitigen Bauteil die Direktion, die Schulküche und die Direktoren- und Schulwartwohnung untergebracht wurden, entstanden südlich davon acht Klassen, ein Turnsaal, ein Arbeitssaal, ein Naturlehrzimmer, ein Schulmuseum, zwei Lehrmittel- und ein Konferenzzimmer. 1955 erfolgte der Zubau von vier weiteren Klassen. 2008 wurde der alte Turnsaal abgerissen, anstelle des

Vorplatzes ein barrierefreier Haupteingang mit Zentralgarderobe errichtet sowie ein neuer Turnsaal, der über eine filigrane Brücke mit dem Altbau verbunden ist, zugebaut.

0226 Stockhofstraße 21, Landeskindergarten, ehem. Villa, 1890, P: Anton Vogl, BH: Cäsar Sgardelli | Umbau zum Kindergarten, 1980, P: NÖ Landesregierung | Sanierung und Umbau, 2003 | Zubauten Nebengebäude mit weiteren Gruppen, 2009, 2016, 2018, P: Hoch-Tiefbau Franz Kickinger ●

Verkehr

0227 48°11'55.4"N 15°45'33.1"E, Bogenbrücke über die Perschling, 1948 | Sanierung, 1990 ●

Konstruktiv orientiert sich die in Stahlbeton ausgeführte Bogenbrücke an den bestehenden, im Zuge der Perschling-Regulierung um 1912 errichteten Brücken des Systems Visintini. Die Nachkriegskonstruktion weist jedoch schlankere Bögen auf, in die das filigrane eiserne Stabreihengeländer eingepasst ist.

Böhlerwerk 3333
Gemeinde: Sonntagberg, Bezirk: Amstetten

Religion, Kult

0228 Nellingstraße 18, Pfarrkirche Hl. Familie, 1971–1972, P: Rainer Bergmann, AF: Richard Wawrowetz, K: Josef Schagerl (Arbeiten aus Edelstahl) ●

Schon 1930 wurde in Böhlerwerk, dem Standort des metallverarbeitenden Betriebs Böhler (heute voestalpine BÖHLER Profil GmbH) eine „Stahlkirche" aus Profilrohren und Blechpaneelen errichtet. Im Jahr 1968 wurde ein Neubau beschlossen, und aus einem Wettbewerb mit 71 Teilnehmer*innen ging Rainer Bergmann als Sieger hervor. 1972 wurde mit dem Bau begonnen und gleichzeitig die bestehende Kirche abgetragen. Die Firma Böhler förderte den Kirchenneubau, indem sie das neu gewählte Grundstück zur Verfügung stellte und das benötigte Konstruktionsmaterial zu günstigen Bedingungen lieferte.

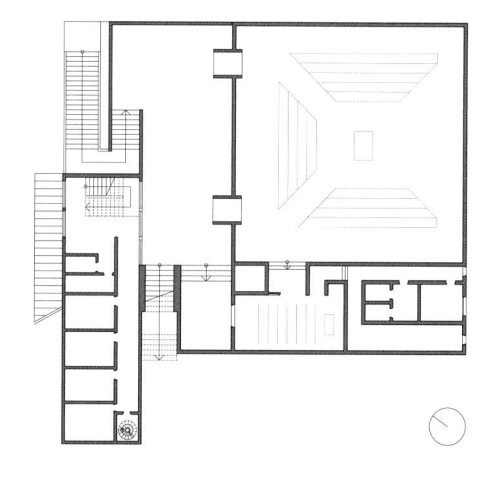

Der Architekt plante einen großen kubischen Versammlungssaal, dem an einer Seite die Wochentagskapelle und Sakristeiräume angefügt sind. Der anschließende offene Turm als Glockenträger stellt die Verbindung zum Pfarrzentrum her, das aufgrund der Hanglage aus größenmäßig differenzierten, kubischen Baukörpern gestaffelt angeordnet ist. Konsequent die Bestimmungen des Vatikanischen Konzils befolgend, hat Bergmann den Altar im Zentrum des quadratischen Hauptraumes situiert und dessen Bedeutung als Mittelpunkt der heiligen Handlung durch vier quadratische Lichtquellen, die in einer Kassettendecke aus Stahlbeton eingelassen sind, hervorgehoben. Die Figurengruppe der Heiligen Familie, der Tabernakel und die Kreuzwegreliefs wurden aus poliertem Böhler-Edelstahl von dem Bildhauer Josef Schagerl angefertigt.

Freizeit

0229 Grünmühlweg 13, Freibad, 1982, P: Rudolf Münch, BH: Gemeinde Sonntagberg | Sanierung, 2020

Das L-förmige Buffet-, Kabinen- und Sanitärgebäude entlang der Straße besteht aus drei leicht zueinander versetzten und minimal in der Höhe gestaffelten Bereichen. Die Fassaden sind von streifenförmigen, plastisch geformten Betonelementen respektive großen Waschbetonplatten dominiert, der Stützenraster der Konstruktion bildet sich an der Gebäudehaut ab. Schmale Fensterbänder sowie die farbig akzentuierte Flachdachzone betonen die Horizontalität des Gebäudes. Das ebenfalls L-förmige Sportbecken mit Sprunggrube liegt 45 Grad zum Gebäudegrundriss gedreht und ist allseitig von naturbelassenen Liegewiesen umgeben; die Gebäudedächer dienen als Sonnendecks.

Wohnbauten

0230 Dr.-Theodor-Körner-Hof 1–11, WHA Dr. Theodor Körner-Hof, 1960–1969, P: Rudolf Münch, BH: Gemeinde Sonntagberg | Sanierung, 1984–1989, AF: Rudolf Pfaffenbichler | Sanierung, 2014–2018, AF: PSB Planungs-, Statik-, Bauleitungs-GmbH ●

0231 Sportplatzstraße 1–6, 12–17, Schachnerweg 6, Siedlung Böhlerwerk, 1959, P: Wolfgang Windbrechtinger, Traude Windbrechtinger ●

Südlich der Ybbs wurden auf einem Baugelände der Böhler-Stahlwerke Werkwohnungen errichtet. Die mehrteilige Anlage besteht aus zwei parallel angeordneten Reihenhauszeilen, die durch einen quer dazu liegenden Geschoßwohnbau geteilt werden. Alle Bauteile wurden in Mischbauweise errichtet, mit einem flach geneigten Satteldach gedeckt und sind unterkellert. Die Verkleidung der Reihenhäuser erfolgte mit dunklen Holzlatten und an den Stirnseiten mit Eternitplatten. Die insgesamt zwölf zweigeschoßigen Reihenhäuser verfügen über lang gestreckte südorientierte Gärten, an deren Enden sich Garagen und Geräteschuppen befinden. Das dreigeschoßige Mietwohnhaus nimmt vier Erdgeschoßwohnungen einschließlich westseitig liegender Vorgärten und acht Maisonetten auf, die zusätzlich zur internen Stiege über einen Laubengang erschlossen werden. Unter Bezugnahme auf Vorbilder aus dem skandinavischen Wohnbau konzipiert und unter Berücksichtigung ressourcenökonomischer Vorgaben der Nachkriegszeit entworfen, sollten Aspekte und Vorteile des Reihenhauses, wie etwa die Kompaktheit, der private begrünte Freiraum sowie eine individuelle Erschließung der Einheiten auf den Geschoßwohnbau übertragen und moderne Wohnstandards kostengünstig umgesetzt werden.

0232 Waidhofnerstraße 24, 26, Wohnhäuser, um 1929 ●

Industrie

0233 Waidhofnerstraße 11, TKM Austria GmbH, ehem. Böhlerwerk, ab 1890, BH: Gebrüder Böhler & Co AG | Umbau, 1897–1898 | Umbau, 1925–1927, P: Alfred Schmid | Umbauten, 1938–1939, 1941 ●

1890 entstand mit der sogenannten Sophienhütte ein kleines Hammerwerk an diesem Standort. Daneben wurde ein Werkgelände für die Feilen- und Werkzeugfabrik eingerichtet sowie mehrere Arbeiter*innenwohnhäuser, welche heute nicht mehr vorhanden sind. Bereits bauzeitlich erhielt die Siedlung den Namen „Böhlerwerk". Die ursprüngliche Sophienhütte wurde 1897 durch ein Hochwasser fast gänzlich zerstört und durch einen größeren Neubau ersetzt. Ab 1899 wurde die Feilenfabrikation in Böhlerwerk aufgegeben und nach Furthof verlegt; in Böhlerwerk wurden danach Werkzeuge und Maschinenmesser produziert. 1917 aufgrund des Ersten Weltkrieges stillgelegt, nahm die Sophienhütte in den 1920er-Jahren ihren Betrieb auf, und es wurden sowohl maschinelle als auch bauliche Modernisierungen durchgeführt. Ein Wasserkraftwerk (→ 0234) sowie ein danebenliegendes und heute nicht erhaltenes neues Magnet- und Messerwerk entstanden nach Plänen von Alfred Schmid. 1939 wurde das Ventilkegelwerk zur Produktion von Ventilkegeln für Flugzeuge und Panzer fertiggestellt und 1941 eine neue Magnetfabrik realisiert.

Energie

0234 47°58'55.3"N 14°45'09.6"E, bei Waidhofnerstraße 11, Wasserkraftwerk Böhlerwerk, um 1925, P: Alfred Schmid, BH: Gebrüder Böhler & Co AG ●

Breitenau 2624
Gemeinde: Breitenau, Bezirk: Neunkirchen

Industrie

0235 Fabrikstraße 15, Paul & Co Austria GmbH & Co KG, ehem. Papierfabrik, 1884, BH: Michael Haiden & Co | Erweiterung, 1904, BH: Pittener Papierfabriks-AG | Umbau, 1921 | Zubau Turbinenhaus, 1993, BH: Paul & Co Austria GmbH & Co KG ●

Breitenfurt bei Wien 2384
Gemeinde: Breitenfurt bei Wien, Bezirk: Mödling

Religion, Kult

0236 48°07'59.7"N 16°10'32.8"E, Gruftkapelle Lechner am Schwesternfriedhof, 1918–1921, P: Clemens Holzmeister

0237 Bonifaziusgasse 2, Pfarrkirche St. Bonifaz, Waldkirche, 1968–1970, P: Clemens Holzmeister | Erweiterungsbau Parrhof, 1990, P: Wolfgang Ulrich

Wohnbauten

0238 Altomontegasse 10–40, Siedlung Grüner Baum, um 1961, P: Hans Podivin ●

An der zur Zeit der Planung und Veröffentlichung des Entwurfs noch unbenannten Straße liegen acht Doppelhäuser mit südlich orientierten Haupträumen auf von Hecken und niedrigen Umfassungsmauern eingefriedeten Grundstücken, die teilweise direkt an die umgebenden Felder angrenzen. Die zweigeschoßigen Baukörper wurden massiv ausgeführt und zur Hälfte unterkellert, sie waren ursprünglich hell verputzt und mit Welleternit gedeckt. Zur Einpassung in das Geländeprofil und um eine räumliche Trennung von den Nachbarhäusern zu gewährleisten, wurden die Einzelhäuser, obgleich unter einem gemeinsamen Satteldach errichtet, gegeneinander versetzt angeordnet, wobei die straßenseitige Bebauung dem Straßenverlauf folgend situiert wurde. Die Erschließung der Anlage erfolgt über eine Autozufahrt mit zentralem Umkehrplatz sowie über in die Straße einmündende Stichwege; für den ruhenden Verkehr war zudem von Anfang an ein östlich der Anlage liegender Garagenbau vorgesehen.

Breitenstein 2673
Gemeinde: Breitenstein, Bezirk: Neunkirchen

Amts-, Verwaltungs-, Kommunal-, Bürobauten

0239 Hauptstraße 19, Gemeindeamt, 1927, P: Adolf Schustala | Zubau, 1994–1995 ●

Religion, Kult

0240 Hauptstraße 21, Filialkirche Mutterschaft Mariens, 1965–1969, P: Viktor Kraft, AF: Löschner & Helmer, K: Maria Bratusch-Marrein (Kreuzigungsgruppe, Kreuzweg, Entwurf Glasfenster) ●

Die kleine Kirche ist ein schlichter Stahlbetonbau, der mit einem steilen, asymmetrischen Satteldach harmonisch in die gebirgige Gegend am Fuß des Semmerings eingefügt ist. Die Hanglage ermöglichte den Bau einer Unterkirche für den Winter. Über ein paar Stufen gelangt man in die größere Sommerkirche. Der Saalraum erhielt eine Decke aus dunklen Fichtenbrettern, große Fenster mit Glasmalereien sorgen für eine gute Belichtung. Der hohe, frei stehende Kirchturm wurde zu einem markanten Blickpunkt des Ortes.

Bildung

0241 Hauptstraße 18, WH, ehem. Volksschule, 1910, P: Alfred Wildhack, Rudolf Bredl ●

Das Bauwerk mit geschweiftem Giebel, hohem Mansarddach und Fassadendekor im Jugendstil wurde bis 1967 als Schule genutzt und stellt ein seltenes Beispiel für ein öffentliches Gebäude im Jugendstil in der Semmering-Region dar.

Gesundheit

0242 Hauptstraße 16, WHA, ehem. Offizierskurhaus „Weißes Kreuz", 1914, P/AF: Adolf Schustala

Das Offizierskurhaus war noch bis Ende der 1980er-Jahre als Kurhaus in Betrieb. Das Haus wurde verkauft und mit geringfügigen Änderungen am Außenbau als Wohnbau adaptiert.

Einfamilienhäuser

0243 Werfelweg 6, Villa, 1910–1913, P: Rudolf Bredl, Hartwig Fischel, BH: Gustav Mahler, Alma Mahler, K: Oskar Kokoschka (Fresko)

Entworfen für Gustav Mahler und seine Ehefrau und Muse Alma, soll das endgültig mit dem Heimatstil der Umgebung brechende Haus mit seiner von Pfeilern getragenen Loggia über ein von Oskar Kokoschka gestaltetes Fresko von Alma verfügt haben.

Bruck an der Leitha 2460
Gemeinde: Bruck an der Leitha, **Bezirk:** Bruck an der Leitha

Religion, Kult

0244 Raiffeisengürtel 55, Matthäuskirche, 1963–1964, P: Rudolf Angelides | Sanierung, 2022

Kultur, Veranstaltung

0245 Raiffeisengürtel 43, Stadttheater, 1904, P/BH: Rudolf Roese, Franz Lengenfelder | Renovierung, 1989, BH: Gemeinde Bruck an der Leitha

Ursprünglich als Sommertheater in neoklassizistischem Stil errichtet, wurde das 168 Sitz- und 30 Stehplätze große Haus ab 1927 als Stadttheater geführt. Das Gebäude wird straßenseitig durch einen vorgestellten Portikus betreten, dessen Dreiecksgiebel jedoch in einer anderen Ebene, nämlich in der Fassadenflucht des zurückversetzten Obergeschoßes, liegt. Die baulichen Spuren, welche die wechselnden Nutzungen im Lauf des 20. Jahrhunderts – unter anderem Arbeiter*innenunterkunft, Kino, Volksheim und Stadtmuseum – im Gebäudeinneren hinterlassen hatten, wurden 1989 zum Teil rückführend renoviert; das Gebäude wird heute wieder als Theater betrieben.

Freizeit

0246 Parkbadstraße 5, Parkbad, 1984–1985, P: Heinz H. Weiser, BH: Stadtgemeinde Bruck an der Leitha | Zubau Chlorgaslager, Erlebnisbecken, Sprungbecken, 1995–1996, P: Heinz H. Weiser ●

Im Norden an die Parkbadstraße grenzend, setzt das Kassen-, Kabinen-, Buffet- und Technikgebäude aus einer Folge von vier firstparallelen, satteldachgedeckten Bauteilen zusammen, südwestlich liegt ein weiteres Gebäude mit Satteldach um 90 Grad gedreht. Alle Teilbereiche sind mittels flach gedeckter Überdachung baulich zusammengeschlossen. Die Gebäude sowie die Beckenformen der Anlage sind in der ursprünglichen Form erhalten und im Süden um weitere Becken und Zubauten ergänzt worden.

Wohnbauten

0247 Leithagürtel 17–19, 21–23, Doppelhäuser, um 1900 ●

Die beiden vom Straßenzug durch Vorgärten abgesetzten, gekuppelt angelegten und zweigeschoßigen Wohnhäuser mit Walmdächern und acht bzw. zwölf Fensterachsen verfügen über repräsentativen, jeweils individuell ausgeprägten Dekor in variantenreichen Formen des Historismus und des Jugendstils. Heute zeigen sie sich in einem teilweise veränderten Erscheinungsbild mit Dachausbau und vereinzelten Blindfenstern.

Industrie

0248 Industriestraße 20, Tiernahrungsfabrik, 1984–1985, P: Sepp Müller, BH: Effem Austria GmbH | Erweiterungen, 1987, 1991, 1999 ●

1984 wurde die Effem Austria GmbH als Tochterunternehmen des Mars-Konzerns gegründet und der Standort im Nordosten der Stadt an der Bahnlinie Richtung Petronell-Carnuntum nach einem Jahr Bauzeit fertiggestellt. Produziert werden Tierfutter-Konserven. Zwischen den Werkhallen und dem eingeschoßigen Bürobau befindet sich das Laborgebäude mit den Sozialräumen. Alle Bauten sind in Stahlbeton-Skelettkonstruktion ausgeführt, die Fassaden mit Trapezblech verkleidet, und die ursprüngliche, von Sepp Steiner konzipierte Farbgestaltung in Hell- und Dunkelgrün prägt heute noch die Anlage. Der Verwaltungsbau mit Speisesaal öffnet sich durch eine Glasfassade zu einem angelegten Park mit Teich. Der markante Sterilisationsturm, der ursprünglich das Fabrikareal überragte, ist heute nicht mehr vorhanden.

Brunn am Gebirge 2345
Gemeinde: Brunn am Gebirge, **Bezirk:** Mödling

Religion, Kult

0249 Rennweg 14, Friedhofskapelle, 2000, P: Helmut Sautner, K: Herwig Zens (Bilderfries)

Mit der Grundidee, die Thematik „Tod und Auferstehung, Himmel und Erde" architektonisch zum Ausdruck zu bringen, entwarf Helmut Sautner, ein ehemaliger Schüler von Roland Rainer, einen bemerkenswert monumentalen Friedhofsbau. Um den Zusammenhang zwischen Himmel und Erde herzustellen, entwickelte er als Grundform eine „Spiralgalaxie" aus zwei leicht gegeneinander verschobenen bzw. die einen ellipsenförmigen Hauptraum bilden, in dem der Tote in seinem Sarg ruhend das zentrale Element darstellt. Die Nutzräume sind einer der Kreishälften angefügt. Die Struktur eines Grabhügels aufgreifend, sind die Außenmauern zum Großteil durch begrünte Erdaufschüttungen verdeckt. Das

A – F

183 0001-0393

darüberliegende Band der Glasfenster stellt eine Verbindung der Erde zum Himmel her. Das leicht geneigte, kegelförmige und ebenfalls begrünte Dach schwebt gleichsam über dem Hauptraum. „Der gedachte Vorgang des Aufsteigens der Seele in den Himmel findet seinen Ausdruck im Turm", der im Zentrum des Raumes über dem Sarg „markant in den Himmel" (Helmut Sautner) weist. Der mächtige, sich konisch verjüngende Rundturm ist 12,3 Meter hoch, mit gefärbtem Hartglas verkleidet und der abgeschrägte Abschluss mit Glas abgedeckt, sodass das Licht – durch zusätzliche Lampen und Spiegel verstärkt – direkt auf den Sarg fällt. Die konische Form fortführend, umschließen vier leicht schräg gestellte, hölzerne Säulen den Ort der Aufbahrung. An den vollständig bemalten Wänden im Innenraum hat der Künstler Herwig Zens Sautners Grundidee eindrucksvoll als modernen Totentanz interpretiert. Auf einer Länge von 55 Metern symbolisieren die einzelnen Bilder in einer durchgehenden Abfolge den Zusammenhang zwischen Leben und Tod bzw. zwischen dem Diesseits und Jenseits als „ewige Schleife". Expressiv bewegte Figuren agieren zunächst vor einem hellen blauen Hintergrund, der zunehmend dunklen, schwarz-braunen Farbtönen weicht. Zuletzt erscheinen jedoch wieder – das Element des Himmels aufgreifend – helle blaue Töne als hoffnungsvoller Effekt. Selten findet man die Bauaufgabe „Friedhofskapelle" so tiefgründig symbolisch interpretiert. Der bildende Künstler und der Baukünstler haben sich bei der Ausführung kongenial ergänzt.

Wohnbauten

Alfons Petzold-Gasse 17, WHA „Goldtruhe", 1966–1969, P: Hans Puchhammer, Gunther Wawrik, S: Adolf Lukele ●

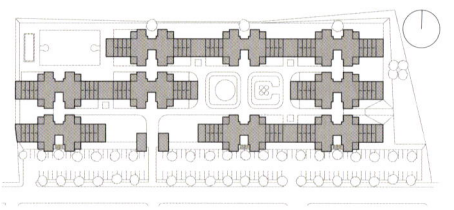

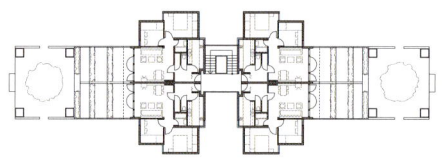

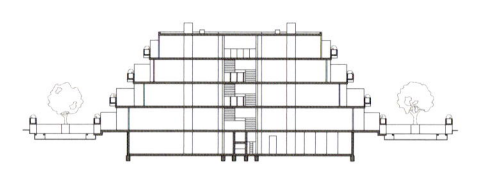

Der erste frei stehende Terrassenwohnbau Österreichs liegt von der angrenzenden Hauptstraße durch Parkplätze für die Bewohner*innen abgesetzt und zeichnet sich durch die rasterartig angelegte Erschließung und die durch begrünte Freiräume und Kinderspielflächen aufgelockerte Verbauung aus. Der zugrunde liegende Entwurfsgedanke zielte auf das Ausloten der zeitgenössischen Überlegung ab, topografische Gegebenheiten einer Hanglage auf einen Baukörper zu übertragen, um eine Kombination der Annehmlichkeiten des Einfamilienhauses mit den Vorteilen des Geschoßwohnbaus zu erzielen. Neun viergeschoßige Baukörper mit abgetreppten Terrassen in West-Ost-Ausrichtung nehmen insgesamt 152 Wohnungen in unterschiedlichen Größen auf. Die Wohnungen im Erdgeschoß verfügen über Vorgärten, die Blumentröge auf den darüberliegenden Terrassen dienen der Teilbepflanzung der „Stube im Grünen" und als Sichtschutz für die Wohnungen in den Obergeschoßen. Erstmalig in Niederösterreich wurde bei dieser Genossenschaftssiedlung der Porenbeton Ytong in großen Mengen verbaut. Zu den Besonderheiten zählte zur Errichtungszeit auch die Ausstattung mit Zentralheizung, zentraler Warmwasser-Aufbereitungsanlage, voll automatisierten Waschküchen und Abstellräumen für die Kinderwagen. Die Baugenossenschaft GEWOG erhielt für die Errichtung der Anlage den Bauherrenpreis der Zentralvereinigung der Architekt*innen Österreichs. Den pastellfarbenen Anstrich erhielt die Anlage erst später im Rahmen einer Sanierung.
▶ Pläne: Lageplan (oben), Grundriss 2. Obergeschoß (Mitte), Schnitt (unten)

0251 Franz Keim-Gasse 4–22, RH-Ensemble, 1912, P: Sepp Hubatsch ●

In das sanft ansteigende Gelände in stufenförmig gestaffelter Anordnung eingepasst und dem Straßenzug in geschlossener, reihenausartiger und zugleich aufgelockert rhythmisierter Verbauung folgend, liegt ein Ensemble aus zehn Häusern, die jeweils durch eine eingezäunte Grünfläche von der Straße abgesetzt sind. Gemeinsam ist den individuell gestalteten, zwei- bis dreigeschoßigen und vier- bis fünfachsigen Gebäuden die bauliche Organisation in Keller, Hochparterre, Obergeschoß und Attika mit markant vorkragendem Abschlussgesims. Akzentuiert werden die Bauten durch vereinzelte Balkone und Erker sowie durch einen facettenreichen, auf das jeweilige Objekt abgestimmten Dekorationsapparat mit Formen des Jugendstils: Geometrischer Dekor, florale Friese, Fensterrahmungen und sgraffitoartige Putzgestaltungen, vereinzelte religiöse Sinnsprüche und Inschriften, aufwendig gestaltete Balkongitter und Portale sowie pylonenförmige Attikaaufsätze ergeben ein durch die Einheit in der Vielfalt bestimmtes Gesamtbild mit dem Charakter eines monumentalen Kunstgewerbes.

Jedes der auf annähernd gleich breiten Grundstücken errichteten Häuser wurde vom Architekten Hubatsch, einem Schüler und Freund Otto Wagners, für die Unterbringung von jeweils zwei Familien konzipiert und verfügt über einen rückwärtigen Garten.

0252 Liechtensteinstraße 42, Haus 1–6, RHA, um 1984, P: Hannelore Feichtinger, Koloman Götzl ●

Drei satteldachgedeckte und mit breiten Schleppgauben versehene Doppelwohnhäuser folgen zeilenförmig dem schmalen Baugrund. Die aus Ziegeln gebauten Häuser für insgesamt sechs Familien sind durch dazwischenliegende, in Riegelbauweise errichtete Gemeinschaftshäuser verbunden. Zu den besonderen Merkmalen der Anlage zählen die jeder Wohneinheit vorgelagerten, aus dem baulichen Verband in Richtung Süden gedrehten und als Erweiterung des Wohnraums dienenden Glashäuser sowie die unterschiedlichen Raumaufteilungen der ansonsten gleich dimensionierten Baukörper.

Neben der Nutzung der passiven Sonnenenergie wurde Wert auf moderne, wirtschaftliche und umweltverträgliche Systeme für die Heizung und die Wasseraufbereitung gelegt.

0253 Rudolf Beck-Gasse 3, Haus 1–14, RHA, 1990–1993, P: Engelbert Zobl, Gerhart Leipold, AF: H. Feichtinger, S: Reinhard Klestil ●

Nach dem Planungsbeginn 1987 entstanden die zwei frei stehenden Reihenhäuser über gekrümmten Grundrissen, im ersten Bauabschnitt (1990–1992) wurde das halbkreisförmige Gebäude und im zweiten (1992–1993) das viertelkreisförmige realisiert. Sie umgeben jeweils einen Innenhof, der die Erschließungsflächen aufnimmt und werden nach außen hin gesäumt von gedeckten Terrassen und Gärten, die den Privaträumen vorgelagert sind. Die Gebäude sind gänzlich unterkellert, die Dachgeschoße teilweise ausgebaut. Vor- und Rücksprünge, Giebelfelder und hofseitige Nischen rhythmisieren die Fassade. Hellblaue Fassadenputzflächen, taubenblaue Blech- und Eisenkonstruktionen sowie die rotbraune Dachdeckung verstärken das einheitliche Erscheinungsbild der Anlage. Charakteristisch ist zudem das durch breite Dachgauben mit Oberlichtfenstern regelmäßig unterteilte umlaufende Satteldach.

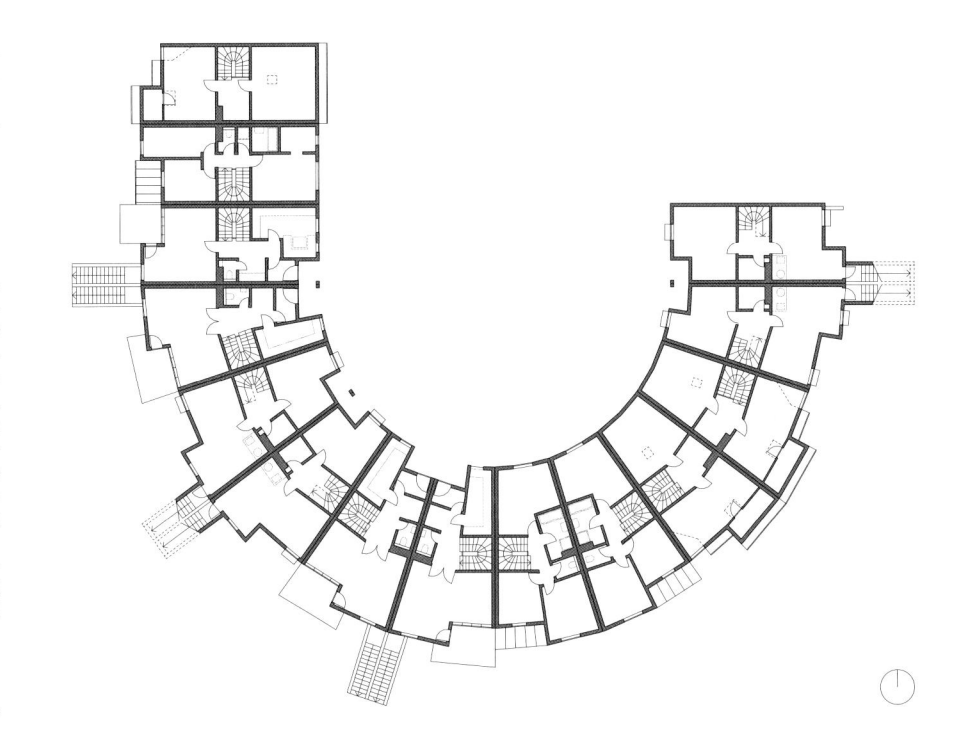

Einfamilienhäuser

0254 Anton Seidl-Gasse 75, EFH, 1993, AB: Hermann & Valentiny (Hubert Hermann, François Valentiny) ●

0255 Ferdinand Hanusch-Gasse 10, EFH mit Arztpraxis, 1978, P: Eric Egerer, Gerhard Kienzl, Helmut Sautner ●

Um einen nach Süden geöffneten Hof sind die Arztpraxis, der Wohntrakt und ein teilweise zweigeschoßiger Kindertrakt angeordnet. Das äußere Erscheinungsbild wird von zwei Materialien dominiert: unverputztem Sichtmauerwerk aus Abbruchziegeln, welche auch für das Pflaster der Terrassen und Zugänge verwendet wurden, und imprägniertem dunklem Holz bei den Dach- und Deckenkonstruktionen sowie bei den Fenstern und Türen.

Hotels, Heime, Klöster, Kasernen

0256 Alexander Groß-Gasse 67, Lager Brunn, ehem. k. u. k. Monturdepot Nr. 5, 1913, AF: Allgemeine österreichische Baugesellschaft | Erweiterung, 1917 | Restaurierungen, 1955–1957, 1990er-Jahre | Verkleinerung des Areals, frühes 21. Jh. ●

Als Entwicklungs-, Erzeugnis-, Lager- und Verteilungsstandort für die k. u. k. Armeeuniformen war der Anschluss an die Südbahn unverzichtbar. Von wem der Entwurf des fünften k. u. k. Monturdepots stammt, ist unklar, jedoch wurde der auf Betonfundamenten stehende, E-förmige Bau mit seinen nördlich und südlich anschließenden rechteckigen Pavillons 1913 von der Allgemeinen österreichischen Baugesellschaft, der späteren Firma Porr, errichtet. Die Baracken waren ebenfalls auf Beton errichtete Ziegelbauten, die mit Presskies flach gedeckt wurden; ihre Anzahl erhöhte sich nach einer zweiten Bauphase 1917 auf 54.

In der Zwischenkriegszeit wurde die Anlage von unterschiedlichen Firmen genutzt und unter dem NS-Regime die Uniformerzeugung als „Bekleidungsamt Wien" retabliert.

Massive Schäden der Anlage entstanden infolge eines selbst gelegten Feuers bei Heranrücken der Alliierten. Die sowjetische Besatzungsmacht hatte wenig Interesse an dem Gelände, was zu einem weiteren Verfall des Betriebs beitrug. Erst 1955 wurde das um zwei Drittel der Bausubstanz reduzierte Areal restauriert und 1957 zu seiner ehemaligen Funktion als Heereslager für Montur und Bekleidungserzeugnisse rückgeführt. In den 1990er-Jahren fand eine grundlegende Renovierung statt, in den folgenden Jahren wurde der Arealbestand weiter reduziert. Von den ehemals 54 Baracken existieren heute noch sieben. Teile der Anlage wurden in Militärwohnungen umgebaut, andere dem Roten Kreuz überschrieben; die Rolle als Monturdepot bleibt dem Standort jedoch erhalten.

0257 Wienerstraße 196, <u>Strandbad, ehem. Erholungszentrum, 1967</u>, P: Friedrich Florian Grünberger, BH: Gewerkschaft der Bau- und Holzarbeiter ●

Das ehemalige Erholungszentrum umfasste nicht nur das heute noch unter wechselndem Namen betriebene Strandbad mit Buffet am Ostufer des Badeteiches, sondern auch die Badehütten an der Westseite und das stark überformte Apartmenthaus an der Nordseite, das zwischenzeitlich als separates Hotel geführt wurde und aktuell leer steht. Die Faltdächer der in Stahlbeton-Skelettbauweise errichteten Umkleidegebäude sowie der in Scheibenbauweise ausgeführten Kabanen und des Buffets sind sicherlich ein auszeichnendes Element im Entwurf des als „Bäderpapst" bekannt gewordenen Architekten Friedrich Florian Grünberger (→ 2017).

▶ Plan: Zustand um 1967

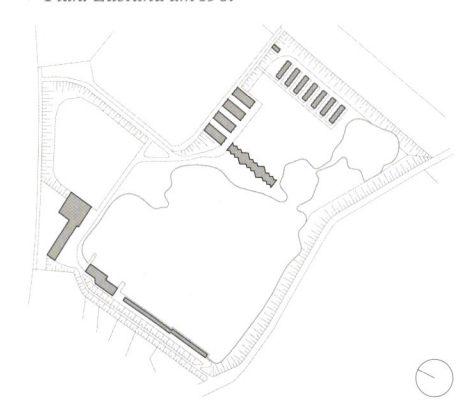

Geschäftslokale, Einkaufszentren, Banken

0258 Johann Steinböck-Straße 15, <u>Sportgeschäft Gigasport, 1997</u>, AB: Heinz & Mathoi & Streli Architekten (Karl Heinz, Dieter Mathoi, Jörg Streli)

Die Seitenansichten der eingeschoßigen Halle zeigen vornehmlich durch den abwechselnden Einsatz von Flach- und Satteldachelementen eine bemerkenswerte Gestaltung. So entsteht durch die Dachform und die Holzverkleidung ein rautenförmiges Muster. Die verglaste und mit vertikalen Holzstreben versehene Hauptfassade ist dem Hallenschnitt entsprechend diagonal nach außen geneigt, wodurch die Gebäudefront nach vorn zu kippen scheint.

Industrie

0259 Heinrich Bablik-Straße 17, <u>Zinkpower Brunn GmbH, ehem. Brunner Verzinkerei Brüder Bablik</u> | Umbau, 1950er-Jahre ●

1891 gründeten die Brüder Bablik die Brunner Verzinkerei, die 1926 unter dem Namen Gebrüder Bablik Ges.m.b.H. & Kommanditgesellschaft neu organisiert wurde. Das rund 100.000 Quadratmeter umfassende Fabrikareal, das unter anderem Werkhallen zur Stückverzinkung im Tauchverfahren, eine Fassfabrik, eine Spenglerei sowie ein Gaswerk umfasst, erfuhr während der 1950er-Jahre einen großen Ausbau. 1986 wurde das Unternehmen der Gebrüder Bablik durch die Zinkpower Gruppe übernommen.

Brunn an der Schneebergbahn 2721
Gemeinde: Bad Fischau-Brunn, Bezirk: Wiener Neustadt

Einfamilienhäuser

0260 Blumenthalgasse 7, <u>EFH, 1965</u>, P: Lois Holk-Hrebicek ●

Buchberg am Kamp 3571
Gemeinde: Gars am Kamp, Bezirk: Horn

Energie

0261 48°34'17.3"N 15°39'21.3"E, bei Buchberg 21, <u>Kleinwasserkraftwerk, 1984–1986</u>, P: Dieter Wallmann, BH: Dieter Bogner, Fritz Bogner ●

Für die Gutsverwaltung Buchberg am Kamp wurde am (damaligen) Institut für Gebäudelehre der TU Wien ein Laufwasserkraftwerk projektiert und der Entwurf von Dieter Wallmann ausgewählt. Das Kraftwerk ist neben einer ehemaligen Herrschaftsmühle aus dem 18. Jahrhundert situiert. Es handelt sich um einen kubischen Baukörper mit Zeltdach und schwebendem Vordach über dem Eingangsbereich in die Turbinenhalle, wobei die kleinstmögliche bauliche Lösung zum Schutz der Turbine, des Generators und des Trafos gewählt wurde. Durch die Materialien Beton, Stahl und Aluminium hebt sich der Bau von der Flusslandschaft ab und wirkt trotz seiner geringen Größe widerstandsfähig. Diese Massivität des Hauptraumes mit kleinen Fensteröffnungen in den Betonwänden steht im Gegensatz zur filigranen Umbauung des Eingangsbereiches.

Bullendorf 2193
Gemeinde: Wilfersdorf, Bezirk: Mistelbach

Religion, Kult

0262 Lundenburgerstraße 63, <u>Pfarrkirche Maria Königin und Pfarrhof, 1912</u>, P: Carl Weinbrenner, AF: Josef Dunkl, K: Rudolf Sagmeister (Altarbild) ●

Der Fürst Liechtenstein'sche Architekt Carl Weinbrenner hat die kleine Kirche und den benachbarten Pfarrhof mit schlichten Heimatstil-Elementen geplant und die Gebäude zu einem stilistisch einheitlichen, malerischen Ensemble verbunden. 2013 wurde der Pfarrhof renoviert und als Arztpraxis adaptiert.

Burgerwiesen 3591
Gemeinde: Altenburg, Bezirk: Horn

Einfamilienhäuser

0263 Burgerwiesen 43, <u>EFH, 1991–1993</u>, P: Martin Treberspurg, S: Richard Fritze

Der massive, sich winkelförmig von der Straße abwendende Baukörper wird von einem steilen Pultdach abgeschlossen, wodurch er – die ortsbildgestalterischen Forderungen erfüllend – auf der Straßenseite eingeschoßig wirkt. Zum Garten hin öffnet sich das Haus durch einen nach Süden orientierten, zweigeschoßigen Wintergarten, der einer großen Wohnhalle sowie einer Dachterrasse Platz bietet und im Osten von einem dreigeschoßigen, über einem quadratischen Grundriss errichteten Turm aus Holz und Glas abgeschlossen wird.

Deutsch-Wagram 2232
Gemeinde: Deutsch-Wagram, Bezirk: Gänserndorf

Religion, Kult

0264 Kirchengasse 2, <u>Erweiterung Pfarrkirche hl. Johannes der Täufer, 1956–1958</u>, P: Johann (Hans) Petermair, AF: Johann Christen, Michael Vogl, K: Alexander Silveri (Altar mit Kreuzigungsgruppe), Viktor Hammer (Taufsteindeckel), Rudolf Schmidt (Sandsteinreliefs) •

Der Kernbau der Kirche stammt aus der Romanik. Nach mehreren Umbauten und der Barockisierung des Innenraums im 17. Jahrhundert wurde 1956 eine entscheidende Vergrößerung des Kirchengebäudes beschlossen. Das Langhaus wurde abgerissen und der Erweiterungsbau im rechten Winkel an den Chor angefügt und auf diese Weise der Fassungsraum der Kirche annähernd verdoppelt. Der Chor wurde zur Seitenkapelle, die heute als Werktagskapelle genutzt wird. Der im Kern romanische Turm stürzte im Zuge der Bauarbeiten ein, wurde jedoch in alter Form wieder errichtet. Der Neubau ist sehr schlicht gestaltet. Die schmucklose Fassade erhielt ein Radfenster und wird nur durch den dreiteiligen Eingangsbereich akzentuiert, zu dem eine breite Treppenanlage führt.

Das mittlere überhöhte Portal wiederholt die Rundbogenform der Fensternischen des ehemaligen Chors, die Seitentüren sind hingegen horizontal abgeschlossen. Mit dieser Konzeption hat Petermair unverkennbar das Motiv eines Palladio-Fensters aufgegriffen. Interessant ist, dass er sodann in geradezu postmoderner Manier dieses Architekturzitat zu einem Hauptportal verfremdete. In der Lünette des Haupteingangs befindet sich ein Steinrelief mit der Darstellung des hl. Johannes des Täufers. Der kubische Innenraum hat einen kreuzförmigen Grundriss und ist sehr schlicht gestaltet. Mit der Flachdecke, dem profilierten Triumphbogen zum Altarbereich sowie Rundbogenöffnungen zu den Kreuzarmen greift der Architekt romanisches Formenrepertoire des Vorgängerbaus auf.

Bildung

0265 Friedhofallee 2, <u>Musikschule, ehem. Kindergarten, 1928</u>, P: Florian Prantl | Umbau, 1999–2000, P: Erich Amon

Gesundheit

0266 Hagergasse 21, <u>WH mit Ordination, 1981</u>, P: Helmut Christen •

Wohnbauten

0267 Bockfließerstraße 13a, <u>WHA, um 1966</u>, P: Franz Kiener, AF: Johann Christen •

Der zwischen Hauptstraße und Bahnhof gelegene viergeschoßige Baukörper mit Flachdach wurde über H-förmigem Grundriss errichtet. Über ein zentrales Stiegenhaus werden drei Wohngeschoße mit jeweils vier Wohnungen in Nordwest- bzw. Südost-Orientierung erschlossen. Jede Wohnung verfügt über eine Loggia, diese sind heute jedoch teilweise geschlossen. Die Abstellräume befinden sich im Erdgeschoß, da die Errichtung eines Kellers aufgrund des hohen Grundwasserstandes Mehrkosten verursacht hätte.

0268 Erbachstraße 1–7, <u>WH-Ensemble, 1906</u>, P: Franz Dworschak •

Das Ensemble besteht aus einer einheitlichen Verbauung traufständiger, eingeschoßiger Wohnbauten und wird an der Straßenecke durch einen Giebelrisalit akzentuiert. Die Bauten wurden ursprünglich mit Rohziegelmauerwerk und schlichter Putzgliederung gestaltet, wie Haus Nr. 1 und Nr. 7 noch belegen. Über die Jahre erfolgten partielle Umbauten und mehrere hofseitige Zubauten, etwa in Form von Werkstätten, Waschküchen, Veranden oder Wintergärten.

0269 Feldgasse 70–72, Karl Wiesinger-Straße 2, <u>WHA, 1978–1987</u>, P: Heinz-Dieter Kajaba, BH: Alpenland Gemeinnützige Bau-, Wohn- u. Siedlungsgenossenschaft •

In der Nähe des Bahnhofs wurden insgesamt 142 Wohnungen mit Größen von 60 bis 180 Quadratmetern erbaut. In drei Bauabschnitten errichtet und entsprechend ihrer Abfolge durch die Farben Gelb, Rot und Grün akzentuiert, werden die Abschnitte jeweils durch eine individuelle Wegführung und Garagenabfahrt erschlossen. Die ebenerdigen Wohnungen verfügen über Gärten, die darüberliegenden Maisonettewohnungen mit Terrassen sind über Laubengänge erreichbar. Dunkelgraue Dachschrägen tragen in Verbindung mit den hellen Eternitplatten an der Fassade zum einheitlichen Erscheinungsbild der bis ins Detail durchgeplanten Anlage bei. Während des Planungsprozesses konnten die Eigentümer*innen sowohl bei der Gestaltung der Wohnungsgrundrisse als auch bei der Platzierung der Fenster innerhalb der konstruktiven Vorgaben mitwirken.

Einfamilienhäuser

0270 Dr. Adolf Schärf-Straße 21, <u>EFH, 1985</u>, P: Alessandro Alvera •

Der eingeschoßige Baukörper mit flachem Walmdach besteht aus einem straßenseitigen gemauerten Block und einer gartenseitigen Holzkonstruktion. Im gemauerten Bauteil sind die Schlaf-, Arbeits-, Nassräume, die Küche sowie die Garage und der Abgang zum Keller angeordnet. Die Holzkonstruktion beinhaltet den großen Wohnbereich mit Kaminnische, Erker und zwei Veranden. Die Gartenseite weckt mit der ausgefachten Holzkonstruktion, dem auf schlanken Säulen gestützten Dach und der erhöhten Lage einige Stufen oberhalb des Gartenniveaus Assoziationen zu japanischen Wohnhäusern.

0271 Mozartgasse 14, EFH, 1975–1980, P: Helmut Christen ●

Diendorf 3452
Gemeinde: Würmla, Bezirk: Tulln

Verkehr

0272 48°16'46.0"N 15°51'46.9"E, zwischen Saladorf und Diendorf, Stahlbetonbrücke, um 1904, P: Franz Visintini ●

Dimling 3830
Gemeinde: Waidhofen an der Thaya, Bezirk: Waidhofen an der Thaya

Industrie

0273 Schrackstraße 1, Tyco Electronics Austria GmbH, ehem. Werk der Schrack Elektrizitäts AG, ab 1976, P/AF: Reissmüller Bau GmbH, BH: E. Schrack Elektrizitäts AG ●

Dobermannsdorf 2181
Gemeinde: Palterndorf-Dobermannsdorf, Bezirk: Gänserndorf

Religion, Kult

0274 Hauptstraße 18, Pfarrkirche hl. Andreas, 1900–1901, P: Carl Weinbrenner, AF: Rossak, K: Mayer'sche Hofkunstanstalt München (Glasmalerei), A. Renner (Polychromierung), Ludwig Stürmer (Bildhauerarbeiten) ●

Fürst Johann II. von Liechtenstein stiftete die kleine Ortskirche als Ersatz für eine nicht mehr den Ansprüchen genügende Kirche. Für die Ausführung beauftragte er Carl Weinbrenner, seinen Baudirektor. Der Architekt erbaute in Niederösterreich und Südböhmen eine Reihe von Kirchen (→ 0825, → 1214, → 0262), vielen von ihnen verlieh er mithilfe farbiger und verschieden geformter Tonziegel beachtliche malerische Qualität. Bei der kleinen, neogotischen Kirche in Dobermannsdorf erzielte er hingegen diese damals hoch geschätzte Wirkung durch einen stark zergliederten, asymmetrischen Baukörper. Nur bei den Dächern setzen rot bzw. grün glasierte Ziegel aus der Unterthemenauer Tonwarenfabrik seines Auftraggebers farbige Akzente. Der Innenraum ist reich polychromiert, und die Fenster sind mit Glasmalereien versehen.

Doberndorf 3751
Gemeinde: Horn, Bezirk: Horn

Sonderbauten

0275 48°41'56.67864"N 15°40'47.1378"E, Papstwarte, 1983, P: Robert Krapfenbauer | Zubau, 1988 ●

Anlässlich des Besuchs von Papst Johannes Paul II. wurde 1983 der Aussichtsturm auf einer

Waldanhöhe nahe Doberndorf als Stahlbetonbau errichtet. Seine imposante Wirkung erhält das Bauwerk durch den massiven Betonkern, um den sich eine skulpturale Treppe mit unregelmäßiger sechseckiger Grundrissform windet. 1988 wurde das Bauwerk um weitere sieben Meter aufgestockt und über der alten, in 24,5 Meter Höhe liegenden Aussichtsplattform eine weitere Ebene errichtet. Über eine Wendeltreppe, die um einen runden Betonschaft angelegt ist, wird das oberste Podest erreicht, von welchem sich ein großes Betonkreuz erhebt. Der Papst besuchte die Warte nie.

Im selben Jahr wurde mit der Europawarte St. Benedikt eine weitere, sehr ähnliche Warte von Robert Krapfenbauer in Obermarkersdorf erbaut (→ 1343).

Dobersberg 3843
Gemeinde: Dobersberg, Bezirk: Waidhofen an der Thaya

Wohnbauten

0276 Schellings 1–8, Schellinghofsiedlung, um 1940, P: Willi Erdmann

Diese Gruppe aus dreiseitigen Aussiedlerhöfen auf den ehemaligen Gründen des Meierhofs entstand im Zusammenhang mit der Schaffung des Truppenübungsplatzes Döllersheim/Allentsteig, um Teilen der abgesiedelten Bevölkerung neuen, in Berlin entworfenen Wohnraum zur Verfügung zu stellen.

Einfamilienhäuser

0277 Schulstraße 5, EFH, 1983, P: Karl Mang, Eva Mang-Frimmel ●

Das nur 8,5 × 8,5 Meter große eingeschoßige Gebäude wurde für einen Arzt errichtet, der seine Praxis und Wohnung in einem nahe gelegenen Gemeindebau hatte. Das Haus sollte ihm die Möglichkeit bieten, während seiner Bereitschaftszeiten mit seiner Familie Zeit im Garten zu verbringen, weshalb auch besonderer Wert auf die Gestaltung der Freifläche gelegt wurde. Aufgrund der Nutzungsanforderungen wird im Grundriss ein Wohnraum ost- und einer westseitig zum Garten orientiert, die Service- und Nebenräume sind im Zentrum und an der Nordseite des Gebäudes gruppiert. Die breiten Fensteröffnungen der Wohnräume sind weit in das Pyramidendach gezogen und ermöglichen den Blick in den Garten und den Himmel, die Innenausstattung ist mit Holzverschalungen an den Wänden und bräunlichen Fliesen in warmen, naturverbundenen Farbtönen gehalten.

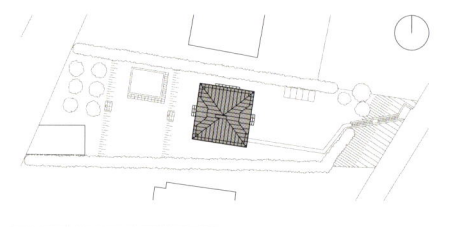

Industrie

0278 Lagerhausstraße 8, Brennerei, 1927, BH: Landwirtschaftliche Brennereigenossenschaft für Dobersberg und Umgebung

In der zweiten Hälfte der 1920er-Jahre wurden vermehrt Brennerei-Genossenschaften in Niederösterreich gegründet, deren Betriebe im „Niederösterreichischen Brennerei-Verband" zusammengefasst waren. Die Bauten wurden nicht selten parallel geplant, weshalb häufig Ähnlichkeiten in Kubatur und Gestaltung erkennbar sind (siehe Drosendorf, Heidenreichstein, Vitis, Zissersdorf bei Geras).

Die Brennereigenossenschaft für Dobersberg und Umgebung wurde 1927 gegründet. Bei dem Betriebs- und Verwaltungsgebäude handelt es sich um einen in der Höhe gestaffelten, zweigeschoßigen Bau mit Krüppelwalmdach, der durch einen Schornstein im rückwärtigen Bereich übertragt wird. Die östlich angegliederte, lang gestreckte Lagerhalle ist, typisch für Brennereilager, mit einem Satteldach, dessen Traufe fast bis zum Boden reicht, und mit Wänden aus Feldsteinmauerwerk ausgeführt.

Donaudorf 3370
Gemeinde: Ybbs an der Donau, Bezirk: Melk

Energie

0279 Donaudorfstraße 2, Donaukraftwerk Ybbs-Persenbeug, 1938–1944, 1954–1959, P: Karl Hauschka, Heinz Scheide, BH: DoKW | Austausch der Turbinen, ab 2014, BH: Verbund AG ●

Das erste Donaukraftwerk Österreichs besteht aus einem Nord- und einem Südkraftwerk mit je drei Turbinen. Dazwischen befindet sich die mächtige Wehranlage, aufgebaut aus fünf Wehrfeldern mit je 30 Meter lichter Breite. Für den Eigenbedarf sind zwei weitere Kaplan-Turbinen aus den Jahren 1957 und 1958 in den Trennpfeilern untergebracht. Seit 2014 werden alle Turbinen ersetzt, womit eine zusätzliche Leistung von 18 Megawatt und ein zusätzliches Regelarbeitsvermögen von 60.000 Megawattstunden erreicht wird (→ 0533, → 0849, → 1209).

Dörfl 3180
Gemeinde: Lilienfeld, Bezirk: Lilienfeld

Bildung

0280 Castellistraße 8, Mittelschule, 1929, P: Rudolf Frass, AF: Heinrich Wohlmeyer, K: Wilhelm Frass (Bronzeskulpturen) | Aufstockung der Seitentrakte, 1960–1964 ●

Frass löste sich in den späten 1920er-Jahren vom gängigen Typus mit Hauptfront und rechtwinkelig angesetzten Nebenflügeln und entwickelte eigenständige Lösungen für den Schulbau. Zeitgleich mit dem Gebäude in Lilienfeld entwarf er beispielsweise für St. Pölten eine kreuzförmige Schule mit abgetreppten Geschoßen und Dachterrassen, die jedoch nie zur Errichtung kam. In Lilienfeld bildet der Baukörper einen Bogen, an dessen Ostfront die Klassenräume liegen, im Westen befinden sich ein breiter Erschließungsgang und das Treppenhaus sowie die WC-Gruppen. Der Baukörper wurde im Süden von der Schulleiter- und Schulwartwohnung und im Norden von einem Turnsaaltrakt abgeschlossen. Die langen glatten Wandflächen der Fassade werden durch in Viertergruppen zusammengefasste Sprossenfenster gegliedert und die Mittelachse mit dem Haupteingang durch einen Balkon-Vorbau mit Bronzeskulpturen betont. Der ursprünglich abgetreppte Baukörper wurde in den 1960er-Jahren über den vier äußeren Fensterachsen um ein Geschoß aufgestockt und die Balkone zu Wintergärten geschlossen, wodurch die Fassade heute wesentlich mächtiger wirkt.

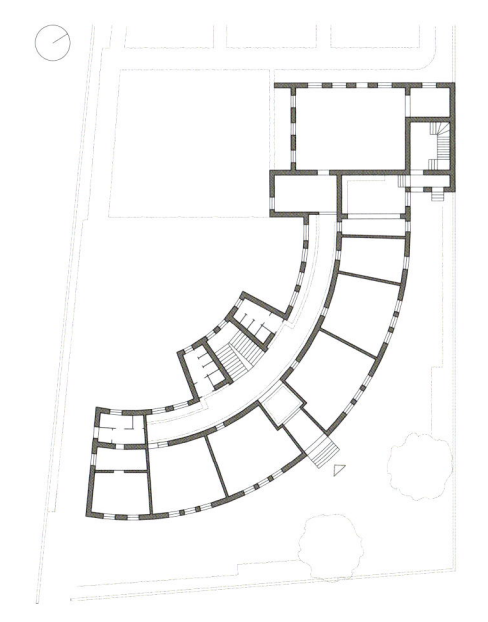

Wohnbauten

0281 Babenbergerstraße 9, Wohn- und Geschäftshaus, 1911, P: Franz Gröbl ●

Zu den Merkmalen des zweigeschoßigen Gebäudes mit Walmdach zählen der abgeschrägte Eckbereich, segmentbogenförmige Attikaaufsätze und der auf massiven Konsolen liegende Balkon mit einer Brüstung in secessionistischen Formen. In Putzeintiefungen liegende Fensterachsen gliedern die im Sockelbereich bandrustizierte Fassade, die von einem Kranzgesims abgeschlossen wird.

Einfamilienhäuser

0282 Jungherrntalstraße 19, Villa, 1902, P: Eugen Sehnal, AF: Heinrich Wohlmeyer ●

0283 Kolweißgasse 9, Villa, 1909, P: Karl Haybäck, BH: Max Koffmahn ●

Dörfles 2115
Gemeinde: Ernstbrunn, Bezirk: Korneuburg

Einfamilienhäuser

0284 Dörfles 42, Villa Rainer, um 1918 ●

Dornbach 2392
Gemeinde: Wienerwald, Bezirk: Mödling

Einfamilienhäuser

0285 Raitlstraße 60, EFH, 1977, P: Rüdiger Stelzer ●

Zwei mit Pultdächern gedeckte Baukörper sind gegeneinander so verschränkt, dass im Inneren Split-Levels entstehen. Die klare, geometrische Form der Dächer verleiht dem äußeren Erscheinungsbild in zeitloser Ästhetik eine skulpturale Wirkung.

Drasenhofen 2165
Gemeinde: Drasenhofen, Bezirk: Mistelbach

Amts-, Verwaltungs-, Kommunal-, Bürobauten

0286 Gendarmeriestraße 4, Polizeiinspektion, ehem. Doktorhaus, 1926–1927, P: Johann Mattner | Umbau, 1972 | Umbau, 1993 ●

Religion, Kult

0287 Kirchenplatz 8, Pfarrhaus, 1912, P: Leopold Kratochwil ●

Nachdem das bestehende ebenerdige Pfarrhaus, insbesondere wegen des schlechten Untergrundes, baufällig geworden war, begannen 1911 die Abbrucharbeiten, um an derselben Stelle einen stattlichen, landhausartigen einstöckigen Neubau nach Plänen des Oberbaurats Kratochwil zu errichten. Wegen der schlechten Bodenbeschaffenheit wurde ein massives Betonfundament hergestellt und die Mauern durch eiserne Schließen verstärkt.

Drosendorf Stadt 2095
Gemeinde: Drosendorf-Zissersdorf,
Bezirk: Horn

Religion, Kult

0288 48°51'56.0"N 15°37'18.6"E, Horner Straße vor Kreisverkehr, Kriegerdenkmal, 1922 •

Das Kriegerdenkmal wurde wahrscheinlich von einem örtlichen Baumeister als kleine Kapelle in barockisierenden Formen errichtet. Ursprünglich zum Gedenken an die Opfer des Ersten Weltkriegs gedacht, wurden nach dem Zweiten Weltkrieg die Namenstafeln entsprechend ergänzt und die Jahreszahlen in den Lorbeerkränzen an der Außenwand geändert. Über dem Torbogen ist ein Zierband mit der Inschrift „UNSEREN HELDEN ZUR EHRE" angebracht. Der Innenraum ist durch ein schmiedeeisernes Gitter mit Lanzenenden verschlossen.

Bildung

0289 Horner Straße 24, Volks- und Mittelschule, Kindergarten, 1949-1952, P: Alois Schrimpf, K: Otto Köhler (Fresko) | Turnsaal, 1970-1972 | Zubau Kindergarten, 2020, AB: 4juu architekten (Karl Gruber) •

Der aus Drosendorf stammende und in Wien ansässige Architekt Alois Schrimpf war für die Planung des Gebäudes verantwortlich. Der lang gestreckte, eingeschoßige Bau liegt etwas außerhalb des Ortszentrums, der Eingang wird in der leicht geknickten Fassade durch ein vorspringendes rundes Türmchen markiert, in dessen Obergeschoß das Konferenzzimmer liegt. Die Gestaltung des Eingangsbereichs mit Natursteinsäulen erinnert an die zeitgleich errichtete Schule in Steinakirchen (→ 1915).

Ein Fresko an der Ostfassade, gestaltet vom ebenfalls aus Drosendorf stammenden akademischen Maler Otto Köhler, zeigt einen Sämann mit einer Gruppe von Schülern.

Freizeit

0290 48°52'11.1"N 15°36'19.2"E, Badstraße, Strandbad an der Thaya, 1929 •

1929 ließ der örtliche Verschönerungsverein, anstelle der zu klein gewordenen Badeanlage, ein neues Strandbad mit 50 Kabinen und einem Tennisplatz errichten. Die beeindruckende Holzarchitektur der sich längs auf einem gemauerten Sockel erstreckenden Kabinentrakte erhält durch erhöhte Mittel- und Seitenpavillons in der Dachlandschaft ein schlossähnliches Gepränge. Nach dem Dornröschenschlaf der Anlage von den 1960er- bis in die 1990er-Jahre verleihen ihr seit der Jahrtausendwende diverse Veranstaltungen wie Sommerkino, Lesungen sowie Cocktail- und Tanzabende auf der Terrasse wieder das ursprüngliche Kulturleben, das unabdingbar zum Badebetrieb der Zwischenkriegszeit gehörte.

Wohnbauten

0291 Badstraße 3, Stiege 1–6, RH-Siedlung, um 1983, AB: Atelier KPK (Werner Kessler, Robert Poschacher, Odo Kulcsar) •

Unweit der historischen Stadtmauer wurden sechs individuell gestaltete giebelständige Doppelhäuser errichtet. Inspiriert von alten Bürgerhäusern sollte der Entwurf die traditionelle lokale Formgebung mit modernen Elementen kombinieren. Die Dachzonen, die erkerartigen Eckfenster wie auch die Türen und Fensterbänder sind dunkel gehalten und führen in Verbindung mit dem hellen Putz zu einem kontrastreichen Gesamtbild. Vor den ebenerdigen, nach Süden orientierten Wohnräumen befinden sich teilweise überdeckte Terrassen, darüber liegen Loggien. Die Baukörper weisen straßen- und gartenseitig Vor- und Rücksprünge auf, sind unterkellert und verfügen jeweils über eine Garage.

Geschäftslokale, Einkaufszentren, Banken

0292 Hauptplatz 19, Umbau Sparkasse, vor 1982, P: Gustav Blei, BH: Sparkasse der Stadt Horn

Im Zuge des Umbaus zu einer Sparkasse wurde die Fassade des um die Jahrhundertwende errichteten Bürgerhauses mitsamt Kastenportal in Absprache mit dem Bundesdenkmalamt bewahrt.

Industrie

0293 Haidweg 1, ehem. Brennerei, 1926, P: V. Friedrich, BH: Brennereigenossenschaft Drosendorf ●

Droß 3552
Gemeinde: Droß, Bezirk: Krems

Religion, Kult

0294 Kirchenplatz 114, Wallfahrtskirche Maria Fatima, 1949–1953, P: Helmut Schopper | Wiederaufbau Dachstuhl nach Blitzeinschlag, 2016

Dürnkrut 2263
Gemeinde: Dürnkrut, Bezirk: Gänserndorf

Wohnbauten

0295 Hauptstraße 63, WH, 1922 | Aufstockung, 1928, P: Egon von Leuzendorf | Wiederherstellung der Fassade, 1986 ●

0296 Paul Ferstel-Straße 2, WH, 1921, P: Theodor Beitl ●

Dürnstein 3601
Gemeinde: Dürnstein, Bezirk: Krems

Religion, Kult

0297 48°23'29.0"N 15°31'53.2"E, bei Oberloiben, Franzosendenkmal, 1905, P: Friedrich Schachner ●

Am 11. November 1805 gelang den österreichischen und russischen Truppen im Kampf gegen die napoleonische Armee ein kleiner Erfolg. Nur drei Wochen später wurden sie allerdings in der Schlacht von Austerlitz vernichtend geschlagen. Zur Erinnerung an die „Schlacht bei Dürnstein" wurde hundert Jahre später auf dem ehemaligen Schlachtfeld ein Mahnmal errichtet. Das monumentale, weithin sichtbare Denkmal besteht aus einem quadratischen Sockel und einem hoch aufragenden, polygonalen Turm, dessen Spitze die Form einer Patrone nachbildet. Reliefs mit Szenen der Schlacht und Inschriften in deutscher, russischer und französischer Sprache erinnern an die verlustreichen Kämpfe. Im Unterbau befinden sich eine Kapelle und ein Beinhaus.

Freizeit

0298 Dürnstein 141, Kuenringer Freibad, 1974, P: Erich Janisch, BH: Gemeinde Dürnstein, K: Robert Herfert (Sgraffito) | Umgestaltung Außenraum, 2006

In der Donaubiege etwas außerhalb von Dürnstein wurde in den 1970er-Jahren, der Blütezeit der Freizeitanlagen, das Kuenringer Freibad errichtet. Baulich besteht das Bad aus drei Baukörpern, die die Funktionen des Freizeitbetriebs (Kassenhäuschen, Garderoben, Imbiss) aufnehmen. Der nördlichste, an der Hauptverkehrsachse liegende und zweigeschoßig ausgeführte Kabinentrakt zeigt an der Westfassade ein dem Geschlecht der Kuenringer gewidmetes Sgraffito. Die Außenanlage wurde 2006 umgestaltet und anstelle von Freibecken ein Naturschwimmteich angelegt.

Einfamilienhäuser

0299 Dürnstein 79, Villa, um 1932, P: Karl Holey ●

Der Architekt und Denkmalpfleger Karl Holey plante auf einem Hang am Fuß der Burgruine Dürnstein ein Landhaus. Mit geschwungenen Wänden, spitzen und stumpfen Winkeln sowie vorspringenden Balkonen entstand ein unregelmäßiger Grundriss, der durch die Ausrichtung der einzelnen Räume nach dem Ausblick, der Besonnung und dem Windschutz entwickelt wurde.

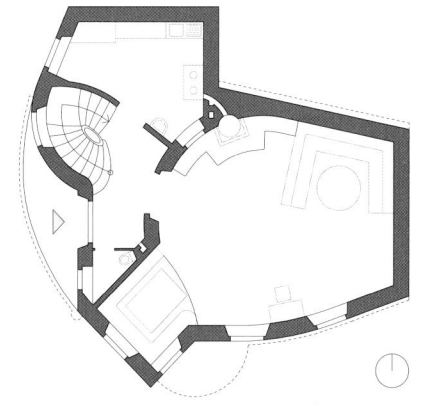

0300 Dürnstein 82, Landhaus, 1923, P: Emil Hoppe, Otto Schönthal ●

Die Kleinvilla in neobarocken Formen mit Wappenstein und Figur des hl. Florian liegt am Felshang unter der Burgruine Dürnstein und bietet einen beeindruckenden Ausblick über die Donau und die dahinterliegende Landschaft.

Verkehr

0301 Dürnstein 76, Bahnhof, 1909, P/BH: k. k. österreichische Staatsbahnen

→ 0012

Ebenfurth 2490
Gemeinde: Ebenfurth, Bezirk: Wiener Neustadt

Wohnbauten

0302 Wiener Neustädter Straße 31–35, 52, WH-Ensemble der Wiener E-Werke, um 1913, BH: Wiener städtische Elektrizitätswerke | Umbau, 1984–1987, P: Hans Zahlbruckner ●

Einfamilienhäuser

0303 Leithastraße 12, EFH, vor 1921, P: Oskar Schober | Umbauten, 1980er-Jahre ●

Ebergassing 2435
Gemeinde: Ebergassing, Bezirk: Bruck an der Leitha

Industrie

0304 Götzendorfer Straße 3–5, Grupo Antolin, Revitalisierung Teppich- und Möbelstofffabrik, 1949–1951, P: Carl Appel, BH: Philip Haas AG ●

Das Unternehmen Philip Haas & Söhne war an diesem Standort ab 1851 ansässig, der Zweite Weltkrieg machte eine Revitalisierung der Anlage erforderlich. Da die Ausmaße des Maschinenparks und die Produktionsabläufe noch nicht feststanden, wählte Appel eine Hallenkonstruktion, die große Variabilität in der Ausstattung ermöglichte. Die 80 × 70 Meter messende Halle wurde aus sieben zehn Meter breiten Sheds, getragen von schmalen Stützen, konstruiert. Die Belichtung erfolgt über die mit Glasbausteinen versehenen Fassadenflächen und die Fensterbänder der Sheds. Der Anbau für die Färberei und Appretur ist von 13 Meter breiten Stahlbeton-Tonnenschalen überfangen.

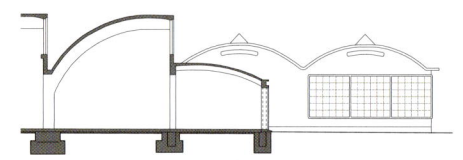

Ebreichsdorf 2483
Gemeinde: Ebreichsdorf, Bezirk: Baden

Bildung

0305 Schulgasse 6, Neue Mittelschule, 1908 | Aufstockung und Zubau Turnsaal, 1927, AB: Theiss & Jaksch (Siegfried Theiss, Hans Jaksch) | Zubau, 1966–1974, P: Jutta Müller | Sanierung und Zubau, 2001, AB: Schwalm-Theiss und Gressenbauer ZT GmbH | Zubau, 2018, P: Gerhard Holpfer ●

1908 mit acht Klassen errichtet, wurde die einstöckige, U-förmige Schule 1927 um ein Geschoß mit einem Zeichensaal und drei Klassenräumen aufgestockt. Sie erhielt eine neue Gestaltung der Fassade und im Osten einen Turnsaal mit einem auffallenden Holzrippengewölbe in Zollinger-Bauweise.

0306 Wiener Straße 5, Kindergarten, 1983–1985, P: Eric Egerer, Gerhard Kienzl, Helmut Sautner | Zubau, 2018 ●

Eine zentrale Halle erschließt die vier nach Süden orientierten Gruppenräume, den Bewegungsraum und die Nebenräume. Die Dachlandschaft spiegelt die Funktionen der Räume wider: Die Gruppenräume liegen unter den erhöhten Dachlaternen und erhalten so zusätzliche Belichtung, die weiten Dachvorsprünge dienen als Sonnenschutz. Die Dachkonstruktion besteht aus sichtbaren, verleimten Holzsparren. Im Inneren sind die Räume durch hölzerne Galerien strukturiert. 2018 wurde der Kindergarten durch einen Anbau um eine Gruppe und einen neuen Turnsaal erweitert.

Freizeit

0307 Schlossallee 1, Clubhaus Golfclub, 1987–1989, P: Hans Hollein, BH: Richard Drasche-Wartinberg, Golfplatz Schl. Ebreichsdorf EuV-GmbH & Co KG

Innerhalb eines nach dem Masterplan der Errichtungsgesellschaft angelegten Golfplatzes im Park des Schlosses von Ebreichsdorf konzipierte Hans Hollein im Auftrag von Richard Drasche-Wartinberg als funktionales Zentrum in der nordöstlichen Ecke des Golfclubgeländes ein großes Clubhaus. Durch das Eingraben des Untergeschoßes in eine künstliche Böschung scheint das als Solitär errichtete Clubhaus erhaben über den Golfplatz zu thronen. Dieser Eindruck wird durch zwei mit Walmdächern und Fahnen bekrönte Türme, in denen die Stiegenhäuser untergebracht sind, verstärkt. Diese überragen das niedrig und flach ausgeführte Walmdach, welches das großflächig verglaste Erdgeschoß überspannt. Der Hauptraum des Clubhauses ist entweder über den Zugang vom nahe gelegenen Parkplatz auf dem Niveau des Untergeschoßes auf der Ostseite oder durch mehrere Zugänge über die umlaufende Terrasse erreichbar. Dieser basilikal angelegte, langrechteckige Raum erstreckt sich zwischen den beiden Türmen, umfasst im Zentrum das Restaurant und ermöglicht eine Aussicht über das weitläufige Gelände. Die sakral anmutende Wirkung wird durch die Lichtbänder in den Obergaden unterstrichen. Das Untergeschoß nimmt Garderoben sowie Service- und diverse Einstellräume auf.

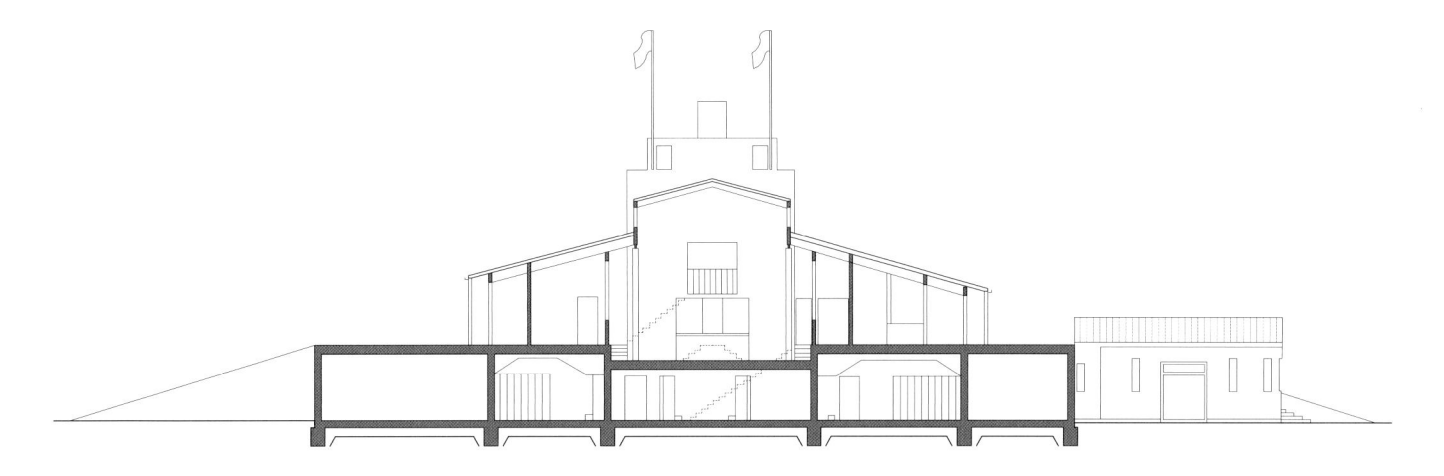

Wohnbauten

0308　Wiener Straße 22, <u>WH, um 1924,</u> AB: Theiss & Jaksch (Siegfried Theiss, Hans Jaksch), BH: Gemeinde Ebreichsdorf ●

Der dreigeschoßige, traufständige Baukörper mit Satteldach verfügt über Kleinwohnungen in Ost- bzw. West-Ausrichtung. Kubisch und schlicht gehalten, wird er akzentuiert durch halbkreisförmige Balkone über dem rechts liegenden Zugang, eine weit auskragende Traufe und die dunklen, das Fassadenbild rahmenden Fallrohre. Der asymmetrische Aufbau wird rhythmisiert durch Doppel- und Dreifachfenster sowie durch die ein- und zweiachsigen Dachgauben.

Industrie

0309　Rathausplatz 1, <u>Rathaus, ehem. Börtel- und Litzenfabrik, 1902,</u> BH: Sgalitzer & Schlesinger | Zubau Websaal, 1945, BH: Regner & Rücker | Umbau und Umnutzung zum Rathaus, 1999–2001, BH: Gemeinde Ebreichsdorf ●

1931 ging die 1902 errichtete Börtel- und Litzenfabrik der Firma Sgalitzer & Schlesinger in den Besitz von Regner & Rücker über. Hofseitig wurde 1945 ein neuer Websaal errichtet. Nach einigen Jahren Leerstand kaufte die Gemeinde das Fabrikgelände an, um es in Zusammenarbeit mit dem Bundesdenkmalamt in ein Rathaus umzubauen. Der ehemalige Schriftzug „Ebreichsdorfer Mech. Weberei Regner & Rücker" in der Zierattika der Hauptfassade wurde durch „Rathaus" ersetzt.

0310　Wiener Straße 114, <u>Umbau Filzhutfabrik, ehem. Baumwollspinnerei, 1937–1938,</u> P: Carl Appel | Stilllegung, 1970 ●

Im Jahr 1874 übernahmen die Brüder S. und J. Fraenkel die 1802 errichtete ehemalige Baumwollspinnerei und bauten sie in eine Hutfabrik um. Die erste große Erweiterung fand um 1900 statt, als Staffiererei und Appretur von Wien nach Ebreichsdorf ausgelagert wurden. Carl Appel erweiterte bis 1938 das Fabrikareal um eine neue Färberei und mehrere Lagerhallen und Werkstätten, die größtenteils im Kern erhalten sind. Die Fabrik wurde 1970 stillgelegt, das Areal ab 1971 umgebaut und wird derzeit von unterschiedlichen Betrieben genutzt.

Landwirtschaft

0311　Bahnstraße 29, <u>erste Lagerhalle des Lagerhauses, 1961,</u> BH: Verband ländlicher Genossenschaften in NÖ | Siloturm, 1972 | Verwaltungsgebäude, 1977 ●

Obwohl das Wandbild auf der Südseite des Siloturms weithin sichtbar das Jahr 1961 zeigt, stammt der Turm erst aus dem Jahr 1972. Der architektonisch vielleicht interessanteste Baukörper der Anlage, das alte Lagerhaus, wurde nach 1976 stark verändert und verbreitert, jedoch blieb das Sgraffito zur Straße hin erhalten. Das westlich gelegene Verwaltungsgebäude aus dem Jahr 1977 besteht heute in kaum veränderter Form.

Echsenbach 3903
Gemeinde: Echsenbach, Bezirk: Zwettl

Einfamilienhäuser

0312 Kirchenberg 8, Hartl Jagdhaus, 1910, P: Wenzl Hartl

Das als eines der ältesten Fertigteilhäuser Mitteleuropas geltende Haus wurde vom Böhmen Wenzl Hartl 1910 bei der Jagdausstellung in Wien Kaiser Franz Joseph I. vorgestellt. Nach Ende der Ausstellung wurde es inklusive Hartls Jagdtrophäen neben seiner Villa in Echsenbach wieder aufgebaut; nach dem Ersten Weltkrieg verlagerte er auch Teile seiner heute noch bestehenden Holz- und Fertigteilhaus-Produktion an diesen Ort.

Eckartsau 2305
Gemeinde: Eckartsau, Bezirk: Gänserndorf

Bildung

0313 Schloßgasse 6, Kindergarten, ehem. Volksschule und Kindergarten, 1959, P: Alfred Hellmayr, K: Maria Sturm (Gitter) | Einstellung des Schulbetriebs, 1972 | Zubau Gruppenraum Nordseite, 1998 | Erneuerung Dach, 1999 | Um- und Zubau, 2018–2019, P: Sebastian Makoschitz Baumeister und Ingenieure ●

Das Gebäude wurde als Schule und Kindergarten mit Wohnung für den Schulleiter errichtet, seit der Schließung der Schule wird es ausschließlich als Kindergarten genutzt. 1998 erfolgte eine Erweiterung um einen Gruppenraum, die zunächst vermietete Dienstwohnung wurde 2019 als Gruppenraum adaptiert und Terrasse und Personalräume

durch einen Multifunktionsraum ersetzt. Unter dem weit vorgezogenen Dach gab es ursprünglich zwei getrennte Eingänge zu den jeweiligen Garderobenräumen, die durch ein kunstvoll gestaltetes Gitter der Malerin Maria Sturm getrennt waren. Seit den Umbauarbeiten befindet sich das Gitter in der Aula.

▶ *Plan: Zustand um 1959*

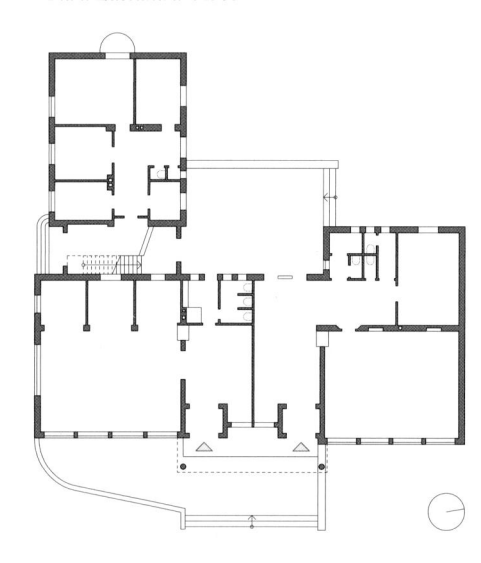

Landwirtschaft

0314 Untere Hauptstraße 38, Raiffeisen Lagerhaus, 1963, BH: Verband ländlicher Genossenschaften in NÖ | Umbau, 1970–1971 ●

Die Lagerhalle und Teile der Straßenfront stammen aus dem Gründungsjahr 1963, der Großteil des Komplexes, bestehend aus Mühle, Bürogebäude und Lagerhalle, ist jedoch bei einem Umbau zwischen 1970 und 1971 entstanden. Am Mühlplatz 11 wurde 1970 auch ein Wohnhaus für den Geschäftsführer errichtet.

Edlach an der Rax 2651
Gemeinde: Reichenau an der Rax, Bezirk: Neunkirchen

Religion, Kult

0315 Edlach 100b, Pfarrkirche Hl. Geist, 1938–1939, P: Robert Kramreiter ●

Die wohlhabende Witwe Berta Heller aus Wien vermachte der katholischen Kirche ihr gesamtes Vermögen mit der Auflage, in Edlach, ihrem Zweitwohnsitz, eine Kirche zu bauen. Die von einem örtlichen Baumeister entworfenen Pläne gefielen der Erzdiözese Wien nicht, und sie übertrug Robert Kramreiter die Planung. Kramreiter arbeitete mehrere Jahre mit Dominikus Böhm zusammen, der im katholischen Kirchenbau in Deutschland bahnbrechend tätig war. In dessen Sinn war auch Kramreiter ein Verfechter der vorkonziliaren Erneuerungsbewegung der 1920er- und 1930er-Jahre, die den Gemeinschaftsgedanken der Gläubigen förderte und zu diesem Zweck den Altarbereich als Mittelpunkt der Gemeinde gestalten wollte. Bei der Kirche in Edlach hat Kramreiter jedoch die neuen Ideen eher halbherzig umgesetzt. Wohl sah er einen großen Gemeinschaftsraum vor, der Grundriss wirkt jedoch mehr vom Barock inspiriert als modern konzipiert, denn er verlegte den Altar nicht in den Bereich des Hauptraumes, sondern in einen, in traditioneller Manier, vom Hauptraum abgesetzten Chorraum. Die Kirche liegt inmitten einer gebirgigen Gegend, und Kramreiter meinte, dass ihm sofort bewusst war, „hier eine Anlage planen zu müssen, welche [...] in der gesamten Wirkung volkstümlich und malerisch ist". So wie bereits zur Jahrhundertwende üblich, brachte auch er das Malerische durch einen vielgliedrig aufgelösten Baukörper zum Ausdruck, indem er das gesamte Gebäude aus unterschiedlich hohen und großen Kuben und Zylindern zusammensetzte. Die nüchtern gestalteten Einzelteile sowie der Verzicht auf jeglichen Dekor zeigen, dass Kramreiter auf die Wirkung des Baukörpers an sich zählte. Ob die Kirche von der Gemeinde als „volkstümlich" empfunden wurde, sei dahingestellt – diese Wortwahl war wohl vor allem an die neuen Machthaber des Nationalsozialismus adressiert.

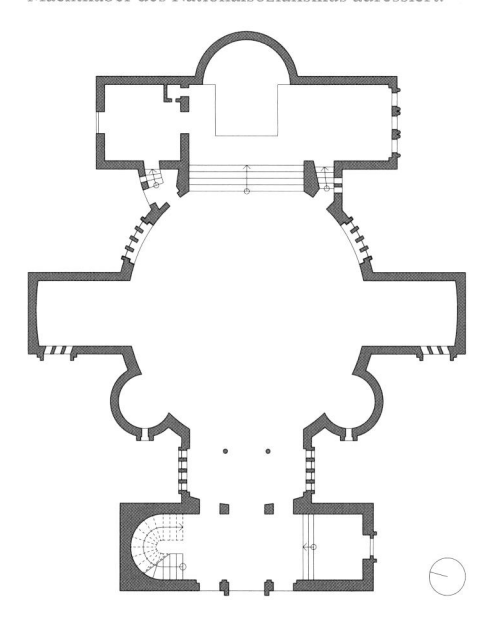

Freizeit

0316 Dr. Konried-Straße 3, Alpenstrandbad, 1928 | Renovierung, 1987 •

Das Alpenstrandbad steht dem zwei Jahre früher errichteten Thermalstrandbad von Baden bei Wien (→ 0116) kaum nach: Auch diese Freibadeanlage bietet einen Sandstrand und ein auf 20 Grad beheizbares Warmwasserbecken. Die Badelandschaft erstreckt sich hinter einem gestaffelten, neoklassizistisch-palladianisch gestalteten, breit gelagerten Hauptbaukörper mit übergiebeltem Mittelrisalit und Lisenengliederung sowie Sprossenfenstertüren. Nach Verwüstungen während der Besatzungszeit wurde das Bad 1955 wiedereröffnet. 1987 erfolgte eine umfangreiche Modernisierung.

Hotels, Heime, Klöster, Kasernen

0317 Edlach 60, Hotel Finkenhof, 1913, P: Alois Seebacher | Umbau zu Wohnungen, 1954–1958, P: Alexander Seebacher | Adaptierung für Wasserwerke Hirschwang, 1970 •

Das ehemalige Hotel wird von einem repräsentativen Mittelrisalit mit geschwungenem Knickgiebel und Säulenarkadenloggien geprägt. Es wurde in den 1950er-Jahren zu Wohnungen umgebaut; seit den 1970er-Jahren wird es von den Wasserwerken Hirschwang genutzt.

Edlitz 2842
Gemeinde: Edlitz, Bezirk: Neunkirchen

Amts-, Verwaltungs-, Kommunal-, Bürobauten

0318 Markt 10, Gemeindeamt, 1926–1927, P: Max Theuer, Erwin Böck

Religion, Kult

0319 47°36'04.0"N 16°08'10.6"E, neben dem Friedhofseingang, Friedhofskapelle, 1965, P: Herbert Sommer

Die in den Terrainverlauf eingeschnittene Aufbahrungshalle verfügt über eine auffällige Dachform: Zwischen der spitzen Satteldachkante zur Straße und der flacheren auf der Friedhofsseite sind die Dachflächen als zwei hyperbolische Paraboloide ausgeführt. Ein großes Glasfenster dominiert den Sakralbau straßenseitig.

Egelsee 3500
Gemeinde: Krems an der Donau, Bezirk: Krems

Wohnbauten

0320 Franz-Arnberger-Weg 1–11, Ölbergweg 2–10, Atriumsiedlung Egelsee, 1981–1982, P: Friedrich Lenhardt, BH: GEDESAG •

Auffallend kompakt wirkt die Siedlungsanlage aus elf eingeschoßigen Reihenhäusern mit Satteldach und integrierten Garagen. Dennoch konnte durch die L-förmig die Gartenflächen umschließenden Grundrisse der einheitlichen Bauten ein hohes Maß an Privatsphäre für die Bewohner*innen geschaffen werden.

Einfamilienhäuser

0321 Friedhofstraße 19, Haus Adolf, 1999, P: Franz Schartner

Der Niedrigenergie-Bungalow in Holzriegel-Bauweise kann als Pionierprojekt in der Gegend verstanden werden.

0322 Josef-Lechner-Straße 12, EFH, 1998, P: Paul Katzberger, Karin Bily

Eggenburg 3730
Gemeinde: Eggenburg, Bezirk: Horn

Zentren

0323 48°38'24.9"N 15°49'12.1"E, Luegerring, Kapistranring, Kaiser-Franz-Joseph-Brunnen, 1908–1909, K: Wilhelm Hejda •

Der zur Erinnerung an das 60-jährige Regierungsjubiläum Kaiser Franz Josephs I. errichtete Brunnen stand ursprünglich am Hauptplatz, befindet sich heute jedoch im Schubertpark, so wird er häufig auch „Schubertbrunnen" genannt. Der bekannte Bildhauer Wilhelm Hejda – er schuf etwa den monumentalen Doppeladler am ehemaligen Kriegsministerium am Stubenring in Wien – errichtete auf einem zweistufigen Unterbau ein rundes Brunnenbecken, auf dem die Widmungsinschrift als ornamentales Band eingraviert ist. Die steinerne Mittelsäule erhielt ein von Jugendstil-Ornamenten umrahmtes Porträt des Kaisers. Mit Ranken und Eichenlaub besetzte Streben aus Schmiedeeisen verleihen dem Brunnen eine filigrane Wirkung.

0324　Hauptplatz, Platzgestaltung, 1995–2000, P: Konrad Schermann, Werner Stolfa, K: Karl Korab

Für den verkehrstechnisch anspruchsvollen Platz um eine Gruppe historischer Häuser wurde ein für Fußgänger*innen und Autos geteilter Platz mit von Pflasterklinker gegliederten Granitpflastersteinen errichtet. Karl Korab gestaltete einen Brunnen, der neben dem historischen Adlerbrunnen eine weitere Wasserfläche und zusätzliche Sitzgelegenheiten bietet. Beim Freiraum um diese zwei Brunnen kam Kalksandstein aus dem – Mitte des 20. Jahrhunderts stillgelegten – für Eggenburg wichtigen Traditionssteinbruch bei Zogelsdorf zum Einsatz.

Amts-, Verwaltungs-, Kommunal-, Bürobauten

0325　Grätzl 3, Wohn- und Geschäftshaus, ehem. Postamt, 1931, P: Leopold Hoheisl ●

Das dreigeschoßige Gebäude mit turmartig ausformuliertem einachsigem Mittelrisalit samt Uhr steht an prominenter Position am Hauptplatz und überragt mit seinem steilen Satteldach die umliegenden Gebäude. Der Haupteingang zur ehemaligen Post liegt asymmetrisch in Form eines Rundbogenportals neben dem Mittelrisalit. Während die Erdgeschoßzone aktuell leer steht, sind im oberen Bereich Wohnungen untergebracht.

Kultur, Veranstaltung

0326　Krahuletzplatz 1, Krahuletz-Museum, 1902, P: Richard Jordan ●

Das Krahuletz-Museum ist ein bekannter Profanbau des angesehenen Architekten und Konservators Richard Jordan, der sich um die Jahrhundertwende verstärkt im Museumsbau in Niederösterreich engagierte. Der in späthistoristisch-romantischen Formen gestaltete, mächtige Bau referenziert mit den diversen Risaliten und Treppengiebeln auf Landschlösser und Herrenhäuser.

0327　Krahuletzplatz 2, Depot des Krahuletz-Museums, ehem. Lichtspielhaus, 1914–1917, P: Clemens Holzmeister | Umnutzung zum Museumsdepot, 1986 ●

Der erst zweite Bau von Clemens Holzmeister passt sich in seiner Heimatstil- und neoklassizistischen Formensprache dem ihn umgebenden Villenensemble von der Zeit um 1900 an. Der geschlossene, frei stehende Baukörper mit hohem Walmdach wird von der Komposition des Portalvorbaus dominiert – einer überhöhten, abstrahierten Tempelfront mit Segmentbogenfenstern im Giebelfeld und eingezogenen, das Portal rahmenden dorischen Säulen. Die zurückgesetzten Teile der Eingangsfassade werden beidseitig von jeweils zwei hochrechteckigen Fenstern mit Rundbogenabschluss gestaltet. Der charmante, frühe Kinobau changiert in seiner Gestaltung zwischen nicht katholischem Kirchenbau und Kurarchitektur. Die Seitenansichten geben das perfekte Landhaus der Zeit wieder und nähern sich der Architektursprache Josef Hoffmanns. Holzmeister war zu diesem Zeitpunkt noch Universitätsassistent bei Max von Ferstel und Leopold Simony an der Technischen Hochschule Wien sowie seit 1911 Leiter der Bauberatungsstelle des Vereins „Deutsche Heimat".

Bildung

0328　Siegfried Marcusstraße 2, Landesberufsschule, 1976–1982, P: Manfred F. Resch, Maria Hurka, Roland Berrek | diverse Um- und Zubauten an Werkstätten und Labor, 1990er-Jahre | Fassadenrenovierung und Fenstertausch, 2003 | Umbau Internat, 2020 ●

Der große Schulkomplex gliedert sich gemäß dem Tagesablauf der Schüler*innen in mehrere Funktionseinheiten: Das Wohnheim mit 360 Betten in sechs Wohneinheiten liegt im Westen, die zehnklassige Schule im Zentrum der Anlage und die Werkstätten im Osten. Das Internat besteht aus zwei Trakten, deren gemeinsame Eingangshalle mit dem Speisesaal und dem überdachten Freizeitbereich verbunden ist. Dieser Bereich mit offenem Grundriss führt wie ein Verbindungstrakt zur U-förmigen Schule, in deren Mitte sich ein über Oberlichtbänder und einen Innenhof belichteter Mehrzwecksaal befindet. Trotz der unterschiedlichen Funktionen sind die Bauteile in einer einheitlichen Architektur-

sprache gestaltet. Die kubischen Baukörper zeichneten sich durch Sichtbetonfassaden, großflächige rote Fenster- und Türelemente sowie Geländer und dunkle Pultdächer aus Welleternit aus. Diese gemeinsamen Merkmale sind jedoch durch zahlreiche Umbauten heute nur noch teilweise zu erkennen.
▸ *Foto: Zustand um 1982*

Wohnbauten

0329 Feldgasse 20/1–9, 2–10, <u>RHA, 1985</u>, P: Gerhard Linder

Die Gebäudezeile, bestehend aus fünf leicht stufenartig versetzten Doppelhäusern, wird durch die dunklen Eternitdächer, deren Gestalt sich über die Kante der Pultdächer auf die oberen, leicht geneigten Fassadenhälften mit dem Dach- und zweiten Obergeschoß fortsetzt, wesentlich geprägt. Die resultierende Verschmelzung von Dach und Fassade wird durch den Hell-Dunkel-Kontrast der jeweiligen Flächen verstärkt. Im Erd- und ersten Obergeschoß sind die hell verputzten Fassaden hingegen zugunsten der Garagentore, Eingänge und breiten Loggien einladend geöffnet. Oberhalb der Garagen erstrecken sich die großzügigen Wohnbereiche, die mit Deckenhöhen von vier Metern von den nur 2,5 Meter hohen Essbereichen in der Höhe versetzt sind. Darüber wurden, von den kleineren Fensteröffnungen in der Dachfläche belichtet, die privateren Räume deutlich zurückgezogener angeordnet.

0330 Wolfkersbühelstraße 2–6, <u>WH-Gruppe, 1930</u>, AB: Theiss & Jaksch (Siegfried Theiss, Hans Jaksch), BH: Gemeinde Eggenburg ●

Die streng symmetrische Anlage ist auf einer bruchsteinernen Eckterrasse oberhalb der Straße angelegt. Die beiden zweigeschoßigen Bauten entlang der Straßenflucht sowie der quer gestellte, dreigeschoßige und zurückversetzte Trakt sind um einen zentralen Hof mit Aufgang von der Straße gruppiert. Einheitliche Walmdächer und die Höhenstaffelung betonen den Platzcharakter im Zentrum.

Einfamilienhäuser

0331 Krahuletzplatz 3, <u>Villa, vor 1906</u>, BH: Ottokar Marschall ●

0332 Kremserberg 7, <u>Villa, um 1925</u>, P: vermutl. Karl Zotter | Umbauten, 1995–1997 ●

0333 Villenstraße 2a, <u>Villa, 1912–1913</u>, P: Otto Prutscher ●

Hotels, Heime, Klöster, Kasernen

0334 Bürgerspitalgasse 4–6, <u>WHA, ehem. Altersheim und Landeskindergarten, 1935–1936</u> ●

0335 Pulkauerstraße 4–20, <u>Lindenhof, 1906–1908</u>, P: Franz Berger, Adolf Trampler, AF: vermutl. Johann Mayer ●

Der älteste Teil der an der Schmida gelegenen Anlage wurde 1888 als Besserungsanstalt für Kinder errichtet und 1908 großflächig um fünf Pavillons und Wirtschaftshäuser erweitert. Vier ident gestaltete, dreigeschoßige, im Heimatstil errichtete Pavillons mit hohen Giebeln, Loggien und teilweise ausgebauten Dächern bzw. Mansarden beherbergten die Wohntrakte, Schul-, Ausbildungs- und Werkräume sowie die Wohnungen der Angestellten. Der fünfte Pavillon, der die nördliche Spitze der im Grundriss dreieckig konzipierten Anlage bildet, wurde im gleichen Stil gestaltet, ist jedoch zweigeschoßig angelegt und bietet einem mit neugotischer Holzdecke ausgestatteten Festsaal Platz.

1922 wurde die Anstalt von der Stadt Wien übernommen und sollte mit den modernsten Erziehungsmethoden betrieben werden, was 1925 auch zur Errichtung eines Spielplatzes führte. Das Heim wurde 2013 geschlossen, diente von Mitte 2015 bis Jänner 2018 als Flüchtlingsheim und steht seither leer. Der Festsaal wird von der Gemeinde Eggenburg genutzt, jedoch ist die Zukunft der sich weiterhin im Besitz der Stadt Wien befindlichen Anlage ungewiss.
▸ *Plan: Pavillon Typ I–IV, Zustand um 1908*

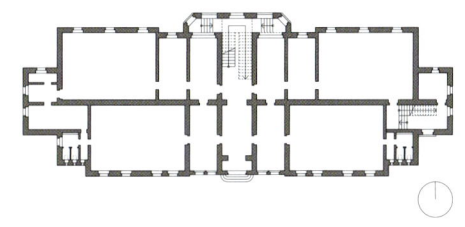

Industrie

0336 Grafenbergerstraße 37, <u>STT-Fabrik, 1963</u>, BH: Standard Telephon- und Telegraphen AG ●

Die in Wien seit 1884 bestehende Produktionsfirma von Telefon- und Telegraphenanlagen expandierte 1963 nach Eggenburg, wo eine Shedhalle errichtet wurde. Bereits in den 1970er-Jahren fungierte die Niederlassung als eigenständiges Werk. Mit dem Erwerb der Produktionsstätte wurde 1991 die Egston GmbH gegründet.

Eggendorf 2492
Gemeinde: Eggendorf, Bezirk: Wiener Neustadt

Industrie

0337 47°51'24.2"N 16°16'36.2"E, Tritolstraße, ehem. Tritolwerk, 1915–1918, P: Bruno Bauer •

Die Fabrik für Trinitrotoluol wurde kurz nach der Vergrößerung des Hauptwerks der Munitionsfabrik in Blumau (→ 0218) errichtet. Wie die Erweiterung wurde auch diese Fabrik von Bruno Bauer geplant und hauptsächlich durch russische Kriegsgefangene erbaut. 33 unterirdische Bauten sind durch Gänge verbunden und aufgrund der Detonationsgefahr in großer Entfernung zueinander errichtet sowie mit vielen Öffnungen versehen worden. Oberirdisch zeigen sich nur zwei Walmdachhäuser und die Kraftzentrale mit dem 42 Meter hohen Wasserturm. Der an der Seite des Krafthauses gelegene Kohlesilo wird von einem steilen Satteldach überfangen. Die beiden an der Haupteinfahrt gespiegelt angeordneten, zweigeschoßigen Walmdachhäuser mit Terrasse dienten Verwaltungs- bzw. Wohnzwecken. Da die Fabrik erst 1918 fertiggestellt wurde, war sie bis Kriegsende nur einige Monate in Betrieb. Ab 1941 konnte die Produktion erneut aufgenommen und nach dem Zweiten Weltkrieg das Areal hauptsächlich als Munitionslager genutzt werden. Seit 1993 dient es dem Österreichischen Bundesheer als Übungsplatz für Katastrophenhilfe.

Eibesthal 2130
Gemeinde: Mistelbach, Bezirk: Mistelbach

Religion, Kult

0338 Markusstraße 9, Pfarrkirche hl. Markus, 1948–1951, P: Hans Plank, Jakob Fried, K: Oskar Larsen (Fresko)

Eitental 3653
Gemeinde: Weiten, Bezirk: Melk

Industrie

0339 Eitental 19–21, 20, Bandweberei, um 1908, BH: Bandweberei Gassner & Söhne •

Das Familienunternehmen wurde 1856 gegründet; seit etwa 1908 werden in Eitental Gummibänder produziert.

Emmersdorf an der Donau 3644
Gemeinde: Emmersdorf an der Donau, Bezirk: Melk

Verkehr

0340 Emmersdorf an der Donau, Viadukt, 1909, P/BH: k. k. österreichische Staatsbahnen •

Die acht hohen Viaduktbögen aus Bruchstein-Mauerwerk prägen donauseitig das Ortsbild Emmersdorfs. Das knapp 110 Meter lange Bauwerk bildet über Tal und Bachlauf des Ortes hinweg, ähnlich der Felswände des Donautals, eine deutliche Raumkante parallel zum Ufer aus (→ 0012).

Engelmannsbrunn 3470
Gemeinde: Kirchberg am Wagram, Bezirk: Tulln

Einfamilienhäuser

0341 Dorfstraße 30, WH, 1909 •

Ennsdorf 4482
Gemeinde: Ennsdorf, Bezirk: Amstetten

Wohnbauten

0342 Wiener Straße 38, 38a, Hans Czettel-WHA, 1982 •

Enzersdorf an der Fischa 2431
Gemeinde: Enzersdorf an der Fischa, Bezirk: Bruck an der Leitha

Landwirtschaft

0343 Lagerhausstraße 1, Lagerhaus, 1962–1963, P: Bauabteilung Verband ländlicher Genossenschaften in NÖ | Zubauten, 1970, 1987, 1988 ●

Der 58 Meter hohe und 5.000 Tonnen Schwergetreide fassende Siloturm ist der älteste Teil der Anlage und wurde 1962 bis 1963 errichtet. In den folgenden Jahrzehnten wurde das Areal um zahlreiche Lagerhallen und Werkstätten erweitert.

0344 Mühlstraße 3, Ludwig Polsterer Vereinigte Walzmühlen GmbH, 1923, P: Josef Pfletschinger | Erweiterungen, 1931–1934, P: Josef Pfletschinger, Eduard Böhm ●

Nach einer Mehlstaubexplosion im Jahr 1917 brannten große Teile der 1200 erstmals urkundlich erwähnten Mühle aus. Die verschont gebliebene „neue" Mühle wurde 1923 um einen Eisenbeton-Silo erweitert, für dessen Errichtung der Ingenieur Josef Pfletschinger nach neu entwickeltem Verfahren mit konischen Betonpfeilern den weichen Uferboden verdichten musste. Mit seinem Mansardflachdach über dem Treppenturm ist der Silo auch heute noch weithin sichtbar. Nach einem Erdbeben 1932 errichtete Pfletschinger 1933 bis 1934 neben dem Hauptsilo zudem einen Eisenröhrensilo, der auf einer ebenfalls zeitgenössisch modernen und als erdbebensicher geltenden Stahlbetonkonstruktion ruht. Eduard Böhm erweiterte um gleiche Zeit die anschließenden Magazingebäude der Mühle; um Platz für diese zu schaffen, wurde die Fischa auf einer Länge von 110 Metern verlegt. Böhm war auch für die gärtnerische Gestaltung im Süden der Anlage verantwortlich, diese ist jedoch im Gegensatz zu den beiden Silos heute stark verändert. Ein Besitzerwechsel im 21. Jahrhundert macht die spätere Entwicklung der Mühle schwerer nachvollziehbar, jedoch ist sie weiterhin als eine der größten Getreidemühlen Österreichs und gleichzeitig als Elektrizitätskraftwerk in Betrieb, das neben der Deckung des Eigenbedarfs auch unter dem Anbieternamen Lupostrom Energie in die Netze einspeist.

Enzesfeld-Lindabrunn 2551
Gemeinde: Enzesfeld-Lindabrunn, Bezirk: Baden

Wohnbauten

0345 Bahnstraße 4–28, 5–41, Alleegasse 2, 2b, 2c, 2d, 3–7, 4–18, Blumengasse 3–13, 4–14, Ringgasse 1–19, Siedlungsstraße 2–12, 3–13, 25–27, 26, Arbeiter*innensiedlung, 1939–1943, P/AF: Bauunternehmung Pabst & Wedl ●

Die großflächige Arbeiter*innensiedlung aus Ein- und Mehrfamilienhäusern in Zeilenbauweise wurde dem rapide ansteigenden Bedarf an Arbeitskräften zur Munitionsproduktion in den nahe gelegenen Metallwerken (→ 0347) gerecht. Ab 1939 entstand der streng orthogonal ausgerichtete Zeilenraster; in der gebogenen Bahnstraße wurden die nördlichen Zeilen dem Verlauf angepasst, im Süden die Mehrfamilienhäuser abweichend giebelständig um grüne Zwischenhöfe gruppiert. Ein einheitliches Element stellen die ziegelgedeckten Satteldächer mit Dachgauben dar. Die charakteristischen Fassaden mit Sprossenfenstern und Fensterläden sind nur mehr teilweise erhalten und in der nördlichen Bahnstraße im Zuge jüngster Sanierungen empfindlich verändert worden.

0346 Hauptstraße 22–30, Berggasse 2–10, 5–9, Industriellen-Siedlung, 1917–1918, P: Max Hans Joli ●

Industrie

0347 Fabriksstraße 2, Metallwerk, 1905–1907 | Zubau Verwaltungs- und Lagerhaus, 1916–1917, P: Max Hans Joli, Josef Zotti, BH: Enzesfelder Munition- und Metallwerke AG | Umbauten, 1910, 1912, 1939–1940, 1961, 1974 ●

Ernstbrunn 2115
Gemeinde: Ernstbrunn, Bezirk: Korneuburg

Religion, Kult

0348 48°38'24.9"N 15°49'12.1"E, Fasanhausweg, Kriegerdenkmal, 1917, P: Karl Lehrmann ●

Karl Lehrmann hat ein außergewöhnlich imposantes Kriegerdenkmal für die Gefallenen im Ersten Weltkrieg entworfen. Hinter einem rechteckigen Pfeiler, der in einen Giebel mündet, ist ein über sechs Meter hoher achteckiger Turm angefügt; darauf befindet sich eine Steinkugel mit einem eisernen Kreuz. Auf der Rückseite des Turms ist ein überdimensioniertes eisernes Schwert mit einem Lorbeerkranz appliziert. An der Vorderseite des Pfeilers befinden sich ein Herz-Jesu-Relief sowie eine Tafel mit den Namen der Gefallenen des Ersten Weltkriegs, 1958 wurden seitlich Tafeln mit den Namen der Gefallenen des Zweiten Weltkriegs angefügt. Interessant ist, dass Lehrmann fünf Jahre später in Seefeld-Kadolz ein identes Kriegerdenkmal errichtete.

Bildung

0349 Laaerstraße 1, Schule, 1907–1908, P: Franz Schiffner | Zubau, 1928 | Aufstockung und Erweiterung des Zubaus, 1968–1972 | Zubau, 1998–1999 ●

Der dreigeschoßige Bau mit auffällig behelmtem Dachaufsatz liegt in prominenter Lage auf einer Anhöhe. Er wurde 1908 als Volksschule errichtet und seitdem sukzessive erweitert. Nachdem durch die Eröffnung einer Hauptschule der Platzbedarf im Gebäude angestiegen war, wurde 1928 im Norden ein Trakt mit Turnsaal, Zeichensaal, Freiluftterrasse, Physiksaal, Lehrmittelzimmer und Kanzlei errichtet, der in den Jahren 1968 bis 1972 aufgestockt und erweitert wurde. 1998 bis 1999 wurden im Südwesten des Areals ein weiterer Klassentrakt und ein Turnsaal zugebaut und das Bestandsgebäude generalsaniert.

Sonderbauten

0350 48°33'32.0"N 16°22'18.4"E, Aussichtswarte am Oberleisterberg, 1970 ●

Einfamilienhäuser

0351 Hauptplatz 27, Wohn- und Wirtschaftsgebäude, 1913, P: Karl Lehrmann, Rüdiger Walter ●

Die Mittelachse des Wohn- und Wirtschaftsgebäudes ist durch einen Erker und den zurückversetzten, reich dekorierten Eingang betont. Der Zubau, der ab den 1950er-Jahren als Trafik genutzt wurde, schließt die ursprüngliche Zufahrt zum Wirtschaftsbereich im Hof.

0352 Mistelbacherstraße 23, Villa, 1914 ●

0353 Schulgasse 2, Villa, 1909, P: Adalbert Pasdirek-Coreno ●

0354 Schulgasse 8, Villa, um 1910 ●

Geschäftslokale, Einkaufszentren, Banken

0355 Hauptplatz 33, Kaufhaus Mallek, 1921, BH: Georg Mallek | Umbau, 1968 | Umbau, 1974 | Umbau, 1979–1980 ●

Das Kaufhaus wurde 1921 in einem bereits bestehenden Gebäude eröffnet und bis 1934 stetig ausgebaut. Weitere Aus- und Umbauten erfolgten ab 1968. Besonders auffällig ist die abgeschrägte Ecke mit rundem, über Eck geführtem Balkon mit massiver Brüstung.

Ernsthofen 4432
Gemeinde: Ernsthofen, Bezirk: Amstetten

Energie

0356 Umspannwerkstraße 6, Umspannwerk Ernsthofen, 1939–1941, P: Elektrizitätswerke AG Berlin | Erweiterungen, 1948–1955, 1975 | Modernisierung, 2021 ●

Erpersdorf 3435
Gemeinde: Zwentendorf an der Donau, Bezirk: Tulln

Wohnbauten

0357 Siedlung Block I, 14–26, 15–25, Siedlung Block II, 1–13, 2–12, WHA, ab 1941 ●

Die Anlage wurde zur Schaffung von Werkwohnungen mit Luftschutzkellern für die Munitions- und Pulverfabrik Skoda & Wetzler errichtet und besteht aus unterschiedlichen, teilweise zusammenhängenden oder zeilenförmig angelegten Baukörpern. Diese sind von der Straße durch Grünflächen abgesetzt und mit Erkern akzentuiert, umgeben zum Teil großzügig dimensionierte Innenhöfe und verfügen vereinzelt über Balkone. Von fünf vorgesehenen Wohnblöcken wurden bis Kriegsende drei gebaut, die letzten beiden erst in den Nachkriegsjahren fertiggestellt. Ursprünglich waren ein Gefolgschaftshaus, ein Kindergarten, eine Volksschule sowie eine Einkaufszeile geplant, die jedoch nicht errichtet wurden.

0358 Tullner Straße 28, ehem. Kaufhaus Rakowitz, 1974–1980, P: Friedrich Rakowitz | Veränderung Schaufenster des Geschäftslokals, 2010 ●

Einfamilienhäuser

0359 Langobardengasse 249, EFH, 1992–1994, P: Heinz Geza Ambrozy

Das als Niedrigenergiehaus konzipierte Einfamilienhaus umfasst zwei Geschoße und wird von einem nach Süden aufsteigenden, extensiv begrünten Pultdach abgeschlossen. Während die U-förmig angeordneten Mauern im Norden, Osten und Westen als Speicherwände dienen, setzt sich die Südfassade aus geschoßhohen Fenstern, anschließendem Wintergarten und einer Pergola zusammen.

Energie

0360 Kraftwerkstraße 1, <u>Wärmekraftwerk Dürnrohr, 1981–1986</u>, P: Verbundkraft Elektrizitätswerke GmbH, Niederösterreichische Elektrizitätswerke AG

Eschenau 3153
Gemeinde: Eschenau, Bezirk: Lilienfeld

Bildung

0361 Schulgasse 3, <u>Volksschule, 1908</u>, AF: Andreas Ullmann ●

Die zweigeschoßige Jubiläumsvolksschule mit secessionistischem Fassadendekor wurde 1908 anlässlich des 60-jährigen Regierungsjubiläums von Kaiser Franz Joseph I. eröffnet.

Etsdorf am Kamp 3492
Gemeinde: Grafenegg, Bezirk: Krems

Einfamilienhäuser

0362 48°27'11.8"N 15°44'34.4"E, südl. Weinberg 8, <u>Weinkellerhaus Wittmann, 1975</u>, P: Johannes Spalt, BH: Franz Wittmann ●

Das kleine, blockartige Weinkellerhaus in den Weinhügeln um Etsdorf, das Johannes Spalt für Franz Wittmann errichtete, folgt den gleichen baulichen Prinzipien und Pavillonzitaten wie das Wohnhaus im Ort (→ 0363) und sollte als Veranstaltungsort und sozialer Treffpunkt dienen.

0363 Kellergasse 6, <u>Haus Wittmann, 1969–1975</u>, P: Johannes Spalt, BH: Franz Wittmann, S: Wolfdietrich Ziesel | Generalsanierung, 2016–2017 ●

Johannes Spalt war in seinen Wohnbauprojekten stark von der fernöstlichen und auch türkischen Pavillonbaukunst beeinflusst. Diese nach allen Seiten geöffneten Lusthäuser erlauben eine Leichtigkeit und Losgelöstheit, die Spalt im Wohnbau vermisste und die er auch in sein Projekt für die Möbelfabrikantenfamilie Wittmann (→ 0364, → 0365) einfließen ließ.

Die Massivität des in Bruchstein-Mauerwerk ausgeführten und weiß verputzten Erdgeschoßes, das Garage und Nutzräume aufnimmt, wird durch die Reduktion auf wesentliche Öffnungen noch verstärkt. Im Gegensatz dazu werden die Wohnräume des Obergeschoßes durch ein das gesamte Haus umrundendes Fensterband belichtet, welches dem auffälligen Dach eine schwebende Wirkung verleiht und dieses so noch mehr inszeniert. Die das Dach tragenden Stützen werden schier unmerklich in die Profile des Fensterbandes integriert und im Inneren durch Holzelemente verkleidet.

Küche und Schlafräume sind durch paraventartige, in der gleichen Höhe wie die Außenwände durchfensterte Holzwände an den Ecken des Hauses abgeteilt, während sich im Zentrum der Innenräume das Herzstück des Hauses, nämlich das ein Halbgeschoß tiefer liegende Wohnzimmer, befindet. Sowohl die dadurch entstandene, dem Wohnzimmerbereich zugeordnete Galerie als auch der Kamin können gleichermaßen als Zitate der Architektursprache Frank Lloyd Wrights und als Anlehnung an die traditionelle japanische Baukunst gesehen werden. Gegen Süden öffnet sich das Wohnzimmer zu einer Terrasse, unter der sich ein Schwimmbad befindet, welches von 2016 bis 2017 im Zuge einer Generalsanierung und technischen Modernisierung des gesamten Hauses erweitert wurde. Spalt setzt auch im Garten der Anlage durch sein 1975 errichtetes Salettl den von ihm auserkorenen Archetyp des Lusthauses in einer dem Haupthaus nachempfundenen Architektursprache um und beweist so, dass ihm die offene, zur Ruhe einladende Bauidee durchaus gelungen ist.

Geschäftslokale, Einkaufszentren, Banken

0364 Obere Marktstraße 5, Büro und Austellungsgebäude Wittmann, 1966, P: Friedrich Kurrent, Johannes Spalt, BH: Franz Wittmann | Umbau, 2007, P: Christian Prasser ●

Industrie

0365 Obere Marktstraße 5, Erweiterung Wittmann Möbelwerkstätten, 1975, P: Johannes Spalt | Erweiterung, 1979, P: Paolo Piva | Erweiterung, 2002, P: Rüdiger Lainer, Werner Silbermayr ●

1896 als Sattlerei gegründet, fertigt die Firma Wittmann seit den 1950er-Jahren Polstermöbel an. 1975 stellte Johannes Spalt eine neue Halle fertig, die bereits 1979 von Paolo Piva erweitert wurde. 2002 erfolgte eine weitere Vergrößerung des Geländes um ein Betriebsgebäude von Rüdiger Lainer und Werner Silbermayr.

Landwirtschaft

0366 Mühlweg 1, Umbau Stöber Mühle, 1960, BH: Alfred Stöber sen. | Erweiterung, bis 1975 ●

Die historischen Gebäude der Kammerhubermühle stammen aus dem 18. Jahrhundert und wurden nach der Übernahme durch die Familie Stöber im Jahr 1929 modernisiert. 1960 erfolgte ein größerer Umbau der Mühle, bis 1975 zudem die Erweiterung der Anlage um Silos und weitere Betriebsgebäude.

Etzersdorf 3141
Gemeinde: Kapelln, Bezirk: St. Pölten

Religion, Kult

0367 Killinger Straße 2, Ortskapelle, 1936, P: Johann Stelzer ●

Im Erdgeschoß wirkt die Fassade wie ein Einfamilienhaus, doch das große Giebelfeld mit der doppelt geknickten Spitze, das große plastische Kreuz an der Giebelwand sowie der Dachreiter zeigen typische Merkmale eines Sakralbaus. Kräftige Putzrahmungen zeichnen das Giebelfeld nach, umfassen die Fenster und verleihen der Fassade eine gewisse Plastizität.

Einfamilienhäuser

0368 Berggasse 5, EFH, 1999, AB: AH3 Architekten ZT GmbH (Johannes Kislinger)

Euratsfeld 3324
Gemeinde: Euratsfeld, Bezirk: Amstetten

Wohnbauten

0369 Hauptstraße 7, Wohn- und Geschäftshaus, 1935, P: Alois Jungwirth ●

Feichtenbach 2763
Gemeinde: Pernitz, Bezirk: Wiener Neustadt

Gesundheit

0370 Feichtenbach 39, ehem. Sanatorium Wienerwald, 1903–1904, AF: Johann Jauernik | Aufstockung Wintergarten für Operationssaal, 1910 | Zubau, 1920 | Umbau, 1938 | Umbau, 1951, P: Franz Mörth, AF: Hofmann und Maculan | Aufstockung Westflügel, 1959, P: Franz Mörth, AF: Vindobau-Ges.m.b.H | Anbau Personalraum und Gästespeisesaal, 1967, P: Viktor Adler | Zubau Hallenbad, 1979–1980, P: Viktor Adler, AF: Lang und Menhofer

Das Sanatorium Wienerwald wurde 1903 von den beiden Ärzten Hugo Kraus und Arthur Baer gegründet und etablierte sich rasch als eine der führenden Lungenheilstätten Europas. Zahlreiche bekannte Persönlichkeiten, darunter Ignaz Seipel, Kardinal Innitzer und Franz Kafka, aber auch viele internationale Gäste, finden sich auf den Patient*innenlisten.

Das erste Gebäude wurde 1903 hoch über dem Tal inmitten einer großen Gartenanlage mit

13 Achsen und fünf Geschoßen errichtet und bildet auch heute noch den Kern der Anlage. Die Fassade war im Heimatstil gestaltet und durch zwei flache Seitenrisalite sowie Holzbalkone gegliedert, das Mansarddach war durch zwei kleine Türmchen bekrönt. Im Westen schloss eine Liegehalle an das Gebäude an, der Park war für therapeutische Zwecke mit Wegen und Pavillons ausgestattet. Hugo Kraus unternahm um 1900 Studienreisen in die Schweiz, wo er auch das Basler Sanatorium in Davos besuchte, das dem Feichtenbacher Bau als Vorbild gedient haben könnte. 1910 erfolgte der Zubau eines modernen Operationssaales, 1920 ein Zubau im Nordosten. 1938 wurde das Sanatorium von den Nationalsozialisten beschlagnahmt und bis 1945 als Heim für Mütter und den SS-Verein „Lebensborn" genutzt. 1950 wurde es vom ÖGB erworben und als Gewerkschaftsheim („Karl Maisel Urlaubsheim der Gewerkschaft der Berg- und Metallarbeiter") umfassend umgestaltet. Die Dachreiter waren bereits während des Krieges verschwunden, nun wurde auch das hohe Mansarddach gegen ein flaches Satteldach getauscht. Die Fassade erfuhr eine zeitgenössische Veränderung: Die Holzbalkone wurden mit durchgehenden Stahlbetonbalkonen ersetzt, die Fenstergrößen vereinheitlicht und im Inneren Adaptierungsmaßnahmen für die neue Nutzung durchgeführt. 1967 wurden ein neuer Speisesaal mit großzügigen Verglasungen an der Südostecke sowie ein Personalraum im Nordosten angefügt und 1980 ein großes Hallenbad nördlich des Haupthauses errichtet.

Das äußere Erscheinungsbild ist heute von den Modernisierungsmaßnahmen der 1950er-Jahre und den Zubauten der 1960er- und 1970er-Jahre maßgeblich geprägt. Das Bauwerk, das Zeuge dreier so verschiedener Nutzungen ist, wird seit Jahren dem Verfall preisgegeben.
▶ *Foto: Zustand 2007*

Hotels, Heime, Klöster, Kasernen

0371 47°55'10.3"N 16°00'08.3"E, Feichtenbach, Jugendherberge und Badeanlage, 1952–1954, P: Franz Mörth ●

In unmittelbarer Nähe zum Gewerkschaftsheim wurden ein Schwimmbad mit Umkleidekabinen und eine Jugendherberge erbaut, ein Kinderbecken und ein Spielplatz ergänzen die Anlage. Der Bauplatz liegt am Hang, etwas unterhalb des Haupthauses, und bietet eine wunderbare Aussicht über das Tal. Die Kabinen wurden als simple Holzhütten mit überstehendem Dach angelegt, die Jugendherberge mit Schlaf- und Tagesraum, Sanitärräumen und diversen Nebenräumen als Holz- und Ziegelbau errichtet.

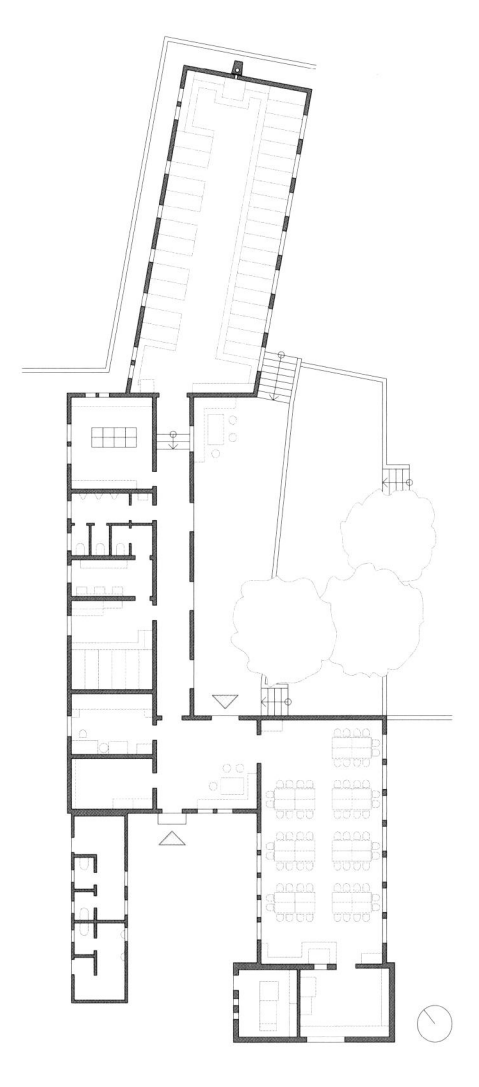

Das weit auskragende Dach bietet Schutz für die mit Natursteinen gepflasterten Terrassen, die Fassaden sind mit horizontalen Holzlamellen gestaltet.
▶ *Plan: Zustand 1955*

Felixdorf 2603
Gemeinde: Felixdorf, Bezirk: Wiener Neustadt

Amts-, Verwaltungs-, Kommunal-, Bürobauten

0372 Hauptstraße 31, Gemeindeamt, 1900, P: Moritz Hinträger, Karl Hinträger, AF: Wenzel Wegwarth ●

Religion, Kult

0373 Schulstraße 11, Pfarrkirche zur Unbefleckten Empfängnis, 1958–1960, P: Kurt Bartak, K: Florian Jakowitsch (Portalmosaik, Glasfenster), Gottfried Fuetsch (Statuen)

Bildung

0374 Siedlergasse 6, Volksschule, 1972–1974, P: Matthias Szauer, Gottfried Fickl | Zubau, 1997 | Thermische Sanierung, 2005

Nach einem geladenen Wettbewerb gelangte der Entwurf von Matthias Szauer und Gottfried Fickl zur Ausführung. Im zweigeschoßigen Hauptgebäude gruppieren sich die zwölf Klassenzimmer und die Lehrer*innen- und Direktionsräume um die beiden übereinander liegenden Pausenhallen. Die Schule wird über die Zentralgarderobe im Keller betreten, von dort führt eine Treppenanlage zu den beiden Pausenhallen. Der Typus der kompakten Hallenschule wird durch das Einrücken des Obergeschoßes, wodurch jede Klasse eine eigene Freifläche erhält, mit der Idee der Freiluftschule kombiniert.

Wie auch bei anderen Bauwerken der Architektengemeinschaft sind die Sichtbetonfassade und architektonisch ausgestaltete Details prägende Entwurfselemente: Ein frei stehender Kamin, große Fenster und Türelemente aus dunkelbraun gestrichenem Holz und die als Blumentröge in Sichtbeton ausgeführten Absturzsicherungen der Terrassen bestimmen das Erscheinungsbild. Im Inneren wurden die Räume von den Materialien Beton, Klinker und orangefarbenen Ausstattungselementen dominiert, die jedoch nur zum Teil erhalten sind. Zwei eingeschoßige Flügel komplettieren den Schulbau: Eine Schulwartwohnung mit Traforaum und ein Turnsaal mit Verbindungsgang zum Hauptgebäude umschließen den Pausenhof. 1997 erhielt die Schule im Süden einen Zubau.

Wohnbauten

0375 Fabrikgasse 2a, 2b, <u>WHA, Energiesparhaus, 1994,</u> AB: Atelier 4 (Peter Scheufler, Zachari Vesselinov, Manfred Hirschler, Peter Erblich), BH: Gemeinnützige Bau- und Wohnungsgenossenschaft „Wien Süd"

Fels am Wagram 3481
Gemeinde: Fels am Wagram, Bezirk: Tulln

Amts-, Verwaltungs-, Kommunal-, Bürobauten

0376 Wienerstraße 15, <u>Gemeindeamt, 1911,</u> P: Johann Kargl | Zubau Amtshaus und Generationenhaus, 2014–2016, P: Christian Galli, AB: Gaugg+Brustbauer Architektur ZT GmbH (Bernhard Brustbauer, Franz Josef Gaugg), BH: Gemeinde Fels am Wagram, GEDESAG ●

Das zweigeschoßige Amtshaus mit dreigeschoßigem Mittelrisalit im neoklassizistischen Stil wurde 2016 durch den Zubau eines Generationenhauses mit 21 Wohneinheiten für betreutes und junges Wohnen erweitert.

Bildung

0377 Schulplatz 1, <u>Volksschule, 1974–1975,</u> P: Wilhelm Schmid, AF: Firma Göbel | Zubau Mehrzweckhalle, 2018, P: Christian Galli ●

Die Volksschule wurde an die bestehende Hauptschule (Errichtung 1967–1968) angebaut und schließt den Schulhof im Norden ab. Sie weist ein eigenes Erschließungssystem mit Haupteingang im Hof und Gängen an der Nordseite auf, während sich die Klassenräume zum südlichen Schulhof orientieren. Ursprünglich konnte aufgrund der Hanglage vom ersten Obergeschoß über einige Stufen der südseitige Freiraum erreicht werden. 2018 wurde an dieser Stelle eine Mehrzweckhalle mit Turnsaal und Platz für die Nachmittagsbetreuung errichtet.

Fischamend 2401
Gemeinde: Fischamend, Bezirk: Bruck an der Leitha

Amts-, Verwaltungs-, Kommunal-, Bürobauten

0378 Klein-Neusiedler Straße 5, <u>Feuerwehrhaus, 1928,</u> P: Walter Pind, Robert Kramreiter | Umnutzung zum Feuerwehrmuseum, 2005

Bildung

0379 Enzersdorfer Straße 18, <u>Mittelschule, 1957–1959,</u> P: Hans Wölfl, AF: Franz Jakob, K: Heribert Potuznik | Umbau, 2004–2005, P: Peter Marchart ●

Von der stark befahrenen Straße durch einen niedrigen Fahrradschuppen abgeschirmt, erhebt sich der zweigeschoßige Baukörper mit Steildächern, der über einen offenen Säulengang betreten wird (2005 durch ein Glasdach ersetzt). Im Zentrum des U-förmigen Klassentrakts liegt die Pausenhalle, von der die nach Osten orientierten Stammklassenräume, die Sonderunterrichtsräume im Westtrakt und der Turnsaal über Gänge erschlossen werden.

Wohnbauten

0380 Dr. Karl Renner-Straße 8, WH, um 1960, P: Bruno Tinhofer ●

Der frei stehende, fünfgeschoßige und flach gedeckte Baukörper in Ziegelmassivbauweise enthielt ursprünglich 15 nach Südwesten ausgerichtete Wohnungen mit vorgelagerten Loggien, die zur Errichtungszeit den Blick „ins freie Land" ermöglichen sollten.

Einfamilienhäuser

0381 Brucker Straße 2, WH eines Arztes, um 1902, P: Albert Hans Pecha ●

Energie

0382 Smolekstraße 10–14, Wasserturm, 1916, AB: Theiss & Jaksch (Siegfried Theiss, Hans Jaksch) ●

Ab 1909 ließ die k.u.k. Militärbehörde am südöstlichen Ortsrand eine „Militär-Aeronautische Anstalt" samt Flugfeld, mehreren Luftschiffhallen und Unterkünften errichten. Mit dem bald darauf entstandenen nahegelegenen Flugarsenal Fischamend wurde der Ort während des Ersten Weltkriegs zu einem der wichtigsten Zentren der Luftwaffe. 1921 wurden sämtliche militärische Einrichtungen zerstört, die Anlage jedoch während des Zweiten Weltkriegs wieder für militärische Zwecke ausgebaut und genutzt. Nach schweren Bombenschäden 1944 wanderte der Betrieb schließlich ins tschechische Tischnowitz ab, und das Areal wurde verbaut bzw. landwirtschaftlich genutzt. Nur noch wenige Bauten, wie etwa die mehrgeschoßige Testhalle oder der Wasserturm, zeugen heute von der Dimension der Anlage. Der in Eisenbeton-Bauweise errichtete polygonale Wasserturm mit seinen Ecklisenen und dem ringsum auskragenden Filtergehäuse mit ziegelgedecktem, achtseitigem Pyramidendach mit Scheitelterrasse ist durch seine imposante Höhe und seine Fernwirkung zum Wahrzeichen von Fischamend geworden.

Verkehr

0383 48°07'08.4"N 16°36'37.0"E, Hainburger Straße, Marktbrücke, 1914–1915, AF: Österreichische Berg- und Hüttenwerks-Gesellschaft | Wiederaufbau, 1947–1948

Der Neubau der kurz vor Kriegsende gesprengten Brücke stellt mit den genieteten Eisenfachwerk-Trägern ein schlichtes und dennoch beachtenswertes Beispiel für einen sachlichen Brückenbau des Wiederaufbaus dar. Die beidseitigen Fußgängerstege wurden nachträglich ergänzt.

Föhrenhain 3251
Gemeinde: Purgstall an der Erlauf, Bezirk: Scheibbs

Wohnbauten

0384 Föhrenhain 1–19, 2–10, 14–18, 28, Siedlung Am Föhrenhain, 1921–1925, P: Karl Brunner, BH: Karl Brunner, Alpine Bau- und Holz AG ●

Die Sommerfrische-Siedlung aus elf versetzt gruppierten Einfamilien- und Doppelwohnhäusern stellt ein beachtliches Werk Karl Brunners dar, der sich später als Stadtplaner in Lateinamerika und im Nachkriegs-Wien verdient machte. Als Mitgründer der Alpine Bau- und Holz AG trat Brunner auch zunächst als Initiator und Bauherr auf, um aus dem Spitalgelände eines ehemaligen Kriegsgefangenenlagers eine Siedlung zu entwickeln.

Kanalisation und Erschließung waren bereits vorhanden, die nahe Bahnstation Schauboden und die Erlaufschlucht vorteilhaft und reizvoll. Die Bauten konnten teils auf bestehenden Fundamenten und unter Weiterverwendung von Baumaterial errichtet werden. Mehrere abgewandelte Typen erlaubten dennoch individuelle Grundrisse, auch unter Einfluss neuer und künftiger Eigentümer*innen – mehrheitlich der Wiener Beamt*innenschaft. Die eingeschoßigen Bauten verfügen über großzügige Dachgeschoße, teils mit Zwerchhäusern oder niedrigen Gauben mit langen Fensterbändern, verbindendes Element sind die Krüppelwalmdächer. Die Einfachheit der überwiegend dekorlosen Fassaden stellt sich in die ländlich-bäuerliche Tradition, prägend sind glatte Wandflächen mit Erkern und wechselnden Fensterformaten und -läden. Weitgehende Eingriffe an einer Mehrheit der Bauten haben zur Veränderung der Anlage geführt, deren grundlegende Struktur jedoch weiterhin nachvollziehbar ist.

Verkehr

0385 48°04'48.5"N 15°08'29.4"E, Pratersteg, 1986, BH: Marktgemeinde Purgstall an der Erlauf, AF: Karl Grillnberger Ges.m.b.H. & Co KG, K: Josef Hollaus (Bildstock) | Überdachung, 2003, AF: Fahrenberger-Harreither GmbH ●

Wie ein Torbogen überspannt die hölzerne Leimbinderkonstruktion die tiefe Schlucht der Erlauf mit einer Spannweite von 25 Metern. Am südlichen Geländer ragt auf Scheitelhöhe ein Bildstock mit einer Darstellung St. Martins auf. Der Vorgängerbau wurde 1983 durch einen Felssturz zerstört, der Neubau für einen späteren Witterungsschutz ausgelegt. Die feingliedrige, 2003 ausgeführte, hölzerne Überdachung bildet einen parallelen Bogen und das durchlässige Gegenstück zum kräftig ausgebildeten Tragwerk aus.

Franzhausen 3134
**Gemeinde: Nußdorf ob der Traisen,
Bezirk: St. Pölten**

Industrie

0386 Ferdinand-Lutz-Straße 8, <u>Benda-Lutz-Werke GmbH, 1910</u>, BH: Georg Benda, Lutz & Schwarz GmbH | Wiederaufbau, 1916, 1947–1948 | Umbauten, 2002, 2003 ●

1910 schloss sich der auf die Christbaumschmuck- und Wunderkerzenproduktion spezialisierte Betrieb Lutz & Schwarz mit dem bereits 1824 gegründeten Unternehmen zur Erzeugung von Bronzepulver, Georg Benda Nürnberg, zusammen und errichtete eine Fabrik in Franzhausen. Nachdem zu Beginn vor allem Christbaumschmuck und Wunderkerzen angefertigt wurden, beschloss das Unternehmen nach einem Wiederaufbau infolge eines Großbrands 1915 die ausschließliche Produktion von Bronzepulver. Ein weiterer teilweiser Wiederaufbau der Betriebsanlagen erfolgte nach dem Zweiten Weltkrieg. Im Zuge einer Erweiterung der Abteilung für Forschung und Entwicklung am Standort Franzhausen wurden die Bürogebäude 2002 entsprechend umgebaut. Ein Jahr später wurde das Benda-Lutz-Museum auf dem Firmenareal eröffnet. 2012 wurde das Unternehmen von Sun Chemical übernommen.

Frättingsdorf 2132
Gemeinde: Mistelbach, Bezirk: Mistelbach

Wohnbauten

0387 Staatzerstraße 5, 7, Arbeiter*innenhäuser, 1896–1924, BH: Ziegelwerk Martin Steingassner ●

Zwischen 1896 und 1924 entstanden insgesamt acht Arbeiter*innenwohnhäuser an der Hauptstraße neben dem Ziegelwerk.

Freiland 3183
Gemeinde: Türnitz, Bezirk: Lilienfeld

Hotels, Heime, Klöster, Kasernen

0388 Freiland 24, Friedrich-Karrer-Haus, ehem. Erholungsheim des Kriegsopferverbandes, 1967–1968, P: Leo Kammel jun. ●

Das 1852 errichtete Schloss Freiland wurde ab 1948 vom Kriegsopferverband als Erholungsheim genutzt und 1967 um einen T-förmigen, zweigeschoßigen Zubau, mit einem kleinen Dachgeschoß, am Fuße des Schlosshügels erweitert. Der „Friedrich-Karrer-Haus" genannte, 43 neue Betten umfassende Bauteil war seiner Zeit voraus, indem er – seinem künftigen Zweck als Heim für Kriegsopfer und Menschen mit Behinderung entsprechend – völlig stufenlos erschließbar konzipiert wurde. Heute wird das Karrer-Haus gemeinsam mit dem Schloss als Hotelbetrieb genutzt.

Frühwärts 3842
Gemeinde: Gastern, Bezirk: Waidhofen an der Thaya

Industrie

0389 Frühwärts 62, Frottierweberei Wirtex, 1870, BH: Johann Braith | Erweiterung, um 1947 ●

Furth 2564
Gemeinde: Furth an der Triesting, Bezirk: Baden

Sonderbauten

0390 Furth 59, Meyringer-Warte auf dem Hocheck, 1974, P/AF: Fritz Wallner ●

Mit einer in 12,5 Meter Höhe befindlichen Aussichtsplattform bietet die Warte einen Fernblick über das Triestingtal. Die vom Zimmermeister Fritz Wallner errichtete Lärchenholzkonstruktion löste an ihrem Standort Vorgängerbauten aus den Jahren 1881, 1897 und 1923 ab.

Einfamilienhäuser

0391 Furth 8, Villa, 1931 ●

Furth 3071
Gemeinde: Böheimkirchen, Bezirk: St. Pölten

Industrie

0392 Furth b. Außerkasten 17, Zubau Bürogebäude, 1990–1993, P: Reinhard Gallister, BH: Möbelbau Hochgerner GesmbH & Co KG, S: Peter Gaupmann

Zu Beginn der 1990er-Jahre wurde an der Südostecke eines sich im Laufe der Zeit vergrößernden Tischlereibetriebs ein kleines Bürogebäude angebaut, das durch seine einfache, im Detail jedoch wohldurchdachte Gestaltung als Aushängeschild fungiert. Der kubische Bau öffnet sich zur parkplatzorientierten Nordostecke, an der das filigrane Flachdach von einer schlanken Rundstütze getragen wird. An der Ostfassade leitet ein hervortretender, leicht gekrümmter und weiß verputzter Baukörper zu dem unter das Flachdach zurücktretenden, großflächig verglasten Kubus über, der durch einen weiteren Rücksprung im Norden den Eingangsbereich freigibt.

Furthof 3192
Gemeinde: Hohenberg, Bezirk: Lilienfeld

Industrie

0393 Furthofer Straße 1, Isoplus Fernwärmetechnik GmbH, ehem. Böhlerwerk, ab 1800 | Zubau Heizkraftwerk, 1943–1946 | Umbau, 1966–1969 | Stilllegung, 1982 ●

G-I
0394-0807

Gaaden 2531
Gemeinde: Gaaden, Bezirk: Mödling

Religion, Kult

0394 Berggasse 6, Kapelle Maria Namen, 1983, P: Erwin Plevan, K: Karl Engel (Glasmalerei)

Einfamilienhäuser

0395 Siegenfelder Straße 13, Villa Skoda, um 1910, P: Emanuel von Seidl, BH: Karl Ritter von Skoda ●

Gablitz 3003
Gemeinde: Gablitz, Bezirk: St. Pölten

Religion, Kult

0396 Kirchenplatz, Pfarrkirche hl. Laurenz, 1928 | Umbau, 1962–1963

In Konkurrenz zum Kloster St. Barbara erhebt sich das malerische Ensemble der Pfarrkirche, des Pfarrheimes, der alten Schulhauses und des Kindergartens auf dem Kirchenberg. Die 1928 errichtete Kirche bezieht eine Kapelle von 1642 als Vorhalle mit ein und erhielt 1962 bis 1963 einen zeittypischen Turm in einer gemäßigt modernen Formensprache mit Schlitzfenstern und Pyramidendach.

Einfamilienhäuser

0397 Hammerlinggasse 65, EFH, 1984, P: Günter Lautner, Peter Scheifinger, Rudolf Szedenik ●

Das schlichte Haus mit Satteldach in Hanglage über Gablitz wird von den Materialien Betonstein, Holz, Aluminium und Welleternit dominiert. Wesentliches Entwurfskriterium war die Minimierung der Heizkosten – so entstand eine geringer zu temperierende Erschließungszone im Norden und ein Glashaus an der Südseite zur passiven Sonnenenergiegewinnung.

Hotels, Heime, Klöster, Kasernen

0398 Bachgasse 1–2, Kloster St. Barbara, Pensionist*innen- und Pflegeheim, 1884–1903, P: Josef Schmalzhofer, Julius Stättermayer, BH: Kongregation Töchter des göttlichen Heilands | Umbauten, 1968 | Sanierung und Umnutzung, 2000–2010 ●

Im Jahr 1857 kamen einige Schwestern des in Deutschland gegründeten Ordens der Schwestern des göttlichen Erlösers nach Wien und gründeten 1866 die Kongregation der Töchter des göttlichen Heilands. Um die Selbstversorgung sicherzustellen, erwarben sie in Gablitz den Wirtschaftshof „Thurnhof" und ließen 1868 eine Kapelle erbauen, die erhalten blieb, als von 1884 bis 1903 von Josef Schmalzhofer und Julius Stättermayer anstelle des Thurnhofs das Kloster St. Barbara erbaut wurde. Die Architekten errichteten einen großen U-förmigen Komplex, in dem die Klosterkirche in der Mitte des Haupthauses integriert wurde. Sie ist durch ein barockisierendes Portal und einen Dreiecksgiebel in einem leicht vorkragenden Risalit hervorgehoben, der Innenraum ist im neobarocken Stil gestaltet. In der NS-Zeit mussten die Schwestern das Kloster verlassen, es wurde zunächst als Flüchtlingslager und dann als Lazarett genutzt. Nach Ende des Krieges übernahmen die Schwestern wieder das Kloster und ließen die Trakte renovieren und zum Teil ausbauen. 1968 fanden in der Kirche diverse Umbauten statt, und es erfolgte die Fusionierung des Ordens mit der Ursprungskongregation der Schwestern vom Göttlichen Erlöser. 2000 bis 2010 wurden die einzelnen Trakte grundlegend saniert und als Alten- und Pflegeheim adaptiert. 2010 entstand in einem Seitentrakt ein Ärztezentrum. 2014 wurde ein Trakt abgerissen, um einem neuen Gebäude für „Betreutes Wohnen" Platz zu machen.

0399 Hauersteigstraße 51, Pensionist*innen- und Pflegeheim Marienheim und Kapelle, 1978–1980, P: Herbert Müller-Hartburg, AF: Ing. Leopold Leitzinger | Zubau Kapelle, 1980–1982, P: Herbert Müller-Hartburg | Zubau Wintergarten, 2003 ●

Der Orden der Schwestern des Göttlichen Erlösers ließ von 1884 bis 1903 in Gablitz das Kloster St. Barbara errichten. Gleichzeitig erwarb er das etwas außerhalb von Gablitz gelegene „Waldhaus" und adaptierte es als Sommerheim für das Noviziat und priesterliche Gäste des Klosters. 1979 wurde das Waldhaus abgerissen und der Orden beauftragte Herbert Müller-Hartburg mit der Errichtung des Alten- und Pflegeheims Marienheim. Der lang gestreckte Baukörper fügt sich durch die Unterteilung in einzelne, leicht vor- und rückspringende Segmente, Holzbalkone und das hochgezogene Dach, in dem das dritte Geschoß mit Mansardenzimmern untergebracht ist, gut in die Hanglage ein. Unmittelbar nach der Fertigstellung des Heims erbaute Müller-Hartburg 1980 bis 1982 die dazu gehörende Kapelle, die durch einen Gang mit dem Haupthaus verbunden ist.

Der expressionistische Baukörper besteht aus einer Zusammenstellung verschiedener Dreiecksformen; besonders auffällig ist hierbei die Dachform, die wie ein umgekehrtes Satteldach wirkt, bei dem der First die tiefste Linie der Eindeckung bildet. Auch im Innenraum verwendete Müller-Hartburg expressionistische Formen, so etwa bei den schmalen hohen Buntglasfenstern, beim Orgelgehäuse und bei der Deckenkonstruktion. Sichtziegelwände und Holzverkleidungen erzeugen eine anheimelnde Atmosphäre in dieser für ein Senior*innenheim sehr unkonventionell konzipierten Kapelle. – Seit 2022 wird neben dem Kloster St. Barbara ein großes Senior*innenzentrum errichtet, und nach der Fertigstellung soll das Marienheim abgerissen werden. Der ursprünglich geplante Abriss der Kapelle wird durch die Unterschutzstellung des Bundesdenkmalamtes verunmöglicht.

Gaindorf 3720
**Gemeinde: Ravelsbach,
Bezirk: Hollabrunn**

Kultur, Veranstaltung

0400 Gaindorf 107, <u>Umbau Getreidemühle in Atelier, 1993,</u> P: Bernhard Leitner

Bernhard Leitner, Künstler und Universitätsprofessor, erwarb die Getreidemühle Kasparek aus den 1930er-Jahren und baute sie zu einem Atelier um.

Gainfarn 2540
Gemeinde: Bad Vöslau, Bezirk: Baden

Einfamilienhäuser

0401 Merkensteiner Straße 26, <u>EFH, 1984,</u> P: Heinz Neumann, Eric Steiner •

Wie eine Kapelle der Toskana, mit einem großen, von einem Lünettenfenster über der Eingangsfront erhellten, saalartigen Innenraum, hebt sich das Einfamilienhaus von den konformistisch gestalteten Gebäuden der Nachbarschaft ab.

Gaisberg 3251
**Gemeinde: Purgstall an der Erlauf,
Bezirk: Scheibbs**

Einfamilienhäuser

0402 Gaisberg 9b, <u>Umbau ehem. Geißmühle, 1999,</u> P/BH: Robert Kabas

Gaming 3292
Gemeinde: Gaming, Bezirk: Scheibbs

Energie

0403 47°55'25.2"N 15°05'18.2"E, <u>Aquädukt der Zweiten Wiener Hochquellenleitung, 1906,</u> AF: Stadtbauamt Wien •

0404 Pockau 19, <u>Kraftwerk mit WH, 1923–1926,</u> BH: Wasserkraftwerke AG, AF: A. Porr Betonbau-Unternehmung GmbH •

Der Standort des Kraftwerks wurde aufgrund des hohen Gefälles der Zweiten Wiener Hochquellenleitung gewählt. 200 Meter entfernt wurde ein zweigeschoßiges Wohnhaus errichtet.

Verkehr

0405 47°53'42"N 15°02'33"E, <u>Wetterbachbrücke, 1898,</u> BH: Ybbstalbahn AG, AF: Prasil & Co

→ 0406

0406 47°53'59.8"N 15°03'16.9"E, <u>Hühnernestgrabenbrücke, 1898,</u> BH: Ybbstalbahn AG, AF: Prasil & Co

Mit einer Netzlänge von etwa 77 Kilometern war die ab 1895 errichtete Ybbstalbahn die drittlängste Schmalspurbahn mit 760 Millimeter Spurweite und hatte an den Endpunkten in Waidhofen und Kienberg-Gaming Anschluss an das Normalspurnetz. Die Strecke verband – dem Verlauf der Ybbs folgend – das topografisch abgeschiedene Voralpenland mit den Zentren Waidhofen und Scheibbs. Ebenso sorgte die Bahn für die touristische Erschließung der Sommerfrischeorte und sicherte zugleich die Anbindung der wachsenden lokalen Schwerindustrie, die sich in der Folge in Ybbsitz und Böhlerwerk konzentrierte. Ausgehend von Waidhofen erfolgte die Eröffnung in drei Teilabschnitten, zuletzt wurde die Zweigstrecke nach Gstad 1899 fertiggestellt. Bis 1962 fand die Umstellung auf Dieseltraktion statt. Nach dem Bedeutungsverlust gegenüber dem Straßenverkehr wurde der Betrieb auf der Zweigstrecke 1988 eingestellt, ab 2008 fielen die endgültigen politischen Entscheidungen zur stufenweisen Einstellung des Bahnbetriebs außerhalb Waidhofens.

Die Bahnstrecke zeichnet sich durch die Trassierung in anspruchsvoller Topografie und die zahlreichen, konstruktiv beachtlichen Kunstbauten aus der Erbauungszeit aus. Für die im Westen der Strecke häufigen Querungen der Ybbs entstanden mehrere imposante, für die Trassenführung im Ybbstal charakteristische Eisenfachwerkbrücken mit als Fischbauch ausgeführtem Tragwerk zwischen gemauerten Gewölbebögen aus Bruchstein (→ 1117, → 1360, → 2091). Außergewöhnliche Bauten entstanden für die herausfordernden Talquerungen zwischen Pfaffenschlag und Gaming im Osten.

Der 94 Meter messende Talübergang der Hühnernestgrabenbrücke sowie die benachbarte 79 Meter lange Brücke (→ 0405) über den Wetterbach stellen die anspruchsvollsten Ingenieurbauten im Osten der Ybbstalbahn dar. Aufgrund der Lage der zwei tiefen Taleinschnitte ohne vorhandenes, für den Bau nutzbares Gestein oder der Möglichkeit zum Transport von Bruchsteinen zum engen Bauplatz kam das Prinzip von Gerüstpfeilerbrücken amerikanischen Vorbilds zum Einsatz. Auf den imposanten Eisengitterkonstruktionen frei stehender, sich im Querschnitt verjüngender Pendelpfeiler liegen die besonders flachen, im Kurvenverlauf gebogenen Fahrbahnen auf.

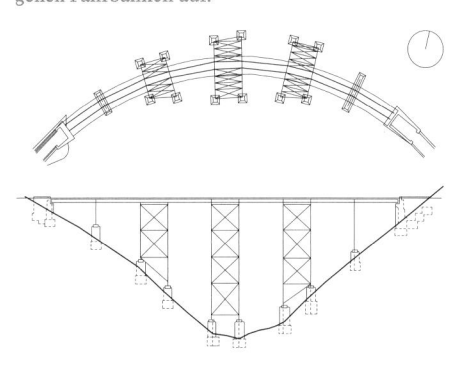

0407 Schleierfallstraße 53, Straßenmeisterei, um 1982, P: Helmuth Zellhofer •

In Form von vier durch Rampen verbundene Terrassen ist die Anlage geschickt ins ansteigende Terrain eingefügt. Dabei greifen die einzelnen, im Niveau abgestuften Baukörper mit zahlreichen Vor- und Rücksprüngen, lamellenverkleideten Bändern unter den Traufkanten und Pultdächern das Thema der voralpinen Landschaft auf.

Gänserndorf 2230
Gemeinde: Gänserndorf, Bezirk: Gänserndorf

Religion, Kult

0408 48°20'00.2"N 16°42'16.9"E, am Jüdischen Friedhof, Taharahaus, 1907–1908 •

Gegen Mitte des 19. Jahrhunderts setzte die jüdische Zuwanderung nach Gänserndorf ein. Durch den Ausbau der Nordbahn kamen vor allem galizische Jüdinnen und Juden, die 1884 einen Minjan-Verein gründeten und im selben Jahr ein Grundstück für einen Friedhof ankauften. 1907 bis 1908 wurde der Friedhof angelegt und neben dem Eingangstor das Taharahaus errichtet, ein Gebäude, das der rituellen Waschung der Toten und zur Vorbereitung auf die Beerdigung diente.

0409 48°20'32.8"N 16°43'12.2"E, Kirchenplatz, Erweiterung Pfarrkirche hll. Schutzengel, 1959–1961, P: Ernst Arthofer, Karl Burian, AF: Anton Suchanek, K: Fred Grillesberger (Taufstein), Susana C. Polac (Tabernakel, Leuchter, Kreuz), Karl Nieschlag (Kruzifix), Hans Zeiler (Glasfenster) •

Bereits im 13. Jahrhundert wurde auf einer leichten Anhöhe eine kleine Wehrkirche errichtet und um 1400 ein gotischer Chor angebaut. Nach schweren Brandschäden Ende des 17. Jahrhunderts erhielt die Kirche eine barocke Innenausstattung. Schon Anfang des 20. Jahrhunderts wurde eine Vergrößerung der Kirche für notwendig erachtet, die Realisierung jedoch erst im Jahr 1959 begonnen. Von der bestehenden Kirche wurde das Langhaus bis auf ein Joch abgerissen und ein größerer, saalartiger Kirchenraum mit Flachdecke angefügt. Das erhalten gebliebene Joch bildet heute gemeinsam mit dem gotischen Polygonalchor das Presbyterium. Der darüberliegende achteckige Kirchturm mit dem hohen Spitzhelm stammt noch vom Vorgängerbau und wurde nach Kriegsschäden wiederhergestellt. Die schmucklose Westfassade wird von einem großen Rundfenster dominiert. An den Längsseiten bewirken hohe farbige Glasfenster eine gute Belichtung des Innenraumes. Die Ausstattung stammt aus der Bauzeit. Im September 2018 wurde bei der Kirche der angeblich weltweit erste Park-and-pray-Platz eröffnet, um den mit dem Auto kommenden Gläubigen ein kurzes Anhalten für einen Kirchenbesuch zu ermöglichen.

0410 Oed Aigenstraße 9, Emmauskirche Gänserndorf-Süd und Seelsorgezentrum, 1996, P: Johann (Hans) Hoffmann, K: Franz Kaindl (Flügelaltar, Friesband)

In den 1950er-Jahren entstand der neue Stadtteil Gänserndorf-Süd, und aufgrund der weiten Entfernung zur Gänserndorfer Pfarrkirche wurde 1995 der Architekt Johann Hoffmann mit der Errichtung einer Kirche und Seelsorgestation für rund 110 Gläubige beauftragt. „Die Architektur", so Johann Hoffmann, „soll der Weg sein, um das Gemeinschaftsbewusstsein zu fördern und um Menschen als teilnehmende und aktive Mitglieder der Gemeinschaft wirken zu lassen". Damit formulierte er Forderungen des Zweiten Vatikanischen Konzils, die er jedoch selbst nur halbherzig umsetzte. Er plante zwar einen Zentralraum als Gemeinschaftsraum, trennte jedoch den Altar deutlich von den Gläubigen und fasste die Kirchenbänke wie im traditionellen Langhausschema in zwei, durch einen Mittelgang getrennte Blöcke zusammen. Letztendlich zeigte Hoffmann eine grundsätzlich konservative Einstellung, und es überrascht dann auch nicht, dass er sich entschieden gegen die Nutzung der Kirche als Mehrzweckraum aussprach, obwohl die Errichtung eines Veranstaltungssaals im anschließenden Pfarrzentrum erhebliche Mehrkosten verursachte. Um eine „kontemplative Atmosphäre" hervorzurufen, hat Hoffman der Innenraumgestaltung bewusst ein schlichtes Gesamtkonzept zugrunde gelegt. Ein „großzügiges Lichtband und eine Oberlichtpyramide" (Pfarre Gänserndorf) erhellen den Raum und ein fast fünf Meter breiter Flügelaltar bildet einen wirkungsvollen Hintergrund für den Altar. In einiger Entfernung vom Haupteingang steht ein zwölf Meter hoher Glockenturm, dessen Stahlkonstruktion das Erscheinungsbild der Bohrtürme im Marchfeld aufgreift und der als Wahrzeichen von Gänserndorf-Süd Bedeutung erlangen sollte.

Bildung

0411 Bahnstraße 34, Bücherei und Musikschule, 1991–1992, AB: BKK-2 (Christoph Lammerhuber, Axel Linemayr, Evelyn Rudnicki, Florian Wallnöfer, Johann Winter), BH: Stadtgemeinde Gänserndorf, S: Günter Windsperger •

In der von niedrigen, einfachen Häusern mit Geschäftsflächen geprägten Straße entwickelt das Gebäude mit Bücherei und Musikschule eine eigenständige Architektursprache und schafft gleichzeitig Bezüge zur umliegenden Bebauung. Durch ein Abrücken des Gebäudes von der Baulinie entsteht ein kleiner Vorplatz, von dem durch die gläserne Fassade die öffentliche Bücherei im Erdgeschoß eingesehen werden kann. Die Musikschule im Obergeschoß und der Veranstaltungssaal im Untergeschoß werden über Rampen erschlossen. Eine Umgestaltung des Stadtkerns unter Einbeziehung der Bücherei und Musikschule ist derzeit in Planung.

0412 Eichamtstraße 4, Mittelschule und Turnsaal, 1912, AF: Karl Halzl | Zubau Turnsaaltrakt, Aufstockung und Sanierung 2008–2009 •

Das 1912 als Doppelbürgerschule errichtete dreigeschoßige Gebäude weist einen mächtigen Volutengiebel und Seitenrisalite mit Figurennischen auf. Neben dem Hauptgebäude liegt der alte, eingeschoßige Turnsaal, der mit einem Dachreiter sowie ebenfalls mit einem mächtigen Volutengiebel geschmückt ist.

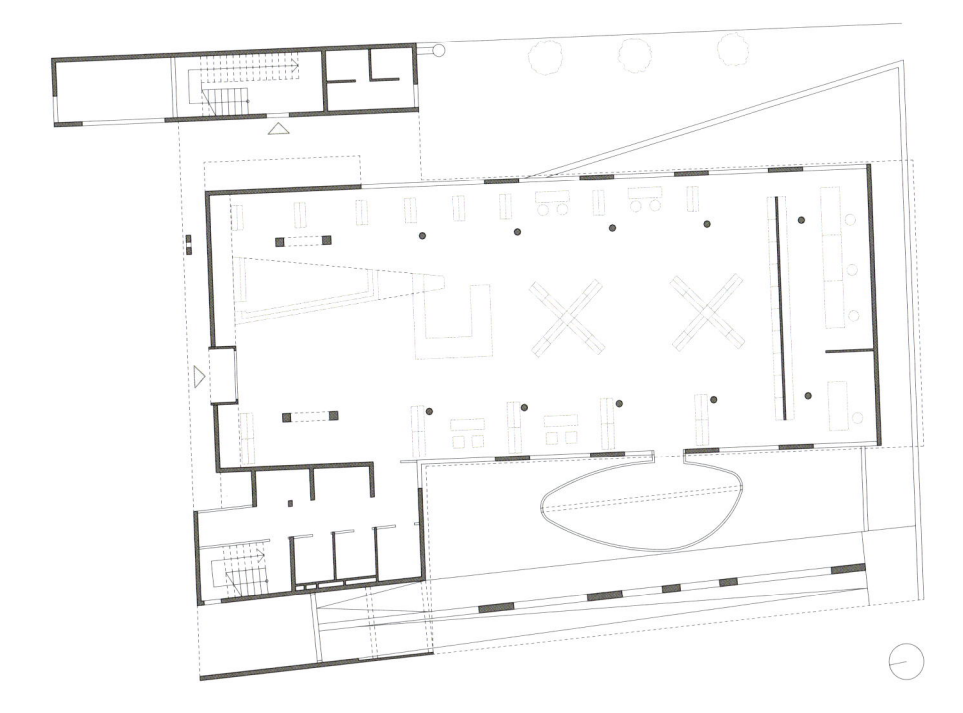

0413 Schubertstraße 29, Landeskindergarten, 1970, P: Walter Killmayer, S: Leopold Vykoukal •

Der dreigruppige Kindergarten wurde nahe dem Ortszentrum auf einer schmalen Parzelle errichtet. Jede Gruppe verfügt über einen eigenen Zugang ins Freie, der Bewegungsraum liegt zentral in der Mitte. Die bodentiefe Verglasung in den Gruppenräumen erlaubt den Blick in den Garten.

0414 Siebenbrunner Straße 7, Volksschule, 1995–1997, AB: Nehrer + Medek Architekten (Manfred Nehrer, Reinhard Medek) | Zubau, 2008 •

Für den Schulbau auf dem schmalen Grundstück wurde eine ungewöhnliche Erschließungstypologie mit einem langen, sich verjüngenden Gang im Zentrum des Gebäudes entwickelt. Über den eingerückten, gläsernen Eingangsbereich wird eine Halle mit großer Glasfront erreicht, die in den von oben belichteten Gang mündet. Dieser erschließt den L-förmigen, zweigeschoßigen Baukörper mit Unterrichts- und Verwaltungsräumen und der zentrale Turnsaalgruppe. Schlanke, das Obergeschoß tragende Stahlbetonsäulen, die in unregelmäßigen Abständen und teils schräg angeordnet sind, lockern die strenge Fassadengestaltung auf. 2008 erfolgten Zubauten, um weitere Klassenräume, die Hortgruppen und die Sonderschule aufzunehmen.

▶ *Plan (nächste Seite): Zustand um 1997*

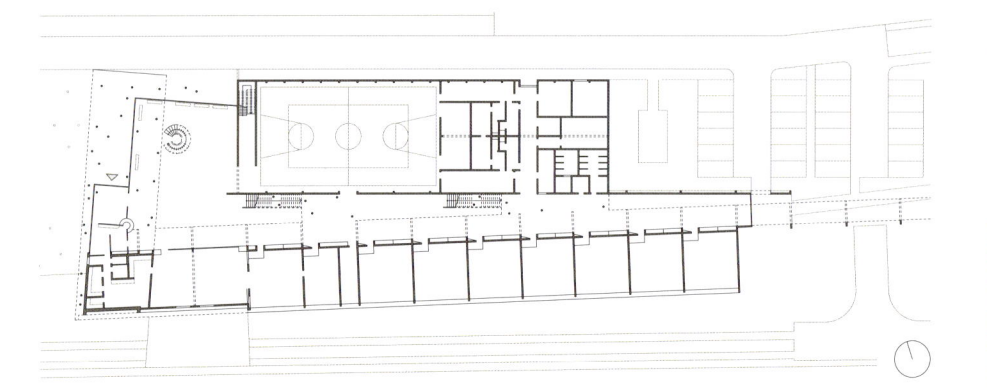

Wohnbauten

0415 Bahnstraße 11–13, <u>WH, 1978–1980</u>, P: Heinz-Dieter Kajaba, Hans Kukula, S: Herbert Granzer ●

Das Gebäude wurde als „Energiespar-, Muster- und Demonstrationsbau" der Installationsfirma des Bauherrn konzipiert, weshalb beim Entwurf großer Wert auf den aktuellen Stand der Technik gelegt wurde. Ausgeführt wurde eine hinterlüftete Konstruktion mit Wärmedämmung, ergänzt durch Kunststofffenster mit Dreischeiben-Isolierverglasung. Die Beheizung sollte über Niedertemperatur-Fußbodenheizsysteme erfolgen und die erforderliche Wärme über zwei Wärmepumpen gewonnen werden. Schon zur Fertigstellung waren Vorkehrungen für eine nachträgliche Installation von Sonnenkollektoren getroffen worden. In Angleichung an die bestehenden Strukturen reagierte der durch dunkle Fensterbänder und helle Fassadenplatten charakterisierte Entwurf mit First, straßenseitiger Traufe und Gesimsvorsprung auf die Nachbarbebauung. Das Geschäftsportal, das Vordach wie auch die Bildung der beiden Erker folgten den Vorgaben durch den Bestand. Über den Geschäftsräumen im Erd- und Untergeschoß wurden drei zweigeschoßige Wohnungen und gartenseitige Terrassen gebaut, die über einen zentralen Gang im Erdgeschoß erschlossen werden.

0416 Brunnengasse 82, <u>WHA, 1979–1982,</u> AB: Atelier P + F (Herbert Prader, Franz Fehringer, Erich Ott), BH: Alpenland Gemeinnützige Bau-, Wohn- und Siedlungsgenossenschaft ●

0417 Dr.-Josef-Leisser-Gasse 38–46, <u>Atriumhäuser, 1975–1976</u>, AB: Atelier P + F (Herbert Prader, Franz Fehringer, Erich Ott) | ursprüngliches Erscheinungsbild teilweise verändert ●

0418 Tannengasse 2, Hochwaldstraße 37, <u>Ökosiedlung Gärtnerhof, 1986–1988</u>, AB: Atelier für naturnahes Bauen Deubner (Helmut Deubner) ●

Die kompakte Anlage in geschlossener Bauweise wurde mit einem hohen Anspruch an energiesparende und ökologisch sinnvolle Lösungen errichtet. Differenziert gestaltete Baukörper aus Sichtziegelmauerwerk und Holz umschließen begrünte Innenbereiche, Erschließungswege, einen Spielplatz sowie eine Wasseranlage. Markante Zeltdächer, Wintergärten, Veranden und Loggien lockern das in sich geschlossene Erscheinungsbild auf (→ 0582).

Einfamilienhäuser

0419 Augasse 11, <u>EFH, 1978–1981</u>, P: Erika Lojen, Gerhard Lojen ●

Die Räume des eingeschoßigen Baukörpers gruppieren sich um einen zentralen Hof, die schlichten Fassaden werden durch rechteckige Fensteröffnungen und Eckfenster gegliedert und durch eine horizontale Holzverkleidung der Attika dominiert.

Hotels, Heime, Klöster, Kasernen

0420 Wiesengasse 17, Barbara-Heim, NÖ Pensionist*innenheim, 1980–1983, P: Jörg Klinger | Erweiterung 2006–2009, AB: Architekt Scheibenreif ZT GmbH | Sanierung/Modernisierung, 2007–2013, AB: Kuchler ZT GmbH (Martin Kuchler) ●

Im Grundriss einer dreischiffigen Kirche nicht unähnlich, siedelte der Architekt die Gemeinschaftsräume, u. a. ein lichtdurchflutetes Atrium, in einem mittleren Gebäudeteil und im Erdgeschoß an, während die Zimmer der Bewohner*innen in den nordöstlichen bzw. südwestlichen Obergeschoßen liegen. 2006 bis 2009 wurde die Anlage um einen eingeschoßigen Trakt im Norden erweitert, 2007 bis 2013 der Bestand saniert bzw. modernisiert, was zu einem leicht veränderten Aussehen führte; Klingers Grundidee, die Fassade in einem größeren Rahmen an das Erscheinungsbild der Reihen- und Einfamilienhäuser der Umgebung anzupassen, blieb jedoch bestehen.

▶ Plan: Zustand um 1983

Geschäftslokale, Einkaufszentren, Banken

0421 Marchfelder-Platz 1–2, Erweiterung Marchfelder Volksbank, 1974, P: J. J. Schobermayer, Guido Budik, S: Viktor Stehno ●

Garnberg 3343
Gemeinde: Hollenstein an der Ybbs, Bezirk: Amstetten

Einfamilienhäuser

0422 Garnberg 8, Landwirtschaftliche Fachschule Hohenlehen, ehem. Villa, 1906–1910, P: Maximilian Katscher, BH: Gustav Davis | Generalsanierung und Zubau Küche, 2012–2014, AB: W30 Architektur (Andreas Bösch, Martin Pichler, Stefan Wedl) ●

Der monumentale Villenbau und zahlreiche Nebengebäude wurden in einer weitläufigen englischen Gartenanlage für den Zeitungsherausgeber Gustav Davis errichtet. Seit 1949 werden die Gebäude als Schule und Internat genutzt (→ 0748).

Gars am Kamp 3571
Gemeinde: Gars am Kamp, Bezirk: Horn

Von den Flussbädern bis zum Kurpark, vom Villenviertel bis zu den Hotels und Gasthäusern zeugen noch heute zahlreiche Bauten von den Jahrzehnten ab dem ausgehenden 19. Jahrhundert, als Gars am Kamp sich als beliebte Sommerfrische des Wiener Großbürger*innentums und zahlreicher Künstler*innen, darunter auch etliche Architekt*innen, etablierte. Förderlich für den Fremdenverkehrsboom war der Ausbau des Eisenbahnnetzes: 1870 nahm die Franz-Josefs-Bahn den Betrieb auf, 1889 wurde die Kamptalbahn eröffnet, womit Gars von Wien aus in drei Stunden erreichbar war. Ende der 1990er-Jahre planten die Österreichischen Bundesbahnen, die fünf historischen, die Landschaft des Kamptals prägenden Stahlfachwerkbrücke (Gitterkastenträger mit bogenförmigem Obergurt) durch Stahlträgerbrücken zu ersetzen. Dank einer Bürger*inneninitiative und schließlich finanzieller Unterstützung seitens des Landes Niederösterreich konnten drei dieser Brücken (in Stiefern, Plank und Rosenburg) rekonstruiert bzw. saniert werden.

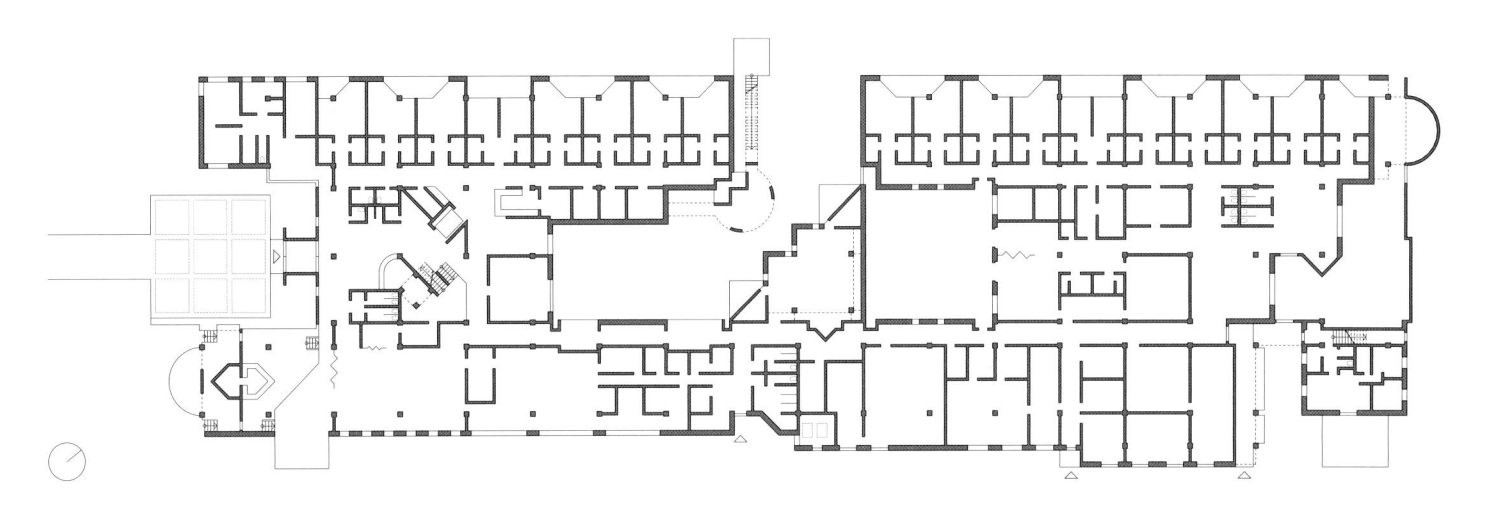

Das Stadtbild von Gars am Kamp um die Jahrhundertwende prägten die ortsansässigen Baumeister Johann Buhl und Ferdinand Lehr, Baumeister Leopold Wieser aus Gottsdorf und der Wiener Baumeister Adolf Micheroli. In der Nachkriegszeit bis in die 1980er-Jahre stagnierte der Tourismus und verlagerte sich zu den Kamptalstauseen, die im Zuge der Errichtung der Kraftwerkkette am mittleren Kamp – Ottenstein, Dobra-Krumau und Thurnberg-Wegscheid – mit Freizeitvergnügen am See lockten. Beflügelt durch das Gesundheitsimperium des bekannten Sportmasseurs Willi Dungl erlebte – nun auch vermehrt durch internationale Prominenz – der Kurort einen bis heute andauernden Aufschwung.

Religion, Kult

0423 48°35'42.1"N 15°39'29.9"E, im Kurpark, Babenbergerstraße, Kriegerdenkmal, 1923, K: Hermann Heindl (Bildhauer) •

Ganz ungewöhnlich ist bei diesem Kriegerdenkmal nicht ein Soldat in heroischer oder leidvoller Pose dargestellt, sondern eine junge Frau, die um die Toten trauert. Sie ist umringt von einer Reihe unbehauener Granitsteine in verschiedenen Formen, an denen die Tafeln mit den Namen der Gefallenen angebracht sind.

Kultur, Veranstaltung

0424 48°35'41.2"N 15°39'33.7"E, im Kurpark, Musikpavillon, 1907–1908, P: J. Molnar, W. Hiebler | Umgestaltung Kurpark, 1993, P: Maria Auböck •

Bürgermeister Julius Kiennast ließ 1907 bis 1908, anlässlich des 60-jährigen Regierungsjubiläums von Kaiser Franz Joseph, durch Ankauf weiterer Grundstücke den Kurpark erweitern. Die Planungen des Parks erarbeitete der Wiener Gartenarchitekt J. Molnar unter Mitwirkung des Wiener Stadtbaudirektors W. Hiebler. 1993 wurde der bereits etwas verwilderte Park durch die Wiener Gartenarchitektin Maria Auböck gründlich durchforstet und teilweise neu gestaltet.

Der achteckige, leicht längs gestreckte und mittels Laterne überhöhte typische Musikpavillon mit grün-weißer Laubsägearbeit ist ein charmantes Beispiel für die Hochphase der Kurarchitektur der Gründerzeit und gehörte unabdingbar zu einem veritablen Kurort, wie es Gars am Kamp ab der Eröffnung der Kamptalbahn 1889 war. Bis in die 1960er-Jahre fanden hier noch zahlreiche Konzerte statt.

Bildung

0425 Haanstraße 450, Sportmittelschule, 1963–1967, P: Richard Gach | Sanierung und Zubau, 2001, P: Karl Gräff •

Gesundheit

0426 Spitalgasse 124, NÖ Landeskindergarten, ehem. Kaiser Franz-Josef-Krankenhaus, 1898, BH: Ignaz Rainharter •

Das 1898 eröffnete Krankenhaus ließ der Arzt Ignaz Rainharter erbauen. Er war ein großer Förderer des Ortes und hat 1903 auch den Bau der ersten Wasserleitung in Gars initiiert und finanziert. Der kleine, historistische Bau wird heute als Kindergarten genutzt und steht unter Denkmalschutz.

Freizeit

0427 Suppe-Promenade 139, ehem. Fluss-Badeanstalt, 1911–1912, P: Johann Buhl •

1884 entstand hier das erste Badehaus am Kamp. Auf Veranlassung des Verschönerungsvereins Gars am Kamp wurde dieses wegen des regen Besucher*innenzustroms von 1890 bis 1891 bereits vergrößert. 1911 beschloss der Verein die Errichtung eines neuen Badehauses nach Plänen des ortsansässigen Baumeisters Johann Buhl, das 1912 verwirklicht wurde. Vor allem in der Zwischenkriegszeit, aber noch bis in die 1950er-Jahre, herrschte hier reger Badebetrieb. Durch den sukzessiven Bau von Stauwerken am oberen Kamp und veränderte Badegewohnheiten kam jedoch gegen Ende des 20. Jahrhunderts der Badebetrieb zum Erliegen. Der prominente Sportmasseur Willi Dungl steuerte ab den späten 1980er-Jahren dagegen, jedoch ohne Willen zum Erhalt der Bestandsbauten. Die Kombination des in Massivbauweise errichteten, mittigen Badehauses im Stil secessionistischer Villenarchitektur mit schopfwalmgedeckten Giebelfassaden, das die Wannenbäder enthielt, mit den symmetrisch beidseitig anschließenden Kabinentrakten aus Holz mit Zwiebeltürmchen und Laubsägearbeiten entlang des Kamps war einzigartig – der Abbruch im Jahr 2000 kann als großer Verlust gelten. Die um 1914 zu datierenden Badehäuschen, die zur Badeanstalt gehörten, befinden sich heute als letztes Relikt dieser historischen Flussbadeanstalt im Kurpark.

▶ *Foto: eines der erhaltenen Badehäuschen*

Wohnbauten

0428 Dreifaltigkeitsplatz 55, Gast- und Geschäftshaus, 1910, P: Johann Buhl •

Das markante zweigeschoßige Eckgebäude zeichnet sich durch seine historischen Gliederungsmerkmale aus. Neben dem bandrustizierten Sockel, den seitlichen Risaliten samt Attikaaufsätzen, dem überhöhten Eckpavillon mit Walmdach, Oculi und Eckerker prägen vor allem Dekorationsformen des Jugendstils das Erscheinungsbild. Seine Farbgebung in Gelb und Weiß hat der Bau seit einer 1988 erfolgten Fassadensanierung.

0429 Hauptplatz 3, WH, 1900, P: Adolf Micheroli, BH: Julius Kiennast, Rosa Kiennast •

Der zunächst als Magazin und Betriebswohnung genutzte zweigeschoßige Bau wurde später Hauptwohnsitz der Familie Kiennast. Ein hoher bandrustizierter Sockel, Segmentbogenfenster im Erdgeschoß und darüberliegende Rechteckfenster mit Verdachungen prägen den zum Hauptplatz hin traufständigen Baukörper.

Charakteristisch sind außerdem der markante Eckgiebel mit darunterliegenden Konsolen auf Höhe der Firstkante, die gekuppelten Rundbogenfenster und der Oculus im Giebelfeld, der polygonale Erker mit Kegeldach und Wappen in den Parapetfeldern sowie die Verwendung von unverputztem Backstein im Bereich des von einem Dreiecksgiebel bekrönten Haupteingangs. Die zum Hauptplatz orientierte Portaleinfassung trägt die Inschrift „1900".

0430 Julius Kiennaststraße 79, WH, 1901, P: Johann Buhl •

Zentrales Charakteristikum dieses dreigeschoßigen Baukörpers ist der von volutenartigen Konsolen getragene polygonale Erker mit Balkon, welcher wiederum von einem Schopfwalm-Giebelfeld gerahmt wird. Markant erscheint zudem der Runderker mit zwiebeldachähnlichem Abschluss über ovalen Fenstern. Die durch gequaderte Pilaster gegliederte Fassade weist im Bereich der Parapete Putzfelder auf.

0431 Rainharterstraße 13, WH, um 1910

Der von den Nachbarbauten abgesetzte Baukörper über L-förmigem Grundriss ist zur Straße hin traufständig und verfügt über sechs Fensterachsen. Zu den auffälligen Merkmalen gehören das bandrustizierte Sockelgeschoß samt Rechteckfenstern in Blendbögen sowie das in Jugendstil-Formen gehaltene Dekor um die Fenster in den beiden Obergeschoßen und im Bereich der Traufe.

Einfamilienhäuser

0432 Apoigerstraße 123, Villa, 1897, BH: Theresia Schweiger, Anton Schweiger | Zu- und Umbau, 1924, P: Ferdinand Lehr, BH: Johann Herndlhofer •

Bei diesem Landhaus mit holzgeschnitzten Giebelverzierungen findet sich das Dreiecksmotiv neben den Giebelfenstern auch in den Dachfenstern, den Dreieckserkern und dem Zackenfries wieder.

0433 Apoigerstraße 125, 128, 129, 131, 132, 133, 134, 135, Villenensemble, 1896–1902, P: Ferdinand Lehr

0434 Apoigerstraße 142, Villa, 1902, BH: Franz Weiser •

0435 Hornerstraße 119, Villa Tirolerheim, ca. 1897, BH: Josefine Purtscheller | Zubau Garage, vor 1993 •

Die Villa weist zwei seitliche, übergiebelte Holzveranden mit Schnitzereien auf.

0436 Hornerstraße 121, Villa, 1897, P/BH: Anton Krejci •

0437 Hornerstraße 162, Villa, 1909, P: Johann Buhl, BH: Karl Kellner, Katharina Kellner •

Das Landhaus verfügt über einen schopfwalmgedeckten Mittelrisalit und Fachwerkdekor im Giebelfeld. Die mit Rauputz versehene Westfassade ist durch eine Loggia mit Balustrade und gedrungenen Säulen, Fensterumrahmungen und einem Spruchband im Zentrum gegliedert. Eine Portaloggia an der Südfassade wurde nachträglich durch einen Anbau ersetzt.

0438 Hornerstraße 209, WH, 1896 •

Der eingeschoßige Bau wird von einer übergiebelten, holzgeschnitzten Veranda und einer Wetterfahne geprägt.

0439 Klostergasse 110, 114, 127, 143, 150, 158, 160, 169, Villenensemble, 1912, P: Johann Buhl, Adolf Micheroli, Ferdinand Lehr, Anton Krejci

0440 Kremserstraße 35–36, Umbau Villa, 1897–1902, P: Adolf Micheroli •

Ein 1866 errichteter Vorgängerbau wurde durch den Wiener Architekten Adolf Micheroli von Grund auf umgestaltet: Ein geschweifter Giebel, die

Arkade mit Freitreppen und ein polygonaler Turm an der Seitenfassade geben dem Gebäude ein repräsentatives und zugleich malerisches Erscheinungsbild. Die Villa mit Nebengebäuden ist in einen weitläufigen Park eingebettet.

0441   Kremserstraße 40–41, Villa, 1879–1880, P: Leopold Wieser ●

Die Villa wurde unter Einbeziehung eines Bauernhauses für den Komponisten Franz von Suppè errichtet. Hinter der lang gestreckten, geknickten Fassade mit doppelflügeligem Portal in der Mittelachse befinden sich das ehemalige Wohnhaus des Komponisten, ein Nebengebäude und ein großzügiger Garten mit Pavillon. Auf der Portalattika sind zwei Terrakottafiguren, dazwischen eine Lyra und darunter ein Fries mit einer Notenzeile angebracht; die Fassade ist von Zinnen bekrönt. Das Gebäude wurde nach dem Tod Franz von Suppès von seiner Witwe für einige Jahre als Suppè-Museum genutzt. Die Bestände wurden jedoch 1908 dem Wien Museum übergeben.

0442   Kremserstraße 136, Villa, 1900, P: Adolf Micheroli ●

Die Villa wurde für die Witwe des Komponisten Franz von Suppè, Sophie, als Wohn- und Gästehaus neben der Villa des Ehepaares (→ 0441) errichtet. Das Dach des kleinen Gebäudes ist mit rund abgeschlossenen Schopfwalmdächern mit Turmspitzen formenreich gestaltet und mit einem Dachreiter bekrönt.

0443   Schillerstraße 170, Villa, um 1900, P/BH: Johann Buhl ●

Trotz Veränderungen an der Fassade nach 1918, u. a. der Vergrößerung des Balkons, ist die Grundstruktur der für den Architekten selbst errichteten Villa weiterhin erhalten.

0444   Villengasse 165, Villa, 1911, P: Johann Buhl, BH: Josef Heinel ●

0445   Weisergasse 179, Villa Gretl, 1924, P: Josef Hoffmann, Alfred Rodler, BH: Emil Hanebeck, AF: Johann Buhl ●

Einer der letzten Neubauten von Hoffmann ist dieses Wohnhaus für den Nadelfabrikanten Emil Hanebeck, das nach der Tochter des Bauherrn benannt wurde. Auf einem leicht abfallenden Grundstück etwas außerhalb des Ortszentrums erhebt sich ein pagodenartiges Dach über dem kompakten Baukörper. In einer konkaven Wand in der Mittelachse des Gebäudes sitzt, von dreieckigen Fenstern flankiert, die Eingangstür; das Vordach und die Treppen schwingen in konvexer Form aus und bilden einen überdeckten Eingangsbereich. Die für Hoffmann typischen ornamentalen Gestaltungselemente mit Dreiecks- und Rautenmuster finden sich an den Fassaden, den Türfüllungen und den Schornsteinaufsätzen. Die Villa umfasst im Souterrain eine Küche samt Hausbesorgerwohnung, im Parterre Ess- und Schlafzimmer, Bad und Veranda und im Dachgeschoß ein Gästezimmer. Hoffmann gestaltete auch die Freiflächen – der Vorgartenbereich an der Straßenseite ist von einer durchbrochenen Ziegelmauer umgeben, die Südseite der Villa öffnet sich mit einer durch Spitzbögen gegliederten Loggia zur terrassierten Gartenanlage.

0446   Weisergasse 191, Villa Franzi, 1931, P: Johann Buhl, BH: Franz Martetschläger, Poldy Martetschläger ●

0447   Weisergasse 267, Villa, 1931, P: Johann Buhl, BH: Paula Kovarik ●

0448   Wienerstraße 275, Villa Gretl II, 1933

0449   Wozniczakgasse 147, Villa Gertrud, 1903, P: Ferdinand Lehr, BH: Leopold und Leopoldine Zehetgruber ●

Nach der Hochzeit von Stellfuhrwerk-Großunternehmer Leopold Zehetgruber und der Wiener Volkssängerin Leopoldine Kutzel ließ das Ehepaar in Gars zwei Villen errichten. Die 1896 erbaute Villa in der Wozniczakgasse 118 bewohnte das Paar teils selbst, teils wurde sie an Sommergäste vermietet. 1903 ließen sie in unmittelbarer Nähe die Villa mit der Hausnummer 147 errichten, die bereits kurz nach ihrer Fertigstellung zum Verkauf angeboten wurde. Ihre repräsentative Schauseite mit secessionistischen, barocken und rustikalen Motiven ist aufgrund der Hanglage weithin sichtbar.

Hotels, Heime, Klöster, Kasernen

0450   Hauptplatz 58, Gesundheitsresort, ehem. Hotel Kamptalhof, 1914, AB: vermutl. Architektur- und Konstruktions-Atelier für Ausstellungsindustrie, Möbel und Vergnügungsbauten (Hans Glaser, Alfred Kraupa, Karl Scheffel), BH: Marie Neumann, Rudolf Neumann | Um- und Ausbau, 1984–1985 ●

Die Autorenschaft des ehemaligen Hotels Kamptalhof ist fraglich. In zeitgenössischen Berichten wird ausnahmslos der Architekt Hubert Gangl genannt, doch gibt es aus dem Entstehungsjahr einen Entwurf des Architektenbüros Glaser, Kraupa und Scheffel, der dem gebauten Hotel sehr ähnlich ist. Der Entwurf ist in seiner Formensprache klarer und moderner: Statt der realisierten polygonalen Erker war eine ansprechende Balkonlösung mit rechteckigen Erkern im Mittelteil vorgesehen. Neben den ausgeführten Erkern tragen auch der Dreiecksgiebel und die heutige Farbgebung in Schönbrunner Gelb dazu bei, dass der Bau trotz des Einfließens von Jugendstil-Formen eindeutiger im Historismus verhaftet ist als der Entwurf.

Ab den 1960er-Jahren etwas in Vergessenheit geraten, wurde das Hotel in den 1980er-Jahren umgebaut und erweitert, wobei die Dachgestaltung des Zubaus als störend für das Stadtbild empfunden wurde. Seitdem wurde das Hotel mehrfach schonend modernisiert, die Grundstruktur des mächtigen Hauses im Garser Zentrum blieb dabei erhalten.

Industrie

0451 Hornerstraße 202, <u>Kunstmühle, 1856,</u> P: Josef Schneider | Umbau, 1906 | Umnutzung zum Sägewerk, 1919, BH: Kamptaler Holzindustrie Aktiengesellschaft | Elektrizitätswerk, ab 1934 | Erste Österreichische Spiegelglasfabrik, 1954, BH: Schartner Holzwaren-Erzeugung, Lachmaier | Umbau 2006, AB: archipel architekten (Johannes Kraus, Benjamin Milde), BH: Spiegelfabrik-Entwicklungs GmbH ●

Die Gebäude, die als Mühle dienten und im Kern aus dem 16. Jahrhundert stammen, blicken auf eine bewegte Nutzungsgeschichte zurück. Nach Bränden in den Jahren 1856 und 1906 wurden umfassende Umbauten vorgenommen. 1917 wurde der Mühlenbetrieb aufgegeben und die Liegenschaft 1919 zum Sägewerk umgebaut, das wiederum 1928 stillgelegt wurde. Nach der Nutzung des Gebäudes als Elektrizitätswerk ab 1934 erfolgte 1954 eine Aufteilung des Areals. In einem Teil war ein Sägewerk untergebracht, im anderen die Firma Lachmaier als Erste Österreichische Spiegelglasfabrik. 2006 übernahm die Spiegelglas-Entwicklungs GmbH das Objekt und baute es für Betriebe aus den Bereichen Handwerk, Kulinarik und Kultur um. Zurzeit werden unter anderem zwei Kleinwasserkraftwerke des Komplexes saniert.

0452 Julius Kiennaststraße 178, <u>Hubertus-Bräu-Bierlager, 1913,</u> P: Johann Buhl | Stilllegung, 1991 ●

Energie

0453 Wassergasse 166, <u>WH, ehem. E-Werk, 1911,</u> P: Oskar Marek, Richard Marek | Umnutzung zu Kamptaler Lichtspielen, 1932 | Umnutzung zum WH, 1970er-Jahre ●

Wegen seines Anspruchs an eine sorgfältige Architekturgestaltung konnte das 1911 erbaute E-Werk, das 1916 teilweise zerstört wurde, ab 1932 nahtlos als Kultureinrichtung weitergeführt werden; seit den 1970er-Jahren dient es als Wohnhaus. Die die Längsfront untergliedernden Giebel zeigen eine ungewöhnlich weiche, secessionistische Formensprache.

Verkehr

0454 48°35'53.2"N 15°39'24.0"E, Bahnhofstraße, <u>Bahnhofssteg, um 1920</u> ●

Der schlanke, bogenförmige Steg von dennoch imposantem Ausmaß ist als Stahlbeton-Fachwerk ausgeführt. Kennzeichnend sind die kannelierten Pfosten und filigran profilierten Obergurte sowie die feingliedrigen Geländer und Handläufe.

Gaweinstal 2191
Gemeinde: Gaweinstal, Bezirk: Mistelbach

Bildung

0455 Kirchenplatz 3, <u>Gemeindeamt, ehem. Volksschule, 1894–1995</u> | Umnutzung zum Gemeindeamt und Zubau, 2007, P: Werner Zita ●

Wohnbauten

0456 Abt Hauswirth-Straße 12–18, <u>WHA, um 1969</u>, P: Udo Schrittwieser •

0457 Abt Hauswirth-Straße 20–38, <u>RHA, um 1978</u>, P: Udo Schrittwieser •

Einfamilienhäuser

0458 Langackergasse 3, <u>EFH, 1976</u>, P: Manfred Ruttkovsky •

Landwirtschaft

0459 Bachzeile 1, <u>Silo, 1960</u>, P/BH: Verband ländlicher Genossenschaften in NÖ, K: Robert Pertermann (Wandbilder) | Lagerhalle, 1964–1965 | neuer Silo, 1980 •

Das bereits zehn Jahre zuvor genutzte Gelände wurde 1933 in das Genossenschaftsregister eingetragen. 1960 ersetzte der auch noch heute bestehende, stark durchfensterte Halbturm mit den beiden von Robert Pertermann geschaffenen Wandbildern ein älteres Gebäude und erreichte in seinem ersten Betriebsjahr einen Mengenumsatz von 1.791 Waggons (à 10 Tonnen). 1964 bis 1965 wurde die Lagerhalle angeschlossen und 1980 ein mächtiger, 46 Meter hoher Stahlbeton-Siloturm nördlich angefügt, der heute die Hauptmengenbewältigung trägt.

Gerasdorf 2201
Gemeinde: Gerasdorf bei Wien, Bezirk: Korneuburg

Religion, Kult

0460 Stammersdorfer Straße 330–332, <u>Filialkirche und Pfarrzentrum Oberlisse, Christ König, 1968</u>, P: Hans Zeiler | Zubau Glockenturm, 1983

Gerasdorf am Steinfeld 2731
Gemeinde: St. Egyden am Steinfeld, Bezirk: Neunkirchen

Amts-, Verwaltungs-, Kommunal-, Bürobauten

0461 Puchberger Straße 1–2, <u>Justizanstalt, 1961-1975</u>, P: Wilhelm Reichel •

Bereits 1952 wurde der Entschluss gefasst, eine Strafvollzugsanstalt ausschließlich für Jugendliche einzurichten und die Abteilung für Jugendliche in der Männerstrafanstalt Graz-Karlau zu schließen. 1963 starteten die Bauarbeiten auf dem Areal des Schlosses Gerasdorf, das bis auf die heute denkmalgeschützte barocke Portalanlage abgebrochen wurde. 1975 wurde die Anlage mit Zellen-, Wirtschafts-, Ausbildungs- und Freizeittrakten sowie einer Kapelle fertiggestellt.

Getzersdorf 3131
Gemeinde: Inzersdorf-Getzersdorf, Bezirk: St. Pölten

Wohnbauten

0462 Sportstraße 3–7, <u>WHA Getzersdorf, 1980–1981</u>, P: Jiri Mezricky, S: Bernd Toms •

Die Anlage aus drei Häusern mit je sechs Wohnungen in neun verschiedenen Größen wurde unter Berücksichtigung des regionalen Orts- und Landschaftsbildes errichtet. Dem Entwurf liegt die Übersetzung eines potenziell großvolumigen Bauvorhabens in eine feingliedrige, auf lokale Maßstäbe und Bautraditionen abgestimmte Architektur zugrunde. Jeweils drei einander versetzt überschneidende Volumina mit hellem Putz in der Sockelzone und dunklem Holz in den Obergeschoßen bilden einen unter einem steilen und mehrteiligen Sattel- bzw. Schopfwalmdach vereinten Baukörper mit gestaffelter Baumassengliederung.

Gföhl 3542
Gemeinde: Gföhl, Bezirk: Krems

Religion, Kult

0463 Jaidhofer Gasse 18, <u>Kaiserin-Elisabeth-Erinnerungshäuschen, 1908</u>, P: Viktor Postelberg, BH: Kinderschutz- und Waisenhausverein „Gföhler Pflegschaftsrat", K: Alfonso Canciani (Bildhauer) •

Im Jahr 1908 erteilte die Gemeinde Gföhl dem Wiener Architekten Viktor Postelberg den Auftrag, ein Waisenhaus zu errichten. Das Haus wurde dem Andenken an Kaiserin Elisabeth gewidmet, und in diesem Zusammenhang beschloss der Kinderschutz- und Waisenhausverein „Gföhler Pflegschaftsrat", in einer kleinen Parkanlage gegenüber dem Waisenhaus vom gleichen Architekten ein „Kaiserin Elisabeth Erinnerungshäuschen" bauen zu lassen. Postelberg wählte für beide Aufträge die malerischen Formulierungen des Heimatstils, und insbesondere das Erinnerungshäuschen zeichnet sich durch ein romantisch-pittoreskes Erscheinungsbild aus. Im Inneren wurde eine Marmorplastik aufgestellt, die die jugendliche Kaiserin zeigt, der sich ein Mann des Volkes in demütiger Haltung nähert. Das Werk stammt von dem Bildhauer Alfonso Canciani, der ein Mitglied der Secession und seinerzeit ein sehr bekannter und vor allem in Wien auch viel beschäftigter Künstler war. Bei der Wettbewerbsausschreibung für das Kaiserin-Elisabeth-Denkmal in Wien kam er mit dem Entwurf der nun in Gföhl ausgeführten Marmorgruppe in die engere Auswahl.

Wohnbauten

0464   Hauptplatz 10, Wohn- und Geschäftshaus, 1912, P: Alfred Castelliz •

Die Geschäftszone des Gebäudes wurde mehrfach verändert, die darüberliegende Wohnhauszone ist jedoch zumindest in ihrem äußeren Erscheinungsbild gut erhalten. Zu beachten ist der Fries, der sich an beiden Schauseiten fortsetzt und dessen Entwurf sich auf Castelliz' akribisches Studium unterschiedlichster internationaler Ornamentik zurückführen lässt.

Einfamilienhäuser

0465   Hauersteig 11, EFH, 1974, P: Franz Gschwantner, AF: Alfred Kahrer | Zubau Garage, 1981, AF: Alfred Kahrer •

0466   Sinzendorfergasse 1, EFH mit Buschenschank, 1979, P: Franz Gschwantner, AF: Heinrich Huber | Um- und Zubau, 1993, P: Franz Gschwantner •

0467   Wurfenthalstraße 14, Um- und Aufbau Villa, 1930, P: Heinrich Huber | Zubau und Dachstuhlauswechslung, 1950, P: Heinrich Huber •

Ein oktogonaler Turm mit Dachreiter bildet den ostseitigen Abschluss der lang gestreckten, mit Putzfeldern gegliederten Villa. In den 1950er-Jahren wurde der Bau um ein Mansardengeschoß erweitert.

Hotels, Heime, Klöster, Kasernen

0468   Jaidhofer Gasse 18, Mittelschule Gföhl, ehem. Waisenhaus, 1908, P: Viktor Postelberg •

Gießhübl 2372
Gemeinde: Gießhübl, Bezirk: Mödling

Religion, Kult

0469   Pater Josef Pfeifer Platz 1, Christkönigskirche, 1953–1954, P: Helene Koller-Buchwieser

Als Teil des Jungarbeiter*innendorfs Hochleiten (→ 0471) entstand die Kirche als erste ökumenische Kirche Österreichs: Der Bau ist katholisch geweiht, in der Krypta werden jedoch auch evangelische Gottesdienste abgehalten. Die Außenerscheinung ist durch ein steiles Satteldach, einen massigen, wehrhaft anmutenden Kirchturm mit Pyramidendach sowie einen nordseitigen Annexbau geprägt. Den Innenraum dominieren das holzvertäfelte Gewölbe sowie ein aus Naturstein gemauerter Spitzbogen. Helene Koller-Buchwieser plante mit der Aufbahrungshalle in Hinterbrühl einen weiteren Sakralbau in Niederösterreich (→ 0656).

0470   Pfarrplatz 1, Pfarrkirche Hl. Dreifaltigkeit, 1899–1908, P: Gustav Neumann, AF: Rückershäuser •

1899 erhielt Gustav Neumann den Auftrag, eine neue Kirche zu errichten. Der Architekt galt als Spezialist im Kirchenbau der Jahrhundertwende und hat beispielsweise – etwa gleichzeitig – auch die Canisiuskirche im 9. Wiener Gemeindebezirk erbaut. Als Schüler von Friedrich Schmidt war er mit den mittelalterlichen Stilen bestens vertraut und dementsprechend entwarf er für Gießhübl einen neogotischen Bau. Während sein Lehrer als Baumaterial fast ausschließlich den Sichtziegel verwendete, wählte Neumann jedoch Bruchstein, den er aus dem nahe gelegenen Steinbruch bezog und der in seiner Lebendigkeit kostspieligen Dekor entbehrlich machte. Die mächtige, überdimensionierte Kirche – der Ort hatte gerade einmal rund 700 Einwohner*innen – entspricht als dreischiffige Basilika mit einem Rundchor und einem seitlich der Fassade angesetzten Turm allen Regeln eines traditionellen Langhausbaus.

Hotels, Heime, Klöster, Kasernen

0471 Dr. Buchwiesergasse 13, Haus 1–6, WHA, ehem. Internatsgebäude des Jungarbeiter*innendorfs Hochleiten, 1950–1952, P: Helene Koller-Buchwieser, BH: Kammer der gewerblichen Wirtschaft Wien | Einstellung des Betriebs, 1996 | Ausbau zu Wohnareal, 2001–2009, P: Ernst Maurer, Paul Seeber ●

Das wie ein Dorf konzipierte Internat wurde als Sozialprojekt vom Verein der Österreichischen Jungarbeiter*innenbewegung, den Bruno Buchwieser jun., der Bruder der Architektin, mitbegründet hatte, errichtet. Finanziert durch die Wirtschaftskammer Wien entstand auf dem Areal eines ehemaligen Gutshofs zur Unterkunft von jungen Arbeiter*innen während der Berufsausbildung eine Gruppe aus sechs Wohnhäusern, die heute weitgehend erhalten ist. Dem leichten Geländeanstieg folgend, erstrecken sich die eingeschoßigen Wohnbauten mit hohen Walmdächern und auffälligen Gaubenreihen leicht zueinander versetzt in einer Reihe. Am oberen Ende der rund 200 Jugendliche aufnehmenden Wohnzeile liegt vis-à-vis die etwas später errichtete Kirche des Jungarbeiter*innendorfs (→ 0469).

▶ Foto: Zustand vor 1996

Gloggnitz 2640
Gemeinde: Gloggnitz, Bezirk: Neunkirchen

Amts-, Verwaltungs-, Kommunal-, Bürobauten

0472 Rösselsteg 1, Postgebäude, 1928–1929, K: Siegfried Koller (Sgraffito-Dekorationen) | Restaurierung, 1977

Ein ehemaliger Gasthof wurde zu einem Postamt mit markanter Höhenstaffelung des Volumens in der Eckzone und zeittypischen Fensterdetails umgebaut. Zwei Wandmalereien des Vorgängerbaus sind hierbei erhalten geblieben und in der neuen Sgraffito-Wanddekoration mit Postmotiven eingefasst.

Religion, Kult

0473 Dr.-Martin-Luther-Straße 4, Dreieinigkeitskirche, 1967–1968, P: Rudolf Angelides

0474 Hartholzstraße 5, Pfarrkirche Zum Christkönig, Kardinal Friedrich Gustav Piffl Gedächtniskirche, 1. Bauabschnitt, 1934, und 2. Bauabschnitt, 1962, P: Clemens Holzmeister, BH: Erzdiözese Wien, AF: Alexander Seebacher, K: Richard Kurt Fischer (Mosaike, Fenster Kreuzweg, Engelbilder), Giselbert Hoke (Fresken Turmkapelle) ●

Den Gläubigen in Gloggnitz stand nur die außerhalb des Ortes gelegene Schlosskapelle oder die kleine Marktkapelle am Hauptplatz zur Verfügung. Diese ungünstige Situation bewog Kardinal Piffl, den Pfarrer des Ortes zu beauftragen, einen Kirchenneubau in die Wege zu leiten. Nachdem von der Gemeinde ein Grundstück zur Verfügung gestellt wurde, verfasste Clemens Holzmeister 1927 die Pläne für einen monumentalen Kirchenbau. Er plante einen basilikalen Längsbau, dessen Seitenschiffe um einen halbrunden Vorplatz herum zu einem schlanken Turm verlängert sind. Eine Brücke stellt die Verbindung des kleinen Turmes zum hoch aufragenden, mächtigen Chorturm her.

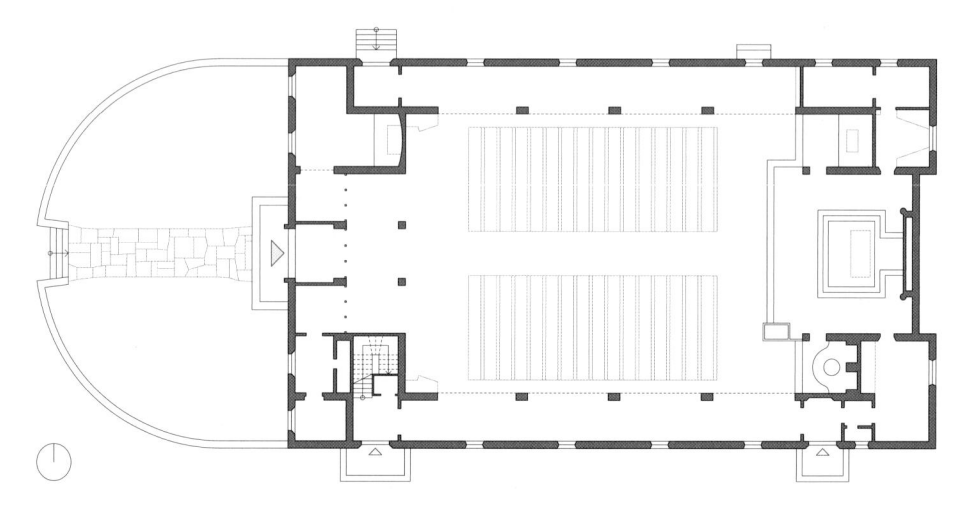

1933 erfolgte die Grundsteinlegung. Nachdem der Turm und kleinere Anbauten im Rohbau vollendet waren, führten finanzielle Probleme bereits ein Jahr später zur Einstellung des Baus. Erst 1957 konnte an eine Vollendung der Kirche gedacht werden und Holzmeister wurde aufgefordert, seine 30 Jahre alten Pläne zu überarbeiten und eine kleinere, weniger kostspielige Fassung herzustellen. Er behielt den dreischiffigen Grundriss bei, drehte ihn jedoch um 180 Grad und adaptierte den ursprünglichen Chorturm als Eingangsturm mit zu beiden Seiten angefügten Kapellen. Der eingezogene Chor an der gegenüberliegenden Schmalseite ist von der Tauf- bzw. Sakramentskapelle flankiert, der Altar durch Stufen erhöht. Die ursprünglich als Holzkonstruktion geplante Flachdecke ersetzte er durch ein Geflecht aus Betonbindern, die durch schmale Längstonnen verbunden sind. Mit seitlichen, der Dachschräge geschuldeten Einzügen erzielte er einen erhöhten Mittelteil des Hauptraumes. An der Altarwand befindet sich ein monumentales Mosaik des Thronenden Christus von Richard Kurt Fischer. Die niederen Seitenschiffe sind durch einfache Betonpfeiler vom Hauptraum getrennt und erhielten Fenster aus Bergkristall und Rosenquarz. Mit der Konzeption eines basilikalen Längsbaus war Holzmeister noch zutiefst dem Kanon des traditionellen Kirchenbaus verpflichtet, und der 1962 fertiggestellte Bau zeigt einen durch moderne Gestaltungselemente und Materialien zwar modifizierten, aber im Prinzip konventionellen Typus eines Langhausbaus mit einer Einturmfassade.

Freizeit

0475 Semmeringstraße 3, Naturbad, 1954, P: Friedrich Florian Grünberger | Umbauten an den Becken, 1997, 2003, P: Maximilian Hein •

Wohnbauten

0476 Zeile 6a, 6b, 6c, WHA, 1911, P: Hubert Gessner, Franz Gessner, Karl Kubacsek | Instandsetzung, 1947 | Sanierung, 1994, 2011 •

Von der vorbeiführenden Südbahntrasse abgewandt, steht die ehemalige Arbeiter*innen-Wohnhausanlage des Konsumvereins als dreigeschoßiger, symmetrisch angelegter Baukörper über U-förmigem Grundriss. Der zentrale Trakt wird charakterisiert durch einen dreiachsigen Giebelrisalit, welcher von Loggien flankiert wird. Ausschließlich in den Risaliten der Seitenflügel befinden sich Rundbogenfenster, die zudem von der ansonsten durchgängigen Sohlbankhöhe abweichen. Die dreiflügelige Anlage bildet einen zur Straße geöffneten Hof und weist abgerundete Ecken auf, worin ein wesentliches Gestaltungsmerkmal Gessners liegt. Innerhalb seines Werks als wichtige Vorstufe zum kommunalen Wohnbau in Wien zu sehen, verfügte der Bau ursprünglich über Toiletten am Gang, in die Wohnung integrierte und direkt zu belüftende Küchen sowie den Mieter*innen zugeteilte Hausgärten auf der Rückseite des Blocks. Die ursprüngliche, teilweise mit Bandrustika versehene Fassadengestaltung ist heute nicht mehr vorhanden. Gegen Ende des Zweiten Weltkrieges war das Gebäude Sitz der sowjetischen Oberkommandantur.

Einfamilienhäuser

0477 Johann Lahn-Gasse 12, Aufstockung Renner-Haus, 1929–1930, P: Hubert Gessner, AF: Gemeinnützige Baugesellschaft Grundstein •

Hubert Gessner plante die Aufstockung eines bestehenden Baus um eine Mansardenwohnung für den mit ihm befreundeten Hauseigentümer Karl Renner, den späteren ersten Bundespräsidenten der Zweiten Republik. Er zeichnet auch für die zeitgleich errichteten kleineren Wirtschaftsgebäude im Garten und die Gartenumfriedung mit Blendarkaden verantwortlich.

Industrie

0478 Huyckstraße 1, Revitalisierung Österreichische Fezfabriken, 1951–1952, P: Carl Appel, BH: Österreichische Fezfabriken •

Energie

0479 Reichenauer Straße 20, Laufwasserkraftwerk, 1893, BH: Holzschleiferei H. Gamperl | Umbau, 1924, BH: Papierfabrik Schlöglmühl, AF: Maschinenfabrik Andritz | Umbau, 1985, BH: Energie-Versorgung Niederösterreich AG •

Verkehr

0480 47°40'36.2"N 15°56'15.9"E, Adlerbrücke, 1927, P: Karl Kubacsek, BH: Gemeinde Gloggnitz, AF: Waagner Biro AG •

0481 47°40'36.3"N 15°56'44.0"E, Franz Dittelbach-Straße, Dr.-Karl-Renner-Brücke, 1927, P: Anton Potyka, BH: Gemeinde Gloggnitz | Sanierung, 1995–1996

Im Jahr 1927 ersetzte die vor dem Bahnhof die Schwarza überquerende Brücke den alten Karlsteg. Zunächst als „Kanzlerbrücke" bezeichnet, wurde sie 1945 nach dem – von den Nationalsozialisten in Gloggnitz festgehaltenen – künftigen Bundespräsidenten benannt. Leicht bogenförmig erhebt sich die Fahrbahn auf einem Tragwerk aus Stahlbeton über einem mittigen Flusspfeiler. Die Oberflächen des besonders plastisch erscheinenden Oberbaus bestehen aus rau gebürstetem Beton. Beidseitig kragen die Gehwege auf Konsolträgern aus, die unmittelbar ins Brüstungsfachwerk übergehen, das durch Metallstäbe ausgefüllt wird. Aufwendige Kandelaber mit betonierten Doppelmasten rahmen und beleuchten die Achse über die Schwarza.

Gmünd 3950

Gemeinde: Gmünd, Bezirk: Gmünd

Das an der nordwestlichen Grenze des Waldviertels zur heutigen Tschechischen Republik gelegene Gmünd wurde wie kaum eine andere Stadt durch die weltpolitischen Entwicklungen geprägt. Südwestlich des Stadtzentrums wurde 1914 binnen weniger Wochen unter der Leitung des späteren Stadtbaumeisters Johann Fürnsinn eines der größten Flüchtlingslager der österreichisch-ungarischen Monarchie aus dem Boden gestampft. Rund 200.000 Menschen wurden im Lauf des Ersten Weltkriegs in diesem Lager, das neben den Barackenunterkünften noch Verwaltungsgebäude, Kirche, Schule, Wohlfahrtseinrichtungen, Personalwohnungen und Stallungen umfasste, untergebracht. Pläne für einzelne Objekte wurden von freiberuflichen Architekten wie Rudolf Frass und Max Hans Joli ausgearbeitet. 2016 wurde das in Holzbauweise errichtete Lager um die „Villenkolonie" mit Vier- und Zweifamilienwohnhäusern in massiver Bauweise für Familien des Lagerpersonals und „höher gestellte Flüchtlinge" errichtet.

Mit der im Vertrag von St. Germain-en-Laye 1919 festgelegten Grenzziehung fiel ein Großteil der Vororte an die Tschechoslowakei, darunter der Gmündner Bahnhof samt Werkstätten im Stadtteil Unterwielands (České Velenice) – einst einer der größten Bahnhöfe der Monarchie und Motor für die Entwicklung zum Industriestandort. Zuvor im Zentrum der Donaumonarchie gelegen, wurde Gmünd zur Grenzstadt.

Auf dem Lagerareal entstand nach einer Zwischennutzung als Lehrlingserholungsheim sowie als „Kinderrepublikc" ein Feriencamp der Kinderfreunde, die Neustadt „Gmünd II". Der Zuzug Deutschsprachiger aus Böhmen und Mähren und die Ansiedlung von Industriebetrieben sorgten in den 1920er-Jahren für einen Bauboom und stabile wirtschaftliche Verhältnisse. Große Anteile des Lagerareals, auf dem auch etliche sozialistische Organisationen eine Heimstatt fanden, erwarb die EBG (ursprünglich „Einfamilienhäuser Baugenossenschaft für Eisenbahner", später „Gemeinnützige Ein- und Mehrfamilienhäuser Baugenossenschaft") und errichtete Sozialwohnungen, darunter die bis 1928 die heute noch „Neubau" genannte Anlage (Architekten Hans Reiser und Gustav Schläfrig) mit 94 Wohnungen, drei Geschäften und einem Kindertagesheim.

Die Verhältnisse wurden mit dem Aufkommen des Nationalsozialismus instabil. 1938 verschwand mit der Besetzung des Sudetenlandes die 1920 gezogene, wenig sichtbare Grenze und České Velenice wurde als „Gmünd III" Teil des Deutschen Reichs. Nach dem Ende des Zweiten Weltkriegs wurde Gmünd mit der Vertreibung der Sudetendeutschen erneut Zentrum einer Fluchtbewegung und ab Mai 1949 zur Stadt direkt am Eisernen Vorhang. In den 1950er-Jahren wurde der Wirtschaftsaufschwung auch in Gmünd spürbar, es entstanden Großbetriebe der Textil- und Möbelindustrie, erneut wurde in die kommunale Infrastruktur investiert. Mit der Ölkrise der 1970er-Jahre setzte eine Abwanderung von Betrieben und Bevölkerung ein, von der sich die Stadt auch nach dem Fall des Eisernen Vorhangs 1989 nicht gänzlich erholt hat.

Amts-, Verwaltungs-, Kommunal-, Bürobauten

0482 Bahnhofstraße 10, <u>Bankgebäude, ehem. Postamt, 1928–1930</u>, P: Johann (Hans) Fürnsinn | Umbau, 1982–1983, P: Raimund Pradler | Umbau und Umnutzung zur Bank, 2006, P: Erich Sadilek ●

0483 Bahnhofstraße 33, <u>AMS, ehem. Arbeitsamt, 1932–1933</u>, P: Ernst Anton Plischke ●

Religion, Kult

0484 Bahnhofstraße 36, <u>evang. Friedenskirche und Pfarrhaus, 1911</u>, P: Clemens Kattner, BH: Evangelischer Kirchenbauverein, AF: Eduard Heinzl ●

Als Schüler von Friedrich Schmidt und Viktor Luntz fühlte sich Clemens Kattner zeit seines Lebens deutlich den historischen Gestaltungsprinzipien verpflichtet. Mit Heimatstil-Elementen, dem mit Ortsstein gefassten Turm sowie dem kleinteilig aufgelösten Pfarrhaus verlieh der Architekt dem Ensemble die seinerzeit hochgeschätzte malerische Qualität.

0485 Lagerstraße 61, <u>Pfarrkiche Gmünd-Neustadt, Herz Jesu, 1953</u>, P: Josef Friedl, K: Adolf Treberer-Trebersprug (Fassadenreliefs), Lucia Jirgal (Malerei Kuppel), Erna Piffl-Moser, Hans Moser (Wandmalerei Apsis) ●

Während des Ersten Weltkriegs entstand am Rande von Gmünd ein großes Flüchtlingslager, in dem vor allem Geflohene aus Galizien, der Bukowina sowie Istrien Aufnahme fanden. Für sie wurden neben Wohnbaracken auch eine Schule, ein Spital sowie eine hölzerne Kirche errichtet. Nach Ende des Krieges wurde zum Teil bestehende Gebäude saniert, zum Teil durch Neubauten ersetzt. Ein neuerlicher Flüchtlingszuzug während des Zweiten Weltkriegs sowie Zerstörungen durch Bombentreffer erforderten wiederum eine Reihe von Neubauten, und auf dem Areal des Flüchtlingslagers entstand Gmünd-Neustadt als neuer Stadtteil. Aufgrund der Baufälligkeit der immer noch bestehenden Holzkirche wurde schließlich ein Kirchenneubau erforderlich, für dessen Planung der Architekt Josef Friedl gewonnen wurde. Die breit angelegte symmetrische Fassade weist neoromanische und heimatstilartige Formulierungen auf, und der gesamte Gebäudekomplex zeigt auf den ersten Blick einen eher konservativen Gestaltungswillen des vorwiegend als Kirchenerbauer bekannt gewordenen Architekten. Interessant ist jedoch die ungewöhnliche Gestaltung der Hauptfassade. Friedl modifiziert einerseits die Formulierungen eines romanischen Westwerks, andererseits verfremdet er eine romanische Doppelchoranlage mit dem in der Mittelachse angesetzten winzigen „Chörchen" – eine Lösung, die bereits postmoderne Ironie vorwegzunehmen scheint. An der Portalanlage befinden sich die von Adolf Treberer-Trebersprug geschaffenen Hochreliefs der Erzengel Michael und Gabriel. Die strenge Symmetrie der Fassade wird durch beidseitiges des Langhauses angesetzte Nebengebäude betont, die für einen großzügig dimensionierten Pfarrhof bzw. für das Pfarrheim bestimmt waren. Der quadratische Hauptraum der Kirche spiegelt zwar neue liturgische Bestrebungen wider, die durch den Wegfall von in Schiffe trennenden Stützen einen vertieften Zusammenhalt der Gläubigen untereinander und mit dem Priester zum Ziel hatten. Die hierarchische Trennung des Priesters in der weit vorragenden Apsis konterkariert allerdings die neuen Zielsetzungen. Bemerkenswert ist die aus 24 Stahlbetonteilen zusammengesetzte Flachkuppel mit einem Durchmesser von 22 Metern.

0486 Stadtplatz 45, Zubau Pfarrkirche hl. Stephan, 1981–1982, P: Clemens Holzmeister, AF: Karl Mokesch, K: Franz Schönbauer (Holzschnitzarbeiten, 1903), Franz Gruber (Holzschnitzfiguren im neuen Chorbereich, 1989) ●

Um 1200 wurde eine einschiffige Kirche mit einem Chorturm errichtet, um 1490 wurde das Langhaus um zwei Seitenschiffe erweitert und an den Turm ein gotischer Chor angebaut. Nach Ende der Gegenreformation (1648) wurde der Kirchenraum barockisiert und die gotischen Fresken übermalt. Nachdem im 19. Jahrhundert ein Brand die Kirchturm zerstört hatte, wurde an der Westfassade ein neuer, höherer Turm errichtet. Um 1903 wurde die Innenausstattung im neogotischen Stil erneuert und neue Glasfenster hergestellt. Die Forderungen des Zweiten Vatikanischen Konzils, das Zusammengehörigkeitsgefühl der Gemeinde durch eine vertiefte Teilhabe an den liturgischen Feiern zu stärken, bedeuteten für die Pfarrgemeinde eine beinahe unlösbare Herausforderung. Massive Säulen und Pfeiler der vorangegangenen Umbauten bzw. Erweiterungen nahmen im Innenraum so viel Platz weg, dass vom Großteil der Sitzplätze nicht einmal die Sicht zum Altar möglich war. Nachdem die Vorschläge eines Anbaus an das Langhaus verworfen worden waren und die Idee, die Dimension der Säulen und Pfeiler zu reduzieren, aus statischen Gründen nicht möglich war, beauftragte der damalige Pfarrer den Architekten Clemens Holzmeister, eine Lösung vorzulegen. Holzmeister, erfahren nicht nur bei Kirchenneubauten, sondern auch bei Kirchenerweiterungen, machte angesichts der „Verworrenheit der Gesamtanlage [...] einen kühnen Vorschlag" (Clemens Holzmeister). Sein Plan sah die Erweiterung des Chorbereiches vor, um ihn zum „neuen Mittelpunkt" der Kirche zu machen. Dazu ließ er die Seitenwände des Chores durchbrechen und durch den Anbau von zwei Seitenschiffen vergrößern (einem Schiff wurde ein niederer Sakristeianbau angefügt). Die Zubauten erhielten große Rundfenster, die, dem ebenfalls von Holzmeister entworfenen Volksaltar zusätzlich zu den Glasfenstern in der Apsis als Lichtquelle dienen. In den neu gewonnenen Anräumen wurden die Kirchenbänke mit Sicht auf den Altar angeordnet. Beim Langhaus konnte und wollte Holzmeister keine Eingriffe machen. Aber er war überzeugt, mit der Chorerweiterung einen wesentlichen Beitrag zur „Zusammenfassung der Gemeinde zu einer Einheit" geleistet zu haben. Die beim Abriss der Chorseitenwände entdeckten gotischen Fresken wurden im Zuge der Renovierung von 1978 bis 1979 abgenommen und auf die Pfeiler übertragen, die als Reste des ehemaligen Turmes stehen geblieben sind. Die neogotische und zum Teil auch noch barocke Innenausstattung blieb weitgehend erhalten.

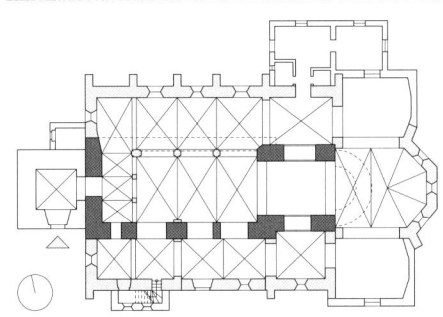

▶ Plan: Zubau 1981–1982

Bildung

0487 Dr.-Karl-Renner-Straße 33, Allgemeine Sonderschule, ehem. Volksschule, 1953, P: Norbert Mandl | Renovierung, 1988–1991, P: Erich Sadilek | Turnsaalzubau, 1990–1995, P: Erich Sadilek | Umbau/Sanierung, 2005, P: Erich Sadilek ●

0488 Gymnasiumstraße 5, BG/BRG, 1969, P: Hans Kislinger | Thermische Sanierung, Um- und Zubau, 2014, AB: Hübner ZT GmbH ●

Der Z-förmige Grundriss gliedert sich in einen Sonder- und einen Stammklassentrakt, die jeweils nach Süden orientiert sind; im quer liegenden Bauteil befindet sich die Pausenhalle. Der Turnsaal liegt im Westen des Areals. 2014 wurden im Zuge einer Generalsanierung ein neuer Eingangsbereich und ein Anbau mit zusätzlichen Klassenräumen errichtet.

0489 Schulgasse 1, Mittelschule, 1908–1912, AF: Eduard Heinzl | Zubau, 1950, P: Norbert Mandl | Um- und Zubau, 1979–1985 | Sanierung, 2008, P: Erich Sadilek | Zubau, 2006, AF: Leyrer + Graf BaugesmbH | Umbau und Zubau Stiegenhaus, 2012, P: Gerhard Macho ●

Das dreigeschoßige Gebäude mit seitlichen Anbauten, secessionistischer Fassadengestaltung und dreiseitig verglastem Erker mit Reliefschmuck und Glockenhelm wurde durch mehrere Zubauten ab den 1950er-Jahren erweitert.

0490 Volksheimgasse 4, <u>Volksschule, 1966–1968,</u> P: Norbert Mandl | Umbau 1998, P: Erich Sadilek | Um- und Zubau, 2013, 2016, AF: Leyrer + Graf BaugesmbH ●

Die ursprünglich mit Flachdach gedeckten und mit großen Fensterflächen versehenen kubischen Baukörper wurden durch das Aufsetzen eines Steildaches und den Tausch der Fenster stark in ihrem äußeren Erscheinungsbild verändert.

Gesundheit

0491 Conrathstraße 17, <u>Krankenhaus, heute Landesklinikum Waldviertel, 1982–1984,</u> P: Erich Sadilek, Paul Pfaffenbichler, BH: Stadt Gmünd | Technische Sanierung, 2017–2022

Oberhalb zweier Basisgeschoße erheben sich nach dem Prinzip eines Breitfußsockels drei schmälere Bettengeschoße sowie ein kleines Technikgeschoß. Die hinterlüfteten Fassaden des Stahlbeton-Skelettbaus erhielten durch die Verkleidung mit Waschbetonplatten und die auskragenden Alu-Sonnenblenden ein spezifisches und sehr zeittypisches Erscheinungsbild, welches heute noch erhalten ist.

Sonderbauten

0492 Weitraer Straße 105, 107, <u>Haus der Gmündner Zeitgeschichte, ehem. Lagertor, 1914</u> ●

Den Haupteingang zum größten Flüchtlingslager der Monarchie markierte das heute noch bestehende Lagertor in Gmünd. Der Bogenbau wird von zwei Wärterhäuschen flankiert, wobei im östlichen Teil 2019 das Haus der Gmündner Zeitgeschichte eingerichtet wurde.

Wohnbauten

0493 Conrathstraße 8–12, <u>WH-Gruppe, 1948–1949,</u> P: Gustav Schläfrig, BH: Gemeinnützige Ein- und Mehrfamilienhäuser Baugenossenschaft | Sanierung, 2006 ●

0494 Conrathstraße 31, Schubertstraße 2, Dr.-Karl-Renner-Straße 14, <u>WHA, 1927,</u> P: Gustav Schläfrig, Hans Reiser, BH: Gemeinnützige Ein- und Mehrfamilienhäuser Baugenossenschaft ●

0495 Conrathstraße 33–35, <u>WH, 1923,</u> P: Gustav Schläfrig, Hans Reiser, BH: Gemeinnützige Ein- und Mehrfamilienhäuser Baugenossenschaft ●

0496 Dr.-Karl-Renner-Straße 9–31, Franz-Assmann-Gasse 1–23, Ignaz-Halmetschlager-Gasse 1–23, <u>Siedlung, ehem. SA-Siedlung, 1938–1939,</u> BH: Gemeinnützige Ein- und Mehrfamilienhäuser-Baugenossenschaft, AF: Leyrer, Fürnsinn, Heinzel & Mokesch ●

Charakteristisch für den NS-Siedlungsbau spiegeln die 36 „Siedlerstellen" eine der völkischen Ideologie konforme Kombination der um Agrarflächen erweiterten Gartenstadt mit bäuerlicher Heimatschutz-Architektur wider. Das Ziel der Verbesserung der angespannten Wohnsituation ging mit der Annahme eines durchorganisierten und autoritär kontrollierten Lebensentwurfs einher. Innerhalb eines streng orthogonalen Straßenrasters entstanden über drei Straßenzüge jeweils sechs traufständige Doppelhäuser mit Stallanbauten und Nutzgärten zur Selbstversorgung. Hinter kleinen Vorgärten zurückversetzt, wiesen die verputzten Bauten mit hohen Satteldächern, Schleppgauben und stellenweise holzverschalten Giebelwänden ein streng einheitliches Siedlungsbild auf, das sich jedoch durch spätere Zu- und Neubauten auf den Gartenparzellen veränderte.

0497 Franz-Korherr-Gasse 1–11, 15–25, Michael-Hofer-Gasse 1–11, 4–12, 14–24, 15–25, Hans-Reither-Gasse 1–11, 2–10, 14–24, 15–25, Dr.-Karl-Renner-Straße 26–48, <u>Villenkolonie, 1916</u> ●

Als Erweiterung des einstigen Flüchtlingslagers entstand 1916 westlich der hölzernen Barackenanlagen die eigenständige Siedlung für privilegierte Inhaftierte und Familien des Personals. Die 42 Mehrfamilienhäuser der Siedlung verteilen sich auf je drei gleichförmige Straßenblöcke im Westen und im Osten. Im westlichen, später von den ÖBB als Eisenbahner*innensiedlung für Bedienstete erworbenen Teil gruppieren sich jeweils sechs Vierfamilienhäuser als eingeschoßige Zeilenbauten mit Satteldach um eine gemeinsame Waschküche mit beidseitigen Holzschuppen im Hofgarten. Im Osten befinden sich die Gemeinschaftstrakte zwischen jeweils vier Vierfamilienhäusern mit mittigen Zwerchhäusern. Deren Zeilen werden an den Enden durch insgesamt zwölf Zweifamilienhäuser mit außen liegenden, beidseitigen Zwerchgiebeln abgeschlossen.

0498 Mühlgasse 2, <u>WH, 1932,</u> P: Heinzel & Mokesch | Umbau 1997, AF: Mokesch Bau- und Zimmermeister Ges.m.b.H. ●

Der dreigeschoßige Baukörper über L-förmigem Grundriss wird akzentuiert durch eine turmartige Erhöhung der im Erdgeschoß abgeschrägten Gebäudeecke. Dem Zeitgeist der 1920er- und 1930er-Jahre entsprechend, sind die Fenster in den Obergeschoßen der Eckzone seitlich mit Backstein eingefasst und die angrenzenden Fensterachsen durch Gesimse miteinander verklammert, wodurch die horizontale Organisation des Baukörpers hervorgehoben wird.

0499 Pestalozzigasse 5–7, Stiftergasse 1–5, 10–14, Conrathstraße 4–5, 46–52, Dr.-Karl-Renner-Straße 20–24, WHA, 1922, P: Gustav Schläfrig, Hans Reiser, BH: Gemeinnützige Ein- und Mehrfamilienhäuser Baugenossenschaft ●

0500 Stadtplatz 10, Wohn- und Geschäftshaus, um 1914 ●

0501 Stadtplatz 50, Umbau Wohn- und Geschäftshaus, 1920 ●

Zu den Besonderheiten des an der östlichen Platzfront leicht hervortretenden Baus zählen das ausgebaute Mansardwalmdach und das im Verhältnis zum bandrustizierten Sockel merklich überhöhte Obergeschoß. Das heutige Erscheinungsbild des ehemaligen Bezirks-Fürsorgeamts geht auf einen Anfang der 1920er-Jahre erfolgten Umbau zurück. Mitte der 1990er-Jahre erfolgte der Einbau eines Geschäftslokals in der Sockelzone, 2011 der Umbau in ein Wohnhaus.

0502 Weitraer Straße 104, Wohn- und Bürohaus, 1915–1916, BH: Johann (Hans) Fürnsinn

Einfamilienhäuser

0503 Schremser Straße 14, Villa, 1934, P: Heinzel & Mokesch | Umbau, 1987, AF: Leyer + Graf BaugesmBH ●

0504 Schremser Straße 69, EFH, 1949, P: Anton Leyrer ●

0505 Schulgasse 3, Villa Erika, 1913, P: Franz Guby, Carl Bernard | Um- und Zubau, 2021 ●

Die schlossartige Villa mit Eckturm und reich dekorierter Fassade entstand als eine der letzten Villen in dem seit den 1890er-Jahren errichteten Villenensemble der Schulgasse.

0506 Walterstraße 1–15, 4–18, Villenkolonie, 1897–1901, BH: Wohnungsgenossenschaft für Gmünd und Umgebung ●

Die zweigeschoßigen Wohnhäuser im Nordabschnitt der Walterstraße wurden von einer Wohnbaugenossenschaft, die vom Schuldirektor Theodor Walter 1896 gegründet wurde, in den Jahren 1897 bis 1901 errichtet. Dank der gut erhaltenen Fassaden kann noch heute der einheitliche Charakter der locker verbauten Straße wahrgenommen werden.

Hotels, Heime, Klöster, Kasernen

0507 Conrathstraße 47, WH, ehem. Schwesternheim, 1917, P: vermutl. Johann (Hans) Fürnsinn ●

Das Schwesternheim wurde für das ab 1914 vom späteren Stadtbaumeister Hans Fürnsinn errichtete k. k. Barackenlager Gmünd zur Unterbringung der Krankenschwestern des Flüchtlingslagers erbaut. In der Pestalozzigasse 8 steht ein fast baugleiches Schwesternheim (→ 0508).

0508 Pestalozzigasse 8, ehem. WH für Schwestern, 1916–1917, P: vermutl. Johann (Hans) Fürnsinn ●

Das Wohnhaus mit der Hausnummer 6 existiert heute nicht mehr, Nr. 8 steht unter Denkmalschutz (→ 0507).

Gastronomie

0509 Bahnhofstraße 44, Gasthof Pauser, 1930, P: Heinzel und Mokesch | Aufstockung, 1969, P: Karl Mokesch | Dachausbau, 1995, P: Mokesch Bau und Zimmermeister GmbH | Fassadensanierung, 2022 ●

Industrie

0510 Conrathstraße 3, Lagerhaus, ehem. Kartoffelflockenfabrik, 1916, BH: Lager-Verpflegs-Gesellschaft | Erweiterung, 1919, BH: Landwirtschaftliche Genossenschaft Gmünd | Umnutzung, 1928 | Stilllegung, um 1995 ●

Die 1916 im Flüchtlings- und Deportierlager errichtete Kartoffelflockenfabrik wurde 1919 um ein Lagerhaus erweitert. 1928 wurde hier eine Molkerei in Betrieb genommen, die Mitte der 1990er-Jahre stillgelegt wurde. Heute dient der Bau als Raiffeisen-Lagerhaus.

0511 Conrathstraße 7, Agrana, 1942, BH: Landwirtschaftliche Kartoffelverwertungs-AG

Ursprünglich befanden sich auf dem Gelände Barackenbauten, die 1914 für das Flüchtlings- und Deportierlager erbaut wurden. 1919 entstand hier ein Dampfsägewerk, das 1933 stillgelegt wurde. Nach der Gründung der Landwirtschaftlichen Kartoffelverwertungs-AG 1938 wurde entschieden, auf diesem Areal mit der geeigneten Lage an der Kaiser-Franz-Josefs-Bahn eine Stärkefabrik zu errichten; 1942 war die Anlage fertiggestellt. Bei den beiden Bürobauten, welche die Einfahrt zum Betriebsgelände säumen, handelt es sich um Planungen des Architekten Heinz Siller. Der östlich der Einfahrt gelegene Bau wurde in den letzten Jahren aufgestockt.

0512 Litschauer Straße 23, Kulturhaus, ehem. Fabrik Eisenberger, 1924, P: Heinzel & Mokesch, BH: Weberei AG Samuel Eisenberger | Stilllegung, 1992 ●

Die Produktion der Weberei Eisenberger wurde 1933 aufgrund der Wirtschaftskrise eingestellt. Nach mehrmaligem Besitzwechsel pachtete die Weberei Baumann Anfang der 1940er-Jahre das Areal, das nach dem Zweiten Weltkrieg in deren Besitz überging – woraufhin die Webereiabteilung an diesen Standort verlegt wurde, während am Standort in der Schremser Straße Druckerei und Färberei untergebracht waren (→ 0514). Anfang der 1970er-Jahre wurde die Webereiabteilung in die Schremser Straße zurückverlegt und das große Fabrikgebäude in der Litschauer Straße bis 1992 von der Baumann-Tochter Wawitex genutzt.

Bei der Fabrikhalle handelt es sich um einen dreigeschoßigen Stahlbetonbau mit großen Eisensprossenfenstern und Flachdach. Eine das Dach bekrönende Attikamauer weist zu den Gebäudeecken hin Rundbögen auf und betont so die angedeuteten Eckrisalite. Der Turm mit Pyramidendach an der südöstlichen Gebäudeecke beherbergt nicht nur das Stiegenhaus und einen Lastenaufzug, sondern diente auch als Wasserreservoir.

0513 Roseggergasse 2, Bobbin Holzwarenfabrik AG, 1923–1925 | Erweiterung, ab 1950, P: Johann Staber, Johann (Hans) Fürnsinn | Erweiterung, ab 1957, P: Johann Staber | weitere Erweiterungen, um 1940, 1973–1976 | Stilllegung, 1985 ●

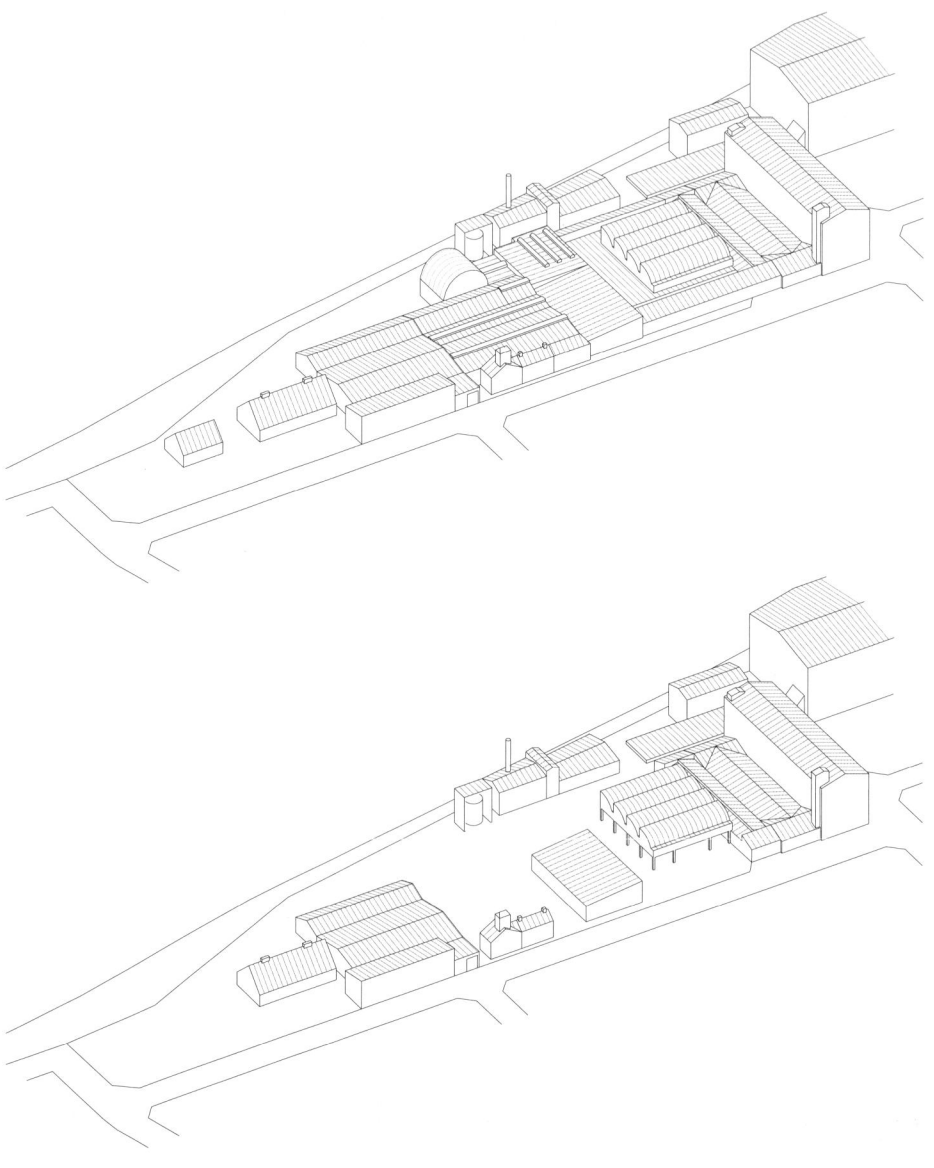

Ab dem Gründungsjahr 1923 bis zum Zweiten Weltkrieg baute die spätere Bobbin Holzwaren AG auf dem Grundstück der Desinfektionsanstalt eines Flüchtlingslagers die ehemaligen Baracken sukzessive zur Produktion für Holzspulen für die Textilindustrie aus. Nach dem Krieg spezialisierte sich der Betrieb auf die Möbelherstellung. Bis in die 1970er-Jahre erfolgten mehrere Ausbaustufen des Betriebsgeländes, bis der Betrieb 1985 stillgelegt wurde; seither werden die bestehenden Gebäude von unterschiedlichen Unternehmen genutzt oder stehen leer. Die im Folgenden genannten Gebäude bilden den derzeitigen Bestand.

Die eingeschoßige Fabrikhalle aus Stahlbeton, die an den 1953 bis 1955 von Johann Staber errichteten Kopfbau (Roseggergasse/Franz-Korherr-Gasse) des Areals anschließt, wurde zur Gründungszeit der Firma erbaut. Parallel zur Fabrikhalle ausgerichtet, entstand 1946 die Shedhalle; die in den 1950er-Jahren erbaute Hofhalle verbindet die Fabrikhalle mit dem Shedbau.

Weitere Bauten der 1940er-Jahre sind das betriebseigene Feuerwehrhaus (mit Turm, erbaut um 1960) sowie das im westlichen Betriebsareal angesiedelte Sägewerk aus dem Jahr 1942, das Ende der 1960er-Jahre aufgrund der Umstellung auf die Verwendung von Spanplatten stillgelegt wurde.

Im Jahr 1950 entwarf der Stadtbaumeister Hans Fürnsinn eine Halle für die maschinelle Fertigung, die sich westlich neben der Shedhalle befindet. Es folgte 1953 bis 1956 eine Ausbauphase, in der das erwähnte Kopfgebäude sowie das nördlich anschließende Bürogebäude (1956) von Staber errichtet wurden. Außerdem wurden in dieser Zeit die Garage, das Heizhaus mit Schornstein und Spänebunker sowie ein Öltank erbaut. Von den in der Ausbauphase 1957 bis 1965 maßgeblich unter der Planung von Staber entstandenen Gebäuden stehen nur noch die Trafostation (1962), die heute für die EVN in Betrieb ist, und die 1965 vollendete viergeschoßige Werkhalle am nordöstlichen Rand des Betriebsgeländes, die über einen Gang im ersten Obergeschoß mit dem Kopfbau verbunden ist.

Die letzten Ausbauten auf dem Areal östlich des ehemaligen Sägewerks stellen die 1973 entstandene Lehrwerkstätte mit Garage sowie zwei 1976 fertiggestellten Betriebs- und Lagergebäude dar.

▶ *Darstellung: Gegenüberstellung 1988 (oben) und 2017 (unten)*

0514 Schremser Straße 38, Baumann Dekor, ehem. Druckereigebäude der Weberei Baumann, 1930–1932, BH: Franz Baumann, Max Baumann | Umbau, 1939 | Erweiterung, 1959–1961, P: Johann Staber | Erweiterung, 1976–1978 | Umbau, 1993 ●

Die an der Straße situierten, rechtwinkelig zueinander angeordneten zwei- bis dreigeschoßigen Bauten wurden 1930 bis 1932 gebaut. Ursprünglich befand sich hier eine Druckerei, heute werden die Bauten jedoch als Büroräumlichkeiten genutzt. Ein Verbindungsgang im ersten Obergeschoß dient der Erschließung des 1959 bis 1961 von Johann Staber errichteten neuen Druckereihalle. Dabei ist der zweigeschoßige Gebäudekomplex aus Stahlbeton bis heute der größte des Fabrikareals. Seit Anfang der 1940er-Jahre hatte die Weberei Baumann einen zweiten Standort in der Litschauer Straße 23 (→ 0512), der in den 1970er-Jahren aufgegeben und mit dem Standort in der Schremser Straße zusammengeführt wurde.

Gollarn 3441
Gemeinde: Sieghartskirchen, Bezirk: Tulln

Einfamilienhäuser

0515 Weglstraße 4, WH, 1893 | Anbau, 1921 ●

Göllersdorf 2013
Gemeinde: Göllersdorf, Bezirk: Hollabrunn

Amts-, Verwaltungs-, Kommunal-, Bürobauten

0516 Schlossgasse 17, Justizanstalt, 1981–1985, P: Friedrich Göbl, Günther Zeman, Karl Stransky ●

Der bis auf das 15. Jahrhundert zurückgehende Bau wurde Ende der 1970er-Jahre für die Justiz erworben und in den Folgejahren zum Gefängnis umgebaut. Bereits im Ersten Weltkrieg war das Areal als Internierungslager für „politisch unzuverlässige Personen" genutzt worden.

Landwirtschaft

0517 An der Bahn 216, Landwirtschaftliche Lagerhausgenossenschaft Hollabrunn-Filiale Göllersdorf, 1954, P: Bauabteilung des Verbandes ländlicher Genossenschaften in NÖ | Zubauten, 1962, 1980, 1981, 1983, 1986 ●

1954 wich ein für seine Entstehungszeit 1927 fortschrittlicher Lagerraum dem heute bestehenden Speicherhaus mit steilem Satteldach. Ab den 1960er-Jahren wurde die Anlage sukzessive um eine Werkstätte und eine Mehrzweckhalle gegen Norden erweitert. Die 1983 erbaute und 1986 nochmals veränderte Getreidelagerhalle mit der nicht zweckgebundenen, verspielten Dachlösung im Nordwesten des Komplexes bietet die den modernen Anforderungen entsprechenden Flächen.

Gölsen 3170
Gemeinde: Hainfeld, Bezirk: Lilienfeld

Einfamilienhäuser

0518 Wilhelm-Grundmann-Straße 16, EFH, 1998, P: Andreas Fellerer, Jiri Vendl, Eva Ceska, Friedrich Priesner, K: Johanna Kandl (Fenstergitter)

Bei der Erweiterung eines Holzhauses aus den 1940er-Jahren wurde ein neuer Bauteil aus Holz auf Betonstützen in das Obergeschoß des älteren Gebäudes eingefügt.

Industrie

0519   Wilhelm-Grundmann-Straße 24, Schlosserwarenfabrik, 1895, BH: Wilhelm Grundmann | Wiederaufbau, 1948–1950 ●

Gösing an der Mariazellerbahn 3221
Gemeinde: Puchenstuben, Bezirk: Scheibbs

Verkehr

0520   Gösing an der Mariazellerbahn 1, Bahnhof, 1910–1911, P: Emil Hoppe, Marcel Kammerer, Otto Schöntal, BH: Niederösterreichische Landesbahnen (NÖLB) ●

Die zwischen 1896 und 1906 etappenweise eröffnete Schmalspurbahn von St. Pölten bis ins steirische Mariazell ist sowohl durch ihre Streckenlänge von etwa 91 Kilometern sowie die anspruchsvolle Trassierung als Gebirgsbahn südlich von Laubenbachmühle von Bedeutung (Strecke St. Pölten–Kirchberg, 1896–1898; bis Laubenbachmühle, 1904–1905; bis Mariazell, 1906; Verlängerung bis Gußwerk, 1907). Bis 1911 wurde die Strecke einhergehend mit der Errichtung eines eigenen Bahnstromnetzes mit Wasserkraftanlagen, wie dem Kraftwerk Wienerbruck (→ 1070), elektrifiziert und eigens die bis 2013 in Betrieb befindliche Lokomotive der Reihe 1099 entwickelt.

Die Aufnahmegebäude der als „Niederösterreichisch-Steirische Alpenbahnen" firmierenden Bahn entsprechen oftmals den eingeschoßigen Lokalbahntypen, an der Bergstrecke wurden sie gestalterisch teils alpin angepasst. Größere, zweigeschoßige Bauten entstanden etwa in Laubenbachmühle und mit besonders breiter Plattformüberdachung für den Wallfahrtsort und Endpunkt Mariazell. Betriebliche Anforderungen und die touristische Bedeutung erforderten später in Gösing, hier neben dem neuen Gasthof und mit Blick auf den Ötscher, und Winterbach Neubauten. 1911 realisierten die Landesbahnen hier an Staatsbahnbauten angelehnte Aufnahmegebäude nach Entwürfen von Emil Hoppe, Marcel Kammerer und Otto Schöntal. Die zahlreichen Brückenbauten der Bergstrecke sind vornehmlich als kastenförmige Eisenfachwerk-Tragwerke, teils in Verbindung mit gemauerten Viaduktbögen und Pfeilern oder gänzlich als gemauerte Viadukte aus Bruchsteinquadern, ausgeführt (→ 1236). Den höchsten und markantesten derartigen Brückenbau stellt der Saugrabenviadukt mit 116 Meter Länge dar (→ 1071).

Gossam 3644
Gemeinde: Emmersdorf an der Donau, Bezirk: Melk

Einfamilienhäuser

0521   Gossam 64, EFH, 1968–1969, P: Ernst Hiesmayr ●

Die Einordnung in die Natur stellte die grundlegende Entwurfsidee des Hauses dar, weshalb statt eines Gebäudes mit ortsüblichem hohem Satteldach ein Bau auf dem leicht abfallenden Grundstück im Landschaftsschutzgebiet errichtet wurde, der sich von Weitem kaum von der umgebenden Landschaft unterscheidet. Das eingeschoßige Einfamilienhaus grenzt an seiner Nordseite in voller Höhe direkt an das Erdreich, das mit Gräsern begrünte Warmdach scheint fließend in den Hang überzugehen. Lediglich die Lichtkuppeln und die gemauerten Kamine mit bogenförmiger Überdachung weisen auf das Gebäude hin. Obwohl es über annähernd rechteckigem Grundriss errichtet wurde, ergeben sich im Inneren durch geschwungene Wände und abgerundete Ecken organisch geformte Bereiche.

Göstling an der Ybbs 3345
Gemeinde: Göstling an der Ybbs, Bezirk: Scheibbs

Bildung

0522   Göstling 118, Sportmittelschule, ehem. Volks- und Hauptschule, 1954–1956, P: Kurt Schlauss | Zubau Turnhalle, 1978–1982 ●

Einfamilienhäuser

0523   Göstling 62, 63, WH, ehem. Forstarbeiterhäuser, 1922 (Nr. 62), 1937 (Nr. 63), BH: Louis Rothschild ●

Göttlesbrunn 2464
**Gemeinde: Göttlesbrunn-Arbesthal,
Bezirk: Bruck an der Leitha**

Industrie

0524   Landstraße 38, Betriebsanlage, 1973–1974, P: Diether S. Hoppe, BH: Winzerhof Paul OHG, S: H. Holluba ●

Das lang gestreckte Gebäude umfasste – nach funktionalistischen Abläufen angeordnet – Weintanklager, Voll- und Leerguthalle, Abfüllanlage, Etikettieranlage und Kartonlager sowie zweigeschoßige Büroflächen. Gestalterisch ist der Bau durch die beidseitig auskragenden Dachträger, die der Fassade vorgestellten stark profilierten Fertigbetonsäulen und die horizontalen Stahlblech-Fassadenelemente geprägt. Heute wird der Standort von einem Handelsunternehmen für asiatische Lebensmittel verwendet, das Erscheinungsbild blieb jedoch weitgehend erhalten.

Verkehr

0525   Göttlesbrunn 992, Öko-Raststätte, um 1990, P: Gottfried Kumpf ●

Graben 2661
**Gemeinde: Schwarzau im Gebirge,
Bezirk: Neunkirchen**

Energie

0526   Graben 150, Kraftwerk und Schaltzentrale Hinternasswald, 1951 ●

Grafenwörth 3484
Gemeinde: Grafenwörth, Bezirk: Tulln

Amts-, Verwaltungs-, Kommunal-, Bürobauten

0527   Marktplatz 1, Bibliothek, ehem. Rathaus, um 1955, P: Rupert Straßer, Paul Lalics | Umbau, 2006–2007, P: Günther Werner ●

Bei dem ehemaligen Amtshaus handelt es sich um einen zweigeschoßigen Bau mit Walmdach und stilisiertem Turm mit Zwiebelhaube und Uhr. Im Erdgeschoß befanden sich neben dem Gemeindeamt, dem Bürgermeister*innenzimmer und dem Sitzungssaal in der einen Gebäudehälfte auch eine Post und in der anderen eine Bank. Das Obergeschoß diente der Gendarmerie und als Wohnung. Für die Garagen im Keller gab es eine Einfahrt auf der Rückseite des Gebäudes. Zusätzlich waren hier ein Archivraum, ein Kohlenkeller sowie sanitäre Einrichtungen untergebracht.

Heute befindet sich in diesem Gebäude die öffentliche Bibliothek, das Gemeindeamt ist an den Mühlplatz 1 umgesiedelt. 2006 bis 2007 wurden einige Umbauarbeiten im Inneren vorgenommen sowie ein Aufzugsturm an der Gebäuderückseite installiert. Die ursprünglich bodentiefe Fensteröffnung mit Fenstergitter über dem Eingangsportal wurde teilweise geschlossen, die Fenstereinfassung ist noch vorhanden.

Bildung

0528   Seebarner Straße 1, Volksschule, 1908, P: Johann Kargl | Restaurierung, 1951 | Zu- und Umbau, 2012, P: Monika Binder ●

Landwirtschaft

0529   Mühlplatz 1, ehem. Josef Eders Walzmühle, 1897, BH: Josef Eder | Wiederaufbau Mühltrakt, 1914 | Sanierung und Umnutzung, ab 2003 ●

Josef Eder ließ 1897 an dem Standort, der seit dem 16. Jahrhundert als Mühle genutzt wurde, ein neues, historisches Bürogebäude mit anschließender Walzmühle errichten. Die Fassade des Bürobaus wurde aufwendig gestaltet, im Obergeschoß von Pilastern und Fenstergesimsen gegliedert und an der dem Platz zugewandten Ecke mit einem Erkerturm versehen. 1914 wurde der Mühltrakt durch ein Feuer zerstört und als viergeschoßiges, im Vergleich zum Bürobau schlichtes Gebäude wieder aufgebaut. Von der ursprünglichen U-Form, die aus den Straßentrakten mit den östlich anschließenden Zu- und Werkbauten gebildet wurde, ist heute nichts mehr zu sehen. Die Mühle wurde Ende des 20. Jahrhunderts von der Gemeinde übernommen, die ab 2003 das Gemeindeamt im Bürogebäude einrichtete und dieses im Zuge dessen sanierte. Der Mühltrakt wurde wenig später in Wohnungen umgewandelt.

Gramatneusiedl 2441
Gemeinde: Gramatneusiedl, Bezirk: Bruck an der Leitha

Industrie

0530   Heinrich Löri-Gasse 1, Automobilmuseum, ehem. Seidenfabrik Heinrich Löri, um 1915 | Umnutzungen 1919, 1929, 1948 | Stilllegung, 1995 ●

Um 1915 wurde hier das Verwaltungsgebäude für das k. k. Barackenlager Mitterndorf errichtet. Nach der Schließung des Lagers im Jahr 1919 wurde die Herd- und Ofenfabrik Heer im Gebäude untergebracht, 1929 übernahm die Schraubenfabrik Albrecht & Co. das Areal. Nach der Schließung der Schraubenfabrik 1947 richtete Heinrich Löri 1948 für sein 1932 in Wien gegründetes Unternehmen eine Seidenweberei mit 50 Webstühlen ein. Bis zur Stilllegung 1995 wurden in Gramatneusiedl vornehmlich Trachtenstoffe und Tücher hergestellt. Seit 1997 befindet sich hier das Automobil- und Motorradmuseum Austria.

Greifenstein 3422
Gemeinde: St. Andrä-Wördern, Bezirk: Tulln

Religion, Kult

0531 Hauptstraße 47, Filialkirche Maria Sorg, 1953–1966, P: Johann (Hans) Petermair | Renovierung, 2016

Freizeit

0532 Auweg 16, Badehütte, 2000, P: Gerhard Brandt, Georg Schrom

Der Umbau einer bestehenden Badehütte von 1930 basiert auf allen Merkmalen, die die moderne Strandvillengeneration der Zwischenkriegszeit vordefiniert hat: kubische Geschlossenheit, nutzbare Flachdächer und Terrassen mit Sonnendecks durch Baukörpervorsprünge, Über-Eck-Fenster mit dünnen Metallrahmen und eine horizontale Holzverschalung. Statt der charakteristischen Pilotenkonstruktion kragt allerdings der Holzoberbau nun stark über den verputzten Sockelbau des historischen Baubestandes hinaus.

Energie

0533 48°21'15.5"N 16°14'33.9"E, Donaukraftwerk Greifenstein, 1981–1985, P: Helmut Hitzginger, BH: Donaukraftwerk Niederösterreich (DoKW)

Die Österreichische Donaukraftwerke Aktiengesellschaft (DoKW) wurde 1947 als Sondergesellschaft mit dem Ziel gegründet, eine Kraftwerkkette zwischen der österreichisch-deutschen und österreichisch-ungarischen Grenze zu errichten. Insgesamt wurden zwischen 1956 und 1998 zehn Laufwasserkraftwerke an der Donau realisiert, davon fünf in Niederösterreich.

Das Kraftwerk Ybbs-Persenbeug wurde von Heinz Scheide und Karl Hauschka 1954 bis 1959 entworfen (→ 0279). Zu den Mitarbeitern von Heinz Scheide gehörte auch Helmut Hitzginger, der neben dem Kraftwerk Wallsee-Mitterkirchen (im Achleitner-Band zu Oberösterreich publiziert) auch die darauffolgenden, bis 1985 errichteten sechs Donaukraftwerke plante (→ 0849, → 1209).

Die DoKW ging 1999 in die VERBUND-Austrian Hydro Power AG über. 2005 wurde das Kleinwasserkraftwerk Nußdorf bei Wien am Donaukanal errichtet.

Gresten 3264
Gemeinde: Gresten, Bezirk: Scheibbs

Kultur, Veranstaltung

0534 Spörken 1, Kulturschmiede, ehem. Lichtspiele, 1950–1951, P: Franz Zajíćek | Erweiterung, 1971–1972, P: Franz Zajíćek | Erweiterung, 1995–1996, P: Martin Kohlbauer, Manfred Renhardt ●

Einer der zahlreichen niederösterreichischen Kino-Neubauten der Nachkriegszeit entstand ab 1950 in Gresten an der Stelle der Hammerschmiede am Ufer der Kleinen Erlauf und erinnert in seiner Formensprache an die Architektur der 1940er-Jahre. Der lang gestreckte Baukörper wird an der straßenseitigen Westfassade optisch durch eine große Loggia sowie das Zurückspringen der südlichsten drei Fensterachsen aus der Gebäudeflucht aufgelockert. Der Raumeindruck der Loggia, die den Haupteingang des Gebäudes bildet, wird von den sichtbar belassenen Dachträgern, zwei schlichten Pfeilern und drei Eingangsportalen dominiert. An der schmalen Nordfassade, der ein kleiner Vorplatz vorgelagert ist, finden die Pfeiler als Stützen eines breiten Balkons sowie als Gliederung des mittleren Fassadenbereichs Entsprechung.

1996 wurde das Kino infolge eines Architekturwettbewerbs zu einem multifunktionalen Veranstaltungsbau, der sogenannten Kulturschmiede, umgestaltet und erweitert. An der Rückseite, zur Kleinen Erlauf hin gelegen, entstand ein Zubau nach Plänen von Kohlbauer und Renhardt, der in Form eines Kreissegments an den Bestandsbau anschließt, sich mit seiner Aluminium- und Glasfassade jedoch gestalterisch von diesem abgrenzt.
▶ Foto: Zustand vor Zubau 1996

Einfamilienhäuser

0535 Unterer Markt 2, Villa Anna, 1911 ●

0536 Unterer Markt 37, Villa, 1908 ●

Energie

0537 Wieselburger Straße 20, Umspannwerk, 1924–1925, BH: Wiener Stadtwerke ●

Verkehr

0538 Bahnhofstraße 9, Bahnhof, 1927, BH: Österreichische Bundesbahnen ●

Die bereits ab dem Jahr 1907 als Verlängerung der Zweigstrecke der Mariazellerbahn von Ober-Grafendorf geplante schmalspurige Lokalbahn Ruprechtshofen–Gresten wurde schließlich 1927 als erster Streckenneubau der Republik eröffnet. Als Endbahnhof entstanden in Gresten umfangreiche Gleisanlagen, eine Remise und eine Wasserstation. Das Aufnahmegebäude, bestehend aus einem zweigeschoßigen Kopfbau quer und einem niedrigen Trakt längs zu den Gleisen, wurde als Ziegelbau mit Natursteinsockel ausgeführt.

Charakteristisch sind die steilen Walmdächer beider Bauteile mit Fledermausgauben über der Plattformüberdachung, unter welcher Warte- und Schalterhalle mittels gemauerter Pfeiler zu den Gleisen hin geöffnet sind. Der gleiche Stationstyp wurde gespiegelt und in Randegg-Franzenreith umgesetzt (nicht erhalten) und ein kleinerer, eingeschoßiger Typ für die übrigen Stationen der Strecke, wie etwa in Wang, realisiert.

Griesleiten 2651
Gemeinde: Reichenau an der Rax, Bezirk: Neunkirchen

Einfamilienhäuser

0539   Griesleiten 13, Ferienhaus, um 1964, P: Richard Praun •

Die Holzfertigteil-Konstruktion des Ferienhauses ist auf ein Kellergeschoß aus Beton aufgesetzt. Durch einen leichten Knick im Grundriss passt sich das Gebäude der Form des Hanges an. Der zentrale Wohnraum mit Kamin öffnet sich mit einer breiten Fensterreihe nach Süden, um den Blick auf das Panorama freizugeben.

Grieswang 3362
Gemeinde: Wang, Bezirk: Scheibbs

Verkehr

0540   Grieswang 9, Bahnhof, 1927, BH: Österreichische Bundesbahnen •

Grillenberg 2560
Gemeinde: Hernstein, Bezirk: Baden

Religion, Kult

0541   Kirchenplatz 1, Pfarrkirche hl. Margareta, 1910–1911, P: Karl Troll, Johann Stoppel •

Die bestehende gotische Kirche sollte ursprünglich erweitert werden. Als bei Beginn der Umbauarbeiten der Turm einstürzte, wurde dann doch ein Neubau beschlossen. Als Baubeginn wurde explizit das Jahr 1910 festgesetzt, um den 80. Geburtstag Kaiser Franz Josephs I. würdig zu feiern. Es ist anzunehmen, dass der kleine, im traditionellen Schema erbaute neogotische Kirchenbau dem greisen Monarchen gefallen hat. Die Inneneinrichtung stammt zum Großteil aus dem Vorgängerbau.

Grillenstein 3950
Gemeinde: Gmünd, Bezirk: Gmünd

Freizeit

0542   48°46'18.9"N 14°59'36.6"E, am Braunaubach, Badehütte Flussbad Malerwinkel, 1928, P: Anton Leyrer •

Dem 1930 zum Naturdenkmal ernannten Malerwinkel, dem Gebiet rund um die Ineinandermündung von Braunaubach und Lainsitz, kam zu Beginn des 20. Jahrhunderts touristische Bedeutung zu. Mit Aufkommen der Sommerfrische wurde ab 1910 etwas außerhalb der Stadt Gmünd am Braunaubach, im Bereich eines ehemaligen Steinbruchs, eine Badeanlage errichtet. Nach Plänen des Ingenieurs Anton Leyrer entstand 1928 die noch bestehende, aber heute ungenutzte Badehütte mit acht Kabinen und Schließfächern in Holzriegel-Bauweise.

Grimmenstein 2840
Gemeinde: Grimmenstein, Bezirk: Neunkirchen

Religion, Kult

0543   Kirchengasse 1, Filialkirche hl. Josef der Arbeiter, 1959–1960, P: Johann (Hans) Petermair, K: Ernst Bauernfeind (Glasmalereien), Franz Barwig (Apsisrelief)

Industrie

0544 Marktstraße 7, Erweiterung Nährmittelfabrik, 1958–1959, P: Rudolf Garstenauer, BH: Nestlé AG •

Großau 2540
Gemeinde: Bad Vöslau, Bezirk: Baden

Religion, Kult

0545 47°57'20.8"N 16°10'04.0"E, bei Berndorfer Straße 2, Restaurierung und Zubau Filialkirche hl. Katharina, 1918–1919, P: Karl Holey, BH: Arthur Krupp, AF: Rudolf Reiter, K: Karl Robert Eigenberger (Deckengemälde) •

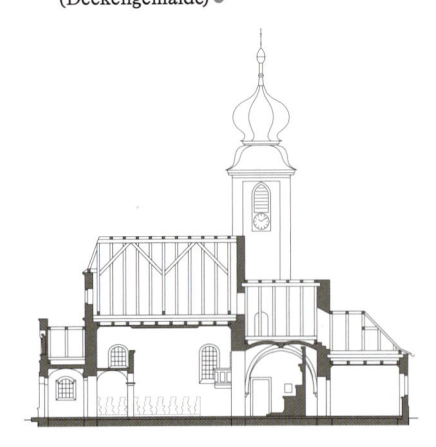

1917 erwarb der Berndorfer Industrielle Arthur Krupp das Gut Merkenstein, zu dessen Herrschaftsbereich auch eine nahe gelegene, im 14. Jahrhundert errichtete und im 18. Jahrhundert erweiterte Kirche zählte. Als großzügiger Mäzen von Berndorf bekannt, initiierte und finanzierte er auch die Restaurierung dieser kleinen Kirche. Mit den Arbeiten wurde Karl Holey beauftragt. Das Gebäude war allerdings bereits dermaßen desolat, dass der Architekt beinahe das gesamte Gebäude neu errichten musste. Als Generalkonservator der österreichisch-ungarischen Denkmalpflege achtete er jedoch darauf, dass der Charakter der barocken Landkirche insgesamt gewahrt bleibt. Er passte den neu errichteten Vorraum und den Sakristeianbau gestalterisch an den Altbestand an, und um die stilistische Einheitlichkeit zu garantieren, ersetzte er den spitzen Turmhelm durch ein Zwiebeldach. Auch im Kircheninnenraum blieb Holey dem barocken Stil verpflichtet. Ein auf Leinwand gemaltes Deckengemälde der hl. Margareta erhielt die Gesichtszüge von Margareta Krupp, der Ehefrau des großzügigen Spenders.

Einfamilienhäuser

0546 Anton Krenn-Straße 8, Villa Ohmann, 1911–1912, P/BH: Friedrich Ohmann •

Friedrich Ohmann, ein in der ganzen Donaumonarchie gefragter Architekt, erbaute das Sommerhaus nach einem Kuraufenthalt in Gainfarn für sich selbst. Dabei brach er mit seinen bevorzugten Stilformen, indem er das Haus mit dem steilen Satteldach im englischen Cottage-Stil errichtete und nicht seiner üblichen, ausladenden Formensprache folgte. Auf dem verwinkelten Grundriss wurde somit ein Haus geschaffen, das – gleich den anderen Bauten der Gegend – sukzessive gewachsen erscheinen und durch seine Heimeligkeit bestechen sollte. 1959 behob Ohmanns Schwiegersohn, der seinerseits erfolgreiche Architekt Hans Pfann, Kriegs- und Besatzungsschäden an dem Gebäude.

Groß-Enzersdorf 2301
Gemeinde: Groß-Enzersdorf, Bezirk: Gänserndorf

Hotels, Heime, Klöster, Kasernen

0547 Schloßhofer Straße 60, Hotel am Sachsengang, 1974, P: Peter Klaus Klette •

Klette orientierte sich beim Entwurf des Hotels an der Architektur der nahe gelegenen Taverne am Sachsengang. Beide teilen sich mit den tief nach unten gezogenen Dächern und der Holzausstattung die für die 1970er-Jahre typische Vorstellung von Rustikalität.

Die Rezeption, die sich im Nordflügel der H-förmigen Anlage befindet, ist als gebäudehohe Halle mit schweren Holztramen im Stil eines Chalets gestaltet, und auch die Schwimmhalle im Südflügel hat den Charme ihrer Zeit erhalten. Die ursprünglich 108 Zimmer sind zum größten Teil im Verbindungstrakt angesiedelt.

Landwirtschaft

0548 Schloßhofer Straße 31, Versuchswirtschaft der Universität für Bodenkultur, 1902–1903, P: Karl von Bertele, BH: Adolf Ritter von Liebenberg de Zsittin | Sanierung, ab 2000 | Zubau, 2017

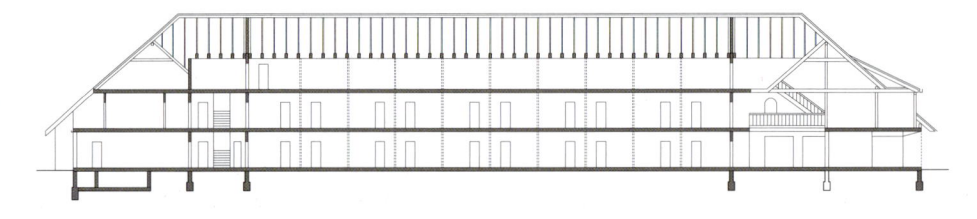

Ab seiner Berufung an die Universität für Bodenkultur im Jahr 1878 war Adolf Ritter von Liebenberg de Zsittin bestrebt gewesen, auch in oder um Wien eine Versuchsanstalt nach amerikanischem Vorbild zu etablieren. 1902 bis 1903 gelang es ihm schließlich, auf dem Gelände in Groß-Enzersdorf nach den Plänen von Karl von Bertele eine in ihren Hauptgebäuden vierteilige Anlage, mit großen Ackerflächen umgeben, errichten zu lassen, die bald durch ihre bis dato ungesehene, moderne Testanlage für landwirtschaftliche Geräte Aufmerksamkeit auf sich zog. Im Zweiten Weltkrieg einem deutschen Panzerbataillon zugeteilt, im Lauf der Jahrzehnte erweitert und wieder verkleinert, werden die historischen Gebäude weiterhin von der BOKU genutzt. Ab 2000 bzw. 2003 wurden sie stufenweise saniert und 2017 durch ein modernes Zentrallabor ergänzt.

Groß Gerungs 3920
Gemeinde: Groß Gerungs, Bezirk: Zwettl

Verkehr

0549 Weitraer Straße 339, Straßenmeisterei, 1980–1982, P: Otto Erhartt, NÖ Landesregierung, NÖ Straßenverwaltung, BH: Bundesministerium für Bauten und Technik, Bundesstraßenverwaltung, S: Josef Traxler ●

Großgöttfritz 3913
Gemeinde: Großgöttfritz, Bezirk: Zwettl

Sonderbauten

0550 48°31'59.5"N 15°12'13.2"E, Aubergwarte, 1991–1992, P: Georg Thurn-Valsassina, MA: Norbert Beck, Michael Kaiser, BH: NÖ Bildungs- und Heimatwerk Großgöttfritz, S: Thomas Freund

Inmitten eines dichten Fichtenwaldes ließ das lokale Bildungs- und Heimatwerk auf der Kuppe des Aubergs den hölzernen Aussichtsturm mit einem tragenden Kern aus drei mächtigen und durch Bewehrungsstahl ausgesteiften Lärchenstämmen errichten. Die witterungsgeschützte Plattform am oberen Ende des Turmes wird über sechs außen verlaufende und der Neigung der primären Tragmasten entsprechend nach oben hin kürzer werdende Treppenläufe erschlossen. Auf jeden zweiten der Treppenläufe folgt ein horizontaler Abschnitt, wodurch der Aufstieg vereinfacht wurde und zusätzliche Aussichtsflächen entstanden sind.

Großkadolz 2062
Gemeinde: Seefeld-Kadolz, Bezirk: Hollabrunn

Kultur und Veranstaltung

0551 Großkadolz 7, ehem. Kino, 1953

Das entlang der Hauptstraße angelegte Empfangs- (Erdgeschoß) und Wohngebäude (Obergeschoß) verfügt über einen rechtwinkelig anschließenden Kinosaal. Obwohl die Spielstätte 1977 geschlossen wurde, zeugt die Fassade mit dem auf dem Vordach befestigten karminroten Schriftzug „Tonkino" und den senffarbenen Tür- und Fensterelementen heute noch von der ursprünglichen Nutzung.

Großmotten 3542
Gemeinde: Gföhl, Bezirk: Krems

Verkehr

0552 48°32'07.2"N 15°24'07.4"E, an der B37, Talübergang Gernitzbach, 1996–1997, P: Erhard Kargel, S: Karl Heinz Lang, Franz Ottenschläger, BH: Amt der NÖ Landesregierung

Groß-Siegharts 3812
Gemeinde: Groß-Siegharts, Bezirk: Waidhofen an der Thaya

Kultur, Veranstaltung

0553 Raabser Straße 15, Vereinshaus, 1923 ●

Das zweigeschoßige, breit gelagerte Vereinshaus im nördlichen Abschnitt der Durchgangsstraße weist zur Kennzeichnung des Saales im Obergeschoß eine Serliana-Fensterlösung (Palladiomotiv) auf. Das Gebäude, in dem 1925 bis 1926 zudem ein Kino, eine Bibliothek sowie eine Kegelbahn im Garten eingerichtet wurden, entstand auf Initiative der katholischen Pfarre und wird auch heute noch von dieser für Veranstaltungen genutzt.

Wohnbauten

0554 Bahnhofstraße 20, WH, 1913, P: Johann Bauer ●

0555 Raabser Straße 34, Arbeiter*innenwohnhaus, ehem. Strickerei, Umbau zu Wohnungen, 1953–1955 | Umbau, 1985 | Sanierung und Umbau, 1993 | Umbau, 1997 ●

Die ehemalige Strickerei wurde 1916 stillgelegt; ab Ende der 1940er-Jahre ließ die Gemeinde den Bau zu einem Arbeiter*innenwohnhaus umbauen. 1993 und 1997 wurden neben anderen Umbauten die Fenster ausgetauscht.

Unter Einbeziehung eines zuvor als Bäckerei genutzten Bestandsgebäudes entstand ein zur Straße hin abgerundeter Zubau mit schräg ansteigender Dachkante, welcher die Kassenhalle aufnimmt und sich mit großen Schaufenstern zum vorgelagerten Parkplatz hin öffnet.

Einfamilienhäuser

0556 Fabrikenstraße 2, WH Umbau, 1915 •

Das Wohnhaus mit Eckturm verfügt über reichhaltigen secessionistischen Dekor, das Portal ist von zwei mit Blattranken umwundenen Halbsäulen flankiert.

0557 Raabser Straße 19, Villa Umbau, 1911, AF: Johann Bauer | Geschäftslokalumbau, 1962, AF: Hans Bauer | Umbau, 1973 •

0558 Raabser Straße 49, Villa, 1931 | Umbau, 1973, P: Rudolf Reißmüller | Ausbau Dachgeschoß, 1989, P: Johann Buhl •

0559 Roseggergasse 3, WH Umbau, 1932, AF: Johann Bauer •

0560 Schiefergasse 6, Haus Weinmann, 1994, P: Eduard Weinmann

Geschäftslokale, Einkaufszentren, Banken

0561 Bahnhofstraße 28, Wohn- und Geschäftshaus, 1934, P: Johann Bauer •

0562 Hauptplatz 2, Raiffeisenbank, ca. 1984, AB: Atelier KPK (Werner Kessler, Robert Poschacher, Odo Kulcsar) •

Industrie

0563 Fabrikenstraße 9, ehem. Weberei, 1847, BH: Bandweberei Josef Adensamer | Zubau Shedhalle, 1906, 1910, AF: Pittel und Brausewetter | Zubau Webssaal, 1961–1962 | weitere Umbauten: 1963, 1965, 1971–1973, 1980 | Stilllegung, 2000 •

Grünau 3202
Gemeinde: Hofstetten-Grünau,
Bezirk: St. Pölten

Bildung

0564 Kirchenplatz 5, Volks- und Mittelschule, 1969–1971, AB: Architekturbüro Barnath (Franz Barnath, Reinhard Barnath) | Umbau, 1988, AB: Architekturbüro Barnath | Um- und Zubau, 2007, AB: Architekturbüro Pfeiler 1 (Rochus Thurnher, Nikos Tziortzis) •

Grünbach am Schneeberg 2733
Gemeinde: Grünbach am Schneeberg,
Bezirk: Neunkirchen

Wohnbauten

0565 Kolonie 11–15, 12–14, Arbeiter*innensiedlung, um 1960, P: Franz Sturm, BH: Gemeinnützige Wohnungsgesellschaft für die verstaatlichten Betriebe •

Als Unterkünfte für den umliegenden Kohlebergbau entstanden bis 1960 fünf zweigeschoßige Wohnhäuser mit je vier Wohnungen. Die einfachen, eternitgedeckten Bauten in Hanglage bilden eine gerade Bauflucht quer zum Geländeverlauf.

Industrie

0566 Am Segen Gottes 10, Förderturm, 1921–1922, P: Henry G. Jaeger, BH: Grünbacher Steinkohlen-Werke AG | Stilllegung, 1965 •

Der Förderturm in Stahlbeton-Skelettbauweise wurde über dem neu angelegten Segen-Gottes-Schacht mit elektrischer Förderanlage erbaut. Nach der Stilllegung des Bergbaus 1965 wurden die Stollen vermauert und die meisten oberirdischen Anlagen abgebrochen. Im Giebelfeld des Förderturms ist das Bergwerkzeichen, gekreuzte Schlägel und Eisen, zu finden.

Grund 2041
Gemeinde: Wullersdorf,
Bezirk: Hollabrunn

Landwirtschaft

0567 Grund 96, Raiffeisen-Lagerhaus, 1953, P: Franz Pongratz, Robert Strobl, BH: Landwirtschaftliche Genossenschaft Hollabrunn | Silo, 1956–1957 | Erweiterung und Modernisierung, 1987 | weitere Zubauten, 1972, 1986, 1992 •

Der älteste Teil der Anlage sind die 1953 als Lagerhallen entworfenen Bahnannahmestellen. Der 36 Meter hohe Silohalbturm kam 1956 bis 1957 hinzu, er sollte 1987 erweitert und modernisiert werden, allerdings entsprechen die Umbaupläne nicht dem heutigen Erscheinungsbild, das ein Hybrid aus dem Altbau und der Erweiterung ist. Die Pläne aus den 1980er-Jahren scheinen nur teilweise realisiert worden zu sein. 1972, 1986 und 1992 wurden zusätzliche Lagerhallen und Verkaufsflächen auf dem Gelände errichtet.

Gschwendt 3034
Gemeinde: Maria Anzbach,
Bezirk: St. Pölten

Einfamilienhäuser

0568 Am Gschwendtweg 12, EFH, 1964–1966, P: Franz Kiener, AF: Wittmann •

Der eingeschoßige, klar strukturierte, kubische Baukörper mit Flachdach und eingeschnittener Loggia liegt auf einem leicht abfallenden Grundstück, wobei die Bodenplatte leicht über das abfallende Terrain auskragt. Eine durchlaufende Attika und Fensterbrüstungen aus Holz und die charakteristische Bodenplatte gliedern das Bauwerk horizontal. Etwas zurückversetzt befinden sich die Garage und ein überdeckter Sitzplatz.
▶ Pläne: Ansicht Süd (oben), Ansicht Ost (unten)

Gumpoldskirchen 2352
Gemeinde: Gumpoldskirchen,
Bezirk: Mödling

Religion, Kult

0569 Bahngasse 3, Friedhofskapelle hl. Barbara, 1953, P: Hans Podivin •

Die auch als Aufbahrungshalle genutzte Friedhofskapelle wurde als Saalraum mit komplett verglaster Seitenwand, asymmetrischem Satteldach und Turm aus grobem Naturstein errichtet. Sie ist einer der ersten Bauten, die Hans Podivin nach Beendigung seines Studiums an der Technischen Hochschule Wien plante.

Freizeit

0570 F. Schillerstraße 11, Freibad, 1964, P: Friedrich Florian Grünberger, BH: Gemeinde Gumpoldskirchen, S: Friedrich Baravalle | Zubau zum bestehenden Buffet- und Kassenkiosk, 1993, P: Hans Podivin | Errichtung Kleingebäude für Kassa, WC, Abstellraum, 2015, P: Levonyak Bau GmbH •

Wohnbauten

0571 Thallernstraße 3–48, WH-Ensemble, um 1910, P: Jakob Huber, Carl Huber •

Ihr markantes Erscheinungsbild erhält die am Ortsrand liegende eingeschoßige und traufständige Verbauung vor allem durch die verschiedenartigen Zwerchgiebel, die mittels individueller Holzarbeiten und teilweise durch Schopfwalmdächer unterschiedlich akzentuiert werden. Die in der Regel gekuppelt ausgeführten Baukörper sind mit vielgestaltigem Dekor des Historismus, des Heimatstils und des Jugendstils versehen. Sie sind von der Straße durch Vorgärten abgesetzt und verfügen gartenseitig über Grünflächen. Das ursprüngliche Gepräge des Straßenzuges lässt sich trotz der zahlreichen seit der Errichtung erfolgten individuellen Um- und Zubauten noch erahnen.

0572 Wienerstraße 151–169, Siedlung Wienerstraße, 1956–1961, P: Karl Mang, Eva Mang-Frimmel, AF: Herbert Witte •

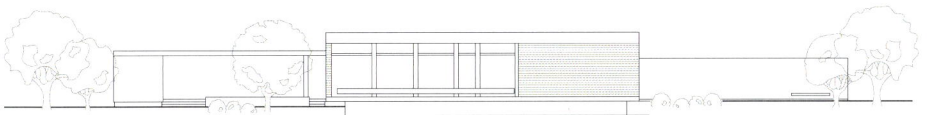

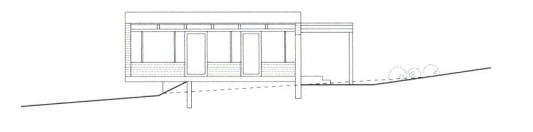

Der erste Preis beim Wettbewerb „Einfamilienhäuser" der NÖ Landesregierung führte 1955 zum Auftrag, auf einem länglichen Grundstück unweit des Wiener Neustädter Kanals eine Siedlung aus Mitteln der staatlichen Wohnbauförderung und der Landeswohnbauförderung zu errichten. Dem Konzept für die weitgehend zweigeschoßige Bebauung unter flach geneigten Satteldächern lag der Gedanke zugrunde, den individuellen Bauwunsch einer Gesamtplanung unterzuordnen, ohne jedoch das persönliche Eigentum einzuschränken. Eine Vielfalt von unterschiedlichen Typologien aus städtischem Wohnhaus, Reihenhaus und Einfamilienhaus bildet in klarer und zugleich lockerer Anordnung verschiedenartige Freiflächen. Der erste Bauabschnitt wurde 1956 bis 1957 errichtet und umfasste insgesamt 14 Häuser unterschiedlichen Typs, der zweite Bauabschnitt, 1958 bis 1959, neun und der dritte Bauabschnitt, 1960 bis 1961, weitere drei Bauten. Die Gebäude wurden aus Hohlblocksteinen errichtet und waren ursprünglich mit Welleternit gedeckt. Zu den Besonderheiten zählte die durchgehende Ausstattung mit Dreh- und Kippflügel-Verbundfenstern. Die Anlage ist heute nicht mehr vollständig erhalten, vereinzelt erfolgten zudem Zu- und Umbauten.

▶ *Plan: Situation um 1961*

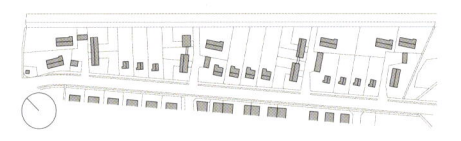

Einfamilienhäuser

0573 Rotes Mäuerl 270, Landhaus Carla Spanner, 1923–1924, P: Adolf Loos ●

1924 errichtete Adolf Loos auf vorhandenen Grundmauern ein Landhaus in den Weinbergen. Der Baukörper, der ursprünglich mit einem Flachdach gedeckt war und mit grün-weiß gestrichener Holzverschalung verkleidet ist, besteht aus einem Erdgeschoß, einem zurückversetzten Obergeschoß und einem turmartig erhöhten Zimmer. Die zentrale Halle im Erdgeschoß verbindet die Terrasse und den Garten mit dem Salon und dem höher liegenden Speisezimmer.

Geschäftslokale, Einkaufszentren, Banken

0574 Wienerstraße 62, Bankfiliale, 1978, P: Josef Krawina, Günther Oberhofer, S: Bernd Pfister, BH: Zentralsparkasse der Gemeinde Wien ●

In Proportionierung und Material an die ensemblegeschützte Umgebung angepasst, wurden die Räume hinter der Fassade wegen des schmalen Grundstücks im Grundriss um 45 Grad gedreht. Die abgeschrägten Vor- und Rücksprünge der Fassade weisen bereits auf die dahinterliegende Anordnung der Innenräume hin. Eine zweigeschoßige Eingangshalle führt über die Galerie zu einem Mehrzwecksaal sowie in die darauffolgenden flach gedeckten Bereiche. Begrünte Innenhöfe zwischen den rautenförmig angeordneten Bauteilen in der rückwärtigen Zone sorgen für eine optimale Belichtung und Arbeitsatmosphäre.

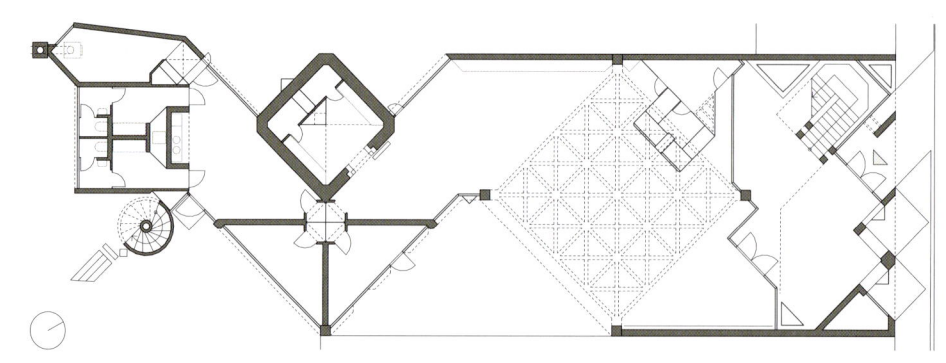

Industrie

0575 Am Kanal 8–10, Klinger GmbH, 1892–1893 | Umbau, 1960 | Umbau, 1983–1985 ●

1817 entstand hier eine Ölfabrik, die in den Folgejahren zur Papierfabrik ausgebaut wurde und mehrmals die Besitzer*innen wechselte. Nach einem Brand 1891 wurden die Überreste 1892 von Richard Klinger erworben und zu einer Metallwarenfabrik umgenutzt. Die Sanierung der Fabrikanlage wurde 1893 fertiggestellt. 1912 wurden für die Mitarbeiter*innen sechs Wohnhäuser für je vier Familien in der Richard-Klinger-Gasse errichtet. 1960 erfolgte ein großer Ausbau der Fabrikanlagen, weitere Umbauten fanden 1983 bis 1985 statt.

Landwirtschaft

0576 Jubiläumsstraße 43, Weingut Gebeshuber, ehem. Kellerei des Wiener Rathauskellers, 1905–1906, P: Viktor Fuchs, Anton Kainrath, AF: Viktor Fuchs, Franz Rogozinski, Franz Spaeth, Franz Roith | Zubauten, 1940–1941, AF: Othmar Biegler ●

Als Kellerei des Wiener Rathauskellers noch vor 1905 geplant, verstecken sich hinter dem einfachen Eingangs- und Verwaltungsgebäude mit der Eckrustika und den ungewöhnlich großen, sichtbaren Dachstreben fünf historische Lagerräume. Der Hauptkeller misst mehr als 60 × 26 Meter und ist von einem röhrenförmigen Gewölbe überspannt. Die Anbauten im Norden stammen aus den Jahren 1940 bis 1941, jene im Süden erfolgten nach der Übernahme durch Johannes Gebeshuber.

Guntramsdorf 2353

Gemeinde: Guntramsdorf, Bezirk: Mödling

Religion, Kult

0577 48°02'50.4"N 16°18'48.0"E, Am Kirchenplatz, Pfarrkirche hl. Jakobus d. Ä., 1949–1952, P: Josef Vytiska, AF: ARGE Beer & Ems/

Max Talirz, K: Karl Hauk (Sgraffito Fassade, Glasfenster, Kreuzweg), Gustav Resatz (Kruzifix) ●

Im Zweiten Weltkrieg wurde die aus dem 18. Jahrhundert stammende Pfarrkirche zerstört. 1949 bekam Josef Vytiska den Auftrag, einen Neubau zu errichten, bei dem der erstaunlicherweise erhalten gebliebene Turm des Vorgängerbaus miteinbezogen werden sollte. Während im 19. Jahrhundert die Definition eines „richtigen" Kirchenbaus vor allem die richtige Stilwahl betraf, ging es seit Beginn neuer liturgischer Bestrebungen in den 1920er-Jahren vor allem um den „richtigen Kirchenraum" an sich. Die Ziele, das Gemeinschaftsgefühl der Gläubigen zu stärken, dem Altar eine zentrale Bedeutung zuzuweisen sowie die hierarchische Trennung zwischen dem Priester und der Gemeinde aufzuheben, führten nun vermehrt zur Planung von – idealerweise quadratischen – Saalräumen. Interessant sind die Versuche einiger Architekt*innen, die modernen Erneuerungsbestrebungen zu berücksichtigen und gleichzeitig traditionellen Formulierungen treu zu bleiben.

Die Kirche in Guntramsdorf präsentiert sich auf den ersten Blick als konventionelle dreischiffige Basilika. Im Kircheninneren zeigt ein hoher Saalraum mit dem integrierten Altarraum die Intention, einen Gemeinschaftsraum für die Gläubigen und den Priester herzustellen. Die Konzeption der Dreischiffigkeit bewirkte allerdings ein lang gestrecktes Mittelschiff, das den oben beschriebenen Neuerungen nur ungenügend zu entsprechen vermag, und die Ausbildung von Seitenschiffen konterkariert per se die Idee eines einheitlichen Versammlungsraums. Scheint beim Hauptraum eine moderne Modifikation tradierter Formen weniger geglückt, so zeigt der Architekt bei der Fassade eine subtile Verfremdung des bekannten und bedeutenden Portikusmotivs, indem er den üblicherweise als Vorbau ausgebildeten Eingang als tiefe Nische gleichsam nach innen stülpt. Mit zwei eingestellten klassizistischen Säulen sowie einem mächtigen Dreiecksgiebel, der sich durch das hohe Satteldach ergibt, bietet Vytiska zusätzlich traditionelle Motive an – ohne jedoch in den Verdacht historischer Gestaltungsweise zu geraten.

0578   48°03'14.3"N 16°18'55.4"E, Friedhofstraße, Friedhofskapelle, 1973, P: Hans Podivin, BH: Marktgemeinde Guntramsdorf | Sanierung und Zubau, 2001–2002

Als bestimmendes Motiv im Entwurf der in Stahlbeton errichteten Kapelle dient das Dreieck: Im Grundriss ermöglicht die Form mit einer breit öffenbaren Eingangssituation eine maximale Einbeziehung des Vorplatzes in das Geschehen im Inneren. Die äußere Erscheinung ist von den steil aufragenden, gefalteten Flächen des dunkel beplankten Daches und des betonsichtigen Glockenturms bestimmt. Am Vorplatz ist die Traufe nahe zum Boden gezogen, wodurch sich ein Schwellenbereich zum sakralen Innenraum ergibt.

0579   Dr. Karl Renner-Straße 19, Pfarrkirche Neu-Guntramsdorf hl. Josef und Seelsorgezentrum, 1962–1965, P: Bruno Tinhofer, BH: Erzdiözese Wien, AF: Fritz Wiesbauer, K: Charlotte Klima (Glasfenster Kreuzweg, Hängekreuz, Altarbild Werktagskapelle), Walter Eckert (Glasfenster Kapelle) | Renovierung, 2008, AB: Runser-Prantl-Architekten (Alexander Runser, Christa Prantl) ●

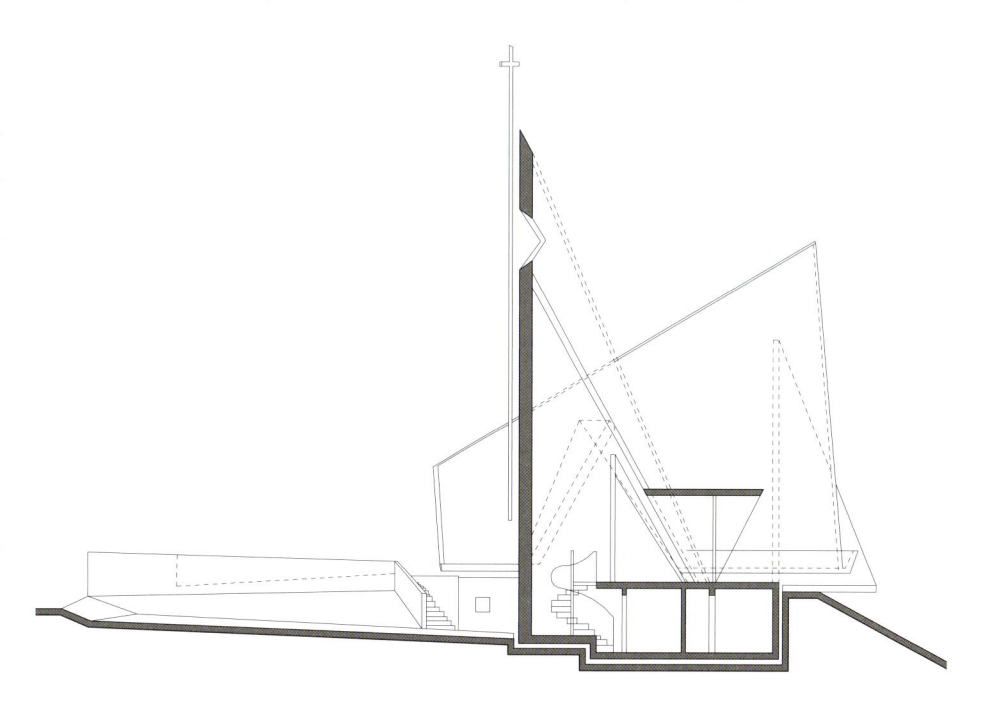

Im Zuge der Ansiedlung zahlreicher Firmen im Süden von Wien entstand am Rand von Guntramsdorf 1938 die Siedlung Neu-Guntramsdorf. Nach dem Krieg wurde die Siedlung vergrößert und 1948 eine kleine Notkirche aus Holz errichtet, die Platz für 40 Besucher*innen bot. 1957 wurden in dem weiter angewachsenen Ortsteil ein Pfarrhof und ein Pfarrheim errichtet. 1962 erfolgte der Abbruch der hölzernen Notkirche, um einem größeren Kirchenbau Platz zu machen, mit dem Bruno Tinhofer beauftragt wurde.

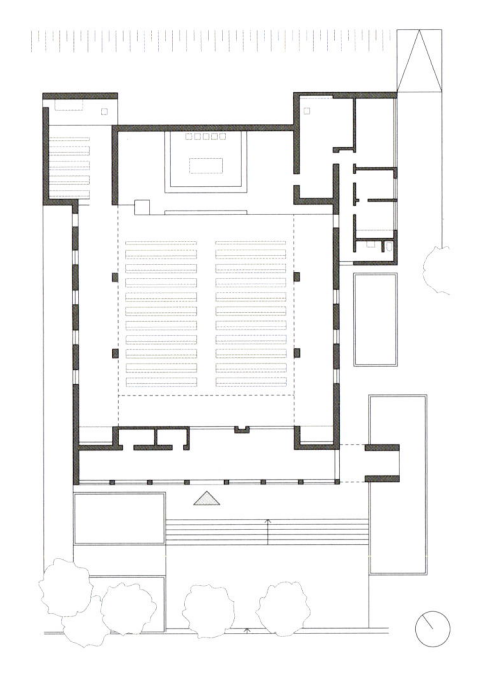

Der Architekt entwarf einen modernen, flach gedeckten Betonbau mit niederen Seitenteilen, sodass der Eindruck eines dreischiffigen Langhauses hervorgerufen wird. Das Kircheninnere zeigt jedoch einen modernen Saalraum in der Breite des Altarbereichs, und die Seitenteile sind als niedere – weitgehend funktionslose – Pseudoseitenschiffe ausgebildet.

Tinhofer zeigt damit eine typische Vorgehensweise im vorkonziliaren Kirchenbau, bei dem die Architekt*innen moderne Gemeinschaftsräume konzipierten, einige aber doch nicht ganz auf traditionelle Elemente verzichten wollten. Mit dem Angebot vertrauter Formulierungen konnte Tinhofer zwar auf eine größere Akzeptanz des ungewohnt modernen Kirchenbaus rechnen, aber das Beharren auf der Dreischiffigkeit verhinderte die Einrichtung eines Gemeinschaftsraumes, der durch die Aufstellung der Kirchenbänke an drei Seiten des Altars den Gläubigen eine intensivere Teilnahme an der Messfeier ermöglicht hätte. Knapp neben der Eingangsfassade erhebt sich ein hoher frei stehender Turm, der durch einen überdachten Gang mit dem Kirchenbau verbunden ist. Im Jahr 2008 wurden vom Büro Runser-Prantl-Architekten das Pfarrhaus und Jugendheim umfassend umgebaut und der Kirchenplatz neu gestaltet. Die Kirche wurde im Inneren renoviert und die Holzverkleidung der Altarwand, die an die kleine Notkirche erinnern sollte, wurde entfernt.

Wohnbauten

0580 Berta von Suttner-Gasse 1–21, Dr. Theodor Körner-Platz 1–17, 2–18, Franz Novy-Gasse 2–14, Ozeanstraße 2–8, Parkstraße 2–30, <u>Siedlung Neu-Guntramsdorf, 1938–1945</u>, P: Georg Laub, BH: Gemeinnützige Baugesellschaft „Ostmark", Gemeinnützige Wohnungs- und Siedlergesellschaft „Neue Heimat" ●

Die nach dem „Anschluss" Österreichs ab 1938 als Teil Groß-Wiens projektierte Holzweber-Siedlung sah eine ganze Arbeiter*innenstadt mit bis zu 5.000 Wohneinheiten für die Ansiedlung neuer Industrieanlagen vor. Die lediglich als Teil dieser Planung realisierte Siedlung stellt ein bedeutendes Beispiel des NS-Siedlungsbaus in Niederösterreich dar. Es entstand ein schmales Band in Zeilen angeordneter, zweigeschoßiger und um begrünte Höfe sowie einen zentralen Siedlungsplatz gruppierter Mehrfamilienhäuser. Die mehrere Typen bildenden Siedlungshäuser sind durch nüchterne, symmetrische Fassaden mit Sprossenfenstern und ziegelgedeckte Satteldächer, zum Teil mit Gauben, geprägt. Die im Zentrum entstehende Torsituation wird durch einen Dachreiter über der Straßendurchfahrt betont. Ausgehend vom südlichen Teil der Bebauung werden derzeit große bauliche Eingriffe umgesetzt sowie der stufenweise Abbruch der Siedlungsanlage und Ersatz durch Neubauten forciert, was zum vollständigen Verlust der Anlage führen könnte.

0581 Friedhofstraße 31, 33, Siedlergasse 623, 641, <u>WHA, um 1960</u>, P: Hans Podivin | Generalsanierung, 2003 ●

Vier frei stehende, dreigeschoßige Baukörper unter flachen Satteldächern bilden in lockerer Anordnung unterschiedlich konturierte begrünte Zwischenräume. Drei der Blöcke verfügen über Wohnungen in Nord-Süd-Richtung und nach Süden orientierte Loggien, ein Block ist zu den anderen um 90 Grad gedreht und weist sowohl Richtung Westen als auch nach Osten Loggien auf. Ursprünglich umfasste die Anlage 21 Wohnungen mit Wohnnutzflächen zwischen 59 und 70 Quadratmetern.

0582 Rieslinggasse, Neuburgerstraße, Veltlinerstraße, Öko-Wohndorf Anningerblick, 1994, P: Helmut Deubner •

Industrie

0583 Mödlingerstraße 15, Erweiterung Fabrikgebäude Stolllack, 1968, P: Roland Rainer, BH: Stolllack AG •

Die Lackfabrik wurde 1957 gegründet und die Firma baute die Werkanlagen bis 1975 stetig aus. Roland Rainer erweiterte die Anlage um mehrere ein- bis zweigeschoßige Werkhallen im Jahr 1968. Diese zeichnen sich durch kubische Formen und glatte Fassaden in Stahlbaukonstruktion aus. Querträger kragen aus der flächigen Fassade aus, unterhalb befinden sich Fensterbänder. Die Sheddächer bestehen aus einer Stahlkonstruktion.

Landwirtschaft

0584 Münchendorferstraße 43, Raiffeisen-Lagerhaus Wiener Becken, 1956–1958, P: Bauabteilung Verband ländlicher Genossenschaften in NÖ | Zweiter Silo, 1967–1968 •

Der 1956 entworfene, 33 Meter hohe Halbturm wurde mit seinem Fassungsvermögen von 2.800 Tonnen Schwergetreide schnell zu klein, weshalb 1967 bis 1968 nördlich von ihm ein 58 Meter hoher Siloturm hinzugefügt wurde. Die beiden Anlagen und die diversen, im Laufe der Jahrzehnte angewachsenen Nebengebäude sind seitdem in Betrieb.

Gutenstein 2770
Gemeinde: Gutenstein, Bezirk: Wiener Neustadt

Amts-, Verwaltungs-, Kommunal-, Bürobauten

0585 Markt 15, Umbau Volksschule zu Gemeindeamt, 1904, P: Hugo Brunar | Restaurierung, 1980 | Umnutzung, 2002 •

Die 1872 errichtete Volksschule wurde 1904 zum Amtsgebäude umgenutzt; anlässlich der Markterhebung der Gemeinde 1971 wurde der Westfassade des späthistoristischen Baus mit turmartig erhöhter Hauptachse und secessionistischen Fensterdetails die Kopie eines Tympanons der Wiener Minoritenkirche angefügt. Nach der Absiedelung des Gemeindeamts in ein neues Gebäude dient der denkmalgeschützte Bau seit 2002 zu Vereins- und Wohnzwecken.

Religion, Kult

0586 47°52'30.9"N 15°52'56.8"E, am Bergfriedhof, Grabkapelle der Serviten, 1905 | Außenmalerei, Fußboden, 1980, K: Hubert Aratym •

Im 17. Jahrhundert wurden am Mariahilfberg eine Wallfahrtskirche sowie ein Servitenkloster errichtet. Im Zuge einer Friedhofserweiterung im Jahr 1905 wurde wahrscheinlich von einem örtlichen Baumeister eine Friedhofskapelle mit einer Gruft für besonders verdiente Servitenpatres erbaut. 1980 entwarf der aus Gutenstein stammende Maler, Bildhauer und Bühnenbildner Hubert Aratym für die Friedhofskapelle nicht nur einen kostbaren Marmorfußboden, er schmückte auch die Außenwände mit Wandmalereien, deren „aparte Farben sie in der umgebenden Landschaft zu einem anziehenden Blickpunkt machen" (gutenstein.at). Der im Jahr 2000 verstorbene Künstler erhielt vor der Kapelle, zwischen den zwei Armen der geschwungenen Freitreppe, seine letzte Ruhestätte.

Freizeit

0587 Markt 86, Schwimmbad, 1889, P: Julius Deininger, BH: Peter Kempny | Restaurierung und Modernisierung, 1983–1984, 1995–1998 •

Der Ferstl- und Schmidt-Schüler sowie Renaissance-Spezialist Julius Deininger entwarf dieses Schwimm-, Dampf- und Wannenbad im Auftrag des Gemeindearztes seines Sommersitzes. Stilistisch ist der verputzte Bau mit dem durch ein Mansarddach überhöhten Mittelrisalit als Haupteingang und flankierenden Satteldach-Quertrakten eindeutig der Kur- und Schlossarchitektur zuzuordnen, was die Farbgebung in Schönbrunner-Gelb noch unterstreicht.

Einfamilienhäuser

0588 Lorbeergasse 96, Villa, 1905, P: Julius Deininger, Wunibald Deininger, BH: Franz Wilhelm Ladewig •

Das 1905 für den Dekorationsmaler Franz Wilhelm Ladewig von den Architekten Deininger (Vater und Sohn) entworfene Landhaus vereint traditionelle und moderne Elemente. Das mit Holzschindeln verkleidete Obergeschoß und die mit Brettern verschalten Giebel verweisen auf alpenländische

Traditionen, mit der Errichtung in Leichtbauweise und dem mit Eternitschindeln gedeckten Dach kamen jedoch modernste Bautechniken zur Anwendung. Die Formensprache hebt sich deutlich von Julius Deiningers älteren Villen ab: Statt romantisch aufragenden Türmchen erheben sich spitze Giebel in den Himmel, Einflüsse des Arts and Crafts Movements, des Heimatstils und der Secession vermischen sich. Der Auftraggeber selbst leistete durch die Ausstattung mit dekorativen Malereien auf der Fassade und in den Innenräumen – je nach Raumfunktion in verschiedenen Stilen – einen wesentlichen Beitrag zum Erscheinungsbild.

0589 Markt 88, Villa, 1890, P: Julius Deininger, BH: Joseph Trebesiner ●

Die als Wohn- und Kanzleigebäude errichtete repräsentative Villa mit Stilelementen der Neorenaissance erhält durch vor- und rückspringende Bauteile, Holzloggien, Erker und eine belebte Dachlandschaft mit Türmchen und Gauben ein malerisches Erscheinungsbild. Die Kombination von repräsentativen und spielerischen Elementen ist typisch für Deiningers Villenbauten in Gutenstein.

Haag 3350
Gemeinde: Haag, Bezirk: Amstetten

Amts-, Verwaltungs-, Kommunal-, Bürobauten

0590 Höllriglstraße 7, Gerichtsgebäude, 1902–1903, P: Anton Gürlich | Abbruch Gefangenentrakt, 1998 ●

Das im Jahr 1903 errichtete dreigeschoßige Gerichtsgebäude mit Mittelrisalit und Eckürmchen ist mit späthistoristischen Fassadenelementen ausgestaltet. Im rückwärtigen Bereich befand sich ein Gefangenentrakt mit acht ebenerdigen Arrestzellen, welcher 1958 aufgelassen und 1998 abgetragen wurde.

Kultur, Veranstaltung

0591 Hauptplatz, Mobile Tribüne, 1999–2000, AB: nonconform (Roland Gruber, Dietmar Gulle, Peter Nageler), Justin & Partner (Hernan Trinanes), S: Reinhard Schneider, BH: Haag Kultur GmbH

Seit 2000 werden die zweigeschoßigen Barockgebäude des historischen Stadtplatzes im Rahmen des jährlichen Theaterfestivals in den Sommermonaten von einer markanten, technoiden, dunkelroten Holzkonstruktion überragt. Die demontierbare Freilichttribüne nach Plänen der Architekt*innengruppe nonconform besteht aus einem ebenerdigen Parterre, welches von einer steilen Tribüne samt Überdachung überragt wird. Die auf zwei Fundamentblöcken lastende Galerie erhebt sich beinahe schwerelos auskragend über vier Leimholzbindern an der Rückseite und öffnet sich – einem großen aufgerissenen Maul gleichend – in Richtung Pfarrhaus, wo die Bühne situiert ist. Die Erschließung erfolgt über Stahlgerüste an der Rückseite der Konstruktion. Mithilfe von Kränen wird die saisonale Architektur auf- und wieder abgebaut, um in eigens geschaffenen Lagerräumen zu überwintern. Obwohl die Tribüne nur wenige Monate im Jahr aufgebaut ist, kann sie als Wahrzeichen der Stadt jedoch das ganze Jahr hindurch als ein stärkendes Moment für die Haager Stadtmitte gesehen werden.

Bildung

0592 Wiener Straße 2, Anbau Hauptschule, 1950–1952, P: Landesamt für Hochbau NÖ | Zubau Klassentrakt Hauptschule, 1967–1969, P: Paul Pfaffenbichler | Zubau Volksschule, 1989, P: Heinz Schimek | Zubau Klassentrakt und Turnsaal Hauptschule, 2001, AB: Schwalm-Theiss und Gressenbauer ZT GmbH ●

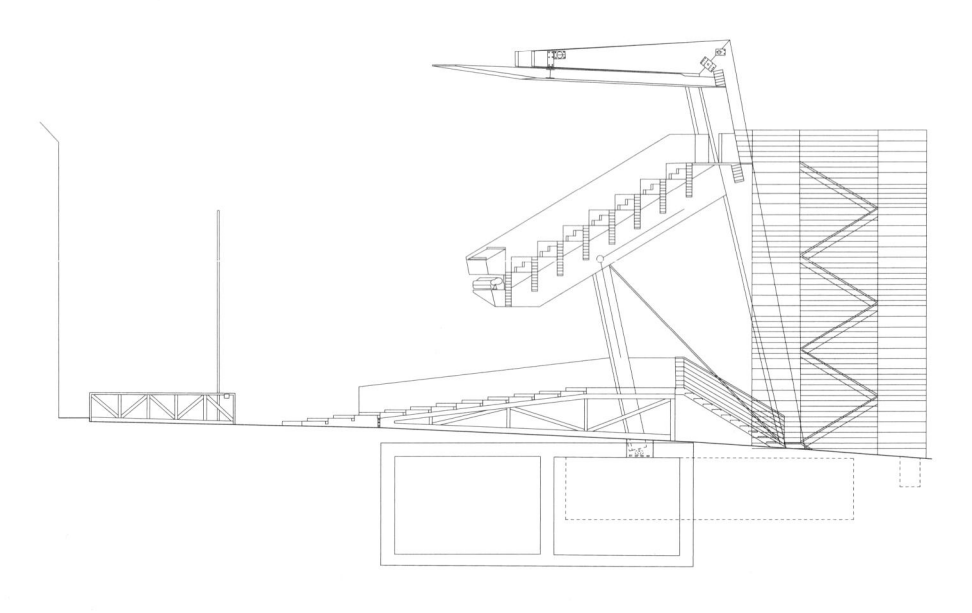

An das alte Volksschulgebäude aus dem Jahr 1878 wurde für die Unterbringung der wachsenden Zahl an Hauptschulklassen ein Anbau errichtet. Hoch über der Straße an einer Geländekante steht der dreigeschoßige Baukörper, der mit dem Bestandsbau über einen leicht zurückversetzten Bauteil mit gebogener Fassade verbunden ist. Der Eingang, das Treppenhaus und die Direktion befinden sich in diesem Verbindungsteil, die zur Straße hin orientierten Klassenräume sind über einen Gang erschlossen. Die schlichte Fassade passt sich mit der Rundung dem Straßenverlauf an, durch den großen Niveauunterschied und das schmucklose Eingangsportal entsteht ein monumentaler und eher abweisender Charakter. Um den zunehmenden Schüler*innenzahlen und veränderten Anforderungen gerecht zu werden, wurden in zwei Bauphasen Unterrichtstrakte an der Nordseite ergänzt sowie 2001 der Haupteingang in den neuen Trakt verlegt. 1975 wurde für die Hauptschule ein Neubau errichtet und das Gebäude der Höheren Lehranstalt für Wirtschaft übergeben. Die Volksschule wird nach wie vor als solche genutzt, auch sie wurde durch einen Anbau an der Nordseite erweitert.

Wohnbauten

0593 Linzer Straße 14, WH, 1934 | Anbau einer Kleingarage, 1969, AF: Hans Kaiserreiner ●

Der frei stehende, dreigeschoßige Baukörper steht an einer Geländekante, verfügt im Sockel über markante Blendarkaden und ist mit einem Fußwalmdach gedeckt. Die Mittelachse der symmetrischen Fassade wird durch den Zugang, gekuppelte Fenster, einen weit auskragenden Balkon und eine Dachgaube akzentuiert.

Einfamilienhäuser

0594 Haydnstraße 1, Villa, um 1908 ●

0595 Jahnstraße 17, Kunsthaus Hengl, 1955–1965, P/BH: Willy Hengl ●

Der Maler, Fotograf und Sgraffitokünstler Willy Hengl entwarf Ende der 1950er-Jahre sein eigenes, von der kalifornischen Googie-Architektur inspiriertes Traumhaus. Der sehr individuelle Ziegelbau mit seiner partiellen Materialsichtigkeit, den drei unterschiedlich gestalteten Kaminen und dem großen Pool wird von der Familie des Künstlers gepflegt, bewohnt und als Denkmal und Veranstaltungshaus erhalten – die Innenausstattung besteht beinahe unverändert.

0596 Wiener Straße 4, EFH, 1928–1929, P: Armin Sturmberger, Anton Estermann | Anbau, 1960 ●

Geschäftslokale, Einkaufszentren, Banken

0597 Hauptplatz 4, Rathaus, ehem. Kaufhaus, 1898, P: Eduard Zotter ●

Der spätere Bürgermeister Rudolf Weiß ließ an der Stelle seines Tabakgeschäfts ein Kaufhaus mit mittelalterlichen Stilelementen errichten. Ab 1967 Sitz der Sparkasse, wird das Gebäude seit 2014 als Rathaus genutzt.

0598 Höllriglstraße 1, Geschäftshaus, 1935, P: Johann Kaiserreiner, K: Rudolf Kaiserreiner (Fassadenmalerei) | Umbau, 1988, AF: Heimo Pammer | Erweiterung 2006–2007, AB: FLEOS architektur ZT KG (Gudrun Fleischmann, Thomas Oswald) ●

Hadersdorf am Kamp 3493
Gemeinde: Hadersdorf-Kammern, Bezirk: Krems

Einfamilienhäuser

0599 Mühlgasse 1, WH, 1912, P: Christian Landertinger ●

Der bei Errichtung des für zwei Familien geplanten Hauses 1912 bereits teilweise ausgebaute Dachboden wurde 2005 weiter bewohnbar gemacht, die Dachgauben sowie die historischen Fenster ausgewechselt und das gesamte Haus thermisch saniert. Der ebenerdige Schuppen im Garten, der aus dem gleichen Jahr wie das Haupthaus stammt und in dessen Stil gehalten ist, besteht weiterhin.

Hotels, Heime, Klöster, Kasernen

0600 Mühlgasse 9, ehem. Hotel-Restaurant Zur Linde, 1913–1914, BH: Johann Kases | Umbau, um 1937, P: vermutl. Anton Axmann •

Die Quellenlage zum ehemaligen Gastronomiebetrieb mit der großen straßenseitigen Holzveranda erlaubt leider nur bedingt Rückschlüsse auf die Baugeschichte. Das Gebäude wurde aber mehrfach umgenutzt und zeitweise als Wohnhaus, Hotel, Gasthaus und Bordell geführt. Das Gebäude dürfte bereits 1914 als Wohngebäude errichtet worden sein, die Konzession zur Nutzung als Gasthaus wurde allerdings erst 1937 erteilt.

Hadres 2061
Gemeinde: Hadres, Bezirk: Hollabrunn

Bildung

0601 Hadres 80, Mittelschule, 1908, P: Leopold Kratochwil •

Hafnerbach 3386
Gemeinde: Hafnerbach, Bezirk: St. Pölten

Religion, Kult

0602 48°12'57.7"N 15°29'17.0"E, südlich der Kirche, Mausoleum Montecuccoli-Laderchi, 1913, P: Robert Wohlmeyer •

1913 beauftragte Reichsgraf Maximilian von Montecuccoli-Laderchi den Architekten Robert Wohlmeyer, im Nachbarort seines Wohnsitzes Schloss Mitterau, ein Mausoleum zu errichten. Der Architekt zeigte sich bemerkenswert kreativ in seinem geradezu spielerischen Umgang mit traditionellen und zeitgenössischen Formen, die er zu einem eindrucksvoll einheitlich wirkenden Ganzen zusammenzuführen verstand. Der blockhafte Kern des kleinen Grabbaus ist an allen vier Seiten durch eine Reihe von hoheitlichen Architekturmotiven vielteilig aufgelöst: Giebelfassaden an den Seiten, Säulen an den Ecken, eine flache rechteckige Apsis an der Rückseite sowie ein ausgreifender, repräsentativer Portikus an der Front vereinen in diesem kleinen Baukörper die bedeutendsten architektonischen Grundelemente. Diese Vielfalt setzt sich im plastischen Dekor fort. Die aus Kunststein gefertigten Elemente zeigen zum Teil neobarocke Motive, greifen die nach wie vor aktuellen Jugendstil-Ornamente auf und verfremden ägyptische Details, die sich damals bei Grab- oder Friedhofsbauten als Hinweis auf das ägyptische Totenreich allgemeiner Beliebtheit erfreuten. Farbige Akzente in Blau und Gold unterstreichen den prätentiösen Charakter dieses Kultbaus.

Hagenbrunn 2102
Gemeinde: Hagenbrunn, Bezirk: Korneuburg

Kultur, Veranstaltung

0603 Salzstraße 10, Gemeindezentrum, 1985–1986, P: Werner Zita, BH: Gemeinde Hagenbrunn | Umbauten im Hinblick auf Barrierefreiheit und Büronutzung, 2020–2021 •

Der mehrteilige Baukörper folgt in seiner Konzeption den acht Metern Niveauunterschied des Bauplatzes und fügt sich dadurch in die umgebende Struktur des Ortszentrums ein. Die Erschließung des Gemeindezentrums erfolgt über den an der Salzstraße vorgelagerten Dorfplatz, von wo aus sich das Gebäude als zweigeschoßiger Bau präsentiert und mit seinem steilen Giebeldach ein bekanntes Waldviertler Motiv aufgreift. Ein Bauteil für die Freiwillige Feuerwehr wurde im Osten in der untersten Ebene mit eigener Zufahrt errichtet und fügt sich ebenfalls in das vorherrschende Fassadenbild der Umgebung ein. Als Zentrum des Gebäudes verklammert ein großer Festsaal zwei Ebenen miteinander: Über eine Prunkstiege betretbar, überblicken im oberen Geschoß zwei Galerien den darunterliegenden Saal samt Bühne.

Anfang der 2020er-Jahre wurde ein neues Bürgerservice geschaffen und völlige Barrierefreiheit im gesamten Gebäude umgesetzt.

▶ *Plan: Grundriss Festsaalebene*

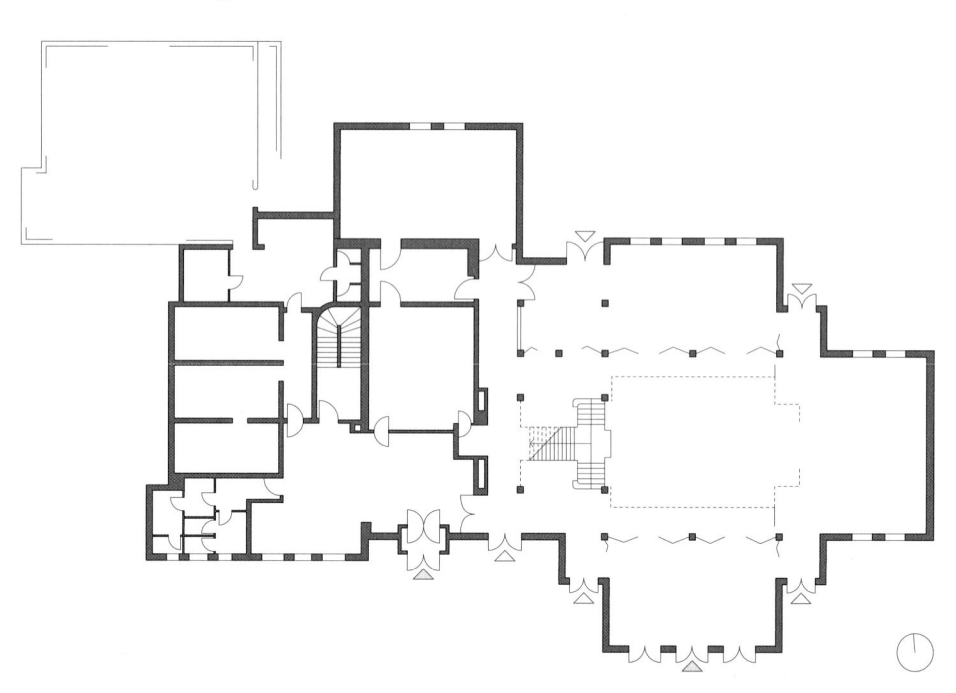

Einfamilienhäuser

0604　Raimundstraße 3, <u>EFH, 1983–1984</u>,
　　　P: Roland Hagmüller ●

Haidershofen 4431
　　　Gemeinde: Haidershofen, Bezirk: Amstetten

Religion, Kult

0605　Vestenthal 70, <u>Pfarrkirche hl. Nikolaus von der Flühe, 1957–1962</u>, P: Paul Pfaffenbichler, K: Joseph Rifesser (Marienstatue)

Hainburg an der Donau 2410
　　　Gemeinde: Hainburg an der Donau, Bezirk: Bruck an der Leitha

Freizeit

0606　Braunsbergstraße 3, <u>Bergbad, 1958–1959</u>,
　　　P: Josef Prix, BH: Stadtgemeinde Hainburg an der Donau | Generalsanierung, 2003 | Errichtung WC-Anlage, 2011, AF: Robert Türk ●

Das sich in die Landschaft einfügende Freibad nutzt den Terrainanstieg des benachbarten Hügelgrabs Schulerbergl für tribünenartige Sitzstufen am westlichen Rand des organisch geformten Beckens sowie für die Erschließung des bauzeitlichen, elegant geschwungenen Beton-Sprungturms und der später ergänzten Wasserrutsche.

Wohnbauten

0607　Hummelstraße 28–34, <u>WHA, um 1930</u>,
　　　BH: Österreichische Tabakregie

Die vier entlang der ansteigenden Straße liegenden Wohnhäuser wurden für Beschäftigte der Österreichischen Tabakregie errichtet und werden vom Hof aus erschlossen. Insgesamt schlicht gehalten, verfügen die jeweils dreigeschoßigen Baukörper mit Satteldach und hofseitigen Giebelrisaliten über einen Sockel aus Bruchstein.

0608　Landstraße 2a-c, <u>WHA, 1922–1925</u>,
　　　BH: Österreichische Tabakregie

Charakteristisch an dieser unweit der Donau ins ansteigende Gelände eingepassten Anlage sind die konturgebenden Fußwalmdächer. Der zusammenhängende Baukörper besteht aus zwei Trakten, von denen einer als symmetrisch angelegtes Doppelhaus über U-förmigem Grundriss ausgeführt wurde, und einem verbindenden Bauteil. Die ursprünglichen Arbeiter*innenwohnhäuser für die Österreichische Tabakregie verfügen über drei bzw. vier Geschoße und eine reduzierte Fassadengestaltung.

0609　Nibelungenplatz 1–10, <u>WHA, 1933</u>,
　　　P: Heinrich Nawrath | Sanierung, 2009 ●

Die unweit der Donau und an einer Geländekante am Fuß des Braunbergs gelegene zweizeilige Bebauung besteht aus mehrteiligen, von der Straße durch schmale Grünstreifen abgesetzten Baukörpern, die teilweise durch Verbindungstrakte zusammengeschlossen sind, in denen sich Durchfahrten befinden. Zu den Besonderheiten zählt die variantenreiche Gestaltung der einzelnen Baukörper, etwa durch Portalrisalite, walmdachgedeckte Giebelrisalite, dreieckige Dachgauben und Erker. Eine durchgehende Sockelzone und eine einheitliche Höhe der Gesimse verklammern die einzelnen Trakte und verleihen der Anlage ein homogen gegliedertes Gesamtbild.

Einfamilienhäuser

0610　Hummelstraße 4, <u>EFH, 1913</u> | Umbau, 1975–1977, P: Diether S. Hoppe, AF: Manfred Scholz ●

Verkehr

0611　48°08'47.2"N 16°54'28.5"E, <u>Donaubrücke Hainburg (Andreas Maurer Brücke), 1969–1972</u>, P: Kurt Schlauss, BH: Bundesministerium für Bauten und Technik, AF: Waagner Biro AG, Porr AG ●

Kurt Schlauss oblag die architektonische Beratung beim Neubau der einzigen Donaubrücke zwischen Wien und Bratislava. Auf einem massiven, natursteinverkleideten Strompfeiler ruht der einzelne, A-förmige Stahlpylon mit 76 Meter Höhe. Vier abgespannte Tragseile sind mit dem Hohlkastenträger aus Stahl verbunden, der die zweispurige Fahrbahn und die beidseitig auskragenden Fußgängerwege trägt. Insgesamt weist die Schrägkabelbrücke eine Länge von 1.873 Metern auf.

Hainfeld 3170
　　　Gemeinde: Hainfeld, Bezirk: Lilienfeld

Bildung

0612　Kirchengasse 10, <u>Volksschule, 1973–1975</u>,
　　　P: Reinhard Pfoser | Errichtung eines Satteldaches, 1989–1991, P: Günther Ludwig | Sanierung und Fenstertausch, 1997–1998 ●

Der ursprünglich fast industriell anmutende Stahlbeton-Skelettbau mit langen Fensterbändern, Sichtbetonfassaden und mächtigem Kamin aus Ziegel wurde durch das Aufsetzen eines Satteldaches und die Anbringung einer Wärmedämmfassade in seinem äußeren Erscheinungsbild stark verändert.

0613 Schulgasse 16, Landeskindergarten, 1968, P: Josef Pivoda | Zubau Gruppenraum, 1993, P: Günther Ludwig | Zubau, 2010 ●

Wohnbauten

0614 Hauptstraße 28, Wiederaufbau Wohn- und Geschäftshaus, um 1953, P: Josef Lux und Sohn Baumeister Ges.m.b.H. | Adaptierung, 1964 ●

0615 Ramsauer Straße 40–42, RWH, 1950–1952, P: Franz Gruber, BH: Gemeinnützige Ein- und Mehrfamilienhäuser Baugenossenschaft ●

Zwei Reihenwohnhäuser mit zwölf Werkwohnungen in Ost-West-Ausrichtung wurden in das ansteigende Gelände eingebettet. Zu den Besonderheiten des dreigeschoßigen Baukörpers mit Satteldach zählen die dicht gesetzten, zum Teil paarweise zusammengefassten Fenster, die giebelseitig bis in die Dachzone reichen. Die ursprünglich errichteten Dachhäuschen wurden mittlerweile durch Dachflächenfenster ersetzt.

0616 Wiener Straße 15, Aufstockung Wohn- und Geschäftshaus, um 1968, P: Josef Lux und Sohn Baumeister Ges.m.b.H. | Umbau, 1991, P: Mader-Schwab ●

Einfamilienhäuser

0617 Badpromenade 29, Villa, um 1900 ●

0618 Goldgrabenweg 3, Villa, 1898–1901, P: Franz Czada, BH: Franz Rentmeister ●

Die Villa wurde für den Baumeister der Leobersdorfer Bahn in schöner Lage mit Blick auf die Bahnstrecke errichtet. Der zweigeschoßige, weiß verputzte und mit secessionistischen Gliederungs- und Dekorationselementen versehene Bau steht auf einem hohen steinernen Sockel. Unter dem hölzernen Dachvorsprung befindet sich ein floraler Fries.

0619 Kirchengasse 3, WH über Garage, 1983–1985, P: Eric Egerer, Gerhard Kienzl, Helmut Sautner, AF: Josef Lux und Sohn Baumeister Ges.m.b.H. ●

Oberhalb einer seit 1968 bestehenden Betriebsgarage wurde 1983 bis 1985 ein Wohnhaus errichtet. Über eine Treppe wird das Wohngeschoß erreicht, das ein großzügiges Wohnzimmer mit rundem Erker, ein Schlafzimmer, Nebenräume und eine Terrasse umfasst. Das Motiv der Rundung findet sich auch in den Nassräumen und an der Straßenfassade wieder. Die schlichten Fassaden des Erdgeschoßes haben ihren funktionalen Charakter als Garage behalten, die Fassaden des aufgesetzten Geschoßes werden durch die Fensteröffnungen und Vor- und Rücksprünge gegliedert und von einem imposanten, abgetreppten Dachvorsprung optisch abgeschlossen.

Geschäftslokale, Einkaufszentren, Banken

0620 Hauptstraße 5, Rathaus, ehem. Sparkasse, 1906, P: Josef Lenz, BH: Sparkasse | Kriegsschäden, 1945 ●

Ursprüngliche Bauherrin des Gebäudes war die Sparkasse, die Gemeinde war jedoch bereits ab 1907 als Untermieterin ebenfalls hier ansässig. Die Sparkasse zog 1959 um, seither wird das Gebäude zur Gänze von der Gemeinde genutzt und ging 1973 auch in deren Besitz über.

Verkehr

0621 48°02'47.6"N 15°43'45.6"E, Eisenbetonfachwerkbrücke über die Gölsen, nach 1920, P: Franz Visintini

Haraseck 3172
Gemeinde: Ramsau, Bezirk: Lilienfeld

Einfamilienhäuser

0622 Haraseck 8, Landhaus Weinberger, 1915, P: Alfred Keller, BH: Emil Weinberger •

Der gefragte Architekt Alfred Keller entwarf 1913 das herrschaftlich anmutende Landhaus für den Großindustriellen Emil Weinberger. 1915 fertiggestellt, wird der Ziegelbau, dessen Gestaltung im Heimatstil zur Eingliederung in eine so nie da gewesene, ländliche Tradition dienen soll, an statisch kritischen Stellen von Betonpfeilern unterstützt. Westlich der Straßenfront wurde ein Barockgarten mit Teich errichtet, der den fürstlichen Charakter des Hauses unterstreichen sollte. Der Garten ist mittlerweile verloren, doch der Teich und der ihm östlich gegenüberliegende Tennisplatz aus dem gleichen Entwurf, ebenso die Gartenmauer, die den Vorfahrtsplatz und Hauszugang von der Umgebung trennt, bestehen noch. Das Haus befindet sich weiterhin im Besitz der Familie Weinberger und ist der Sitz der Verwaltung der angeschlossenen Ländereien.

Haschendorf 2603
Gemeinde: Felixdorf, Bezirk: Wiener Neustadt

Hotels, Heime, Klöster, Kasernen

0623 Großmittler Straße 18, Erweiterung Jansa-Kaserne, 1977, P: Peter P. Pontiller, Peter Swienty, BH: Bundesministerium für Landesverteidigung •

Die im Jahr 1957 provisorisch wieder errichtete Kaserne wurde 1977 um vier für Pontiller und Swienty typische Kreuzblöcke erweitert; die Innenräume wurden 2007 modernisiert.

Haslau an der Donau 2402
Gemeinde: Haslau-Maria Ellend, Bezirk: Bruck an der Leitha

Religion, Kult

0624 Kirchengasse 3a, Filialkirche Hl. Familie, Fischerkirche, 1960, P: Robert Kramreiter

Haugsdorf 2054
Gemeinde: Haugsdorf, Bezirk: Hollabrunn

Bildung

0625 Hauptstraße 1, Mittelschule, ehem. Kaiser-Jubiläums-Volks- und Bürgerschule, 1910, AB: Brüder Drexler (Anton Drexler, Josef Drexler), P: Ludwig Ramler | Generalsanierung, 1984 | Zubau im Schulhof, 1994 | Außensanierung, 1999 •

Das mächtige dreigeschoßige Gebäude mit Mansarddach und flachem Eckrisalit beherbergte von 1910 bis zur Umsiedlung der Volksschule 1979 die Volks- und Bürger- bzw. Hauptschule. Der Turnsaal mit einer flach gewölbten Dachkonstruktion (Stefansdach) schließt südlich an das Hauptgebäude an.

Einfamilienhäuser

0626 Bahnstraße 1, WH, um 1920/1930 •

Hausmening 3363
Gemeinde: Amstetten, Bezirk: Amstetten

Bildung

0627 Winthalstraße 23, Mittelschule, 1950–1953, P: Alois Zehetner | Sanierung, 2008–2009, P: PSB Planung-Statik-Bauleitungs GmbH | Zubau, 1992 •

Industrie

0628 Theresienthalstraße 50, Laborgebäude für Forschung und Entwicklung der Neusiedler AG, 1987–1988, P: Klaus Kada, Adolf Krischanitz, BH: Neusiedler AG, S: Wolfdietrich Ziesel •

Heidenreichstein 3860
Gemeinde: Heidenreichstein, Bezirk: Gmünd

Religion, Kult

0629 Waidhofener Straße 12, evang. Versöhnungskirche, ehem. Kaiser-Franz-Josef-Jubiläums-Kirche, 1908 •

In Heidenreichstein entstand am Ende des 19. Jahrhunderts durch die Zuwanderung evangelischer Industriearbeiter*innen eine evangelische Kirchengemeinde. Diese errichtete 1908 unter der Patronanz von Prinz Friedrich von Schönburg die „Kaiser-Jubiläums-Kirche" und das anschließende Pfarrhaus. Der unbekannte Architekt plante einen Betsaal mit gekuppelten Spitzbogenfenstern, ein Turm stellt die Verbindung mit dem zweigeschoßigen Pfarrhaus her. Das kleine Gebäude zeigt eine geglückte Verbindung von traditionellen Heimatstil-Elementen und modernen Jugendstil-Motiven. Nach einer Innen- und Außenrenovierung im Jahr 1968 wurde die Kirche in „Versöhnungskirche" umbenannt.

Bildung

0630 A. Ullrich Gasse 7, Mittelschule, ehem. Volksschule, 1965-1966, P: Johann Staber | Zubau, 1972, P: Johann Staber | Generalsanierung, 1989, P: Erich Sadilek | Umbau, 2015, AB: Architekt ZT Schwingenschlögl GmbH (Rudolf Schwingenschlögl) •

Staber entwarf ein eingeschoßiges, ursprünglich als Volksschule konzipiertes Gebäude, das über einen lang gestreckten Trakt mit Pausenhalle und Konferenzräumen erschlossen wurde. Die kammförmig dem Geländeverlauf folgenden und leicht höhenversetzt angeordneten Klassentrakte verfügen über je fünf Klassenzimmer mit vorgelagerter

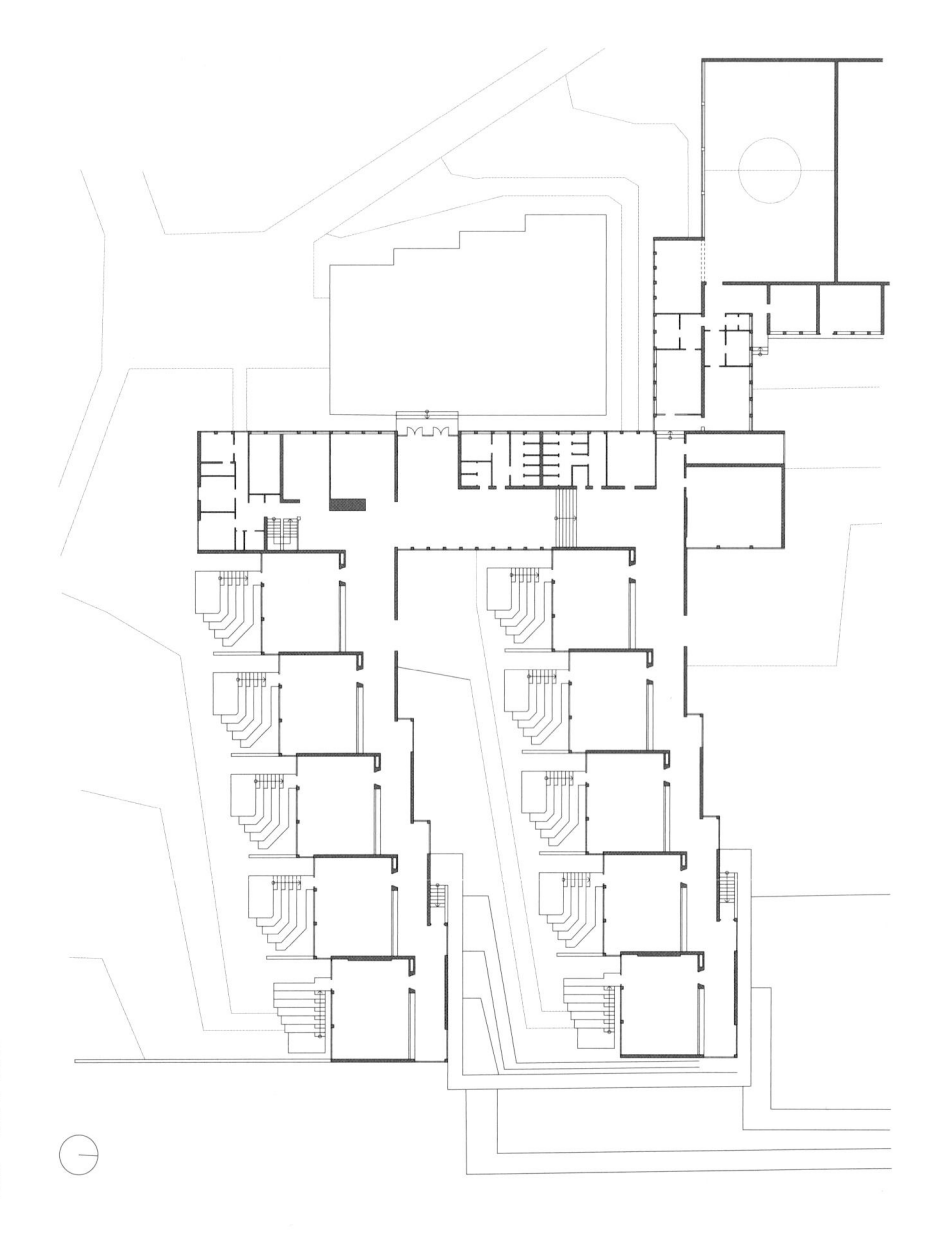

Freiluftklasse und Sitzstufen. Im Norden schloss der Turnsaal das Areal ab. Bereits 1972 wurde, gleichzeitig mit der Umnutzung zur Hauptschule, das Bauwerk um einen zweigeschoßigen Trakt im Norden des Areals erweitert. Die ursprüngliche Erscheinungsform war von den streng kubischen Baukörpern mit flachen Dächern und den großen Fensterflächen geprägt. Durch das Aufsetzen eines Steildaches wurde die Charakteristik des Gebäudes stark verändert.

0631 Brunfeldstraße 5, Landeskindergarten, 1974–1975, P: Peter Payer, Erich Sadilek | Zu- und Umbau, 1992, P: Erich Sadilek | Zubau, 2018, AB: Architekt ZT Schwingenschlögl GmbH (Rudolf Schwingenschlögl) •

Der Kindergarten mit zwei Gruppen und einem Bewegungsraum wurde in Aluminiumsystem-Skelettbauweise, die auf einem Dreiecksraster aufbaut, in nur einem Jahr Bauzeit errichtet. 1992 und 2018 wurde das Gebäude umgebaut und erweitert.

Wohnbauten

0632 Arbeitergasse 1–17, 2–24, Eisert Weg 2–14, Arbeiter*innensiedlung Eisert-Kolonie, 1909–1912 •

Für die Leder- und Metallwarenfabrik entstanden 32 Wohnhäuser. Die zwei überwiegend verwendeten Typen basieren auf eingeschoßigen, traufständigen Bauten mit Satteldach und Zwerchhäusern oder leicht vortretenden Giebelrisaliten in der Mittelachse. Das einheitliche Siedlungsbild ist durch Umbauten nur mehr in Teilen nachvollziehbar.

0633 M. Honig Gasse 3–7, 2–8, <u>Arbeiter*innen-häuser, um 1913</u> ●

0634 Schremser Straße 7, <u>Wohn- und Geschäfts-haus, um 1930</u>, P: Wilhelm Passini ●

0635 Stadtberg 21–27, <u>MFH-Siedlung, um 1924</u>, P: Ludwig Ramler, AF: C. Wittmann's Nachfolger, Charmot & Watzek ●

Vier zweigeschoßige, frei stehende Zeilenbauten sind auf massiven Bruchsteinsockeln in das ansteigende Gelände eingepasst und bilden so eine abgestufte Straßenfront. Im Zentrum der symmetrischen Fassaden liegt das lisenengerahmte Stiegenhaus, das von einem steilen Walmdach mit davor liegendem Dreiecksgiebel mit kreisrundem Oculus überdacht ist.

Industrie

0636 Pertholzer Staße 7, <u>Brennerei, 1928–1929</u>, BH: Landwirtschaftliche Brennerei-Genossenschaft für Heidenreichstein und Umgebung | Stilllegung und Umnutzung, 1990 | Abtragung Schornstein, 2011 ●

Die Brennerei-Genossenschaft wurde 1928 gegründet, im Jahr darauf war das lang gestreckte, zweigeschoßige Hauptgebäude mit Krüppelwalmdach, angegliederten eingeschoßigen Nebentrakten sowie einer südlich angesiedelten Lagerhalle fertiggestellt. Ursprünglich für die Verwertung von Kartoffeln errichtet, wurde die Brennerei 1990 zur Kornverarbeitung umgenutzt.

Verkehr

0637 Bahnhofplatz 1, <u>Bahnhof, 1899–1900</u>, BH: NÖ Landeseisenbahnamt

Ab 1896 wurde die Lokalbahn von Litschau nach Gmünd, mit Anschluss an die Kaiser-Franz-Josefs-Bahn, projektiert und auch um einen Streckenast nach Heidenreichstein ergänzt. Mit Verlängerung um die Südstrecke ab 1901 erhielt auch Weitra einen Anschluss an das Bahnnetz, bis 1903 erfolgte die Verlängerung des Waldviertler Schmalspurnetzes bis Groß Gerungs. Es wurden für eine Lokalbahn typische Hochbauten ausgeführt; die größeren Stationen, wie in Weitra (→ 2129) und an den Streckenenden, erhielten Aufnahmegebäude mit zweigeschoßiger, giebelständiger Ausführung sowie ebenerdigem Längstrakt mit Warteräumen und Veranda zu den Gleisen. An kleineren Stationen fiel der Quertrakt ebenerdig aus, beim kleinsten Typus wurde dieser an der Längsachse nur mehr um einen kurzen Warteraum und gegenüberliegenden Schuppen ergänzt. Als größtes Brückenbauwerk entstand der siebenbogige, 70 Meter lange Veitsgraben-Viadukt in Weitra (→ 2128).

Heiligenkreuz 2532
Gemeinde: Heiligenkreuz, Bezirk: Baden

Religion, Kult

0638 Markgraf-Leopold-Platz 2, <u>Kreuzkirche, 1980–1982</u>, P: Reinhold Gabriel, K: Hans Andre (Glasmalereien) ●

Im Jahr 1188 schenkte Markgraf Leopold V. seinem Lieblingskloster Heiligenkreuz ein handgroßes Stück des im Jahr 320 aufgefundenen Kreuzes, an dem Jesus verstorben sein soll. Im 18. Jahrhundert wurde aus dem Holzstück ein Doppelkreuz gebildet und in einer kostbaren, monstranzartigen Fassung zu feierlichen Anlässen ausgestellt. 300 Jahre lang war die Abteikirche zugleich Pfarrkirche der Gemeinde Heiligenkreuz. Als 1982 der Beschluss gefasst wurde, eine eigene Pfarrkirche zu errichten, sollte darin auch die große Kreuzreliquie einen würdigen Platz erhalten und die Möglichkeit zur dauerhaften Aufstellung geschaffen werden. Dicht neben der Abteikirche befand sich der Karner des davor liegenden Friedhofs. Nach der Auflassung des Friedhofs wurde statt des Karners 1672 eine kleine Barockkapelle errichtet (das unterirdische Ossarium wurde 1965 freigelegt). Für den Bau der neuen Pfarrkirche adaptierte der Architekt Reinhold Gabriel den Rechteckchor sowie das davor liegende Querhaus der bestehenden Kapelle als neuen Altarbereich. Ein Querarm dient als Zugang zur Stiftskirche, der ehemalige Chor als Nische für die kostbare Reliquie. Das Langhaus wurde abgerissen und durch ein größer dimensioniertes ersetzt. Ungewöhnlich ist der halbrunde, mit schmalen hohen Rundbogenfenstern versehene Abschluss, der von außen wie ein großer Rundchor wirkt.

Bildung

0639 Heiligenkreuz 40b, <u>Kindergarten, 1973–1974</u>, P: Stefan Bukovac ●

Für die funktionalen Anforderungen eines Kindergartens – gut belichtete Räume, Sichtverbindungen und überdachte Spielplätze im Außenraum – bietet der eingruppige Kindergarten in Heiligenkreuz formal und konstruktiv ungewöhnliche Lösungen und stellt somit ein Unikum der Kindergartenarchitektur dar. Bukovac entwarf einen frei stehenden Pavillon mit weit auskragendem Dach und weißen Wänden, die durch Fenster rhythmisch gegliedert werden. Das von Stahlfachwerk-Trägern auf acht Stützen getragene grüne Metalldach ist durch ein umlaufendes Lichtband optisch abgesetzt. Ein gläserner Vorbau öffnet den Gruppenraum großzügig zum Garten. Die schon zur Bauzeit vorgesehene Möglichkeit der Erweiterung wurde nicht genutzt, stattdessen wurde 1994 nur wenige Meter entfernt ein neuer Kindergarten errichtet.

Heinrichsreith 2095
Gemeinde: Drosendorf-Zissersdorf, Bezirk: Horn

Bildung

0640 Heinrichsreith 27, WH, ehem. Volksschule, 1926 ●

Hennersdorf 2332
Gemeinde: Hennersdorf, Bezirk: Mödling

Industrie

0641 Hauptstraße 4, Wienerberger Österreich GmbH, 1890 | Umbau, 1986–1987, P: Sepp Frank | Erweiterung, 2001, P: Erich Prödl, MA: Wolfgang Naderer ●

Bereits in den 1870er-Jahren bestand an dieser Stelle eine Ziegelfabrik. 1890 wurde der Ankauf des gesamten Areals durch die Wienerberger Österreich GmbH abgeschlossen. Ein wesentlicher Umbau fand 1987 durch Sepp Frank statt. Die Fabrikhallenkonstruktion besteht aus Betonfertigteilstützen und aufgelegten Holzleimbindern, vorgeblendete Klinkerfassaden nehmen Bezug auf den Produktionswerkstoff. Die Giebelseite ist aus roten Ziegeln gefertigt, welche durch gelb-braune Ziegeln im rautenförmig verlegten Netzmuster unterbrochen werden. An den übrigen Fabrikhallen breiten sich über das rote Mauerwerk gelb-braune Ziegel im Kreuzmuster aus. Quadratische Fenster säumen den Erdgeschoßbereich in regelmäßigen Abständen.

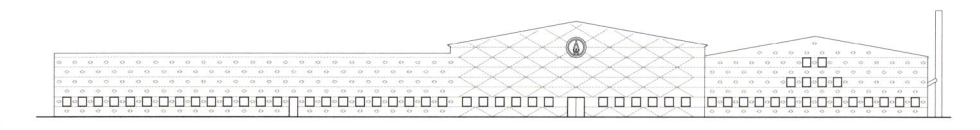

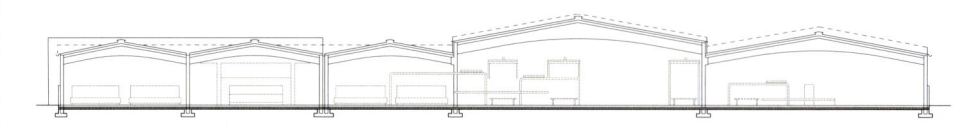

2001 wurde an der Hauptstraße der Neubau des Verwaltungsgebäudes durch Erich Prödl abgeschlossen. Die Erdgeschoßzone des lang gestreckten, zweigeschoßigen Kubus ist weiß verputzt, während das erste Obergeschoß mit Sichtziegelvormauerung versehen wurde. Die Geschoße sind gegeneinander verschoben, sodass auf der östlichen Schmalseite das erste Obergeschoß vorkragt und auf Rundpfeilern ruht, während auf der Westseite das Erdgeschoß hervortritt.

Der sanierte und gegen Ende des Jahres 2018 wieder eröffnete Bahnhof Hennersdorf liegt in unmittelbarer Nähe zum Ziegelwerk und nimmt mit seinem Sichtziegelmauerwerk Bezug zur Fabrikanlage.

Herzogenburg 3130
Gemeinde: Herzogenburg, Bezirk: St. Pölten

Religion, Kult

0642 Stiftsgasse 3, Osterkapelle im Stift Herzogenburg, 1996–1999, P: Ernst Beneder, Anja Fischer, K: Wolfgang Stifter (Glasfries)

Auf knapp 70 Quadratmetern richteten Ernst Beneder und Anja Fischer in einem Stichgang des barocken Bestandes (ab 1714 nach den Plänen von Jakob Prandtauer errichtet) eine Kapelle ein. Eine Steinnische symbolisiert das offene Grab Christi, der kubische Altar den abgerückten Stein, der das Grab verschlossen hatte. Diesem gegenüber liegt eine U-förmige Holzbank mit Wandvertäfelung; ein frei stehendes großes Holzkreuz und ein von der Decke abgehängter Fries aus Glaspaneelen kontrastieren mit den unveränderten historischen Gewölben und Fenstern.

Bildung

0643 Schulgasse 2, Volksschule, 1908 ●

Freizeit

0644 Schillering 19, Turnhalle, 1895–1897

Im Zuge des teilweisen Abbruchs der Ringmauer, des Zuschüttens des Stadtgrabens und des Anlegens der alleeartigen Ringstraße wurde 1895

bis 1897 auch eine bis heute genutzte und weitgehend unverändert erhaltene Turnhalle auf dem Grund des alten Rathauses erbaut. Der rechteckige Baukörper zeichnet sich durch eine von aufgeputzten Pilastern und Scheitbögen oberhalb der Fenster strukturierte Putzfassade sowie ein Vollwalmdach aus. Auffällige, jeweils in der Mitte der Gebäudelängsseiten positionierte überhöhte Blendgiebel mit Muschelmotiv signalisieren mit der Aufschrift „Turnhalle" die zum Errichtungszeitpunkt noch recht neue Funktion zum öffentlichen Raum.

Einfamilienhäuser

0645   Jubiläumsstraße 6, Villa, 1910 ●

Die zweigeschoßige Villa wurde mit einem runden Portalvorbau und secessionistischen Elementen gestaltet.

0646   Jubiläumsstraße 7, Villa, 1900, BH: Gustav Peyrl ●

Die eingeschoßige Villa setzt sich aus verschiedenen, in der Formensprache des Jugendstils interpretierten Architekturelementen zusammen: Ein Eckturm im Nordosten, ein Mittelrisalit mit gesprengtem Giebel an der Nordfassade und ein Portikus im Westen, der über die Schmalseite im Norden erschlossen wird. Alle Fenster haben unterschiedliche Formate und werden durch blaue Dekorelemente gerahmt. Das Straßengitter weist florale Formen auf.

0647   Schillerring 9, Villa, vor 1910 ●

0648   Schulgasse 1, Villa, 1907, P: Franz Stoppel | Dachbodenausbau und Veranda, 1927, P: Franz Stoppel ●

Geschäftslokale, Einkaufszentren, Banken

0649   Kremser Straße 2, Raiffeisenkasse, 1976, P: Jiri Mezricky | Umbau, 1999 | Umbau, 2021 ●

Nach der Sanierung 2021 und dem umfassenden Umbau der Erdgeschoßzone ist die ursprüngliche Wirkung des brutalistischen Gebäudes stark verändert; die bemerkenswerte Plastizität der in Sichtbeton gestalteten Brüstungs- und Fassadenelemente ist glücklicherweise erhalten geblieben. Die sechs Jahre später errichtete Raiffeisenkasse in Kasten bei Böheimkirchen wurde ebenfalls von Mezricky geplant (→ 0824).

0650   Rathausplatz 2, Geschäftshaus, 1900, BH: Karl Seemann | Umbau, 1909 | Umbau, 1937, BH: Karl Morbitzer | Umbau, 1968, P: Johann Stelzer

Der eingeschoßige Bau mit Walmdach wurde 1900 an ein bestehendes Wohnhaus gesetzt. 1937 wurde der Geschäftsbereich ausgebaut und 1968 der Eingangsbereich umgestaltet.

0651   Rathausplatz 9–10, Sparkasse, 1956 | Erweiterung, 1978–1979, P: Gustav Blei, BH: Sparkasse Herzogenburg, S: Alfred Mühlbacher | Umbau, 2010 ●

Ab 1905 befand sich am Rathausplatz 9 die Sparkasse; 1955 wurde der Bau abgebrochen und durch einen 1956 eröffneten Neubau ersetzt. Nach dem Ankauf des Nachbargebäudes konnte ab 1978 mit der Erweiterung der Sparkasse begonnen werden. An der Straßenfront wurde die Trennung in zwei einzelne Gebäude beibehalten, die Zubauten erfolgten im rückwärtigen Hof. 2010 wurde ein neuer Veranstaltungssaal errichtet und die Fassade der Erdgeschoßzone umgestaltet.

0652   Rathausplatz 11, Bürgerhaus, 1927 ●

Heuberg 3143
Gemeinde: Pyhra, Bezirk: St. Pölten

Bildung

0653   Dr. C. Kupelwieser-Straße 20, WH, ehem. Landwirtschaftliche Berufsschule, 1913–1914, P: Erich Gschöpf, BH: Karl Kupelwieser (Stiftung) | Umbau zu Wohnungen, um 1977 ●

Himberg 2325
Gemeinde: Himberg, Bezirk: Bruck an der Leitha

Industrie

0654 Brauhausgasse 3–5, Metall- und Kunststoffwarenfabrik, um 1840, BH: Benedikt und Jonathan Lazar | Umbau und Umnutzung, ab 1955, BH: Hutterer & Lechner KG | Erweiterung des Areals, 1994 | weitere Umbauten, 1870–1880, 1939–1940, ab 1950 •

Landwirtschaft

0655 Haideäckerstraße 1, Lagerhalle und Silo, 1960–1962, P: Bauabteilung Verband ländlicher Genossenschaften in NÖ | Verwaltungsgebäude, 1967 | Mehrzweckhalle, 1985 •

Hinterbrühl 2371
Gemeinde: Hinterbrühl, Bezirk: Mödling

Die populäre Sommerfrische, in der Villenbauten von Architekten wie Joseph Maria Olbrich oder Hans Mayr entstanden, war auch Wohn- und Ferienort mehrerer Architekt*innen. Im 19. Jahrhundert errichteten Philipp Theiss sen., Alois Schumacher, Cajetan Miserowsky und Franz Wanitzky ihre eigenen Villen. Ludwig Schöne wohnte und baute in Hinterbrühl. Helene Koller-Buchwieser, Architektin der Aufbahrungshalle und einer Terrassen-Wohnanlage sowie des Jungarbeiter*innendorfs Hochleiten im nahen Gießhübl, errichtete sich ihr Wohn- und Atelierhaus 1957. Erich Boltenstern, der die Sommer seiner Kindheit hier verbrachte, plante in den 1960er-Jahren das neue Langhaus der Pfarrkirche, in den 1970ern das Feuerwehrhaus und ist im Familiengrab im örtlichen Friedhof beigesetzt.

1938 erfolgte die Eingemeindung ins nationalsozialistische Groß-Wien. Die Seegrotte im ehemaligen Gipsbergwerk wurde während des Zweiten Weltkriegs vom NS-Regime für die Errichtung eines Rüstungsbetriebs beschlagnahmt, politische Gefangene als Zwangsarbeiter*innen im Lager oberhalb interniert. 1954 erlangte die Gemeinde wieder die Selbstständigkeit, wurde 1963 zur Marktgemeinde erhoben und 1972 mit den Gemeinden Weißenbach und Sparbach zusammengelegt.

Religion, Kult

0656 Eichbergstraße 9, Aufbahrungshalle, 1975–1978, P: Helene Koller-Buchwieser

Die Architektin Koller-Buchwieser, die 1945 zwischenzeitlich die Wiederaufbauarbeiten am Wiener Stephansdom leitete, spezialisierte sich in ihrer späteren Karriere auf Wohn- und Sakralbauten. Für den Friedhof ihrer Heimatgemeinde Hinterbrühl, auf dem sie 2008 auch selbst bestattet wurde, entwarf sie infolge eines Wettbewerbssiegs eine 140 Quadratmeter messende Aufbahrungshalle. Die traditionelle Gebäudesilhouette mit rechteckigem Raum und Satteldach wird durch eine Asymmetrie des Gebäudevolumens in der Breite neu interpretiert. An Ost-, Süd- und Westfassade kamen Stahlbeton-Fertigteile zum Einsatz, in welche polygonale, bunte Glasscheiben eingelassen sind. Ein weit auslandendes Vordach bringt mit seiner ausschweifenden Form Dynamik in die ansonsten zurückhaltende Gebäudefront. Neben der Kirche in Gießhübl (→ 0469) schuf Koller-Buchwieser in Niederösterreich auch einige Wohnbauten (→ 0660, → 0661, → 1150, → 1258).

0657 Hauptstraße 70, Zubau Pfarrkirche hl. Johannes der Täufer, 1959–1960, P: Erich Boltenstern, AF: ARGE Firma Bruno Buchwieser/Hans Sittner, K: Toni Schneider-Manzell (Bronzeskulptur Engel) •

Nachdem eine kleine barocke Kirche aus dem 18. Jahrhundert den Anforderungen nicht mehr genügt hatte, ließ Fürst Johann I. von Liechtenstein 1834 von Franz Honnegger eine neue Kirche errichten. Der Architekt plante einen spätklassizistischen kreuzförmigen Zentralraum und verbreiterte die Fassade mit zwei seitlich angesetzten Türmen, von denen der östliche der Originalturm des Vorgängerbaus ist. Die Errichtung des SOS-Kinderdorfes im Jahr 1957 (→ 0667) und die steigende Bevölkerungszahl erforderten eine Vergrößerung der Kirche. Aus einem Wettbewerb ging Erich Boltenstern 1959 als Sieger hervor. Er ließ den nördlichen Kreuzarm abreißen und stattdessen einen rechteckigen Saalraum anbauen, der durch eine Betonglaswand belichtet wird. Mit der schlichten Außengestaltung ordnete Boltenstern den Zubau dem bestehenden Bauwerk unter. Im Inneren setzte er mit einer asymmetrischen, wellenförmig geschwungenen Decke einen kräftigen Kontrapunkt zur klassizistischen, orthogonalen Symmetrie.

0658 Kröpfelsteigstraße 42, Kapelle S. im SOS-Kinderdorf, 1967, P: Anton Schweighofer, BH: Hilde Schier, AF: Ebenseer Betonwerke GmbH, K: Maria Biljan-Bilger (Altartisch) •

Hilde Schier beschloss, dem SOS-Kinderdorf zur Erinnerung an ihren verstorbenen Mann eine Kapelle zu stiften und beauftragte Anton Schweighofer mit dem Entwurf. Der kleine sechseckige Zentralbau erhielt drei Stützengruppen, die die flache Deckenplatte tragen und gleichzeitig als Verankerung von drei mächtigen Doppeltoren aus Stahlbeton dienen. In der Mitte des Raumes befindet sich unter einem kreisrunden Oberlicht der von Maria Biljan-Bilger entworfene Altar. Der geschlossene Raum bot einer Kinderdorfmutter mit neun Kindern

Platz. Kinder konnten durch Schlitze zwischen den Betonscheiben jederzeit in den Raum gelangen. Wenn die Tore geöffnet wurden, wurde die Kapelle zum Altar für Festgottesdienste im Freien. Die ungewöhnliche Konzeption des kleinen Bauwerks sowie der Verzicht auf jegliche Symbolik des Spirituellen stießen auf großes Unverständnis und heftige Ablehnung bei der Kinderdorfgemeinde. Die sich einbürgernde Benennung als „Pissoir Gottes" hat wohl endgültig die Ablehnung besiegelt. Heute sind die Tore festgeschraubt und eingerostet, der Altar ist verwahrlost und die Kapelle steht unbeachtet und vergessen am Rand des Kinderdorfes.

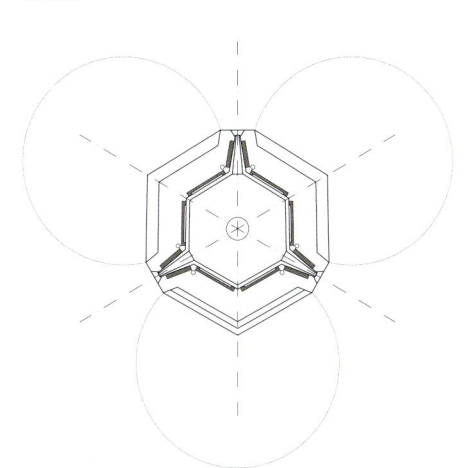

Sonderbauten

0659   48°5'31.633017"N 16°14'24.299448"E, Sittner-Warte, 1929, BH: Verein der Naturfreunde Mödling

1929 wurde die 6,6 Meter hohe Warte vom Verein der Naturfreunde Mödling anlässlich seines 50-jährigen Bestehens errichtet. Der massive Turm über quadratischem Grundriss besteht aus Bruchstein-Mauerwerk; ein flaches, auf Stützen gelagertes Stahlbetondach überdeckt die Aussichtsplattform, die über eine Wendeltreppe im Inneren des Turms erschlossen ist.

Wohnbauten

0660   Badgasse 2, Fünf-Terrassen-EFH, 1971, P: Helene Koller-Buchwieser

An den fünf zueinander versetzten und höhengestaffelten Reihenhäusern werden die durchdachten Raumlösungen der Entwürfe von Koller-Buchwieser besonders ersichtlich. Die L-förmigen, zweigeschoßigen Bauten nutzen den ansteigenden Bauplatz effektiv aus und sichern trotzdem ein hohes Maß an Intimität der einzelnen Einheiten.

Alle Bauten sind so im Niveau terrassiert, dass die Ebene des Erdgeschoßes des oberen Hauses jener des Obergeschoßes des unteren Hauses entspricht. Darüber wird die komplette Dachfläche so als Terrasse für das benachbarte, oben liegende Haus gewonnen.

Zur Front wirken die Bauten mit hellen Putzfassaden wie Kuben, südseitig öffnen sich die Fassaden großzügig verglast zu den Gärten und breiten Balkonen im Obergeschoß. Auf jeweils 130 Quadratmetern verteilen sich Küche, Bad, WC, Gästeraum und das zum Garten orientierte Wohnzimmer im Erdgeschoß sowie Bad, WC und die jeweils zu Balkon und Terrasse ausgerichteten Schlafräume im Obergeschoß.

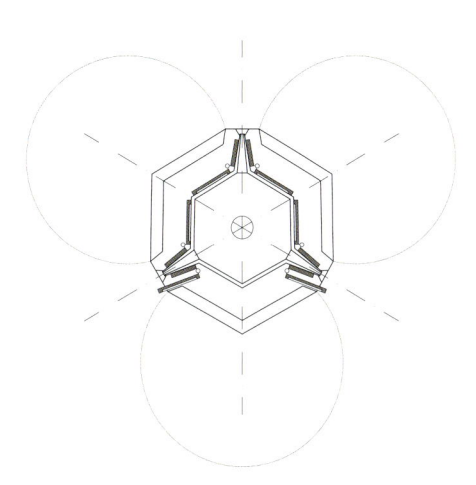

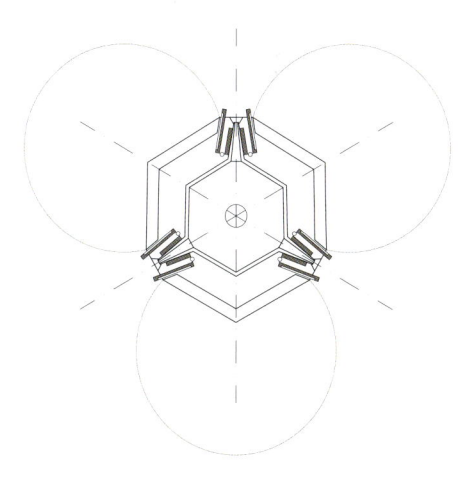

0661 Schumachergasse 1, Atelierhaus, 1959, P/BH: Helene Koller-Buchwieser | Sanierung und Umbau, 2016–2018, AB: KABE Architekten ZT GmbH (Birgit Kaucky, Arnold Brückner)

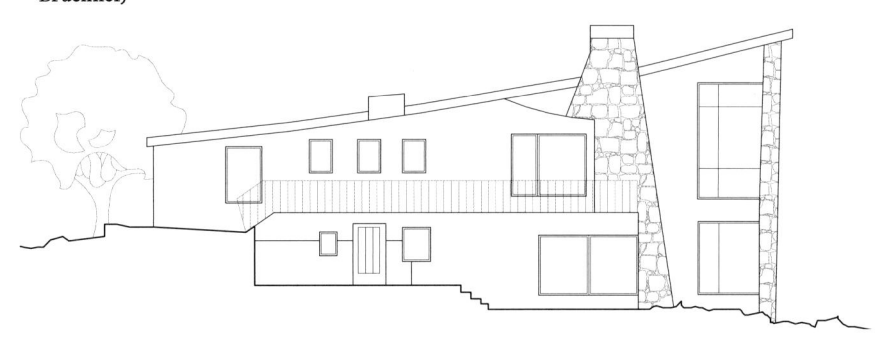

0664 Hauptstraße 27, Villa Friedmann, 1898–1899, P: Joseph Maria Olbrich, BH: Max Friedmann | Restaurierung, seit 1990 •

Das Wohn- und Atelierhaus der Architektin liegt in die Hanglage des Grundstücks eingepasst; unter dem aufstrebenden Pultdach am nördlichen, geradlinigen Gebäudeteil ist der Innenraum durch eine großflächige Verglasung zur Umgebung hin geöffnet. Der südliche Gebäudeabschnitt ist über trapezförmigem Grundriss angelegt, Richtung Osten abgerundet und im Obergeschoß mit einer an Süd- und Ostfassade umlaufenden Terrasse versehen. Ländliche Architekturelemente, wie der aus Bruchstein gemauerte Kaminschlot als Übergang der beiden Gebäudeteile sowie die Nordansicht in Naturstein, erinnern in Kombination mit den Materialien Beton, Holz und Aluminium an die Werke Frank Lloyd Wrights. Koller-Buchwieser verbrachte nach Ende des Zweiten Weltkriegs ein halbes Jahr in den Vereinigten Staaten, wo sie sich mit neuen Bauformen und Bauweisen auseinandersetzte und Wright kennenlernte.

Joseph Maria Olbrich vollendete für den Industriellen Max Friedmann die in einem parkähnlichen Garten gelegene, bereits in Bau befindliche Villa (nach dem Entwurf von Ludwig Schöne) im Secessionsstil. Olbrich schuf ein Gesamtkunstwerk – er entwarf sämtliche Details für die Fassadengestaltung, Innenausstattung und Einrichtung. Jedes Zimmer erhielt eine individuelle Ausgestaltung, selbst für die Hundehütte sind Zeichnungen des Architekten überliefert. Große Teile der Möblierung und Innenausstattung wurden zerstört, die Villa jedoch ab den 1990er-Jahren stilgerecht restauriert und rekonstruiert.

0665 Neugasse 3 Haus 2, EFH, 1958, AB: Theiss & Jaksch (Siegfried Theiss, Hans Jaksch, Walter Jaksch) •

0666 Wagnerstraße 20, EFH, 1980–1982, P: Boris Podrecca •

Um ein modernes, großes Wohnhaus auf einem schmalen Grundstück zu schaffen, wurde ein kleines Biedermeierhaus an der Straßenfront in einen Schlaftrakt umgewandelt, während die Struktur eines Gartenhäuschens erweitert, von einer Kupfertonne überfangen und mit einem Verbindungsgang an das alte Wohnhaus angeschlossen und so eine an antike Vorbilder erinnernde Hofsituation erzeugt wurde.

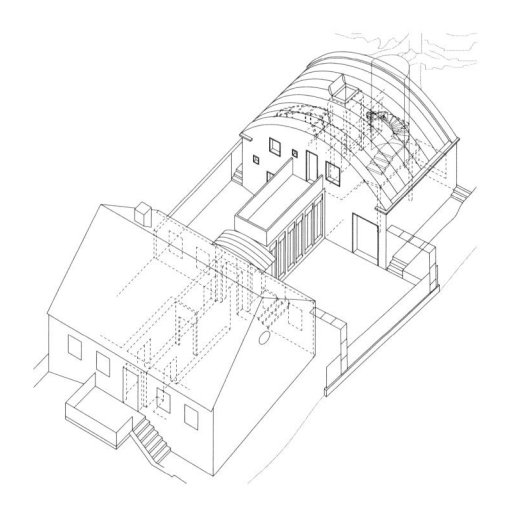

Einfamilienhäuser

0662 Am Grillenbühel 5, EFH, 1985, P: Bruno Echerer •

0663 Gaadner Straße 36a, Hermann Gmeiner Schule, ehem. Villa, 1904, P: Ludwig Schöne | Umwidmung zur Schule, 1957 | mehrere Um- und Zubauten, 2. Hälfte 20. Jh. •

Hotels, Heime, Klöster, Kasernen

0667 Kröpfelsteigstraße 42, SOS-Kinderdorf, 1957, P: Friedrich Frank, Karl Tragseil, Ignaz Gallowitsch, Heiner Hierzegger, K: Rudolf Korunka (Sgraffiti) •

Unter der Gesamtleitung von Friedrich Frank entwarf eine Reihe von Architekten das 1957 errichtete Areal des SOS-Kinderdorfs Wienerwald. Von Frank stammen u. a. die zweigeschoßigen Wohnbauten, die jeweils einer Kinderdorf-Mutter und bis zu neun Kindern Platz boten. Karl Tragseil entwarf die ebenerdigen Bauten, die gewissermaßen als Versuchsbauten der erst im Jahr 1949 gegründeten Organisation SOS-Kinderdorf gelten können: In verschiedenen Varianten des amerikanischen Pavillonbausystems wurde hier nach architektonischen Lösungen für die bestmögliche Betreuung gesucht.

Eines dieser Gebäude wurde wieder in seinen Originalzustand rückgeführt und soll so, auch mit seinem original erhaltenen Sgraffito von Rudolf Korunka, einen Eindruck dieser Entwicklung vermitteln.

0668 Wagnerstraße 5, Katharinenheim, 1906, P: Adolf Oberländer, BH: vermutl. Anna Wieg Edle v. Wickenthal

Ab Juni 1906 wurde das von Adolf Oberländer komfortabel und mit erlesenem Geschmack ausgestattete Erholungsheim inseriert, ab ca. 1920 wurde es als „Schweizer Pension" geführt und ab 1937 schließlich als Alten- und Pflegeheim. Das Haus steht im Œuvre des Architekten an seinem Wendepunkt hin zum Heimatschutz-Stil. Es zeigt die für sein vor allem späteres Schaffen typischen, asymmetrischen Fassadenelemente, dennoch bedient er sich dabei noch ornamentaler Formen, wie sie etwa in dem verschlungenen Geländer des Altars oder den Stuckaturen unter dem versetzten Dreiecksgiebel zu sehen sind. Im Oktober 2010 wurde es nach Protesten der Anrainer*innen gegen einen Umbau geschlossen, seitdem steht das Katharinenheim leer und blickt trotz des teilweise verhängten Denkmalschutzes in eine ungewisse Zukunft.

Geschäftslokale, Einkaufszentren, Banken

0669 Hauptstraße 70b, ehem. Bankfiliale, 1978, P: Helmar Zwick •

Hinterleiten 2651
Gemeinde: Reichenau an der Rax, Bezirk: Neunkirchen

Hotels, Heime, Klöster, Kasernen

0670 Hinterleiten 27, Villa, ehem. Pension Fichtenhof, 1903, AF: Alois Seebacher •

0671 Hinterleitenstraße 8, WH, ehem. Semperit-Erholungsheim, 1965–1967, P: Sepp Müller, BH: Semperit, S: Otto Wieser •

Drei flach gedeckte, dreigeschoßige Wohnblöcke sind hinter einem Gemeinschaftsblock in den Hang gebaut und durch Gänge mit dem zentralen Bau verbunden. Die Zimmer des ehemaligen Erholungsheims werden heute als Privat- und Ferienwohnungen genutzt.

Hinterleiten 3381
Gemeinde: Golling an der Erlauf, Bezirk: Melk

Wohnbauten

0672 Sonnleiten Siedlung 1–10, HITIAG-Siedlung, um 1950, P: Felix Nemecic, BH: Hanf-, Jute- und Textilindustrie AG •

Nemecic errichtete – vermutlich im Zuge der Erweiterung des HITIAG-Werks (→ 1293) – 40 Wohneinheiten in Reihenhaustypen, wobei sieben Gebäude mit je vier Einheiten und zwei Gebäude mit je sechs entstanden. Die Reihenhäuser sind eingeschoßig angelegt, verfügen jedoch zudem über ein ausgebautes Dachgeschoß sowie über Keller und Garten. Im Erdgeschoß sind neben dem Vorraum mit Stiege ein Wohnraum mit angeschlossenem, überdachtem Sitzbereich im Garten, die Küche, ein Abstellraum, ein Waschraum und ein WC untergebracht. Im Dachgeschoß befinden sich zwei Schlafräume, die über Gauben belichtet sind. Neue Fenster, Markisen und Zubauten, wie z. B. Wintergärten, beeinträchtigen heute das ursprüngliche Erscheinungsbild der Bauten.
▶ Foto: ursprünglicher Zustand

Einfamilienhäuser

0673 Blaubergstraße 3, Ecksteinvilla, um 1900, BH: Hanfspinnerei- und Seilwarenfabrik Lieser & Duschnitz

Die etwas abseits der eigentlichen Werkkolonien der HITIAG in Neuda (→ 1290) stehende und nach ihrem ersten Bewohner Simon Eckstein benannte Villa wurde Anfang des 20. Jahrhunderts für die den Direktoren nachgeordneten Fabrikbeamt*innen im Laubsägestil mit einer mittig der Breitseite vorgestellten, zweigeschoßigen Holzveranda errichtet.

Hintersdorf 3413
Gemeinde: St. Andrä-Wördern, Bezirk: Tulln

Einfamilienhäuser

0674 Hauptstraße 143, EFH, 1989–1994, AB: Runser-Prantl-Architekten (Alexander Runser, Christa Prantl) •

0675 Weingraben 40, Hanghaus, 1997–2009, P: lichtblauwagner architekten (Andreas Lichtblau, Susanna Wagner), MA: Markus Kiener

Ein bestehendes Haus im Landschaftsschutzgebiet wurde adaptiert und als in den Hang abgegrabenes, eingeschoßiges Gebäude mit ebenerdiger, begrünter Dachfläche umgesetzt. Ein mittig in das Volumen eingeschnittener Innenhof dient neben schrägen, aluminiumverkleideten Lichtschächten, den sogenannten „Lichtfängern" (lichtblauwagner architekten), zur natürlichen Belichtung der unterirdisch liegenden Räume. Der Grundriss der beiden Wohnzonen links und rechts des Lichthofs ist variabel bespielbar, den Inneneindruck dominiert das Material Holz.

Hirschwang an der Rax 2651
**Gemeinde: Reichenau an der Rax,
Bezirk: Neunkirchen**

Religion, Kult

0676 Emil von Linhart-Gasse 8, Henriettenkapelle, 1902, P: Franz von Neumann jun., BH: Richard von Schoeller, AF: Oskar Laske •

Der Industrielle Richard von Schoeller ließ die kleine Kapelle zum Andenken an seine Schwiegermutter Henriette Siedenburg in Hirschwang errichten, wo die Familie auch ihren Wohnsitz hatte. Er beauftragte den renommierten Architekten Franz von Neumann jun., der ein Schüler von Friedrich Schmidt und später als dessen Mitarbeiter maßgeblich am Bau des Wiener Rathauses beteiligt war. Neumann war ein überzeugter Vertreter des Historismus und wenig überraschend hat er der kleinen Kapelle mit gotischem Formenvokabular ihre Bedeutung verliehen. Der zierliche, von Baumwipfeln umgebene polygonale Giebelreiter lässt unwillkürlich an Goethes Baum-Metapher bei seiner empathischen Beschreibung des Straßburger Münsters denken. 1983 wurde die Kapelle der evangelischen Pfarrgemeinde A. B. Naßwald übereignet.

0677 Richard von Schoeller-Straße 1, Filialkirche hl. Josef der Arbeiter, 1958–1960, P: Josef Wöhnhart, AF: Alexander Seebacher, K: Hermann Bauch (seitliche Trapezfenster, Kreuzweg) | Restaurierung, 1987

Wohnbauten

0678 Hans Beran-Straße 11, Lokalbahn-Straße 6, Arbeiter*innenhäuser, 1902–1906 •

0679 Hirschwang an der Rax 107, Bürogebäude, ehem. Beamt*innenwohnhaus, um 1910 •

Der imposante frei stehende Wohnbau mit späthistoristischer Fassade wurde für Mitarbeiter*innen der Papierfabrik errichtet (→ 0682). Drei große Arbeiter*innenwohnhäuser der Fabrik entlang der Bundesstraße wurden um 2020 abgebrochen.

Einfamilienhäuser

0680 Richard von Schoeller-Straße 13, Schoeller-Villa, 1905, P: Egon von Leuzendorf, BH: Richard von Schoeller, FRP: Gustav Swensson •

Das prachtvolle Herrenhaus wurde in einer von Gustav Swensson gestalteten Parkanlage für den Großindustriellen Richard von Schoeller an der Stelle eines alten Herrenhauses errichtet. Der herrschaftliche Charakter des kubischen Baus mit übergiebeltem Mittelrisalit und reichem Putzdekor in neobarock-klassizierenden Formen demonstriert die Bedeutung der Firma Schoeller in der Region und den gesellschaftlichen Status der Unternehmerfamilie. Ab 1920 wurde das Gebäude als Wohnhaus für Werkangestellte genutzt. Auch das ehemalige Pförtnerhaus der Anlage, erbaut um 1900, ist erhalten.

Gastronomie

0681 Richard von Schoeller-Straße 9, Erweiterung ehem. Hirschwangerhof, 1894, 1912, P: Carl Postl | Saalbau, 1906 •

Dem bereits vor 1870 bestehenden Gasthaus wurden 1894 und 1906 Saalbauten zugefügt, und 1912 erfolgte ein Dachbodenausbau.

Industrie

0682 Hirschwang an der Rax 77, Mayr-Melnhof-Gruppe, ehem. Papierfabrik Schoeller, um 1890, BH: Hirschwanger Holzschleiferei und Holzstoffwarenfabrik Schoeller & Co. | Umbau, 1901–1903 | Umbau, 1905–1906 | Zubau, 1909 und 1911 | Zubau, 1950–1951, BH: Neusiedler AG •

G-1

Auf dem Areal eines Eisenwerks richtete Schoeller & Co. um 1890 eine Pappenfabrik und Holzschleiferei ein. 1901 entstand ein neues Fabrikgebäude zur Kartonagenproduktion, das 1903 in Betrieb genommen und 1909 bzw. 1911 erneut erweitert wurde. Ein an der Schwarza gelegenes Wasserkraftwerk wurde 1906 zum betriebseigenen Kraftwerk umgebaut. Mit der 1917 eingerichteten Schmalspurbahn entstand für die Materialbeförderung eine Verbindung zum Bahnhof Payerbach-Reichenau. Von 1920 bis 1971 befand sich die Fabrik im Besitz der Neusiedler AG, die das Werk 1951 mit einem Zubau an die Maschinenhalle sowie mit einer Stoffrückgewinnungsanlage erweiterte. Seit 1973 ist die Fabrik im Besitz der Mayr-Melnhof-Gruppe.

Energie

0683 47°42'48.3"N 15°48'22.5"E, bei der Windbrücke, Wehr, um 1898, P: Ignaz Gridl •

Verkehr

0684 47°42'23.4"N 15°48'34.4"E, Finkbrücke, 1927, P: Franz Visintini •

Die 1927 erbaute Fachwerkbogenbrücke aus Stahlbeton geht auf eine Grundform Franz Visintinis zurück. Charakteristisch sind die von markanten Pfeilern flankierten und in den Oberbau integrierten Eisengitter der Brüstung. Durch die nördliche Verschwenkung der Bundesstraße ist der gesamte Bau einschließlich des Straßenpflasters nahezu bauzeitlich erhalten.

0685 47°42'27.6"N 15°48'24.0"E, Emil von Linhart-Gasse, Henriettenbrücke, 1902, P: Ignaz Gridl, AF: Ig. Gridl, k. u. k. Hof-Eisenconstructions-Werkstätte, Schlosserei und Brückenbau-Anstalt •

0686 Dr. Ewald Bing-Straße 3, Raxseilbahn, 1925–1926, P: Ewald Bing, Karl Koblischek, Richard Herrmann, AF: Adolf Bleichert & Co, Leobersdorfer Maschinenfabrik AG, Elin AG | Umbauten, 1963, 1994, 2015–2016 | Kabinentausch, 1947, 1975, 2002 •

Nach Errichtung der Zahnradbahn auf den Schneeberg 1897 gab es auch mehrere Anläufe zur Erschließung der Raxalpe für den Fremdenverkehr. 1926 konnte nach neunmonatiger Bauzeit die Seilschwebebahn auf das Raxplateau eröffnet werden. Mit der bestehenden schmalspurigen Höllentalbahn nach Payerbach-Reichenau und der anschließenden Südbahn bestand eine lückenlose Verbindung nach Wien. Jüngste technische Errungenschaften und die Investition der Wiener Baukredit-Bank ermöglichten dem Großstadtpublikum von da an ein Erreichen des alpinen Reiseziels in etwa zwei Stunden.

Die erste Zweiseilpendelbahn Österreichs wurde nach dem durch die Firma Bleichert & Co. erworbenen und weiterentwickelten Patent der Meraner Ingenieure Luis und Josef Zuegg realisiert. Federführend waren Richard Herrmann und Ewald Bing für Projektierung und Bau sowie Karl Koblischek für die Stationsarchitektur in Kombination von technischem Ingenieurbau und regionaler Heimatschutz-Architektur.

Die auf 528 Meter Höhe gelegene Talstation ist als naturstein- und putzverkleideter Eisenbetonbau mit tief ins Erdreich führenden Schachträumen zur Unterbringung der Spanngewichte ausgeführt. Die beiden Tragseile verlaufen über fünf erhaltene Fachwerkstützen, je eine Portalstütze unten und zwei oben sowie zwei bis 30 Meter hohe, mittige Gitterturmstützen mit dazwischenliegenden Spannweiten bis zu fast 800 Metern. Die Tragseile überwinden bei einer Länge von etwa 2.160 Metern eine Höhendifferenz von 1.017 Metern und sind in der Bergstation im Felsmassiv verankert.

Als Höhepunkt für den neuen Typus der Seilschwebebahn bildet die Bergstation eine alpine Festung als gemeinsamen Erlebnisraum für die schwebende Besteigung und anschließende Verköstigung der Passagier*innen aus. Im Gegensatz zur Talstation wurde der Bau auf dem Gsohlboden in einer Höhe von 1.546 Metern konventionell aus Bruchstein errichtet, der in unmittelbarer Nähe angelegten Steinbruch abgebaut wurde.

Durch komplexe Abstufungen der Baukörper, Material und Formgebung wurde für beide Stationsbauten eine traditionelle alpine, wenn auch in Höhe und Volumen übersteigerte Architektursprache umgesetzt: Auf mächtigen, bruchsteinverkleideten Sockeln erheben sich horizontal betonte Schutzhäuser, teils mit hell verputzten Obergeschoßen und flach geneigten, weit überstehenden Satteldächern.

▶ Foto: Talstation, Plan: Bergstation

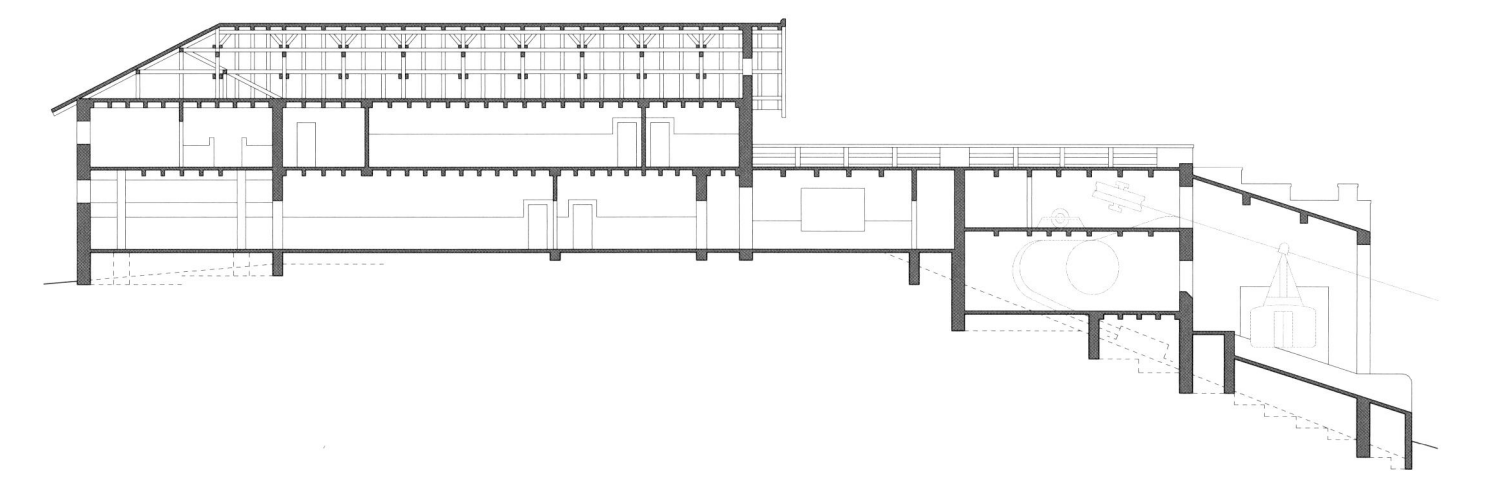

Hirtenberg 2552
Gemeinde: Hirtenberg, Bezirk: Baden

Amts-, Verwaltungs-, Kommunal-, Bürobauten

0687 Leobersdorfer Straße 15, Feuerwehr und WH, 1990–1992, AB: Atelier 4 (Peter Scheufler, Zachari Vesselinov, Manfred Hirschler, Peter Erblich) ●

Bildung

0688 Leobersdorfer Straße 39, WH, ehem. Betriebskindergarten, 1904–1905, P/BH: Hirtenberger Patronen-, Zündhütchen- und Metallwarenfabrik AG | Einbau Dachgeschoßwohnung, 1937–1938, P: Anton Notthaft ●

Wohnbauten

0689 Enzesfelder Straße 8–48, ehem. Arbeiter*innensiedlung, nach 1930, P: Hans Vock ●

Die für Arbeiter*innen der Rüstungsindustrie erbaute Siedlung besteht aus zwei langen, traufständigen Gebäudezeilen und sechs kürzeren, im Blockinneren quer gestellten Zeilenbauten mit Höfen im Heimatstil. Die für den Siedlungsbau vor dem Zweiten Weltkrieg typische Anlage wurde später durch die Gemeinde übernommen.

Industrie

0690 Leobersdorfer Straße 31–33, Fabrikareal, ehem. Patronen-, Munitions- und Metallwarenfabrik, 1859, BH: Serafin Keller | Zubau Kindergarten, 1905 | Zubau, 1916–1917, P: Anton Notthaft | Umbau, ab 1920 | Erweiterung, 1938–1941, P: Hans Vock | Umbau, ab 1947 ●

Das Fabrikareal wurde nach der Gründung 1869 sukzessive ausgebaut; um die Jahrhundertwende waren etwa zwei Drittel des 9,5 Hektar großen Geländes bebaut. Neben Arbeiter*innenwohnhäusern und Schlafbaracken umfassten die betrieblichen Einrichtungen auch ein Epidemiespital. 1905 wurde am östlichen Rand des Fabrikgeländes ein Betriebskindergarten eingerichtet, 1917 entstand das Pförtnerhaus an der zweiten Werkeinfahrt. Nach einem mutwillig verursachten Brand 1920 musste ein bedeutender Teil der Bauten ersetzt werden. Ab 1938 wurden unter der Leitung des Baumeisters Vock auf dem Lindenberg neue Produktionsgebäude für die Arbeit mit explosions- und feuergefährlichen Materialien errichtet. Dieses Areal wurde 1947 bis 1948 unter der Verwaltung der USIA gesprengt und zeigt sich auch heute noch als Ruinenfeld. Das im Tal liegende Fabrikareal wurde seitdem sukzessive ausgebaut und das Unternehmen 2021 als Astotec Holding GmbH neu firmiert.

Hobersdorf 2193
Gemeinde: Wilfersdorf, Bezirk: Mistelbach

Landwirtschaft

0691 Mühlstraße 1, <u>Wiederaufbau Zuckermühle, nach 1945</u> | Silo, 1951 | Aufstockung Mühlengebäude, um 1965 | Siloanlage, 2002 ●

Der Name der Getreidemühle bezieht sich auf die Inhaberfamilie, welche die Mühle seit 1848 betreibt. Nach fast völliger Zerstörung im Zweiten Weltkrieg wieder aufgebaut, wurden die Anlagen ab 1951 sukzessive modernisiert und erweitert und in mehreren Bauphasen ins heutige Erscheinungsbild überführt.

Hochegg 2840
Gemeinde: Grimmenstein, Bezirk: Neunkirchen

Religion, Kult

0692 Hochegger Straße 88, <u>Krankenhauskapelle, 1924–1926</u>, P: Hans Pfann, Erwin Ilz ●

Nachdem in Hochegg Anfang des 19. Jahrhunderts das Sanatorium Grimmenstein (→ 0693) als erste Lungenheilstätte errichtet worden war, wurden in der Folge eine Reihe von weiteren Häusern für an Tuberkulose Erkrankte erbaut. In den 1920er-Jahren wurde eine groß angelegte, weitläufige „Volksheilstätte" mit mehreren Pavillons geplant. Die Architekten Hans Pfann und Erwin Ilz errichteten 1924 bis 1928 den „Pavillon des Landes Niederösterreich", den „Schwedenpavillon" (→ 0694) sowie die kleine, malerische Krankenhauskapelle, die sich mit Heimatstil-Formen harmonisch in die waldreiche Umgebung einpasst. Im Inneren ist die Kapelle sehr schlicht ausgestattet, Ochsenaugenfenster an einer Längswand sorgen für eine gute Belichtung. In den 1990er-Jahren wurde der Großteil der bestehenden Gebäude abgerissen und das heutige Landesklinikum errichtet. Die Kapelle wurde an den neu gegründeten Kapellenverein Hochegg verpachtet, der ihre Pflege und Erhaltung übernahm.

Gesundheit

0693 Friedrich-Hillegeist-Straße 2, <u>Rehabilitationszentrum, 1966–1972</u>, P: Franz Mayerhofer, BH: Pensionsversicherungsanstalt für Angestellte, AF: Ed. Ast & Co. ●

1905 wurde von Albert Pecha das Sanatorium Grimmenstein errichtet und in den Jahren 1908 bis 1909 noch erweitert. 1966 wurde das vielfältig gegliederte, breit gelagerte Sanatorium abgerissen und von Franz Mayerhofer das heutige, aus mehreren Gebäudekomplexen bestehende Rehabilitationszentrum erbaut.

0694 Hochegger Straße 88, <u>Landesklinikum, 1924–1928</u>, P: Hans Pfann, Erwin Ilz | Neubau, 1994–1998, P: Friedrich Siebert, K: Michael Zinganel ●

Während des Ersten Weltkriegs wurde in Hochegg der „Isabella Pavillon" als Genesungsheim für lungenkranke Offiziere errichtet (→ 0695). Die erfolgreiche Behandlung der Tuberkulosepatienten in dem heilklimatisch besonders günstig gelegenen Ort bewirkte, dass in den 1920er-Jahren weitere Pavillons errichtet wurden. So entstanden etwa ein Kinderpavillon sowie der sogenannte Schwedenpavillon, für dessen Finanzierung das Land Schweden aufkam. 1928 wurde von den Architekten Hans Pfann und Erwin Ilz die größte Heilstätte, der „Pavillon des Landes NÖ", errichtet. Das lang gestreckte Gebäude war für die Aufnahme von 100 Patient*innen geplant und wurde in den folgenden Jahren mehrmals adaptiert und durch An- bzw. Zubauten erweitert. Allerdings konnten letztendlich die bestehenden Häuser den modernen medizinischen Ansprüchen nicht mehr genügen, und 1992 wurde ein Neubau beschlossen. Der Großteil des Gebäudes wurde abgerissen, und im Jahr 1994 erfolgte der Spatenstich für den mächtigen Gebäudekomplex, der von dem Architekten Friedrich Siebert von der NÖ Hochbauabteilung anstatt des vorherigen Pavillonsystems errichtet wurde. 1998 wurde das Gebäude als modernstes Lungenkrankenhaus Österreichs eröffnet.

Bei einem geladenen Wettbewerb für die künstlerische Gestaltung des Baus war 1996 der Künstler, Architekt und Ausstellungskurator Michael Zinganel als Sieger hervorgegangen. Zinganel hat es allerdings abgelehnt, eine „künstlerische Ausschmückung" für ein Gebäude zu entwerfen, das nicht seinen Vorstellungen entsprach. Sein Plan sah daher einen Eingriff in den Bau selbst vor. Das äußere Erscheinungsbild sollte gestrafft und einheitlicher gestaltet und außerdem der „historisierende Aspekt entschärft" sowie die unterschiedlichen Funktionsbereiche des Hauses in der Fassadengestaltung sichtbar gemacht werden. Seine Änderungsvorschläge wurden von dem Architekten Friedrich Siebert zum großen Teil gebilligt. Aus budgetären und terminlichen Gründen konnte allerdings das Konzept nur sehr eingeschränkt realisiert werden.

0695 Hochegger Straße 88, Offizierskurhaus „Isabella Pavillon", 1918, P: Alois Wurm-Arnkreuz, BH: Gesellschaft vom Weißen Kreuz, AF: Hechtl & Co. •

1915 wurde in Hochegg eine Barackenanlage als Heilstätte für lungenkranke Soldaten errichtet. 1916 beschloss die Gesellschaft vom Weißen Kreuz, auch ein Genesungsheim für an Tuberkulose erkrankte Offiziere zu erbauen. Der Architekt Alois Wurm-Arnkreuz, Vizepräsident der Gesellschaft, erstellte die Pläne für die Aufnahme von 60 Patienten, und 1918 wurde das Kurhaus unter dem Namen „Isabella Pavillon" eröffnet. Um den Kranken die wichtigsten Heilmittel „Licht, Luft und Sonne" zu bieten, ist das Gebäude reich mit Balkonen und Loggien ausgestattet. Mit Motiven des Jugendstils erhielt es ein elegant-mondänes Flair. Nach dem Zusammenbruch der Monarchie wurde das Gebäude in „Kurhaus" umbenannt und für tuberkulosekranke Kinder eingerichtet. Als 1994 bis 1998 das Landesklinikum errichtet wurde (→ 0694), erhielt der ehemalige „Isabella Pavillon" die Unterschutzstellung. Seitdem wird vergeblich ein neuer Verwendungszweck gesucht, und das Gebäude verfällt zunehmend.

Hochneukirchen 2852
Gemeinde: Hochneukirchen-Gschaidt, Bezirk: Wiener Neustadt

Amts-, Verwaltungs-, Kommunal-, Bürobauten

0696 Hauptstraße 26, Gemeindeamt, 1990, P: Wilhelm Holzbauer, BH: Gemeinde Hochneukirchen •

Das Einfügen des Neubaus in die Dorfstruktur unter harmonischer Anbindung zu einem bestehenden Gasthof war wesentliches Ziel des Entwurfs. Die Angleichung wurde durch ein gemeinsames Dach mit durchlaufender Firsthöhe erzielt, welches Alt- und Neubau miteinander verbindet und einen überdachten Durchgang zum Hof bildet. Auch die Farbgebung der Fassaden wurde aufeinander abgestimmt.

Sonderbauten

0697 47°27'47.088"N 16°13'18.9732"E, Aussichtsturm am Hutwisch, 1977–1979, P: Ingenieure Lutz und Brand

Die aus Holz errichtete Aussichtswarte auf dem Hutwisch, der mit 896 Metern höchsten Erhebung der Bucklingen Welt, weist eine Höhe von 22,7 Metern auf. Nach den beiden Vorgängerbauten von 1882 und 1930 ist sie die dritte Warte an diesem Standort.

Hochschneeberg 2734
Gemeinde: Puchberg am Schneeberg, Bezirk: Neunkirchen

Religion, Kult

0698 Hochschneeberg, Kaiserin-Elisabeth-Gedächtniskirche, 1901, P: Rudolf Goebel, AF: Firma Lorenz Dirtl, K: k. k. Hof-Dekorationsmaler Knaus und Pruszinsky •

Bereits 1840 gab es Überlegungen, am Gipfel des Schneebergs ein steinernes Haus als meteorologische Station zu errichten. Diese Idee wurde 1898 aufgegriffen, um gleichzeitig ein Denkmal für den Erbauer der Zahnradbahn, Leo Arnoldi, zu errichten. Als Kaiserin Elisabeth ermordet wurde, sollte das Gebäude ihrem Andenken gewidmet werden. Geplant wurde nun ein Observatorium mit Aussichtsturm und ein Votivraum, wo jährlich am Todestag der Kaiserin eine Seelenmesse gefeiert werden sollte. Aus finanziellen Gründen scheiterte jedoch dieses Projekt. Daraufhin beschloss der Wiener Architekt Rudolf Goebel, eine Kaiserin-Elisabeth-Gedächtniskirche zu entwerfen und das Gebäude auch selbst zu erbauen. Wegen der extremen Witterungsverhältnisse plante er einen quadratischen Kuppelbau mit massiven, geböschten Außenmauern aus örtlichen Bruchsteinen mit gleichzeitigem Einsatz von Stampfbeton. Ein eisernes Glockentürmchen ist mit der betonierten Kuppelkalotte massiv verschraubt, Thermenfenster in der Dachzone sorgen für die Belichtung des Innenraumes, der kreisrund ausgeführt ist und sogar eine kleine Orgelempore erhielt. Die Wetterverhältnisse in 1.800 Meter Seehöhe erfordern immer wieder Renovierungsarbeiten, die letzte Sanierung erfolgte 2010.

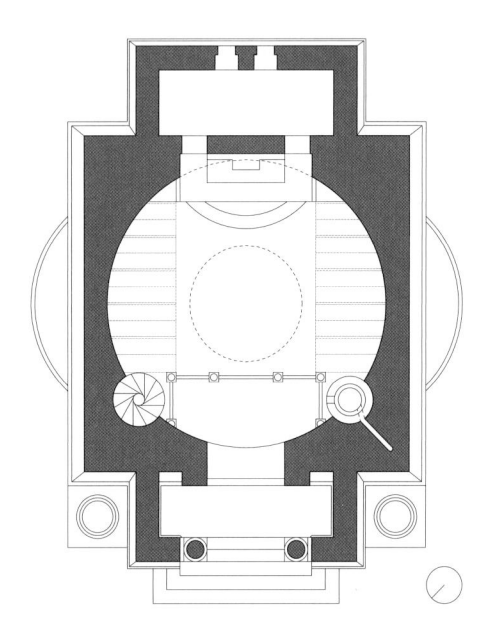

Hochstraß 3073
Gemeinde: Stössing, Bezirk: St. Pölten

Hotels, Heime, Klöster, Kasernen

0699 Hochstraß 7, Refugium Kloster Hochstraß, ehem. Kloster Hochstraß, 1894–1896, P: Josef Schmalzhofer, BH: Orden der Töchter der göttlichen Liebe, AF: Angelo Constantini | Zubau, 1902 | Umbau, 2012–2015 ●

Der einfach ausgeführte, rechteckige Mittelteil mit Satteldach, Dachreiter und nach Südosten ausgerichteter Kapelle wurde unter Mithilfe der Ordensschwestern nach einem Entwurf des klosterbauerfahrenen Josef Schmalzhofer als landwirtschaftliche Haushaltungsschule errichtet und schon 1902 um die beiden Seitenflügel und eine größere Kapelle mit hexagonaler Apsis erweitert. Die Nonnen führten den Betrieb durch Zeiten nationalsozialistischer Besetzungen, sowjetischer Plünderungen und den damit verbundenen Zerstörungen weiter, bis das Kloster letztlich aufgrund der schwindenden Anzahl der Ordensschwestern 2009 geschlossen wurde. Ab 2012 wandelten private Investor*innen das Gebäude in ein Hotel und Seminarzentrum um.
▶ Foto: Zustand als Kloster

Hof am Leithaberge 2451
Gemeinde: Hof am Leithaberge, Bezirk: Bruck an der Leitha

Sonderbauten

0700 Wasenbruckerstraße 3, Blindgänger bei Kulturwerkstätte, 1998–2000, AB: the POOR BOYs ENTERPRISE (Ernst J. Fuchs, Marie-Therese Harnoncourt, Florian Haydn), BH: Marktgemeinde Hof am Leithaberge

Der sogenannte Blindgänger am Gelände der Kulturwerkstätte ist eine landschaftsplanerische bzw. künstlerische Intervention. Große Stahlbeton-Rohrsegmente wurden dabei über eine Länge von 150 Metern raumbildend aneinandergereiht, die Abstände zwischen den einzelnen Betonteilen sind als ca. 12 Zentimeter breite Lichtfugen ausgeführt. Durch diese Anordnung wird eine Art Tunnel erzeugt, bei dem sich durch Licht und Schattenwirkung sowie durch Ein- und Ausblicke ein futuristischer Raumeindruck ergibt.

Hofamt 3192
Gemeinde: Hohenberg, Bezirk: Lilienfeld

Energie

0701 Obere Hauptstraße 17, Kaiser Franz Josefs-Jubiläums-Elektrizitätswerk, 1908–1909, BH: Gemeinde Hohenberg ●

Hofarnsdorf 3621
Gemeinde: Rossatz-Arnsdorf, Bezirk: Krems

Wohnbauten

0702 Hofarnsdorf 6, WH, um 1920/1930 ●

Das ehemalige Arbeiter*innenwohnhaus besteht aus zwei unterschiedlich hohen, jeweils zweigeschoßigen Baukörpern, die stumpfwinkelig zueinander angeordnet sind und über ein gemeinsames Stiegenhaus im dazwischenliegenden Verbindungsteil erschlossen werden. Die beiden Trakte sind jeweils mit einem Schopfwalmdach gedeckt und verfügen an den Schmalseiten über Pfeilerloggien.

Hohenau an der March 2273
Gemeinde: Hohenau an der March, Bezirk: Gänserndorf

Amts-, Verwaltungs-, Kommunal-, Bürobauten

0703 Kirchengasse 12, 12a, WH, ehem. Zollhaus, 1937, P: Gebrüder Schlarbaum, Heinrich Gassinger | Umbau, 1990er-Jahre, P: Bernd Wilda

0704 Rathausplatz 1, Rathaus, 1929–1930, P: Florian Prantl | Erweiterung, 1957 ●

Kultur, Veranstaltung

0705 Bahnstraße 36, ehem. Werkkasino, 1958, P: Felix Nemecic | Umbau zum Gastbetrieb, 1993 | Nutzung durch Industriemontagefirma, ab 2007

Elise Strakosch, die Frau des Leiters der Zuckerfabrik (→ 0706) vor der „Arisierung" der Anlage durch das NS-Regime, stiftete den Arbeiter*innen der an ihren Sohn restituierten Fabrikanlage 1958 ein Werkkasino mit Festsaal, Kantine und Bibliothek. In den 1990er-Jahren als Gastbetrieb adaptiert, wurde das Kasinogebäude, von dessen originaler Innenausstattung sich nichts erhalten hat, seit Schließung der Fabrik im Jahr 2006 von der Firma DTC Hallas nachgenutzt. Aktuell ist ein Umbau in Gästezimmer und in ein Restaurant in Planung.

Industrie

0706 Bahnstraße 25, Umbau Zuckerfabrik, 1914, P: Viktor Benes | Umbau, 1927 | Umbau, 1951–1966 | weitere Umbauten, 1882, 1889–1890, 1896, 1910, 1923, 1929–1932, 1934, 1940–1941 •

Seit 1868 wird an diesem von den Brüdern Strakosch gegründeten Standort Zucker produziert. Bereits Ende des 19. Jahrhunderts wurde die Fabrikareal stetig erweitert. Auch im 20. Jahrhundert fanden neben der sukzessiven maschinellen und technischen Modernisierung Erweiterungs- und Umbaumaßnahmen statt. 1914 wurde der Raffinerietrakt abgetragen und neu errichtet (ein Brand 1939 machte einen erneuten Wiederaufbau des Gebäudes notwendig). 1927 wurde unter anderem ein neues Zuckermagazin mit unterirdischer Förderanlage zum Raffineriegebäude errichtet und schon zwei Jahre später erhielt das Magazin einen Zubau. Die letzten maßgeblichen baulichen Erweiterungen fanden in den 1950er- und 1960er-Jahren statt. Seit 1988 ist die Agrana GmbH im Besitz der Zuckerfabrik. Bis 2006 war das Werk in Betrieb, seit 2021 sind auch die Silos stillgelegt. Das Fabrikareal bleibt vorerst im Besitz der Agrana.

Hohenberg 3192
Gemeinde: Hohenberg, Bezirk: Lilienfeld

Religion, Kult

0707 47°54'25.9"N 15°37'00.8"E, östlich neben dem Friedhof, Kriegergedächtniskapelle, 1949, P: Martha Bolldorf-Reitstätter

Wohnbauten

0708 Untere Hauptstraße 30, WH, 1905, P: Franz Gröbl

Landwirtschaft

0709 Untere Hauptstraße 4–6, Forstamt und Forsthaus, 1900, P: Josef Hoffmann, BH: Karl Wittgenstein •

Das Objekt teilt sich in zwei Gebäude: Das der Straße zugewandte, sich von der umgebenden Architektur abhebende Verwaltungshaus mit dem Walmdach, der zweifarbigen Fassadenputzgestaltung und dem futuristisch wirkenden Portal mit steiler Blechplattenüberdachung sowie das Wohnhaus der Forstmitarbeiter*innen, das quer zur Straße liegt und statt der klaren zeitgenössischen Jugendstil-Elemente eine dem Heimatstil treuere Gestaltung mit Fachwerkbau-Elementen aufweist. Beide wurden 1900 von Josef Hoffmann für den Stahlmagnaten Karl Wittgenstein, den Vater des Philosophen, erbaut, dessen Güter und Forste von Hohenberg aus verwaltet wurden. Hoffmann stattete ca. 1906 auch Wittgensteins 1888 errichtetes neobarockes Jagdhaus im wenige Kilometer südlich gelegenen Hochreith aus.

Das Wohnhaus in Hohenberg wurde 1948 verändert, das Dach ausgebaut und eine Veranda geschlossen. Beide Häuser befinden sich weiterhin im Besitz der Familie und werden als Verwaltungsgebäude und als waldpädagogische Einrichtung genutzt.

Hoheneich 3945
Gemeinde: Hoheneich, Bezirk: Gmünd

Industrie

0710 Kolonie Backhausen 136, Weberei Backhausen, 1877–1883, BH: Johann Backhausen & Söhne | Erweiterung, 1912 | Umbau, 1955 | Erweiterung, 1972–1974 •

Die Weberei Backhausen ist durch ihre Zusammenarbeit mit der Wiener Werkstätte bekannt und produziert die textile Ausstattung für Hotels, Theater und öffentliche Gebäude. Bis heute werden u. a. Entwürfe von Josef Hoffmann, Koloman Moser, Otto Prutscher und Otto Wagner verarbeitet. 1875 kaufte die Familie Backhausen eine Glasschleiferei und baute sie in den Folgejahren zu einer Weberei um. Die Produktion fand bereits ab 1870 in einer ehemaligen Spinnerei in Hoheneich statt, die als Teppichknüpferei diente. Die neu erworbene Glasschleiferei

beherbergte eine Schlosserei und Tischlerei; 1877 bis 1883 wurde ein Neubau für die Weberei und 1912 eine in Stahlbeton ausgeführte Seidenweberei errichtet. Während des Zweiten Weltkriegs diente das Areal den Wiener Neustädter Flugzeug- und Motorenwerken, 1955 erfolgte die Wiederherstellung des kriegsbeschädigten Betriebes. Heute prägen neben dem Webereigebäude von 1883 und der Seidenweberei vor allem die großen Produktionshallen der 1970er-Jahre den Standort. 2012 ging das Unternehmen in Konkurs und wurde 2014 aufgekauft, seither wird es unter dem Namen „Backhausen GmbH" weitergeführt. Das ehemalige Betriebsfeuerwehrhaus auf dem Gelände, das im ersten Stock auch die Wohnung des Direktors beinhaltete, steht heute unter Denkmalschutz.
▶ *Foto: ehemaliges Feuerwehrhaus*

Hohenruppersdorf 2223
Gemeinde: Hohenruppersdorf, Bezirk: Gänserndorf

Bildung

0711 Marktplatz 38, Volksschule, 1964, P: Paul Lalics, AF: Hans Luxbacher | Umbau und Deckung mit Steildach, 2000, P: Erich Amon, AF: Gerhard Lahofer ●

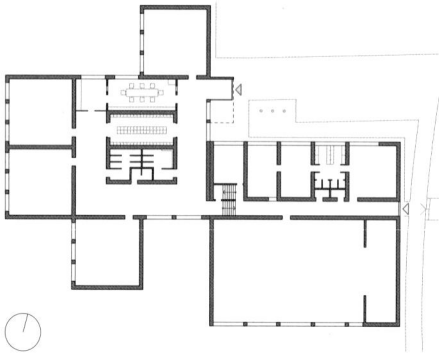

Die Klassenräume sind um einen quadratischen Kern gruppiert, ein höherer Turnsaaltrakt schließt westlich an das Gebäude an. Bei späteren Umbauten wurde die Ringerschließung durch den Einbau eines Konferenzzimmers verändert. Ursprünglich war die Schule mit einem Flachdach gedeckt und die Gänge verfügten über eine niedrigere Raumhöhe als die Klassenräume, wodurch Oberlichten eine beidseitige Belichtung und Belüftung der Klassen ermöglichten.
▶ *Foto: Zustand vor Umbau, Plan: Zustand danach*

Hohe Wand 2724
Gemeinde: Hohe Wand, Bezirk: Wiener Neustadt

Religion, Kult

0712 47°50'23.5"N 16°03'21.9"E, bei Kleine Kanzelstraße, Engelbertkirche mit Dr. Dollfuß-Gedächtnisstätte, 1934–1935, P: Robert Kramreiter, BH: Vaterländische Front, K: Viktor Hammer (Pietà, 1954) ●

Bundeskanzler Engelbert Dollfuß ließ in seiner – zusätzlichen – Funktion als Landwirtschaftsminister im Zuge des Beschäftigungsprogramms für Arbeitslose 1932 die Bergstraße auf die Hohe Wand errichten. Die neue Straße zog zahlreiche Tourist*innen an und um ihnen den Besuch der Sonntagsmesse zu ermöglichen, entstand der Plan, eine kleine Kapelle zu erbauen. Dollfuß befürwortete den Neubau und war bereit, die Kosten zu übernehmen. Als Architekt wurde Robert Kramreiter beauftragt. Wenige Tage vor der Grundsteinlegung wurde Dollfuß ermordet und das Projekt sollte nun – gefördert von der „Vaterländischen Front" – als „religiöses Nationaldenkmal" errichtet werden.

Nachdem Kramreiter ursprünglich einen kleinen Holzbau geplant hatte, bekam er den Auftrag, eine größere Kirche als massiven Steinbau auszuführen. Ein mächtiger quaderförmiger Eingangsturm dominiert das Gebäude, das durch diverse Anbauten und einen Arkadengang vielteilig aufgelöst ist, wodurch es – „harmonisch in die prachtvolle Alpenlandschaft eingefügt" (Zeitschrift *Moderne Bauformen*) – die hochgeschätzte malerische Wirkung erhielt. Der Hauptraum wird durch ein großes Rundfenster belichtet. In einem weit vorgezogenen Anbau wurde die Gedächtnisstätte für Dollfuß eingerichtet, die flache Abdeckung ist als Terrasse ausgeführt, auf der ein mächtiger Steinblock als Altar für Freiluftgottesdienste diente (er wurde 2013 entfernt). Die daneben stehende Steinplastik des hl. Engelbert weist auf das Patrozinium der Kirche hin. Nach dem Einmarsch Hitlers mussten sämtliche Hinweise auf die ursprüngliche Dollfuß-Widmung und auf die Symbolik des Ständestaates entfernt werden – vereinzelt wurden noch Messen zelebriert, letztendlich wurde die Kirche geschlossen. Nach dem Zweiten Weltkrieg diente die Kirche der sowjetischen Besatzungsmacht als Pferdestall, aber bereits 1948 konnten fallweise wieder Gottesdienste abgehalten werden. Der desolate Zustand der Kirche erforderte umfassende Restaurierungsarbeiten. Im Gedenkraum wurde anstelle des 1938 zerstörten Wandfreskos von Max Frey, das Dollfuß unter den Aposteln vor dem Kreuz Christi darstellte, eine bronzene Pietà des Bildhauers Viktor Hammer aufgestellt. Erst 1979 konnte die Kirche neu eingesegnet werden.

Hollabrunn 2020
Gemeinde: Hollabrunn, Bezirk: Hollabrunn

Die Einrichtung der Bezirksverwaltungsbehörden 1850 und die Errichtung der Nordwestbahn um 1870 setzten im Markt Oberhollabrunn rege Bautätigkeit und wirtschaftlichen Aufschwung in Gang, der schließlich 1908 zur Stadterhebung führte. Im selben Jahr wurde der Grundstein für die Lehrer*innenbildungsanstalt in der Reucklstraße und damit die ab den 1960er-Jahren durch Schulneugründungen forcierte Entwicklung zur Schulstadt gelegt. Das Stadtbild im Zentrum wird vor allem durch den (teils überformten) Bestand des 19. Jahrhunderts geprägt. Zudem entstanden verschiedenste Siedlungstypologien – Richtung Osten vorwiegend kleinteiligere Einfamilienhaussiedlungen, nach Westen und entlang der Wiener Straße und der Znaimer Straße zunehmend dichte Geschoßwohnbauten. Die „Gartenstadt" im Südosten der Stadt entstand ab 1922 auf dem Areal des 1916 errichteten Barackenlagers und wurde nach dem Zweiten Weltkrieg weiter ausgebaut.

Das Bild der modernen Stadt Hollabrunn der 1970er-Jahre prägen Bauten von Helmut Leierer. Das später mit und ab Anfang der 1990er-Jahre von Ernst Maurer geführte Büro Leierers dominiert bis heute maßgeblich die Planungstätigkeit in der Bezirkshauptstadt. Pionierleistungen wie die Siedlung „Wohnen Morgen" von Ottokar Uhl sowie die Sporthalle von Helmut Leierer blieben Einzelfälle. Die unkontrollierte Siedlungsentwicklung der letzten Jahrzehnte des 20. Jahrhunderts gilt es im 21. Jahrhundert in geordnete Bahnen zu lenken, nicht zuletzt, um die durch Fachmarktzentren am Stadtrand geschwächte Innenstadt zu stärken.

Amts-, Verwaltungs-, Kommunal-, Bürobauten

0713 Mühlgasse 24, Bezirkshauptmannschaft, 1979–1980, P: Josef Hums, Alois Seliger | Ausbau Dachgeschoß, 2000 | Sanierung, Neugestaltung Fassade und Eingangsbereich, Innenumbau, 2004–2008, P: Gerhard Macho

Religion, Kult

0714 Elsa Brandströmstraße 1, Kapelle im Landesjugendheim, 1968–1972, P: Josef Reinhold, AF: Baumeister Bachheimer

0715 Emmy Stradalstraße 36, Gartenstadtkirche, 1970–1972, P: Johann (Hans) Petermair, K: Franz Deéd (Altarbild, Mosaik Taufkapelle, Kreuzweg, Glasfenster), Hermann Bauch (Mosaik Außenfassade)

Im ab 1916 als Flüchtlingslager errichteten Bereich des späteren Stadterweiterungsgebiets Gartenstadt (→ 0737) wurde bereits 1931 eine Notgottesdienststätte errichtet; die heutige Kirche entstand schließlich Anfang der 1970er-Jahre.

0716 48°33'14.8"N 16°05'05.8"E, Jahnstraße Ecke Schützengasse, Friedhof der Roten Armee, 1945, P: Roland Rainer

Kultur, Veranstaltung

0717 Josef Weisleinstraße 11, Stadtsaal, 1972, P: Helmut Leierer, Karl Bachheimer, K: Heribert Potuznik (Sgraffito) | Zubau, 2010, P: Ernst Maurer

Helmut Leierers zweigeschoßiges Bauwerk wird optisch von den außen liegenden Konstruktionsrahmen und vom leicht auskragenden Obergeschoß geprägt. Die Außenerscheinung an der Nord-, West- und Südfassade dominiert noch heute ein bauzeitliches, bunt geometrisierendes Fassadensgraffito, welches unter Denkmalschutz steht. Im zentralen zweigeschoßigen Veranstaltungssaal mit umlaufender Galerie konzipierte Leierer mit einem skulptural aufgefassten Faltwerk aus Gipsplatten eine expressive Akustikdecke.

Ein jüngerer Zubau südlich der Halle ist als Stahlbau mit grauer Fassade und großen Glasflächen errichtet und wurde von Ernst Maurer, der in den 1980er-Jahren in Büropartnerschaft mit Leierer führte und Anfang der 1990er-Jahre das Büro übernahm, geplant. Die Erweiterung umfasst einen zusätzlichen Veranstaltungsraum und stellt eine bauliche Verbindung zur benachbarten, ebenfalls von Leierer geplanten Sporthalle dar (→ 0722).

Bildung

0718 Anton Ehrenfried-Straße 10, Dechant Pfeiferstraße 3, HTL und Student*innenheim, 1975–1979, P: Helmut Leierer, MA: Michalek, Reinhard Pfoser, K: Rudolf Heske | Zubau, 1988 | Sanierung und Zubau, 2005–2007, AB: AH3 Architekten ZT GmbH (Johannes Kislinger) •

Um den quadratischen Klassentrakt gruppieren sich die Turnsäle, die ebenerdige Werkstättenhalle und das zwölfgeschoßige Student*innenheim. 1988 wurde angrenzend an den Theorietrakt das Gebäude für die private HTL für Lebensmitteltechnologie errichtet, 2005 bis 2007 entstand ein neuer Klassentrakt.

0719 Reucklstraße 9, BG/BRG, ehem. k. k. Lehrer*innenbildungsanstalt, 1908–1909, P: Ferdinand Glaser, AF: Karl Amlacher, Hans Sauer | Umbau, 1964 | Zubau, 1990–1998, P: Richard Ahorner, Bernd Neubauer •

Das 1909 auf stark abschüssigem Terrain als Lehrer*innenbildungsanstalt errichtete Gebäude wurde ursprünglich über eine breite Treppenanlage mit vorgelagerter Terrasse betreten. Die rechtwinkelig zueinander angeordneten Trakte beherbergten neben der Lehrer*innenbildungsanstalt eine Übungsschule, einen Turnsaal und die Direktor*innen- und Schulwartwohnungen. Die monumentale Westfassade ist von Weitem sichtbar, die der Stadt zugekehrte Nordfassade wurde kleinteiliger gestaltet und mit Figurenschmuck dekoriert. An der Ecke erhebt sich ein Uhrturm über der Halle mit dem Treppenhaus. Seit 1965 ist in dem Gebäude das Bundesgymnasium untergebracht, 1995 wurde entlang der Reucklstraße ein dreigeschoßiger Neubau mit neuem Haupteingang, zwei großen Turnsälen und Sportanlagen angefügt.

0720 Sonnleitenweg 2, Landwirtschaftliche Fachschule, 1983, P: Helmut Leierer, Ernst Maurer | Sanierung und Zubau, 2020, P: Wolfgang Weidinger •

Um sich der niedrig verbauten Umgebung anzupassen, wurden die Funktionen auf mehrere Gebäude verteilt: Der große Schulkomplex umfasst einen Klassentrakt, einen Mehrzwecksaal, Werkstätten und ein Internatsgebäude. 2020 wurde der Klassentrakt thermisch saniert und eine neue Fleischwerkstätte errichtet.

Gesundheit

0721 Robert Löffler Straße 20, Landesklinikum, 1987–1992, AB: Architekten Maurer & Partner ZT GmbH (Ernst Maurer, Christoph Maurer, Thomas Jedinger), BH: Stadtgemeinde Hollabrunn | Zubau Ambulanz, 2019–2021, AB: Architekten Maurer & Partner ZT GmbH •

„Planungsziel war ein Krankenhaus zu errichten, das durch seine Gliederung den großen vorgegebenen umbauten Raum entschärft. Es sollte ein Haus werden, das dem Umfeld angepasst und durch entsprechende Maßstäblichkeit ein angenehmes, modernes Äußeres ausstrahlt" (Maurer & Partner). Besonderen Wert legten die Architekten auch auf die Verwendung ökologischer Produkte sowie eine Reduzierung elektrischer und magnetischer Felder. Für die Innengestaltung wurde ein einheitliches Farbkonzept erarbeitet, das auf der psychologischen Grundwirkung der Farben beruht. Die Patient*innenzimmer erhielten eine einheitliche farbliche Ausgestaltung, für die Dekoration der Gänge wurden Schmiedeeisenarbeiten hergestellt und mit der Ausstattung der Verwaltungsräume 16 Künstler*innen aus dem Raum Hollabrunn beauftragt. 2019 bis 2021 wurde vom selben Architekturbüro ein Zubau für die Ambulanz errichtet, der den Blick auf die Fassade heute beeinträchtigt.

Freizeit

0722 Aumühlgasse 8, Sporthalle, 1975, P: Helmut Leierer, BH: Stadtgemeinde Hollabrunn, S: Willibald Zemler, Konstruktion: Conprojekt Frantl & Co | Zubau Lagerhallen, 2017–2018 ●

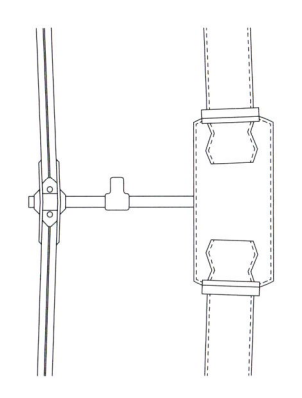

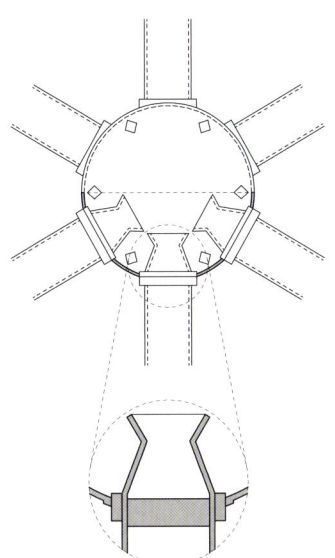

Als Sport- und Mehrzweckhalle flexibel bespielbar konzipiert, bildet die Halle das Hauptgebäude der Sportanlage und liegt in direkter Nachbarschaft zum Stadtsaal (→ 0717). Die Hallenkuppel erhebt sich mit einer Spannweite von 65 Metern und einer Stichhöhe von 13 Metern stützenfrei über oktogonalem Grundriss. Innovativ ist hierbei die Konstruktionsweise, bei der von einem räumlichen Stabwerk aus Stahlrohren als Primärkonstruktion doppelschalige Aluminium-Dachpaneele abgehängt wurden. Die Stabrostkuppel liegt an den Eckpunkten der Grundrissform auf sechs Stahlbeton-Auflagern auf, welche die vertikalen Lasten auf je vier Bohrpfähle ableiten. Die horizontalen Lasten werden über Zugseile aufgenommen, die die Auflager unterhalb des Hallenbodens diagonal verbinden.

Bei dieser Konstruktion handelt es sich um die erste Anwendung des Systems CONZEM, welches von den Ingenieuren Frantl, Zemler und Hofstätter entwickelt und weltweit patentiert wurde. Der „Hollabrunner Knoten" hatte zum Ziel, teure Schweiß- oder Schraubverbindungen durch eine einfachere Knotenkonstruktion zu ersetzen. Die zu verbindenden Stahlstäbe werden an den Enden plattgedrückt und in das Stahl-Knotenelement eingeführt. Anschließend wird der Hohlraum des Knotens mit Spezialzementmörtel aufgefüllt und somit werden jeweils sechs Stäbe kraftschlüssig miteinander verbunden. Der dadurch entstehende Knotenpunkt weist nicht nur eine hohe Druck- und Zugfestigkeit, sondern auch eine große Biegesteifigkeit auf. Durch das neue System konnte nicht nur Stahl eingespart, sondern auch eine Montagezeit der Primärkonstruktion von nur fünf Wochen ermöglicht werden.

Wohnbauten

0723 Bachpromenade 35–39, WHA „Wohnen Morgen", 1976, P: Ottokar Uhl, Joseph P. Weber ●

Die am Göllersbach liegende Wohnhausanlage ging aus dem Wettbewerb „Wohnen Morgen" der Gemeinde Hollabrunn hervor und gilt heute als wichtiges Fallbeispiel für Planungsprozesse mit partizipativem Ansatz. Das Projekt stützte sich konzeptionell auf die strukturalen Architekturen von Hermann Hertzberger, Aldo van Eyck und anderen Architekten in den Niederlanden und wurde von einer Forschungsarbeit begleitet, die sowohl Partizipation in der Planung als auch den Einsatz vorgefertigter Elemente untersuchte. Die errichtete Anlage besteht aus drei parallel angeordneten, jeweils dreigeschoßigen, terrassiert organisierten und flach gedeckten Baukörpern und wurde mit Beteiligung der späteren Bewohner*innen geplant. Dem damaligen Zeitgeist verbunden, ergab sich das strukturelle Geflecht aus einem grundlegenden Raster und einem Modulmaß: Kernzonen und „Margen" gliederten die Gebäudetiefe in parallele Bereiche; rechtwinkelig dazu fixierten unterbrochene Mauerscheiben als konstruktive und raumbegrenzende Elemente die „Sektoren" und Nutzungsbereiche. Alle Wohnungen sind in West-Ost-Ausrichtung angelegt, jene im Erdgeschoß verfügen über Vorgärten.

0724 Bahnstraße 6, Wohn- und Geschäftshaus, 1911–1912, P: Robert Brosig ●

0725 Bahnstraße 7, Wohn- und Geschäftshaus, 1898, P: Ern(e)st Brosig | Umbau und Adaptierung sowie Sanierung und Neugestaltung der Fassade, 2014–2016, P: Andreas Sammer ●

Das charakteristische Erscheinungsbild dieses Bauwerks wird durch eine historische Gliederungssystematik geprägt. Gekuppelte Kolossalpilaster rahmen das zwei Geschoße verklammernde rundbogenförmige Eingangsportal im leicht hervortretenden, auf beiden Seiten von jeweils zwei Fensterachsen flankierten Mittelrisalit. Die Attikazone wird durch Fries und Kranzgesims akzentuiert.

0726 Bahnstraße 10, WH, 1902 ●

0727 Bahnstraße 16, Wohn- und Geschäftshaus, 1914 | Ausbau Dachgeschoß, 1993 ●

Der von der Straßenflucht abgerückte, zweigeschoßige und symmetrisch gegliederte Baukörper mit Seitenrisaliten und Mansarddach erfuhr bis ins 21. Jahrhundert wiederholt Zu- und Umbauten.

0728 Bahnstraße 22, Wohn- und Geschäftshaus, 1914 | Umbau und Adaptierung, 1958, 1961, P: Josef Pichler ●

0729 Castelligasse 12–14, WHA, 1982, P: Helmut Leierer, BH: Alpenland Gemeinnützige Bau-, Wohn- u. Siedlungsgenossenschaft

Die ursprünglich auf den Wettbewerb zur Gartenstadt Hollabrunn zurückgehende Anlage wurde nach einem Beschluss des Bauträgers unweit des Göllersbachs errichtet. In zwei Abschnitten gebaut, wurden sechs viergeschoßige Module mit Wohnungen in Ost-West-Ausrichtung zeilenförmig organisiert, wobei zwei der Module zu den anderen leicht versetzt positioniert sind. Eine dunkle Eternitverkleidung des obersten Stockwerks sowie vereinzelt zurückversetzte Einheiten sorgen für ein aufgelockertes Erscheinungsbild, die Stiegenhauskerne rhythmisieren den zentralen Erschließungsweg. Private Freiflächen finden sich im Erdgeschoß in Form kleiner Gärten, in den oberen Stockwerken liegen Loggien und Terrassen.

0730 Hauptplatz 13, Wohn- und Geschäftshaus, ehem. Sparkassenverein, 1898–1899, P: Hugo Wanderley, BH: Sparkassenverein | Umnutzung zum Modehaus, 1904 | Sanierung, 2015, AB: Architekten Maurer & Partner ZT GmbH (Ernst Maurer, Christoph Maurer, Thomas Jedinger) ●

Das an der Ostseite des Hauptplatzes liegende Gebäude zeichnet sich durch den reichen Jugendstil-Dekor der Fassade aus. Drei risalitartig betonte Mittelachsen mit Balkonen und Oculi sowie ein weit auskragendes Traufgesims mit Attikaaufsätzen nobilitieren den viergeschoßigen symmetrischen Baukörper gegenüber den Nachbargebäuden. Friese an den Übergängen zwischen Sockelzone, Beletage und Attika zonieren die Fassade horizontal, die Fenster sind ihren Positionen entsprechend unterschiedlich eingefasst. 2015 wurde im Zuge einer Renovierung die originale Farbfassung der Fassade wiederhergestellt.

0731 Hölzlgasse 1–3, Doppelwohnhaus, 1914, P: Karl Pumm | Umbau, 1982–1984 | Ausbau Dachgeschoß, 1987, AF: Hans Brabenetz ●

0732 Kirchenplatz 1, WH, Seminarvilla, 1910 ●

Der frei stehende, symmetrisch angelegte Bau mit überhöhtem, walmdachbekröntem Mittelrisalit erhält seine markante Silhouette durch die beiden polygonalen Eckerker unter Zeltdächern. Die Fassade ist durch vielgestaltige Putzfelder gegliedert und verfügt über einen hohen, teilweise bandrustizierten Sockelbereich. Der zentrale rundbogenförmige Haupteingang wird akzentuiert durch einen gesprengten Volutengiebel. Darüber findet das über einem Rundbogenfenster liegende Giebelgesims einen segmentbogenförmigen Abschluss.

0733 Kühschelmgasse 5, WH, 1910, P: Karl Pumm ●

0734 Theodor Körnergasse 5, WH, 1910, P: Anton Kospa | Fenstertausch, 2005 ●

Eine symmetrisch organisierte Fassade mit zentralem Zugang, der durch einen darüberliegenden Erker akzentuiert wird, sowie Seitenrisalite mit polygonalen Giebelfeldern gliedern den Baukörper. Der mittige Bereich über dem in das Gefälle der Straße eingepassten Sockel ist mit einer zarten Bandrustika versehen, seitlich wurde partiell mit Rauputz gearbeitet. Das Erscheinungsbild zeichnet sich durch einen facettenreichen Einsatz unterschiedlicher Putzfelder und Formen aus dem Historismus und Jugendstil aus.

0735 Theodor Körnergasse 11, Wohn- und Geschäftshaus, 1908, P: Michael Rammel | Umbau Geschäftslokal, 1956 | Fassaden- und Fenstererneuerung, 1980 | Umbau, 1988 ●

Das zweigeschoßige Gebäude ist im Sockelbereich an das Gefälle des Straßenzugs angepasst, verfügt über einen charakteristischen Erker an der abgeschrägten Ecke und zeichnet sich durch reichen Stuckputzdekor in Jugendstil-Formen aus.

0736 Waldweg 34–44, WH-Gruppe, 1953–1955, P: Franz Rausch ●

0737 Wienerstraße, Gilleisstraße, Jahnstraße, Straße der Sudetendeutschen, Stadterweiterungsgebiet Gartenstadt, ehem. Flüchtlingslager Oberhollabrunn, 1915–1919 | BH: Gemeinde Oberhollabrunn | Nachnutzung zu Heim- und Wohnzwecken, ab 1917 ●

1916 wurde im Bereich zwischen bzw. entlang der heutigen Adressen Wienerstraße, Gilleisstraße, Jahnstraße und Straße der Sudetendeutschen das Flüchtlingslager Oberhollabrunn für rund 5.000 Menschen errichtet und dieses mit einer Schmalspurbahn an die Nordwestbahn angebunden. Teils in solider Bauweise errichtet, war von Beginn an eine spätere Weiternutzung durch die Gemeinde vorgesehen. So entstanden neben

Holzbaracken auch aus Betonmauerwerk gefertigte Ein-, Zwei- und Vierfamilienhäuser mit Gärten sowie Spitals- und Verwaltungsgebäude, eine Schule, ein Gasthaus und mehrere Wirtschaftsgebäude; eine erste Kirche wurde 1931 errichtet (→ 0715). Ab 1918 wurde das aus rund 100 Objekten bestehende Areal von der Gemeinde Wien als Jugendfürsorgelager genutzt, ab 1922 die ehemaligen Lagergründe als „Gartenstadt" bezeichnet und zu Siedlungszwecken freigegeben. Am 1949 parzellierten Stadterweiterungsgebiet haben sich einige der umgenutzten Gebäude des ehemaligen Lagers bis heute im Kern erhalten.

▶ *Plan (vorherige Seite): Situation um 1920*

Einfamilienhäuser

0738 Badhausgasse 4–8, WH-Ensemble, 1909–1910, P: Michael Rammel (Nr. 4 und 6), Ferdinand Glaser (Nr. 8) ●

0739 Bahnstraße 15, Villa, 1898 | Ausbau Dachgeschoß, 1975, P: Hans Schuster | Errichtung Balkon und Dachveranda, Fenstertausch, 2004–2005, P: Hans Brabenetz | Ausbau Dachgeschoß, 2008, P: Raiffeisen, Lagerhaus Hollabrunn ●

Die Erscheinung der kleinen Villa wird durch den getreppten Giebel, das hofseitige Türmchen, den hölzernen Portalvorbau, einen flachen Erker und schlicht eingefasste Fenster geprägt.

0740 Bahnstraße 19, Villa, um 1900, P: Ern(e)st Brosig | Einbau Mansardenwohnung, 1938, P: Franz Neumayer | Einbau Garage im Keller, 1984, P: Hans Brabenetz | Errichtung Balkon, 2019, P: Guido Gasser ●

0741 Waldweg 8, EFH, 1937, P: Karl Bachheimer ●

0742 Waldweg 18, Zubau zu bestehendem WH, 1930, P: Karl Bachheimer | Zubau Veranda, 1980, P: Karl Bachheimer | Zubau, 2010, P: Helmuth Locher ●

0743 Waldweg 24, EFH, 1936 | Zubau Garage, 1958 | Vollwärmeschutz, Neufärbung der Fassade, Fenstertausch, 2000 ●

Hotels, Heime, Klöster, Kasernen

0744 Bahnstraße 14, Wohn- und Geschäftshaus, ehem. Hotel Post, vor 1923, P: Ern(e)st Brosig | Umbau, 1973, P: Manfred Schuster | Umbau, 1993–1994, P: Johann Buhl | Dachausbau, 1999, P: Johann Buhl ●

Die Anfangsjahre des ehemaligen Hotels mit seiner von ornamentalen Stuckgirlanden und drei Segmentbogengiebeln geprägten Hauptfassade sind anhand des vorhandenen Planmaterials nicht mehr vollständig rekonstruierbar, doch stammen die frühesten, undatierten Pläne zur Erbauung eines Restaurants und Hotels von Ern(e)st Brosig, einem Baumeister und Ziegeleibesitzer in Oberhollabrunn, der 1923 verstarb. In den 1970er-Jahren modernisiert und erweitert, wurde das Gebäude zwischen 1993 und 1994 stark verändert: Es entstand ein Nebengebäude und im Zuge dessen wurde die ungewöhnliche, nördlich anschließende Garage abgerissen. 1999 wurde das Dach teilweise zu Wohnungen ausgebaut; das Gebäude wird seitdem teils als Café geführt, ebenso gibt es Büros mit im Haus vorhandenen Wohnungen.

Landwirtschaft

0745 Josef Weisleinstraße 5, Alter Schlachthof, 1918 | Umbau, 2004, P: Eleonore Kleindienst (Beratung) ●

Das 1918 im Jugendstil errichtete Gebäude diente bis 1996 als städtischer Schlachthof. In den 1960er-Jahren durch mehrere Zubauten bzw. durch Abbrüche der Stallungen verändert, wurde das Gebäude im Jahr 2004 unter Anleitung der Architektin Eleonore Kleindienst, die u. a. auch das WUK (Werkstätten- und Kulturhaus) in Wien mitgestaltete, zu einem Veranstaltungsort umgebaut.

Hollenstein 3710
Gemeinde: Ziersdorf, Bezirk: Hollabrunn

Religion, Kult

0746 48°33'12.5"N 15°55'57.0"E, Ortskapelle, 1936, P: Clemens Holzmeister, AF: MM Glaser ●

Hollenstein an der Ybbs 3343
Gemeinde: Hollenstein an der Ybbs, Bezirk: Amstetten

Einfamilienhäuser

0747 Dorf 50, Villa, 1891–1898, BH: Jakob Kärnbach, AF: Franz Klein ●

Landwirtschaft

0748 Hohenlehen 9–11, Meierhof, 1906,
BH: Gustav Davis ●

Der Gründer der Kronenzeitung, Gustav Davis, erwarb ab 1908 mehrere Liegenschaften, um ein Gut mit moderner Landwirtschaft und Viehzucht aufzubauen. Dafür ließ er an der Stelle des alten Bauerngutes Hohenlehen einen modernen Meierhof errichten (→ 0422).

Horn 3580
Gemeinde: Horn, Bezirk: Horn

Das Stadtbild innerhalb der noch erhaltenen Stadtmauern ist geprägt von im Mittelalter angelegten Strukturen und (teils unsensibel postmodern überformter und „behübschter") Bausubstanz aus der Renaissance. 1850 durch die allgemeine Verwaltungsreform Bezirkshauptstadt geworden, erweiterte sich die Stadt nach der Sprengung der Stadttore in der zweiten Hälfte des 19. Jahrhunderts mit planmäßig angelegten Wohn- und Villenvierteln nach Norden. Wilhelm Himmelmeyer, Anton Krejci und Johann Steiner zählen zu den führenden Baumeistern des ersten Viertels des 20. Jahrhunderts.

1937 wurde Horn zur Garnisonsstadt. Das Kasernengelände erstreckt sich südlich des Stadtzentrums und des Flusses Taffa. Die Nachkriegszeit ist von umfassenden Investitionen in den Ausbau der Infrastruktur geprägt. Die Architektur des Gebäudes der neuen Bezirkshauptmannschaft wie auch des nördlich des Stadtzentrums entstandenen Bildungs- und Freizeitquartiers signalisiert Aufbruchsgeist und Fortschrittlichkeit. Ein baukünstlerischer Höhepunkt dieser Ära ist das Canisiusheim von Ladislaus Hruska, das nach seiner Schließung 2008 nicht zuletzt dank einer Initiative des niederösterreichischen Architekturnetzwerks ORTE zum Teil unter Denkmalschutz gestellt wurde und mittlerweile als Beherbergungs- und Veranstaltungsbetrieb ein „zweites Leben" erhielt. Intensiver Wohnungsbau sorgte entlang der Siedlungsachsen vor allem nach Norden, Süden und Westen für die Ausdehnung der Stadt. Weiters kennzeichnen Revitalisierungen und Adaptierungen historischer Gebäude die zweite Hälfte des 20. Jahrhunderts, wobei sich insbesondere die Architekten Gerhard Lindner, Anton Schweighofer und Carl Pruscha verdient machten.

Architekturgeschichtlich irrelevant, aber von immenser Auswirkung auf die Stadtentwicklung ist das an der westlichen Peripherie gelegene Gewerbegebiet entlang der Prager Straße mit dem 1995 eröffneten Einkaufszentrum und der als „Goldene Meile" bezeichneten Fachmarktagglomeration. Als Ergänzung, und nicht als Konkurrenz zu den Geschäften in der Innenstadt gedacht, trat das Ungeplante – zunehmender Leerstand im Zentrum – rasch ein.

Mit der Schubkraft der Landesausstellung 2009 wurden Stadtpark (Atelier Auböck + Kárász) und Hauptplatz neu gestaltet und dutzende Fassaden herausgeputzt.

Amts-, Verwaltungs-, Kommunal-, Bürobauten

0749 Frauenhofner Straße 2, Bezirkshauptmannschaft, 1954–1957, P: Karl Pelnöcker, Franz Simlinger, K: Rudolf Pleban (Wandmalereien Sitzungssaal, Keramiköfen) | Erweiterung, 1994, P: Johann Haidl, Karl-Heinz Sperber | Sanierung und Umbau, 2011–2012, P: Gerhard Macho

Das einen Vorgängerbau ersetzende Amtsgebäude wurde von den Landesbeamten Pelnöcker und Simlinger im Hinblick auf eine maximale Nutzung des Grundstücks und gleichzeitige Einpassung in das Ortsbild an der Ecke zwischen Frauenhofner Straße und Stadtgraben als in der Höhe gestaffelter Baukörper konzipiert. Der die Ecksituation bildende fünfgeschoßige Haupttrakt ist von einem zarten, leicht auskragenden Flachdach gedeckt und springt im Erdgeschoß hinter die Fassadenebene zurück, wo er auf vier Stützen lastet und so eine durchlässige Zone bildet. An der granitverkleideten Hauptfassade wird der Fensterraster im rechten unteren Bereich durch Verdoppelung der Öffnungen und Einfassung der somit entstehenden Fensterbänder mit einem Rahmen aus dunklerem Syenit gebrochen; zwischen den drei Fensterbändern sind helle Reliefplatten angebracht. Details, wie die ebenfalls mit zarten Syenitplatten eingefassten Stützen im Erdgeschoßbereich oder Laibungen der rot kontrastierenden Fenster sowie die filigrane Nietenbefestigung der Fassadenplatten, zeugen vom Gestaltungswillen der Planer und der intendierten Wirkung des kommunalen Gebäudes. Trotz Erweiterung in den 1990er-Jahren hat sich der Charakter der Nachkriegsmoderne erhalten und ist insbesondere in den 2012 gewissenhaft restaurierten Innenräumen – etwa dem Foyer mit Intarsien-Terrazzoboden und mit Metalleisten verkleideten Säulen, dem Sitzungssaal mit Wandmalerei und rasterartiger Nussholzvertäfelung oder allgemein kunstvoll ausgeführten Detaillösungen wie Türgriffen etc. – auch heute deutlich spürbar.

0750 Hauptplatz 4, Neubau Postamt, 1978–1980, P: Karl Mang, Eva Mang-Frimmel, BH: Post- und Telegraphendirektion, S: Ernst Armbruster, Leopold Krajicek ●

Der Neubau des ehemaligen Postamtes wurde in einer Baulücke zwischen historischem Baubestand realisiert. Auf einem relativ großen Grundstück, das zuvor von zwei Gebäuden eingenommen worden war, orientiert sich der dreigeschoßige Neubau in Geschoß- und Traufhöhe am östlichen Nachbarhaus. Die beiden Obergeschoße, in denen sich Büroräumlichkeiten befinden, sind mit einem Betongesims optisch vom Erdgeschoß abgesetzt, der Mittelbereich ist durch einen Vorsprung geprägt. Während die Erdgeschoßzone mit Waldviertler Granit verkleidet ist, wurden die Obergeschoße in graublauer Tönung glatt verputzt. Die Erdgeschoßfenster sind in weinroter Metallkonstruktion ausgeführt, während die weißen Holzsprossenfenster der Obergeschoße Bezug auf die historische Bebauung der Umgebung nehmen. Das auf Firsthöhe abgestufte Satteldach wird im Westen zum zweigeschoßigen Nachbarhaus abgewalmt und ist mit Wiener Taschen gedeckt.

Kultur, Veranstaltung

0751 Robert-Hamerling-Straße 9, Umbau Vereinshaus, 1987–1989, P: Anton Schweighofer, BH: Stadtgemeinde Horn, K: Maria Biljan-Bilger ●

Das um 1910 im Stil eines neobarocken Theaters errichtete christliche Arbeiter*innenvereinshaus musste in den 1980er-Jahren für ein zeitgemäßes Kulturleben adaptiert werden. Schweighofer löste das Problem radikal und doch einfühlsam, indem er die direkt in den Hauptsaal im Obergeschoß führende Treppe komplett entfernte und ihm eine Sala Terrena als großzügigen Gastsaal einschob, über den der Hauptsaal erreicht wird. Seitlich und rückwärtig angefügte weitere Foyer- und Saalbereiche ermöglichen nun ein Raumkontinuum und die Bespielbarkeit der Bühne von drei Seiten. Im großen Saal wurde die Deckenkonstruktion freigelegt und von der Künstlerin Maria Biljan-Bilger mit archaischen Figuren und geometrischen Mustern in kräftigen Erdfarben bemalt. Die äußere Erscheinung des alten Vereinshauses hingegen wurde nur durch minimale Veränderungen optimiert.

0752 Wiener Straße 4, Höbarth- und Madermuseum | Adaptierung Bürger*innenspital zu Höbarthmuseum, 1964–1973, BH: Stadtgemeinde Horn | Zubau Ausstellungshalle für Madermuseum, 1976–1979, P: Gerhard Lindner | Translozierung Scheune für Madermuseum, 1982 | Zubau Kulturparkhalle, Eingangsbereich, 1993–1995, AB: LindnerArchitektur ZT GmbH (Gerhard Lindner) | Erweiterung, 2007–2009, AB: LindnerArchitektur ZT GmbH ●

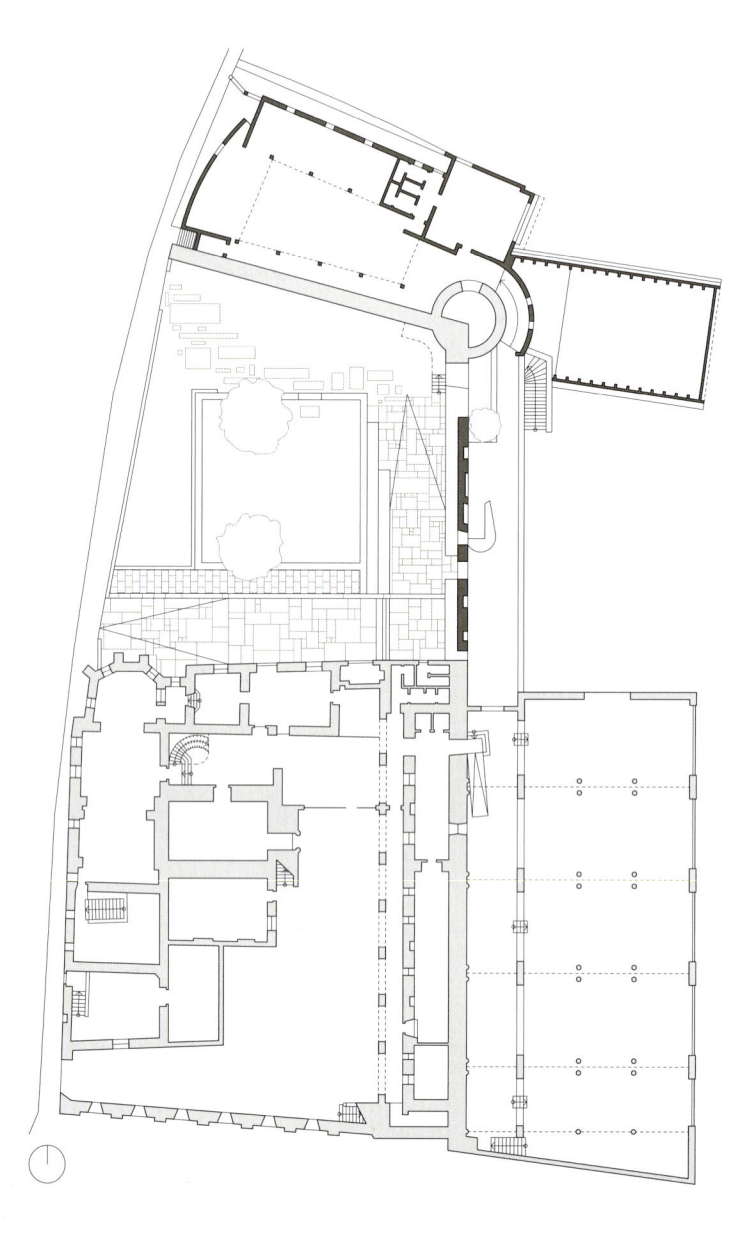

Die von Josef Höbarth angelegte Sammlung bedeutender urgeschichtlicher Artefakte bildete 1930 den Gründungsbestand eines nach ihm benannten Museums am Standort Pragerstraße. Als Teil der heutigen Museen der Stadt Horn ist die Sammlung seit 1973 im ehemaligen Bürger*innenspitalsgebäude aus dem 14./15. Jahrhundert untergebracht. Die agrartechnische Sammlung von Ernst Mader wird seit 1983 im angegliederten Madermuseum präsentiert. Im Zuge der Adaptierung als Museum erfuhr das denkmalgeschützte Gebäude wiederholt Um- und Zubauten, von denen insbesondere die beiden jüngsten zu nennen sind: 1995 wurde das Museum um ein Foyer und eine neue Ausstellungshalle erweitert, die direkt an der Stadtmauer liegt. Unter dem Namen „Kulturparkhalle" dient die neue Halle von Gerhard Lindner als Veranstaltungsraum und wurde ihrerseits 2019 adaptiert. In einer weiteren Umbauphase entstand 2007 bis 2009 nach Plänen Lindners ein weiterer Foyerraum im Hof, der sich als Holzkonstruktion mit großen Glasflächen und Kupferblech an der Fassade deutlich vom Bestand absetzt.

▶ *Plan: Zustand um 1995*

Bildung

0753 Ferdinand-Kurz-Gasse 24, <u>Volksschule, 1976–1979,</u> P: Gerhard Linder | Erneuerung des Daches und Umbau, 1997, P: Johann Haidl ●

Auf dem abschüssigen Gelände sind die Gebäudetrakte so gestaffelt angeordnet, dass die Schule über einen niedrigen Trakt, der durch einen Vorplatz von der Straße zurückversetzt ist, ebenerdig betreten wird. Die Zentralgarderoben befinden sich im Erdgeschoß, unter dem Straßenniveau liegen die Pausenhalle und der Pausenhof. Der ostseitige dreigeschoßige Trakt beinhaltet die Klassenräume sowie die Leiter*innen- und Konferenzzimmer, an der Nordseite schließt der Turnsaal an das Gebäude an. Obwohl es im Inneren nur kleinere Umbauten gab, wurde das äußere Erscheinungsbild der ehemals streng kubischen Baukörper mit Sichtbetonfassaden durch den Tausch des Kiesdaches gegen ein rotes Blechdach 1997 stark verändert.

▶ *Plan: Zustand um 1979*

0754 Gartengasse 1, <u>BHAK/BHAS und HLW/FW, 1973–1977,</u> P: Gerhard Linder | Zubau und Sanierung, 2000–2004, P: Johannes Zieser ●

Der Bau wurde mit einem Klassen- und einem Sonderklassentrakt konzipiert, die zueinander jeweils um ein halbes Geschoß versetzt und durch eine großzügige Treppenanlage miteinander verbunden sind. In den Jahren 2000 bis 2004 fanden Sanierung und Erweiterungen statt: Der ehemalige Sonderklassentrakt wurde durch beidseitige Anbauten vergrößert, aufgestockt und mit Glasfassaden verkleidet. Die Sichtbetonfassade des Altbaus wurde mit Eternitplatten verblendet und die Fenster und Eingangsportale getauscht, wodurch sich das äußere Erscheinungsbild des Altbaus stark veränderte; im Inneren wurde trotz umfangreicher Modernisierungen das Treppenhaus der 1970er-Jahre mit den Sichtbetonwangen und Handläufen aus dunklem Holz weitgehend erhalten.

0755 Puechhaimgasse 21, <u>BG, 1956–1961,</u> P: Wilhelm Reichel, Hans Riedl, Wilhelm Hubatsch ●

Nach einem Wettbewerb schlossen sich die erstplatzierten Architekten Reichel und Riedl mit dem zweitplatzierten Wilhelm Hubatsch zu einer

Arbeitsgemeinschaft zusammen. Auf dem abschüssigen Gelände gruppieren sich der viergeschoßige Eingangstrakt, die beiden zweigeschoßigen, einhüftig angelegten Klassentrakte und der Turnsaal um einen quadratischen Innenhof. Über einen Vorplatz zwischen zwei niedrigen Baukörpern mit Direktion und Bibliothek wird der Haupteingang erreicht, der zu den Zentralgarderoben im Untergeschoß und zur Aula im Erdgeschoß führt. Vier Stiegenanlagen erschließen die weiteren Geschoße.

Gesundheit

0756 Spitalgasse 10, Landesklinikum Horn, 1988–1992, P: Paul Pfaffenbichler, Erich Sadilek, BH: Stadtgemeinde Horn •

Die 1891 eröffnete „Kaiser Franz Josef Bezirks-Krankenanstalt" wurde in den folgenden Jahren mehrmals umgebaut bzw. erweitert, bis schließlich von den Architekten Paul Pfaffenbichler und Erich Sadilek ein Neubau errichtet wurde. In einem großen, zwei Stockwerke hohen Flachbau sind die Operations-, Untersuchungs- und Behandlungsräume, die Apotheke, die Verwaltung etc. untergebracht. Die Zimmer für die Patient*innen befinden sich in zwei an das Hauptgebäude angedockten, mehrgeschoßigen, Y-förmigen Türmen.

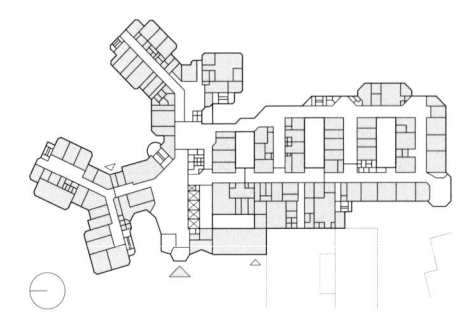

Wohnbauten

0757 Adolf-Fischer-Gasse 1, WH, 1903, P: Adolf Zwerina •

Das dreigeschoßige Eckgebäude erhält seine charakteristische Kontur durch den markanten Eckturm, der an beiden Seiten von Risaliten mit oculibestückten Attikaaufsätzen flankiert wird. Bandrustika und historisches Formenvokabular gepaart mit vereinzeltem Dekor des Jugendstils verleihen dem Gebäude ein repräsentatives Gepräge.

0758 Am Mittersteig 4–8, WHA, 1965–1968, AB: Atelier P + F (Herbert Prader, Franz Fehringer, Erich Ott) •

0759 Bahnstraße 1, Wohn- und Geschäftshaus, um 1919, P: Anton Krejci, BH: Josef Ferdinand Jankowski | Aufstockung Lagerräume, 1922, AF: Alois Prager | Umbau mit Wohnungen und Fertigstellung Hoftrakt mit Kleinwohnungen, 1927, BH: Stadtgemeinde Horn, AF: Johann Steiner, Alois Prager | Umbau Geschäfts- und Lagerräume Erdgeschoß, 1932–1933, BH: Franz Malleczek •

Entgegen dem Entwurf von Anton Krejci zur gemeinsamen Bebauung mit dem Haus Bahnstraße 3 wurde der Bau 1919 zunächst nur mit der östlichen Fassade und einem eingeschoßigen Lager im Westen fertiggestellt. 1922 folgte dessen Aufstockung um eine Wohneinheit mit Komplettierung des zweiten, schmaleren Fassadenteils. Um 1925 begann die Errichtung eines Hotelbaus mit Kaffeehaus in den bisherigen Lagerräumen und einer Bankfiliale im Bestandsbau. Ein zweigeschoßiger, überkuppelter Veranstaltungssaal mit Bühne sowie Speisesaal im Untergeschoß hätte die Verbindung zum viergeschoßigen Hoteltrakt mit 25 Zimmern nach einem Entwurf Theo Träxlers hergestellt. Nach Erlöschen der Konzession aufgrund zu geringen Baufortschritts 1926 wurde der Bau gestoppt und das Areal von der Gemeinde übernommen, die den Rohbau des Hoftrakts als separates Gebäude mit Kleinwohnungen vollendete. Gleichzeitig entstanden bis 1927 fünf Wohneinheiten im straßenseitigen Bestandsbau, dessen Erdgeschoß ab 1932, nach dem Erwerb durch die Eigentümer*innen des Nachbargebäudes, erneut zu Geschäfts- und Lagerräumen umgebaut und der Bahnstraße 1 angegliedert wurde.

0760 Bahnstraße 3, Wohn- und Geschäftshaus, um 1919, BH: Hans Mölzer, AF: Anton Krejci | Zubau mit Lagerräumen, 1971 •

0761 Bahnstraße 24–26, Doppelwohnhaus, 1931, P: Johann Steiner •

0762 Bahnstraße 28–30, Doppelwohnhaus mit Geschäftsräumen, 1931–1932, P: Johann Steiner •

0763 Bahnstraße 29, Doppelhaus, 1939, P: Johann Steiner •

0764 Bahnstraße 35–45, WHA, 1933–1934, P: Johann Steiner •

0765 Christian-Weinmann-Gasse 1–3, Doppelwohnhaus, 1927, A/BH: Johann Steiner •

0766 Ferdinand-Kurz-Gasse 8–10, Doppelwohn-haus, 1909–1910, P: Johann Steiner ●

0767 Kirchenplatz 2, Wohn- und Geschäftshaus, 1927–1928, P: Johann Steiner ●

0768 Lagerhausstraße 13–15, Doppelwohnhaus, 1927–1930, P: Johann Steiner ●

0769 Lazarethgasse 8–22, Siedlung, 1978, P: Walter Dürschmid

Entlang der Straße wurden acht Häuser in Massivbauweise, giebelständig und gegeneinander versetzt, zeilenartig angeordnet. Die Erdgeschoße sind jeweils hell verputzt, verfügen über großzügige Fenster in dunklen Rahmen und nehmen die Wohnbereiche und die Küche auf. Aus den über die reine Dachfläche hinaus mit Eternit verkleideten Obergeschoßen, die ebenfalls dunkel gehalten sind, erlauben weitere Räume den Blick in die individuellen rückwärtigen Gärten. Die Häuser sind unterkellert und verfügen jeweils über einen Vorgarten sowie einen Autoabstellplatz.

0770 Prager Straße 9, WH, um 1910 | Fassadensanierung und Fenstertausch, 1999 ●

0771 Puechhaimgasse 4–10, Siedlungshäuser, um 1901, P/BH: Anton Krejci | Nr. 8: Zubau, um 1935, AB: Alois Prager & Sohn | Nr. 6: Dachgeschoßausbau, um 1964, P: Karl Traschler | Umbau Untergeschoß, um 1965, P: Gerhard Linder | Nr. 4: Garagenzubau, um 1964, P: Karl Traschler| Nr. 10: Zubau, um 1966, P: Karl Traschler ●

Um die Jahrhundertwende errichtete Anton Krejci die Gruppe vier unterkellerter, eingeschoßiger Wohnhäuser mit Walmdächern. Durch leicht variierende und gedrehte Grundrisse, teilweise mit Vorbauten für Hauseingang und Speisekammer, entstanden unterschiedliche Straßenfronten. Putzbänder sorgen für eine horizontale Gliederung der Fassaden, reduzierte geometrische Ornamente rahmen die Fenster und bilden teilweise gemeinsame Achsen mit den Fensteröffnungen des Souterrains aus.

0772 Rathausplatz 7, Wohn- und Geschäftshaus, 1929, BH: Josef Stidl, AF: Johann Steiner | Umbau Geschäftsfassade mit Bankfiliale, 1972, P: Friedrich B. Steinbach | Einbau 2. Ladenlokal, 1985–1987 | Dachbodenausbau, 1995, P: Christine Linder, Johannes Kislinger ●

Charakteristisch ist die Fassadenrundung, die durch Sichtziegelflächen zwischen den Eckfenstern und die flache Eckgaube betont wird. Bogenförmig werden beide Fassaden, die in ihrer Breite jeweils dem Maßstab der Gassen entsprechen, geschickt verbunden. Die Erschließung erfolgt über das mit Erker und hohem Giebel betonte Hauptportal zum Rathausplatz, das einen markanten Gegenpunkt zur Eckrundung bildet.

0773 Riedenburgstraße 1–13, WHA, ehem. Unteroffiziershäuser, um 1940, P: Hans Kamper ●

0774 Riedenburgstraße 8–10, Doppelwohnhaus, 1913, P: Wilhelm Himmelmayer, BH: Wilhelm Himmelmayer, Marie Himmelmayer ●

0775 Schulgasse 9–13, 8–16, WH-Ensemble, 1906 bis ca. 1909, P: Johann Steiner ●

0776 Schützenplatz 1, Wohn- und Geschäftshaus, 1914–1915, P: Johann Steiner ●

Zu den Besonderheiten des zweigeschoßigen Eckgebäudes zählen der polygonale Eckerker mit Zeltdach, das beidseitig von mit Segmentbogenfenstern besetzten Giebelfeldern flankiert wird, sowie das durch große Gauben rhythmisierte Dach. Ein schmales verdachtes Stockwerksgesims über der Sockelzone gliedert den Baukörper horizontal, während die über dem Sockel liegenden Fenster von historischem Putzdekor gerahmt und durch Blumenkörbe akzentuiert werden. Steiners ursprünglicher Entwurf zeigte eine städtebaulich weiter gedachte Lösung, die das rechts angrenzende Nachbargrundstück in eine einheitliche Gestaltung miteinbezog und die dort erst später von ihm umgesetzte Lösung mit Rundturm bereits vorwegnahm (→ 0777).

0777 Schützenplatz 2, Wohn- und Geschäftshaus, 1914–1924, P: Johann Steiner ●

Der zweigeschoßige Bau mit dem an Barockformen erinnernden Giebelfeld erhält durch seinen Rundturm mit zwiebeldachähnlichem Abschluss eine besondere städtebauliche Bedeutung, denn dieses Bauelement fungiert neben gestalterischen Überlegungen hinsichtlich der Sichtbarkeit im Straßenzug auch als Gelenk, indem es zwischen den jeweils unterschiedlichen Baufluchtlinien der beiderseits liegenden Nachbarbebauung vermittelt. In einem 1914 entstandenen Entwurf Steiners wurde am ursprünglichen Vorhaben, diesen Standort an das links angrenzende Nachbargrundstück anzubinden und als gestalterisch einheitliches Ensemble zu verstehen, festgehalten (→ 0776).

0778 Stephan-Weykerstorffer-Gasse 1, WH, 1903–1904, P: Anton Krejci ●

0779 Thurnhofgasse 31, Aufstockung WH, 1931, P: Johann Steiner ●

0780 Wiener Straße 41, Wohn- und Geschäftshaus, 1914, BH: Josef Stiedl | Zubau Werkstätte 1949, P: Johann Steiner | Umbau Ladenfront, 1957 ●

Einfamilienhäuser

0781 Adolf-Fischer-Gasse 10, Villa, 1927–1928, P: Johann Steiner | Kleingarage mit Terrasse, 1984 | Dachausbau, 1994, P: Johann Buhl | Gartenpavillon, 2009 ●

0782 Feldgasse 14, Villa, 1910, P/BH: Wilhelm Himmelmayer | Kleingarage, 1960 | Umbau, 1989 ●

0783 Feldgasse 16, Villa, 1910, P/BH/AF: Wilhelm Himmelmayer | Garage, 1977 ●

0784 Ferdinand-Kurz-Gasse 18, Villa, 1936–1937, P: Johann Steiner | Umbauten, 1995–1997 | Sanierung und Kellerausbau, 2019 ●

0785 Ferdinand-Kurz-Gasse 28, EFH, 1972–1975, P: Hedy Wachberger, Michael Wachberger ●

Das ebenerdige Einfamilienhaus nimmt die ortsübliche Form eines Satteldaches auf – mit der Teilung in zwei Elemente, die zueinander versetzt angeordnet sind, erfährt es jedoch eine zeitgenössische Interpretation. Eine Doppelgarage und die Wasserspeier am Dach sind in Sichtbeton gestaltet.

0786 Frauenhofner Straße 6, Villa Minerva, um 1910 ●

0787 Frauenhofner Straße 8, Villa Josefinenheim, um 1910, BH: Emmerich Forstreiter ●

0788 Ing.-Karl-Proksch-Gasse 10–16, Einfamilienhäuser, 1951–1953, BH: Wohnbaugenossenschaft Alpenland ●

Als frühes Projekt der Wohnbaugenossenschaft Alpenland geplant und errichtet, waren die vier einheitlich gehaltenen Wohnhäuser mit ihren steilen Satteldächern und einander zugewandten Eingangslauben ursprünglich als geförderte Wohnbauten konzipiert.

0789   Lagerhausstraße 7, WH, 1933, P: Johann Steiner ●

0790   Riedenburgstraße 6, Villa, 1915, P/AF: Wilhelm Himmelmayer ●

0791   Riedenburgstraße 12, Villa, 1913–1914, P/BH: Johann Steiner | Dachausbau, 1969–1974 ●

Der Horner Stadtbaumeister Johann Steiner errichtete die Hochparterrevilla auf rustiziertem Sockel ab 1913 für sich selbst. Zwischen 1969 und 1974 wurde das ursprünglich nur aus einem verwendbaren Mansardenzimmer bestehende Dachgeschoß ausgebaut und erweitert. Beachtenswert sind die bereits im Einreichplan gezeigten ornamentalen Verzierungen des Ortgangs.

0792   Riedenburgstraße 30–36, Doppelwohnhaus, 1922–1926, P: Johann Steiner | Zubau, 1952, P: Johann Steiner ●

0793   Stephan-Weykerstorffer-Gasse 9, Villa, 1910, BH: Franz Siegmund, AF: vermutl. Alois Prager | Gartenhaus, 1926, P: Johann Steiner | Eingangsveränderung, 1946, P: Johann Steiner | Innenausbau, 1974–1977 ●

Die Quellenlage zu dem ansprechenden Jugendstilbau erlaubt nur eine lückenhafte Rekonstruktion der bewegten Baugeschichte. 1909 von einem unbekannten Architekten entworfen und im darauffolgenden Jahr vermutlich von Alois Prager, einem lokalen Baumeister, der im Zuge der Errichtung eines Holzschuppens auf dem Grundstück im Jahr 1912 genannt wird, erbaut, zeichnet sich die Villa durch ihre herrschaftlich wirkende ursprüngliche Innenaufteilung aus. In jedem Stockwerk, vom Souterrain bis zum ausgebauten Mansarddach, verband ein zentraler Korridor die Zimmer und erlaubte somit einen raschen Zu- und Abgang des Dienstpersonals auf allen Ebenen. Diese Korridore wurden spätestens 1974 bis 1977 verändert, als das Einfamilienhaus in mehrere Wohneinheiten unterteilt wurde. 1944 wurde im Haupthaus an unbekannter Stelle kurzzeitig ein Befehlsstand der Nationalsozialisten eingerichtet.

Hotels, Heime, Klöster, Kasernen

0794   Canisiusgasse 1, campus Horn, ehem. Canisiusheim, 1959–1960, P: Ladislaus Hruska, BH: Canisiuswerk | Sanierung, 2018, AB: bausache bm GmbH ●

Ab 1956 für das Canisiuswerk als Seminar für Spätberufene, also angehende Priester im zweiten Bildungsweg, geplant, ist der heute in Mischnutzung

als Hotel und Einrichtung für betreutes Wohnen geführte campus Horn ein wichtiges Zeugnis der Architektur der 1950er-Jahre. Er stammt aus der Feder Ladislaus Hruskas, der wenige Jahre zuvor mit dem Matzleinsdorfer Hochhaus eines der ersten Hochhäuser Wiens entworfen hatte und mehrfach für das Canisiuswerk tätig gewesen war. Das dezentrale, über vier Stockwerke reichende Atrium des Heims ist neben der Kapelle und dem vollständig verglasten und von einer überdachten Terrasse umgebenen Dachgeschoß eines der wichtigsten Merkmale der Anlage. Anfang der 1990er-Jahre wurden der Speisesaal im Norden und die Zimmer einer invasiven Renovierung unterzogen, die Struktur und Materialität der übrigen Räume (Klinker, Terrazzoböden, Naturstein, die zeittypischen Geländer des Atriums etc.) blieben jedoch erhalten. Nachdem 2014, sechs Jahre nach der Schließung des Heims, kurzzeitig der Abbruch drohte, wurde das Gebäude nach der Übernahme durch die novum Gruppe 2018 vom Büro bausache schonend saniert und für eine Nutzung als modernes Hotel und Seminarzentrum adaptiert. Im Zuge dessen wurde die ursprüngliche türkis-gelbe Farbgebung der Fensterrahmen des Dachgeschoßes rekonstruiert, ein im Norden anschließender, kleiner Trakt abgerissen und dessen umliegende Grünfläche in einen Parkplatz umgewandelt. Heute wird das Gebäude als Seminarhotel genutzt, die Kapelle kann für Hochzeiten gemietet werden.

0795   Ing.-Karl-Proksch-Gasse 4, ehem. Kinderheim, 1908, P: Hochbau Fachabteilung des NÖ Landes-Bauamtes ●

Das zweigeschoßige Gebäude mit einem mächtigen Mansarddach wurde als Kinderheim errichtet, später als Konvikt und zwischen 1983 und 2006 als Zivilschutzschule genutzt.

0796   Riedenburgstraße 38, Radetzkykaserne, 1936–1937 | Zubau, 1973 | Zubau, 1981, P: Oberstleutnant Höfer, Peter P. Pontiller, Peter Swienty ●

Im Zuge der wachsenden Spannungen in Europa kam es im Auftrag der austrofaschistischen Diktatur zum Umbau zweier Wohnhäuser und einer Fabrikhalle in Kasernengebäude, die durch zwei Kasernenneubauten ergänzt wurden. Im Weltkrieg schwer beschädigt und nach dem Ende der sowjetischen Besatzung wieder aufgebaut, wurde die Anlage 1973 um ein Wirtschaftsgebäude und 1981 um ein Mannschaftsgebäude in der für die Architekten Pontiller und Swienty typischen Kreuzbauform erweitert.

0797   Spitalgasse 14, Wohn- und Geschäftshaus, ehem. Schwesternheim, 1967–1968, AB: Atelier P + F (Herbert Prader, Franz Fehringer, Erich Ott) | Umnutzung zu Wohnzwecken nach 2000 ●

Das für die nahegelegene Schule für Gesundheits- und Krankenpflegewesen errichtete, ehemalige Schwesternheim wurde nach 2000 in Kleinwohnungen aufgeteilt und beherbergt heute eine Kindertagesstätte und diverse Kleinbetriebe.

Geschäftslokale, Einkaufszentren, Banken

0798 Thurnhofgasse 22, Piaristenpassage, 1991, P: Franz Sam, BH: Gabriele Habersberger •

Landwirtschaft

0799 Fraunhofner Straße 12, Schweineauktionshalle, 1950, P: Wenzl Hartl, BH: Verband Niederösterreichischer Schweinezüchter | Sanierung, 2004 •

Die sich heute noch in Betrieb befindende Auktionshalle in Holzbauweise wurde 1950 vom Unternehmen des österreichischen Fertighauspioniers Wenzl Hartl (Fertighäuser ab 1910, Bogenhallen/Tonnendächer wie diese mit bis zu 30 Meter Spannweite ab 1914) erbaut und 2004 saniert.

0800 Lagerhausstraße 6–8, Landwirtschaftliche Lagerhaus Genossenschaft f. Horn u. Umgebung (Lagerhalle), 1953, P: Franz Pongratz, Robert Strobl, Bauabteilung Verband ländlicher Genossenschaften in NÖ (VLG NÖ) | Silo, 1957, P: VLG NÖ | Mehrzweckhalle, 1972, P: VLG NÖ | Silozubau, 1987, P: VLG NÖ •

Bemerkenswert an der Anlage ist, dass der im Jahr 1957 errichtete Silo, als er an seine Auslastungsgrenze stieß, nicht ersetzt, oder ihm – wie so oft – ein weiterer Silo beigestellt wurde. Vielmehr wurden der Neubau von 1987 und der Turm aus den 1950er-Jahren hier zu einem Bau mit klar sichtbarer Baulinie verschmolzen.

Verkehr

0801 48°39'46.2"N 15°39'31.2"E, Piaristensteg, 1937, P: Friedrich Ignaz Edler von Emperger | Instandsetzung, 2009, BH: Stadtgemeinde Horn, AF: Alpine Bau GmbH •

Wie ein Prototyp für die großen Talbrücken in alpiner Topografie überspannt die kühne Konstruktion den flachen Einschnitt der Taffa. Die zwei filigranen Eisenbetonbögen messen eine Spannweite von 30 Metern, in deren Verlauf sich das Tragwerk zum mittleren Steher hin elegant verjüngt.

Hundsheim 2405
Gemeinde: Hundsheim, Bezirk: Bruck an der Leitha

Freizeit

0802 Spitzerberg 1, Flugsportzentrum und Hotel, ehem. Segelfliegerheim Spitzerberg, 1936, P: Heinz Rollig | Restaurierung und Wiedereröffnung als Flugschule, 1953–1955, P: Heinz Rollig, Lukas Lang, Frank Schläger, BH: Bundesministerium für Unterricht | Einrichtung eines Hotelbetriebs, BH: Aero-Club | Sanierung, 2020, BH: Flugplatz Völtendorf und Spitzerberg GmbH

Imbach 3541
Gemeinde: Senftenberg, Bezirk: Krems

Einfamilienhäuser

0803 Pfeningberg 7–17, drei Doppelhäuser, 1998–2002, AB: Atelier Gustav Pichelmann, BH: BUWOG

0804 Scheiblberg 1, Villa, 1907, P: Alfred Castelliz, BH: Leopoldine Geiblinger •

Die Villa für Leopoldine Geiblinger ist bezeichnend für Castelliz' ablehnende Haltung gegenüber den ein fiktives Landschaftsidyll imitierenden historischen Villen am Semmering. Er bevorzugte eine schlichtere, gezielt eingesetzte Formensprache und eine „Bodenständigkeit" mit Augenmerk auf örtliche Baumaterialien, wie es auch in der tatsächlichen bäuerlichen Architektur üblich war. Mit ihrem hohen Wohnturm und dem von Steinwerk gefassten Sockel wirkt die Villa eher wie eine Burg der frühen Neuzeit als ein einfaches Bauernhaus – und die Neorenaissance bzw. die neobarocken Einflüsse lassen sich in Castelliz' Schaffen nicht von der Hand weisen. Dennoch steht die kleine Villa in Imbach für ein Wegbewegen von den historischen Normen hin zur Heimatschutz-Architektur und zu Formen, die in der Mitte des 20. Jahrhunderts ihren Höhepunkt finden sollten. Ein Laubengang, der dem Haus noch stärkeren Schlosscharakter verliehen hatte, ist verfallen, doch wurde das Haus von den neuen Eigentümer*innen über die vergangenen Jahre saniert.

ten, weißen Innenraumes, in dem nur die bildnerische Ausstattung von damals bekannten Künstlern farbige Akzente setzt.

Inzersdorf ob der Traisen 3131
Gemeinde: Inzersdorf-Getzersdorf,
Bezirk: St. Pölten

Religion, Kult

0806 48°19'05.5"N 15°40'39.1"E, an der Dorfstraße, <u>Kriegerdenkmal, 1921</u>, K: Emilian Slabe ●

In der sehr massiv gestalteten rustizierten Ädikula mit kräftigen, sich verjüngenden Säulen wirkt die trauernde Figur des barhäuptigen Soldaten, der sich auf sein Gewehr stützt, beinahe zerbrechlich. Ein vergleichsweise überdimensionierter Helm am steilen Rundbogengiebel verstärkt diesen Eindruck. Nicht dem Kriegshelden sollte wohl ein Denkmal gesetzt, sondern dem verwundbaren Soldaten ein „Schutzbunker" geboten werden. Das Denkmal wurde für die Gefallenen des Ersten Weltkriegs errichtet, später wurden die Namenstafeln mit den Opfern des Zweiten Weltkriegs ergänzt. Das Halbrelief mit dem trauernden Soldaten stammt von dem St. Pöltner Bildhauer Emilian Slabe, der auch bei der Synagoge in St. Pölten tätig war. In seinem Betrieb wurden im Jahr 1921 mehrere Exemplare dieses Motivs – wahrscheinlich aus Kunststeinguss – hergestellt und verkauft.

Landwirtschaft

0807 48°18'55.4"N 15°40'31.9"E, Kellergasse, <u>Weinkeller Weingut Neumayer, 1989</u>, P: Konrad Schermann, MA: Regine Brustbauer, S: Baufirma Blüml

Ende der 1980er-Jahre stellte die junge Generation der Neumayers die elterliche Landwirtschaft auf Qualitätsweine um und ließ Presshaus und Weinkeller umgestalten. Dem neuen Betriebsablauf entsprechend, wurde der klassische Bautyp weiterentwickelt: Durch das niedrige, mit Aluminiumschindeln verkleidete Dach in Form einer Vierteltonne kann die Ernte von oben eingebracht werden; gestalterisch kamen Sichtbeton und Metalltore zum Einsatz.

Innermanzing 3052
Gemeinde: Neustift-Innermanzing,
Bezirk: St. Pölten

Religion, Kult

0805 Hauptstraße 116, <u>Filialkirche hl. Augustin, 1955–1967</u>, P: Walter Prutscher, K: Hermann Bauch (Seitenaltar mit Tabernakel), Robert Hefert (Madonna, Wandteppiche), Ernst Grandegger (Fassadenplastik, 1970), Manfred Seibt (Bilder im Chor, Kreuzwegstationen, 1996) ●

Der Grundstein der Kirche wurde anlässlich der Unterzeichnung des österreichischen Staatsvertrags am 15. Mai 1955 gelegt. Diese historische Verknüpfung nahm man zum Anlass, um in ganz Österreich Spenden für den Neubau in diesem kleinen Ort zu sammeln. Ein „Skandal" und folgende Prozesse bewirkten, dass die Bauarbeiten 1956 eingestellt wurden.

Erst elf Jahre später, 1967, konnte das Gebäude fertiggestellt und dessen Weihe vollzogen werden. Nach dem Zweiten Weltkrieg ist die Tendenz zu monumentalen Kirchenneubauten zu beobachten, die zumeist in keinem Verhältnis zur Größe des Ortes bzw. der Einwohner*innenzahl standen. Auch diese Kirche wirkt für die kleine Gemeinde mit damals rund 500 Bewohner*innen überdimensioniert. Das große, saalartige Langhaus erhielt ein hohes Satteldach, der eingezogene, höher liegende Rechteckchor ist als „Lichtturm" (Otmar Lowitzer) ausgebildet, der angefügte Turm ist 40 Meter hoch. Der schlichte Bau erhielt eine Natursteinverkleidung. Nur an der Hauptfassade hebt ein weißer, verputzter Mauerstreifen mit der großen Metallplastik des hl. Augustinus die Portalzone hervor. Hohe, einfache Rechteckfenster sorgen für eine gute Belichtung des schlich-

J–L
0808–1113

Jaidhof 3542
Gemeinde: Jaidhof, Bezirk: Krems

Wohnbauten

0808 Jaidhof 33, 36, 37, 38, <u>Drescherhütten, 1910–1915</u> | Umbau- und Erhaltungsmaßnahmen, ab 1988 ●

Die nördlich des Ortes gelegene ehemalige Arbeiter*innensiedlung besteht aus versetzt zueinander angeordneten, zweigeschoßigen und teilweise in Fachwerkbauweise ausgeführten Wohnhäusern mit Schopfwalmdach und quer dazu liegenden Giebelrisaliten.

Landwirtschaft

0809 Jaidhof 30, <u>Gut Jaidhof, 1902–1907</u>, P: Max von Ferstel, BH: Wilhelm von Gutmann | Sanierung, 2005–2015 ●

Die Wirtschaftsgebäude des nördlich liegenden Barockschlosses Jaidhof, dessen Wurzeln im 12. Jahrhundert liegen, wurden ab 1902 von Max von Ferstel im Auftrag des Eigentümers Wilhelm von Gutmann, einem 1878 nobilitierten, jüdischen Großindustriellen, aufwendig umgebaut und erweitert. Besonders zu beachten ist das ehemalige Forstdirektionsgebäude, das heute als Sitz der Gutsverwaltung dient. Ferstel transformierte ein Granarium, indem er die dicken Bruchsteinwände mit Fensteröffnungen durchbrach und die Innenräume für eine Nutzung als Büro und Dienstwohnung völlig umformte. Der Stilmix der Anlage – barock anmutende Fassaden, wie jene der Reithalle, stehen ihrer Zeit vorausweisenden Fassaden, wie jener des ehemaligen Kutschergebäudes, gegenüber – ist auf diese Umbauten zurückzuführen, bei denen die vorhandene Bausubstanz und die Architektur des angrenzenden Schlosses berücksichtigt wurden. Das Schloss beherbergt heute die Priesterbruderschaft St. Pius X., der Gutshof befindet sich aber weiterhin im Besitz der Familie Gutmann und wird seit aufwendigen Sanierungen zwischen 2005 und 2015 landwirtschaftlich sowie als Pflegeeinrichtung genutzt.
▶ *Foto: ehemaliges Forstdirektionsgebäude*

Japons 3763
Gemeinde: Japons, Bezirk: Horn

Religion, Kult

0810 Am Kirchenberg, <u>Aufbahrungshalle, 1980</u>, P: Josef Hirner, BH: Gemeinde Japons

Der oktogonale Raum wird von einem hohen, sechsseitig pyramidalen Dach mit drei gaubenartig aufgesetzten Dreiecksfenstern überdeckt. Die Dachkonstruktion liegt auf einer von vier Stützen getragenen hervorragenden Stahlbetonplatte auf, die somit einen vorgelagerten Gang deckt. Dem „kopflastigen" Gebäude ist durch ein Podest aus zwei oktogonalen Stufen an der Eingangsfront auch optisch eine Basis gegeben. Ein formal ähnlicher Bau wurde 1986 in Pellendorf errichtet (→ 1389).

Jedenspeigen 2264
Gemeinde: Jedenspeigen, Bezirk: Gänserndorf

Religion, Kult

0811 48°30'15.3"N 16°52'32.1"E, am Kellerberg, <u>Papstkapelle, 1983</u>, P: Carlo Raffeiner, K: Hermann Bauch (Papstbild) ●

Die Papstkapelle wurde anlässlich des im Jahr 1983 erfolgten ersten Besuches von Papst Johannes Paul II. in Österreich errichtet. Der Plan des kulissenhaft konstruierten und burgähnlichen Gebäudes stammt von dem Südtiroler Carlo Raffeiner, die Bauausführung erfolgte durch freiwillige Helfer*innen aus der Umgebung sowie durch Mitglieder des Österreichischen Bauordens. Der Altar befindet sich in dem zur Treppe offenen Runderker. Das Bild von Johannes Paul II. ist eine vergrößerte Radierung, die Hermann Bauch anlässlich des Papstbesuchs im selben Jahr in Mariazell angefertigt hat. Es wurde 1996 anstelle des ursprünglichen Ganzfigurenbildes angebracht.
▶ *Foto: Zustand vor 1996*

Jetzelsdorf 2054
Gemeinde: Haugsdorf, Bezirk: Hollabrunn

Religion, Kult

0812 48°42'20.2"N 16°03'21.6"E, bei Jetzelsdorf 1, <u>Pfarrkirche Mariä Aufnahme in den Himmel, 1975–1976,</u> P: Johann (Hans) Hoffmann, AF: Friedrich Walzer, K: Josef Symon, Miroslava Symon (moderne Ausstattung) ●

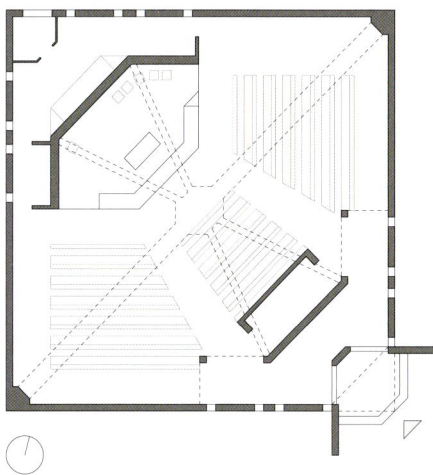

Im Jahr 1784 wurde Jetzelsdorf zu einer eigenen Pfarre erhoben und eine Pfarrkirche gebaut. Nachdem die Kirche baufällig geworden war und zudem äußerst ungünstig an einer Straße lag, wurde ein Neubau beschlossen. Der Architekt Johann Hoffmann entwarf einen quadratischen Zentralraum mit dem Ausmaß von 20 × 20 Metern. Er erschloss den Raum in der Diagonale, indem er an einer Ecke den Eingang vorsah und diesem gegenüber den Altar anordnete, der – die Ecke abschneidend – von einer Mauer umfasst ist, sodass sich dahinter ein Raum für die Sakristei ergab. Das hohe Pyramidendach ist aus Betonrippen konstruiert, an denen indirekte Beleuchtungskörper Tageslicht vortäuschen sollen. Die Ausfachung der Rippen mit Holz „strahlt Behaglichkeit aus" (Zeitschrift *Bauforum*). Bemerkenswert ist der Kircheneingangsbereich, der trotz der ungünstigen Ecklage durch zwei hohe, oben abgeschrägte Stahlbetonscheiben eine Vorderfront erhielt, die entfernt an eine Zweiturmfassade erinnert.

Kalladorf 2042
Gemeinde: Wullersdorf, Bezirk: Hollabrunn

Religion, Kult

0813 Kalladorf 58, <u>Filialkirche hl. Leonhard, 1974,</u> P: Erwin Plevan, K: Karl Engel (Glasmalerei) ●

Der Architekt Erwin Plevan erhielt 1973 den Auftrag, die kleine bestehende Ortskapelle durch einen Neubau zu ersetzen. Er plante einen schlichten Saalraum mit einem Fassadenturm, der vom Vorgängerbau erhalten geblieben ist. Der Hauptraum erhielt ein hohes Satteldach, unter der Traufe sorgt ein Fensterband für eine gute Belichtung des flach gedeckten Innenraumes. Die Fenster der Altarwand sind mit Glasmalereien versehen. Nachdem bereits der Vorgängerbau auch für evangelische Gottesdienste zur Verfügung gestanden ist, wurde in der neuen Kirche eine Predigtstelle der evangelischen Pfarrgemeinde Stockerau eingerichtet.

Kaltenleutgeben 2391
Gemeinde: Kaltenleutgeben, Bezirk: Mödling

Religion, Kult

0814 48°07'15.4"N 16°11'44.1"E, Friedhof, <u>Mausoleum Borgfeldt, 1905,</u> P: Karl Mayreder, BH: Johanna Borgfeldt, K: Josef Sederl (Steinmetzarbeiten) ●

Der in den USA reich gewordene Geschäftsmann Georg Borgfeldt wählte gemeinsam mit seiner Frau den damals sehr renommierten Wasserkurort Kaltenleutgeben als Alterssitz. Nach dessen Tod ließ die Witwe von dem bekannten Wiener Architekten Karl Mayreder ein schlichtes, aber exklusives Mausoleum errichten. Dem quadratischen Raum sind zwei Nischen für je einen Sarkophag angefügt, die Rückwand erhielt eine weitere Nische für den Altar. Die darunterliegende Gruft bietet Raum für mehrere Särge. Das Gebäude inklusive der Dacheindeckung ist aus Granitsteinen errichtet, die Sarkophage, die Säulen beim Eingang und der Altar sind aus Marmor, die Türe aus Kupfer hergestellt.

Bildung

0815 Hauptstraße 76, <u>Turnsaalzubau Volksschule, 1977,</u> AF: Macro-Bau GesmbH | Zubau, 1996, P: Günther Hadler

Der 1875 errichtete und 1903 aufgestockte historische Schulbau wurde 1977 um einen neuen Turnsaal mit Sichtbeton- und Sichtziegelfassade und expressiv geschwungenem Dach ergänzt. Weitere Zubauten folgten in den 1990er-Jahren.

0816 Hauptstraße 89, <u>Kindergarten und Gemeindezentrum, 1978,</u> P: Franz Weiss, S: Laszlo Tanay | Zu- und Umbau, 2009, P: Peter Wenzel ●

Im der Straße zugewandten Gebäudeteil wurden die öffentlichen Bereiche mit einer Mütterberatungsstelle, einer Bank und der Gemeindebibliothek untergebracht, der Kindergarten wird über einen separaten Eingang erschlossen und orientiert sich nach Süden zum Garten. Die vier Gruppen bilden zwei L-förmige Baukörper, in deren Zentrum sich der von den Garderoben und Sanitärräumen begrenzte Bewegungsraum befindet. 2009 wurde der Kindergarten durch einen Zubau auf sechs Gruppen erweitert.

Wohnbauten

0817 Doktorberg 1–23, WHA, 1967, P: Carl Auböck, Harry Glück •

Eingebettet in eine sanft geneigte Hügellandschaft im Wienerwald liegen 125 zeilenförmig organisierte Einfamilienhäuser über rechteckigen und L-förmigen Grundrissen in West-Ost- bzw. Nord-Süd-Ausrichtung. Sie verfügen jeweils über einen eigenen Garten und werden über Fußwege von den zentral situierten Parkplätzen aus erschlossen. Die Baukörper weisen schalreine Sockelflächen und markante, vereinheitlichend wirkende Flachdachränder aus gebürstetem Aluminium auf. Im Kern der Anlage liegen Tennisplätze, ein Schwimmbad und ein Gemeinschaftshaus.

Einfamilienhäuser

0818 Stefaniegasse 36, EFH, 1986, P: Rudolf Prohazka •

Kamegg 3571
Gemeinde: Gars am Kamp, Bezirk: Horn

Einfamilienhäuser

0819 Kamegg 45, 46, Villen, 1916 (Nr. 45), 1914 (Nr. 46) •

0820 Kamegg 47, Villa, 1925 •

Das zweigeschoßige Gebäude wurde als Privatvilla errichtet, zwischenzeitlich als Kolpinghaus genutzt und dient heute wieder in seiner ursprünglichen Funktion als Wohnhaus. Der kubische Baukörper ist mit einem Schopfwalmdach gedeckt und durch asymmetrisch positionierte rechteckige und polygonale Risalite strukturiert. Die Fassaden sind mit einer Eckrustizierung gefasst und mit secessionistischen Elementen geschmückt.

Kapellerfeld 2201
Gemeinde: Gerasdorf bei Wien, Bezirk: Korneuburg

Religion, Kult

0821 Sonnwendgasse 41–43, Seelsorgeanlage und Filialkirche hl. Thomas, 1974, P: Franz Xaver Goldner, AF: VÖEST-ALPINE AG •

Nach dem Ersten Weltkrieg wurde im Norden von Gerasdorf das neue Siedlungsgebiet Kapellerfeld erschlossen. Für die seelsorgliche Betreuung der schnell wachsenden Bevölkerung wurde 1952 eine ehemalige Militärbaracke als Notkirche adaptiert. Anlässlich der Weihe der nahe gelegenen Volksschule, die 1972 von der VÖEST aus Stahlbeton-Fertigteilen errichtet worden war, wurde auf Initiative von Erzbischof Jachym ein Kirchenneubau im gleichen Fertigungssystem beschlossen. Franz Xaver Goldner, der Baudirektor der VÖEST, vertrat die Ansicht, dass ein zeitgemäßer Kirchenbau grundsätzlich auch die Funktion eines „gesellschaftlichen Zentrums" zu erfüllen habe. In diesem Sinne plante er ein „multifunktionales" Seelsorgezentrum mit einem polygonalen Zentralraum, der „an jeder seiner Seiten von Sekundärräumen umgeben ist und mit diesen Räumen teilweise oder vollständig zu einem Großraum vereint werden kann" (Goldner). Sein Konzept sah insgesamt acht Verwendungsmöglichkeiten vor, die durch einen transportablen Altar, die entsprechende Anordnung der „Möblierung" sowie die unterschiedliche Einbeziehung der Nebenräume erzielt werden konnten: Normal-Messfeier, Festgottesdienst, Vorträge, Dichterlesungen etc., Theatervorstellungen, Tanz- und Ballveranstaltungen, Sportveranstaltungen, Konzerte, Tagungen und Schulungen.

Nach der Fertigstellung wurde das Gebäude einige Jahre lang vielfältig genutzt. Später wurden die meisten Veranstaltungen in das 1989 erweiterte Volksheim verlegt. Der zunächst nicht vorgesehene, frei stehende und wuchtig wirkende Glockenturm wurde erst 1993 errichtet. Ursprünglich war der polygonale Zentralraum gegenüber den Sekundärräumen markant erhöht, und alle Gebäudeteile waren mit Flachdächern versehen. 1999 wurde der gesamte Baukörper mit einem mächtigen Pyramidendach überdeckt und die außergewöhnliche Konstruktion des Kirchenbaus ist heute leider nur mehr zum Teil erkennbar.

▶ *Plan: Grundriss ohne Turm mit Möblierung für die Normal-Messfeier*

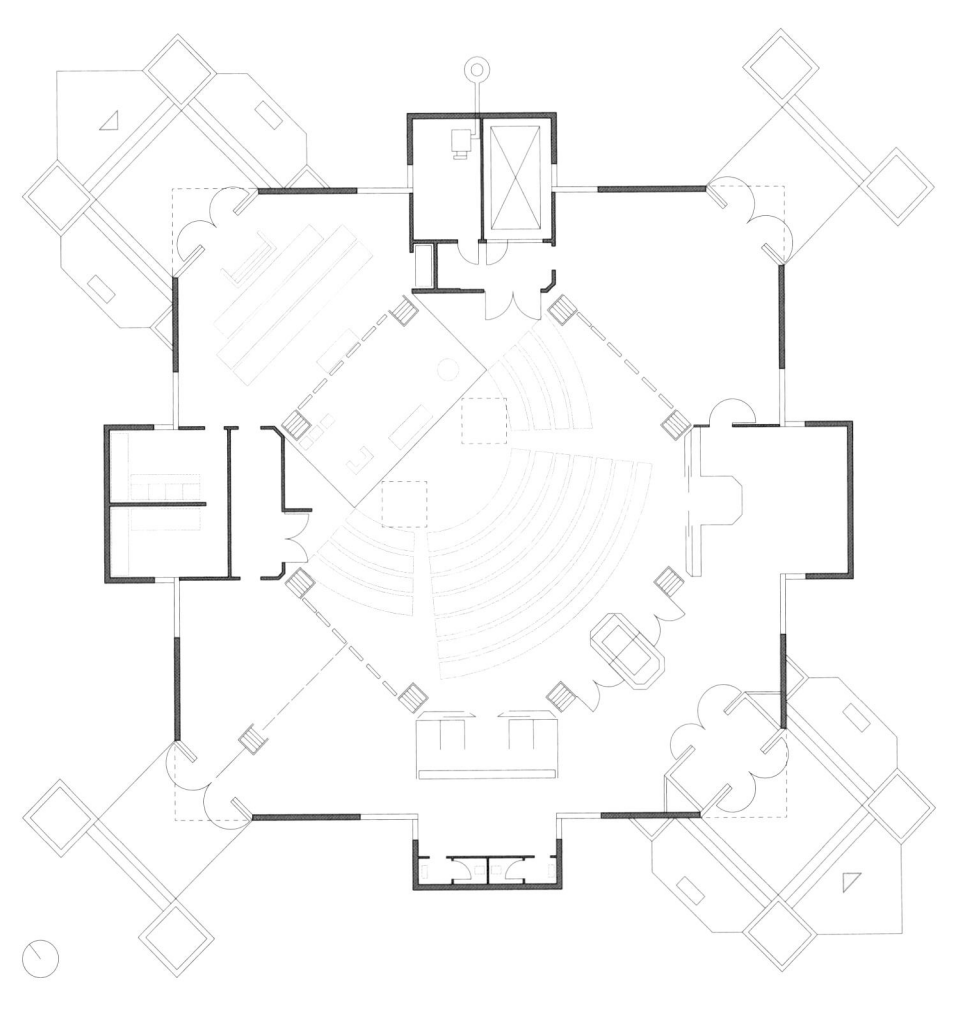

Kapelln 3141
Gemeinde: Kapelln, Bezirk: St. Pölten

Verkehr

0822 48°15'28.1"N 15°45'32.3"E, <u>Stahlfachwerkbrücke über die Perschling, 1948</u> ●

Karlstein an der Thaya 3822
Gemeinde: Karlstein an der Thaya, Bezirk: Waidhofen an der Thaya

Industrie

0823 Parkstraße 2, <u>WH, ehem. Metallwaren- und Uhrenfabrik, 1908–1909</u>, BH: Metallwaren- und Uhrenfabrik Josef Mühlhauser | Stilllegung und Umnutzung, 1929 ●

Kasten bei Böheimkirchen 3072
Gemeinde: Kasten bei Böheimkirchen,
Bezirk: St. Pölten

Geschäftslokale, Einkaufszentren, Banken

0824 Kasten 76, Raiffeisenkasse, 1982, P: Jiri Mezricky, BH: Raiffeisenkasse Böheimkirchen, S: Hermann Kugler ●

Zuvor im Gemeindeamt untergebracht, wurde 1982 auf dem Nebengrundstück ein neues Gebäude für die Raiffeisenkasse errichtet. Die ursprüngliche Wirkung des zurückversetzten, über zwei Stockwerke verglasten Eingangsbereichs ist heute durch den später zugefügten Vorbau mit Satteldach beeinträchtigt.

Katzelsdorf 2276
Gemeinde: Bernhardsthal, **Bezirk:** Mistelbach

Religion, Kult

0825 48°42'10.9"N 16°46'53.2"E, Pfarrkirche hl. Bartholomäus, 1905–1908, P: Carl Weinbrenner, AF: Ferdinand Rossak, K: Josef Beyer (Christusfigur an der Fassade), F. v. Pruzsinsky (Polychromierung), J. Matschek & Schrödl (Kunststeinarbeiten), J. Bachlechner (Rosenkranzaltar), F. Stuflesser (hl. Grabaltar) ●

Anlässlich seines 50-jährigen Regierungsjubiläums ließ Fürst Johann II. von Liechtenstein anstelle einer kleinen, im Kern gotischen, aber mehrmals erweiterten Kirche von Carl Weinbrenner einen repräsentativen Neubau errichten. Weinbrenner, ein Schüler von Friedrich Schmidt, stand als Leiter des Bauamtes in Eisgrub im Dienst des Fürsten und hatte sich generell als Erbauer zahlreicher Kirchen in Niederösterreich sowie in Südmähren einen Namen gemacht. Die Kirche ist mit einem einschiffigen Langhaus mit Seitenkapellen, einem Querschiff, einem Chor mit 3/8-Schluss sowie einem hohen, dem Chorquadrat beigestellten Turm als traditioneller Langhausbau konzipiert. Tief in der Gestaltungsweise des Historismus verwurzelt, kombinierte der Architekt romanische und gotische Formelemente und mit zahlreichen Anbauten, Türmen und Türmchen verlieh er der Kirche jenen malerischen Habitus, der sich insbesondere gegen Ende des 19. Jahrhunderts großer Beliebtheit erfreute. „Nicht nur die abwechslungsreiche Gliederung hat das malerische Gepräge der Kirche bewirkt", viel Beachtung fand vor allem auch die Anwendung von verschiedenartigen Baumaterialien, die „der Kirche ein eigenartiges Aussehen verliehen" (Wiener Bauindustrie-Zeitung). Die Sockel sind aus grünlich-gelbem Sandstein hergestellt, die Säulen der Vorhalle, die Turmspitze mit dem Zinnenkranz, die Fensterrose sowie die Schlusssteine der Türen wurden aus blaugrauem Sandstein gefertigt. Die Mauerflächen erhielten einen gelblichen, grobkörnigen Spritzwurf, der zu den roten Formsteinen der Fensterumrahmungen, Gesimse und Friese aus der „Fürstlich Liechtenstein'schen Thon- und Ziegelwaarenfabrik" in Unterthemenau einen markanten Kontrast bildet. Auch im Inneren setzt sich die vielfältige farbige Gestaltungsweise fort. Die Rippen des Kreuzgewölbes sind mit roten Formsteinen verkleidet, Sockel und Kapitelle aus blauem Sandstein hergestellt. Die Wände erhielten eine reiche ornamentale Polychromierung. Vergoldungen, Goldmosaike, große Fenster mit figuralen Glasmalereien und stilgerechte Bodenfliesen ergänzen die prachtvolle Ausstattung. Insgesamt zeigt sich, dass am Anfang des 20. Jahrhunderts der Historismus noch kräftige Lebenszeichen von sich gab. Insbesondere im Sakralbau konnten oder wollten sich die wenigsten Architekten den Vorgaben der konservativen, alle Erneuerungen strikt ablehnenden Amtskirche entziehen, die noch weit bis in die 1930er-Jahre allein mittelalterliche Stile und Grundrisskonzepte für den Kirchenbau geeignet hielt. Der nahe gelegene Pfarrhof aus dem 18. Jahrhundert wurde von Weinbrenner aufgestockt und die Fassade mit neobarocken Motiven neu gestaltet.

Katzelsdorf 2801
Gemeinde: Katzelsdorf, **Bezirk:** Wiener Neustadt

Religion, Kult

0826 Hauptstraße 63a, Filialkirche hl. Laurenz, 1957–1958, P: Johann (Hans) Petermair

Einfamilienhäuser

0827 Römerweg 6, Umbau EFH, 1991–1993, P: Rudolf Prohazka ●

Es handelt sich hierbei um den Umbau eines etappenweise gewachsenen Bungalows in Blockbauweise aus den 1950er-Jahren, wobei neben dem mit Steinmauerwerk gefassten Plateau und einem in gleicher Weise gemauerten Kamin nur ein Raum im Zentrum der neuen, lichtdurchfluteten Glas- und Stahlbetonkonstruktion erhalten blieb.

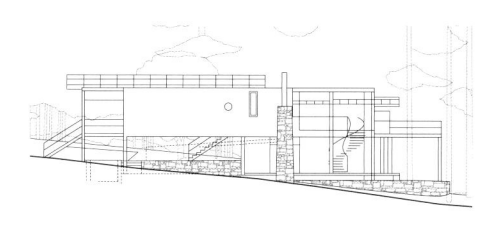

Kematen 3331
Gemeinde: Kematen an der Ybbs, Bezirk: Amstetten

Religion, Kult

0828　9. Straße 2, Pfarrkirche Hl. Familie, ehem. Notkirche, 1929, P: Matthäus Schlager | Ausbau, 1949–1958, P: Josef Friedl, K: Robert Helfert (Wandmalerei Chorwand, 1961), Carla Kamenik (Kirchenfenster, 1997) •

Im Jahr 1929 wurde die Kirche nach den Plänen des Linzer Dombaumeisters Matthäus Schlager zunächst als turmlose Notkirche errichtet. 20 Jahre später erhielt der Architekt Josef Friedl den Auftrag, den schlichten, längs gerichteten Saalraum auszubauen. Die romanisierende Gestaltungsweise der Notkirche aufgreifend, gestaltete er bis 1951 die Vorhalle, die Marienkapelle und den mächtigen Fassadenturm. Erst 1958 erfolgte der Anbau des Chores und der Sakristei.

Kultur, Veranstaltung

0829　3. Straße 6, Zubau Musikheim, 1971–1974, P: Gustav Blei, BH: Arbeiter-Musikverein Hilm-Kematen •

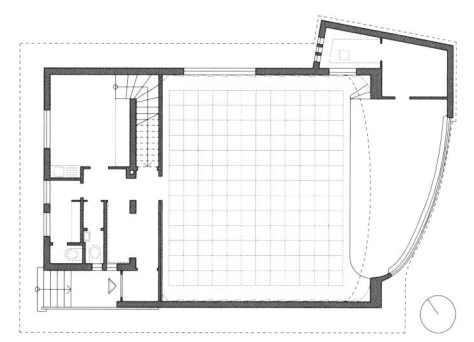

Ein älteres Bestandsgebäude wurde durch den örtlichen Musikverein Anfang der 1970er-Jahre unter Bauleitung von Sepp Haselsteiner zu einem Musikheim umgebaut. Der Architekt Gustav Blei führte im Zuge dieser Umgestaltungen den Zubau eines Bühnengebäudes durch, dessen organisch gewölbte Südfassade mit großer Glasbaustein-Fläche das Gebäude gestalterisch prägt und diffuses Licht in den Bühnenraum bringt.

Bildung

0830　8.a Straße 8, NÖ Landeskindergarten, 1975, P: Gustav Blei | Erweiterung, 2009 •

Um dem Wunsch der Gemeinde zu entsprechen, „etwas nicht Alltägliches" zu planen, errichtete Gustav Blei einen Rundbau, in dessen Zentrum ein Atriumhof mit Wasserbecken liegt. Über einen umlaufenden Wandelgang werden die vier Gruppenräume im Süden und Südosten, der Eingang, die Administrationsräume und ein Wohnbereich im Norden sowie ein Bewegungsraum in einem kleineren Rundbau im Westen erschlossen. Durch die differenzierte Dachgestaltung ergeben sich vier Baukörper: der Eingangstrakt und der zentrale Kommunikationsring mit Flachdach, die Gruppenräume mit geschwungener Dachkonstruktion und der mit hohem Kegeldach gedeckte Bewegungsraum. 2009 wurde das Bestandsgebäude wärmegedämmt, ein zusätzlicher Gruppenraum sowie Terrassen für die bestehenden Räume errichtet und der offene Innenhof geschlossen. Außerdem wurden die Büroräume durch einen Anbau vergrößert.

Freizeit

0831 48°01'41.3"N 14°46'25.2"E, bei Straße 10.a, Sporthaus beim Waldstadion, 1956, P: Julius Bergmann, BH: Gemeinde Kematen an der Ybbs •

Nach Errichtung eines neuen Sportplatzes erbaute die Gemeinde das sogenannte Sporthaus als ovalen Baukörper, der im massiven Untergeschoß Räume für die Sportler*innen und im in offener Holzbauweise errichteten Obergeschoß einen „Erfrischungsplatz" für Besucher*innen bot. Teilweise in den Tribünenwall eingeschnitten, liegt das Gebäude noch heute in der Querachse des Sportplatzes und wurde nördlich um ein größeres Aufenthalts- und Tribünengebäude ergänzt.

Einfamilienhäuser

0832 15. Straße 7–25, 6–24, Wohnsiedlung, 1950–1955, P: Alois Leitner, Josef Leitner, BH: Gemeinnützige Wohnungs- und Siedlungsgenossenschaft Amstetten •

Die jeweils mit einem Satteldach gedeckten, zweigeschoßigen und giebelständig angeordneten Wohnhäuser der Siedlung sind nördlich der Straße etwas größer dimensioniert als südlich davon und waren ursprünglich mit dem Anspruch, ein einheitliches Erscheinungsbild zu erzielen, konzipiert. Spätere Adaptierungen umfassten etwa den Ausbau der Obergeschoße und die Ergänzung von Dachgauben. Die Kleinhäuser sind von einem Garten umgeben, der zunächst für die Selbstversorgung angelegt worden war.

Industrie

0833 3. Straße 1, Papier- und Zellstofffabrik, 1872, BH: Zellulose- und Papierfabriksgesellschaft | Umbau Maschinenhalle, 1948, BH: Neusiedler AG | Umbau Kochereigebäude, 1952, P: Ed. Ast & Co., BH: Neusiedler AG | Zubau, 1986–1993, P: Georges Oksakowski, BH: Neusiedler AG | Zubau, 1987, P: Georges Oksakowski, BH: Neusiedler AG •

Seit 1872 dient der Standort an der Ybbs der Zellulose- und Papierproduktion und wurde fortwährend bis zum Ersten Weltkrieg erweitert. Nach der Übernahme durch die Neusiedler AG 1918 wurde die Herstellung einer Abwasserkläranlage 1926 vorgenommen. 1933 musste die Zellstoffproduktion aufgrund der Wirtschaftskrise eingestellt werden; 1937 konnte der Betrieb zwar wieder aufgenommen werden, war jedoch durch den Zweiten Weltkrieg aufgrund fehlender Rohstoffe und des Arbeitskräftemangels erneut eingeschränkt. 1948 wurde die Maschinenhalle erneuert und 1952 mit einer neuen Papiermaschine ausgestattet. In den Folgejahrzehnten fand bis in die 1980er-Jahre eine andauernde Modernisierung der technischen und maschinellen Anlagen statt, die mehrere bauliche Veränderungen nach sich zog. So wurden beispielsweise ab 1986 ein Turbinenhaus, ein Sozialtrakt sowie ein Kesselhaus ergänzt. 1987 erfolgte ein Zubau mit einem Parkdeck östlich der Maschinenhalle. Die unterschiedlichen Bauzeiten der einzelnen Gebäudetrakte sind gut an den Fassaden ablesbar. Bis zur Mitte des 20. Jahrhunderts wurden vornehmlich Ziegel als Baumaterial verwendet, danach fast ausschließlich Stahlbeton. Die Gebäude des Fabrikareals werden von der 1952 errichteten Kocherei überragt.

▶ *Foto: Zustand um 1965*

Verkehr

0834 48°01'28.6"N 14°45'49.3"E, Ybbsbrücke, 1866 | Neuerrichtung verbreiterter Betonoberbau, 1954–1955, P/BH: Brückenbauabteilung der NÖ Landesregierung ●

Kernhof 3195
Gemeinde: St. Aegyd am Neuwalde, Bezirk: Lilienfeld

Religion, Kult

0835 47°49'13.5"N 15°27'58.3"E, Kapelle am Gscheid, Maria Himmelfahrt, 1953–1954, P: Julius Bergmann, AF: Konrad Pointer, K: Sepp Zöchling (Sgraffito), Maria Sturm (Glasmalerei) | Renovierung, 1987–1989 ●

Der „Wiener Wallfahrtsweg" führt auf einer Länge von 110 Kilometern nach Mariazell. Einer der Etappenstützpunkte ist St. Aegyd, und anlässlich des Marianischen Jahrs 1953 bis 1954 wurde diese schlichte kleine Kapelle errichtet. Den Bauplan und die Pläne der Inneneinrichtung erstellte der Architekt Julius Bergmann. Die Inneneinrichtung stammt aus der Bauzeit.

Kienberg 3291
Gemeinde: Gaming, Bezirk: Scheibbs

Religion, Kult

0836 Josef-Heiser-Straße 5, Filialkirche hl. Florian und Seelsorgestation, 1960, P: Johann Kräftner sen. ●

Der kleine, mit einem Satteldach versehene Kirchenbau aus Stahlbeton fügt sich durch die Kombination von Putzoberflächen und Natursteinelementen gut in die Umgebung des kleinen Ortes ein. Die Innenausstattung stammt großteils aus dem 18. Jahrhundert. Die Seelsorgestation ist unmittelbar an den Kirchenbau angefügt.

Kierling 3400
Gemeinde: Klosterneuburg, Bezirk: Tulln

Religion, Kult

0837 Kirchenplatz 1, Pfarrkirche hll. Peter und Paul, 1914, P: Richard Jordan, AF: Anton Schäftner, Hans Flicker, K: Eduard Hauser (Ausführung Altar), Josef Lanzl (Gittertüren) ●

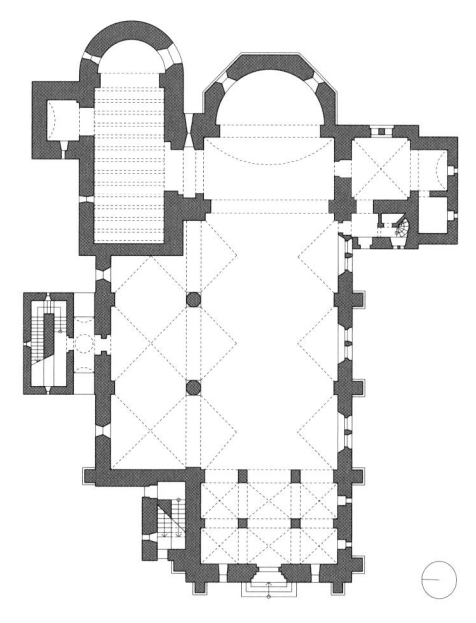

1912 erhielt der Wiener Architekt Richard Jordan den Auftrag für einen neuen Kirchenbau, der eine bestehende romanische Kapelle miteinbeziehen sollte. Jordan griff den Stil der Kapelle auf und errichtete einen neoromanischen Bau, der durch das Aneinanderfügen einzelner blockhafter Bauteile den Eindruck erweckt, in einem „zeitlichen Nacheinander" (Werner Kitlitschka) entstanden zu sein. Der Architekt war bemüht, bei der Kapelle die Mauern aus Sandsteinquadern so weit wie möglich zu erhalten und passte den weiß verputzten Neubau mit Steinquadern an den Gebäudekanten und Strebepfeilern dem Kapellenbau an. Der Kirchenraum besteht aus einem Hauptschiff und einem Seitenschiff, die romanische Kapelle wurde zur Seitenkapelle und ist zum Chorjoch hin geöffnet. Sie stellt gleichsam das Pendant zur gegenüberliegenden, neu angebauten Sakristei dar. Der romanische Turm wurde bereits 1905 abgetragen, der neue rechteckige Turm ist an das Seitenschiff angebunden. Viel Beachtung findet vor allem die Innenausstattung, die von Richard Jordan im Jugendstil ausgeführt wurde und noch weitgehend erhalten ist.

Bemerkenswert sind auch die secessionistischen Tore in Schmiedeeisenarbeit von Josef Lanzl unter der Empore.

Bildung

0838 Hauptstraße 150–152, Volksschule, 1902, P: Josef Schömer, Carl Schömer | Zubau, 2002 ●

Gesundheit

0839 Haschhofstraße 1–5, ehem. Rehabilitationszentrum Stollhof, 1909, P: Ernst Gotthilf | Zubau, 1965, P: Adolf Hoch, BH: AUVA ●

In den 1930er-Jahren erwarb die Allgemeine Unfallversicherungsanstalt (AUVA) einen herrschaftlichen Landsitz samt umgebendem Park, der 1909 von Ernst Gotthilf in einer Mischung aus Heimatstil-Formen und Burgenromantik errichtet worden war. Die Anregung zum Kauf des Areals stammte von Lorenz Böhler, der sich bereits als Leiter des Unfallkrankenhauses in Wien einen guten Ruf erworben hatte. Unter seiner Anleitung wurde der Landsitz zur „Gesundungsanstalt Stollhof" umgebaut und mit so großem Erfolg betrieben, dass die AUVA die Erweiterung der Anstalt beschloss. Den Auftrag erhielt 1958 Adolf Hoch, der 1966 auch das neue Lorenz-Böhler-Krankenhaus im 20. Wiener

Gemeindebezirk gebaut hatte. Er fügte direkt an den Altbau einen neuen Trakt an, der die dominierende Wirkung des ehemaligen Herrenhauses explizit nicht beeinträchtigen sollte. Die „Fassade wurde mit großformatigen Verbundspiegelscheiben verglast. Alle Außenwandpfeiler, Stützen und Brüstungen bestehen aus vorfabrizierten geschliffenen Kunststeinelementen" (Adolf Hoch). Vor dem Altbau errichtete er in der Höhe des Erdgeschoßes eine große Schwimmhalle, deren Abdeckung als Turnterrasse genutzt werden konnte. Da in der Folge auch dieser Anbau den gestiegenen Anforderungen nicht genügte und ein weiterer Ausbau nicht möglich war, erwarb die AUVA das nahe gelegene Gut „Weißer Hof" und ließ dort 1978 ein neues Rehabilitationszentrum errichten (→ 0984). Der Stollhof wurde geschlossen und steht heute leer. In einem Nebengebäude des ehemaligen Herrenhauses befinden sich derzeit die AUVA-Beratungsstelle „Humane Arbeitswelt" und die Österreichische Akademie für Arbeitsmedizin.

Einfamilienhäuser

0840 Doppelgasse 91, EFH, 1979–1980, P: Roland Hagmüller, Peter Lindner ●

Kilb 3233
Gemeinde: Kilb, Bezirk: Melk

Bildung

0841 Kohlenbergstraße 3, Mittelschule, 1970–1974, P: Günter Kaufmann ●

0842 St. Pöltnerstraße 11, Volksschule, 1912–1913, P: Leopold Haiden | Zubau Sporthalle, Räume für Musikschule und Nachmittagsbetreuung sowie Umbauten 2012–2013, P: BauplanungsgmbH Scheibbs ●

Kirchbach 3413
Gemeinde: St. Andrä-Wördern, Bezirk: Tulln

Einfamilienhäuser

0843 Oberkirchbacher Straße 31, EFH, 1978–1980, P: Roland Hagmüller, Peter Lindner, Rudi Krebel ●

Mitte der 1970er-Jahre begann der Architekt Roland Hagmüller mit Sichtholzschalungen an Wohnhäusern zu experimentieren. So auch bei dem in das abfallende Gelände eingepassten, zweigeschoßigen Einfamilienhaus, das einer dreiköpfigen Familie plus Einliegerwohnung und einer kleinen Zahnarztordination Platz bot. Die Holzbalkone wurden mittlerweile ausgetauscht und leicht verändert, die holzvergitterte Lünette im östlichen Giebel besteht weiterhin und kann als Zitat der Wienerwald-Architektur der Jahrhundertwende verstanden werden.

▶ *Plan: Ansicht West*

Kirchberg am Wagram 3470
Gemeinde: Kirchberg am Wagram, Bezirk: Tulln

Amts-, Verwaltungs-, Kommunal-, Bürobauten

0844 Marktplatz 27, Bezirksgericht, 1912–1913, P: Franz Österreicher ●

Wohnbauten

0845 Marktplatz 11, WH, 1906

0846 Marktplatz 13, WH, um 1900 | Renovierung, 1969

Einfamilienhäuser

0847 Marktplatz 25, WH mit Arztpraxis, um 1980, P: Haimo Hofer ●

Der markante eingeschoßige, traufständige und weiß verputzte Bau mit dunklen Fenster- und Türrahmen zeichnet sich durch abgefaste Türöffnungen, T-förmige Fensterlaibungen in rechteckig eingetieften Putzfeldern sowie durch das die beiden Portale bekrönende, von Dachgauben flankierte Giebelfeld aus.

Geschäftslokale, Einkaufszentren, Banken

0848 Marktplatz 16, Sparkasse, 1910 | Umbau, 1960er-Jahre | Umbau, 1981 ●

Nach Umbauten in den 1960er-Jahren wurde die gründerzeitliche Fassade des 1910 errichteten, zweigeschoßigen Sparkassengebäudes 1981 wiederhergestellt.

Energie

0849 48°22'31.6"N 15°51'23.5"E, Donaukraftwerk Altenwörth, 1973–1976, P: Helmut Hitzginger (Österreichische Donaukraftwerke, DoKW), BH: DoKW | Renaturierungsprojekt EU-Life+ Traisen, 2013–2016 | Zubau Fischwanderhilfe, 2020–2021 ●

→ 0279, → 0533, → 1209

Kirchschlag in der Buckligen Welt 2860
Gemeinde: Kirchschlag in der Buckligen Welt, Bezirk: Wiener Neustadt

Kultur, Veranstaltung

0850 47°30'14.6"N 16°17'38.7"E, bei Franz Füssl-Weg 2, Passionsspielhaus, 1957–1959, P: Alexander Schuster | sukzessive Modernisierungen, seit 2005

Unter den niederösterreichischen Festspielorten nimmt Kirchschlag die Rolle eines von sechs Passionsspiel-Zentren ein. Das Genre der Passionsspiele entwickelte sich im 14. Jahrhundert und wurde im 15. und 16. Jahrhundert populär; in Niederösterreich sind frühe Aufführungen im 16. Jahrhundert etwa in Krems, in Wiener Neustadt und St. Pölten nachweisbar. Nach einer Zäsur des Dreißigjährigen Krieges erfuhren die Spiele insbesondere Ende des 18. Jahrhunderts im Barock eine Blütezeit.

In Kirchschlag reicht die Geschichte der Passionsspiele bis ins Jahr 1932 zurück; vor Errichtung des Passionsspielhauses 1957 diente ein Stadl neben dem Pfarrzentrum als Aufführungsort der fünfjährlich stattfindenden Spiele.

Der Neubau nach Plänen des Theaterarchitekten Alexander Schuster wurde in der Grundrisskonzeption einem antiken griechischen Theater nachempfunden. Durch die Formgebung – der Bühnen- und Zuschauer*innenraum sind baulich nicht voneinander getrennt und liegen in einem Kreisausschnitt – ist das Publikum direkter in das Geschehen eingebunden. Der in freitragender Konstruktionsweise errichtete Zuschauer*innenraum mit ranglosem, ansteigendem Parkett fasste ursprünglich 1.200 Klappsitze und machte das Gebäude zum zweitgrößten Passionsspielhaus Österreichs.

Der Haupteingang an der konvex geschwungenen Hauptfassade wird über eine große Freitreppe und eine der Fassadenkrümmung folgende vorgelagerte Kollonade erreicht; im Obergeschoß liegt eine Terrasse.

Durch die Ausführung der Saaldecke als sogenannter Schuster-Himmel wird den Zuschauer*innen mittels spezieller Bau- und Beleuchtungstechnik der Eindruck vermittelt, dass sie unter freiem Himmel säßen und somit ein Bezug zu den auf Marktplätzen stattfindenden mittelalterlichen geistlichen Spielen hergestellt.

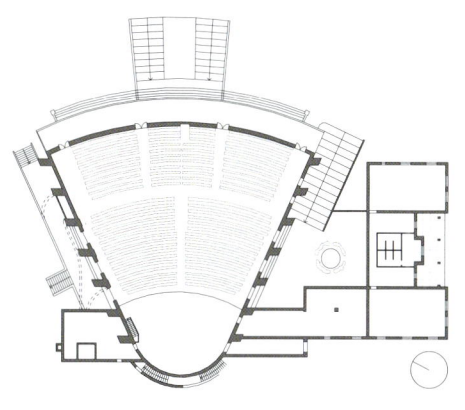

Kledering 2320
Gemeinde: Schwechat, Bezirk: Bruck an der Leitha

Religion, Kult

0851 Klederinger Straße 61, Filialkirche Kledering, Christ König, 1933, P: Robert Kramreiter, Leo Schmoll ●

1902 wurde in Kledering eine kleine Kapelle errichtet. Da sie den Anforderungen nicht mehr entsprach, wurden 1933 Robert Kramreiter und Leo Schmoll mit einem Neubau beauftragt. Die schlichte kleine Kirche besteht aus einem hohen, flach gedeckten Saalraum, dem ein beinahe ganz in Glas aufgelöster Rundchor angefügt ist. Robert Kramreiter war einige Jahre Mitarbeiter von Dominikus Böhm, dem bedeutenden deutschen Kirchenbauer – zweifellos haben ihn dessen Überlegungen zur „liturgiezentrierten Lichtsteigerung auf den Altar" inspiriert. Die alte Kapelle blieb im seitlich vorgezogenen Eingangsbereich mit dem Glockenturm als Vorraum zur Kirche erhalten. Im Jahr 1950 wurde an der Südseite ein kleines Pfarrheim als „Ort der Begegnung" angebaut, in den 1960er-Jahren der Hauptaltar aus Marmor durch einen hölzernen Volksaltar ersetzt.

Kleinhain 3123
Gemeinde: Obritzberg-Rust, Bezirk: St. Pölten

Wohnbauten

0852 Am Anger 10–14, Siedlung Kleinhain, 1998, P: Gottfried Haselmeyer

In zweiter Reihe, von der Kremser Straße abgesetzt und an zwei Seiten an Felder angrenzend, liegt die mehrteilige Wohnhausanlage am nördlichen Ortsrand. Sie besteht aus einem länglichen Riegel mit 24 Wohnungen mit West-Ost-Orientierung und zwei normal dazu stehenden, parallel angeordneten Baukörpern mit jeweils zwölf Wohnungen. Dazwischenliegend befinden sich ein begrünter Freiraum sowie Parkplätze. Die dreigeschoßigen, mit markanten Pultdächern gedeckten Bauten haben transparent gehaltene Eingangs- und Erschließungsbereiche. Richtung Süden liegen Loggien und Balkone; den Erdgeschoßwohnungen sind zudem Wintergärten vorgelagert.

Klein-Harras 2223
Gemeinde: Matzen-Raggendorf, Bezirk: Gänserndorf

Verkehr

0853 48°27'36.1"N 16°37'44.6"E, Bahnhof, 1911, BH: Lokalbahn Stammersdorf-Auersthal AG

Kleinpertholz 3860
Gemeinde: Heidenreichstein, Bezirk: Gmünd

Industrie

0854 Kleinpertholz 65, Frottierweberei, 1973–1974, BH: Franz Amstetter & Söhne

Klein-Pöchlarn 3652, 3660
Gemeinde: Klein-Pöchlarn, Bezirk: Melk

Da für die in Klein-Pöchlarn beschriebenen Objekte mehrere Postleitzahlen vergeben sind, werden diese in den folgenden Steckbriefen ergänzend zur Adressangabe angeführt.

Bildung

0855 Schulstraße 2, 3660, Volksschule, 1913, P: Friedrich Aichberger | Um- und Zubau, 1984, P: Edda Kratschmann

Dieses schöne Beispiel für den Heimatstil lebt von der stimmigen Baukörperkomposition aus gestaffelten Vollwalmdächern, vor- und rückspringenden Bauteilen mit geschweiften Giebeln, dem regional typischen Bruchsteinsockel, seinen unterschiedlichen Verputzarten und dem dekorativen Majolika-Medaillon in der zurückversetzten Eingangsfront.

Industrie

0856 Sonnenstraße 3, 5, 3660, Tonofen- und Keramikfabrik Erndt, 1882 | Umbau, 1894 | Zubauten, bis 1910

Die seit 1791 bestehende Kachelofenmanufaktur Erndt ist in ihrem zwischen 1882 und 1910 entlang des Mühlbaches entstandenen, malerischen Fabrikensemble noch weitgehend originalgetreu erhalten: in der Baukörper-Konfiguration zwischen ein- und viergeschoßigen Bauteilen, aber auch in den handwerklich sorgfältig erstellten Details – vom Steinrustika-Sockel bis zu den kleinteiligen Industriefenstern, den Holztüren und Schiebetoren sowie den Holzunterkonstruktionen der weit auskragenden Vordächer.

0857 Steinbruchstraße 1, 3652, Steinbruch, um 1929

Der Steinbruch wurde um 1929 vermutlich von der Strombauleitung Ybbs eingerichtet, um die Wasserwege instandzuhalten. Das lang gestreckte, ein- bis zweigeschoßige Betriebsgebäude wurde entlang der 1909 eröffneten und heute abgebauten Teilstrecke der Donauuferbahn errichtet.

Kleinprolling 3341
Gemeinde: Ybbsitz, Bezirk: Amstetten

Verkehr

0858 47°55'31.1"N 14°53'30.0"E, bei Kleinprolling 28, Wehrsteg, 1997, P: Robert Kabas, Franz Wahler

Kleinschönbichl 3435
Gemeinde: Zwentendorf an der Donau,
Bezirk: Tulln

Freizeit

0859 Kleinschönbichl 49, Clubhaus Boot-Club Zwentendorf, 1975–1976, P: Friedrich Rakowitz, BH: Boot-Club Zwentendorf | Aufstockung, 1985 ●

Das flach gedeckte Clubhaus mit umlaufender Terrasse erweckt mit seinem von zwei Kaminen bekrönten schmalen Obergeschoß sowie mit den Bullaugenfenstern seinem Bauzweck entsprechend nautische Assoziationen. Das an eine Kommandobrücke erinnernde Obergeschoß für das Vorstandszimmer wurde Mitte der 1980er-Jahre ergänzt, die ursprünglich zarten Relings der Terrasse später durch eine massive Absturzsicherung ersetzt. Der Architekt des Gebäudes, Friedrich Rakowitz, war 1969 Gründungsobmann des Boot-Clubs.

Klein-Wien 3511
Gemeinde: Furth bei Göttweig,
Bezirk: Krems

Einfamilienhäuser

0860 Avastraße 7, Revitalisierung AVA-Turm, 1983, P: Wilhelm Kleyhons, AF: Blüml Bau GmbH & Co. KG ●

Die Revitalisierung des spätmittelalterlichen Wohnturmes (vor 1492), dessen Wohnräume sich in ruinösem Zustand befanden, kann als geglücktes Projekt dieser Art der frühen 1980er-Jahre gelten. Wilhelm Kleyhons adaptierte das ausgehöhlte, stark beschädigte Wohnhaus und schloss es nicht nur optisch, sondern auch durch kreative Raumlösungen zu einer Wohneinheit mit dem massiven Turm zusammen. Benannt nach Frau Ava, einer der ersten namentlich bekannten deutschsprachigen Dichterinnen, die sich an dieser Stelle im 12. Jahrhundert in Klausur begeben haben soll, bietet das Einfamilienhaus nun eine ansprechende Mischung aus modernem Haus, mittelalterlicher Substanz und romantischem Schlupfwinkel.

0861 Avastraße 22, Villa Betonia, 1901, P/BH: Carlo von Boog ●

Die zweistufig in den steilen Hang gebaute Villa mit Flachdach, die Carlo von Boog als Ferienhaus für sich und seine Geschwister errichtete, gilt als eines der ersten Privathäuser Österreichs aus Beton. Auch für die halbrund angebaute Wendeltreppe wurde mit den Glasziegeln in den Fensteröffnungen sehr früh ein neuer Baustoff verwendet. Von Boog war trotz seiner innovativen Entwürfe – vermutlich aufgrund seines frühen Todes und der wenigen erhaltenen Bauten – bis in die 1980er-Jahre annähernd vergessen und wurde von der Forschung erst mit dem Interesse an dem heutigen Landesklinikum Mauer (→ 1182) wiederentdeckt.

Kleinzell 3171
Gemeinde: Kleinzell, Bezirk: Lilienfeld

Einfamilienhäuser

0862 Hauptstraße 56, Villa, um 1900 ●

Klosterneuburg 3400
Gemeinde: Klosterneuburg,
Bezirk: Tulln

Die Residenzstadt der Babenberger war bis zur Mitte des 19. Jahrhunderts ein von Weinbau und Landwirtschaft geprägtes Städtchen mit 5.000 Einwohner*innen. Die Anbindung an die Kaiser-Franz-Josefs-Bahn 1870 und die bis 1911 abgeschlossene

Donauregulierung trennten zum einen die Stadt von der Donau und sorgten zum anderen für ein beschleunigtes Siedlungswachstum. Bedeutenden Anteil an der Entwicklung hatte die vom Stift Klosterneuburg 1860 gegründete Obst- und Weinbauschule, die erste Landwirtschaftsschule in Österreich und die zweite ihrer Art in Europa.

Die Errichtung zahlreicher Villen um den Bahnhof Klosterneuburg-Weidling, auf dem Talboden des Kierlingbaches sowie in Kritzendorf führte ab Ende des 19. Jahrhunderts zu einem allmählichen Zusammenwachsen der benachbarten Orte. Sukzessive wurden auch die Hänge des Leopoldsberges bebaut. In der Zwischenkriegszeit errichteten „wilde Siedler*innen" ihre Behausungen im Augebiet. Ein veritabler Bauboom setzte ab 1960 auch in den von der Bahn weiter entfernten Siedlungsgebieten ein und hält ungebrochen an. Die bis dahin vornehmlich von Gärtnereien genutzte Schüttau wurde zum Betriebsgebiet umgewidmet. Seit 1971 hat die Anzahl der Gebäude von rund 10.500 auf 17.000 um mehr als 50 Prozent zugenommen, drei Viertel davon sind Einfamilienhäuser. Geschoßwohnungsbau entstand ab der Gründerzeit in moderatem Ausmaß, nahm ab der Nachkriegszeit und verstärkt unter dem Druck steigender Grundstückspreise ab den 1980er-Jahren zu.

Einer dynamischen baulichen Entwicklung unterliegt auch der Campus des Institute of Science and Technology, einer Institution für naturwissenschaftliche Grundlagenforschung und Postgraduiert*innenausbildung, in der Katastralgemeinde Gugging. 2009 wurde der Campus auf dem Ende des 19. Jahrhunderts als „Niederösterreichische Landes-Irrenanstalt Kierling-Gugging" errichteten Spitalsareal eröffnet. Nur wenige der in Pavillonbauweise errichteten historischen Bauten blieben erhalten und die lockere, weitgehend harmonische Bebauung im Grünen wich einem bunten Schaulaufen der nationalen und internationalen Architekturprominenz, dem nur im östlichen Teil eine adäquate Freiraumplanung Halt und Fassung zu verleihen vermag.

In den Jahren 2013 und 2014 wurde der historisch wertvolle Bestand in Klosterneuburg erhoben, mit der Verordnung des Bebauungsplans wurden Schutzzonen geschaffen und erhaltungswürdige Altortgebiete unter baurechtlichen Schutz und zum Teil unter Denkmalschutz gestellt.

Amts-, Verwaltungs-, Kommunal-, Bürobauten

0863 Rathausplatz 25, Amtsgebäude, Erweiterung Rathaus, 1959–1964, P: Norbert Schlesinger, BH: Stadtgemeinde Klosterneuburg

Das lang gestreckte, viergeschoßige Amtsgebäude mit Walmdach und schlichter moderner Fassade wurde infolge eines Wettbewerbs vom Holzmeister-Schüler Norbert Schlesinger geplant. Der durch steinerne Wandvorlagen klar gerasterten Fassade wurde im Erdgeschoß nachträglich im mittleren, verglasten Bereich ein metallenes Vordach zugebaut; die seitlichen Durchgänge waren bereits bauzeitlich vorhanden. Durch Zusammenlegung mit dem benachbarten ehemaligen Sparkassengebäude (→ 0904) sowie dem historischen Rathaus an der Ecke zur Leopoldstraße entstand in den 1970er- und 1980er-Jahren ein größerer Gebäudekomplex.

0864 Aufeldgasse 17–23, Verwaltungsgebäude Schömer, 1985–1987, P: Heinz Tesar, MA: Margarethe Cufer, Otmar Hasler, Sabina Haubacher, Guido Welzl, BH: Karlheinz Essl ●

Herzstück des viergeschoßigen, symmetrisch angelegten Verwaltungsbaus ist eine elliptische, dreigeschoßige zentrale Halle, die als Verteiler-, aber auch als Gemeinschaftsraum konzipiert ist. Eine frei stehende, markante doppelläufige Treppenanlage erschließt das Gebäude vertikal, die Verbindungsgänge der einzelnen Büros werden über die umlaufenden Galerien erreicht. Die Belichtung der Halle erfolgt über die den Galerien folgenden kreisrunden Oberlichten sowie eine elliptische Laterne.

Aufgrund der besonderen Akustik der Eingangshalle werden hier auch Konzerte mit meist zeitgenössischer Musik veranstaltet und dafür mitunter Kompositionsaufträge vergeben. Bis zur Eröffnung des Essl-Museums (→ 0868) diente der Verwaltungsbau auch als Ausstellungshalle für die Kunstsammlung des Bauherrn.

0865 Inkustraße 1–7, Büropark Donau, 1990–1992, P: Stefan Hübner, BH: Nata Immobilien-Leasing GmbH ●

Der Büropark besteht aus neun U-förmig angelegten, dreigeschoßigen Einzelbauten, die durch acht dazwischenliegende Stiegenhäuser miteinander verbunden sind. Die ursprünglich geplante naturbelassene Grünfläche im Hof der Anlage wurde durch eine Parkfläche ersetzt.

Religion, Kult

0866 Franz Rumpler-Straße 14, evang. Kirche, 1994–1995, P: Heinz Tesar, MA: Silvia Ertl, BH: Evangelische Pfarrgemeinde Klosterneuburg, K: Hubert Scheibl (Altarbild) ●

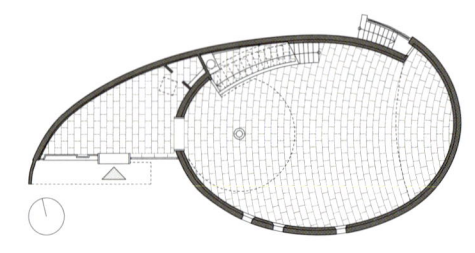

Bereits Anfang des 20. Jahrhunderts sollten in Klosterneuburg eine evangelische Kirche und ein Pfarrhaus errichtet werden. Ernst Anton Plischke und Eduard Kramer legten romantisch-historisierende Entwürfe vor, deren Ausführung jedoch die veranschlagten Baukosten bei Weitem überstiegen hätte. Es wurde daher beschlossen, vorerst lediglich das von Eduard Kramer entworfene Pfarrhaus zu erbauen, das neben den Wohnungen für den Pfarrer und den

Küster auch eine Kapelle sowie einen Gemeindesaal umfasste. Erst Ende des Jahrhunderts konnte auch ein Kirchenbau realisiert werden. Heinz Tesar, ein Schüler von Roland Rainer und unter anderem als Erbauer der Donaucity-Kirche in Wien oder des Essl-Museums in Klosterneuburg (→ 0868) bekannt, entwarf für den kleinen, rund 160 Personen fassenden Bau einen signifikanten elliptischen Baukörper, der nun mit dem 1907 errichteten Pfarrhaus das neue Gemeindezentrum bildet. Der Stahlbetonbau ist ost-west-orientiert, ein schlichtes Stahlkreuz an der Ostseite weist auf die sakrale Bestimmung hin. Das flache, geschwungene Dach erhielt 25 Lichtkuppeln, an den Wänden folgen der Dachlinie kleine quadratische Fenster, die sich an der Südseite zu einer Vielzahl verdichten. Der architektonisch raffinierte Einsatz der Lichtöffnungen lässt im Kircheninnenraum – je nach Wetterverhältnissen – eine ungewöhnliche Lichtstimmung und eine ganz spezifische Raumatmosphäre entstehen. Im östlichen Brennpunkt des ovalen Grundrisses ist der schlichte Altar mit der Kanzel situiert, dahinter befindet sich ein großes Altarbild von Hubert Scheibl. Eine kleine kreisrunde Öffnung im Gemälde und in der dahinterliegenden Apsiswand lässt bei einem bestimmten Sonnenstand einen Lichtstrahl in das Kircheninnere dringen. An der Nordseite des Gebäudes ist die Ellipsenrundung seitlich der Apsis leicht nach außen verschwenkt, um eine Öffnung für den Notausgang zu schaffen. Über der Türe reicht ein Fensterband bis zur Decke und dient als zusätzliche Lichtquelle für den Altar. Gegenüber dem Altar bewirkt eine runde Orgelempore aus Sichtbeton eine dynamische Gegenbewegung zur konkaven Ellipsenrundung. Die Empore ruht auf nur einer Säule, die beim Betreten der Kirche – einigermaßen irritierend – zunächst den Blick in den Innenraum und den Altar beeinträchtigt. Die Kirche wurde 1995 geweiht, unmittelbar danach mussten Arbeiten zur Verbesserung der Akustik durchgeführt werden.

0867   Sachsengasse 3, Pfarrkirche hl. Leopold, 1937, P: Rudolf Wondracek, BH: Chorherrenstift Klosterneuburg, AF: Josef Schömer & Söhne, K: Hermann Bauch (Volksaltar, Kreuzweg, 1973) •

Nachdem im sogenannten Sachsenviertel die Bevölkerung stark angewachsen war und die Gläubigen für den Besuch des Gottesdienstes beträchtliche Strecken zurücklegen mussten, wurde bereits Anfang des 20. Jahrhunderts an einen Kirchenneubau gedacht. Aber erst nachdem genügend Spendengelder gesammelt worden waren und das Stift Klosterneuburg ein Grundstück gestiftet hatte, wurde von dem St. Pöltner Architekten Rudolf Wondracek 1936 bis 1937 ein Kirchenbau errichtet. Er plante einen schlichten kubischen Saalbau für rund 400 Personen und einen massiven querrechteckigen Chorturm. Acht Fenster mit Darstellungen von Heiligen sorgen für eine gute Belichtung. Trotz der damals aktuellen liturgischen Erneuerungsbewegungen, die eine größere Nähe zwischen dem Priester und den Gläubigen anstrebte, hat Rudolf Wondracek das Presbyterium stark erhöht und durch eine Kommunionbank vom Hauptraum getrennt. Die geringen finanziellen Mittel bedingten, dass bei der Weihe nur eine provisorische Inneneinrichtung bereitgestellt werden konnte. Erst 20 Jahre später wurden die aus Waldviertler Granit gefertigten Altäre sowie die Kirchenbänke aufgestellt. Nach dem Zweiten Vatikanischen Konzil wurde 1973 im Zuge einer Renovierung das Niveau des Altarraumes um zwei Stufen gesenkt.

Kultur, Veranstaltung

0868   An der Donau-Au 1, Musem Sammlung Essl, 1999, P: Heinz Tesar

Das Essl-Museum war auf rund 7.000 Quadratmetern zwischen 1999 und 2016 der österreichischen Kunst ab 1945 gewidmet. Der zu Redaktionsschluss leer stehende Bau wurde von Agnes und Karlheinz Essl in Auftrag gegeben, um ihre umfangreiche, über Jahrzehnte angewachsene Privatsammlung, die zu einer der wichtigsten Sammlungen für Gegenwartskunst in Europa zählt, öffentlich zugänglich zu machen. Neben mehreren Ausstellungsflächen, die durch unterschiedliche Belichtungsstrategien und Raumformen sowie Erschließungen verschiedenste Ausstellungssituationen schaffen, wurde auch eines der weltweit größten Bilderdepots errichtet. Aufgrund der durch Donau und Bahntrasse bestimmten Grundstückssituation wurde das Essl-Museum als „Raumfigur für die Kunst" (Heinz Tesar) mit dem Grundriss eines rechtwinkeligen Dreiecks geplant. Durch die Grundrissform ergeben sich drei verschiedene Fassaden- und Ecklösungen, wobei die verbindenden architektonischen Elemente die weiß verputzten Obergeschoße und der hohe Sichtbetonsockel sind.

Der Zugang zum Gebäude erfolgt an der südlich gelegenen kurzen Fassadenseite; durch die Eingangshalle wird über Treppen ein Zwischengeschoß, das den Atelierbereich beherbergt, erreicht und weiter die Ausstellungsebene im ersten Obergeschoß erschlossen. Hier befinden sich zwei unterschiedliche Ausstellungsbereiche, die einen begrünten Innenhof umschließen. Der südwestlich der Bahntrasse gelegene Trakt (Hypotenuse des rechtwinkeligen Dreiecks) besteht aus sieben Oberlichtsälen mit unterschiedlichen Grundrissen, aber gleichen Höhen. Diese Säle sind parallel zum kurzen

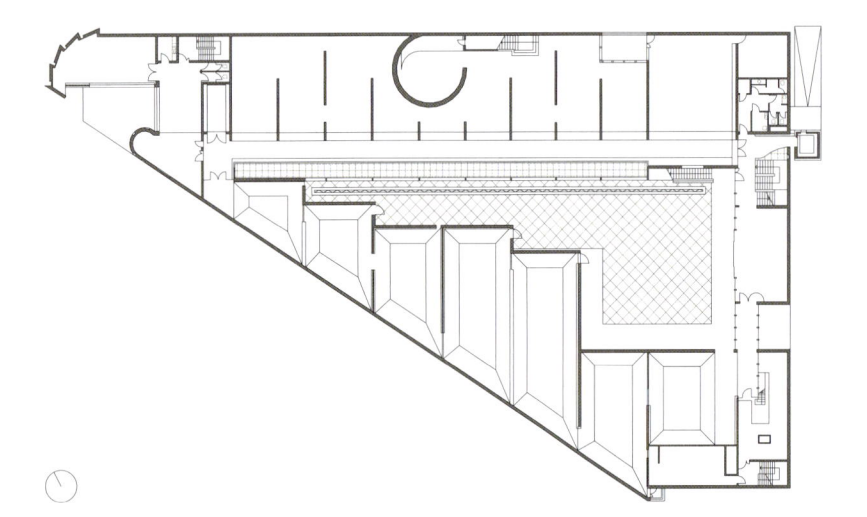

Südtrakt (Eingang) angelegt und werden von der schräg dazu liegenden Westfassade in trapezförmige Baukörper geschnitten. Der gegenüberliegende nordöstlich situierte Ausstellungsbereich ist als eine mit Lichtbändern belichtete Ausstellungshalle konzipiert, die durch Querwände in einzelne Galerieräume unterteilt ist. Durch die Verlegung des Innenhofgartens ins erste Obergeschoß schafft Tesar eine Verschiebung der gewohnten Geschoßebenenabfolge und gibt dem dadurch im Erdgeschoß (unter dem begrünten Innenhof) befindlichen Depot einen besonderen Stellenwert. Die im Ausstellungsbereich durch diverse Einschnitte erzeugten direkten Sichtbeziehungen in das Depot verstärken diese Bedeutung, die erhöhte Lage bietet darüber hinaus auch im Fall eines Hochwassers der nahe liegenden Donau aktiven Schutz.

Neben den im zweiten Obergeschoß befindlichen Büroflächen, dem Restaurant und dem Café mit Terrasse, Bookshop und großer Terrasse zum Innenhof liegt im der Donau zugewandten Trakt der Große Saal. Dieser Raum wird von einer geschwungenen Decke, die sich in ihrer Form mit dem Fluss in Bezug setzt, überspannt und entweder über die innen liegende Rotunde, die auch für akustische Inszenierungen ausgelegt ist, oder über eine innenhofseitige „Außentreppenrampe" erschlossen. Die Konzeption des Saals mit seinen vielen unterschiedlichen Fensterflächen ermöglicht eine Vielzahl von Belichtungssituationen und Sichtachsen.

Der Ausstellungsbetrieb des Essl-Museums wurde im Juli 2016 eingestellt und die Sammlung ging 2017 offiziell an die Albertina Wien über. Zu Depotzwecken wurde der Bau adaptiert und das Erdgeschoß von den Obergeschoßen baulich abgetrennt.
▶ *Plan: Grundriss Galerieebene*

0869 Rathausplatz 25, Babenbergerhalle, 1966–1969, P: Norbert Schlesinger, BH: Stadtgemeinde Klosterneuburg

Kurz nach der Fertigstellung des nach seinen Plänen errichteten Rathauses (→ 0863) plante Schlesinger auch die Erweiterung um ein Veranstaltungszentrum, welches baulich an der dem Platz abgewandten Längsseite angeschlossen wurde und die Formensprache des Bestands aufnimmt. Die weitgehend unverändert erhaltene multifunktionale Stadthalle umfasste einen großen Saal mit Galerie, einen Nebensaal, ein nicht mehr bestehendes Restaurant im Erdgeschoßbereich sowie weitere Räumlichkeiten im Untergeschoß und wurde neben der Bespielung mit diversen Kultur- und Freizeitveranstaltungen sowie Bürger*innenversammlungen ursprünglich auch als Sportstätte genutzt.

Bildung

0870 Hermannstraße 11, Volks- und Mittelschule, 1908, P: Ernst Anton Plischke, Franz Weigang jun. ●

Aus einem geladenen Wettbewerb gingen die Architekten Plischke und Weigang jun. als Sieger hervor. Sie entwarfen die lang gestreckte dreigeschoßige Doppelschule, die bei ihrer Errichtung 13 Klassen, zwei Zeichensäle, einen Turnsaal, drei Lehrmittelzimmer, einen Physiksaal, Ankleideräume und Garderoben umfasste. Die secessionistische Fassade wurde bei einer Sanierung entfernt, jedoch in der letzten Renovierung teilweise rekonstruiert und die Reliefporträtmedaillons prominenter Pädagog*innen wieder eingesetzt.

0871 Wiener Straße 74, HBLA für Wein- und Obstbau, ehem. k. k. Önologisches und pomologisches Institut, 1880, P: Emanuel

Ritter Trojan von Bylanow, AF: Ernest Krombholz | Zubau Annexgebäude und Musterweinkeller, 1929, P: A. R. Bergmann und Co | Umbau Hauptgebäude und Zubau Annexgebäude, 1960, P: Rudolf Goder | Zu- und Umbau Kellereigebäude, 1981, P: Karl Stransky ●

Der mit Risaliten gegliederte Haupttrakt beherbergte im Souterrain und Erdgeschoß die chemischen Laboratorien und Lagerräume und im ersten Stock die Lehrräume. Das projektierte zweite Geschoß mit Museumsräumen und Wohnungen konnte aus Kostengründen nicht errichtet werden, da bereits bei der Errichtung der Fundamente Probleme auftraten. Am Baugrund wurden ca. 30 Quellen entdeckt, die mit einem aufwendigen Drainagesystem abgeleitet werden mussten. Die Belüftung des Mauerwerks wurde durch zahlreiche Schornsteine und Lüftungsöffnungen im Sockel sichergestellt.

Das Gebäude verfügte über eine Anlage zur Abwasseraufbereitung, um die festen Bestandteile nach Desinfektion zu Düngeziegeln zu verarbeiten, bevor die flüssigen Bestandteile über Reinigungskästen zum Weidlingbach abgeleitet wurden. Die palastartige Fassadendekoration und die Schornsteine der Lüftung wurden bereits in den 1920er- und 1930er-Jahren entfernt. Im Laufe des 20. Jahrhunderts erfolgten zahlreiche Zu- und Umbauten am Gebäude und Areal.

Gesundheit

0872 Kreutzergasse 12–14, Landesklinikum, 1903, P: Karl Konrad | Erweiterung, 1928, P: Eduard Kramer | Neubauten, 1975–2002, P: Amt der NÖ Landesregierung | Zubau, 2005–2007, P: Johannes Zieser ●

Im 19. Jahrhundert wurde das „Öffentliche Krankenhaus Klosterneuburg" erbaut und 1903 von Karl Konrad durch einen Zubau erweitert. 1928 modernisierte der Otto-Wagner-Schüler Eduard Kramer das Krankenhaus und errichtete einen Neubau für mehrere medizinische Abteilungen. In den Jahren 1975 bis 2002 erfolgte unter der Oberaufsicht des Amts der NÖ Landesregierung in fünf Bauabschnitten die Aufstockung des bestehenden Gebäudes und die Errichtung von großzügig bemessenen Neubauten. In den Jahren 2005 bis 2007 wurde in einem sechsten Bauabschnitt vom Architekturbüro Zieser ein weiterer Trakt hinzugefügt.

Freizeit

0873 Donaustraße 90–92, Boots- und Vereinshaus, 1911, P: Rolf Geyling ●

Der noch sehr junge Otto-Wagner-Schüler, der auch bei Heinrich Ferstel und Karl König an der Technischen Hochschule Wien studiert hatte, konstruierte das Clubhaus des Rudervereins in moderner Betonskelettbauweise. Die Gestaltung erfolgte jedoch nach wie vor nach den Prinzipien des Jugendstils; die einzelnen Flächen an der Fassade, an den Innenwänden und den Möbeln wurden sorgfältig mit Zierleisten eingerahmt. Hier ist der Gedanke des Gesamtkunstwerks noch omnipräsent. Der Baukörper selbst bedient sich einer modernen Schiffsmetapher, indem die Schmalseite als Rumpf in den öffentlichen Raum hineinragt und die Längsseite sich entlang der Donau gleichsam als am Ufer liegendes Schiff erstreckt. Als begeisterter Ruderer und Mitglied des Bootsclubs konzipierte Geyling alle Details mit großer Sorgfalt und unter nicht zu übersehendem Einfluss von Josef Hoffmann.

0874 In der Au 2–4, Sport- und Freizeitzentrum „Happyland", 1977–1986, P: plafog Planungsgesellschaft mbH, Ernst Mühlberg | diverse Erweiterungen, ab 1988 | Sanierung und Umbau, 2014–2016, AB: Architekten Maurer & Partner ZT GmbH (Ernst Maurer, Christoph Maurer, Thomas Jedinger) ●

Herzstück und erster Bauteil der Anlage war das 1982 eröffnete Freizeitbad, welches von einer nach innen unverkleideten, fächerförmig angelegten Konstruktion aus Holzleimbindern überdacht wird. Das ursprüngliche Konzept einer freien Durchgängigkeit in den Außenraum wurde nicht realisiert, mit großen Glasflächen der Raumabschluss jedoch dem Entwurfsgedanken folgend möglichst transparent gestaltet. Die beiden folgenden Bauphasen umfassen die 1986 eröffneten Hallenbauten für Sportbecken

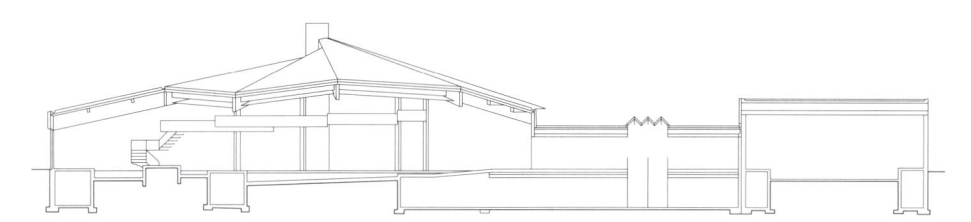

sowie Sporthallen. Das charakteristische Holzdach des Freizeitbads, die organische Form der Becken und das Erschließungssystem des Ursprungsbaus bestehen auch nach den großen Umbauten im Rahmen der Sanierung 2014 bis 2016.
▶ Plan: Zustand um 1982

0875 Rundweg, Strandbadstraße, Am Durchstich, Graben, Wasserstraße, Rosenwinkel, Heckenweg, Strandbadsiedlung Haas-Kolonie, 1924–1928, P: Wilhelm Haas, Fritz Gross, AF: Leopold Haas & Sohn | Erweiterung, sogenannte Neukolonie, ab 1929, P: Wilhelm Haas, Eduard Kramer, Carl Cabek, Franz Pölz, Othmar Sackmauer, Silja Tillner u. a., AF: Leopold Haas & Sohn, Josef Schömer & Söhne u. a.

Die 1927 offiziell in das Strandbad Klosterneuburg einbezogene Haas-Kolonie entstand in ihrer ersten Etappe von 1924 bis 1928 flussabwärts des Strandbades bis zur 1897 gegründeten und 1927 in der heutigen Gestalt erbauten Militärschwimmschule.

Auftraggeber der Kolonie war Wilhelm Haas, er war der Sohn des Gründers der Tischlerei Leopold Haas & Sohn, die sich auf die Herstellung transportabler und fixer Holzhäuser spezialisiert hatte. Die Ferien- und Strandhäuser der Haas-Kolonie unterscheiden sich grundsätzlich von den Kawafag-Hütten des Strandbades (→ 0876). Die Kolonie enthält größere kubische Bauten mit Flachdach, breiten Fensterbändern und Bullaugen sowie weitaus großzügigere Terrassen und Veranden. Haas, der in den ersten Bauetappe über 50 der Häuser plante, bevorzugte vor allem halbrund auskragende Terrassen.

Ab dem Jahr 1929 wurde der Bau der Anlage mit der Neukolonie erweitert. Die Mehrzahl der in den 1930er-Jahren errichteten Strandhäuser setzt die von Haas eingeschlagene Linie der Moderne fort. Haas entwarf auch hier weitere Bauten (etwa das erhaltene Strandhaus 8M von 1932, welches eine der charakteristischen Terrassen aufweist), zudem wurden aber auch weitere Architekt*innen beschäftigt. So entwarf beispielsweise Carl Cabek 1931 das weitgehend authentisch erhaltene Badehaus H5 mit Flachdach und L-förmiger Terrasse, oder Franz Pölz 1933 das Badehaus H3, einen kubischen Würfel mit zentraler Tür und zwei Bullaugenfenstern. Ein besonderes Badehaus ist das Haus 3F in der Sonnenstraße (→ 0878). Silja Tillner führte 2003 am Haus 4K in der Rundstraße, welches auf einen Entwurf von Haas aus dem Jahr 1932 zurückgeht, eine behutsame Adaptierung durch. 1991 interpretierte Othmar Sackmauer mit dem Holzhaus 56 das Strandhausthema der Siedlung Richtung Architektursprache Ostasiens neu.

0876 Strandbad Hauptplatz 1, Strandbad, 1919–1920, P: Franz Polzer | Ausbau zu Wochenendkolonie, 1923–1924, P: Leopold Buchta-Charon | Neuerrichtung Kabinentrakte, 1927–1928 | Sanierung, 2009, P: Gerald Sterlich | Neuerrichtung Strandbadrestaurant, 1960, P/AF: Böhmer & Prem BaugesmbH | Sanierung Restaurant, 2021, AB: syntax architektur (Alexander Spauwen, Martina Barth Sedelmayer, Michael Barth) | Umbau zum Erlebnisbad, 1995, P: Herbert Haun, BH: Bäderverwaltung Klosterneuburg

Das neu erbaute Strandbad ersetzte das ab 1878 angelegte sogenannte Englbad, welches aus einem Badeschiff in einem der Donauarme und umgebenden Kabinen bestand. Das Englbad war 1913 aus dem Besitz der Familie Engl in die Gemeindeverwaltung übernommen und bis 1919 durch das städtische Bauamt in Holzbauweise zu einer größeren Anlage mit verschiedenen Kabinentrakten, einem Restaurant und einer Wäscherei in Ergänzung eines modernen Schwimmschiffes ausgebaut worden.

1919 wurde die großzügige Erweiterung projektiert, die dem bei Otto Wagner ausgebildeten Architekt Franz Polzer oblag. 1920 wurde die bis heute in dieser Grundkonzeption bestehende Anlage etwas stromaufwärts des Englbades unter Einbeziehung einiger Kabinen des Herrenbades und der Wäscherei desselben ausgeführt. Die Kabinentrakte lagen nun parallel zur Uferkante, getrennt nach Geschlechtern beidseits des großen trapezförmigen Platzes, der an seinen Schmalseiten durch das Kassengebäude landwärts und durch den Musikpavillon Richtung Wasser begrenzt wurde. Das Haus des Bademeisters und ihm gegenüber das Café-Restaurant komplettierten die damals eingeschoßige Anlage, die bis auf das Haus des Bademeisters in Holzbauweise errichtet worden war.

Eine nächste große Erweiterungsphase begann 1923, als das kommunale Strandbad zur Wochenendkolonie nach den Plänen von Architekt Leopold Buchta-Charon ausgebaut wurde. Dazu wurden über 100 Badehäuschen zwischen die bereits bestehenden Objekte des Strandbades dicht nebeneinandergestellt, aber zu verschiedenen, frei und abwechslungsreich organisierten Platzanlagen gruppiert. Die in Holzriegel-Bauweise durch die Kawafag (Klosterneuburger Wagenfabrik) vorgefertigten Hütten auf einem Grundriss von drei mal vier Metern stehen auf einem Unterbau und hatten mit Dachpappe gedeckte Satteldächer, die über die vorgelagerten Veranden gezogen waren. Von da an erfolgten kontinuierliche Umbauten und vor allem Vergrößerungen. Auch die Terrasse des Restaurants wurde

1923 und 1924 erweitert, Apparaturen für das Freilichtkino wurden installiert und die Kabinentrakte und Sanitäranlagen weiter ausgebaut.

1927 bis 1928 wurden die beiden Kabinentrakte entlang des Strandes durch zweigeschoßige Trakte, damals noch mit aufgesetztem Sonnendeck, ersetzt, von denen der südliche komplett erhalten und 2009 durch Architekt Gerald Sterlich mustergültig restauriert wurde.

Die Schäden durch Eisstoß und Bombentreffer während des Zweiten Weltkriegs wurden ab 1947 beseitigt. Um 1960 wurde das Restaurant durch einen Betonfertigteilbau ersetzt. Obwohl das Bad 1995 zum Erlebnisbad umgewandelt wurde, ist es als historisches Strandbad mit Wochenendkolonie relativ authentisch erhalten geblieben.
▶ Foto: Strandbadrestaurant 2005

0877 Strandbad Neuer Weg 95–96, Ausbau Weekendkabine im Kabinentrakt des Strandbades, 1936, P: Carl Kronfuss ●

Die Herausforderung bestand für den Planer darin, einen Raum von nur drei Meter Breite und 2,4 Meter Tiefe aufs raffinierteste auszunützen, um „ein Musterbild der Wohnbehaglichkeit, ja mehr als das – des wahren Wohngenusses" zu schaffen (Zeitschrift *Österreichische Kunst,* 1936). Dies wurde bereits damals, in Ergänzung der herausschiebbaren Betteinsätze, Klappsitze und sogar eines Klappwaschbeckens durch eine dreiteilige Glasfaltüre bewältigt, die den „kleinen Vorbau mit der Kabine zu einer einzigen, nun geradezu geräumigen Veranda mit Streckfauteuils, Sitzecke und Teenische, die sich flugs in einen mit allem nötigen Zubehör ausgestatteten Arbeitsraum umbilden lässt", vereinigt.

0878 Strandbadsiedlung-Sonnenstraße 3F, Strandhaus in der Neukolonie, 1930, P/AF: Gebrüder Böhler & Co. AG (System nach Alfred Schmid) | Umbauten, 1936, AF: Josef Schömer & Söhne, 1949 | Erweiterung, 1956, P/AF: Leopold Grünberger

Die Haas-Kolonie (→ 0875) wurde ab 1924 als Wochenendkolonie des Strandbads errichtet, ab 1929 entstand die Neukolonie als ihre Erweiterung. Ein besonders interessantes Objekt ist das 1930 auf Parzelle 3F in Stahlbauweise errichtete, seit 1943 ganzjährig bewohnte und wiederholt erweiterte Haus. 1936 schon wurde das Stahlhaus auf ein gemauertes Geschoß gehoben. Ein Gutachten aus dem Jahr 1942 bestätigt die hochwasserfeste, hochwertige Bauweise des mit „eingebauten Möbeln unter großen Kosten" hergestellten Hauses einschließlich der von Josef Frank geplanten Küche und begründete das eigentlich für diese Strandkolonien nicht erteilte ganzjährige Wohnrecht. Ergebnis der Umbauten und Erweiterungen über die Jahre ist ein heute mediterran wirkendes Haus mit verschiedenen Terrassen, Flachdächern, Kaminen sowie Vor- und Rücksprüngen. 
▶ Plan: Entwurf 1956

Wohnbauten

0879 Albrechtstraße 105–107, WHA Kreindlhof, ehem. Stiftshof, 1910, P: Josef Unger ●

Ursprünglich als Wohnhaus für Stiftsbedienstete errichtet, liegt die vierflügelige Anlage im sanft ansteigenden Gelände. Fünf zusammenhängende, zweigeschoßige und walmdachgedeckte Trakte umgeben einen quadratischen Hof. Die Richtung Donau ausgerichtete Hauptfassade mit zentralem Zugang wird durch zweiachsige Eckrisalite akzentuiert.

0880 Am Ölberg 26–30, Doppelwohnhaus, 1993–1994, P: Heinz Tesar, S: Ernst Krejci ●

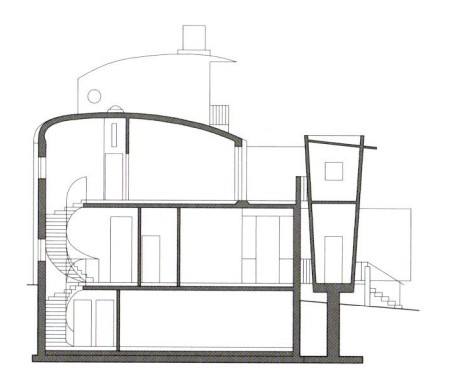

Der weiße Baukörper mit einer leicht geschwungenen Dachlinie öffnet sich sowohl im Obergeschoß als auch im Erdgeschoß über Richtung Südosten orientierten Terrassen zum Garten. Bis auf die markanten Türme und den Dachaufsatz sind die beiden Wohnungsgrundrisse im ursprünglichen Entwurf weitgehend spiegelsymmetrisch organisiert.

0881 Josef Schöffel-Gasse 63, Haus 1–6, RHA, 1984, P: Wolfgang Riedl, Rudolf Rollwagen ●

Besonderes Merkmal dieser aus Ziegel errichteten Anlage, für die hinsichtlich Bauweise und Materialwahl regionale Traditionen aufgegriffen und reinterpretiert wurden, sind die in die Dachflächen eingeschnittenen Fenster. Offen angelegte Wohnungsgrundrisse werden durch Raumhöhen und -formen strukturiert, wobei die Wohnräume jeweils südseitig orientiert und um eine Terrasse organisiert sind. Durch einen Glasspalt in der im Grundriss halbkreisförmig angelegten Stiegenhauswand ermöglicht die nordseitige Erschließung den Blick auf das Stift Klosterneuburg.

0882 Kautekgasse 2, WH, 1930, P: Otto Wytrlik, BH: Bau- und Wohnungsgenossenschaft „Gartenstadt"

Der fünfgeschoßige Baukörper mit hohem Sockel und steilem Mansardwalmdach ist an den beiden Längsseiten symmetrisch angelegt und durch unterschiedlich eingetiefte Putzfelder gegliedert. Der südseitig liegende zentrale Zugang wird durch darüberliegende halbkreisförmige Balkone akzentuiert. Zu den besonderen Merkmalen zählen auch die an den beiden Schmalseiten liegenden halbrunden Abschlüsse mit Terrassen (→ 0884).

0883 Kautekgasse 10–18, WHA, 1956–1958, P: Norbert Schlesinger, BH: Bau- und Wohnungsgenossenschaft „Gartenstadt" ●

Der 1956 bewilligte Bau besteht aus 36 Wohnungen, die über fünf mehrheitlich nordseitig angeordnete Stiegenhäuser erschlossen werden. Die dreigeschoßige Anlage auf hohem Sockel folgt durch Höhenstaffelung der einzelnen Baukörper dem entlang der Straße ansteigenden Gelände und überbrückt die Dr. Weiss-Gasse. Die Wohnungen mit Nordwest- und Südost-Orientierung verfügen vereinzelt über französische Fenster und Balkone; unter einigen Dachkanten befinden sich zudem Loggien.

0884 Kierlinger Straße 21a–25, WHA, 1914, P: Otto Wytrlik ●

Der Wagner-Schüler Wytrlik verfügte über langjährige Praxis bei Ludwig Baumann und trat 1911 die Stelle als Chefarchitekt der Bau- und Wohnungsgenossenschaft „Gartenstadt" in Klosterneuburg an. Für die aus vier Baukörpern bestehende, drei- bis viergeschoßige Anlage wählte Wytrlik unterschiedliche Gliederungselemente und Detailformen. Neben straßenseitigen Erkern und dem markanten Giebelfeld unter einem Schopfwalmdach kann die Gestaltung der vereinzelt weit heruntergezogenen Mansardwalmdächer als besonders charakteristisch an diesem Projekt gelten.

0885 Mühlengasse 27–35, Reihenhäuser, um 1925, P: Otto Wytrlik, BH: Bau- und Wohnungsgenossenschaft „Gartenstadt" ●

Schmale Vorgärten setzen die am Kierlingbach liegende eingeschoßige Verbauung von der Straße ab. Die Anlage besteht aus gekuppelten, traufständigen Häusern mit Satteldächern und segmentbogenförmigen Zugangsloggien, die durch darüberliegende Giebelfelder akzentuiert werden (→ 0884).

0886 Weinberggasse 8, WHA, 1993, AB: BFA Büro für Architektur (Heinz Lutter, Ralf Aydt, Horst Fuchs, Elif Somer) | Aufstockung, 2002–2003

Die Anlage besteht aus vier Reihenhäusern, die an der Nordseite durch einen lang gezogenen rechteckigen Baukörper als gemeinsame Einheit erscheinen, obgleich jedes Haus im Grundriss individuell entworfen wurde. Südlich an den Riegel sind kubische, in unterschiedlichen Winkeln zueinander angeordnete Baukörper angeschlossen, die jeweils über ein eigenes Stiegenhaus erschlossen werden und spannende Zwischen- und Freiräume entstehen lassen.

Einfamilienhäuser

0887 Adalbert Stifter-Gasse 31, EFH, 1992–1996, P: Walter Stelzhammer, MA: Waltraud Maier, Erwin Steiner, S: Helmuth Locher

Das an einem steilen Hang parallel zur Terrassierung errichtete, dreigeschoßige Einfamilienhaus besteht aus einem L-förmigen Baukörper. Das oberste Geschoß ragt als geschlossener, durch ein um die Ecke gezogenes Bandfenster gegliederter weißer Quader aus dem Terrain heraus. Die Fassaden der beiden unteren Geschoße sind großflächig verglast und werden durch schwarz verkleidete, optisch zurücktretende Stützen getragen. Im mittleren, als Hauptwohnbereich dienenden Geschoß befinden sich Küche und Esszimmer sowie ein um einen Halbstock erhöhter Wohnraum.

0888 Berchtesgadnerhofgasse 6, Skallgasse 1–7, Kleinwohnhauskolonie Heimstätte, 1913, P: Carl Witzmann ●

Unterschiedlich gestaltete kubische Baukörper unter Sattel-, Walm- und Zeltdächern, vereinzelt mit akzentuierenden Gauben und Giebelrisaliten, Blendarkaden und Erkern sowie Balkonen, Loggien und Pergolen prägen das heterogene Erscheinungsbild dieser Villensiedlung. Die einzelnen Gebäude unterscheiden sich außerdem durch abwechslungsreich gesetzte Fensterformate und verschiedenartigen Putzdekor voneinander.

0889 Dr. Teichmann-Gasse 8, Aufstockung EFH, 1988–1991, P: Walter Michl, Klaus Leitner

Ende der 1980er-Jahre wurde ein kleines Sommerhaus aus dem Jahr 1971 durch einen großflächig verglasten Dachaufbau mit flachem Zeltdach erweitert, der nicht nur die Nutzfläche verdoppelte, sondern auch die zwischenzeitlich verbaute Aussicht auf das Stift Klosterneuburg wieder herstellte.

0890 Friedhofgasse 7, Villa, 1913, P: Julius Richter ●

0891 Hermannstraße 12, Wohn- und Atelierhaus, 1904, P: Josef Schömer, BH: Franz Rumpler

0892 Kierlinger Straße 46, EFH, 1913–1914, P: Ernst Anton Plischke ●

Die Villa der Architektenfamilie Plischke stellt ein typisches Beispiel für großbürgerliches Wohnen am Anfang des 20. Jahrhunderts dar. Ernst Anton Plischke verzichtete auf historisierende Elemente. Rieselputz, hölzerne Fensterläden, Giebelverkleidung und Erker gliedern die Fassade, die von einem steilen Walmdach abgeschlossen wird.

0893 Kierlinger Straße 150, EFH, 1984, P: Gert-Michael Mayr-Keber ●

0894 Max Kahrer-Gasse 40, EFH, 1983, P: Helmut Christen ●

0895 Peter Rosegger-Gasse 44–46, Haus Herpel, 1998–2000, P: Walter Stelzhammer

0896 Planckhgasse 7, EFH, 1982, P: Franz Claudius Demblin ●

0897 Schießstattgasse 2, 2a, Stadtmuseum, ehem. Rostock-Villa, 1921–1923, P: Walter Jakob Tobler, BH: Reinhold Rostock | Nutzung als Ortskommandantur der sowjetischen Besatzungsmacht, 1945–1955 | Umnutzung zum Altenheim, 1964 | Umnutzung zur Sonderschule (bis 1983) und Museum, 1974 | Privatbesitz und Renovierung, 2018

Architekt Tobler plante die Villa (Nr. 2) mit Gartenanlage und Wirtschaftsstöckl (Nr. 2a) für den Industriellen Reinhold Rostock. Ein Laubengang mit darüberliegender Terrasse verbindet die beiden Baukörper.

0898 Schwarze Au Forststraße 34, Gartenhaus, 1992–1993, P: Wolfgang Holzhacker ●

0899 Seitweg 15, EFH, 1997, AB: Hermann & Valentiny (Hubert Hermannn, François Valentiny) ●

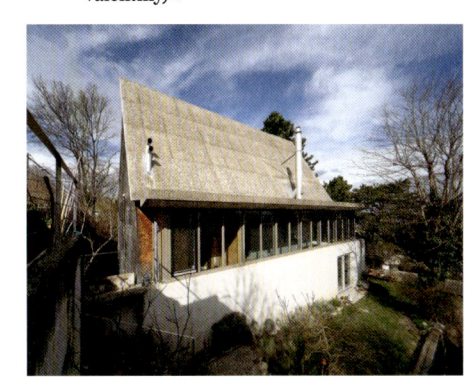

Das steile Giebeldach – die eine Seite aus Beton, die andere aus Holzlamellen – ist als markantes Charakteristikum bereits von der höher liegenden Straße zu sehen. Die Holzlamellen an der Ostseite, die sich ebenfalls im Terrassengeländer fortsetzen, sorgen für ein spannendes Licht-Schatten-Spiel im Inneren des Hauses. Die Westseite aus Beton verbirgt unter einem Knick die Treppe, die den Wohnbereich im Obergeschoß mit dem Schlafbereich im Untergeschoß verbindet. Beide Schmalseiten des Hauses weisen wenige kleine Öffnungen auf und sind durch Holztafeln mit Nieten verkleidet. Das skulpturale Erscheinungsbild verdankt das Gebäude der markanten Form, dem konsequenten Einsatz der Materialien Beton, Holz und Glas sowie den präzisen Detaillösungen.

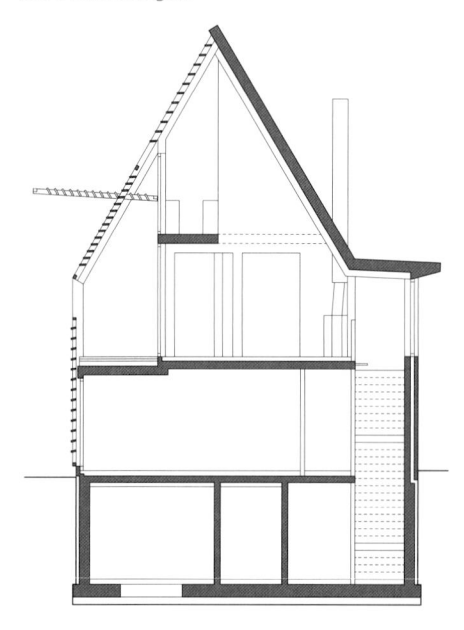

0900 Sonnleitengasse 10–12, EFH, 1996–1997, P: Gerhard Steixner •

Das Bauwerk ist eine Weiterentwicklung des Prototyps für solargestützte Einfamilienhäuser in Modulbauweise in Langenschönbichl (→ 1057). Die Grundelemente des Konzepts bilden die großflächigen Verglasungen an der Südseite und eine massive, mit Naturstein verkleidete Stahlbetonwand im Inneren des Hauses, die für optimale Dämm- und Speicherfähigkeit an der Nordseite sorgt.

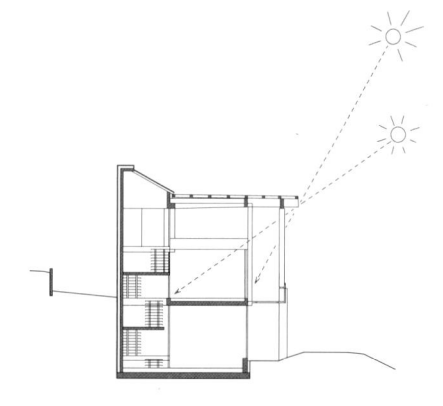

0901 Stockertgasse 8, EFH, 1929, AB: Theiss & Jaksch (Siegfried Theiss, Hans Jaksch) •

0902 Wolfsgraben 66–68, Haus Pazzani, 1910, P: Josef Hoffmann, BH: Alexander Pazzani

Alexander Pazzani, Stahlmagnat und einer der Mitbegründer des Werkbunds, ließ sich von Josef Hoffmann, der auch sein Unternehmensgelände im tschechischen Kladno plante, ein Jagdhaus in Fertigteil-Holzbauweise in den Hügeln um Klosterneuburg errichten. Lediglich das niederösterreichische Bauernhauskultur evozierende Wirtschaftsgebäude ist von der Straße aus sichtbar, der weitaus größere Komplex ist gut in den ehemals wildreichen Hügeln verborgen.

0903 Ziegelofengasse 87, EFH, P: Wolfgang Schöfl •

Geschäftslokale, Einkaufszentren, Banken

0904 Rathausplatz 27, Amtsgebäude, ehem. Sparkasse, 1929–1930, P: Eduard Kramer, BH: Josef Schömer | spätere Aufstockung

Das ursprünglich dreigeschoßige Gebäude mit konvex hervorspringendem Mittelrisalit wurde vom Otto-Wagner-Schüler Eduard Kramer für die Sparkasse geplant und verfügte bereits bauzeitlich über einen Theater- und Lichtspielsaal, der bis 2013 in Betrieb war. Seit der Erweiterung des Rathauses sind in den oberen Geschoßen Amtsräume untergebracht.

Klostertal 2770
Gemeinde: Gutenstein, Bezirk: Wiener Neustadt

Einfamilienhäuser

0905 Klostertal 60, Villa Sommaruga, 1900–1910, BH: Familie Sommaruga

Hotels, Heime, Klöster, Kasernen

0906 Klostertal 53, Sparbacherhütte, 1927, P: Anton König, BH: Leopold Eichelseher, AF: Heinrich Berger, Hubert Pelikan | Erweiterung, 1949–1950 | Sanierung, 1960–1963 •

Kollmitzdörfl 3820
Gemeinde: Raabs an der Thaya, Bezirk: Waidhofen an der Thaya

Religion, Kult

0907 48°49'43.0"N 15°32'12.7"E, südlich von Kollmitzdörfl, Klinger-Mausoleum, 1928–1929, BH: Baron Hugo Klinger, Sybille Klinger

Kollnitz 3662
Gemeinde: Münichreith-Laimbach, Bezirk: Melk

Einfamilienhäuser

0908 Kollnitz 44, EFH, 1969–1973, P: Herbert Witte •

Königstetten 3433
Gemeinde: Königstetten, Bezirk: Tulln

Einfamilienhäuser

0909 Franz Liszt-Straße 4, EFH, 1990–1991, P: Irmgard Frank •

Irmgard Franks Entwurf sah ursprünglich ein Pultdach und eine Holzverschalung für das Haus vor, doch mussten diese nach behördlichem Einwand einem Satteldach und einer verputzten Fassade weichen. Im Inneren des rechteckigen Baus mit dem risalitartig hervortretenden Wintergarten, der bei einer Sanierung gegen den Wunsch der Architektin verändert wurde und dessen lastabtragende Streben nun nicht mehr durchgängig erscheinen, befindet sich eine durch Zwischenwände leicht adaptierbare Holzkonstruktion.

Kopfstetten 2305
Gemeinde: Eckartsau, Bezirk: Gänserndorf

Verkehr

0910 Kopfstetten 51, ehem. Bahnhof, 1908–1909, BH: Lokalbahn Siebenbrunn-Leopoldsdorf–Engelhartstetten–Orth AG

Der kleine Bahnhof stellte ohne Veranda und lediglich mit kleinem innen liegendem Warteraum für Reisende die Minimalform für ein Aufnahmegebäude im Lokalbahnnetz Niederösterreichs dar. 1919 reiste der ehemalige Kaiser Karl von dieser Station ins Exil.

Korneuburg 2100
Gemeinde: Korneuburg, Bezirk: Korneuburg

Die seit dem Mittelalter von Handel, Gewerbe und Landwirtschaft geprägte Stadt entwickelte sich im 19. Jahrhundert zum Verwaltungszentrum und zur Garnisonsstadt. Das anstelle der mittelalterlichen Nikolauskirche und unter Einbeziehung des Stadtturms aus dem 15. Jahrhundert errichtete Rathaus (1895) in neugotischem Stil von Architekt Max Conrad Kropf, der in Korneuburg mehrfach tätig war, ist Ausdruck des Bürgerstolzes der im 19. Jahrhundert großzügig erweiterten Stadt.

Großbetriebe, darunter die Schiffswerft der DDSG (ab 1852, 1993 geschlossen) und die südlich der Stadt gelegene Ölraffinerie (ab 1927, 1961 durch die Raffinerie in Schwechat abgelöst), wurden zu wichtigen Arbeitgeber*innen. Auf dem Raffineriegelände, der „Tuttendorfer Breite", entwickelte sich parallel zur langwierigen Sanierung des ölkontaminierten Bodens ein Betriebsgelände.

Nach den Zerstörungen des Zweiten Weltkriegs setzte in der für die Region bedeutenden Schul- und Verwaltungsstadt erneut rege Bautätigkeit ein, es entstanden insbesondere Industrie- und Gewerbebetriebe an den Stadträndern. Unter umfassender Bürger*innenbeteiligung wurde 2012 ein Masterplanprozess in Angriff genommen, der Orientierung für die künftige Entwicklung der Stadt gibt, die – nicht zuletzt aufgrund der Nähe zu Wien – von einem starken Bevölkerungswachstum gekennzeichnet ist. Auf dem Werftgelände ist nach einer Fülle an Zwischennutzungen und Visionen ein neuer Stadtteil in Entwicklung. Die Grundlagen dafür entstanden ab 2021 in einem kooperativen Planungsverfahren unter sechs Architekt*innenteams aus Österreich und Skandinavien (Delugan Meissl Associated Architects, Berger + Parkkinen, Maurer & Partner, COBE, JAJA Architects und Snøhetta).

Zentren

0911 Hauptplatz, Rattenfängerbrunnen, 1898, P: Max Conrad Kropf •

Der zu Ehren des 50-jährigen Kronjubiläums Kaiser Franz Josephs I. errichtete Brunnen nimmt Bezug auf die Sage des Rattenfängers von Korneuburg.

Amts-, Verwaltungs-, Kommunal-, Bürobauten

0912 Hauptplatz 39, Rathaus, 1894–1896, P: Max Conrad Kropf •

0913 Laaer Straße 11, Arbeitsamt, 1984, P: Gottfried Fick

0914 Stockerauer Straße 28, NÖN-Gebäude, 1976, P: Robert Weinlich

Religion, Kult

0915 Kielmannseggasse 8, evang. Dreieinigkeitskirche, 1955–1963, P: Alfred Bastl, K: Peter Carer (Altarbild) | Renovierung, 2011

Der schlichte, moderne Kirchenbau wurde von Alfred Bastl, der sich damals noch in Ausbildung bei Lois Welzenbacher befand, entworfen. Auf einem Eckgrundstück entstand ein flach gedeckter eingeschoßiger Baukörper für Kirchenraum und Unterkirche, der nach außen vor allem durch den quaderförmigen Turm mit seinem über Eck geführten, horizontalen Fensterband charakterisiert ist.

0916 Stockerauer Straße 77, Heldenfriedhof, 1917, P: Karl Lehrmann, AF: Herbert Breisach, K: Leopold Forstner (Kirchenfenster, Mosaike) •

Die Idee, neben dem bestehenden Friedhof einen Heldenfriedhof zu errichten, stammt von dem Adjutanten des k. u. k. Ersatz-Eisenbahnbataillons Hauptmann Karl Gerlich. Ein großer Teil der benötigten finanziellen Mittel wurde von den Mitgliedern des Eisenbahnbataillons aufgebracht, die auch zur Arbeitsleistung am Bau herangezogen wurden. Der damals in dem Bataillon als Leutnant dienende Architekt Karl Lehrmann wurde mit der Ausarbeitung der Pläne beauftragt. Den Zugang zum Friedhof bilden die Gedächtniskirche mit einem mächtigen Chorturm und ein Gärtnerhaus. Die beiden Gebäude sind mit einem Torbogen verbunden, durch den man zum Kirchenplatz, dem Kircheneingang und zum Friedhof gelangt. Ausdrücklich sollte das Ensemble eine freundliche, anheimelnde Atmosphäre ausstrahlen, um den Schmerz der Trauernden zu mildern. Dementsprechend wählte Lehrmann Formen, die, wie es in der Zeitschrift *Der Bautechniker* heißt, „vollständig im Zauberbann der altdeutschen Märchen- und Ritterromantik stehen". Mannigfaltige und einfallsreiche Motive runden das romantische Erscheinungsbild ab. So erhielt etwa der Turm in einer aus Eisenblech getriebenen filigranen Umrahmung zwei Uhren, die die Zeit bzw. die Monate anzeigen, und zwei Ritterfiguren in altdeutscher Tracht flankieren die Glocke. Außergewöhnlich ist das Kunststeinrelief mit dem Totentanz an der Südseite der Kirche: Die in einer Reihe vorwärtsstrebenden Soldaten entfliehen dem Sensenmann und werden vom Friedensengel empfangen, der ihnen den Siegeskranz reicht. Die Dreiviertelfiguren der Soldaten sind alle gleich und wurden wahrscheinlich im Abgussverfahren hergestellt.

Das Kircheninnere ist mit Holzschnitzereien, Glasmosaiken, Kunststeinreliefs und Malereien reich ausgestattet, als Garnisonskirche erhielt sie jedoch keine Kirchenbänke. Heute wird die Kirche als Aufbahrungshalle genutzt.

In der Mitte der Friedhofsanlage befindet sich das Kriegerdenkmal, das im Gegensatz zur Gedächtniskirche in einem höchst pathetischen Gestus die damals übliche und gewünschte Heroisierung des Krieges zeigt. Auf einem Sockel erhebt sich ein mächtiger Obelisk, der von einem Drachen tötenden Adler bekrönt wird. Zu beiden Seiten des Sockels halten überlebensgroße Soldaten die Ehrenwache und vor dem Sockel befindet sich ein monströses Löwenpaar, das sich mit erschreckender Aggressivität den Betrachter*innen zuwendet.

Freizeit

0917 Dr. Max Burckhard-Ring 11, Stadtmuseum und Kulturzentrum, ehem. städtisches Bad, 1908–1909, P: Anton Horetzky, BH: Stadtgemeinde Korneuburg | Umwandlung in Stadtmuseum, 1970–1973, P: Architektin Grillmayer | Ausbau Untergeschoß zu Kulturzentrum, 1989, P: Alfred Bastl | Errichtung Schaudepot, 2016

Zum Anlass des Thronjubiläums Kaiser Franz Josephs I. wurde nach Plänen des Stadtbaumeisters Horetzky das städtische Dampf-, Wannen- und Brausebad als neobarockes, palaisartiges Gebäude im Zwickel zwischen Dr. Max Burckhard-Ring und Hovengasse errichtet. Nach Schließung des Bades 1956 infolge des höheren allgemeinen Wohnstandards wurde das leer stehende Gebäude als Stadtmuseum adaptiert und schließlich 1974 neu eröffnet. Der mit einem ionischen Kapitell gestaltete, wie ein Leuchtturm anmutende große Kaminschlot des ehemaligen Dampfkessels wurde mit Ende der Nutzung als Bad abgetragen. Die Raumbezeichnungen im heutigen Schaudepot im Kellergeschoß erinnern an die ursprüngliche Bauaufgabe.

▶ *Plan: Entwurf 1908*

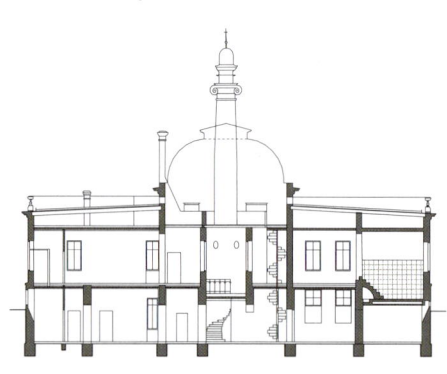

Wohnbauten

0918 Am Hafen 1, 7, DDSG-Werftarbeiter*innenkolonie, 1913–1917, AB: DDSG-Baudepartement, P: Othmar Leixner von Grünberg

Die DDSG erwarb 1912 ein 7.200 Quadratmeter großes Grundstück östlich des Geländes der Schiffswerft (→ 0929). Im Februar 1913 wurde mit den Planungsarbeiten zur „Errichtung einer Arbeiterkolonie am Werft Korneuburg" durch den damaligen Leiter der DDSG-Bauabteilung, den Architekten Othmar Leixner, begonnen. 1914 veröffentlichte Leixner bereits die Pläne und das Modell in seinem Werk *Entwürfe für Kleinbauten im Sinne bodenständiger Architektur in Österreich,* die deutlich machen, dass die Arbeiter*innenwohnanlage als Ensemble aufgefasst war, das sich in einem rechteckigen Hof gruppiert und eine direkte Achsbeziehung zum 1911 errichteten und ebenfalls von Leixner geplanten Eingangsensemble der Schiffswerft aufwies. Zur Dampferanlegestelle nach Norden hin empfängt ein Stuck-Medaillon mit Anker und Lorbeerkranz an der mittleren Giebelfassade als sprechende Architektur die Passagier*innen. Der Stadt zugewandt wird an der Nordostecke des Gevierts das freigestellte Haus des Werftleiters platziert, „reicher gestaltet" als die ansonsten „bescheiden gehandelten Fassaden", wie es Leixner selbst 1914 kommentierte. Wirken sollen an ihnen nur die Fensterläden und die Giebel. Leixner hielt zudem den „hübschen" und „färbig behandelten" Zaun, der zusätzlich zur „Gruppierung einfacher Arbeiterhäuser zu einer geschlossenen Anlage" das Ensemble zusammenhält für wichtig; er ist heute noch vorhanden und gepflegt. Die Mitte des Gevierts wird durch einen Brunnen markiert, unter den Kastanienbäumen des Binnenhofs befindet sich auch ein Spielplatz. Die von Leixner präferierte Heimatstil-Architektur manifestiert sich nicht nur an den färbig abgesetzten, gelblich-weißen Putzfassaden und den Walmdächern, sondern vor allem in der sorgfältig geplanten und vermutlich unter der Bauaufsicht von Alexander Popp ausgeführten hochqualitativen Detaillierung.

0919 Brückenstraße 6, Wohnhochhaus, 1969–1971, AB: Atelier P + F (Herbert Prader, Franz Fehringer, Erich Ott) ●

Unweit des Bahnhofs überragt der Baukörper mit zwölf Stockwerken und insgesamt 45 Meter

Höhe die umgebende Bebauung. Sein außergewöhnlicher Grundriss wird durch die markant verlängerten Wandscheiben im Nordwesten und Südosten, die zudem durch in den Himmel ragende Abschlüsse akzentuiert sind, geprägt. Zur Begünstigung des Lichteinfalls sind die vorwiegend südseitig orientierten Balkone und Loggien abgestuft angeordnet. Das Fassadenbild zeichnet sich durch hellgraue Faserzementplatten sowie ockerfarbene Brüstungen und auch durch mehrere nachträgliche Loggiaverbauten aus.

0920 Hans Kudlich-Straße 24–26, <u>RH-Siedlung Unterer Mühlweg, ab 1975</u>, P: Friedrich Kuchler

Der Entwurf für die am östlichen Ortsrand gelegene Siedlung sieht 48 Einfamilienhäuser vor, die in verdichtetem Flachbau auf einem 18.000 Quadratmeter großen Grundstück errichtet werden sollten. Die Anlage besteht aus zwei Reihenhaustypen, einer davon unterkellert, zu je 128 Quadratmeter Wohnfläche; zudem verfügt jedes Haus über einen individuellen Garten. Am nördlichen und südlichen Rand liegen zweigeschoßige, zeilenförmig organisierte Bauten in gekuppelter, zueinander versetzter Anordnung in Nordost-Südwest-Ausrichtung, im Bereich dazwischen befinden sich eingeschoßige Atriumhäuser. Jedes Haus verfügt über eine Fertigteilgarage auf den zentral gelegenen Garagenhöfen der ansonsten verkehrsfrei angelegten Siedlung.

Zu den Besonderheiten gehörte das Mitspracherecht der Bauherr*innen bei der Planung. Ein flexibles Raumkonzept gab die Lage des Stiegenhauskerns vor und ließ Spielraum beim Versetzen der Innenwände, denn der Innenausbau sollte durch die Bauherr*innen durchgeführt werden; diese damals als modern erachtete individuelle Ausgestaltung ermöglichte eine zunächst niedrigschwelligere Finanzierung des Eigenheims. Mit den Bauarbeiten der in vier Etappen gebauten Anlage – die ersten beiden aus Beton, die folgenden aus Ziegel – wurde 1975 begonnen; die ersten Häuser waren schon 1976 fertiggestellt, Anfang der 1980er-Jahre waren es bereits 26.

0921 Leobendorfer Straße 12–14, <u>WHA, um 1920/1930</u>

Die kommunale Wohnhausanlage besteht aus zwei gekuppelten, dreigeschoßigen und am Grundstücksrand situierten Baukörpern, die an die südwestseitige Nachbarbebauung anschließen. Sie ist charakterisiert durch die beiden vorspringenden Portaltürme und die schlichte Putzfassade mit einem durch eine schmale Verblechung abgesetzten Sockelbereich.

Einfamilienhäuser

0922 Bisambergerstraße 61, <u>Villa, 1923</u>, P: Walter Prinz | Sanierung, 1983

Mit dem Aufkommen der frühen Moderne 1923 erbaut, wurde das Haus mit den fast bis zum Boden gezogenen Traufen seines Satteldaches 1983 saniert und umgebaut.

0923 Donaustraße 29, <u>Villa, vor 1898</u>, P: Max Conrad Kropf •

Max Conrad Kropf bewegte sich als Architekt stilistisch frei zwischen der historistischen Tradition und secessionistischen Ansätzen. Die meisten seiner niederösterreichischen Wohnbauten sind jedoch von barockisierenden und Renaissance-Elementen geprägt – wie auch hier, wo Volutengiebel und Zwiebelturm in einer prächtigen Villa vereint werden und die Durchfahrt zum Hinterhof durch eine elegante, aus der Schlossarchitektur entlehnte Loggia erfolgt.

0924 Hauptplatz 15, <u>Kladiwohaus, 1902</u>, P: Max Conrad Kropf, BH: Viktor Kladiwo •

Warum Viktor Kladiwo, der ab 1870 als erfolgreicher Anwalt in Korneuburg tätig war, Reliefs wählte, die unter anderem die Rückeroberung Korneuburgs von den Schweden 1646 und andere martialische Motive zeigen, bleibt ungeklärt, doch

zeugt der großzügig ausgestattete und mit seinen stilistisch bunt gemischten Erkern, Giebeln und Zwiebelhelmen aufwendig gestaltete Bau direkt am Hauptplatz von einem ausgeprägten Wunsch nach Repräsentanz.

0925 Jochingergasse 10, EFH, 1962–1963, P: Anton Schweighofer, Rupert Falkner ●

0926 Kielmannseggasse 14, Marienvilla, vor 1907, AB: Atelier Fellner & Helmer (Ferdinand Fellner II., Hermann Helmer) ●

Fellner & Helmer, das wohl erfolgreichste Architektenduo der Monarchie im ausgehenden 19. Jahrhundert, errichtete neben fast 50 Theaterbauten in ganz Mitteleuropa unzählige Zinshäuser und prachtvolle Villen. Einfamilienhäuser in dieser Größenordnung sind jedoch rar in ihrem Œuvre, was den simplen, zweigeschoßigen Bau mit den Fachwerkelementen in der Giebelzone und dem eleganten Jugendstil-Fries in Form eines Baumes zur Rechten der Tür zu einer Besonderheit macht. Es wurde vor 1907 für den Apotheker Julius Kwizda von Hochstern errichtet, dessen Familie als k. u. k. Hoflieferant von Veterinärprodukten und mit dem Patentrecht auf mehrere Kautschukerzeugnisse für Pferdehufe sehr erfolgreich war und auch heute noch hinter dem gleichnamigen Pharmazie- wie Agrarunternehmen steht.

0927 Stettnerweg 10, Haus Isolde, 1999–2000, AB: Caramel Architekten (Günther Katherl, Martin Haller, Ulrich Aspetsberger) | Zubau Carport, 2000, AB: Caramel Architekten

0928 Stockerauer Straße 45, Blaue Villa, 1905, AB: Brüder Drexler (Anton Drexler, Josef Drexler), BH: Felix von Kemenovic

Industrie

0929 Am Hafen 6–8, DDSG-Schiffswerft, 1852–1993, P: Othmar Leixner von Grünberg, Alexander Popp, BH/AF: DDSG | Erste Bauphase, 1881–1900 | Ausbau des Werftgeländes, 1908–1917, P: Othmar Leixner von Grünberg | Erweiterungsphase unter NS-Regime, 1938–1944 | Zentralmagazin und Werkküche, 1963–1964 | Schiffbauhalle auf der Werftinsel, 1973 | Administrations- und Direktionsgebäude, 1982 | Auflassung des Werftbetriebs und Ansiedlung verschiedener Firmen, 1993 | Umnutzung Maschinenwerkstätte zur Veranstaltungshalle, 2001, P: Albert Fürth

Die 1823 bzw. 1829 gegründete und 1846 „Erste K. K. priv. Donau-Dampf-Schiffahrts-Gesellschaft" benannte DDSG benutzte ab 1846 den Seitenarm am linken Donau-Ufer bei Korneuburg als Winterhafen. Formell erfolgte dort 1852 die Gründung der DDSG-Schiffswerft als Reparaturhafen mit ersten hölzernen Werkstätten und Magazingebäuden. Die von Beginn an chronologisch nach Entstehungszeit durchnummerierten Bauten wurden bis 1900 vor allem in Holzbauweise ausgeführt. Nur die 1881 errichtete Gießerei (Objekt 5, 2003 abgebrochen) und das 1884 geplante „Matrosenzimmer", das später als Anstreicherei diente (Objekt 26, Erweiterung 1915, besteht heute noch), waren auf rechteckigen Grundrissen gemauert ausgeführt und mit flachen Tonnendächern gedeckt.

In einer ersten Boomphase unter Werftdirektor Johann Pamer entstanden die Maschinenwerkstätte (Objekt 55, 1908, heute als Veranstaltungshalle genutzt) und die Maschinenschmiede (Objekt 58, 1909). Bei beiden dezent klassizistisch ausformulierten Bauten in Sichtziegelarchitektur – auf den eternitgedeckten Satteldächern sitzen noch charakteristische Firstoberlichten – überspannen zarte Polonceaubinder die stützenfreien Räume von etwa 12 Meter lichter Weite. Von 1913 bis 1917 wurde das Werftgelände auf 95.000 Quadratmeter vergrößert (→ 0918). Die darauf errichteten Bauten wurden vom 1909 in den Dienst des DDSG-Baudepartments eingetretenen Othmar Leixner (von Grünberg), einem auf der Akademie ausgebildeten Schüler von Viktor Luntz, entworfen und bis 1917 realisiert. Wahrscheinlich verrichtete phasenweise Alexander Popp, der ein späterer Assistent von Peter Behrens war, die Bauaufsicht über dieses Projekt. Auch Leixners Affinität zur Industriearchitekturgestaltung, insbesondere von Peter Behrens für die Bauten der AEG, lässt sich an den Gebäuden am Ostrand des Werftgeländes feststellen.

Portierhaus (Objekt 61), Einfahrtstor und Administrationsgebäude (Objekt 60) wurden im Jahr 1911 als klassizistisch-secessionistisch gestaltete Putzarchitekturen mit auffällig gestalteten Tonnendächern errichtet. Darunter verbergen sich Bogenbinder in einer speziellen Holzfachwerk-Konstruktion aus gekrümmten Gurten, die sich der Düsseldorfer Philipp Stephan 1906 patentieren ließ. Sie ermöglichten wiederum stützenfreie Räume, die im Schiffbau besonders für die „Mall-Böden", auf denen die Schiffbauteile 1:1 „aufgerissen" wurden, wichtig waren. Die Bauten für Werkstätten, Schiffsschmiede und Zimmerei am westlichen Ende der Werft (Objekte 83 und 84, 1917 errichtet) besaßen ebenfalls derartige Stephansbinder-Konstruktionen. Beidseits der zentralen Hellige wurden gleichzeitig mit den Repräsentationsbauten der Werft am östlichen Ende 1911 noch weitere Bauten für Schiffsschmieden (Objekte 64a und b) errichtet, die ursprünglich über ein langes Flugdach verbunden waren. Die beiden Sichtziegelbauten mit flachen Tonnendächern fallen vor allem durch zarte, außen liegende Wandstreben auf, die die Schubkräfte der Fachwerkkonstruktion der Dächer ins Erdreich ableiten. Leider nicht mehr vorhanden sind die ebenfalls aus dieser Zeit stammende Heiz- und Energiezentrale (Objekt 63, 1911 entworfen) sowie die Feuerwehr einschließlich Sanität (Objekt 69, 1913 von Leixner entworfen). Die Dampfkraftanlage zeigte ihre Funktion in einer expressionistischen Architektursprache noch bis in die 1990er-Jahre, wenn auch schon ohne hoch aufragenden Fabrikschlot.

Bis 1924 waren die Werften zur Kompensation der Kriegsverluste an Schiffen mit Aufträgen ausgelastet. Dann reduzierte sich das Auftragslage bis 1934 aufgrund der allgemein unsicheren politischen wie wirtschaftlichen Situation. Mit der Machtübernahme der Nationalsozialisten in Österreich wurde die DDSG in die „Reichswerke Hermann Göring" eingegliedert und durch den Status als kriegswichtiger Betrieb modernisiert und ausgebaut. Das Werftbecken wurde vergrößert und ab 1938 wurden auf der sogenannten Werftinsel zum Donaustrom hin vier weitere neue Hellige einschließlich der dazugehörigen Bauten (Objekte 104–109, 112 und 121 an der Westseite des Beckens) errichtet. Baugeschichtlich der mit Abstand interessanteste Bau aus dieser Zeit ist die neue Schiffbauhalle von 1942 (Objekt 100, heute Nachnutzung durch die Firma KUWOPA Kastenhofer GmbH). Sie wurde 1927 als Doppelhangar für landwirtschaftliche Zwecke in der Nähe von Bourges in Frankreich das erste Mal als Eisenskelettkonstruktion aufgerichtet und gelangte als Kriegsbeute nach Korneuburg, wo sie im Jahr 1942 umkonfektioniert und wieder errichtet wurde.

1946 bis 1955 stand die Werft unter sowjetischer USIA-Verwaltung, und selbst nach Rückgabe infolge des Staatsvertrags blieb die UdSSR eine langjährige Auftraggeberin, die das wirtschaftliche Überleben der Werft bis 1993 sicherte. An erwähnenswerten Baulichkeiten dieser letzten Phase des Werftbetriebs sind die Errichtung des Zentralmagazins 1963 bis 1964 (Objekt 165, Zubau 1983) und die gleichzeitige Errichtung der Werkküche mit Kantine (Objekt 166, nicht mehr vorhanden) zu nennen. Die Gestaltung des Zentralmagazins lebt von der klar ablesbaren, konstruktiven Struktur und einem sich darüber aufspannenden, wellenförmigen Sheddachsystem, die zusammen einen erstaunlich leichten Eindruck für eine Industriehalle ergeben. 1973 erfolgte der Bau der großen Schiffbauhalle auf der Werftinsel (Objekt 197; nicht mehr vorhanden); zudem ist das 1982 errichtete zusätzliche Administrations- und Direktionsgebäude mit Konstruktionsbüro (Objekt 205) zu erwähnen.

Seit der Auflassung des Werftbetriebs 1993 gibt es unterschiedlichste Pläne, das Gelände zu einem neuen Stadtteil zu entwickeln. Die aktuellsten Konzepte mehrerer Architekt*innenteams aus Österreich und Skandinavien sind aus einem kooperativen Planungsverfahren 2021 entstanden.

▶ *Foto: Objekt 60*

0930 Industriestraße 1, Werkhalle Ueberreuter, 1971–1972, P: Otto Erhartt, BH: Carl Ueberreuter ●

Die Halle beherbergt neben dem Papierlager Büros, Werkstätte und ergänzende Betriebsräume sowie Sozialräume und sanitäre Einrichtungen. Es handelt sich um eine Stahlbetonkonstruktion aus Fertigteilen mit sieben Sheds, die zur Belichtung mit Profilitverglasung versehen sind.

Landwirtschaft

0931 Donaulände 18, Getreidespeicher, 1957, P: Josef Molzer & Sohn, K: Golif (Wandgemälde) | Errichtung zweiter Silo, 1972

Der Speicher zeigt seit 2017 ein überdimensionales Wandgemälde des österreichischen Street-art-Künstlers Golif.

Verkehr

0932 Donaulände 3, Rollfähre Korneuburg-Klosterneuburg, 1935, P: Paul Wobornik, BH: Stadtgemeinde Korneuburg, Stadtgemeinde Klosterneuburg

Kottes 3623
Gemeinde: Kottes-Purk, Bezirk: Zwettl

Bildung

0933 Schulstraße 15, Volksschule, 1976, P: Edda Kratschmann

Die vierklassige Volksschule ist an einem Südhang errichtet, über den sie sich auf mehreren Niveaus erstreckt. Über einige Stufen wird das Erdgeschoß mit einer Zentralgarderobe, einer Klasse und dem Handarbeitsraum erreicht. Treppen

führen hinauf zur Pausenhalle, von der drei weitere Klassen und die Lehr- und Direktionsräume erschlossen werden. Weitere Stufen führen zu einem Verbindungsgang zum Turnsaaltrakt im Norden des Areals. Das Material Holz bildet ein wesentliches gestalterisches Element im Entwurf: Pausenhalle und Turnsaal sind mit Holzleimträgern gedeckt, die Innenräume mit Holzdecken ausgestattet. Fenster und Türen sind aus Holz und ursprünglich war das Parapetmauerwerk außen ebenfalls mit Holz verkleidet. An der Fassade befindet sich ein Sgraffito, das das Wappen der Marktgemeinde, Holzarbeiter und diskutierende Kinder darstellt.

Kranichberg 2880
Gemeinde: Kirchberg am Wechsel,
Bezirk: Neunkirchen

Sonderbauten

0934 47°37'8.729613"N 15°59'30.905545"E, Kernstockwarte, 1929, BH: Verschönerungsverein Kirchberg am Wechsel | Sanierungen, 1986, 2000, 2012

Das erste Aussichtsgebäude an diesem exponierten Standort wurde im Jahr 1886 errichtet und 1929 von der nach dem steirischen Dichter Ottokar Kernstock benannten Warte abgelöst. Über die Jahre wurden zahlreiche Sanierungen durchgeführt und aufgrund der morschen Holzkonstruktion mittlerweile fast der gesamte zweigeschoßige, sechseckige Pavillon erneuert.

Kreilhof 3340
Gemeinde: Waidhofen an der Ybbs,
Bezirk: Waidhofen an der Ybbs

Geschäftslokale, Einkaufszentren, Banken

0935 Ybbsitzerstraße 107, Autohaus, 1990–1992, P: Boris Podrecca ●

Industrie

0936 Schwarzwiesenstraße 3, Bene Produktionshalle und Bürohaus, 1986–1988, AB: Ortner & Ortner Baukunst (Manfred Ortner, Laurids Ortner), MA: Dietmar Lenz, BH: Bene Büromöbel KG, S: Christo Grigorow | Erweiterung, 2010, AB: Ortner & Ortner Baukunst ●

An einen parallel zur Straße stehenden Gebäuderiegel wurde im 90-Grad-Winkel der zweite Gebäudeflügel über halbovalem Grundriss gesetzt. Über die drei Geschoße ist eine vorgehängte Betonfassade mit horizontalen und vertikalen Verstrebungen montiert und so der Eindruck von Mehrgeschoßigkeit evoziert. Rund 20 Jahre später entstand ein ebenfalls von Ortner & Ortner entworfener, dreigeschoßiger Zubau mit großflächiger Glasfassade, der die Bürofläche über eine Brücke mit der Werkhalle verbindet.

Krems 3500
Statutarstadt

Die Mitte des 19. Jahrhunderts einsetzende Ansiedlung von Industriebetrieben im Kremstal sowie zwischen Krems und Stein (Tabakfabrik, 1852)

und das damit einhergehende Ansteigen der Bevölkerungszahlen befeuerten die Entwicklung der Stadt. Seit dem Spätmittelalter war sie kaum gewachsen; die Lage an der Donau und inmitten von Weinterrassen setzt der räumlichen Ausbreitung natürliche Grenzen. Ausdehnungsmöglichkeiten boten der Abbruch der Stadtmauer, Landgewinnung erreichte man durch die Trockenlegung des Donauarmes und den Bau eines Schutzdammes südlich der Altstadt. Die neu angelegte Ringstraße entspricht dem Gebiet knapp außerhalb der südlichen Stadtmauer. Die nach Wiener Vorbild angelegte Ringstraße samt Stadtpark bildet mit den benachbarten Straßenzügen den wesentlichen Teil des Stadterweiterungsgebietes des 19. Jahrhunderts. Nicht umgesetzt wurde der als zu radikal empfundene Stadtentwicklungsplan von 1895 der Ingenieure Johann Schirmer und Franz Herzog, die das in den neu entwickelten Gebieten angewandte Rastersystem auch für die Altstadt vorsahen. Eine Ausnahme bildete schon zuvor die in den 1860er-Jahren nach Abbruch der Quasikaserne vom Hafnerplatz zur Oberen Landstraße durchgeschlagene Sparkassengasse. Prägende Baumeister und Architekten dieser Jahre des Umbruchs waren Josef Utz sen. und sein auch an der Technischen Hochschule Wien und im Atelier Fellner & Helmer ausgebildeter Sohn Josef Utz jun., weiters Ferdinand Soche und Anton Kurz sowie der aus Würzburg stammende Architekt Gustav Bamberger, ein Schüler von Friedrich Schmidt. Kaum Niederschlag fanden im traditionsbewussten, konservativen Krems moderne architektonische Tendenzen wie der Jugendstil.

Nach dem Ersten Weltkrieg ließ die Österreichische Tabakregie nach Plänen von Paul Hoppe neue Verwaltungs- und Fabrikgebäude errichten, in der Gaswerkgasse und Undstraße entstanden Arbeiter*innen-Wohnanlagen. Schon zuvor als Nazi-Hochburg, wurde Krems 1939 zur Gauhauptstadt des Reichsgaus Niederdonau; kriegsbedingt wurden weder das geplante Gauforum ausgeführt noch Verwaltungseinrichtungen von Wien nach Krems übersiedelt. Realisiert wurde ab 1940 ein Stahlwerk in der Kremser Au, das ebenso mithilfe von Kriegsgefangenen und Zwangsarbeiter*innen errichtet wurde, wie die Werksiedlung im neuen Stadtteil Lerchenfeld.

Ab 1939 befand sich im Stadtteil Gneixendorf das größte Kriegsgefangenenlager auf dem Gebiet des heutigen Österreichs. Die Synagoge von Architekt Max Fleischer in der Dinstlstraße überstand die Nazizeit, da sie während der November-Pogrome 1938 schon von den Nazis als Lager genutzt wurde. Nach dem Verkauf des Tempels an die Konsumgenossenschaft 1987 hat das Bundesdenkmalamt dessen Abbruch zugunsten eines Büro- und Geschäftshauses nicht verhindert.

Nach den Bombardierungen kurz vor Ende des Zweiten Weltkriegs setzte bald der Wiederaufbau ein, zunächst in Bahnhofsnähe, später am östlichen Stadtrand entstanden neue Wohnviertel und die ersten Hochhäuser. Der Ausbau der Donaulände zur Bundesstraße durch die Wachau schlug eine Schneise in das landschaftliche und städtebauliche Gefüge und schwächte den Bezug zur Donau.

Umfassende Revitalisierungsmaßnahmen in der Altstadt, bei denen dem Leiter der städtischen Kulturverwaltung Harry Kühnel ebenso eine wichtige Rolle zukam wie den Architekten Albert Gattermann und Rupert Schweiger, brachten Krems 1974 eine Anerkennung durch den Denkmalschutz-Verbund, Europa Nostra, als Modellstadt ein. Gut unterfüttert von den Verdiensten um die Altstadtpflege startete mit der Berufung von Wolfgang Krejs zum Stadtbaudirektor eine neue Ära, in der auch an neue Bauvorhaben höhere Ansprüche gestellt wurden. Unter Krejs wurde 1993 ein Gestaltungsbeirat nach Salzburger Vorbild installiert, und unter dem Titel „Krems.Stadt im Aufbruch" wurden bis 2003 alle zwei Jahre die Planungen und Realisierungen in einer Ausstellung sowie einer Publikation vor- und zur Diskussion gestellt. „Architektonische Qualität ist unteilbar, und Krems hat es geschafft, nicht trotz, sondern durch die Bewahrung des guten Alten auch ein Verständnis für das gute Neue zu entwickeln", resümierte Friedrich Achleitner im letzten Katalog dieser Reihe.

Parallel zur Entwicklung von St. Pölten als administratives Zentrum des Bundeslandes wurde Krems als Kulturstadt positioniert und die Bedeutung als touristische Destination weiter ausgebaut. Die zahlreich entstandenen Institutionen der Kunstmeile wurden in erster Linie in Bestandsgebäuden aus allen Epochen, etwa profanierten Sakralbauten und aufgelassenen Industriebauten, untergebracht. Erst das Karikaturmuseum von Gustav Peichl (2001) und noch mehr der unmittelbar daneben entstandene großvolumige Baukörper der Landesgalerie Niederösterreich von Marte.Marte Architekten (2019) setzten markante zeitgenössische Akzente im Stadtbild.

Mit Ende der Ära Krejs verlor auch der baukulturelle Aufbruch abrupt an Schwung. Sukzessive kehrte das Bewusstsein um den Wert des historischen Bestandes, dem das Neue das Wasser reichen können muss, wieder zurück. Wiewohl die Altstadt von Krems seit dem Jahr 2000 zum UNESCO-Welterbe Kulturlandschaft Wachau gehört, wurde erst rund zwei Jahrzehnte später – befeuert vom Nutzungsdruck und zunehmenden Abbrüchen von Gebäuden durch Immobilieninvestoren – die Ausweisung von Schutzzonen in Angriff genommen, um historische Ensembles vor der Zerstörung zu bewahren.

Zentren

0937 Rechte Kremszeile 56–58, <u>Platzgestaltung beim Bundesamtsgebäude, 1988–1991</u>, P: Meina Schellander, BH: NÖ Landesregierung, AF: Architekturbüro Brenner ●

Die Gestaltung des Platzes und der Höfe um das Bundesamtsgebäude werden im Entwurf nicht als Anhängsel an die vom Büro Brenner entworfene Architektur (→ 0939) verstanden, sondern als Parallelarchitektur, die auch die Bedürfnisse der Platzbesucher*innen berücksichtigt. Auf dem in drei Zonen geteilten Projekt finden sich diese zuerst am Amtsplatz, wo Platzwächter (abgeschrägte Betonkuben mit Natursteinmosaiken) im Einklang mit der Architektur die Seufzerbrücke mit ihren flankierenden, aus Beton und Stahl gefertigten ellipsoiden Skulpturen bewachen. Die Pflasterung des Platzes geht spielerisch in die zweite Zone im Hof über, wo zwei Bäume Schatten und Grün spenden. In der dritten Zone, vor dem Bezirkspolizeikommando, führen rot gepflasterte Wege ins Nichts bzw. zu einem Baum und schließlich über die Begrenzungsmauer hinaus ins Freie – ironische Bezüge zur Betriebsamkeit des Lebens und der Behördengänge.

Amts-, Verwaltungs-, Kommunal-, Bürobauten

0938 Josef-Wichner-Straße 2, Gerichtsgebäude, 1930–1933, P: Franz Sturm, K: Josef Horak, Christa Volmayer (Fassadenfiguren), Herbert Dimmel (Wandmalerei Schwurgerichtssaal), Leopold Schmid (Wandmalerei Vorhalle)

0939 Rechte Kremszeile 56, Bundesamtsgebäude, nach 1988–1992, P: Wolfgang Brenner

0940 Ringstraße 40, Gewerbehausgasse 6, Gewerbevereinshaus, 1909–1912, P: Gustav Bamberger, K: Franz Barwig (Kaiserbüste) ●

Religion, Kult

0941 Martin-Luther-Platz 3, evang. Heilandskirche, 1912–1913, P: Otto Bartning, K: Eva Wolfsberger, Günter Wolfsberger (Gobelin, 1985) | Renovierung, 1985, P: Herbert Rodinger ●

Otto Bartning, der aus Deutschland stammende, viel beschäftigte Kirchenbauarchitekt gilt heute als der wichtigste Architekt im modernen protestantischen Kirchenbau. In theoretischen Erwägungen setzte er sich intensiv mit der Gestaltung des Sakralbaus auseinander. Der viel diskutierten „richtigen" Stilwahl maß er keine Bedeutung bei, wichtig war für ihn die Schaffung eines Raumes als Ort der religiösen Handlung. „Jeder Raum hat eine architektonische Spannung – im Kuppelraum zum Beispiel vom Rand zum Zentrum und hoch zur Kuppel. Jede gottesdienstliche Handlung hat eine liturgische Spannung, die sich in der Anordnung der Gemeinde zu Altar und Kanzel ausdrückt" (Otto Bartning). Beide Spannungen sollten sich vereinigen und stärken, um einen zentralen Raum für die liturgische Feier der versammelten Gemeinde entstehen zu lassen. In diesem Sinne hat Bartning für die Heilandskirche in Krems einen achteckigen Zentralbau konzipiert, der von einer mächtigen Kuppel auf einem hohen Tambour bekrönt ist. Der schlichte Innenraum entspricht dem Außenbau und wird durch ein umlaufendes Oratorium auf schlanken Säulen akzentuiert. Durch die nur leicht getönten Fenster und die fein nuancierte Färbelung erscheint der Raum hell und freundlich. Die Kirchenbänke sind halbkreisförmig um den weit in den Raum vorgerückten Altar angeordnet und verstärken dessen zentrierende Wirkung. Die Heilandskirche ist ein Frühwerk des Architekten und bei der formalen Gestaltung zeigte er sich noch dem Historismus verpflichtet. Allerdings wählte er nicht die im Kirchenbau vertrauten mittelalterlichen, sondern „profane" klassizierende Formulierungen, wie etwa dorische Säulen oder Triglyphen, und die Kirche wirkt, insbesondere von außen, eher wie ein Profanbau, was bei der Pfarrgemeinde auf breite Ablehnung stieß. Direkt an die Kirche anschließend befinden sich der Gemeindesaal sowie das Pfarrhaus. Der von Otto Bartning geplante Kindergarten wurde erst in den 1950er-Jahren angebaut.

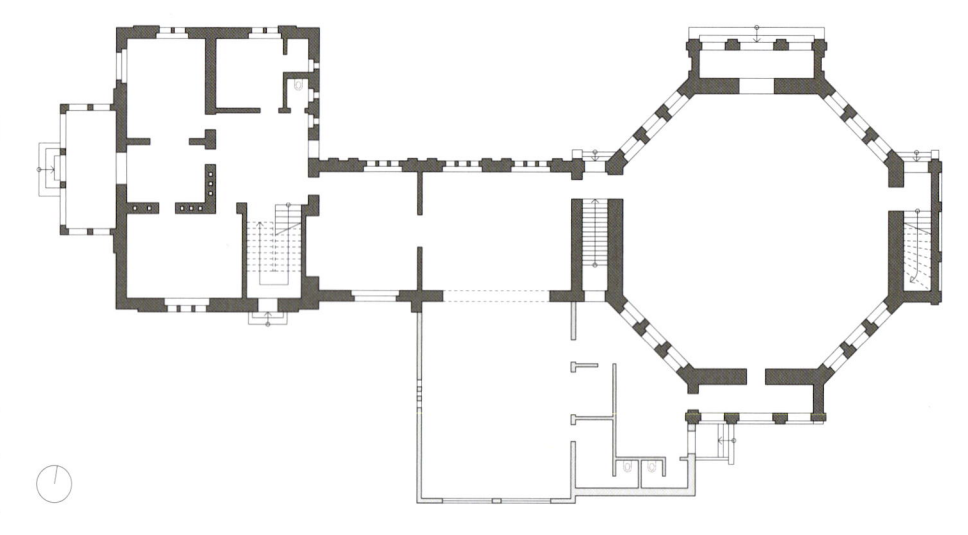

Im Jahr 1985 erfolgte eine umfassende Renovierung und Modifikation des Kircheninnenraumes sowie die Anpassung des Pfarrhauses und des Gemeindesaales an die heutigen Bedürfnisse. Die Altarrückwand wurde durch einen Wandteppich mit dem Titel „Horizont" vom Künstlerehepaar Eva und Günter Wolfsberger neu gestaltet.

0942　Sankt-Paul-Gasse 1, Pfarrkirche und Pfarrzentrum Mitterau, St. Paul, 1977–1980, P: Josef Patzelt, K: Günter Wolfsberger (Innenausstattung, Altarbild) ●

Nach dem Ende des Zweiten Weltkriegs wurden am ehemaligen Exerzierplatz Wohnhäuser errichtet, und es entstand der neue Stadtteil „Mitterau", der Ende der 1970er-Jahre zum bevölkerungsreichsten Stadtteil von Krems wurde. Die stark angewachsene Gemeinde erforderte einen Kirchenneubau, und 1976 wurde ein Wettbewerb ausgeschrieben, der auch die Planung eines Pfarrzentrums miteinschloss. Josef Patzelt gewann den ersten Preis und errichtete inmitten von zum Teil elfstöckigen Wohntürmen eine ebenerdige, flach gedeckte Anlage aus Sichtbeton, bei der nur der Kirchenraum nach außen durch eine erhöhte Dachkonstruktion akzentuiert ist. Im Sinn des Zweiten Vatikanischen Konzils plante Patzelt einen weiten Saalraum als Ort des Gemeinschaftserlebnisses bei der Eucharistiefeier. Die Ecken des Raumes sind abgeschrägt und die Kirchenbänke um einen runden, von Patzelt entworfenen Altar gruppiert. Holzverkleidungen, eine Ziegelwand hinter dem Altar sowie der Klinkerfußboden verleihen dem nüchternen Raum eine warme Atmosphäre. Eine angefügte Werktagskapelle kann durch eine Schiebewand geschlossen werden.

Ungewöhnlich für einen katholischen Kirchenbau ist, dass die Orgel und die Sängerempore im Blickfeld der Gemeinde neben der Altarwand angeordnet sind. Die Sakristei und der Ministrant*innenraum sind bereits Teil des unmittelbar an die Kirche anschließenden Pfarrzentrums, welches mit den meisten Räumen um einen Innenhof angeordnet wurde und eine Pfarrers- und Kaplanswohnung beinhaltet. Der Großteil der Innenausstattung stammt aus der Bauzeit. Sie wurde von Günter Wolfsberger hergestellt, der 2015 auch das Altarbild schuf. Einen besonderen Blickfang bildet die Zunftfahne der Kremser Hauerinnung aus dem Jahr 1800. 1995 wurde von der Stadt Krems der Pfarre eine Glocke geschenkt und die Errichtung eines Glockenturms finanziert, 2005 wurde der bestehende Glockenturm verstärkt und die Pfarre erhielt eine zweite Glocke.

0943　Wiener Straße 87, Aufbahrungshalle, 1929, P: Gustav Bamberger

Kultur, Veranstaltung

0944　48°24'25.0"N 15°35'50"E, im Stadtpark, Musikpavillon, 1898, P: Josef Utz jun., BH: Kremser Stadtsparkasse, AF: Firma Rudolph Philipp Waagner (heute Waagner Biro AG)

Für die Jubiläumsausstellung zum 50-jährigen Thronjubiläum Kaiser Franz Josephs I. in der Rotunde am Wiener Weltausstellungsgelände entworfen, wurde der komplett als Eisenkonstruktion ausgeführte Pavillon von der Stadtsparkasse angekauft und im Stadtpark aufgestellt. Die kaiserlichen Initialen sowie die Daten 1848 und 1898, die im reichen Jugendstil-Dekor des Pavillons eingearbeitet sind, verweisen auf den Entstehungskontext.

0945　Josef-Wichner-Straße 5, Galerie Stadtpark, 1960, P: Rupert Schweiger

Der für Ausstellungszwecke des 1919 gegründeten „Wachauer Künstlerbunds" errichtete Pavillon liegt am nördlichen Rand des Stadtparks. Durch ein leichtes Anheben des eingeschoßigen Ausstellungsraums entsteht ein Höhenunterschied zur Straße hin, der dem rechteckigen Ausstellungsbau eine leicht schwebende Wirkung verleiht und am Haupteingang durch vier Stufen überwunden wird. Durch gezielte Ein- und Ausblicke ist eine Verbindung zwischen Kunst und Natur gegeben. Die großen straßenseitigen Fensterflächen ermöglichen eine schaufensterartige Präsentation des Inneren; parkseitig bleibt der Ausstellungsraum durch den Einsatz von Oberlichten jedoch uneinsehbar. Das gläserne Portal stellt die einzige Öffnung dar und schafft eine direkte Sichtbeziehung zwischen Grünraum und Straße. Mit Naturstein verkleidete Gebäudebereiche unterstreichen den Naturbezug gestalterisch.

0946　Körnermarkt 14, Einrichtung WeinStadtMuseum im ehem. Dominikanerkloster, 1993–1995, P: Franz Gschwantner, BH: Stadt Krems

Die im 13. Jahrhundert entstandene Anlage des Dominikanerklosters samt spätromanischer Hallenkirche wurde nach der Aufhebung des Dominikanerordens 1785 profaniert und unter anderem als Speicher, Wohnkomplex, Veranstaltungsort und Museum genutzt. Die im Jahr 1996 im Zuge der

Einrichtung des WeinStadtMuseums durchgeführten architektonischen Interventionen sind behutsam auf den Bestand abgestimmt, schaffen insbesondere in den Kellerräumen neue räumliche Qualitäten und geben dem Komplex auch durch den Einsatz moderner Materialien eine zeitgemäße Note. So entstand durch die Planung Gschwantners anstelle einer während der Umbauarbeiten eingestürzten Decke ein mehrgeschoßiger betonsichtiger Raum, der als Lichtschacht Tageslicht bis in das Kellergeschoß bringt und sich effektvoll vom ziegelsichtigen Bestandsmauerwerk absetzt. In den 2010er-Jahren wurde auch die Dominikanerkirche zu Ausstellungszwecken adaptiert.

0947 Museumsplatz 3, Karikaturmuseum, 1999–2001, P: Gustav Peichl, BH: NÖ Landesregierung, Abteilung Kunst und Kultur | Erweiterung um einen Raum im Nachbargebäude, 2003

Gustav Peichl, der nicht nur Architekt war, sondern unter dem Pseudonym „Ironimus" ab den 1950er-Jahren auch als Karikaturist das österreichische Zeitgeschehen pointiert verarbeitete, entwarf für Krems einen markanten Bau, der in seiner humorvollen Gestaltung bereits auf die Nutzung des Hauses verweist. Straßenseitig blickt die Fassade den Besucher*innen mit zwei kleinen Fensteröffnungen als Augen und einem (nachträglich ergänzten) roten beleuchteten Würfel als Nase verschmitzt entgegen; die unregelmäßige Faltdachkonstruktion soll Bezug auf die historische Dachlandschaft des Stadtteils nehmen und wurde von Peichl als „Narrenkappe" bezeichnet. Als Museum der satirischen Kunst verschrieben, ist das Gebäude für Wechselausstellungen sowie für die Unterbringung des Archivs von Manfred Deix – auf das bereits zwei Skulpturen vor dem Haupteingang verweisen – konzipiert.

Eine diagonal im Erdgeschoß verlaufende Innenwand bricht mit dem im Wesentlichen orthogonal angelegten Grundriss, in ihrer Flucht ist an der Rückfassade eine zylindrische Wendeltreppe annexartig angefügt. Der vorgelagerte Zylinder an der weitgehend geschlossenen Front verleiht in Kombination mit der Rückansicht der „Narrenkappe" auch der Südostfassade eine markante architektonische Gestalt.

Die Ironie, die Peichl zufolge stets eine große Rolle in der Architektur spielt, konnte bei der außergewöhnlichen Bauaufgabe eines Karikaturmuseums in besonderer Weise umgesetzt werden.

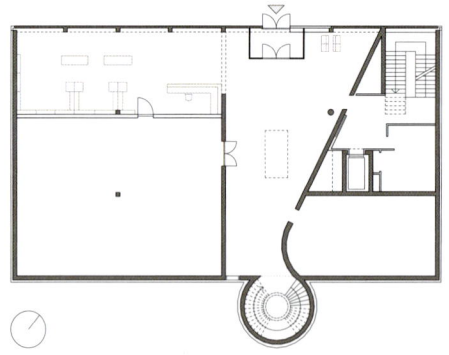

0948 Museumsplatz 5, Kunsthalle Krems, 1994–1995, P: Adolf Krischanitz, BH: Stadtgemeinde Krems | Umbau Restaurantbereich und Zubau Glaspavillon, 2001, P: Adolf Krischanitz | Sanierung, 2016–2017, AB: Marte.Marte Architekten ZT GmbH (Bernhard Marte, Stefan Marte) •

Für die im Jahr 1852 von Baumeister Adalbert Wohlschläger errichtete und mehrmals erweiterte Tabakfabrik wurde nach Ankauf durch die Stadt in Zusammenarbeit mit der niederösterreichischen Landesregierung und dem Bundesdenkmalamt ein Nachnutzungskonzept entwickelt. 1992 stand der Beschluss für die Einrichtung einer Kunsthalle in dem denkmalgeschützten, baufälligen Gebäude fest und es wurde ein Gutachter*innenverfahren unter sechs geladenen Architekten abgehalten. Die Jury, der auch Friedrich Achleitner angehörte, entschied sich für den Entwurf von Krischanitz, der sich mit der Errichtung der Wiener Pendants bereits auf dem Gebiet des Kunsthallenbaus profiliert hatte. Das Projekt von Krischanitz zeichnet sich durch die klare Trennung und die einander ergänzende Funktionalität von Alt- und Neubauteil aus. Im neuen Gebäudeteil wurden Ausstellungsräume geschaffen, welche nicht nur zeitgemäßen konservatorischen sowie kuratorischen Anforderungen entsprachen, sondern bei zurückhaltender architektonischer Gestaltung gleichzeitig spannende Raumerlebnisse generierten. Die architektonischen Besonderheiten des Bestands hingegen liegen in den behutsam sanierten und freiliegenden Konstruktionselementen, die den hier untergebrachten Ausstellungsräumen einen spezifischen, industriell-modernen Charakter verleihen.

Krischanitz erhielt den L-förmigen Bestandsbau sowohl in seiner Außenerscheinung als auch in der durch Pfeiler bzw. Stahlstützen charakterisierten Innenraumwirkung. Der an der unveränderten Fassade ursprünglich nur durch eine vorgelagerte Betonstele markierte Haupteingang liegt am heutigen Museumsplatz. In einer von Pfeilern getragenen Halle sind Foyer, Kassenbereich, Garderoben, Shop und Gastronomie untergebracht, ein Stiegenhaus im Nordosten wurde abgebrochen. Im westlichen Teil, entlang der Dr.-Karl-Dorrek-Straße, finden mehrere Lager Platz; im südlichen Eck des Erdgeschoßes sowie im Obergeschoß werden die von doppelreihigen Stahlstützen getragenen Räume als Ausstellungssäle genutzt.

Ergänzt werden diese Flächen durch einen in der Außenerscheinung nicht wahrnehmbaren Zubau im rückwärtigen Innenhof, welcher sich in der Bauhöhe dem Bestand unterordnet. Krischanitz entwickelte, abgerückt von den Begrenzungsmauern der benachbarten Justizanstalt, einen quaderförmigen Neubau, welcher im Souterrain einen abgetreppten Vortragssaal und im Obergeschoß einen Ausstellungsraum mit großem Oberlicht aufnimmt. Die Erschließung und Kopplung an den Bestandsbauteil erfolgt durch eine rechtwinkelig angefügte doppelläufige Rampe; der somit eingeschlossene Innenhof ist glasüberdacht und kann zur Präsentation von

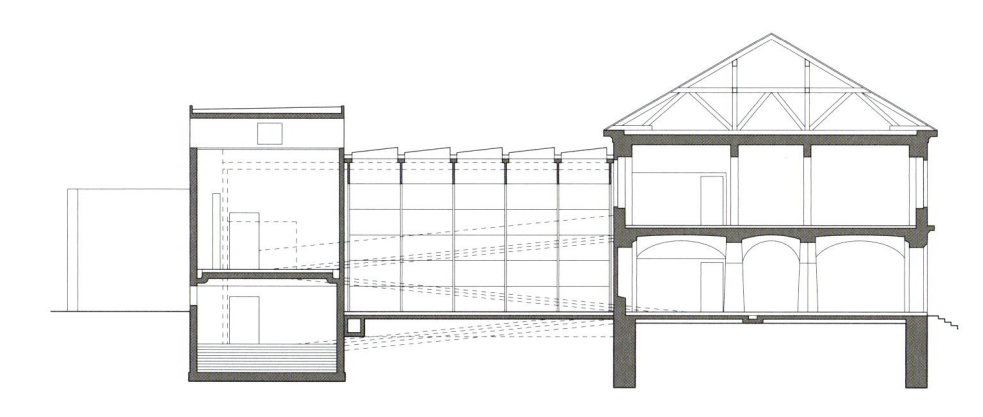

Installationen und In-situ-Arbeiten genutzt werden. Eine Glasfront ermöglicht spannende Blickbeziehungen zwischen diesem überdachten Hof und dem auch als Kommunikationsort fungierenden Rampen-Bauteil. Die Atmosphäre des gestalterisch zurückhaltenden Zubaus wird durch die Sichtbetonoberflächen und die großen Glasflächen geprägt.

2002 erfolgte ein kleinerer, ebenfalls durch Krischanitz geplanter Anbau, indem der Ostfassade am Museumsplatz ein gläserner Pavillon für die gastronomische Einrichtung vorgelagert wurde. Im Zuge der Errichtung der vis-à-vis liegenden Landesgalerie Niederösterreich (2016–2019) nach Plänen von Marte.Marte Architekten wurde die Kunsthalle saniert und die beiden Institutionen mittels eines unterirdischen Gangs im Bereich des umgestalteten Gastro-Pavillons baulich verbunden. Die Kunsthäuser am Museumsplatz – Kunsthalle, Landesgalerie sowie Karikaturmuseum (→ 0947) – sind Teil der Kunstmeile Krems.

Bildung

0949 Alauntalstraße 29, HTL, Sanierung und Adaptierung der ehem. Infanterie- und Pionierkaserne, 1996–1998, P: Hedy Wachberger, Josef Kohlseisen •

Die ehemalige Pionierkaserne wurde umfangreich saniert sowie für den Schulbetrieb adaptiert, ab 1996 erfolgte ein bereits seit den 1980er-Jahren geplanter Zubau nach Plänen von Wachberger und Kohlseisen. Ein hufeisenförmiger Neubau mit Klassen und Werkstätten wurde dem Bestand nördlich angefügt und umgibt so einen Pausenhof. Die geschwungene Fassade zur Allauntalstraße spricht mit ihrer hell und dunkel gestreiften Betonsteinfassade und der rhythmischen Fenstergliederung eine zeitgenössische Formensprache. Im Westen schließt mit dem Bauhof für Zimmerei und Maurerei ein weiterer Zubau an das Kasernengebäude an. Der Bau mit Dachkonstruktion aus Holzleimbindern und gewellter Wandverkleidung lässt aufgrund eines Niveausprungs im Gelände die freie Sicht auf das historische Kasernengebäude zu.

0950 Ringstraße 33, BRG, 1863 | Zubau, 1907 | Zubau, 1983–1990, P: Friedrich Göbl

Gesundheit

0951 Mitterweg 10, Universitätsklinikum Krems, ehem. Städtisches Krankenhaus, 1852 | Um- und Ausbauten, 1913, P: Hans Schimitzek | Erweiterung, 1975–1982, P: Paul Pfaffenbichler, BH: Stadtgemeinde Krems •

Das Städtische Krankenhaus Krems wurde 1852 am Mitterweg eröffnet, 1912 bis 1913 erfolgten durch Hans Schimitzek Um- und Ausbauten. 1975 bis 1982 errichtete Paul Pfaffenbichler zusätzliche Neubauten. In unterschiedlich großen und hohen Gebäudeblöcken sind heute zwölf klinische Abteilungen und fünf klinische Institute untergebracht. Das alte Spital wurde als Wirtschaftsgebäude adaptiert. Anfang des 21. Jahrhunderts erfolgten diverse Instandsetzungsarbeiten und kleinere Zubauten.

Wohnbauten

0952 An der Haid 1–7, 2–16, Reihenhäuser, 1977, P: Kurt Hinterndorfer, Gustav Semrad

In drei versetzten Zeilen sind die zwölf Einfamilienhäuser mit Satteldächern im abfallenden Gelände giebelständig um einen zentralen Platz gruppiert. Die vier südlichen Bauten werden von der Zufahrt zum Platz erschlossen, der von den im ansteigenden Terrain terrassierten Bauten im Norden begrenzt wird. Auf Platzniveau sind die Garagen angeordnet, die Erschließung erfolgt mittels Stiegen über die darüberliegenden Gärten zu den hoch aufragenden Bauten, deren Giebelwände vom Kontrast weißer Putz- und dunkler Holzflächen der Latten der Balkonbrüstungen, Verkleidungen der Giebelfelder und Fensterrahmen geprägt sind.

0953 **Bahnhofplatz 14–18, 15–17, Ringstraße 11–13, WHA Bahnhofplatz, 1959–1963**, P: Franz Sturm, Heinz Rollig, BH: Verein der Freunde des Wohnungseigentums, S: Heuritsch, AF: Alfred Schubrig | Um- und Neubauten Ladenzone, 1974, 1983, 1991, 1997, 1999 | Aufzugstürme, 1996 ●

Das Wiederaufbauprojekt schloss ab 1959 mit gestaffelten Bauhöhen die Raumkanten zur Ringstraße und am westlichen Bahnhofplatz. Die sechs Baukörper mit separaten, hofseitigen Zugängen verfügten über 22 Geschäfte und Büros im Erd- und im ersten Obergeschoß sowie 76 Eigentumswohnungen darüber. Die vier- bis fünfgeschoßigen Bauten der Stiegen 1, 3–4 und 6 weisen zusätzlich ein zurückversetztes Terrassengeschoß auf. Im Hof wurde ein trapezförmiger Flachbau mit Kinosaal realisiert. Besonderes Augenmerk wurde auf ausreichende Wohnungsgrößen zwischen 34 und 82 Quadratmeter Fläche, mit Abstell- und Garderobenräumen und mehrseitiger Belichtung gelegt.

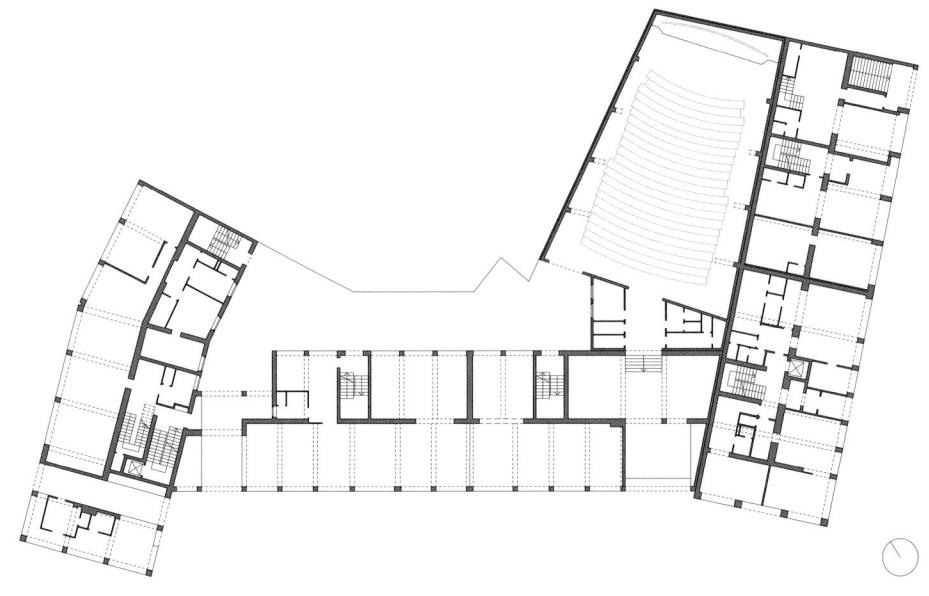

Ursprünglich war für alle Stiegenhäuser der Einbau von Aufzügen geplant, die jedoch schließlich nur im Turmbau zur Ringstraße (Stiege 2) und dem Hochhaus (Stiege 6) realisiert wurden. Erst 1996 wurden an die übrigen Stiegenhäuser hofseitige Aufzugstürme angebaut. Der Zugang zum Kino erfolgte vom Platz durch einen Vorbau mit Eingangs- und Kassenhalle, Warteraum und Buffet. Zur Ringstraße führt in der Flucht der Platzkante ein schmaler Durchgang in Form einer Auslagenpassage.

Aus der Anordnung der Baumassen resultiert eine ausdifferenzierte Kontur des Bahnhofplatzes. Mit der gegenüberliegenden Bebauung bildet dieser den städtebaulichen Auftakt der Achse in die Altstadt. Der siebengeschoßige Kopfbau zur Ringstraße bildet mit seinem anschließend realisierten Gegenüber ein Tor zwischen Ringstraße und Bahnhof, wohingegen das zwölfgeschoßige Punkthochhaus zum Bahnhof eine Höhendominante gegenüber der Altstadt und ein Wahrzeichen des neuen Krems bildet.

Die Putzfassaden der niedrigeren Bauteile sind unterschiedlich rhythmisiert: An der Ringstraße und der Westkante zum Bahnhofplatz werden die Fassaden durch regelmäßig angeordnete Erker mit farblich abgesetzten, geometrisch gemusterten Putzfeldern an den Parapeten sowie einzelne schmale Fensterachsen mit französischen Fenstern gegliedert, die den übrigen Achsen zwischengestellt sind. An der südlichen Kante wird die Fassade in Form von Loggien gegenüber dem Bahnhof geöffnet. Die hohen Baukörper werden ebenfalls durch den Wechsel liegender Fensteröffnungen und den großzügigen Einsatz französischer Fenster gegliedert. Die schmale Schauseite des Hochhauses wird durch einen dreiachsigen Mittelrisalit betont, dessen Parapete mit nicht erhaltenen Kunststeinplatten verkleidet waren. Beide Turmbauten sind mit auskragenden Kranzgesimsen als abschließende Höhepunkte der Anlage bekrönt.

0954　Dr.-Josef-Meller-Gasse 9–11, Doppelwohnhaus, 1992–1995, P: Ernst Linsberger, S: Helmut Locher ●

0955　Dr.-Karl-Dorrek-Straße 19–21, Arbeiter*innenwohnhaus der Tabakregie, 1928–1929, P: Heinrich Nawrath, BH: Österreichische Tabakregie

Die dreiflügelige Wohnhausanlage wurde unter Generaldirektor Karl Dorrek für die Tabakregie errichtet. Der viergeschoßige Mitteltrakt ist mit den um ein Geschoß niedrigeren Seitenflügeln durch zweigeschoßige Verbindungsbauten zusammengeschlossen. Durch diese Höhenstaffelung und die plastisch gestalteten Eingangsbereiche ist die Masse des großen Wohnhofs aufgelockert. Eine horizontale Gliederung erfolgt durch profilierte Gesimse zwischen Erdgeschoß und erstem und zweitem Obergeschoß.

0956　Dr.-Karl-Dorrek-Straße 20–26, WHA, ehem. Arbeiter*innenwohnhäuser, 1914–1919, BH: Österreichische Tabakregie

0957　Flieglerinstraße 8a–f, Atriumhaussiedlung, 1997–1998, P: Ernst Linsberger

Das flache Band aus sieben eingeschoßigen, flach gedeckten Reihenhäusern fügt sich im Verlauf der umgebenden Weingärten ins Gelände ein. Zum öffentlichen Weg im Norden sind die weißen Putzfassaden lediglich durch die Eingänge geöffnet, für Licht und Luft sorgen die offenen Atrien im Zentrum, um welche die Küchen und die kleineren Räume gruppiert sind. Die Wohn- und Schlafbereiche öffnen sich nach Süden zu den Gärten am Feldrand.

0958　Gartenaugasse 1, Dreifaltigkeitsplatz 5, Doppelwohnhaus, 1908, P: Josef Utz jun.

Der zwischen dem Dreifaltigkeitsplatz und der Mühlbachgasse liegende dreigeschoßige Baukörper besteht aus zwei gekuppelten, jeweils über Eck stehenden Trakten, die durch einen Mittelrisalit mit Attikaaufsatz verbunden sind. Zugleich werden die beiden städtebaulich markanten Gebäudeecken durch Erkerbildung und Überhöhung risalitartig akzentuiert.

0959　Gaswerkgasse 5, Arbeiter*innenwohnhaus, 1929–1930, P: Ludwig Tremmel, BH: Österreichische Tabakregie ●

Der dreiflügelig angelegte Wohnhof wurde, wie die Arbeiter*innenunterkünfte in der Undstraße und in der Dr.-Karl-Dorrek-Straße (→ 0955, → 0969), unter Generaldirektor Karl Dorrek für die Tabakfabrik (→ 1919) errichtet. In der Gaswerkgasse sind 53 Wohneinheiten mit Küche und ein bis vier Zimmern eingerichtet. Die Gestaltung der Anlage von Ludwig Tremmel, der u. a. als Architekt am Schüttauhof (1924–1925) in Wien beteiligt war, erinnert an den Wiener Gemeindewohnbau der 1920er-Jahre.

0960　Göglstraße 11b, Wohn- und Geschäftshaus Bühl, ehem. Möbelhaus Bühl, 1933, P: Eugen Schüssler, Zoltan Müller, BH: Alois Bühl ●

Schüssler und Müller planten zunächst einen viergeschoßigen Bau mit Ausstellungs- und Geschäftsräumen im Erd- und ersten Obergeschoß und Wohnungen darüber. Durch die plastisch akzentuierte Sockelzone mit großflächiger Verglasung, französische Fenster im zweiten und das zurückversetzte dritte Obergeschoß entsteht eine starke Gliederung des Baukörpers. Der moderne Neubau im Zentrum der Kremser Altstadt wurde nachträglich um ein weiter zurückversetztes fünftes Geschoß ergänzt. Glasfronten und Ausstellungsräume sind nicht erhalten.

0961　Göttweigergasse 4, WH, 1927, BH: Gemeinnützige Ein- und Mehrfamilienhäuser Baugenossenschaft, AF: Patria Beton-, Hoch- und Tiefbauten AG ●

Der grobe Rieselputz und das auffallend breite Profil der Fensterfaschen verleihen dem dreigeschoßigen, symmetrischen Bau eine markante Erscheinung. Die strenge Symmetrie setzt sich in der Erschließung hinter dem Mittelrisalit mit Krüppelwalm sowie im Grundriss fort. Für die insgesamt 14 Wohnungen wurden zwei gespiegelte Grundrisstypen in den Vollgeschoßen und ein Typ für die beiden Mansardenwohnungen entwickelt.

0962 Kaiser-Friedrich-Straße 4–6, Doppelwohnhaus, 1904, P: Josef Utz jun.

Das zweigeschoßige Doppelwohnhaus mit Erkern im Obergeschoß wird über seitliche Stiegenhaustürme erschlossen. Sparsamer vegetabiler Dekor verweist auf den unweit betriebenen Weinbau und attestiert dem Spätwerk des Kremser Gründerzeit-Architekten Josef Utz jun. eine gestalterische Nähe zur Wiener Secession.

0963 Kerschbaumerstraße 6–10, Wohnhäuser, 1913–1914 (Nr. 6), 1910 (Nr. 8), um 1912 (Nr. 10), P: Christian Landertinger

0964 Langenloiser Straße 9–11, WHA Bergerstadl, 1987, P: Josef Kohlseisen, BH: GEDESAG, AF: Schubrig KG •

An der Stelle von im Jahr 1978 größtenteils abgebrochenen Wohn- und Wirtschaftsbauten aus dem 18. und 19. Jahrhundert entstand in steiler Hanglage die terrassierte Wohnhausanlage mit 18 Eigentumswohnungen über einer Tiefgarage und Kellerräumen. Topografiebedingt ergibt sich zur abfallenden Mölkergasse eine viergeschoßige Bebauung mit talseitiger Ausrichtung der Wohnungen, meist mit Terrasse oder Balkon. Die oberen Geschoße bilden hangseitig zur Langenloiser Straße eine ein- bis zweigeschoßige Bebauung aus. An der südlichen Geländespitze blieben Fassaden- und Dachpartien eines entkernten Biedermeierhauses erhalten, hinter denen Räume für zwei neue Wohneinheiten angeordnet wurden sowie eine Maisonettewohnung mit einem Garten und separater Erschließung entstand.

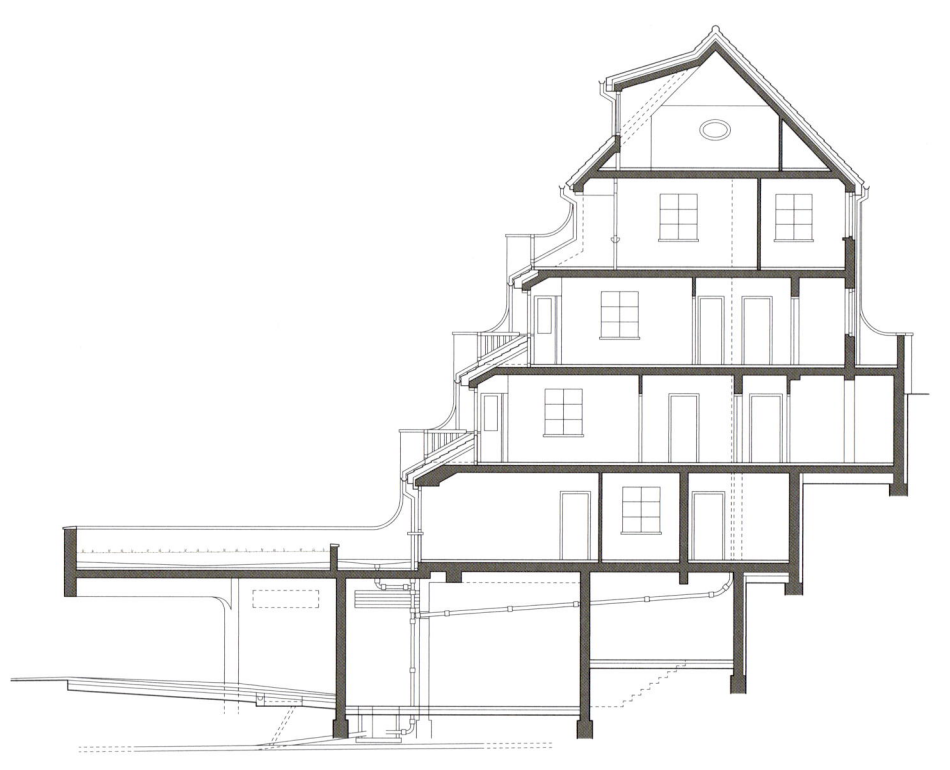

Alle Einheiten weisen Grundrisse zwischen 36,5 und 117,93 Quadratmeter Fläche, teilweise als Maisonetten, auf. Talseitig prägen den Bau die stufenförmige Anordnung der Geschoße und Dachflächen sowie die verputzten Giebelwände. Zur Langenloiser Straße dominiert ein postmodernes Erscheinungsbild mit auskragenden, zueinander versetzten Dachflächen samt historisierender Rauchfänge. Die Fassadenflächen mit ihren vorgelagerten Auf- und Abgängen sind weitgehend verschlossen und mit niedrigen Sprossenfenstern, Rundsäulen, Pilastern und Putzbändern gestaltet.

0965 Obere Landstraße 17, Wohn- und Geschäftshaus, 1910, P: Gustav Bamberger

0966 Ringstraße 23–27, WH mit Café, 1960, P: Franz Sturm, Rudolf Vorderegger (Innenarchitektur Café), K: Elsa Brandström (Fassadenplastik) •

Das Wohnhaus mit 38 Einheiten wurde zeitgleich mit der Bebauung am Bahnhofplatz und an der Ringstraße errichtet (→ 0953). In der geschickten Höhenstaffelung, den auskragenden Gesimsen sowie der Rhythmisierung der Fassaden finden sich vergleichbare Lösungen, die den Bau auch in den Maßstab der Ringstraße einfügen. Neben dem im Straßenverlauf fünfgeschoßigen Baukörper weist der die Straßenecke betonende Turmbau acht Geschoße auf. Charakteristisch sind die vorspringenden, raumhoch verglasten Stiegenhäuser und die filigranen Schaufenster im Erdgeschoß. Die Ladeneinbauten sowie die bauzeitliche Einrichtung des Cafés im Eckturm nach den Plänen von Rudolf Vorderegger sind teilweise erhalten. Die Putzfläche neben den Loggien zur Brandströmgasse prägt eine Plastik Elsa Brändströms.

0967 Ringstraße 26, WH, 1927–1928, P: Gustav Schläfrig, Hans Reiser, BH: Gemeinnützige Ein- und Mehrfamilienhäuser Baugenossenschaft, AF: Patria Beton-, Hoch- und Tiefbauten AG | tw. Wiederaufbau, 1948, P: Karl Strobl ●

Das dreigeschoßige, für die Zwischenkriegszeit typische Wohnhaus prägt die Ringstraße mit einer breiten, regelmäßigen Fassade mit drei Portalen zu den Stiegenhäusern. Betont werden diese durch weit vorspringende Erker mit mittigen Balkonen in den Obergeschoßen und Oculi in der hohen Attikazone. Die auffällige horizontale Gliederung erfolgt durch den dunkel verputzten Sockel und stark profilierte Gesimse an den Obergeschoßen.

0968 Ringstraße 32, WH, 1910–1911, P: Anton Kurz ●

Charakteristisch sind der Schweifgiebel und die vertikalen Bänder der Fensterachsen, die einen bemerkenswerten, flächigen Dekor aufweisen. Die monochromen geometrischen Formen sowie das rahmende Schachbrettmuster etablierten das Formenrepertoire der Wiener Werkstätte an der Kremser Ringstraße.

0969 Undstraße 1–3, Martin-Johann-Schmidt-Straße 1–7, Meyereckstraße 2–4, Arbeiter*innenwohnhausanlage, 1923–1926, P: Paul Hoppe, BH: Österreichische Tabakregie

0970 Untere Landstraße 3, Wohn- und Geschäftshaus, 1914–1915

Der markante Bau verfügt über eine reiche, besonders plastische Fassadengliederung in Form rustizierter Pilaster und der horizontalen Rahmung des nobilitierten zweiten Obergeschoßes mittels kräftiger Balkone und konsolengestütztem Gesims. Die Attikazone prägen ein großformatiger, von Fortuna und Merkur flankierter Globus und beidseitige Mäanderfriese an der Traufkante.

0971 Wachaustraße 2–12, Scheidtenbergerstraße 1–3, WHA Dr. Karl Renner-Hof, 1954, P: Architekt Reinhart, BH: GEDESAG | Sanierung, 1998, P: Erwin Krammer

Einfamilienhäuser

0972 Am Turnerberg 1, Haus U., 1972, P: Herbert Rodinger

0973 Stratzinger Straße 40, Haus am Bäckersteig, 1974, P: Herbert Rodinger

Hotels, Heime, Klöster, Kasernen

0974 Hohensteinstraße 7, Hotel Klinglhuber, 1994–1996, AB: Neururer & Neururer (Elena Theodoru-Neururer, Alois Neururer), MA: Stella Kontou, Boris Braunschmid, BH: Familie Franz Klinglhuber, S: Werner Retter ●

Das Hotel Klinglhuber kann als Dependance des am Beginn der Straße liegenden, seit den 1880er-Jahren bestehenden Gasthofs Klinglhuber gesehen werden, die ihr Stammhaus architektonisch überflügelt hat. In einer bewegten Entstehungsgeschichte lehnte der Kremser Gestaltungsbeirat, dem auch Friedrich Achleitner angehörte, frühere Entwürfe für einen Neubau ab, bis das Architekturbüro Neururer & Neururer ihren Entwurf vorlegten. Das zeitlos moderne Hotel bedient sich in seiner Außenerscheinung nicht nur an Formen der frühen Moderne, sondern zitiert in den die Schräge der Fassade rhythmisierenden Fenstererkern auch historische Erker der Stadt Krems. So werden die beiden hervorragenden Obergeschoße, in denen

Suites" geführt wird und die die Wandflächen-Fenster-Ratio des Hotels wie in einem Negativeffekt spiegelt. Das Hotel Klinglhuber wurde 1996 mit dem Staatspreis für Tourismus und Architektur ausgezeichnet.

Gastronomie

0975 Margarethenstraße 10, Bar, ehem. Café Bar Hendrik, 1994–1995, P: Franz Sam

Bei der Einrichtung eines Cafés in einem lang gestreckten, mittelalterlichen Tonnengewölbe einer historischen Münzprägeanstalt im Zentrum der Stadt wurden Reste des mittelalterlichen Putzes freigelegt und in der Raumgestaltung durch Stahlrahmen akzentuiert. Die ebenfalls in Stahl ausgeführte Möblierung aus den 1990er-Jahren ist trotz Neuübernahme des Lokals erhalten.

0976 Südtirolerplatz 2, Hofbräu am Steinertor, 1931, P: Hans Steineder | Eingliederung in Einkaufszentrum, 1989–1993 | Sanierung, 2016

Der 1788 gegründete Brauhof Krems wurde 1900 von der Wieselburger Aktiengesellschaft angekauft und in den folgenden Jahren mehrfach kleinteilig verändert. Einer der wichtigsten Eingriffe war der Bau des Terrassengastgartens auf einem Bruchsteinsockel und der zugehörigen, gebogenen Eingangsfassade im Jahr 1931. Trotz des Einverleibens des Brauhofes in ein zwischen 1989 und 1993 errichtetes Einkaufszentrum blieb dieser weiter bestehen und wurde 2016 saniert.

0977 Südtirolerplatz 7, Kaffeehaus, 1905, P: Josef Utz jun. ●

Das Kaffeehaus mit auffälligen Gauben im Mansarddach bezieht sich mit dem eklektischen Stilmix seiner Fassade auf die mittelalterlichen, historisch gewachsenen Gebäude der Nachbarschaft.

Geschäftslokale, Einkaufszentren, Banken

0978 Landersdorfer Straße 8, Supermarkt, 1998–1999, AB: kaltenbacher architektur ZT GmbH (Franz Kaltenbacher), limit architects (Wolfgang Bürgler, Franz Freudenthaler, Sascha Niemann, Michael Wimberger), BH: Merkur Warenhandel AG

Energie

0979 Bertschingerstraße 7–11, Gebäude der EVN, ehem. Wärmekraftwerk, 1911–1912, P: NEWAG Bauabteilung | Stilllegung des Wärmekraftwerks, Mitte d. 1950er-Jahre | Zubau EVN Kundenzentrum, 1999, P: Paul Katzberger, Karin Bily

Verkehr

0980 48°24'15.0"N 15°37'30.0"E, Donaubrücke (St. Pöltner Brücke), 1969–1972, BH: Bundesministerium für Bauten und Technik

0981 Bahnhofplatz 1, 2, 3, Bahnhof, 1948–1950, P/BH: Generaldirektion der ÖBB

Der an der Stelle des kriegszerstörten Aufnahmegebäudes errichtete Neubau wurde zugunsten der Erweiterung der Gleisanlagen weiter stadtseitig verlegt sowie mittig auf die Achse der Dienstlstraße mit dem neuen Vorplatz gerückt. Realisiert wurde ein breitgelagerter, zweigeschoßiger Massivbau mit Walmdach in einem nüchtern-sachlichen Heimatstil. Im Zentrum der langen Fassadenflucht liegt der dreiachsige Portalbereich im markanten Mittelrisalit mit Uhrentürmchen und Laternenaufbau. Auffällig war die Anlage zweier separater Hallenbereiche für Reisende: der vom Vorplatz erschlossenen, zentralen Kassenhalle mit linksseitig anschließendem Abfahrtsbereich sowie der rechtsseitig im südlichen Trakt angeordneten Ankunftshalle mit eigenständigem Ausgang zur Platzecke. Diese noch aus der Monarchie rührende Lösung wurde andernorts bereits vielfach verworfen. Eine weitere Besonderheit des Baus liegt in der Wahl der nüchternkonservativen Architektursprache in Kombination mit den Ausmaßen des ausgesprochen städtisch dimensionierten Aufnahmegebäudes – geben doch die in der Folge errichteten Bahnhofsneubauten der Landeshauptstädte und Wiens dezidert modernere Ambitionen zu erkennen. Ein architektonisch vergleichbarer Neubau entstand jedoch etwa zeitgleich in Wörgl.

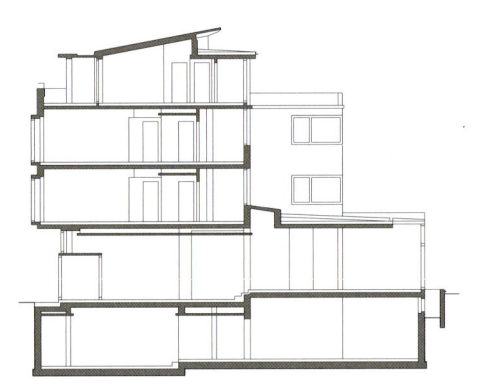

sich die meisten der Zimmer befinden, noch mehr betont. Die Sockelzone mit den lichtdurchfluteten Gemeinschaftsräumlichkeiten sowie das Dachgeschoß treten etwas zurück und erlauben dem Bau so ein leichtes Eingliedern in die Bauhöhen der umgebenden Bebauung. 2017 wurde schräg gegenüber eine weitere Dependance eröffnet, die als „Klinglhuber

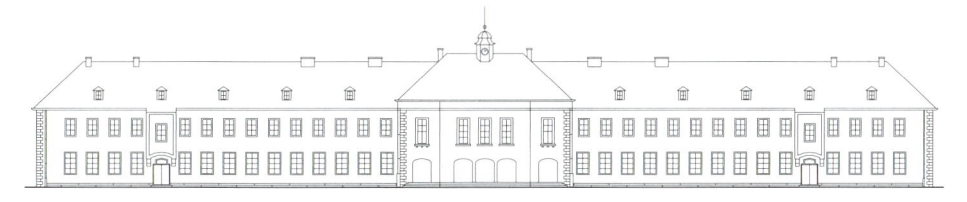

Kreuth 2763
Gemeinde: Muggendorf, Bezirk: Wiener Neustadt

Religion, Kult

0982 47°55'60.0"N 15°59'13.5"E, Gut Hohenwarth, Hauskapelle, 1949, P: Carl Appel •

Die kleine Kapelle ist mit einem Sakristeianbau, einem Taufbecken, einem Beichtstuhl sowie einem Nebenaltar wie ein Kirchenbau konzipiert. Die drei Bankreihen sind durch einen Mittelgang getrennt, in dem sich die Abdeckplatte der Familiengruft befindet.

Kreuzberg 2673
Gemeinde: Payerbach, Bezirk: Neunkirchen

Einfamilienhäuser

0983 Kreuzberg 47, Villa Anna, 1908–1909, P: Josef Münster

Die Villa ist in einem der skandinavischen Blockbauweise angeglichenen Stil errichtet.

Kritzendorf 3400, 3420
Gemeinde: Klosterneuburg, Bezirk: Tulln

Da für die in Kritzendorf beschriebenen Objekte mehrere Postleitzahlen vergeben sind, werden diese in den folgenden Steckbriefen ergänzend zur Adressangabe angeführt.

Gesundheit

0984 Holzgasse 350, 3400, AUVA Rehabilitationszentrum „Weißer Hof", 1986, P: Kurt Hlaweniczka, Hannes Lintl, BH: Allgemeine Unfallversicherungsgesellschaft (AUVA), AF: ARGE Lang und Menhofer/Neue Reformbau/Hamberger Bau •

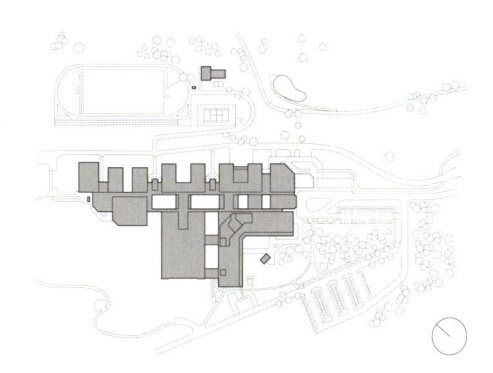

Das Rehabilitationszentrum Stollhof (→ 0839) genügte den gestiegenen Anforderungen nicht mehr, und so erwarb die AUVA 1975 das landwirtschaftliche Gut „Weißer Hof" mit Grundstücken im Ausmaß von 122 Hektar und beauftragte 1978 die Architekten Kurt Hlaweniczka und Hannes Lintl mit der Errichtung eines Neubaus für die Aufnahme von 200 stationären sowie 400 ambulanten Patient*innen. Die großzügig dimensionierte Anlage verfügt über einen viergeschoßigen L-förmigen Bettentrakt, einen zweigeschoßigen kubischen Trakt für die medizinischen Behandlungen, drei U-förmige Bauten für Therapie- und Verwaltungsräume, eine Turn- und Schwimmhalle sowie weitere Nebengebäude. Die Patient*innenzimmer der funktional gestalteten Gebäude erhielten jeweils einen Balkon und in der weitläufigen Parkanlage wurden zahlreiche Therapiemöglichkeiten geschaffen.

Freizeit

0985 Strombad Neue Badstraße 19, 3420, Strombad, 1928, P: Heinz Rollig, Julius Wohlmuth | Neuerrichtung, 2000–2001, P: Christian Bodenseer •

Im Unterschied zum Strandbad Klosterneuburg (→ 0876) liegt das Strombad in Kritzendorf direkt am Donaustrom. Es geht ebenso auf Schwimmschiffe zurück, die ab 1887 durch die Familie Marschall betrieben wurden. Durch die Donauregulierung musste das Strombad jedoch von 1902 bis 1903 neu aufgesetzt werden, 1905 übernahm die Gemeinde Kritzendorf das Bad. Neben dem zu vermutenden Schwimmschiff direkt in der Donau (wahrscheinlich ein Neuentwurf von Robert Kalesa, 1911) wurde 1912 am Ufer das Haus des Bademeisters durch Baumeister Franz Bodenseer als einfaches, gemauertes erstes Bauwerk errichtet. Bald entstanden weitere Bauten für die nötige Infrastruktur (Kabinentrakte, Sanitäranlagen, Restaurants, Milchtrinkhalle) sowie rund um diese eine Vielzahl einfachster Holzhütten in relativ dichten Zeilen. Heute noch ist entlang der Hütten- und Gartenzeile, des Strandwiesenweges und der Waldzeile diese weitgehend intakt erhaltene Verbauung, die größtenteils aus den frühen 1920er-Jahren stammt und von lokalen Tischlern, Bau- oder Zimmermeistern ohne Bauansuchen erstellt wurde, vorhanden.

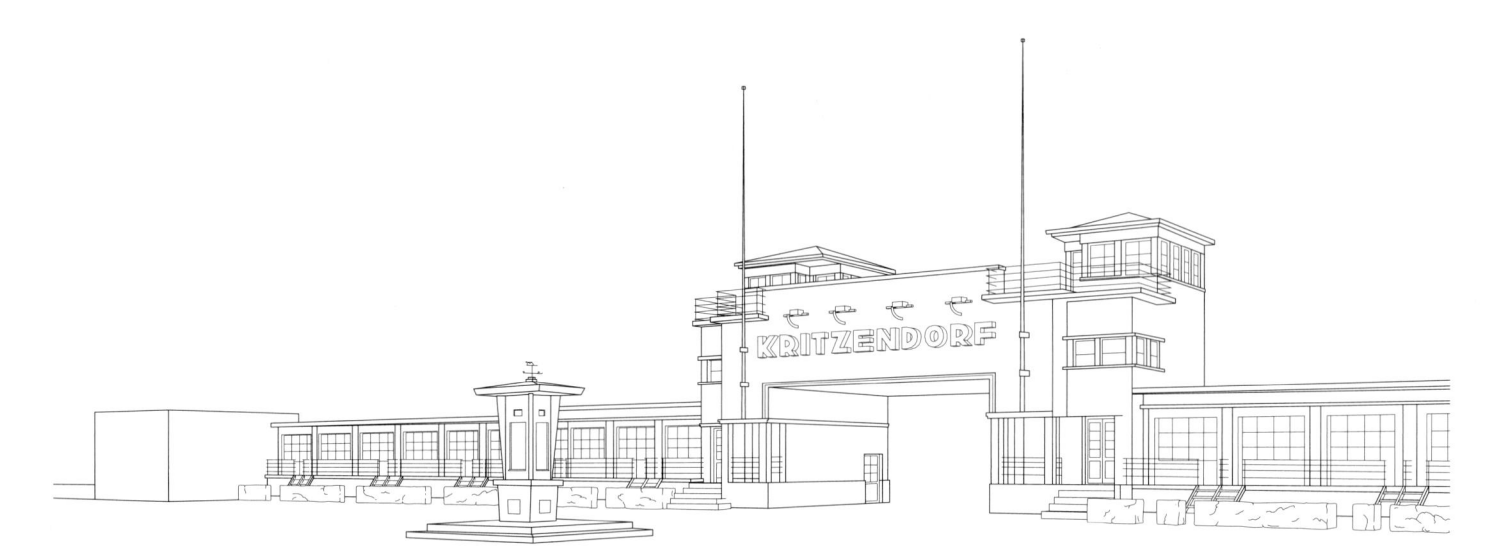

1927 bis 1931 erfolgten weitere Zupachtungen des als Superädifikat auf Stiftsgrund entstandenen Strombades, da der Zustrom an Badegästen und die Nachfrage nach Badehütten, Wochenendhäusern und Strandvillen unaufhaltsam wuchs. Der ab 1924 in Kritzendorf ansässige Architekt und Baumeister Julius Wohlmuth übernahm 1926 die Ausschreibung dieser geplanten Erweiterungsphase, die der Friedrich-Ohmann-Schüler Heinz Rollig gewann und anschließend gemeinsam mit Wohlmuth 1927 bis 1928 umsetzte. Ähnlich wie beim Strandbad Klosterneuburg sollte das Strombad einen zentralen Platz bekommen, der die bestehenden Hüttenzeilen und Kabinentrakte integrierte und mit weiteren Versorgungseinrichtungen versah. Direkt vom Bahnhof Kritzendorf über die Badstraße kommend, nahm das sogenannte Rondeau, ein oktogonal sich weitender Platz mit verschiedensten Kiosken und Eckpavillons mit Zeltdächern zur Versorgung, die Badegäste in Empfang. Weitere Kabinentrakte parallel zur Achse engten den Platz in der Folge ein.

Beidseitig gab es durch Zeltdächer markierte Durchgänge zu weiteren neuen Kabinentrakten, aber auch zu den bereits bestehenden und den Hüttenzeilen. Alles war ausschließlich aus Holz gefertigt und mit horizontalen wie vertikalen Holzverschalungen versehen. Expressionistische Details, wie dreieckige Durchgangsöffnungen und mehrfache Horizontalgesimse zur Eckbetonung, verliehen der Anlage monumentale Züge. Die Bauten des Rondeaus wurden 2000 bis 2001 komplett abgetragen und vor Hochwasser etwas sicherer erhöht an derselben Stelle durch Christian Bodenseer neu errichtet.

Weithin sichtbares Zeichen des Strombades ist der monumentale Torbau, der die vom Rondeau in Empfang genommenen Badegäste zum Naturstrand am Donaustrom leitet. Die mit Holz verkleidete Eisenfachwerk-Konstruktion enthielt im Turmsockel die Rettungsstation und in den oberen Bereichen, über beide Treppentürme zu erreichen, ein weitläufiges Terrassen-Café mit Konditorei, um die Aussicht über die Donau zu genießen. Die Treppentürme finden über dem Torbalken ihre vertikale Verlängerung, indem sie wiederum mit zwei zeltdachbekrönten Eckpavillons abgeschlossen werden.

Die expressionistischen Details der Gesamtanlage erlangten hier mit den Fahnenmasten und runden Wasserspeiern als „Augen" ihren Höhepunkt. In den 1970er-Jahren wurde der heute leer stehende Torbau mit hellgelben Eternitschindeln verkleidet, die markanten Detailausformulierungen der Fassade fehlen bereits.

▶ *Foto (vorherige Seite): Rondeau, Plan: Torbau*

Einfamilienhäuser

0986 Bremengasse 20, 3420, Ferienhaus, 1968,
P: Hugo Potyka, Rudolf Zabrana ●

Dem Innenraum des ebenerdigen, quadratischen Satteldachhauses wurde ein Viertel des Volumens abgeschnitten und als Terrasse angelegt, die durch eine Hebeschiebetür vom Wohnraum aus betreten werden kann und somit einen starken Naturbezug herstellt.

Möglichst einfach konzipiert, sind die Außenwände aus Hohlblockmauerwerk an der Wetterseite mit Heraklit isoliert und mit weißem Fassadeneternit verkleidet, während die restlichen Wände gekalkt sind.

0987 Hauptstraße 82a, 3420, EFH, 1932,
P: Walter Loos, BH: Adolf Luser ●

Das Einfamilien- bzw. Ferienhaus auf annähernd quadratischem Grundriss mit großen Freiflächen und filigran gestalteten Eisensäulen und Balkongeländern stammt von Walter Loos, einem Architekten aus dem progressiven Kreis um Josef Frank. Der ungetrübte Eindruck der frühen Moderne ging mit einer Renovierung in den frühen 1990er-Jahren, bei der auch die Inneneinrichtung spätestens weichen musste, etwas verloren, doch bleibt das Haus ein wichtiges Vermächtnis des 1938 aufgrund seiner linken politischen Orientierung vertriebenen Architekten.

0988 Strombad Dreiföhrenweg 15, 3420, Wochenendhaus im Strombad Kritzendorf, 1930, P: Fritz Rosenbaum, BH: Arpad Sor

Der auf niedrigen Piloten ruhende quer gelagerte Baukörper mit Sonnendeck wurde von dem auf Inneneinrichtungen spezialisierten Architekten komplett möbliert übergeben.

0989 Strombad Villenstrand 11, 3420, Wochenendhaus im Strombad Kritzendorf, 1927, P: Heinz Rollig, BH: Georg Buchberger, AF: Wenzl Hartl | Zubauten 1935, 2003 •

Der Baukörper dieses relativ aufwendigen Strandhauses ist in der Höhe abgestuft, wodurch sich zwei große, von Geländern gesäumte Terrassenflächen sowie ein Sonnendeck ergeben. Gleichsam als Reminiszenz an das bürgerliche Wohnen erhielt der Wohnraum einen polygonalen Erker.

0990 Strombad Wasserweg 2, 3420, Strandvilla Redlich, 1929, P: Josef Bauer, BH: Anton Redlich, AF: Adolf Himmelstoß

Die vom Austria-Brauerei-Besitzer Anton Redlich beauftragte Villa besticht nicht nur durch die Gesamtkonzeption, sondern auch durch die Details, wie die massiven, mehrfach nach außen abgestuften und gerundeten Dachgesimse, die den horizontalen Baukörper und das zurückgesetzte Obergeschoß abschließen. Prägend ist vor allem das nach unten ausschwingende und an den Ecken leicht hochgezogene Zeltdach des turmartigen Aufbaus, das an den japanischen Tempelbau erinnert. Markant ist auch die relingartige Geländerführung, die den Treppenaufgang in einem eleganten Rundbogen begleitet. Die Anregung zu dieser außergewöhnlichen Bauform stammt von Baron Anton Juritzky, einem Kunsthistoriker, Archäologen und Freund des Bauherrn.

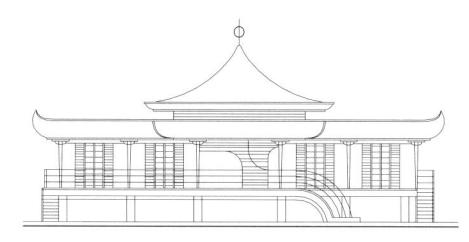

Kronberg 2123
Gemeinde: Ulrichskirchen-Schleinbach, Bezirk: Mistelbach

Hotels, Heime, Klöster, Kasernen

0991 Hauptstraße 58, WH, ehem. Kloster der Schwestern der schmerzhaften Muttergottes, 1908–1909, P: Hans Haas •

Errichtet als ein dreigeschoßiger Quader mit Satteldach und Mittelrisalit mit einfachem Dreiecksgiebel an der Straßenfront, der von einem Hang aus über den Rest der Ortschaft ragt, ist das ehemalige Kloster heute in Privatbesitz. Die spitzbogig die Fenster bekrönende Dreipass-Ornamentik ist der Sakralarchitektur entlehnt.
▶ Foto: Zustand als Kloster

Krumau am Kamp 3543
Gemeinde: Krumau am Kamp, Bezirk: Krems

Energie

0992 48°35'24.1"N 15°23'59.7"E, Staustufe Dobra-Krumau, 1950–1953, P: Hans Hoppenberger (Krafthaus), BH: NEWAG •

Bereits vor dem Ersten Weltkrieg wurden Planungen zur Nutzung des Kamptals zum Zweck der Energiegewinnung vorgenommen, da die geologischen Gegebenheiten sowohl die Errichtung von Sperren als auch die Anlage von Stauseen begünstigen. 1943 wurde das Wasserkraftbüro von den Siemens-Schuckert-Werken zur Erstellung eines Rahmenplanes aufgrund des erhöhten Energiebedarfs während des Zweiten Weltkriegs beauftragt. Aus diesem Rahmenplan wählte die NEWAG 1946 die drei geeignetsten Projekte zur Ausführung aus: die Errichtung der Staustufen Thurnberg-Wegscheid (→ 1986), Dobra-Krumau und Ottenstein (→ 1372). Der erste Spatenstich erfolgte bei der Staustufe Thurnberg-Wegscheid 1949. Bis 1957 konnte auch das letzte Kraftwerk in Ottenstein in Betrieb genommen werden. Anschließend wurden nach Räumung der Baustellen die in Mitleidenschaft gezogenen Landschaftsbereiche mit Mutterboden aufgefüllt und begrünt, um das ursprüngliche Gelände wiederherzustellen oder anzupassen und die neu bepflanzten Bereiche in die umliegende Landschaft einzubetten. Die Werksiedlung in Ottenstein konnte weitestgehend 1957 fertiggestellt werden. Außerdem wurde im selben Jahr eine kleine Gedächtniskirche südlich der Staumauer zum Gedenken an die verunglückten Bauarbeiter errichtet (→ 1441).

Krummnußbaum 3375
Gemeinde: Krummnußbaum, Bezirk: Melk

Religion, Kult

0993 Hauptstraße 31, Pfarrkirche Mariä Empfängnis, 1973, P: Paul Pfaffenbichler, K: Hans Scheibner (Taufstein, 1948), Josef Diethör (Kreuzweg)

Einfamilienhäuser

0994 Rathausstraße 8, Rathaus, ehem. Villa Poduschka, 1895, P: Karl Haybäck | Zubau, 1901, P: Karl Haybäck, AF: Friedrich Aichberger | Umwidmung zum Rathaus, 1913 ●

Die für den Besitzer einer Tonwarenfabrik errichtete Villa ist mit historisierenden Fassaden, Türmchen und Erkern gestaltet. 1901 wurde sie an der Westseite um einen Zubau erweitert und 1913 von der Gemeinde erworben und seitdem als Rathaus genutzt.

Küb 2671
Gemeinde: Payerbach, Bezirk: Neunkirchen

Amts-, Verwaltungs-, Kommunal-, Bürobauten

0995 Küber Straße 28, Museum, ehem. Postamt, 1905

Religion, Kult

0996 47°40'51.0"N 15°52'50.7"E, am Barbara Weg, Barbarakapelle, ehem. Garnisonskapelle, 1916, P: M. Bradaczek ●

Im Ersten Weltkrieg war das k.u.k. Gebirgsartillerie-Regiment Nr. 2 in Payerbach stationiert. Die Garnisonskapelle der ehemaligen Kaserne wurde von dem Architekten und Leutnant der Reserve M. Bradaczek geplant. Der gediegen ausgeführte kleine Holzständerbau wurde der hl. Barbara gewidmet und 1916 geweiht. Nach der Auflösung des Regiments wurde die Kapelle abgetragen und 1922 von der Pfarre Payerbach im kleinen Sommerfrischeort Küb wieder errichtet. Im Inneren befindet sich ein Altarbild der hl. Barbara als Schutzpatronin des Payerbacher Gebirgsartillerie-Regiments vor den Vajolet-Türmen in den Südtiroler Dolomiten. Zu ihren Füßen zeigt das Gemälde ein Artilleriegeschütz mit zwei Soldaten.

Einfamilienhäuser

0997 Josef Wegerer Straße 2, Villa Fuchs, 1901–1902, P: Alfred Wildhack, Robert Morpurgo

0998 Josef Wegerer Straße 5, Villa, ehem. Pension Homolka, 1910, P: Alois Seebacher ●

0999 Küb 46, Villa Hochband, 1911, P: Carl Postl

Der Payerbacher Maurermeister Carl Postl errichtete zahlreiche Villen in Küb, zum Teil führte er auch Villen nach Entwürfen anderer Architekten aus.

1000 Küber Weg 2, Villa, 1906, P: Carl Postl ●

1001 Sonnenweg 6, Haus in der Sonne, ehem. Villa Herz, 1905, P: Carl Postl ●

Die Villa mit reichem Laubsägedekor wurde ab 1918 als Kinderheim genutzt.

1002 Sonnenweg 10, Villa Hoffmann, 1905–1906, P: Carl Postl

1003 Villenweg 6, Villa Karin, 1904, P: Carl Postl ●

1004 Villenweg 10, Villa Franka, 1926, P: Max Löwe ●

1005 Waldwinkel Straße 5, Villa Babanits, 1907, P: Carl Postl

1006 Waldwinkel Straße 6, Villa Wegerer, 1906, P: Carl Postl | Umbau, 1913, BH: Josef Wegerer, Stephanie Wegerer

1007 Waldwinkel Straße 10, Villa Waldwinkel, 1910, P: Carl Postl

Hotels, Heime, Klöster, Kasernen

1008 Küber Straße 71, 75, 30, WH, ehem. Pensionen Küberhof, Kastell Küb und Dependance | Küberhof (Nr. 71), 1900–1904, P/BH: Attilo Rella, AF: Carl Postl | Kastell (Nr. 75), 1903–1907, P: Anton Weber,

BH: Attilo Rella, AF: Carl Postl | Erweiterung Bauernhof zur Dependance der Pension Kastell (Nr. 30), 1904–1905, P/BH: Attilo Rella | Küchenzubau Kastell, 1907 | Sanierung und Umbau Küberhof, 1989–1990 | Balkonzubauten Kastell, 2016, P/AF: Eduard Rettenbacher, Walter Baumeister ●

Als der vermutlich vom Bauherrn selbst ab 1900 entworfene Gastronomiebetrieb Küberhof sich als sehr lukrativ herausstellte, ließ Attilo Rella nur drei Jahre später vom Wiener Architekten Anton Weber ein Wintergebäude, das sogenannte Kastell Küb, errichten. Die Gebäude befinden sich wenige Meter voneinander entfernt im Hang gebaut und sind in ihrem Erscheinungsbild doch so unterschiedlich: Dem Küberhof in seiner Heimatstil-Romantik mit den 1913 hinzugefügten Holzveranden (die Balkone waren hingegen bereits im Originalentwurf vorhanden) steht das in Stahlbeton-Bauweise errichtete Kastell mit seiner eklektischen und moderner wirkenden Gestaltung gegenüber, die vor allem durch die bereits 1920 mit einer Stahl- und Glaskonstruktion überdachte, ehemalige Restaurantterrasse geprägt wird. Nach längerem Leerstand in den 1970er- und 1980er-Jahren wurden die Häuser nach einer Sanierung von 1989 bis 1990 zu Wohnungen umgenutzt.

Laa an der Thaya 2136

Gemeinde: Laa an der Thaya,
Bezirk: Mistelbach

Amts-, Verwaltungs-, Kommunal-, Bürobauten

1009 Stadtplatz 43, Rathaus, 1898–1899, P: Peter Paul Brang ●

Der vom Stadtplatz U-förmig umgebene Baublock wird südlich prominent durch das infolge eines Wettbewerbs errichtete dreigeschoßige Rathaus- und Sparkassengebäude abgeschlossen. Ein kleinteilig gestalteter Uhrturm mit hochgelegenem umlaufendem Balkon überragt die in Formen der Neorenaissance reich dekorierte Hauptfassade und die mit in Gold und Rot glasierten Ziegeln gedeckte Dachzone.

Religion, Kult

1010 Ruhhofstraße 98, Friedhofskapelle, 1908, P: Gustav Adolf Stosius, AF: MM Holzer, K: Firma Johann Stürmer (ornamentale Gestaltung) ●

Nachdem der Friedhof bei der Kirche zu klein geworden war, wurde am Rande des Ortes 1908 ein neuer Friedhof angelegt und eine Kapelle errichtet. Stadtbaumeister Gustav Adolf Stosius entwarf eine basilikale Anlage, im erhöhten Mittelschiff wurde die Kapelle eingerichtet, die auch als Aufbahrungshalle diente. In den niedrigeren Anbauten plante der Baumeister zwei Leichenkammern, einen Sezierraum sowie eine WC-Anlage. Der Zugang erfolgt von der Friedhofsseite, die zur Straße gelegene Schmalseite erhielt ein Blendportal und wurde „unter Verwendung plastischer floraler Stuckornamente zu einem eindrucksvollen Mahnmal des Todes gestaltet" (Werner Kitlitschka).

Bildung

1011 Anton Bruckner-Straße 1–3, Sportmittelschule und Allgemeine Sonderschule, 1973, P: Rupert Weber, Peter P. Pontiller, Peter Swienty | Eindeckung mit Walmdach, 1994, P: Heinrich Strixner | Umbau und Wärmedämmung, 2006 | Zubau Turnhalle und Klassenräume, 2011, P: Stadtgemeinde Laa an der Thaya ●

Der U-förmige, dreigeschoßige Baukörper setzt sich aus einem langen Trakt in Nord-Süd-Richtung, in dem die Klassenräume zweihüftig um die lang gestreckte Pausenhalle angeordnet sind, einem quer liegenden Trakt mit Klassen und Sonderunterrichtsräumen sowie einem Turnsaaltrakt im Westen zusammen. Unter einem auskragenden Vordach werden über einige Stufen die Zentralgarderoben im halb aus dem Erdreich ragenden Untergeschoß sowie die von oben belichtete Pausenhalle im Erdgeschoß, von der eine Treppe zur Galerie im Obergeschoß führt, betreten. Das äußere Erscheinungsbild der Schule wurde durch Zubauten, Wärmedämmung und Aufsetzen eines Walmdaches stark verändert.

1012 Hubertusgasse 17, Volks- und Musikschule, 1954, P: Josef Kalbac, Friedrich Lang | Zu- und Umbau, 2006, P: Wolfgang Schöfl ●

Die zweigeschoßige Volksschule wurde als L-förmiger Baukörper mit zehn Klassen, einem Turnsaal und einem Lehrer*innenwohnhaus im westlichen Teil des Areals errichtet. 2006 wurden die östliche Flügel und das Wohnhaus abgerissen und ein

Zubau mit zehn Klassenräumen und einer großen Pausenhalle errichtet. An der Stelle des Wohnhauses wurde ein neuer Gymnastikraum erbaut.

1013 Martin Wachter-Platz 6, BG/BRG, 1913, P: Friedrich Fischer, Rudolf Sowa | Zubau Turnhalle, 1982, P: Kurt Zöhrer, AF: VOEST-ALPINE AG Systembau | Generalsanierung und Zubau, 1984, P: Rupert Weber ●

Das dreigeschoßige Gebäude unter einem mächtigen Dach ist auf einem dreieckigen Grundstück etwas außerhalb des Stadtzentrums situiert. Über einen Vorplatz, vorbei am ehemaligen Direktionstrakt, führt eine Rampe zur Terrasse und zum Haupteingang, der eine Halle erschließt. Von dort sind der Turnsaal, der lang gestreckte Klassentrakt und die oberen Stockwerke mit dem Festsaal erreichbar. An der Nordseite wurden ein zweiter Turnsaal und ein kleiner Zubau errichtet.

Wohnbauten

1014 Martin Wachter-Platz 1–5, 2–4, Reihenhaus-Villen, Nr. 1, 2, 1913–1914, P/BH: Franz Brandhuber | Umbau Dachgeschoß (Nr. 1), 1934, P: Walther Brandhuber | Wiederaufbau, 1949, P: Vinzenz Seidl | Umbau Dachgeschoß (Nr. 2), 1930, P: Walther Brandhuber, BH: Josef Guth | Nr. 3, 1916–1917, P/BH: Franz Brandhuber | Nr. 4, 1915, P: Franz Brandhuber, BH: Franz Brandhuber/Hermine Hauck | Umbau Dachgeschoß, 1963, P: Walter Prantl | Nr. 5, 1928–1929, P: Franz Brandhuber, BH: Josef Nahofer ●

Kennzeichnend für die Gruppe aus ein- bis zweigeschoßigen Reihenhaus-Villen (zunächst drei Gebäude und bis 1929 um weitere zwei Bauten ergänzt) ist die leichte Höhenstaffelung mit eigenständigen Mansarddächern. Die Differenzierung der Einzelbauten wird mittels unregelmäßig positionierter und mit Zwerchhäusern überhöhter Risalite mit abweichenden Giebelformen bekräftigt.

1015 Mühldamm 1, WH mit Feuerwache, 1936–1937, P: Franz Klimscha, Gustav Pawek, BH: Sparkasse der Stadt Laa an der Thaya ●

Die konkave Front und der Garagenvorbau bilden die selbstbewusste Schauseite des Multifunktionsgebäudes der Zwischenkriegszeit. Die gefällige Form vermittelt am keilförmigen Bauplatz zwischen den beidseitigen Bachläufen.

1016 Raiffeisenplatz 1, Wohn- und Geschäftshaus, 1908 | Umbau der Erdgeschoßzone, 1925, 1970 und 1982 ●

Das in der Nähe des Stadtplatzes liegende, zweigeschoßige Eckhaus verfügt über einen charakteristischen walmdachgedeckten Eckerker auf massigen Konsolen und einen vielgestaltigen, variantenreich eingesetzten Fassadendekor. Seitliche Giebelrisalite nehmen die Zugänge auf, die im Obergeschoß liegenden Fenster sind im unteren Bereich von Säulchen gerahmt und ein markantes Kranzgesims akzentuiert die Traufe. Seit der Errichtung erfolgten hofseitige Zubauten und insbesondere in der Sockelzone mehrere Umbauten.

Einfamilienhäuser

1017 Nordbahnstraße 27, EFH, 1908, AF: Walther Brandhuber ●

1018 Rolandgasse 5, Villa Tierarzt Dr. Prantl, um 1925, P: Friedrich Fischer, Martin Kauweith, AF: Walther Brandhuber | Umbau, um 1985 ●

Das etwas gedrungen wirkende Haus bietet in den großzügigen Räumen, die gegen die Wehrgartenstraße gerichtet sind, überraschend viel Platz. Zu welchem Zeitpunkt die Fassadenlösung mit den beiden Rundpfeilern am Tor entstand, ist unklar; sie findet sich nicht in den Planzeichnungen, muss aber vor dem Umbau des westlichen Trakts – der ursprünglich als Stallung und Lagerraum diente – in eine moderne Tierarztpraxis Mitte der 1980er-Jahre erfolgt sein.

1019 Staatsbahnstraße 131, WH, 1932, P: Max Roubitschek, AF: Alfred Artner | Zubau Garage, 1958, P: Walter Prantl ●

Das Wohnhaus setzt sich aus verschiedenen Volumina zusammen, durch deren Aneinanderreihung eine interessante Fassadengestaltung komponiert wurde. An der Südfassade markiert ein auf Klinkerpfeilern gestützter Erker den großen Wohnraum im Obergeschoß, das Treppenhaus tritt als schlichter Quader mit runden und eckigen Fensteröffnungen an der Westfassade hervor, die von der Spitze des geknickten Satteldaches überragt wird. Ein Balkon mit gemauerter Brüstung und abgerundeter Ecke umfasst die beiden Gebäudevorsprünge und dient gleichzeitig als Überdachung des Zugangswegs. Die Fassaden des Erkers sind durch ein horizontales Muster aus Klinkersteinen betont, die Fenster des Wohngeschoßes mit Klinkersteinen gerahmt.

1020 Stadtfeldgasse 3, WH, 1919, P: Ostermaier, BH: J. Lahner und Sohn, Fassbinder und Sägewerk ●

1021 Wehrgartenstraße 25, Villa, 1900–1902, AF: Walther Brandhuber ●

Industrie

1022 Bürgerspitalgasse 13, ehem. Brauerei Hubertus Bräu, 17. Jh. | Neubau Sudhaus, Eiskeller, Gärkeller, 1878–1879, P: H. Fenzel | Stilllegung, 1902 | Sanierung der Dreihordendarre, 1924–1925, P: Miller & Hetzel (Drehhaube auf dem Dunstschlot) | Umbau, 1931, P: Alfred Artner | Stilllegung, 1979 | weitere Umbauten, 1910–1911, 1928–1937, 1957 ●

Aufgrund der Aufstockung der Produktionskapazität wurde 1899 bis 1902 ein Neubau der Brauereianlage in der Hubertusgasse errichtet (→ 1023). Der ehemalige Bau in der Bürgerspitalgasse, der im Kern aus dem 17. Jahrhundert stammt und ab den 1870er-Jahren mehrmals adaptiert wurde, war bis zur Stilllegung 1979 als Mälzerei in Verwendung.

1023 Hubertusgasse 1, Brauerei Hubertus Bräu, 1899–1902, P: Josef Nebehosteny, BH: Johann Kühtreiber | Erweiterungen, 1927–1931, 1937–1939, P: Alfred Artner | Zubau Abfüllhalle, 1965, P: Josef Horacek | Zubau Stapelhalle, 1975, P: Theo Trojan | Erweiterung der Abfüllhalle, 1977, P: Fritz Schaffer | Neubau Sudhaus, 1987–1990, P: Albert Gattermann, Othmar Augustin | weitere Umbauten, 1907–1910, 1978, 2002–2003, 2010, 2012–2013, 2016 ●

Um die Produktion zu steigern, wurde die ehemalige Brauerei in der Bürgerspitalgasse (→ 1022) aufgegeben und von 1899 bis 1902 ein Neubau errichtet, während der alte Standort ab 1902 als Mälzerei genutzt wurde. Der Architekt Josef Nebehosteny war ab 1883 vornehmlich in Brünn tätig und plante dort, nahezu zeitgleich mit der Brauerei, die Finanzverwaltung.

Die ersten Umbaumaßnahmen zwischen 1907 und 1910 betrafen vor allem Zu- und Abwasserplanungen. Eine große bauliche Erweiterungsphase von 1927 bis 1939 wurde von Alfred Artner geplant, der auch Änderungen an der alten Brauerei vornahm. Im Zuge dessen wurden eine Abfüllhalle, ein Werkstättentrakt, ein neues Kesselhaus und ein Pichereigebäude errichtet. 1965 entstand westlich des Betriebshofes die Abfüllhalle als Neubau, welche 1977 in Richtung des Siegließgrabens erweitert wurde. Mit einer Stapelhalle entstand 1975 ein weiterer Zubau in diesem Areal. 1986 wurde das Kesselhaus von Artner abgebrochen und von 1987 bis 1990 ein neues Sudhaus errichtet. In den 2000er- und 2010er-Jahren wurden einige der östlich gelegenen Bauten, wie die ehemaligen Stallungen, abgetragen und unter anderem drei neue Malzsilos errichtet.

Landwirtschaft

1024 Kirchenplatz 17, Wiederaufbau Hoffmannsmühle, 1914 ●

1914 nach einem Brand wieder aufgebaut und 1921 von der Familie Hoffmann übernommen, wurde die ehemalige Stadtmühle bis heute unzählige Male modernisiert und erweitert. Hervorzuheben sind die Reparaturen der Kriegsschäden nach 1945 sowie der schweren Schäden nach der Hochwasserkatastrophe 2006.

Laab im Walde 2381
Gemeinde: Laab im Walde,
Bezirk: Mödling

Wohnbauten

1025 Sankt Koloman-Gasse 1–23, RHA, 1989–1995, P: Boris Podrecca, MA: Robert Kraus, S: Helmut Locher

Die zwölf giebelständigen Reihenhäuser mit Satteldächern sind jeweils leicht versetzt aneinandergereiht. So entsteht zur Straße, verstärkt durch erkerartige Vorbauten, eine geschlossene, aber stark rhythmisierte Front. Rückseitig ragen spitz zulaufende, verglaste Anbauten prismenförmig in die Gärten. Im Inneren wurden gemeinsam mit den Bauherr*innen individuelle Grundrisse realisiert. Deutlich abweichend ist der Kopfbau der Zeile giebellos und mit tonnenförmigem Dach sowie mit einem längsseitigen, verglasten Pavillon ausgebildet.

Einfamilienhäuser

1026 Eichengasse 2, Wochenendhaus, 1992, P: Helmut Wimmer ●

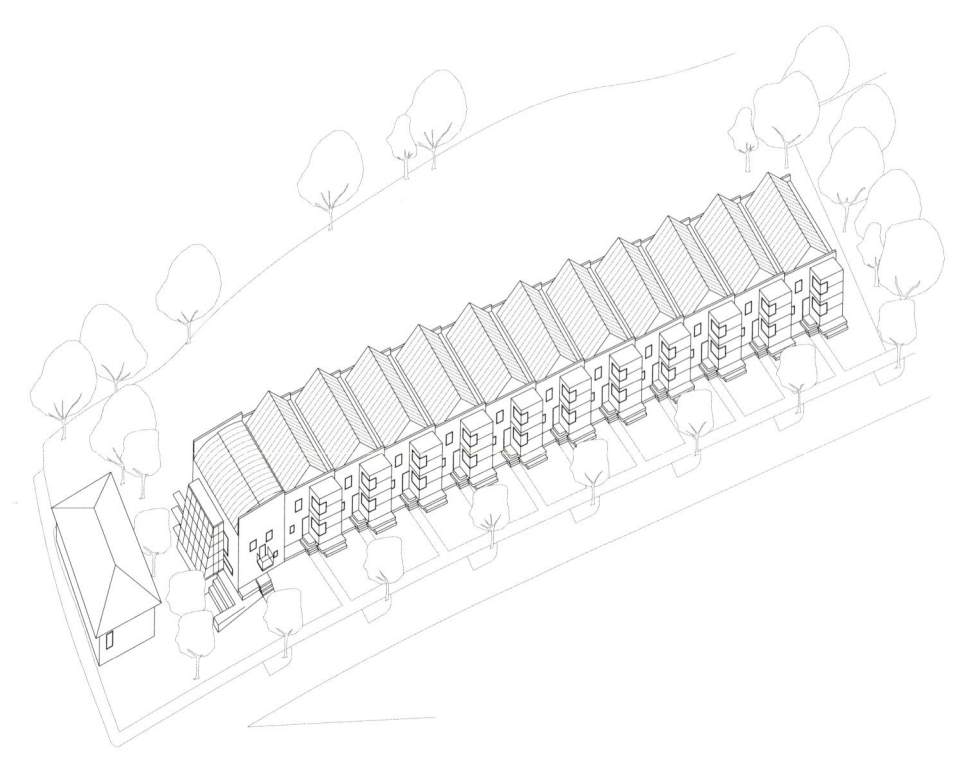

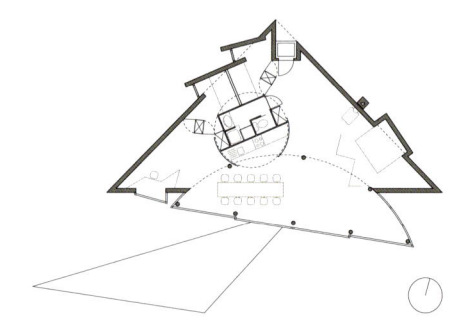

Der Grundriss des Ferienbungalows mit 95 Quadratmeter Wohnfläche entspricht in der Grundform einem rechtwinkeligen Dreieck, an der Südseite ist ein leicht erhöhter Wintergarten in Form eines Kreissegments mit dem offenen Wohnraum verschnitten. Die großen Glasflächen öffnen sich mit Schiebefenstern zum Garten hin und bilden einen Kontrast zu den übrigen mit Aluwellblech verkleideten Außenwänden des Holzskelettbaus.

Hotels, Heime, Klöster, Kasernen

1027 Klostergasse 7–9, Kloster der Barmherzigen Schwestern vom hl. Vinzenz von Paul, 1912–1913, P: Hubert Gangl, BH: Barmherzige Schwestern vom hl. Vinzenz von Paul, K: Leopold Forstner (Mosaike Kapelle) | Zubau, 1991–1993, P/AF: Firma Richard Denk, FRP: Firma Hauser | Generalsanierung und Umbauten, 2001–2003, P: Willibald Ableidinger ●

Im Jahr 1879 erwarb das Mutterhaus der Barmherzigen Schwestern in Wien die 1840 errichtete Kaltwasserheilanstalt in Laab als Erholungsheim für die Schwestern. Das Gebäude wurde renoviert, neue Wirtschaftsgebäude gebaut, ein Fisch- und Badeteich angelegt sowie ein landwirtschaftlicher Betrieb für den Eigenbedarf eingerichtet. Das Haus wurde bald zu klein, und nachdem es zunehmend baufällig geworden war, erhielt der Architekt Hubert Gangl, Mitglied des Diözesan-Denkmalrats, den Auftrag, einen Neubau zu errichten. Gangl, der bei der Rosenkranzkirche in Wien für seine malerische Gestaltungsweise bereits viel Zustimmung erfahren hatte, verfolgte bei dem großen Klostergebäude die harmonische Einbettung in die umgebende Landschaft ebenfalls durch das Prinzip des Malerischen. Das bedeutete einen vielgliedrig aufgelösten Baukörper, eine bewegte Dachlandschaft und das Einbringen von Heimatstil-Elementen, die er ausgewogen mit barocken Motiven zu vereinen verstand. Grüne Fensterläden, Sprossenfenster sowie ein polygonaler Eckturm runden das malerische Gesamtbild ab. Für die Innengestaltung der Kapelle wählte Gangl hingegen neobarockes Formenvokabular, mit dem er auch dem Speisesaal unerwartete Repräsentanz verlieh.

Die Mosaike der Kapelle stammen vom bekannten Jugendstil-Künstler Leopold Forstner. In den Jahren 1991 bis 1993 wurde ein Zubau errichtet, der stilistisch angepasst im rechten Winkel an das bestehende Gebäude anschließt. Gleichzeitig wurde der Landwirtschaftsbetrieb einige hundert Meter zum neu errichteten Annahof verlegt und stattdessen von der Firma Hauser ein schöner Garten angelegt. Seither dient das Gebäude den Barmherzigen Schwestern als Altenheim, aber auch als Exerzitien- und Urlaubsheim für Erholung suchende Schwestern. 2001 bis 2003 erfolgten eine Generalsanierung, der Ausbau von Seminarräumen, die heute auch vermietet werden, sowie der Neubau des Küchentraktes.

Lackenhof 3295
Gemeinde: Gaming, Bezirk: Scheibbs

Bildung

1028 Lindenplatz 8, Holzfäller- und Heimatmuseum, ehem. Volksschule, 1908, P: Paul Rokizan ●

Hotels, Heime, Klöster, Kasernen

1029 Ötscherweg 3, Junges Hotel Lackenhof, 1962–1965, und Erweiterung, 1971–1975, P: Guido Gnilsen, Erich Eisenhofer, BH: Landesjugendherbergwerk NÖ | Umbau, 1987, P: Franz Hirschegger-Ramser ●

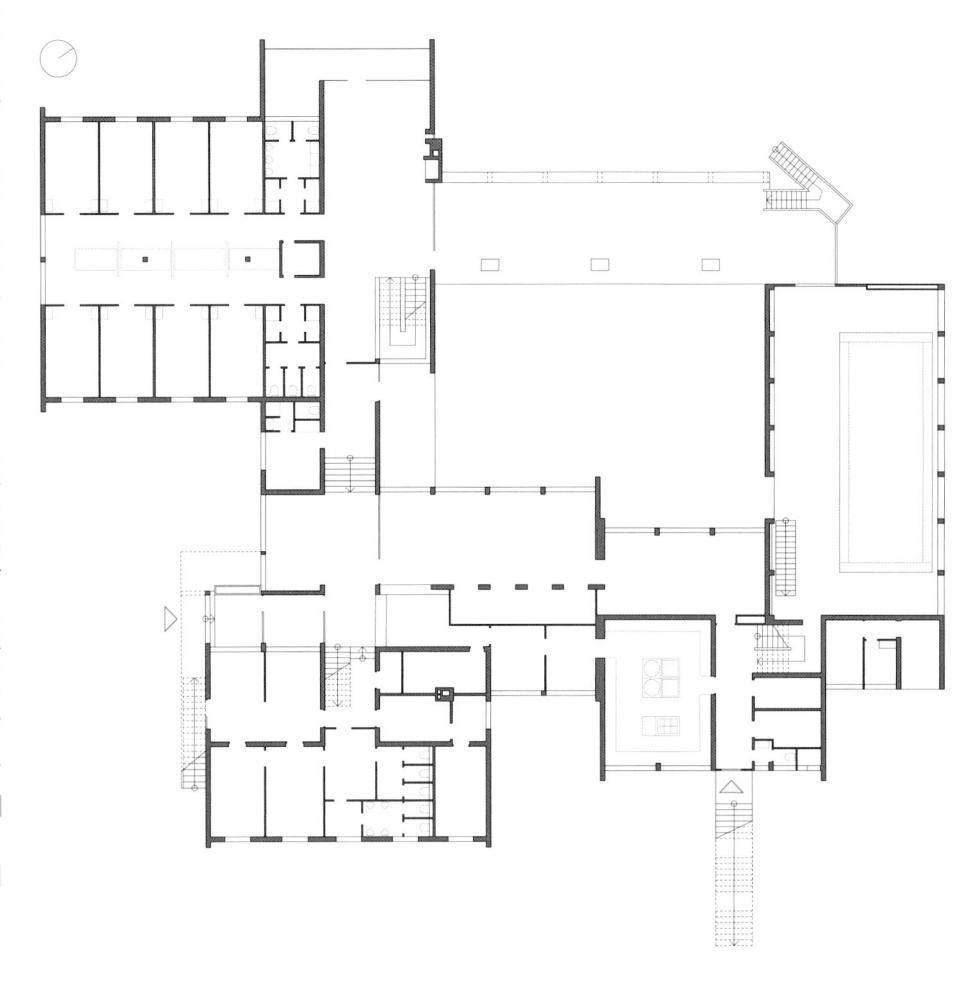

Das geschickt in das fallende Gelände eingefügte zentrale Haus wurde von 1962 bis 1965 als einfache aus zwei ineinandergeschobenen Bauteilen mit versetzten Geschoßen bestehende Jugendherberge erbaut und ab 1971 von den gleichen Architekten in zwei Bauetappen großräumig erweitert. Die neu geschaffenen Flügel im Nordosten und Nordwesten sind durch eine Terrasse miteinander verbunden und umschließen einen rechteckigen Innenhof. Die Erweiterung umfasst zudem eine Schwimmhalle, wetterunabhängige Spielräume im Inneren, Dienstwohnungen und Lehrpersonalunterkünfte. Im Zuge eines Umbaus 1987 wurden weitere Zimmer mit Nasszellen ausgestattet. In den folgenden Jahrzehnten fanden mehrere Modernisierungen der Ausstattung sowie der Fassade statt, die Grundstruktur der erweiterten Anlage blieb jedoch erhalten.

▶ *Plan (vorherige Seite): Zustand um 1975*

1030   Ötscherwiese 7, BS-Ötscher Hotel, ehem. PSK-Heim, 1979–1980, P: Heinz Neumann, Sepp Frank, BH: Österreichische Postsparkasse ●

Am 1980 in Beton-Scheibenbauweise fertiggestellten Hotel wurden bereits im Entstehungsjahr Sonnenkollektoren zur Warmwasseraufbereitung des Pools angebracht. Nach Übernahme durch Privatbesitzer*innen wurden die südseitig ausgerichteten Holzbalkone und die Innenausstattung des Hotels schonend instandgesetzt.

Ladendorf 2126
Gemeinde: Ladendorf, Bezirk: Mistelbach

Einfamilienhäuser

1031   Derschstraße 11, Villa, 1907 ●

Landersdorf 3500
Gemeinde: Krems an der Donau, Bezirk: Krems

Religion, Kult

1032   Lößgasse 2, Pfarrkirche Maria Königin des Weltalls, 1959, P: Julius Bergmann, K: Hermann Bauch (Mosaik- und Buntglasausstattung, Evangelistensymbole)

Bildung

1033   Judenburgerstraße 21, Volksschule, 1955–1957, P: Leopoldine Kirschner | Generalsanierung, 2013 ●

Der eingeschoßige Bau passt sich mit seiner ruhigen Formensprache in die umliegende Umgebung ein. Die Schule wird über eine große Pausenhalle betreten, die durch den Einsatz von Klebeparkettböden, Natursteinelementen und Pflanzen eine wohnliche Atmosphäre erhält. Ein durch bodentiefe Fenster belichteter Gang führt zu den beiden kammartig angeordneten Klassentrakten, wo die Gangbereiche niedriger als die Unterrichtsräume ausgeführt sind, wodurch deren beidseitige Belichtung ermöglicht wird. Zwischen den Trakten waren Freiluftklassen situiert. Eine Schulwart- und eine Schul-

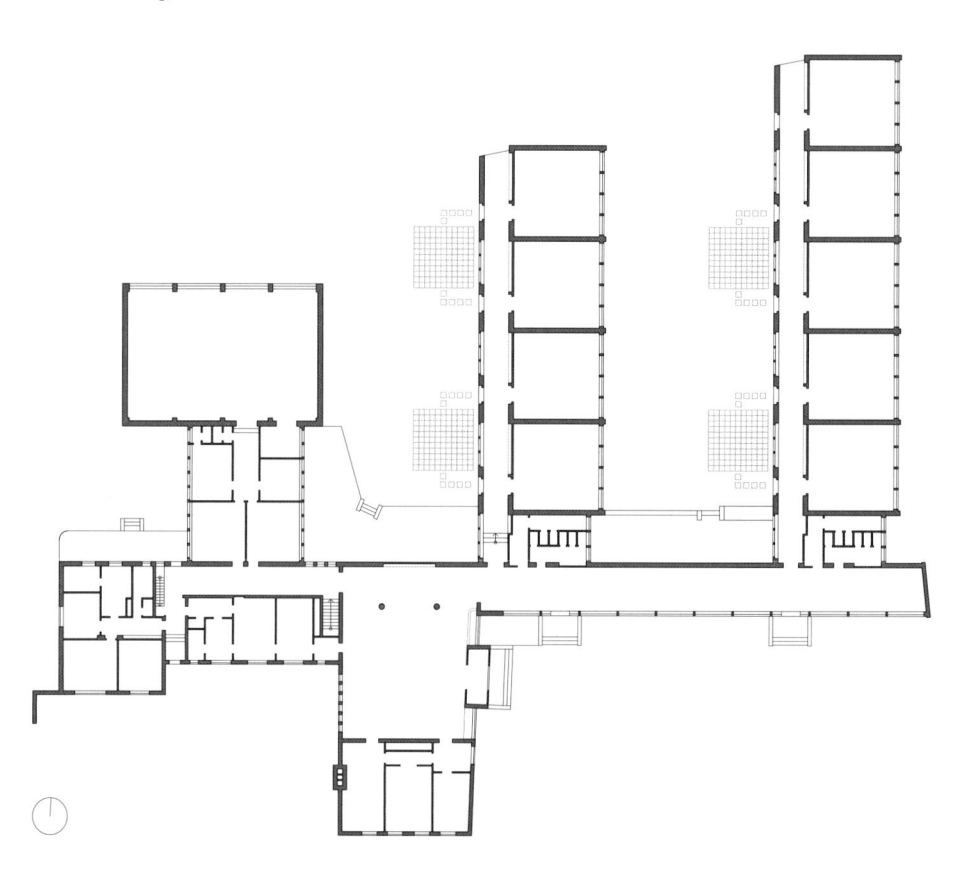

leiterwohnung sowie ein Turnsaaltrakt befinden sich im Westen des Areals.
▶ Plan: Zustand um 1957

Verkehr

1034 Wiener Straße 121, <u>Straßenmeisterei, Brückenmeisterei und Betriebswerkstätte, 1972–1975</u>, P: Otto Erhartt, BH: Republik Österreich, Bundesstraßenverwaltung, S: Josef Traxler ●

Noch vor Errichtung der Kremser Schnellstraße ermöglichte der Neubau neben der projektierten Abfahrt die Zusammenlegung mehrerer Dienststellen. Die Anlage wurde entsprechend den betrieblichen Abläufen bei gemeinsamer Nutzung von Schlosserei, Schweißerei, mechanischer Werkstätte, Lackiererei und Holzbearbeitung, Garagen, Magazinen und Verwaltungsbauten angelegt. Zwei separate Baukörper – einer im Zentrum für sämtliche Werkstätten und Hallen sowie einer im Einfahrtsbereich für Personal und Verwaltung – fassen die internen Abläufe zusammen. An den Rändern sind die Freianlagen sowie im Osten ein zweigeschoßiger Wohnbau mit vier Einheiten angeordnet. Die charakteristischen, gestalterisch am Brückenbau orientierten Betonplattenfassaden sind lediglich am Wohnhaus erhalten.

Landstal 3170
Gemeinde: Hainfeld, Bezirk: Lilienfeld

Industrie

1035 Landstal 10, <u>Schraubenfabrik, ab 1948</u>, BH: Erich Schmid | sukzessiver Ausbau ●

Langau 2091
Gemeinde: Langau, Bezirk: Horn

Amts-, Verwaltungs-, Kommunal-, Bürobauten

1036 Langau 192, <u>ehem. Zollhaus, 1928–1931</u> ●

Der dreigeschoßige Bau mit Mansardwalmdach, ein ehemaliges Zollhaus, liegt nördlich von Langau an der in die Tschechische Republik führenden Schaffinger Straße.

Landwirtschaft

1037 Langau 230, <u>ehem. Molkerei, 1942</u>, P: Adolf Hoch, Ernst Otto Hofmann ●

Langau 3294
Gemeinde: Gaming, Bezirk: Scheibbs

Landwirtschaft

1038 Maierhöfen 1, <u>ehem. Rothschildhäuser, vor 1906</u> ●

Im Jahr 1875 erwarb der auch beim Schloss Rothschild in Waidhofen an der Ybbs aktiv am Bau beteiligte Albert Salomon Anselm von Rothschild 30.000 Hektar Wald um Langau. Die hier errichteten, einfach gestalteten, jedoch großzügig dimensionierten Jagdhäuser boten Quartier während der unzähligen Jagden; heute dienen sie u. a. als Sitz der Forstverwaltung.

Langenlebarn 3425
Gemeinde: Tulln an der Donau, Bezirk: Tulln

Amts-, Verwaltungs-, Kommunal-, Bürobauten

1039 Friedrich-L.-Jahn-Straße 12–14, <u>Kindergarten, ehem. Zollamt, ab 1978</u>, P: Norbert Gantar | Umnutzung, 2021, AB: Objektplaner.at ●

Langenlois 3550
Gemeinde: Langenlois, Bezirk: Krems

Amts-, Verwaltungs-, Kommunal-, Bürobauten

1040 Kornplatz 9, <u>Wohn- und Geschäftshaus, ehem. Haus der Landwirtschaft, 1964</u>, BH: Bezirksbauernkammer

Die Fassade wurde in Anlehnung an die historische Bebauung der Umgebung gestaltet.

1041 Rathausstraße 10–12, <u>Rathauscafé, ehem. Postgebäude, 1913</u>

Nachdem das Bauwerk bis 1930 als Postgebäude verwendet worden war, kam es 1930 zur Teilung und zur Einrichtung eines Cafés. Über die Jahre folgten mehrfache Umnutzungen, u. a. mit Versuchen, die Wohnräume über den Lokalen im Erdgeschoß als Fremdenzimmer zu vermieten.

Bildung

1042 Am Rosenhügel 15, <u>Gartenbauschule und Internat, 1948–1954</u>, P: Otto Leopold, AF: Johann Kargl | Umbau und Zubau Internat, 1986–1988, AB: Atelier P + F (Herbert Prader, Franz Fehringer, Erich Ott) •

Auf einem abfallenden Grundstück etwas außerhalb des Ortes liegt das lang gestreckte Gebäude der Gartenbauschule. Der noch junge Architekt Otto Leopold entwarf einen langen Klassen- und Internatstrakt, der – um die Niveauunterschiede zwischen den Bauteilen auszugleichen – von mehreren Quertrakten mit Lehrer*innenwohnhaus, Arbeitshalle, Kellerei und Presshaus im Norden, Direktionstrakt mit Eingang in der Mitte und Festsaal im Süden des Areals unterbrochen wird. Die Fassaden mit Natursteinsockel und steinernen Fensterumrahmungen sowie die Satteldächer mit kleinen Gauben nehmen in idealisierter Form die regionale architektonische Formensprache auf. 1989 wurde aus Platzmangel ein Internatsgebäude zugebaut, das über eine Brücke mit dem Hauptgebäude verbunden ist. Das Internat ist mit seiner gerundeten Fassade und den dreieckigen Gauben in postmodernem Stil gestaltet. Ein bemerkenswertes, 1963 von Othmar Ruthner errichtetes Turmgewächshaus im Schulgarten ist heute nicht mehr erhalten.
▶ *Foto: Internat*

1043 Anton Zöhrer-Straße 3, <u>Höhere Lehranstalt für Sozialmanagement und Fachschule für Sozialberufe der Franziskanerinnen, 1981–1983</u>, P: Wolfgang Rausch | Ausbau Dachgeschoß, 1998, P: Wolfgang Rausch •

Das Bauwerk nimmt verschiedene Funktionen auf, die sich auch in der äußeren Erscheinung abbilden. An dem Eckgrundstück wurde ein T-förmiger, zweigeschoßiger Baukörper (mit Schule, Internat und Wohnräumen der Schwestern) entwickelt, der im Osten durch einen niedrigeren Bauteil (Kindergarten) mit gerundeter Fassade abgeschlossen wird. Die Kapelle befindet sich an der Grundstücksecke und hebt sich mit bunt verglasten Lichtbändern in den Ecken und unterhalb des Zeltdaches vom Rest des Gebäudes ab. 1998 wurde das Dachgeschoß des Internatsgebäudes ausgebaut, um Platz für weitere Zimmer zu schaffen.

1044 Walterstraße 35, <u>Landesberufsschule für das Baugewerbe, 1964–1980</u>, P: Landesbaudirektion NÖ | Steildach, 1989–1990, AF: Heinrich Huber | Generalsanierung, 2009–2013, P: Erwin Krammer •

Freizeit

1045 Austraße 49a, <u>Flussbad am Kamp, Anfang 20. Jh.</u> •

Der zweiteilige, auf kurzen Betonpfeilern aufgeständerte Kabinentrakt erhält seine Charakteristik durch das in der Höhe gestufte Walmdach, das als „Laternendach" höchst funktionell Belichtung und Durchlüftung erlaubt. Seine rot-weiße Farbgebung erfolgte noch ohne die später bei Flussbädern übliche gestreifte Gestaltung der Fassade.

Wohnbauten

1046 48°28'26.5"N 15°39'53.8"E, bei Zwettler Straße 23, <u>Wohn- und Betriebsgebäude, 1980–1981</u>, P: Helmut Hempel •

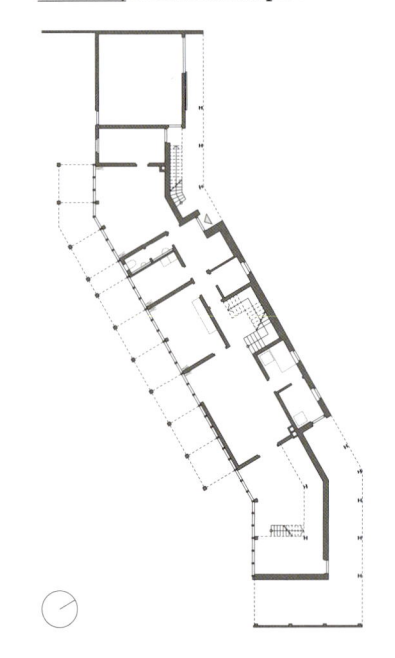

Der dem regionalen Ortsbild entsprechend lang gestreckte, geschlossene Baukörper mit satteldachartigem Querschnitt und vorgelagerter beschattender Pergola ist im Grundriss zweifach abgewinkelt, wodurch der Mittelteil genau gesüdet ist. Das als passives Solarhaus errichtete Gebäude nimmt neben den Wohnräumen das Betriebsbüro und ein Weinlager auf. Ein Glashaus, das als Gewächshaus dient, schließt den Baukörper nach Osten hin ab. Großflächig verglaste Südwände und Solarfenster dienen zur Nutzung der Sonnenenergie, als Luftkollektoren fungierende Dachflächen der Klimatisierung. Zugleich wirken Wände aus Vollziegelmauerwerk, Decken in Massivbauweise und Schotterspeicher unter dem Erdgeschoßfußboden als thermische Masse zur Dämpfung schwankender Temperaturen.

1047 August Harrer-Straße 3–13, Doppelhaus-Ensemble, 1932–1938, P/BH: Juliana Kargl, AF: Firma Baumeister Johann Kargl's Witwe ●

1048 Austraße 38–48, WHA, 1957–1960, P: Helmut Schopper, BH: Gemeinnützige Siedlungsgenossenschaft Kamptal | Sanierung, 1993 ●

1049 Hochedlingergasse 21, Doppelwohnhaus, 1929, P: Franz Kerndl, BH: Siedlergenossenschaft für Langenlois und Umgebung ●

1050 Kaiser Josef Platz 1–12, WH-Ensemble, um 1900, P: Johann Kargl ●

1051 Michael Zwickl-Zeile 3, 4, 5, Ensemble aus Wohn- und Geschäftshäusern, 1912, P: Johann Kargl ●

1052 Wiener Straße 1, Wohn- und Geschäftshaus, 1923–1925, P: Johann Kargl | Umbau, 1973–1976, AF: Karl Bauderer ●

1053 Wiener Straße 24–34, WHA, ehem. Volkswohnsiedlung, 1949–1950, P: Helmut Schopper ●

Landwirtschaft

1054 Lagerhausstraße 2, Bau- und Wirtschaftshof der Gemeinde Langenlois, 1927, P/AF: Julius W. Oherr, BH: Landwirtschaftliche Genossenschaft für Langenlois und Umgebung | Dachaufbauten, 1966 | Erweiterung, 1977, P/AF: Verband ländlicher Genossenschaften in NÖ ●

Das historische Lagerhaus mit seinen unverputzten Sichtziegelwänden stammt, ebenso wie das an die Bahnstraße grenzende Wohnhaus des Lagerhausverwalters, aus dem Jahr 1927, beide wurden von Julius W. Oherr entworfen. Im selben Jahr wurde die Anlage an Schleppgleise angeschlossen, die einen reibungslosen An- und Abtransport der Lagergüter ermöglichten. Weitere Baumaßnahmen an den Gebäuden umfassten die mittlerweile teils wieder abgerissenen Zubauten aus den 1950er- und 1960er-Jahren sowie eine generelle Sanierung und Modernisierung, vor allem des Wohnhauses im Jahr 1970. Sieben Jahre später wurde zusätzlich ein neues, doppelt so langes Lagerhaus dem Altbau im Süden angefügt; 1993 folgten ein weiterer Umbau des Wohnhauses sowie ein Umbau samt Umwidmung des Gebäudes zum Wirtschaftshof der Gemeinde in den Jahren 1996 bis 1998. Seit 2008 wird das Gebäude auch für kulturelle Veranstaltungen genutzt.

Verkehr

1055 48°28'22.6"N 15°40'57.4"E, Franz Josef-Straße, Loisbachbrücke, um 1950, K: Friedrich Fahrwickl (Statue) ●

Anders als bei den beiden einbogigen Brücken im Zentrum (→ 1056) wird hier der Loisbach von zwei Bögen über einem gemauerten Mittelpfeiler überspannt. Die grobe Struktur der Betonoberflächen und die angedeuteten Steinquader der Gewölbe stiften gemeinsam mit dem spitz zulaufenden Pfeiler einen archaischen Charakter und dezenten Rahmen für die Johannes-Nepomuk-Statue von Friedrich Fahrwickl.

1056 48°28'23.6"N 15°40'36.8"E, Holzplatz, Kornplatz, Loisbachbrücken, 1948–1952, K: Friedrich Fahrwickl (Statuen) ●

Im Zuge der Loisbachregulierung 1948 bis 1954 wurden die innerstädtischen Übergänge der zuvor zweibogigen Fürnkranzbrücke im Verlauf Kornplatz–Rathausstraße sowie der Postbrücke im Verlauf Kallbrunnergasse–Holzplatz neu errichtet. Beide Bauten sind als schlichte, hoch gewölbte einzelne Bögen mit geschlossenen Brüstungen mit rauer Betonoberfläche ausgeführt. Besonderes Charakteristikum sind die Abrundungen der Brüstungen an den Brückenköpfen, die an der Fürnkranzbrücke von vier Evangelisten-Figuren von Friedrich Fahrwickl eingefasst werden.

Langenschönbichl 3442
Gemeinde: Langenrohr, Bezirk: Tulln

Einfamilienhäuser

1057 Hauptstraße 90b, EFH, 1987–1989, AB: driendl * steixner (Georg Driendl, Gerhard Steixner) •

Der Prototyp eines Öko-Fertighauses aus Stahl, Holz und Glas, das über ein aktives sowie passives Solarenergie-Nutzungssystem verfügt und dem ein freitragendes, recyceltes Satteldach übergestellt wurde.

Langenzersdorf 2103
Gemeinde: Langenzersdorf, Bezirk: Korneuburg

Religion, Kult

1058 Krottendorfer Straße 48, Pfarrkirche Dirnelwiese, hl. Josef der Arbeiter, 1983, P: Roland Rainer, AF: Walter Meindorfer

Im Zuge der Donauregulierung wurde durch Zuschüttungen 1920 der Ortsteil „Dirnelwiese" als Bauland nutzbar gemacht und in den folgenden Jahren besiedelt. Aufgrund der großen Entfernung zur Pfarrkirche in Langenzersdorf wurde 1957 eine alte Militärbaracke erworben und unter Mithilfe der Bevölkerung als Kirche adaptiert. Ende der 1970er-Jahre war das alte Gebäude bereits sehr baufällig, und 1981 wurde daher der Beschluss zu einem Kirchenneubau gefasst. Auf Vermittlung von Erzbischof Franz Jachym konnte der Architekt Roland Rainer für den Kirchenneubau gewonnen werden. Die byzantinische Bauweise aufgreifend, entwarf Rainer einen oktogonalen Zentralbau und gemäß den Richtlinien des Zweiten Vatikanums errichtete er den Altar als Zentrum der Gemeinschaftsfeier in der Mitte des Raumes. Dem Oktogon folgend, sind die Kirchenbänke um den Altar aufgestellt. Das hohe achteckige Pyramidendach wird von einem schlanken Türmchen bekrönt, durch dessen gläserne Turmspitze das Licht auf den Altar fällt und ihn als Mittelpunkt der liturgischen Feier hervorhebt. Der Innenraum ist „von überwältigender Klarheit und Schlichtheit" (Dorferneuerungsverein Langenzersdorf). Die Ausfachung des Daches mit Holz sowie eine aus Holzpaneelen gestaltete Altarwand erzeugen eine stimmungsvolle Atmosphäre. Das Kirchengebäude, der in einiger Entfernung errichtete achteckige Turm sowie der Altar wurden aus Abbruchziegeln errichtet. Bereits Ende des 20. Jahrhunderts zeigte sich, dass die Kirche zu klein bemessen war. 2005 wurde daher ein Nebengebäude – ebenso mit alten Ziegeln – errichtet, das nun neben der Sakristei und diversen Pfarrräumen auch eine Werktagskapelle erhalten hat.

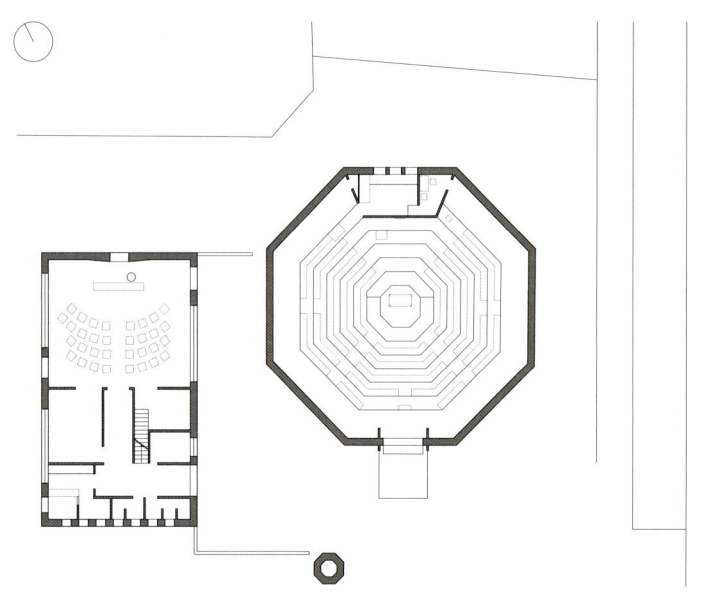

Sonderbauten

1059 48°18'39.4"N 16°22'55.2"E, Sendestation Bisamberg, 1932–1933, P: Arthur Swoboda (Betriebsgebäude), Gustav Orglmeister (Wohngebäude), AF: Telefunken (Sendeanlage), Ig. Gridl, Brückenbauanstalt, Eisenkonstruktionswerkstätten und Kleineisenfabrik (Sendemast), Waagner Biro AG

(Richtmast), H. Rella & Co. (Betriebsgebäude) | Wiederaufbau, 1956–1959 | Sprengung Sendemasten, 2010 •

Die 1933 fertiggestellte Sendeanlage bestand aus einem Betriebs- und einem Wohngebäude und stellte als erster Großsender Österreichs mit 100 Kilowatt Leistung eine technische Innovation dar. Viele namhafte Betriebe beteiligten sich am Bau und dokumentierten ihre Leistungen in der Sonderausgabe der Zeitschrift *Radio Wien*, die anlässlich der Inbetriebnahme des Senders im Mai 1933 erschien. Beispielsweise wurde die Sendeanlage von der Firma Telefunken geliefert, die Firma Gridl errichtete im Winter 1932/33 unter widrigen Bedingungen den 130 Meter hohen Sendemast, und die Waagner Biro AG montierte im Herbst 1933 den Richtmast. Das Betriebsgebäude wurde unter der Aufsicht von Arthur Swoboda, das Wohnhaus unter Gustav Orglmeister im Internationalen Stil errichtet; die beiden Gebäude spiegeln die hohen funktionalen Anforderungen wider. 1945 wurden beim Abzug der SS-Truppen bis auf die Dieselhalle große Teile des Sendegebäudes und die beiden Sendemasten zerstört. Es erfolgte der Wiederaufbau des Sendegebäudes 1956 bis 1959 in modifizierter Form; zwei neue Masten, der 265 Meter hohe Nordmast und der 120 Meter hohe Südmast, wurden an veränderten Positionen errichtet.

Die Sendeanlage war aufgrund ihrer hohen Leistung und ihrer strategischen Position bedeutend, da sie in großen Teilen Osteuropas, jenseits des Eisernen Vorhangs, empfangbar war. Aufgrund der immer geringeren Bedeutung des Mittelwellen-Rundfunks wurde der Betrieb jedoch 1995 eingestellt und nur noch einmal kurzfristig 1999 im Zuge des Zerfalls Jugoslawiens aktiviert. Die Masten wurden 2010 gesprengt. Die Architektur der 1950er-Jahre sowie viele Bestandteile der Sendertechnik aus den 1950er-Jahren und die Dieselgeneratoren der 1930er-Jahre sind heute noch in gutem Zustand erhalten. Besonders eindrucksvoll wirkt die originale Ausstattung in dem mit einer großzügigen nach Süden orientierten Verglasung versehenen Senderaum.

Mit dem 265 Meter hohen Mast war die an der Grenze zwischen Wien (Sendemasten) und Niederösterreich (Sendegebäude) liegende Sendeanlage Bisamberg bis zu ihrer Sprengung 2010 das höchste Gebäude Österreichs.

1060   Barwichgasse, Donauentlastungsgerinne, 1975, P: Kurt Schlauss, BH: Gemeinde Wien •

Das Einlaufbauwerk für die Neue Donau bildet den nördlichen Abschluss der Wiener Donauregulierung und – ausgehend vom Hauptstrom – das östliche Gegenstück zu Otto Wagners Nussdorfer Wehranlage am Einlauf des Donaukanals. Der zweckmäßig schlichte Entwurf des komplett betonsichtigen Ingenieurbaus zum Hochwasserschutz stammt von Kurt Schlauss, dessen beachtliches Werk an Infrastruktur- und Verkehrsbauten in der zweiten Jahrhunderthälfte einen ähnlichen Stellenwert für Wien einnimmt wie jenes von Wagner um die Jahrhundertwende.

Wohnbauten

1061   Korneuburger Straße 14, WH, 1903

Der auffällige, symmetrisch angelegte Baukörper wird charakterisiert durch den hohen, walmdachbekrönten Volutengiebel mit Zwillingsfenstern im Giebelfeld über dem dreiachsigen Mittelrisalit. Dieser wird beiderseits flankiert von gekuppelten Rechteckfenstern mit Fenstergittern. Alle Fenster verfügen über markante Fallläden, jene im ersten Obergeschoß sind zudem durch Balustraden akzentuiert. Segmentbogenförmige Kellerfenster gliedern den mit einem zarten bandrustikaartigen Fugenbild überzogenen Sockelbereich. Der Zugang erfolgt über ein im rechten Flügel liegendes, halbkreisförmiges und von Pilastern gerahmtes Portal.

Einfamilienhäuser

1062   Bisamberggasse 18, Zu- und Umbau Haus Renner, 1993–1995, P: Jakob Fuchs, Lukas Schumacher, Andrea Konzett

1063   In Schiffeln 10, EFH, 1926–1927, P: Clemens Holzmeister •

1064   Kellergasse 213, Standard Solar IV, 1999, P: Gerhard Steixner

1065   Klosterneuburger Straße 11, WH, 1900–1901, P: Ernst Lindner, Theodor Schreier, BH: Theodor Weinbrenner, AF: Josef Molzer •

Die Wohnräume im Erdgeschoß der 1901 fertiggestellten Villa wurden durch eine elegante Berliner Treppe mit den ehemaligen Dienstäumen im Souterrain und dem Mansardenzimmer verbunden. Der vor dem Mansardenzimmer angebrachte Holzbalkon wurde zu einem unbestimmten Zeitpunkt entfernt, ebenso wie die Fledermausgauben, die durch Schleppgauben ersetzt wurden.

Energie

1066   Am Kraftwerk 15, Kalorisches Kraftwerk, 1958–1962, BH: Studiengesellschaft

Erdgaskraftwerk, AF: Allgemeine Baugesellschaft A. Porr AG | Zubau Kraftwerkblock mit Schlot, 1972–1975 •

1957 wurde von der NEWAG und der Verbundgesellschaft die Studiengesellschaft Erdgaskraftwerk gegründet. Aufgrund der bestehenden Erdgasleitung, der Nutzungsmöglichkeit der Donau als Kühlwasser und der Verkehrsinfrastruktur wurde Korneuburg als Standort gewählt. 1958 bis 1962 wurden zwei Kraftwerksblöcke errichtet; der dritte Kraftwerksblock mit dem hoch aufragenden und weithin sichtbaren Schlot wurde 1975 fertiggestellt. Das Wärmekraftwerk in Korneuburg ist das größte Österreichs.

Langschlag 3921
Gemeinde: Langschlag, Bezirk: Zwettl

Einfamilienhäuser

1067   Bahnhofstraße 1, Schloss Langschlag, 1899 •

Nach wechselvollen Besitz- und Nutzungsverhältnissen (u. a. Leinenweberei, Opiumfabrik) wurde ein aus dem 17. Jahrhundert stammendes Landhaus ab 1899 zu einem historisierenden Schloss umgebaut. Die dreiflügelige Anlage ist insbesondere durch den südwestlichen, zweigeschoßigen Gebäudetrakt mit seiner turmartig erhöhten und von einem Dachreiter mit Zwiebeldach bekrönten Gebäudeecke charakterisiert.

Langseitenrotte 3223
Gemeinde: Annaberg, Bezirk: Lilienfeld

Religion, Kult

1068   47°51'57.7"N 15°18'41.2"E, beim Bahnhof, evang. Kirche Reith, 1927–1930, P: Hans Georg Kreuzer, K: Max Honegger (Glasmalerei) •

Nach den rigide durchgeführten Gegenreformationsmaßnahmen im 17. Jahrhundert konnte die „Reformationskommission" mit Befriedigung verkünden, dass sämtliche Bewohner*innen in Annaberg dem katholischen Religionsbekenntnis angehörten – die Protestant*innen waren entweder zur Emigration oder zur Bekehrung gezwungen worden. Allerdings gab es insbesondere in den ländlichen Gebieten eine nicht unbedeutende Zahl an Kryptoprotestant*innen, und als Mitte des 18. Jahrhunderts die wirtschaftliche Erschließung des Ötschergebietes begann, zogen zahlreiche protestantische Holzknechte mit ihren Familien in die umliegenden kleinen Orte, um in den Wäldern des Stifts Lilienfeld zu arbeiten. Die kleine Kirche in Annaberg wurde vor allem von den Nachkommen dieser neuen Siedler*innen initiiert und mit hohen Eigenleistungen gebaut. Auf einer kleinen Anhöhe gelegen, ist sie mit Heimatstil-Elementen harmonisch in die ländliche Umgebung eingefügt und zum Mittelpunkt der kleinen Gemeinde geworden.

Hotels, Heime, Klöster, Kasernen

1069   Langseitenrotte 47, ehem. Pension Ötscherblick, 1909, P: Rudolf Frass, K: Wilhelm Frass (Friese) •

An der Bergstrecke der Mariazellerbahn gelegen, war die ehemalige Pension Ötscherblick ideal an den Strom des Sommerfrischetourismus angeschlossen und ab den 1930er-Jahren auch direkt mit dem Postbus von Wien aus erreichbar. Der Bau mit seiner im Kern modernen Stahlbetonkonstruktion zeigt nach außen hin einen zeittypischen Kontrast aus Fachwerk- und Jugendstil-Elementen; die Friese an der Fassade stammen von Rudolf Frass' Bruder Wilhelm. Das Gebäude bot neben dem Hotel mit der Terrasse, die den namensgebenden Ötscherblick erlaubt, auch Platz für ein Geschäft im Parterre. Ein weiterer, nahe gelegener Bau von Frass, das zu seiner Zeit noblere und erfolgreichere Hotel Lassingfall, wurde vor wenigen Jahren abgebrochen; die ehemalige Pension Ötscherblick und ihre verwaiste, aber außergewöhnliche Inneneinrichtung sollen in naher Zukunft, hoffentlich schonend, saniert werden.

Energie

1070   Langseitenrotte 49, Kraftwerk Wienerbruck, 1908–1911, P: Eduard Engelmann jun. | Zubau Schrägseilaufzug, 1925 •

Das Speicherkraftwerk wurde zur Elektrifizierung der Mariazellerbahn errichtet und wird aus den beiden Stauseen Wienerbruck und Erlaufklause über Druckstollen und Druckrohrleitungen mit einer Länge von 1,7 bzw. 2,5 Kilometern und einer Fallhöhe von 170 bzw. 160 Metern versorgt. Die Anlage, bei der es sich um das größte Speicherkraftwerk der Donaumonarchie handelte, dient zur Spitzenlast-Abdeckung. Die teilweise verputzte Fassade des monumentalen Krafthauses zeichnet sich durch Lisenen und Seitenfassaden aus Bruchstein-Mauerwerk aus, womit sich der Bau in die Landschaft eingliedert. Unmittelbar an das Krafthaus angrenzend befindet sich das Dienstwohnhaus, das trotz fehlender Zugangsstraße bis heute bewohnt ist. Die einzige Transportmöglichkeit ist neben einem Fußweg bedarfsweise ein Schrägseilaufzug. 1924 wurde zur Unterstützung das Kraftwerk Erlaufboden in Betrieb genommen, welches gleichzeitig aus dem Speicher des Stierwaschbodens gespeist wird und das Unterwasser des Kraftwerks Wienerbruck aufnimmt. Seit 1969 versorgt das Kraftwerk Erlaufboden die Mariazellerbahn allein (→ 0520).

Verkehr

1071 47°52'08.2"N 15°18'25.5"E, Saugrabenviadukt, 1905, BH: NÖ Landeseisenbahnamt

→ 0520

Lanzendorf 2130
Gemeinde: Mistelbach, Bezirk: Mistelbach

Landwirtschaft

1072 Lanzendorfer Hauptstraße 54, Umbau ehem. Krausmühle, 1990–1993, AB: Runser-Prantl-Architekten (Alexander Runser, Christa Prantl) •

1509 erstmalig urkundlich genannt, wurde der ehemaligen Mühle in den 1760er-Jahren ein Wohnhaus zugebaut, welches mit seiner barocken Giebelstraßenfassade heute unter Denkmalschutz steht.

Die 1966 stillgelegte Mühle wurde ab 1990 umgenutzt, und im Dachgeschoß des mittleren Betriebsgebäudes sind eine Wohnung und darunterliegende Ordinationsräume einer Kinderarztpraxis entstanden.

Für eine geeignete Erschließung war der Einbau eines Stahlbeton-Baukörpers in das barocke Gebäude an der Schnittstelle zwischen dem langen Straßentrakt und dem hinteren Quertrakt erforderlich, der u. a. als Stiegenaufgang dient. Die Wohnräume werden von markanten, großflächig in das Satteldach eingeschnittenen Dachfenstern belichtet.

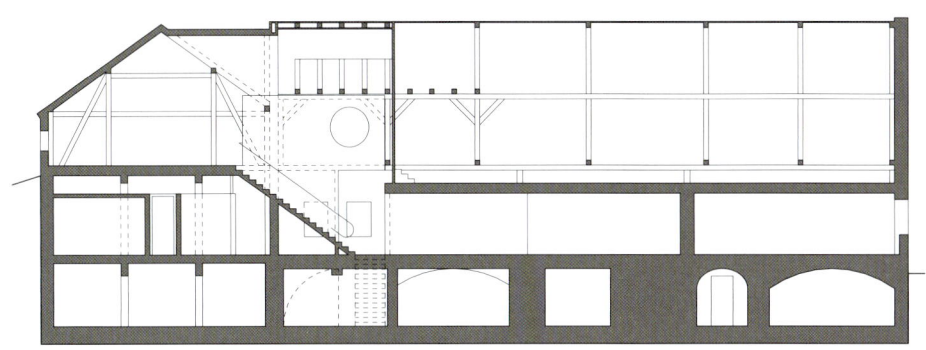

Lanzenkirchen 2821
Gemeinde: Lanzenkirchen, Bezirk: Wiener Neustadt

Bildung

1073 Schulgasse 3, Landeskindergarten, 1979–1980, P: Egon Presoly, Anton Presoly | Umbau Mütterberatungsstelle in 3. Gruppenraum, 1983 | Zubau 4. Gruppenraum, vor 2003 •

Das streng symmetrisch konzipierte Gebäude beherbergte ursprünglich zwei Gruppenräume, einen Bewegungsraum und die Mütterberatungsstelle, die über einen separaten Eingang verfügte. Im Zentrum befindet sich eine mit Flachdach und Lichtkuppeln versehene Halle, von der aus die mit Steildächern gedeckten Gruppenräume, der Bewegungsraum sowie die Nebenräume erschlossen sind. Die Blechdächer werden von einer im Inneren sichtbaren Leimbinderkonstruktion getragen.

Lassee 2291
Gemeinde: Lassee, Bezirk: Gänserndorf

Einfamilienhäuser

1074 Bahnstraße 35, EFH, 1911, P: Hubert Gessner •

1075 Obere Hauptstraße 8, EFH, 1911 •

Landwirtschaft

1076 Bahnstraße 37–39, Silo der Dampfmühle und Villa des Direktors, ab 1910, P: Hubert Gessner | Wiederaufbau Silo nach Kriegsschäden im Zweiten Weltkrieg •

Lassing 3345
Gemeinde: Göstling an der Ybbs, Bezirk: Scheibbs

Hotels, Heime, Klöster, Kasernen

1077 Lassing 49, JUFA Hotel Hochkar, 1970–1973, P: Egon Presoly, AF: Franz Geischläger | Umbau, 2013–2014

In den 1970er-Jahren als Schulskiheim und große Investition in den örtlichen Tourismus errichtet, wurde die leicht geschwungene, vierstöckige und ursprünglich flach gedeckte Anlage inzwischen mehrmals baulich verändert – zuletzt 2013 bis 2014, als die JUFA (Jugend und Familie) das Gebäude als Pächterin übernahm. Die Struktur blieb jedoch im Kern erhalten, ebenso manche Einrichtungen wie beispielsweise die Kegelbahn.

Verkehr

1078 Lassing 42, Berg- und Talstation der Hochkarbahn, 1995, AB: Architekten Wimmer-Armellini (Ute Armellini, Peter Wimmer), BH: Hochkar Sport-Ges.m.b.H. & Co KG •

Laxenburg 2351
Gemeinde: Laxenburg, Bezirk: Mödling

Kultur, Veranstaltung

1079 Franz Joseph-Platz 3, Zubau und Umnutzung ehem. Bahnhof zum Veranstaltungszentrum „Kaiserbahnhof", 1999–2000, P: Rüdiger Lainer, AB: sglw architekten (Werner Silbermayr, Karl Goess, Ulrike Lambert, Guido Welzl), BH: Stadtgemeinde Laxenburg

Freizeit

1080 Münchendorfer Straße 7b, Waldbad und Restaurant, ehem. Erholungszentrum, 1964–1965, P: Kurt Stögerer, BH: Schloss Laxenburg Betriebsgesellschaft mbH

Der Mittelpunkt des ehemaligen Erholungszentrums am westlichen Ende des Laxenburger Schlossparks ist ein großes Restaurantgebäude mit auffälligem, breit gelagertem Walmdach und teilweise überdachter Gartenterrasse. Die ehemals holzvertäfelten Fassaden sind heute verputzt und die Fensterflächen wurden verringert; den Innenraum dominieren nach wie vor die sichtbar belassenen Holzfachwerkbinder des offenen Dachraums.

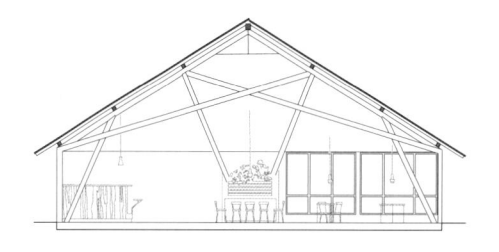

Der den Zugang zum Freibad bildende, nördlich an das Restaurant angeschlossene Kabinentrakt als Riegelwandbau mit sägeförmigem Paralleldach ist erhalten; ein ähnlich gestalteter Verwaltungsbau des südlich gelegenen Campingplatzes, der ebenfalls Teil des Erholungszentrums war, wurde jedoch kürzlich abgebrochen. Eine Minigolfanlage, die das Freizeitangebot des Ursprungskonzeptes komplettierte, besteht zwar heute noch, befindet sich aber in schlechtem Zustand.

▶ *Lageplan: Zustand um 1965*

Wohnbauten

1081 Herbert Rauch-Gasse, Wiener Straße, Siedlung Laxenburg, um 1958, P: Roland Wagner ●

Am nördlichen Ortsrand von Laxenburg und südlich des Wiener Neustädter Kanals, in einem Gebiet mit überwiegend landwirtschaftlicher Nutzung, liegt die Anlage aus ursprünglich zwölf Einfamilien- und fünf Zweifamilienhäusern. Die frei stehenden, teilunterkellerten Baukörper sind in lockerer Anordnung entlang des baumbestandenen Straßenzugs jeweils in einem individuellen Garten positioniert. Das Projekt ging aus dem 1955 abgehaltenen Wettbewerb „Einfamilienhaus in einer Gartenstadt" der NÖ Landesregierung als zweiter Preis hervor, errichtet wurden die Eigentumshäuser aus Mitteln der Landeswohnbauförderung. Ihr zur Entstehungszeit einheitliches Erscheinungsbild wurde durch überdachte Zugänge, Fensterläden und schmale Balkone erzielt. Die Häuser wurden aus Hohlblockmauerwerk errichtet und die Satteldächer mit Strangfalzziegeln gedeckt.

▶ *Lageplan: Zustand um 1958*

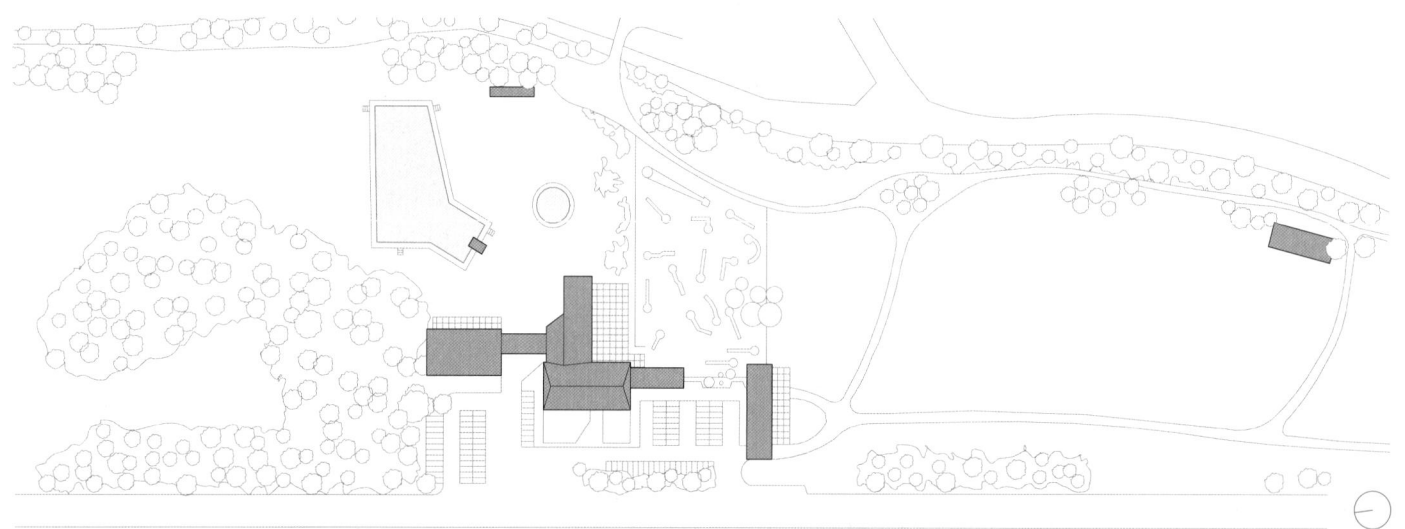

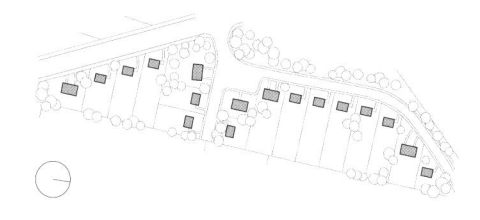

Industrie

1082 IZ-NÖ-Süd Straße 14, Objekt 24, <u>Simpex Import Export GmbH, ehem. Philips Eurocenter, 1971</u>, P: Kurt Hlaweniczka, S: Herbert Wycital, BH: Industriegrundstückverwaltungs GmbH ●

Lengenfeld 3552
Gemeinde: Lengenfeld, Bezirk: Krems

Einfamilienhäuser

1083 Kollerweg 18, <u>Haus Holzer, 1978</u>, P: Herbert Rodinger

Leobendorf 2100
Gemeinde: Leobendorf, Bezirk: Korneuburg

Gastronomie

1084 Schliefbrückl 1, <u>Bar, 1960</u>, P: Johann Staber | Sanierung, 2011, P: Axel Hupfbauer, Simon Speigner, K: Ernst Muthwill (Farbgestaltung nach Sanierung) | Zubau Wintergarten, 2021

Ursprünglich als Tankstellen-Espresso im Flair der 1950er-Jahre errichtet, wurde die einst berüchtigte „Kurvenbar" 2011 saniert und unter Erhaltung vieler originaler Elemente als Restaurant ins 21. Jahrhundert gerettet.

Industrie

1085 Kwizda Allee 1, <u>Kwizda-Pflanzenschutzmittelwerk, 1978–1982</u>, P: Sepp Müller, BH: F. Joh. Kwizda GmbH, S: Otto Wieser ●

Leobersdorf 2544
Gemeinde: Leobersdorf, Bezirk: Baden

Geschäftslokale, Einkaufszentren, Banken

1086 Hauptstraße 3, <u>Raiffeisenkasse, 1978–1979</u>, P: Richard Gach ●

Industrie

1087 Ziegelofengasse 10, <u>Ziegelwerk Polsterer, 1897</u>, P: Mathias Steingassner | Umbau, 1912–1913, P: Hans Grabenweger | Umbau, 1916, P: Oswald Slama | Instandsetzung, 1947 | weitere Umbauten, 1958, 1964–1965 ●

Verkehr

1088 47°55'34.0"N 16°12'53.9"E, <u>Eiserne Fachwerkbrücke, 1902</u>, P: Ignaz Gridl, BH: Marktgemeinde Leobersdorf, AF: Ig. Gridl, k. u. k. Hof-Eisenconstructions-Werkstätte, Schlosserei und Brückenbau-Anstalt | Sanierung und Erweiterung Fußgängersteg, 1972, AF: Maschinenfabrik Andritz AG ●

Leopoldsdorf 2333
Gemeinde: Leopoldsdorf, Bezirk: Bruck an der Leitha

Industrie

1089 Arbeitergasse 32–34, <u>Gewerbebetrieb, 1992–1993</u>, P: Karl-Heinz Schwarz, Karin Schwarz-Viechtbauer, BH: Ideal Waagen- und Maschinenbau GmbH ●

Die zwei voneinander unabhängigen, mit freitragenden Trapezblechtonnen überdachten Hallen sind durch ein Stiegenhaus mit Aufzug miteinander verbunden und gegeneinander verschwenkt positioniert, sodass sie einen geschützten Hof rahmen. Durch die geringe Tiefe der Hallen für Produktion, Lager und Verwaltung konnte eine ideale Belichtung der Innenräume erreicht werden. Die einzelnen Büroräume verfügen über interne Verbindungen, eine großzügige Eingangshalle ist durch den verglasten Fassadenbereich markiert und dient der Produktpräsentation und Hausmessen.

Leopoldsdorf im Marchfeld 2285
Gemeinde: Leopoldsdorf im Marchfeld, Bezirk: Gänserndorf

Wohnbauten

1090 Wiener Straße 2, <u>WH, um 1902</u>, BH: Josef Weil ●

Lerchenfeld 3500
Gemeinde: Krems an der Donau, Bezirk: Krems

Amts-, Verwaltungs-, Kommunal-, Bürobauten

1091 Brennaustraße 6, <u>ehem. Fernmeldezentrum und Postgarage, 1982–1984</u>, P: Josef Kohlseisen, S: Karl Heuritsch, Josef Traxler, BH: Republik Österreich, Post- und Telegraphendirektion für Wien, Niederösterreich und Burgenland, S: Karl Heuritsch, Josef Traxler ●

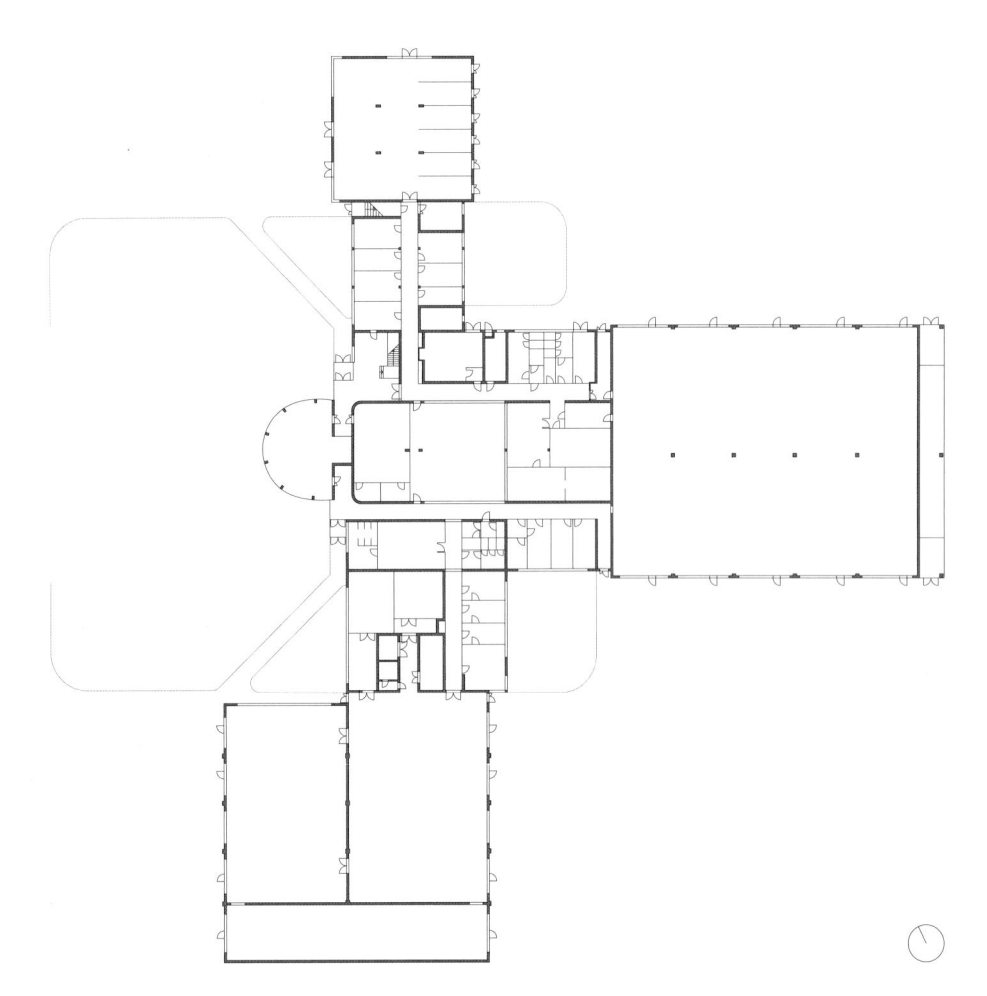

Der als Stahlbeton-Skelettkonstruktion errichtete Bau besteht aus drei Trakten und ist durch seine mit Blechtafeln verkleidete Fassade und die dem Tafelraster entsprechend segmentierten Fensterbänder charakterisiert. Im Südtrakt liegen hinter großen Einfahrtstoren Einstellhallen, im zweigeschoßigen nördlichen Gebäudeteil waren Lager und im ebenerdigen Verbindungsteil Verwaltungsräume untergebracht. Der ebenfalls zweigeschoßige Mitteltrakt, welchem straßenseitig ein halbkreisförmiger, im Obergeschoß auskragender Gebäudeteil vorgelagert ist, nahm Schulungs- und Gemeinschaftsräume auf; der rückwärtige Teil eine große Garagenhalle. An der oberen Gebäudekante des Mitteltrakts befand sich ursprünglich das Emblem der Post.
▶ *Plan: Zustand um 1984*

Wohnbauten

1092 Auparkweg 13–31, Schmidhüttenstraße 2–8, <u>Siedlung, 1982</u>, P: Friedrich Göbl, BH: GEDESAG

Die drei Zeilen aus 14 unterkellerten Reihenhäusern mit Gärten sind zu einer dreiseitig geschlossenen Gruppe mit innerem Grünraum angeordnet. Die gleichförmigen Häuser mit Satteldächern sind innerhalb der Zeilen leicht zueinander versetzt, zusätzlich sind die Giebelwände nach Norden und Osten vertikal geteilt und die linken Hälften springen als Eingangsbereich neben den rechten Giebelhälften vor. Verstärkt durch Materialität und Farbe der Fassaden – helle Erdtöne für Putz und Plattenverkleidung der Giebel neben dunkelbrauner Holzverschalung und hölzernen Fensterrahmen sowie Ziegeln – entsteht eine wirkungsvolle Rhythmisierung der einzelnen Bauteile und der gesamten Siedlung.

1093 Lerchenfelder Hauptplatz 1–9, 2–8, Koloman-Wallisch-Straße 1–7, Gustav-Bamberger-Straße 1–15, 2–44, Rottenmannergasse 1–7, 21–27, 41–47, 60–70, Judenburgerstraße 1–11, 2–12, Gabelhoferplatz 1–11, 2–12, Wasendorferstraße 1–39, 2–36, 45–63, 69–83, Hetzendorfergasse 1–29, 2–30, Egerländergasse 1–31, 2–30, Paßhammergasse 1–29, 2–22, <u>Werksiedlung Lerchenfeld, ab 1940</u>, P: Georg Lippert, Kurt Klaudy, BH: GEDESAG | Sanierungen, um 1990, um 2008

Für aus Liezen übersiedelnde Arbeiter*innen der ab 1940 errichteten Eisenwerke Schmidhütte realisierte die eigens gegründete Gemeinnützige Donau-Ennstaler Siedlungs-AG (GEDESAG) die komplexe Siedlungsanlage in einer historisierenden Heimatschutz-Architektur. Lange Zeilenbauten mit Satteldächern wurden teilweise im Blockrand, U-förmig oder zu schmalen, angerartigen Plätzen arrangiert und um einzelne frei stehende Bauten im Osten ergänzt. Die Fassaden wurden einer Hierarchie anhand der städtebaulichen Großform angepasst. So entstanden etwa reduzierte, strengere Fassadenraster an den Hofgruppen, Zwerchhäuser für die Stiegen, gestaffelte Baukörper an den Zeilen im Blockrand sowie Schweifgiebel und Ladeneinbauten mit Rundbögen an den Eck- und Platzsituationen. Bis 1944 wurden etwa 400 Wohnungen fertiggestellt, im Westen blieb die Siedlung unvollendet, sodass der eigentlich als Zentrum vorgesehene Lerchenfelder Platz nun den Abschluss bildet.

Jüngere Sanierungen führten zu Eingriffen an den Fassaden und vollständiger Veränderung der Farbfassung.

Industrie

1094 Schmidhüttenstraße 5, voestalpine Krems GmbH, 1940–1943, P: Georg Lippert, Kurt Klaudy, BH: Rottenmanner Eisenwerke, Schmid & Co KG | Umbauten, 1959–1963, 1966–1967, 1969–1974, 1976, 1981–1982, 1987, 1990–1992

Landwirtschaft

1095 Karl-Mierka-Straße 7–9, Getreidespeicher am Hafen, 1940, P: Georg Lippert, K: Friedensreich Hundertwasser

Bei dem gewaltigen zwölfstöckigen Getreidespeicher direkt am Kremser Hafen löste Friedensreich Hundertwasser 1983 die symmetrische Strenge der Fensterfassaden künstlerisch etwas auf.

Lichtenwörth 2493
Gemeinde: Lichtenwörth, Bezirk: Wiener Neustadt

Landwirtschaft

1096 Michael Hofer-Straße 133, Biomühle Hans Hofer, 1904 | Umbauten, 1914, 1938, 1960, 1977, 1984 ●

Lilienfeld 3180
Gemeinde: Lilienfeld, Bezirk: Lilienfeld

Gesundheit

1097 Im Tal 2, Landesklinikum, 1974–1985, P: Wolfgang Enzinger, Martin Schneeweiß, Helmut Haider, BH: Gemeindeverband A. ö. Krankenhaus Lilienfeld | Erweiterung, 2000–2006 ●

Das im Jahr 1903 errichtete Krankenhaus wurde mehrmals umgebaut bzw. durch Neubauten erweitert. In den Jahren 1975 bis 1985 erfolgte eine Generalsanierung, und das Krankenhaus wurde in drei Bauetappen komplett umgebaut und vergrößert, wobei das auffallende Oktogon als Patient*innentrakt entstand. Für diese ungewöhnliche Form könnten Anton Schweighofers Patient*innenpavillons in Zwettl (→ 2270) als Vorbild gedient haben.

Beide Entwürfe folgen im Grunde Jeremy Benthams Panoptikum-Prinzip, das im 18. Jahrhundert zunächst für Gefängnisbauten entwickelt wurde und das Michel Foucault 1975 auch als Prinzip der kontrollierenden Überwachung von Patient*innen in Spitalbauten architektonisch wirksam sieht.

Wohnbauten

1098 Platzl 1, WH, 1899, P: Heinrich Wohlmeyer

Zu den charakteristischen Merkmalen des auf Repräsentanz ausgerichteten dreigeschoßigen Eckhauses zählt der risalitartig hervortretende Eckbereich. Er wird in den Obergeschoßen von die gekuppelten Fenster flankierenden Kolossalpilastern akzentuiert. Rundbogenförmige Öffnungen prägen den bandrustizierten Sockel. Die späthistoristische

Fassadengliederung mit einer Kompilierung aus neobarocken und klassizistischen Details greift bereits Formen des Jugendstils auf.

Einfamilienhäuser

1099 Perlmoosergasse 12, Villa, 1873, P: Theodor Hoppe, Heinrich Förster •

Das schlichte Bauwerk über quadratischem Grundriss mit Fachwerkraster im Obergeschoß, als „Villa am Hang" benannt, diente als Wohnhaus des Verwalters der „Lilienfelder Cementgewerkschaft".

1100 Zdarskystraße 35, Villa, 1908, P: Fritz Mitterer •

Limberg 3721
Gemeinde: Maissau, Bezirk: Hollabrunn

Industrie

1101 Hauptstraße 39, Schotterwerk, 1918, BH: Ottilie Hengl, Raimund Hengl •

Das Schotterwerk wurde ab 1918 zum Ausbau der Kaiser-Franz-Josefs-Bahn betrieben und ist heute noch in Betrieb.

Verkehr

1102 48°35'58.1"N 15°51'54.4"E, Hangbrücke Limberg, 1911–1912, P/BH: k. k. Staatsbahndirektion Wien

Mehrere Erdrutsche machten die konventionelle Streckenführung, die nach dem zweigleisigen Ausbau der Kaiser-Franz-Josefs-Bahn 1903 bis 1904 auf einem Damm verlief, an dieser Stelle auf Dauer unmöglich. Zur Übersetzung des Rutschhangs errichteten die k. k. österreichischen Staatsbahnen die zwölfteilige, 267 Meter lange Hangbrücke auf Pfeilern oberhalb der Ortslage. Das Stahltragwerk befindet sich zwar in geringer Höhe über dem Gelände, die Fundamente der unscheinbar wirkenden Pfeiler aus Bruchsteinquadern gründen jedoch auf dem Felsen auf Höhe der Talsohle und wurden in offenen, bis zu 25 Meter tiefen Baugruben errichtet.

Litschau 3874
Gemeinde: Litschau, Bezirk: Gmünd

Bildung

1103 Wiener Straße 3, Mittelschule, 1911, P: Karl Breitenthaler, AF: Hermann Schneider | Zubau Klassenräume und Schulküche, 1962 | Zubau Turnsaal, 1967 •

Ursprünglich als Volksschule und Kindergarten mit 11 Klassenräumen errichtet, beherbergt das Gebäude heute die Mittelschule des Ortes. Die prachtvollen secessionistischen Fassaden mit der abgerundeten Gebäudeecke samt Rundbogenportal geben dem Schulbau seinen repräsentativen Charakter.

Einfamilienhäuser

1104 Schlossweg 9, Villa, 1911–1914, P: Hermann Schneider •

Industrie

1105 Hörmannser Straße 7, WH und Textilhandel, ehem. Strickerei, um 1950, BH: Strickerei Franz Müllner | Stilllegung, 1988 •

Der lang gezogene, zweigeschoßige Bau mit Eckrisaliten und Gauben erhebt sich über einem Natursteinsockel. Bis 1988 wurden hier Strumpfwaren und Handschuhe produziert.

Loosdorf 3382
Gemeinde: Loosdorf, Bezirk: Melk

Wohnbauten

1106 Wachaustraße 20–22, Doppelvilla, um 1914 ●

Der symmetrisch angelegte zweigeschoßige Baukörper mit Schopfwalmdach verfügt über einen hohen durchfensterten Sockelbereich, Segmentbogenfenster im Erdgeschoß und zwei zwerchgiebelgedeckte Risalite mit hölzernen Balkonen und Fachwerkdekor.

Einfamilienhäuser

1107 Albrechtsberger Straße 25, EFH, 1984–1986, P: Heinz Ekhart, AF: Oberlercher ●

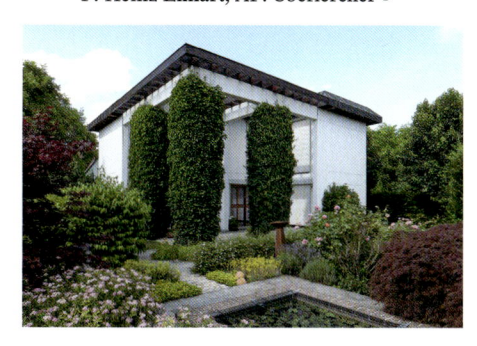

Der perfekt quadratische Grundriss teilt sich in einen zweigeschoßigen, überdachten Wohnbereich mit vertikal abgetreppter Gartenfassade und eine vor dieser Fassade liegende, von Betonpfeilern gerahmte Terrassenzone. Das Einfamilienhaus wurde in einer neuartigen, vom Architekten mitentwickelten Betonmodulbauweise ausgeführt und kann als deren Prototyp gelten.

1108 Europaplatz 6, Umbau EFH, 1914–1915, P: Rudolf Frass ●

Errichtet wurde das Haus im Auftrag der Familie Piatti, in deren Besitz sich das Schloss Loosdorf seit 1834 befindet. Charakteristische Merkmale des Baus sind der polygonale Erker, der die Dachlinie durchbricht, die Wulste an den Fensterlaibungen des Erkers im ersten Stock und die beiden verschiedenen Gaubenarten. Die Gartenfassade zeigt sich bis auf einen rechts eingezogenen Balkon unverändert, wobei hier besonders die originalgetreue verglaste Holzveranda im ersten Stock zu beachten ist. Der Durchgang, der das Haus vom Nachbargebäude trennt, wurde leicht verändert, doch bleibt das Haus ein beachtenswert gut erhaltenes Beispiel für Frass' Einfamilienhäuser in Niederösterreich.

1109 Mühlbergstraße 5a, EFH und Arztpraxis, 1985, P: Ernst Stadlbauer, AF: Karl Oberlercher ●

Der zweigeschoßige rechteckige Straßentrakt teilt sich in Ordinationsräumlichkeiten und Schlafräume, der annähernd quadratische unterkellerte Bungalow im Gartenbereich beherbergt die Wohnräume. Verbunden werden die Bauten durch einen ebenerdigen, gerundeten Wohnbereich mit Wintergartencharakter.

Industrie

1110 Wachaustraße 69, Ytong Fabrik, 1965, P: Herbert Müller-Hartburg ●

Lunz am See 3293
Gemeinde: Lunz am See, Bezirk: Scheibbs

Freizeit

1111 Seestraße 28, Seebad, 1964, P: Kurt Pfeiller | Zubau Seebühne, 2004, P: Hans Kupelwieser, Werkraum Ingenieure

Die schlichte Anlage besteht aus entlang der Straße ausgerichteten eingeschoßigen Baukörpern, welche die gesamte Infrastruktur des Bades aufnehmen. Auffällig ist dabei die Dachform des Kassenhäuschens bzw. Buffets, die als steiles Zeltdach auf quadratischem Grundriss einen Kontrapunkt zu den Pultdächern der übrigen Bauten darstellt. Eine am westlichen Ende des Areals errichtete WC-Anlage fällt durch ihr Giebeldach und ihre Ausrichtung normal auf die anderen Bauten etwas aus dem baulichen Konzept. 2004 wurde das Seebad um eine multifunktionale Seebühne ergänzt. Beachtlich ist hierbei die mit Wasserkraft betriebene Holz-Stahl-Konstruktion, die im geschlossenen Zustand eine Liegefläche sowie Sitzstufen für die Badegäste bildet und in aufgeklappter Form als Akustikdach der Tribüne für Veranstaltungen fungiert.

Einfamilienhäuser

1112 Bahngasse 4, Lüftlegg-Haus, um 1890 in Holzhüttenboden errichtet | Abbau und veränderter Wiederaufbau, 1954–1955, AF: Anton Traunfellner | Sanierung, 2015 ●

Das Wohnhaus wurde ursprünglich für die Rothschild'sche Forstverwaltung in Holzhüttenboden (heute Gemeindegebiet Gaming, → 1038) errichtet und in veränderter Form 1954 bis 1955 in Lunz am See auf einem neu errichteten Keller wieder aufgebaut.

1113 Seestraße 42, Ferienhaus, 1933 ●

Bei der Zuschreibung des einfachen, auf Ziegelstützen und mit viel Holz errichteten Ferienhauses scheiden sich die Quellen: Es werden Eugen Kastner und Otto Waage als Planer genannt, bei einem identen Entwurf für ein Ferienhaus in Klosterneuburg aus dem selben Jahr ist jedoch Egon Fridinger angeführt.

M–P
1114–1534

Maiersdorf 2724
Gemeinde: Hohe Wand, Bezirk: Wiener Neustadt

Hotels, Heime, Klöster, Kasernen

1114 Kleine Kanzel-Straße 118, Alpin- und Heimatmuseum, ehem. Ferienlager Wiener Neustädter Haus, 1926–1928 | Umbau zum Museum, 1987–1991, BH: Gemeinde Hohe Wand

Maisberg 3341
Gemeinde: Ybbsitz, Bezirk: Amstetten

Industrie

1115 Maisberg 47, Riess-Werke, um 1900 | Umbau, 1922–1925, BH: Julian Riess, Leopold Riess, Josef Riess | Umbau, 1960–1970

Ursprünglich eine Pfannenschmiede, wurde zu Beginn des 20. Jahrhunderts mit der Umgestaltung des Betriebs begonnen und die Blechbearbeitung eingeführt. Nach der Firmenübernahme der Gebrüder Riess 1914 setzte 1922 die Emailleproduktion ein. Zwischen 1926 und 1935 wurden zur Energiegewinnung für die Produktion drei Kraftwerke errichtet, darunter ein Kraftwerk an der Kleinen Ybbs im Jahr 1928 und das Kraftwerk Gaissulz (→ 1116). In den 1960er-Jahren kamen eine neue Lagerhalle, ein Bürogebäude und eine neue Zieherei hinzu.

Energie

1116 47°55'15.8"N 14°50'11.6"E, Wasserkraftanlage Gaissulz der Riess-Werke, 1933–1935 | Erweiterung, 2015–2017, P: Rudolf Fritsch, BH: Kraftwerk Gaissulz GmbH •

2015 bis 2017 wurde für die Leistungssteigerung von 700 Kilowatt auf 1.193 Kilowatt ein Neubau des Kraftwerks vorgenommen. Das alte Krafthaus blieb bestehen, außerdem wurde eine Fischwanderhilfe installiert. Mithilfe einer neuen Injektortechnik wurde das Gefälle durch Sogwirkung von 8,6 Metern auf 9,2 Meter erhöht und allein dadurch eine Leistungssteigerung um 70 Kilowatt erreicht.

Verkehr

1117 47°56'33.1"N 14°49'22.9"E, Ybbsbrücke bei Gstadt, 1888–1899, P/AF: Brunetti, List und Radel, Eisenkonstruktion: Rudolph Philip Waagner, BH: Ybbstalbahn AG •

→ 0406

Mank 3240
Gemeinde: Mank, Bezirk: Melk

Einfamilienhäuser

1118 Bahnhofstraße 9, Villa, 1911, BH: Franz Sillhengst •

Das für den Kaufmann Franz Sillhengst errichtete Haus zeigt an der Straßenseite ein Blatt- und Puttenrelief. Im Lauf der Jahre haben mehrere Dachaus- und Umbauten stattgefunden.

1119 Schulstraße 22, Villa, 1932–1933, P: Karl Schmoll •

Wohnbauten

1120 Hauptplatz 3, Heimatmuseum, ehem. WH, 1913–1914, P: Karl Schmoll, BH: Anton Leopold Wiletal | Renovierung und Umnutzung, ab 1980, BH: Stadtgemeinde Mank •

Der Kaufmann Anton Leopold Wiletal – durch die Erzeugung von Malz- und Feigenkaffee zu Reichtum gekommen – erwarb 1911 die alte Schmiede am Hauptplatz und ließ sie abreißen, um 1913 ein Wohnhaus vom ortsansässigen Baumeister Karl Schmoll errichten zu lassen. Stilistisch ist der Bau eine zeittypische Verschmelzung von historistischen Formen und Jugendstil-Elementen; Letztere treten zwar dezenter auf, sind aber beispielsweise in den blauen Farbelementen in der Fassade zu finden.

Das Erdgeschoß wurde ursprünglich als Magazin genutzt, der erste Stock als Wohnung; 1980 übernahm die Gemeinde das Gebäude, renovierte es und richtete das Heimatmuseum hier ein.

Mannersdorf am Leithagebirge 2425
Gemeinde: Mannersdorf am Leithagebirge,
Bezirk: Bruck an der Leitha

Amts-, Verwaltungs-, Kommunal-, Bürobauten

1121 Hauptstraße 16, Wohnhaus, ehem. Rathaus, 1924, P: Franz Kaym, Alfons Hetmanek | Stilllegung Elektrizitätswerk, 1939 | Umnutzung zum WH, 1952 •

Der im Kern in das 16. und 17. Jahrhundert zurückreichende ehemalige Pfarrhof wurde 1924 zum Rathaus umgebaut und erhielt über dem barocken Portal einen Torturm. Zur Elektrifizierung von Mannersdorf wurde die ehemalige Scheune zu einem Kraftwerk mit Dieselmotoren adaptiert. Als das Gemeindeamt 1952 in das Schloss Mannersdorf übersiedelte, wurde das Gebäude zu Wohnzwecken umgenutzt.

Freizeit

1122 Perlmooserplatz 1, Thermal-Sportbad, 1930, P: Franz Kaym, Alfons Hetmanek, AF: Friedrich Sollak | Umbau und Erweiterung, 1986–1987, P: Karl Johann Opferkuch •

Ab 1878 existierte im Garten der Fabrik Cornides ein zum Privatbad umgebauter Löschteich, der sich aus der Thermalquelle speiste. Mit dem Verkauf der Fabrik an die Perlmooser Zement AG 1929 konnte die Gemeinde dieses zu einem öffentlichen Thermalbad umbauen lassen. Zwischen dem alten Baubestand erstrecken sich die verschiedenen Becken und hölzernen Kabinentrakte mit Pergolen. Das gemauerte, zweigeschoßige Haupthaus weist unter einem hohen Vollwalmdach eine moderne Fassadengestaltung der Zwischenkriegszeit auf, die aber durch verschiedene Umbauten, u. a. von 1986 bis 1987, verändert wurde.

Wohnbauten

1123 Werksiedlung 1–21, Werksiedlung, 1952–1953, P: Roland Rainer, BH: Perlmooser Zementwerke AG, FRP: Viktor Mödlhammer, Oskar Wladar, K: Wander Bertoni (Wasserrutsche) •

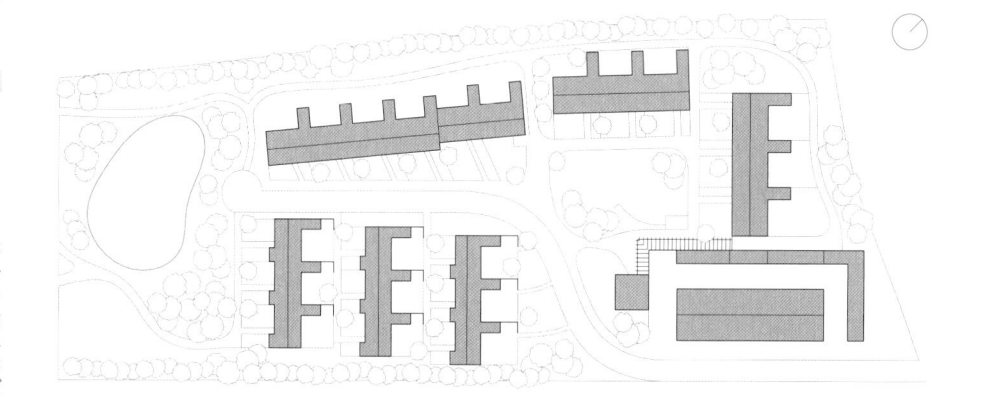

Bemerkenswert ist, dass für diese Arbeiter*innensiedlung ein Wettbewerb ausgeschrieben wurde. Der Bauherr gab dabei detaillierte Bestimmungen vor, die neben Wirtschaftlichkeit und modernen Erfordernissen entsprechender Architektur auch ökologische Anforderungen enthielten. Die Siedlung besteht aus 21 ebenerdigen Einfamilien-Reihenhäusern, die nach zwei Grundrisstypen mit 51 oder 59 Quadratmeter Wohnfläche in sechs Bauteilen angelegt sind. Jede Wohneinheit besitzt beidseitig Gärten, die jeweils direkt von der Küche bzw. dem Wohnbereich aus zugänglich sind. Im Eingangsbereich ist jedem Haus ein gedeckter Sitzplatz vorgelagert, im rückwärtigen Teil sind die Satteldächer bei jedem Haus streifenförmig weitergezogen und überdecken einen angeschlossenen Vorratsraum und Schuppen. Ein im Südwesten der Siedlung angelegter Teich diente der Abwasserverwertung und -reinigung. Mittelpunkt der Siedlung war früher ein Spielplatz mit Planschbecken. Die skulpturale Kunststein-Wasserrutsche mit Mosaik wurde vom Bildhauer Wander Bertoni angefertigt und steht noch heute, obwohl das Wasserbecken trockengelegt wurde. Mit der Grünflächenplanung, welche einen wichtigen Bestandteil des Gesamtkonzeptes darstellte, wurden die Gartenarchitekten Viktor Mödlhammer und Oskar Wladar beauftragt, die Windschutzpflanzungen wurden bereits bauzeitlich vorgenommen. Aufgrund der geringen Dachneigung von 15 Grad, die auf eine optimale Besonnung der Gartengrundstücke abzielte, sich jedoch von der umgebenden Bebauung des Ortes abhob, stieß die Siedlung bauzeitlich auf großen Widerstand seitens des Bürgermeisters und der Bevölkerung.

▶ Plan: Zustand 1953

Industrie

1124 Hochofen 1, Kalkofen, 1893, P: Friedrich Sollak | Stilllegung, 1960

1125 Wienerstraße 10, Zementfabrik, 1894–1895, BH: Gebrüder Leube | Umbau, 1967–1969, P: Karl Schwanzer, BH: Perlmooser Zementwerke AG | weitere Umbauten, 1906, 1912, 1928–1930, 1938, 1962–1963, 1984–1986 ●

Das 1894 gegründete und bis zur Mitte des 20. Jahrhunderts mehrfach ausgebaute Zementwerk ist vornehmlich durch die Umbaupläne von Schwanzer Ende der 1960er-Jahre geprägt, die im Grunde ein neues Werk zur Folge hatten. Die fünf zuvor in Betrieb stehenden Brennöfen wurden durch einen neuen Drehrohrofen ersetzt, außerdem eine Rohstofflagerhalle, eine Materialtrocknungsanlage und mehrere Silos zu Lagerungs- und Homogenisierungszwecken errichtet. Weithin sichtbar zeigt sich ein Konglomerat an Bauten mit unterschiedlichen Höhen und Ausformungen und einer zwar zurückhaltenden, jedoch sehr bewussten Gestaltung der Baukörper in Sichtbeton.

Mannersdorf an der March 2261
Gemeinde: Angern an der March, Bezirk: Gänserndorf

Landwirtschaft

1126 Bernsteinstraße 131, Silo, 1969, P: Bauabteilung Verband ländlicher Genossenschaften in NÖ ●

Mannswörth 2320
Gemeinde: Schwechat, Bezirk: Bruck an der Leitha

Freizeit

1127 Jägerhausgasse 5, Sportgebäude, 1980, P: Leopold Huber, MA: Uschi Huber, BH: Stadtgemeinde Schwechat | Erweiterung, 2005, AB: Architekten Soyka/Silber/Soyka ZT GmbH (Georg Soyka, Wolfgang Silber, Wolfgang Soyka) ●

An der nordwestlichen Ecke des Sportplatzes wurde ein Kabinengebäude über viertelkreisförmigem Grundriss errichtet. Durch die geometrische Form entsteht ein zum Fußballfeld hin orientierter Platz, der sich in einem dem Gebäude vorgelagerten überdachten Gang fortsetzt. Mit der geometrisch geschwungenen Grundrissform, dem dunkel gedeckten Dach sowie den in Nussholz ausgeführten Fensterrahmen zielten die Architekten bei der Gestaltung auf eine harmonische Einbindung in die umgebende Aulandschaft ab. 2005 wurde der bestehende Bau an der Nordseite verlängert.

▶ *Plan: Zustand vor Zubau*

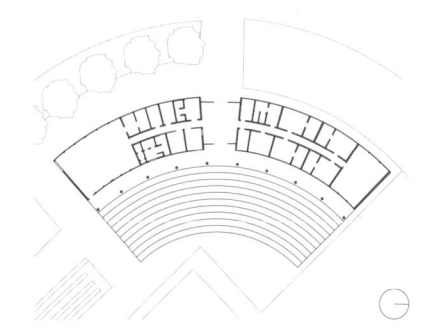

Marbach an der Donau 3671
Gemeinde: Marbach an der Donau, Bezirk: Melk

Bildung

1128 Marktstraße 16, Volksschule, 1914, P: Clemens Holzmeister | Sanierung, 1977, P: Clemens Holzmeister | Zubau und Sanierung, 2014, AB: Bauer-Brandhofer Architekten (Georg Bauer, Walter Brandhofer) ●

Unter Einbeziehung der Mauern eines Schüttkastens aus der Renaissance-Zeit entwarf Clemens Holzmeister noch zu Studienzeiten diese vierklassige Volksschule, die das erste Bauwerk in seinem rund 700 Bauten zählenden Œuvre darstellt. Schon der erste Entwurf erhielt aufgrund „der Fortentwicklung alter Wachauermotive" (Zeitschrift *Deutsche Heimat*) breite Anerkennung, außerdem zog er bei einer Ausstellung das Interesse des Thronfolgers Franz Ferdinand auf sich. Nachdem der Bauplatz vergrößert und die Planung entsprechend abgeändert wurde, ließ sich der Thronfolger den Entwurf erneut vorlegen, bevor die Schule 1914 mit den von Franz Ferdinand gewünschten Anpassungen errichtet wurde.

Das asymmetrische, dreigeschoßige Gebäude nimmt in seiner Höhenentwicklung und Gestaltung Bezug auf die umliegenden Gebäude am Prangerplatz. Die Fassadengestaltung verweist auf die Funktion der dahinterliegenden Räume – das Sockelgeschoß für Serviceräume, die großen Fenster in den

Obergeschoßen für die Klassenräume, die Direktion mit Bogenfenstern und der Lehrer*innentrakt im zurückversetzten Bauteil. 1977 erfolgte unter der Aufsicht von Clemens Holzmeister eine Überarbeitung der Fassade, 2014 wurde eine Sanierung durchgeführt und ein Erweiterungsbau mit Gymnastiksaal und Musikschule errichtet.

Marchegg 2294
Gemeinde: Marchegg, Bezirk: Gänserndorf

Amts-, Verwaltungs-, Kommunal-, Bürobauten

1129 Bahnstraße 71, WH, ehem. Zollgebäude, 1923 ●

Religion, Kult

1130 Berggasse 10, Filialkirche Marchegg-Bahnhof, Christ König, 1930, P: Karl Holey | Ausbau, 1958, P: Karl Humpelstetter, AF: Peter Mittermayer's Witwe ●

Als in Marchegg 1859 ein Bahnhof errichtet wurde, siedelten sich viele Bewohner*innen im Umfeld an, und es entstand der Ortsteil Marchegg-Bahnhof. Die große Entfernung zur Pfarrkirche im Altort und die zunehmende Einwohner*innenzahl ließ den Wunsch nach einem eigenen Sakralbau entstehen. Da die finanziellen Mittel knapp waren, wurde Karl Holey, der in den 1920er-Jahren das Schloss in Marchegg renovierte und adaptierte, beauftragt, eine Notkirche zu errichten, die gleichzeitig als Kindergarten dienen sollte. Holey entwarf einen schlichten, zweistöckigen, flach gedeckten Saalraum. Nur ein schmaler Turmaufsatz mit einem Kreuz und zwei Rundbogenöffnungen für die Glocken wiesen auf die Bestimmung des Gebäudes hin. Im Erdgeschoß wurde durch eine Schiebewand vor der Altar der Kindergartenraum geschaffen, im Obergeschoß befanden sich Wohnräume für die Betreuerinnen. Es gab keinen Chorraum, keine Kanzel, keinen Beichtstuhl und insgesamt war die Kirche zu klein. Im Jahr 1958 erhielt daher der Architekt Karl Humpelstetter den Auftrag, die Kirche zu vergrößern. Der bestehende Saalraum erhielt ein hohes Satteldach, und für den Altarraum entstand ein hochgezogener, gerade abgeschlossener Anbau, der die ganze Breite des Saalraumes einnimmt. Der so entstandene Rechteckchor ist im Inneren durch einen weiten Triumphbogen vom Kirchenraum getrennt. Bei der neu formulierten Giebelfassade wurde der Turmaufsatz der bestehenden Kirche als Ornament in den Giebel integriert. Hohe, schmale Buntglasfenster verleihen dem schlichten Raum eine gewisse feierliche Stimmung.

Wohnbauten

1131 Berggasse 1–7, Arbeiter*innen- und Beamt*innen-WH, 1900, P: Leopold Simony, BH: Erste Marchegger Eisengiesserei und Apparatenbau-Anstalt ●

Einfamilienhäuser

1132 Staatsbahngasse 13, WH, 1931, P/AF: Peter Mittermayer, BH: Familie Legerer | Erweiterung, um 1935 ●

Das 1931 erbaute Haus war eine kleinere und schlichtere Version des heutigen Gebäudes: Es war ebenerdig angelegt, umfasste lediglich die vier östlichen Fensterachsen des heutigen Baus und bestand aus einer unterkellerten Küche und zwei Zimmern. Die beiden Erker der Fassade scheinen im Einreichplan nicht auf, müssen jedoch zeitgenössischen Fotos zufolge allerdings – ebenso wie das hölzerne Gartenhaus – bereits in dieser Bauperiode entstanden sein. Nur wenige Jahre später, etwa 1935, wurde das Gebäude großräumig gegen Westen erweitert und aufgestockt. Das Bauwerk wurde schonend saniert und modernisiert.

Maria Enzersdorf 2344
Gemeinde: Maria Enzersdorf, Bezirk: Mödling

Der an der Südbahn gelegene Weinbauort und – seit dem 18. Jahrhundert – beliebte Sommersitz des Adels und des wohlhabenden Wiener Bürger*innentums besteht aus dem Altort im westlichen Teil des Gemeindegebietes am Abhang des Wienerwaldes und der Südstadt in der Ebene des Wiener Beckens. Die Initialzündung für den neuen Stadtteil war in den 1960er-Jahren die Übersiedlung des niederösterreichischen Energieversorgers NEWAG (heute EVN) von Wien nach Maria Enzersdorf. Von den Architekten der Konzernzentrale, den Holzmeister-Schülern Franz Kiener und Gustav Peichl sowie dem in Maria Enzersdorf gebürtigen, damals bereits arrivierten Wilhelm Hubatsch, stammt auch die städtebauliche Konzeption der als „Gartenstadt Süd" bezeichneten Satellitenstadt, mit deren Fertigstellung 1975 sich die Einwohner*innenzahl von Maria Enzersdorf innerhalb eines Jahrzehnts verdoppelte. Auf einer Fläche von rund 200 Hektar entstanden in dieser Zeit des Optimismus und Aufbruchs ca. 2.000 Wohneinheiten in Bungalows, Atrium- und Reihenhäusern sowie in Wohnblocks und zwei zwölfstöckigen Hochhäusern, ein Einkaufszentrum sowie das Bundessport- und Freizeitzentrum Südstadt. „Kopf" und Landmark der schmetterlingsförmigen „Fußgängerstadt" ist das EVN-Verwaltungsgebäude, neben dem nach Plänen Peichls 1993 das Kultur- und Veranstaltungszentrum EVN-Forum entstand. Beide Bauten wurden von Paul Katzberger und Karin Bily mit planerischer Umsicht für die Anforderungen des 21. Jahrhunderts gerüstet.

Ein weniger pfleglicher Umgang, mehrmalige Besitzer*innenwechsel und fortschreitender Leerstand setzten hingegen dem Einkaufszentrum zu, das 2019 abgebrochen und durch Wohnungen und ein Nahversorgungszentrum mit Gastronomie und Arztpraxen ersetzt wurde.

Amts-, Verwaltungs-, Kommunal-, Bürobauten

1133 EVN-Platz 1, Verwaltungszentrum EVN, ehem. NEWAG und NIOGAS, 1961–1963, P: Wilhelm Hubatsch, Franz Kiener, Gustav Peichl, BH: Landesgesellschaften NEWAG und NIOGAS | Zubau Veranstaltungszentrum

EVN Forum, 1990–1993, P: Gustav Peichl, MA: Gerhard Fassel, S: Wolfdietrich Ziesel | Umbau, 1999, P: Paul Katzberger, Karin Bily ●

Das Volumen des lang gestreckten, siebengeschoßigen Verwaltungsbaus ist im Erdgeschoß auf Stahlbetonstützen aufgeständert und erhält dadurch seine schwebende Wirkung; als Foyer dient ein eingeschoßiger Baukörper, der, im rechten Winkel zum Hauptriegel verschwenkt, unter der ansonsten frei durchgängigen Erdgeschoßzone durchgesteckt zu liegen scheint.

Durch die mittels Fensterbändern erzielte horizontale Gliederung der vorgehängten Leichtmetallfassade wird die beachtliche Länge von 138 Metern des solitär positionierten Baukörpers zusätzlich betont. Mit dem Anspruch, pro Arbeitsplatz im Schnitt rund 12 Quadratmeter und damit mehr als die internationale Norm einzuplanen, wurde auch ein Statement in Sachen Arbeitsplatzqualität gesetzt.

In unmittelbarer Umgebung des Verwaltungsgebäudes entstanden neben 1.900 Wohneinheiten ein Ausbildungs- und ein Sportzentrum (→ 1140) sowie eine Kirche (→ 1136). Ein 1993 von Peichl errichtetes Veranstaltungszentrum mit charakteristischen konvex geschwungenen Natursteinfassaden ist dem Hauptbau durch einen verglasten Verbindungsgang südlich angeschlossen und beeinträchtigt die schwebende Wirkung des Verwaltungsbaus durch seine untergeordnete Höhe nur geringfügig.

Religion, Kult

1134 48°05'40.6"N 16°17'09.1"E, bei Grenzgasse 7, Romantikerfriedhof, Aufbahrungshalle, 1961, P: Oskar Trubel ●

Der Friedhof in Maria Enzersdorf erhielt wegen der Grabstätten zahlreicher Mitglieder des „Romantikerkreises" um Clemens Maria Hofbauer seinen Namen. Die moderne Aufbahrungshalle von Oskar Trubel fügt sich unauffällig in das Umfeld ein.

1135 Gabrielerstraße 171, Kloster St. Gabriel und Klosterkirche Hl. Geist, 1892–1914, P: Pater August Theisen, BH: Steyler Missionare | Zubau Exerzitienhaus, 1961–1963, P: Herbert Witte | Innenrenovierung, 1980, P: Heimo Widtmann u. a. ●

Der Orden der Steyler Missionare wurde 1875 im niederländischen Steyl gegründet. Das Hauptanliegen dieser neuen Ordensgemeinschaft war, weltweit christliche Gemeinden unter Berücksichtigung der jeweiligen Kulturen und Traditionen aufzubauen. 1889 wurde in Maria Enzersdorf eine Niederlassung errichtet, die als zentrale Ausbildungsstätte der Missionare sowie als Zentrum der wissenschaftlichen Forschung im Bereich der Völkerkunde und Missionswissenschaft Bedeutung erlangen sollte. Für die weitläufige, neu ummauerte Anlage erstellte Pater August Theisen einen „Idealplan", der neben einer Kirche und den Klosterbauten auch eine Reihe von Werkstätten, Wirtschaftsgebäuden, Landwirtschaftsflächen, einen Friedhof sowie einen kleinen Landschaftsgarten vorsah.

Das gesamte Kloster war wahrscheinlich als symmetrische Anlage mit drei Innenhöfen geplant. Dem dritten Hof fehlt allerdings der seitliche Abschluss und damit das Pendant zu dem Trakt, der mit zwei Ecktürmen mit Balustradenabschluss besonders ausgezeichnet wurde. Die drei- bis fünfstöckigen Klostergebäude erhielten verschiedene Fensterformen und sparsamen Dekor aus Ziegelfriesbändern. Sämtliche Gebäude wurden im neoromanischen Stil aus unverputztem Ziegelmaterial errichtet, das zum Großteil in der eigenen Ziegelei hergestellt wurde – die ehemalige Lehmgrube ist heute ein Teich im Park. Der Orden erfreute sich schnell eines regen Zulaufs und in der ersten Hälfte des 19. Jahrhunderts lebten bis zu 600 Patres und Brüder in den Klostergebäuden.

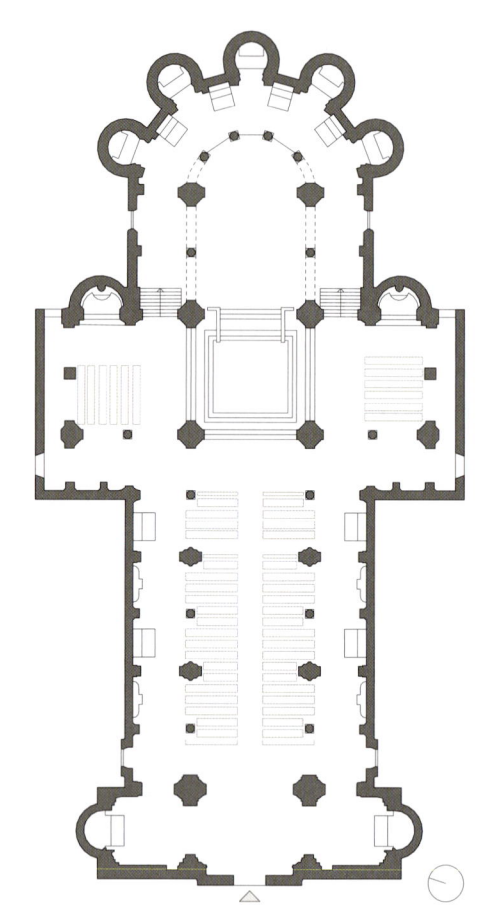

Von zentraler Bedeutung war die Kirche, deren Errichtung in zwei Etappen von 1892 bis 1914 erfolgte. Der imposante späthistoristische Kirchenbau wurde als neoromanische Basilika mit einer Zweiturmfassade, einem Langhaus mit einem ausladenden Querhaus sowie einem Umgangschor mit einem Kapellenkranz geplant.

Unter dem Chorbereich befindet sich eine große Krypta. Für die künstlerische Ausgestaltung wurde eine eigene Mosaikwerkstätte gegründet, die auch den Mosaikfußboden im Chorbereich herstellte. Auch die Fenster wurden zum Teil von einer hauseigenen Glasmalereiwerkstätte angefertigt. Die Marmorsäulen im Chorbereich stammen vom 1881 abgebrannten Ringtheater in Wien.

Nach dem Ersten Weltkrieg wurden eine Druckerei und Buchbinderei sowie der bekannte Knabenchor „Sängerknaben vom Wienerwald" gegründet. Nach Bombenschäden im Zweiten Weltkrieg erfolgte 1954 bis 1957 die Wiederherstellung, und die Apsiswand wurde mit einem großen Mosaik ausgestattet, 1961 bis 1963 errichtete Herbert Witte ein neues modernes Exerzitienhaus, das er mit Sichtziegelfeldern den bestehenden Gebäuden anpasste. Das Haus wurde 2013 geschlossen, die von Maria Biljan-Bilger entworfenen Glasfenster der Kapelle befinden sich heute im Untergeschoß der Buchhandlung, die in den 1960er-Jahren in einem neu erbauten Straßentrakt eingerichtet worden war. 1967 wurde von Johann Petermair die Krypta umgestaltet. Unter der Leitung von Architekt Heimo Widtmann erfolgte 1979 eine umfassende Innenrenovierung und entsprechend den neuen vatikanischen Bestimmungen die Errichtung des Volksaltars.

Mangelnder Nachwuchs bewog die Ordensleitung, das ca. 30.000 Quadratmeter große Areal durch Verpachtungen neuen Verwendungszwecken zuzuführen, und es wurden zunächst ein Caritas-Wohnheim für Flüchtlinge eingerichtet und eine Montessorischule eröffnet. Im Jahr 2018 wurde von dem neu gegründeten Immobilienfonds St. Gabriel im Hauptgebäude das Seminarhotel und Veranstaltungszentrum „Gabrium" eröffnet. In den kleineren Nebengebäuden haben sich diverse Firmen eingemietet. Bei keinem der Gebäude wurde die Außengestaltung verändert, und die Adaptierung der Innenräume erfolgte mit größtmöglicher Rücksicht auf den Originalzustand.

1136 Theißplatz 1, <u>Pfarrkirche Südstadt Hl. Geist, 1969–1970</u>, P: Gerhard Düh

Als die ersten Bewohner*innen in der Südstadt (→ 1141) einzogen, stellten die Firmen NEWAG und NIOGAS das Foyer ihres Verwaltungsgebäudes (→ 1133) für die Feier der Gottesdienste zur Verfügung. 1966 wurde mit der Planung eines Seelsorgezentrums begonnen und ein Wettbewerb ausgeschrieben. Es wurden zwei erste Preise vergeben und das Projekt von Gerhard Düh schließlich zur Ausführung bestimmt. Der junge Architekt hatte gerade sein Architekturstudium abgeschlossen, jedoch noch keine Architekt*innenbefugnis erhalten, sodass sich Hannes Lintl als „Befugnisgeber" zur Verfügung stellte. Aus finanziellen Gründen sollte vorerst nur der Kirchenbau realisiert werden. Düh entwarf einen zweistöckigen, flach gedeckten Zentralraum, dessen zurückgesetztes Obergeschoß im Inneren auf Säulen ruht, die den niederen Umgang vom hohen Hauptraum trennen. Der Baukörper ist durch Sichtbetonpfeiler strukturiert und mit Fertigteilen aus rötlichem Leca-Waschbeton ausgefacht. Bemerkenswert ist die Innenausstattung: Auf Wunsch der Pfarre sollte „der Raum für alle gemeinschaftlichen Betätigungen der Gemeinde geeignet sein". Dem entsprechend konzipierte der Architekt einen puristischen, fast gänzlich leeren Innenraum, in dem allein die Wandkonstruktion und die Belichtung die Raumatmosphäre bestimmen. Der Altartisch aus Travertin ist das „einzige Fixum im Kirchenraum" und ist auch der einzige Hinweis auf den vorrangig sakralen Verwendungszweck. (Der Plan, einen mobilen Altar zu errichten, wurde von Erzbischof Jachym untersagt.) Leichte Einzelstühle können je nach Bedarf aufgestellt oder im Umgang gestapelt werden. Ein Teppichboden verleiht dem Raum „fast die Qualität eines Wohnzimmers". Zum eigentlichen Ort des Sakralen wurde die Werktagskapelle. Hier befinden sich der Tabernakel und all jene kirchlichen Attribute, die in dem multifunktionalen Konzept des Hauptraums keinen Platz fanden. Dühs Grundsatz, „dass ein Haus den Benutzern entsprechen muss, damit es den Zweck erfüllen kann", erinnert an die theoretischen Überlegungen Otto Wagners, dass die moderne Architektur den Bedürfnissen des modernen Menschen angepasst sein müsse. In diesem Sinne schuf Düh nicht nur den zweckmäßig multifunktionalen Hauptraum der Kirche. So wie Wagner hat er auch konstruktiv oder technisch notwendige Elemente aus „Konstruktion, Zweck und Material herausgebildet", wenn er etwa den Ansatz der Dachrinnen als gekröpftes Gesims zum architektonisch betonten Abschluss des Baukörpers formuliert. An Wagners Wiener Postsparkasse erinnern zudem die Luftheizungskörper im Kircheninneren, die als edel gestaltete Stahlzylinder zum ästhetischen Blickfang aufgewertet sind. Der frei stehende, niedere Glockenturm ist weit vom Kirchenbau abgerückt. Zwölf Jahre später wurde Gerhard Düh auch mit der Planung und Erbauung des Seelsorgezentrums betraut.

Gesundheit

1137 Anton Seidl-Gasse 107, <u>Wällischhof Ärztehaus, 1911–1912</u>, AB: Theiss & Jaksch (Siegfried Theiss, Hans Jaksch), BH: Karl Seyfert ●

Das Ärztehaus wurde 1911 bis 1912 von den Architekten Theiss & Jaksch für die in der Kaltwasser-Heilanstalt (→ 1139) beschäftigten Ärzte errichtet. Vor dem Haus befand sich der von denselben Architekten entworfene „Dudelsackpfeiferbrunnen", weshalb es auch als „Brunnenvilla" bezeichnet wurde. Nach der Übernahme der Anlage von der Krankenfürsorgeanstalt der Gemeinde Wien wurde in der Villa eine Ordination eingerichtet. Heute befindet sich das sorgsam renovierte Gebäude in Privatbesitz.

1138 Barmhartstalweg 11, Villa Espero, 1909, AB: Theiss & Jaksch (Siegfried Theiss, Hans Jaksch), BH: Karl Seyfert •

1900 wurde von Karl Seyfert im Wällischhof eine Kaltwasser-Heilanstalt eröffnet (→ 1139). Direkt neben dem Hauptgebäude errichteten die Architekten Theiss & Jaksch 1909 als Dependance der Villa Espero, auch „Parkvilla" genannt. Für die wichtigen Luft- und Sonnenbäder wurde dem Erdgeschoß eine Terrasse vorgebaut und das Obergeschoß mit einem über die gesamte Breite des Gebäudes reichenden Balkon ausgestattet. Die Villa war scheinbar für weniger zahlungskräftige Kurgäste vorgesehen, denn in beiden Stockwerken waren große Schlaf- bzw. Krankensäle eingerichtet. Das Gebäude ist äußerlich weitgehend erhalten und befindet sich heute im Privatbesitz.

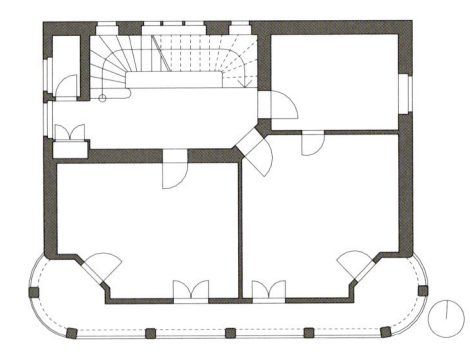

1139 Barmhartstalweg 13, Zubau Wällischhof, um 1900, AB: Theiss & Jaksch (Siegfried Theiss, Hans Jaksch), BH: Karl Seyfert •

Im Jahr 1806 wurde der Wällischhof als kleines Schloss mit einem Rundturm erbaut. Im Lauf der folgenden Jahrzehnte wechselten mehrmals die Besitzer*innen, die das Gebäude durch Zubauten nach und nach vergrößerten. Der Wällischhof diente privaten Wohnzwecken und wurde zeitweise auch als Wirtschaftshof geführt. 1899 wurde er versteigert und von Karl Seyfert erworben. Er ließ das Gebäude als Kaltwasser-Heilanstalt vom Architekturbüro Theiss & Jaksch adaptieren, durch einen Zubau erweitern und auf dem weitläufigen Gelände weitere Gebäude errichten. Das Architekturbüro erbaute das Ärztehaus (→ 1137), eine Dependance (→ 1138), ein Pförtner- und ein Badehaus sowie eine „Lufthüttenkolonie" für Luft- und Sonnenbäder, die allerdings später durch eine große Liegehalle ersetzt wurde. Im Jahr 1911 erhielt Seyfert die Konzession, zusätzlich zum Kurhaus einen Hotelbetrieb zu führen. Während des Ersten Weltkriegs blieb das Kurhaus zwar geöffnet, aber die mangelnden Einnahmen zwangen Seyfert, das Gebäude 1918 zu verkaufen. Nachdem es von wechselnden Vereinen als Erholungsheim weitergeführt worden war, gelangte es 1927 in den Besitz der „Krankenfürsorgeanstalt der Angestellten und Bediensteten der Gemeinde Wien".

Während des Zweiten Weltkriegs wurde der Kurbetrieb zunächst eingeschränkt fortgesetzt, schließlich aber eingestellt. 1945 beschlagnahmte die sowjetische Besatzungsmacht das gesamte Areal. Nach deren Abzug 1955 waren sämtliche Gebäude dermaßen devastiert, dass eine Wiederaufnahme des Kurbetriebs nicht mehr möglich war und die meisten Gebäude geschleift werden mussten. 1984 ließ die Gemeinde Wien das Gelände parzellieren und die Gründe mit den noch bestehenden Gebäuden wurden an Privatpersonen verkauft.

Freizeit

1140 Liese Prokop-Platz 1, Bundessport- und Freizeitzentrum (BSFZ) Südstadt, 1964–1975, P: Wilhelm Hubatsch, Friedrich Florian Grünberger, Erhard Hubatsch, BH: Republik Österreich | Zubau, 1999–2000, P: Bernhard Holleteschek, Kurt Karhan | Erweiterung Campus BSFZ, 2011–2014, AB: AMP Architekten (Johannes Daniel Michel, Yvonne Schindler) | Erweiterung, 2015, P: Andreas Scharl, AF: BM Hammerl •

Als Teil der Planung für die Gartenstadt Süd (→ 1141) entstand bis 1975 das Bundessport- und Freizeitzentrum Südstadt. Wilhelm Hubatsch, der auch an der Masterplanung der Gartenstadt beteiligt war, planten den Sportkomplex gemeinsam mit Friedrich Florian Grünberger und seinem Neffen Erhard Hubatsch. Das nördlich außerhalb des Wohngebiets an der Triester Straße liegende Zentrum galt zur Entstehungszeit europaweit als größte und modernste Sportanlage. Neben diversen Outdoor-Sportplätzen konzipierten die Architekten einen zentralen H-förmigen Baukomplex mit mehreren Funktionsbereichen, welcher sich parallel zur Johann Steinböck-Straße erstreckt. Der der Straße zugewandte erste Riegel setzt sich aus einem nördlichen, viergeschoßigen Gebäude für Büros und das Internat der Sportler*innen und einem südlichen, eingeschoßigen Bereich mit Vortragsraum, Sportcafé, Kegelhalle (heute Fechthalle), Werkstätten sowie Garderoben zusammen; dazwischen liegt der Haupteingang des Gebäudekomplexes. Ein schmaler Mittelteil, der im Restaurant und einen Saunabereich beinhaltet, schließt das Internatsgebäude mit dem dahinterliegenden Bauteil zusammen. Dieser flächenmäßig größte, östliche Gebäuderiegel nimmt eine Mehrzweck-Sporthalle, eine Schwimmhalle sowie dazwischenliegende Garderobenbereiche und eine kleinere Halle auf. Im Bereich der Schwimmhalle geht die Ostfassade des großen Hallenbaus wiederum in eine Tribünenanlage für den angrenzenden Leichtathletikplatz über. Das auskragende, trapezförmig gefaltete Stahlbeton-Flachdach der Halle überdeckt somit auch die Publikumsplätze.

Am Südwestrand des Areals liegt ein Fußballstadion, welches bereits zwischen 1965 und 1967 realisiert wurde. Das von Architekt Erich Majori geplante Stadion mit einer Kapazität von 12.000 Plätzen wurde später in den Komplex des Bundessportzentrums eingegliedert und wird heute als BSFZ-Arena bezeichnet. Die ansteigende Haupttribünenanlage aus Fertigbetonstufen weist durch die außen liegenden Träger zur Johann Steinböck-Straße hin eine auffällige Auskragung auf; ein weit gespanntes Dach überdeckt den Zuschauer*innenrang.

Mit einer gesetzlichen Neuorganisation 1999 wurden alle Bundessportzentren aus der Bundesverwaltung ausgegliedert und der Bundessporteinrichtungen GmbH übertragen. In den folgenden Jahren kam es zu einer Reihe von Zubauten im BSFZ Südstadt. 1999 bis 2000 entstanden ein neues Gebäude für das Institut Leistungssport Austria (Bernhard Holletschek, Kurt Karhan) sowie eine Tennishalle. Die Liese Prokop Privatschule für Hochleistungssportler*innen und eine große Indoor-Sport- und Kletterhalle wurden 2014 unter dem Namen „Campus BSFZ" eröffnet (AMP Architekten), im Jahr darauf wurde eine Leichtathlethik-Indooranlage (Andreas Scharl) sowie eine Vergrößerung der Judohalle umgesetzt.

▶ Foto: Ostfassade der Schwimmhalle

Wohnbauten

1141 Gartenstadt Süd, <u>Südstadt, ab 1960</u>,
P: Wilhelm Hubatsch, Franz Kiener, Gustav Peichl, BH: NÖ Landesregierung ●

Gemeinsam mit der Planung der NEWAG- und NIOGAS-Zentrale (→ 1133) erfolgte die Projektierung der direkt anschließenden Gartenstadt Süd als Satellitenstadt östlich von Maria Enzersdorf und im Norden Mödlings. Das Architektenteam Wilhelm Hubatsch, Franz Kiener und Gustav Peichl konnte sich mit seinem Projekt, aus dem der später mehrfach überarbeitete, städtebauliche Masterplan hervorging, gegen ein weiteres geladenes Planungsteam durchsetzen. Für die Architektur der Bauten zeichneten sie jedoch nicht verantwortlich. Verkehrsgünstig an der Triester Straße als südliche Ausfallstraße Wiens gelegen sowie mit eigener Haltestelle von der parallel verlaufenden Lokalbahn nach Baden erschlossen, nimmt die Südstadt Bezug auf die Stellung als zentrale Planstadt im von strukturellem Wandel zum Industrie- und Dienstleistungsstandort begriffenen südlichen Wiener Becken. Raumplanerisch greift das städtebauliche Projekt das auf der Interbau 1957 präsentierte Konzept von Roland Rainers Bandstadt bei Wiener Neudorf auf. Gleichzeitig wird der verdichtete Flachbau als architektonische Lösung Rainers in mehreren Baugruppen angewendet. Innerhalb eines unregelmäßigen, orthogonalen Rasters wurden differenzierte Siedlungsbereiche ausgebildet, in denen jeweils kompakte Einfamilienhäuser (Typen C, D, E, G), zweigeschoßige Reihenhäuser (Typ R), drei- bis viergeschoßige Zeilenbauten (Typ A), zwei- bis dreigeschoßige Stützenhäuser (Typen B, F) sowie zwei zwölfgeschoßige Punkthochhäuser (Typ H) im Nordosten realisiert wurden. Ausgehend vom Scheibenhochhaus der Versorgungsgesellschaften im Osten bildet eine zentrale Ost-West-Achse das Siedlungszentrum mit den öffentlichen Flachbauten mit Ladenzeilen und einer

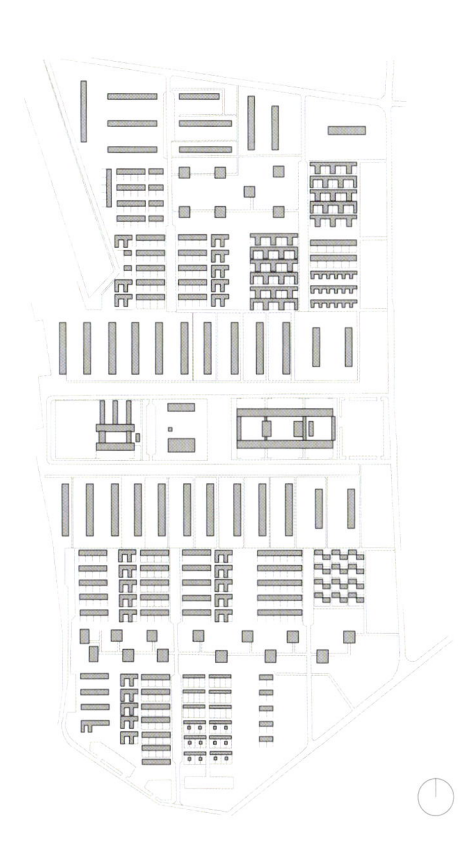

Gaststätte, dem Stahlbetonbau der 1970 errichteten Pfarrkirche von Gerhard Düh (→ 1136) sowie den bis 1965 erbauten Flachbauten für Kindergarten und Volksschule von Willi Reichl und Hans Riedl. Im Norden und Süden wird diese Achse durch quer angeordnete Wohnblöcke in Zeilenbauweise zum zentralen Siedlungsband in parkartiger Anlage komplettiert. Nördlich und südlich schließen zu typologischen Gruppen zusammengefasste Bereiche mit Flachbauten und Reihenhäusern neben eigenen Gartenparzellen an, die im Süden durch ein weiteres, parkartiges Band der diagonal versetzten Stützenhäuser durchzogen werden. Insgesamt wurden über 1.900 Wohneinheiten errichtet, die in fußläufiger Distanz um das zentrale Versorgungsband konzentriert sind. Der zeittypische Baubestand mit Einzelhandels- und Gastronomieflächen, die, verbunden mit überdachten Pfeilergängen, um eine zentrale Grünfläche mit Bassin und Wasserspielen angeordnet waren, wurde in den letzten Jahren zugunsten einer Neubebauung abgebrochen.

1142 Gartenstadt Süd, Erlaufstraße 1–46, Hohe Wand-Straße 1–46, Donaustraße 87–117, 96–110, Wienerbruckstraße 77–99, WH Gartenstadt Süd Typ A1–A5 (Wohnblock), ab 1962, P: Erich Majores, Wilhelm Haßlinger

Die blockartigen, wiederholt adaptierten Typen der Mehrfamilienhäuser in Zeilenbauweise fassen das Zentrum der Südstadt bandförmig im Norden und Süden ein. Die zwei noch dreigeschoßigen Bauten der Typen A1 (Erlaufstraße 1–3) und A2 (Erlaufstraße 4–6) von Erich Majores wurden 1962 als Erste in der Südstadt fertiggestellt. Es folgten die bereits viergeschoßigen Pendants vom Typ A3 nördlich der Ladenzeile (Hohe Wand-Straße 1–3, 4–6) sowie beiderseits zehn weitere, verlängerte Zeilenbauten mit nun vier anstatt drei Stiegen der Typen A4 und später in Fertigteilbauweise A5 von Wilhelm Haßlinger. Ein weiteres Band des angepassten Typs A5/III wurde am nördlichen Siedlungsrand realisiert.

1143 Gartenstadt Süd, Ottensteinstraße 62–64, Thurnbergstraße 41–43, WH Gartenstadt Süd Typ A6 (Wohnblock), nach 1962, P: Wilhelm Haßlinger

Als Fortsetzung des südlichen Bands versetzter Stützenhäuser (Typ F) entstanden die vier punktförmigen und schachbrettartig versetzten, viergeschoßigen Baublöcke unter Verwendung von Fertigteilen. Nach Osten und Westen werden die Wohneinheiten zu den Grünflächen mittels durchgehender Loggien geöffnet, die im Wechsel mit hellen Brüstungsbändern die Fassaden prägen.

1144 Gartenstadt Süd, Dobrastraße 49–51, WH Gartenstadt Süd Typ B (Stützenhaus), 1962–1964, P: Erich Majores

1145 Gartenstadt Süd, Dobrastraße 1–47, 2–60, 68–140, Donaustraße 2–94, 1–83, Kampstraße 2–48, Ottensteinstraße 66–124, Thurnbergstraße 1–39, 45–83, Ottensteinstraße 2–60, 3–59, Wienerbruckstraße 2–60, WH Gartenstadt Süd Typ C, D, G (EFH), 1962–1974, P: Erich Majores, Wilhelm Haßlinger

Mehrere hundert Einfamilienhäuser der in zahlreichen Versionen weiterentwickelten Bungalowtypen wurden in der Südstadt bis 1974 sukzessive errichtet. Die unterkellerten Einfamilienhäuser sind ebenerdig und auf kompakten Grundrissen mit kleinen Gartenparzellen konzipiert. Der zuerst errichtete Typ C1 bildet ein dicht gereihtes Quartier schachbrettartig versetzter, rechteckiger Flachbauten im Südwesten (Dobrastraße 1–47), der Typ D1 weist hingegen einen L-förmigen Grundriss auf. Die Bauten wurden in jeweils geschlossenen Reihen und teils kombiniert zu flächensparenden Quartieren organisiert. Aus beiden Typen entstanden unter Verwendung von Fertigteilen adaptierte Varianten C2 und D2 sowie ein weiterer Bungalow mit rechteckigem Grundriss mit hakenförmigem Vorsprung (C5) mitsamt größeren Varianten (G1, G2).

1146 Gartenstadt Süd, Wienerbruckstraße 1–71, 62–120, Wohnhäuser Gartenstadt Süd Typ E (EFH), 1962–1964, P: Anton Schweighofer, Rupert Falkner •

Die flachen Einfamilienhäuser sind mit L-förmigem Grundriss auf kompakter Grundfläche um eine neben- und rückseitig ummauerte Gartenparzelle angelegt. Der Wohnraum der 125 Quadrat-meter großen Einheiten ist immer nach Süden ausgerichtet. Durch T- bzw. U-förmige Aneinanderreihung der Häuser entstehen die privat abgeschirmten Atrien der Außenbereiche bei besonders geringer bebauter Fläche.

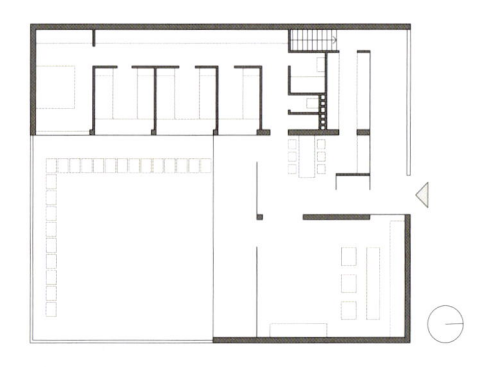

1147 Gartenstadt Süd, Wienerbruckstraße 73–75, Dobrastraße 62–66, Ottensteinstraße 61–63, WH Gartenstadt Süd Typ F (Stützenhaus), 1962–1964, P: Anton Schweighofer, Rupert Falkner •

Die sieben realisierten Bauten des Typs weisen sechs Kleinwohnungen bis 44 Quadratmeter Größe einschließlich einer Loggia auf zwei vollständig aufgeständerten Geschoßen auf. Sie sind – auf Ausblick konzipiert – in bandartige Grünräume integriert.

1148 Gartenstadt Süd, Wienerbruckstraße 122–124, WH Gartenstadt Süd Typ H (Punkthochhaus), um 1970, P: Hans Podivin

1149 Gartenstadt Süd, Ottensteinstraße 65–159, WH Gartenstadt Süd Typ R, R2 (Reihenhaus), 1963–1964, P: Hans Puchhammer, Gunther Wawrik, Wilhelm Haßlinger ●

Die insgesamt 48 Reihenhäuser sind in sechs gleichen Zeilen mit dem Eingang zu kurzen Stichstraßen nach Norden und eingefasstem Garten im Süden angeordnet. Die mittels Wandvorlagen in drei vertikale Achsen geteilten, zweigeschoßigen Flachbauten mit 91 Quadratmeter Wohnfläche sind nach Norden lediglich durch einzelne Fensterbänder geöffnet, während die privaten Südseiten großzügig belichtet werden.

1150 Hauptstraße 54–56, Johannesstraße 1–7, 7a, WHA, 1965–1966, P: Walter Jaksch, Helene Koller-Buchwieser, BH: Verein der Freunde des Wohnungseigentums ●

1151 Karl Huber-Gasse 2, Karl Heinrich Waggerl-Weg 7, WH, 1908, P: Hermann Aichinger ●

1152 Kirchenstraße 14–18, Genossenschaftshäuser, 1910, AB: Theiss & Jaksch (Siegfried Theiss, Hans Jaksch), P: Franz Hof ●

Der Baubestand der Kirchengasse entstand im Zuge der Neuerschließung ab 1905, größtenteils durch den Baumeister und späteren Bürgermeister Franz Hof. Die aufwendige Gestaltung der eigenständigen Fassaden der drei eingeschoßigen Genossenschaftshäuser Nr. 14–18 ist Theiss & Jaksch zuzuschreiben. Teilweise frei stehend weisen diese einen kleinstädtisch bis dörflichen Charakter auf und differenzierte Gauben-, Giebel- und Zwerchhausmotive zeigen gleich mehrere Facetten eines traditionellbürgerlichen Heimatstils.

Einfamilienhäuser

1153 Barmhartstalweg 14, Villa Seyfert, 1910, AB: Theiss & Jaksch (Siegfried Theiss, Hans Jaksch), BH: Karl Seyfert ●

Im Jahr 1900 eröffnete Karl Seyfert in dem ehemaligen Schlösschen „Wällischhof" eine Kaltwasser-Heilanstalt (→ 1139), und wenige Jahre später ließ er von den Architekten Theiss & Jaksch zusätzliche Gebäude errichten (→ 1137, → 1138). Am Rande der Anlage ließ er für sich selbst diese repräsentative dreigeschoßige Villa erbauen, die vor allem durch den imposanten Fernblick über die Weinberge bis hin nach Schwechat beeindruckt. Bei den Renovierungsarbeiten wurden einige Veränderungen vorgenommen, der Kernbau blieb aber erhalten.

1154 Dr. Mehes-Gasse 9a, EFH, 1975, P: Hans Puchhammer, Gunther Wawrik ●

1155 Ferd. Raimund-Gasse 14, EFH, 1991–1993, AB: Architekten Szyszkowitz-Kowalski ZT GmbH (Michael Szyszkowitz, Karla Kowalski), S: Johann Birner

Das Wohnhaus setzt sich aus schräg gestellten, seitlich versetzten Gebäudeabschnitten zusammen, die von gestaffelten, zum Garten hin aufsteigenden Dachschalen abgeschlossen werden. Das Motiv ineinander geschachtelter Volumen, das sich an der Fassade durch die Positionierung und Form der Fensteröffnungen abzeichnet, wurde im Inneren durch fließende, von der Anordnung der Dachschalen unabhängige Raumübergänge umgesetzt.

1156 Fürstenstraße 6, Villa, 1911, P: Josef Hackhofer, BH: Georg Adam Scheid

Die 1911 von Josef Hackhofer für seinen Schwiegervater geplante secessionistische Villa mit dem ungewöhnlichen Mansarddach war das zweite Haus, das der Architekt für seine Familie in Maria-Enzersdorf errichtete. Die ältere Villa in der Johannesstraße 1, die ein von Josef Maria Auchentaller aufwendig gestaltetes Musikzimmer enthielt, ist heute zerstört.

1157 Helferstorferstraße 62, Villa, vor 1914, P: Karl Lehrmann, Rüdiger Walter ●

Zu den auszeichnenden Elementen der Villa gehören ein zentraler, ovaler Vorraum, der die Erschließung aller Wohnräume ermöglicht, sowie eine Loggia und ein Laubengang an der Gartenfront, die an die Arkadeninnenhöfe urbaner Palais der Renaissance erinnern.

1158 Heugasse 12, Haus Mejchar, 1981, P: Gerd Neversal | Umbau, 1985, P: Bruno Echerer ●

An ibizenkische Fincas angelehnt, umging Neversal mit seinen Dachlösungen kostengünstig das von der Gemeinde auferlegte Flachdachverbot.

1159 Riefelgasse 10, EFH, vor 1912, AB: Theiss & Jaksch (Siegfried Theiss, Hans Jaksch) ●

Hotels, Heime, Klöster, Kasernen

1160 Gießhüblerstraße 39, Schulzentrum, ehem. Kinderheim, 1910, P: Sepp Hubatsch | Zubau Turnsaal, 1955 | Neubau, 1976–1978 | Zubau 6 Klassen, 2002–2003

Die Kongregation der Schwestern vom Armen Kinde Jesu errichtete 1910 ein Kloster mit Kinderheim und Haushaltungspensionat für Mädchen. In den folgenden Jahren wurde in dem Gebäude das Bildungsangebot sukzessive um eine Volksschule (1914), einen Kindergarten (1915) und eine Hauptschule (1920) erweitert. Nach dem Krieg erfolgten zahlreiche weitere Um- und Zubauten.

Maria Gugging 3400
Gemeinde: Klosterneuburg, Bezirk: Tulln

Religion, Kult

1161 Hauptstraße 20, Österreichische Portiunkulakirche, Wallfahrtskirche Maria Königin der Engel, 1913, P: Karl Haas, K: Josef Kastner (Wand- und Deckenmalerei) | Treppenanlage, 1932 | Zubau Sakristei, 2001

Maria-Lanzendorf 2326
Gemeinde: Maria-Lanzendorf, Bezirk: Bruck an der Leitha

Bildung

1162 Parkgasse 11, Landeskindergarten, 1984, P: Heinz Augendoppler | Zubau 3. Gruppe, 1995, AF: Gabriele Zahm | Zubau 4. Gruppe, 2009, P: Franz Besin | Zubau 5. Gruppe, 2018, AF: Herbert Ribarich ●

Einfamilienhäuser

1163 Hauptstraße 15, EFH, 1979–1981, P: Peter Scheufler ●

Maria Roggendorf 2041
Gemeinde: Wullersdorf, Bezirk: Hollabrunn

Hotels, Heime, Klöster, Kasernen

1164 Maria Roggendorf 49, Zisterzienserinnenabtei Marienfeld, 1976–1980, P: Walter Hildebrand, BH: Konvent der Zisterzienserinnen Mariastern | Zubau, 2001 ●

Um den Gedanken des Unendlichen und des Ewigen zu versinnbildlichen, ist das Kloster als Rundbau konzipiert. In den Kreis ist auch die Kirche mit einer verglasten Apsis eingefügt. Die Anlage berücksichtigt die traditionelle Raumordnung der Zisterzienser, die die Gemeinschaftsräumlichkeiten – wie Refektorium (im Mittelalter immer nahe der Brunnenhäuser), Kapitelsaal und Werkstätten – im Erdgeschoß ansiedelt, während die Schwesternzellen in den beiden Obergeschoßen liegen. Zudem verfügt das Kloster über einige Gästezimmer und einen ebenfalls traditionell niedrigen und bescheidenen Glockenturm, der von einem großen Holzkreuz überragt wird. Die tragenden Wände sind aus Mantelbeton (Heraklit mit Betonfüllung) und die Zwischenwände aus Ziegel gefertigt; das Wasser, das sich auf dem begehbaren Flachdach sammelt, wird über Kupferregenrinnen teilweise in eine Zisterne geleitet, teilweise gemeinsam mit dem Schmutzwasser in ein klostereigenes Kleinklärwerk abgeführt. 2001 begann die ebenfalls von Hildebrand entworfene Erweiterung der Anlage um einen dreiflügeligen Trakt nach Westen, und die Obergeschoße wurden um zehn halbkreisförmig angeordnete Schwesternzellen erweitert. 2011 wurde die Kirche renoviert und das Kloster bis 2016 sukzessive mit einer Wärmedämmung versehen.

Maria Taferl 3672
Gemeinde: Maria Taferl, Bezirk: Melk

Zentren

1165 Um Maria Taferl 1, Heiliger Bezirk Maria Taferl, 1960, P: Otto Nobis, Julius Siegl, BH: Erzbischof Franz König, AF: Josef

Weber, Bauunternehmen Radebeule, K: Robert Herfert, Mathias Hietz, Heribert Rath •

Anlässlich des 300-jährigen Bestehens der Wallfahrtskirche Maria Taferl im Jahr 1960 ließ die Diözese Wien eine Umgestaltung des Vorplatzes der Kirche von Otto Nobis entwerfen. Befreit von den alten, morschen Kastanienbäumen ist die südliche Doppelturmfassade der barocken Kirche nun weithin in die Landschaft sichtbar, es entstand mehr Platz für Pilger*innengruppen, und neue Bäume wurden gesetzt. Auch der Bußweg wurde erneuert, ein steiler Aufstieg mit sieben Stationen, der an die Schmerzen der Gottesmutter Maria erinnern soll und der von den Künstlern Herfert, Hietz und Rath gestaltet wurde. Am westlichen Ende der ebenfalls neuen, aus mit Bruchstein-Mauerwerk verkleideten Stahl- und Stampfbeton errichteten Befestigungsmauer befindet sich ein pyramidenstumpfförmiger Eckturm, ein Mahnmal für die Gefallenen des Zweiten Weltkriegs und die Heimatvertriebenen. Ursprünglich war eine Verlegung der nordöstlich angrenzenden Volksschule geplant, um einen größeren Bauplatz zu schaffen, diese wurde jedoch nie umgesetzt.

Markersdorf an der Pielach 3385
Gemeinde: Markersdorf-Haindorf, Bezirk: St. Pölten

Bildung

1166 Prinzersdorfer Straße 7, Volksschule, 1949–1951, P: Hubert Mandl | Zubau Klassenräume und Turnsaal, 1984–1987, P: Franz Hable | Um- und Zubau, 2019, P: Sonja Blab •

Wohnbauten

1167 Marktstraße 6, Handelsstraße 1–3, Gartengasse 1–7, 2–8, Birkenstraße 3–13, WHA, 1942–1943 •

Die mehrteilige, walmdachbekrönte Anlage besteht aus einem über Eck konfigurierten Trakt sowie aus drei parallel zueinanderstehenden Baukörpern aus jeweils vier bzw. sechs traufständigen Häusern mit zweigeschoßigen, gleichförmig organisierten Fassaden. Deren zentrale Zugangsachsen weisen segmentbogenförmige Öffnungen auf, werden von quadratischen Fenstern flankiert und von einer darüberliegenden Schleppgaube akzentuiert. Den Bauten der zeilenförmigen Anlage sind zudem an den Längsseiten Grünflächen vorgelagert.

Markgrafneusiedl 2282
Gemeinde: Markgrafneusiedl, Bezirk: Gänserndorf

Wohnbauten

1168 Baumgartenstraße 1, Gastarbeiter*innenunterkünfte, 1976, P: Helmut Christen •

Markt Piesting 2753
Gemeinde: Markt Piesting, Bezirk: Wiener Neustadt

Einfamilienhäuser

1169 Talgasse 8, EFH, 1965, P: Franz Kiener •

1170 Talgasse 15, EFH, 1983, P: Gerhard Gangemi, AF: Vogel und Handler | Zubau, 2000 •

Mit seinen kleinen, der Straßenseite zugewandten Fenstern und Gauben mutet das 1983 entworfene Haus wie aus einer anderen Zeit an. Die Gartenfassade zeigt sich mit der Aufstockung und dem Holzzubau aus dem Jahr 2000 als modernes Wohnhaus, das traditionelle Architekturzitate mit moderner Wärmetechnik, Kunst und Komfort verbindet.

1171 Wöllersdorfer Straße 7, Villa, 1902, P: Karl Adalbert Fischl, BH: Josef Huber •

In dem asymmetrischen Sommerhaus für den Notar Josef Huber, das zwei sehr unterschiedlich gestaltete Seitenelemente mit einem langen Mitteltrakt verbindet, war lediglich die Beletage bewohnt. Erst bei einem Umbau in den 1960er-Jahren wurde das obere Stockwerk erschlossen. Der ausgefallene Bau Karl Adalbert Fischls, einem Schüler Carl von Hasenauers, ist heute mit dem Großteil seiner Gartenfläche sowie den beachtenswerten originalgetreuen schmiedeeisernen Maueraufsätzen zur Straßenseite hin erhalten.

Markthof 2294
Gemeinde: Engelhartstetten, Bezirk: Gänserndorf

Religion, Kult

1172 48°11'26.4"N 16°57'48.0"E, Marchdammkapelle, 1904–1905, P: Max Hegele, August Rehak, K: Edmund Helmer (Kaiserkrone, Steinmetzarbeiten) •

Im Rahmen der Donauregulierung wurden an der Donau und im Mündungsbereich der March Dämme zum Schutz des Wiener Stadtgebietes und insbesondere auch des Marchfelds vor Hochwasser errichtet. Nach rund 40 Jahren Bauzeit wurde, anlässlich der Vollendung des Marchfeld-Schutzdamms von Max Hegele und August Rehak direkt auf der Dammkrone die Kapelle errichtet. „Als Sinnbild des dauernden Schutzes und Wahrzeichen des sicheren Fortbestandes" *(Wiener Bauindustrie Zeitung)* planten die Architekten einen erratischen, turmartigen Steinbau, der wohl bewusst die Assoziation zu einer wehrhaften Burg hervorrufen sollte. Die Konzeption der Kapelle lässt vermuten, dass die Architekten zumindest die Pläne des Völkerschlachtdenkmals in Leipzig kannten, das sich gerade in Bau befand und weit über Deutschland hinaus viel Aufmerksamkeit erregte.

Matzen 2243
Gemeinde: Matzen-Raggendorf,
Bezirk: Gänserndorf

Religion, Kult

1173 Kirchengasse 1, Pfarrkirche hl. Leonhard, 1958–1959, P: Josef Vytiska, AF: ARGE Anton Suchanek/Christian Springer, K: Franz Barwig (Fassade), Hermann Bauch (Glasfenster), Franz Kaindl (Hochaltarkreuz) •

1957 wurde der Architekt Josef Vytiska mit der Vergrößerung der bestehenden gotischen und um 1700 barockisierten Kirche beauftragt. Das Gebäude wurde bis auf den Turm und die Südwand abgetragen und ein großer, schlichter Saalraum angebaut. Pfarrer Günter Gradisch entwickelte für den Kircheninnenraum ein Konzept, das vor allem den Gemeinschaftsgedanken fördern sollte. Er definierte den Kirchenraum als großen Speisesaal, in dem die Kommunion als gemeinsames Mahl mit Brot und Wein zelebriert werden konnte. Zu diesem Zweck mussten die Kirchenbänke als Tische gestaltet werden – wozu er erst nach jahrelangen zähen Verhandlungen von Kardinal König die Erlaubnis erhielt. Ein weiteres wichtiges Anliegen des Pfarrers war es, die Arbeitswelt der Gläubigen im Innenraum sichtbar zu machen sowie auch in die Liturgie miteinzubeziehen. Im Gemeindegebiet befindet sich Mitteleuropas ergiebigstes Erdölvorkommen. Neben den traditionellen Tätigkeiten in der Landwirtschaft und im Weinbau waren daher viele Gemeindemitglieder auch als Arbeiter*innen bei der ÖMV tätig. Um beide Erwerbsbereiche im Kirchenraum sichtbar zu machen, wurden daher entsprechende Skulpturen an den Wänden angebracht: Bergarbeitersymbole und ein Pumpenbock als Hinweis auf die Industriearbeiter*innen, Weinreben und Ähren als Symbole für die Arbeit in der Landwirtschaft. In jährlichen Barbara-Messen wurde insbesondere die Verbindung von Arbeit und Glauben zelebriert. So wurde der Großteil der Metallplastiken erst in der Kirche zusammengeschweißt und unter dem Motto „Werkverkehr" sogar ein VW-Bus in den Kirchenraum verfrachtet, prominent neben dem Altar aufgestellt und ÖMV Chauffeure gaben Einblick in ihr Tätigkeitsfeld.

Bildung

1174 Jubiläumsplatz 10, Volks- und Mittelschule, 1928, P: Hans Baudisch, Franz Tominschek, AF: Lorenz Erhart | Zubauten, 1930er-, 1950er-Jahre | Zubau, 1972, P: Rudolf Keimel | Generalsanierung, 2005 | Zubau, 2017, AB: Berger Lenz Architekten (Norbert Berger, Wolfhard Lenz) •

Das unregelmäßig durch Vor- und Rücksprünge gegliederte Gebäude wurde 1929 als Hauptschule eröffnet. Erste Zubauten, bei denen die schlichte Fassadengliederung mit Rundbogen- und Rechteckfenstern weitergeführt wurde, erfolgten in den 1930er- und 1950er-Jahren. In den 1970er-Jahren entstand ein Zubau, der sich mit seiner Konstruktion in Stahlbeton-Skelettbauweise, den Außenwänden in Sichtbeton bzw. mit Spaltplatten verkleideten Durisol-Wänden und einem Flachdach deutlich von der Architektursprache der 1920er-Jahre abhob und einen spannenden Kontrast bot. Über den neuen Bauteil werden eine Zentralgarderobe und die Pausenhalle, von der Gänge zu den Klassenzimmern im Altbau, den vier Klassen in den Obergeschoßen des Neubaus und den Sonderunterrichtsräumen im Erdgeschoß führen, erschlossen. Außerdem wurden ein Turnsaal und eine Schwimmhalle errichtet.

Bei der Generalsanierung des gesamten Gebäudes 2005 wurde der Bauteil aus den 1970er-Jahren mit Steildächern gedeckt, Fensteröffnungen adaptiert und die Fassaden isoliert und verputzt, wodurch sich das äußere Erscheinungsbild komplett verändert hat. Der 2017 errichtete Neubau im südlichen Teil des Grundstücks ergänzt die großflächige Schulanlage, die heute eine Volks- und die Sportmittelschule beherbergt.

▶ *Foto: 1928 entstandener Bauteil*

Wohnbauten

1175 Reyersdorferstraße 4, MFH, um 1910 | Sanierung, ab 2018 •

Einfamilienhäuser

1176 Hofrat Döltl-Straße 1, WH, um 1900 •

1177 Jubiläumsplatz 4, WH, 1914–1915, BH: Maria und Moritz Oppenauer | Erweiterung, vor 1931 | Nebengebäude, 1955 | Sanierung, 2010 ●

Hinter der Jugendstil-Fassade des für den Bürgermeister des Ortes errichteten Hauses verbirgt sich gartenseitig ein Anbau aus den späten 1920er- oder frühen 1930er-Jahren, der mit eleganten Balkonen und einer mittlerweile verbauten, ursprünglich flach gedeckten Terrasse mit dem Stil des Ursprungsbaus bricht.

1178 Lindengasse 2–6, 3–5, EFH-Ensemble, 1935–1938, P: vermutl. Kurt Suchanek (Nr. 2–6), vermutl. Baumeister Haferl (Nr. 3) ●

Industrie

1179 Bahnstraße 45, Bierlager Hubertusbräu, um 1930 ●

Mauer bei Amstetten 3362
Gemeinde: Amstetten, Bezirk: Amstetten

Amts-, Verwaltungs-, Kommunal-, Bürobauten

1180 Dieselstraße 3, Bürohaus und Lagergebäude der Firma EAB, 1988, AB: Oszwald & Oszwald (Hans Oszwald, Alfred Oszwald) ●

Das Bürohaus ist schräg vor dem parallel zur Straße angeordneten Lagergebäude positioniert und durch einen Verbindungsgang mit diesem zusammengeschlossen. Der Eingangsbereich des Bürogebäudes liegt an einer konvex in den zweigeschoßigen Baukörper ragenden Wand und ist mit einem vertikalen Fensterband versehen. Die Büroräume sind um eine zentrale Verteilerhalle angeordnet, welche über eine Glaspyramide belichtet wird. Die Form der gekrümmten Wand wird beim geschwungenen Vordach der Lagerhalle erneut aufgegriffen.

Bildung

1181 Hausmeninger Straße 6, Mittelschule, 1972–1975, P: Wolfgang Windbrechtinger, Traude Windbrechtinger ●

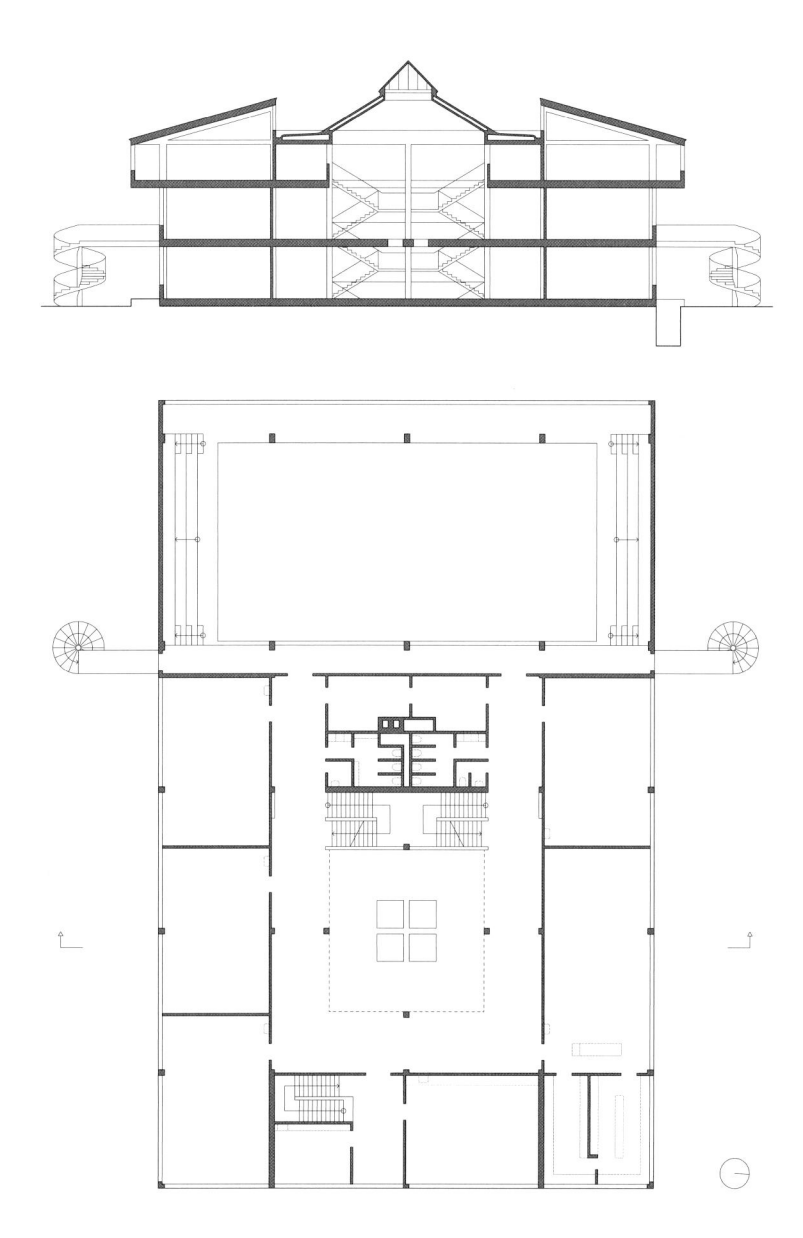

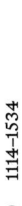

Wolfgang und Traude Windbrechtinger waren für die Entwicklung des Hallentypus bei Bildungsbauten wichtige Wegbereiter*innen. Die Schule in Mauer bei Amstetten ist eines von wenigen Werken der beiden Architekt*innen, das heute noch in seinem ursprünglichen Charakter erhalten ist.

Das Gebäude wird zunächst über eine Garderobenhalle betreten, daran angrenzend liegen die Werkräume und der Turnsaal. Zwei Stiegenläufe führen in die durch eine Dachlaterne natürlich belichtete, zweigeschoßige Pausenhalle mit Galerie, über die sämtliche Klassenzimmer erschlossen sind. Diese wird sowohl für den Unterricht als auch für schulinterne Veranstaltungen genutzt und von den Materialien Holz im Dachraum und Sichtbeton und Ziegel an den Wänden dominiert. Der dunkle Boden der Halle wurde durch ein helles gefliestes Kreuz, das sich zwischen den tragenden Säulen aufspannte, sowie Glasbausteine gegliedert. Obwohl ein Teil der ziegelsichtigen Wände im Jahr 2018 weiß gestrichen und der Boden durch einen neuen Belag ersetzt wurde, ist der ursprüngliche Charakter der Halle noch gut erkennbar. Sie wird sowohl für den Unterricht als auch für schulinterne Veranstaltungen genutzt.

Die verschiedenen Funktionen spiegeln sich im Äußeren des Baukörpers wider: Vier mit Schrägdächern gedeckte Flügel umgeben die zentrale Halle. Im zweiten Obergeschoß kragen die Klassenzimmer aus, die über Oberlichten beidseitig belichtet sind. Der niedrigere Turnsaaltrakt bildet den ostseitigen Abschluss. Die Fassaden der Hallenschule sind mit dunklen Eternitplatten verkleidet, die im Kontrast zu den roten Fluchttreppen und den hellen Fensterrahmen stehen.

Gesundheit

1182 Hausmeninger Straße 221, Landesklinikum Mauer, ehem. Kaiser Franz Joseph Landes-Heil- und Pflegeanstalt Mauer-Öhling, 1902, P: Carlo von Boog, Erich Gschöpf, BH: Landesbauamt NÖ | Pavillon, Neubau, 1984, AF: Landesbauamt | Div. Neubauten, 2011–2020, AB: ARGE Architekten Maurer & Partner ZT GmbH/Johannes Zieser ●

Aufgrund der rasant steigenden Bevölkerungszahl in Wien beschloss der niederösterreichische Landtag im Jahr 1898 – nach der Inbetriebnahme der Irrenanstalt in Kierling Gugging in Niederösterreich – eine weitere Anstalt für 1.000 Kranke zu errichten. Mit der Projekterstellung wurde die Hochbauabteilung des Landesbauamts betraut, und der damalige Vorstand, Landes-Baurat Carlo von Boog, erstellte in Zusammenarbeit mit ärztlichen Beratern die Pläne nach modernsten medizinischen Grundsätzen und neuesten psychologischen Erkenntnissen. Die Anordnung der 41 Gebäude plante er im Pavillonsystem. Auf einer Hauptachse situierte er das Direktionsgebäude, die Kirche mit Gesellschaftsraum sowie das Küchengebäude. Die Kranken- und Ärztepavillons ordnete er symmetrisch zu beiden Seiten an. Aus ökonomischen Gründen entschied sich Boog für die weitgehende Ausführung in Eisen- bzw. Gussbeton, einem Baumaterial, das damals noch wenig Beachtung gefunden hatte. Beton wurde nicht nur für die Gebäudekonstruktionen verwendet – für die Decken entwarf Boog eine eigene Konstruktion, die er sich patentieren ließ –, auch sämtliche Kanal- und Wasserrohre, ja sogar der Dekor wurde in Beton gegossen. Boog war vor allem mit der technischen und logistischen Bewältigung dieser großen Bauaufgabe befasst. Mit der architektonischen Gestaltung der Bauwerke wurde der Architekt Erich Gschöpf betraut. Er gestaltete den Großteil der Fassaden einheitlich aus einer Zusammenstellung von verputzten Flächen und Sichtziegelfeldern, variierte jedoch bei den einzelnen Gebäuden die architektonische Gliederung, sodass das Ensemble ein vielfältiges Erscheinungsbild erhielt.

Akzentuierende Dekorelemente zeigen ein bemerkenswert frühes Aufgreifen des secessionistischen Formenvokabulars und den unverkennbaren Einfluss Otto Wagners. Bemerkenswert neuartig war auch das Konzept, die Anstaltskapelle mit einem Gesellschaftsraum zu kombinieren. Unmittelbar an die Kapelle ist ein großer Saal angefügt, ein Rollbalken als Trennwand ermöglichte die Nutzung des Saals für diverse Veranstaltungen oder in Verbindung mit der Kapelle als großen Sakralraum für kirchliche Festgottesdienste. Boogs großer Verdienst war, dass er erstmals bahnbrechende neue und humane Ideen in der Heilung und Pflege von psychisch Erkrankten in Architektur umgesetzt hat. Bei der Eröffnung im Jahr 1902 galt die Anlage als die „modernste Irrenanstalt Europas". Mit dem „Anschluss" Österreichs an das Deutsche Reich 1938 wurde Mauer-Öhling zu einem Ort von NS-Kriegs- und Medizinverbrechen. 1945 wurden die Gebäude von der sowjetischen Besatzungsmacht okkupiert und zum Teil verwüstet. In den 1950er-Jahren erfolgte die weitgehende Wiederherstellung, die Fassade der Kapelle wurde allerdings in sehr reduzierten Formen erneuert. 1984 wurde vom Landesbauamt ein neuer Pavillon errichtet, der sich durch die Kombination von Sichtziegel und Putz den bestehenden Gebäuden anpasste. 2011 bis 2020 wurden von der ARGE Maurer & Partner/Johannes Zieser zusätzliche Neubauten errichtet, die sich stilistisch deutlich von den übrigen Gebäuden abheben. Heute beherbergt das Landeskrankenhaus neben der psychiatrischen Abteilung Einrichtungen für Abhängigkeitserkrankungen, forensische Psychiatrie, Neurologie sowie Kinder- und Jugendpsychologie.

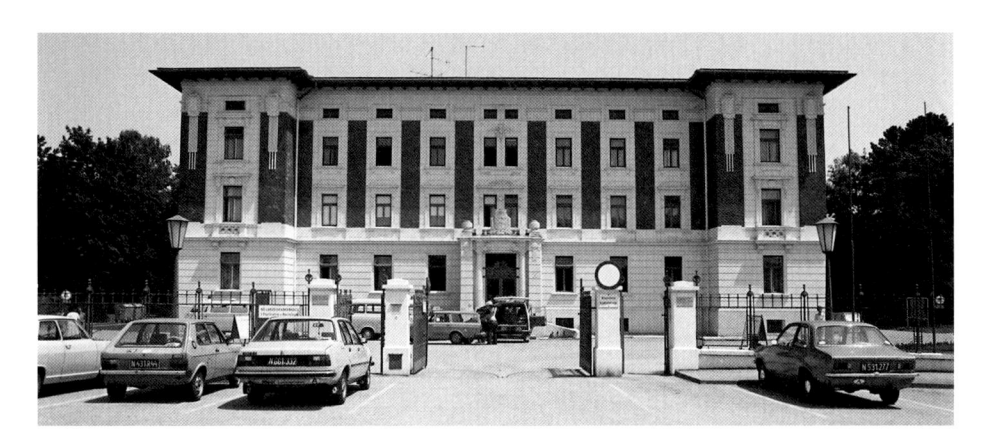

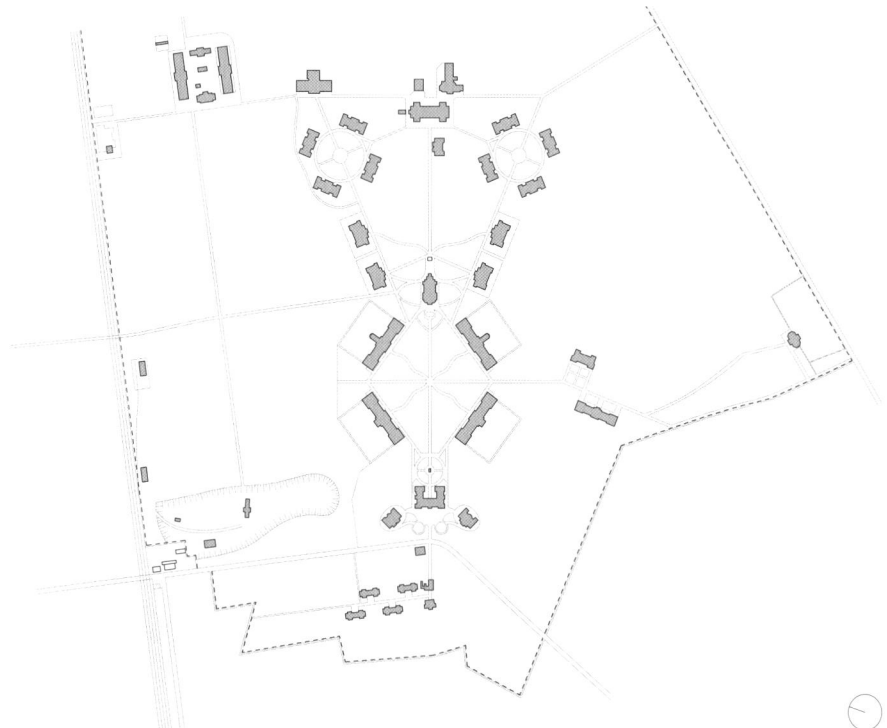

▶ *Plan: Grundriss 1902*

Wohnbauten

1183 Hauptplatz 2–10, 3–11, RHA, 1959–1962, AB: Atelier P + F (Herbert Prader, Franz Fehringer) ●

Die Zeile aus zehn schmalen, zweigeschoßigen Einfamilienhäusern entstand für Angestellte des Landesklinikums Amstetten. Rückseitige Garagen schließen die langen Gartenparzellen ab. Die einheitliche Straßenflucht wird durch zwei unregelmäßige, leichte Vorsprünge der Fassaden und eine asymmetrische Spiegelung in der Anordnung der Eingänge aufgelockert. Die bauzeitlich glatt verputzten Fassaden werden durch haushohe Lisenen vertikal unterteilt. In jeweils zwei Achsen sind Fenster und die überdachten Eingangstüren angeordnet, die durch schmale Freitreppen über einem hohen Sockel erreicht werden. Die Mehrzahl der Bauten wurde nachträglich mit Faserzementplatten unterschiedlichen Formats verkleidet.

Mauerbach 3001
Gemeinde: Mauerbach, Bezirk: St. Pölten

Bildung

1184 Hauptstraße 250, Volksschule und Bürgermeister*innenamt, 1908, P: Josef Hofbauer, AF: Guido Gröger, K: Paul Paintl (Büste) | Zubau, 2004, P: Bernhard Edelmüller, Engelbert Zobl ●

Die dreiflügelige Anlage bildet eine Art Ehrenhof mit einem Arkadengang, auf dessen Pfeilern Reliefs bedeutender Persönlichkeiten der österreichischen Geschichte angebracht sind. Das Zentrum des Hofs bildet ein Brunnen mit einer Büste des Kaisers Franz Joseph von Paul Paintl. In den eingeschoßigen flankierenden Bauteilen wurden das Bürgermeisteramt und eine Wohnung situiert, im höheren Bauteil, der aufgrund des abfallenden Geländes an der Rückseite dreigeschoßig ist, liegt die Volksschule; sie wurde 2004 durch Anbauten erweitert.

Wohnbauten

1185 Hauptstraße 5, 5a, 5b, Augustinerwaldgasse 5, WHA, 1992, P: Peter Raab, Gottfried Flicker, Alfred Jägersberger, S: Helmuth Locher ●

Drei frei stehende, dreigeschoßige Mehrfamilienhäuser mit je vier Maisonettewohnungen, die über eigene Gärten oder Dachterrassen verfügen, sowie ein Gemeinschaftshaus bilden eine mehrteilige Wohnhausanlage an der Grenze zwischen Niederösterreich und Wien. Die Wohnhäuser bestehen jeweils aus zwei schmalen Baukörpern, zwischen denen zweigeschoßige, verglaste Trakte aus einer filigranen Stahlkonstruktion liegen, welche die Erschließungs- und Gemeinschaftsflächen aufnehmen. Diese Bereiche führen durch ihren keilförmigen Grundriss dazu, dass die Wohntrakte zueinander verschwenkt situiert sind, wodurch Einblicke in die Wohnungen untereinander verhindert werden. Von der Eigentümer*innengemeinschaft organisiert, erfolgten Planung und Errichtung unter Mitbestimmung der künftigen Bewohner*innen und mit Unterstützung der öffentlichen Wohnbauförderung. Zur Erzielung des gewünschten einheitlichen Erscheinungsbilds bei gleichzeitiger Wahrung eines erkennbaren Ausdrucks von Individualität konnte innerhalb der vorgegebenen weißen Stahlbeton-Skelettkonstruktion sowohl bei der Anordnung der Maueröffnungen als auch bei den Wohnungsgrundrissen auf die jeweiligen Bedürfnisse, Vorstellungen und Wünsche der Eigentümer*innen eingegangen werden.

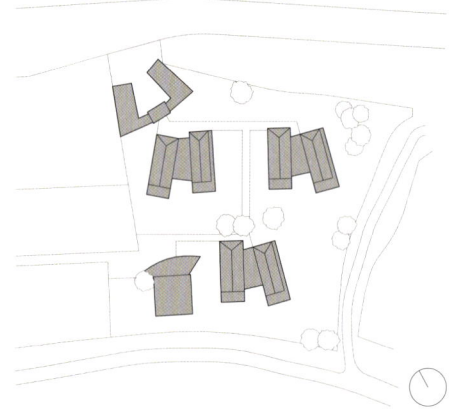

Einfamilienhäuser

1186 Franz Schubert-Gasse 1–3, EFH, 1992, AB: Zeininger Architekten (Angelika Zeininger, Johannes Zeininger) ●

Mautern an der Donau 3512
Gemeinde: Mautern an der Donau, Bezirk: Krems

Hotels, Heime, Klöster, Kasernen

1187 Kasernstraße 5, Raab-Kaserne, 1957–1959, P: Franz Sturm ●

Aufgrund der Nähe zu einer leicht überquerbaren Stelle der Donau wurde das Areal bereits in der Antike militärisch genützt. Unter dem NS-Regime wurden an diesem Standort Baracken und Garagen errichtet, Letztere überdauerten die sowjetische Besatzung und existieren noch heute im Kern der Anlage. 1957 beauftragte Bundeskanzler Julius Raab den Wiener Architekten Franz Sturm – der zur NS-Zeit der Gauamtsleiter Niederdonau war, nach dem Sturz des Dritten Reichs zwar seine offiziellen Ämter verlor, aber weiterhin als Architekt tätig sein konnte – mit dem Neubau einer Kaserne. Die erste Bauetappe mit den wichtigen Mannschaftsgebäuden war 1959 fertiggestellt. In den folgenden Jahrzehnten wurde die Anlage in unzähligen Bauetappen sukzessive renoviert und erweitert; zuletzt um eine umstrittene Aufstockung der eingeschoßigen Verwaltungsbauten im Norden.

1188 Schubertstraße 4, Landespflegeheim Mautern Severinheim, 1975 bis ca. 1982, P: Friedrich Albrecht, Peter Hofmann, BH: NÖ Landesregierung, S: Werner Retter | Sanierung und Umbau, 2004–2007

Im Kern der Anlage steckt ein Altenheim aus dem Jahr 1898, das jedoch mehrfach überformt und ab 1975 großräumig erweitert wurde. Diese Erweiterungen – der südliche Zimmertrakt mit seinen abgestuften und zurückversetzen Obergeschoßen und das westlich liegende Personalwohnhaus mit seinen wintergartenartigen Erkern – sind, mit ein paar kleinen Modernisierungen, in ihrem Erscheinungsbild aus den 1970er-Jahren erhalten. Der Altbau hingegen wurde in einer weiteren größeren Sanierungs- und Umbauphase zwischen 2004 und 2007 erneut verändert.

Meidling 3508
Gemeinde: Paudorf, Bezirk: Krems

Industrie

1189 48°20'19.1"N 15°37'17.2"E, an der Dorfstraße, <u>Schotterwerk, 1896</u>, BH: k. k. österreichische Staatsbahnen | Umbau, 1952–1953, P: Hopf & Köhler, BH: Firma Wanko | Umbau, 1962–1964 | Umbau, ab 2002, BH: Asamer Kies- und Betonwerke GmbH ●

Bis 1927 wurde der Steinbruch von den k. k. österreichischen Staatsbahnen betrieben. In der Nähe eines bauzeitlich bereits vorhandenen Umladebahnhofes für Braunkohle (Statzendorf) gelegen, war dies ein idealer Standort. Die Anlage des Schotterwerks befindet sich südlich des Steinbruchs und umfasst neben Silo und Brecherhaus ein Werkstätten- und Personalgebäude sowie ein an der Kremserstraße gelegenes Büro- und Wohnhaus.

Vermutlich stammt das Brecherhaus aus der Zeit um 1927, als Michael Wanko das Hartgestein-Schotterwerk übernahm. Die unterschiedliche Körnungsgruppen lagernden Silos zu beiden Seiten des Brecherhauses stammen aus dem Jahr 2002 und ersetzten die Anfang der 1950er-Jahre errichteten Silos. In einer weiteren Umbauphase wurden das Büro- und Wohnhaus (1962) und das auf dem Werkgelände liegende Werkstätten- und Personalgebäude (1964) errichtet. Das in den 1940er-Jahren erbaute Arbeiter*innenhaus zur Unterbringung des Personals existiert heute nicht mehr.

▶ Foto: Zustand vor Umbau 2022

Melk 3390
Gemeinde: Melk, Bezirk: Melk

Bis ins 9. Jahrhundert reicht die Geschichte der Stadt Melk, in deren städtebaulicher Struktur nach wie vor das Grundmuster der mittelalterlichen Stadt erhalten ist. Gekrönt wird das Altstadtensemble von der auf einem Felsen über der Stadt Melk thronenden barocken Klosteranlage, mit der Jakob Prandtauer der Stadt ihr weithin sichtbares Wahrzeichen gegeben hat.

Die Fassaden der im Kern spätmittelalterlichen und frühneuzeitlichen Bauten des Zentrums zeigen eine stilistische Bandbreite von Spätbarock über Biedermeier und Jugendstil bis hin zur Architektur der 1960er-Jahre. Nach Abtragung von Teilen der Stadtbefestigung aus dem Spätmittelalter wurde ab 1873 das „Cottage-Viertel" zwischen Altstadt und Bahn angelegt. Der Chefarchitekt des Wiener Cottage-Viertels, Carl Ritter von Borkowski, übernahm dabei einen Teil der Planung und errichtete einige Villen. In seiner Bebauungsstruktur und der Höhe der Bauten hebt sich das Viertel vom Gefüge der angrenzenden Altstadt ab und überragt sie auch wegen seiner höheren Lage im Gelände. Dem Historismus die deutlichste Absage erteilte Josef Plečnik mit der 1901 im Jugendstil erbauten Villa Loos.

Ab den 1930er-Jahren befassten sich mehrere Architekten mit Planungen zur Melker Stadterweiterung. Der erste Generalregulierungsplan mit Entwicklungsachsen nach Süden und Nordosten (1932–1933) stammt von Robert Oerley. 1939 legte Alfred Felsenstein Entwürfe für eine Bebauung Richtung Osten vor. Max Fellerer und Eugen Wörle skizzierten in ihrem Entwurf für den Bebauungsplan von 1941 vor allem im Osten und Süden des historischen Stadtzentrums großzügige Planungen. Ihre unrealisierten Entwürfe für die Nibelungenlände weisen im Gegensatz zu den in der Zwischen- und Nachkriegszeit geschaffenen Bauten rustikale Stilelemente im Sinn der nationalsozialistischen Machthaber auf.

Seit dem Jahr 2000 sind Stift und Stadt Teil des UNESCO-Welterbes Kulturlandschaft Wachau, seit 2013 steht die Altstadt als Ensemble unter Denkmalschutz. Das Schützen mit dem Gestalten in sehr umfassendem Sinn zu verbinden, war daher auch Leitgedanke des Architekten Karl Langer bei der Neuordnung des öffentlichen Raums von der Nibelungenlände bis zum Hauptplatz (2010–2014), die mit der Errichtung des Hochwasserschutzes Hand in Hand ging.

Amts-, Verwaltungs-, Kommunal-, Bürobauten

1190 Babenbergerstraße 4, <u>Eichamt, 1908–1909</u>, AB: Theiss & Jaksch (Siegfried Theiss, Hans Jaksch), BH: Gemeinde Melk ●

Im Erdgeschoß des zweigeschoßigen Baus befanden sich Eichraum und Kanzlei, der Zugang erfolgt über einen durch ein markantes Tor vom Straßenraum abgegrenzten Vorhof. Die darüberliegenden Wohnungen im ersten Stock sowie im Dachgeschoß werden über einen straßenseitigen Zugang erschlossen. Die Fassade ist mit ihren Rundbogenfenstern mit Fensterläden im Erdgeschoß und dem polygonalen Erker im Obergeschoß durch den Heimatstil geprägt.

Religion, Kult

1191 48°13'36.6"N 15°19'49.4"E, an der Kirchenfassade, Kriegerdenkmal, 1926, P: Wilhelm Frass •

Das Kriegerdenkmal befindet sich an der Nordseite der Pfarrkirche Mariä Himmelfahrt und wurde für die gefallenen des Ersten Weltkriegs entworfen. Frass hat in den 1920er-Jahren mehrere Kriegerdenkmäler geschaffen, bei denen er zumeist mit nackten Jünglingsfiguren in expressiver Haltung die Leiden der gefallenen Soldaten visualisierte. Bei dem Denkmal an der Kirchenmauer bekleidete er hingegen die Figur mit einer stilisierten Rüstung.

1192 A. B. Dietmayr-Straße 1, Benediktuskapelle, ehem. Konviktskapelle, 1966, P: Ottokar Uhl, K: Peter Bischof (Freskenmalerei, 1990–1994), Josef Strohmaier (Kruzifix, Weihwasserbecken Vorraum, 1992) •

Die architektonische Umsetzung der Beschlüsse des Zweiten Vatikanums führte generell zu Gemeinschaftsräumen, in denen die hierarchische Trennung zwischen dem Priester und den Gläubigen abgeschafft wurde. Von Ottokar Uhl wurde diese Idee bemerkenswert rigoros umgesetzt. Um die Kapelle zu besuchen, gelangt man zuerst in einen schmalen „Andachtsraum". In der Mitte der linken Längswand befindet sich der Tabernakel und zu beiden Seiten je eine Türe, die in den Hauptraum führt. Dieser ist 20 × 8 Meter groß und durch ein Lesepult in der Mitte des Raums und in der Achse des Tabernakels ideell in zwei Teile geteilt: Im „Raum für die Wortverkündigung" wird zunächst auf Bänken Platz genommen. Für die zentrale Eucharistiefeier begeben sich die Gläubigen in den „Raum für das Messopfer", wo sie an einem langen, längs ausgerichteten Altartisch stehend der Wandlung beiwohnen und die Kommunion empfangen. Sowohl der Altartisch als auch die Bänke können je nach Bedarf verschoben werden. Durch Holzlamellen vor den vier großen Fenstern ist die Lichtintensität variierbar, in der Decke sind Lichtstrahler eingebaut. Der Verzicht auf jede weitere Ausstattung des weiß ausgemalten Raums sollte die Andacht und die Konzentration auf das Messgeschehen erhöhen. Anlässlich des 900-Jahr-Jubiläums des Stifts wurde die Kapelle in „Benediktuskapelle" umbenannt und entgegen den Intentionen Uhls der Hauptraum mit einem frühgotischen Apostelfries, einem großen Kreuz sowie einer Orgel ausgestattet.

Der Andachtsraum wurde in den Jahren 1990 bis 1994 von Peter Bischof ausgemalt. Er bedeckte die gesamten Wandflächen mit expressiv verzerrten und bewegten Figuren, und die intensive Farbigkeit sowie der sehr freie Pinselstrich verstärken die affektive Darstellungsweise. In Zusammenschau mit dem nüchternen, weiß getünchten Hauptraum ließe sich der Vorraum mit den gequält wirkenden Figuren durchaus als Illustration des Fegefeuers interpretieren, dem man beim Betreten des hellen und ruhigen Sakralraums entrinnt.

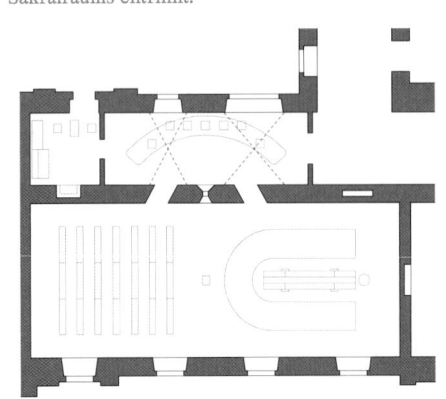

Gesundheit

1193 Krankenhausstraße 11, Landesklinikum Melk, ehem. A. ö. Krankenhaus Melk, 1896–1899 | Zubau Zahlstöckl, 1909–1911, AB: Theiss & Jaksch (Siegfried Theiss, Hans Jaksch) | Zubau, 2006–2012, AB: Architekten Maurer & Partner ZT GmbH (Ernst Maurer, Christoph Maurer, Thomas Jedinger) •

Ende des 19. Jahrhunderts wurde in Melk das erste Spital erbaut. In den Jahren 1909 bis 1911 errichteten die Architekten Siegfried Theiss und Hans Jaksch einen zusätzlichen Trakt, das sogenannte Zahlstöckl. In den 1930er-Jahren wurde das Gebäude durch einen niederen Zwischentrakt mit dem Hauptgebäude verbunden. Ab den 1960er-Jahren erfolgten im gesamten Areal diverse Um- und Zubauten. Nach der Eingliederung des Krankenhauses in die Niederösterreichische Landeskliniken-Holding wurde vom Architekturbüro Maurer & Partner 2006 bis 2012 der neue Bettentrakt errichtet.

Wohnbauten

1194 Florianstraße 1, Bahnzeile 11, WH, ehem. Offizierswohngebäude, 1912, AB: Theiss & Jaksch (Siegfried Theiss, Hans Jaksch) •

Der dreigeschoßige Baukörper auf einem hohen, durchfensterten Sockel liegt in der von der Straße abgesetzten Baufluchtung und wird durch den Rundvorbau am Gebäudeknick, seitliche Risalite und ein rundbogiges Portal charakterisiert, das die besonders ausformulierte Zugangssituation aufnimmt. Das Abschlussgeschoß wird durch dicht getaktete Fenster und hellen Putz hervorgehoben und geht in eine markante Traufe über, welche die horizontale Schichtung des Gebäudes unterstreicht und ihm eine unverwechselbare Silhouette verleiht.

1195   Florianstraße 3, MFH, 1905, P: Anton Miklik •

Unweit des Bahnhofs liegt der von der Straße abgerückte und symmetrisch angelegte, viergeschoßige Baukörper. Neben dem hohen, zentral gelegenen Zugang und den seitlichen, risalitartigen Vorsprüngen kennzeichnet ihn der reichhaltige Dekor in Jugendstil-Formen.

1196   Lindestraße 19, WH, 1911–1913, AB: Theiss & Jaksch (Siegfried Theiss, Hans Jaksch), BH: Baugenossenschaft Bauverein

1197   Pischingerstraße 7, WH, 1911–1913, AB: Theiss & Jaksch (Siegfried Theiss, Hans Jaksch), BH: Baugenossenschaft Bauverein •

Einfamilienhäuser

1198   Abt Karl-Straße 12, 14, zwei Villen, 1895 (Nr. 12), 1897 (Nr. 14), P: Franz Berg •

Die beiden annähernd symmetrischen Villen mit Ecktürmen flankieren den Eingang zur Keiblingerstraße. Die früher errichtete Villa Nr. 12 ist in den Details etwas aufwendiger als Nr. 14 gestaltet.

1199   Abt Karl-Straße 16, Villa Loos von Losimfeldt, 1901, P: Josef Plečnik, Josef Czastka, BH: Hans Loos von Losimfeldt, AF: Karl Langer •

Die Villa hebt sich mit ihrer klaren stereometrischen Form deutlich von den historisierenden Villen des Cottage-Viertels in der Nachbarschaft ab. Plečnik entwarf einen kubisch geschlossenen Baukörper mit zwei Geschoßen über dem Souterrain und einem abgesetzten Mansarddach. Die Fassaden sind streng geometrisch gestaltet und durch den Einsatz verschiedener Materialien und Effektputze gegliedert. Felder mit Glatt- und Rauputz wechseln sich mit keramischen Fliesen in Blau und Beige sowie Ziegel- und Naturschieferplatten ab. Die repräsentative Schaufassade im Norden wird durch einen kurvig hervorspringenden Erker mit einer darüberliegenden rundbogigen Balkonnische aufgelockert.

Im Souterrain waren Nebenräume und eine Hausbesorger*innenwohnung, in den Hauptgeschoßen in der ursprünglichen Planung je eine großzügige Wohneinheit mit Salon, Speisezimmer und Schlafzimmer straßenseitig orientiert und Küche, Diener*innenzimmer, Kabinett und Zimmer zum Garten gerichtet. Das Dachgeschoß wurde als Atelier und Dunkelkammer ausgebaut. Heute befinden sich in den Haupt- und Dachgeschoßen je zwei Wohneinheiten. Die Grundrisse der Wohnungen boten diese Flexibilität, da pro Stockwerk zwei Eingangstüren ausgeführt wurden. Von der Innenausstattung sind die Eingangstüren, das secessionistische, schmiedeeiserne Treppengeländer, die Steintreppe sowie die Terrazzopostamente im originalen Zustand erhalten, außerdem wurden Fragmente der Wand- und Deckenmalerei mit Schablonenmustern gefunden. Bei einer Generalsanierung in den 1990er-Jahren wurden Schäden, die zum Teil noch aus der Kriegszeit stammten, ausgebessert und fehlende Teile rekonstruiert.

Dieses wichtige Frühwerk zeigt bereits Plečniks eigenständige Interpretationen klassischer Architekturelemente und lässt seinen Drang, eine selbstständige Formensprache zu entwickeln, erkennen; es finden sich aber auch noch Elemente des Wiener Jugendstils und Einflüsse seines Lehrers Otto Wagner.

1200   Babenbergerstraße 7, Villa, 1904, AF: Karl Schlögl •

1201   Bahnhofstraße 4, Villa Seeböck, 1893, P: Carl Ritter von Borkowski, BH: Sparkasse Melk •

Die Sparkasse Melk beauftragte 1893 den Chefarchitekten des Wiener Cottage-Viertels, eine Mustervilla für eine in Melk geplante Villenkolonie zu entwerfen. Borkowski, der schon in Kassel und Wien für Cottage-Anlagen verantwortlich zeichnete, gestaltete eine 250 Quadratmeter große Villa mit Souterrain, zwei Hauptgeschoßen mit jeweils eigenständiger Wohneinheit und Dachgeschoß. Die reiche Fassadengestaltung mit Ecktürmchen, einer Säulenloggia mit Spitzbögen, Schnitzwerk an den Dächern und bunten Bleiglasfenstern zeugt von den baukünstlerischen Maßstäben, die hier gesetzt werden sollten. Im Inneren sind mit der Wand- und Deckenvertäfelung sowie Türstöcken Teile der ebenso anspruchsvollen Ausstattung erhalten.

1202 Feldstraße 5, Villa Rohn, 1926–1927, P/BH: Hans Rohn ●

Der Kartograf und Maler Hans Rohn entwarf für sich und seine Familie eine Villa mit Atelier, die er bis zu seinem Tod bewohnte. Auffallend ist die markante Fassadengestaltung durch Rechteck-, Rundbogen- und Ovalfenster, die er in verschiedenen Formaten kombiniert.

1203 Lindestraße 4, Villa, 1928, P: Franz Sdraule ●

1204 Lindestraße 21, WH, 1914, P: Karl Schlögl ●

1205 Pischingerstraße 4, Villa, 1904–1905, P: Anton Gürlich, AF: Karl Schlögl ●

Hotels, Heime, Klöster, Kasernen

1206 Abt Karl-Straße 42, Junges Hotel Melk, 1962–1965, P: Guido Gnilsen, Erich Eisenhofer, BH: Landesjugendherbergswerk NÖ, AF: Konopitzky | Umbau, 1994, AB: Atelier Hirschegger | Erweiterung und Sanierung, 2008, AB: Atelier Graf (Alexander Graf) ●

Die Jugendherberge wurde ursprünglich über L-förmigem Grundriss errichtet, wobei im ebenerdigen, nicht unterkellerten und parallel zur Straße liegenden Trakt u. a. der Speisesaal, im höheren, quer gestellten Trakt die Zimmer und im Keller die Waschräume untergebracht waren. 1994 wurde der Bau vom Atelier Hirschegger modernisiert und 2008 vom Atelier Graf durch einen südwestlich an den Speisesaal anschließenden, lichtdurchfluteten Seminarraum erweitert. Im Zuge dieses Zubaus wurde die Gartenfassade des Längstrakts erneuert und an das modernere Erscheinungsbild angepasst.

1207 Bahnhofstraße 3, WH, ehem. Hotel Melkerhof, 1897-1898 | Zubau, 1899, P: Franz Berg ●

1208 Prinzlstraße 22, Birago-Kaserne, 1912–1914, AB: Theiss & Jaksch (Siegfried Theiss, Hans Jaksch), BH: Stadtgemeinde Melk | Errichtung Krematorium, 1944 | Einrichtung Gedenkausstellung im Krematorium, 1992, AB: Spur Wien (Sigrid Augeneder, Klaus Tatto) | Erweiterung der Kaserne, 2017–2019 ●

Auf dem Plateau des Kronbichls wurde ab 1912 die Birago-Pionierkaserne nach Plänen von Theiss & Jaksch errichtet. Die V-förmige Anlage im Pavillonsystem ist durch die erhöhte Position weithin sichtbar und soll so in einen viel zitierten Diskurs mit dem Stift Melk treten. Die fünf historischen Hauptgebäude sind einfach, einheitlich und mit Ausnahme des Offizierswohnheims lediglich durch eine Quaderung an den Kanten gegliedert. Das zentrale Gebäude weist hingegen einen als Uhrturm fungierenden Dachreiter, eine Quaderung der Sockelzone und auffällige, auf Pilastern ruhende Spartanerhelmplastiken im Eingangsbereich auf. Unter den Nationalsozialisten wurde die Anlage in eine Außenstelle des KZ Mauthausen umfunktioniert, insgesamt 14.500 Gefangene wurden unter menschenverachtenden Umständen untergebracht, fast 5.000 ließen ihr Leben. Das 1944 zur Vernichtung ihrer Körper errichtete Krematorium ist seit 1963 eine Gedenkstätte, 1992 wurde im denkmalgeschützten Bauwerk eine Ausstellung eingerichtet. Im Jahr davor war die Kaserne, die in der Besatzungszeit den sowjetischen Soldaten, aber auch österreichischen Zivilist*innen als Unterkunft diente, von der Stadt Melk an die Republik Österreich verkauft worden, die sie ihrem ursprünglichen Zweck rückführte. Nach mehreren Sanierungswellen wurde die Anlage von 2017 bis 2019 im Südwesten um ein ca. sieben Hektar großes Gelände mit Garagen- und Werkstättengebäuden erweitert, die eine sachgerechte Unterbringung des schweren, auf Katastrophenschutz spezialisierten militärischen Gefährts erlauben.

Energie

1209 48°13'28.3"N 15°18'14.5"E, Donaukraftwerk Melk, 1979–1982, P: Helmut Hitzginger (DoKW), BH: Donaukraftwerk Niederösterreich (DoKW) | Fischwanderhilfe, 2007

→ 0279, → 0533, → 0849

Verkehr

1210 48°13'40.5"N 15°19'40.1"E, Hubbrücke, 1936–1938, P/AF: Wiener Eisenbau AG, Technisches Bureau | Umbau auf elektrischen Antrieb, 1952 ●

Direkt unterhalb des Melker Stifts überspannt die technisch beachtliche Stahlfachwerkbrücke mit einer Länge von etwa 50 Metern den Melkfluss. Zum Schutz vor Hochwasser kann das kastenförmige Tragwerk um mehrere Meter angehoben werden. Bis zur Installation eines elektrischen Antriebs 1952 mussten dazu vier Hebewinden händisch betrieben werden.

1211 48°14'31.8"N 15°20'44.9"E, Donaubrücke, 1969–1972, P: Abteilung Brückenbau Land NÖ, BH: Bundesministerium für Bauten und Technik

Die Balkenbrücke mit charakteristischem Spannbeton-Hohlkasten und zentralem Strompfeiler wurde 1969 als gemeinsamer „Brückenschlag" im Bundesstraßennetz zusammen mit den Brückenneubauten über die Donau bei Krems und in Hainburg projektiert. Die Eröffnung erfolgte erst zeitgleich mit der Hainburger Donaubrücke im Jänner 1973, die Kremser Brücke folgte im Juli.

Michelhausen 3451
Gemeinde: Michelhausen, Bezirk: Tulln

Bildung

1212 Schulgasse 2, Volksschule, 1968–1970, P: Willy Frühwirth | Um- und Zubau, 2004, P: Michael Ebner

Mistelbach 2130
Gemeinde: Mistelbach, Bezirk: Mistelbach

Amts-, Verwaltungs-, Kommunal-, Bürobauten

1213 Franz Josef-Straße 47, Feuerwehrgerätehaus mit Gemeindegarage, 1960–1961, P: Viktor Kraft, BH: Stadtgemeinde Mistelbach

Das eingeschoßige Feuerwehrhaus in zentraler Lage am Stadtpark ersetzte ein 30 Jahre zuvor errichtetes Zeughaus. Der Planer Viktor Kraft entwarf später unter anderem die Volksschule in der Bahnzeile (→ 1218). Die an der Fassade angebrachte Skulptur des hl. Florian, Schutzpatron der Feuerwehr, von 1709 steht unter Denkmalschutz.

Religion, Kult

1214 48°33'59.9"N 16°34'26.6"E, Mitschastraße, evang. Elisabethkirche, 1904–1905, P: Carl Weinbrenner, AF: Josef Dunkl, K: Ferdinand Stuflesser (Schnitzfiguren hl. Elisabeth, Engel)

Als Johann von Liechtenstein 1393 in Mistelbach Grund und Boden erwarb, gingen auch die Spitalkirche und das Armenspital in seinen Besitz über. Im 15. Jahrhundert wurde von der Familie Liechtenstein das Spital vergrößert und eine neue Kapelle errichtet. Da der Bauzustand der jahrhundertealten Kapelle äußerst schlecht war und sie dem Ausbau der vorbeiführenden Mitschastraße im Weg stand, wurde sie 1904 abgebrochen und ein Neubau an einer anderen Stelle beschlossen. Fürst Johann II. von Liechtenstein, der die Kapelle zum Zweck der Straßenregulierung bereits 1902 der Gemeinde geschenkt hatte, unterstützte den Neubau nicht nur finanziell, er stellte außerdem das nötige Baumaterial aus seiner Unter-Themenauer Tonwarenfabrik zur Verfügung. Darüber hinaus beauftragte er Carl Weinbrenner mit der Planung des Neubaus. Weinbrenner stand als Architekt und Baudirektor im Dienst des Fürsten und hat insbesondere in Südmähren eine Reihe von Kirchen fast ausschließlich mit Baumaterialien der Unter-Themenauer Fabrik errichtet. Als ehemaliger Schmidt-Schüler mit allen Formen der Gotik vertraut, entwarf er einen quadratischen Zentralbau in nordischer Neogotik. Kenn- und quasi Markenzeichen des Architekten war die ausgeklügelte, vielfältige Verarbeitungsweise des farbigen, glasierten Tonmaterials, das zum Teil nach seinen Anweisungen hergestellt wurde. Er soll bei seinen Kirchenbauten bis zu 300 verschiedenfarbige bzw. unterschiedlich geformte Einzelteile verwendet haben. Im Jahr 1966 wurde die Kirche der evangelischen Gemeinde übertragen. Anlässlich der „Land-, forstwirtschaftlichen und gewerblichen Ausstellung" 1895 ließ Fürst Liechtenstein in Mistelbach von Weinbrenner auch eine kleine Wetterstation errichten, die ähnlich wie die Kirche die vielfältige Produktpalette der Unter-Themenauer Fabrik veranschaulicht (→ 1224).

1215 Triftweg 6, Filialkirche Maria Rast, 1978–1980, AB: Atelier P + F (Herbert Prader, Franz Fehringer, Erich Ott), AF: Erich Gam, K: Franz Kaindl (Kruzifix, Marienstatue)

1977 wurde in dem wachsenden Siedlungsgebiet im Norden von Mistelbach der Bau einer Seelsorgestation beschlossen. Wie viele Architekt*innen auf der Suche nach stimmigen Ausdrucksmitteln für einen Sakralbau, vertrauten auch Prader und Fehringer auf geometrische Formen. Sie nahmen das Dreieck als Grundform für den Grundriss und auch der Hauptraum ist im Schnitt dreieckig ausgebildet. Rund um den Zentralraum sind – „wie ein Kranz" (Franz Fehringer) – ein Oratorium, diverse Nebenräume sowie ein Jugendheimraum angeordnet. Eine Schiebewand ermöglicht die Öffnung zum Hauptraum, eine Faltwand die Trennung vom Altarraum, sodass die Kirche auch als großer Versammlungssaal für diverse Veranstaltungen benutzt werden kann. Wie ein Fremdkörper wirkt der äußerst schlanke, an einer Längswand angebaute Turm, der im Obergeschoß an die Marterln erinnert, die entlang des vorbeiführenden „Jakobswegs Weinviertel" zahlreich zu finden sind.

Kultur, Veranstaltung

1216 Franz Josef-Straße 43, Stadtsaal, 1989, P: Anton Schweighofer, MA: Dieter Wallmann, BH: Stadtgemeinde Mistelbach, S: Franz Papp ●

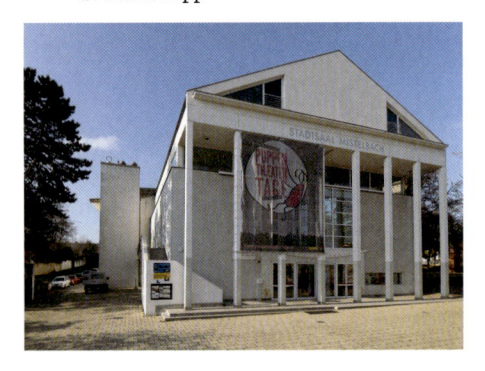

Die Franz Josef-Straße ist als gründerzeitliche Prachtstraße aus dem Hintausweg des früheren Angerdorfes entstanden und von einer lockeren, uneinheitlichen, ein- bis zweigeschoßigen Bebauung gekennzeichnet. Schweighofer sah für den neuen Stadtsaal eine „Villa im Park" vor, die eine bestehende Holzhalle mit flach geneigtem Giebel, in der bereits diverse Kulturveranstaltungen stattfanden, ersetzte. Ein bestehendes Badehaus wurde dabei in den rückwärtigen Gebäudeteil integriert und aufgestockt, woraus eine interessante, kontinuierliche Verbreiterung und Erhöhung des Baukörpers resultierte. Diese Komplexität eines Neben- und Übereinanders an Raumschichten und unerwarteten perspektivischen Effekten entspricht der Flexibilität der möglichen Nutzungen bei Beibehaltung des zu erwartenden, festlichen Rahmens. Das Motiv der Villenfassade mit Portikus und großem Giebel wird durch den Einsatz von Betonfertigteil-Konstruktionen neu interpretiert, und auch die konsequenten Asymmetrien im Grundriss sowie der räumliche Einfallsreichtum des Planers stellen eine moderne Deutung der klassischen Villa dar.

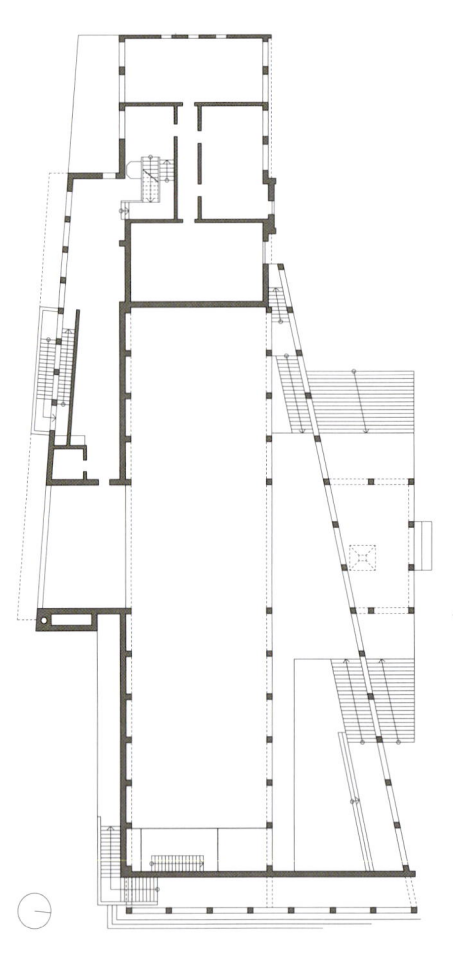

1217 Museumsgasse 4, Zubau zu Barockschlössl, Kulturraum Mistelbach, 1999, P: Sepp Frank

Bildung

1218 Bahnzeile 1, Volksschule, 1969–1970, P: Viktor Kraft | Zubau, 1996 ●

1219 Brennerweg 8, Bundesschulzentrum, 1977 | Zubau, 2004, AB: Florian Lutz . Daniela Amann . Architekten ZT OG ●

Das 1975 bis 1977 errichtete Gebäude wurde mehrmals aufgestockt. Die zahlreichen Veränderungen lassen sich in der Fassade ablesen, obwohl bei den Aufstockungen die bestehenden Gestaltungselemente Beton und Klinker weitergeführt wurden. 2004 erfolgte ein lang gestreckter Zubau an der Geländekante im Osten des Areals, der den bestehenden Schulkomplex in zeitgenössischer Formensprache ergänzt.

1220 Conrad Hötzendorf-Platz 2, Polytechnische Schule, ehem. Gewerbliche Berufsschule, 1931, P: Alexander Prokop | Zubau, 1954 | Überdachung Hof, 1970 ●

Die Fassade des zweigeschoßigen Gebäudes liegt etwas zurückversetzt an einem begrünten Platz und ist durch horizontale Bänder und vertikale Sichtziegelfelder zwischen den Fenstern und um das Portal strukturiert. Durch Zubauten und eine Überdachung des Innenhofs wurde die Schule ab den 1950er-Jahren erweitert.

1221　Gewerbeschulgasse 4, Kindergarten, 1959–1960, P: Wilhelm Hubatsch, BH: Stadtgemeinde Mistelbach •

Der Kindergarten besteht aus einem gemeinsamen Spielsaal und drei kammartig angeordneten Gruppen, von denen jede einen eigenen Eingang sowie Garderoben und Waschräume besitzt. Bei einem Umbau wurde das Dach neu gedeckt, Zubauten wurden zwischen den Gruppenräumen errichtet und die großen südseitigen Fensterflächen verkleinert, wodurch der Charakter des Gebäudes heute stark verändert ist.

Gesundheit

1222　Liechtensteinstraße 65–67, Landesklinikum Mistelbach-Gänserndorf, 1908–1909, P: Eugen Sehnal, BH: Stadtgemeinde Mistelbach, AF: Josef Dunkl | Um- und Neubauten, 1974–1978, AB: Atelier P + F (Herbert Prader, Franz Fehringer, Erich Ott) | Neubau, 2011–2019, AB: ARGE Moser Architects ZT GmbH/Architekten Maurer & Partner ZT GmbH •

Mit der Errichtung des Krankenhauses wurde 1908 Eugen Sehnal beauftragt, der zeitgleich das Rathaus in Mistelbach erbaute. Schon einige Jahre später wurde das Krankenhaus durch den Anbau von zwei Flügeln erweitert und in den folgenden Jahren wurden immer wieder Um- und Zubauten durchgeführt. In den Jahren von 1974 bis 1978 erfolgte durch Herbert Prader, Franz Fehringer und Erich Ott ein umfassender Ausbau des Spitals, 2011 bis 2019 wurde ein kompletter Neubau errichtet. Nur einige Gebäude blieben im Kern erhalten. Der Altbau von 1908 wurde renoviert und revitalisiert und dient heute als Schule für allgemeine Gesundheits- und Krankenpflege.

Freizeit

1223　Bahnzeile 1a, Sporthalle, 1979, P: Viktor Kraft

Die schlichte und trotzdem raffinierte Außenerscheinung des eingeschoßigen Gebäudes ergibt sich durch das Spiel mit unterschiedlichen Höhen der Baukörper sowie deren Anordnung und ist weitgehend im bauzeitlichen Zustand erhalten. Während die Sporthalle als fensterloser, über Lichtkuppeln belichteter quadratischer Baukörper ausgeführt ist und auf der oberen Fassadenhälfte eine dachziegelähnliche Verkleidung vorgeblendet hat, wird die ihr vorgelagerte, leicht dezentral positionierte Eingangshalle durch ein Fensterband erhellt und mittig unter einem auskragenden Vordach erschlossen.

Sonderbauten

1224　48°34'15.0"N 16°34'11.4"E, im Stadtpark, Wetterstation, 1895, P: Carl Weinbrenner •

Wohnbauten

1225　Bahnstraße 12, Wohn- und Geschäftshaus, 1912, P: Martin Steingassner •

1226　Josef Dunkl-Straße 14, WH, um 1910, P/BH: Anton Geyer •

1227　Josef Dunkl-Straße 16, WH, 1905, P/BH: Josef Dunkl •

Einfamilienhäuser

1228　Liechtensteinstraße 5, Umbau EFH, 1990–1992, P: Ernst Hiesmayr, MA: Johannes Kaufmann, S: Helmuth Locher

Bei der Umgestaltung des traufständigen Einfamilienhauses, das als Wohnhaus mit Ordination genutzt werden sollte, organisierte Hiesmayr die Erschließung neu und leitete durch die großflächige, ins Dach übergehende Verglasung des Treppenhauses Licht ins Hausinnere. Die Erhöhung des Daches – durch Fensterbänder an den Fassaden ablesbar – vergrößerte die Raumhöhe der Schlafzimmer im Obergeschoß. An der asymmetrisch durchkomponierten Straßenfassade erinnern zwei Paare französischer Fenster an die ursprüngliche Fassadengestaltung, auf der Gartenseite steht ein vorgesetzter Wintergarten im Zentrum.

Hotels, Heime, Klöster, Kasernen

1229　Liechtensteinstraße 69–71, Pflege- und Betreuungszentrum Mistelbach, 1987–1993, AB: Atelier P + F (Herbert Prader, Franz Fehringer, Erich Ott) | Zubau, 2009, P: Alfred Oszwald •

Das Pflege- und Betreuungszentrum mit seinen geschwungenen, dreigeschoßigen Bautrakten, den zwei zentralen Pavillons mit Kegeldächern und dem Verbindungsglied in griechischer Kreuzform, in dem unter einem pyramidenförmigen Oberlicht

u. a. ein Aufenthaltsraum liegt, wurde ab 1987 an der Stelle des ehemaligen Franziskusheims errichtet. Von 2008 bis 2009 wurde die Anlage von Alfred Oszwald um ein Hospiz erweitert.

Geschäftslokale, Einkaufszentren, Banken

1230 Hauptplatz 1, Sparkasse, 1964–1966, P: Richard Gach, BH: Sparkasse •

1231 Hauptplatz 11–12, Volksbank, 1964–1965, P: Alois Schrimpf, BH: Volksbank •

Industrie

1232 Waldstraße 44–46, Museumszentrum Mistelbach, ehem. Fabrik Ferdinand Heger & Sohn, 1895 | Umbau, um 1920 | Umnutzung, 1979 | Stilllegung, 1987 | Umnutzung, 2007 •

Auf einen adeligen Freihof des 17. Jahrhunderts zurückgehend, richtete die Familie Heger 1895 an diesem Standort eine Schmiede ein. Ab 1920 führte Karl Heger unter dem Namen „Ferdinand Heger & Sohn" den Betrieb als Landmaschinenfabrik. 1979 wurde das Areal an die Firma Gasselich veräußert und 1987 aufgrund einer Standortverlegung in die Slowakei stillgelegt. Nach mehreren Jahren Leerstand kaufte die Gemeinde das Grundstück, seit 2007 wird die Fabrikanlage als „Museumszentrum Mistelbach" genutzt.

Mitterarnsdorf 3621
Gemeinde: Rossatz-Arnsdorf, Bezirk: Krems

Einfamilienhäuser

1233 Mitterarnsdorf 57, 58, Villen, um 1910 •

1234 Mitterarnsdorf 64, EFH, 1959–1960, P: Ferdinand Kitt •

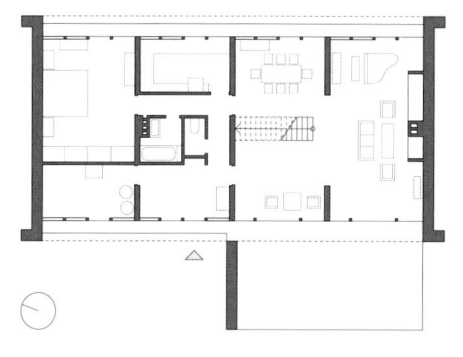

Die Einbettung seiner Bauten in die Natur ist wesentliches Merkmal der Architektur Ferdinand Kitts. Er greift traditionelle Elemente und Materialien der regionalen Architektur auf – zum Beispiel ein hohes Satteldach und aus Stein gemauerte Wände. Erst auf den zweiten Blick offenbart sich der moderne Charakter der Gebäude – großzügige Verglasungen geben den Blick in die Natur frei. Über einen Vorraum werden das Schlafzimmer mit Küche, Bad und WC sowie der große Wohnraum, der sich zum Dachraum öffnet, erreicht. Von dort führt eine Treppe zu den Kinderspiel- und -schlafzimmern im Dachgeschoß. Im Grundriss des Erdgeschoßes lässt sich eine deutliche Trennung zwischen Wohn- und Schlafbereich ablesen, im Außenraum wird diese Trennung durch eine Natursteinmauer veranschaulicht. Am Wohnzimmer wurde nachträglich ein Wintergarten angebaut.

Mitterbach am Erlaufsee 3224
Gemeinde: Mitterbach am Erlaufsee, Bezirk: Lilienfeld

Verkehr

1235 47°49'24.1"N 15°17'20.4"E, Hängesteg Stausee Erlaufklause, um 1886

1236 47°49'49.4"N 15°17'03.3"E, Erlaufstausee, Kuhgrabenviadukt, 1905, BH: NÖ Landeseisenbahnamt

Der 30 Meter hohe, gemauerte Mittelpfeiler der Eisenfachwerkbrücke sowie die beidseitigen gemauerten Viaduktbögen unterscheiden die 97 Meter lange Talquerung vom ähnlichen, jedoch kürzeren Viadukt über den benachbarten Eselgraben. Die von der Bahnstrecke der Mariazellerbahn gequerten Gräben bilden seit Errichtung der Staumauer Seitenarme des Stausees (→ 0520).

Mitterbach-Seerotte 3224
Gemeinde: Mitterbach am Erlaufsee, Bezirk: Lilienfeld

Religion, Kult

1237 47°48'52.0"N 15°17'42.6"E, Pfarrkirche hl. Klemens Maria Hofbauer, 1915, P: Hubert Gangl, AF: Anton Schwarz, K: Franco Tomaschu (Altarbild) •

Nachdem die evangelische Gemeinde bereits 1785 eine Kirche erhalten hatte, wurde im Jahr 1875 für die katholischen Gläubigen wenigstens eine Kapelle errichtet. Für die zunehmende (katholische) Einwohner*innenzahl wurde die Kapelle jedoch bald zu klein, und im Jahr 1912 gründete sich der Kirchenbauverein „Marianische Kongregation für Kaufleute", um einen größeren Kirchenbau in die Wege zu leiten. Im Kriegsjahr 1914 wurde mit einem Neubau im neoromanischen Stil begonnen. Mit einem weiten Saalbau und eingezogenem Chor formulierte der Architekt Hubert Gangl einen konventionellen Grundriss. Bemerkenswert ist die Außengestaltung, bei der er mit einer asymmetrischen Konzeption und einer vielteiligen Auflösung des Baukörpers all jene Mittel einsetzte, die dem Gebäude die damals hochgeschätzte malerisch-pittoreske Wirkung verliehen. Mit einer ähnlichen Gestaltungsweise hatte Gangl bei der Hetzendorfer Kirche im 12. Wiener Gemeindebezirk bereits

1908 breite Anerkennung erfahren. Der Turm in Mitterbach ist seitlich am Langhaus angesetzt, der Saalraum erhielt nur ein Seitenschiff. Die Öffnung zum Hauptraum mit Segmentbogenarkaden sowie die darüberliegenden Emporen sind an der Außenwand als kleinteilige, im Emporenbereich gaubenartige Unterteilungen gekennzeichnet. An der Chorseite wird der Eindruck eines Staffelchores hervorgerufen, indem der Chor weniger hoch als das Hauptschiff ausgebildet ist und durch niedere Anbauten ein Chorumgang bzw. Kapellenkranz vorgetäuscht wird. Mit unterschiedlichen Dachformen, einem kleinen, verblechten Giebelreiter sowie Natursteinmauerwerk in der Art des „Modern Romanesque" setzte Gangl weitere malerische Akzente. Kriegsbedingt musste der Bau, bei dem vor allem noch der Turm fehlte, 1915 eingestellt werden. 1938 wurden die Bauarbeiten wieder aufgenommen, der Zweite Weltkrieg verhinderte jedoch wiederum die Fertigstellung und erst im Jahr 1968 war der Bau vollendet.

Mittergrabern 2020
Gemeinde: Grabern, Bezirk: Hollabrunn

Zentren

1238 48°37'03.6"N 16°00'59.3"E, vor dem Gemeindeamt, Wartehäuschen und Brunnen, 1999, AB: BLP Brigitte Löcker Projects

Mitterndorf an der Fischa 2441
Gemeinde: Mitterndorf an der Fischa, Bezirk: Baden

Industrie

1239 Friedhofstraße 5, Lagerhalle, 1974–1976, P: Bruno Tinhofer, Günter Ziegler, BH: Vogel & Noot Verkaufs GmbH, S: Alfred Feneberg ●

Mitterretzbach 2070
Gemeinde: Retzbach, Bezirk: Hollabrunn

Verkehr

1240 48°47'28.7"N 15°58'16.2"E, Kultplatz, Steg am Heiligen Stein, 1999, P: Max Pauly

Bogenförmig umschließt der als Kunstprojekt realisierte Steg das Fundament der Wallfahrtskirche aus dem 18. Jahrhundert. Auf der Hügelkuppe sichert die geschwungene Holz-Stahl-Konstruktion auf einzelner Stützenreihe gleichermaßen Ausblicke sowie den Anblick auf die Konstruktion selbst.

Mödling 2340
Gemeinde: Mödling, Bezirk: Mödling

Industrieansiedlungen entlang der Südbahn sorgten ab ungefähr 1860 für Bevölkerungszuwachs und eine Siedlungsentwicklung, die bis heute weite Teile des Stadtbilds prägt. Zudem stieg die Nachfrage nach Freizeitwohnsitzen stark an, was zu einem verstärkten Bau von Häusern und Villen führte. Die Modernisierung und Vergrößerung der Stadt – die Stadterhebung erfolgte 1975 – verantwortete Bürgermeister Josef Schöffel. In seiner Amtszeit von 1873 bis 1882 wurden die Straßen gepflastert, Kanalisation und Kläranlage errichtet, die Gasbeleuchtung eingeführt, das Krankenhaus und ein Waisenhaus gegründet und binnen weniger Jahre ein neues Stadtviertel – die Schöffelvorstadt – gebaut. Als Journalist setzte sich der verdienstvolle Bürgermeister von 1870 bis 1872 maßgeblich gegen die Abholzung des Wienerwaldes und die Verschleuderung von Staatseigentum ein, was ihm den Ehrentitel „Retter des Wienerwaldes" einbrachte. In den Jahren um 1910 errichteten die Architekten Siegfried Theiss und Hans Jaksch öffentliche Bauten (z. B. die Pionierkaserne) und Genossenschaftshäuser.

Vor dem Ersten Weltkrieg war Mödling eine prosperierende Stadt, in der Zwischenkriegszeit änderte sich am Stadtbild wenig. 1938 wurde Mödling ein Teil von Groß-Wien und blieb dies bis 1954. Danach setzte erneut eine Urbanisierungsphase ein, die bis in die 1970er-Jahre andauerte. Der Fortschritt äußerte sich in einer Entwicklung zur autogerechten Stadt und dem Abriss des stadtbildprägenden Brauhofs beim Bahnhof, der durch einen multifunktionalen Verwaltungs- und Geschäftskomplex mit Wohnungen und Kino ersetzt wurde. Es entstanden aber auch architektonische Innovationen wie die Terrassenwohnhausanlage „Goldene Stiege" (1969) von Eugen Wörle. 1976 war Mödling die erste Stadt Österreichs, die eine Bundesstraße, die durch das historische Zentrum führte, in eine Fußgängerzone umwandelte.

Im 21. Jahrhundert hat sich Mödling an frühere Traditionen anschließend zur baukulturellen Vorzeigestadt gemausert. Stadtentwicklung erfolgt unter Einbeziehung der Bürger*innen sowie unter dem Zeichen des Klimaschutzes und der Ressourcenschonung: Keine Widmung von neuem Bauland, Schutzzonen, Entsiegelung von Flächen, Attraktivierung des öffentlichen Raumes und umweltfreundliche Mobilität sind wichtige Eckpfeiler der Entwicklungsstrategie der 24.000-Einwohner*innen-Stadt, die 2021 mit dem Baukultur-Gemeindepreis ausgezeichnet wurde.

Amts-, Verwaltungs-, Kommunal-, Bürobauten

1241 Robert Koch-Gasse 17, Institut für veterinärmedizinische Untersuchungen AGES, ehem. k. u. k. Tierimpfstoffgewinnungsanstalt, 1909–1910 | Erweiterung, 1982–1986 | Chemie-, Diagnostikgebäude, Impfstoffwerk, P: Sepp Stein | Erweiterung, 1992, Virologiegebäude | Umbau, 2010 | Impfstoffwerk und Hauptgebäude, AB: Cserni & Schifko ZT GmbH (Martin Cserni, Rosemarie Cserni) ●

1242 Schulweg 9, Feuerwehrhaus, 1984, P: Ernst Hoffmann, BH: Stadtgemeinde Mödling Betriebsgesellschaft mbH, Wolfgang Bauer, S: Stefan Novotny, Wolfgang Bauer, K: Gundi Dietz (Büsten) ●

Das etwas abseits des Stadtzentrums gelegene Feuerwehrhaus, ein zweigeschoßiger Gebäuderiegel mit Nord-Süd-Ausrichtung, ist im Norden zur Straße hin konkav gekrümmt. Zwischen Feuerwehrmuseum, Haupteingang und Lehrsaal im Norden und der südlich gelegenen Fahrzeughalle befindet sich ein Schlauch- und Übungsturm. Gundi Dietz fertigte für die konvex geschwungene Fassade Büsten an; jene am Feuerwehrmuseum wurden abgenommen, während jene nördlich des Haupteingangs noch vorhanden sind. Das Gebäude spricht mit seiner Materialität, seinem arkadenartigen Gang an der geschwungenen Fassade und dem vorgelagerten runden Eingangsbauteil eine postmoderne Formensprache.

Religion, Kult

1243 Guntramsdorfer Straße 28, Aufbahrungshalle, 1926–1927, P: Karl Lehrmann, Otto Straeche | Renovierung und Erweiterung, 1986, P: Hans Podivin

1244 Maria Theresien-Gasse 18–20, Pfarrkirche Herz Jesu, 1971, P: Franz Andre, AF: Firma Anton Joiser, K: Hermann Bauch (Altarrelief, Betondickglasfenster), Ernst Wenzelis (Madonna), Siegfried Walter (Tabernakel, Leuchter)

Im 19. Jahrhundert entstand die Schöffelstadt, ein neuer Stadtteil am südlichen Rand von Mödling. Neben Wohnhäusern wurde auch das Bezirkskrankenhaus, eine Schule sowie das „Hyrtelsche Waisenhaus" (→ 1268) mit einer Kirche errichtet. 1909 wurde in der Maria Theresien-Gasse zusätzlich ein Kinderheim mit einer Kapelle erbaut. Die Erhebung des neuen Stadtteils zur Pfarre im Jahr 1925 erforderte schließlich einen Kirchenneubau – die Kinderheimkapelle war ungeeignet und zu klein, und der Direktor des Waisenhauses lehnte die Nutzung der Waisenhauskirche als Pfarrkirche ab. Es dauerte allerdings noch viele Jahre, bis ein geeigneter Bauplatz gefunden und die Finanzierung des Projekts gesichert war. Schließlich wurden die Grundstücke neben dem Kinderheim gekauft, das der Architekt allerdings durch die Ausbildung eines flachen Risalits an der breitesten Seite als „unregelmäßiges Fünfeck" bezeichnet. Der Risalit kennzeichnet als sehr seichte Apsis den Altarraum. Im gegenüberliegenden spitzen Winkel plante der Architekt einen schlanken, offenen Turm „als Wahrzeichen und Rufer" mit einer Höhe von 28 Metern, der gleichzeitig als Kircheneingang dient. Der in Sichtbeton ausgeführte Stahlbeton-Skelettbau ist mit verputzten Ziegelflächen ausgefacht, wodurch der Architekt eine ästhetisch ansprechende Strukturierung des hohen Baukörpers erzielte. Auch im Kircheninnenraum ist die Kombination der beiden Materialien sichtbar. Die Dachuntersicht ist zur besseren Akustik mit Holz verkleidet. Bunte Betondickglasfenster von Hermann Bauch nehmen dem Hauptraum die Strenge des Betonbaus.

„Eine Novität stellt die Orgelempore dar" (Franz Andre). Wie der Architekt erklärt, hat er den Raum nicht nur für die traditionellen Verwendungszwecke geplant, sondern ihm auch die zusätzlichen Funktionen einer Werktagskapelle und eines Ausspracheraums zugewiesen. Bemerkenswert ist, dass er die fünfeckige Grundrissform des Hauptraumes „in verkleinertem Maßstab" wiederholt, um damit deutlich den Sonderzweck als zusätzlichen, im

Prinzip zweiten Sakralraum zu betonen. Der zur Gänze in Sichtbeton ausgeführte Raum kann durch eine mobile Glastrennwand vom Hauptraum abgeschlossen werden. Eine sehr steile Betonstiege hat jedoch den Besuch der Kapelle erheblich erschwert und 2006 wurde die Werktagskapelle in die Sakristei verlegt.

Die Räume des ehemaligen Kinderheims wurden als Pfarrheim adaptiert bzw. ausgebaut und die Kapelle zu einem Veranstaltungs- und Vortragssaal umgebaut. Der Kirchenbau des 20. Jahrhunderts zeigt eine bemerkenswerte breite Palette an Gestaltungsmöglichkeiten. Mit der multifunktionalen Orgelempore hat der Architekt Franz Andre eine weitere Variante hinzugefügt.

1245 Weißes Kreuz-Gasse 66, <u>Seelsorgestation St. Michael, 1973–1975</u>, P: Wilhelm Haßlinger, Hans Puchhammer, Gunther Wawrik, AF: Firma SÜDBAU, K: Josef Seger (Betonglasfenster), Irmtraut Casari (Fassadengestaltung, 1995) ●

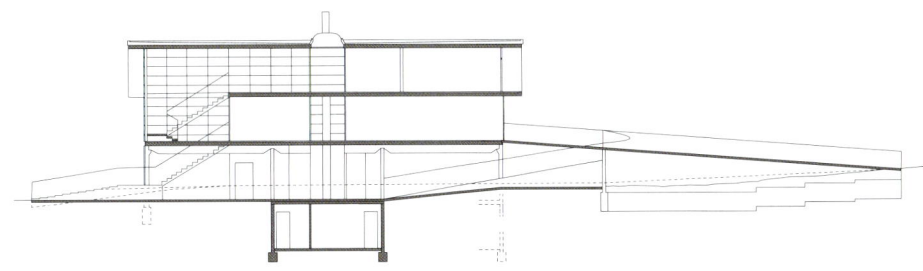

Ab den 1920er-Jahren zeigt sich der Trend, bei neuen Kirchenerrichtungen der Messfeier dienende Saalräume zu konzipieren, die auch als Veranstaltungsräume genutzt werden können. Manchmal wurde die Möglichkeit geschaffen, den Kirchenraum mit weiteren Räumen zu einem größeren Veranstaltungssaal zu verbinden. Bei der Seelsorgestation St. Michael verfolgten die Architekten Haßlinger, Puchhammer und Wawrik hingegen ein ungewöhnliches Konzept. Da für die Errichtung einer Kirche nicht genügend finanzielle Mittel aufgebracht werden konnten, planten sie einen großen Mehrzweckraum mit einer umlaufenden Galerie, der als Festsaal verschiedenste, auch außerpfarrliche Nutzungsmöglichkeiten bietet.

Der eigentliche Sakralraum mit dem Altar ist die als Nische ausgebildete kleine Werktagskapelle, die bei Bedarf durch eine Schiebewand zum großen Raum erweitert werden kann. Die Altarwand der kleinen Kapelle ziert ein großes Betonglasfenster des Mödlinger Künstlers Josef Seger. Es besteht aus 150 Einzelstücken und hat den Sonnengesang von Franz von Assisi zum Thema. Der schlichte Betonbau ist zweigeschoßig ausgeführt, das Erdgeschoß dient als Garage für die Besucher*innen der diversen Veranstaltungen sowie die Bewohner*innen des anschließenden Wohnhauses. Auf Wunsch des damaligen Pfarrers erhielt die Seelsorgestation weder einen Glockenturm noch ein Kreuz. Da die Kritik an der profanen Außenerscheinung des Gebäudes nicht verstummte, beauftragte der Pfarrer zwanzig Jahre nach der Weihe des Gebäudes die Keramikerin Irmtraut Casari, die Fassade mit der Darstellung der „Entsendung des Erzengels Michael" sowie einem Fliesenband zu schmücken. Später wurde noch ein Kreuz über dem Eingang angebracht.

Kultur, Veranstaltung

1246 Babenbergergasse 5, <u>Stadttheater und Stadtkino, 1913</u>, P: A. Ferdinand Schleicher | Adaptierung, 1993–1994, P: Elsa Prochazka, BH: Stadtgemeinde Mödling Betriebsgesellschaft mbH ●

Die „Mödlinger Bühne" wurde 1913 als klassisches Lichtspieltheater in einem secessionistischen, viergeschoßigen Wohnhaus eingerichtet und wird auch heute noch als solches betrieben. Prochazkas gestalterische Eingriffe Mitte der 1990er-Jahre beschränkten sich auf das Foyer und andere Funktionsteile; der Aufführungsraum wurde behutsam in seinen ursprünglichen Zustand rückgeführt, was vor allem das optische „Verschwindenlassen" der sukzessive dazugekommenen Projektions- und Beleuchtungseinrichtungen bedeutete.

Bildung

1247 Eisentorgasse 5, <u>Haus der Jugend, ehem. Mädchen-Lyzeum, 1905</u>, P: Sepp Hubatsch | Zubau, 1910 | Zubau und Aufstockung, 1927, P: Karl Lehrmann, Hermann Tamussino | Umbau und Zubau, 1997–2002, AB: Chromy + Schneider Ges.n.b.R. (Wolfgang Chromy, Manfred Schneider) ●

Das ehemalige Mädchengymnasium verfügt über eine interessante Baugeschichte, die den Charakter des Gebäudes mehrmals stark veränderte: Bereits 1905 wurde ein sechsklassiges Mädchen-Lyzeum durch den Wagner-Schüler Sepp Hubatsch errichtet. Der Jugendstil-Bau war in T-Form angelegt, der Haupteingang lag westseitig am sechsachsigen Hoftrakt, die ebenfalls sechsachsige Straßenfassade war mit geometrischem Jugendstil-Dekor und fünf Engeln zwischen den Fenstern im Obergeschoß dekoriert. Die damals entwickelte Dekoration wendete Hubatsch am 1912 errichteten Reihenhaus in der Franz Keim-Gasse in Brunn am Gebirge ein weiteres Mal an, wo sie bis heute erhalten ist (→ 0251). 1910 erfolgte der Ausbau des Straßentrakts um weitere sechs Achsen, die bestehende Fassadendekoration wurde am neuen Bauteil weitergeführt und am zur Straßenfassade verlegten Haupteingang gespiegelt. Im Jahr 1927 wurden nach Plänen von Karl Lehrmann sowie dem Behrens-Schüler Hermann Tamussino dem Straßentrakt westseitig zwei weitere Achsen hinzugefügt und ein Geschoß ergänzt. Die verzierte Straßenfront wurde durch eine zweckmäßige, schlicht verputzte Fassade ersetzt, die lediglich durch ein horizontales Gesims und dekorative Halterungen für Masten im neu errichteten Obergeschoß geschmückt ist. Ein weiterer Anbau im zweiten Obergeschoß veränderte die symmetrisch angelegte Fassadengestaltung.

Nach der Umsiedlung der Schule im Jahr 1978 diente das Gebäude zunächst als Sitz des Polytechnischen Lehrgangs, bis in den 1990er-Jahren die Adaptierung des Gebäudes mit verschiedenen Einrichtungen für Jugendliche beschlossen wurde. In den Jahren 1997 bis 2002 wurde das Bauwerk mithilfe eines Sozialprojekts, in dem Langzeitarbeitslose und Kriegsflüchtlinge gemeinsam mit den Architekten Chromy und Schneider die Baustelle betreuten, saniert und der ehemalige Turnsaal zu einem Veranstaltungssaal – der sogenannten Red Box – umgebaut. Vom früheren Jugendstil-Dekor sind am Außenbau keine Reste vorhanden, die Straßenfassade präsentiert sich trotz der vielen Umbauten noch weitgehend in der Ästhetik der späten 1920er-Jahre. Die Rückseite des Gebäudes wird durch die zeitgenössische Adaptierung des ziegelroten Veranstaltungssaales dominiert.

1248 Jakob Thoma-Straße 20, Jakob Thoma Mittelschule, 1912–1914, P: Robert Kalesa ●

Robert Kalesas Entwurf des mächtigen dreigeschoßigen Bauwerks mit U-förmigem Grundriss für die Volks-, Bürger- und Handelsschule ging aus einem Wettbewerb hervor, in dem er ex aequo mit Friedrich Fischer und Rudolf Sowa als Sieger hervorging. Es handelte sich um einen der ersten Aufträge für den damals 30-jährigen Architekten, der 1913 auch die Baumeisterkonzession erlangte. Das asymmetrisch durch Vor- und Rücksprünge gegliederte Gebäude wird durch einen pittoresken niedrigen Seitenpavillon abgeschlossen. Dekorative Elemente im Heimat- und Jugendstil – Skulpturenschmuck, steinerne Wappen und ein reich dekoriertes Rustikaportal – demonstrieren den gehobenen Anspruch.

1249 Lerchengasse 18, Europa Sport Mittelschule, 1962–1965, P: Heinz Düringer, Johannes Peter | Abbruch und Neubau Sporthalle, 2011 ●

Der dreigeschoßige Stahlbeton-Skelettbau basiert auf einem Raster mit 120 Zentimetern als kleinste Einheit. Durchgehende Fensterbänder gliedern die langen Fassaden, die verschiedenen Funktionen – Stammklassen mit Verwaltung, Sonderklassen mit Turnbereich und Aula mit Pausenflächen – waren ursprünglich streng getrennt. Der alte, kleine Turnsaal wurde 2011 durch eine Dreifachsporthalle ersetzt.

1250 Technikerstraße 1–5, Höhere Technische Bundeslehr- und Versuchsanstalt, ehem. k. u. k. Technische Militärakademie, 1901–1904, P: Paul Acham | div. Um- und Zubauten ●

Freizeit

1251 Badstraße 25, Stadtbad, 1927–1928, P: Hermann Tamussino | Umbau, 1971 | Generalsanierung, 1999, P: Adolf Straitz, K: Heinrich Revy (Steinfries) ●

Die Stadtgemeinde Mödling entschied sich im Jahr 1922, ein städtisches Frei- und Hallenbad zu errichten. Der in Mödling tätige Architekt Hermann Tamussino konnte den Architekturwettbewerb mit einem Entwurf im nüchternen Stil der Neuen Sachlichkeit für sich entscheiden. Der Bau ist L-förmig angelegt; nach außen hin ist den großen, nur durch Fensterbänder und kleine Öffnungen gegliederten Fassadenflächen an der Eingangsfront eine Art Portikusmotiv vorgesetzt – vier Säulen tragen einen dreiachsigen Erker, welchen der Steinfries „Die Badenden" von Heinrich Revy ziert. Im inneren Bereich des Freibades zeigt sich das Gebäudevolumen mit in Höhe und Kubatur variierenden Bereichen sowie einer Terrassierung und einem Laubengang an der Nordseite deutlich aufgelockerter.

Wohnbauten

1252 Anningerstraße 26, Dr. Franz-Josef Schicht-Gasse 17, Guntramsdorfer Straße 39–41, Weißes Kreuz-Gasse 96, WHA, ab 1976, P: Werner Höfer, Harry Glück, MA: Peter Leibetseder, Rudolf Neyer, Tadeusz Spychala, Karl Pethö, BH: Gemeinnützige Siedlungs- und Bauaktiengesellschaft GESIBA, Brown Boveri AG ●

Die Anlage am südlichen Stadtrand besteht aus neun aufgelockert gruppierten, zeilenartigen Blöcken mit jeweils 32 bis 34 Wohneinheiten und begrünten Terrassen oder Balkonen. Ähnlich wie beim Wiener Wohnpark Alterlaa gelang Werner Höfer und dem Büro Harry Glücks die Ausarbeitung von Zeilen mit hoher Wohnungsdichte und dennoch herausragender Wohnqualität – durch vorteilhafte Grundrisse, großzügige, aber private Terrassen- und Außenflächen sowie teilweise Gemeinschaftsräumen und Schwimmbecken auf den Dächern. Die stark horizontal betonten Fassaden werden durch braune Metallverkleidungen, gleichfarbige, zu durchgehenden Bändern zusammengefasste, liegende Fenster sowie hellgraue Brüstungsplatten aus Beton strukturiert. Charakteristisch sind regelmäßige, dreieckige Vorsprünge der Brüstungen an den geschlossenen Ostseiten sowie polygonal auskragende, bepflanzte Tröge der Balkone und Terrassen der Westseiten.

Der Zugang zu den Bauten erfolgt im Untergeschoß über beidseitige Eingangshallen an den Stirnseiten. Ein Verbindungsgang erschließt die vier Stiegenhauskerne sowie Kellerabteile und Stellplätze. In den Erdgeschoßen werden von den Stiegentürmen umliegende, teils großformatige Gartenwohnungen erreicht, im Zentrum von Haus 2 befinden sich Gemeinschafts- und Hobbyräume. Jeweils im ersten und dritten Obergeschoß erfolgt die Erschließung ebenfalls direkt von den Stiegenhauskernen zu zwei Wohneinheiten pro Etage, wodurch die größeren Wohnungen von beiden Seiten belichtet werden. Im zweiten Geschoß ist alternierend ein durchgehender Verbindungsgang angelegt, von dem die insgesamt 16 kleineren Wohneinheiten betreten werden. In den als versetzte Zeilen aufgereihten Häusern 4A-C sowie 5A-C sind die Erschließungsgänge im zweiten Obergeschoß der drei Bauteile mittels verglaster Brücken verbunden. Die beiden mittleren Bauten, 4B und 5B, besitzen ein zusätzliches Dachgeschoß mit Zugang zum Schwimmbecken auf dem Dach.

1253 Brunecker Gasse 2, Kärntner Gasse 17–25, 18–26, Südtiroler Gasse 18–24, Siedlung, 1931, P: Fritz Grüll, Wilhelm Hubatsch, BH: Gemeinnützige Allgemeine Bau-, Wohn- und Siedlungsgenossenschaft Wien •

Die mit Mitteln der Wohnbauförderung errichtete Siedlung der klassischen Moderne bestand aus 15 Ein- und Zweifamilienhäusern mit einheitlicher Gestaltung. Die typisierten L- und kreuzförmigen Grundrisse ermöglichten großzügige Belichtung und die Anordnung überdachter Terrassen und Balkone in den Obergeschoßen der hell verputzten, flach gedeckten Bauten. Die bauzeitlichen Grundrisse sowie die Fassaden als zusammenhängendes Siedlungsbild sind durch zahlreiche Umbauten nur mehr bedingt nachvollziehbar.

1254 Ferdinand Buchberger-Gasse 18–22, Payergasse 19–23, WHA Fünfhaus, 1913, P: Hubert Gessner, BH: Gemeinnützige Wohnbaugesellschaft der Stadt Mödling | Renovierung, 1993 •

Als erstes Wohnbauprojekt der neu gegründeten gemeinnützigen Wohnbaugesellschaft der Stadt Mödling entstanden, umfasste die Anlage ursprünglich 73 Wohnungen. Sie besteht aus drei frei stehenden, dreigeschoßigen Baukörpern sowie einem viergeschoßigen, mittig durch ein Mansardwalmdach akzentuierten Trakt über U-förmigem Grundriss, die gemeinsam eine zentrale Grünfläche begrenzen. Zu den Merkmalen der Anlage zählt die für Gessner typische vielfältige Gestaltung mit polygonalen, ab dem dritten Stockwerk abgerundeten, erkerartigen Ecklösungen.

Darüber hinaus prägen vielgestaltige Balkone und Loggien, runde und ovale Fensteröffnungen, Zwerchgiebel, aus der Fassadenfläche hervortretende Fensterachsen sowie ein von Balkonen flankierter Giebelrisalit am zentralen, zur Straße hin orientierten und symmetrisch angelegten Baukörper das Erscheinungsbild.

1255 Gärtnergasse 4–8, WHA, 1986–1988, AB: Baukünstlerkollektiv Ges.b.R. (Peter Raab, Johann Winter, Josef Zapletal) •

In einer ruhigen Wohngegend unweit des Zentrums von Mödling, zwischen Geschoßwohnbauten aus den 1960er-Jahren und historischen Villen, liegt die aus sieben individuellen Häusern bestehende, dreigeschoßige Anlage. Dem Motiv eines Vierkanters folgend, ist in ihrem Zentrum ein quadratischer Hof angelegt, der Richtung Süden, zu einem Spielplatz hin, geöffnet ist. Durch diese Konfiguration wurde eine klare Abgrenzung vom urbanen Umfeld und eine gewisse Abgeschlossenheit des nicht einsehbaren, gemeinschaftlich genutzten Innenhofs erzielt. Der durch eine Glasveranda akzentuierte Haupteingang führt durch einen Foyerbereich zur laubengangartigen, den Hof rahmenden Erschließung der Wohnungen, Terrassen und Pergolen in Form eines zweigeschoßigen Umgangs aus Holz. Die Wohnungen entsprechen dreigeschoßigen Reihenhaustypen, wobei meist zwei Geschoße über einen Luftraum verbunden unteren werden. Die offenen Grundrisse sind ferner durch symmetrisch platzierte Stiegen und mittige Stützen organisiert. Das trotz der feingliedrigen Gestaltung einheitliche Erscheinungsbild ergibt sich durch die durchlaufende Dachkante, die zugrunde liegende Proportionierung des Konstruktionsrasters und die aufeinander abgestimmten Fenster und Türen. Die Anlage entstand mit Beteiligung der zukünftigen Bewohner*innen und wurde unter Berücksichtigung ökologischer Gesichtspunkte konzipiert. Das Projekt erhielt den „Großen Österreichischen Wohnbaupreis 1988" für zukunftsweisende Modelle für die Wohnarchitektur am Stadtrand und innovative Lösungsansätze für verdichtetes Bauen in der Peripherie (→ 1259, → 1443).

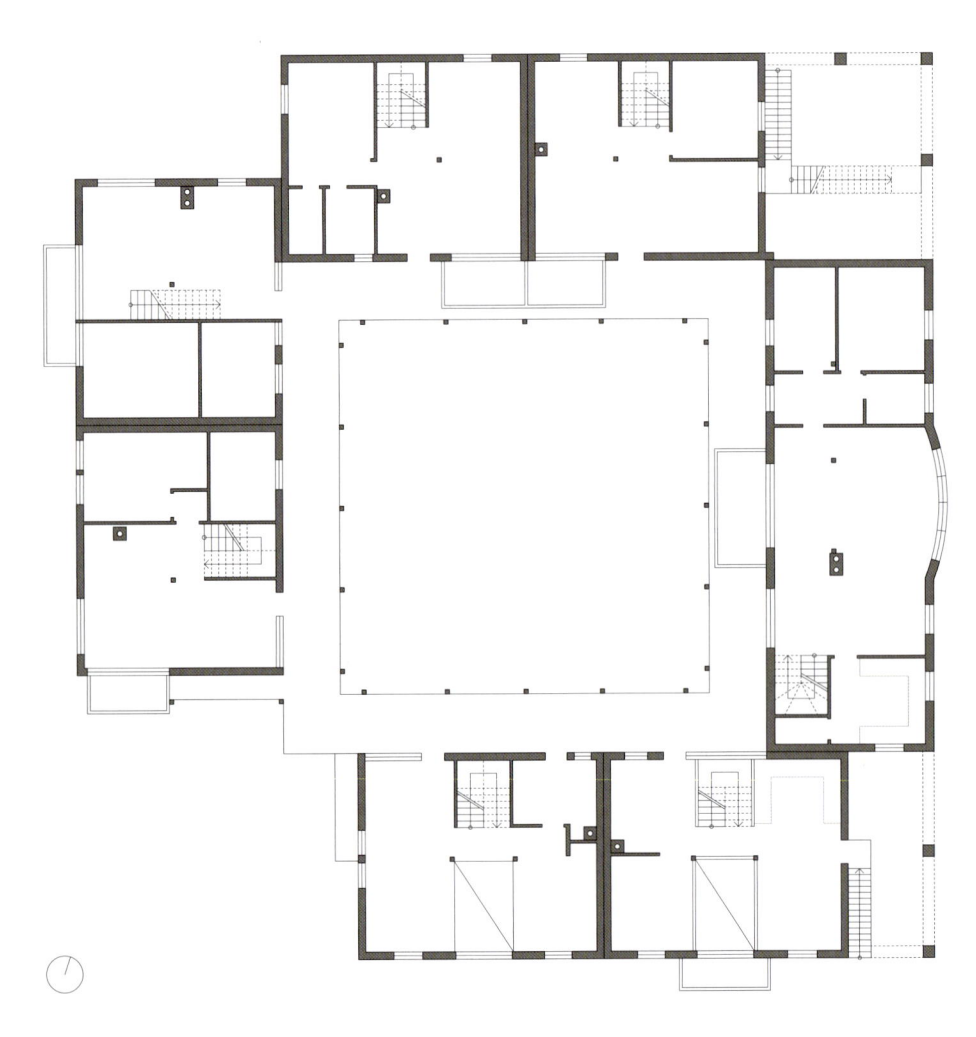

▶ *Plan: Grundriss Obergeschoß*

1256 Johannessteig 8, Terrassensiedlung „Goldene Stiege", 1969, P: Eugen Wörle ●

Oberhalb der Altstadt von Mödling entstand auf einem 16.000 Quadratmeter großen Bauareal der erste Hangterrassenbau Österreichs als Wohnbauexperiment. Der Anspruch war, die Vorzüge des Einfamilienhauses (Privatheit) mit jenen des Geschoßwohnbaus (zentrale Verwaltung und Gemeinschaftseinrichtungen) zu verknüpfen. Der Baukörper umfasst sechs Geschoße, von denen vier im nach Osten abfallenden Hang liegen und zwei über dem Straßenniveau des Johannessteigs. Jede der zwischen 50 und 150 Quadratmeter großen Wohnungen verfügt über einen 60 Quadratmeter großen Terrassengarten samt Pflanzentrögen auf dem Dach der jeweils darunterliegenden Wohnung. Die gemeinschaftlichen Einrichtungen der Anlage umfassten zur Erbauungszeit neben einem Sommerfreibad im

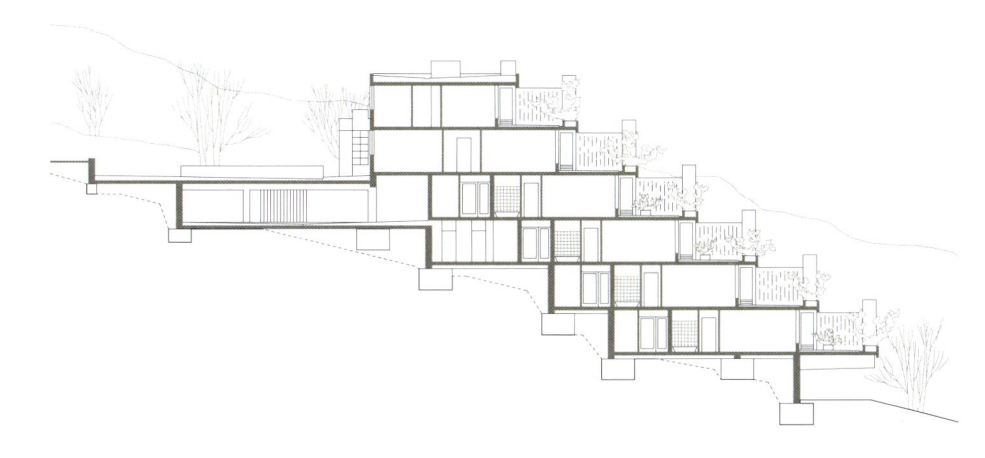

Gartengelände und einer Winterschwimmhalle auch eine Sauna sowie einen Gymnastikraum. Eine Besonderheit stellte damals auch die vollständig elektrifizierte Ausstattung, von Warmwasser über E-Herd bis hin zur Heizung, dar. Die Anlage wurde 1969 mit dem Bauherrenpreis der Zentralvereinigung der Architekt*innen Österreichs ausgezeichnet.

1257 Ludwig-Höfler-Gasse 4–36, <u>Einfamilien-Reihenhäuser</u>, 1913, P: Karl Lehrmann, Rüdiger Walter, BH: Ludwig Höfler ●

Die nahezu symmetrische Zeile aus 17 zweigeschoßigen Reihenhäusern mit schmalen Vorgärten entstand im Auftrag des Fensterfabrikanten Ludwig Höfler. Die Rolle des Bauherrn, der hohe Grünanteil der Parzellen und die an handwerklichen Details reichen Fassaden mit ihren charakteristischen Dachflächen wurzeln in der Gartenstadtbewegung. Zwei überhöhte Eckbauten mit Schweifgiebeln und Ecktürmchen rahmen die vier im Zentrum der Anlage zurückspringenden Bauten. Die resultierende Platzsituation als weiteres Motiv der Gartenstadt wird durch einen mittigen Brunnen pointiert.

1258 Neugasse 9–17, <u>WHA</u>, um 1960, P: Helene Koller-Buchwieser, BH: Niederösterreichische gemeinnützige Bau- und Siedlungsgenossenschaft ●

Als Teil einer Siedlungsanlage zwischen Neugasse und Hochbründlgasse entstanden insgesamt zehn eternitgedeckte Einfamilien-Reihenhäuser mit flachen Satteldächern. Auf kompakter Fläche und mit geringem Materialaufwand wurden zueinander versetzte Wohneinheiten und Außenflächen realisiert: Es entstanden sechs schmale Reihenhäuser mit Gärten, von denen die äußeren kopfseitig erschlossen werden. Zur Neugasse sind vier einheitliche, zweigeschoßige Einfamilienhäuser mit L-förmigen Grundrissen als ineinander versetzte, abgestufte Reihe ausgeführt. Das Zentrum der gerasterten Grundrisse bildet das Eckmodul mit Vorraum, Küche und Stiege im Erdgeschoß und Bad und Abstellraum im Obergeschoß. In beiden Schenkeln des Obergeschoßes liegen die Schlafräume, im Erdgeschoß ist seitlich der Wohnraum angeordnet, an den der rückseitige Garten anschließt. Straßenseitig öffnete sich der Raster bauzeitlich zu einer offenen und vom Obergeschoß

überdachten Terrasse zum Vorgarten. Somit spiegelt sich die Grundrissform auch in der Fassade wider, die durch filigrane, riemchenverkleidete Eckstützen akzentuiert war. Abgesehen vom Haus Nummer 13 wurden die offenen Terrassen nachträglich geschlossen.
▶ *Plan: Grundriss südliche Einfamilienhauszeile, 1960*

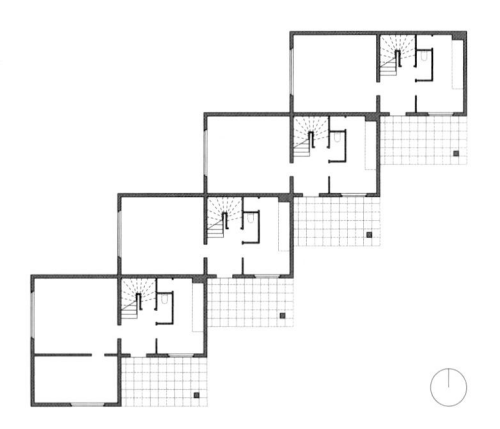

1259 Prießnitzgasse 8, <u>WHA, 1986–1987</u>, AB: Baukünstlerkollektiv Ges.b.R. (Peter Raab, Johann Winter, Josef Zapletal) ●

Zu den Besonderheiten der blockartigen, mehrteiligen Wohnhausanlage im Süden Mödlings zählt der überhöhte Kopfbau an der Ostseite, der aus der Bauflucht hervorragt und über einen arkadenartigen Eingang in die Anlage führt. Dieser Bereich nimmt unter anderem einen Gemeinschaftsraum auf und fungiert als räumliches und funktionelles Zentrum der Anlage sowie als Verbindungstrakt. Kubische Formensprache, flach geneigte Pultdächer und weißer Putz verleihen dem Baukörper ein urbanes Gepräge und reagieren auf die angrenzenden Stadterweiterungsbauten.

Verschiedenartige private und gemeinschaftlich genutzte Freiräume, wie etwa Balkone oder die Dachterrasse am Kopfbau, lockern die Struktur auf und nehmen insbesondere durch die Öffnung des Innenhofs in Richtung des Waldes Bezug auf die umgebende Landschaft. Die Maisonette-Wohnungen im Obergeschoß werden über einen Laubengang erschlossen, der den begrünten Innenhof begrenzt. Das Projekt erhielt den „Großen Österreichischen Wohnbaupreis 1988" für zukunftsweisende Modelle für die Wohnarchitektur am Stadtrand und innovative Lösungsansätze für verdichtetes Bauen in der Peripherie (→ 1255, → 1443).

Einfamilienhäuser

1260 Bernhardgasse 6, <u>Schönberg-Haus, 1905</u>, P: Martin Breyer

Die Villa, in welcher der Komponist Arnold Schönberg zwischen 1918 und 1925 lebte und wirkte, wird heute teils museal genutzt.

1261 Carl Zwilling-Gasse 49, <u>Haus P., 1999–2000</u>, P: Judith Eiblmayr, Christa Buchinger | Zubau Pergola, 2006, P: Judith Eiblmayr

1262 Friedrich Schiller-Straße 23, <u>Villa, 1905</u>, P/BH: Ladislaus J. Roth ●

Ladislaus J. Roth, Stadtbaumeister in Mödling, entwarf dieses eklektische, an die deutsche Frührenaissance angelehnte und in zwei Wohnungen gegliederte Haus für sein eigenes Grundstück. Der auffällige Turm war ursprünglich noch um einen stark stilisierten Dachreiter auf dem Turmdach erhöht, er ging jedoch ebenso wie das Maßwerk an den Giebeln zu unbestimmtem Zeitpunkt verloren.

1263 Goethegasse 15, Gretel Sätz-Steig 14, <u>Villa, 1925</u>, P: Hans Adolf Vetter

1264 Roseggerweg 2, <u>WH Zwilling, 1928</u>, P: Emil Hoppe, Otto Schönthal ●

Der hexagonale Terrassenanbau wurde verändert, trotzdem ist das Haus in der Grundstruktur noch vorhanden.

1265 Salurner Gasse 16, <u>EFH, 1983–1985</u>, P: Heinz Lutter ●

1266 Schießstättenweg 5, <u>Zu- und Umbau EHF, 1987–1989</u>, AB: Atelier 6B (Tomm Fichtner, Roland Köb, Christian Mascha, Christian Seethaler, Gerhard Zwirchmayr) ●

Hotels, Heime, Klöster, Kasernen

1267 Grenzgasse 70, <u>Landespflegeheim, 1911</u>, P: Martin Breyer | Zubau, 1977–1980, P: Rudolf Erich | Umbau, 1991–1994, P: Ernest Süss | Abriss, Um- und Zubauten, 2012, 2014–2017 ●

Als Armenhaus erbaut und ab 1955 als Altersheim geführt, wurde der Bau zwischen 1991 und 1994 modernisiert und stark überformt. Ernest Süss verband dabei den Altbestand mit einem von Rudolf Erich zwischen 1977 und 1980 errichteten, verglasten Neubau im Norden und gestaltete den Eingangsbereich neu. Erichs Bau wurde inzwischen wieder abgerissen, die Anlage 2012 umgebaut und von 2014 bis 2017 im Westen um einen drei Wohnbereiche und ein Hospiz fassenden Neubau erweitert.

1268 Josef Hyrtl-Platz 2–5, Wienerstraße 18–20, Untere Bachgasse 3–7, <u>Schul-, Wohn- und Vereinskomplex, ehem. Hyrtl-Stiftung, 1886–1889</u>, P: Eugen Sehnal | Zubau Volksschule, 1908, AB: Buchgraber & Heinrich | Umbauarbeiten für Landesfachschule für Damenkleidermacher und Sonderschule, 1975 | Zubau Klassentrakt, Eingangshalle und Turnsaal für Modeschule, 1986, P: Friedrich Ullmann | Zu- und Umbauarbeiten Volks- und Sonderschule, 1988, P: Adolf Saitz | Umbau Volksschule und Zubau Kindergarten, 2000, P: Hans Podivin ●

Durch eine Stiftung des bedeutenden Wiener Anatomen Josef Hyrtl konnte 1889 ein großer Komplex, bestehend aus Waisenhaus, zugehörigen Einrichtungen und Kirche, geschaffen werden. Eugen Sehnal plante diese Anlage im historisierenden Stil und nach Vorbild eines englischen Universitätscampus. Das Gebäude südlich der Kirche (Josef Hyrtl-Platz 3, 5) wird heute von der Modeschule genutzt, wurde 1975 adaptiert und 1986 nach den Plänen von Friedrich Ullmann im Süden um einen Zubau erweitert.

nen Wohn- sowie einen Vereinstrakt. Im Jahr 2000 wurden die Volks- und Sonderschule nach Plänen von Hans Podivin um- und ein Kindergarten angebaut.

▶ *Plan: Zubau zur Modeschule, 1986; Foto: Volksschule, 2023*

Geschäftslokale, Einkaufszentren, Banken

1269 Neudorfer Straße 10, ehem. Konsumverein, 1914, P: Hubert Gessner | Renovierung, 2011

Schaufenster und Eingangsportal der Straßenfassade wurden verändert, während sich im Obergeschoß die charakteristischen Erkerfenster sowie die sich farblich von der Fassade absetzenden, zwischen den Fenstern liegenden Putzrelieffelder mit floralen Motiven erhalten haben. Die differenziert gestaltete Hoffassade weist einen hervorspringenden Treppenturm sowie eine große verglaste Veranda im Obergeschoß auf.

1270 Wiener Straße 27, Umbau Bankfiliale, 1975, P: Josef Krawina, Günther Oberhofer ●

Industrie

1271 Beethovengasse 43–45, Fabrikgebäude, ehem. Ventilatoren- und Maschinenfabrik Heimpel & Besler, um 1890 ●

Ein weiterer westlich davon liegender Gebäudekomplex (Wienerstraße 18–20) erstreckt sich um einen L-förmigen Innenhof; der Zubau der Volksschule im Westen (Untere Bachgasse 3) erfolgte 1908. Wiederholte Umnutzungen und Umbauten, insbesondere ab den 1970er-Jahren, umfassten u. a. die Unterbringung eines Landesjugendheims, eines Frauenhauses und einer Tagesheimstätte der Lebenshilfe. Der westliche Komplex gliedert sich heute in einen Volks- und Sonderschultrakt und ei-

1272 Dr. Heinrich Horny-Straße 2, Austyol Dämmstoffe GmbH, ehem. Korkstein-Fabrik Kleiner & Bokmayer, 1884–1885, P: Alfred Morgenstern | Erweiterung Werkhalle, 1962, P: Günther Feuerstein | Erweiterung Werkhalle, 1969, P: F. Schoderböck | Produktions- und Lagerhallenzubau, 2008, AF: Simsek Bau GmbH ●

1273 Mannagettagasse 46–48, ehem. Schuhfabrik Beka, 1913 | Erweiterung, 1914–1918 | Stilllegung, 1930 | Möbelfabrik Braumüller, nach 1945 | Leiner Zentrallager, 1976 ●

Im Jahr 1913 wurde die Schuhfabrik Beka von Böhmen nach Mödling verlegt und während des Ersten Weltkriegs stark erweitert. Aufgrund der Wirtschaftskrise musste die Fabrik 1930 stillgelegt werden. Anschließend nutzte die Caritas den Bau von 1932 bis 1934 zur Armenausspeisung. Die Möbelfabrik Braumüller war nach dem Zweiten Weltkrieg Eigentümerin des Areals, bis schließlich das Möbelhaus Rudolf Leiner 1976 die Fabrikanlage erwarb und als Zentrallager nutzte. Das Areal wurde im Zuge der Erweiterung des Landesklinikums Thermenregion Mödling aufgekauft, jedoch 2011 durch die Unterschutzstellung durch das Bundesdenkmalamt vor dem Abbruch bewahrt.

Energie

1274 Quellenstraße 15, <u>Städtisches Wasserwerk, 1927</u>, P: Hermann Tamussino, BH: Stadt Mödling, AF: Petz & Co •

Mold 3580
Gemeinde: Rosenburg-Mold, Bezirk: Horn

Bildung

1275 Mold 72, <u>Bildungswerkstatt Mold, ehem. Landwirtschaftsschule, 1956–1961</u>, P: Josef Heinzle, Stephan Simony | Generalsanierung und Zubau, 2006

Geschäftslokale, Einkaufszentren, Banken

1276 48°39'04.1"N 15°43'03.2"E, Maria Dreieichen, <u>Souvenirzeile, 20. Jh.</u>

Von der Wallfahrtskirche ausgehend, erstreckt sich Richtung Osten entlang der Hauptstraße eine Zeile von eingeschoßigen Verkaufsständen mit Satteldach. Nur der Stand unmittelbar neben der Kirche sowie der erste auf der gegenüberliegenden Straßenseite sind zweigeschoßig ausgeführt; der von der Kirche aus gesehen zweite Stand besitzt einen auffälligen Laternenaufsatz.

Möllersdorf 2514
Gemeinde: Traiskirchen, Bezirk: Baden

Religion, Kult

1277 Franz Broschek-Platz 11, <u>Pfarrkirche Mariä Namen, 1965–1967</u>, P: Carl Auböck, AF: Anton Joiser, K: Lydia Roppolt (Altarwand, Keramikwand, Kreuzweg), Siegfried Walter (Taufbecken, Tabernakel) •

Jahrzehntelang diente die Kapelle der 1917 errichteten Strafanstalt in Möllersdorf als Pfarrkirche, bis Carl Auböck 1967 mit einem Neubau beauftragt wurde. Auböck war nicht nur Architekt, sondern hat sich insbesondere auch als Designer einen Namen gemacht. Generell fokussierte er seine Gestaltungsweise auf eine einfache und schlichte Formensprache, funktionale Konstruktionen und kostengünstige Materialien. Die weiß gestrichene Beton-Kirche hat einen quadratischen, flach gedeckten Hauptraum, dem eine Werktagskapelle angefügt ist. Als Eingang dient ein breiter Turm, den Auböck zu einem gleichsam offenem Betonregal umformulierte und der auch nicht als Glockenträger dient. Das Portal im Erdgeschoß führt einerseits zur Werktagskapelle und andererseits zu einer schmäleren, gangartigen Vorhalle mit einer darüberliegenden Empore, die die ganze Breite der Kirche einnimmt und in der sich auch der Eingang in die Kirche befindet. Der etwas erhöhte Altar ist in den Hauptraum gerückt und an drei Seiten von den Kirchenbänken umfasst. Der in der Regel offene Zugang zur Werktagskapelle kann durch eine Schiebewand geschlossen werden.

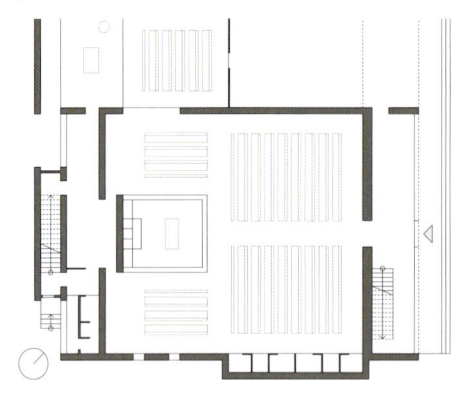

Die für die malerische Ausstattung beauftragte Künstlerin Lydia Roppolt, eine Schülerin von Paris Gütersloh und Herbert Boeckl, war auf Sakralkunst spezialisiert und mit ihrer expressionistischen Ausdrucksweise bekannt geworden. Ihre Hauptaufgabe war hier die Gestaltung der Altarwand, auf der auch ein Kruzifix aus dem 17. Jahrhundert seinen Platz finden sollte und für die sie eine bemerkenswert ästhetische Lösung fand. Auf einer weiß gestrichenen, der Betonkonstruktion vorgesetzten Wand belegte sie als Hintergrund des Kreuzes eine große Kreisfläche mit Blattgold. Diese Konzeption erinnert an die mittelalterlichen bzw. byzantinischen Darstellungen, bei denen der Goldgrund als Bedeutungsträger des Lichtes, d. h. des Göttlichen, wirkte. Es ist durchaus vorstellbar, dass die sehr gläubige Künstlerin genau diese Assoziation hervorrufen wollte. Bei der Gestaltung der Altarwand der Werktagskapelle hat Roppolt einen innovativen, neuen Weg gewählt. Nachdem Auböck zur Belichtung des kleinen Raums die Stirnwand als Glasfront ausgebildet hat, wurde von ihr eine 20 Quadratmeter große Wand aus glasierten Ziegeln mit der Darstellung „Christus in Emmaus" in einem Abstand von ca. einem Meter vor der Kapelle errichtet und damit der Raum in die freie Natur und darüber hinaus metaphorisch in die Unendlichkeit vergrößert. 2015 wurde ein Park-and-pray-Platz eingerichtet.

Industrie

1278 Wolfstraße 16–18, <u>Stadtmuseum, ehem. Kammgarnfabrik, Erweiterung Fabrik, nach 1945</u> | Umnutzung und Umbau zum Museum, 1987–1988, BH: Stadtgemeinde Traiskirchen •

In Traiskirchen gründete Josef Mohr 1824 eine Baumwollspinnerei, welche ab 1877 als zweites Werk der Kammgarn AG in Bad Vöslau zur Verarbeitung von Schafwolle betrieben wurde. Viele Teile, darunter auch der repräsentative Kammgarnsaal mit Tonnengewölbe und hölzerner Felderdecke, entstanden in den Jahren nach 1945. Nach Schließung des Betriebs 1976 wurde in den 1980er-Jahren hier das Stadtmuseum eingerichtet.

Mönichkirchen 2872
Gemeinde: Mönichkirchen,
Bezirk: Neunkirchen

Hotels, Heime, Klöster, Kasernen

1279 Mönichkirchen 99, ehem. Hotel Binder, ca. 1906 | Umbau, 1992 •

Prächtiger, gut erhaltener Kurhotelbau im Heimatstil mit detailreichen Mansarddachelementen und Turmaufbauten bzw. Laternen, der seit 1992 als Mischbetrieb von Hotel und Suchtpräventionseinrichtung geführt wird.

Muggendorf 2763
Gemeinde: Muggendorf, Bezirk: Wiener Neustadt

Energie

1280 Myrafälle 1, Gasthaus „Myra-Stubn", ehem. Myrawerk, 1910–1914, BH: Immobiliarbank Wien, AF: Siemens-Schuckert-Werke, G. A. Wayss Beton- & Tiefbau-Unternehmung GmbH | Stilllegung, 1974 •

Mühlhofen 3205
Gemeinde: Weinburg
Bezirk: St. Pölten-Land

Industrie

1281 Mühlhofen 4, Umbau Folienwalzwerk Teich, 1980–1992, P: Roland Rainer, BH: Gebrüder Teich •

Das Folienwalzwerk besteht seit 1912 auf einem ehemaligen Mühlengrundstück. Besonders interessant im sukzessiven Ausbau ist der ab 1980 von Roland Rainer geplante Umbau bzw. die Erweiterung des Areals mit dem Ziel, die Fabrikanlage in ihrem Erscheinungsbild zu vereinheitlichen. Als Gestaltungsmittel hierfür setzte Rainer insbesondere Profilitglas-Fensterbänder über strukturierten Betonsockeln ein.

Münichreith am Ostrong 3662
Gemeinde: Münichreith-Laimbach,
Bezirk: Melk

Einfamilienhäuser

1282 Altwaldhäusl 83, EFH, 1981–1983, P: Otto Häuselmayer •

Der längliche Baukörper mit Satteldach und eingeschnittenen Loggien beherbergt die Wohnräume für eine fünfköpfige Familie, ein Gästezimmer und eine Tierarztordination samt Apotheke. Alle Räume gruppieren sich um eine zentrale Halle mit Galerie, die den Blick in die hölzerne Dachkonstruktion freigibt.

Neubau 2125
Gemeinde: Ladendorf, Bezirk: Mistelbach

Religion, Kult

1283 Bahnstraße 6, Filialkirche Hl. Dreifaltigkeit, 1950–1951, P: Karl Holey, BH: Pfarrgemeinde, AF: Stiegler & Rous, K: Hermann Bauch (Glasfenster) •

1788 wurde in dem kleinen Ort Neubau die erste Kirche errichtet. Eine Sandbank durchzog das Grundstück und durch den Bau benachbarter Keller, die bis unter die Kirche vorgetrieben wurden, stürzte sie im Jahr 1942 ein. Nach Ende des Zweiten Weltkriegs wurde in einer ehemaligen Baracke der deutschen Wehrmacht eine Notkirche eingerichtet. Der damalige Pfarrer setzte sich mit großem Engagement für einen Kirchenneubau ein, und nach einer Pilgerfahrt nach Rom kam er nicht nur mit der Bewilligung des Papstes für den Neubau zurück: Bei einem Zwischenstopp in Wien konnte er auch den Dombaumeister Karl Holey für die Planung der Kirche gewinnen, der auch einen Stein des zerstörten Stephansdoms als Grundstein der neuen Kirche spendete.

Holey entwarf einen schmucklosen, schlichten Langhausbau für rund 300 Personen im sachlichen Stil der 1950er-Jahre. Ein kreisrunder, turmartig erhöhter Chor mit einer flachen Kuppel sowie ein hoher, ebenfalls runder Turm verhelfen der kleinen Kirche zu einem wirkungsvollen Erscheinungsbild.

Neubruck 3283
Gemeinde: Scheibbs, Bezirk: Scheibbs

Energie

1284 47°58'42.3"N 15°10'57.3"E, <u>Luegerbrücke, 1906–1907</u>, P: Stadtbauamt Wien ●

Die Luegerbrücke wurde als 22 Meter hohes, 271 Meter langes und damit als eines der größten Aquädukte der Zweiten Wiener Hochquellenleitung errichtet.

Neuda 3381
Gemeinde: Golling an der Erlauf, Bezirk: Melk

Amts-, Verwaltungs-, Kommunal-, Bürobauten

1285 Rathausplatz 1, <u>Gemeindeamt, 1923–1925</u>, P: Anton Valentin ●

Der zweigeschoßige, am Haupteingang mit Arkaden und drei darüberliegenden Giebeln versehene, mit Krüppelwalmdach überfangene Bau ist äußerlich weitestgehend unverändert erhalten.

Religion, Kult

1286 Hauptstraße 8, <u>Pfarrkirche hl. Franz von Assisi und Pfarrheim, 1964</u>, P: Johann Kräftner sen., K: Sepp Mayrhuber (Mosaike, Altarbilder)

Der weiß verputzte Betonbau auf niedrigem Bruchsteinsockel gruppiert mit seinen einzeln ablesbaren Bauteilen Kirche, Pfarrsaal und Pfarrheim locker um einen zur Hauptstraße hin offenen Hof, in welchem sich auch der frei stehende Glockenturm als Stahlgerüstbau befindet. Die Baukörper nehmen das Motiv des einfachen Giebelhauses auf, interpretieren es jedoch durch ein moderates Satteldach und die Anordnung vertikaler Schlitzfenster in Richtung gemäßigter Moderne. Der hohe und schlanke Eckpfeiler aus Bruchstein markiert mit dem Wandfresko des hl. Franziskus den zurückversetzten Eingang über Eck. Mit dem Innensaal mit offenem Dachstuhl über seitlichen, dünnen Rundpfeilern wird die Betonung des Wesentlichen ohne Schmuck konsequent fortgesetzt.

1287 Kastanienallee 6, <u>Gertrudkapelle, ehem. Aufbahrungshalle, 1937</u>, P: Friedrich Aichberger, K: Sepp Mayrhuber (Fresko Pietà) ●

Da es Anfang des 20. Jahrhunderts keinen Friedhof in der näheren Umgebung des neu entstandenen Ortsteils Neuda gab (1969 erfolgte die Erhebung zum Marktort), war es üblich, die Verstorbenen in den Wohnhäusern aufzubahren. Erst 1937 wurde von Friedrich Aichberger eine kleine Kapelle erbaut, die bis in die 1990er-Jahre als Aufbahrungshalle diente. 1999 wurde das Gebäude renoviert und für die Feier von Gottesdiensten ausgestaltet.

Kultur, Veranstaltung

1288 Schulstraße 3, <u>ehem. Kino mit Geschäftslokalen, 1953</u> | Ende des Kinobetriebs, 1971 ●

Der walmdachgedeckte, zweigeschoßige Hauptbaukörper einschließlich der beiden niedrigeren Flügelbauten stammt aus den 1950er-Jahren; die Fassade mitsamt Beschriftung sowie die Kinoausstattung haben sich erhalten, obwohl im Jahr 1971 der Kinobetrieb eingestellt wurde und der Saal seither für Veranstaltungen genutzt wird. Bei genauerer Betrachtung fallen die wenig sensibel durchgeführten Sanierungen auf, welche im Zuge der Umnutzung der Seitenflügel erforderlich wurden: Vom Kaffeehaus im rechten Seitenflügel und vom Lebensmittelladen im linken ist nichts mehr vorhanden, ein Friseur hingegen arbeitet nach wie vor in einem der Geschäftslokale. Durch die heute hauptsächlich private Nutzung ist der entwerferische Gesamtansatz, Golling als Industrieort ein modernes Gemeindezentrum im Sinne der internationalen Strömungen des 20. Jahrhunderts zu geben, nur mehr wenig präsent.

Bildung

1289 Neudastraße 6, Landeskindergarten, ehem. Fabrikkindergarten der HITIAG, 1904, BH: Hanfspinnerei und Seilwarenfabrik Lieser & Duschnitz | Änderung der Dachform, 1937

In dem zur HITIAG (Hanf-, Jute- und Textilit-Industrie Aktiengesellschaft) in Neuda (→ 1290, → 1292, → 1293) gehörenden Beamt*innenwohnhaus wurde der zweigruppige Fabrikkindergarten eingerichtet, was von der zeitgenössischen Berichterstattung als „bedeutender Fortschritt für die hiesigen Schulverhältnisse" eingestuft wurde. Architektonisch bemerkenswert an der typisch gründerzeitlichen Schulhausarchitektur ist, dass der Bau bis 1937 durch ein Flachdach abgeschlossen war; heute präsentiert er sich hingegen mit hohen Sattel- und Vollwalmdächern.

Wohnbauten

1290 Fabriksstraße 2, Musikheim, Teil der ehem. Werkkolonie Neuda, vor 1908 | Umbau, Mitte 20. Jh. ●

Die erste Arbeiter*innensiedlung der Hanfspinnerei Neuda (→ 1293) entstand vermutlich bereits ab 1887. Von diesen einfachen, eingeschoßigen Satteldach-Reihenhäusern, die zu Binnenhöfen mit Eigenversorgergärten, Schuppen und außen liegenden Aborthäuschen malerisch gruppiert waren, ist nur ein Objekt erhalten: das Gebäude an der Fabriksstraße 2, welches Mitte des 20. Jahrhunderts von der HITIAG-Werkkapelle zu deren Musikheim umgebaut wurde. Um die Jahrhundertwende dürfte die Arbeiter*innenkolonie um zwei- und dreigeschoßige Laubenganghäuser (→ 1292) erweitert worden sein; die Firmenchronik berichtet 1908 von insgesamt 24 Arbeiter*innenwohnhäusern, in denen etwa 800 Arbeiter*innen, seit 1894 durch einen Fonds für die Altersvorsorge versichert, gegen geringes Entgelt „gesund" wohnen konnten.
▶ *Foto: letztes der frühen eingeschoßigen Reihenhäuser im Hintergrund (heute Musikheim)*

1291 Rathausgasse 1, WH, 1927 ●

Zu den Besonderheiten des symmetrisch organisierten, dreigeschoßigen Baukörpers mit mitteligem Walmdach über T-förmigem Grundriss zählen die südseitig angeordneten Fensterbänder, die in das darüberliegende Dach eingeschnittene Terrasse sowie der nordseitig markant vertiefte Zugang.

1292 Rathausplatz 2, Bücherei, Laubenganghaus der ehem. Werkkolonie Neuda, 1898 | Umnutzung, 2003 ●

Von den zwei- bis dreigeschoßigen, über einen Laubengang erschlossenen Mehrfamilienhäusern der HITIAG-Siedlung besteht heute nur noch dieses Objekt. Es wurde 2003 von der Gemeinde einschließlich der dazugehörigen Zeile von hölzernen Wirtschaftsgebäuden erworben und zum HITIAG- und Heimatmuseum samt Bibliothek umgenutzt. Es wurde als erstes der mehrgeschoßigen Bauten 1897 errichtet, um einen besseren Wohnstandard mit

Kabinetten und Gang-WC in die Arbeiter*innenwohnstätten einzuführen. Architektonisch interessant sind der auf gemauerten Ziegelpfeilern aufgelagerte Laubengang und die Schopfwalmdächer (→ 1290).

Industrie

1293 Fabriksstraße 3, Aigner Businesspark Golling, ehem. Fabrik HITIAG/Neudagarn, 1884–1885, 1900–1908, BH: Erste österreichische Seilwarenfabrik Pöchlarn Emanuel Biach & Comp. Brüder Lieser | Erweiterung, 1953–1954, BH: HITIAG | Erweiterung, 1972–1974, P: Julius Eberhardt, BH: Neudagarn | Stilllegung, 2001 •

1885 konnte die von Emanuel Biach gegründete Hanfspinn- und Seilwarenfabrik mitsamt eigener Wasserkraftanlage den Betrieb aufnehmen. Aus dieser ersten Bauphase hat sich der Fabrikschlot als Kern der Anlage bis heute erhalten. Im Zuge der Fabrikerrichtung wurde westlich von ihr auch eine Arbeiter*innenkolonie entlang einer neu gepflanzten Kastanienallee gebaut (→ 1290).

Nach Südosten hin wurde die Anlage bis 1908 auf eine Fläche von 16.000 Quadratmetern erweitert. Zur Aufnahme der Spinnereien entstand der „Kleine Shedsaal" mit seiner heute noch erhaltenen, interessanten „Kulissenfront" aus sechs vor die eigentliche Halle gestellten Giebelfassaden (heute farbig voneinander abgesetzt, ursprünglich in Beige) in unregelmäßiger Baulinie, die den Eindruck eines hausumstandenen Platzes erzeugen.

Die nördlichste Fassade ist repräsentativ gestaltet und rückt am weitesten in den Platzraum hinein, die Frontpunkte enthielten vermutlich Büros. Zurückversetzt und an den Rechteckturm angebaut, befindet sich auch heute noch ein viergeschoßiges Scheibengebäude, das eventuell die Garntrocknerei aufgenommen hatte. Die östliche „Platzseite" wird von länglichen, eingeschoßigen, parallel zum Platz angeordneten Magazin- und Werkstättenbauten abgeschlossen; die Gebäude der 150 Meter langen Seilerwerkstätte und der 600 Meter lange Seilerei sind heute noch vorhanden.

Zusätzliche Antriebskraft lieferten, östlich der Produktionshalle gelegen, das Maschinen- und das Kesselhaus mit ihren typischen, runden Industrieschornsteinen in Ziegelbauweise. Ein Schleppgleis führt vom Fabrikhof unmittelbar in die Station Pöchlarn. Ein Bürogebäude in der Fabriksstraße 3, ein eingeschoßiger Bau auf hakenförmigem Grundriss mit markantem Mittelgiebel, besteht gegenwärtig noch (heute Human Dog Center). Das Herren- und Direktionswohnhaus liegt im Wald Richtung Erlauf. Früher mit Springbrunnen in einer prächtigen Parkanlage eingebettet, diente die zweigeschoßige Villa mit Laubsägegiebel, Vollwalmdach und einer asymmetrisch angeordneten, rundbogigen Laube als Wohnsitz der Besitzerfamilien und später der Direktoren.

Gemeinsam mit der ebenfalls kooperierenden Pielachberger Hanfspinnerei wurde das Werk im Jahr 1919 der „Ersten Österreichischen Jute-Spinnerei und Weberei" mit Sitz in Wien eingegliedert, welche sich ab dieser Zusammenlegung „Hanf-, Jute- und Textilindustrie Aktiengesellschaft", kurz HITIAG, nannte. Nach erneuten Erweiterungen um die Jutespinnereien in Neufeld und Ebenfurth 1921 stellte der österreichische Gesamtkonzern bis 1945 eine der größten Textilfabriken Europas dar, welcher seine Produkte weltweit exportierte.

Die Fabrikanlage wurde 1953 bis 1954 nochmals wesentlich um die „Neue Halle" mit ihren charakteristischen, rundtonnenförmigen Sheddächern in Betonschalenkonstruktion erweitert. Im Zuge ihrer Errichtung musste auch die alte Holzbrücke über den Wehrgang komplett neu gebaut werden.

Rationalisierung und Restrukturierung sowie die Entwicklung neuer Produkte ermöglichten in den 1960er-Jahren nochmals ein solides Geschäft, das sich in der Erhebung des sich mit der Firma mitwachsenden Ortes 1969 zum Markt manifestierte. Dennoch sank der Personalstand in den 1970er-Jahren kontinuierlich.

Von 1972 bis 1974 erfolgte die letzte Erweiterung der nun als „Neudagarn" bezeichneten Anlage zwischen der „Neuen Halle" und dem Werksbach: Eine eingeschoßige Halle mit 5.600 Quadratmeter Produktions- sowie 800 Quadratmeter Bürofläche und Sozialräumen entstand. Planung und Bauausführung dieser außen mit geschoßhohen Waschbetonelementen verkleideten Betonrahmenkonstruktion oblag der Bauunternehmung Julius Eberhardt. 1982 wurde das Werk verkauft und 1986 mit der Lambacher Hitiag Leinen AG fusioniert.

1999 übersiedelten alle österreichischen Produktionszweige in ein neu erbautes Werk in Tolna in Ungarn, dies führte 2001 zur endgültigen Stilllegung der Anlage in Neuda. Nach einer Sanierungsphase werden die verbliebenen industriellen Baulichkeiten heute als Aigner Businesspark Golling nachgenutzt.

Neuhaus 2565
Gemeinde: Weissenbach an der Triesting, Bezirk: Baden

Hotels, Heime, Klöster, Kasernen

1294 Hauptplatz 4, WH, ehem. Curhotel d'Orange, 1913, P: Anton Krones jun.

Das von Loggien und Wintergärten geprägte, hohe und doch kompakte ehemalige Grandhotel fungierte nach Ende des Ersten Weltkriegs u. a. als Erholungsheim der städtischen Angestellten sowie der Haushaltsgehilfinnen und wurde mittlerweile in private Wohneinheiten umfunktioniert.

Neuhofen an der Ybbs 3364
Gemeinde: Neuhofen an der Ybbs, Bezirk: Amstetten

Kultur, Veranstaltung

1295 Milleniumsplatz 1, Ostarrichi-Kulturhof, 1995–1996, P: Ernst Beneder, MA: Anja Fischer, Peter Matzalik, S: Alfred Schaufler, BH: Marktgemeinde Neuhofen an der Ybbs, Landesregierung NÖ | Umbau, 2006, P: Erwin Hackl Bauplanungs-GesmbH •

Anlässlich des 1.000-jährigen Jubiläums der ersten urkundlichen Erwähnung Österreichs, welche in einem Dokument über die Gegend Neuhofen an der Ybbs nachweisbar ist, fand 1996 die Niederösterreichische Landesausstellung „Menschen, Mythen, Meilensteine" in Neuhofen statt. Für diese Ausstellung wurde die von Karl Pelnöcker und Eduard Pfeiffer 1977 bis 1980 errichtete Ostarrichi-Gedenkstätte nach Plänen von Ernst Beneder in den „Kulturhof" umgebaut, welcher neben seiner Funktion als neue Gedenkstätte auch Ausstellungs-, Seminar- und Tourismusräume sowie einen Festsaal beinhaltet. Beneder erhielt das eingeschoßige Bestandsgebäude im Kern und stockte es mit einem flachen, transparenten Obergeschoß in Stahlbeton-Skelettbauweise auf. Östlich des Gebäudes ist ein winkelförmiger Zubau unter das Straßenniveau abgesenkt, begrünt und begehbar. Dieser Gebäudeteil unterhalb des Terrains fasst somit einen ebenfalls abgesenkten Hof ein und öffnet sich zu diesem mit großen Glasflächen.

Eine Freitreppe erschließt den Hof von der Straßenebene, eine zusätzliche Tribüne macht ihn für Veranstaltungen nutzbar und ein Stahlsteg überquert ihn in Richtung Haupteingang. Dieser Steg durchsticht ein riesiges, auf Rahmen aufgezogenes Schattiernetz, das die österreichische Nationalflagge abbildet, auf die Achse des Haupteingangs verweist und sinnbildlich für den historischen Kontext des Ortes steht. Wichtiges Thema des Entwurfs ist der Ausblick in die Umgebung, welche in der historischen Urkunde aus 996 dokumentiert ist. 2006 wurden Änderungen am Gebäude von Beneder vorgenommen, um nun auch das Gemeindeamt hier unterzubringen. Diese umfassten neben dem Einbau eines Windfangs im Hof auch die bauliche Schließung einer dem Hauptgebäudeteil im Südosten vorgelagerten Terrasse.

Neulengbach 3040
Gemeinde: Neulengbach, Bezirk: St. Pölten

Gesundheit

1296 Friesstraße 8, NÖ Landeskindergarten, ehem. Rekonvaleszent*innenheim für Bedienstete der k. k. österreichischen Staatsbahnen, 1914–1916, P: Anton Krones jun., BH: k. k. Eisenbahnministerium ●

1914 wurde der Architekt Anton Krones jun. beauftragt, ein Rekonvaleszent*innenheim mit 25 Betten für die Bediensteten der k. k. österreichischen Staatsbahnen zu planen. Krones war ein Schüler von Otto Wagner, für die Gestaltung des Heims wählte er jedoch eine konventionelle Formulierung mit Heimatstil-Elementen, einer Gestaltungsweise, die damals insbesondere bei größeren Gebäuden wie Erholungsheimen, Sanatorien oder auch Hotels geschätzt wurde. 1916 erfolgte die feierliche Eröffnung – nur wenige Wochen nachdem Anton Krones an der Ostfront gefallen war, aber gerade rechtzeitig, um die zunehmende Anzahl an kriegsversehrten Eisenbahnern aufzunehmen. Im Zweiten Weltkrieg diente das Gebäude als Lazarett, 1959 wurde in dem Heim die Bundesbahn-Akademie zur Aus- und Weiterbildung von Bahnbediensteten eingerichtet. Heute befindet sich in dem Haus ein NÖ Landeskindergarten.

Freizeit

1297 Bilkogasse 259, Atelier- und Wohnhaus, ehem. Fitness- und Seminargebäude Anzelini, 1986–1987, P: Franco Fonatti, Helmut Hempel, Gerhard Ullreich, BH: Monika Anzelini, Artur Anzelini ●

Ursprünglich als Fitnessstudio und Seminarhaus erbaut, wird das heute als Atelier- und Wohnhaus genutzte Gebäude entprechend dem ursprünglichen Konzept durch den markanten runden Turmbau mit leuchtend roter Putzfassade erschlossen. Das zylindrische Volumen des Turms wird durch ein auskragendes, kreissegmentförmiges Dach und einen umlaufenden Balkon im ersten Obergeschoß gezielt aufgebrochen. An den Rundbau, dem ein Stiegenhaus mit Wendeltreppe beigestellt ist, dockt das lang gestreckte, auf dreieckigem Grundriss basierende, zweigeschoßige Haupthaus mit Galeriegeschoß an. Das Glasdach in Form eines spitzwinkelig fast bis zum Erdgeschoß zulaufenden, gleichschenkeligen Dreiecks an der südöstlichen Seite des Baus geht nahtlos in die Fassade über und schafft so in der Außen- sowie in der Innenwahrnehmung imposante Räume. Die Mittelmauer des Gebäudes übernimmt die tragende Funktion und wird durch einen mittig ausgeführten Knick standsicher.

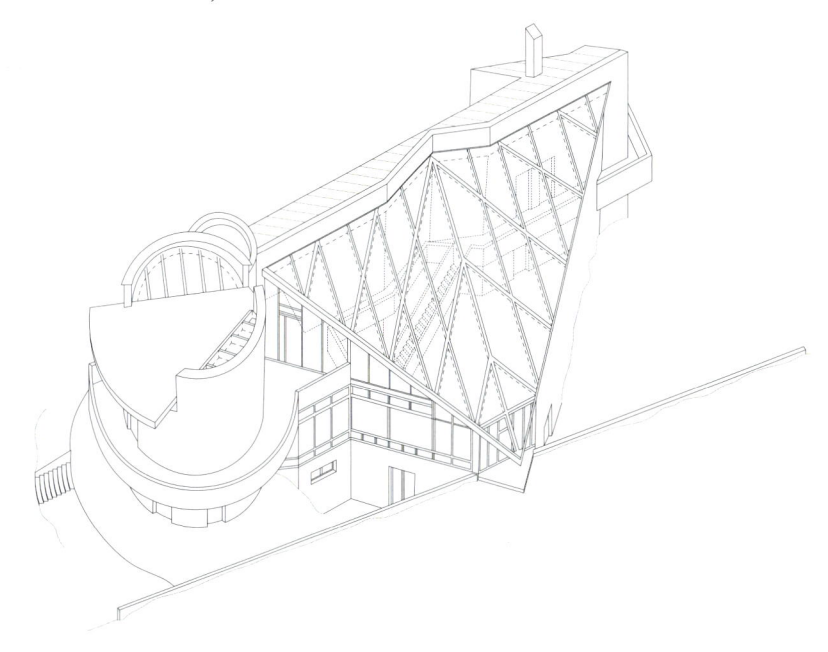

Einfamilienhäuser

1298 Haydngasse 8, <u>EFH, 1988–1993</u>, P: Erich Raith, Karin Raith-Strömer, Karl Schleritzko, S: Helmut Lutz | Sanierung, 2012, P: Heinz Geza Ambrozy

In einem ehemaligen Obstgarten entstand in Holzbauweise mit blechgedecktem Bogendach ein Einfamilienhaus, dessen Zentrum eine ost-west-orientierte, beidseitig verglaste Wohnhalle bildet. Durch ihre außergewöhnliche, nach außen aufsteigende blau-weiß gestreifte Decke, die als auskragendes Vordach auf beiden Seiten fortgeführt wird, setzt sie sich von den beiden seitlichen, eher geschlossen gehaltenen Gebäudeteilen ab, zwischen denen sie jedoch durch eine hölzerne Treppe vermittelt.

Hotels, Heime, Klöster, Kasernen

1299 Garnisonstraße 24, <u>WH, ehem. Ferienheim, 1913</u>, P: Arnold Karplus, BH: Jugendfürsorgeverein „Gute Herzen" ●

Da einer der Hauptgeldgeber des Jugendfürsorgevereins „Gute Herzen" die israelitische Kultusgemeinde Wien war, enteigneten die Nationalsozialisten 1938 den Verein und planten, das 1913 von Arnold Karplus errichtete Gebäude für den Verein „Lebensborn" zu verwenden, eine an diesem Ort nie umgesetzte Zuchtanstalt „arischer" Kinder.

Das zweigeschoßige Haus samt seiner um 1924 errichteten Nebengebäude wurde aber stattdessen in eine Kaserne umgewandelt und auch nach Ende des Kriegs und während der langwierigen Restitutionsverfahren militärisch genutzt. 2012 wurde das ehemalige Heim mit der von Eckrustika und verschnörkelten Fensterrahmungen geprägten Fassade an einen privaten Besitzer verkauft und dient seither u. a. als Flüchtlingsheim.

Neumarkt an der Ybbs 3371
Gemeinde: Neumarkt an der Ybbs,
Bezirk: Melk

Amts-, Verwaltungs-, Kommunal-, Bürobauten

1300 Marktplatz 2, <u>Bankgebäude, ehem. Gemeindehaus, 1907</u> | Umbau und Umnutzung zum Feuerwehrdepot und Gemeindehaus, 1908, P: Rudolf Mischke | Teilabbruch und Zubau, Umnutzung zur Raiffeisenbank, 1983–1984, P: Anton Bauer ●

▶ *Foto: Zustand vor 1983*

Energie

1301 48°08'55.3"N 15°04'49.5"E, zwischen Eisenbahn- und Straßenbrücke der B1, <u>Staustufe Kraftwerk Wüster, 1958–1960</u> ●

Das zum 1897 bis 1898 erbauten Kraftwerk Wüster gehörige Wehr ist eine aus zwei Wehrfeldern bestehende Staustufe mit einer Öffnungsbreite von etwa 80 Metern. Auf den beiden uferseitigen Pfeilern sind Kontrollhäuser angelegt; Wendeltreppen im Inneren dieser Häuser sowie im Wehrtrennpfeiler bilden den Zugang zum Kontrollgang.

Verkehr

1302 48°08'54.1"N 15°04'50.1"E, Stahlfachwerkbrücke, um 1932, P/AF: Waagner Biro AG, BH: Stahl- und Hochbauamt Brückenbau | Verstärkung Tragwerk, 1975 | Instandsetzung, Verstärkung Tragwerk und Pfeiler, Zubau seitlicher Gehweg, 2001 ●

Neunkirchen 2620
Gemeinde: Neunkirchen, Bezirk: Neunkirchen

Amts-, Verwaltungs-, Kommunal-, Bürobauten

1303 Hauptplatz 1, Rathaus, 1948–1950, P: Leo Kammel sen., K: Fritz Weninger, Karl Steiner (Sgraffito) | Fassadensanierung, ab 2021

Nach einem Brand des 1889 bis 1891 errichteten Vorgängerbaus wurde das monumentale Bauwerk der ursprünglichen Gebäudeform entsprechend neu gebaut.

1304 Triesterstraße 16, Gerichts- und Amtsgebäude, 1935–1937, P: Franz Sturm | Sanierung und Adaptierungsarbeiten, 2017–2019

Religion, Kult

1305 Peischingerstraße 43, Friedhofseingang, Urnenhain, Aufbahrungshalle, 1968, P: Walter Weissenböck ●

Die schlichten Friedhofsbauten sind in zeittypischer Gestaltungsweise großteils in Sichtbeton hergestellt.

Bildung

1306 Glöckelweg 2, BG/BRG, 1964–1968, P: Heinrich Baier, Franz Tontur, S: Eduard Bodenseer, K: Mathias Hietz (Holzrelief) | Zubau, 1990–1992 ●

Aus einem Wettbewerb ging der Entwurf von Heinrich Baier und Franz Tontur hervor, der auf den Einsatz von vorfabrizierten Elementen abgestimmt ist. Um einen Pausenhof gruppieren sich ein Klassen- und ein Sonderklassentrakt sowie der Turnsaal. Die zentrale Pausenhalle im Erdgeschoß wird auch als Festsaal genutzt und wurde mit einem Flachrelief aus Lärchenholz des Bildhauers Mathias Hietz ausgestattet. 1990 bis 1992 wurde ein Zubau im nördlichen Teil des Areals errichtet.

Wohnbauten

1307 Eltzgasse 7, WH, P: Walter Weissenböck ●

1308 Peischingerstraße 55, RHA Gartenclub Neunkirchen, P: Walter Weissenböck ●

1309 Schreckgasse 14, WHA Robert Zangerl-Hof, 1924–1927, P: Hubert Gessner ●

Die nach dem ehemaligen Bürgermeister Neunkirchens benannte kommunale dreigeschoßige Wohnhausanlage über U-förmigem Grundriss geht auf ein Arbeiter*innenwohnhaus zurück. Neben den vereinzelten, paarweise zusammengefassten Rundbogenfenstern und dem Natursteinsockel besonders markant ist die symmetrisch angelegte Schaufassade mit ihrem zentralen, in Stein gefassten Rundbogenportal und dem darüberliegenden lang gestreckten Balkon. Sie wird beiderseits flankiert von halbrund aus der Fassadenflucht hervortretenden Seitenrisaliten und erhält ihr entscheidendes Charakteristikum durch den zackenförmigen Verlauf der Traufe (→ 0476).

Einfamilienhäuser

1310 Auzeile 22, WH mit Arztpraxis, 1966, P: Carl Auböck ●

In dem quadratisch um ein Atrium angeordneten, ebenerdigen Haus befindet sich die Arztpraxis im Straßentrakt, die Wohnräume, verbunden und doch gesondert betretbar, sind in den drei anderen Trakten aufgeteilt. Die Nagelbinder-Dachkonstruktion mit sehr flachem Dreiecksschnitt und stark überkragender Traufe an den Außenseiten soll für eine möglichst gute Belichtung des Innenhofs sorgen.

1311 Eltzgasse 9, EFH, 1969, P: Günther Domenig, Eilfried Huth

Bei dem ebenerdigen, brutalistischen Einfamilienhaus mit Sichtbetonattika handelt es sich um eine frühe Zusammenarbeit von Günther Domenig und Eilfried Huth. Als Wohnhaus geplant und nie als solches genutzt, war hier bis in die 1990er-Jahre ein Nachtclub untergebracht, wobei sich die Tanzfläche im als Wohnzimmer angedachten Kubus der vier ineinandergeschobenen Volumina des Gebäudes befand. Ende der 1990er-Jahre schloss der Club und wurde sehr konträr zur Kindertagesstätte umgenutzt, was zu einer weiteren Veränderung der Inneneinrichtung und vor allem der Bodenbeläge führte. Mittlerweile steht das Haus wieder leer, es gibt Umnutzungskonzepte, die sich mit der Beseitigung typischer Flachdachprobleme befassen und in denen nun letztlich eine moderne, klimaneutrale Nutzung als Wohnhaus angedacht wird – doch wurde noch keines umgesetzt.

Geschäftslokale, Einkaufszentren, Banken

1312 Hauptplatz 2, Erweiterung Sparkasse, 1975, P: Herbert Haun, BH: Sparkasse Neunkirchen, S: Robert Krapfenbauer ●

Neben den Umbauten im Bestandsgebäude wurde ein zweigeschoßiger Zubau im Hof errichtet. Hier sind im Erdgeschoß Kundenbereich, Direktion und Sekretariat untergebracht, im Obergeschoß Büro-, Lehr- und Sozialräume, die um einen Atriumhof angeordnet sind. Im Keller befinden sich neben dem Tresorraum das Archiv und ein Lager.

Industrie

1313 Urbangasse 12, Schraubenfabrik, 1909–1912, BH: Schrauben- und Mutternfabrik Schoeller & Co | Umbauten, 1920, 1927, 1950–1970 ●

Neusiedl 2763
Gemeinde: Waidmannsfeld, Bezirk: Wiener Neustadt

Religion, Kult

1314 Wildbachstraße 1, Filialkirche hl. Maria, 1936, P: Robert Kramreiter ●

Ab 1919 wurde für die Arbeiter*innen der Papierfabrik in Ortmann von Josef Frank eine Arbeiter*innensiedlung errichtet (→ 1316). 1936 erhielten sie auch eine Kirche, die im angrenzenden Ortsteil Neusiedl von dem bekannten Kirchenbauarchitekten Robert Kramreiter geplant wurde. Bei Kirchen „in der offenen Landschaft" war Kramreiter bestrebt, das Gebäude durch eine Auflockerung des Baukörpers in die Umgebung einzufügen. Ein geschwungener Treppenaufgang zum Dachstuhl, eine runde Taufkapelle mit Kegeldach sowie unterschiedliche Fensterformen bilden einen spannungsreichen Kontrast zu den strengen kubischen Formulierungen des Blendgiebels an der Hauptfassade und des rechteckigen Turms. Der flach gedeckte Innenraum wird durch ein großes Rosettenfenster belichtet, dessen Glasmalerei nach dem Entwurf Kramreiters ausgeführt wurde.

Kultur, Veranstaltung

1315 Stadionstraße 18, Volksheim, 1927, P: Karl Jaray, BH: Hugo Bunzl | Erweiterungen, 1951, 1962 ●

Das Volksheim wurde für die Arbeiter*innenkolonie Ortmann (→ 1316) errichtet, die Hugo Bunzl 1919 für die Arbeiter*innen seiner Papierfabrik in Pernitz (→ 1434) in Auftrag gegeben hatte. Der Wiener Standort von Bunzls Unternehmen war bereits von Jaray geplant worden, weshalb er wahrscheinlich auch für Neusiedl beauftragt wurde.

Wohnbauten

1316 Stadionstraße 17–19, Quellenstraße 11–15, 21–25, Arbeiter*innenkolonie Ortmann, ab 1919, P: Josef Frank, BH: Hugo Bunzl ●

Nachdem Frank bereits den Familienwohnsitz für Hugo Bunzl geplant hatte (→ 1317), erhielt er 1919 den Auftrag, Wohnhäuser für die Arbeiter*innen der Papierfabrik Bunzls in Pernitz (→ 1434) zu errichten. Als Vertreter der Gartenstadtbewegung plante Frank ein- bis zweigeschoßige Reihenhaustypen aus Hohlbeton mit jeweils eigenem Garten (Gartengestaltung von Albert Esch) sowie eigener Wirtschafts- und Sanitäreinrichtung. Im Erdgeschoß befanden sich die Küche und ein Wohnraum, bei den zweigeschoßigen Gebäuden zwei weitere Räume im Obergeschoß. Für die zweigeschoßigen Einheiten entwickelte Frank zwei Maisonettetypen mit der Besonderheit, dass die Räume im Obergeschoß mit den Erdgeschoßräumen des Nebenhauses überkreuzt zusammengespannt wurden (→ 1433).

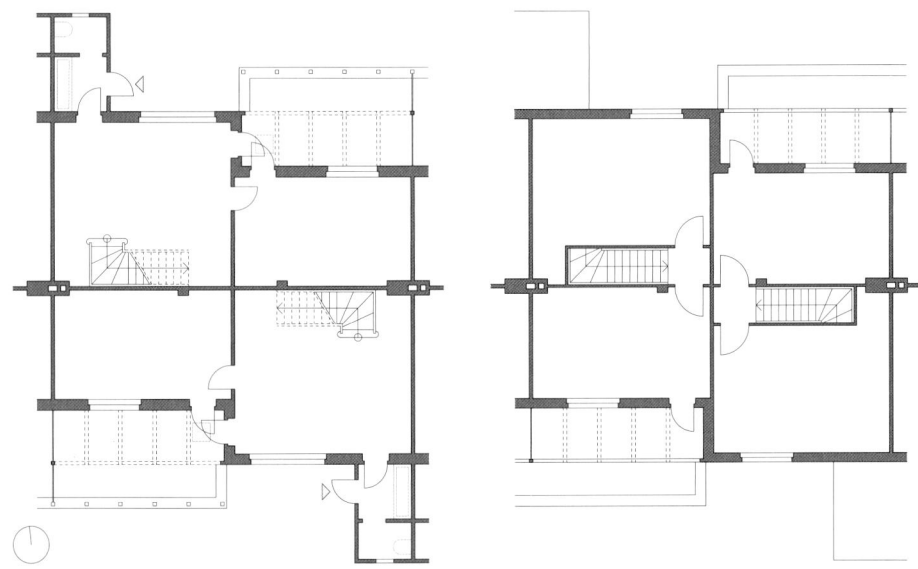

Einfamilienhäuser

1317 Kitzberghöhe 2, <u>WH Bunzl, 1914,</u> P: Josef Frank, BH: Hugo Bunzl •

Inspiriert durch den Bautypus des englischen Landhauses errichtete Josef Frank für die Familie des Papierfabrikanten Bunzl ein schlichtes, weiß gestrichenes Holzhaus in Blockbauweise mit traditionellem Walmdach. Die Fassadengestaltung wird durch Terrassen, Balkone, eine eingeschnittene Loggia und einen mächtigen gemauerten Kamin geprägt. Der Grundriss folgt den funktionalen Erfordernissen eines Sommerhauses: Die Aufenthaltsräume verfügen über eine direkte Verbindung zum Garten, auf Repräsentationsräume wird weitgehend verzichtet. Im Obergeschoß befinden sich ein Schlaf- und ein Gästezimmer mit Balkon und Terrasse. Im Erdgeschoß grenzt der Wirtschafts- und Sanitärbereich an den großzügigen Wohn- und Essraum, der sich an drei Seiten über breite Glasflügeltüren zu den umliegenden Terrassen öffnet. Das Interieur wurde ebenfalls von Frank gestaltet.

1318 Viktor Bunzl-Straße 7, <u>Villa, ehem. Direktorenwohnhaus der Papierfabrik Bunzl & Biach, 1924,</u> P: Josef Frank, BH: Theodor Herzberg-Fraenkl •

Das Wohnhaus wurde für den Direktor der Papierfabrik Bunzl & Biach, Theodor Herzberg-Fraenkl, auf einem abschüssigen Grundstück etwas außerhalb von Pernitz errichtet. Der schlichte zwei- bis dreigeschoßige kubische Baukörper wird durch die zwei auskragenden Balkone, die auf Pfeilern aus Sichtziegeln ruhen, und die mit Sichtziegel umfasste Türachse in der Westfassade gegliedert. Die beiden Wohngeschoße werden über den ostseitigen, vom auskragenden Balkon geschützten Eingang erschlossen, durch die Hanglage kann auch der Keller direkt an der Westfassade betreten werden. Das Wohngeschoß wird durch die Treppe in zwei Bereiche geteilt – im Süden das repräsentative Wohnzimmer, wie im nahe gelegenen Wohnhaus der Fabrikantenfamilie Bunzl (→ 1317) mit dreiseitigen Fenster- und Türöffnungen, und im Norden die Küche und die Nebenräume. Im Obergeschoß befinden sich drei Schlafzimmer und ein Bad. An der Südfassade wurde 1968 statt des Balkons eine weitere Fensterachse mit Loggia errichtet, das Dach wurde um das Jahr 2020 ausgebaut.

Hotels, Heime, Klöster, Kasernen

1319 Stadionstraße 16, Kindergarten, ehem. Kinderheim, 1921, P: Josef Frank, BH: Bunzl & Biach, Verein zur Erhaltung des Kinderheimes | Um- und Zubau sowie Sanierung, 1985, P: Sepp Müller •

Frank errichtete für die Arbeiter*innenkolonie Ortmann (→ 1316) auch ein Kindertagesheim, das Teil eines nicht realisierten Hauptplatzes mit Schule, Krankenhaus, Konsumverein, Bibliothek und Turnsaal sein sollte. Das lang gestreckte, eingeschoßige Gebäude wird von einem überhöhten Turm mit Sonnenuhr überragt. Die Fassade ist asymmetrisch mit Sprossenfenstern gegliedert, lediglich das auf Säulen ruhende Vordach und die Portalumrahmungen treten plastisch hervor. Durch den Eingang wird eine zweigeschoßige Halle betreten, von der aus sich im Westen der große Saal und im Osten die Nebenräume erstreckten. 1985 wurde das gesamte Gebäude saniert und durch einen Zubau erweitert.

Neusiedl am Steinfeld 2731
Gemeinde: St. Egyden am Steinfeld, Bezirk: Neunkirchen

Einfamilienhäuser

1320 Lindenplatz 4, Atelierhaus, 1966, P: Ernst Hiesmayr, BH: Tatjana Jowa Parisini •

Ernst Hiesmayr meinte über die Ausrichtung des u. a. für die österreichische Pressefotografie-Pionierin Tatjana Jowa Parisini errichteten Atelierhauses hinter der alten Scheune eines ländlichen Hofes auf schmaler Parzelle Folgendes: „Bestehendes muss sich in einen funktionellen Zusammenhang wertvoll einfügen, dann können wir von einer verwertbaren Substanz sprechen, an deren Erhaltung uns wesentlich gelegen ist."

Nachdem der flach gedeckte Bungalow nun selbst schon über 50 Jahre alt ist, stellt sich die Frage nach der heutigen Nutzbarkeit – und tatsächlich dient er auch heute noch Kunstschaffenden. In seiner Erscheinungsform ist er wenig verändert, lediglich die Farbe der Holzverschalungen unter dem ebenfalls umgefärbten Dachblech ist etwas verdunkelt, doch der lang gezogene Pool und die auffälligen runden Waschbetonplatten zu seiner Erschließung bestehen weiterhin.

Energie

1321 47°46'23.9"N 16°06'48.7"E, südöstlich des Orts an der Blätterstraße, Großraumspeicher, 1953–1958, BH: Stadt Wien •

Ein stetiges Anwachsen des Wassernormalverbrauchs nach dem Zweiten Weltkrieg machte eine zusätzliche Speicherung nötig, da die Wiener Speicherkapazitäten, die für die Wasserverteilung vorhanden waren, nicht mehr ausreichten. Da die Kapazitäten der durch Niederschlagsmengen und Schneeschmelze stark schwankenden Quellschüttungen im Einzugsgebiet der Ersten Wiener Hochquellenleitung nur unzureichend ausgeschöpft wurden, fiel der Entschluss, nahe der Hochquellenleitung weitere Großraumspeicher anzulegen. Zuvor war ein Ausbau des Leitungskanals der Hochquellenleitung nötig, um die Fassungskapazität zu erhöhen. Mit dem Bau des Großraumspeichers wurde der bis zu diesem Zeitpunkt größte Trinkwasserspeicher errichtet. Der unterirdische Speicherraum ist in vier Kammern aufgeteilt, die je eine Fülltiefe von zehn, eine Breite von 124 sowie eine Länge von 134 Metern aufweisen. Von dem Großraumspeicher sind oberirdisch nur ein Hügel sowie einige eingeschoßige Zutrittsgebäude zu sehen, von denen der Bau an der Zufahrtsstraße (von der Blätterstraße abgehend) später einen zweigeschoßigen Zubau erhielt.

Neusiedl an der Zaya 2183
Gemeinde: Neusiedl an der Zaya,
Bezirk: Gänserndorf

Geschäftslokale, Einkaufszentren, Banken

1322 Hauptplatz 3, Raiffeisenkasse, 1977, P: Max Gosch | Innenumbau, 2012–2013, P: Firma Streitner •

Neustadtl-Markt 3323
Gemeinde: Neustadtl an der Donau,
Bezirk: Amstetten

Religion, Kult

1323 48°11'36.6"N 14°54'12.0"E, Marktstraße, Jakobstraße, Um- und Zubauten Pfarrkirche hl. Jakobus d. Ä., 1955, K: Josef Ortner (Sandsteinfiguren Hochaltar, 1956), Klothilde Rauch (Holzkruzifix, 1956), Josef Kröll (Kanzel, 1956) •

1901 bis 1904 erfolgte eine umfassende Renovierung der im 14. Jahrhundert entstandenen und um 1500 erweiterten Kirche. Der Turm erhielt eine neobarocke Zwiebelhaube, und die Innenausstattung wurde im neogotischen Stil erneuert. 1955 wurden wahrscheinlich von einem örtlichen Baumeister neuerliche Änderungen vorgenommen: Die neben dem Chorjoch liegende Sakristei wurde zum Innenraum hin als zweites Chorjoch geöffnet und die Sakristei in einem angefügten Anbau untergebracht. Die Innenausstattung wurde im zeitgenössischen Stil erneuert und an der Eingangsfront ein Vorbau angefügt, der die hohe Giebelfassade in verkleinerter Form wiederholt. Ein großes Fenster über dem Kirchenportal verdeutlicht in seiner orthogonalen Unterteilung mit Betonstreben die spätere Entstehungszeit des Anbaus.

Niederabsdorf 2272
Gemeinde: Ringelsdorf-Niederabsdorf,
Bezirk: Gänserndorf

Bildung

1324 Liechtensteinstraße 147, Heimatmuseum, ehem. Volksschule, 1885–1886, P: Carl Weinbrenner | Umnutzung, 1986 •

Niederkreuzstetten 2124
Gemeinde: Kreuzstetten,
Bezirk: Mistelbach

Religion, Kult

1325 48°28'49.5"N 16°28'47.0"E, Erweiterung Pfarrkirche hl. Jakob d. Ä., 1923, P: Karl Holey, AF: Michael Stelzl •

Als die im 15. Jahrhundert erbaute Kirche den Anforderungen nicht mehr genügte, wurde im Jahr 1923 der Architekt Karl Holey mit einer Vergrößerung der Kirche beauftragt. Das bestehende Langhaus wurde abgerissen, und der Architekt fügte stattdessen einen achteckigen Hauptraum an den gotischen Chor an. Die Fassade ist von einem mächtigen Turm geprägt. Bei der Konzeption orientierte sich Holey weitgehend am bestehenden Gebäude. So wird der Spitzbogen zum dominierenden Gestaltungsmittel und gleich tiefe Strebepfeiler wie beim gotischen Chor akzentuieren den neu angefügten Saalraum. Die Zwischenräume sind teilweise mit niederen Anbauten gefüllt. An einer Längsseite bildete Holey zwischen den Strebepfeilern ein schmales Seitenschiff aus, das durch Spitzbogenarkaden zum Hauptraum geöffnet ist. Dem nach außen wirkenden Zentralraum verlieh er im Inneren durch ein Tonnengewölbe mit tief einschneidenden Stichkappen das charakteristische Erscheinungsbild eines Langhauses. Die Innenausstattung stammt aus der Bauzeit, der Turm wurde 1933 um zehn Meter erhöht.

1326 48°29'45.3"N 16°30'05.4"E, an der Waldstraße, Filialkirche Neubau-Kreuzstetten, 1957, P: Erwin Plevan

Einfamilienhäuser

1327 Bäckergasse 17, Villa, P: Hans Ehrenhäuser, AF: Michael Stelzl •

1328 Wienerstraße 18, Villa, 1925 •

1329 Wienerstraße 19, WH, 1913 •

1330 Wienerstraße 20, Villa, 1912 •

1331 Wienerstraße 22, Villa, 1913, P/AF: Michael Stelzl •

Niederndorf 3253
Gemeinde: Erlauf, Bezirk: Melk

Verkehr

1332 48°10'11.5"N 15°10'28.1"E, Talübergang Erlauf, 1958, BH: Bundesministerium für Handel und Wiederaufbau

Niederranna 3622
Gemeinde: Mühldorf, Bezirk: Krems

Einfamilienhäuser

1333 Im Döpperl 2, Umbau EFH, 1979, P: Wolfgang Schöfl ●

Nodendorf 2116
Gemeinde: Niederleis, Bezirk: Mistelbach

Religion, Kult

1334 48°32'50.8"N 16°23'08.8"E, Niederleiser Straße, Laaer Straße, Ortskapelle Mutter Gottes, 1928, P: Hans Benirschke ●

Die kleine Kapelle wurde 1928 anstelle einer Holzkapelle von Hans Benirschke, einem Bruder des in Wien tätigen Architekten Karl August Benirschke, errichtet. Die Gemeinde Nodendorf ließ nach der Ermordung von Engelbert Dollfuß eine Gedenktafel anbringen: „Dem Führer und Heldenkanzler Dr. Eng. Dollfuss gest. am 25. Juli 1934 in Treue gewidmet." Das Bild des Verstorbenen in der rechten oberen Ecke wurde während des NS-Regimes entfernt.

Ober-Grafendorf 3200
Gemeinde: Ober-Grafendorf, Bezirk: St. Pölten

Freizeit

1335 Raiffeisengasse 9, Pielachtalhalle, 1979–1980, P: Hans Wolfgang Jäger, Werner Havlicek, S: Gottfried Jorda, Hans Baldia, BH: Gemeindeverband „Sporthalle Ober-Grafendorf" | Zubau Festsaal, 1989, P: Werner Havlicek ●

Die Pielachtalhalle wurde in direkter Nachbarschaft zu einer Schule errichtet und sollte nicht nur für Sportveranstaltungen, sondern auch dem Sportunterricht dienen. Der große Hallenraum gliedert sich in drei Bereiche, welche durch ein Vorhangsystem voneinander abgetrennt werden können und als autonome Turnsaaleinheiten samt entsprechenden Tribünensegmenten und Nebenräumen funktionieren. Diese Dreiteilung bildet sich an der Dachform durch drei Tonnen nach außen hin ab. An der Südfront ist der Halle der etwas niedrigere Eingangsbereich vorgelagert, welcher im Mittelteil noch einmal weiter nach vorne springt und mit kleineren Tonnendurchmessern eine ähnliche Dachlandschaft wie der Hallenbereich aufweist. Im Erdgeschoß befinden sich hier die Räumlichkeiten für Sportler*innen, im Obergeschoß das Foyer zur Erschließung der Tribünen sowie ein Restaurant samt Terrasse. Das Gebäude wurde fast vollständig in Stahlbeton-Fertigteilbauweise errichtet. Die betonsichtigen Fassadenplatten kontrastieren mit roter Schmuckfarbe und sind im Bereich der Nebenräume rasterförmig unterteilt, an den fensterlosen Außenwänden der Sporthalle selbst hingegen geometrisch gestaltet. Paarweise eingesetzte vertikale Elemente segmentieren die Flächen lisenenartig in gleichbleibendem Rhythmus, in den Zwischenräumen scheinen kreisrunde Dekorationselemente wie Luftblasen aufzusteigen.

Die massiven Stahlträger, die die Halle überspannen und die drei Tonnendächer tragen, sind im Inneren unverkleidet belassen und bestimmen den Raumeindruck. Eine Erweiterung des Baus um eine Festhalle wurde im Entwurf bereits berücksichtigt und 1989 durch Havlicek südlich an die Eingangshalle angrenzend umgesetzt.

Heute wird der Komplex nicht nur mit Sport-, sondern auch mit Musik-, Theater- oder Kabarettveranstaltungen sowie Seminaren oder Betriebsfeiern bespielt.

Wohnbauten

1336 Siedlungsstraße 1–27, <u>WHA, um 1942,</u> P: Hans Payer | Sanierung, 2008–2011, P: Franz Kahler ●

Einfamilienhäuser

1337 Schulstraße 5, <u>Villa, um 1924</u> ●

Verkehr

1338 Werkstättenstraße 12, <u>Lager, ehem. Werkstätten der Mariazellerbahn, um 1918,</u> BH: NÖ Landesbahnen ●

→ 0520

Oberkogelsbach 3345
Gemeinde: Göstling an der Ybbs, Bezirk: Scheibbs

Freizeit

1339 Oberkogelsbach 17, <u>Badehütte im Flussbad an der Ybbs, um 1910</u> | Ausbau des Bades, 1950–1951, BH: Verschönerungsverein der Stadt Ybbs ●

Bereits im Gründungsjahr des Verschönerungsvereins der Stadt Ybbs 1887 wurde für die Sommerfrische ein Flussbad mit Parkanlage und Steg errichtet. Der Bau der hölzernen Badehütte erfolgte 1910. Wiederholte Hochwasserschäden erforderten Umbauten und Erneuerungen der Badehütte, weshalb sie heute nicht mehr in ihrer Originalsubstanz erhalten ist.

Energie

1340 Oberkogelsbach 8, <u>Wehranlage für das Wasserkraftwerk Opponitz, 1922–1924,</u> BH: Wiener Stadtwerke Elektrizitätswerke | Umbau, 2014, BH: Wien Energie ●

Die Flussstrecke zwischen der Wehranlage und dem Kraftwerk Opponitz beträgt 34 Kilometer, das Gefälle 126 Meter. Durch die Sanierung der Wehranlage u. a. mit neuen Wehrklappen und neuer Fischaufstiegshilfe kann seit 2014 zehnmal so viel Wasser in der Ybbs gespeichert werden als zuvor.

Oberland 2651
Gemeinde: Reichenau an der Rax, Bezirk: Neunkirchen

Gesundheit

1341 Oberland 2–4, <u>Ausbau Rehabilitationszentrum Raxblick, 1957,</u> P/AF: Firma Wenzl Hartl | Zubau, 1985, P: Herwig Graf, BH: Krankenfürsorgeanstalt für Bedienstete der Stadt Wien ●

Im Jahr 1957 erwarb die Krankenfürsorgeanstalt der Bediensteten der Stadt Wien ein Hotel in Prein an der Rax und ließ das Haus zu einem Erholungsheim um- und ausbauen. Das lang gestreckte Gebäude wurde im obersten Geschoß mit Holz verkleidet und zeigt, dass auch ohne Heimatstil-Elemente ein harmonisches Einbinden in die umgebende Landschaft gelingen kann. Um die Bettenkapazität zu erhöhen, wurde 1985 Herwig Graf mit dem Ausbau zum „Rekonvaleszentenheim Raxblick" beauftragt. Der Architekt adaptierte das bestehende Gebäude und fügte leicht versetzt einen etwa gleich langen, leicht geschwungenen Baukörper hinzu. Alle Zimmer sind mit Balkonen ausgestattet und Holzbrüstungen sowie Blumenkistchen verleihen dem Gebäude ein anheimelndes Flair. Ein großes Schwimmbad mit Blick auf die Rax-Schneeberg-Gruppe steigert die Attraktivität des Gesundheitszentrums, das auf orthopädische und pulmologische Rehabilitation spezialisiert ist.

Oberloiben 3601
Gemeinde: Dürnstein, Bezirk: Krems

Einfamilienhäuser

1342 Dürnstein 232, <u>Landhaus, 1909,</u> P: Julius Mayreder ●

Julius Mayreder plante für seinen Bruder, den Bauunternehmer Rudolf Mayreder, ein Landhaus, das Einflüsse der toskanischen Villenarchitektur zeigt.

Obermarkersdorf 2073
Gemeinde: Schrattenthal, Bezirk: Hollabrunn

Sonderbauten

1343 48°44'50.2"N 15°51'59.0"E, <u>Europawarte St. Benedikt, 1980,</u> P: Robert Krapfenbauer | Sanierung, 2019 ●

Die 26 Meter hohe Europawarte am Schafberg bei Waitzendorf wurde 1980 realisiert und dem hl. Benedikt von Nursia, dem Schutzpatron Europas, anlässlich seines 1.500. Geburtstags gewidmet. Der Turm ist als Stahlbeton-Fertigteilkonstruktion errichtet und besteht aus einem quadratischen Betonkern, um den sich ein massiv ausgeführter Stiegenlauf mit einer Brüstung aus Waschbetonplatten zur Plattform windet. Ein großes, ebenfalls aus Beton geschaffenes Kreuz bildet den vertikalen Abschluss der skulptural wirkenden Anlage.

Im selben Jahr wurde mit der Papstwarte in Doberndorf eine weitere, sehr ähnliche Warte von Robert Krapfenbauer erbaut (→ 0275).

Oberndorf am Gebirge 3133
Gemeinde: Traismauer, Bezirk: St. Pölten

Energie

1344 Oberndorfer Straße 20, <u>Kraftwerk, 1921–1923</u>, BH: Traisentaler Elektrizitätsgenossenschaft (TEGA), ab 1922 Schienenfahrzeug-Hersteller NEWAG | Sanierung, 1986–1989 ●

Oberndorf bei Raabs 3820
Gemeinde: Raabs an der Thaya, Bezirk: Waidhofen an der Thaya

Landwirtschaft

1345 Oberndorf bei Raabs 70–74, 71–73, <u>Siedlung Linde, 1939</u>, P: Willi Erdmann ●

Die Siedlung besteht aus sechs Dreiseithöfen in unterschiedlichen Erhaltungszuständen, die westlich und östlich der Straße angeordnet sind und als sogenannte Aussiedlerhöfe eine dunkle Geschichte hinter den einfachen Fassaden verbergen. Der Grund der Höfe gehörte ursprünglich zu dem Gut Pfaffenschlag, das im Oktober 1932 von der aus Živohošť (CZ) zugewanderten, jüdischen Familie Rezek erworben wurde. Mit der Machtergreifung der Nationalsozialisten 1938 wurde die Familie zwangsenteignet und die Gründe zur Bebauung mit Aussiedlerhöfen freigegeben: Höfen, die Familien zur Verfügung gestellt wurden, deren Gründe den neuen Truppenübungsplätzen um Allentsteig weichen mussten. Die Pläne stammen von Willi Erdmann, einem Berliner

Architekten, der mit seinem Entwurf versuchte, modernen Anforderungen entsprechende Betriebe mit traditionellen Waldviertler Bauweisen zu verbinden. Die Wohnräume liegen in den vorderen, der Straße zugewandten Teilen der Seitenflügel, dahinter schließen direkt die Stallungen an, während im Querflügel die Tenne und andere Lagerräume untergebracht sind. Der Wandschirm gegen die Straße schützt vor Wind und Wetter und erlaubt ein homogenes Bild, das nicht von offenen Höfen und Gerätschaften gebrochen werden soll; die nach den Äckern geöffnete Hinterseite soll einen effizienten Zugang zur Arbeit ermöglichen. Trotz Erdmanns Erfahrung und Spezialisierung auf Agrarbetriebe gelang nur eine Annäherung an die örtliche Bautradition, die keine große Akzeptanz fand und auch aufgrund der landschaftlichen Gegebenheiten die gewünschte Produktivität nicht erreichen konnte. Die Höfe waren nach Ende des NS-Regimes lange Zeit Eigentumsfragen unterworfen und befinden sich heute großteils im Besitz der Nachfahren der umgesiedelten Familien.

Oberndorf in der Ebene 3130
Gemeinde: Herzogenburg, Bezirk: St. Pölten

Amts-, Verwaltungs-, Kommunal-, Bürobauten

1346 Bahnzeile 16, Bürohaus Stelzer, 1997–2001, P: Franz Sam, BH: Hans Stelzer

Industrie

1347 Industriestraße 23, Betriebsgebäude der Rheinzink GmbH, 1990–1992, P: Wolfgang Pfoser, Richard Zeitlhuber, BH: ALAG ALPHA, S: Josef Robl •

Das Lager- und Bürogebäude hebt sich in seiner auffälligen Gestaltung werbewirksam von anderen Industriegebäuden ab. Das Volumen der rechteckigen, stützenfreien Lagerhalle ist an der nordwestlichen Gebäudeecke mit einem expressiv gestalteten Bürobauteil verschnitten. Nach Westen wölbt sich die Bürofassade mit vorgestellten schlanken Stützen konvex, die Eingangsfront im Norden bildet sich durch eine konkave, schräg gestellte Wandscheibe mit geschwungenem Flugdach. Während die Fassade des Lagergebäudes durch waagrecht angeordnete blaue und weiße Farbstreifen geprägt ist, findet am Bürotrakt durch die komplementäre Farbigkeit mit orange-weißen Streifen eine horizontale Gliederung statt. Der von Rheinzink hergestellte Baustoff zeigt sich repräsentativ an der mit Zinkblech verkleideten Eingangsfassade sowie am Dach des Bürotrakts.

1348 Oberndorfer Ortsstraße 92, ehem. Schraubenfabrik, ab 1874 | Ausbau, um 1900 | Umbau Kraftzentrale, 1927 | Stilllegung, 1980

Das Fabrikensemble aus Produktions- und Nebengebäuden wurde 1874 an der Stelle der ehemaligen „Krottenhofmühle" errichtet und sukzessive erweitert; nennenswert ist insbesondere ein umfangreicher Ausbau um die Jahrhundertwende, in dessen Jugendstil-Formen sich die ehemalige Fabrik auch heute noch zeigt.

Obersdorf 2120
Gemeinde: Wolkersdorf im Weinviertel, Bezirk: Mistelbach

Religion, Kult

1349 Hauptstraße 46, Pfarrhof, 1911, P: Hubert Gangl •

Der bekannte Wiener Architekt erbaute 1911 den repräsentativen Pfarrhof, den er mit neobarockem Dekor der 1724 errichteten Pfarrkirche anpasste, die er gleichzeitig durch Anbauten am Langhaus erweiterte.

Obersiebenbrunn 2283
Gemeinde: Obersiebenbrunn, Bezirk: Gänserndorf

Bildung

1350 Feldhofstraße 6, Landwirtschaftliche Fachschule, 1914, P: NÖ Landes-Bauamt | Neubau Wirtschaftshof, 1957–1963 | Zubau Internat, 1964–1967, P: F. Kosar •

Landwirtschaft

1351 Bahnstraße 80, ehem. Vegetationsstation, 1907 | Sanierung und Umnutzung, 2001 •

1907 als Vegetationsstation der Versuchsstation der Zuckerfabrik in Leopoldsdorf errichtet, sollten in den angrenzenden Gewächshäusern die bestgeeigneten Rübensaaten gefunden werden. Später als Gärtnerei genutzt, wurden die Anbauflächen sukzessive verkauft, bis das Haus 2001 privat erworben und schonend saniert wurde.

Obersulz 2224
Gemeinde: Sulz im Weinviertel, Bezirk: Gänserndorf

Landwirtschaft

1352 Obersulz 262, Silo Raiffeisen-Lagerhaus, 1975, BH: Landwirtschaftliche Genossenschaft Zistersdorf •

Der im Jahr 1975 errichtete, knapp 58 Meter hohe, massive Siloturm mit einem das Erscheinungsbild prägenden vertikalen Fensterband wurde einem bereits bestehenden Lager- und Maschinenhaus

Oberwagram 3100
Gemeinde: St. Pölten, Bezirk: St. Pölten

Religion, Kult

1353 Unterwagramer Straße 48, Pfarrkirche Wagram hl. Michael und Pfarrhaus, 1937–1938, P: Rudolf Wondracek, AF: Firma Wohlmeyer & Raab, K: Reinhold Klaus (Hochaltarfenster), Karl Knapp (Langhausfenster, 1940), Franz Pitza (Kreuzweg, 1948), Paul Peschke (Schutzmantelmadonna, Christkönigsstatue, 1951–1952) | Zubau Pfarrheim, 1967 ●

Nachdem der kleine Ort Wagram 1922 in das Stadtgebiet St. Pölten eingemeindet worden war, wurde 1937 ein Kirchenbau beschlossen. Zu größter Kostengünstigkeit verpflichtet, schuf der St. Pöltner Architekt Rudolf Wondracek einen schlicht gestalteten Längsbau mit einem mächtigen Querhaus und einem apsisartigen Lichterker. Im östlichen Querhausarm befindet sich eine Marienkapelle, im westlichen die Sakristei, die über einen Außengang mit dem Pfarrhaus verbunden ist. An der Hauptfassade sind drei Portale in einem Laubengang eingefügt, der zum frei stehenden Glockenturm bzw. zum Pfarrhaus weitergeführt wird. Um den liturgischen Erneuerungsbestrebungen der 1920er- und 1930er-Jahre gerecht zu werden, konzipierte Wondracek den Kirchenraum als annähernd quadratischen Saalraum und trennte die Querschiffarme durch hohe Schranken explizit vom Hauptraum ab. Der Kircheninnenraum erhielt durch die hohen Glasfenster an der Chorwand eine stimmungsvolle Atmosphäre. 1967 erfolgte der Anbau eines Pfarrheims an den Pfarrhof.

Bildung

1354 Kudlichstraße 29, Erweiterung Volksschule und Errichtung Hauptschule, heute Dr. Adolf Schärf Schule, 1967–1969, P: Reinhard Pfoser, BH: Stadtgemeinde St. Pölten | Sanierung, 2003–2004

Die 1936 errichtete Volksschule wurde in den 1960er-Jahren erweitert und um einen Hauptschulbau ergänzt. Der Baukomplex ist heute weitgehend unverändert erhalten.

Wohnbauten

1355 Kastelicgasse 1–7, WHA am Mühlbach, 1995–1996, AB: Baumschlager Eberle Architekten (Carlo Baumschlager, Dietmar Eberle), P: Peter Raab, BH: NÖ Landeshauptstadt PlanungsgesmbH, S: Heinz Nemec, AF: Bauunternehmung Demel & Rössler ●

Gegenüber dem Landhausviertel entstanden östlich der Traisen 62 Eigentumswohnungen in drei viergeschoßigen Blöcken und einem aus der Flucht entrückten, dreigeschoßigen Bau. In den Quadern gruppieren sich die Wohneinheiten jeweils um ein zentrales, von oben belichtetes Stiegenhaus. Die Fassaden werden von umlaufenden Balkonen mit hölzernen Schiebeläden bestimmt, die lediglich durch turmartige Vorbauten an den Gebäudekanten im Nordwesten unterbrochen werden. Die dadurch vergrößerten Wohnzimmer werden zusätzlich von Süden belichtet.

▶ Plan: Grundriss 1. Obergeschoß

Hotels, Heime, Klöster, Kasernen

1356 Hermann Gmeiner-Gasse 4, Landespensionist*innenheim, 1996–2000, P: Georg W. Reinberg, FRP: Anna Detzlhofer

Wie ein Segel in die Biegung der Traisen gelegt, profitiert das Heim von seiner Lage nahe dem modernen Regierungszentrum und der neu gestalteten, grünen Uferzone. Die stark durchfensterte Westfassade sowie das Atrium mit seiner Glasdecke sorgen für ein helles Ambiente, in dem sich die Bewohner*innen so frei und selbstständig wie möglich bewegen können sollen.

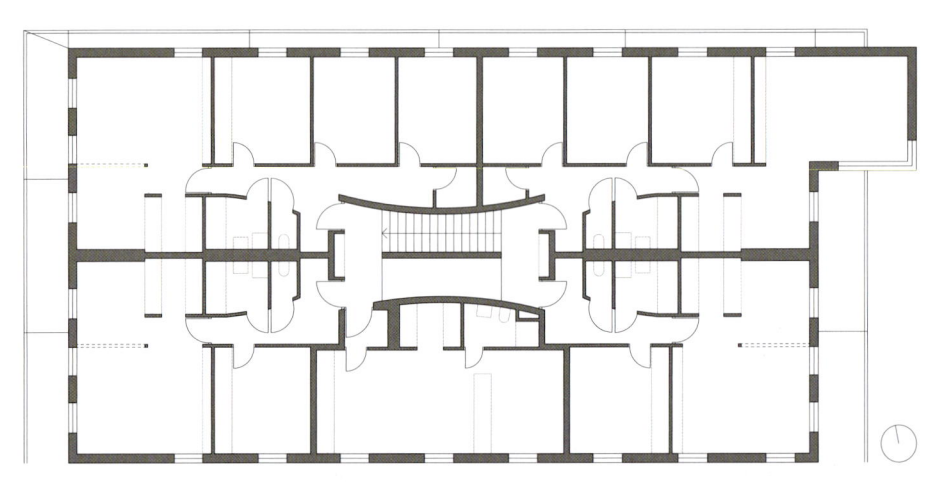

Oberwaltersdorf 2522
Gemeinde: Oberwaltersdorf, Bezirk: Baden

Industrie

1357 Fabriksstraße 12, <u>Wohn- und Geschäftsbau, ehem. Baumwollspinnerei, Umbau, 1895</u>, BH: Josef Boschan & Söhne | Zubau Färberei, 1909, BH: A. Rudolph | Umnutzung zur Schraubenfabrik, 1941 | Stilllegung, 1945 | Sanierung, 2012–2016, AB: schwerKRAFT ZT GmbH (Markus Grünwald, Thomas Wallner, Florian Edlinger), BH/AF: Alte Spinnerei Projektentwicklungs GmbH ●

Die 1818 bis 1822 errichtete Spinnwarenfabrik zeigt sich heute weitestgehend im Zustand einer großen baulichen Umgestaltung aus 1895. Dank schonender Sanierung und Erhalt vieler technischer Einrichtungen und Details stellt die ab 2012 in Wohnungen, Geschäfts- und Eventflächen umgenutzte Fabrik eines der wenigen in der Substanz noch weitgehend erhaltenen Industriedenkmäler Niederösterreichs dar.

Verkehr

1358 47°58'44.1"N 16°19'27.3"E, <u>Fußgängersteg, 1926–1927</u>, P: Franz Visintini, Wasserbau-Fachabteilung, NÖ Landesamt, AF: Johann Buhl ●

Die Stahlbetonfachwerkbrücke im System Visintini bildet mit zwei parallelgurtigen Fachwerkträgern von etwa zwei Meter Höhe eine zugleich markante und dennoch filigran wirkende Querung der zeitgleich regulierten Triesting. Die Spannweite von beinahe 18 Metern trägt zum imposanten Charakter des Stegs bei.

Oberwölbling 3124
Gemeinde: Wölbling, Bezirk: St. Pölten

Wohnbauten

1359 Lange Gasse 1, <u>WHA Grubenhof, 1983–1984</u>, P: Jiri Mezricky ●

22 Eigentumswohnungen wurden auf einem Grundstück errichtet, auf dem sich zuvor die „Grubenhof" genannte Knappensiedlung befand. Die ursprünglich geplante Revitalisierung der Siedlung wurde aufgrund des allgemein schlechten Zustands nicht weiterverfolgt, dafür entwarf Jiri Mezricky unter Berücksichtigung der vorgefundenen historischen Motive und eingepasst in das regionale Ortsbild einen Neubau. Der verputzte zweigeschoßige Baukörper umgibt an drei Seiten einen ostseitig erschlossenen Innenhof. Diese Konfiguration sowie die Erschließung mittels (verglaster) Pawlatschen gehen auf die Grundform des alten Grubenhofs zurück. In seinem Entwurf für das feinsinnig gestaltete, durch Vor- und Rücksprünge gegliederte Gebäude interpretierte der Architekt auch die regionale Dachlandschaft: Nach außen hin traufständige Satteldächer werden durch variantenreiche Giebelrisalite und Kaminaufsätze aufgelockert. Zu den Besonderheiten zählt ferner die bereits während des Planungsprozesses mögliche Mitbestimmung der künftigen Bewohner*innen.

Ofenberg 3342
Gemeinde: Opponitz, Bezirk: Amstetten

Verkehr

1360 47°54'08.2"N 14°50'13.4"E, <u>Ybbsbrücke Ofenberg, 1898–1899</u>, BH: Ybbstalbahn AG, AF: Leitner & Fröhlich | Umbau zur Radbrücke, 2017 ●

→ 0406

Oisberg 3343
Gemeinde: Hollenstein an der Ybbs, Bezirk: Amstetten

Freizeit

1361 Oisberg 28, <u>Flussbad, um 1910</u> | Neubau Badehütten, 1958, P: Friedrich Steinbacher | Neubau Buffet, Sanitäranlagen und Umgestaltungen, 1974, P: Friedrich Steinbacher ●

Infolge von Hochwasserschäden wurde das Flussbad in mehreren Bauphasen erneuert und ausgebaut, wobei die alten Holzkabinen aus den 1950er-Jahren erhalten und restauriert werden konnten.

Ollern 3004
Gemeinde: Sieghartskirchen, Bezirk: Tulln

Einfamilienhäuser

1362 Freisingerstraße 11, <u>EFH, 1977–1980</u>, P: Gerd Schlögl ●

Opponitz 3342
Gemeinde: Opponitz, Bezirk: Amstetten

Energie

1363 Schwarzenbach 16, <u>Wasserkraftwerk, 1922–1924</u>, P: Josef Bittner, Franz Kuhn, BH: Wasserkraftwerke AG, AF: Innerebner & Mayer ●

Bereits vor dem Ersten Weltkrieg wurden Planungen zur Errichtung eines Kraftwerks vorgenommen. Bei dem 1922 bis 1924 errichteten Krafthaus handelt es sich um einen eingeschoßigen Bau mit Satteldach und zwei Firstlaternen, der den Maschinenraum beherbergt. Weitere angrenzende zweigeschoßige Baukörper beinhalten sowohl den Niederspannungsraum als auch den Schalt- und Hochspannungsraum. Das Krafthaus ist mit der 34 Kilometer Flussstrecke entfernten Wehranlage in Göstling und mehreren Stollen inklusive dem Ybbsdüker (→ 1629) verbunden.

Orth an der Donau 2304
Gemeinde: Orth an der Donau, Bezirk: Gänserndorf

Religion, Kult

1364 48°08'56.3"N 16°42'14.7"E, am Friedhof, bei Lindenweg 2, Aufbahrungshalle, 1970, P: Richard Gach ●

Richard Gach, ein Schüler von Lois Welzenbacher, ist vor allem als Erbauer von Schulbauten in Wien und Niederösterreich bekannt. Für die Aufbahrungshalle plante er einen beeindruckend mächtigen Pyramidenbau. Die verglaste Spitze war als interessante Lichtquelle gedacht, musste aber später wegen der „Sauna-ähnlichen Zustände" (Franz Krammer) im Inneren mit einem hitzeabsorbierenden Anstrich versehen werden.

Bildung

1365 Schloßplatz 4, Mittelschule, 1975, P: Richard Gach, Josef Hirner ●

Einfamilienhäuser

1366 Hanfgartenweg 3, EFH mit Arztpraxis, 1987, AB: Atelier 4 (Peter Scheufler, Zachari Vesselinov, Manfred Hirschler, Peter Erblich), MA: Ronald Brosch ●

Industrie

1367 Uferstraße 15, Werk des pharmazeutischen Unternehmens Takeda, ehem. Immuno AG, 1982 ●

Ossarn 3130
Gemeinde: Herzogenburg, Bezirk: St. Pölten

Industrie

1368 Wiener Straße 74b, Betriebsanlage, 1991–1993, P: Richard Zeitlhuber, S: Helmut Zieritz

Zu Beginn der 1990er-Jahre ließ das Installationsunternehmen Paweronschitz ein neues Betriebsgebäude errichten, das sich aus zwei in Stahlbeton-Skelettbauweise ausgeführten Gebäudetrakten zusammensetzt. Im hinteren Bereich des Grundstücks und lotrecht zur Wiener Straße positionierte Halle erhielt eine Verkleidung aus Trapezblech und ein gestauchtes Tonnendach. Das zweigeschoßige, an der Straße errichtete und im Südosten abgerundete Bürogebäude wurde mit einem abgesetzten Flachdach, einer Fassade aus gewelltem Blech und einer großflächig verglasten, die Präsentationsräume umfassenden Erdgeschoßzone ausgeführt. Dabei wird die zeichenhafte Wirkung des Gebäudes durch einen vor der Rundung positionierten Leuchtschriftzug unterstützt.

Ottenheim 3032
Gemeinde: Eichgraben, Bezirk: St. Pölten

Religion, Kult

1369 Kirchenstraße 1, Herz-Jesu-Friedenskirche, Wienerwald Dom, 1948–1951, P: Josef Friedl | Restaurierung, 1988

Ottenschlag 3631
Gemeinde: Ottenschlag, Bezirk: Zwettl

Wohnbauten

1370 Göttweigergasse 16–26, RHA, 1983, AB: Atelier KPK (Werner Kessler, Robert Poschacher, Odo Kulcsar), BH: Gemeinnützige Bau- und Siedlungsgenossenschaft „Waldviertel" ●

Geschäftslokale, Einkaufszentren, Banken

1371 Unterer Markt 11, Apotheke, 1986–1987, P: Fritz Waclawek ●

Ottenstein 3532
Gemeinde: Rastenfeld, Bezirk: Krems

Energie

1372 48°35'24.4"N 15°24'00.4"E, Staustufe Ottenstein, 1954–1957, P: Hans Hoppenberger (Krafthaus), BH: NEWAG, S: Ernst Chwalla, Roland Kettner | Zubau Infozentrum, 2008, P: Paul Katzberger, Karin Bily ●

Durch die „Schwarzstart-Fähigkeit", bei der das Wasser aus dem Staubecken die Turbinen in Gang setzt, kann das Kraftwerk auch ohne Stromversorgung gestartet werden. Der erzeugte Strom wird unmittelbar über einen Anschluss an die 100-Kilovolt-Leitung ins Netz gespeist und kann bei weitreichendem Netzausfall für die öffentliche Stromversorgung eingesetzt werden (→ 0992, → 1986).

Paasdorf 2130
Gemeinde: Mistelbach, Bezirk: Mistelbach

Sonderbauten

1373 48°32'19.3"N 16°33'47.6"E, Kulturlandschaft Paasdorf, „Windwürfelhaus", 1998, P: Eva Afuhs

Der roheisenummantelte Würfel wurde als Kunstinstallation im Zuge des Land-Art-Projekts „Kulturlandschaft Paasdorf" permanent in die Umgebung eingebunden. Zwei Würfelabwicklungen in unterschiedlichen Faltstadien, einmal aufgeklappt und einmal gefaltet, zeigen dabei Momentaufnahmen einer Bewegungsstudie.

1374 48°31'51"N 16°34'21"E, Kulturlandschaft Paasdorf, Kunstinstallation „Entdeckung der Korridore", 1995, P: Brigitte Prinzgau-Podgorschek, Wolfgang Podgorschek, BH: NÖ Landesregierung

Als Teil der „Kulturlandschaft Paasdorf" entstand unter dem Titel „Entdeckung der Korridore" in einem flachen Geländeeinschnitt die fiktive Ausgrabungsstätte eines kurzen Autobahnabschnitts, der ein ehemaliges Erdölbohrloch integriert. Als Relikt der Gegenwart wird die Autobahn einer kritischen Reflexion ihrer gestalterischen und raumprägenden Qualitäten sowie paradigmatischen Charakteristika für die automobile Gesellschaft unterzogen.

Pameth 3040
Gemeinde: Maria Anzbach, Bezirk: St. Pölten

Einfamilienhäuser

1375 Pamethstraße 7, EFH, 1973, P: Fritz Waclawek ●

Mitten in den Feldern und umgeben von altem Baumbestand, beherbergt ein mit Klinkerfassaden versehener Kubus das großzügig gestaltete Wochenendhaus. An einem strengen Raster ausgerichtet, gruppieren sich um einen zentralen Kern mit Nassräumen und Küchenblock die Wohn- und Schlafbereiche, die durch mobile Schiebewände abgetrennt werden können. Ein zweigeschoßiger Studierbereich im Nordosten ist mit dem Haupthaus verbunden, im Südosten komplettiert ein frei stehendes Saunahaus die Anlage.
▶ *Plan: Entwurf*

Paudorf 3508
Gemeinde: Paudorf, Bezirk: Krems

Religion, Kult

1376 bei Hellerhofweg 7, Pfarrkirche St. Altmann und Pfarrzentrum Hellerhof, 1993, P: Friedrich Göbl, AF: Firma Leopold Sandler, K: Günter Wolfsberger (Innenausstattung)

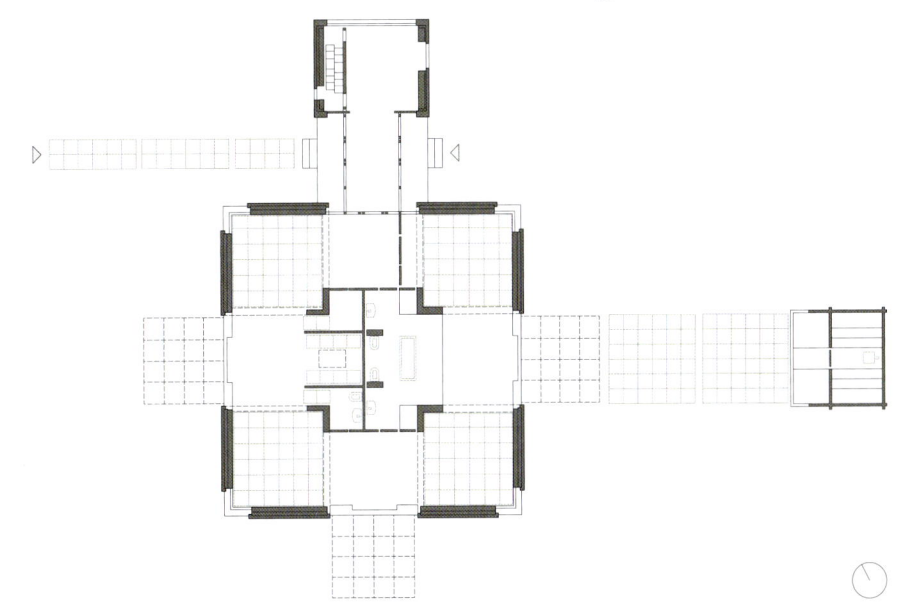

Im 17. Jahrhundert gelangte ein Gebäude, das im 13. Jahrhundert am Fuß des Berges Göttweig errichtet worden war, in den Besitz von Stift Göttweig und wurde als „Hellerhof" zu einem prunkvollen Erholungsort für die Mönche ausgebaut und zusätzlich wurde eine kleine Kapelle errichtet. Nachdem die Klosterreform Josefs II. eine drastische Verringerung der Anzahl der Mönche erzwungen hatte, wurde das Gebäude als Jagdschloss vermietet. Nach der Enteignung durch das NS-Regime und der Restitution 1945 wurde der Hellerhof für pfarrliche Aktivitäten genutzt und anlässlich des Kirchenneubaus als Pfarrzentrum, Jugendzentrum und Pilger*innenhospiz ausgebaut und die barocke Kapelle restauriert. Mit der Planung der neuen Kirche wurde bereits 1987 begonnen und der Architekt Friedrich Göbl aus dem benachbarten Ort Höbenbach beauftragt, mehrere Varianten zur Situierung der Kirche auszuarbeiten. Die Gebäude des Hellerhofs umfassen einen großen, rechteckigen Innenhof und nach langen Diskussionen zwischen Pfarre, Diözese und Bundesdenkmalamt wurde der Bauplatz an der Stelle eines baufälligen Gebäudes zwischen dem Wohn- und dem Wirtschaftsgebäude festgelegt und 1991 konnte mit dem Bau begonnen werden. Der Architekt erläutert, dass er die Kirche als „markanten Eckpunkt" in der „Form eines Zeltes" konzipierte, das auch die „landschaftlichen Elemente eines dahinterliegenden Kegelberges aufnimmt". Er wählte als Grundriss ein Viertelkreissegment, dessen gerundete Hauptfront zum Innenhof gerichtet ist. Der rechte Winkel des Viertelkreises ist abgerundet und bildet mit schmalen Buntglasfenstern die Altarwand. Statt einer Empore ist am seitlichen Schenkel eine weit vorragende halbrunde Nische für die Orgel und den Kirchenchor ausgebildet. Das zeltförmige Dach erreicht über dem Altar eine Höhe von zwölf Metern und ist im Inneren als Holzkonstruktion sichtbar.

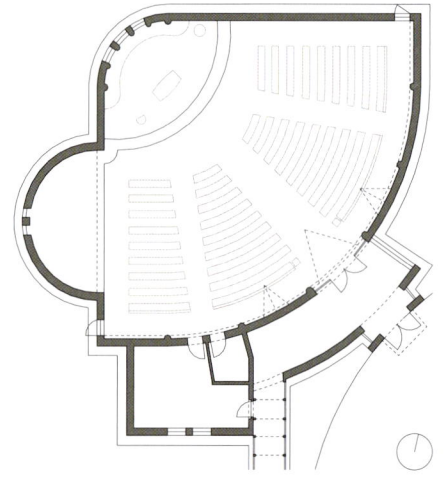

Payerbach 2650
Gemeinde: Payerbach, Bezirk: Neunkirchen

Erst seit 1908 eigenständige Gemeinde, gehörte Payerbach bis dahin zu Reichenau – ein Umstand, der bis heute im auf Payerbacher Gemeindegebiet liegenden Bahnhof Payerbach-Reichenau fortlebt. Dieser ist eine Station auf der Strecke der von Carl Ritter von Ghega konzipierten Semmeringbahn, die 1854 für den Personenverkehr freigegeben wurde und womit Payerbach, wo sich der erste und längste Viadukt befindet, von Wien in für damalige Verhältnisse schnellen drei Stunden erreichbar war.

Kontinuierlich entstanden neue Landhäuser (zum Beispiel von Otto Thienemann, Eugen und Oskar Felgel, Rudolf Frass und Adolf Loos), Gasthäuser und Hotels, 1882 bis 1883 wurden zudem ein Schwimmbad und der Kurpark angelegt. Ihren Höhepunkt erreichten Bautätigkeit und Tourismus im ersten Jahrzehnt des 20. Jahrhunderts. Nach der Jahrhundertwende erfolgte der Bau zweier Brücken über die Schwarza für Verkehr und Fußgänger*innen, ab 1926 nahm die Schmalspurbahn ins Höllental den Personenverkehr auf, und im gleichen Jahr wurde die Raxseilbahn eröffnet.

Um die Papierfabrik Schlöglmühl, die ab 1852 die Versorgung der k. k. Hof- und Staatsdruckerei mit Papier sicherte, entwickelte sich ein ganzer Ortsteil mit Kapelle, Arbeiter*innenwohnhäusern, Kindergarten und Konsum. Erst 1982 wurde die Fabrik geschlossen und Ende des 20. Jahrhunderts das Areal in einen Gewerbepark umgewandelt. 1994 wurde Payerbach zum Markt erhoben.

Kultur, Veranstaltung

1377   47°41'32.5"N 15°51'45.8"E, am Ortsplatz, Musikpavillon im Kurpark, 1909, P: Carl Weinzettel, BH: Verwaltungskomitee Payerbach | Renovierungen, 1948, 1968, 1975 | Generalsanierung, 1999 ●

Zu den unabdingbaren Einbauten des 1883 als „Badegarten" östlich des Schwimmbades angelegten und 1901 bis 1903 erweiterten Kurparks gehörte ein stattlicher Musikpavillon für die Kurkonzerte. Dieses vom lokalen Zimmermeister Carl Weinzettel in formaler Abwandlung des 1903 errichteten Reichenauer Musikpavillons (→ 1556) angefertigte Meisterstück der Laubsägearchitektur besteht aus zwei flankierenden Armen, die den Zugang zum zentralen, mittels Glockentürmchen überhöhten Bühnen-Pavillon weisen. Ausgehend von der heimischen Zimmermannstradition kamen bei Brüstungen und Verschalungen verschiedene Architekturornamentierungen per Laub- und Stichsäge zur Anwendung. Giebel und Traufelemente wurden durch Schablonenmalerei verziert.

Wohnbauten

1378   Peter Roseggergasse 6a-d, WHA, ab 1990, P: Hans Podivin

Das aus Mitteln der Wohnbauförderung des Landes NÖ finanzierte Projekt auf den Bauer-Gründen umfasste in der ursprünglichen Planung insgesamt 45 Wohnungen. Entlang der Bahntrasse entstanden fünf villenartige Mehrfamilienhäuser mit jeweils neun Wohnungen, südlich davon liegen weitere Reihen- bzw. Einfamilienhäuser. Die Anlage aus unterschiedlichen Baukörpern mit facettenreicher

Dachlandschaft wird ringstraßenartig erschlossen und folgt in ihrer Gestaltung traditionellen lokalen Merkmalen.

Einfamilienhäuser

1379   Anton Weiser Straße 6, Villa Pietschmann, 1908, P: Carl Brizzi

1380   Dr. Coumont Straße 9, Villa Carolus, 1900–1901, P/BH: Carl Postl | Renovierung, 1981

1381   Karl Feldbacher Straße 8, Umbau Villa Kuenburg, 1898, P: Robert Seelig, BH: Franz Reichsgraf von Kuenburg, AF: Carl Postl, Carl Weinzettel ●

1382   Kreuzberg 56, Villa Friedenswinkel, 1914–1915, P: Rudolf Frass, AF: Franz Darrer

1383   Kreuzberg 60, Haus Khuner, 1928–1930, P: Adolf Loos, MA: Heinrich Kulka, BH: Paul Khuner, AF: Alexander Seebacher | Um- und Zubauten, ab 1959 ●

Adolf Loos erhielt den Auftrag, für den Wiener Industriellen Paul Khuner und seine fünfköpfige Familie ein Ferienhaus inklusive Innenausstattung für eine ganzjährige Nutzung auf einem steil abfallenden Grundstück in Payerbach zu errichten. Entwurf und Umsetzung dieses Spätwerks erfolgten gemeinsam mit seinem Mitarbeiter Heinrich Kulka. Der Holzblockbau auf Bruchsteinsockel mit weit auskragendem, flach geneigtem Satteldach zitiert traditionelle Formen des alpinen Bauens, unterscheidet sich jedoch in der Detailausführung – wie Loos 1913 auch in seinem Aufsatz „Regeln für den, der in den Bergen baut" forderte. Er gestaltete einen von kubischen Formen und glatten ornamentlosen Flächen geprägten Bau, lediglich die grünen Fensterläden, die auf Rollen verschiebbar sind, setzten einen Akzent. Im Inneren entwickelte er nach den Prinzipien des dreidimensionalen Raumplans den Grundriss, dessen Kern eine zweigeschoßige Halle mit großem Panoramafenster, Kamin und Galerie darstellt. Im Erdgeschoß umgeben Speise- und Gästezimmer, Bibliothek, Nebenräume und die an der Nordseite eingeschnittene Terrasse die Halle, im ersten Stock werden die Schlafräume von der Galerie aus erschlossen. Im Dach- und Kellergeschoß waren ursprünglich keine Wohnräume vorgesehen.

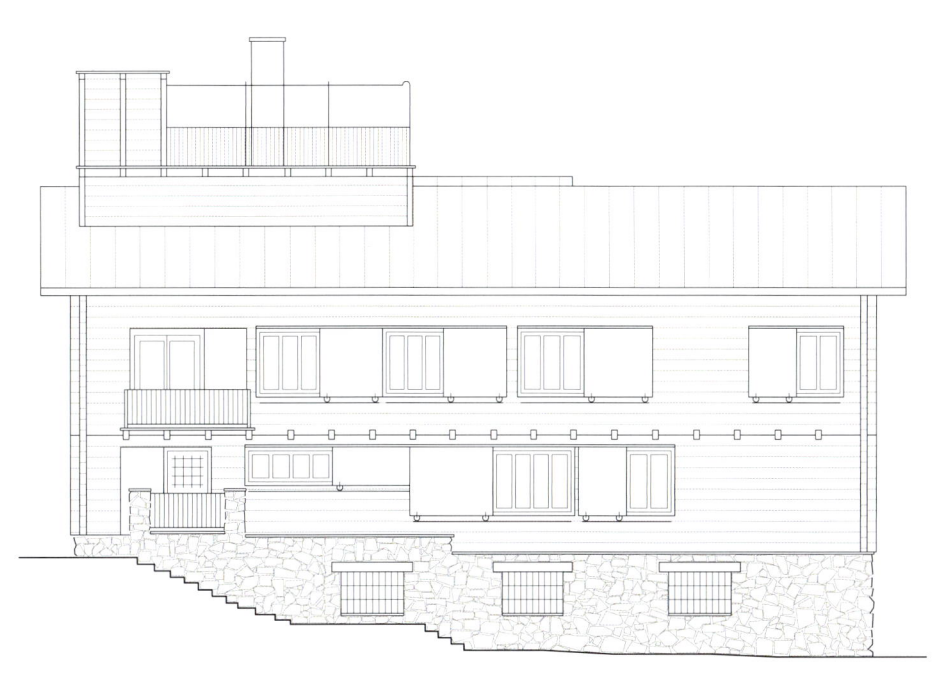

Nach dem Tod Kuhners 1932 ging das Gebäude in den Besitz der Unilever AG über, die es als Gästehaus für die Bewirtung von Geschäftsfreunden nutzte. Den Krieg überstand es ohne größere Schäden, danach wurde es von der Teerag-Asdag AG als Gästehaus und Betriebs-Erholungsheim verwendet. 1957 geschlossen, wurde es 1959 an die heutige Besitzerfamilie Wurdack verkauft, die seitdem ein Hotel-Restaurant betreibt, das Bauwerk modernisierte und um Zubauten erweiterte. Seit 1963 steht das Haus Khuner unter Denkmalschutz.

1384   Mühlhof Straße 22, Villa Gusti, 1912–1913, P: Carl Postl

Verkehr

1385 47°41'31.7"N 15°51'24.6"E, Sanierungen Schwarza-Viadukt, 1950–1953, 1963, 1971–1981 | Umbauten Brüstung, 1982, 1989, BH: ÖBB •

Der 1851 nach Plänen von Carl Ritter von Ghega und Anton Lewicki im Auftrag der k. k. südlichen Staatsbahnen errichtete Schwarza-Viadukt ist mit seinen 13 Bögen und 276 Metern der längste Viadukt der Semmeringbahn. Die Gewölbe und Pfeiler waren im Kontrast zum dunklen Bruchstein-Mauerwerk der Zwickel ziegelsichtig ausgeführt. Im Zuge der Sanierung bis 1981 wurden zusätzliche Anker und eine Armierung angebracht und mit ziegelfarbenem Spritzputz versehen sowie anschließend die Steinbrüstung mitsamt ihrem Zahnfries durch Metallgeländer ersetzt. Wegen des Verlusts der schallabsorbierenden Wirkung folgte die Anbringung von Welleternit und 1989 der erneute Ersatz durch eine geschlossene Brüstung aus Betonteilen.

1386 47°41'32.8"N 15°51'36.9"E, Verlängerung Baurat Schneider Straße, Parksteg, 1903, P: Eduard Ast, AF: Ed. Ast & Co. •

Das mit 39 Metern bemerkenswert lange Betonbalken-Tragwerk der Brücke zeichnet sich gestalterisch durch die mit dem Geländer verwobene Betongussornamentik in secessionistischer Formensprache aus. In der gemeinsamen, raumprägenden Beziehung zur neu errichteten Straßenbrücke und dem Viadukt der Semmeringbahn erschließt sich der gemeinsame Stellenwert der drei Payerbacher Schwarza-Querungen.

1387 47°41'33.7"N 15°51'49.3"E, beim Ortsplatz, Schwarzabrücke, 1901, P: Raimund Schneider, AF: Pittel & Brausewetter | Neubau 1986, P: Gustav Peichl, S: Karl Koncki •

Das Jugendstil-Geländer der schmaleren Beton-Eisen-Konstruktion von 1901 adaptierte Gustav Peichl für den breiteren Neubau, der durch Scheinfugen an den Kappen und Kassettierung der Oberfläche des Betontragwerks an die Erscheinung des historischen Baus angelehnt ist, ohne diesen zu imitieren.

▶ Plan: Entwurf 1986

1388 Bahnhofplatz 1, Bahnhof, 1875, P: Wilhelm Gustav Flattich, BH: k. k. priv. Südbahn-Gesellschaft | Adaptierung und Vergrößerung Aufnahmegebäude, 1902 | Verlängerung Veranda und Ergänzung Restaurant- und Personaltrakt, nach 1902 •

Pellendorf 2325
Gemeinde: Himberg, Bezirk: Bruck an der Leitha

Religion, Kult

1389 48°05'46.1"N 16°27'14.1"E, Schwechaterstraße, Aufbahrungshalle und Kirche hl. Anton, 1986, P: Anton Seemann

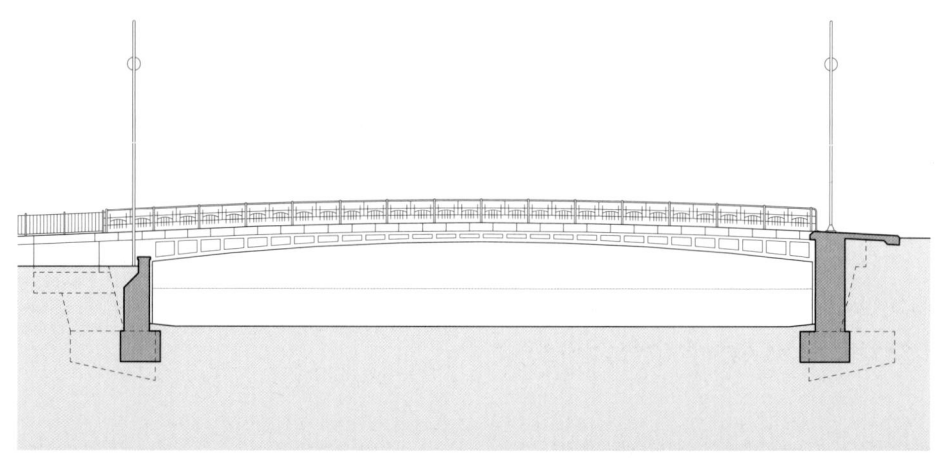

In dem kleinen Ort Pellendorf gab es zwar einen Ortsfriedhof, aber statt einer Kirche oder Kapelle gab es nur einen hölzernen Glockenturm im Ortszentrum. Da auch keine Aufbahrungshalle vorhanden war, wurden die Verstorbenen vor dem Begräbnis in den jeweiligen Wohnungen aufgebahrt und eingesegnet. Jahrelang wurde in der Gemeinde die sanitäre Problematik dieser Vorgangsweise diskutiert und in einer Gemeinderatssitzung 1984 schließlich beschlossen, einen Neubau zu errichten, der vor allem als Aufbahrungshalle dienen, aber gleichzeitig auch dem Ort zu einer eigenen Kirche verhelfen sollte. Der Himberger Architekt Anton Seemann bekam den Auftrag, ein Projekt zu erstellen, das mit „minimalen Mitteln den größten Effekt" (Pfarrbrief) erzielen sollte. Er entwarf einen oktogonalen Zentralraum mit einem Durchmesser von zehn Metern, dem an den rückseitigen drei Wandsegmenten ein großer Sakristeiraum angefügt ist, der auch als Abstellraum dient. Der flach gedeckte Anbau geht in eine offene, auf Säulen ruhende und um den Baukörper herumgeführte „Wandelhalle" über. Die Vorderseite des massiven Flachdaches ist mit einem Betonrelief geschmückt. Über dem rundum laufenden Flachdach erhebt sich über dem Oktogon des Sakralraums ein hohes Zeltdach, dessen Grate jedoch nicht mit den Mauerkanten des Baukörpers in einer Linie verlaufen, sondern in der Mitte der Wände aufsetzen, sodass Dreiecksflächen entstanden sind, die – weiß verputzt – wie ein ornamentales Zickzackband die Strenge des Betonbaus mildern. In den Dreiecksflächen sind Fenster als einzige Belichtung des Innenraumes eingefügt.

Jahrhundertelang wurden Kirchen erbaut, in denen auch die Aufbahrung Verstorbener erfolgte. Im 19. Jahrhundert wurde es üblich, für die Aufbahrung eigene Gebäude zu errichten. Seemann hat in seiner Heimatgemeinde eine bemerkenswert ökonomische und stimmige Zusammenführung der beiden Bauaufgaben Aufbahrungshalle und Kirche erzielt.

Perchtoldsdorf 2380
Gemeinde: Perchtoldsdorf, Bezirk: Mödling

Die bedeutende Weinbaugemeinde im Süden Wiens erlangte ab dem Spätbiedermeier bis in die 1930er-Jahre Bedeutung als Sommerfrische, die mit einem rasanten Siedlungsaufbau einherging. Wenig ertragreiche Flächen wurden an Baumeister verkauft, parzelliert und mit Landhäusern bebaut. Für billiges Bauland sorgte auch die um 1880 auftretende Reblaus, die verheerende Schäden verursachte, womit viele Weinbauern genötigt waren, Grundstücke zu verkaufen.

Eine wichtige Rolle bei der Versorgung des Wiener Bürger*innentums mit Häusern in malerischer Umgebung spielte hier der Baumeister Anton Guggenberger. Ausgehend von einer in den 1850er-Jahren erworbenen Liegenschaft in der Brunnergasse errichtete er auf sukzessive erworbenen Grundstücken Einfamilienhäuser und später zweistöckige, villenartige Zinshäuser mit einer Wohnung je Etage, wie es der Baudirektor und Chefarchitekt des Wiener Cottage-Vereins mit seinen Cottage-Anlagen vorexerzierte. Guggenberger verantwortete mit mehr als hundert Häusern den größten Teil der gründerzeitlichen Siedlungsentwicklung.

Rund ein Jahrhundert nach dieser Bauwut machte der Architekt Paul Katzberger sen. Perchtoldsdorf zur baukulturellen Vorzeigegemeinde. Ab 1959 im Gemeinderat tätig, war er Baureferent, Kulturreferent, Vizebürgermeister und schließlich von 1981 bis 1992 Bürgermeister. Auf seine Initiative wurde schon 1961 ein Flächenwidmungsplan erlassen, also lange vor dem Niederösterreichischen Raumordnungsgesetz 1976. So konnte der Siedlungscharakter erhalten und eine ungebremste Ausdehnung hintangehalten werden. In den Jahren 1964 bis 1967 war er federführend bei der Adaptierung der Burg zu einer kulturellen Veranstaltungsstätte tätig, machte sich um die Sanierung zahlreicher Baudenkmäler verdient und verfasste eine umfangreiche Perchtoldsdorfer Kunsttopografie. Zeitgenössische architektonische Akzente setzten in dieser Ära etwa Stefan Bukovac mit dem in Stahlfachwerk-Konstruktion errichteten Kultur- und Veranstaltungszentrum, Hans Hollein mit der Innengestaltung des Rathauses, Heinz Tesar mit der Feuerwehrzentrale und Hermann Czech mit einer nach partizipatorischen Grundsätzen entwickelten Wohnhausanlage.

Zentren

1390 Marktplatz, Beleuchtungssystem, 1982, P: Hermann Czech, AF: Brüder Koranda •

Die Verkehrssituation des Platzes wurde mittlerweile mehrfach verändert, doch die Straßenlaternen nach einem Entwurf von Hermann Czech – welche zwei Lichtquellen in einem Glaskörper verbergen und somit eine Trennung von lichtspendender Beleuchtung und ästhetischen Lichtpunkten beim Anblick des Platzes ermöglichen – bestehen weiterhin.

Amts-, Verwaltungs-, Kommunal-, Bürobauten

1391 Donauwörther Straße 29, Feuerwehr- und Rettungszentrale, 1981–1983, P: Heinz Tesar •

Der L-förmig angelegte Bau ist an einer im Einsatzfall sehr günstig gelegenen Hauptverkehrsstraße im Ortskern positioniert. Die Feuerwehrzentrale ist nach Funktion in einzelne Bauteile aufgegliedert, so befindet sich unmittelbar neben der Fahrzeughalle der Umkleideraum mit Schutzausrüstung und Einsatzuniformen. Daneben ist zwischen Erdgeschoß und erstem Stock das Feuerwehrmuseum angesiedelt, darüber befinden sich ein Veranstaltungs- und Lehrsaal sowie ein Aufenthaltsraum mit Küche. Im zweiten Stock sind Büroräume für die Verwaltung und die Chargen vorhanden. Das Rotkreuzhaus mit straßenseitiger Pergola ist über ein außergewöhnliches Flugdach in Stahlkonstruktion mit dem Hauptgebäude verbunden.

1392 Mühlgasse 86, SWARCO FUTURIT Verkehrssignalsysteme, ehem. Codico, 1990–1991, P: Diether S. Hoppe, MA: Manfred Ettinger, BH: Heinrich Hawlik, Ulrike Hawlik | Erweiterung, 2016, S: Georg Kattinger, Dr. Lusser •

Das Bürogebäude wurde als zweigeschoßiger Massivbau auf quadratischem Grundriss mit auskragenden Eckelementen und S-förmiger Glasfront an der Hauptfassade ausgeführt. Mittig ist ein mit einem Glas-Pyramidendach überfangener Innenhof angelegt. Die Firma Codico bezog 2007 einen Neubau in der Zwingenstraße, während die Firma SWARCO das alte Bürogebäude übernahm. 2016 fand eine Erweiterung durch einen rückwärtig zugebauten Gebäuderiegel statt.

Religion, Kult

1393 Dr.-Natzler-Gasse 13–15, evang. Pfarrkirche A. B., Christkönigskirche, 1962, P: Josef Schuster

1394 Friedhofgasse 5–7, Aufbahrungshalle, 1976–1977, P: Robert Zeidner, K: Günther Kraus (Glas- und Wandgemälde), Alfred Crepaz (Kruzifix)

1395 Marienplatz 3, Kirche Maria Königin, 1965–1967, P: Paul M. Katzberger, Erwin Plevan, K: Karl Engel (Mosaik, Kreuzweg), Charlotte Klima (Glasmalerei), Albin Maroder (Bronzekruzifix)

An der schlichten Südseite ist die ziegelsichtige Eingangsfront unter der auskragenden Orgelempore des Obergeschoßes der Blickfang; an den Seitenfronten charakterisieren das außen liegende Tragwerk sowie die durch vertikale Schlitzfenster kubisch aufgelöst wirkende Westfassade den Bau. Ein schlanker frei stehender Beton-Kirchturm ist westlich angefügt.

Kultur, Veranstaltung

1396 Beatrixgasse 5a, Kulturzentrum Perchtoldsdorf, 1974–1976, P: Stefan Bukovac, BH: Marktgemeinde Perchtoldsdorf | Sanierung, 1999–2000 •

Das 1979 mit dem Österreichischen Bauherrenpreis der Zentralvereinigung der Architekt*innen Österreichs ausgezeichnete Mehrzweckgebäude für Schulbetrieb, Erwachsenenunterricht sowie Veranstaltungen war das erste Gebäude, das der Architekt Stefan Bukovac realisierte.

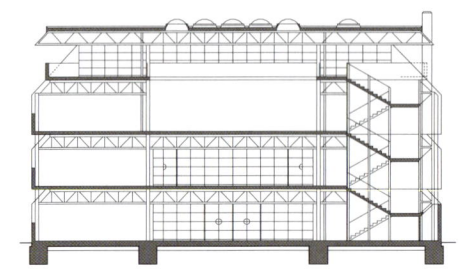

Der Entwurf des Kulturzentrums entstand im Rahmen eines Wettbewerbs und geht von einem „konstruktiven Raumgedanken" (Stefan Bukovac) und einem modularen System aus. Bei der Anordnung der Räume spielten Flexibilität in der Nutzung sowie künftige Adaptierungsmöglichkeiten eine zentrale Rolle. Die Gliederung in vier Geschoße wird an der schlichten, weiß gehaltenen Fassade durch umlaufende, in die Kubatur schräg eingeschnittene Fensterbänder betont. Im zweiten und dritten Obergeschoß liegt zentral der zweigeschoßige Veranstaltungssaal mit Galerie, dessen imposante Stahlfachwerk-Dachkonstruktion sich durch einen Rücksprung des obersten Geschoßes auch nach außen hin zeigt. Die Dachkonstruktion wird nur von den Innenstützen getragen, das weit auskragende Dach überdeckt die mit massiven Brüstungen ausgestatteten Terrassen an den Gebäudelängsseiten.

Der Haupteingang liegt an der schmalen Südseite, durch einen leichten Niveausprung kann an der Westseite zudem das erste Obergeschoß über zwei stählerne Freitreppen direkt betreten werden. Die Erschließungskerne bilden sich durch vertikale Glasflächen an den Längsfassaden ab, breite Glasflächen an den Gebäudeschmalseiten belichten allgemeine (Aufenthalts-)Räume. In den hellen Innenräumen dominieren die in vielen Bereichen sichtbar belassenen Konstruktions- und Haustechnikelemente den Raumeindruck.

Das Kulturzentrum wurde auf dem Areal eines ehemaligen Biedermeierbades errichtet und die Parkanlage in Zusammenarbeit mit dem Bildhauer Karl Prantl mit Skulpturen ausgestattet.

Bildung

1397 Roseggergasse 2–6, Volks- und Mittelschule, 1913–1914, P: Viktor Josef Fenzl | BG/BRG Perchtoldsdorf, 1975–1978, AB: Atelier Neufra (Heinz Neumann, Sepp Frank) •

Aus einem Wettbewerb im Jahr 1912 für den Entwurf einer Volks- und Hauptschule, eines Gymnasiums sowie eines Wohnhauses für den Direktor und den Schulwart ging Viktor Josef Fenzl als Sieger hervor. In nur einem Jahr Bauzeit wurde das spätsecessionistische Gebäude errichtet, das trotz seiner Monumentalität durch Vor- und Rücksprünge und gestaffelte Höhen eine aufgelockerte und malerisch-romantische Gestaltung aufweist.

Der 1978 fertiggestellte Neubau des Gymnasiums schließt direkt an die bestehende Schule aus dem Jahr 1914 an und umspannt das Gebäude an der Nordseite mit einem Klassen- und einem Turnsaaltrakt. Vom Haupteingang aus führen Treppen zur Zentralgarderobe im Untergeschoß. Im Erdgeschoß befindet sich die zentrale Pausenhalle, die über zwei Stiegenhäuser und Stichgänge alle Räume der Schule

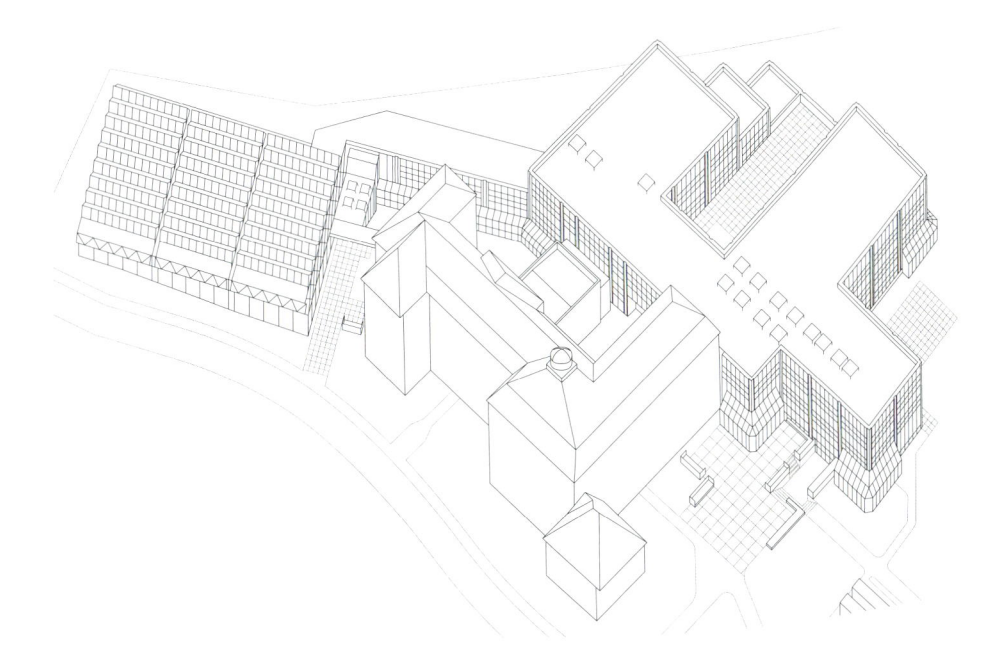

erschließt. Der niedrigere Turnsaaltrakt durchbricht die gemeinsame orthogonale Ausrichtung der beiden Schulen und orientiert seine Fassade am Straßenverlauf. Mit einer Leichtmetall-Plattenverkleidung, der auskragenden Sockelzone und dem expressiven Sheddach des Turnsaaltraktes hebt sich der Neubau in seiner Materialität und Formensprache deutlich ab, in Höhe und Gliederung nimmt er jedoch Bezug zum Altbestand, wodurch eine harmonische Einbettung in die Umgebung gelingt. Ein Erweiterungsbau befindet sich zurzeit in Planung.
▶ *Darstellung: Zubau aus 1978*

1398 S.-Kneipp-Gasse 2–18, Landeskindergarten, 1982, P: Heinz Schimek, MA: Engelbert Zobl, Herta Zobl ●

Ursprünglich zwei Kindergärten mit je vier Gruppen und einem Bewegungsraum, die jeweils um eine zentrale, von oben belichtete Halle angeordnet sind.

Gesundheit

1399 Sonnbergstraße 93, Rekonvaleszent*innenheim, ehem. Waldsanatorium, 1907–1908, P: Karl Haybäck, AF: Hans Sewera, BH: Emanuel Gorlitzer | Adaptierung und Aufstockung, 1927, P: Rudolf Perthen, BH: Oskar Mautner | Sanierung, 1949, P: Carl Witzmann, BH: Wiener Gebietskrankenkasse | Zubauten, 2005–2013, AB: Hinterwirth Architekten ZT OG, BH: Dr. Dr. Wagner Gesundheit & Pflege GmbH ●

Das Waldsanatorium erfuhr eine sehr wechselvolle Geschichte. 1907 ließ der Perchtoldsdorfer Gemeindearzt und Sanitätschef der Freiwilligen Feuerwehr, Emanuel Gorlitzer von Karl Haybäck ein Erholungs- und Kurheim errichten. 1927 erwarb der Arzt Oskar Mautner das Haus und beauftragte Rudolf Perthen mit der umfassenden Modernisierung des Gebäudes sowie der Vergrößerung durch einen Stockwerksaufbau. Das landschaftlich schön gelegene Waldsanatorium erwarb sich schnell einen ausgezeichneten Ruf. Die medizinische Behandlung und Ausstattung folgten den modernsten Standards, und die Kuraufenthalte konnten in einem luxuriösen Ambiente genossen werden. Es gab eine Zentralheizung, Personenaufzüge, alle Zimmer hatten einen Balkon und waren mit fließendem kaltem und warmem Wasser sowie Radioanschlüssen ausgestattet. Ein Teil der Zimmer hatte private Bäder und Toiletten sowie Anschlüsse an das „Wiener Staatstelephon". 1938 wurde der Betrieb unter dem NS-Regime enteignet und der Bürgermeister von Perchtoldsdorf setzte sich als Verwalter ein. Oskar Mautner flüchtete mit seiner Familie nach Tschechien, wurde 1942 verhaftet und 1944 in Dachau ermordet. Während der Kriegsjahre diente das Sanatorium als Lazarett für verwundete Soldaten der deutschen Wehrmacht. Nach dem Einmarsch der Roten Armee im April 1945 wurde das Lazarett für die Versorgung der sowjetischen Soldaten beschlagnahmt. 1949 übernahm die „Wiener Gebietskrankenkasse für Arbeiter und Angestellte" das Gebäude in devastiertem Zustand. Sie beauftragte Carl Witzmann mit einer umfassenden Sanierung und betrieb das Haus als Rekonvaleszent*innenheim.

1952 erwarb die Krankenkasse das an die Witwe und den Sohn Oskar Mautners restituierte Gebäude und führte den Betrieb bis 1990. 2005 kaufte die Dr. Dr. Wagner Gesundheit & Pflege GmbH das ehemalige Waldsanatorium und beauftragte das Büro Hinterwirth Architekten mit einer umfassenden Erweiterung der Anlage sowie der Sanierung des bestehenden Gebäudes. Die Architekt*innen errichteten drei neue Trakte, die den behutsam renovierten Altbau rahmen: Ein Trakt schließt mit einem schmalen Zwischenglied direkt an das bestehende Gebäude an, die zwei weiteren Trakte wurden vor bzw. hinter dem bestehenden Gebäude situiert. 2017 übernahm die SeneCura Gruppe den Betrieb, der nun unter dem Namen „Rekonvaleszentenheim Perchtoldsdorf" geführt wird.

Freizeit

1400 Höhenstraße 15, Sportzentrum, 1972–1974, P: Friedrich Florian Grünberger, BH: Marktgemeinde Perchtoldsdorf ●

Die Anlage für den Schul- und Vereinssport setzt sich aus mehreren Freiluftsport- und Leichtathletikplätzen zusammen. Ein rechteckiges, eingeschoßiges Gebäude an der Längsseite des Fußballplatzes dient heute dem örtlichen Sportclub. Die Fassaden sind in Beton ausgeführt, durch ein Oberlichtband ist das flache, hervorspringende Dach vom massiven unteren Wandbereich abgehoben. Die charakteristischen Fassadenflächen zeigen regelmäßige vertikale Vorsprünge, die grob behauen erscheinen und der Oberfläche eine reliefartige Ästhetik verleihen.

1401 Siegfried-Ludwig-Platz 4, Freizeitzentrum, 1976–1979, P: Kurt Eckel, S: Walter Paul, BH: Marktgemeinde Perchtoldsdorf | Sanierung, Anfang 2000er-Jahre | Zubau einer Sport-, Mehrzweck- und Kletterhalle, 2009–2010, AB: Marszalek Architekten (Florian Marszalek, Herbert Marszalek) ●

Mit Errichtung eines ganzjährig nutzbaren Freizeitzentrums sollte der Ort belebt werden. Das infolge eines Wettbewerbssieges realisierte Sportzentrum setzt sich auf einem insgesamt 20.500 Quadratmeter großen Areal aus einem Eislauf- bzw. Tennisplatz samt Garderobengebäude und Eisstockplatz nördlich der Plättenstraße und einem größeren, winkelförmigen Bau für Hallen- und Freibad sowie Kegelanlage, Restaurant, Geschäftslokalen und Dienstwohnungen südlich der Straße zusammen. Die beiden Bereiche sind durch einen Tunnel unter der Straße miteinander verbunden. Das Garderobengebäude im Norden dient dem im Sommer als Tennis- und im Winter als Eislaufplatz genutzten Areal und ist als schlichter, flacher Baukörper ausgeführt.

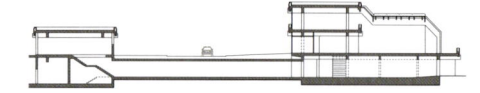

Funktional sowie gestalterisch dominiert das große Hauptgebäude die Anlage. Wie in einer bauzeitlichen Veröffentlichung der Zeitschrift *Bauforum* beschrieben, findet „die bewegte Form des Grundrisses in Baukörper und Fassaden ihre Fortsetzung". Die Stahlbeton-Konstruktionselemente sind im Sinne des Brutalismus betonsichtig belassen und beinahe skulptural profiliert. Kontrastierend werden große Glasflächen eingesetzt, deren heute rot und gelb gefasste Rahmungen ursprünglich blau waren. Straßenseitig sind in den Gelenkpunkten des geknickten Baukörpers die vollständig verglasten Erschließungskerne als zylindrische Körper angeordnet. Durch einen Geländesprung liegt das Freiluftareal mit den Schwimmbecken und Rasenflächen rund drei Meter unter Straßenniveau, das Gebäudevolumen schirmt den Freibadbereich somit vom öffentlichen Außenraum ab. Die Aufenthaltsräume des Hallenbades, des Restaurants und des Verwaltungsteils liegen im terrassierten, teilweise abgeschrägten und großflächig verglasten südlichen Gebäudeteil und orientieren sich zu den Freiflächen. Eckel versuchte durch die Auflösung des großen Gebäudevolumens in verschiedene Bereiche, das Freizeitzentrum an den historischen Baubestand im Zentrum von Perchtoldsdorf anzupassen. Durch den Zubau von weiteren Hallen an der Donauwörther Straße Anfang des 21. Jahrhunderts wurde die Wirkung der Anlage stark beeinträchtigt.

Wohnbauten

1402 Aspettenstraße 32, R.-Hochmayer-Gasse 28, WHA, 1970, P: Ernest Süss, Roland Tuma, BH: Alpenland Gemeinnützige Bau-, Wohn- u. Siedlungsgenossenschaft, K: Horst Aschermann (Betonreliefs)

Auffälligstes Merkmal der beiden gleichförmigen Terrassenhäuser sind deren trapezförmige Querschnitte und Giebelwände. Einheitliche Raster der großzügigen und abgestuft angeordneten Terrassen mit markanten Betonbrüstungen bilden die schrägen Fassaden vor insgesamt 48 unterschiedlich großen Wohnungen, darunter auch Maisonetten, aus. Die Stirnseiten sind ebenfalls in

Sichtbeton mit einer zentralen Fensterachse der Erschließungsgänge ausgeführt. Von den jeweils acht vertikalen Fassadenachsen der Zeilenbauten sind drei aus der Mittelachse des Grundrisses entrückt, angrenzend befinden sich an den Straßenseiten die aus der schrägen Flucht zurücktretenden, verglasten Stiegenhäuser. Die Bauten stellen in ihrer monumentalen Erscheinung besonders formstarke Beispiele zeitgenössischer Wohnbauten dar. Mit den skulpturalen Eigenschaften der Großform und den kunstvollen Oberflächen aus Sichtbeton – in Form der Betonreliefs der Brüstungsplatten und Blenden sowie Fensterrahmungen der Stirnseiten von Horst Aschermann – bilden sie einen beachtenswerten Bestandteil brutalistischer Architektur in Niederösterreich.

1403   F.-Kamtner-Weg 1–9, 2–8, WHA, 1994, P: Hermann Czech ●

Auf einem unregelmäßigen, nach Osten sanft abfallenden und an einen Weingarten angrenzenden Grundstück unweit der Wiener Außenringautobahn wurden in neun frei stehenden und locker angeordneten Häusern – sieben über T-förmigem Grundriss, zwei als lang gestreckte Baukörper angelegt – insgesamt 57 Wohnungen geplant. Die künftigen Bewohner*innen des Partizipationsprojekts hatten Mitspracherecht bei den Wohnungsgrundrissen, den Größen der Fensteröffnungen innerhalb eines vorgegebenen Rasters und der Form der jeweiligen Außentreppe. Die Wohnungen mit Größen zwischen 70 und 100 Quadratmetern verfügen jeweils über Ausgänge in individuelle Freiraumbereiche wie Gärten oder Terrassen. Markante hölzerne Außentreppen erschließen die Wohnungen in den Obergeschoßen. Putzfassaden in Weiß oder Rot, außen liegende Notkamine und leicht vorkragende Traufen verleihen der mehrteiligen Anlage aus Ziegelmauerwerk ein einheitliches Gesamtbild. Die konstruktiv vorgesehenen maximal möglichen Fensteröffnungen zeichnen sich sichtbar als Vertiefungen ab und rhythmisieren die Fassaden. Die ziegelgedeckte Dachlandschaft mit den markanten Aufsätzen entstand als Interpretation der regional üblichen hohen Walmdächer infolge der Vorgabe des Auftraggebers, das charakteristische Ortsbild von Perchtoldsdorf in den Entwurf miteinzubeziehen.

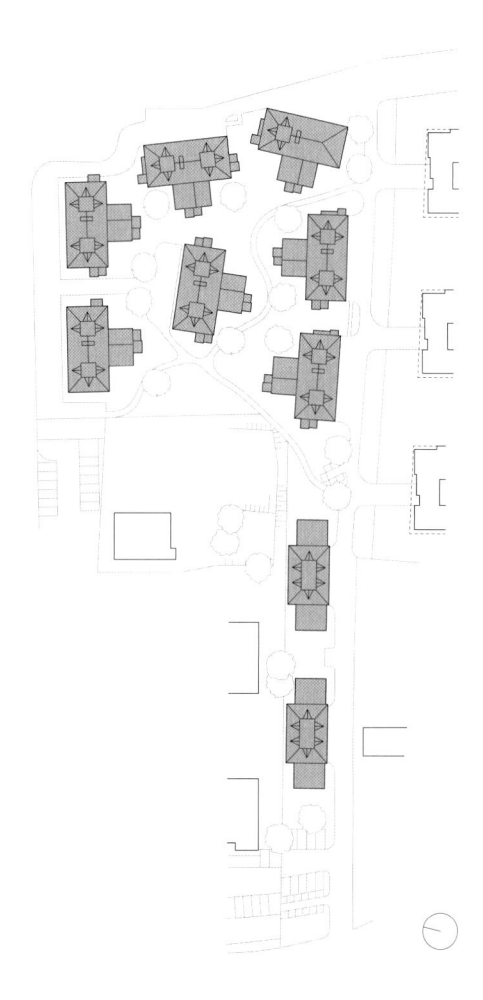

1404   Goldbiegelgasse 4, Büro und WH, 1983–1990, P: Kurt Müllner, Klaus Müllner, S/AF: Lang und Menhofer ●

1405   Wiener Gasse 80, WHA, 1991–1992, P: Karl Brodl, Christian Marchart ●

Die mehrteilige Wohnhausanlage in geschlossener Bauweise ist von der Straße durch Vorgärten abgesetzt und folgt straßenseitig dem Verlauf der Kurve. Sie besteht aus einem Mehrfamilienhaustrakt mit zwölf Wohnungen und zwei Reihenhäusern, die sich um einen Innenhof gruppieren. Die Wohnungen bieten mit kleinen Gärten im Innenhof sowie mit Balkonen, Loggien und Terrassen verschiedenartige Freiräume. Die Interpretation der regionalen traditionellen Bauweise in Form der Baukörperstaffelung, der vielgestaltigen Dachlandschaft und des Licht- und Schattenspiels durch subtile Vor- und Rücksprünge verleiht dem Ziegelmassivbau in Scheibenbauweise sein charakteristisches Erscheinungsbild.

Einfamilienhäuser

1406   Barbachgasse 20, EFH, 1989, AB: Atelier 6B (Tomm Fichtner, Roland Köb, Christian Mascha, Christian Seethaler, Gerhard Zwirchmayr) ●

Der Baukörper ist in Holz- und Massivbauweise ausgeführt und verfügt über eine im Satteldach eingeschnittene Terrasse. Die Wohn-, Schlaf- und Nebenräume sind jeweils um einen Halbstock zueinander versetzt angeordnet.

1407   Eichenweg 29, EFH, 1985, P: Gerald Zauner ●

Die beiden mit Klinker verkleideten, kubischen Baukörper sind im Winkel von 45 Grad zueinander positioniert. So entsteht dazwischen ein abgeschlossener, sichtgeschützter Bereich mit Terrasse, Essplatz und Wintergarten, der die Küche und Wirtschaftsräume mit Erschließung im straßenseitigen Trakt mit den Wohnräumen im gartenseitigen Bauteil verbindet.

1408   Elisabethstraße 16, EFH, 1989, P: Hans Puchhammer ●

Auf dem engen Grundstück mit großem Höhenunterschied wurde ein schmaler, lang gestreckter zweigeschoßiger Baukörper mit einer Trakttiefe von knapp sechs Metern und einer 27 Meter langen, fensterlosen Feuermauer entwickelt. Die

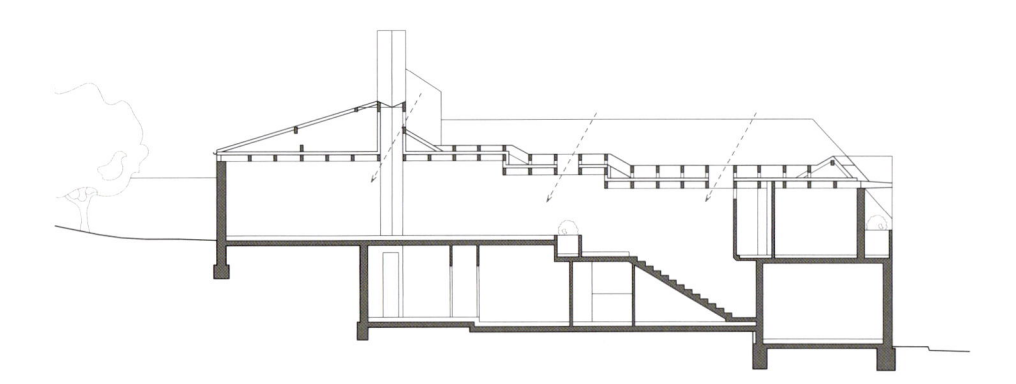

Belichtung wird durch Fensteröffnungen in verschiedenen Formaten und durch ein umlaufendes Oberlichtband bewusst inszeniert. Details wie die Garageneinfahrt oder der hölzerne Erker nehmen in ihrer Formensprache Bezug auf die umliegenden Winzerhäuser.

1409   Fehnerweg 13–15, EFH, 1977, P: Ernst Hiesmayer •

Der schmale, lange Baukörper entlang der Straße orientiert sich zum südseitigen Garten. Im aus Fertigbetonteilen erbauten Erdgeschoß liegt ein Großraum mit Wohn- und Essbereich. Über eine Wendeltreppe wird das auf Pfeilern aus Fertigbeton-Brunnenringen ruhende Obergeschoß erschlossen, das sich durch die diagonale Bretterverschalung vom massiven Untergeschoß gestalterisch abhebt.

1410   Franz-Brosch-Gasse 37, EFH, 1981, AB: Missing Link (Otto Kapfinger, Adolf Krischanitz) •

1411   Franz-Joseph-Straße 28, Wohn- und Arzthaus, 1933, P: Jacques Groag

Das unscheinbar wirkende, flach gedeckte Haus mit seiner weißen Eternitplattentäfelung stammt von dem oft übersehenen tschechischen Architekten und Loos-Schüler Jacques Groag, der u. a. als Innenarchitekt in der Wiener Werkbundsiedlung tätig war und als Bauausführer am Palais Stonborough (Haus Wittgenstein) zu den wichtigsten treibenden Kräften der österreichischen Zwischenkriegsarchitektur zählt.

1412   Goldbiegelberg 3, Ausbau Haus am Goldbiegelberg, 1994, P: Gert-Michael Mayr-Keber •

Ein bestehendes Gebäude am Hang wurde durch Zubauten ergänzt und mit einem markanten lang gestreckten Tonnendach gedeckt.

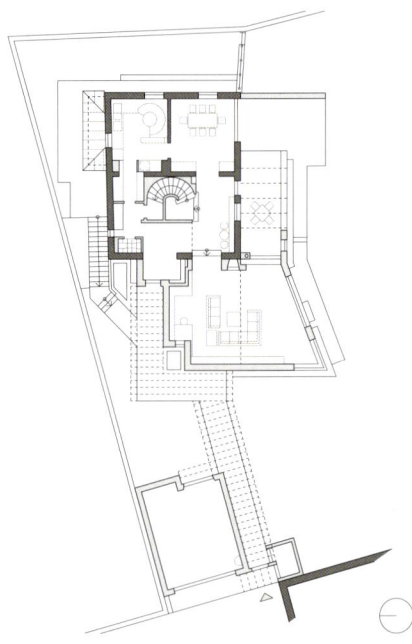

1413   Gottschallgasse 35, Zubau zu einem EFH, 1988–1989, P: Paul Katzberger, Karin Bily •

Das Elternhaus der Auftraggeber wurde um einen Zubau vergrößert. Die Erweiterung hebt sich als eigenständiger Baukörper klar vom Bestand ab, trotzdem gelingt die räumliche Verbindung der beiden Bauteile zu einem harmonischen Ganzen.

1414   Hochbergstraße 9, EFH, 1984, P: Gert-Michael Mayr-Keber •

1415   Hochstraße 98, Villa, 1929, P: Gregor Breitenecker, BH: Karl Leopold Schubert

Mit seinem von Zinnen bekrönten Turm, dem Erker und dem Rundbogen über dem Eingang wirkt das terrakottafarbene Wohnhaus mit Geschäftslokal des Schriftstellers Schubert wie eine in die Formen der Neuen Sachlichkeit gegossene, mittelalterliche Festung.

1416 Hochstraße 102, EFH, 1929, P: Heinrich Schmid, Hermann Aichinger ●

Die Wagner-Schüler und Atelierpartner Schmid und Aichinger planten in den 1920er-Jahren zahlreiche Gemeindebauten in Wien, deren Gestaltungselemente auch das eingeschoßige Einfamilienhaus prägen: Durch den Einsatz von Klinker werden chromatische Effekte erzeugt, die Fenster sind mit durchlaufenden Sohlbankgesimsen gruppiert und die Sprossenteilung schafft quer gelagerte Fensterscheiben. Mit dem klar gegliederten Baukörper und der symmetrisch organisierten Gartenfassade weist das Gebäude eine der Bauaufgabe angepasste und nüchterne Formensprache auf.

1417 Höllriegelstraße 3, EFH, um 1960, P: Raoul Lavaulx ●

Der Holzmeister-Schüler Lavaulx entwarf in den Weinbergen am Rande von Perchtoldsdorf einen eingeschoßigen Bungalow für ein Ehepaar mit zwei Kindern. Die große Fensterfront des Wohnraums ermöglicht es, das Panorama zu erleben; ein massiver Kamin aus Granit enthält zwei Feuerstellen und lässt sich sowohl vom Wohnraum als auch von der gedeckten Terrasse aus befeuern.

1418 Hyrtlallee 13, EFH, 1929–1930, P: Hubert Maresch

1419 Marzgasse 2a, Haus Gussenbauer, ehem. Garagengebäude, 1924, P: Viktor Josef Fenzel, BH/AF: Ferdinand Gussenbauer | Erweiterung, 1937, P: Viktor Josef Fenzel

Eine Garage mit Chauffeurswohnung in Formen des Jugendstils aus dem Jahr 1924 wurde 1937 vom selben Architekten erweitert, stilbrechend im Geiste der Neuen Sachlichkeit umgestaltet und zu einem Einfamilienhaus umgenutzt.

1420 Schweglergasse 4a, EFH, 1960–1962, P: Hans Puchhammer, Gunther Wawrik ●

Das zweigeschoßige Einfamilienhaus wurde auf einem Grundstück mit einem dichten, alten Baumbestand erbaut. Im Untergeschoß befinden sich der Eingang, Nebenräume sowie überdachte Freiräume, im Obergeschoß liegen die Zimmer und eine offene Wohnküche, die sich über die ganze Westseite zum Garten öffnet. Der Entwurf wird von den konstruktiven Elementen und dem Kontrast der Materialien bestimmt.

Stahlbetonrahmen auf vier Stützen mit auskragenden Endfeldern und dazwischen gespannten Ast-Molin-Decken bilden das tragende Gerüst, in das zwei gegensätzliche Baukörper – das Erdgeschoß aus Ziegelmauerwerk und das Obergeschoß mit Eternitplatten verkleidet und mit großen Öffnungen versehen – eingestellt sind.

1421 Siebzehn-Föhren-Gasse 4, EFH, 1930–1931, P/BH: Karl Harberger, AF: Gregor Breitenecker

Der aus Perchtoldsdorf stammende Architekt Karl Harberger, ein Schüler von Peter Behrens an der Akademie der bildenden Künste in Wien, schuf sich sein eigenes Wohnhaus im geradlinigen Stil der Neuen Sachlichkeit. Das Volumen ergibt sich aus mehreren miteinander verschnittenen Kuben, die Flachdächer dienen jeweils als Terrassen.

1422 Weingasse 4, EFH, 1985, P: Paul Katzberger, Karin Bily ●

Hotels, Heime, Klöster, Kasernen

1423 Elisabethstraße 30, Pflege- und Betreuungszentrum, 1980, P: Helmut Leierer, Ernst Maurer | Zubau, 1988–1990, P: Engelbert Zobl | Um- und Zubau, 1997–2004, AB: Oszwald & Oszwald (Hans Oszwald, Alfred Oszwald) | Sanierung, 2007, P: Gerhard Holpfer

Das manchmal auch Klaus G. Musil zugesprochene, jedoch von Helmut Leierer und Ernst Maurer entworfene Bauwerk besteht in kaum veränderter Form bis heute. Die großzügige, zwei- bis dreigeschoßige, terrassenartige Anlage zeichnet sich durch ihre der Geländesteigung gegenläufigen Pultdächer aus; begrünte Waschbetonwege und Freiflächen verbinden die drei Wohnflügel. Jedes der Zimmer verfügt über eine kleine Loggia mit Glasgeländer, während die Sanitärräume von jeweils zwei bis drei Zimmern gemeinsam benutzt werden. Gemeinschaftsräume, ein Speisesaal und ein Café sollen das Sozialleben fördern. 1988 bis 1990 wurde die Anlage auf der Fläche zwischen dem Süd- und dem Ostflügel erweitert, wobei die Formensprache des älteren Bauwerks berücksichtigt wurde. Die Loggien wurden paarweise angeordnet und im Obergeschoß verglast, die Gänge enden in abgerundeten Aufenthaltsräumen, deren Form auch an der Außenwand ersichtlich ist. Runde bzw. halbrunde Fenster sorgen für zusätzliche Belichtung und Frischluft in den Zimmern. 1997 bis 2004 wurden kleinere Um- und Zubauten und 2007 eine Sanierung vorgenommen.

Geschäftslokale, Einkaufszentren, Banken

1424 Marktplatz 21, Geschäft Metzger & Söhne GmbH, 1982, P: Paul Katzberger, Karin Bily ●

1425 Wiener Gasse 1, Buchladen Valthe GmbH, 1978, P: Paul Katzberger, Karin Bily ●

Energie

1426 Lohnsteinstraße 55, Wasserbehälter, 1906–1907, P: Heinrich Adolf, AF: Firma G. Rumpel

Das sichtbare Ventilgebäude des ansonsten in den Untergrund versenkten Hochreservoirs ist von zwei mächtigen, den Eingangsbereich flankierenden Pylonen in Formen des Jugendstils charakterisiert.

Pernegg 3753
Gemeinde: Pernegg, Bezirk: Horn

Hotels, Heime, Klöster, Kasernen

1427 Pernegg 1, Gästehaus Kloster Pernegg, 1991–1997, P: Monika Putz

Im Zuge archäologischer Untersuchungen und einer Sanierung des seit Mitte des 12. Jahrhunderts bestehenden Klosters wurde beschlossen, an der Stelle des ehemaligen Vorhofgebäudes ein neues Gästehaus zu errichten. Dieses reiht sich modern und schlicht unter die höheren historischen Teile der Anlage ein.

Pernitz 2763
Gemeinde: Pernitz, Bezirk: Wiener Neustadt

Amts-, Verwaltungs-, Kommunal-, Bürobauten

1428 Hauptstraße 59, Gendarmeriekommando, 1930er-Jahre ●

Der zweigeschoßige, L-förmig angelegte Bau mit Krüppelwalmdach, Gauben und eingezogenem Eckturm beherbergt heute noch die Polizeiinspektion. Die Fassade ist in Gelb und Grün gestaltet, der Turm erinnert an die Typologie eines Rathauses.

Religion, Kult

1429 Franz Hofer-Straße 1, Aufbahrungshalle, 1973, P: Kurt Neubauer ●

1430 Hauptstraße 108, Zubau Pfarrkirche hl. Nikolaus, 1969–1970, P: Georg Lippert, AF: Hans Mayer, K: Alois Johannes Plum (Altarfenster, Fries) ●

Die bestehende Kirche entsprach nicht mehr den Anforderungen. Um einen größeren Bau zu ermöglichen, wurde das „plumpe" (Georg Lippert) Kirchenschiff aus dem 19. Jahrhundert abgerissen. Den gotischen Chor aus dem 15. Jahrhundert bezog Lippert hingegen in seine Planungen mit ein: „Eine Verbindung mit dem ehrwürdigen Alten erfordert Zurückhaltung und Bescheidenheit." In diesem Sinn ordnete er den niederen sechseckigen Neubau dem höheren gotischen Presbyterium unter, das heute als Sakraments- und Werktagskapelle dient. Mit dem hohen polygonalen Turm mit kegelförmigem Spitzhelm über schmalem Fensterband setzt der Architekt hingegen ein kräftiges, individuelles Zeichen. Die Untersichten von Dach und innen offenem Dachreiter sind durchgehend mit schmalen Fichtenbrettern verschalt und verleihen dem Hauptraum eine stimmige Atmosphäre. Der Haupteingang befindet sich in der Achse des Altars. Hoch aufragende Betonscheiben wirken wie geöffnete Flügeltüren, die zum Besuch der Kirche einladen. Insgesamt hat Georg Lippert eine interessante Lösung einer Kirchenerweiterung verwirklicht. Die Gelegenheit, im Zentralraum den neuen liturgischen Bestimmungen zu entsprechen, hat er allerdings nicht ergriffen. Die Raumaufteilung entspricht noch dem traditionellen „Weg-Gedanken" vom Eingang zum Altar.

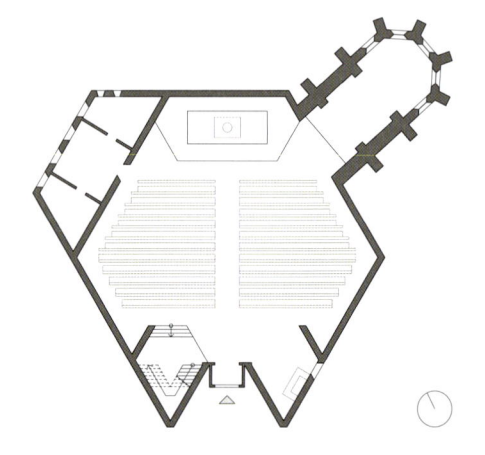

1431 Raimundgasse 2, Pfarrheim Pernitz, 1923–1931, P: Richard Merz ●

Das für ein Pfarrheim äußerst repräsentative und große Gebäude enthält einen großen Veranstaltungssaal sowie mehrere Räume für diverse Nutzungen, wie etwa die Bibliothek der Gemeinde. Es scheint also von Anfang an der Plan bestanden zu haben, das Gebäude für verschiedene Zwecke zu nutzen.

Bildung

1432 Kellergasse 50, Landeskindergarten, 1978, P: Kurt Neubauer, Rudolf Prohazka | Zubauten, 2011, AB: koup_architekten ZT GmbH, area project GmbH ●

Im eingeschoßigen Baukörper mit großzügigen Fensteröffnungen entwickelt sich unter einem Dach mit zahlreichen Verschneidungen und Knicken ein Grundriss, der auf rechteckige Räume verzichtet und zahlreiche Aus- und Durchblicke ermöglicht. Der ursprünglich dreigruppige Kindergarten ist so konzipiert, dass die Gruppenräume und der Bewegungsraum über die zentrale Halle erschlossen sind. Schon bei der Planung wurde die Möglichkeit einer Erweiterung für eine vierte Gruppe berücksichtigt, die später auch umgesetzt wurde. Ein weiterer Anbau und ein Bewegungsraum wurden 2011 errichtet.

Während die Zubauten am Haupthaus die ursprüngliche Entwurfsidee der oktogonalen Raumabschlüsse und der Deckung durch Satteldächer aufnehmen, stellt der neue Bewegungsraum über rechteckigem Grundriss mit Flachdach einen Fremdkörper in der Gebäudegruppe dar.

▶ *Plan (nächste Seite): Zustand 1978*

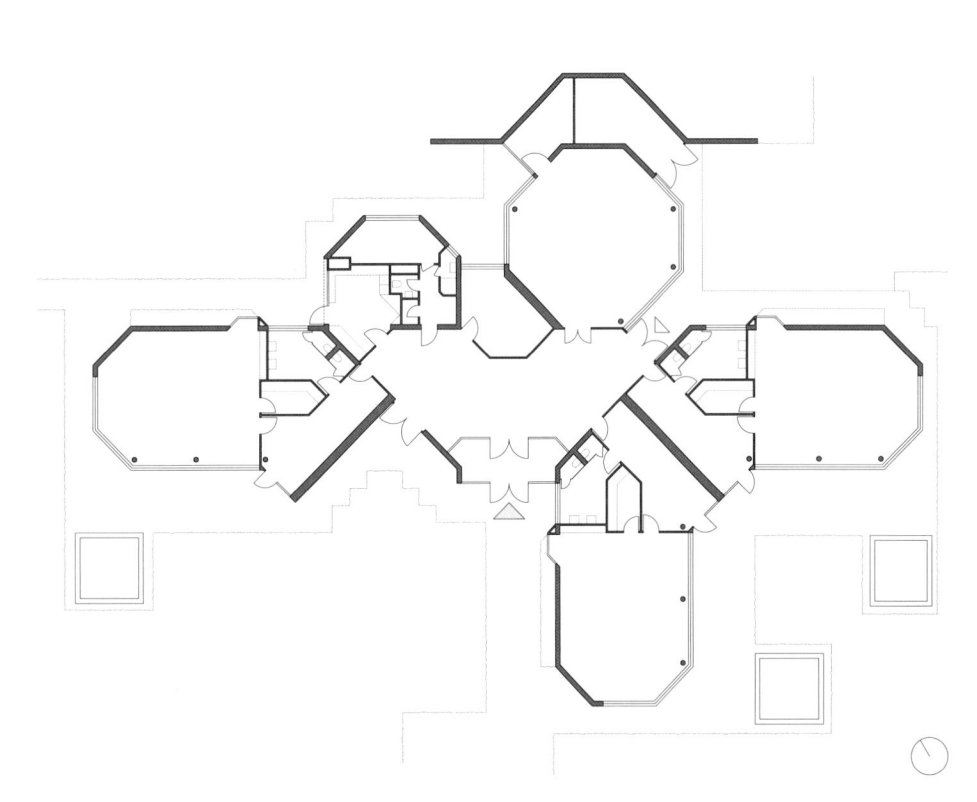

Wohnbauten

1433 Neue Heimat-Straße 2, Hugo Bunzl-Platz 3–9, <u>WHA Ortmann</u>, 1950–1951, P: Franz Schuster, BH: Piestingtaler gemeinnützige Wohnungsbaugesellschaft mbH, Papierfabrik Bunzl & Biach AG ●

Franz Schuster arrangierte drei unterschiedlich lange, zweigeschoßige Zeilenbauten um eine platzartige Hofanlage mit Zentrumswirkung für die umliegende bestehende Arbeiter*innensiedlung der Papierfabrik (→ 1316). Die nüchternen Putzfassaden sind durch Rhythmisierung der Fensterachsen, Akzentuierung der Stiegenhäuser mit Bullaugen und überdachte Portalbereiche geprägt. Die hohen Satteldächer mit Gauben erlauben die Anordnung von Wohnungen auch im Dachgeschoß. Charakteristikum der 36 Wohneinheiten ist die zentrale Rolle der Wohnküche, als deren Bestandteil die einheitliche Kochnische lediglich durch einen Vorhang vom Wohnraum trennbar war. Diese effiziente Ausstattung verweist auf die Zusammenarbeit Schusters mit Ernst May bei Siedlungsprojekten in Frankfurt am Main mit dem Novum der „Frankfurter Küche" von Margarete Schütte-Lihotzky.

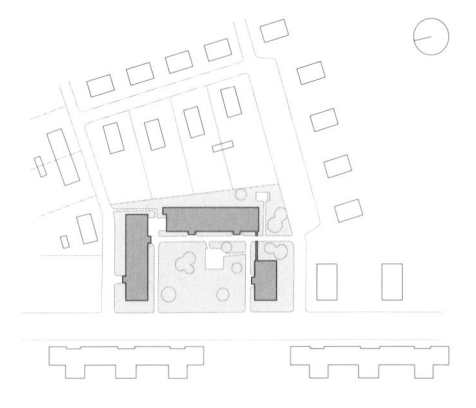

Industrie

1434 Hauptstraße 1, <u>Papierfabrik Ortmann</u>, 1866, BH: Ignaz Ortmann, August Kruss | Erweiterung, 1905, BH: Ludwig Bunzl | Umnutzung, ab 1914 ●

Das Areal wurde 1866 von Ortmann und Kruss erworben, um eine Kunstwollfabrik und Spinnerei einzurichten. 1877 erhielt die Fabrik eine Bahnstation mit der Bezeichnung „Ortmann". 1885 übernahm Julius Bunzl das Unternehmen, wobei er es in der vorangegangenen Funktion weiterführte. 1905 wurde ein neuer Zubau in Betrieb genommen. Während des Ersten Weltkriegs wurden Zellstoffwatte und Nitrierkrepp für die Pulver- und Munitionsfabrik in Blumau hergestellt und im Anschluss die Produktion auf Papier umgestellt. Damals fand ein sukzessiver Ausbau der Werkanlagen statt.

Für die Arbeiter*innen der Fabrik wurden nach 1905 zwischen Wipfelhof und Werkareal acht Wohnhäuser errichtet sowie ab 1919 die Arbeiter*innenkolonie Ortmann in Neusiedl (→ 1316).

Persenbeug 3680
Gemeinde: Persenbeug-Gottsdorf,
Bezirk: Melk

Religion, Kult

1435 48°11'12.2"N 15°04'59.2"E, Schubertstraße, neben Dr.-Hamon-Gasse 4, Pfarrkirche Maria Königin aller Heiligen, 1982–1985, P: Josef Patzelt, K: Robert Herfert

Bereits im Mittelalter wurde in Persenbeug eine kleine spätgotische Kapelle errichtet. Diese wurde im Laufe der Jahrhunderte mehrfach erweitert und war ab 1783 die Pfarrkirche des Ortes, bis diese Funktion 1985 dem Kirchenneubau übertragen wurde. In den 1980er-Jahren wurde für den Neubau ein Wettbewerb ausgeschrieben, bei dem der Entwurf von Josef Patzelt den ersten Preis erhielt. Der Architekt konstruierte den Hauptraum über einem kreuzförmigen Grundriss und betonte den Baukörper durch eine bemerkenswert expressiv bewegte Dachlandschaft, wobei die zweizackige Dachkrone als Symbol für das Patrozinium der „Maria, Königin aller Heiligen" gedacht war. Der etwas abseits stehende grazile Turm ist mit dem Kirchenbau durch einen überdachten Gang verbunden. Die markante Konstruktion erhielt an der Spitze ein großes Betonkreuz und darunter einen seitlich angebrachten Schallkörper für die Glocken. Der Innenraum der Kirche ist unter Einbeziehung der seitlichen Kreuzarme als Saalraum ausgebildet. Ein Kreuzarm ist als Apsis für den davorstehenden Altar gestaltet, um den herum die Kirchenbänke angeordnet sind. Holzdecken verleihen dem Betonbau eine warme Atmosphäre. Hohe, schmale Glasfenster zeigen Heilige bzw. pilgernde Gläubige. Das große Apsismosaik wurde – so wie die gesamte Innenausstattung und die Glasbilder – von dem im Kirchenbau viel beschäftigten Künstler Robert Herfert geschaffen. In den 1960er- und 1970er-Jahren war es allgemein üblich geworden, Kirchenbauten mit sehr niederen und flach gedeckten Gebäuden bewusst nicht mit den umliegenden, meist mehrstöckigen Wohnbauten in Konkurrenz treten zu lassen. Häufig wurden keine Türme oder nur einfache Gerüste für die Glocken geplant. Geradezu ein Musterbeispiel dieses Kirchenbautypus hat der Architekt selbst mit der 1977 bis 1980 errichteten Kirche St. Paul in Krems-Mitterau (→ 0942) vorgelegt. Bei der wenige Jahre später errichteten Persenbeuger Kirche zeigte er eine neue Sichtweise. Nun hat er, gerade weil sie in einem dicht verbauten Gebiet liegt, eine „optisch dominierende Gestaltung" (Josef Patzelt) angestrebt. Dem entspricht nicht nur die außergewöhnliche Dachgestaltung, sondern auch die gestalterische Aufwertung des Turms. Neu ist ebenso, dass sich Patzelt wieder traditioneller Grundformen besinnt, indem er als Grundriss das griechische Kreuz wählt und darüber hinaus einen Kreuzarm als Apsis ausbildet, in der er allerdings anstelle des Altars der Tabernakelstele einen würdigen Platz zuweist.

Bildung

1436 Schubertstraße 23, Landeskindergarten, 1974, P: Wolfgang Windbrechtinger, Traude Windbrechtinger | Zubau Turnsaal, 2010, AB: Kaiblinger & Vonwald Plan- und Baumanagement GmbH

In diesem Kindergarten, einem der wenigen Bildungsbauten von Wolfgang und Traude Windbrechtinger, lässt sich die ursprüngliche Entwurfsidee bis heute gut ablesen. Der gesamte Grundriss baut auf ein Rastermaß von 1,60 × 1,60 Metern auf: Um eine zentrale Halle liegen symmetrisch angeordnet die drei Gruppenräume und der Bewegungsraum, die jeweils über einen offenen Dachraum, Spielnische, Garderoben, Waschraum und einen überdeckten Sandspielplatz im Freien verfügen. Jeder Bereich ist mit einem Zeltdach samt Oberlichtkuppel gedeckt.

Einfamilienhäuser

1437 Nibelungenstraße 1, Villa, 1925–1926, P: Otto Wytrlik, BH: Karl Böhm, Sofie Böhm

Das nur durch die Nibelungenstraße vom Donau-Ufer getrennte, hinter Bäumen verborgene, eingeschoßige Einfamilienhaus mit den beiden auffälligen, mit Hartsteinwerk verkleideten Erkern beherbergte im Erdgeschoß neben Küche, Speisezimmer und Salon auch die Notarkanzlei des Hauseigentümers. Das Haus ist ein Vollziegelbau mit historischen Stahlüberlagern, der Keller und ein Teil der ehemaligen Kanzlei sind deckengewölbt. Im Laufe der Zeit kam es zu mehreren Modernisierungen, die

Holzkastenfenster und das zerstörte Parkett wurden ersetzt, das baufällige Holzstiegenhaus wich einer modernen Variante in Holzriegel-Bauweise.

Perzendorf 3464
Gemeinde: Hausleiten, Bezirk: Korneuburg

Religion, Kult

1438 48°22'14.6"N 16°04'11.2"E, neben Hauptstraße 19, Kapelle und ehem. Feuerwehr und Milchgenossenschaft, 1901 •

An der Stelle einer im Jahr 1798 erbauten Holzkapelle wurde 1901 die kleine Kapelle Maria Hilf errichtet. Der rund 10 × 6 Meter große Saalraum erhielt eine dreiseitige Apsis und einen quadratischen, seitlich angesetzten Fassadenturm. Der Stiegenaufgang ist mit einem Arkadenvorbau überdacht. Sehr ungewöhnlich wurde die Ortskapelle nicht als Einzelbau situiert, sondern mit dem Gebäude weiterer wichtiger Institutionen des Ortes – der Feuerwehr sowie der Milchgenossenschaft – zu einem Ensemble zusammengefasst.

Während die Kapelle heute noch besteht, wurde das Nachbargebäude in jüngster Vergangenheit abgebrochen.

▶ *Foto: Kapelle mit heute verlorenem Gebäudeteil*

Petronell-Carnuntum 2404
Gemeinde: Petronell-Carnuntum, Bezirk: Bruck an der Leitha

Religion, Kult

1439 Kirchenplatz 4, Pfarrhof, 1983, P: Reinhard Gieselmann, BH: Erzdiözese St. Pölten, AF: Firma Scholz •

1983 wurde an der Stelle des bestehenden, desolaten Pfarrhofs ein Neubau errichtet. Da der aus dem 18. Jahrhundert stammende Gewölbekeller unter Denkmalschutz gestellt wurde, legte der Architekt die Breite des Kellers den Planungen als Modul zugrunde und errichtete einen ebenerdigen Neubau mit einem Walmdach, in dem die Wohnung der Haushälterin sowie ein Gästeappartement untergebracht sind. Im Erdgeschoß befinden sich die großzügig angelegte Pfarrerswohnung, ein kreisrunder Besprechungsraum sowie diverse Kanzleiräume. Die Fassade ist durch seine schlichte Gestaltung an die bestehenden Gebäude des Kirchplatzes angepasst, im Inneren überrascht hingegen die aufwendige und luxuriöse Ausgestaltung.

Petzenkirchen 3252
Gemeinde: Petzenkirchen, Bezirk: Melk

Verkehr

1440 48°08'32.4"N 15°09'37.0"E, Manker Straße, Breiteneicherbrücke, 1990–1991, BH: Marktgemeinde Petzenkirchen, AF: PORR, Traunfellner

Peygarten-Ottenstein 3532
Gemeinde: Rastenfeld, Bezirk: Krems

Religion, Kult

1441 48°35'27.9"N 15°19'52.0"E, bei Peygarten-Ottenstein 70a, Gedächtniskapelle, 1957, P: Raimund Müllner, BH: Niederösterreichische Elektrizitätswirtschafts-Aktiengesellschaft NEWAG, K: Robert Herfert (Glasfenster) •

Im Zuge der Bauarbeiten an den Kampkraftwerken (→ 0992) kam es immer wieder zu bedauerlichen tödlichen Unfällen und zum Gedenken an die acht Opfer wurde im Jahr 1957 eine Kapelle errichtet. Diese steht am rechten Ufer des Kampsees Ottenstein oberhalb der Staumauer und wurde von Raimund Müller geplant, der als Architekt in der 1922 gegründeten Bauabteilung der Niederösterreichischen Elektrizitätswirtschafts-Aktiengesellschaft NEWAG (heute EVN) tätig war. Die Kapelle ist ein schlichter Sichtbetonbau mit einem quer liegenden, asymmetrischen Blechdach und einem überdimensioniert hohen Rechteckturm. Der Innenraum ist sehr einfach ausgestattet und wird von einem großen Fenster dominiert. Die Kapelle ist dem hl. Viktor geweiht – vermutlich zu Ehren von Viktor Müllner, dem langjährigen Generaldirektor der NEWAG.

Hotels, Heime, Klöster, Kasernen

1442 Peygarten-Ottenstein 60, Hotel Schloss Ottenstein, 1960, P: Vilmut Koppler

Dem ebenerdigen Erholungsheim der EVN aus den 1950er-Jahren wurden fünf Reihen von zueinander versetzt angeordneten, bungalowartigen Betongebäuden vorgelagert, die die Aussicht über den Stausee bestens zur Geltung bringen sollten.

Pfalzau 3021
Gemeinde: Pressbaum, Bezirk: St. Pölten

Wohnbauten

1443 Kaiserbrunnstraße 68, Haus 1–6, <u>WHA, 1987–1988</u>, AB: Baukünstlerkollektiv Ges.b.R. (Peter Raab, Johann Winter, Josef Zapletal) •

In einem Seitental des Wienerwalds wurde, dem ansteigenden Gelände folgend, die mehrteilige Wohnhausanlage errichtet. Die lockere Bebauung besteht aus sechs einzelnen Baukörpern. Sie sind um einen zentralen Freiraum angeordnet und dem Hang entsprechend zueinander um ein Geschoß versetzt. Zwei den mittigen Hof begrenzende Umgänge erschließen die Anlage. Beige gestrichene, vertikal angeordnete Bretter mit weißen Deckleisten und zweigeschoßige, verglaste Veranden sowie großzügige Terrassen charakterisieren die über quadratischem Grundriss errichteten und mit einem flach geneigten Pyramidendach gedeckten Holzständerbauten. Laibungsverkleidungen in den Primärfarben Rot, Gelb und Blau sorgen für subtile farbige Akzente. Die Grundrisse wurden strukturell spiegelsymmetrisch im Rhythmus A–B–A konzipiert, wobei der Mittelteil die Nebenräume, Stiegen und die Glasveranden aufnimmt. Das Projekt wurde mit dem „Großen Österreichischen Wohnbaupreis 1988" für zukunftsweisende Modelle für die Wohnarchitektur am Stadtrand und innovative Lösungsansätze für verdichtetes Bauen in der Peripherie ausgezeichnet (→ 1255, → 1259).

Pischelsdorf 2434
Gemeinde: Götzendorf an der Leitha, Bezirk: Bruck an der Leitha

Religion, Kult

1444 48°00'18.7"N 16°34'04.6"E, bei Pfarrweg 1, <u>Pfarrkirche hl. Stephan, 1924–1925</u>, P: Gustav Orglmeister

Pitten 2823
Gemeinde: Pitten, Bezirk: Neunkirchen

Religion, Kult

1445 47°42'58.2"N 16°11'18.3"E, bei der Pfarrkirche, <u>Kriegerdenkmal, 1924</u>, P: Karl Holey •

1446 Alleegasse 57, <u>Ausbau Pfarrhofkirche hl. Martin, 1948</u>, P: Anton Fox, Martha Bolldorf-Reitstätter •

1651 wurden ein großer, sehr aufwendig und prächtig gestalteter und ausgestatteter Pfarrhof sowie die anschließende Kapelle zum hl. Martin erbaut. 1732 erfolgte auf einer Geländestufe des Burgberges der Neubau der Pittner Pfarrkirche zum hl. Georg. Wie sich zeigte, war sie für die Bevölkerung vor allem im Winter nur schwer erreichbar, und es wurde daher 1948 beschlossen, die Kapelle zur „Pfarrhofkirche" auszubauen. Fox und Bolldorf-Reitstätter vergrößerten das Kirchenschiff und errichteten einen neuen Turm.

Stilistisch passten sie sich mit barockisierender Formensprache dem bestehenden Gebäude an.

Bildung

1447 Auf der Schmelz 62, <u>Volks- und Hauptschule, 1954–1956</u>, P: Alfred Hellmayr, Johann Gangl | Zubau Turnsaal, 1961, P: Alfred Hellmayr | Zubau Volksschule, 1971, P/AF: Südbau, Wilhelm Hasslinger und Co | Generalsanierung, 2012 •

Der L-förmige, zweigeschoßige Baukörper zeichnet sich durch seine klare Struktur aus. Im längeren, nordwestlich liegenden Baukörper befinden sich die Normalklassen, während im kürzeren, im Süden des Grundstücks befindlichen Baukörper der Eingang, die Pausenhalle sowie Administrationsräume und Sonderklassen untergebracht sind. Alle Klassenzimmer sind zum Hof orientiert, die langen Gänge waren ursprünglich mit großformatigen Fenstern mit niedrigen Parapeten versehen, die im Zuge einer Sanierung gegen kleinere Fenster ersetzt wurden. Durch diesen Umbau haben die Gänge ihren großzügigen Charakter verloren. Ein Turnsaal im Norden und ein nachträglich errichteter eigener Bau für die Volksschule schließen im Osten das Areal ab.
▶ Plan: Zustand 1956

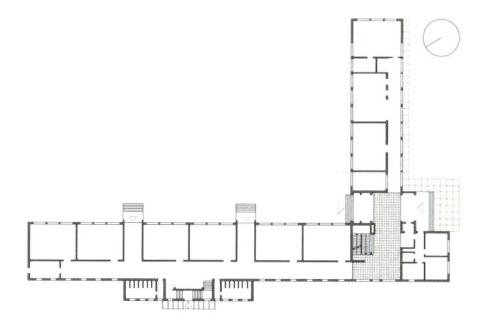

Einfamilienhäuser

1448 Bahnhofstraße 174, <u>Villa Kerschbaum, 1911</u>, P: Ignaz Endlweber

Geschäftslokale, Einkaufszentren, Banken

1449 Eduard Huebmer-Gasse 164, <u>Apotheke zum hl. Georg, um 1914</u>, P: Ignaz Endlweber

Der als Apotheke geplante und auch heute noch als solche genutzte prächtige Jugendstil-Bau liegt in repräsentativer Straßensituation.

Industrie

1450 Aspanger Straße 252, Papierfabrik, ab 1827, BH: k. k. priv. Papiermanufaktur | Umbau, 1971, BH: Wilhelm Hamburger AG | weitere Umbauten, 1978, 1983–1985, 1998–1999, 2002, 2004, 2010, 2012 •

Plank am Kamp 3564
Gemeinde: Schönberg am Kamp, Bezirk: Krems

Freizeit

1451 Kamptalstraße 3, Strandbad, 1928, BH: Verschönerungsverein Plank am Kamp •

Unter den Flussbädern zeigt das 1928 vom örtlichen Verschönerungsverein angelegte Strandbad in Plank am Kamp die zweifellos schönste Gruppierung der Baumassen. Die beiden hakenförmigen Trakte schließen das Bad zur stark befahrenen Straße hin und seitlich ab, wodurch eine zum Fluss geöffnete, baumbestandene Hofsituation entsteht. Die Kabinentrakte sind in horizontal verschalter und rot-weiß lackierter Holzständer-Bauweise über einem hohen Bruchsteinsockel ausgeführt. Ihre Trauf- und Giebelseiten weisen dreiachsige, segmentbogige Lauben mit Baluster imitierenden Geländern auf.

Die belüfteten Kabinen unter teilweise überhöhten Schopfwalmdächern sind beidseitig eines mittleren, über Eck geführten Gangs situiert.

Einfamilienhäuser

1452 Stritzelberggasse 8, WH, 1929, P: Karl Marik •

Der Ziegelbau mit der auffälligen Dreieckslichte im Dachgeschoß verfügt noch über seine ursprünglichen Fensterkästen und befindet sich generell in einem sehr guten, annähernd original erhaltenen Zustand.

Pöchlarn 3380
Gemeinde: Pöchlarn, Bezirk: Melk

Bildung

1453 Nibelungenstraße 5–7, Gernotstraße 4, Volks- und Mittelschule, 1949–1951, P: NÖ Landesbauamt, Alfred Hellmayr, Johann Gangl, AF: Franz Sdraule, Friedrich Aichberger, K: Kunibert Zinner (Skulpturengruppe an der Fassade) | Zubau Turnhalle, 1954, P: NÖ Landesbauamt | Innenausbau für ein Polytechnikum, 1966, P: NÖ Landesbauamt | Zubau Turnhalle und neues Volksschulgebäude, 1996, P: Helmut Stefan Haiden | Dachgeschoßausbau und Sanierung, 2000, P: Helmut Stefan Haiden •

Wohnbauten

1454 Manker Straße 12a–c, WH-Gruppe, um 1910/1914 •

Die drei nebeneinander angeordneten, frei stehenden und walmdachbekrönten Baukörper sind unweit des Bahnhofs situiert. Zu den Besonderheiten der ehemaligen Arbeiter*innenhäuser der Österreichischen Bundesbahnen zählen jeweils der zentrale Zugang, ein hoher Bruchsteinsockel mit darüberliegender Bandrustika, die sich im abgestuften Mittelteil und an den Gebäudeecken und -seiten fortsetzt, sowie die Fenster in West-Ost-Richtung, deren Orientierung der Bahntrasse folgt.

Einfamilienhäuser

1455 Dietlindestraße 7, EFH, um 1900 •

1456 Oskar-Kokoschka-Straße 8, EFH, 1910 | Dachausbau, 1990 •

Der ca. 1910 errichtete, eingeschoßige Ziegelbau mit Tramdecken, relativ aufwendig stuckierter und verputzter, historistischer Straßenfassade und sehr schlicht gehaltener Gartenfassade wurde ursprünglich für eine Nutzung als Wohn- und Bürogebäude konzipiert. Nach einer ersten Modernisierung der Innenräume im Jahr 1975 kam es 1990 zu einem Ausbau des Schopfwalmdaches und einer ausschließlichen, bis heute beibehaltenen Nutzung als Bürogebäude.

1457 Oskar-Kokoschka-Straße 10, <u>WH, 1903,</u> P: Friedrich Aichberger •

Industrie

1458 Bramacstraße 9, <u>Bramac Dachsteinwerk, 1990</u>, P: Karlheinz Lackner, BH: Bramac-Dachsteinwerk GmbH •

1459 Manker Straße 49, <u>Glasfabrik, 1979–1980,</u> BH: Stölzle Oberglas AG •

Der Standort in Pöchlarn wurde einerseits aufgrund seiner infrastrukturell günstigen Lage in der Nähe der Autobahn, Westbahn und Donau mit geplantem Donauhafen gewählt. Andererseits lagen Rohstoff-Abbaustätten in der Umgebung und die Erdgas-Hauptleitung machte die kostengünstige Beheizung möglich. Ursprünglich für die Produktion von Weißglas geplant, wurden zwei miteinander verbundene Haupthallen errichtet. Seit Mitte der 1980er-Jahre wird auch Grünglas hergestellt. Die eigentliche Produktion findet im ersten Obergeschoß statt, während im Erdgeschoß Hilfsbetriebe eingerichtet sind, die über eine automatisierte Anlage mit dem Obergeschoß verbunden sind. Aufgrund personeller Widrigkeiten und daraus resultierender Produktionsschwierigkeiten wurde die Glasfabrik 1986 von der 1911 gegründeten Schweizer Vetropack-Holding AG übernommen.

1460 Raiffeisenstraße 3, <u>Schiffslöschanlage des Getreidespeichers, 1938,</u> BH: Lagerhausgenossenschaft Pöchlarn | Umbau und maschinelle Modernisierung, 1964–1965 •

Landwirtschaft

1461 Raiffeisenstraße 3, <u>Lagerhaus, 1957</u> | Umbau, 1972, P: Reinhold Kroh •

Verkehr

1462 Wiener Straße 33, <u>DDSG-Agentie-Gebäude, 1912,</u> P: Othmar Leixner von Grünberg, BH: DDSG •

Der 1909 in den Dienst der Donaudampfschifffahrtsgesellschaft (DDSG) eingetretene und 1920 zum Baudirektor derselben ernannte Othmar Leixner entwarf bereits vor der Anlage in Pöchlarn zahlreiche Baulichkeiten wie Hafen- und Werftanlagen (→ 0929), Arbeiter*innensiedlungen sowie Stations-, Büro- und Agentie-Gebäude mit Magazinen für die Gesellschaft.

Mit außergewöhnlicher Kenntnis der Architekturgeschichte und mit großem Engagement in Heimatschutz und Denkmalpflege unterrichtete Leixner auch an der Akademie der bildenden Künste in Wien und veröffentlichte 1914 die Publikation *Entwürfe für Kleinbauten im Sinne bodenständiger Architektur in Österreich*, welche lokalen Baumeistern

Anregungen bieten sollte, wie sich Neubauten ganz selbstverständlich und bescheiden in das Orts- und Landschaftsbild integrieren können. Diesen Grundsätzen folgend, verwendete er in seinen Entwürfen lokale Motive und traditionelle Konstruktionsweisen wie raue Hausteinsockel, Fensterläden, Blumenkästen und ziegelgedeckte Steildächer; zudem betonte er die Wichtigkeit der richtigen Gruppierung der Häuser oder Bauteile zueinander. Genau dies führt er auch beim heute nur noch teilweise, aber in seinen Resten recht original erhaltenen Agentie- und Magazingebäude in Pöchlarn vor. Direkt angeschlossene, spätere Wohnbauten bedrängen den Bau heute beinahe allseitig. Durch die Aufstauung der Donau ist der funktionelle Kontext des Bauwerks mit der Schifffahrt nicht mehr nachvollziehbar, auch wenn das Inschriftenfeld nach wie vor prominent an der Hauptausfallstraße des Ortes platziert ist.

Pöggstall 3650
Gemeinde: Pöggstall, Bezirk: Melk

Amts-, Verwaltungs-, Kommunal-, Bürobauten

1463 Raiffeisenplatz 3, Wohn- und Amtshaus, ehem. Bezirkshauptmannschaft Melk, 1898–1899 | Adaptierung zum Wohngebäude und zur Außenstelle der Bezirkshauptmannschaft, 1989, P: Harald Wallner ●

Pottendorf 2486
Gemeinde: Pottendorf, Bezirk: Baden

Bildung

1464 Johannes-Heigl-Gasse 2, Volks- und Mittelschule, 1929, P: Karl Krist, K: Josef Riedl (Fassadenfiguren) | Zu- und Umbau, 1999, P: Gerhard Herzog | Zubau und Sanierung, 2012 ●

Die Wiener *Arbeiter-Zeitung* bezeichnete die Schule in Pottendorf, der Geburtsgemeinde des Initiators der Reformpädagogik der Zwischenkriegszeit, Otto Glöckel, bei ihrer Eröffnung als „modernste Schule Österreichs". Karl Krist entwarf einen kubisch gestaffelten Baukörper im Stil der Neuen Sachlichkeit mit einem weithin sichtbaren Turm, der mit Engelsfiguren von Josef Riedl geschmückt ist. Das Raum-

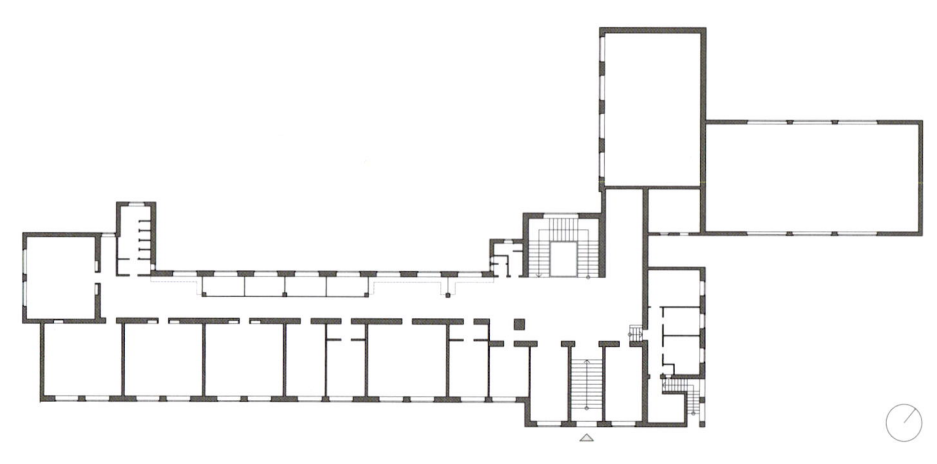

programm erfüllte modernste Hygieneanforderungen mit Wasseranschlüssen in jeder Klasse, Duschen in den Turnsaalgarderoben, Arztzimmer und eigener Schulzahnklinik. Es spiegelt aber auch die reformpädagogischen Ansätze seiner Zeit wider: Hohe helle Räume, die in einem freundlichen Farbkonzept gestaltet waren, bewegliche Tische statt fix verbauter Bänke und zahlreiche Gemeinschaftseinrichtungen wie Terrassen und sogar ein eigenes Schwimmbad, das 1976 abgebrochen wurde. Das Gebäude wurde 1999 um einen Anbau im Schulgarten mit sieben Klassenräumen erweitert sowie der Turnsaaltrakt vergrößert, 2012 erfolgte ein weiterer Anbau an der Südseite des Gebäudes. Die Ergänzungsbauten passen sich in ihrer Gestaltung und Höhenentwicklung dem Bestand an, wodurch trotz der vielen Eingriffe der Charakter des Gebäudes erhalten blieb.
▶ Plan: Ausführung 1929

Industrie

1465   Alte Spinnerei 1–3, 2–4, Gemeindezentrum, ehem. Baumwollspinnerei, 1894–1895, BH: Pottendorfer Spinnerei und Zwirnerei AG | Umbau, nach 1945 | Stilllegung, 1978 | Umbau und Umnutzung, 2012–2014, BH: Gemeinde Pottendorf ●

Von der 1801 gegründeten Anlage, die als die erste maschinelle Baumwollspinnerei des europäischen Festlands gilt und maßgeblich für die Entwicklung Pottendorfs war, ist heute nur noch ein Teil erhalten. Das markante dreigeschoßige Backsteingebäude mit seinen großen (Rundbogen-)Fenstern wurde nach jahrelangem Leerstand von der Gemeinde angekauft, entkernt und zu einem Gemeindezentrum, Gemeindeamt sowie zu Wohn- und Veranstaltungszwecken umgebaut. Die historische Fassade blieb jedoch erhalten.

1466   Dr.-Kraitschek-Gasse 2–4, Wiederaufbau Teppichfabrik, vor 1960, P: Rudolf Garstenauer, BH: Wiener Teppichfabrik Bacher, Frankl & Co ●

Landwirtschaft

1467   Bahnstraße 45, Getreidesilo, 1989, P: Diether S. Hoppe ●

Die horizontalen Linien an der Außenwand des 60 Meter hohen Silos sind gewollt sichtbare Spuren des Errichtungsprozesses in Gleitbeton-Bauweise.

1468   Kremesberg 13, Lehreinrichtung der Veterinärmedizinischen Universität Wien, ehem. Rinderstall, 1908, P: Oscar Fraunlob, BH: Arthur Krupp | Sanierung, 2009

Der gewaltige Rinderstall in Fachwerkoptik wurde mit Geldern der Stahlmagnatenfamilie Krupp 1908 nach den modernsten Erkenntnissen der Tierhaltung errichtet und verfügte über eine neuartige, schwedische Melkmaschine. Das Gebäude ist mittlerweile eine Lehreinrichtung der Veterinärmedizinischen Universität Wien, wurde 2009 generalsaniert und mit moderner Stalltechnik ausgestattet.

Pottenstein 2563
Gemeinde: Pottenstein, Bezirk: Baden

Bildung

1469   Hainfelder Straße 24, Volksschule, 1895, P: Karl Hinträger, Moritz Hinträger | Zubau, 1991, P: Hans Podivin ●

1470   Hausbergweg 1, Hort, ehem. Landeskindergarten, um 1910 ●

Wohnbauten

1471   Fabriksgasse 18, WH, 1913 | Sanierungen, 1980, 2019 ●

Einfamilienhäuser

1472   Bahnstraße 13, 15, Villen, 1902 (Nr. 15), 1905 (Nr. 13), P: Wenzel Wegwart | Zubau bei Nr. 13, 1928 ●

1473   Gutensteiner Straße 37, WH 1907, P: Wenzel Wegwart | Zubau Hoftrakt und Werkstättengebäude, 1910, P: Wenzel Wegwart | Umbau, 1939, P: Hans Hena | Ausbau Dachgeschoß, 1977, P: E. Seiz | Umbau Werkstätte, 1993, P: Josef Stockreiter ●

Das Wohnhaus ist mit einem hohen Krüppelwalm- und Zwerchdach gedeckt; die Fassade durch Putzfelder gegliedert.

1474   Hainfelder Straße 27, Villa, 1917, P: Wenzel Wegwart ●

Industrie

1475   Hainfelder Straße 49, Straßenmeisterei, ehem. Tuchfabrik, 1880, BH: Josef Daniel Cornides von Krempbach | Umbauten, 1930, 1945–1946 | Umbau, 1985–1988, P: Franz Pfeil, BH: NÖ Landesregierung ●

Ursprünglich befand sich auf dem Areal eine Säbelklingenfabrik, die Mitte des 19. Jahrhunderts zu einer Baumwollspinnerei umgenutzt wurde. Ein Großbrand im Jahr 1880 machte einen Wiederaufbau der Fabrikanlage notwendig. 1930 wurde die Spinnerei geschlossen und anschließend mithilfe der französischen Kammspinnerei Tiberghien & Fils zu einer Kammgarnweberei und -färberei umgenutzt und umgebaut. Ein Großteil der Fabrikanlage wurde Ende des Zweiten Weltkriegs zerstört, nach dem Wiederaufbau konnte der Betrieb 1946 erneut aufgenommen werden. Ab 1957 wurden die

Maschinen modernisiert und eine Streichgarnspinnerei, eine Weberei sowie eine Färberei und Appretur eingerichtet. 1981 erfolgten die Stilllegung des Betriebs und der Ankauf durch das Land Niederösterreich. In den Folgejahren erfuhr das Areal einen Umbau in eine Straßenmeisterei, die von Franz Pfeil geplant und 1988 eröffnet wurde.

Energie

1476 47°56'59.7"N 16°06'03.8"E, Wasserturm, 1919, BH: Berndorfer Fleischwerke AG

Der sich über oktogonalem Grundriss erhebende Wasserturm mit Laterne entstand im Zusammenhang mit der 1916 von Ludwig Baumann errichteten Fleischfabrik der Berndorfer Metallwerke (→ 0195). Da die Fabrikanlage nicht mehr existiert, ist der Wasserturm heute von unbebautem Gelände umgeben.

Verkehr

1477 47°57'23.7"N 16°05'38.9"E, Triesting-Brücke, 1927, P: Franz Visintini, Wasserbau-Fachabteilung, NÖ Landesamt, Johann Buhl

Das Brückentragwerk aus Eisenbeton weist eine Spannweite von elf Metern auf. Bemerkenswert ist das Zusammenspiel von Fahrbahn und Tragwerk, die durch die gestalterische Verschmelzung von Brückengeländer und -bogen verbunden scheinen.

1478 47°57'30.2"N 16°05'33.8"E, Straßenbrücke, 1908, AF: Adolf Baron Pittel | Neubau Brückentragwerk, 1988

Die Besonderheit der 1908 errichteten Triesting-Brücke war das Plattenbalken-Stahlbetontragwerk, das 1988 durch eine ähnliche Konstruktion ersetzt wurde. Das teilweise erhaltene Otto-Wagner-Geländer wurde wieder zwischen den sandgestrahlten Betonstützen montiert.

Poysdorf 2170
Gemeinde: Poysdorf, Bezirk: Mistelbach

Bildung

1479 Wiener Straße 22, Kaiser Franz Josef Jubiläumskindergarten, 1910, P: Josef Steingassner

Hotels, Heime, Klöster, Kasernen

1480 Liechtensteinstraße 1, Veranstaltungsstätte Reichensteinhof, ehem. Gemeindegasthaus und Hotel, 1897

Hinter den drei großen Rundbogenfenstern der Neorenaissance-Fassade des ursprünglichen Gemeindegasthauses befindet sich ein heute als Veranstaltungsort genutzter Saal.

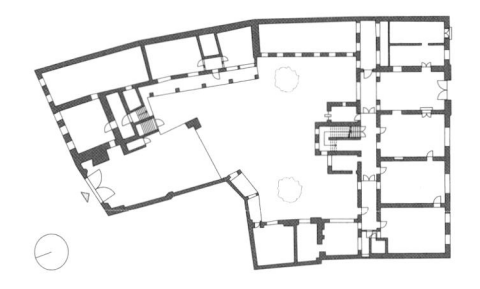

Geschäftslokale, Einkaufszentren, Banken

1481 Oberer Markt 1, Raiffeisenkasse, 1984, P: Josef Kohlseisen, BH: Raiffeisenkasse Poysdorf

Landwirtschaft

1482 Friedhofstraße 1, Dampfmühle, 1980er-Jahre

Energie

1483 Hötzendorfstraße 8, WH, ehem. Kraftwerk, 1910 | Zubau, 1924–1925, AF: Österr. Siemens-Schuckert-Werke – Techn. Büro Wien | Stilllegung, 1950 | Umwidmung zur Fleischerei, um 1980, P: Robert Mattner | heute Nutzung als WH

Prein an der Rax 2651
Gemeinde: Reichenau an der Rax, Bezirk: Neunkirchen

Einfamilienhäuser

1484 Prein an der Rax 23, Riegelhof, 1903, P: Max von Ferstel

Preinrotte 2651
Gemeinde: Reichenau an der Rax, Bezirk: Neunkirchen

Einfamilienhäuser

1485 Preinrotte 36, 37, Villen, 1898, P: Karl Hinträger, Moritz Hinträger

1486 Preinrotte 41, Villa Exzellenz von Hawerda, 1912–1913, AB: Atelier für Architektur Krauß und Tölk (Franz Krauß, Josef Tölk)

Die Anlage besteht aus einem Haupt- und einem Nebengebäude, die durch einen breiten Torbogen mit Holzdach miteinander verbunden sind. Über einem Natursteinsockel erheben sich zwei Geschoße und ein Dachgeschoß unter dem hohen Walm- bzw. Schopfwalmdach. Die halbrunde Terrasse, die turmartigen Erker und das vorspringende Stiegenhaus geben dem Gebäude einen romantisch-burghaften Charakter. Im Inneren gruppieren sich die Räume um eine große Halle mit Galerie und Holztreppe.

Pressbaum 3013, 3021
Gemeinde: Pressbaum, Bezirk: St. Pölten

Da für die in Pressbaum beschriebenen Objekte mehrere Postleitzahlen vergeben sind, werden diese in den folgenden Steckbriefen ergänzend zur Adressangabe angeführt.

Religion, Kult

1487 Hauptstraße 75, 3021, Pfarrkirche Hl. Dreifaltigkeit, 1906–1908, P: Max Hegele, August Rehak, AF: Karl Bohdal, K: Robert Hanel (Hochaltar) •

Im Jahr 1730 wurde in Pressbaum eine kleine Kapelle errichtet. Nach der Eröffnung der Kaiserin-Elisabeth-Westbahn 1858 wandelte sich der kleine, vor allem von Holzfällern bewohnte Ort zu einem beliebten Sommerfrischerefugium des gut situierten Wiener Bürger*innentums, und die steigende Einwohner*innenzahl ließ den Wunsch nach einem Kirchenneubau entstehen. Erst 1904 waren die erforderlichen finanziellen Mittel vorhanden, und es wurde ein beschränkter Wettbewerb ausgeschrieben. Max Hegele hatte 1900 den Wettbewerb für die bauliche Ausgestaltung des Zentralfriedhofs gewonnen. Die Planung bzw. Ausführung des großen Projekts hat den Architekten zweifellos sehr in Anspruch genommen und wahrscheinlich dazu bewogen, für die Kirche in Pressbaum einen Entwurf einzureichen, den er – spiegelbildlich – bereits 1901 als „Projekt für eine Land-Pfarrkirche" erstellt und in der Zeitschrift *Der Architekt* 1903 publiziert hatte. Ob die Jury davon Kenntnis hatte, ist fraglich – jedenfalls konnten Hegele und Rehak mit diesem Projekt den Wettbewerb für sich entscheiden. Max Hegele war an der Akademie ein Schüler von Viktor Luntz und hatte eine fundierte Ausbildung in den Stilen der Vergangenheit erhalten. Dementsprechend konzipierte er einen konventionellen Längsbau mit einem seitlichen Turm und eingezogenem Rechteckchor. Einfache stilisierte Spitzbogen- und Rundbogenfenster sowie Strebepfeiler an den Längswänden erwecken Assoziationen an die mittelalterliche Bauweise. Markantestes Gestaltungsmerkmal sind grob bossierte Haustein, die Hegele nicht nur im Sockelbereich, sondern auch als Fensterumrahmungen, Eckausbildungen und zum Teil auch als Wandverkleidungen anbrachte. Er greift hier offenkundig eine aus den USA kommende Strömung auf, die durch Henry Hobson Richardson bereits in den 1880er-Jahren als „Modern Romanesque" propagiert und eingeführt worden war und die nun auch in Europa mit großer Zustimmung aufgenommen wurde. Trotz seiner grundsätzlich historistischen Ausrichtung zeigte sich Hegele insbesondere in seinen frühen Schaffensjahren durchaus der Moderne eines Otto Wagners gegenüber aufgeschlossen. Dies zeigt sich hauptsächlich bei seinem Entwurf für die Zentralfriedhofskirche. Bei der Kirche in Pressbaum applizierte er an der Fassade einige wenige secessionistische Motive, und im Kircheninnenraum bilden einzelne Jugendstil-Elemente einen spannenden Kontrast zum neoromanisch konzipierten Raumgefüge. Keinesfalls kann die Kirche jedoch als „Jugendstil-Kirche" bezeichnet werden, wie dies in der Literatur der Fall ist – definierte sich doch die Architektur des Jugendstils vor allem als apodiktische Ablehnung historisierender Bauweise. Hegeles Verwendung einiger moderner Motive zur „Behübschung" eines historisch konzipierten Bauwerks wäre für Otto Wagner wohl in jene Kategorie von Gebäuden gefallen, deren „kunstschädigende ‚Modernität' (die falsche Sezession) und lendenlahmer Eklektizismus" es zu bekämpfen galt. Ursprünglich geplante Chortürme sowie ein Verbindungsgang zum danebenliegenden Pfarrhaus wurden nicht ausgeführt. Nach Fertigstellung der neuen Kirche wurde die alte Kapelle abgerissen.

Bildung

1488 Klostergasse 12, 3021, Turnhalle des Sacré Cœur, 1981, P: Helmut Rohringer, Raimund Heinz •

Hinter dem historischen Baubestand, 1892 von Richard Jordan und Baumeister Josef Schmalhofer erbaut, wurden in den 1970er-Jahren ein Internatsgebäude und 1981 eine Sporthalle errichtet. Das Internat wurde von 2018 bis 2020 abgebrochen und durch einen Neubau ersetzt, die Dreifachturnhalle in Holz- bzw. Holzleim-Bauweise mit sichtbarer Dachkonstruktion und Lichtbändern in den Dachflächen blieb bestehen.

Wohnbauten

1489 Fünkhgasse 9, 3021, WHA Pressbaum, 1996, P: Heinz Lutter

Die auf einem Richtung Norden abfallenden Grundstück errichtete Wohnhausanlage teilt sich in zwei Bauphasen, die 1988 bis 1992 und 1992 bis 1996 umgesetzt wurden. In der ersten Bauphase wurden zwei Zeilen gebaut, die der Steigung des Hangs

Geschäftslokale, Einkaufszentren, Banken

1492 Hauptstraße 11a, 3021, Volksbank, 1971–1972, P: Franz Pfeil, BH: Volksbank für Purkersdorf und Umgebung, S: Leonhard Biringer | Zubau Bankfoyer, 2013 | Schließung Bankfiliale, 2017

folgen und deren Konturen durch eingeschnittene Dachterrassen rhythmisiert werden. Von der zwischen diesen Baukörpern liegenden Erschließung führen Metallstiegen zu den einzelnen hölzernen Windfängen, welche die jeweiligen Wohnungen erschließen. Zu den Besonderheiten der Anlage, die pro Baukörper aus drei Wohnungen mit jeweils drei Ebenen besteht, zählt die innenräumliche Vielfalt. So werden etwa die Grundrisse durch Kaskadentreppen an der Zugangsseite erschlossen. Die spätere Bauphase erstreckt sich parallel zum Hang. Anders als ursprünglich geplant, wurde infolge einer Einflussnahme seitens der Baubehörde der später errichtete Trakt um 90 Grad gedreht und entsprechend reorganisiert.

Einfamilienhäuser

1490 Linke Bahngasse 1, 3021, Villa, 1903, P: Anton Schwarz, AF: Jakob Dietrich, Eduard Hauser, Franz Demal, K: Eduard Weber (Bildhauerarbeit) ●

1491 Wilhelm Kreß-Gasse 11, 3013, Zubau EFH, 1983, P: Thomas Gellert ●

Ursprünglich sollte bei dem frühen Projekt von Tomas Gellert das bestehende Haus zur Grundstücksgrenze hin erweitert werden. Der Nachbar lehnte dieses Vorhaben jedoch ab, weshalb der holzverschalte Zubau, der fehlende Sanitäranlagen ergänzte und zusätzliche Schlafräume schuf, an der Gartenseite erfolgte und so eine kreative Lösung für die Platz- und die Nachbarschaftssorgen darstellt.

Das frei stehende Gebäude über quadratischem Grundriss sollte, der Bauaufgabe entsprechend, laut Architekt als „sicherer Ort" wahrgenommen werden und erhielt so mit seiner kubischen Form und der travertinverkleideten, glatten Fassade einen gewissen wehrhaften Charakter. Die beiden straßenseitigen Gebäudeecken, die seit einem Foyerzubau nicht mehr so stark in Erscheinung treten, bilden Rücksprünge und dienten als Zugänge zum Nachttresor sowie zu einer im Obergeschoß untergebrachten Wohnung. In der allseitig durch ein vertikales Fensterband akzentuierten Mittelachse lag an der Hauptstraße der Hauptzugang zur Kassenhalle. Seit der Schließung der Bankfiliale 2017 ist die Zukunft des Gebäudes ungewiss.

Energie

1493 48°10'24.7"N 16°04'30.3"E, Pfalzauerstraße südlich der A1, Aquädukt über die Pfalzau, 1904–1910

Als Teil der Zweiten Wiener Hochquellenleitung (Kaiser-Franz-Joseph-Hochquellenleitung) zählen die Aquädukte in Pressbaum (Brentenmais-Aquädukt, Pfalzau-Aquädukt, Sonnleiten-Aquädukt, Steinhurtgraben-Aquädukt) zur insgesamt 183 Kilometer langen Trinkwasser-Versorgungsleitung.

Prinzersdorf 3385
Gemeinde: Prinzersdorf, Bezirk: St. Pölten

Amts-, Verwaltungs-, Kommunal-, Bürobauten

1494 Hauptplatz 1, Rathaus, 1970–1973, P: Franz Hable | Sanierung, 2021–2022, P: Ernst Beneder, Anja Fischer

In den 1970er-Jahren vom in Prinzersdorf ansässigen Architekten Hable errichtet, zeigt sich das Gebäude mit seinem prominent der Fassade vorgelagerten Stützenraster, den umlaufenden Fensterbändern und mit blau-gelblich gesprenkelten keramischen Fliesen verkleideten Wandflächen auch heute noch in seiner ursprünglichen Gestalt. Dieser Umstand ist der auf Erhalt der Substanz ausgerichteten Sanierung durch Beneder und Fischer zu verdanken, die sich maßgeblich für den schonenden Umgang einsetzten.

Das gegenüberliegende Gebäude der Raiffeisenbank stellt in Kubatur und Dachform ein Pendant zum Rathaus dar; die gelben Keramikplatten der Bankfassade wurden nach Fertigstellung des Rathauses diesem angepasst und damit ein Bezug auf die niederösterreichischen Landesfarben Blau-Gelb hergestellt. Die beiden Gebäude bilden mit der in unmittelbarer Nachbarschaft gelegenen expressiven Kirche von Julius Bergmann (→ 1495) ein bemerkenswertes Nachkriegsensemble.

Religion, Kult

1495 Hauptplatz 3, Filialkirche Hl. Familie, 1961–1966, P: Julius Bergmann, BH: Diözese St. Pölten, K: Hermann Bauch (Mosaik Ostfassade), Josef Rifesser (Kruzifix), Robert Herfert (Glasfenster) ●

Anlässlich eines Besuchs Kaiserin Maria Theresias im Jahr 1740 wurde in Prinzendorf eine kleine Kapelle erbaut. Während des Zweiten Weltkriegs wurde sie zerstört und nachdem sich der Ort durch stetigen Zuzug stark vergrößert hatte, ein Kirchenneubau beschlossen. Im Jahr 1955 wurde ein Wettbewerb ausgeschrieben, den der Architekt Julius Bergmann gewann, die Grundsteinlegung fand allerdings erst 1961 statt. Der monumental wirkende, expressionistisch gestaltete Bau ist als „Schiff Petri" konzipiert. Der hoch aufragende, abgetreppte Fassadenturm symbolisiert den Mast, die asymmetrisch an- und absteigenden Satteldächer sollen Wellenbewegungen suggerieren. Die Kirchenwände laufen im Chor bugförmig zusammen, und Rundfenster – Bullaugen – runden die Schiffsmetapher ab. Der 400 Sitzplätze fassende Innenraum ist als breiter, zeltförmiger Saal angelegt, der durch Wandpfeiler, die bis zum Dachscheitel hochgezogen sind und dort zusammenlaufen, strukturiert ist. Mit den dazwischen hoch angesetzten Schlitzlukenfenstern erzielte Bergmann eine effektvolle Belichtung. Im Chor verdichten sich die Abstände der Wandpfeiler, und in Verbindung mit höheren Schlitzfenstern hat der Architekt die expressive Wirkung verstärkt und insgesamt einen eindrucksvollen, theatralischen Effekt bewirkt. Der modernen Konstruktion steht eine konventionelle Grundrisslösung gegenüber. Das Presbyterium ist stark erhöht und signalisiert die traditionelle Trennung des Priesters von den Gläubigen. Massive, hohe, gemauerte

Schranken zu beiden Seiten des Treppenaufganges unterstreichen die „hierarchische Ordnung". Unter dem Altarraum ist eine Werktagskapelle eingerichtet. Die gleichzeitig errichtete Sakristei und das Pfarrhaus sind mit der Kirche über einen Gang verbunden.

Bildung

1496 Schulstraße 8, Europamittelschule, 1954, P: Alois Zehetner, K: Maria Sturm (Wandmalerei Stiegenhaus) | Zubauten, 1965, 1969, 1984, 2008 ●

Der schlichte Bau wurde für acht Klassen errichtet; bereits in den 1960er-Jahren entstanden ein Zubau mit sechs weiteren Klassenräumen und ein Turnsaal, 1984 und 2008 erfolgten weitere Ausbauten für Klassen sowie einen zweiten Turnsaal.

Industrie

1497 Wachaustraße 45, Kühlwarentransport und -logistik GmbH Teufl, ehem. Zentralbutterwerk Mirimi, 1967–1969, P: Bau- und Maschinenabteilung des Österreichischen Milchwirtschaftsfonds, BH: Milchring Niederösterreich Mitte regGmbH, S: Karl Grundl ●

1957 wurde der Milchring Niederösterreich Mitte (MIRIMI) zur Milchrestprodukte-Verwertung als Interessengemeinschaft aus den Molkereien Bischofstetten, Herzogenburg, Mank, Obergrafendorf, Pöggstall, Prinzersdorf und St. Pölten gegründet. Neben einem Milchtrocknungswerk in St. Pölten wurden in Prinzersdorf der MIRIMI-Geflügelschlachthof, anschließend ein Trocknungswerk und das Zentralbutterwerk errichtet. 1966 startete der Bau des Kesselhauses im Südwesten des Areals. Die Anlieferung der Milch erfolgte mittels Tanklaster über eine Rampenstraße, an deren Ende sich eine überdachte Verladerampe befindet. An den Trocknungsturm ist das Trafohaus angeschlossen, daneben befindet sich die mit Betonschalung tonnengewölbte Produktionshalle des Butterwerks. Im Nordosten ist der Kühltrakt angesiedelt, über den Haupteingang im Osten ist der Verwaltungstrakt zugänglich. Der Gang, über den die Büroräume erschlossen werden, ist über Fenster mit der tiefer liegenden Produktionshalle verbunden, wodurch eine Sichtverbindung entsteht.

Prottes 2242
Gemeinde: Prottes, Bezirk: Gänserndorf

Bildung

1498 Dörfleser Straße 26, Expositur Landeskindergarten, Hort der Volksschule und Musikheim, 1952, P: Alfred Hellmayr, AF: Havlicek | Zubau, 1988 ●

Puchberg am Schneeberg 2734
Gemeinde: Puchberg am Schneeberg, Bezirk: Neunkirchen

Amts-, Verwaltungs-, Kommunal-, Bürobauten

1499 Wiener Neustädter Straße 17, Gemeindeamt, 1926–1927, P: Rudolf Sedlaczek

Freizeit

1500 Sticklergasse 3, Freizeitzentrum und Freibad, 1987–1989, P: Walter Weissenböck ●

Wohnbauten

1501 Zum Neubau 1, 2, Bergknappensiedlung, 1922, P: Henry G. Jaeger

Die ehemaligen Arbeiterhäuser für die Bergknappen des 1827 gegründeten und 1965 stillgelegten Grünbacher Steinkohlebergwerks bestehen aus vier lang gestreckten, eingeschoßigen und satteldachgedeckten Holzbaracken zu je sechs Wohnungen, die teilweise in schlechtem Erhaltungszustand sind.

Hotels, Heime, Klöster, Kasernen

1502 Hochschneeberg 7, Berghaus Hochschneeberg, 1898, AB: Atelier Fellner & Helmer (Ferdinand Fellner II., Hermann Helmer), BH: Carlo Arnoldi

Nachdem 1897 die Zahnradbahn vollendet war, wurde das Atelier Fellner & Helmer beauftragt, ein Quartier für die Tourist*innen zu schaffen, die die nun leichter erreichbaren Wanderwege nutzen wollten. Es entstand ein Bau mit 55 Betten, der im Laufe der Zeit äußerlich saniert und leicht verändert wurde; auch der (Um-)Bau der Bergstation der Zahnradbahn im Jahr 2009 veränderte die Ansicht des Hauses stark. Die Innenräume, vor allem die Gaststube, zeugen aber auch heute noch von der durch Fellner & Helmer konzipierten Ausstattung.

Energie

1503 Neunkirchner Straße 118, Kraftwerk, 1909 | Umnutzung zur Gummiwarenerzeugung, 1963–1983, danach wieder ausschließlich Stromerzeugung ●

Puchenstuben 3214
Gemeinde: Puchenstuben, Bezirk: Scheibbs

Amts-, Verwaltungs-, Kommunal-, Bürobauten

1504 Christian Haller Straße 1, Gemeindeamt, 1929–1931, P: Rudolf Frass | Zubau, 1974–1977, P: Rudolf Frank | Zubau, 1986, P: Eduard Etlinger OHG | Zubau, 2019, P: Höblinger & Zefferer ●

Das dreigeschoßige Gebäude mit ausgebautem Dachgeschoß befindet sich in Hanglage an der Hauptstraße. Der Garagenzubau erfolgte Mitte der 1970er-Jahre, der Wintergarten- und der Terassenaufbau 1986. Ursprünglich waren hier zusätzlich zur Gemeinde auch die Post, die Gendarmerie und eine Arztpraxis untergebracht.

Bildung

1505   Schulgasse 1, Volksschule, 1913, P: Heinrich Wohlmeyer, Rudolf Frass (Fassade), AF: Justich •

Die secessionistisch anmutende Fassade des zweigeschoßigen Schulgebäudes wurde – wie der daneben liegende Hallerhof (→ 1506) – von Rudolf Frass entworfen, das Schulgebäude selbst wird Heinrich Wohlmeyer zugeschrieben.

Hotels, Heime, Klöster, Kasernen

1506   Christian Haller Straße 2, Hallerhof Pflegeresidenz, ehem. Hotel, 1909–1910, P: Rudolf Frass, K: J. Lechner (Holzrelief) •

Leo Burger, Hoteliersohn aus Wienerbruck und ab 1933 begeisterter NSDAP-Anhänger, kaufte 1908 die Wallfahrtsherberge in Puchenstuben und ließ an ihrer Stelle bis 1910 von Rudolf Frass das „Hotel Burger zum Trefflingfall" errichten. Das Hotel war ursprünglich mit 40 Zimmern ausgestattet und mit Holzbalkonen an, zwischen und über den charakteristischen Fachwerk-Erkern versehen. Später wurde es nach dem 1597 verstorbenen Bauernaufstandsführer Christian Haller benannt, den ein von J. Lechner geschnitztes Relief an der Fassade zeigt. Frass gestaltete einige Jahre nach der Eröffnung auch die noch bestehende Ausstattung des Speisesaals mit seinen konischen Kachelöfen. Seit 2006 wird dieser von dem Gasthaus „Hallerstub'n" genutzt, während die Hotelräumlichkeiten in ein Pflegezentrum umgewandelt wurden.

1507   Schulgasse 2, Pension, Haus Buder, 1908, P: Rudolf Frass •

Purgstall 3251
Gemeinde: Purgstall an der Erlauf, Bezirk: Scheibbs

Bildung

1508   Schulgasse 13, Volks- und Mittelschule, 1908 | Zubau Hauptschule, 1950–1954, P: vermutl. Franz Sturm | Aufstockung und Zubau Turnsaal, 1969 | Aufstockung Hauptschule, 1977 | Zubau Turnhalle und Klassen, 1987 | Generalsanierung, 1997 | Aufstockung, 2002 •

1908 wurde eine eingeschoßige Volksschule mit sieben Klassenzimmern, Turnsaal, Konferenzzimmer, Lehrer*innenwohnung und Schulgarten errichtet, die nach dem Krieg sukzessive erweitert und ausgebaut wurde. 1954 erfolgte ein Zubau für die Hauptschule, der inzwischen ebenfalls mehrfach erweitert wurde.

Freizeit

1509   Graf-Schaffgotsch-Gasse 2, Erlauftalbad, 1958–1962, P: Oskar Scholz, BH: Gemeinde Purgstall | Umgestaltung und Zubau, 1987 •

Das Freibad zeichnet sich insbesondere durch sein geschwungenes, dreigeschoßiges, teilweise geschlossenes Terrassengebäude zum rechten Erlauf-Ufer hin aus. Galerieartig bieten hier mehrere Ebenen Liegeflächen mit Ausblick in die Flusslandschaft. Die Freibadanlage umfasste das heute in der Form erhaltene, gekurvte Becken mit Sprungturm, welches Sport- und Nichtschwimmer*innenbereich kombiniert, sowie Kabinen- und Kästchengebäude. Ein auch im Winter benutzbarer Brausen- und Wannenbereich mit Sauna und eine Wohnung für die Badeaufsicht ergänzten das Funktionsprogramm.

Industrie

1510   Busatisstraße 11–15, Fabrik, 1888, BH: Gebrüder Busatis | Umbau Werkhalle, 1969–1971 | Umbau Werkhalle, 1974–1975 | weitere Umbauten, 2008, 2011–2013 •

Verkehr

1511   48°03'16.2"N 15°08'00.7"E, Busatisstraße, Mariazeller Straße, Busatissteg, um 1905, BH: Gebrüder Busatis, AF: Ig. Gridl, k. u. k. Hof-Eisenconstructions-Werkstätte, Schlosserei und Brückenbau-Anstalt

1512   48°03'37.5"N 15°08'00.5"E, Hermann Graf Schaffgotsch-Brücke, 1909, P: Gustav Adolf Wayss, AF: G. A. Wayss & Co | Sanierung und Fahrbahnverbreiterung, 1988–1989 •

Die anstelle der hölzernen Heidebrücke errichtete Eisenbetonbogenbrücke überspannt die Erlauf mit einer lichten Weite von 35 Metern. Auffällig sind die verwendeten Otto-Wagner-Geländer der Wiener Stadtbahn, die als großstädtisches Motiv die Brücke prägen und auch nach der späteren Verbreiterung der Fahrbahn wieder angebracht wurden.

1513   Bahnhofstraße 3, Bahnhof, 1902–1903

Purkersdorf 3002
Gemeinde: Purkersdorf, Bezirk: St. Pölten

Religion, Kult

1514   Berggasse 20, Mausoleum Familie Joppich, 1904, P: Wilhelm Knepper •

Unverkennbar von Josef Maria Olbrichs Secessionsgebäude in Wien beeinflusst, schuf der weithin unbekannte Architekt Wilhelm Knepper das seltene Beispiel eines Jugendstil-Grabmals in Niederösterreich. Mehr als die Architektur scheint heute jedoch die hier bestattete Maria Joppich zu interessieren, die eines von Arthur Schnitzlers zahlreichen „Süßen Mädeln" war, für das sich der Dichter kurzzeitig begeistert hatte. 2002 erwarb Leopold Heimlich das Grabmal und ließ es 2003 umfassend renovieren.

Gesundheit

1515 Wiener Straße 62, Villa Paula, 1908, P: Leopold Bauer, BH: Victor Zuckerkandl | Umbau, 2003, P: Wolfgang Rainer, BH: BUWOG ●

1903 ließ Victor Zuckerkandl am Areal einer ehemaligen Wasserheilanstalt von Josef Hoffmann ein Sanatorium errichten (→ 1516). Der große Zuspruch veranlasste ihn, schon wenige Jahre später ein weiteres Gebäude, die Villa Paula, erbauen zu lassen. Angeblich wegen Baukostenüberschreitungen mit Hoffmann in Konflikt geraten, beauftragte Zuckerkandl 1908 den Architekten Leopold Bauer mit dem Villenbau. Der zweigeschoßige Bau erhielt mit drei markanten Rundrisaliten eine dynamisch bewegte Vorderfront. Der mittlere Risalit ist um ein Geschoß erhöht und durch figürlichen und secessionistischen Dekor betont. Zwischen den Risaliten befinden sich Balkone mit floralen Eisengittern. Mit Fensterläden und einem rustizierten Sockel brachte Bauer auch die in ländlichen Gebieten beliebten Heimatstil-Elemente ein. Das Gebäude steht im drastischen Gegensatz zum sachlich nüchternen Sanatoriumsumbau von Josef Hoffmann – zeigt aber die breite architektonische Gestaltungspalette, derer sich die Architekt*innen des frühen 20. Jahrhunderts bedienen konnten. Die Villa Paula wurde 2003 als Wohnhaus mit sechs Einheiten adaptiert.

1516 Wiener Straße 64–66, Seniorenzentrum Hoffmannpark, ehem. Sanatorium Purkersdorf, 1904, P: Josef Hoffmann, BH: Victor Zuckerkandl, AF: Firma Jahn, K: Koloman Moser (Einrichtung) | Aufstockung, 1926, P: Leopold Bauer | Renovierung, 1991, P: Sepp Müller | Sanierung und Erweiterung, 2002–2003, P: Wolfgang Rainer, BH: BUWOG ●

1903 erwarb der Industrielle Victor Zuckerkandl die in den 1880er-Jahren gegründete Wasserheilanstalt samt Kurpark und beauftragte Josef Hoffmann, zusätzlich zu den bestehenden Gebäuden ein Sanatorium zu errichten, das später als Schlüsselbau der Moderne international bekannt werden sollte. Hoffmann konzipierte den kubischen Baukörper aus einfachen geometrischen Grundformen, schloss ihn mit einem Flachdach ab und akzentuierte ihn nur an der Vorderseite durch Vor- und Rücksprünge. Bordüren aus blau-weißen, quadratischen Kacheln zeichnen die Gebäudekanten nach und umrahmen die quadratischen Fenster. Die für ihn charakteristische orthogonal strukturierte Formensprache, die ihm den Spitznamen „Quadratl-Hoffmann" einbrachte, bestimmt auch Gestaltung und Einrichtung der Innenräume, die in Zusammenarbeit mit Koloman Moser in der Wiener Werkstätte entstand. So beruhen die unverkleidete Deckenkonstruktion des Stahlbetonbaus, die Stiegenbrüstungen, die Verfliesung der Fußböden, die sparsam angebrachten Dekorelemente sowie die Möbelentwürfe vorrangig auf der Grundform des Quadrats. Nach Hoffmanns Ideen wurde auch der Kurpark angelegt, und in der Zusammenschau mit dem Gebäude sowie der Innenausstattung entstand das von der frühen Moderne propagierte Ideal eines Gesamtkunstwerks. Das Sanatorium avancierte schnell zum Treffpunkt der gehobenen Wiener Gesellschaft, der Künstler*innen und Intellektuellen, und um dem gestiegenen Raumbedarf Rechnung zu tragen, ließ Zuckerkandl von Leopold Bauer 1926 gegen den Willen Hoffmanns eine Aufstockung ausführen. 1938 wurde das Anwesen unter dem NS-Regime „arisiert", gegen Ende des Kriegs diente das Gebäude als Lazarett und wurde 1945 von der sowjetischen Besatzung requiriert. 1952 wurde es von der evangelischen Kirche erworben und als Krankenhaus für Innere Medizin umgebaut, später als Altersheim eingerichtet. Die Pavillons der 1880er-Jahre mussten wegen Baufälligkeit abgerissen werden. 1975 wurde der Betrieb eingestellt, und das Gebäude samt Park blieb in der Folge mehrere Jahre ungenutzt. 1991 erwarb der Augsburger Architekt Walter Klaus das Areal und begann in Zusammenarbeit mit dem Österreichischen Bundesdenkmalamt mit der Renovierung des Hoffmann-Baus. Das von Leopold Bauer aufgesetzte Stockwerk wurde abgetragen und die Innengestaltung möglichst originalgetreu wiederhergestellt. Die 14 noch vorhandenen Möbelstücke wurden restauriert und mit gleich gestalteten ergänzt, die Beleuchtungskörper anhand der Originalentwürfe neu angefertigt. 2003 wurde die Anlage durch Zubauten erweitert und als „Seniorenzentrum Hoffmannpark" eröffnet.

Sonderbauten

1517 48°11'43.9"N 16°11'14.6"E, <u>Aussichtsturm auf der Rudolfshöhe, 1977–1978</u>, AF: Holz-Bau Anton Wanas

Auf der Rudolfshöhe wurde 1977, zwei Jahre nach der Eröffnung des Naturparks Sandstein-Wienerwald, ein 28,5 Meter hoher Aussichtsturm errichtet. Die eingedeckte, aus Holz gebaute Warte mit einer Grundfläche von 6,5 × 6,5 Metern wird im Inneren der Konstruktion über 126 Stufen erschlossen.

Wohnbauten

1518 Berggasse 8, <u>Siedlung, 1989–1990</u>, P: Georg W. Reinberg, Martin Treberspurg, Erich Raith, Jörg Riesenhuber, S: Diether Kath ●

Auf einem keilförmigen, geschwungenen Grundstück in Hanglage, unweit des Stadtzentrums von Purkersdorf, entstand diese gemeinschaftliche Wohnhausanlage, deren spätere Bewohner*innen sich bereits während der Entwurfsphase in den Planungsprozess einbrachten. Über einen Durchgang in einer Art Kopfbau an der Berggasse werden die partiell mehrteiligen Baukörper erschlossen. Sie wurden in die Grundstücksform und entlang der Falllinie in das Gelände eingepasst. Die Erschließung liegt dabei auf der stadtzugewandten, weiß verputzten Seite der Anlage, während die durch abgerundete und holzverschalte Flächen charakterisierte Südseite sich zur Landschaft hin orientiert. Gemeinschaftsräume und -einrichtungen befinden sich direkt beim Eingangsbereich. Neben privaten Freiflächen wie Balkonen, Terrassen und Veranden gibt es einen gemeinschaftlich genutzten Freiraum am nördlichsten, an den Wienerwald angrenzenden Bereich des Grundstücks.

1519 Dr. Hild-Gasse 2–8, <u>WHA, 1976</u>, AB: Atelier P + F (Herbert Prader, Franz Fehringer, Erich Ott) ●

Die in das ansteigende Gelände eingefügte Anlage besteht aus zwei durch Vor- und Rücksprünge gegliederte Baugruppen und ging aus einem Partizipationsprojekt hervor. Fünf Stiegen erschließen die ursprünglich insgesamt 72 Wohnungen und Gemeinschaftsbereiche wie Schwimmbad und Sauna. Darüber hinaus wurde Raum für zwei Geschäftslokale vorgesehen. Charakteristisch sind die kaskadenartig vorkragenden Balkone, die seitlich von viertelkreisförmigen Profilen eingefasst sind; ein Motiv, das sich an den halbhohen Mauern, die die Außenwege der Anlage säumen, wiederholt.

1520 Florian Trautenberger-Straße 12–36, 11–35, <u>Waldsiedlung Purkersdorf, 1970</u>, P: Peter Schmid, Maria Schmid-Miejska, S: Kurt Cerny

Reine Luft und eine ruhige Lage in einer nahezu unberührten Landschaft galten als grundlegende Ansprüche für die Planung der an das bewegte Gelände angepassten Anlage. Der Entwurf für die 20 modular konzipierten, mit etwa 90, 120 und 150 Quadratmetern unterschiedlich, aber „familiengerecht" dimensionierten Eigentumswohnhäuser für eine Familie setzt sich aus 16 L-förmigen und vier U-förmigen Grundrissen zusammen, die durchwegs mit Gartenhöfen ausgestattet sind. Die einzelnen Häuser befinden sich an einer Seite an der jeweiligen Grundstücksgrenze und sind über Freiräume oder Pergolen miteinander verbunden. Sowohl die Orientierung der Wohnräume als auch die Materialwahl der flach gedeckten Häuser (u. a. keramische Ziegel, Schilfhohlkörper-Decken und Holz) erfolgten unter Berücksichtigung gesundheitlicher und baubiologischer Aspekte. Das ursprünglich einheitliche Fassadenbild der Einzelhäuser resultierte aus einem hellen Putz und einer dazu in Kontrast stehenden dunklen Dachkante.

1521 Friedrich-Schlögl-Gasse 14 A–C, WHA, 1986–1987, P: Georg W. Reinberg, Martin Treberspurg ●

Dem Verlauf eines schmalen Grundstücks am Südhang folgend, wurden unweit der Waldgrenze drei durch einen überdachten Erschließungsweg verbundene, mehrgeschoßige Doppelhäuser parallel zueinander situiert. Insgesamt sechs Wohnungen mit einer durchschnittlichen Wohnungsgröße von 130 Quadratmetern verfügen über ein breites Angebot an privaten Freiräumen wie Balkone und Terrassen sowie südseitige, verglaste Veranden. Im Sockel des zentral gelegenen Baukörpers befinden sich ein Gemeinschaftsraum sowie ein gemeinschaftlicher Gemüsekeller. Der Entwurf war auf das Leben in christlicher Gemeinschaft, auf Mitbestimmung und Wohnqualität sowie auf die Nutzung von Sonnenenergie ausgerichtet (→ 1524, → 1525).

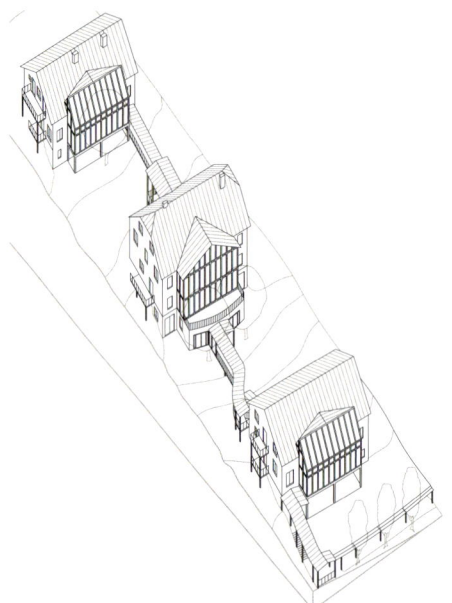

1522 Hardt Stremayr-Gasse 5–7, WHA, 1979–1981, P: Franz Pfeil, S: Leonhard Biringer ●

Eingebettet in die Kulisse des nördlich der Anlage liegenden Wienerwalds bestand der fünf- bis sechsgeschoßige Baukörper ursprünglich aus 58 unterschiedlich organisierten Wohnungen mit Größen zwischen 40 und 130 Quadratmetern, die über drei Stiegenhäuser erschlossen sind. Die Verzahnung mit dem natürlichen Geländeverlauf führte südseitig zu einem abgetreppten Gefüge, sodass die Dachflächen als Terrassen für die jeweils darüberliegenden Wohnungen fungieren. Zu den nach Süden ausgerichteten, reihenhausähnlichen Maisonetten im Erdgeschoß gehören private Freibereiche mit Gärten. Das differenzierte Wohnangebot ist an der vielgestaltigen, teilweise mit dunklem Eternit verkleideten und durch Loggien rhythmisierten Fassade ablesbar.

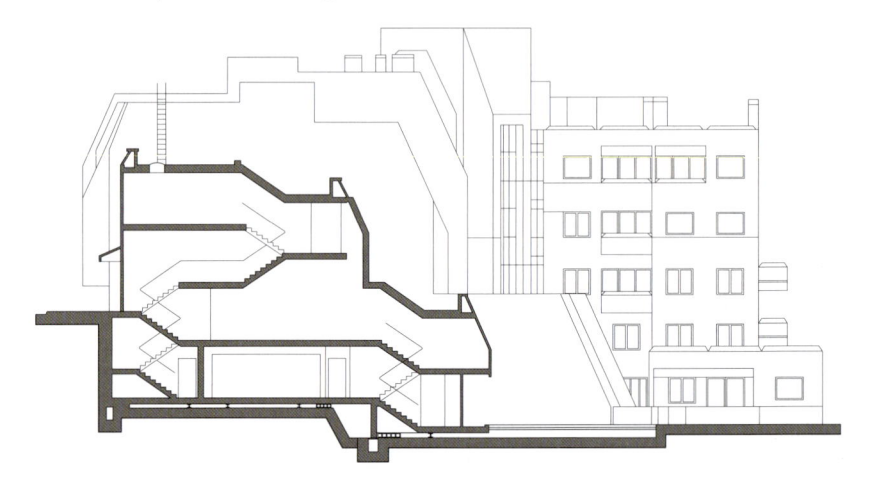

1523 Wintergasse 29–31, Prof. Josef Humplik-Gasse 18, WHA Purkersdorf, 1978, AB: Atelier P + F (Herbert Prader, Franz Fehringer, Erich Ott)

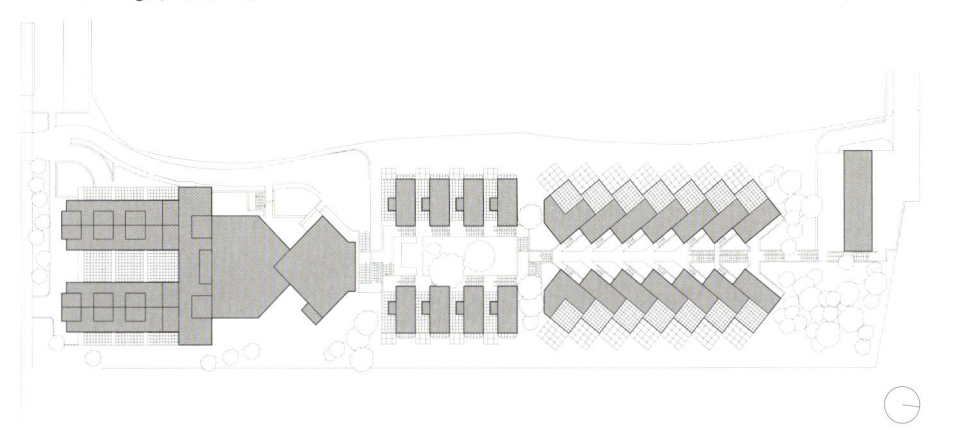

Die typologisch vielfältige und vielgestaltige, in unterschiedliche Bereiche zonierte Wohnhausanlage wurde auf einem länglichen, dem Nordhang folgenden Grundstück errichtet. An der Wintergasse liegen Terrassenhäuser, dahinter und dem ansteigenden Geländeprofil entsprechend deutlich höher situiert, befindet sich ein Mehrfamilienhaus, an das wiederum Reihenhauszeilen und Hakenreihenhäuser anschließen. Die Anlage zeichnet sich durch großzügige öffentliche und private Freiräume aus und erhält ihre Charakteristik nicht zuletzt durch die vereinheitlichende Gestaltung, welche die Verschiedenartigkeit der Baukörper ausgleicht.

1524 Wintergasse 53, Haus 1–4, WHA, 1983–1984, P: Georg W. Reinberg, Jörg Riesenhuber ●

Auf einer langen, schmalen Parzelle am Südhang wurde ein vorhandenes, hinter einem Vorgarten mit Pförtnerhaus liegendes Wohnhaus saniert und umgebaut, sodass es neben einer Wohnung auch Gemeinschaftsbereiche aufnimmt. Die beiden dahinter errichteten Neubauten enthalten insgesamt neun Wohnungen, deren Südfronten jeweils von einem Glashaus abgeschlossen werden. Zwischen den beiden unteren Baukörpern liegt ein geschützter Hof, im obersten Teil der Parzelle befindet sich eine Grünfläche mit Obstbäumen. Mit dem Projekt wurde das Ziel verfolgt, ein gemeinschaftlich geplantes Modell für zukunftsweisendes, familienfreundliches Wohnen zu schaffen, darüber hinaus energiebewusst zu bauen und energiesparend zu wohnen (→ 1521, → 1525).

1525 Wintergasse 75–77, WHA, 1986–1987, P: Georg W. Reinberg, Martin Trebersburg ●

Unmittelbar neben dem Wald in das steile Gelände eingepasst, liegt der Richtung Süden orientierte, symmetrisch organisierte und feingliedrig gestaltete Baukörper, dessen markante Silhouette die regional-traditionelle Dachkontur interpretiert. Der Entwurf sah sechs Wohneinheiten, die kompakt um einen überdachten quadratischen Innenhof im Zentrum der Anlage gruppiert sind, und eine Einliegerwohnung vor. Um den Hof sind außerdem Gemeinschaftsräume wie ein Spiel-, Bastel- und Werkstättenraum angeordnet. Die Wohnungen verfügen neben Terrassen und südlich vorgelagerten Glashäusern über private Gartenbereiche. Selbstbestimmung der künftigen Bewohner*innen sowie deren Teilnahme an den Entscheidungsprozessen hinsichtlich Bauform, Materialität und Energieversorgung waren integrale Bestandteile des Konzepts, das bereits zur Entstehungszeit als Gegenposition zur weitverbreiteten „Verhüttelung" gesehen wurde (→ 1521, → 1524).

1526 Wintergasse 85, Siedlung Sonnenhäuser, 1997, P/BH: Christoph Thetter

Unweit der Westbahnstrecke wurden zwei Baukörper auf einem etwa 2.500 Quadratmeter großen Grundstück des Architekten ins ansteigende Gelände eingefügt. Farbige Holzverkleidung charakterisiert die aus insgesamt sechs jeweils etwa

140 Quadratmeter großen Atriumhäusern in Split-Level-Bauweise bestehende und Richtung Südwesten geöffnete Hangverbauung.

Die Wohneinheiten verfügen über zugehörige Wintergärten, Terrassen, Loggien und Veranden. Auf den zum nördlich liegenden Wienerwald orientierten Rückseiten befinden sich die Eingangsbereiche. Zwischen den beiden Trakten liegt ein gemeinschaftlich genutzter, begrünter Freiraum. Errichtet wurde die Anlage aus Holz, Ziegel und Stahlbeton und unter besonderer Berücksichtigung ökologischer Gesichtspunkte. Das ursprüngliche Farbkonzept für die Fassaden, das eine wohnungsspezifische Taktung der beiden Reihen vorsah – die erste Reihe war rot, gelb und grün gefärbt, die zweite Reihe hingegen blau, orange und rot –, wurde von einem späteren Besitzer abgeändert.

Einfamilienhäuser

1527 Friedrich Schlögl-Gasse 35, EFH, 1980–1982, P: Johannes Spalt ●

Ähnlich wie bei Johannes Spalts früherem Projekt, dem Haus Wittmann (→ 0363), befinden sich die Wohnräume dieses quadratischen Baus auf einem gemauerten Sockel, der in diesem Fall jedoch die Hangneigung ausgleicht und das auf vier Hauptpfetten und einem Rost aufgespannte, baldachinartige Dach mit Eisenstäben verankert. Der Raum zwischen den Pfetten und dem Rost ist verglast, was das bewohnte Obergeschoß mit seinen großen, zum Boden reichenden Fenstern und den paraventartigen Wänden noch zusätzlich erhellt. Bei der Ausstattung wurde Bedacht auf die Verwendung von Holz und die Schaffung von kleinen Rückzugsräumen gelegt; so entstand etwa die zentrale Holzkoje, von der aus Neu-Purkersdorf überblickt werden kann.

1528 Hans Buchmüller-Gasse 20, EFH, 1989–1993, P: Fritz Waclawek

Die Grundform des Hauses ergibt ein rechtwinkeliges Dreieck. Das zweigeschoßige Gebäude erstreckt sich entlang der An- und Gegenkathete, wobei der Baukörper hin zur Hypotenuse abgeschnitten ist und im ersten Obergeschoß eine eingeschnittene Terrasse bildet. Die Satteldachlösung ist den gestalterischen Auflagen der Gemeinde angepasst.

1529 Hießbergergasse 26, EFH, 1988–1990, P: Franziska Ullmann, MA: Gerda Gibelhauser, Ernst Stadlbauer, S: Wilfried Braumüller ●

Das an einem Südhang stehende Haus wird über einen kurzen Betonsteg von der Stirnseite aus erschlossen. Es besteht aus einem einfachen, von einem Satteldach abgeschlossenen Volumen, das durch unkonventionelle Details, wie zurückversetzte Giebel, auskragende Betonplatten und auf ausgewählte Ausblicke abgestimmte, unterschiedlich große Fensteröffnungen, transformiert wurde. Für Spannung und Übersichtlichkeit zugleich sorgt die kaskadenartig durch das Gebäude geführte Erschließung, die zusammen mit dem im Westen anschließenden, Wintergarten und Pergola umfassenden Anbau leicht aus der Hauptachse geschwenkt wurde.

1530 Kaiser Josef-Straße 42, Umbau EFH, 1987, P: Werner Vogel ●

1531 Robert Hohenwarter-Gasse 23, Erweiterung EFH, 1990–1992, P: Georg W. Reinberg, S: Karlheinz Wagner

Ein kleines Einfamilienhaus aus den 1960er-Jahren wurde an der Ostseite um eine zweite Wohneinheit und an der Südseite um einen zweigeschoßigen Wintergarten ergänzt, der – wie auch das erweiterte Vorzimmer – beiden Wohnungen dient.

Geschäftslokale, Einkaufszentren, Banken

1532 Hauptplatz 4, Volksbank, 1975, P: Franz Pfeil, BH: Volksbank Wien, Hietzing-Purkersdorf, S: Leonhard Biringer ●

Die an der Karl Kurz-Gasse noch sichtbare, ursprüngliche Fassadengliederung ist an der zum Hauptplatz gelegenen Hauptfassade überformt. Auch die Erdgeschoßzone mit Kund*innenbereich wurde seit 1975 umgebaut. Fassade und Dachaufbau weisen noch typische Elemente der 1970er-Jahre auf.

Putzing 2203
Gemeinde: Großebersdorf,
Bezirk: Mistelbach

Einfamilienhäuser

1533 Am Graben 4, EFH, 1984, P: Martin Treberspurg ●

Auf einem spitzwinkeligen Grundstück wurden parallel zu den Grundgrenzen zwei Trakte errichtet, die mit einem Glashaus samt Stiege verbunden sind. Die so entstandene große Südfassade und die verhältnismäßig kleine Nordfassade bieten ideale Voraussetzungen für ein Solarhaus. Außerdem wurden entsprechende Wärmedämmungs- und Beschattungselemente vorgesehen sowie die interne Luftzirkulation reguliert.

Pysdorf 2281
Gemeinde: Raasdorf, Bezirk: Gänserndorf

Einfamilienhäuser

1534 Pysdorf 1, Raum Zita Kern, 1998, AB: ARTEC Architekten (Bettina Götz, Richard Manahl)

Auf den Ziegelmauern eines alten Kuhstalls, dessen Dachstuhl verfallen war, wurde ein Arbeitsraum mit Bad und Terrasse aus Glas und Metall aufgesetzt. Der oft getätigte Vergleich mit einem UFO scheint durchaus angemessen.

Q–S
1535–1968

Raabs an der Thaya 3820
Gemeinde: Raabs an der Thaya,
Bezirk: Waidhofen a. d. Thaya

Wohnbauten

1535 Bahnstraße 1, Wohn- und Geschäftshaus, um 1920 ●

Der an der Thaya liegende Bau mit hohem Mansardwalmdach erhält sein pittoreskes Erscheinungsbild durch asymmetrische Akzente. Der zentrale, kaum hervortretende und giebelrisalitartige Erker wird links von einem weiteren Giebelfeld und rechts von einer Dachgaube und einem polygonalen Eckerker flankiert. Das Haus wird über die Schmalseite erschlossen und verfügt im Sockel über Geschäftsräume.

1536 Hauptplatz 6, WH, ehem. Gasthof, um 1900 ●

1537 Hauptplatz 10, Wohn- und Geschäftshaus, ehem. Gasthof, um 1900 ●

1538 Schulstraße 1, WH, um 1900 ●

Der in das ansteigende Gelände eingepasste, zweigeschoßige und zur Straße hin symmetrisch angelegte Baukörper mit Walmdach wurde über L-förmigem Grundriss errichtet. Mit seinem hohen, die Horizontale betonenden Sockelbereich, den von Pilastern flankierten seitlichen Fensterachsen und den darüberliegenden halbkreisförmigen Attikaufsätzen verbindet er eine historische Gliederungssystematik mit Detailformen des Jugendstils.

Einfamilienhäuser

1539 Kollmitzsteig 9–11, Villa, 1911–1912, P: Johann Weinkopf, BH: Julius Beuder, Johann Wolf, AF: Franz Vogler ●

Das besondere Merkmal der an der Thaya liegenden, historistischen Villa ist die Aufteilung der Innenräume: Hinter der von außen symmetrisch wirkenden Fassade mit ihren wuchtigen, mansarddachbekrönten Seitenteilen und dem schmalen, satteldachtragenden Mittelteil befindet sich ein getrennt begehbares Haus für zwei Familien. Die Bauherren teilten sich zwei Grundstücke und überbauten die gemeinsame Grundgrenze, wobei diese südlich des eleganten Erkers des Mittelteils liegt und der so größere nördliche Bauteil Julius Beuder zugesprochen war und der kleinere südliche Johann Wolf.

Verkehr

1540 48°50'43.1"N 15°29'53.9"E, Steg über die Thaya, 1904, P: Ignaz Gridl, AF: Ig. Gridl, k. u. k. Hof-Eisenconstructions-Werkstätte, Schlosserei und Brückenbau-Anstalt ●

Raach am Hochgebirge 2640
Gemeinde: Raach am Hochgebirge,
Bezirk: Neunkirchen

Hotels, Heime, Klöster, Kasernen

1541 Raach 9, Seminarzentrum Raach, 1963–1965, P: Josef Krawina, BH: Bundesministerium für Bildung, K: Karl Prantl, Kurt Ohnsorg | Sanierung, 1997, P: Monika Putz ●

Josef Krawina entwarf den 1963 bis 1965 erbauten, modernen Flügel des Seminarzentrums Raach, der einem ehemaligen Biedermeier-Gasthaus inmitten des Dorfzentrums angefügt wurde. Der dreigeschoßige Sichtbetonbau beherbergt im Erdgeschoß Vortragsräume und darüber den Bettentrakt. Ursprünglich waren mehrere Bauphasen geplant, das Zentrum um Turnsäle und Filmvorführungssäle in separaten, aber dem ersten Trakt stilistisch entsprechenden Bauten erweitern hätten sollen, jedoch wurde nur die erste Phase verwirklicht. In den Innenräumen, wie zum Beispiel den Stiegenhäusern, aber auch im Park, wurden Kunstwerke zeitgenössischer Künstler wie Kurt Ohnsorg oder Karl Prantl aufgestellt, die neben der von Josef Krawina selbst entworfenen ornamentalen Betonmauer die moderne Ästhetik des Hauses forttragen, dessen Strenge aber brechen und zur Meditation in der Natur einladen sollten. Monika Putz führte 1997 notwendig gewordene Sanierungs- und Renovierungsmaßnahmen durch, so wurden die Lärchenholzfenster durch Alufenster ersetzt, die Betonsichtigkeit des Gebäudes durch eine Innendämmung jedoch gewahrt. Heute sorgt eine auf dem Flachdach des häufig von Schulklassen genützten Seminarzentrums angebrachte Solaranlage für weitere Energieeffizienz.

Rabenstein an der Pielach 3203
Gemeinde: Rabenstein an der Pielach, Bezirk: St. Pölten

Industrie

1542 St. Pöltner Straße 28, 3K-Galerie, ehem. Schuh- und Bandriemenfabrik, 1921, BH: C. A. & Paul Vorsteher | Umnutzung und Restaurierung, 2002 ●

Raggendorf 2215
Gemeinde: Matzen-Raggendorf, Bezirk: Gänserndorf

Amts-, Verwaltungs-, Kommunal-, Bürobauten

1543 Kirchenring 9, Amtshaus, 1936 ●

Rainfeld 3162
Gemeinde: St. Veit an der Gölsen, Bezirk: Lilienfeld

Wohnbauten

1544 Rainfelder Hauptstraße 25, Bernreit 11, Arbeiter*innenwohnhäuser, um 1910, BH: Automatofen-Baugesellschaft Alois Swoboda & Co ●

Rannersdorf 2320
Gemeinde: Schwechat, Bezirk: Bruck an der Leitha

Amts-, Verwaltungs-, Kommunal-, Bürobauten

1545 Brauhausstraße 18, Freiwillige Feuerwehr, 1987, P: Josef Hums, Alois Seliger

Wohnbauten

1546 Hähergasse 33, WHA, 1994, P: Hedy Wachberger, Hans-Peter Mikolasch, Josef Hums, S: Engelbert Lutz, BH: Stadtgemeinde Schwechat ●

Ein tonnenförmiges, metallverkleidetes Dach verleiht der Wohnhausanlage über T-förmigem Grundriss ihre charakteristische Silhouette. Außenliegende Stiegenhäuser und Laubengänge erschließen die einzelnen Wohnungen auf vier Stockwerken. Die Maisonette-Wohnungen im Erdgeschoß verfügen jeweils über einen eigenen Vorgarten.

1547 Stankagasse 8–18, Siedlung Rannersdorf, 1921, P: Heinrich Tessenow, Hugo Mayer, Engelbert Mang ●

Auf beiden Seiten der Wohnstraße angeordnet und durch niedrige Verbindungstrakte zusammengeschlossen, entstanden 36 nebeneinanderliegende, zweigeschoßige Wohnhäuser für Beamt*innen der städtischen Brauerei Schwechat. Zu den besonderen Merkmalen der Siedlung zählen die charakteristisch giebelständigen, breitgelagerten Baukörper mit geringer Dachneigung. Sie waren ursprünglich straßenseitig verputzt und teilweise holzverschalt.

Industrie

1548 Hähergasse 14, Karl Mertl Handels GmbH, ehem. Brauerei, 1901–1902, BH: Reg. GmbH Wiener Brauhaus | Erweiterungen, 1907–1908, 1923–1932 | Umbau, 1969–1971, BH: Karl Mertl KG | Zubau, 1989 ●

Rappottenstein 3911
Gemeinde: Rappottenstein, Bezirk: Zwettl

Einfamilienhäuser

1549 Rappottenstein 50, Blockhaus, 1935, P: Ferdinand Langer | Erhöhung des Dachs sowie Zubau am Haus, 1955 ●

Verkehr

1550 48°35'36.4"N 15°20'09.8"E, auf B38, Stauseebrücke und Bootsvermietung mit Restaurant (Peygarten-Ottenstein 69), 1955–1957, Bootshaus, um 1959, BH: NEWAG | Umbau, 1980 | Umbau Dachterrasse, 1991 | Umbauten Seerestaurant, 1997, 2021 ●

Mit dem Bau der Staumauer Ottenstein durch die NEWAG wurde im Zuge der neuen Bundesstraße die Überquerung des aufgestauten Purzelkamps nötig. Während der Errichtung der freifeldrigen Spannbetonbrücke ereignete sich 1956 ein tragischer Einsturz des nördlichen Brückenfelds, dem zehn Arbeiter zum Opfer fielen. Ihnen wurde neben dem nördlichen Widerlager eine Gedenkkapelle errichtet. In Sichtweite zum Brückenneubau, gegenüber der Burgruine Lichtenfels, entstand ab 1959 der nahezu quadratische Stahlbeton-Skelettbau der Bootsvermietung mit einem Restaurant und einer Dachterrasse für die touristische Erschließung des Stausees.

Ravelsbach 3720
Gemeinde: Ravelsbach, Bezirk: Hollabrunn

Bildung

1551 Kremser Straße 7, Volksschule, 1897, P: Moritz Hinträger, Karl Hinträger | Zubau, 1997 ●

Das Schulgebäude mit historischer Fassade verfügte ursprünglich über vier Klassen, ein Turnzimmer, einen Kindergarten und Lehrer*innenwohnungen. Es wurde 1997 durch einen Anbau im Hof um einen Turnsaal und eine Schulküche erweitert.

Freizeit

1552 Parkstraße 1, WH, ehem. Wannenbad, 1932 ●

Die ehemalige Badeanstalt mit dem markanten Kachelbrunnen unter dem korbbogenförmigen Portal und dem teilweise steinsichtigen Sockel folgt mit einem Knick dem Straßenverlauf. Gestalterische Details am zweigeschoßigen Baukörper, wie etwa die schmalen, die Fenster zusammenfassenden Gesimse, greifen zeittypische Formen auf. Nach Auflassung des Bades wurde das Gebäude zu Wohnzwecken adaptiert.

Einfamilienhäuser

1553 Bachgasse 6, EFH, 1937 ●

Verkehr

1554 Gerichtsgasse 2, Straßenmeisterei Ravelsbach, 1984–1986, P: Egon Presoly, BH: NÖ Landesregierung, Landesstraßenverwaltung

Presoly, der zuvor bereits die Straßenmeisterei Wiener Neustadt (→ 2172) entworfen hatte, ordnete die Neubauten ähnlich einem landwirtschaftlichen Gehöft an. Zu dem in zwei Richtungen geöffneten Vierkanter gruppieren sich ein- bis zweigeschoßig ausgebildete, nach Nutzungen differenzierte Trakte für Verwaltung und zwei Dienstwohnungen, Garagen-, Werkstätten- und Lagerbauten sowie ein Silo. Die flachen und kleinteilig wirkenden Baukörper mit teils versetzten Satteldächern fügen sich trotz ihrer eigenständigen Gestaltung ins Orts- und Landschaftsbild ein.

Raxendorf 3654
Gemeinde: Raxendorf, Bezirk: Melk

Wohnbauten

1555 Raxendorf 60, WH mit Tierarztpraxis, 1982–1983, P: Herwig Ronacher ●

Eine Dachneigung von etwa 45 Grad, Firstrichtung über die Längsseite, ein Quergiebel, Traufe auf Höhe der Geschoßdecke über dem Erdgeschoß: Auf den ersten Blick ist ersichtlich, dass der am Ortsrand liegende Baukörper hinsichtlich Organisation und Proportionen regionalen Traditionen folgt und diese reinterpretiert. Der Wohnbereich im Haupttrakt orientiert sich mit großen Fensteröffnungen nach Südwesten über eine Terrasse in den Garten, der Nebentrakt nimmt die Tierarztpraxis auf. Das Grundstück liegt auf einem höheren Niveau als die Straße, dies führte zu einer eingegrabenen Garage mit begrüntem Dach, wodurch eine flache Zufahrt und der direkte Zugang über den Keller des Hauses ermöglicht wurde. Errichtet wurde das Gebäude aus verputztem Mauerwerk, Stahlbeton und in konstruktiver Holzbauweise. Thermoplusverglasung und atmungsaktiver Vollwärmeschutz sollen Energieverluste minimieren.

Reichenau an der Rax 2651
Gemeinde: Reichenau an der Rax, Bezirk: Neunkirchen

Mit dem Bau der Südbahn entwickelte sich der alpin gelegene Ort im Schwarzatal zur mondänen Sommerfrische des Adels und Großbürger*innentums.
Die von Heinrich Ferstel für Erzherzog Carl Ludwig entworfene repräsentative Villa Wartholz (1870–1872) wurde vom in unmittelbarer Nähe von Baron Nathaniel Rothschild nach Plänen der Architekten Armand Louis Bauqué und Albert Emilio Pio errichteten Schloss Rothschild (1889) an Prunk noch übertroffen und ist gebauter Ausdruck des Anspruchs auf Macht und Ansehen des Großbürger*innentums. Ab 1892 wurde nach Plänen des Wiener Landschaftsgärtners Franz Erban der Kurpark mit dem Musikpavillon (Franz Gölles, 1903) angelegt.
Gegen Ende des 19. Jahrhunderts lief die Semmering-Region mit ihren mondänen Hotels der Gemeinde Reichenau den Rang des führenden Nobelkurorts ab. Reichenau positionierte sich 1911 noch mit dem ersten beheizten Freibad der Monarchie, das 100 Jahre später von der Kommune an private Betreiber verkauft und 2021 geschlossen wurde. Besser erging es dem in seiner Grundsubstanz auf das Mittelalter zurückgehenden Schloss, das die Gemeinde aus Anlass der Landesausstellung 2003 von Architekt Gerhard Lindner revitalisieren und erweitern ließ und welches seitdem als Museum und Veranstaltungsbetrieb dient.

Kultur, Veranstaltung

1556 47°41'48.9"N 15°50'36.2"E, Musikpavillon im Kurpark, ehem. Wandelhalle, 1903, P: Franz Gölles, AF: Carl Weinzettel, BH: Verschönerungsverein und Central-Park-Comitee •

Dieser Vergnügungs- und Musikpavillon im 1892 vom Wiener Landschaftsgärtner Franz Erban angelegten Kurpark diente ursprünglich als Wandelhalle und damit als gesellschaftlicher Treffpunkt an Schlechtwettertagen während eines Kuraufenthalts.

Seine Pläne stammen vom örtlichen Baumeister Franz Gölles, die Durchführung oblag dem lokalen Zimmermeister Carl Weinzettel, der später ebenfalls für den Musikpavillon in Payerbach verantwortlich zeichnete (→ 1377). Der lang gestreckte Holzständerbau mit raffinierten Laubsägearbeiten in Reichenau wird mittig durch einen achtseitigen, vorkragenden und überhöhten Pavillon betont. Extravagant sind die an fünf Seiten angebrachten lichten Giebel. Die Seitenflügel weisen jeweils Risalite mit breiten Giebelfronten zur Längsseite des Gesamtbauwerks auf und werden in ihrem Achsenschnittpunkt nochmals mittels Glockentürmchen überhöht.

1557 Schloßplatz 9, Revitalisierung und Zubau Schloss Reichenau, 1998–2003, AB: LindnerArchitektur ZT GmbH (Gerhard Lindner), BH: Marktgemeinde Reichenau

Freizeit

1558 Schulgasse 23a, Bader-Waißnix-Saal, ehem. Turnhalle der Volksschule, 1912, P: Alois Seebacher •

Der 1912 als frei stehender Baukörper in Form einer asymmetrischen Heimatstil-Villa errichtete Turnsaalbau liegt hinter der von 1888 bis 1889 von Moritz und Franz Hinträger errichteten Volksschule und dient heute als Veranstaltungssaal.

Einfamilienhäuser

1559 Hans Wallner-Straße 23, Villa, 1914, P: Ernst Spielmann, Alfred Teller, BH: Hugo Perutz, Adele Perutz •

1560 Schulgasse 27, Villa, 1902–1905, P: Alois Seebacher, BH: Franz Malek •

1561 Schulgasse 37, EFH, 1932–1933, AF: Karl Steinberger •

Der Entwurf bedient sich traditioneller, regionaler Architekturelemente und setzt diese in Kontrast zu nüchternen, zeittypischen Formen der 1930er-Jahre.

1562 Wartholzstraße 1, Villa, ehem. Forsthaus, 1895, P: Lothar Abel, BH: Hertberg'sche Domänenverwaltung | Adaptierung als Villa, 1913, BH: Paula Freifrau von Zedtwitz •

Das im Jahr 1895 errichtete Forsthaus der Hertberg'schen Domänenverwaltung wurde 1913 zu einer Villa für Paula Freifrau von Zedtwitz adaptiert und gelangte 1917 in den Besitz Kaiser Karls I. Die Anlage besteht aus einem Hauptgebäude – ein lang gestreckter Baukörper mit einem zweigeschoßigen Mittelteil über Bruchsteinsockel und niedrigeren Seitenteilen unter einem hohen Walmdach – und einem eingeschoßigen Nebengebäude mit aufwendig gestaltetem Segmentbogenportal.

Hotels, Heime, Klöster, Kasernen

1563 Thalhofstraße 23, Ausbau Thalhof, 1890 •

Der Thalhof wurde urkundlich erstmals 1652 erwähnt, seinen großen wirtschaftlichen Aufschwung als Gastbetrieb erlebte er im 19. Jahrhundert. Nach dem Ausbau der Bahnstrecke bis nach Payerbach/Reichenau wurde das Hofensemble von der Unternehmer*innenfamilie Waißnix sukzessive erweitert, 1890 erfolgte der Ausbau zum Grandhotel und der Bau des großen Festsaals. Die Thalhof-Wirtin Olga Waißnix pflegte beste Verbindungen zur Wiener Gesellschaft, so verbrachten zahlreiche Künstler*innen und Intellektuelle wie Arthur Schnitzler, Sigmund Freud oder Peter Altenberg ihre Sommerfrische am Thalhof. Die Südfassade des aus drei mehrgeschoßigen und mehreren niedrigen Bauteilen bestehenden Ensembles ist weithin sichtbar und durch Gliederungselemente, Laubsägearbeiten und eine gusseiserne Pergola repräsentativ gestaltet.

Verkehr

1564 47°41'50.3"N 15°50'24.6"E, Fußgänger*innenbrücke, 1903, P: Ignaz Gridl, AF: Ig. Gridl, k. u. k. Hof-Eisenconstructions-Werkstätte, Schlosserei und Brückenbau-Anstalt | Translokation, 1991

Die ursprünglich 1903 in Hirschwang errichtete Eisenfachwerkbrücke mit segmentbogenförmigen Obergurten entspricht der Konstruktion der dortigen Henriettenbrücke. Der gesamte Oberbau wurde im Jahr 1991 nach Reichenau transloziert und beidseitig von Podesten mit Laternen eingefasst. Er überspannt die Schwarza seitdem weiter stromabwärts.

Reidling 3454
Gemeinde: Sitzenberg-Reidling, Bezirk: Tulln

Einfamilienhäuser

1565 Kremserstraße 37, Villa, 1914 •

Reinsberg 3264
Gemeinde: Reinsberg, Bezirk: Scheibbs

Kultur, Veranstaltung

1566 Burggasse 40, Burgarena, 1997–1999, P: Johannes Zieser, BH: Gemeinde Reinsberg, S: Kurt Schuh

Die Besonderheit der in der Burgruine situierten Opernbühne stellt die schwenkbare, elliptische Sonnenblende aus mit weißen Planen bespannten Aluminium-Fachwerkträgern dar, die von einem ausrangierten Autokran getragen wird und zur Überdachung von Bühne oder Publikumsbereich dient. Weitere bauliche Maßnahmen umfassten ein neu errichtetes Infrastrukturgebäude mit roter Holzfassade sowie eine dem Bestand angedockte balkonartige Galerie aus Stahlbetonstützen.

Retz 2070
Gemeinde: Retz, Bezirk: Hollabrunn

Amts-, Verwaltungs-, Kommunal-, Bürobauten

1567 Hauptplatz 13, ehem. Postamt, 1897 •

Der dreigeschoßige Bau mit neobarocken Fassadenelementen beherbergt heute eine Buchhandlung.

1568 Lehengasse 19, ehem. Eichamt, 1906, P: Leopold Holdhaus •

Das Eichamt wurde im rückwärtigen Bereich eines zum Hauptplatz gehörenden, entlang der Herrengasse verlaufenden Gebäudes errichtet, das bis 1912 die Landes-Wein- und Obstbauschule (→ 1569) beherbergte. In dem eingeschoßigen Bau mit rustizierter Fassade befanden sich der Eichraum und eine Kanzlei. Das Eingangsportal in der Lehengasse ist von Pilastern mit Masken in den Kapitellen gerahmt, über dem Portal und den hohen Fenstern sind Löwenköpfe zu finden, dazwischen Kränze, die unter den Konsolen des mit Eierstab verzierten Dachgesimses angebracht sind.

Bildung

1569 Seeweg 2, Höhere Bundeslehranstalt für Tourismus, ehem. Landes-Wein- und Obstbauschule, 1911–1912, P: NÖ Landes-Bauamt, AF: Leopold Twaruschek | Zubau Internat, Umbau Wirtschaftsgebäude, 1958–1960, P: NÖ Landesregierung, AF: Firma Twaruschek | Neubau Speisesaal, Internatsturm, Turnhalle, Maschinenhalle, Zu- und Umbauten, 1981–1985, P: NÖ Landesregierung, Bernd Toms, AF: Wenzl Hartl, Schubrig KG, Rudolf Balley | Zu- und Umbau

Internat und Versuchsweinkellerei, 2008, P: Heinrich Feketitsch, Baugesellschaft Retz-Eggenburg ●

Der großflächige Schulkomplex bildet in der Zusammenstellung der Bauteile aus verschiedenen Zeitschichten ein interessantes Ensemble. Bereits vor der Eröffnung des Hauptgebäudes 1912 wurde die Landes-Wein- und Obstbauschule für ihre großzügigen Klassenzimmer, das Internat und die Räume zur Obstverwertung, das Presshaus, das Kellerhaus und die ausgedehnten Grundflächen für Wein-, Obst- und Landwirtschaft gelobt. Das dreigeschoßige Hauptgebäude mit Eckgiebel, Türmchen und Mansarddach fungiert nach wie vor als Zentrum der Schule, die seit ihrer Errichtung immer wieder erweitert wurde. Heute prägen neben den Bauten aus dem Jahr 1912 hauptsächlich die umfangreichen Um- und Zubauten der 1980er-Jahre das Areal: Ein Verbindungstrakt zwischen Haupt- und Internatsgebäude mit Speisesaal und Küche, ein Turnsaal und ein viergeschoßiger Internatsturm wurden in dieser Zeitspanne errichtet sowie die Bestandsgebäude umgestaltet. Im Internatsturm sind um ein zentrales Stiegenhaus in Splitlevels die Zimmer mit WC und Balkon angeordnet. Nur der vorspringende Quertrakt mit WC-Gruppen und Stiegenhaus und die wenigen Fenster und Balkone lockern die strenge Gestaltung der Fassaden auf. Die Architektursprache des Speisesaals erweckt Assoziationen mit Sakralbauten: Über einem achteckigen Grundriss erheben sich durch massive Mauerwerkpfeiler rhythmisch gegliederte Fassaden. Das Satteldach ist mit Eternitschindeln gedeckt, die Giebelfläche mit Verglasung wird durch eine ebenfalls mit Eternitschindeln gedeckte Dachschräge durchbrochen.

1570 Windmühlgasse 10, Landeskindergarten, 1900 | Zubau, 2011, AB: MOoS.architektur (Andreas Sammer, Christophe Oberstaller) ●

Freizeit

1571 Wallstraße 13, 15, Städtisches Bad, 1899, P: Friedrich Kleibl, BH: Stadtgemeinde Retz | Neubau des Schwimmbads, 1968, P: Karl Oeller | Zubau Sanitärgebäude, 1971, P: Hans Krupitza | Generalsanierung, 1991, AF: Berndorf Metall- und Bäderbaugesellschaft m.b.H. | Adaptierung ehem. Badehaus als Restaurant, 2016 ●

1899 entstand nach Plänen des Retzer Stadtbaumeisters Friedrich Kleibl ein repräsentatives Gebäude als Badeanstalt mit mehreren Einzelbädern sowie einem außen liegenden Becken. 1968 wurde die Anlage durch Karl Oeller umgeplant und erweitert, es wurden neue Becken geschaffen, das alte Vorwärmebecken neben dem Badehaus in eine Sonnenterrasse umfunktioniert und südlich des Bestands ein neues ebenerdiges Gebäude für Kassa, Buffet, Umkleidekabinen, Kästchen und Sanitäranlagen angelegt. Der angrenzende Stadtpark wurde dem Bad als Freifläche angeschlossen und die Terrasse des mittlerweile als Buffet genutzten Badehauses erweitert.

Bei einer umfassenden Sanierung 1991 fand eine Umgestaltung der Außenanlagen statt, die Bestandsgebäude blieben jedoch erhalten. Heute ist im ursprünglichen Badehaus, das als „Weinschlössl" bezeichnet wird, ein Restaurant untergebracht.

Wohnbauten

1572 Hauptplatz 26, Wohnhaus, um 1900 | Umgestaltung Fassade, um 1922, P: Robert Brosig, BH: Rudolf Peloschek ●

1573 Karl Mössmer-Platz 1–5, 2–4, Verderberstraße 1, Reihenhäuser, 1935–1941, P: Fritz Pindt, Leopold Twaruschek, BH: Johann Winkler

1574 Karl Mössmer-Platz 6–10, 7–11, Reihenhäuser, nach 1933, P: Leopold Twaruschek ●

1575 Kirchenstraße 6, Um- und Ausbau WH, 1925, P: Leopold Twaruschek, BH: Adolf Müller | Einbau Autogarage, 1934 ●

Die Besonderheit des um 1810 errichteten zweigeschoßigen Wohnhauses mit Satteldach und Zwerchhaus in der Mittelachse ist der Sockel, der das Niveaugefälle im Straßenverlauf ausgleicht. Die beträchtliche Sockelhöhe an der östlichen Kante ermöglichte 1934 den Einbau einer Autogarage.

1576 Kirchenstraße 12, WH, 1906–1907, P: Friedrich Kleibl, BH: Edmund Schleifer, AF: Leopold Twaruschek | Ausbau Dachgeschoß, 1967 ●

Das beachtliche Wohnhaus mit späthistoristischer Fassade mit Tendenzen zum Jugendstil entstand als Arzthaus mit Kutscher- und später Chauffeurswohnung im Souterrain mit einem noch erhaltenen Stall- und später Remisengebäude im

Hof. Bemerkenswert sind der hohe, turmartige Schweifgiebel mit Oculus, das aufwendige Durchfahrtsportal sowie der dekorative Holzfries unter der Traufkante. Das Dachgeschoß wurde in den 1960er-Jahren behutsam zu mehreren Wohnräumen ausgebaut.

1577 Kremserstraße 13, MFH, ehem. Kanzlei- und Wohngebäude, 1928, P: R. Hirsch, Franz Sturm, BH: Gebietskrankenkasse Retz, AF: Leopold Twaruschek ●

Auf einem rustikalen Bruchsteinsockel erhebt sich der zweigeschoßige, L-förmige Bau als prominenter Abschluss der Raumkanten an der Eingangssituation zur Altstadt. Der stattliche Neubau mit steilem Walmdach und einzelner Giebelwand diente ursprünglich der Gebietskrankenkasse als Kanzlei- und Wohngebäude. Die nüchtern-sachlichen Fassaden eines traditionellen Amtsgebäudes erhielten einzelne expressionistisch anmutende Details wie spitze Fenstergitter sowie die heute noch vorhandenen Türblätter.

1578 Pfarrer Josef Schnabl-Gasse 3–5, WH der NÖ Landesbahnen, 1910, P/BH: Niederösterreichische Landesbahnen (NÖLB) ●

1579 Roseggergasse 2, Kremserstraße 16, Wohn- und Geschäftshaus, um 1960, P: Leopold Twaruschek

Einfamilienhäuser

1580 Angertorstraße 20, EFH, 1929, P: Leopold Twaruschek ●

1581 Fladnitzerstraße 63, EFH, 1927, P: Leopold Twaruschek, BH: Friedrich Weiss ●

Der Giebel und die ausgeprägte Sohlbank- sowie Sturzgestaltung in der Fassade fehlen im eingereichten Entwurf, womit ihr*e Urheber*in unbekannt bleibt.

1582 Hölzeln 1, Hausers Hölzelmühle, 1894 | Revitalisierung, 2016 ●

Die ehemalige Holzmühle wurde nach einem Brand 1890 als Gastwirtschaft wieder aufgebaut; aus touristischen Ambitionen der Stadt führten hier auch bewusst gelegte Wanderwege vorbei. Von 1907 bis 1973 wurde sie als „Kracherlfabrik" genutzt, bis sie ab 2016 von neuen Betreiber*innen als Gastwirtschaft, Schnapsbrennerei und Hofladen revitalisiert wurde. Das elegante holzverkleidete Salettl dient zudem als Buschenschank.

1583 Jahnstraße 2, Villa, 1908 | Erweiterung, 1974 | Umstrukturierung, 2007 ●

Die aus dem Jahr 1908 stammende Villa wurde 1974 gegen Westen um drei Wohnräume und einen Gang erweitert und ist seit 2007 in zwei Wohneinheiten geteilt.

1584 Jahnstraße 6, EFH, 1913, P: Ladislav Všetečka | Erweiterung, 1961 ●

Bei den kannelierten Lisenen scheint es sich um später hinzugefügte Fassadengliederungselemente zu handeln, da diese im Entwurf von Všetečka nicht vorgesehen waren. 1961 wurde das Haus um einen Wohnraum gegen Westen erweitert.

1585 Klostergasse 29, Umbau „Haus auf der Mauer", 1984, AF: Friedrich Walzer ●

Die Spuren des Hinterhauses reichen bis ins 14. Jahrhundert zurück, eine erste Überbauung von Resten der ehemaligen Stadtbefestigungsanlage lässt sich spätestens mit dem Jahr 1845 datieren, als hier eine Aussichtswarte mit Sonnenuhr errichtet wurde.

Das Wohnhaus in seiner heutigen Form und Verwendung stammt aus dem Jahr 1984 und zeigt eine kreative, raumsparende und die historisch gewachsenen Strukturen respektierende Lösung für einen Wohnbau in einem dicht besiedelten mittelalterlichen Stadtkern.

1586 Puntschertstraße 2, Villa, 1930, P/AF: Leopold Twaruschek ●

1587 Roseggergasse 3, WH, 1907, P: Johann Unger, AF: Leopold Twaruschek

1588 Roseggergasse 8, WH, um 1910, P: Ladislav Všetečka

1589 Roseggergasse 10–18, WH-Ensemble, 1912–1913, AF: Leopold Twaruschek ●

1590 Roseggergasse 20, ehem. Steinmetzvilla, 1927 ●

1591 Rudolf Resch-Gasse 2, Villa, 1906, P: Friedrich Kleibl, BH/AF: Leopold Twaruschek | Modernisierung und Erweiterungen, 1984–1985, 2021 ●

Ein steiler Dreiecksgiebel mit Ochsenauge zur Straße, Eckquaderung und ein sanfter Segmentbogengiebel gegen Süden prägen die Fassade der Villa. Das Gebäude wurde 1984 bis 1985 im Inneren modernisiert und geringfügig erweitert und 2021 mit einer Terrassenüberdachung versehen.

Geschäftslokale, Einkaufszentren, Banken

1592 Hauptplatz 29, Apotheke, 1906, BH: Camillo Mratschek ●

Die Erdgeschoßzone des denkmalgeschützten Gebäudes wurde 1906 Apotheke adaptiert und mit einem späthistoristischen Kastenportal versehen. Seit Absiedelung der Apotheke 2020 steht das Geschäftslokal leer.

1593 Kremserstraße 8, Umbauten Textilwaren-
haus Zach, 1960, 1969, 1976, P: Gustav
Hollmann •

Die Schaufenster sowie der Eingangsbereich stammen aus den Jahren zwischen 1960 und 1976, in denen das Geschäftslokal mehrfach umgebaut und erweitert wurde.

Ried am Riederberg 3004
Gemeinde: Sieghartskirchen, Bezirk: Tulln

Wohnbauten

1594 Hauptstraße 44, WHA, 1987–1989, P: Gerd
Köhler, MA: Maria Auböck (farbtechnische
Beratung)

Die kompakte Siedlung folgt in lockerer Anordnung dem leicht ansteigenden Gelände. Insgesamt drei Doppelhäuser, ein Einzelhaus und ein Gemeinschaftsbau sind um zwei Höfe und gemeinschaftliche Grünflächen organisiert. Die Bauten wurden jeweils aus einer Holzkonstruktion mit naturbelassener vertikaler Holzverschalung errichtet, wobei die Innenwände aus niederösterreichischem Tuffstein bestehen. Ökologische Aspekte wurden außerdem durch begrünte Flachdächer, Energierückgewinnung mittels Sonnenkollektoren und Wasserversorgung über einen eigenen Brunnen berücksichtigt.

▶ *Plan: Grundriss östliches Doppelhaus*

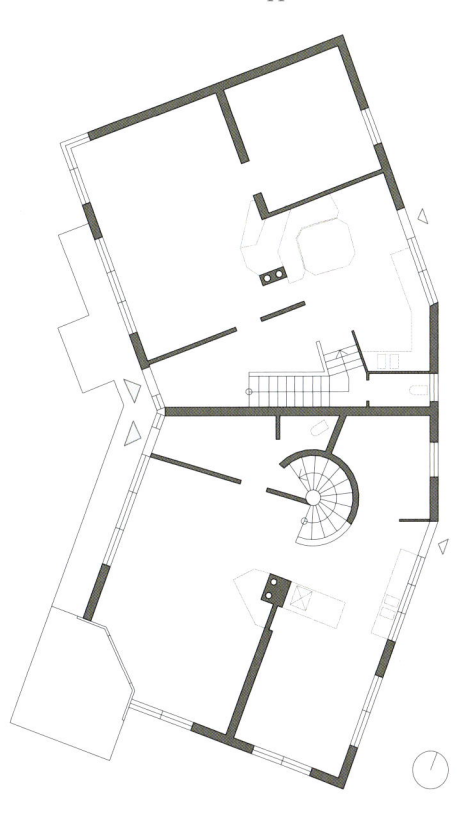

Riederberg 3004
Gemeinde: Sieghartskirchen, Bezirk: Tulln

Wohnbauten

1595 Weideckerstraße 12, Wohngruppe Am
Riederberg, 1986–1987, P: Karl Ranner,
Alice Brunner •

Die in sanfter Hanglage aneinandergereihten Wohneinheiten gruppieren sich um einen zentralen Innenhof mit einem Gemeinschaftsraum. Im Fokus der Gliederung und Detailgestaltung standen das nachbarschaftliche, kommunikative und kinderfreundliche Wohnen sowie die Orientierung zum Hof als Anknüpfung an traditionelle Wohnformen. Durch einen partizipativen Planungsprozess sollten individuelle Vorstellungen berücksichtigt werden. Während die Grundrisslösungen auf Individualität abzielten, war die Fassadengestaltung auf eine Ensemblewirkung ausgelegt: Die vertikale Holzschalung über einem hell verputzten Sockel sowie hölzerne Rahmungen, Veranden und Pergolen sollten für Einheitlichkeit im vielfältigen Erscheinungsbild sorgen.

Rohrbach an der Gölsen 3163
Gemeinde: Rohrbach an der Gölsen,
Bezirk: Lilienfeld

Einfamilienhäuser

1596 Dreikreuzstraße 37, Villa, 1909 •

Rohr im Gebirge 2663
Gemeinde: Rohr im Gebirge, Bezirk: Wiener
Neustadt

Religion, Kult

1597 47°56'01.3"N 15°49'12.2"E, neben Klausbach 14,
Wallfahrtskapelle Maria Einsiedl, um 1900

Diese hochgebirgig gelegene Wallfahrtskapelle ist ein schönes Beispiel vernakulärer Sakralarchitektur. Der um 1900 entstandene Rechteckbau mit eingezogener Apside und mit Glockentürmchen wurde an der Außenfassade vollkommen mit Holzschindeln verschalt. Das Korbbogengewölbe im Innenraum besteht aus einer bretterverschalten Holzkonstruktion mit naiver Dekormalerei.

Roseldorf 3714
Gemeinde: Sitzendorf an der Schmida, Bezirk: Hollabrunn

Einfamilienhäuser

1598 Pflasterzeile 31, Arztpraxis, 1987–1988, P: Thomas Gellert ●

Rosenau am Sonntagberg 3332
Gemeinde: Sonntagberg, Bezirk: Amstetten

Energie

1599 48°00'22.8"N 14°44'24.1"E, neben Sonntagbergerstraße 5, Trafostation, um 1936 ●

Rosenburg 3573
Gemeinde: Rosenburg-Mold, Bezirk: Horn

Religion, Kult

1600 48°37'52.4"N 15°38'47.6"E, neben Rosenburg 71, Canisiuskapelle, 1953–1954, P: Ladislaus Hruska, BH: Diözese St. Pölten ●

Im Jahr 1953 erwarb die Diözese St. Pölten das ehemalige Hotel Neumann und adaptierte die zwei Gebäude für das „Interdiözesane Seminar für Spätberufene". Gleichzeitig wurde in unmittelbarer Nähe von dem bekannten Kirchenerbauer Ladislaus Hruska eine schlichte Holzkapelle errichtet. Nach dem Bau des Canisiusheims in Horn 1960 (→ 0794) wurde die Ausbildungsstätte in Rosenburg aufgelassen und die Canisiuskapelle wird seitdem als Ortskirche genutzt.

Einfamilienhäuser

1601 Rosenburg 17, Villa, 1908, P: Johann Steiner ●

1602 Rosenburg 37, Annenvilla, 1900–1906, P: Alois Schuster, AF: Maurermeister Steiner | Dachausbau, 1950, P: Karl Marik ●

Ursprünglich nur aus einem Erdgeschoß mit teilweise nutzbarem Souterrain und nicht miteinander verbundenen Räumen unter den Dächern der Seitenflügel und hinter dem zentralen Balkon bestehend, wurde das Dachgeschoß 1950 vollständig ausgebaut. Im 21. Jahrhundert kam es zu einer schonenden Sanierung, welche die ursprüngliche Mehrfarbigkeit der Fassade aufhob und somit eine einheitlichere Wirkung des Gebäudes erreichte. Das Bossenwerk und die feinteiligen, geschnitzten Holzgiebel des historischen Entwurfs blieben bestehen.

1603 Rosenburg 39, EFH, 1902, P: Johann Steiner ●

1604 Rosenburg 41, Villa Weinzinger, 1903, P: Johann Steiner, BH: Karl Weinzinger ●

Das an der Eisenbahnbrücke (→ 1614) liegende Haus mit dem eleganten, querfirstigen Holzbalkon und der durch eine Freitreppe erschlossenen Holzloggia im Eingangsbereich wurde 1903 für den

Holzhändler Karl Weinzinger errichtet und 1956 um eine betonierte Uferschutzmauer gegen den Kamp ergänzt.

1605 Rosenburg 45, EFH, 1905, P: Johann Steiner | Sanierung und Modernisierung, 2008 ●

1606 Rosenburg 46, EFH, 1906, P: Johann Steiner ●

1607 Rosenburg 52, Haus Waldesruh, 1910, P: Johann Steiner ●

1608 Rosenburg 76, Holzhaus, 1948–1949, P: Johann Steiner ●

1609 Rosenburg 120, EFH, 1967–1970, P: Hans Purin ●

Gastronomie

1610 Rosenburg 11, ehem. Gasthof und Wohnungen, um 1900, P: vermutl. Anton Krejci | Zubau, 1962, P: Johann Buhl | Errichtung Pergola, 2000 ●

Weder ein genaues Baudatum noch der Name des Architekten lassen sich endgültig belegen. Die ersten Dokumente erwähnen 1907 Anton Krejci, der minimale Bauveränderungen vornahm. 1921 im Alter von 80 Jahren verstorben, war Krejci aber an zahlreichen, auch aufwendigeren Bauvorhaben im Waldviertel beteiligt – und seine Autorenschaft ist folglich nicht ausgeschlossen. Der 1962 nordwestlich angefügte, flach gedeckte Speisesaal des mittlerweile leer stehenden bzw. nur mehr als Wohngebäude genutzten Gasthofs stammt von Johann Buhl. Noch bis in die 1990er-Jahre gab es rege Bautätigkeit an dem Gebäude, die jedoch allmählich abflaute.

Geschäftslokale, Einkaufszentren, Banken

1611 Rosenburg 65, Tabak Trafik, 1927, P: Alois Prager ●

Landwirtschaft

1612 Rosenburg 8, 35, Silo Sparholz Mühle, 1950 ●

Nicht mit der 1981 im Zuge des Ausbaus der Bundesstraße 34 abgerissenen Sparholzmühle zu verwechseln, war die ehemalige Tuen- oder Obere Hofmühle jahrhundertelang im Besitz der Burgherrenfamilie Hoyos. Die historischen Mühlengebäude, zu denen auch ein Wohnhaus mit auffälligem Holzbalkon aus dem späten 19. Jahrhundert zählt, wurden 1950 um einen einfachen Speicherhaussilo ergänzt, der sich nicht mehr im besten Erhaltungszustand befindet.

Energie

1613 48°37'48.8"N 15°36'44.0"E, südlich von Am Umlauf 4, Kraftwerk, 1908, BH: Stadt Horn, AF: Madile & Co, Siemens-Schuckert-Werke, J. M. Voith | Modernisierung der Maschinen, 1933 | Fischaufstiegshilfe, 2003 ●

Das Kraftwerk wurde 1908 nach etwa acht Monaten Bauzeit feierlich eröffnet. Hochwasserschäden 1941, 1944 und 2002 erforderten Sanierungen der Kraftwerkanlage. Die Wehranlage mit Grundablass befindet sich westlich des Krafthauses, auf der anderen Seite der Flussschleife. 2017 reichte die EVN als derzeitige Betreiberin ein Projekt zur Modernisierung der Kraftwerkanlage ein, welches den Abbruch und Neubau aller bestehenden Baukörper vorsieht. Da mehrere Initiativen versuchen, das Projekt zu verhindern, wurde bisher noch keine Bewilligung erteilt.

Verkehr

1614 48°37'36.3"N 15°38'31.3"E, bei Rosenburg 63, Eisenbahnbrücke, 1889, BH: Österreichische Localbahngesellschaft | Instandsetzung, um 2000, BH: ÖBB ●

Als einzige der fünf aufwendigen Stahlfachwerkbogenbrücken der 1889 eröffneten Kamptalbahn blieb die Rosenburger Brücke im Zuge der Erneuerung der Tragwerke durch die ÖBB um 2000 erhalten. Gemeinsam mit dem nördlich errichteten Fußgängersteg prägen die beiden Segmentbögen der Tragwerke die topografisch bedeutende Erhebung der Rosenburg über dem Kamptal.

1615 48°37'36.6"N 15°38'30.0"E, bei Rosenburg 63, Fußgängersteg, 1895, BH: Harrachsche Forstverwaltung, AF: Waagner Biro AG ●

Als Teil des Fußwegs zur Rosenburg entstand der Steg über den Kamp direkt neben der Eisenfachwerkbrücke der Kamptalbahn (→ 1614).

Rossatz 3602
Gemeinde: Rossatz-Arnsdorf, Bezirk: Krems

Einfamilienhäuser

1616 Rossatz 96, Villa Freininger, 1910, P: Carl Kopetschny ●

1617 Rossatz 101, Villa, um 1910 ●

1618 Rossatz 145, EFH, 1975–1981, P: Dieter Tuscher ●

Das Einfamilienhaus am östlichen Ortsende sticht durch sein großes, geteiltes Satteldach hervor. Im Inneren gruppieren sich im Erdgeschoß ein zweigeschoßiger Wohnraum mit Galerie, ein Esszimmer und eine Küche sowie Nebenräume um den offenen Kamin und das zentral gelegene Treppenhaus, das von oben über ein Fensterband im geteilten First belichtet wird. Die Holzbalken der Tragkonstruktion sind sowohl in den Wohnräumen als auch im Außenbereich als gestaltendes Element sichtbar belassen.

Hotels, Heime, Klöster, Kasernen

1619 Rossatz 102, Hotel Nibelungenhof, 1910–1912, P: Carl Kopetschny ●

Das aus einem dreigeschoßigen Hotelbau im Heimatstil und zwei kleinen Wirtschaftsgebäuden bestehende Ensemble wird gestalterisch durch Fachwerkelemente an den Fassaden zusammengefasst.

Rottersdorf 3125
Gemeinde: Statzendorf, Bezirk: St. Pölten

Wohnbauten

1620 Kölblinggasse 5–23, RHA, 1980–1983, P: Horst Stenitzer ●

Der Ansatz eines „ortsbildgerechten Wohnbaus" im Sinne des von Kenneth Frampton geprägten, sogenannten Kritischen Regionalismus ist bei der Rottersdorfer Reihenhausanlage deutlich nachzuvollziehen. Architekt Horst Stenitzer übersetzte die lokale Tradition der beinahe unmittelbar an die Siedlung angrenzenden Kellergassen hier in eine neue Architektur. Zehn gekuppelte, archetypische Wohnhäuser sind in zwei leicht zueinander verschobenen Blocks zeilenförmig positioniert, die dunklen Eternitverkleidungen der Satteldachflächen setzen sich nahtlos an den Fassaden der Obergeschoße fort.

Ruders 3852
Gemeinde: Gastern, Bezirk: Waidhofen an der Thaya

Einfamilienhäuser

1621 Ruders 32, Ferienhaus, 1972–1978, P/BH: Karl Mang, Eva Mang-Frimmel ●

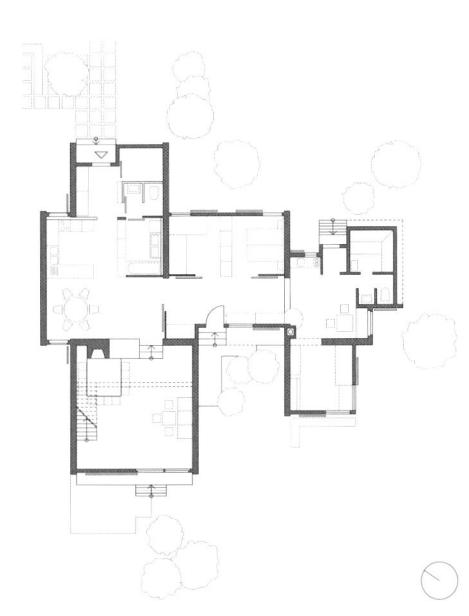

„Ein Ferienhaus, ein Atelier, ein Haus im Wald, das Ergebnis unserer Bemühungen einfach zu bauen – oder vielleicht alles zusammen." So umschreiben Eva und Karl Mang ihr Haus im Waldviertel, das in mehreren Ausbaustufen (Sommerhaus – Winterteil und Atelier – kleines Atelier) zwischen 1972 und 1978 errichtet wurde. Der Grundriss des Hauses baut auf dem Modul des Quadrats auf, es reihen sich mehrere Kuben aus Sichtbeton und Lärchenholz mit Pultdächern in verschiedenen Höhen gedeckt aneinander. Die unterschiedlich hohen Innenräume gehen ineinander über und sind nur durch Schiebetüren und Schränke getrennt.

Rust im Tullnerfeld 3451
Gemeinde: Michelhausen, Bezirk: Tulln

Religion, Kult

1622 48°18'11.7"N 15°55'42.2"E, bei Kirchengasse 1, Pfarrkirche hl. Martin, 1947–1949, P: Karl Holey, K: Johann (Hans) Petermair (Antoniusaltar), Rudolf Holzinger, Leopold Schmidt, Reinhold Klaus, Luzia Jirgal (Glasfenster) ●

In dem kleinen Ort wurde schon im Mittelalter eine Kirche erbaut. Sie wurde im Laufe der Jahre mehrmals verändert – im Zuge des Zweiten Weltkriegs aber völlig zerstört. Zunächst war es nicht sicher, ob überhaupt eine neue Kirche errichtet werden sollte.

Insbesondere der damalige Bundeskanzler Leopold Figl setzte sich jedoch entschieden für einen Kirchenneubau ein, der von Karl Holey realisiert wurde. Im Gegensatz zu der liturgischen Erneuerungsbewegung der 1930er-Jahre, die Saalräume propagierte, um die hierarchische Trennung zwischen Priester und Gläubigen aufzuheben, hat Holey einen durchwegs konventionellen Langhausbau geplant. Dazu passt, dass er bei der Gestaltung auf romanische und barocke Formulierungen zurückgriff, wie etwa bei den Rundbogenfenstern oder den Dacheindeckungen. Der breit gelagerte, saalartige Hauptraum erhielt eine flach gewölbte Decke, Querarme sowie ein eingezogenes, erhöhtes Presbyterium mit einer segmentbogenförmigen Altarnische. Zwischen einem mächtigen quadratischen Turm und einer polygonalen Taufkapelle befindet sich der vorhallenartige Eingangsbereich. Die Ausstattung des Kircheninneren konnte zum Großteil durch (Sach-)Spenden erfolgen. Das wertvollste Stück ist das spätgotische Chorgestühl, das von der Familie Rothschild aus ihrer Kunstsammlung gespendet wurde. Einzelne barocke Objekte konnten aus der alten Kirche gerettet werden.

Sallingberg 3525
Gemeinde: Sallingberg, Bezirk: Zwettl

Bildung

1623 Sportplatzstraße 3, Gemeinschaftshaus mit Landeskindergarten, 1985–1987, P: Hugo Potyka, AF: Franz Schütz ●

In dem Gemeinschaftshaus wurden im Erdgeschoß ein zweigruppiger Kindergarten und im Obergeschoß Gruppenräume für Jugend und Musik mit Büro, Teeküche und WC-Anlagen errichtet, die über eine Außenstiege separat erschlossen werden.

St. Aegyd am Neuwalde 3193
Gemeinde: St. Aegyd am Neuwalde, Bezirk: Lilienfeld

Religion, Kult

1624 Haselgraben 1, 2, evang. Waldkirche und Pfarrhaus, 1902–1903, P: Josef Hoffmann, BH: Karl Wittgenstein, K: Josef Bruckmüller (Deckengemälde), Erwin Schneider (Altarwand, 1952) ●

Die im 19. Jahrhundert beginnende Industrialisierung bewirkte in dem kleinen Ort einen wirtschaftlichen Aufschwung und einen Zuzug von Arbeitskräften. 1887 kaufte der bekannte Mäzen und Förderer moderner Kunst, Karl Wittgenstein, die „St. Egydi Eisen- und Stahlindustrie Gesellschaft", und nachdem sich in dem Ort auch eine Gemeinschaft von Protestant*innen angesiedelt hatte, beschloss er, eine evangelische Kirche mitsamt Pfarrhaus zu finanzieren.

Für die Planung beauftragte Wittgenstein Josef Hoffmann, der bereits im nahe gelegenen Hohenberg als Architekt für die Familie Wittgenstein tätig war (→ 0709). Die Kirche liegt auf einer Terrainstufe, die notwendig gewordene Stützmauer ermöglichte die Anlage eines Kirchenvorplatzes. Bei dem von außen eher unscheinbaren Bau überrascht die außergewöhnliche Innengestaltung: Die eng aneinandergereihten Fenster belichten einen Saalraum, bei dem die Farbe Blau als wichtigstes Gestaltungselement eingesetzt ist. Der offene – ebenfalls blau gestrichene – Dachstuhl ist dem Holzknechthaus nachempfunden, in dem zuvor die Gottesdienste abgehalten wurden.

Der Altar ist von einer blauen Paneelwand umfasst, und kräftig blau gestrichene Kirchenbänke wurden zu einem wesentlichen gestalterischen Moment für den gesamten Raumeindruck. Die Fliesen der Kirchenfußbodens, das Fensterformat sowie die zurückhaltend angebrachten Dekorelemente zeigen bereits Hoffmanns Vorliebe für die Grundform des Quadrats, die ihm später den Spitznamen „Quadratl-Hoffmann" einbringen sollte. Zwischen den Dachsparren zeigen schmale hochrechteckige Deckengemälde von Josef Bruckmüller wichtige Persönlichkeiten der protestantischen Kirchengeschichte. Das Wandgemälde in der Altarnische wurde erst im Jahr 1952 von Erwin Schneider geschaffen. Josef Hoffmann war ein viel beschäftigter Architekt und Innenraumgestalter – aber die Waldkirche blieb die einzige Gelegenheit, das secessionistische Ideal der „Raumkunst" bei einem Kirchenbau umzusetzen.

Einfamilienhäuser

1625 Badweg 24, <u>EFH, 1935</u>, P: Heinz Sperber, BH: St. Aegyder Sperrholzplattenfabrik ●

Hotels, Heime, Klöster, Kasernen

1626 Berggasse 6, <u>WH, ehem. Schulungsheim der katholischen Jugend, 1933–1934</u>, P: Klemens Flossmann | Umbau, 1999–2000 ●

Flossmann adaptierte unter tiefgreifendem Umbau ein ehemaliges Gussstahlwerk aus dem Jahr 1828 als Caritas Schulungsheim, welches ab 1999 wiederum in Wohnungen umgewandelt wurde.
▶ *Foto: Zustand vor dem Umbau 1999*

St. Andrä vor dem Hagenthale 3423
Gemeinde: St. Andrä-Wördern, Bezirk: Tulln

Kultur, Veranstaltung

1627 Kirchenplatz 2, <u>Einrichtung Kulturhaus im alten Pfarrhof, 1998–2003</u>, P: Konrad Schermann, Werner Stolfa, BH: Marktgemeinde St. Andrä-Wördern

St. Georgen 3644
Gemeinde: Emmersdorf an der Donau, Bezirk: Melk

Einfamilienhäuser

1628 Sankt Georgen 26, <u>Villa, 1927</u>, P: Karl Rosner, vermutl. Franz Neuwirth, BH: Karl Rosner ●

St. Georgen am Reith 3344
Gemeinde: St. Georgen am Reith, Bezirk: Amstetten

Energie

1629 47°50'32.5"N 14°53'38.3"E, bei Dorf 52, <u>Ybbsdüker, 1923–1924</u>, P: Franz Kuhn, BH: Wasserkraftwerke AG | Sanierung, ab 2014 ●

Der sogenannte Ybbsdüker ist Teil des Kraftwerks Opponitz, mehrere Stollen führen das Wasser von der Wehranlage in Göstling zum Krafthaus in Opponitz. Ursprünglich sollte bei St. Georgen am Reith eine Rohrleitung unter der Ybbs verlegt werden. Aufgrund der Zerstörung durch Hochwasser wurde jedoch entschieden, stattdessen eine Rohrbrücke in Form einer Bogenbrücke aus Eisenbeton zu errichten. Sie bildet den einzigen sichtbaren Bauteil des Stollensystems und erreicht eine Spannweite von 40 Metern.

St. Georgen bei Wagram 3133
Gemeinde: Traismauer, Bezirk: St. Pölten

Landwirtschaft

1630 Kremser Straße 55, <u>Um- und Zubau Gutschermühle, 1938–1940</u>, P: Felix Blaschek ●

Seit dem 12. Jahrhundert wurde auf dem Gelände der heutigen Gutschermühle Mehl gemahlen, bis der Betrieb 1995 auf Müsli-Erzeugung umgestellt wurde. Der erste Bau einer Kunstmühle erfolgte 1866, in den Jahren 1938 bis 1940 wurde sie vom Stadtbaumeister Felix Blaschek umgebaut und modernisiert bzw. erweitert. Die heute noch sichtbare, sehr schlichte und von Lisenen gegliederte Fassade auf dem einfachen, rechteckigen ehemaligen Mühlenbau entstand bei diesem Umbau.

St. Georgen in der Klaus 3340
Gemeinde: Waidhofen an der Ybbs,
Bezirk: Waidhofen an der Ybbs

Religion, Kult

1631 47°59'16.1"N 14°41'59.0"E, bei St. Georgnerstraße 33, Kreuzkapelle, 1997, P: Kurt Vogelauer, K: Markus Ertl (Fenster)

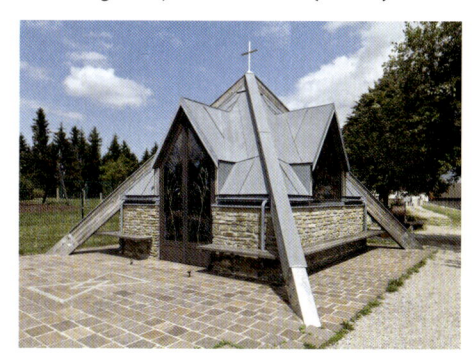

1997 wurde vom Verein für Dorferneuerung St. Georgen in der Klaus die Erbauung der Kreuzkapelle als „Rastplatz für Leib und Seele" initiiert. Zuerst wurde der Bauplatz nach den Prinzipien der Geomantie und der Radiästhesie gewählt. Beide von der Wissenschaft nicht anerkannte Methoden beruhen auf dem Erkennen von „Gitternetzlinien" bzw. „Strahlenwirkungen", die von feinfühligen Menschen erspürt werden können und die helfen sollen, geeignete Plätze für ein harmonisches und gesundes Wohnen und Leben in Raum und Landschaft zu bestimmen. Mit der Ausführung des energetisch geplanten Bauwerks wurde der Baumeister Kurt Vogelauer aus Waidhofen an der Ybbs beauftragt. Über dem Kreuzungspunkt der erfühlten Kraftlinien wird von mächtigen Leimbindern aus Lärchenholz eine Pyramide gebildet, deren antike Vorbilder als erste geomantische Bauwerke angesehen werden. Darin eingeschrieben befindet sich die quadratische Kapelle. Sie erhielt einen Sockel aus Sandstein, darüber durchbrechen an drei Seiten große Dacherker mit spitzen Giebeln das Pyramidendach. An der vierten Seite befindet sich die hohe Eingangstüre. Der für rund 30 Gläubige bestimmte Raum ist innen mit Holz ausgekleidet und durch große Buntglasfenster und die Buntglastüre beleuchtet. Im 20. Jahrhundert fand die Esoterik zunehmenden Zuspruch, der bis heute anhält und der in der geomantischen Bauweise insbesondere in den 1990er-Jahren seinen Niederschlag fand. Beispielhaft zeigt die Kreuzkapelle, dass generell der Sakralbau nicht nur Ausdruck tradierter religiöser Weltanschauung ist, sondern auch zeitgeistige transzendente Strömungen widerspiegeln kann.

Einfamilienhäuser

1632 St. Georgnerstraße 46, EFH, 1989, P: Ernst Beneder, MA: Anton Kottbauer, Anja Fischer

St. Leonhard am Forst 3243
Gemeinde: St. Leonhard am Forst,
Bezirk: Melk

Amts-, Verwaltungs-, Kommunal-, Bürobauten

1633 Alter Badweg 1, Feuerwehrmuseum, ehem. Feuerwehr, 1905

Einfamilienhäuser

1634 Loosdorfer Straße 9–11, zwei Villen, 1902

Gastronomie

1635 Hauptplatz 2, WH, ehem. Gasthof Moser, 1918–1922 | partielle Umnutzung, 1973

Bereits 1589 wurde die Parzelle als bebaut registriert, sein heutiges Aussehen mit Dachausbauten und Eckerker erhielt das Gebäude zwischen 1918 und 1922, als es mit den Baumaterialien eines abgetragenen russischen Militärlagers errichtet wurde. Das Gasthaus mit seinen Räumlichkeiten, die abwechselnd als Kegelbahn, Kino und Disco genutzt wurden, war Schauplatz einer wechselhaften Geschichte. Während einer 13-jährigen Stilllegung des Gastbetriebs 1973 wurden die Zimmer in zehn Wohneinheiten umgebaut.

St. Martin 3971
Gemeinde: St. Martin, Bezirk: Gmünd

Sonderbauten

1636 48°39'09.0"N 14°48'48.4"E, Sendeanlage Wachberg, 1966–1968, P: Herbert Prehsler, Alfred Wanko, BH: ORF, AF: VÖEST, S: Ernst Schischka

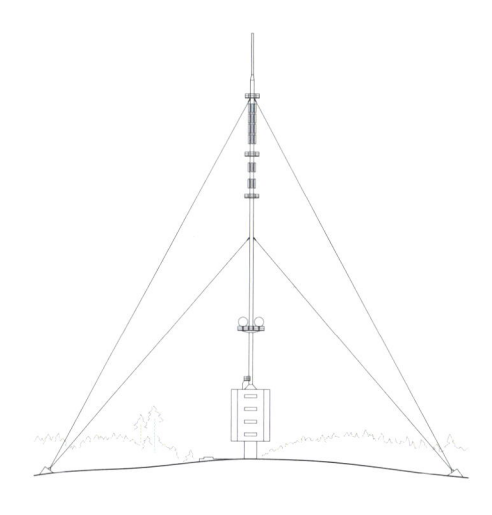

Die Rundfunk-Sendeanlage besteht aus einem 23 Meter hohen Versorgungsteil als Stahlbetonsockel und einem 109 Meter hohen, seitlich abgespannten Stahlsendemast. Die Treppenanlage des Versorgungsteils ist als zentrale Betonsäule angelegt, auf welcher der oktogonale, viergeschoßige Block des Betriebsgebäudes aufgehängt ist und auskragt.

St. Peter in der Au-Markt 3352
Gemeinde: St. Peter in der Au,
Bezirk: Amstetten

Amts-, Verwaltungs-, Kommunal-, Bürobauten

1637 Vogelhändlerplatz 2, Feuerwehrzeughaus, 1924–1925, P: Ferdinand Pfaffenbichler | Zubau, 1989–1991 ●

St. Pölten 3100
Statutarstadt

Schon 1848 wurden die Mauern um die von den Barockbaumeistern Jakob Prandtauer und Joseph Munggenast geprägte Altstadt abgebrochen. Mit der Inbetriebnahme des Bahnhofs 1858 entwickelte sich St. Pölten zu einem Verkehrsknotenpunkt und Industriestandort. Aufgrund der direkten Ausrichtung zum Bahnhof gewann die Kremser Gasse in der Altstadt an Bedeutung, und um die Jahrhundertwende setzte sich punktuell der Jugendstil (Joseph Maria Olbrich, Viktor Postelberg, Theodor Schreier u. a.) durch.

Die Ansiedlung von großen Industriebetrieben wie der Papierfabrik Salzer, der Maschinenfabrik Voith und der Ersten Österreichischen Glanzstoff-Fabrik AG zu Beginn des 20. Jahrhunderts ging mit einem sprunghaften Anstieg der Einwohner*innenzahlen einher. Lebten 1880 rund 10.000 Menschen in St. Pölten, waren es 1910 bereits doppelt so viele. Neben den Siedlungen für die Mitarbeiter*innen der Großbetriebe wurden auch in den nach dem Ersten Weltkrieg eingemeindeten Orten Viehofen, Wagram oder Spratzern neue Siedlungsgebiete erschlossen.

Der durch Praxisjahre bei Peter Behrens und Max Fabiani geschulte Architekt Rudolf Wondracek war 1927 bis 1934 als Architekt und Hochbaureferent im Stadtbauamt beschäftigt. Orientiert an der Funktionalität des Neuen Bauens schuf er qualitätsvolle Wohnhausanlagen und kommunale Einrichtungen. Wie Wondracek prägte auch Rudolf Frass, ein Otto-Wagner-Schüler, über Jahrzehnte das Stadtbild. In der zweiten Jahrhunderthälfte etablierten sich als wichtige lokale Architekt*innen Reinhard Pfoser und später sein Sohn Wolfgang Pfoser (Baudirektor der Diözese St. Pölten, 1999–2016) sowie das auch in nächster Generation von Dorothea Pfaffenbichler-Beaumont weitergeführte Atelier von Paul Pfaffenbichler.

Im Zweiten Weltkrieg wurden in St. Pölten, wo es eine große Zahl an Rüstungsbetrieben gab, 33 Prozent der Häuser beschädigt oder zerstört. Nach dem Wiederaufbau hielt die Aufschwung an. 1961 wurde die Fußgänger*innenzone in der Altstadt geschaffen, am Rand – wie zum Beispiel am Neugebäudeplatz – entstanden zeittypische Neubauten. Durch die Eingemeindungen von Ochsenburg, Pottenbrunn und St. Georgen im Jahr 1972 wurde die bisherige Einwohner*innenzahl von 50.000 überschritten.

Seit der Erhebung zur Landeshauptstadt im Jahr 1986 entwickelte sich St. Pölten von einer Industriestadt zu einem Dienstleistungs-, Bildungs- und Kulturzentrum, das auch von den ausgezeichneten Bahnverbindungen nach Wien profitierte. Jedoch war die Aufbruchsstimmung der späten 1980er-Jahre, als deren architektonisches Zeichen der temporäre Traisen-Pavillon von Adolf Krischanitz (1988) als „Geburtstempel" in Erinnerung bleibt, nicht von Dauer. Es verfestigte sich das Bild der von der Industriestadt zur Beamt*innenhochburg gewordenen und provinziell gebliebenen Stadt. Doch brachte die – letztlich erfolglos gebliebene – Bewerbung als Kulturhauptstadt Europas 2024 sowohl eine neue Selbst- und Außenwahrnehmung mit sich als auch einen intensiven Diskurs über verschiedene Aspekte der Stadtentwicklung und 2020 endlich den lang ersehnten Gestaltungsbeirat, der im Spannungsfeld zwischen reichem kulturellem Erbe und dynamischer Entwicklung gut beschäftigt ist. Mit dialogorientierten Prozessen, wie jenem zur „Leitkonzeption öffentlicher Raum" und darauf aufbauend zur Neugestaltung des Promenadenrings, hat in der Landeshauptstadt eine neue Planungskultur eingesetzt. Die im Zuge der Bewerbung zur Kulturhauptstadt etablierte partnerschaftliche Allianz zwischen Stadt und Land und die damit verbundene Aufbruchsstimmung führten dazu, die bislang nicht gelungene städtebauliche Anbindung von Regierungsviertel und Altstadt in Angriff zu nehmen und einer befriedigenden Lösung zuzuführen.

Da einzelne der beschriebenen Objekte in St. Pölten nicht der Postleitzahl 3100 zugeordnet sind, werden Abweichungen in den Steckbriefen ergänzend zur Adressangabe angeführt.

Zentren

1638 Rathausplatz, Platzgestaltung, 1994–1997, P: Boris Podrecca, MA: Gotthard Eiböck, Lisette Wong, BH: Stadt St. Pölten, S: Helmut Zieritz

Wie zwei nebeneinanderliegende Teppiche erstreckt sich die Pflasterung des von Boris Podrecca entworfenen Rathausplatzes zwischen Rathaus und Franziskanerkirche: An der Seite der Kirche sind in ca. einem Fünftel der Platzfläche rote Quader angeordnet, ein weiß-graues Fischgrätmuster prägt die vier Fünftel an der Seite des Rathauses. Die Platzgestaltung, die auch Stadtmobiliar beinhaltet, wurde im Zuge der Verlegung der Autostellplätze in die neu errichtete Tiefgarage unter dem Platz vorgenommen.

Amts-, Verwaltungs-, Kommunal-, Bürobauten

1639 Am Bischofteich 1, Bezirkshauptmannschaft, 1908, P: Josef Klose, Richard Frauenfeld | Zubau und Renovierung,

2014–2015, AB: Architekten Maurer & Partner ZT GmbH (Ernst Maurer, Christoph Maurer, Thomas Jedinger), BH: NÖ Landesregierung

Das monumentale dreigeschoßige Amtsgebäude über E-förmigem Grundriss ist an seiner Hauptfassade durch einen breiten Mittel- und schmälere Seitenrisalite gegliedert und erinnert mit den neobarocken Dekorationselementen, wie etwa den Schweif- und Rundgiebeln der Risalite, so Werner Kitlitschka, an einen Schlossbau des 18. Jahrhunderts. Ein 2014 bis 2015 errichteter kubischer dreigeschoßiger Zubau an der Westseite ist durch einen niedrigeren Verbindungstrakt an den Bestand angeschlossen, bietet unter anderem Raum für einen Mehrzweck- sowie einen Speisesaal und wurde als Passivhaus und Plusenergiegebäude ausgezeichnet. Mit dem Zubau ging auch eine Renovierung des Bestandsbaus einher.

1640 Goldegger Straße 10, Feuerwehrzentrale, 1989

1641 Jahnstraße 29, Verwaltungsgebäude EVN, ehem. NEWAG-Zentrale, 1953, P: Franz Barnath, K: Adolf Treberer-Treberspurg (Reliefplatten)

1642 Landhausplatz 1, Landhausbezirk, 1991–1997, P: Ernst Hoffmann, MA: Franz Janz, Walter Matzka, Martin Tröthan, BH: NÖ Landeshauptstadt Planungsges.m.b.H. (NÖPLAN), S: Reinhard Klestil, Helmut Zieritz, Anton Harrer, Wolfdietrich Ziesel ●

1987, also ein Jahr nachdem St. Pölten zur Landeshauptstadt erhoben wurde, begann der Wettbewerb für den Neubau des Regierungsviertels. Das westlich der Traisen gelegene, trapezförmige Areal umfasst neben dem Landhausbezirk auch den durch Hans Hollein, Klaus Kada, Paul Katzberger, Karin Bily und Michael Loudon weiterentwickelten Kulturbezirk (→ 1662, → 1663, → 1664, → 1671). Die Gesamtplanung des Landhausplatzes geht auf Ernst Hoffmann zurück. Die im Landhausbezirk situierten, meist parallel zur Traisen angeordneten zwei- bis achtgeschoßigen Büro- und Verwaltungsbauten – größtenteils als Zeilenbauten errichtet – sowie das an ein Schiff erinnernde Landhaus selbst werden durch die Neue Herrengasse und durch eine glasüberdachte Passage, den Landhausboulevard, erschlossen. Die Franz Josef-Promenade stellt eine Verbindung des bebauten Areals zur Traisen her. Der Sitzungssaal des Landhauses im ersten Obergeschoß mit zur Traisen hin konvex geschwungener Fassade ist aufgeständert und scheint so über einem rechteckig angelegten Wasserbecken zu schweben. Auf Höhe des Landhauses führt ein Steg über dieses Wasserbecken und die Traisen zum Ostufer mit Grünanlage und neuer Wohnbebauung.

▶ *Plan: Entwurf 1992*

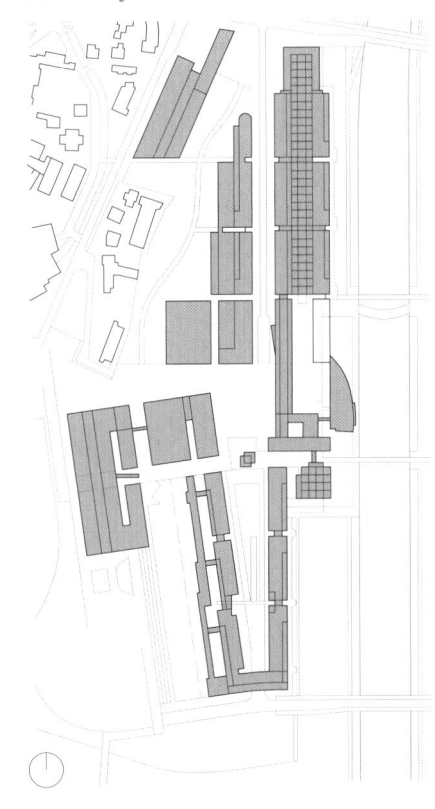

1643 Linzer Straße 47, Amtsgebäude der Bundespolizei, ab 1937, P: Stadtbauamt St. Pölten, Julius Eberhard, Hans Kargl, Josef W. Pihaule, Ferdinand Weinmann, Rudolf Wondracek ●

Auf einem Teil des ehemaligen Friedhofs errichtet, wird der vierflügelig um einen Hof situierte Bau im Norden, Westen und Süden von Straßen gerahmt, wobei die westliche Doktor-Kirchl-Gasse für das Gebäude neu angelegt wurde; im Osten ergibt sich eine Freifläche. Die vier Flügel waren für unterschiedliche Nutzungen bestimmt: Im Norden befand sich neben dem Wohnhaus (Linzer Straße 45) das Kommissariat, im Westen und Süden waren Kasernenräume vorgesehen, im südlichen Flügel zudem ein Turnsaal. Der östliche Bauteil umfasste das Gefangenenhaus, Kanzleien, Betriebsräume, Werkstätten und Garagen. Der südliche Trakt war ursprünglich eingeschoßig und wurde später aufgestockt, sodass er heute – wie die anderen Bauteile – drei Geschoße besitzt. In den mittleren Achsen tritt der aufgestockte Bereich aus der Fassade hervor und ist dadurch als Zubau erkennbar. An der Linzer Straße sind die fünf zentralen Fensterachsen der ansonsten schlichten Fassade als Zugangsbereich differenziert gestaltet: Die Erdgeschoßzone springt hinter vier Stützen zurück und bildet als überdachte Vorhalle eine Erweiterung des über ein paar Stufen erhöht liegenden Vorplatzes. Die Fenster der Obergeschoße sind in diesem Bereich in der gleichen Materialität wie die Vorhalle gefasst und als französische Fenster ausgeführt.

Während des Zweiten Weltkriegs wurde das Gebäude durch Bomben- und Artillerietreffer schwer beschädigt – der Westtrakt war am stärksten betroffen – und ab 1945 wiederhergestellt. Für die ursprüngliche Gestaltung der Fassade zeichnete Rudolf Wondracek verantwortlich.

1644　Rennbahnstraße 29, <u>Tor zum Landhaus,
　　　1998,</u> P: Boris Podrecca, Wolfgang Pfoser,
　　　BH: NÖ Landeshauptstadt Planungs-
　　　ges.m.b.H. (NÖPLAN) ●

Der Verwaltungs- und Bürobau bildet im Norden durch die torartige Aufständerung der Obergeschoße eine Verbindung zwischen Altstadt und Regierungsviertel. Die Fassade ist durch horizontal angeordnete, helle und dunkle Steinbänder sowie durch wechselnde Fensterformate gestaltet.

1645　Schießstattring 6, Andreas-Hofer-Straße 1, 3,
　　　<u>Landesgericht und Justizanstalt, 1901–1903,</u>
　　　P: Josef Hudetz | Zubau Landesgericht,
　　　Heßstraße, 1992–1996, P: Paul Pfaffen-
　　　bichler | Vorplatzgestaltung Landesgericht
　　　und Zubau Andreas-Hofer-Straße, 2005–2011,
　　　P: Christian Kronaus, Erhard An-He
　　　Kinzelbach

1646　Wiener Straße 12, <u>Geschäftshaus, ehem.
　　　Postamt, 1893,</u> P: Eugen Sehnal ●

Religion, Kult

1647　48°11′49.5″N 15°37′49.7″E, im Hammerpark,
　　　<u>Mahnmal, 1988,</u> P: Hans Kupelwieser

Die Plastik in Form einer begehbaren, zwei Meter hohen und vier Meter breiten Stahlschale wurde an dem Ort errichtet, an dem zwölf Widerstandskämpfer*innen von der SS hingerichtet wurden. Die Namen der Opfer sind im Schaleninneren, das als Meditationsraum gedacht ist, in Augenhöhe angebracht. Die Widerstandsgruppe plante 1945 die kampflose Übergabe St. Pöltens an die Rote Armee.

1648　48°12′20.2″N 15°37′43.4″E, Hofstatt, <u>Krieger-
　　　denkmal, 1928,</u> P: Wilhelm Frass ●

Auf eine sich leicht verjüngende Stele des Denkmals für die Gefallenen des Ersten Weltkriegs setzte Wilhelm Frass die expressiv bewegte Bronzefigur eines nackten Mannes, die der Bildhauer „Der Fallende" titulierte. Frass stellte mit Vorliebe die nackte menschliche Gestalt dar, der er durch entsprechende Haltung und Gebärde einen tieferen, symbolischen Sinn gab. Bei dem Kriegerdenkmal dürfte Frass den „Fallenden" als naheliegende Metapher für den im Krieg „gefallenen Soldaten" gesehen haben. Zusätzlich spricht er grundlegende metaphysische Ebenen an: den tragischen Fall des Heroen an sich sowie zugleich das Leiden des geschundenen Menschen, das sich in der Anlehnung der figürlichen Gestaltung des „Gefallenen" an die Ikonografie von Christus am Kreuz versinnbildlicht. Aus heutiger Sicht wirkt der nackte, sportlich gestählte „Idealkörper" des jungen Mannes geradezu als Vorwegnahme der Ästhetik des Nationalsozialismus, mit dessen Ideologie sich Frass schon früh verbunden fühlte. Bereits 1933 illegales Mitglied der NSDAP, vollzog sich nach dem „Anschluss" Österreichs eine künstlerische Neuorientierung. Während Frass in seinem frühen Werk noch einen verwundbaren Menschen darstellte, zeigen seine späteren Arbeiten jene faschistische Heroisierung des unbesiegbaren Herrenmenschen, die ihn zum viel beschäftigten Künstler des NS-Regimes machte.

1649　Austinstraße 21, 3107, <u>Pfarrkirche Viehofen,
　　　Zur unbefleckten Empfängnis, 1898,</u>
　　　P: Johann Zeilinger | Zubau 1997, P: Richard
　　　Zeitlhuber, Wolfgang Zehetner, BH: Diözese
　　　St. Pölten, Pfarre Viehofen ●

1898 wurde anlässlich des 50-jährigen Thronjubiläums Kaiser Franz Josephs I. vom Stadtbaumeister Johann Zeilinger eine Kirche im neogotischen Stil errichtet. Nach der Eingemeindung des kleinen Ortes Viehofen in die Stadt St. Pölten 1923 wuchs die Einwohner*innenzahl kontinuierlich und 1995 wurde daher ein Erweiterungsbau zur Kirche beschlossen. Richard Zeitlhuber und Wolfgang Zehetner, damaliger Wiener Dombaumeister, planten an der Längswand der bestehenden Kirche einen um 30 Grad verschwenkten ovalen, bootsförmigen Zubau und verdichteten die Schiff-Metapher durch eine offene schiffsrippenartige Dachkonstruktion aus unbehandeltem Holz. Ein rundumlaufendes Oberlichtband lässt das Dach gleichsam über dem Kirchenraum schweben und erzielt gemeinsam mit vielen kleinen quadratischen Fensteröffnungen in der Außenwand eine spezielle Lichtwirkung und Raumatmosphäre. Die Längswand der bestehenden Kirche wurde bis auf zwei tragende Pfeiler abgerissen und durch hohe Spitzbogenöffnungen eine Verbindung zwischen Alt- und Neubau hergestellt. Es ist zu vermuten, dass sich die Architekten von Heinz Tesars evangelischer Kirche in Klosterneuburg inspirieren ließen (→ 0866). Im Gegensatz zu Tesars dynamischer Konzeption haben Zeitlhuber und Zehetner allerdings den Anbau durch seine mäßige Höhe, der ruhigen Fensteranordnung sowie einer insgesamt schlichten Gestaltungsweise weitaus zurückhaltender konzipiert – scheinbar bewusst dem Altbau die Vorrangstellung überlassend. Nicht zu übersehen ist auch die Vorbildwirkung von Le Corbusiers Lichtkonzept, welches der Architekt 1950 bis 1955 in dem bahnbrechenden Kirchenbau in Ronchamp, Frankreich, veranschaulichte.

1650　Dr. Karl Renner-Promenade 22, Lederer-
　　　gasse 12, <u>Synagoge und Schulhaus, 1913,</u>
　　　P: Theodor Schreier, Viktor Postelberg,
　　　BH: Israelitische Kultusgemeinde (IKG)
　　　St. Pölten, AF: Richard Frauenfeld,
　　　K: Ferdinand Andri (Vergoldungen), Franz
　　　Schuster & Zezulka (Dekorationsmalerei) |
　　　Renovierung, 1984–1988 ●

Die erste Synagoge von St. Pölten wurde 1885 in einem ehemaligen Fabrikgebäude eingerichtet. Die Errichtung eines Neubaus wurde von der Stadtgemeinde erst 1907 bewilligt, als Straßenregulierungspläne den Abriss des alten Gebäudes erforderten. 1911 fand ein Wettbewerb statt, den Theodor Schreier und Viktor Postelberg für sich entscheiden konnten. Um die „gewünschte Monumentalität" zu erzielen, planten die Architekten einen mächtigen Kuppelbau und „zur Steigerung des architektonischen Ausdrucks" *(Der Bautechniker)* versahen sie die Seitenwände mit großen Fenstergruppen sowie segmentförmigen Giebelfeldern. Der barockisierende oktogonale Kuppelbau beherbergte den Kultraum, zwei weit auskragende halbrunde Stiegenhäuser führten zur Frauengalerie. Das Schulhaus in der Lederergasse 12 ist durch einen niederen Anbau mit dem Hauptraum verbunden. Der Innenraum wurde mit teils secessionistischer, teils orientalischer Schablonenmalerei ausgestaltet. Beim Novemberpogrom 1938 wurde die gesamte Innenausstattung komplett zerstört, das gelegte Feuer konnte jedoch gelöscht werden, und die Räume wurden in der Folge von der Sturmabteilung des NS-Regimes genutzt.

Bei den letzten Kämpfen und Bombenangriffen 1945 wurde die Synagoge vor allem im Kuppelbereich schwer beschädigt. Nach dem Einmarsch der

Roten Armee diente das Gebäude als Getreidespeicher, bis es 1947 an die Stadt zurückgegeben wurde. 1952 erfolgte die Restitution der Synagoge an die Israelitische Kultusgemeinde Wien – in St. Pölten gab es keine jüdische Gemeinde mehr. Nachdem die IKG vergeblich versucht hatte, das desolate Gebäude der Stadt St. Pölten zu verkaufen, wollte sie den Abbruch veranlassen, der jedoch vom Bundesdenkmalamt durch die Unterschutzstellung verhindert wurde. 1984 bis 1988 wurden die Synagoge und die ehemalige Schule umfassend renoviert und dem neu gegründeten „Institut für jüdische Geschichte Österreichs" zur Verfügung gestellt.

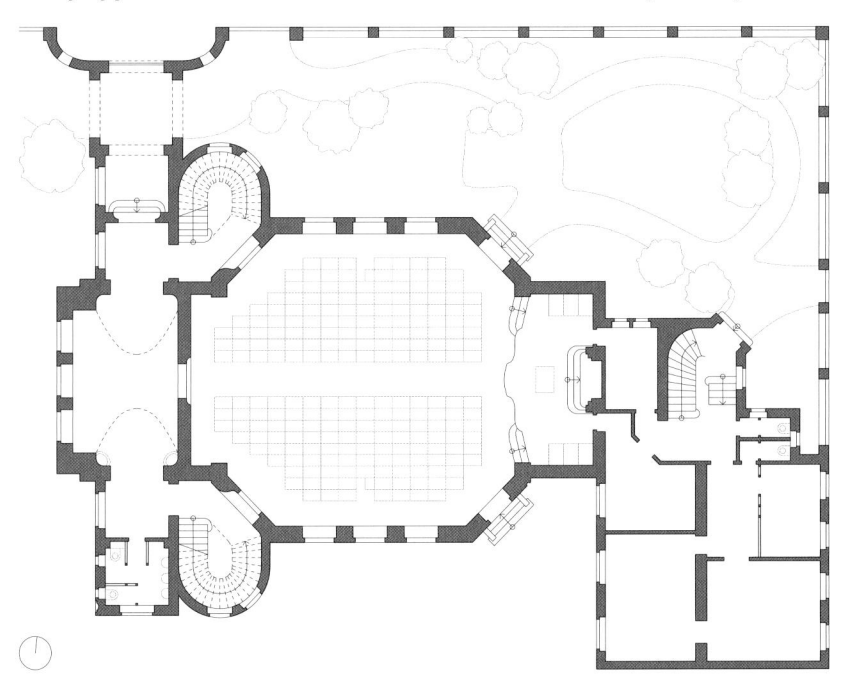

Josef Friedl (Seitenaltäre, 1956), Hans Kröll (Marien- und Herz-Jesu-Statue, 1956), Irmgard Lenk (Volksaltar, 1971) ●

Nachdem St. Pölten das Recht als Statutarstadt verliehen worden war, wurde 1922 der kleine Ort Spratzern der Stadt als Bezirk eingemeindet. Für die sprunghaft angestiegene Einwohner*innenzahl war die bestehende, im Jahr 1888 errichtete Mariahilfkapelle viel zu klein, und 1931 wurde daher ein Kirchenneubau beschlossen. Aus einem Wettbewerb gingen die jungen Wiener Architekten Hans Zita und Otto Schottenberger als Sieger hervor. Sie errichteten einen im Grundriss traditionellen, aber im Stil der Neuen Sachlichkeit modernen Langhausbau mit einem hohen Rechteckturm. Nur die schmalen, spitzgiebeligen Langhausfenster zeigen noch gotisierende Reminiszenzen. Weiße, verputzte Betonscheiben in Kombination mit Sichtziegelflächen in Kreuzform verhelfen der Kirche zu einer monumentalen Fassade. Der Innenraum wird durch kräftige Eisenbetonbinder in sieben Joche unterteilt, die Spitzbogenform erinnert wiederum an gotische Konstruktionen. Der eingezogene Rechteckchor ist etwa in der Hälfte der Tiefe und Höhe durch eine lettnerartige Altarwand mit lebensgroßen halbplastischen Figuren aus farbig glasierter Terrakotta von Josef Riedl unterteilt. Im vorderen Teil befand sich der Altar, der hintere Teil war für den Kirchenchor und die Orgel bestimmt. Die Liturgiereform des Zweiten Vatikanischen Konzils machte einen Umbau des Presbyteriums notwendig. Das Kommuniongitter wurde abmontiert und die schmiedeeisernen Türen nach der Idee von Irmgard Lenk in den neuen Volksaltar integriert. In unmittelbarer Nähe wurde zeitgleich das schlichte einstöckige Pfarrhaus errichtet.

1651 Eisenbahnerstraße 2, Pfarrkirche Spratzern, hl. Theresie von Lisieux, Pfarrhaus, 1931–1932, P: Hans Zita, Otto Schottenberger, AF: Firma Wohlmeyer und Raab, K: Josef Riedl (Terrakottawand, 1942), Arthur Brusenbauch (Glasmalerei, Kreuzweg, 1936),

1652 Goldegger Straße 52, Friedhofsgebäude Städtischer Hauptfriedhof, 1962, P: Paul Pfaffenbichler | Erweiterung, 1970–1974, P: Paul Pfaffenbichler, Erich Boltenstern

Paul Pfaffenbichler plante 1962 den Eingangsbereich mit großem quadratischem Vorhof in moderner Formensprache. Bei einer gemeinsam mit Erich Boltenstern umgesetzten Erweiterung wurde westlich und östlich des Hofs jeweils eine zweigeschoßige Zeremonienhalle zugebaut. An diese schließt seitlich der zum Friedhof hin geöffnete Arkadengang aus dem 19. Jahrhundert an.

1653 Goldegger Straße 52, Waldfriedhof, Grabdenkmal und Gruft Familie Pittner, 1905, P/BH/AF: Franz Pittner, K: Michael Drobil, Willibald Forstner (Figur) ●

Die antike Ädikula wurde um die Jahrhundertwende häufig als Vorbild für Grabmäler aufgegriffen und von Franz Pittner als ewig gültiges Formelement der Antike im wahrsten Sinne des Wortes in Beton gegossen. Der Zementwaren- und Kunststeinfabrikant ließ das Grabmal seiner Familie zur Gänze aus Portlandzement ausführen – selbst das Dach wurde aus rot gefärbten Betonplatten hergestellt. Der Grabdeckel besteht aus geschliffenem und poliertem Beton, eine eingelassene Glasplatte ermöglicht einen Einblick in die darunterliegende Gruft. Viel Beachtung fand die ungewöhnliche Idee, in der Gruft eine elektrische Beleuchtung zu installieren. Die antikisierende weibliche Figur als Allegorie der Trauer wurde nach dem Entwurf von Pittner von den Bildhauern Drobil und Forstner modelliert und in Portlandzement gegossen.

1654 Johann Klapper-Straße 7, Milleniumskirche Stattersdorf, Auferstehung Christi, 1999–2000, P: Wolfgang Pfoser, K: Rudi Gritsch (Schmelzglasbilder)

Der Ort Stattersdorf wurde während des NS-Regimes „Groß-St. Pölten" angegliedert und blieb auch nach einer Volksbefragung 1955 als VII. Bezirk ein Teil der Stadt. Bei einem Wettbewerb für einen Kirchenbau errang der St. Pöltner Architekt Wolfgang Pfoser den ersten Preis, und 1999 wurde mit dem Bau begonnen. Über viele Jahrhunderte galten der Längsbau und der Zentralbau als kanonische Grundrissformen eines katholischen Sakralbaus. Im 20. Jahrhundert wagten viele Architekt*innen neue Formulierungen, zu den außergewöhnlichsten zählt wohl der elliptische Grundriss, den auch Pfoser wählte. Er beschreibt sein Projekt als einen „in Form und Material von der Umgebung abgesetzten, städtebaulich signifikanten, elliptischen Kirchenbaukörper, welcher durch einen orthogonalen Sockelbaukörper durchdrungen wird". Dem Architekten war es ein Anliegen, mit dem Neubau einen Bezug einerseits zum bedeutenden St. Pöltner Dom und andererseits zur vertrauten Stattersdorfer Kapelle herzustellen. Um diesen idealen Kontext zu den weit entfernt liegenden Gebäuden architektonisch umzusetzen, verschwenkte er die Hauptachse des elliptischen Baukörpers gegenüber der Längsachse des Sockelgebäudes, sodass die gedachte Verlängerung der Längsachse genau auf die Mitte der Luftlinie zwischen den beiden Gebäuden trifft. Der hoch aufragende Hauptraum ist mit Stahlblech verkleidet und von einem umlaufenden Oberlichtband abgeschlossen, das im Kircheninneren die Ellipsenform betont und die Decke optisch schwebend erscheinen lässt. Der Hauptraum verbreitert sich an einer Seite zu dem rechteckigen erdgeschoßigen Sichtziegelanbau, der die Kreuzwegstationen enthält. Auf der anderen Seite der elliptischen Grundform ist der zweite Teil des „Sockelbaukörpers" mit der Werktagskapelle und dem Kircheneingang angeschlossen. Die Werktagskapelle kann einerseits mit einer transparenten mobilen Trennwand vom Hauptraum abgeschlossen werden und andererseits mit einer blickdichten mobilen Trennwand mit dem anschließenden Pfarrsaal verbunden werden, sodass unter Miteinbeziehung des Kirchenhauptraums ein großer Veranstaltungssaal generiert werden kann. Die gerundeten Kirchenbänke sind in Blöcken um den Altar angeordnet. Das Altarbild sowie die Kreuzwegbilder wurden von Rudi Gritsch in Schmelzglastechnik hergestellt.

1655 Josefstraße 46, Pfarrkirche hl. Josef, 1924–1929, P: Matthäus Schlager, K: Sepp Zöchling | Innenrenovierung, 1957–1958 | Außenrenovierung, 2012

1656 Karlstettner Straße 3, Zeremonienhalle der Israelitischen Kultusgemeinde, 1905, P: Rudolf Wondracek sen.

1657 Kremser Landstraße 48, Pfarrkirche Maria Lourdes, 1959–1961, P: Franz Barnath

1658 Landhausplatz 1, Landhauskapelle im Landhaus, 1995–1997, P: Arnulf Rainer, Ernst Hoffmann

Die infolge eines Wettbewerbssiegs von dem bedeutenden zeitgenössischen österreichischen Künstler Arnulf Rainer gestaltete Kapelle im Regierungsgebäude wurde in Kooperation mit dem Architekten Ernst Hoffmann umgesetzt. Dem hl. Leopold geweiht, zeigt dessen Bildnis in der Kapelle Rainers charakteristische Übermalungstechnik.

1659 Rößlergasse 20, Pfarrheim Spratzern, ehem. Caritasheim, 1931–1932, P: Klemens Flossmann, BH: Caritas Socialis ●

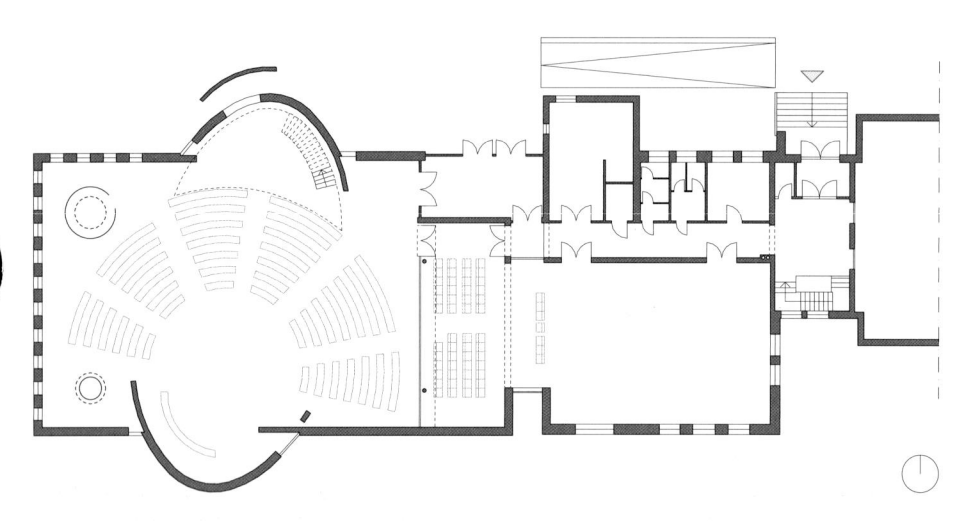

Zeitgleich mit der Errichtung der Kirche Spratzern (→ 1651) wurden am benachbarten Grundstück von der Schwesterngemeinschaft Caritas Socialis ein Kindergarten und ein Hort erbaut.

Der St. Pöltner Architekt Klemens Flossmann plante das zweigeschoßige Caritasheim mit sehr unterschiedlichen Fassaden. Die Fassade der Garten- und Eingangsseite ist in die Tiefe gestaffelt, ein turmartiger Aufbau in der Mitte bewirkt eine Gegenbewegung in die Höhe. Die Zweifarbigkeit betont die Wirkung der gegenläufigen Kräfte. Der Eingang befindet sich in einem seitlich angesetzten Anbau. Die Straßenfassade ist hingegen durch einen mächtigen Giebelabschluss akzentuiert und erhielt durch zwei angebaute eingeschoßige Seitenflügel eine repräsentative Breitenwirkung. 1961 wurden das Caritasheim und der ca. 6.200 Quadratmeter große Grund von der Pfarre gekauft und als Pfarrheim adaptiert.

1660   Salcherstraße 43, 3104, Rumänisch-orthodoxe Kirche Harland, ehem. Filialkirche Pax Christi, 1965–1966, P: Johann Kräftner sen., K: Robert Herfner (Glasmalerei, Kreuzweg) •

Nachdem der kleine Ort Harland 1939 in die Stadt St. Pölten eingemeindet worden war, wurde für die steigende Einwohner*innenzahl 1965 von Johann Kräftner sen. eine Kirche errichtet. Der flach gedeckte, außen basilikal erscheinende Langhausbau erhielt eine klinkerverkleidete Hauptfassade, den seitlichen Eingang erreicht man durch einen offenen Pfeilergang entlang der Längsseite. Ein Kreuz an der Fassade sowie ein frei stehender Glockenturm sind aus Stahl gefertigt. Der saalartige Innenraum erhielt einen geraden Chorabschluss und eine flache Holzdecke. Als Pendant zum Pfeilergang an der Außenseite erhielt der Innenraum an der gegenüberliegenden Längswand ein niederes, durch eine Stützenreihe abgetrenntes Seitenschiff. Die Belichtung erfolgt durch hoch liegende Fensterbänder an den Längswänden mit Glasmalereien von Robert Herfert, der auch die Kreuzwegstationen entwarf. 2018 wurde die Kirche der rumänisch-orthodoxen Kirchengemeinde übergeben.

Kultur, Veranstaltung

1661   Dr. Theodor-Körner-Straße 8, Prandtauerhalle, 1976–1978, P: Paul Pfaffenbichler, K: Ernst Krötlinger (Fassadenrelief)

Die Prandtauerhalle wurde gemeinsam mit dem Bundesschulzentrum, einem vierstöckigen Schulgebäude für die Bundesbildungsanstalt für Kindergartenpädagogik, errichtet. Die Ensemblewirkung wird durch bauzeitlich typische Gestaltungsformen und die Materialwahl an der Fassade verstärkt – wie etwa die dunklen Fensterrahmungen oder den Einsatz von roten Klinkerziegelfeldern in den Brüstungs- und Attikabereichen. Die Dreifachsporthalle ist durch klare kubische Formen und das die Hauptfassade prägende kubistische Relief mit abstrakten Figuren über dem horizontal gegliederten Hallenvorbau gekennzeichnet.

1662   Kulturbezirk 1, 3109, Klangturm, 1994–1997, P: Ernst Hoffmann, Gottfried Hattinger, BH: NÖ Landesregierung •

Die nachmoderne Hauptstadtplanung beinhaltete die Aufgabe, Offenheit, Transparenz und Demokratie in ihren Bauten zum Ausdruck zu bringen, was mit der gewohnten Rhetorik von Regierungsbauten nicht gut vereinbar war. Deshalb mussten Hoheitssymbole, wie beispielsweise ein Turm, diesbezüglich neutralisiert werden. Das verglaste Stahlskelett des begehbaren, 65 Meter hohen Klangturms erfüllt diese Aufgabe als akustisch bespielbares Wahrzeichen des Regierungsviertels und prägt die gesamte Stadtsilhouette neu. Er markiert den Achsenschnittpunkt innerhalb des Regierungsviertels und ist damit zentraler Kristallisationspunkt zwischen künstlerischer und politischer Darstellung.

1663   Kulturbezirk 2, Festspielhaus, 1995–1997, P: Klaus Kada, BH: NÖ Landeshauptstadt Planungsges.m.b.H. (NÖPLAN) •

1664 Kulturbezirk 5, <u>Museum Niederösterreich, 1992–2002</u>, P: Hans Hollein, BH: NÖ Landeshauptstadt Planungsges.m.b.H. (NÖPLAN) | Umgestaltung des Eingangsbereichs, 2009, AB: RATAPLAN Architektur ZT GmbH

Als Teil des Kulturbezirks und einziger von Hans Hollein errichteter Museumsbau in Österreich setzt sich das U-förmige Gebäude aus differenziert gestalteten Baukörpern zusammen. Die geometrische Vielfalt und die unterschiedliche Materialität ergeben eine Art postmoderne Collagen-Architektur, bei der die verschiedenen Raumkonfigurationen der einzelnen Ausstellungsbereiche ineinander übergehen. Der Zugangsbereich wird durch das steile, wellenförmige und auf schräg stehenden Stützen lagernde Vordach in Stahl-Glas-Konstruktion besonders auffällig inszeniert und damit zu einem skulpturalen Bestandteil der Platzgestaltung.

Die Eingangshalle wirkt als verbindendes Element zwischen dem „Haus der Geschichte" im östlichen Flügel und dem „Haus der Natur" im westlichen Gebäudetrakt. Über sie werden auch der Hof sowie der Gartenbereich erschlossen, dessen Skulpturengarten die Ausstellungsflächen erweitert.

Die prominente östliche Shedhalle mit ihren sieben nach Norden ausgerichteten Pultdächern wurde als erster Bauteil zwischen 1993 und 1996 ausgeführt und fungiert als Ausstellungsraum für das Haus der Geschichte.

Das charakteristische Merkmal des Hauses der Natur, der sogenannte Erlebnisbereich, sticht durch seine dreigeteilte, gläserne, kreissegmentförmig gewölbte Fassade zum Innenhof hervor. Darin ist auf unterschiedlichen Ebenen mit Treppen und Stegen eine künstliche Landschaft angelegt.

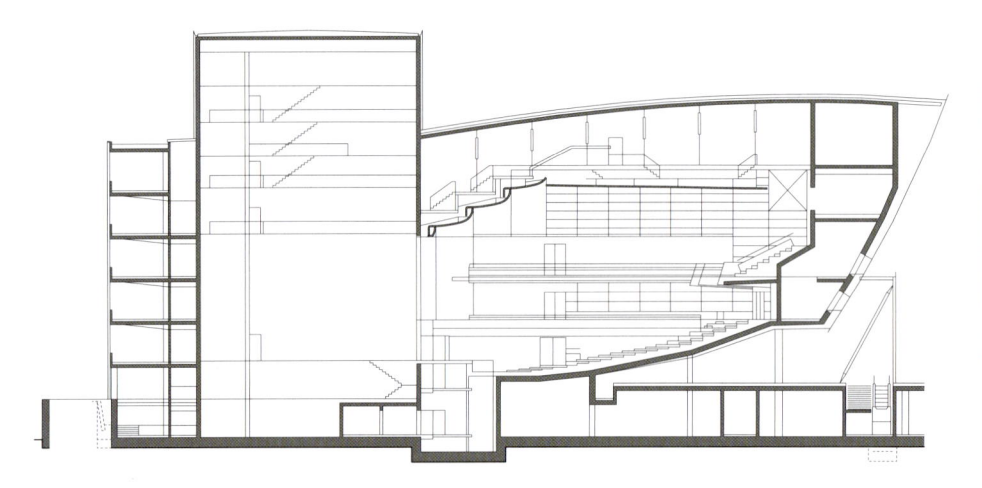

Zentrales Motiv in Klaus Kadas Entwurf für das Festspielhaus ist der Einsatz von transparenten und transluzenten Materialien, welche eine gewisse Festlichkeit evozieren und insbesondere abends die Grenze zwischen Innen- und Außenraum verschwimmen lassen. Der mit leicht grünlich eingefärbtem, opakem Glas umhüllte Saal wird mit Reflexionslicht hinterleuchtet und bildet einen anziehenden Leuchtkörper für den Außenraum. Aber auch dem Anspruch der modernen Architektur, die Raumfolgen und Raumformen außen ablesbar zu machen, kommt der Bau nach. Das Foyer erscheint durch seine Transparenz und Schwellenfreiheit als Teil des davor liegenden Platzes und erfüllt damit den Anspruch jedes Stadttheaters, Teil des Lebens dieser Stadt zu sein.

Kada hat die lichttechnischen sowie akustischen Schwierigkeiten – das größte Problem jedes multifunktionalen Saals – gelöst, indem der Raum durch mechanische Veränderbarkeit der Saaloberflächen auf die unterschiedlichen Erfordernisse bei den Aufführungen von Opern, Ballett, Musical und Konzerten hin angepasst werden kann.

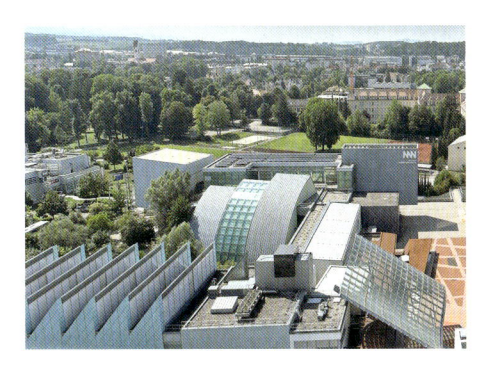

Parallelen zu dieser Wegeführung ließen sich auch in Holleins nicht erhaltener Innenraumgestaltung des Wiener Haas-Hauses finden.

2009 wurde das Museumsgebäude ertüchtigt, der Zugang aus der Tiefgarage, der Gastronomiebereich und auch der Vorplatz wurden neu gestaltet.

1665 Landhausplatz 1, Ausstellungsbrücke, 1997, P: Ernst Hoffmann

Da mit der neuen Rolle als Landeshauptstadt der Anspruch aufkam, alle historisch gewachsenen, politisch-administrativen und kulturellen Einrichtungen aus Wien zu transferieren, durfte auch eine entsprechende Ausstellungsgalerie nicht fehlen. Angelehnt an die historische Präsentation von Kunstwerken in sogenannten „Galerien", den Korridoren der Schloss- und Burgkomplexe, erfüllt nun die Ausstellungsbrücke im Kontext des Landhauses diese Funktion.

1666 Linzer Straße 18, Bühne im Hof, 1992–1993, P: Eduard Neversal, BH: NÖ Landeshauptstadt Planungsges.m.b.H. (NÖPLAN) | Erweiterung, 2002–2004, AB: SOLID architecture ZT GmbH (Christine Horner, Christoph Hinterreitner), pfeil architekten ZT GmbH (Franz Pfeil), BH: NEMUS Grundstücksvermietungs GmbH | Sanierung und Umgestaltung, 2017, AB: goebl architecture ZT GmbH (Lukas Göbl)

Aus einem kleinen, in einer ehemaligen Wäscherei situierten Spielraum entwickelte sich Anfang der 1990er-Jahre eine bedeutende kulturelle Einrichtung für zeitgenössisches Theater. 1993 wurde die „Bühne im Hof" gesellschaftlich in den Kulturbezirk des Landes Niederösterreich eingegliedert und von Eduard Neversal eine bauliche Erweiterung auf 500 Sitzplätze geplant. Er nutzte die außergewöhnliche Lage im Innenhof eines Biedermeier-Hauses im Stadtzentrum und schuf durch eine komplette Hofüberdachung eine moderne und multifunktionale Spielstätte. Mit ihren offen gezeigten Konstruktions- und Versorgungssystemen brechen die Einbauten gestalterisch bewusst mit dem historischen Baubestand. Die Wohnungen der den Hof eingrenzenden Bauten wurden zu Garderoben, Verwaltungsräumen und einem Buffet umgebaut.

2002 bis 2004 erfolgte am Nachbargrundstück ein Zubau mit Pausenfoyer und Cafeteria sowie Nebenräumen; der Haupteingang wurde an die Julius Raab-Promenade verlegt. Mit einer 2017 durchgeführten Sanierung des Hofs ging auch eine Umgestaltung der Zugangssituation und eine Rückverlegung des Haupteingangs an die Linzer Straße einher.

1667 Mühlweg 83, Wohn- und Geschäftshaus, ehem. Filmtheater, 1913, P: Robert Wohlmeyer, BH: Louis Geni | spätere Umbauten im Erdgeschoß

Auf seinen Touren durch die Kronländer besuchte der Schausteller Louis Geni mit seinem Wanderkino auch St. Pölten. Als Geni hier statt seines mobilen Zeltes eine permanente Spielstätte schaffen wollte, musste er dies aufgrund einer nicht gewährten Konzession außerhalb der damaligen Stadtgrenze tun.

Der St. Pöltner Architekt Wohlmeyer plante das Filmtheater als frei stehendes Gebäude mit einem erhöhten dreigeschoßigen Gebäudeteil an der Eingangsfront zum Mühlweg. Ein Vordach trennt das flächenmäßig größere und schlicht gestaltete Erdgeschoß von den beiden darüberliegenden, mit einem Giebeldach gedeckten kleineren Geschoßen. Die auffällig gestaltete Hauptfassade im oberen Bereich wird durch große Pilaster und Putzflächen dominiert, das Giebelfeld zieren eine Maske, Sonnenblumen sowie Blitze als Dekorelemente. Heute erinnern keine baulichen Einrichtungen mehr an das 1968 geschlossene Kino; im Obergeschoß sind aktuell Wohnungen untergebracht, die stark veränderte Erdgeschoßzone wird gastronomisch sowie durch Geschäftslokale genutzt.

1668 Völklplatz 1, Schießstattring 311, Umgestaltung Stadtsäle im ehem. Schützenvereinshaus, heute Hotel, 1956–1959, P: Paul Pfaffenbichler, Reinhard Pfoser, BH: Stadtgemeinde St. Pölten, K: Maria Sturm (Fassadenmalerei) | Umbau zum Hotel und Zubau, 2008–2011, AB: Jäger Architektur ZT GmbH

Von der langen Baugeschichte des heutigen Hotels geht nur ein Teil auf das 20. Jahrhundert zurück. 1882 wurde eine für den Schießstattring namensgebende „Bürgerliche Schießstätte" errichtet, die 1895 nach Plänen von Richard Frauenfeld zu einem repräsentativen Schützenvereinshaus ausgebaut wurde. Nach Absiedelung des Vereins erwarb die Stadt St. Pölten das Gebäude, um es unter dem Namen „Stadtsäle" für Veranstaltungen zu nutzen. 1956 bis 1959 erfolgte nach Plänen von Pfaffenbichler und

Pfoser ein Zubau bzw. eine Umgestaltung: Als eingeschoßiger Baukörper wurde ein neues Foyer westlich der Nebenfassade des Vereinshauses realisiert. Ein großes Flugdach markiert den Übergang zwischen altem und neuem Bauteil, wobei es leicht abgerückt von der historischen Fassade positioniert liegt. Die Südfassade des Foyers wurde von Maria Sturm mit den Wandgemälden „Ballszene" und „Liederabend" gestaltet. Zudem erhielten die bestehenden Innenräume ein neues Erscheinungsbild. Der große Saal im nördlichsten Gebäudeteil wurde unter gezieltem dekorativem Einsatz von Holzelementen komplett neu gestaltet. Ein vorgelagerter kleinerer Saal diente als Foyer, konnte aber bedarfsweise über fünf zweiflügelige Mahagonitüren mit dem großen Saal zusammengeschlossen werden. Das ehemalige Schützenvereinshaus sowie die Ausstattung der Festsäle stehen heute unter Denkmalschutz.

Bildung

1669 Daniel Gran-Straße 49, <u>Volksschule, 1906</u>, P: Josef Prokop | Neubau Turnsaal, 2005 ●

1670 Johann Gasser-Straße 7, <u>Dr. Theodor Körner Schulen, 1949–1954</u>, P: Tassilo Lendenfeld, Ludwig Heintschel, AF: Julius Eberhardt, Firma Meßlitzer, Winkler u. Co, Ferdinand Weinmann, K: Maria Sturm (Fresken im Stiegenhaus), Iris Hahnl-Faerber (Eichenportale) ●

Ursprünglich für die Unterbringung zweier Hauptschulen, für Knaben und für Mädchen, wurde das Gebäude symmetrisch angelegt. Auf einem Eckgrundstück erheben sich entlang der Straßen zwei lange dreigeschoßige Klassentrakte, die über fünfgeschoßige Ecktürme erschlossen werden. Dazwischen bilden zwei im rechten Winkel zu den Klassentrakten gestellte Flügel an der Ecke einen Vorplatz. Im Mitteltrakt befinden sich die Direktionsräume und Sonderunterrichtsklassen. Die beiden Turnsäle sind durch einen Gang mit den jeweiligen Klassentrakten verbunden. Alle Klassenräume sind zum ruhigen Garten orientiert, die Gänge liegen an der Straßenseite und die zwischen den Klassenräumen positionierten Garderoben sorgen für Schallschutz. Das Bauwerk wurde mit den neuesten technischen Errungenschaften ausgestattet: Dazu zählen die Schiebefenster in den Klassenräumen und Kippschiebefenster in den Gängen, eine Fernheizungsanlage und ein Schwimmbad im Keller. Interessant erscheint auch die Erprobung verschiedener Heizsysteme: Der Mädchentrakt wurde mit Radiatoren beheizt, während im Knabentrakt eine Deckenstrahlungsheizung errichtet wurde. Heute befinden sich in dem Gebäude vier individuelle Hauptschulen, viele Details aus den 1950er-Jahren, wie die Stiegenhäuser und die Beleuchtungskörper, sind in gutem Zustand erhalten.

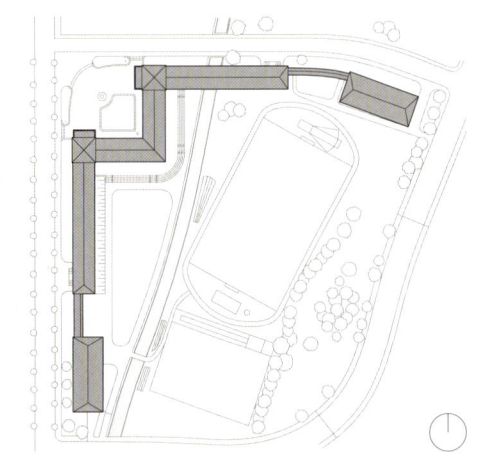

1671 Kulturbezirk 3–4, 3109, <u>NÖ Landesbibliothek und Landesarchiv</u>, P: Paul Katzberger, Karin Bily, Michael Loudon | Kulturbezirk 4, <u>NÖ Landesarchiv, 1991–1997</u> | Kulturbezirk 3, <u>NÖ Landesbibliothek, 1993–1997</u>, BH: NÖ Landeshauptstadt Planungsges.m.b.H. (NÖPLAN) ●

Im Zuge der Umsiedlung der niederösterreichischen Institutionen in die neue Landeshauptstadt wurde auch der wertvolle Bücher- und Archivbestand aus den historischen Bauten in der Wiener Innenstadt, dem ehemaligen Niederösterreichischen Landhaus in der Herrengasse und der ehemaligen Allgemeinen Österreichischen Bodencreditanstalt in der Teinfaltstraße, in neu errichtete Baulichkeiten im Kulturbezirk übersiedelt. Infolge eines Wettbewerbssiegs entstanden zwei fein proportionierte, sehr introvertierte Baukörper. Auf den ersten Blick erscheinen sie wie ein homogener Baukörper – weiße, gleich hohe Kuben mit Kalksteinfassaden und langen schmalen Fenstereinschnitten. Erst bei näherer Betrachtung offenbaren sich die gestalterischen Unterschiede in Details wie den Plattenformaten und dem Fugenverlauf der Fassaden. Die zurückhaltende, minimalistische Architektursprache des Exterieurs hebt sich von den umliegenden Bauten ab, im Inneren schaffen gezielte Lichtführung, klare Materialkonzepte und Aus- und Durchblicke in beiden Gebäuden starke Raumstimmungen.

Der Kubus im Norden des Grundstücks beherbergt die Landesbibliothek. Das Herzstück bildet der Leseraum im Obergeschoß, der Einblicke in die Regaletagen bietet und über ein langes Fensterband sowie ein Oberlicht erhellt wird.

Auch das L-förmig angelegte Landesarchiv verfügt in seinem schmalen südlichen Schenkel über einen Lesesaal mit einer Höhe von sechs Metern und einem horizontalen Fenster in Augenhöhe. Im breiten Ostflügel erstrecken sich über fünf Geschoße die Depoträume, die über eine Kaskadentreppe, Brücken und Galerien miteinander verbunden sind. Die leicht hügelige Topografie ermöglicht zudem subtil komponierte, intime Außenräume, die mit der Atmosphäre im Inneren korrespondieren und zum konzentrierten Studium von Büchern und Archivmaterial animieren.

1672 Mariazeller Straße 97, Wirtschaftsförderungsinstitut (WIFI), 1965–1972, P: Karl Schwanzer, BH: Kammer der gewerblichen Wirtschaft Niederösterreich, S: Hugo Huller, Josef Pfister | Umbau und tlw. Aufstockung, 1986–1988 | Zubau, 1998–2000, P: Günther Domenig | Abbruch Wohnturm, 1999 ●

Karl Schwanzer ging aus einem Wettbewerb für die Errichtung eines Lehr- und Werkstättengebäudes für das WIFI als Sieger hervor und schuf eines der seltenen brutalistischen Bauwerke in Niederösterreich. Seine Zielsetzung war, ein übersichtliches Gebäude zu entwerfen, das auf die Nutzungsansprüche der verschiedensten Fachgruppen mit hoher Flexibilität bei größtmöglicher Wirtschaftlichkeit reagieren kann. Um mehrere Höfe gruppieren sich in einer rhythmischen Abfolge Gänge, Säle, Terrassen und Werkstätten. Die expressive Anmutung erfolgt durch den konsequenten Einsatz von schalreinem Sichtbeton und die plastische Ausformulierung der konstruktiven Elemente. Den Kontrapunkt zu dem flachen, horizontal orientierten Lehr- und Werkstättengebäude bildete der 17 Stockwerke hohe Wohnturm des Internats, der 1999 abgerissen wurde.

1673 Nachtigallgasse 13, 3104, Landeskindergarten, 1981, P: Horst Stenitzer

1674 Schneckgasse 3, Mary Ward Privatgymnasium, ehem. Schule des Instituts der „Englischen Fräulein", 1920–1922, P: Klemens Flossmann | Zubau, 2013–2015, P: Wolfgang Pfoser

Der 1609 von Mary Ward gegründete Frauenschulorden der Congregatio Jesu, auch „Englische Fräulein" genannt, ließ sich 1706 in St. Pölten nieder. Kurz darauf wurde ein gleichnamiges Institut mit einer Mädchenschule und Kirche in der Linzer Straße errichtet und über die Jahre sukzessive erweitert. Das 1920 bis 1922 entstandene Schulgebäude in der Schneckgasse schließt das große Areal baulich im Süden ab und erhielt ab 2013 einen Zubau.

1675 Schulring 18, Bundesakademie für Sozialarbeit, ehem. NÖ Landesübungsschule, 1900–1901, P: Carlo von Boog

1676 Spratzerner Hauptstraße 58, Volksschule, 1923–1925, P: Stadtbauamt St. Pölten, AF: Ferdinand Weinmann ●

1677 Weiglstraße 6, 3140, Zubau Volksschule, 1950–1952, P: Franz Barnath, K: Sepp Zöchling (Putzrelief) | Turnsaalzubau, 1963–1966 | Umbau, 1986 ●

Das 1888 errichtete historistische Schulgebäude wurde über die Jahre sukzessive erweitert.

1678 Weiglstraße 8, 3140, Mittelschule, 1975, AB: Architekturbüro Barnath (Franz Barnath, Reinhard Barnath) | Dach, 2004, P: Städtische Hochbauabteilung | Fassadensanierung, 2008, P: Helmut Stefan Haiden ●

Gesundheit

1679 Dunant-Platz 1, Universitätsklinikum St. Pölten, ehem. A. ö. (Allgemeines öffentliches) Landeskrankenhaus St. Pölten, 1961–1975, P: Paul Pfaffenbichler, BH: Stadtgemeinde St. Pölten | Neubauten, ab 1989, P: Paul Pfaffenbichler ●

1884 bis 1885 wurde das Kaiser Franz Joseph-Krankenhaus St. Pölten von Eugen Sehnal im Pavillonsystem mit 150 Betten erbaut. In den folgenden Jahren wurden teils die bestehenden Gebäude aufgestockt, teils neue Pavillons errichtet und die Belegkapazität auf 320 Betten erweitert. Nach dem Ende der Monarchie erfolgte die Umbenennung des Spitals in „A. ö. Landeskrankenhaus". Im Zweiten Weltkrieg erlitt es durch Bombentreffer zum Teil schwere Beschädigungen. Nach jahrelangen Verhandlungen im Gemeinderat wurden 1961 umfangreiche Erneuerungen beschlossen. Um den zeitgemäßen Anforderungen gerecht zu werden, war ein neues Haupthaus zu errichten, die bestehenden Gebäude sollten entsprechend um- und ausgebaut und insgesamt Platz für rund 800 Betten erreicht werden. Den im selben Jahr ausgeschriebenen Wettbewerb gewann Paul Pfaffenbichler, der vor allem in Niederösterreich mit der Realisierung zahlreicher Bauvorhaben bekannt geworden ist. Er plante ein vierflügeliges neungeschoßiges Haupthaus, unterschiedlich ausgebildete Balkone beleben und rhythmisieren die langen Fassaden. Der Bau erhielt insgesamt ein bemerkenswertes, individuelles und monumentales Erscheinungsbild. Der Neubau des Haupthauses war 1975, die Um- und Zubauten der Nebengebäude 1981 abgeschlossen. Schon wenige Jahre später erfolgte 1989 der Grundsatzbeschluss des Gemeinderats, das Krankenhaus mit weiteren Bauten zu vergrößern, um die modernsten medizinischen Untersuchungs- und Behandlungsverfahren zu ermöglichen und eine Kapazität von rund 1.200 Betten zu erreichen. Seitdem wurden und werden vom Büro Paul Pfaffenbichler eine Reihe von Neubauten errichtet. Das ursprüngliche Haupthaus sollte zunächst renoviert werden, aus finanziellen und praktischen Gründen wurde jedoch beschlossen, die bestehenden Abteilungen in die neu errichteten Gebäude zu transferieren, das rund 40 Jahre alte Haupthaus wird voraussichtlich 2024 abgerissen. Nur die kleine, denkmalgeschützte historische Krankenhauskapelle erinnert noch an das erste Krankenhaus von St. Pölten.

Freizeit

1680 Jahnstraße 15, Jahnturnhalle, 1928–1929, P: Leo Keller ●

Der seit den 1920er-Jahren in Wels ansässige Leo Keller, ein Schüler von Hermann Aichinger, schuf mit seiner Etzold-Turnhalle in Wels (1927–1930) einen Bau zwischen Heimatschutz-Stil und Moderne, der den Anstoß zum Auftrag für die Jahnturnhalle in St. Pölten gegeben haben könnte. Die den Hauptsaal an den Längsseiten gliedernden Rundfenster geben dem Baukörper insbesondere an der Südfassade eine markante Erscheinung. Die Eingangsfront besteht aus einer versachlichten Giebelfront mit mittig sitzendem Vertikalfenster. Der unmittelbare Portalbereich wird durch ein halbrundes, flaches Vordach auf eckigen Ziegelpfeilern geschützt.

Sonderbauten

1681 Radioplatz 1, ORF Landesstudio Niederösterreich, 1994–1998, P: Gustav Peichl, Rudolf Felix Weber, BH: Österreichischer Rundfunk (ORF) | Umbau und Erweiterung, 2000–2001, P: Gustav Peichl

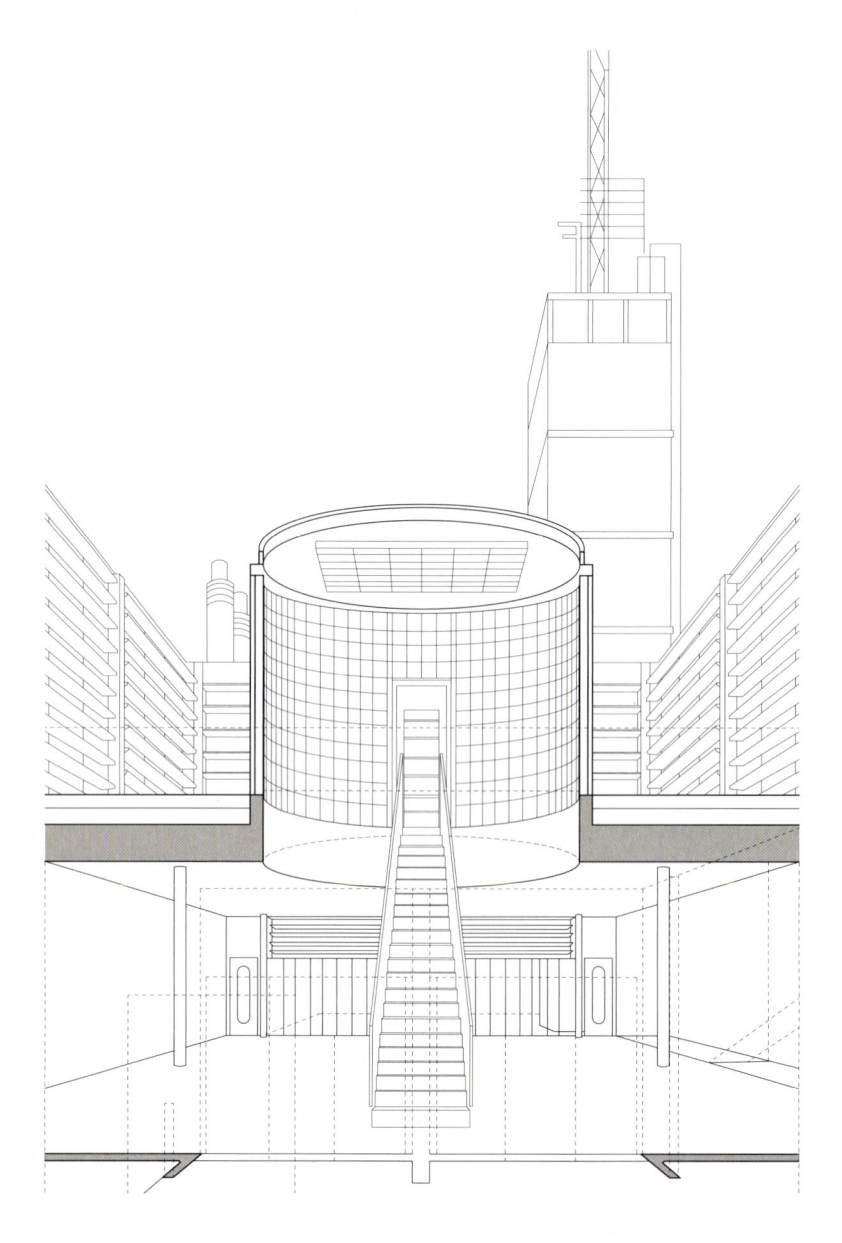

In den 1970er- und 1980er-Jahren errichtete Peichl infolge eines Wettbewerbssiegs sechs einem „Serienentwurf" folgende Landesstudios für den ORF (Vorarlberg, Salzburg, Tirol, Oberösterreich, 1972; Steiermark, 1981; Burgenland, 1982 eröffnet). Konzept war es, die Gebäude auch ästhetisch den

funktionalen Vorgängen im Inneren folgen zu lassen: „Die charakteristische und unverwechselbare Form des Bauwerks ist die nach außen projizierte Innenfunktion", so der Architekt selbst. Beim jüngsten der Landesstudios, dem im Kontext der Hauptstadtplanung Niederösterreich entstandenen Funkhaus St. Pölten, bricht er jedoch mit seinem etablierten System und der bisher verfolgten Corporate Identity. Statt den früheren ikonischen, radial organisierten Grundrissen zu folgen, die eine sektorielle Erweiterbarkeit boten, entwarf Peichl gemeinsam mit seinem Büropartner Rudolf Felix Weber für St. Pölten ein mit knapp 20.000 Kubikmeter umbautem Raum deutlich kleineres Gebäude über quadratischem Grundriss in leicht erhöhter Grünlage am südwestlichen Rand des Regierungsviertels. Der Stand der Technik in Sachen Digitalisierung ermöglichte nun einen Bau mit wesentlich geringerem Raumvolumen, welchen Peichl und Weber mit Fokus auf optimierte Raumabfolge und effiziente Wegführung funktional durchdacht umsetzten.

Während die bisherigen Studios durch ihre auffällige Geometrie technisch-futuristisch anmuten und in Kombination aus Ortbeton und Serienbauteilen realisiert wurden, entstand in St. Pölten ein schlichter Baukörper in Leichtbauweise, der optisch durch die grauen Blech-Fassadenpaneele sowie die der Fassade vorgesetzten Metall-Beschattungselemente mit horizontalen Lamellen geprägt ist. Der Stützenraster von 6 × 6 Metern erlaubt es, auch nachträglich auf veränderte Raumanforderungen reagieren zu können.

Das Herzstück des Baus stellt die zentrale Eingangs- und Verteilerhalle dar. Der Raum wird durch ein dahinterliegendes Atrium sowie einen laternenartigen Aufbau aus Glasbausteinen belichtet; unterhalb dieses Zylinders – der im St. Pöltner Entwurf das einzige runde Element darstellt und dem Gebäude den Beinamen „Peichl-Kristall" einbrachte – führte ursprünglich eine gerade Treppe ins Obergeschoß.

Um die Halle, die auch als Ausstellungsraum dienen kann, und das Atrium sind im Erdgeschoß die Studios, Regieräume sowie Büros und Archivräume angelegt. Das in der Grundfläche deutlich kleinere Obergeschoß beinhaltet die Räumlichkeiten der Intendanz, weitere Büros, Sanitärräume und einen Gemeinschaftsraum; die übrige Dachfläche des Erdgeschoßes wird als Terrasse genutzt. Ein von Antennen bekrönter, frei stehender Aufzugsschacht ist im Bereich des Atriums positioniert und überragt in der Außenansicht das übrige Volumen.

Bereits kurz nach Eröffnung durchgeführte Um- und Zubauten nach einer Umstrukturierung des ORF erweiterten das Gebäude um einen östlich vorgelagerten, mit einem Glasgang angedockten riegelförmigen Bürotrakt und brachten darüber hinaus Veränderungen an der ursprünglichen Konzeption und Gestalt des Bauwerks mit sich.

Wohnbauten

1682 Bahnhofplatz 2–4, Khittelstraße 5–7, WH, 1959, P: Hans Muttoné, Friedrich Novotny, BH: ÖBB, AF: Josef Weidinger

Konkave Rundung und Überhöhung des vorspringenden, turmartigen Kopfbaus mit großzügigem Sockel verheißen sowohl großstädtische Geste als auch zeittypische Formensprache. Gleichzeitig zeugt die zurückhaltende Eleganz der glatten Putzfassaden mit charakteristischen Details, wie dem niedrigen Sockel, zarten Faschen, dem Kranzgesims und ziegelgedeckten Walmdächern, vom restaurativen Gestaltungsanspruch des Wiederaufbaus.

1683 Bahnhofplatz 12, Kremser Gasse 43, Wohn- und Geschäftshaus, 1901, P: Eugen Sehnal, BH: Franz Stadlmayr, AF: Johann Zeilinger

Bezugnehmend auf die Kaiserkrone auf dem Kuppelhelm des Zinshauses richtete der Bauherr im Erdgeschoß das Restaurant „Zur Kaiserkrone" ein. Die markante, kuppelbekrönte Gebäudeecke bildet gegenüber dem Hauptbahnhof das Tor zur Kremser Straße in Richtung Altstadt. Auch gestalterisch schuf der Ferstel-Schüler Sehnal einen deutlichen Übergang zum zuvor errichteten, angrenzenden Stöhr-Haus (→ 1726).

1684 Brunngasse 7, Wohn- und Geschäftshaus, 1902, P: Rudolf Wondracek sen., BH: Anton Fuchs

Der Entwurf des dreigeschoßigen Stadthauses geht auf den Vater des gleichnamigen und bekannteren Rudolf Wondracek, der in der Zwischenkriegszeit einige richtungsweisende Wohnbauten der Stadt errichtete, zurück. Als auffälligstes Merkmal sah der St. Pöltner Baumeister am ausschweifenden Giebel über dem Eckrisalit einen dekorativen, farbig gefassten Fries mit Äpfeln und Blattdekor sowie großformatigen Kränzen vor.

1685 Defreggerstraße 4, 4E–I, 6, 6A–D, Rainer-Siedlung, 2000–2005, P: Roland Rainer, MA: Johanna Rainer, Harald Wallner, BH: Alpenland Wohnbau- und Wohnbetreuungs GmbH, WET-Wohnungseigentümer, Wohnungsgesellschaft St. Pölten

Das zusammenhängende Siedlungsband aus stufenförmig angeordneten Reihenhäusern und Zeilenbauten mit Geschoß- und Maisonettewohnungen begrenzt parallel zu Landhausviertel und Flusslauf den Grünraum östlich der Traisen. Klare, flach gedeckte Kubaturen mit weißen Putzfassaden bestimmen die in die zugehörigen, parzellierten Grünflächen eingebettete Bebauung mit 160 Wohnungen. Straßenseitig wird die autofreie Anlage nur im Osten erreicht, die übrige Erschließung erfolgt fußläufig, wie auch die Verbindung über den Traisensteg ins Regierungsviertel.

1686 Domgasse 8, Wohn- und Geschäftshaus, 1901, P: Johann Zeilinger

1687 Domplatz 9, Herrenplatz 4, WH Höfinger, 1914, P: Hubert Gessner, BH: Rudolf Höfinger, Vinzenz Höfinger, K: Anton Hanak (Putti) ●

Schon im Stadtgrundriss kommt dem markanten Eckbau eine besondere Rolle an den Rändern von gleich zwei zentralen Platzkanten zu. Dieser Situation wird der viergeschoßige Wohnbau, bauzeitlich mit Kaffeehaus im Erdgeschoß, mit plastisch durchgliederten, unterschiedlich langen Fassaden und der dazwischen vermittelnden, besonders betonten Eckrundung gerecht. Der Eindruck zweier separater Platzfassaden wird durch je ein abschließendes Kranzgesims über dem dritten Obergeschoß verstärkt, das über der Rundung zur Flucht des vierten Mansardgeschoßes zurückspringt. Gestalterisch sind die Putzfassaden durch einen geometrischen Raster und dezenten Jugendstil-Dekor mit klassischen Gliedern, wie kannelierten Pilastern, Konsolen sowie Philosophenköpfen und den Putti Anton Hanaks, geprägt.

1688 Dr. Karl Reinthaler-Gasse 23–35, WHA, 1991–1992, P: Peter Raab, MA: Florian Wallnöfer ●

Die nach Südwesten gekrümmte, bis zu drei Geschoße hohe und relativ schmale, auch als „Bananenburg" bezeichnete Reihenhauszeile umfasst sieben Wohneinheiten und wird von einem nach außen ansteigenden Pultdach abgeschlossen. Das durchgehende Balkonband auf der konvexen und der hölzerne Laubengang auf der konkaven Seite verstärken die Wirkung der Form und fassen die im Grundriss durch die Mitbestimmung der Eigentümer*innen individuell gestalteten Einheiten optisch zusammen. Alle Abschnitte verfügen über einen Wintergarten, der sich bei fünf der Wohneinheiten bis über das erste Obergeschoß erstreckt.

1689 Dr. Karl Renner-Promenade 12, WH, 1903–1904, P: Johann Wohlmeyer

1690 Dr. Karl Renner-Promenade 30, Gabelsbergerstraße 1, WH, 1912, P: Wicherer & Tinter

1691 Dr. Otto Tschadek-Straße 32–58, Musterwohnhausanlage, 1994–1995, P: Helmut Christen, BH: WET-Wohnungseigentümer, Alpenland, Gebau-Niobau, AF: ARGE Musterwohnhausanlage St. Pölten, S: Armin Rausch ●

Die Siedlungsstruktur erstreckt sich beidseits entlang eines geknickten Bands aus vier aufgestelzten, zweigeschoßigen Laubenganghäusern. Im Norden und Süden sind zwei Typen dreigeschoßiger

Häuser mit jeweils einer Wohneinheit pro Geschoß in fünf Zeilen arrangiert. Die Erschließung erfolgt über die im Außenbereich angeordneten Stiegenhäuser und verstärkt die ausdifferenzierten, abgestuften Volumina. Die farbliche Reduktion aller Elemente auf die Materialität und wenige Kontrastflächen erhebt die Topografie der Bauten zum bestimmenden Charakteristikum der Anlage.

1692 Fuchsenkellerstraße, Gerdinitschstraße, Kupferbrunnstraße, Urbanstraße, Siedlung Kupferbrunn, 1914–1917, 1923–1925, P: Prokop, Lutz & Wallner; Landthaler und Faulhammer, BH: Erste Österreichische Glanzstoff-Fabrik AG ●

Die Siedlung wurde etwas abseits des Fabrikareals für die Stammbelegschaft der Ersten Österreichischen Glanzstoff-Fabrik (→ 1746) errichtet. Sie ist geprägt von ein- und zweigeschoßigen Häusern, wobei die eingeschoßigen Gebäude ein ausgebautes Dachgeschoß besitzen. Die giebelständigen Bauten sind von einem Sattel- oder Bogendach überfangen. Die Doppelwohnhäuser für zwei bis vier Familien beinhalten meist symmetrisch gespiegelte Grundrisse. Die größeren Wohnhäuser setzen sich aus einem mittleren traufständigen Bauteil und zwei äußeren giebelständigen Bauten zusammen. Der Bau der Siedlung wurde kriegsbedingt 1917 eingestellt und erst im Jahr 1923 fortgesetzt. Die Gebäude der Kupferbrunnstraße 22–28 und 30–36 wurden nach Plänen von Landthaler und Faulhammer errichtet. Wenige der Wohnhäuser sind heute noch im Originalzustand erhalten.

1693 Grillparzerstraße, Jahnstraße, Kranzbichlerstraße, Voithsiedlung, 1920–1930, P: Rudolf Jäger, Josef Weidinger, Wilhelm Ritter u. a.

Östlich der ab 1904 in Betrieb genommenen und stetig erweiterten Maschinenfabrik J. M. Voith (→ 1748) wurde in den 1920er-Jahren eine Werkkolonie mit villenartigen Gebäuden samt Gärten nach Plänen diverser deutscher und österreichischer Planer*innen errichtet.

1694 Handel Mazzetti-Straße 1–5, Wohn- und Geschäftshäuser, 1930, P: Rudolf Wondracek, BH: Allgemeine Gemeinnützige Wohnungsgenossenschaft, AF: Prokop, Lutz & Wallner ●

Der feinfühlig proportionierte, dreigeschoßige Wohnbau greift auf hakenförmigem Grundriss mit leicht konkaver Flucht den Straßenverlauf auf, wodurch die klar durchgliederte Fassade Leichtigkeit erhält. Nach Westen entsteht ein dreieckiger Vorplatz, zu dem der symmetrische Gebäudekopf mit überdachtem Portalbereich, über zwei Geschoße verglastem Stiegenhaus und Glasaufbau des Staffelgeschoßes ausgerichtet ist. Beidseitig werden Terrassen im Erd- und Balkone im Obergeschoß um die Ecken geführt. Das musterhafte Beispiel für einen funktionalistischen Wohnbau der klassischen Moderne stellt gleichzeitig ein gut erhaltenes Beispiel für die vielen zeittypischen Bauten des Architekten Rudolf Wondracek in St. Pölten dar.

1695 Hasnerstraße 3, MFH, 1929, P: Klemens Flossmann, BH: Ernst Steinprinz

Das frei stehende Mehrfamilienhaus stellt mit dem markanten Erker in der Mittelachse, seinen Gesimsbändern und dem mehrfach geknickten Spitzgiebel sowie dem darüberliegenden Dachaufbau mit ebenfalls polygonal gezackter Bekrönung einen beachtlichen Wohnbau der Zwischenkriegszeit dar. Wiederkehrendes Element an der ansonsten hellen Putzfassade sind die Mauerwerkflächen an den Kanten des Portals und der Fenster.

1696 Heidenheimer Straße 21–23, Doppelhaus, 1927–1928, P: Rudolf Wondracek, BH: Hilda Fischer, Julius Fischer, Paul Kohner | Aufstockung und Umbau, 1963, P: Werner Zieritz ●

1697 Herzogenburger Straße 32, WH, 1927–1928, P: Rudolf Wondracek, BH: Stadtgemeinde St. Pölten | Einbau Geschäftslokale im Erdgeschoß, um 1960 ●

Am flach gedeckten Wohnbau lässt sich eine für Wondracek typische, nüchtern-klare Strukturierung der Fassade nachvollziehen. Ein umlaufendes Sohlbalken- und ein Kranzgesims gliedern die Fassade horizontal; die asymmetrisch aus der Fassadenmitte gerückten drei zentralen Achsen über dem Eingang sind im ersten und zweiten Obergeschoß durch Wandvorlagen und bandartige Verdachungen nicht mehr vorhandener Loggien akzentuiert. Ein darüber durch Metallgurte angebundener Fahnenmast reicht vor den quadratischen Fensteröffnungen des Dachgeschoßes und durchbrach das Traufgesims. Dieses charakteristische Detail, das sich in vergleichbarer Form auch am Doppelhaus Heidenheimer Straße 21–23 (→ 1696) befand, wurde bei einer jüngeren Sanierung bedauerlicherweise entfernt.

1698 Heßstraße 14, Wohn- und Kanzleigebäude, 1924, P: Prokop, Lutz & Wallner, Rudolf Frass, BH: Prokop, Lutz & Wallner, K: Wilhelm Frass (Statue) | Sanierung und Anbau Aufzugturm, um 2020 ●

Die Fassade des nach eigener Planung für die Baufirma Prokop, Lutz & Wallner errichteten Baus stammt vom Otto-Wagner-Schüler Rudolf Frass. Drei Polygonalerker bilden im zweiten Obergeschoß mit zwischengestellten Balkonen einen zur Straße auskragenden Vorbau. Über diesem erhebt sich in der Mittelachse die monumentale, zwischenzeitlich verglaste Mansarde als Dachbekrönung. Die kubischen und polygonal-expressionistischen Formen werden durch den rauen Rieselputz, den wehrhaften Eindruck der Fenstervergitterungen im Erdgeschoß und die Lünetten der Öffnungen zum Souterrain ergänzt. Der Ausdruck von Solidität verweist – wie auch die Maurerstatue von Wilhelm Frass in der westlichen Fassadennische – programmatisch auf das ansässige Baugewerbe. Gestalterisch wird an der heroisierenden Statue bereits erkennbar, warum Frass zu den angesehensten Künstler*innen im Nationalsozialismus zählte, die sich ebensolche Darstellungsweisen zu eigen machten.

1699 Hofstatt 5, Dachbodenausbau, ab 1981, P: Klaus Kada •

1700 Josefstraße 33e, Hochhaus St. Pölten, um 1960, P: Othmar Augustin, BH: Allgemeine Heimstättengenossenschaft

1701 Josefstraße 43–55, WHA, 1930, P: Rudolf Wondracek, BH: Allgemeine gemeinnützige Wohnungsgenossenschaft, AF: Franz Benesch, Josef Pihaule, Ferdinand Weinmann

1702 Josefstraße 58–64, Wohnbau, 1926, P: Hermann Richter, BH: Stadtgemeinde St. Pölten

1703 Julius Raab-Promenade 20, Wohnbau, 1924–1925, P: Hermann Richter, BH: Stadtgemeinde St. Pölten

1704 Khittelstraße 15, Radetzkystraße 6–8, Schießstattring 1–5, Wenzel Kaska-Straße 7–13, Leopold Kunschak Hof, 1956–1960, P: Hans Zahlbruckner, BH: Gemeinnützige Wohn- und Siedlungsgenossenschaft Frieden

Die Wohnhausanlage bildet nach Südosten eine viergeschoßige Bebauung im Blockrand aus, nach Westen sind vier gestuft angeordnete Zeilenbauten an die gebogene Straßenflucht angepasst. Abschluss und Höhepunkt der Anlage bildet das elfgeschoßige Wohnhochhaus im Norden, gegenüber den Gleisanlagen des Hauptbahnhofs. Die markante Hochhausscheibe vollzieht im Grundriss einen leichten Knick, wodurch die glatte Front mit Putzfassade und einheitlichem Fensterraster eine zeittypische Eleganz und Leichtigkeit erfährt. Die Schmalseiten sind durchgehend mit breiten Balkonen versehen und ein charakteristisches Kranzgesims, das für die zeitgenössischen Wohnhochhäuser Niederösterreichs typisch ist, schließt den Bauteil ab.

1705 Kranzbichlerstraße 59–69, August Hassack-Straße 16–22, Leobersdorfer Bahnstraße 11, Bauvereinshäuser Süd, ab 1903, BH: Verein zur Erbauung billiger Wohnungen

Zur Schaffung dringend benötigten Wohnraums für Industriearbeiter*innen entstand in den Jahren nach 1903 die vierflügelige Wohnhausanlage im Blockrand. Die neun im Anschluss von der Firma Voith übernommenen Bauten sind hinter einheitlichen Putzfassaden zusammengefasst, die durch schmale, mit runden Giebeln abgeschlossene Risalite der Stiegenhäuser und markante, durch Zeltdächer mit Mansarden akzentuierte Eckrisalite gegliedert werden.

1706 Kremser Gasse 27, Wohn- und Geschäftshaus, 1905, P: Rudolf Jäger

Auffällig am dreigeschoßigen Bau ist der streng geometrische und erstaunlich modern wirkende Jugendstil-Dekor, dessen pilasterartige Lisenen die Fassade in drei gleichrangige vertikale Achsen gliedern. Anstelle von Kapitellen schließen die kannelierten vertikalen Bänder mit weit hervortretenden Masken unterhalb des Gesimses ab.

1707 Lagergasse 18–24, Bedienstetenwohnhäuser, 1922, BH: Bundesbahndirektion Wien-West | Wiederaufbau nach Kriegszerstörung, 1949–1950 •

1708 Linzer Straße 10–12, Wohn- und Geschäftshaus, 1949–1951, P: Arch. Urbanek | Ausbau Dachgeschoß, 1959

Der anstelle von zwei kriegszerstörten Vorgängerbauten errichtete viergeschoßige Wohnbau mit Ladengeschäften im Erdgeschoß erscheint sinnbildlich für eine zurückhaltend historisierende Architektur des Wiederaufbaus. Die breite Straßenfront mit Hofeinfahrt und Schaufenstern ist oberhalb des Sockels von klarer Symmetrie geprägt. Die dezente plastische Gliederung durch flache Eckrisalite und schmale Lisenen rhythmisiert die ansonsten schlichte Fassade. Das sparsame Ornament beschränkt sich auf die Überwölbung der Fenster und Ausformung der Faschen, stiftet dem Bau jedoch einen traditionellen Hintergrund, der sich im steilen Satteldach mit schmalen Walmgauben wiederholt. Rückseitig bildet die Bebauung mit einem Seitenflügel und einem Hoftrakt zwei Innenhöfe aus.

1709 Maria Theresia-Straße 11–11a, Doppelvilla, 1906, P: Friedrich Pietschmann, BH: Alfred Wünsch

1710 Rathausplatz 2, Heßstraße 2, Roßmarkt 4, Wohn- und Geschäftshaus, 1923, P: Rudolf Frass, K: Wilhelm Frass | Anbau Vortragssaal, 1927

Am selben Platz der zur Jahrhundertwende demolierten Hauptwachkaserne entwarf Rudolf Frass den bis zum Roßmarkt reichenden Wohn- und Geschäftshauskomplex. Gliederung erhält die Baumasse durch Erhöhung des Mittelbaus in der Heßstraße 2 auf drei Obergeschoße gegenüber den um ein Stockwerk niedriger ausgeführten Eckbauten. Die drei monumentalen Fassaden bedienen sich konservativer Elemente, greifen jedoch ein expressionistisches Formenvokabular auf. Charakteristisch sind stark profilierte Dreiecksgiebel, polygonale Eckerker und die umlaufenden, mit spitzen Giebeln versehenen Brüstungs- und Sturzgesimse. Das Sockelgeschoß ist als durchgehende Ladenzone mit Arkadenbögen ausgebildet. Die Figurengruppe der drei Tageszeiten Morgen, Mittag und Abend im Tympanon zum Rathausplatz stammt von Wilhelm Frass.

1711 Ringelnatzgasse 5, Breitwiesenweg 8–10, Gartensiedlung Waitzendorf, 1991–1992, P: Christian Hackl, Werner Silbermayr, Ulrike Lambert, MA: Walter Boyer, BH: Wohnform Bauträger GmbH, S: Heinz Hagen, AF: STUAG Bau-AG

Die Wohnanlage setzt sich aus drei Zeilen mit jeweils vier grob nach Süden orientierten, leicht gestaffelten Reihenhäusern zusammen. Die nahezu würfelförmigen Baukörper bestehen aus massiven Mauern und Holzleichtbau, den oberen Abschluss bilden flache Pultdächer. Während die vertikalen Deckleisten der Faserzementplatten im oberen Bereich der Fassaden an einheitliche Rankgerüste erinnern, unterstreicht der Einsatz unterschiedlicher Pastelltöne den individuellen Charakter der einzelnen Einheiten.

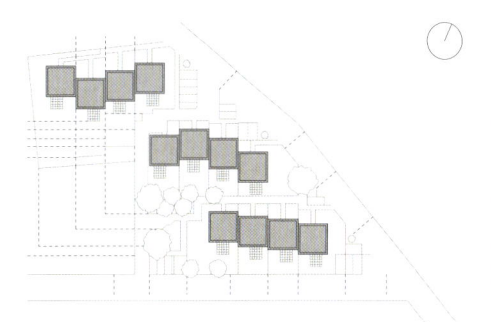

1712 Salcherstraße 50–72, 76, 3104, Arbeiter*innenwohnhäuser und Gefolgschaftshaus, 1895–1907, BH: AG der k. k. priv. Harlander Baumwollspinnerei und Zwirnfabrik ●

Die Harlander Baumwollspinnerei und Zwirnfabrik ließ ab der zweiten Hälfte des 19. Jahrhunderts Arbeiter*innenwohnhäuser errichten. Der Großteil stammt aus der Zeit zwischen 1895 und 1907, denn um die Jahrhundertwende hatte sich die Zahl der Arbeiter*innenschaft verdoppelt. Jedes Haus verfügte über einen eigenen Garten mit Schuppen und eine gemeinschaftliche Waschküche. Strom erhielten die Häuser ab 1914 aus dem werkseigenen Stromnetz (→ 1753). Neben den Wohnhäusern wurden eine Krankenstation, eine Schule, ein Bad, ein Mädchenwohnheim, eine Consum-Anstalt sowie im Jahr 1901 das zweigeschoßige Gefolgschaftshaus mit Bibliothek und Speisesaal errichtet.

Das Gefolgschaftshaus wird seit dem Jahr 1963 als Amtshaus der Gemeinde genutzt, die Wohnhäuser gingen 1986 in den Besitz der ehemaligen Mieter*innen über.

1713 Schulring 8–10, Wohnhäuser, 1902, P/BH: Johann Zeilinger

1714 Schwadorfer Straße 20–22, MFH, um 1986, P: Hedy Wachberger ●

1715 Tullner Bahnstraße 7–11, WH, 1925, P: Hermann Richter, Stadtbauamt St. Pölten, BH: Stadtgemeinde St. Pölten

1716 Viktor-Adler-Straße 62–72, Kranzbichlerstraße 36–46, Passauer Straße 61–69, Grillparzer Straße 41–51, WHA für Bahnbedienstete, 1915–1918, P: Abteilung für Bahnerhaltung, BH: k. k. Staatsbahndirektion, AF: Union-Baugesellschaft ●

Während des Ersten Weltkriegs errichtete die Staatsbahndirektion die beachtliche Anlage unweit der eigenen Hauptwerkstätte. Die vierseitig geschlossene Bebauung im Blockrand umfasst einen

Innenhof mit einem frei stehenden fünften Trakt. Die langen, viergeschoßigen Gebäudefluchten sind durch markante Vor- und Rücksprünge mit übergiebelten Risaliten sowie bogenförmige Erker rhythmisiert. Eingeschoßige Mitteltrakte an den Längsseiten sind als Torbauten zum Hof ausgebildet.

1717 Wiener Straße 3, Wohn- und Geschäftshaus, 1915, P: Rudolf Frass

1718 Wiener Straße 20, Fuhrmannsgasse 9, Wohn- und Geschäftshausanlage Herrenhof, 1952–1955, P: Franz Barnath, BH: Hippolyt-Verlag GmbH

Der drei Innenhöfe ausbildende Komplex mit teilweise überdachter Geschäftspassage wurde etappenweise ab 1950 errichtet. Zur Wiener Straße ist die zeittypische, symmetrische Wohnhausfassade mit Geschäftsflächen im Erdgeschoß und einer Öffnung zum verglasten Passagendurchgang in der Mittelachse ausgebildet. Darüber verweisen zwei Relief-Tondi mit Heiligenfiguren auf ebensolche des Vorgängerbaus. Im markanten Mittelrisalit wird das zentrale Stiegenhaus durch ein dreiachsiges, gerastertes Fensterband mit plastisch hervortretenden Putzfaschen hervorgehoben. Putzlisenen zwischen den Fensterachsen betonen die vertikale Gliederung der mit einem schlichten Kranzgesims abgeschlossenen Fassade.

Einfamilienhäuser

1719 Franz Stangler-Gasse 1, „Stahlhaus", 1999, P: Peter Raab, Konrad Rautter

1720 Fuhrmannsgasse 3, Villa, 1899, BH: Leopold Spora ●

1721 Goethestraße 35, Haus Haselmeyer, 1998, P/BH: Gottfried Haselmeyer

1722 Grillparzerstraße 2a, EFH, 1997, P: Peter Raab, Konrad Rautter | Zubau, 2008, P: Konrad Rautter ●

1723 Hammerweg 8, Villa, 1900, P/BH: Josef Wiesbauer

1724 Herzogenburger Straße 67, ehem. Betriebsleiter-Villa der Glanzstoff-Fabrik, 1923, P: Landthaler und Faulhammer, Prokop, Lutz & Wallner | Umbau zum Gasthaus und Clubheim Glanzstoff, 1945 ●

1725 Josefstraße 21, Villa Kroboth, um 1930, P: Klemens Flossmann, BH: Viktor Kroboth

1726 Kremser Gasse 41, Haus eines Arztes, 1899–1900, P: Joseph Maria Olbrich, BH: Hermann Stöhr, K: Ernst Stöhr (Fresko) ●

Joseph Maria Olbrich, einer der bedeutendsten Architekten der Wiener Secession und Entwerfer des Ausstellungsgebäudes der Vereinigung in Wien, plante das Einfamilienhaus in St. Pölten, das mehrfach als wichtigste architektonische Errungenschaft des Jugendstils der Stadt bezeichnet wurde. Ein Secessionskollege, Ernst Stöhr, vermittelte den Auftrag seines Bruders, des Primars Hermann Stöhr, an Olbrich und gestaltete das große Fresko an der Wandfläche unter dem für Olbrich typischen, flach gewölbten Giebel. Motivisch nimmt das Fresko, das eine Personifikation der Hygieia zeigt, die eine Äskulapnatter füttert, Bezug auf den Beruf des Auftraggebers. Weitere Gliederungselemente der Fassade, die mit ihren vor- und rückspringenden Bauteilen im starken Kontrast zu den historistischen und klassizistischen Fassaden der Umgebung steht, sind die Baumkronen mit grün-goldenem Blattwerk über den drei Bogeneingängen der Geschäftszone sowie die dem „Krauthappel" der Secession ähnlichen Blattkuppeln auf dem Geländer des Balkons im obersten Stockwerk.

1727 Kremser Landstraße 25, Kanzlei- und Wohngebäude, 1930, P: Klemens Flossmann, BH: NÖ Versicherungskasse, AF: Prokop, Lutz & Wallner

1728 Kuefsteinstraße 30, 3107, Fliegervilla, 1906, P: Johann Stoppel

1729 Maria-Theresia-Straße 7, Villa, 1902, P: Heinrich Wohlmeyer

1730 Maria-Theresia-Straße 23, Grillparzerstraße 6, Kulturheim Süd und Musikschule, ehem. Villa Voith, 1910–1917, P: Rudolf Frass | An- und Zubauten, ab 1922

Rudolf Frass errichtete für den Industriellen Walter Voith eine Großvilla mit Pförtnerhaus und großem Garten. Das Pförtnerhaus wurde als erster Bau bereits 1910 fertiggestellt. Trotz ihrer Erbauungszeit in den Kriegsjahren ist die Villa äußerst repräsentativ: Durch einen von Säulen getragenen Portikus wird das Untergeschoß erreicht; eine holzvertäfelte Vorhalle mit Galerie erschließt den überkuppelten Festsaal. Die imposanten Räume geben durch große Fenster den Blick in den Garten frei, die Gartenfassade ist mit einem auf Säulen gestützten, geschwungenen Balkon und einer großen Freitreppe prachtvoll gestaltet. Seit 1960 ist das Gebäude im Besitz der Stadt St. Pölten und wird heute als Kulturheim und Musikschule genutzt.

1731 Matthias Corvinus-Straße 2, Vereinshaus der Islamischen Föderation St. Pölten, ehem. Direktorenvilla, 1928–1929, P: Prokop, Lutz & Wallner | Umbau, 1943, P: Josef Wohlmeyer, Peter Julius Raab | Umbau, 1954, P: Margarete Schütte-Lihotzky ●

Nachdem durch eine Fabrikerweiterung die ehemaligen Wohnhäuser der Ersten Österreichischen Glanzstoff-Fabrik (→ 1746) umgesiedelt werden mussten, wurde an der Matthias Corvinus-Straße ein neues Direktionshaus errichtet. Das zweigeschoßige Gebäude mit Pyramidendach erhebt sich über quadratischem Grundriss. Eine großzügige Veranda mit rundbogigen Fenstern an der Südfassade unterstreicht seinen repräsentativen Charakter. An der Westseite ist ein Pavillon in einer Glas-Eisen-Konstruktion über einen Gang mit dem Hauptgebäude verbunden. Er wurde – ebenso wie ein nicht erhaltenes Wirtschaftsgebäude – vom ehemaligen Direktorenhaus zu der neuen Villa transloziert. Ende der 1930er-Jahre wurde die großzügige Direktorenwohnung zu mehreren kleineren Mitarbeiter*innenwohnungen umgebaut. Ab den 1950er- bis in die 1990er-Jahre wurde das Gebäude als Betriebskindergarten der Glanzstoff-Werke genutzt. Margarete Schütte-Lihotzky war für die nicht erhaltene Umgestaltung und Ausstattung der Innenräume verantwortlich. Während daran anschließend mit der Nutzung durch die Islamische Föderation St. Pölten im Inneren Veränderungen stattfanden, ist das äußere Erscheinungsbild bis heute weitgehend original erhalten.

1732 Pestalozzistraße 29, EFH, 1983, P: Herbert Rodinger ●

Das Einfamilienhaus samt Arztpraxis erhält durch sein abgeschrägtes Dach und die über Eck in das Gebäudevolumen eingeschnittene Loggia ein äußerst charakteristisches Erscheinungsbild.

Hotels, Heime, Klöster, Kasernen

1733 Eybnerstraße 5, Bildungshaus St. Hippolyt, ehem. Exerzitienheim, 1959–1961, P: Julius Eberhardt, BH: Bischof Michael Memelauer | Kapelle, 1981, K: Rudolf Kolbitsch | Umbau Sonnenhaus zum Gästehaus, 1986 | Erweiterung und Umbau, 1990–1992, P: Wolfgang Pfoser | Umbauten, 1999, 2004 | Umbauten und Modernisierung, 2018, P: Markus Schuster, Andreas Votzi ●

Das von Julius Eberhardt 1959 bis 1961 entworfene Gebäude ist im Kern des Bildungszentrums der Diözese St. Pölten noch gut erkennbar, doch die Erweiterung und Überformung Wolfgang Pfosers aus den Jahren 1990 bis 1992 dominiert den heutigen Anblick. Die in der Erdgeschoßzone mehrere Häuser verbindende und durchgehende Klinkerfassade wird im vorderen Eingangsbereich durch vertikale Fensterschlitze gebrochen. Darüber befindet sich, hinter der prächtigen Glasfassade an dem viertelkreisförmigen Eckelement gut sichtbar, das Stiegenhaus, welches laut Pfoser „erlebbar" sein soll. Im Jahr 1981 erhielt der Bau eine vom Maler Rudolf Kolbitsch ausgestattete Kapelle und wurde 2018 von den Architekten Markus Schuster und Andreas Votzi vor allem im Eingangsbereich und im sogenannten Hippolytsaal umgestaltet und als Tagungszentrum modernisiert.

1734 Klostergasse 1–1a, Kremser Gasse 20, Wohn- und Geschäftshaus, ehem. Hotel Böck, 1913–1914, P: Rudolf Frass, BH: Josef Böck, K: Wilhelm Frass | Adaptierung Erdgeschoß für NÖ Hypo Bank, 1978, P: Reinhard Pfoser | Umbau Bank, 1998, P: Wolfgang Pfoser

1913 beantragte Josef Böck, ein bestehendes Gebäude abtragen und dort von Rudolf Frass ein viergeschoßiges Hotel mit einem Dachgeschoß errichten zu lassen. Der Bau mit den auffälligen, kleinteiligen Erkern zeigte schon in den Einreichplänen figuralen Schmuck, allerdings nicht an der Stelle, an der heute die beiden Hochreliefs zu sehen sind. Diese zeigen Adalbert und Ottokar, zwei Brüder, die der Sage nach im 8. Jahrhundert das Hippolytkloster in St. Pölten und somit die Stadt begründeten. Ausgeführt wurden die Reliefs von Wilhelm Frass, dem Bruder von Rudolf Frass, der später mit seinen Helden- und Kriegerfiguren mit der Ästhetik der Nationalsozialisten nicht nur liebäugeln sollte, sondern auch sehr erfolgreich als einer der „Gottbegnadeten" (speziell von der nationalsozialistischen Elite ausgewählte Künstler*innen) während des Zweiten Weltkrieges tätig war und sich auch in der Nachkriegsszene weiter etablieren konnte.

Das Hotel Böck wurde nach seiner Schließung 1954 an die Familie Kolping verkauft, die das Gebäude als Heim und für Schulungszwecke verwendete; mittlerweile sind hinter der bis auf die Erdgeschoßzone nur geringfügig veränderten Fassade Büros untergebracht. Das anschließende Gebäude mit der Hausnummer 1a diente zu Zeiten des Hotelbetriebs als zugehörige Garage und wurde spätestens 1964 abgebrochen und von dem Architekten Julius Eberhardt durch das heutige Wohn- und Geschäftsgebäude ersetzt.

1735 Kremser Gasse 18, Klostergasse 2–4, Grenzgasse 11, Ärztezentrum, ehem. Grand Hotel Pittner, 1896–1914, P: Johann Zeilinger, BH: Franz Pittner | Umbau, 1995–1997, P: Wolfgang Pfoser, BH: Franz Pittner ●

Das Haupthaus des Hotels stammt in seinen Grundstrukturen aus dem dritten Viertel im 14. Jahrhunderts und wurde 1674 erstmals als Gasthof mit dem Namen „Zum rothen Krebs" erwähnt. 1837 wurde die Fassade des zweigeschoßigen Hauses hin zur Kremser Gasse umgestaltet und 1870 mit den auch heute noch sichtbaren Maßwerkrosetten in der kleinen Attika versehen. Ab 1896 beschloss der Zementwarenfabrikant Franz Pittner (→ 1653), das Gebäude großräumig zu erweitern und im Stil eines amerikanischen Grandhotels zu gestalten. Johann Zeilinger übernahm die Ausführung des in sechs Bauphasen angelegten Projekts, bei dem zuerst an der Klostergasse ein fünfgeschoßiger, prachtvoller historistischer Bau errichtet wurde, welcher sukzessive auch zur Grenzgasse erweitert wurde und der den geschwungenen Lauf der Stiftsgasse beenden sollte. Das luxuriöse Haus verfügte über einen Festsaal, der 1914 in ein Kino umgestaltet wurde, eine Marmorstiege und mit Terrazzo gepflasterte Gänge. 1984 wurde das Hotel geschlossen und ab 1995 in ein Ärztezentrum mit Zubau im Hinterhof und ausgebauten Dächern aus Glas und Stahlkonstruktionen umgebaut. Das Stammhaus blieb zum größten Teil in seiner Form von 1870 erhalten, allerdings wurden in der Erdgeschoßzone Geschäftslokale eingerichtet.

1736 Parkstraße 1d, evang. Kindergarten, ehem. evang. Jugendheim, 1930, P: Henry Lutz, AF: Prokop, Lutz & Wallner ●

Der ebenerdige und unterkellerte Bau ist aus heraklitverkleideten Riegelwänden, einer Tramdecke und einem flachen Walmdach errichtet, die Dachpappe wurde später durch Blech ersetzt. Eine Apparatenkabine ermöglichte ab 1931 ein feuersicheres Vorführen von Filmen im 12 × 9 Meter großen Hauptsaal. Der Saal wurde als Jugendheim und Gemeindezentrum der evangelischen Gemeinde genutzt und beherbergt heute den evangelischen Kindergarten.

1737 Schießstattring 8–10, Kommandogebäude FM Hess, Franz Josephs-Kaserne, 1890, P: Erwin Rieger | Rainer-Kaserne, 1892, P: Heinrich Wohlmeyer | Eugen-Kaserne, 1900, P: Richard Frauenfeld | Renovierung und Zusammenlegung, 1957

Das heutige Kommandogebäude FM (Feldmarschall) Hess besteht aus drei kurz vor der Jahrhundertwende in unmittelbarer Nachbarschaft errichteten Kasernen der k. k. Landwehr: der 1890 bezogenen und unter der Leitung von Erwin Rieger errichteten Franz-Josephs-Kaserne, der um 1892 nach Plänen von Heinrich Wohlmeyer vollendeten Rainer-Kaserne und der 1900 fertiggestellten Eugen-Kaserne von Richard Frauenfeld. Alle drei Kasernen sind dem Historismus verbunden, beziehen sich jedoch auf unterschiedliche Epochen – die Franz Josephs-Kaserne mit ihrer rhythmisierenden Rustika auf die florentinischen Renaissance-Bauten, die Rainer-Kaserne mit ihren Zinnen auf die Romanik und die Eugen-Kaserne mit einem schlichteren, allgemeinen Klassik-Bezug. Ursprünglich waren die nahe gelegenen Gebäude durch eine Straße voneinander getrennt, diese wurde jedoch 1936 aufgelassen, wodurch ein zusammenhängendes Kasernenareal entstand. Nach dem „Anschluss" Österreichs an das Dritte Reich wurden die St. Pöltner Kasernen intensiv militärisch genutzt, nach Ende des Zweiten Weltkriegs zogen sowjetische Besatzungstruppen in die geräumten Unterkünfte ein. 1957 waren die Kasernen in einem schlechten Erhaltungszustand und mussten vor der Nutzung durch das Österreichische Bundesheer der Zweiten Republik erst instandgesetzt werden. Im Zuge dieser Maßnahmen wurden die drei benachbarten Kasernen offiziell vereinigt. In den 1970er-Jahren wurde hier eine der österreichweit sechs neuen ortsfesten Stellungskommissionen errichtet, Ende der 1990er-Jahre folgte schließlich ein Neubau für die Militärmusik Niederösterreich.

1738 Schulgasse 2, Stadthotel, 1912, P: Johann Lechner

Das Hotel im Jugendstil mit auffälligem Kranzgesims wurde in der Erdgeschoßzone zu unbestimmtem Zeitpunkt verändert.

Gastronomie

1739 Klostergasse 7, Wohn- und Geschäftshaus, ehem. Gasthof zum goldenen Anker, 1908, BH: F. Appelt

Der dreigeschoßige Jugendstil-Bau mit das Kranzgesims durchbrechenden, kannelierten Lisenen wurde bis in die späten 1950er-Jahre als Gasthaus betrieben. Die markante, wulstig wirkende Rustika der Erdgeschoßzone blieb trotz Umnutzung und Veränderung des Eingangsbereichs erhalten.

Geschäftslokale, Einkaufszentren, Banken

1740 Dr. Adolf Schärf-Straße 3–9, 3107, Traisenpark, 1991–1992, P: Wolfgang Brunbauer, BH: Traisenpark Einkaufen-, Freizeit- und Vermietungs GmbH | Sanierung und Umbau, 2013–2016 •

Neben einem zweigeschoßigen Einkaufszentrum mit Parkhaus umfasst das Areal auch einen mehrgeschoßigen Bürobau. Dieser ähnelt mit seiner geschwungenen Form einem Schiffsbug und auch die Rundfenster des Stiegenhauses erinnern an die Bullaugen eines Schiffs. Die zum Areal gehörende, bauzeitlich errichtete Eishalle wurde im Zuge der Umbaumaßnahmen ab 2013 in Verkaufsflächen umgewandelt.

1741 Heßstraße 12, Haus der Zukunft, ehem. Wesely-Haus, 1968, P: Reinhard Pfoser | Sanierung, Um- und Zubau, 2019–2021, P: Wolfgang Pfoser, BH: BOSCH Immobilienentwicklungs KG

Nach mehrjährigem Leerstand und etlichen Zwischennutzungen wird das ehemalige Autohaus unter Beibehaltung der bemerkenswerten, wabenartigen Beton-Glas-Fassade des Obergeschoßes aktuell nach Plänen von Pfoser zum „Haus der Zukunft", einem Bildungs- und Kommunikationsort samt moderner Bibliothek, umgebaut. Durch die Verwendung standardisierter, repetitiv eingesetzter Bauelemente verleiht die charakteristische Wabenfassade in ihrer skulpturalen Wirkung dem Nutzbau an seinem Eckbauplatz Prägnanz im Stadtraum sowie einen hohen Wiedererkennungswert.

1742 Josefstraße 46a, Maderna-Haus, 1992–1996, P: Adolph-Herbert Kelz, BH: Alfons Maderna, S: Manfred Petschnigg •

Der dreigeschoßige Geschäfts- und Bürobau, an dessen Fassade Glasflächen mit Aluminium- bzw. Titanzinkverkleidung alternieren, erhielt im westlichen Drittel der östlichen Längsseite durch ein vertikales, über das Dach fortgesetztes Fensterband ein bemerkenswertes, nach außen hin sichtbares Stiegenhaus. Die filigrane Betonstiege ist in einem spitzen Winkel zur Längsseite gestellt und die Geländer sowie die Wände des Stiegenhauses sind mit rötlichem Sperrholz versehen. Durch den farblichen Kontrast zwischen der hellen Betonstiege und dem Rot des Holzes scheint die Stiege zu schweben. Um die Belichtung der benachbarten Bauten nicht zu beeinträchtigen, ist das Gebäudevolumen an der Nordseite in den oberen beiden Geschoßen abgeschrägt.

1743 Kremser Gasse 39, ehem. Gebäude des Wiener Bankvereins, 1911, P: Alexander Neumann | Umbau, 1977, P: Walther Benedikt

Das 1911 im neoklassizistischen Stil errichtete Bankgebäude wurde 1977 umgebaut und durch einen viergeschoßigen Neubau im rückwärtigen Bereich erweitert. Am Bestand erfuhren hierbei vornehmlich die Innenräume sowie die straßenseitige Sockelzone Veränderungen.

Industrie

1744 Bahnstraße 50, 3140, Ziegelwerk, 1867 | Wiederaufbau und Umbau, 1945–1949 | Erweiterung, 1952 | Umbau, 1956 ●

1745 Gebertstraße 1, 3140, Geberit-Werk, 1972, P: Gerhard F. Kolbe, BH: Geberit GmbH, S: Heinrich Werner ●

1746 Herzogenburger Straße 69, Erste Österreichische Glanzstoff-Fabrik, 1904–1906, P: Josef Prokop, Richard Frauenfeld, BH: Erste Österreichische Glanzstoff-Fabrik AG | zahlreiche Erweiterungen | Stilllegung, 2008 ●

Bereits zwei Jahre nach der Inbetriebnahme erfolgte 1908 aufgrund der steigenden Nachfrage nach Kupferseide eine Erweiterung der Fabrikanlage. 1911 wurde die Produktion auf Viskose umgestellt. Während des Ersten Weltkriegs sank die Produktionskapazität. Mitte der 1920er-Jahre wurde das Fabrikareal durch Ankauf eines benachbarten Werks erweitert und 1928 bis 1929 ein Zwirnsaal und eine Kraftanlage mit Turbinenhaus sowie der 104 Meter hohe, zweite Schornstein errichtet, der 1978 infolge eines Blitzschlags um 6,5 Meter abgetragen werden musste. 1934 wurde die Spinnerei erweitert. Als die Produktion während des Zweiten Weltkriegs auf Cordkunstseide umgestellt wurde, waren mehrere Um- und Zubauten, wie beispielsweise eine neue Transformatorenstation (1943) und eine Schneiderei (1944), erforderlich. Im Zuge der „Werkerweiterung Nord" wurden Mitte der 1960er-Jahre zwei neue Werkhallen in Stahlbetonkonstruktion errichtet. Die Produktion lief mit mehreren Engpässen bis 2008, als sie aufgrund eines Großbrandes stillgelegt werden musste. Seit 2010 wurde ein Großteil des Werkareals abgebrochen, die verbliebenen Bauten stehen seit 2015 unter Denkmalschutz.

1747 Lagergasse 30, Regionallager SPAR, 1979, AB: ATF Achammer Tritthart Fröhlich (Fred Achammer, Sigfrid Tritthart, Gunther Fröhlich), BH: SPAR Österreichische Warenhandels AG, S: Armin Schertler ●

1748 Linzer Straße 55, Maschinenfabrik J. M. Voith, 1903–1904, P: Brunner, BH: J. M. Voith | sukzessiver Ausbau bis heute, u. a. Zubau Verwaltungsgebäude, 1985–1986, P: Henry Wright ●

Die Fabrik diente unter anderem der Herstellung von Wasserturbinen und Papiermaschinen. Aufgrund der steigenden Nachfrage durch den verstärkten Bau von Wasserkraftwerken wurde die Fabrikanlage bereits wenige Jahre nach ihrer Gründung erweitert und sukzessive ausgebaut und modernisiert. Längere Unterbrechungen der Bautätigkeit fanden nur während des Ersten Weltkriegs und während der Besatzungszeit statt. Die ältesten Bauten sind eine Maschinenbauhalle und die Gießerei in Form von Eisenkonstruktionen. Es folgte eine Vielzahl unterschiedlicher Hallenkonstruktionen wie Stahlbeton, Eisenskelett mit Ziegelausfachung (z. B. die Gussputzerei 1924 und 1943) oder Fertigteilsysteme (z. B. die Walzenreparatur-Werkstätte 1991). Der neue, 1986 fertiggestellte und in Stahlskelettkonstruktion ausgeführte, fünfgeschoßige Verwaltungsbau von Henry Wright wurde auf ein älteres Gebäude aufgesetzt.

1749 Luggauer Weg 31, 3104, Zwirnspulerei, 1916, P: Firma Wohlmeyer & Raab, BH: AG der k. k. priv. Harlander Baumwollspinnerei und Zwirnfabrik

1750 Pottenbrunner Hauptstraße 100, 3140, Privatpflegeheim, ehem. Brauerei, 1882, BH: Karl Pirko | Umnutzung zur Bäckerei, 1927 | Umnutzung zum Pflegeheim, 1981 | weitere Umbauten, 1909, 1967 ●

1751 Statterdorfer Hauptstraße 53, Umbau Papierfabrik, sukzessiver Ausbau ab 1900 | Kesselhaus, 1918 | Kohlebunker u. a., 1949

1752 Zdarskystraße 3, Gourmet Menü Service GmbH, 1982–1983, AB: Atelier 4 (Peter Scheufler, Zachari Vesselinov, Manfred Hirschler, Peter Erblich), BH: Gourmet Menü Service GmbH & Co KG, S: Bernhard Nussbaumer ●

Energie

1753 48°09'38.1"N 15°38'11.0"E, 3104, Theresienhofgasse, Elektrizitätswerk Theresienhof, 1914, BH: AG der k. k. priv. Harlander Baumwollspinnerei und Zwirnfabrik ●

1754 48°11'51.7"N 15°38'20.4"E, B1a, neben Niederösterreich-Ring 20, Blockheizkraftwerk EVN-Salzer, 1997, P: Paul Katzberger, Karin Bily

1755 Wilhelmsburger Straße 33, 3151, Elektrizitätswerk Neumühle, 1903–1908, P: Johann Schirmen ●

Verkehr

1756 48°10'05.6"N 15°29'36.8"E, 48°10'14.4"N 15°30'42.8"E, 48°10'25.7"N 15°31'34.0"E, 48°10'32.5"N 15°32'05.4"E, A1, vier Brücken, 1999–2000, P: Erhard Kargel, S: Karl Heinz Lang, Franz Ottenschläger, BH: HL-AG Eisenbahn Hochleistungsgesellschaft AG

1757 48°11'54.7"N 15°38'03.9"E, B1a, Julius-Raab-Brücke, 1990–1993, P: Alfons Oberhofer, Peter Wohlfahrtstätter, MA: Manfred Stürtzer, BH: NÖ Landesregierung, Abteilung Brückenbau Land NÖ, S: Willibald Zemler, Herwig Reider, AF: ARGE Porr/Neue Reformbau/Traunfellner

Am südlichen Kopf des neuen Regierungsviertels wurde Anfang der 1990er-Jahre eine Bogenbrücke mit weithin sichtbarem Tragwerk, 71 Meter Spannweite und abgehängter Fahrbahn über die Traisen errichtet. In die massiven Widerlager-Bauwerke wurden gewendelte Abgänge integriert, die zu den an den Flussufern gelegenen Treppelwegen führen.

1758 48°11'57.0"N 15°37'41.1"E, Clichystraße Ecke Johann Gasser-Straße, Melanbrücke, um 1900, P: Joseph Melan

In einem besonders flachen, eleganten Betonbogen überspannt die Brücke den kanalisierten Mühlbach zum Hammerpark. Auf das hohe Alter der Konstruktion verweist das kunstvoll im gleichen Radius gebogene Eisengeländer. Als möglicherweise letzte erhaltene Brücke nach dem Melan'schen System eines Betongewölbes mit eisernen Bogenrippen in Österreich zeugt der Bau von der innovativen Eisenbeton-Bauweise um 1900. Die sogenannte steife Bewehrung war selbsttragend ausgeführt und die zur Betonierung notwendige Schalung konnte direkt in diese eingehängt werden.

1759 48°12'34.5"N 15°38'01.2"E, Herzogenburger Straße Ecke Daniel Gran-Straße, ehem. Straßenbahnremise, 1910, BH: St. Pöltner Straßenbahn Aktiengesellschaft | Stilllegung, 1976

1760 Linzer Straße 106, Straßenmeisterei und Technische Dienste St. Pölten-West, 1988–1991, P: Franz Gschwantner, MA: Astrid Toifl, Michael Weiss, BH: NÖ Landeshauptstadt Planungsges.m.b.H. (NÖPLAN), S: Helmut Zieritz, Josef Jorda, AF: ARGE Porr/Neue Reformbau/Traunfellner

Die weitläufige Anlage ist innerhalb und entlang eines Baumrings konzipiert. Verwaltungs- und Bürotrakte sind im Norden und Süden bogenförmig der übergeordneten Kreisform folgend angeordnet. Die übrigen Baukörper gruppieren sich entlang einer durchschneidenden Achse, die Werkstätten sind mittig in Form eines Quadrats angeordnet. Charakteristisch für die Bauten sind die ausdifferenzierten Dachflächen, einheitlich rote Putzfassaden, feingliedrige Metallfachwerke und die teilweise erhaltenen Werkstättentore mit Bullaugen.

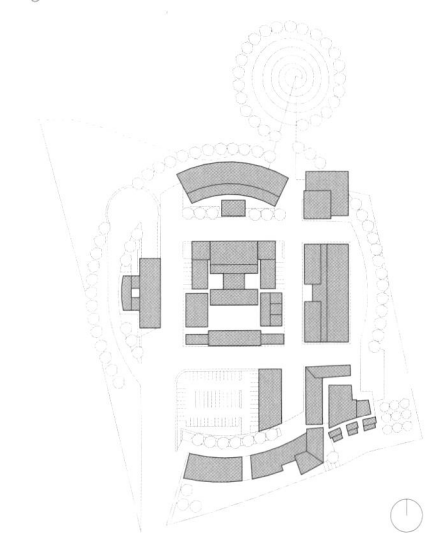

1761 Werkstättenstraße 17, ÖBB Hauptwerkstätte, ehem. Ausbesserungswerk der k. k. österreichischen Staatsbahnen, 1905–1907, BH: k. k. Eisenbahnministerium | Mechanische Werkstätte, 1908–1914 | Lokomotivwerkstätte, 1914–1917 | Kesselschmiede und Wagenbauhalle, 1916–1922 | Kesselhaus, 1916–1924 ●

Ab 1905 errichteten die k. k. österreichischen Staatsbahnen zunächst ein Ausbesserungswerk mit nennenswertem Baubestand aus Verwaltungsgebäude, Wagenreparaturhalle und Schmiedewerkstätte. Für den stetig steigenden betrieblichen Bedarf entstanden ab 1908 weitere Werkstätten und bis 1924 die Kesselschmiede und Wagenbauhalle als Anbau der bestehenden Wagenhalle sowie ein neues Kesselhaus. Vom etwa 255.000 Quadratmeter messenden, aufgefächerten Areal dient die westliche Gleisharfe vornehmlich der Behandlung von Personenwaggons, die östliche von Triebfahrzeugen. Mit dem Anbau der 1920er-Jahre entstand für den Wagenbau auf einem Grundriss von 151 × 88 Metern der größte Bauteil des Werks. Prägend sind der Natursteinsockel und die mittels Lisenen strukturierten Putzfassaden des in Eisenbeton ausgeführten Hallenbaus. Durch die vertikale Gliederung durchbrochene, flache Blendgiebel rhythmisieren die Fensterachsen mit segmentbogigen Sprossenfenstern. Die beiden dreischiffigen Kesselhallen mit Deckenkonstruktionen aus feingliedrigem Eisenfachwerk und verglastem First, die seit Ende der Dampflokbehandlung die Motorenabteilung aufnahmen, wurden jüngst zugunsten eines Ausbildungs- und eines neuen Wartungszentrums abgebrochen.

St. Valentin 4300
Gemeinde: St. Valentin, Bezirk: Amstetten

Religion, Kult

1762 Langenharterstraße 49, Pfarrkirche Langenhart, hl. Maria von der immerwährenden Hilfe, 1954–1957, P: Josef Friedl, K: Franz Pöhacker (Altar, Relief Chorschlusswand), Heinrich Tahedl (Kreuzweg) ●

Im Jahr 1940 wurde in Langenhart eine Wohnsiedlung für die rund 1.000 Arbeiter*innen des Nibelungen-Panzerwerks (→ 1771) errichtet. Neben den Wohnbauten gab es Gefolgschaftshäuser, Appellplätze und Sportstätten – eine Kirche war nicht vorgesehen. Erst nach dem Krieg gründete sich ein Kirchenbauverein, der bekannte Kirchenbauarchitekt Josef Friedl erstellte die Pläne, und sein Entwurf zeigt paradigmatisch, wie mithilfe neuer Techniken und neuer Materialien moderne, zeitgemäße Ergebnisse erzielt und trotzdem traditionelle Konzeptionsweisen beibehalten werden konnten. Der breite Längsraum ist mit Rippen, Pfeilern und stichbogigen Gurten akzentuiert und zeigt einen spielerischen Umgang mit dem modernen Material Stahlbeton. Ein mächtiger Triumphbogen trennt das Langhaus vom erhöhten Rechteckchor und markiert deutlich die traditionelle hierarchische Trennung des Priesters von den Gläubigen. Schmale, gekuppelte Rundbogenfenster bewirken einen hellen, freundlichen Innenraum, der laut Pfarrer Msgr. Dangl eine „würdige, erhebende Feier der Gottesdienste ermöglicht". Eine imposante Skulpturengruppe aus Kunststein, die auf einem Stahlgerüst angeordnet ist, ziert die Chorwand. Sie wurde von dem Bildhauer Franz Pöhacker, einem Schüler Fritz Wotrubas, gestaltet.

Bildung

1763 Schubertviertel 50, <u>Mittelschule, 1954,</u> P: Roland Rainer | Zubau Polytechnische Schule, 2002, P: Erich Weidenhiller | Zubau, 2004, AB: Poppe-Prehal Architekten ZT GmbH (Helmut Poppe, Andreas Prehal) •

Die Schule in St. Valentin zählt nach der Hauptschule in Ternitz zu den ersten öffentlichen Aufträgen von Roland Rainer. Er gruppierte drei langgestreckte, zweigeschoßige, mit Satteldächern gedeckte Trakte um den zentralen Pausenhof, wobei die beiden Klassentrakte parallel positioniert und so ausgerichtet sind, dass die Klassenzimmer jeweils ostseitig und damit von der nahe gelegenen Bahnstrecke abgewandt liegen. Der verbindende Trakt beherbergt den Pausengang und Nebenräume. Im Westen schließt ein etwas niedrigerer, ebenfalls mit einem Satteldach gedeckter Turnsaal die Anlage ab. Zwar wurden seine großen Fensterflächen geschlossen, allerdings lassen die mächtigen, weiß gestrichenen hölzernen Zweigelenkbinder, die den offenen Dachraum überspannen, die architektonische Grundidee des Entwurfs noch erkennen. Zubauten ergänzen die inzwischen veränderten funktionalen Bedürfnisse: Statt der Freiluftklasse wurde ein großer Turnsaal errichtet und in einem Zubau finden die Klassen der Polytechnischen Schule Platz. 2004 wurde der ursprünglich weiße Ziegelbau grau gestrichen und der Pausengang durch einen Anbau im Innenhof zu einer Halle erweitert.

▶ *Foto: Zustand vor den Zubauten*

Wohnbauten

1764 Herzograd 1–27, 2–30, <u>Siedlung, 1941–1943,</u> P: Franz Mörth, Siegfried Mörth, BH: Verwertungsgesellschaft für Montanindustrie •

Die Werksiedlung Langenhart (→ 1765) bestand aus einem Bereitschaftslager mit Wohnungen für die Belegschaft des Nibelungenwerks, Herzograd hingegen war für die Elite angelegt und umfasste unter anderem ein Kaufhaus, ein weiteres Gefolgschaftshaus für Propagandazwecke sowie mehr als 28 Doppelwohnhäuser und eine Direktionsvilla, wobei die Einheiten der Direktoren über mehr Wohnraum und über Luftschutzeinrichtungen verfügten.

1765 Nibelungenplatz, Kriemhildstraße, Gernotstraße, Langenharter Straße, Giselherstraße, <u>Siedlung, 1941–1943,</u> P: Franz Mörth, Siegfried Mörth, BH: Verwertungsgesellschaft für Montanindustrie GmbH •

Die ehemaligen Werksiedlungen Langenhart und Herzograd (→ 1764) entstanden im Rahmen des Sonderbauprogramms der Rüstungsindustrie und im Zuge der Errichtung des Nibelungenwerks, einem Panzerwerk des Dritten Reichs, nordöstlich des Industrieareals (→ 1771). Neben den Unterkünften für die etwa 1.000 Facharbeiter*innen umfassten die Siedlungen infrastrukturelle Bauten für die Versorgung und Freizeitgestaltung, darunter ein Gefolgschaftshaus mit Versammlungsräumen für politische Propaganda, Häuser für die Verwaltung, die Lagerwache und die Sanitäter*innen, eine Transformatorenstation sowie einen Schuppen für mehr als 650 Fahrräder. Die Wohnbauten aus typisierten Einzel- und Doppelhäusern mit ausgebauten Obergeschoßen unter steilen, ursprünglich mit Biberschwanzziegeln gedeckten Satteldächern wurden in Ziegelbauweise errichtet und sind zum Teil unterkellert.

Einfamilienhäuser

1766 Hauptstraße 36, Villa, 1914–1915, P: vermutl. Dominik Spendlingwimmer, BH: Josef Hattinger, AF: Josef Pardamec | Zubauten, 1936, 1948, 1956 | Garage, 1962 •

Ob Dominik Spendlingwimmer für den Entwurf des prächtigen Einfamilienhauses mit den auffälligen Kolossalpilastern und den zurückhaltenden Jugendstil-Elementen der Fassade verantwortlich ist, lässt sich nicht mehr mit Sicherheit sagen. Der ausführende Baumeister Josef Pardamec errichtete jedenfalls das Gebäude mit den separat begehbaren Wohnungen im Erd- und ersten Obergeschoß für den Gastwirt Josef Hattinger. Das Wohnhaus selbst wurde seit 1914 nur kleinteilig verändert. Mehrere Anbauten an die westlich des Haupthauses angeschlossenen Gartennebengebäude folgten ab 1936, während die Doppelgarage im östlichen Garten 1962 errichtet wurde.

1767 Hauptstraße 38, Villa, 1913, P/AF: Stefan Nussbaumer | Umbau 2010–2011 •

Das von dem Maurermeister Stefan Nussbaumer 1913 für sich selbst errichtete Haus ähnelt in seiner Fassade nur bedingt den Darstellungen in den Einreichplänen, die eine verspieltere Gestaltung, wie einen Jugendstil-Fries unter dem Gebälk und eine Säule in der offenen Eingangsloggia, zeigen. Wann es zu der Umgestaltung gekommen ist oder ob die Einreichpläne jemals in ihrer gezeichneten Form umgesetzt wurden, ist unklar. Die vielen Nebengebäude, die Stefan Nussbaumer zwischen 1921 und 1935 auf den umgebenden Grundstücken und im Garten des Hauses als Büro- und Werkgebäude für sein Maurerunternehmen errichten ließ, existieren heute nicht mehr.

1768 Rubringerstraße 2, EFH, 1984, P: Erich Weidenhiller, AF: Josef Pardametz •

Geschäftslokale, Einkaufszentren, Banken

1769 Hauptstraße 22, Apotheke Hoyer, 1911, BH: Josef Hoyer | Erweiterung, 1955–1957, P: Franz Koppelhuber | Umbau, 1978, P: Josef Pardametz | Umbau, 1995–1997, P: Josef Hoyer •

In die seit 1911 bestehende Apotheke wurde 1938 eine Drogerie integriert. Das hinter dem Gebäude 1918 errichtete Magazin zur Herstellung pharmazeutischer Mittel wurde bereits 1924 bis 1925 ausgebaut und mit dem Hauptgebäude verbunden. 1939 erfolgte der Einbau einer Wohnung im ersten Obergeschoß des Magazingebäudes, welches zehn Jahre später erneut umgebaut wurde. Bedeutend ist die ab 1955 durchgeführte Erweiterung des ursprünglich nur fünf Fensterachsen breiten Gebäudes nach Westen, die sich an den Bestandsbau anpasst. Die sechste Fensterachse sowie der Eingangsbereich mit Erker im ersten Stock wurden 1957 fertiggestellt. Die an Arkaden erinnernden Rundbogenfenster der Erdgeschoßzone stammen von 1978.

1770 Nibelungenplatz 1a, Elektrounternehmen, ehem. Konsum, vor 1977, AB: Architektengruppe Linz (Wolfgang Enzinger, Siegfried Jell, Helga + Bernhard Schremmer, Holzleithner) •

Industrie

1771 Steyrer Straße 32, CNH Industrial Österreich GmbH, ehem. Nibelungenwerk, 1940–1941, P: Oskar Hacker, Heereswaffenamt, Werner Zieritz, Erhard Lang, BH: Steyr-Daimler-Puch AG •

Das Panzermontagewerk wurde von der Steyr-Daimler-Puch AG im Auftrag der „Reichswerke ‚Hermann Göring'" errichtet. Die Planung erfolgte von der Steyr-Daimler-Puch AG in Zusammenarbeit mit dem Heereswaffenamt ab 1938. Das 220 Hektar große Werkareal wurde aufgrund der zu Tarnungszwecken vorteilhaften starken Bewaldung, der abseits bestehenden Siedlungen im Nähe zur Westbahn sowie der Bahnlinie Steyr–Kleinreifling als Standort gewählt. Es wurden neun Werkhallen, von denen vier heute noch vorhanden sind, ein Kesselhaus, das noch bestehende Portiersgebäude mit Garagen, ein Verwaltungsbau und ein Gemeinschaftshaus sowie mehrere Luftschutzbunker mit Waschanlagen errichtet. Alle Hochbauten wurden durch begehbare Stollen verbunden und durch drei Tiefbrunnen mit Wasser versorgt.

Nach dem Zweiten Weltkrieg wurde das Nibelungenwerk bis 1955 von der USIA, der Verwaltung des sowjetischen Vermögens in Österreichs, betrieben. Hier wurden hier Landmaschinen hergestellt; seit 1997 betreibt der Traktorenhersteller Case IH das Werkgelände. Die Betriebsfeuerwehr ist im ehemaligen Portiersgebäude westlich der Einfahrt von der Steyrer Straße untergebracht, welches durch die Sanierungsmaßnahmen der letzten Jahre – wie

St. Valentin-Landschach 2632
Gemeinde: Grafenbach-St. Valentin, Bezirk: Neunkirchen

Religion, Kult

1772 47°41'08.1"N 16°00'58.0"E, Erweiterung Pfarrkirche hl. Valentin, 1989–1990, P: Reinhard Gieselmann, K: Florian Jankowitsch (Glasmalerei) •

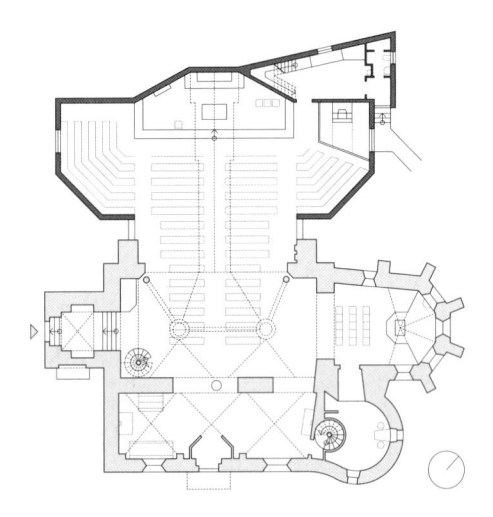

Schon im 14. Jahrhundert wurde in St. Valentin eine kleine Kirche errichtet. Um 1660 fand eine Barockisierung des Innenraums statt. Nach einem Brand Anfang des 18. Jahrhunderts erfolgten ein Umbau und die Errichtung des Turms. Im Jahr 1989 wurde beschlossen, die bestehende Kirche durch einen Zubau zu vergrößern. Reinhard Gieselmann hat eine interessante Lösung für den großzügig angelegten Erweiterungsbau vorgelegt: Die nördliche Langhauswand wurde in der gesamten Länge aufgebrochen und ein Zubau in den Kirchenraum gleichsam hineingeschoben. Das auf diese Weise entstandene neue Langhaus leitet – durch einen schmalen Abstand vom Altbau getrennt – mit flügelartigen Anbauten in einen Zentralraum über, der den Altarbereich umfasst. Interessant ist, dass der Architekt zuerst eine streng symmetrische Anlage konzipiert, diese dann aber mit einem spitzwinkeligen Sakristeianbau konterkariert. Der Hauptraum ist mit einem hohen Satteldach versehen, das im First ein Glasfensterband zur Belichtung des Raums erhielt. Die gesamte Dachfläche soll im Inneren mit einer intensiven blauen Bemalung wohl den Himmel symbolisieren. Der gotische Chor des Altbaus sowie der angebaute Rundkarner wurden zu Kapellen umgenutzt, der barocke Hauptaltar in den neu geschaffenen Chor versetzt.

St. Veit an der Gölsen 3161
Gemeinde: St. Veit an der Gölsen, Bezirk: Lilienfeld

Religion, Kult

1773 48°02'36.8"N 15°40'34.5"E, Ortsfriedhof, Friedhofsbau, 1896, P: Josef Lenz •

Anlässlich der Friedhofserweiterung erhielt der Baumeister Josef Lenz aus Hainfeld den Auftrag zur Errichtung neuer Friedhofsbauten. Er entwarf ein breites Portal in klassizierenden Formen, dem er einen relativ hohen Glockenturm aufsetzte, sodass durch dieses der Eindruck eines Kapellenbaus hervorgerufen wird. Symmetrisch zu beiden Seiten des Portals sind die Aufbahrungshalle bzw. der Anbau für diverse Nutzräume angefügt. Im Gegensatz zu dem weiß verputzten Portal sind die Anbauten in Natursteinmauerwerk ausgeführt und mit gotisierenden Fenstern versehen. Sichtziegel als Portalrahmung, bei den Spitzbogen der Fenster sowie an den Kanten des Gebäudes setzen malerische Akzente.

Verkehr

1774 48°02'29.9"N 15°40'15.4"E, zwischen Gölsentalstraße und Brillergraben, Brillergrabenbrücke, 1998, P: Robert Salzer

1775 Bahnstraße 5, Erweiterung Bahnhofs-Aufnahmegebäude, 1911, P: Josef Lux, BH: k. k. Staatsbahndirektion Wien •

Scheibbs 3270
Gemeinde: Scheibbs, Bezirk: Scheibbs

Amts-, Verwaltungs-, Kommunal-, Bürobauten

1776 Punzenauweg 6, EVN-Zentrale, 1992–1994, P: Paul Katzberger, Karin Bily, MA: Martin Palmrich, S: Josef Robl

Bildung

1777 Schacherlweg 1, BORG, 1983, P: NÖ Landesregierung, Paul Pfaffenbichler, Günther Zahel, AF: Hans Haiden KG •

Der dreigeschoßige Baukörper, dessen Fassaden durch horizontale Bänder aus Sichtbeton, kontrastierende Sichtziegel sowie Fensterbänder gegliedert sind, liegt auf einem Hanggrundstück. Die Schule wird über das Untergeschoß betreten, wo die Zentralgarderoben liegen. Die beiden oberen Geschoße werden praktisch ganglos über die Haupttreppe erschlossen und enthalten die Klassen und Sonderunterrichtsräume sowie die Verwaltung. Der niedrige Turnsaaltrakt schließt im Norden an das Hauptgebäude an.

Gesundheit

1778 Eisenwurzenstraße 26, Landesklinikum Scheibbs, 1907–1911, P: Hans Schimitzek, BH: Stadtgemeinde Scheibbs | mehrere Zubauten zwischen 1927 und 1989 | Um- und Zubauten, 2008–2013, P: Paul Pfaffenbichler •

Auf Initiative von Bertha Kupelwieser, einer geborenen Wittgenstein, wurde 1907 der Bau eines neuen Krankenhauses in Scheibbs beschlossen. Hans Schimitzek, der sich bereits als Spezialist für Spitäler und Kuranstalten einen Namen gemacht hatte, wurde mit der Ausführung betraut, und das Gebäude, das den modernsten technischen sowie medizinischen Errungenschaften Rechnung trug, wurde 1911 eröffnet. Dem Zeitraum entsprechend, hat der Architekt dem großen Gebäude durch eine vielteilige Auflösung des Baukörpers und eine bewegte Dachlandschaft die Wuchtigkeit genommen und das Krankenhaus mit Heimatstil-Formulierungen, wie etwa grünen Fensterläden oder Fachwerkelementen, nach damaligem ästhetischem Verständnis malerisch und damit harmonisch in die Landschaft eingefügt. In den folgenden Jahren kam es mehrmals zu Um- und Anbauten, in den Jahren von 2008 bis 2013 wurden von Paul Pfaffenbichler in zwei Bauphasen umfangreiche Neu-, Um- und Zubauten vorgenommen. Der „Bertha-Kupelwieser-Trakt" wurde renoviert und blieb in seiner Außenerscheinung weitgehend unverändert bestehen.

Einfamilienhäuser

1779 Erlaufpromenade 14, Villa, 1928–1929, P: vermutl. Anton Traunfellner •

1780 Erlaufpromenade 16, EFH, ca. 1936 •

1781 Hochbruck 1, Villa, 1912–1913, P: Robert Oerley, BH: Gustav Österreicher, Christine Österreicher | Renovierung, 2016 •

1912 wurde ein erstmals 1367 genannter Bauernhof abgerissen, um für die von Robert Oerley entworfene Villa Platz zu schaffen. Durch die bestehende Erdrutschgefahr musste ein steinerner Unterbau in dem steilen Gelände geschaffen werden. 2016 wurde das Haus renoviert, wobei die Farbgebung stark verändert wurde, das auffällige und für Oerley typische Mansarddach mit den hohen Kaminen existiert jedoch weiterhin originalgetreu.

Geschäftslokale, Einkaufszentren, Banken

1782 Kapuzinerplatz 2, Raiffeisenkasse, 1978–1979, P: Rudolf Erich | Zubau, 1983, P: Oskar Scholz | Umbauten, 1999, 2004, P: Ing. Potzmader BauplanungsgmbH •

Industrie

1783 Sowitschstraße 1, Wittur Austria GmbH, ehem. Aufzugsfabrik Sowitsch, 1968, BH: Sowitsch AG | Umbau, 1974–1975 •

Energie

1784 Mühlhof 4, Ausbau Kraftwerk Scheibbs, 1904–1905, BH: Gemeinde Scheibbs | Revitalisierung, 2015, BH: EVN Energievertrieb GmbH & Co KG

1884 wurde eine alte Mühle zu einem E-Werk umgenutzt und dieses 1904 als modernes Gemeindekraftwerk adaptiert. Das unter Denkmalschutz stehende Gebäude samt alter Turbinenanlage wurde 2012 von der EVN übernommen; im Zuge der Revitalisierung im Jahr 2015 wurde ein Schaukraftwerk eingerichtet.

Verkehr

1785 48°00'11.4"N 15°09'58.8"E, Töpperbrücke, 1898, BH: Marktgemeinde Scheibbs

Scheiblingkirchen 2831
Gemeinde: Scheiblingkirchen-Thernberg, Bezirk: Neunkirchen

Religion, Kult

1786 47°39'30.9"N 16°08'07.5"E, Hauptplatz, Kriegerdenkmal, 1921, P: Karl Holey •

Einfamilienhäuser

1787 Kreuzackergasse 43, Villa, 1910, P: Joseph Urban •

Dicht an der Südautobahn gelegen, findet sich eine Jugendstil-Villa über symmetrischem L-förmigem Grundriss, die durch auffällig geschwungene Giebelfronten an den Schmalseiten sowie eine halbkreisförmige Veranda mit markanter, mit der eigentlichen Dachkante verschnittenen, helmartigen Überdachung in der Gebäudeecke charakterisiert ist. Die Villa wurde ursprünglich auch als Ordination genutzt, die beiden kleinen kreisbogenförmigen Freitreppen um die Veranda erlaubten einen getrennten Zugang; zudem waren die Ordinationsräume über eine weitere Treppe erschlossen. In den 1980er-Jahren erwarb der Künstler Robert Weber das Haus und nutzt es seitdem als Atelier.

Schleinbach 2123
Gemeinde: Ulrichskirchen-Schleinbach, Bezirk: Mistelbach

Einfamilienhäuser

1788 Bahnstraße 5, Villa, 1898, P: Albert Hahn •

1789 Bahnstraße 6, EFH, 1898, P: Albert Hahn •

Zur exzentrischen Gestaltung des Einfamilienhauses gehört unter anderem ein turmartig erhöhter Eingangsbereich mit Pyramidenfuß-Walmdächern.

1790 Bahnstraße 59, EFH, 1912, P: Josef Getz ●

1791 Bahnstraße 72, Villa, 1913, P: Josef Getz ●

Die Villa erinnert an ein Jagdschloss, wobei sie bereits mit einer leicht abstrahierten Formensprache entworfen wurde. So lassen sich erste Anzeichen der Entwicklng der folgenden Jahrzehnte erkennen.

Schmidsdorf 2640
Gemeinde: Payerbach, Bezirk: Neunkirchen

Industrie

1792 Schlöglmühl 5, Umbau Papierfabrik Schlöglmühl, 1909, BH: Neusiedler Papierfabrik ●

Die zuvor als Glashütte und Schmaltefabrik genutzte Anlage wurde 1851 zu einer staatlichen Papierfabrik umgenutzt und umgebaut. 1869 verkaufte der Staat die Fabrik an die Actien-Gesellschaft der k. k. priv. Papierfabrik Schlöglmühl. Ab 1882 wurden – österreichweit erstmalig – die Papiermaschinen elektrisch angetrieben. 1908 erfolgte eine Angliederung der Aktiengesellschaft an die Neusiedler Papierfabrik, ein Jahr später zerstörte ein Brand einen Großteil der Fabrikanlagen, welche nach dem Wiederaufbau 1910 erneut in Betrieb gingen. Die Neubauten wurden in Stahlbeton-Bauweise ausgeführt. Es folgten mehrere Zu- und Umbauten wie beispielsweise die Erweiterung des Schleifereitrakts 1951. Zu Beginn der 1980er-Jahre wurde der Betrieb eingestellt.

Schönberg am Kamp 3562
Gemeinde: Schönberg am Kamp, Bezirk: Krems

Freizeit

1793 48°31'15"N 15°41'37"E, am Ende der Badgasse, Badehaus, 1908 | Umnutzung, 1973–1974 | Renovierung Dach und Fassade, 1985–1986 ●

Im seit der Jahrhundertwende als Sommerfrische-Destination beliebten Schönberg wurde 1908 anlässlich des 60-jährigen Regierungsjubiläums Kaiser Franz Josephs das Kaiser-Jubiläums-Bad als Flussbad am Kamp eröffnet.

1973 bis 1974 entstand direkt neben dem alten Flussbad ein neues Freibad (→ 1794) und das somit ungenutzte hölzerne Kabinengebäude des ersten Bades wurde entkernt und zu Veranstaltungspavillon adaptiert. Das Badehaus wies in seinem Ursprungszustand eine gestalterische Verwandtschaft mit der Langenloiser Anlage (→ 1045) auf; seit Renovierungsarbeiten von 1985 bis 1986 präsentiert sich der Bau zum Straßenraum vollständig geschlossen mit grün-weiß gestreifter, vertikaler Holzverschalung. Der alte steinerne Badezugang in den Kamp ist nach wie vor erhalten und kann benutzt werden.

1794 Badgasse 28, Freibad und Freizeitzentrum, 1972–1973, P: Roland Cäsar, BH: Gemeinde Schönberg am Kamp ●

In direkter Nachbarschaft zum alten Flussbad (→ 1793) entstand, auch zur Förderung des Fremdenverkehrs, das rund 1.000 Besucher*innen fassende Erholungszentrum als Anlage aus Infrastrukturgebäuden, Sportplätzen und einem beheizten Freibecken nach Plänen des Architekten Roland Cäsar. Die markanten, flachtonnengewölbten Kabinenbauten mit Naturstein-Mauerwerkfronten sowie die Beckenanlagen bestehen heute weitgehend unverändert, ein Umbau ist jedoch aktuell in Planung.

Einfamilienhäuser

1795 Neustifterstraße 4, Villa Herta, um 1900 ●

Schottwien 2641
Gemeinde: Schottwien, Bezirk: Neunkirchen

Verkehr

1796 47°39'10.4"N 15°52'18.6"E, S6, Semmering-Schnellstraße, Talübergang Schottwien, 1986–1989, P: Otto Vogler, BH: ASAG, AF: STRABAG, Hofmann & Maculan

Die insgesamt 632 Meter lange Stahlbetonbalkenbrücke stellt mit ihren schlanken Pfeilern und flachen, gevouteten Spannbetonträgern einen besonders eindrucksvollen Bau der Semmering-Schnellstraße dar. In rücksichtsvoller Distanz zur Semmeringbahn und mit beidseitigen Blickbeziehungen zur Burgruine Klamm und zum Wallfahrtsort Maria Schutz überspannt das feingliedrige, 25 Meter breite Tragwerk auf bis zu 135 Meter Höhe den Talboden. Die beiden Pfeilerpaare sind in den natürlichen Erhebungen der Talränder gegründet, wodurch das Mittelfeld eine Stützweite von 250 Metern erreicht und die optische Beeinträchtigung der Talsohle reduziert wird.

Schrambach 3180
Gemeinde: Lilienfeld, Bezirk: Lilienfeld

Wohnbauten

1797 Bergknappengasse 2–44, RHA, 1967, P: Josef Lux & Sohn Baumeister Ges.m.b.H. ●

In der Nähe der Traisen befindet sich die kompakte Siedlung aus zeilenförmig angeordneten Reihenhäusern mit privaten Freiflächen. Fünf Baukörper in Nord-Süd-Ausrichtung setzen sich aus drei bis sechs Wohneinheiten zusammen und sind insgesamt locker und leicht zueinander versetzt angeordnet. Der verdichtete zweigeschoßige Flachbau wurde mit den zeittypischen Faserzementschindeln Eternit verkleidet, zu den gestalterischen Elementen zählen zudem die Fensterbänder im Obergeschoß. Die Anlage besteht aus drei unterschiedlichen Grundriss-Typen, anstelle von Kellern verfügen die Wohnungen über ebenerdige Abstellräume; Garagen befinden sich am Siedlungsrand.

Schrems 3943
Gemeinde: Schrems, Bezirk: Gmünd

Amts-, Verwaltungs-, Kommunal-, Bürobauten

1798 Hauptplatz 19, Rathaus, 1891, BH: Gemeinde Schrems | Umbau, nach 1912 | Zubau, 1971, P: Johann Staber | Umbau, 1992 | Umbau, 2018–2019, P: Klaus Zeinitzer

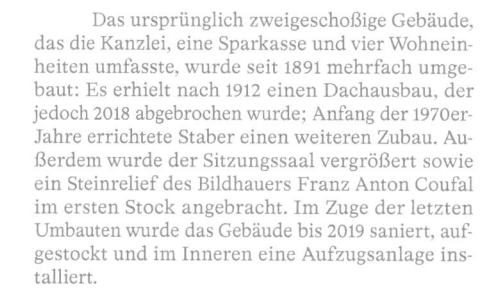

Das ursprünglich zweigeschoßige Gebäude, das die Kanzlei, eine Sparkasse und vier Wohneinheiten umfasste, wurde seit 1891 mehrfach umgebaut: Es erhielt nach 1912 einen Dachausbau, der jedoch 2018 abgebrochen wurde; Anfang der 1970er-Jahre errichtete Staber einen weiteren Zubau. Außerdem wurde der Sitzungssaal vergrößert sowie ein Steinrelief des Bildhauers Franz Anton Coufal im ersten Stock angebracht. Im Zuge der letzten Umbauten wurde das Gebäude bis 2019 saniert, aufgestockt und im Inneren eine Aufzugsanlage installiert.

Religion, Kult

1799 48°47'36.7"N 15°04'00.4"E, Dr.-Theodor-Körner-Platz, Kriegerdenkmal, 1935, P: Karl Wollek, AF: Steinmetzwerkstätte Widy | Erweiterung, 1962 ●

Der Bildhauer Karl Wollek schuf den auf einem Sockel knienden Krieger, der sich auf ein Schwert stützt, aus einem 14.000 Kilogramm schweren Block. Die Schrifttafeln erinnern an die Gefallenen des Ersten Weltkriegs und seit 1962 auch an die Opfer des Zweiten Weltkriegs.

Kultur, Veranstaltung

1800 Josef-Widy-Straße 7, Kulturhaus, ehem. Arbeiter*innenheim mit Kino, 1927 | Um- und Zubau, 1992–1994, P: Erich Sadilek, BH: Stadtgemeinde Schrems ●

Die sich übertrumpfende Konkurrenz zwischen linksbürgerlichen und sozialistischen Vereinen führte bei diesem imposanten Arbeiter*innenheim zu einer ehrenhofartigen Anlage mit zentralem Portalbau und mittigem Tempelgiebel sowie expressionistischen Zinnen – die ursprünglich nur am rechten, höheren Seitenflügel vorhanden waren. Die drei Gebäudetrakte enthielten neben den Clubräumen ein Postamt (links), ein Gasthaus (rechts) und ein Kino. Bei einer Adaptierung des Baus als Kultur- und Sozialzentrum in den 1990er-Jahren wurde das Gebäude nicht nur mit die Symmetrie der Anlage aufnehmenden Anbauten im rückwärtigen Bereich ergänzt, sondern auch das ehemalige Satteldach des nördlichen Seitenflügels entfernt und mittels Aufstockung dem südlichen Pendant angeglichen.

Bildung

1801 Stadtpark 1, Volks- und Mittelschule, 1962–1967, P: Johann Staber | Zubau, 1971–1972 | Zubau, 1985, P: Johann Staber | Umbau Dach, 1985–1987, P: Norbert Mandl | Sanierung und Umbau Schwimmbad, 1996–2000, P: Erich Sadilek | Sanierung und Umbauten, 2016, 2019, AB: Architekt ZT Schwingenschlögl GmbH (Rudolf Schwingenschlögl) ●

Das Schulgebäude wurde als Haupt- und Volksschule konzipiert, die jeweils in einem Z-förmigen Trakt untergebracht und durch einen niedrigeren Turnsaaltrakt miteinander verbunden sind. Ein Lehrer*innenwohnhaus entstand im Norden des Geländes. 1972 wurde das Schulhaus um einen Zubau mit Klassenräumen, Sonderunterrichtsklassen sowie einen Turnsaal und ein Lehrschwimmbad erweitert. Beide Schulen verfügen über einen eigenen Eingang, von dem aus eine durch große Glasflächen belichtete Halle mit Treppenhaus zu den einhüftig angeordneten Klassenräumen führt. Die kubischen ein-, zwei- und dreigeschoßigen Baukörper wurden durch lang gestreckte Fensterbänder mit großflächigen Verglasungen gegliedert. Das äußere Erscheinungsbild wurde durch den Tausch der Flachdächer gegen Steildächer 1985 und die Generalsanierung 1996 bis 1997, bei der die Fenster getauscht und die Fassaden gedämmt wurden, stark verändert.

1802 Stadtpark 2, Seminarzentrum, ehem. Parkkindergarten Schrems, 1969–1970, P: Johann Staber | Umbau Dach, 1997, P: Norbert Mandl

Der dreigruppige Kindergarten mit Bewegungsraum wurde nordwestlich der Schule inmitten eines Parks errichtet. Die Gruppen sind um die zentrale Halle angeordnet, jeder Gruppenraum verfügt über eine große Fensterfront, die sich zu einer Freifläche öffnet.
Zusätzliche Oberlichten sorgten für Tageslicht in den zentral gelegenen Bereichen und Nebenräumen; bei dem Tausch der flach geneigten Dächer gegen steile Walmdächer 1997 wurden diese entfernt. Aktuell wird das Gebäude für Seminare genutzt.

Wohnbauten

1803 Brauhausgasse 14–26, EFH-Siedlung, um 1958, P: Roland Wagner ●

Einfamilienhäuser

1804 Bahnstraße 45, Villa, um 1914 ●

1805 Bahnstraße 54, EFH, 1926, AB: Theiss & Jaksch (Siegfried Theiss, Hans Jaksch) ●

1806 Josef-Widy-Straße 14, 16, EFH, 1912, P: vermutl. Josef Widy ●

Obwohl sie sich in Form und Farbigkeit differenzieren, fungieren die durchgängige Rustizierung der Sockelzone und die Wiederholung der Ortganglösungen als verbindende Elemente der zusammengehörigen Häuser Nr. 14 und 16. Zwar haben sich keinerlei Aufzeichnungen zur Baugeschichte erhalten, doch lassen die Fassadengestaltung mit dem auffälligen Bossenwerk und der steinsichtigen Eckrustika mit einem Altan sowie das Anbringen eines Steinmetzwappens an der Straßenseite vermuten, dass es sich um das Haus eines Steinmetzen handelte. Die Tatsache, dass die Werkstätte des seit 1886 in Schrems tätig gewesenen Josef Widy gegenüber auf dem Areal des heutigen kommerziellen Zentrums lag, lässt auf einen Zusammenhang schließen.

Industrie

1807 Eugenia 1, Eaton Industries, ehem. Werk Felten & Guilleaume, ab 1948, BH: Felten & Guilleaume

Die ab 1829 errichtete Glasfabrik Eugenia war an diesem Standort 1930 stillgelegt worden. Nach dem Zweiten Weltkrieg verlegte die Firma Felten & Guilleaume, deren von Oswald Haerdtl 1953 am Wiener Messegelände errichteter Pavillon als Ikone der Nachkriegsarchitektur gilt, einen Standort zur Metallverarbeitung nach Schrems. Das Werkgelände wurde ab 1948 sukzessive ausgebaut; 2007 übernahm der US-amerikanische Konzern Eaton die Firma.

Schwadorf 2432
Gemeinde: Schwadorf, Bezirk: Bruck an der Leitha

Bildung

1808 Obere Umfahrungsstraße 16, Mittelschule, 1969–1975, P: Matthias Szauer, Gottfried Fickl | Sanierung, 2018, AB: Forum Architekten und Ingenieure ZT GmbH ●

Wie in den meisten von Szauer und Fickl errichteten Schulen liegen die Klassenräume in einem kompakten zweigeschoßigen Trakt, der über eine zentrale, von oben belichtete Halle erschlossen wird. Ein Hallenbad und die Turnhalle wurden in einem eigenen Trakt im Westen positioniert, eine Direktorenwohnung (heute Hort) und die Zentralgarderobe liegen im Norden bzw. Süden des Schultrakts. Die architektonische Gestaltung mit Sichtbetonfassaden und langen Fensterbändern sowie Sichtziegeln und Holzlamellenverkleidung im Inneren ist im Geiste des Brutalismus gehalten: Die Baumaterialien sind unverputzt sichtbar, die konstruktiven Details architektonisch ausgestaltet. Die im Laufe der Zeit notwendig gewordenen, zahlreichen baulichen Veränderungen passen sich an die Stilsprache an, wodurch die ursprünglichen Gestaltungsideen bis heute gut ablesbar sind.

Industrie

1809 Hauptplatz 1, Erweiterung Baumwollspinnerei, 1910, BH: Kantor, Pollak & Co | Wiederaufbau, 1946–1950, BH: Kantor, Pollak & Co | Zubau, 1987–1989 | Sanierung, ab 2019 ●

Die 1802 bis 1804 von der k. k. priv. Spinnfabrikssocietät errichtete Spinnerei wurde 1909 vom Unternehmen Kantor, Pollak & Co. erworben, das im Anschluss ein neues Fabrikgebäude als Eisenbeton-Skelettbau mit integrierter Klimaanlage und aufgesetztem Wasserturm für die Sprinkleranlage errichtete. Nach einem Erdbeben im Jahr 1927 mussten mehrere Bauten auf dem Betriebsgelände wiederhergestellt werden. 1944 bis 1945 wurden in dem Spinnereigebäude unter dem Tarnnamen „Schwadorfer Hammerwerke" Tragwerke für Jagdflugzeuge produziert. Ende der 1980er-Jahre ging ein weiteres Spinnereigebäude in Betrieb. Vor Kurzem wurde die Fassade saniert und im Zuge dessen wurden zwischen der Skelettkonstruktion großflächige Industriefenster eingesetzt.

Schwarzenau 3900
Gemeinde: Schwarzenau, Bezirk: Zwettl

Bildung

1810 Schulgasse 10, Volksschule, 1969–1971, P: Herbert Hartl, Herbert Aicher | Umbau für Barrierefreiheit und Turnsaalsanierung, 2016, AB: Architekt ZT Schwingenschlögl GmbH (Rudolf Schwingenschlögl) ●

Das eingeschoßige Gebäude wird über eine zentrale Eingangshalle erschlossen, welche weiter in den Turnsaaltrakt im Westen und den Klassentrakt mit den pavillonartigen, gestaffelt aus dem Baukörper tretenden Klassenräumen im Osten führt. Alle Klassen sind mit Pultdächern aus grauen Schindeln gedeckt und werden sowohl über große Fenster als auch über ein Oberlichtband belichtet. Die Fassaden sind hell verputzt, neben dem Eingang erhebt sich ein Kamin aus Sichtziegel-Mauerwerk.

1811 Schulgasse 11, Landeskindergarten, 1971–1973, P: Herbert Hartl ●

Der Kindergarten bezieht sich in Formensprache und Materialität auf die danebenliegende Schule: Die beiden Gruppenräume und der Bewegungsraum werden über eine Halle erschlossen und treten an der Südfassade gestaffelt aus dem Baukörper hervor. Die Belichtung erfolgt über große Fensterflächen und Oberlichten in den Dachaufbauten.

Schwarzenbach 2803
Gemeinde: Hochneukirchen-Gschaidt, Bezirk: Wiener Neustadt

Sonderbauten

1812 47°38'10.0"N 16°21'42.4"E, Am Keltenwall 1, Museumsturm, 1998–1999, P: Thomas Klauser

Auf dem Gebiet einer ehemaligen keltischen Wallanlage am Schwarzenbacher Burgberg wurde der 27,5 Meter hohe Museumsturm in der unteren Hälfte als Stahlbeton- und im oberen Bereich als Stahl-Glas-Konstruktion ausgeführt. Darüber kragt die seitlich offene, mit einem Zeltdach geschützte Aussichtsplattform auf jeder Seite um ca. drei Meter aus.

Schwarzois 3341
Gemeinde: Ybbsitz, Bezirk: Amstetten

Religion, Kult

1813 47°55'06.1"N 14°56'29.8"E, Wallfahrtskirche Maria Seesal, 1904–1906, P: Josef Hummer, K: Eduard Kratzmann (Glasmalerei)

Schwechat 2320
Gemeinde: Schwechat, Bezirk: Bruck an der Leitha

Der Name Schwechat gilt als Synonym für Bier, Flughafen und Erdölindustrie. Entlang des gleichnamigen Flusses entwickelten sich aus Mühlen im 19. Jahrhundert Fabriken, schon im 17. Jahrhundert wurde das Schwechater Brauhaus gegründet, das die Bierdynastie der Familie Dreher ab den 1860er-Jahren zur größten Brauerei des europäischen Festlands entwickelte. Seit 1978 im Besitz der Brau Union Österreich, wurde das alte Brauereigelände schrittweise aufgegeben und ein Neubau errichtet. Auf dem ehemaligen Betriebsgelände entstand ein Wohnviertel, nur einige denkmalgeschützte Brauereibauten blieben erhalten.

Der Flughafen wurde 1938 auf dem „Heidfeld" Richtung Fischamend als Fliegerhorst der deutschen Luftwaffe gegründet. Nach dem Krieg wurde ab 1946 der Linienverkehr aufgenommen und der Flughafen schließlich ab 1954 zum Zivilflughafen ausgebaut. 1977 ersetzte der Schwechater Flughafen endgültig den Flughafen Aspern in Wien. Ab den 1980er-Jahren erfolgte der weitere Ausbau (Franz Fehringer); 1999 wurde mit der Umsetzung des Masterplans 2015 begonnen und im Zuge dessen ein neuer Tower (Zechner & Zechner, 2005) und der Terminal 3 (Itten+Brechbühl/Baumschlager-Eberle, 2012) errichtet.

Die Raffinerie Schwechat, im Jahr 1938 auf den Grundstücken einer Ziegelfabrik entstanden, entwickelte sich Ende der 1950er-Jahre zur größten Erdölraffinerie Österreichs, deren Röhrensystem ein riesiges, bizarr-technoid anmutendes, sich ständig veränderndes Stadtgefüge ist.

Im Zweiten Weltkrieg waren in den Schwechater Außenlagern des KZ Mauthausen Tausende Menschen als Zwangsarbeiter*innen gefangen; als Industriestandort war Schwechat Ziel von Luftangriffen und wurde schwer beschädigt. 1922 zur Stadt erhoben, kam Schwechat 1938 als 23. Gemeindebezirk zu Wien hinzu. 1954 wurde die Stadt wieder niederösterreichisch und es erfolgte die Eingemeindung von Alt- und Neukettenhof sowie der Katastralgemeinden Kledering, Mannswörth und Rannersdorf.

Schwechat wächst kontinuierlich. Hatte die Stadt 2001 noch rund 15.300 Einwohner*innen, sind es heute 20.400. Am nordwestlichen Stadtrand, wo das Stadterweiterungsgebiet Frauenfeld nur noch wenige Ackerflächen vom Wiener Siedlungsgebiet trennen, macht sich diese Entwicklung am stärksten bemerkbar.

Für den sozialdemokratischen Vorzeigebetrieb der Hammerbrotwerke, errichtet 1906 nach Plänen von Hubert und Franz Gessner, 1972 geschlossen und seitdem stark verwahrlost, gibt es Pläne der Architekten Jabornegg & Pálffy für eine Umnutzung und die Integration in einen neuen verkehrsfreien Stadtteil mit Wohn- und Gewerbenutzung.

Amts-, Verwaltungs-, Kommunal-, Bürobauten

1814 Concorde Business Park 1, Businesspark, 1991–1992, P: Lothar Friedrich, Anton Müller, S: Rudolf Spiel, FRP: Alfred Kratochvil ●

Religion, Kult

1815 Am Waldfriedhof 1, Friedhofsbau, 1967, P: Erich Boltenstern, BH: Stadtgemeinde Schwechat ●

Zusätzlich zum bestehenden Pfarrfriedhof wurde von der Stadtgemeinde im Jahr 1967 der Waldfriedhof angelegt. Der im Grundriss Z-förmig konzipierte Komplex besteht aus der Aufbahrungshalle, dem Einsegnungsraum, Räumen für die Kanzlei, den Priester und das Personal sowie diversen Nutzräumen.

1816 Andreas Hofer-Platz 7, evang. Hl. Geist-Kirche, 1970, P: Josef Schuster ●

1939 erfolgte in Schwechat die Gründung einer evangelischen Pfarrgemeinde, aber erst nach 1946 wurde eine kleine Kirche aus Holz errichtet. An deren Stelle erbaute Josef (Sepp) Schuster, der sich als Erbauer evangelischer Kirchen in Österreich einen Namen gemacht hatte, 1968 bis 1970 eine neue Kirche. Auf einen Turm verzichtend, verlieh der Architekt dem Gebäude durch ein hohes, steiles Satteldach seine Signifikanz. Die verglaste Giebelfront sowie hohe Fenster in den Längswänden schaffen einen lichten Innenraum und im Zusammenhang mit Holzvertäfelungen eine freundliche Raumatmosphäre.

Kultur, Veranstaltung

1817 Ehrenbrunngasse 24, Theater Forum Schwechat, 1991, P: Josef Hums, Alois Seliger, BH: Stadtgemeinde Schwechat, K: Karl Martin Sukopp (Fassadenplastik) | Umgestaltung Foyer, 2003, P: Peter Waldbauer

Das 1963 nach Plänen von August Weisshaar errichtete und 1985 geschlossene Elitekino wurde in den 1990er-Jahren von Hums und Seliger in ein Theater umgebaut.

Bildung

1818 Ehrenbrunngasse 6–7, BG/BRG, ehem. Doppel-Bürgerschule, 1909–1910, P: Josef Höniger, Alfred Höniger | Aufstockung, 1956 | Sanierung und Erweiterung, 2012, AB: Schwinde Architekten Partnerschaft (Peter Schwinde, Robert Kürz) •

Die Schule wurde als lang gestreckter, dreigeschoßiger Bau mit Mittelrisalit und zum Haupttrakt quer stehendem Turnsaaltrakt errichtet und in mehreren Ausbaustufen erweitert und aufgestockt. 2008 bis 2012 wurde bei der letzten Erweiterung ein neues Schulgebäude auf der gegenüberliegenden Straßenseite errichtet, das mit dem Altbestand über eine Brücke verbunden ist.

1819 Wismayrstraße 45, Haus der Jugend, 1960 | Um- und Zubau, 1998, P: Monika Putz, K: Oskar Putz (Farbkonzept)

Freizeit

1820 Franz Schuster-Straße 1–3, Rudolf-Tonn-Stadion, 1980, P: Josef Hums, Alois Seliger, BH: Stadtgemeinde Schwechat, S: Walter Kiener

Josef Hums, der in den 1960er- und 1970er-Jahren im Büro von Karl Schwanzer arbeitete, realisierte infolge eines Wettbewerbssiegs gemeinsam mit seinem Büropartner Alois Seliger das später nach dem damaligen Bürgermeister benannte Sport- und Freizeitzentrum. Die zwischen dem Mitterbach und dem Schwechater Werkbach liegende Anlage besteht aus mehreren Freiluft-Sportplätzen sowie einem 6.500 Zuschauer*innen fassenden Stadion mit 40 Meter hohen Flutlichtmasten. Der Entwurfsgedanke des U-förmig gestaffelten Tribünengebäudes in Sichtbeton war es, eine den Sport symbolisierende, dynamische Architektur zu schaffen, die zudem städtebaulich auf die umgebenden Flussläufe sowie auf das benachbarte Schloss Rothmühle Bezug nimmt. Das Tribünengebäude folgt, so scheint es, der Metapher einer Welle – einerseits in der bogenförmigen Grundrissstruktur, die sich aus 22 leicht zueinander versetzten, unterschiedlich tiefen Abschnitten zusammensetzt, und andererseits in der Höhenstaffelung der baulichen Elemente. Konstruktiv setzt sich das Bauwerk aus 23 Spannbetonrahmen zusammen, welche in ihrer Massivität und schrägen Form auch nach außen hin die prägenden Gestaltungselemente darstellen. Auf der Innenseite bilden die Rahmen bis zu 18 Meter weite Auskragungen, um das Dach der Publikumsplätze zu tragen. Unterhalb sowie seitlich der Tribünenstufen ist, von Straße und Spielfeld aus erschlossen, Raum für Garderoben, Clubräume, Büros, technische Nebenräume und das Buffet. Ein 1991 bis 1992 von Hums ausgearbeitetes Konzept, das Freizeitzentrum südlich um einen zweiten Bauabschnitt in Form eines entgegengesetzt geschwungenen Hallengebäudes zu erweitern, wurde nicht realisiert.

1821 Plankenwehrstraße 11, Hallenbad, 1972–1973, P: Franz Huber •

Der Charme der 1970er-Jahre ist in der Gestaltung und Farbigkeit in den Innenräumen weitgehend original erhalten geblieben. Der benachbarte Eislaufplatz entstand nach Plänen von Leopold Huber im Jahr 1983.

1822 Plankenwehrstraße 13, Sommerbad, 1959–1960, P: Franz Wozak, Josef Werl, BH: Stadtgemeinde Schwechat | Neubau Garderobengebäude, 2004–2005, AB: raumpunkt architekten (Martin Puchleitner, Wolfgang Miller)

Auf dem Areal der sogenannten Schwimmschule, einem Wildbad an der Schwechat, entstand Ende der 1960er-Jahre ein neues Freibad. Der Eingangsbereich sowie die Becken sind noch erhalten, Letztere wurden jedoch modernisiert. Sprungturm sowie Wasserrutsche wurden erneuert und die ursprünglichen Garderobentrakte 2004 bis 2005 durch einen geschwungenen Neubau entlang des Flusses ersetzt.

Wohnbauten

1823 Dreherstraße 5, Arbeiter*innenwohnhaus der Brauerei Schwechat, um 1900 •

1824 Ehrenbrunngasse 19, Franz Schubert-Straße 4–8, Hanuschgasse 2, WHA, 1913–1914, P: Hubert Gessner •

Das ehemalige Arbeiter*innenwohnhaus besteht aus einer dreigeschoßigen Blockrandbebauung aus hellem Sichtziegel-Mauerwerk, deren drei Flügel jeweils symmetrisch organisiert sind, einen begrünten Innenhof umgeben und sich von der Franz Schubert-Straße durch schmale Vorgärten absetzen. Die einzelnen Baukörper sind straßenseitig durch markante Giebelfelder und Risalite gegliedert, die von Balkonen und Loggien flankiert werden. Besonderes Kennzeichen sind die für den ehemaligen Otto-Wagner-Schüler und -Mitarbeiter Gessner typischen abgerundeten Eckbereiche, die in diesem Projekt subtil aus der Fassadenflucht hervorragen (→ 0476).

Einfamilienhäuser

1825 Kranichgasse 7, EFH, 1977–1981, P: Hermann Czech, MA: Ingrid Lapaine, Gustav Deutsch ●

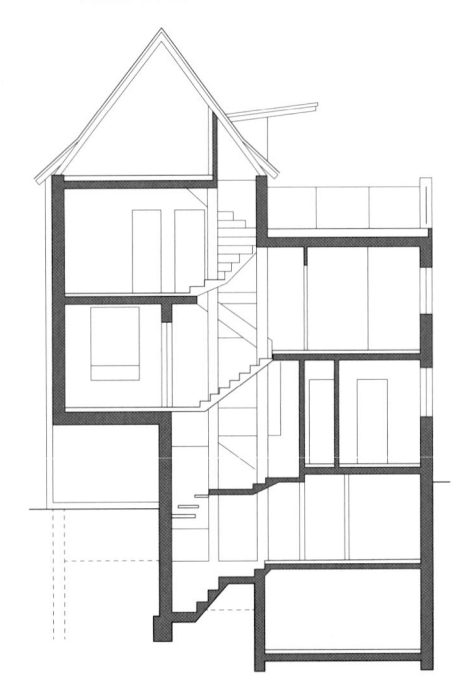

Hinter der einfachen Fassade verbirgt sich ein am Loos'schen Raumplan orientiertes und aus der Wiener Moderne in die 70er-Jahre des 20. Jahrhunderts übersetztes Konzept mit verschiedenen Ebenen, Nischen und Plateaus. Diese werden durch ein zentrales Stiegenhaus miteinander verbunden, welches differenziert in das jeweilige Raumkonzept einbezogen ist.

Geschäftslokale, Einkaufszentren, Banken

1826 Aymergasse 2–4, Baumarkt, 1997–1998, AB: Henke Schreieck Architekten ZT GmbH (Dieter Henke, Marta Schreieck), BH: Karlheinz Essl, Fritz Schömer GmbH, S: Christian Aste

1827 Wiener Straße 12–16, Geschäftszentrum Schwechat, 1986–1988, P: Dieter Hayde, Friedrich Peretti, Raoul Proche, Wolfgang Rainer, Hans Sacher, AB: Hlaweniczka & Partner, BH: Gemeinnützige Bau- und Wohnungsgenossenschaft „Wien-Süd", S: Gerhard Schattauer ●

Das Geschäftszentrum ist unmittelbar westlich der Schwechat an der Wiener Straße situiert. Um einen zentralen Platz wurden 23 Geschäfte, eine Bankfiliale, ein Großmarkt, ein Restaurant, eine Arztpraxis und ein Wohnhaus mit 24 Wohneinheiten an der Mühlgasse errichtet. Während die Portalgestaltung der einzelnen Geschäftslokale den jeweiligen Mieter*innen vorbehalten war, wurden die Fassaden mit Klinker, Putz, Glas, Aluminium und Stahl aufeinander abgestimmt. Die Ladeneinheiten wurden mittels eines durchlaufenden Vordachs aus Glas verbunden. Auch der Zutritt zum Platz von der Wiener Straße aus war ursprünglich durch ein Fachwerkglasdach überfangen.

Industrie

1828 Concorde Business Park 3, Austro Diesel Logistikzentrum, um 1983, P: Volkmar Burgstaller, Gerhart Labacher, BH: Austro Diesel, Kraftfahrzeugvertriebs- und Reparatur-GmbH, S: Christof Habla ●

1829 Himberger Straße 50, Schwechater Kabelwerke, 1891, BH: Otto Steiner | Erweiterungen, ab 1945, 1985 | Zubau, 2008, P: Christine Zwingl, Renate Allmayer-Beck ●

1830 Innerbergerstraße 17, Hammerbrotwerke Schwechat, 1908–1909, P: Franz Gessner, Hubert Gessner, BH: Hammerbrotwerke und Dampfmühle Skaret, Hanusch & Co | Stilllegung, 1929 | Revitalisierung, ab 2018, AB: Jabornegg & Pálffy Architekten (Christian Jabornegg, András Pálffy) ●

Im Jahr 1909 in Betrieb genommen, bestand die große, genossenschaftlich organisierte Fabrik vornehmlich aus zwei lang gestreckten Bauten mit Sichtziegel-Mauerwerk; an das viergeschoßige westliche Gebäude war im Süden eine glasüberdachte Halle angegliedert. Im Inneren wurden die Bauten aus Hygienegründen mit Marmor und Fliesen ausgekleidet. Sowohl innen als auch außen wurden dekorative secessionistische Elemente eingesetzt.

Ab den frühen 1970er-Jahren befand sich das Areal im Besitz der Post, nach jahrzehntelangem Leerstand wurde die ehemalige Fabrik 2018 vom Immobilienunternehmen Soravia aufgekauft. In Absprache mit der Gemeinde soll die heute teils verfallene Anlage zur Wohn-, Gastronomie- und Gewerbenutzung revitalisiert werden.

1831 Mannswörther Straße 28, Erdölraffinerie OMV, 1936–1938, BH: NOVA Erdöl- und Brennstoff-AG | Neubau, ab 1958, P: Lurgi GmbH, BH: OMV ●

Die heute einzige Großraffinerie Österreichs ging an diesem Standort erstmals 1938 in Betrieb. Die 1958 bereits veralteten Anlagen machten einen Neubau notwendig, mit dessen Generalplanung die Firma Lurgi betraut wurde. An der Ausführungsplanung beteiligten sich unterschiedliche Architekten: So stammt das ab 1958 errichtete Heizkraftwerk von Ernst Mühlberg, das Betriebs- und Forschungslabor von Hannes Lintl und das 1964 bis 1965 erbaute zwölfgeschoßige Verwaltungsgebäude von Carl Appel. Die technischen Anlagen werden bis heute stetig erweitert und modernisiert und das Areal sukzessive um- und ausgebaut.

1832 Mautner Markhof-Straße 11, Brauerei Schwechat, ab 1632 | Gär- und Lagerkeller, 1928–1929 | Silo, 1939–1941 | Wiederaufbau, nach 1945 | Sudhaus, nach 1950 | Erweiterung um Flaschenabfüllhalle, 1977–1979,

P: Gerhard Krampf, Erwin Fleckseder, Otto Seeböck, Emmerich Sodl, S: Josef Kelp, Georg Steiner | Teilabbruch Fabrikareal, ab 2011 ●

1833 Sendnergasse 28–32, Fabrikanlage für technische Gase, 1916–1920, P: Gustav Orglmeister, BH: Autogen-Gasaccumulator Krükl & Hansmann GmbH | Erweiterung, 1979–1982, BH: AGA GmbH ●

Gustav Orglmeister errichtete die Fabrikanlage mit Azetylen- und Sauerstoffwerk und mechanischen Werkstätten 1916 bis 1920. Die Erweiterung ab 1979 umfasste eine neue Abfüllanlage, eine neue Luftzerlegungsanlage und die Modernisierung des Azetylenwerks. Auf dem Fabrikareal befindet sich zudem die ehemalige Direktionsvilla, die heute als Bürogebäude genutzt wird.

Energie

1834 48°08'26.2"N 16°33'09.8"E, im Nationalpark Donau-Auen, Mannswörth, Barbara-Rohrbrücke, 1958, P: Franz Masanz, Waagner Biro AG, BH: Österreichische Mineralölverwaltung ●

Die Erdgasrohrbrücke überquert zwischen der Lobau und der Mannswörther Au die Donau. Aufgrund der erforderlichen hohen Spannweite und der Wetterbedingungen wurde ein von Franz Masanz von der Waagner Biro AG entworfenes, neuartiges, patentiertes Hänge- bzw. Seilbrückensystem gewählt. Die Brücke besitzt eine freie Spannweite von 320 Metern und wird mit Trag- und Spannseilen über eindrucksvolle Y-förmige Pylonen und Rückverankerung in einem Ankerkörper versteift. Durch diese Konstruktionsweise hält die Brücke Windgeschwindigkeiten von bis zu 180 Kilometern pro Stunde stand.

Verkehr

1835 Flughafen Wien-Schwechat, 1956–1960, P: Fritz Pfeffer, Kurt Klaudy, Adolf Hoch, Anton Schimka, BH: Flughafen Wien Betriebsges.m.b.H., K: Stefan Hlawa, Max Melcher, Heinz Leinfellner, Rudolf Hermann Eisenmenger, Viktor Pipal, Maria Biljan-Bilger, Wolfgang Hutter, FRP: Viktor Mödlhammer, Oskar Wladar | Errichtung zweite Landebahn und Flughafenbahnhof, 1977 | Neubau Ankunftsbereich, 1986 | Pier Ost, 1986–1988, P: Franz Fehringer, Heinz Wilke, Emil Jakubec | Terminal 1, 1992 | Hallenerweiterung Süd, 1992–1993 | Pier West, 1994–1996, P: Franz Fehringer, Heinz Wilke, Emil Jakubec, BH: Flughafen Wien AG | Terminal 1A und neuer Kontrollturm, 2005 | Terminal 3, 2006–2012, AB: Baumschlager Eberle Architekten (Carlo Baumschlager, Dietmar Eberle), Itten+Brechbühl AG ●

Der ersten, 1954 provisorisch eingerichteten, zivilen Abfertigung des Verkehrsflughafens ging bereits eine militärische Nutzung voraus. Nach einer Planung von Christoph Miller errichtete die deutsche Luftwaffe 1938 auf dem Heidfeld zwischen Schwechat und Fischamend einen Fliegerhorst. 1942 wurde die kriegsrelevante Flugzeugproduktion angesiedelt, 1944 wurden die Werke zum Außenlager des KZ Mauthausen.

Ab Herbst 1945 betrieb die britische Royal Air Force die Station Schwechat, die ab 1946 auch im zivilen Luftverkehr von British European Airways angeflogen wurde. Nach Gründung der zivilen Flughafen-Betriebsgesellschaft und deren Betriebsübernahme folgte ein Wettbewerb für einen Generalausbauplan zum internationalen Flughafen, aus dem Fritz Pfeffer, Kurt Klaudy, Adolf Hoch und Anton Schimka mit einem gemeinsamen Entwurf als Sieger hervorgingen. Der Entwurf sah einen zusammenhängenden Baukörper aus Terminalgebäude und beidseitigen Flügelbauten für Abfertigung, Besucher*innenbetrieb und Verwaltung vor. Im Generalbebauungsplan wurde darüber hinaus der zukünftige etappenweise Ausbau der Flughafeninfrastruktur mitsamt unterirdischem Bahnhof, möglicher Terminalerweiterung im Osten sowie einer zweiten Startbahn festgelegt.

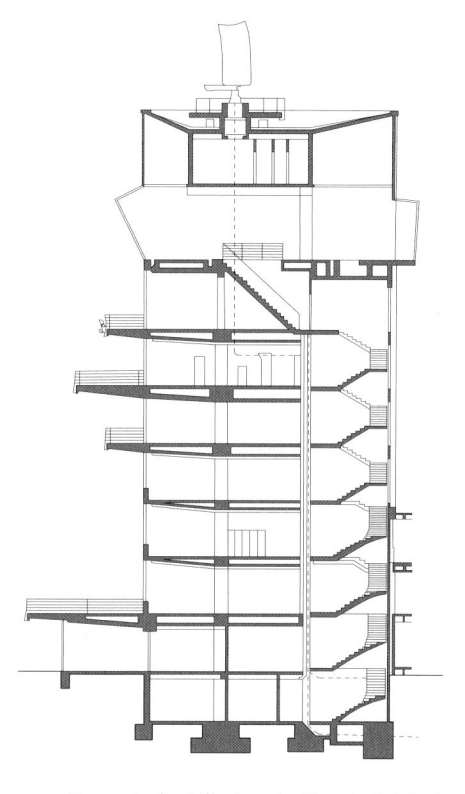

Der zentrale Hallenbau des Terminals ist mit der Front zur über zwei Ebenen angelegten Vorfahrt situiert. Die aufgeständerte, obere Vorfahrt wird auf ganzer Breite von einem aus der verglasten Fassade weit auskragenden Flugdach geschützt. Zum Vorfeld schließen beidseitig leicht angewinkelt lange Seitentrakte an, die diesen Bereich konkav abgrenzen. Im

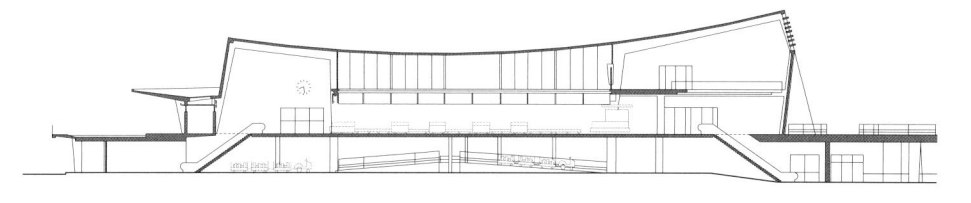

stützenfreien, 60 × 80 Meter messenden Hallenbau mit 18 Meter Höhe war zunächst nur die obere Ebene für den Passagier*innenbetrieb vorgesehen, während die untere Ebene vorläufig als Gepäckebene und für den Vorfeldbetrieb diente. Parallel zur Vorfahrt erschließt die gemeinsame Vorhalle die quer liegende Abflughalle im Westen und die östlich situierte Ankunftshalle. Die Gepäckinsel im Zentrum war mit Transporttrampen zur unteren Ebene angeordnet und wurde über charakteristische Plexiglaskuppeln in der – wegen der Belichtung der Hallen durch darüberliegende Oberlichthöfe niedriger ausgebildeten – Decke belichtet. Die Unterteilung des Hallenkranzes wurde durch großformatige Friesbänder – mit der jeweiligen Hallenfunktion zugeordneten Motiven Stefan Hlawas – unter den Fenstern betont. Raumprägend ist die schalenförmige Hängedachkonstruktion aus Spannbeton, unter der umlaufende Galerien im Obergeschoß Begleitpersonen und Besucher*innen das Beobachten der Abflüge durch die verglasten Stirnseiten ermöglichen. Von hier wurde der dem gesamten Bau vorfeldseitig vorgelagerte, begehbare Zuschauer*innensteg erschlossen. Westlich der Halle schloss der dreigeschoßige, ebenfalls großzügig verglaste Restauranttrakt mit Wartebereichen an. Der viergeschoßige Ostflügel diente als Bürotrakt für die Verwaltung, Flugsicherung und die Fluggesellschaften. Den Ostkopf bildete der frei stehend ins Vorfeld gerückte, 35 Meter hohe und vollständig verglaste Kontrollturm. Als westliches Gegenstück wurde der dreigeschoßige, filigrane Besucher*innenturm errichtet und westlich des Aussichtsturms zusätzlich eine überdachte Zuschauer*innenterrasse angelegt.

Gerade im Kontext österreichischer Verkehrsarchitektur im Jahr des Staatsvertrags erscheint der Entwurf des Terminalgebäudes mit schalenförmiger Dachkonstruktion, offenen Terrassen zum Vorfeld und der großzügigen Verglasung der Stirnwände ausgesprochen modern und auch international wegweisend. Anders als etwa bei den großen Bahnhofsbauten oder der Mehrzahl öffentlicher Bauvorhaben wurde hier außerhalb bestehender Siedlungsstrukturen, auf dem freien Feld, eine nicht auf Historizität rekurrierende, sondern gestalterisch scheinbar genuin dem von raschem Fortschritt gezeichneten Luftverkehr entsprechende Architektur realisiert. Dem Attraktionscharakter der neuen Einrichtung wurden die begehbaren, auf Aussicht und Beobachtung des Betriebs ausgelegten Flächen und der mehrstöckige

Aussichtsturm als öffentliches Gegenstück zum Kontrollturm gerecht.

Mit Eröffnung der zweiten Landebahn in abweichender Lage und des unterirdischen Flughafenbahnhofs wurde der Generalausbauplan 1977 abgeschlossen und danach die sukzessive Erweiterung des Terminals projektiert. Bis 1986 wurde die untere Ebene um einen großflächigen Vorbau im Norden mit dem neuen Ankunftsbereich erweitert. Bis 1988 folgte die Errichtung des Pier Ost – als Erster der beiden bogenförmigen, asymmetrischen Neubauten der vorfeldseitigen Terminalerweiterung mit Fluggastbrücken und zentralem Mittelbau mit Einkaufs- und Verteilerbereich. Erreicht wurde der Flugsteig über eine bogenförmige Verbindungsbrücke, die spiralförmig in einen runden Zentralbau übergeht, der die Abfertigungsschalter und dezentrale Sicherheitskontrollen vor den Wartebereichen mit den anschließenden Fluggastbrücken aufnahm. Die Fassade von Verbindungsbrücke und Gate-Bereich besteht aus Aluminiumpaneelen und großflächiger Verglasung, die am Gate-Bereich durch horizontale Sonnenschutzlamellen auf gesamter Höhe geprägt wird. Im Bereich der Rotunde sorgt ein umlaufendes Fensterband um die zentrale Kuppel für zusätzliche Belichtung. Das Rollfeldgeschoß bestimmen Betonfertigteile. Während die markante Rotunde, in der die Gates fächerartig um den zentralen Kuppelraum angeordnet sind, auch gestalterisch als eigenständiger Satellit des Flughafens fungiert, wurde der zurückhaltende Anschlussbereich deutlich dem bestehenden Zentralgebäude des Terminals untergeordnet – wenn dieser auch einen deutlichen Eingriff in die bestehende Gebäudedisposition bedeutete.

Im Gegensatz zum kreisbogenförmigen Radius von Pier Ost erfolgte unter Fortsetzung dessen Architektur ab 1994 die Erweiterung um Pier West im Verlauf eines Segmentbogens. Als Verbindungsglied zwischen den neuen Flugsteigen entstand ein zentraler, dem ersten Abfertigungsgebäude unmittelbar vorgelagerter Verbindungsbau mit dem Plaza-Bereich mit Laden- und Gastronomieflächen.

Bereits 1992 wurde die zentrale Abfertigungshalle – von da an als Terminal 2 bezeichnet – um einen im segmentbogenförmig den Vorfahrtsbereich begleitenden Hallenneubau unter Fortsetzung von dessen Flucht ergänzt. Diese neue Halle von Terminal 1, die eine ungefähre Verdopplung der Check-in-Schalter und Abfertigungsbereiche ermöglichte,

ist im Querschnitt und an der Fassade stark am anschließenden Bestandsbau orientiert.

Zugunsten des Neubaus von Terminal 3 mit neuem zentralen Ankunftsbereich folgten nach der Jahrtausendwende Abbruch und Neuerrichtung des Kontrollturms und des ehemaligen östlichen Seitentrakts von ab 1960 sowie nach Fertigstellung des östlich an den ersten Terminalbau anschließenden Neubaus die Aufgabe der Ankunftshalle von 1986.
▶ Pläne: Situation um 1960

1836 Flughafen, Weststraße, <u>Austrian Airlines Werftgebäude, Werft 1: 1972–1974, Werft 2: 1979–1981</u>, P: Hans Thaler, Martin C. Restar, Emil Jakubec, Michael Müller, BH: Austrian Airlines | <u>Werft 3, 1993</u>, BH: Flughafen Wien AG ●

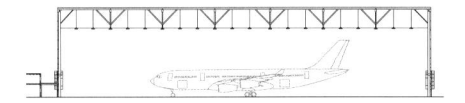

Der Werftneubau von Austrian Airlines setzt sich aus einem Hangar samt Werkstätten- und Lagergebäuden sowie einem Bürotrakt zusammen und bildete den baulichen Auftakt für die neue Basis der Fluggesellschaft, deren technische Bauten bisher noch aus der militärischen Nutzung des Flughafens stammten. Die für die DC-9-Flotte dimensionierte Halle wurde ab 1980 an Austrian Airlines ausgelieferte MD-80 um die Werft 2 ergänzt. Der neue, um 50 Prozent breitere Hallenbau wurde der Werft 1 in gleicher Flucht beiseitegestellt. Er diente der laufenden Wartung der gesamten Flotte, während Hangar 1 danach für die umfassenden Checkarbeiten genutzt wurde. In der vorausschauenden Dimensionierung wurden bereits weitere Flottenerweiterungen – auch um künftige Großraumflugzeuge – bedacht, sodass eine Erweiterung um Hangar 3 erst 1993 durch die Flughafen Wien AG als direkter Anbau in den gleichen Dimensionen erfolgte.

1837 Flughafen, Weststraße, <u>Catering- und Crewgebäude der Austrian Airlines, 1981–1983</u> | Zubauten, 1987, P: Martin C. Restar, BH: Austrian Airlines, Airrest, S: Emil Jakubec ●

1838 Sendnergasse 26, Eisenbahnmuseum, ehem. Werkstätten- und Wagenhalle, 1914 ●

Der heute vom Eisenbahnmuseum Schwechat genutzte Bau wurde 1914 als Teil des Betriebsgeländes der elektrischen Lokalbahn Wien-Pressburg errichtet. An die dreiständige Halle mit Obergaden über dem Mittelschiff schließt ein markanter, flach gedeckter Kopfbau als Verwaltungstrakt an.

Seibersdorf 2444
Gemeinde: Seibersdorf, Bezirk: Baden

Amts-, Verwaltungs-, Kommunal-, Bürobauten

1839 47°58'32.5"N 16°30'35.8"E, bei Friedensstraße 1, Österreichisches Forschungszentrum, Umbau Bürogebäude, 1991–1995, AB: Coop Himmelb(l)au (Wolf D. Prix, Helmut Swiczinsky), BH: ÖFZ Seibersdorf – Bereich Systemforschung Technik Wirtschaft, S: Vasko & Partner Ingenieure, Waagner Biro AG ●

Eine leer stehende Halle aus den 1970er-Jahren wurde nach Plänen von Coop Himmelb(l)au als modernes Bürogebäude adaptiert und erweitert. Kern des Entwurfs war, so die Architekten, einen die flexible Arbeitsweise der Wissenschaftler*innen widerspiegelnden Gebäudetypus zu entwickeln. Umgesetzt wurde dieser Gedanke durch das gleichwertige Nebeneinander unterschiedlicher Bauteile und Konstruktionssysteme. Ein lang gezogener zweigeschoßiger Gebäuderiegel, der über unregelmäßig angeordneten Stahlbetonstützen zu schweben scheint, wurde – leicht aus der Achse gedreht – mit der kubischen Bestandshalle verschnitten. Aus zweigeschoßigen Fachwerkträgern mit eingehängten Decken konstruiert, ist der Neubauteil im Innenraum, je nach Bedarf, als offene Raumstruktur nutzbar oder in kleinere Zellen unterteilbar und bietet Raumbeziehungen zwischen den Geschoßen. Die Außenwände sind in unterschiedliche Schichten aufgelöst: Den Fensterfronten und Fassaden aus blauem Trapezblech sind partiell verzinkte und bewegliche Gitterrosttafeln zur Beschattung vorgelagert – der sich so ergebende schmale Zwischenraum dient als Freiraum und gemeinsam mit seitlich angedockten, ausladenden Stahltreppen als Fluchtweg.

Energie

1840 47°58'29.9"N 16°30'26.8"E, bei Friedensstraße 1, Österreichisches Forschungszentrum, ehem. Reaktorzentrum Seibersdorf, 1958–1960, P: Johannes Groebner, Richard Wanha, BH: SGAE, S: Robert Krapfenbauer ●

1956 wurde die Österreichische Studiengesellschaft für Atomenergie (SGAE) gegründet und 1958 das Gelände bei Seibersdorf erworben, um ein Reaktorzentrum zu Forschungszwecken zu errichten. Neben dem Forschungsreaktor wurden Laborbauten für Technik und Naturwissenschaften sowie Verwaltungsgebäude, Strahlenschutzgebäude und ein Zwischenlager für niederradioaktive Abfälle errichtet. Der ursprüngliche Plan, im Anschluss ein Atomkraftwerk zu errichten, wurde aus finanziellen Gründen nicht umgesetzt und spätestens mit dem Atomsperrgesetz 1978 aufgegeben.
Danach wurde die Anlage als Österreichisches Forschungszentrum bezeichnet. Bis zur Stilllegung 2004 war der Kernreaktor zu Forschungszwecken in Betrieb. 2009 wurde die SGAE in Austrian Institute of Technology umbenannt (AIT).

Seitenstetten 3353
Gemeinde: Seitenstetten, Bezirk: Amstetten

Einfamilienhäuser

1841 Bahnhofstraße 7, Arztvilla, 1906, P: Ferdinand Pfaffenbichler | Erweiterung und Veränderung der Balkonsituation, 1988 ●

1842 Bahnhofstraße 9, Villa, 1907 ●

Energie

1843 Bahnhofstraße 15, Trafostation, 1937–1938, P: Miklós Bukovics, BH: Elektrizitätswerk Waidhofen an der Ybbs | Zubau, 1967–1968, BH: NEWAG, AF: Franz Pabst | Umbau, 1997, BH: Sigrid Schirghuber, AF: Wolfgang Deseyve ●

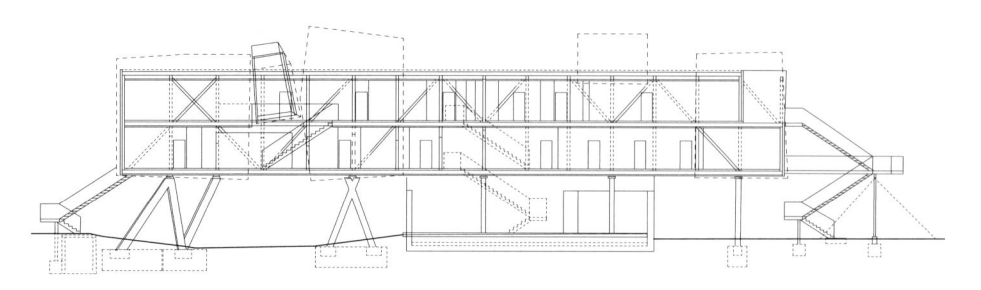

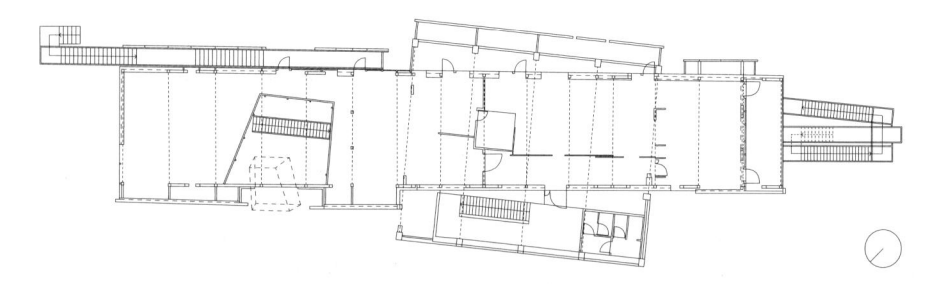

Der zweigeschoßige Bau mit angebautem Stiegenhaus besteht aus Ziegelmauerwerk mit eingezogener Eisenbetondecke zwischen Erd- und Obergeschoß und einem hölzernen Dachstuhl. Die Tore der Traforäume befinden sich auf der Ostseite, während der Zugang zum Stiegenhaus über die Südseite erfolgt. 1967 bis 1968 erfolgte unmittelbar im Norden an die Trafostation anschließend der Zubau eines Betriebsstellengebäudes der NEWAG, welcher als nicht unterkellerter, eingeschoßiger Bau mit Satteldach ausgeführt wurde und über die Bahnhofstraße erschlossen wird. 1997 wurde für dieses Gebäude der Einbau einer Wohnung im rückwärtigen Bereich sowie von Geschäftsräumen zur Straßenfront hin bewilligt.

Semmering-Kurort 2680
Gemeinde: Semmering, Bezirk: Neunkirchen

Erst drei Jahrzehnte nach Eröffnung der Semmeringbahn setzte am Semmering selbst der Tourismus im großen Stil ein. Mit der Eröffnung des imposanten Südbahnhotels (1882; 1976 geschlossen) und der weiteren Großhotels Panhans (1888, 1912–1913 Dependancen) und Erzherzog Johann (1899, 1945 abgebrannt) wurde der Semmering zur Destination der noblen Gesellschaft.

Der Südbahn-Direktor Friedrich Schüler, der Bildhauer Franz Schönthaler, der Architekt Franz von Neumann jun. und der Zeitungsverleger Victor Silberer waren die „Masterminds" der Semmeringer Ortsentwicklung. Neumann prägte mit seinen Villenbauten, denen er Elemente der Bauernhausarchitektur aus Westösterreich und der Schweiz einverleibte, den typischen „Semmeringbaustil". Aus der lokalen Bautradition ließ sich nichts Repräsentatives ableiten. Insofern passt es ins Bild, dass sich – maßgeblich auf Betreiben von Silberer – 1919 die „Hotelstadt" Semmering vom bäuerlichen Breitenstein trennte und eine eigenständige Gemeinde wurde. 1921 erhielt Semmering den Titel „Heilklimatischer Kurort".

Wurden nach dem Ersten Weltkrieg die Hotels weiter ausgebaut sowie das Golfen und das Glücksspiel im Casino als für Österreich neue Freizeitangebote eingeführt, konnte nach dem Zweiten Weltkrieg trotz Ausbau der Ski-Infrastruktur nicht mehr an die Blütezeit angeknüpft werden. Mit der Wiederentdeckung der traditionellen Sommerfrische regt sich wieder etwas am Semmering. So wurde das Kurhaus (Franz Krauß und Josef Tölk, 1909) nach mehreren Besitzerwechseln von einem Grazer Hotelier erworben, um es als Luxushotel zu revitalisieren, und auch für das Südbahnhotel und das Panhans eröffnen sich neue Perspektiven.

Amts-, Verwaltungs-, Kommunal-, Bürobauten

1844 Südbahnstraße 4, ehem. Rathaus, 1906, P: Alfred Wildhack ●

Religion, Kult

1845 47°38'20.3"N 15°49'31.9"E, bei Hochstraße 40, Pfarrkirche Hl. Familie, 1908, P: Gustav Neumann, AF: Peter Handler, K: Hans Schock (Glasmalerei), Sigfried Koller (Wandmalereien) ●

Der Semmering war um die Jahrhundertwende ein florierender Kur- und Erholungsort. Um den zahlreichen Gästen den sonntäglichen Kirchenbesuch zu ermöglichen, wurde 1908 die Errichtung einer Kirche beschlossen. Ein Kirchenbauverein wurde unter der Patronanz von Erzherzogin Maria Josefa gegründet, Johann II. Fürst Liechtenstein stiftete den Baugrund, und Gustav Neumann, neben Carl Weinbrenner ein viel beschäftigter Architekt des Fürsten Liechtenstein, erhielt den Auftrag, Pläne zu erstellen. Viele Gäste ließen sich am Semmering auch Sommersitze errichten, das gesamte Gebiet wurde geradezu zum Musterbuch für eine harmonische Einbindung der Gebäude in die ästhetisch als malerisch wahrgenommene Natur. In diesem „Semmeringbaustil" wurde auch von Neumann die Kapelle konzipiert: Der helle Bruchstein kontrastiert zu den grün glasierten Ziegeln einer vielgliedrigen Dachgestaltung, verschiedene spätromanisch-frühgotische Details beleben die Fassaden, Scheinstrebepfeiler, ein schmiedeeisernes Vordach auf dünnen gedrehten Säulchen sowie teilweise bemalte Schnitzereien verstärken die malerische Wirkung des kleinen Kapellenbaus. Dem ursprünglich einschiffig geplanten Innenraum wurde erst am Ende der Bauzeit ein zweites Schiff hinzugefügt, Blendarkaden an der anderen Längsseite bewirken den Eindruck eines dreischiffigen Hauptraums. Um den Kirchenbesucher*innen auch in der kälteren Jahreszeit den Besuch der Gottesdienste bzw. Kirchenkonzerte angenehm zu machen, wurde – damals noch ungewöhnlich – sogar eine Zentralheizung installiert.

1846 Hochstraße 40, Pfarramt, ehem. Benefiziatenhaus, 1896, P: Gustav Neumann, AF: Peter Handler ●

Gleichzeitig mit der nebenan liegenden Pfarrkirche Hl. Familie (→ 1845) errichtete Gustav Neumann das Benefiziatenhaus als Unterkunft für die jeweiligen Messe lesenden Geistlichen. Bei der Gestaltung „hielt er sich an den von seinem Bruder Franz kreierten ‚Semmeringbaustil', der seine formalen Grundlagen aus dem bäuerlichen, alpinen Wohnhausbau ableitete" (Jutta Brandstetter). Die hiermit erzielte malerische Wirkung des villenähnlichen Gebäudes wird durch Schnitzereien, die zum Teil bemalt sind, noch erhöht.

Bildung

1847 Am Wolfsbergkogel 19, Underline: WH, ehem. Volksschule, 1908, P: Alfred Wildhack, AF: Rudolf Bredl ●

Der kleine asymmetrische Bau mit Rustika in der Sockelzone und Schopfwalmdächern ist mit einer Kombination aus späthistoristischen, alpenländischen und secessionistischen Zierelementen ausgestattet. Gegen Ende des 20. Jahrhunderts wurde die Schule als Wohnhaus umgenutzt.

1848 Hochstraße 37, Tourismusschule Semmering, 1984, P: Egon Presoly

Die Tourismusschule Semmering wurde auf jenem Bauplatz errichtet, auf welchem sich das erste Gebäude des Hotel Panhans (→ 1868) befunden hatte. Ihr Bauvolumen passt sich mit der geknickten Front dem Straßenverlauf an; die lang gestreckte Fassade des Schulbaus wird durch bogenförmige Zwerchgiebel, vorspringende Balkone und grüne Fassadenelemente in postmoderner Formensprache strukturiert. Der Gebäudekomplex beinhaltet Lehrhotel und Schulungsräume der Hotelfachschule.

Gesundheit

1849 Kurhausstraße 2, Kurhaus Semmering, 1907–1909, AB: Atelier für Architektur Krauß und Tölk (Franz Krauß, Josef Tölk), BH: Karoline Neumann ●

Anfang des 20. Jahrhunderts kaufte der Architekt Franz von Neumann jun. die von ihm errichtete Villa Meran (1951 abgerissen) samt dazugehörigen Gründen und plante die Errichtung eines Kurhauses. Sein plötzlicher Tod 1905 machte die Pläne zunichte, sie wurden aber 1907 von seiner Witwe wieder aufgegriffen. Mit der Ausführung beauftragte sie das Architektenteam Franz Krauß und Josef Tölk, das dem Bauwerk mit Heimatstil-Elementen das damals hoch geschätzte malerische Erscheinungsbild verlieh. Beim Dekor der Innenausstattung orientierten sie sich hingegen an der zeitgemäßen Moderne, wie sie von Otto Wagner und seiner Schule propagiert wurde. Bald nach der Fertigstellung 1909 genoss das Kurhaus als Nobelquartier von besonderer Ruhe und Diskretion einen ausgezeichneten Ruf, und alles, was damals Rang und Namen hatte, suchte in dem Haus Erholung oder Heilung. Es war nicht nur äußerst exklusiv ausgestattet, sondern bot auch diverse Behandlungen nach neuesten medizinischen Standards. Die Nähe zu Wien, die leichte Erreichbarkeit mit der Bahn, Tennisplätze, ein Golfplatz sowie Wintersportmöglichkeiten verhalfen dem Haus zu zusätzlicher Attraktivität. Im Ersten Weltkrieg diente die „Physikalisch-Diätetische Höhen-Kuranstalt" als exklusives Rekonvaleszentenheim für Offiziere, während des Zweiten Weltkriegs wurde das Gebäude als Heeres-Kurlazarett von der deutschen Wehrmacht übernommen. Nach Ende des Kriegs besetzte die sowjetische Besatzungsadministration das Gebäude. In den 1950er-Jahren erfolgte ohne gravierende Eingriffe eine Neugestaltung der Innenräume und bis 1988 wurde das Kurhaus als Erholungsheim für Bundesbedienstete genutzt. 1994 wurde es verkauft; es folgten mehrere Besitzer*innen mit unterschiedlichen Nutzungsplänen, die allesamt nicht realisiert wurden. Während dieser ungewissen Zeit wurde das Kurhaus für diverse kulturelle Veranstaltungen genutzt. 2019 fand das Gebäude einen neuen Käufer, der einen Hotelbetrieb plant.

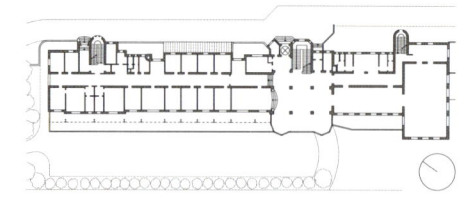

Sonderbauten

1850 47°37'20.1"N 15°50'01.3"E, Milleniumswarte (Dr.-Erwin-Pröll-Warte) auf dem Hirschenkogel, 1999, AF: Graf-Holztechnik GmbH

Um am Hirschenkogel einen weiteren Blickfang zu schaffen, wurde neben der 1998 eröffneten Kabinenbahn ein 30,5 Meter hoher Aussichtsturm geplant. Die Holzkonstruktion beträgt in der Grundfläche 6 × 6 Meter und besteht aus vier Eckstützen, in welche die Lasten über diagonal zu den Stützen befestigte Druckriegel, die das Gewicht der Holztreppe aufnehmen, abgetragen werden. Weitere Querträger und Zugstangen stabilisieren den Bau. Die große Aussichtsplattform liegt innerhalb der Eckstützen auf einer Höhe von 25 Metern. Ein mit Blech gedecktes, gefaltetes Dach bildet den oberen Abschluss des Turms.

1851 47°37'50.8"N 15°50'15.6"E, Aussichtswarte auf der Emma Höhe, 1912

1852 47°39'12.4"N 15°49'44.1"E, Doppelreiter-Warte am Wolfsbergkogel, 1964, P: Karl Melcher

Der zehn Meter hohe Holzturm, der seinem Vorgängerbau aus dem Jahr 1911 stark nachempfunden ist, wurde 1964 errichtet. Die achteckige Aussichtsplattform mit einem Durchmesser von vier Metern wird über eine innerhalb der Turmkonstruktion platzierte Holztreppe erreicht. Von hier aus bietet sich ein eindrucksvoller Blick auf die von Karl Ritter von Ghega errichtete Semmeringbahnstrecke und deren Viadukte (→ 1875).

Einfamilienhäuser

1853 Hochstraße 26, Villa Winter, um 1895/1896, P: Eduard von Frauenfeld ●

Die späthistoristische Villa folgt in ihrem Erscheinungsbild den Südbahnvillen, die unweit des 1882 errichteten ersten Südbahnhotels entstanden waren. Der zur Straße hin traufständige, zweigeschoßige und symmetrisch angelegte Baukörper auf Bruchsteinsockel mit Satteldach und Giebelrisalit wird durch Eckrustika konturiert und erhält durch die in dunklem Holz gehaltene Dachzone in Verbindung mit dem hellen Sichtziegelmauerwerk ein kontrastreiches Erscheinungsbild. Seitlich situierte hölzerne Balkone, ein geschoßübergreifendes Fenster im Giebelfeld sowie ein weit vorgezogenes Erdgeschoß mit Geschäftsflächen – es wird durch einen zentralen Dreiecksgiebel über dem Rundbogenportal akzentuiert – prägen das Gebäude, dessen Fundament schon zuvor vom Bahningenieur Josef Daum errichtet worden war.

1854 Hochstraße 53, Villa Engelmann, 1902–1903, P: Eduard Engelmann jun., Rudolf Santres, BH: Eduard Engelmann jun., AF: Ig. Gridl, k. u. k. Hof-Eisenconstructions-Werkstätte, Schlosserei und Brückenbau-Anstalt ●

1855 Hochstraße 54, Villa Miomir, ehem. Villa Löwy, 1909–1910, P: Siegmund Müller, BH: Isak Salomon Löwy, AF: Franz Günthers | Restaurierung, 1989 ●

Die dreigeschoßige Villa auf Bruchsteinsockel mit dem halbrunden Wintergartenvorbau, der allen Geschoßen vorgelagert ist, steht stilistisch für den Übergang vom geometrischen Jugendstil hin zur frühen Moderne. Die schlichte Rillenputzfassade mit dem linearen Portal liegt unter einem über dem Portal geschweiften Dach, bei dem die zurückhaltenden Fachwerkelemente der Außenwände in die Kassettierung übergehen. Dabei handelt es sich um ein Markenzeichen des eher unbekannten Architekten Siegmund Müller, der diese Form auch für seine noch stärker im Jugendstil verhafteten Villenentwürfe in Wien, wenige Jahre vor der Villa Miomir, anwandte.

1856 Hochstraße 64, Villa Linka, 1911–1912, P/BH: Alfred Wildhack

Alfred Wildhack bekam das Gelände des für seine Ehefrau erbauten „Bergschlössls" von der Südbahngesellschaft als Honorarabgeltung für die Errichtung des Südbahnhotels zur Verfügung gestellt (→ 1870). Obwohl der Bau stilistisch dem Späthistorismus und von Wildhack selbst einem „vornehmen Renaissance-Stil" zugeschrieben wurde, erinnert er mit seinen eklektisch eingesetzten Befestigungsarchitektur-Elementen an die Burgenromantik des späten 19. Jahrhunderts.

1857 Hochstraße 67, Villa Kleinhans, 1899–1900, P: Josef Panzl, Franz von Neumann jun. ●

1858 Hochstraße 70, Villa Mary, 1912, P: J. Loeb, BH: Mary Loeb, AF: Adolf Schustala ●

Die Villa auf dem hohen rustizierten Sockel mit eleganter Freitreppe zeigt eine im Vergleich zum projektierten Entwurf wesentlich reduziertere Fassade und orientiert sich an secessionistischen Strömungen. Ihr heutiges Erscheinungsbild ist von angefügten und wieder abgerissenen Zubauten sowie zahlreichen Veränderungen im Eingangsbereich und im Inneren geprägt.

1859 Südbahnstraße 12, Haus Landau, 1907, P: Joseph Urban ●

Die zweigeschoßige Villa mit Mansarddach und zwei halbrunden, reich durchfensterten Erkern stellt eines der wichtigsten Beispiele secessionistischer Architektur am Semmering dar. Joseph Urban, dessen Arbeitsschwerpunkte in der Inneneinrichtung und der Ausstellungs- und Bühnenausstattung sowie der Illustration lagen, wandte seine eklektizistische Arbeitsweise auch in seinen Architekturprojekten an. Im ursprünglichen, nicht erhaltenen Zustand zeigte geometrischer Fassadendekor aus orthogonal angebrachten Holzbrettern Einflüsse der Bauten Josef Hoffmanns.

1860 Villenstraße 1, Villa Bittner, 1895, P: Franz von Neumann jun. ●

1861 Villenstraße 2, Villa Alpenheim, ehem. Villa Johannesruh, 1898–1899, P: Franz von Neumann jun., BH: Johann Dunz | Dachausbau, nach 1954 | Erweiterung, 1964 ●

Der späthistoristische, annähernd quadratische Bau wurde 1898 von Franz von Neumann jun. für den Bauunternehmer Johann Dunz als private Villa im Stil eines Bauernhauses entworfen und ab 1921 als Pension „Alpenheim" geführt. Im Jahr 1964 wurde das Anwesen um ein Apartmenthaus erweitert. Auf alten Ansichtskarten ist noch ein von Anton Andritsch zugebautes, stilbrechendes Geschäftslokal zu erkennen, das jedoch 1968 wieder abgetragen wurde. Einzelne Elemente der Innenausstattung, wie bemalte Glasfenster und Deckenleuchter, sind im Erdgeschoß erhalten.

1862 Villenstraße 8, Villa Neumann, 1893–1894, P/BH: Franz von Neumann jun. ●

Das für seine eigene Familie gebaute Ferienhaus des Architekten wurde nach dem Vorbild alpenländischer Bauernhäuser errichtet. Der denkmalgeschützte Blockbau auf gemauertem Tiefparterre ist mit einem flach geneigten Satteldach gedeckt und durch Kaminaufbauten, Schnitzwerk und Vordächer reich dekoriert.

Hotels, Heime, Klöster, Kasernen

1863 Bahnhofstraße 23, Haus Stefanie, 1897 | Zubau, 1909–1910, P: Alfred Wildhack, BH: Konstantin Panhans, AF: Gustav Menzel | Sanierung, Um- und Zubau, 2015–2017, P: Ewald Sodl, BH: Siebenten-Tags-Adventisten ●

Konstantin Panhans ließ 1897 direkt neben dem Bahnhof Semmering das Hotel Stefanie an der Stelle des 1887 erbauten Gasthofs Semmeringbauer errichten und bereits 1900 um die viergeschoßige Dependance hangaufwärts erweitern. Aufgrund der hohen Nachfrage beauftragte er 1909 Alfred Wildhack, das Gebäude mit einem prächtigen Zubau im Norden zu vergrößern, während das niedrigere und schlichtere Stammhaus auf der Südseite bestehen blieb. Stilistisch orientierte sich Wildhack am Südbahnhotel und schuf mit dem Hotel Stefanie ein in seiner Formensprache ähnliches, gleichsam luxuriös ausgestattetes Haus, welches für seinen Glassalon bekannt war. 1970 wurde es von der Gesellschaft der Siebenten-Tags-Adventisten übernommen und mit den in den folgenden Jahrzehnten unter rechtlich erforderlichen Anpassungen in ein Alters- und Pflegeheim umgewandelt. Ewald Sodl wurde 2015 mit einer aufwendigen Generalsanierung und einem erweiternden Umbau des Altbestands Richtung des Hangs betraut, welcher im folgenden Jahr umgesetzt wurde.

1864 Carolusstraße 10, Sporthotel am Semmering, ehem. Palace-Hotel, 1912–1913, P: Emanuel Stwertnik, BH: Josef Deisinger | Einbau Hallenbad, 1974, P: Friedrich Florian Grünberger | Umbau, 1979, P: Emil S. Lusser, Leopold Wagner, BH: OMV, S: Oskar Verdnik ●

Der zentrale Block des heutigen Sporthotels am Semmering stammt in seinem Kern aus den Jahren 1912 bis 1913. Dabei handelt es sich um das ehemalige Palace-Hotel, das mit seiner Stahlbetonkonstruktion und seinen kompromisslos modernen Formen, wie dem Flachdach und der schnörkellosen Fassade, der innovativste Hotelbau seiner Zeit am Semmering war. Das Hotel wurde – seinem Namen gerecht – von einer Reihe exklusiver Wiener Geschäfte, die u. a. auch am Hof tätig waren, ausgestattet und von der Presse in einem Atemzug mit den Grandhotels der Gegend genannt. Es wurde in den folgenden Jahrzehnten mehrmals überformt und erweitert, vor allem nach der Übernahme durch die OMV, die 1974 bis 1975 ein Hallenbad von Friedrich Florian Grünberger und einen Seminartrakt für die Nutzung als betriebliches Urlaubshaus hinzufügte. 1979 wurden im Zuge einer massiven Erweiterung und Modernisierung u. a. drei neue Kellergeschoße unter dem Speisesaal gebaut und deren Fundamente mit Stahlbetonträgern in den felsigen Seitenwänden verankert; die gesamte Statik des Hotels wurde im Inneren mit Säulen gesichert. Im selben Bauabschnitt erhielten die Zimmer, die bis zu diesem Zeitpunkt größtenteils nur mit Waschbecken ausgestattet waren, Nasszellen und komfortable Vorzimmer. Auch die Gestaltung der Loggien wurde in den kommenden Jahren verändert. Das heutige Erscheinungsbild entspricht, trotz einiger Erneuerungen der Innenausstattung, architektonisch noch den Bauveränderungen der späten 1970er- und frühen 1980er-Jahre.

1865 Fürstenhofweg 1, WH, ehem. Pension Waldruhe, 1908–1909, AB: Atelier Fellner & Helmer (Ferdinand Fellner II., Hermann Helmer), BH: Clara Panhans •

Errichtet wurde die vom Architektenduo Fellner und Helmer geplante Pension Waldruhe als Dependance des Hotels Panhans (→ 1868); sie war noch vor dem großen Umbau des Haupthauses fertiggestellt. Nachdem Clara Panhans das Hotel 1918 verkaufte, zog sie in die unweit nördlich an der Hochstraße gelegene, in den Hang gebaute Pension und führte diese bis zu ihrem Tod 1964. Der sich heute in keinem guten Zustand befindende Bau unter dem steil gewalmten Mansarddach zeigt eine Verbindung aus schlichter, späthistorischer Formensprache mit dezent eingesetztem Jugendstil-Dekor.

1866 Fürstenhofweg 2, Fürstenhof, 1908, AB: Atelier Fellner & Helmer (Ferdinand Fellner II., Hermann Helmer) | Zubau Speisesaal, 1929 | Zubau Spielzimmer, 1971 | Generalsanierung, 1990

Die größere der beiden nebeneinanderliegenden Dependancen des Hotels Panhans wurde zweimal an der Westseite erweitert und zeichnet sich durch eine einfache, späthistoristische Formensprache aus.

1867 Hochstraße 6, Hotel Restaurant Belvedere, ehem. Villa Wehrberger, 1899–1900, AB: Atelier Fellner & Helmer (Ferdinand Fellner II., Hermann Helmer) | Umnutzung zur Pension, 1928 | Zubauten, 1972, 1976 | Fassadenrestaurierung, 1986 •

Trotz wiederholter Adaptierungen und Modernisierungen blieb das Hotel dem Ursprungsentwurf von Fellner & Helmer treu und zeichnet sich durch die rundbogige Giebelgestaltung und den breiten Ortgang aus.

1868 Hochstraße 36, Hotel Panhans, 1888, P: Peter Handler, BH: Vincent Panhans | Erweiterungsbau, 1912–1913, AB: Atelier Fellner & Helmer (Ferdinand Fellner II., Hermann Helmer), BH: Franz Panhans | Sprudelbad, 1932, P: Adolf Schustala, BH: Wilhelm Zimdim | Weitere Umbauten, 1894, 1904, 1983 •

Der zweite „Riese" am Semmering ist nach dem Südbahnhotel das Hotel Panhans, das ausgerechnet vom ehemaligen Küchenchef des Südbahnhotels, Vincent Panhans, 1888 gegründet wurde. Nicht nur dieser Umstand führte zu einem ständigen Wettkampf der beiden luxuriösen Häuser um die Gunst der einkommensstarken Gäste. Der schon stattliche Erstbau mit seiner an den Speisesaal angrenzenden eleganten Holzveranda wurde von Peter Handler geplant und bereits 1894 und 1904 erweitert. Dieser Bau ist heute verloren, doch beauftragte Panhans' ambitionierter Neffe Franz um 1913 das Architektenduo Fellner und Helmer mit einer monumentalen Erweiterung, die auch heute noch den Anblick des Semmering-Gebiets prägt. Bei seiner Fertigstellung war der hochmoderne Stahlskelettbau mit seinen 400 Zimmern eines der größten Hotels in Europa – es wurde nur durch das Hotel Excelsior am Lido von Venedig übertroffen – und konnte sich mit seinen internationalen Palasthotelvorbildern problemlos messen. Franz Panhans bereiste Italien und die Schweiz, um sich von dortigen Luxushotels inspirieren zu lassen, und so ist die Ähnlichkeit mit dem kurz zuvor errichteten Montreux Palace Hotel nicht von der Hand zu weisen: In beiden Bauten gelang eine ähnliche Verbindung von modernen Baumaterialien und Stilelementen mit dem luxuriösen Auftreten und der Gliederung barocker Schlösser.

Auch die Ausrichtung der großzügigen Balkone, die beinahe die gesamte Ostseite einnehmen, scheint von Montreux inspiriert zu sein. Hermann Helmer gestaltete den runden Gelenksbau, der ursprünglich den neuen Bautrakt mit dem alten verband, sein Sohn Hermann Helmer jun. übernahm die Ausstattung der so entstandenen Hotelhalle. Franz Panhans sollte nach Komplikationen bei einer Operation die Eröffnung des Hauses zu Weihnachten 1913 nicht mehr erleben, seine Witwe Clara verkaufte das Haus 1918 an ein Bankenkonsortium, welches zwischen 1924 und 1925 die auch heute noch bestehenden Veränderungen der Eingangssituation und eine generelle Modernisierung vornahm. In den frühen 1930er-Jahren übernahm der estnische Millionär Wilhelm Zimdim das Hotel und führte es als Casino zu seiner letzten großen Blüte. Eine weitere

Attraktion – neben den Spieltischen – war das von Adolf Schustala 1932 errichtete Sprudelbad, das sich mit seinen niedrigen, gewölbten Decken maurische Hammams zum Vorbild nahm. Leider wurde dieses nach zahlreichen Übernahmen im Zuge einer Revitalisierung um 1983 in eine Bar verwandelt und ist nur mehr in groben Zügen als Bad erkennbar. Im selben Jahr wurde auch der Erstbau abgetragen und 2012 war das Hotel endgültig insolvent. Seitdem befindet es sich im Besitz eines ukrainischen Konsortiums, welches das Haus langwierig und medial kontrovers restaurieren ließ; ob sich jemals wieder ein an seine Glanzzeiten anschließender Hotelbetrieb einrichten lässt, bleibt aufgrund der weiterhin bestehenden Probleme der Region und den weltweiten Krisen jedoch fraglich.

Zumindest für den Sommer 2022 fand sich eine Nutzung als Kulturstandort, nachdem der „Kultur Sommer Semmering" nach Unstimmigkeiten mit den Pächtern des Konkurrenzhauses, des Südbahnhotels, dieses verließ und kurzerhand ins Panhans einzog.

1869 Hochstraße 43, ehem. Pension Alexander, 1909, P: Anton Krones jun., AB: Atelier Fellner & Helmer (Ferdinand Fellner II., Hermann Helmer), BH: Richard Alexander, AF: Anton Krones jun.

Anton Krones jun. errichtete über einem Grundrissentwurf des Architektenduos Fellner und Helmer eine ansprechende, asymmetrische Pension mit Erkern und steilem Dreiecksgiebel, in welcher in den 1920er-Jahren u. a. ein koscherer Speisesaal untergebracht war.

1870 Südbahnstraße 27, Erweiterung Südbahnhotel, 1901–1903, P: Alfred Wildhack, Robert Morpurgo, AF: Rudolf Kautz | Verbindungstrakt, 1912, P: Alfred Wildhack | Hallenbad und Umgestaltung Eingangsbereich, 1932–1934, P: Emil Hoppe, Otto Schönthal | essenzielle Restaurierungs- und Konservierungsarbeiten, 1994 ●

Kaum ein Bau des 20. Jahrhunderts in Niederösterreich bekam in den letzten Jahrzehnten mehr Aufmerksamkeit als das Südbahnhotel, das an so exponierter Stelle ein ungewöhnliches Dasein zwischen vergangener Glorie und Sinnbild für den Niedergang einer Region fristet. Ursprünglich war es, wie der Name impliziert, als Hotel der Südbahngesellschaft von 1881 bis 1882 von Wilhelm von Flattich auf einem Bauplatz errichtet worden, der für sein Aussicht Berühmtheit erlangen sollte. Der mit klassizierenden Elementen gegliederte Bau galt schon während des späten 19. Jahrhunderts als eines der prächtigsten Hotels der Semmering-Gegend. Als jedoch der erste Pächter des Restaurants, Vinzenz Panhans, sein eigenes Hotel eröffnete (→ 1868), trat dieses mit dem Südbahnhotel um die Gunst der einkommensstärksten Besucher*innen in Konkurrenz, und so beschloss die Südbahngesellschaft die Erweiterung ihres Hotels. Alfred Wildhack und Robert Morpurgo erhielten den Auftrag. Letzterer war der Schwiegersohn des Finanzdirektors der Südbahngesellschaft und laut eigenen Aussagen eher der Manager des gemeinsamen Büros als die treibende kreative Kraft – was seiner Präsenz als einer der schillerndsten Persönlichkeiten der Architekturszene dieser Zeit jedoch keinen Abbruch tat. Wildhack entwarf einen zwischen 1901 und 1903 verwirklichten Bau, der die Begriffe „Palasthotel" und „Grandhotel" in Österreich grundlegend prägen sollte. Auf dem teilweise zusätzlich aufgeschütteten Terrain erhebt sich ein sechsgeschoßiger Koloss, der in sich eine öffentliche Palastarchitektur mit dem Inbegriff des Heimatstils und späthistoristischem Burgencharakter vereinte. Die Ansicht des Hotels auf dem steilen Hang wurde unzählige Male auf Ansichtskarten vervielfältigt und trug so die Idee des Luxus in der Natur, nur wenige Bahnstunden außerhalb Wiens, in die Welt. Die Ausstattung war dem Geschmack der hochadeligen Klientel entsprechend gewählt und steigerte sich 1912 noch mehr, als der ehemalige Küchentrakt, der den Altbau mit der Erweiterung verband, durch den „Trakt der großen Säle" ersetzt wurde. Neben Speisesälen und mehreren Salons war hier auch ein Kinosaal untergebracht. 1932 fügten Emil Hoppe und Otto Schönthal ein kubisches Schwimmbad mit allen technischen Errungenschaften der 1930er-Jahre sowie Sonnenterrassen hinzu. Die beiden Architekten hatten vier Jahre zuvor bereits die Stallungen in automobiltaugliche Garagen verwandelt und sollten bis 1934 zudem den Eingangsbereich modernisieren und um eine „American Bar" erweitern. Mit dem Zweiten Weltkrieg wurde jedoch der Niedergang des Hotels eingeläutet. Während der Kriegsjahre als Lazarett und dann von der sowjetischen Besatzungsmacht genutzt, konnte es nicht mehr an den Erfolg seiner frühen Jahre anknüpfen und wurde 1976 geschlossen. Seitdem befindet es sich in einem Dornröschenschlaf, aus dem ein Erwachen trotz zahlreicher Wiederbelebungsversuche fraglich bleibt. Zuletzt wurde das Hotel, das in seinem langsam, aber stetig weiter verfallenden Zustand eine ganz besondere Kulisse bietet, im Sommer für erfolgreiche Kulturveranstaltungen verwendet. Dies soll nun auch von einem neuen Besitzer, der das

Haus im Jänner 2022 erwarb, fortgesetzt werden, doch steht auch eine erneute Nutzung des ehemaligen Hotelpalasts als Hotel ab 2025 im Raum.

Industrie

1871 Weberkogelstraße 1, 2, WH, ehem. Dampfwäscherei des Südbahnhotels, 1906–1908, P: Alfred Wildhack, Robert Morpurgo | Umbau zum WH, 1993, BH: Otto Geiger

Landwirtschaft

1872 Meiereistraße 3, 4, 5, Golfclub Semmering, ehem. Meierei, Umbau 1901, P: Alfred Wildhack, Robert Morpurgo, AF: R. Khautz | Eröffnung Golfclub, 1926 ●

Die Meierei des Südbahnhotels wurde 1901 durch Wildhack und Morpurgo gänzlich umgebaut. Bereits 1926 eröffnete um das Gebäude der erste Golfplatz Österreichs.

Verkehr

1873 47°38'17.2"N 15°49'48.4"E, bei Frachtenbahnhof 3, Doppelportal und zweite Röhre des Semmeringtunnels, 1949–1953, P: Karl Raimund Lorenz, BH: ÖBB ●

Parallel zum Bestandstunnel errichteten die ÖBB ab 1949 die zweite, von der bestehenden Achse um bis zu 97 Meter abgelenkte Tunnelröhre mit einer Länge von 1.511 Metern. Nach Fertigstellung 1952 wurde der Gesamtverkehr durch die zweite Röhre abgewickelt, der Bestandstunnel durch Einziehen einer inneren Betonröhre saniert und ab 1953 nur mehr einspurig – im Regelfall für die Fahrten in Richtung Wien – betrieben. Mit dem Umbau wurden die Inschriften am Semmeringer Nordportal entfernt und dieses um eine zweite, im Aufbau identische, jedoch leicht angewinkelte, hufeisenförmige Portalachse aus Bruchstein-Mauerwerk erweitert. Es entstand ein gemeinsames, senkrechtes Portalbauwerk mit durchgehendem, flachem Gesims und – von links nach rechts – den Wappen der Steiermark, der Republik und Niederösterreichs über den Portalachsen und der Mittelachse des Bauwerks.

1874 Bahnhofstraße 24, Bahnhof, 1854, BH: k. k. südliche Staatsbahn | Umbauten, um 1870, 1896, 1913, BH: k. k. priv. Südbahn-Gesellschaft | Umbau, 1975, P: Julius Rodler, BH: ÖBB

Erst im Zuge des Ausbaus des Kurorts Semmering, der den Namen der 1854 errichteten Betriebsstelle der Bahn übernahm, wurde anstelle dieser ein zunehmend weitläufiges Aufnahmegebäude notwendig. 1913 wurde die umfassende Erweiterung von 1896 durch einen flachen Vorbau des Vestibüls mit schräg gestelltem Portal ergänzt. Die nun gänzlich abweichende Gestalt erhielt der Bau 1975 mit einem erweiterten, rechteckigen Grundriss und einem einheitlichem, flach geneigten Satteldach, dessen Form sich an den beidseitigen Flachbauten fortsetzt. Die sachliche Grundform des Putzbaus, ergänzt durch Details wie Fensterläden und Bretterverschalung der Giebelflächen, steht sinnbildlich für einen alpinen Regionalismus der 1970er-Jahre.

1875 Semmeringbahn, ab 1854, P: Carl Ritter von Ghega, BH: k. k. südliche Staatsbahn | mehrere Umbauten und Instandsetzungen ●

Die 1854 als Teil der Südbahnstrecke eröffnete, zweigleisige Gebirgsbahn war auch im 20. Jahrhundert Gegenstand zentraler Ausbauten und Instandsetzungen sowie richtungsweisender Auseinandersetzungen mit dem kulturellen Erbe des Eisenbahn- und Ingenieurbaus auf der einen und den betrieblichen Anforderungen und der Optimierung auf der anderen Seite. Prägend für den Charakter der in der Topografie eindrucksvoll trassierten Strecke sind die Kunstbauten der zwölf Viadukte und 14 Tunnel auf der niederösterreichischen Nordrampe, die über etwa 28,5 Kilometer Strecke einen Höhenunterschied von 458 Metern überwindet. Die kaum mehr erfolgte Instandhaltung und starke Abnutzung der Bergstrecke während des Zweiten Weltkriegs sorgten 1945 für einen zwar betriebsbereiten, aber stark baufälligen Zustand. Der Scheiteltunnel unter der Passhöhe war hier der kritischste Punkt, ab 1949 wurde eine parallele zweite Tunnelröhre errichtet. Bis 1959 wurde die vollständige Elektrifizierung und anschließende Umstellung auf leistungsfähigere Elektrotraktion vorgenommen. Es folgten einzelne Anpassungen der Gleisanlagen und

Instandsetzungen der Viadukte. 1997 wurde die Gesamtstrecke der „ersten Hochgebirgsbahn der Welt" als Denkmal und 1998 von der UNESCO als Weltkulturerbe unter Schutz gestellt. Diskutiert wurden im 20. Jahrhundert mehrere Projekte eines Basistunnels zur Umgehung der zeit- und traktionsintensiven Bergstrecke. Das seit 1989 verfolgte Projekt wird schließlich seit 2012 zwischen Gloggnitz und Mürzzuschlag, in Ergänzung zur zu erhaltenden Bergstrecke, realisiert.

Senftenberg 3541
Gemeinde: Senftenberg, Bezirk: Krems

Bildung

1876 Hofgarten 3–5, Volksschule, 1980, P: Josef Hirner

In dem kompakten Baukörper gruppieren sich Unterrichtsräume, Lehrer*innen- und Direktionszimmer und Nebenräume um eine zentrale Pausenhalle.

Einfamilienhäuser

1877 Neuer Markt 56, Villa, um 1913, BH: Sylvester Riemer ●

1878 Unterer Markt 72, Villa, 1907–1908, P: Alfred Castelliz ●

Die beiden Villen mit den überhöhten, frei geschwungenen Giebeln und den Zwiebeltürmchen an den Hausnummern 72 und 74 (→ 1879) gehören zu einer Reihe von Gebäuden, die Castelliz zwischen Rehberg und Senftenberg für die Familie Grabner entwarf.

1879 Unterer Markt 74, Villa, 1908, P: Alfred Castelliz ●

→ 1878

Senftenbergeramt 3541
Gemeinde: Senftenberg, Bezirk: Krems

Einfamilienhäuser

1880 Senftenbergeramt 10, Umbau EFH, um 1900 ●

Als Forsthaus zwischen 1798 und 1800 errichtet, wurde das heute als Einfamilienhaus genutzte Gebäude um 1900 aufgestockt bzw. erweitert. Der Bogengiebel zur Straßenseite und die Lisenen an den Hauskanten dürften aus jener Bauperiode stammen.

Siegersdorf 3041
Gemeinde: Asperhofen, Bezirk: St. Pölten

Verkehr

1881 48°14'31.7"N 15°55'39.1"E, hinter Tullner Straße 1, Schleuse und Fußgängerbrücke über die Große Tulln, 1928, P: Franz Visintini, Wasserbau-Fachabteilung, NÖ Landesamt, AF: Johann Buhl

Sierndorf 2011
Gemeinde: Sierndorf, Bezirk: Korneuburg

Religion, Kult

1882 48°28'17.51"N, 16°9'28.33"E, Obermallebarn, <u>Kapelle Schmerzhafte Muttergottes, 1932,</u> P: Baumeister Götzinger | Erweiterung, 1937, P: Robert Kramreiter

Landwirtschaft

1883 Wiener Straße 32, <u>Assmann-Mühle, ab 1925,</u> BH: Franz Assmann, Eleonore Assmann ●

Sigmundsherberg 3751
Gemeinde: Sigmundsherberg, Bezirk: Horn

Amts-, Verwaltungs-, Kommunal-, Bürobauten

1884 Hauptstraße 50, <u>Rathaus, ehem. Gemeindewohnhaus und Gemeindeamt, 1927</u> ●

Der an der Hauptstraße gelegene zweigeschoßige Bau mit Bruchsteinsockel, Walmdach und Zwerchhaus ist durch symmetrisch angelegte Fensterachsen gegliedert. Als Gemeindewohnhaus und Gemeindeamt errichtet, dient das Gebäude heute als Rathaus samt Postfiliale.

Religion, Kult

1885 48°41'24.6"N 15°44'53.4"E, am Friedhof, <u>Friedhofskapelle, 1935</u> ●

Bereits ab der Mitte des 19. Jahrhunderts wird die Einbindung eines Gebäudes in die umgebende Natur ein entscheidendes Kriterium der ästhetischen Beurteilung von Architektur. In diesem Sinne hat auch noch 1935 der Architekt einen Zusammenhang von Natur und Architektur hergestellt, indem er eine Allee anlegte und die über Eck gestellte Kapelle als *point de vue* inszenierte. Auch Achleitner hat wohl diesen ästhetischen Bezug empfunden, als er zu der kleinen, aus Naturstein errichteten Friedhofskapelle

„Die Allee, die Trauerweiden, die Tannen!" auf seiner Karteikarte notierte.

1886 Kirchenplatz 3, <u>Pfarrkirche hl. Christophorus, 1937,</u> P: Rudolf Wondracek, K: Hans Alexander Brunner (Glasmalerei), Franz Pitza (Fresko Altarwand, Kreuzweg, 1946) ●

Die kleine, schlichte Kirche des Otto-Wagner-Schülers Rudolf Wondracek erlangte vor allem durch die jährlich stattfindenden Fahrzeugsegnungen Bedeutung. Vor den Einzelsegnungen erfolgt die Generalsegnung vom Balkon der Kirche, der gleichzeitig als Vordach für den Kircheneingang ausgebildet ist. Der flach gedeckte, helle Saalraum erhielt eine umlaufende Empore, durch ein großes Altartriptychon mit dem hl. Christophorus, dem Schutzpatron der Autofahrer*innen, wird der Bezug zu den Feierlichkeiten hergestellt. Die Bedeutung als „Autofahrer*innenkirche" wird durch einen „Autobetstuhl" betont, der 2015 nach einer Idee des damaligen Pfarrers aus einem halbierten alten Auto hergestellt wurde. Heute wird er vor allem als Beichtstuhl für Kinder verwendet.

Bildung

1887 Brugger Straße 7, <u>Volksschule, 1967–1972,</u> P: Paul Lalics, AF: Karl Traschler ●

Der lang gestreckte Baukörper mit großflächigen Verglasungen und Flachdach wird aufgrund der Hanglage über das Untergeschoß betreten, in welchem sich eine Eingangshalle, Zentralgarderoben sowie eine ehemalige Schulwartwohnung befinden. Treppen führen in zwei Halbgeschoße mit den Klassenzimmern und dem Direktionstrakt sowie zum Turnbereich und zu der befestigten Terrasse im Schulgarten.

Einfamilienhäuser

1888 Gartenstadt 2, <u>Villa, 1922,</u> P: Johann Wiegail ●

Geschäftslokale, Einkaufszentren, Banken

1889 Bahnstraße 3, <u>WH, ehem. Kaufhaus Konsum, 1925</u> ●

Das zweigeschoßige Wohn- und Geschäftshaus mit Mansarddach und Zwerchhaus mit vorgeblendetem Karniesbogen und dem den Haupteingang überragenden Balkon wurde 1925 in unmittelbarer Nähe zum Bahnhof errichtet.

Sitzendorf an der Schmida 3714
Gemeinde: Sitzendorf an der Schmida, Bezirk: Hollabrunn

Einfamilienhäuser

1890 Hauptplatz 10, <u>EFH, 1912</u> | Restaurierung, 1975 ●

Die denkmalgeschützte Jugendstil-Villa wurde nach den Entwürfen eines Schweizer Architekten errichtet und in der reichen Ornamentik auch mit zwei Terrakottareliefs aus der Wiener Werkstätte ausgestattet. Die Außenerscheinung wird vor allem durch den südlichen Risalit mit Schweifgiebel und die nördliche turmartige Eckausbildung mit Holzfachwerk geprägt.

Sollenau 2602
Gemeinde: Sollenau, Bezirk: Wiener Neustadt

Wohnbauten

1891 Weingartenstraße 1, 3, <u>WH, ehem. Direktionswohngebäude, um 1916</u> ●

Sommerein 2453
Gemeinde: Sommerein, Bezirk: Bruck an der Leitha

Kultur, Veranstaltung

1892 Hauptstraße 61, <u>Maria Biljan-Bilger Ausstellungshalle, 1995–2004,</u> P: Friedrich Kurrent, BH: Verein der Freunde der Maria Biljan-Bilger Ausstellungshalle Sommerein

Friedrich Kurrent errichtete die Ausstellungshalle für die Arbeiten seiner Frau, der Bildhauerin, Keramikerin und Textilkünstlerin Maria Biljan-Bilger. Das Gebäude schließt an eine ehemalige Kapelle an, welche die beiden ab 1962 als Wohnsitz nutzten. Leitmotiv des Entwurfs war, so Kurrent, die Einfachheit, welche durch Reduktion erreicht wird; als „höchstes Ziel der Architektur" wurde eine Übereinstimmung von Baustruktur und Raumbildung angestrebt. Erstere wird durch 60 Zentimeter starke Außenmauern aus unverputztem Sandstein, einen rauen Betonboden und ein Dach aus langen Ziegelbalken, welche auf geschwungenen Stahlbeton-Randträgern aufliegen und so eine wellenförmige Struktur bilden, geschaffen. Zweitere umfasst immaterielle Aspekte – wie Luft und Licht, welche durch schwenkbare Stahllamellen in den hoch positionierten Fensteröffnungen in den Raum strömen. Alle Materialien sind pur belassen und bestimmen gemeinsam mit den auf einfachen Stahlsockeln positionierten Exponaten Biljan-Bilgers den Raumeindruck.

Achleitner hielt 2004 in einem Artikel fest, dass Kurrent mit der Ausstellungshalle „keinen Bau im üblichen Sinne" geschaffen habe, welcher als „Kommentar zu aktuellen Fragen" oder als „Statement zu einer wie immer gearteten Tendenz" gelten könne, sondern vielmehr ein „einmaliges, nicht auswechsel- und auslotbares Zeugnis einer ‚totalen' Lebensbeziehung […], ein Werk der Erinnerung und Trauerarbeit".

Einfamilienhäuser

1893 Lindau 51, EFH, 1975, P: Eduard Litzka, Neversal, AF: Atelierbau Mauer ●

Sonnberg 2020
Gemeinde: Hollabrunn, Bezirk: Hollabrunn

Amts-, Verwaltungs-, Kommunal-, Bürobauten

1894 Schloßallee 1, Umbau Justizanstalt Sonnberg, ehem. Schloss, 1977 | Erweiterung, 1984–1985, P: Guido Gnilsen, Erich Eisenhofer | Zubau, 2005 | Zubau, 2010 ●

Während des Zweiten Weltkriegs wurde das aus dem Jahr 1591 stammende Schloss als Kriegslazarett genutzt, 1955 gelangte das Areal in den Besitz der Justizverwaltung. Seit 1973 wird das Gebäude als Strafvollzugsanstalt geführt. 1977 wurde im Bereich des ehemaligen Wassergrabens eine sechs Meter hohe Mauer mit Schleuseneinfahrt und Besucher*innenzentrum errichtet. Mitte der 1980er-Jahre wurden ein Werkstättentrakt und ein neuer Zellentrakt mit Mehrzweckraum, Krankenstation und Turnsaal erbaut. 2005 erfolgte ein Haftraumzubau in modularer Fertigteilbauweise, ein weiterer Werkstättentrakt wurde 2010 in Betrieb genommen.

Sonndorf 3730
Gemeinde: Burgschleinitz-Kühnring, Bezirk: Horn

Einfamilienhäuser

1895 Sonndorf 11, Haus und Atelier Korab, 1971–1975, P: Helmut Christen, Eduard Zeleny, BH: Karl Korab | Erweiterung, 1983 ●

Auf den ersten Blick mag der Bruch mit der dörflichen Architektur des kleinen Orts drastisch wirken, doch birgt sich hinter der brutalistisch anmutenden Fassade aus harten Betonlinien und Glas ein ebenso wie die umgebenden Höfe über die Jahrzehnte gewachsenes Haus, das seinem Zweck als Atelier und Rückzugsort eines Künstlers völlig gerecht wird. Das 1983 bzw. Ende der 1990er-Jahre erweiterte Atelier und Ferienhaus wurde zu einem lichtdurchfluteten und sich sanft in die Landschaft eingliedernden Wohn- und Arbeitshaus, das von der Holzbauweise und den runden, vom Künstler Karl Korab selbst entworfenen Kaminen geprägt ist.

Sooß 2504
Gemeinde: Sooß, Bezirk: Baden

Einfamilienhäuser

1896 Am Schönberg 18, EFH, 1990–1997, AB: Architekturbüro Reinberg (Georg W. Reinberg, Martha Enriquez-Reinberg), S: Karlheinz Wagner

Das am Dorfrand gelegene, lang gestreckte Einfamilienhaus mit Satteldach wurde von Beginn an als Mehrfunktionenhaus geplant und beherbergte im Kellergeschoß eine Tischlerwerkstätte, im Erdgeschoß einen großen Wirtschaftsraum, der als Ausschank genutzt werden konnte, sowie einen darüberliegenden kleinen Saal für Bewegung und Tanz. An der Südostecke des Hauses schließt ein zweigeschoßiger Wintergartenturm an, dessen Pultdach an das ursprünglich geplante, jedoch nicht genehmigte begrünte Flachdach erinnert.

Spannberg 2244
Gemeinde: Spannberg, Bezirk: Gänserndorf

Einfamilienhäuser

1897 Seibweg 6, Villa Seib, 1914, P/BH: Wilhelm Seib

Der Wiener Bildhauer Wilhelm Seib, der u. a. im Zuge des Ringstraßenbaus einige Werke schuf und dessen Mutter aus Spannberg stammte, ließ hier eine Villa nach eigenen Plänen errichten.

Spillern 2104
Gemeinde: Spillern, Bezirk: Korneuburg

Religion, Kult

1898 Kirchenplatz 1, <u>Pfarrkirche Zum Hl. Geist, 1962–1965</u>, P: Otto Nobis, K: Clarisse S. Praun, Hermann Bauch (Glasfenster)

Der im Süden abgerundete Kirchenraum entspricht in seiner Konzeption und Ausrichtung den zur Errichtungszeit neu definierten liturgischen Anforderungen des Zweiten Vatikanischen Konzils. Ein Fensterband unterhalb der Holzdecke sowie die an der Gebäuderundung positionierten kunstvollen bunten Glasfenster belichten den Innenraum des Stahlbetonbaus. Weithin sichtbarer Blickpunkt der Kirche ist der geometrisch klar gegliederte Turm, bei welchem die Materialien Stahlbeton und Sichtziegel kontrastieren.

Wohnbauten

1899 Parkstraße 65, <u>Betriebswohnhaus, um 1976</u>, P: Guido Gnilsen, Erich Eisenhofer ●

Industrie

1900 Stockerauer Straße 22–26, <u>Malzdarre der Spiritus- und Presshefefabrik, um 1900</u>, P: Leopold Holdhaus, Ed. Holdhaus ●

Spitz 3620
Gemeinde: Spitz, Bezirk: Krems

Amts-, Verwaltungs-, Kommunal-, Bürobauten

1901 Hauptstraße 22, <u>ehem. Gemeindeamt, 1910</u>, P: Eduard Pölz, Anton Schania | Zubau Wetterhäuschen, 1935 ●

Einfamilienhäuser

1902 Kremserstraße 4, <u>Villa, 1934</u>, P/AF: Edmund Mayer ●

Der Entwurf des Einfamilienhauses stammt mit großer Wahrscheinlichkeit von dem ausführenden Maurermeister Edmund Mayer, der 1923 als Mitglied der Lichtgenossenschaft auch für die Elektrifizierung des Orts und den Bau eines eigenen Kraftwerks mitverantwortlich war. Die auffälligen Fensterläden sind verloren gegangen, der nach Westen gerichtete, holzverkleidete Altan sowie der Wintergarten bieten auch heute noch einen Ausblick auf den terrassierten Obstgarten.

1903 Kremserstraße 10, <u>Villa, um 1915</u> ●

Das pittoreske Erscheinungsbild der in die sanft ansteigende Topografie eingebetteten, dreigeschoßigen Villa mit Schopfwalmdach wird akzentuiert durch einen Runderker, Fensterläden sowie eine Terrasse mit einem rundbogenförmigen Zugang im ersten Obergeschoß.

Hotels, Heime, Klöster, Kasernen

1904 Kremserstraße 2, <u>Hotel Mariandl, 1910–1911</u>, BH: Karl Maintinger ●

Ab 1910 als Tourist*innenheim mit 39 Zimmern errichtet und 1911 eröffnet, erlangte das Haus im Heimatstil als Kulisse für den Film „Hofrat Geiger" (1947) sowie die „Mariandl"-Filme der frühen 1960er-Jahre große Berühmtheit.

Industrie

1905 Kremserstraße 12, <u>Tischlerei, um 1905</u> ●

Dreigeschoßiger Bau mit Mittelgiebel und Erker im ersten Obergeschoß. Die beiden Obergeschoße sind rechts des Erkers durch Lisenen gegliedert.

Verkehr

1906 48°21'45.4"N 15°25'03.8"E, Ende der Rollfährestraße, <u>Rollfähre Spitz-Arnsdorf, 1948</u>, AF: Schiffswerft Linz AG ●

Über stählerne Seiltürme an beiden Donau-Ufern ist das 485 Meter lange Tragseil gespannt, von welchem das Zugseil der Fähre während der Überfahrt abrollt. Die Fähre besteht aus einem Ladedeck mit Stahlunterbau und Holzaufbauten auf zwei Stahlrümpfen und verfügt über eine Tragkraft von 20 Tonnen. Die Anlegestellen sind als Schwimmkörper mit Landungsstegen ausgeführt.

1907 Bahnhofstraße 2, 6, <u>Bahnhof, Pumpenhaus, Wasserstation, 1910</u>, A/BH: k. k. österreichische Staatsbahnen | Sanierung, 1966 ●

→ 0012

1908 Donaulände 1, <u>DDSG-Agentie- und Magazinbau mit Anlegesteg, vor 1914</u>, P: Othmar Leixner von Grünberg, BH: DDSG ●

Es ist nicht ganz geklärt, ob das unmittelbar am Anlegesteg liegende Agentie-Gebäude auch von Leixner stammt, der ab 1909 im Dienst der Bauabteilung der Donau-Dampfschiffahrts-Gesellschaft (DDSG) stand (→ 1462). Der direkt anschließende Magazinbau ist jedenfalls nachweislich von ihm und war 1914 bereits fertiggestellt. Leixner dokumentierte es fotografisch und planlich in seinen „Entwürfen für Kleinbauten im Sinne bodenständiger Architektur in Österreich". Interessant ist sein knapper textlicher Kommentar zu diesem Bau, in welchem er nicht nur den mittleren Hufeisenbogen als „per Servitut bedingte nötige Durchfahrtl" erklärt, sondern auch besonders herausstreicht, dass die konstruktiv notwendigen Überlagsträger über den Fenstergruppen „offen" und damit „auch architektonisch gerechtfertigt" gezeigt werden, da „bei solchen Utilitätsbauten" ein „unbedingtes Kokettieren mit dem Malerischen bis ins Detail" vermieden werden solle. Hier trifft er sich mit dem Ansatz von Otto Wagner für dessen Wiener Stadtbahnbauten 20 Jahre früher, kombiniert diese allerdings nun mit dem Stil der Heimatschutz-Bewegung. Daher auch sein Hinweis für das Agentie- und Magazin-Gebäude, dass der „Wachauer Charakter ganz allgemein gewahrt wurde".

Staatz-Kautendorf 2134
Gemeinde: Staatz, Bezirk: Mistelbach

Religion, Kult

1909 Kirchenplatz 2, Pfarrkirche hl. Martin, 1906–1907, P: Viktor Siedek, K: Josef Kastner, Rudolf Muhr (Malereien) | Restaurierungen, 2001–2003, 2014–2015

Stallegg 3571
Gemeinde: Rosenburg-Mold, Bezirk: Horn

Verkehr

1910 48°36'52.7"N 15°38'40.2"E, Holzbrücke über den Kamp, 1991, P: Werner Retter, AF: Heinrich Renner ●

Der Neubau von 1991 ersetzte einen schmaleren Vorgängerbau mit ähnlichem Holzoberbau, der um 1964 nach Plänen von Karl Traschler auf eigens erhöhten Pfeilern und Widerlagern aus Bruchstein errichtet worden war.

Stangental 3180
Gemeinde: Lilienfeld, Bezirk: Lilienfeld

Einfamilienhäuser

1911 Berghofstraße 4, Villa, 1932, P: Arch. Böhm-Raffays ●

1912 Stangentalstraße 12, Villa, 1913, P: Max Kühn, Heinrich Fanta ●

Starrein 2084
Gemeinde: Weitersfeld, Bezirk: Horn

Industrie

1913 Starrein 42, 45, Brennerei, 1950, BH: Brennerei Starrein GmbH | Umbauten, 1957, 1992 | sukzessiver Ausbau ●

Steinabrückl 2751
Gemeinde: Wöllersdorf-Steinabrückl, Bezirk: Wiener Neustadt

Bildung

1914 Hauptstraße 5, Volksschule, 1911, AF: Anton Notthaft | Zubau Turnsaal, 1992, AF: Werner Zohner, Johann Rassi ●

Auf dem zweigeschoßigen U-förmigen Baukörper mit Walmdach sitzt ein markantes Glockentürmchen über dem Haupteingang. Die Fassade ist durch Putz- und Sichtziegelfelder gegliedert, ein Steg führt zum Eingang der Schule.

Steinakirchen am Forst 3261
Gemeinde: Steinakirchen am Forst, Bezirk: Scheibbs

Bildung

1915 Schulstraße 1, Mittelschule, 1949–1954, P: Alfred Hellmayr, Johann Gangl | Lehrer*innenhaus, 1957–1958 | Turnsaal, 1967–1968, P: Alfred Hellmayr, Johann Gangl | Abbruch Lehrer*innenhaus und Zubau, 1991–1995, P: Schaupp Bauplanung | Generalsanierung 2002, P: Schaupp Bauplanung ●

Die Jubiläumsschule war die 100. Schule, die nach dem Zweiten Weltkrieg aus Mitteln des Schul- und Kindergartenfonds errichtet worden war. Auf einem Hügel über dem Ortskern und weithin sichtbar entstand das als „modernste Schule Niederösterreichs" bezeichnete Gebäude. Der lang gestreckte, geknickte Baukörper passt sich der Topografie an und fügt sich harmonisch in die Umgebung ein. An der Ecke der durch rhythmische Fensteröffnungen und einen Natursteinsockel gegliederten Fassaden bildet ein auf Stützen gesetzter, turmartiger Baukörper den Eingangsbereich. Der Bau erinnert an die Schule in Drosendorf Stadt (→ 0289). Die Erschließungsgänge, Treppen und Sanitärräume liegen hangseitig, die Klassenräume und insbesondere das im Turm positionierte Konferenzzimmer sowie das Musik- und Pausenzimmer (heute Bibliothek) verfügen über eine prachtvolle Fernsicht. Der in der Generalplanung bereits vorgesehene Turnsaal wurde erst 1967 bis 1968 errichtet und ein 1958 gebautes Lehrer*innenhaus musste 1991 einem Zubau weichen. Die Innenräume wurden in mehreren Umbau- und Sanierungsphasen modernisiert.

Stein an der Donau 3500
Gemeinde: Krems an der Donau, Bezirk: Krems

Wohnbauten

1916 Am Goldberg 8, Goldberghäuser, 1987–1990, P: Eric Egerer, Gerhard Kienzl, Helmut Sautner, BH: Gemeinnützige Donau-Ennstaler Siedlungs-AG (GEDESAG), AF: Karl Schwach ●

1917 Am Goldberg 7–24, nordwestlicher Teil der Siedlung, Atriumhäuser, um 1985, P: Eric Egerer, Gerhard Kienzl, Helmut Sautner, BH: GEDESAG ●

Als Auftakt der Siedlung mit 18 Wohnhäusern in Hanglage entstanden am Goldberg 1985 vier Atriumhäuser. Davon wurden drei als Testhäuser mit verschiebbaren Glasdächern über dreiseitig geschlossenen Innenhöfen ausgestattet. Ziel waren der direkte Vergleich und die Bewertung einer Nutzbarkeit der unbeheizten Hofflächen. Bei den nach einer Erprobungszeit von etwa zwei Jahren realisierten weiteren Bauten wurde auf die Errichtung der Atrien, teilweise zugunsten von vollständig verglasten Anbauten, verzichtet.

Einfamilienhäuser

1918   Frauenberg 25, EFH, 1980, P: Ulf Geppert

Industrie

1919   Dr.-Karl-Dorrek-Straße 30, Donau-Universität, ehem. Tabakfabrik, 1918–1922, P: Paul Hoppe, BH: Österreichische Tabakregie | Umnutzung und Umbau, 1991–1995, P: Manfred Wehdorn | Erweiterung, 2003–2005, P: Dietmar Feichtinger | Archiv der Zeitgenossen, 2009–2010, P: Adolf Krischanitz ●

1918 wurde der Neubau für eine Tabakfabrik zur Herstellung von Virginia-Zigarren beschlossen, die Pläne lieferte Paul Hoppe. Das dreigeschoßige, über E-förmigem Grundriss errichtete Hauptgebäude ist symmetrisch angelegt, mit Mittel- und Eckrisaliten versehen und von ebenfalls symmetrisch angelegten Pavillons umgeben. In den 1920er-Jahren entstanden zudem mehrere Arbeiter*innenunterkünfte (→ 0955, → 0959, → 0969). 1991 wurde die Fabrik stillgelegt und nach den Plänen von Wehdorn unter weitgehender Beibehaltung der historischen Substanz für die Nutzung als Universität umgebaut. Die 2005 fertiggestellten Neubauten von Feichtinger bieten Raum für die Donau-Universität, die IMC Fachhochschule sowie das Zentrum für Film und setzen sich durch die Verwendung von Glas, Stahl und Aluminium stark von der historischen Bausubstanz ab. In dem erhaltenen ehemaligen Kesselhaus neben dem hoch aufragenden Industrie-Schornstein ist heute ein Kino untergebracht. Seit 2010 ist auch das von Krischanitz als Tiefbau angelegte „Archiv der Zeitgenossen" Teil des Bildungscampus Krems.

Verkehr

1920   48°23'51.4"N 15°34'30.6"E, Mauterner Brücke, 1895, P/AF: Rudolph Philip Waagner, Ig. Gridl, k. u. k. Hof-Eisenconstructions-Werkstätte, Schlosserei und Brückenbau-Anstalt | Wiederaufbau, 1945 ●

Die 1895 als Kaiser-Franz-Joseph-Brücke erbaute Stahlfachwerk-Konstruktion ist die älteste erhaltene Straßenquerung der Donau in Niederösterreich. Fünffeldrig und auf massiven Pfeilern aus Steinquadern lastend, überspannen zwei Bogen- und zwei parallelgurtige Fachwerke die Donau bzw. die uferbegleitende Bundesstraße auf Steiner Seite. Prägnant sind die feingliedrigen Geländer und Fachwerkstäbe, die wiederum eine eigene Fachwerkstruktur im Querschnitt aufweisen. Die beiden südlichen Tragwerke wurden 1945 durch die Wehrmacht gesprengt und nach Kriegsende wiederaufgebaut. Sie unterscheiden sich durch weit vorstehende Schraubenköpfe und Muttern vom älteren Tragwerk mit Nietenköpfen.

Steinaweg 3511
Gemeinde: Furth bei Göttweig, Bezirk: Krems

Einfamilienhäuser

1921   Halterbachstraße 78, Wohn- und Atelierhaus, 1995–1998, P/BH: Adolf Krischanitz, MA: Robert Felber

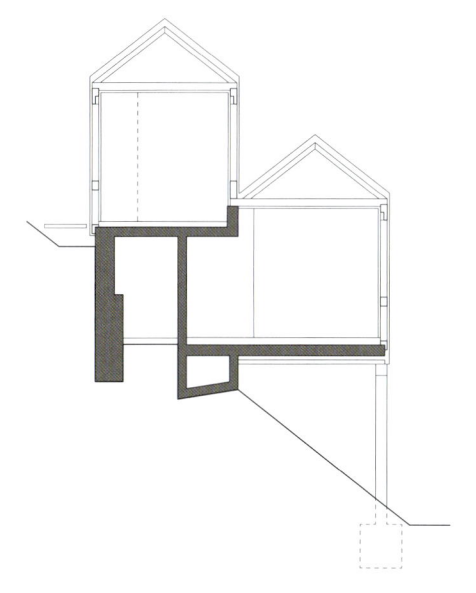

Das vom Architekten für sich selbst geplante Wohn- und Ateliergebäude aus zwei lang gestreckten, höhengestaffelten und leicht gegeneinander verschobenen Volumina in Holzbauweise mit Satteldächern und breiten Fensterbändern ist an der Straßenkante auf vier Betonstützen aufgeständert, um sich im hinteren Bereich mittels Stahlbeton-Unterbau in das steile felsige Terrain einzufügen.

Steinbach 2115
Gemeinde: Ernstbrunn, Bezirk: Korneuburg

Wohnbauten

1922 Steinbach 66, WH, ehem. Arbeiter*innenunterkünfte, 1949–1950, P: Franz Rollinger, BH: Kalkgewerkschaft Ernstbrunn •

Steinbach 3001
Gemeinde: Mauerbach, Bezirk: St. Pölten

Religion, Kult

1923 Steinbachstraße 79–81, Filialkirche Maria Rast, 1961–1963, P: Ladislaus Hruska

Stephanshart 3321
Gemeinde: Ardagger, Bezirk: Amstetten

Religion, Kult

1924 Kirchenstraße 9, Pfarrkirche hl. Stephanus, 1956–1959, P: Franz Barnath, Josef Gruber, K: Robert Herfert (Innenausstattung) •

Schon im 15. Jahrhundert wurde in Stephanshart eine kleine gotische Kirche errichtet. Nachdem sie durch Hangrutschungen und Setzungen baufällig geworden war, wurde sie abgerissen und 1959 ein Neubau beschlossen. Die neue, etwas überdimensionierte Dorfkirche – sie wird auch als „Marchlanddom" bezeichnet – ist ein klar gegliederter Stahlbetonbau. Ein mächtiger quadratischer Turm mit Pyramidendach und schmalen rundbogigen Schallfenstern dominiert die Fassade. Das Kirchenschiff ist durch deutlich ausgeprägte Seitenschiffe akzentuiert. Hohe, schmale Rundbogenfenster wiederholen die Form der Turmfenster und lassen viel Licht in den Raum. Das breite Hauptschiff ist von einer leicht gebogenen Betonkassettendecke überspannt, die über die Seitenschiffe flach weitergeführt ist. Der stark eingezogene, querrechteckige Staffelchor ist durch Stufen erhöht und damit deutlich vom Gemeinderaum abgesetzt. Zusammen mit der Ausbildung von Seitenschiffen blieben die Architekten einem traditionellen Langhausbau verpflichtet. Sie haben ihn zwar modern interpretiert, sind aber nicht der zeitgenössischen Tendenz zum einschiffigen, chorlosen Gemeinschaftsraum gefolgt. Die Innenausstattung stammt von Robert Herfert, der auch die Glasfenster schuf und einzelne Einrichtungsteile aus dem Vorgängerbau ästhetisch einzubinden verstand.

Stetteldorf am Wagram 3463
Gemeinde: Stetteldorf am Wagram, Bezirk: Korneuburg

Amts-, Verwaltungs-, Kommunal-, Bürobauten

1925 Kremser Straße 26, Rathaus, um 1920 •

Die symmetrisch angelegten Fensterachsen des lang gestreckten, zweigeschoßigen Baus mit Zwerchmansardaufsatz sind vertikal durch lisenenartigen Dekor gegliedert. Der Haupteingang liegt auf der Mittelachse und wird durch den darüberliegenden Balkon sowie die Dachform akzentuiert. Neben dem Gemeindeamt ist eine Postfiliale in dem Gebäude untergebracht.

Stetten 2100
Gemeinde: Stetten, Bezirk: Korneuburg

Energie

1926 Wiener Straße 38, Umspannwerk Bisamberg, 1943–1949, P: Alpen-Elektrowerke AG, Hans Hoppenberger | Erweiterungen, 1988–1990, 2005

Stiefern 3562
Gemeinde: Schönberg am Kamp, Bezirk: Krems

Einfamilienhäuser

1927 Hammerschmiedeweg 3, Villa, vor 1902 •

Stillfried 2262
Gemeinde: Angern an der March, Bezirk: Gänserndorf

Einfamilienhäuser

1928 Wiener Straße 42, Villa Antonia, 1910 •

1929 Wiener Straße 105, Villa, P: vermutl. Ludwig Horn •

Stockerau 2000
Gemeinde: Stockerau, Bezirk: Korneuburg

Zentren

1930 Hauptstraße 23, Ehrenbogen Kirchenstiege, 1936, P: Ferdinand Langer •

Der rustizierte Ehrenbogen wurde als Mahnmal für die im Ersten Weltkrieg gefallenen Soldaten über der vormals schlichten Kirchenstiege errichtet und 1936 geweiht.

Amts-, Verwaltungs-, Kommunal-, Bürobauten

1931 Johann Schidla-Gasse 6, Feuerwehrzentrale, 1976–1978, P: Bernd Neubauer, MA: Herbert Baier, BH: Stadtgemeinde Stockerau | Zubau Einstell- und Lagerhalle, 2003, P: Wolf Systembau Ges.m.b.H. | Zubau hofseitiger Balkon, 2010–2011, P: Peter Spitzer | Ausbau Balkon zu Wintergarten, 2015 ●

Aus einem geladenen Wettbewerb für eine neue Wache der Freiwilligen Feuerwehr ging der aus Klosterneuburg stammende Bernd Neubauer als Sieger hervor. Er entwickelte das Gebäude funktional getrennt über T-förmigem Grundriss aus einem Verwaltungstrakt in West-Ost-Richtung und einem Garagentrakt in Nord-Süd-Richtung, wobei ein Schlauchturm der Horizontalität der Anlage als vertikales Element visuell entgegensteht. Gestalterisch zeigt das klar strukturierte Bauvolumen in Sichtbeton, dessen grob gegliedertem Fassadensystem als kontrastierende Elemente in Orange gefasste Tür-, Tor- und Fensterelemente entgegengesetzt werden, die Einflüsse der früheren Büromitarbeit Neubauers im Büro von Gottfried Fickl und Matthias Szauer. In den Innenräumen lässt sich die Entstehungszeit anhand der orangen Fassung von Elementen wie Türrahmen, Handläufen oder Mobiliar ablesen. Um etwaige künftige Adaptierungen im Raumkonzept zu ermöglichen, wurden die Raumtrennungen als Leichtbauwände ausgeführt.

Über zwei Jahrzehnte hinweg galt das Gebäude als eines der modernsten Feuerwehrhäuser Österreichs, und auch heute ist die Feuerwache unter großer Wertschätzung der Nutzer*innen weitgehend unverändert in Betrieb.

1932 Pragerstraße 77, Bürohaus der Glasfaserspinnerei, um 1968, P: Erich Majores, S: Konrad Schindler, BH: Linzer Glasspinnerei ●

Ab 1912 befand sich an diesem Standort eine Glasfaserspinnerei. Seit Mitte der 1950er-Jahre im Besitz der Linzer Glasspinnerei, wurde das Fabrikareal ab 1959 ausgebaut, um Tellwolle herzustellen – ein Dämmmaterial, das seither für unzählige Neubauten verwendet wurde. Bei dem um 1968 errichteten, dreigeschoßigen Bürogebäude in Stahlskelett-Bauweise mit Dachterrasse wurde dementsprechend Wert auf die Isolierung gelegt. Der Keller wurde von innen mit Schaumglas isoliert und auch die Fassade ist zwischen den Fensterbändern hinter der Aluminiumfassade gedämmt.

Religion, Kult

1933 Manhartstraße 24, evang. Lutherkirche, ehem. Synagoge, 1903, P: Leopold Holdhaus | Enteignung durch das NS-Regime, Umwidmung und Umgestaltung in evang. Kirche, 1938, P: Herbert Jelinek | Sanierung, 2011

Nach Enteignung durch das NS-Regime erhielt die Kirche 1938 mit veränderter Eingangssituation und turmartigem Dachaufbau ein neues Erscheinungsbild. Die Seitenfassaden mit den Biforienfenstern und Pilastern gehen hingegen noch auf die Gestaltung von 1903 zurück. Ein Gedenkstein belegt, dass die evangelische Kirche das Gebäude schließlich 1953 rechtmäßig von der Israelitischen Kultusgemeinde erwarb; bei der letzten Sanierung wurde die jüdische Vergangenheit des Bauwerks in Details bewusst sichtbar gemacht.

1934 Schießstattgasse 113, Aufbahrungshalle, 1956–1957, P: Josef Kalbac

1935 Schießstattgasse 115, am Friedhof, Grabmal Familie Hellmer, 1911, P: Edmund Hellmer, K: Leopold Forstner ●

Edmund Hellmer war insbesondere in der Zeit der Ringstraßenerrichtung in Wien ein vielbeschäftigter Bildhauer. Stilistisch zunächst der Ästhetik des Historismus verpflichtet, wandte er sich um die Jahrhundertwende als einer der Mitbegründer der Wiener Secession den neuen Formen des Jugendstils zu. Den Mosaikhintergrund zu der plastischen Gestalt eines betenden Engels schuf Leopold Forstner, der in Stockerau in der ehemaligen Reiterkaserne eine „Edelglas-, Mosaik- u. Emailwerkstätte" eingerichtet hatte.

Bildung

1936 Unter den Linden 16, Bundesgymnasium, 1908, P: Max Conrad Kropf, K: Wilhelm Seib (Pallas Athene-Statue), Leopold Forstner (Mosaik) | Zubau, 1975–1980, P: Karl Stransky, K: Kurt Ingerl | Zubau, 2009–2012, AB: Ruderstaller Architektur ZT GmbH (Robert Ruderstaller)

Freizeit

1937 Alte Au 6, Sportzentrum Alte Au, 1985, P: Siegfried Haas, Sebastian Schenk

Der Komplex umfasst neben einigen Außensportanlagen auch eine Dreifachturn- und Sporthalle mit einem Fassungsvermögen von 500 Sitz- und 150 Stehplätzen. Durch die Aufgliederung in mehrere unterschiedlich große Baukörper wird die Einpassung dieses dominanten Bauwerks in das Landschaftsbild begünstigt und die parallele Durchführung verschiedener Veranstaltungen ermöglicht.

1938 In der Au 1a, Franz Blabolil Pensionist*innenklubheim, 1979, P: Friedrich Kuchler, BH: Stadtgemeinde Stockerau

In Grünlage im Süden der Stadt wurde ein nach dem bis 1979 amtierenden Bürgermeister benanntes Klubheim errichtet. Das niedrige Gebäude erhält seine architektonische Prägnanz durch die klare Geometrie der Bauteile und die Materialität des sichtbar belassenen, roten Klinkermauerwerks in Kombination mit dunklen Holzelementen. Alle Gebäudekanten sind abgeschrägt und die

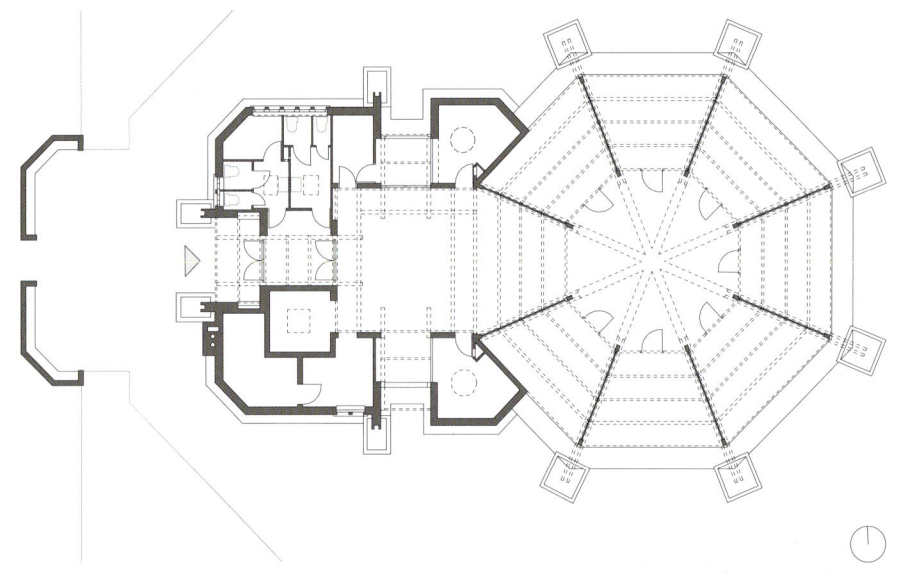

Dächer flach gedeckt. Über einen Vorplatz, der von halbhohen, ebenfalls ziegelsichtigen Mauerelementen akzentuiert ist, wird das Gebäude aus Richtung Westen erschlossen; ein hoher Kamin stellt das einzig vertikale Element des Baus dar und markiert indirekt den Haupteingang. In einem ersten Gebäudeabschnitt liegen eine Eingangshalle sowie Nebenräume, dahinter erstreckt sich über oktogonalem Grundriss das Herzstück der Anlage, der große Saal. Eine ebenfalls oktogonale Erhöhung des Mittelbereichs fungiert als Laterne, sodass dieser Raum von oben belichtet wird. Neben der Nutzung als Tagesklubheim für Pensionist*innen ist das Gebäude auch für Vorträge und Schulungen konzipiert. Ein flexibles System von Trennwänden erlaubt verschiedene Raumkonfigurationen zwischen dem zentralen großen Saal und den sieben umliegenden Mehrzweckräumen.

1939 Pestalozzigasse 1a, Erholungs- und Sportzentrum Stockerau, 1966, P: Friedrich Florian Grünberger | Zubau, 1976, P: Friedrich Florian Grünberger | Sanierung, 2004 ●

1966 errichtete die Gemeinde Stockerau ein Erholungszentrum mit diversen Schwimm- und Tauchbecken sowie Außenanlagen für bis zu 2.500 Besucher*innen. Der ursprüngliche Entwurf für die Anlage von Friedrich Florian Grünberger war bereits auf mehrere Bauphasen ausgelegt, jedoch wurden nicht alle Bauvorhaben ausgeführt. So wurden etwa ein den Entwurf dominierendes, dreigeschoßiges Hauptgebäude in Rautenform sowie die im Grundriss dazu passend angelegten rautenförmigen Becken nicht umgesetzt und anstelle des Gebäudes 1980 eine Kunsteisbahn errichtet.

Der Umkleidekomplex samt Kassenbereich wurde als zweigeschoßiger, sich in das Gelände einfügender Baukörper angelegt. Das Obergeschoß ermöglicht einen ebenerdigen Zugang auf Straßenniveau, während das Untergeschoß des Gebäudes auf der Ebene der Becken liegt. Dieses Spiel mit unterschiedlichen Niveaus, um verschiedene Bereiche wie Ruhezonen, Kinderspielplätze oder Bewegungszonen zu generieren, war Teil des Entwurfsgedankens. 1976 wurde die Anlage um ein ebenfalls von Grünberger geplantes Hallenbad erweitert.

Wohnbauten

1940 Eduard Rösch-Straße 2, <u>WHA Grafendorferhof, 1927</u>, P: Karl Stepanek

Die städtebaulich markante Anlage besteht an der Straßenecke aus einem von turmartigen Akzenten gerahmten fünfgeschoßigen Mittelteil mit polygonalem Grundriss und zentralem Haupteingang sowie zwei viergeschoßigen Flügelbauten. Über einem durchfensterten Sockel liegend, verklammern zeittypisch zusammengefasste Fensterverdachungen und Sohlbankgesimse die Fensterachsen miteinander und unterstreichen die horizontale Schichtung des Gebäudes. Ursprünglich wurden 64 Wohnungen mit bis zu 45 Quadratmetern errichtet, um die damals dringend benötigten Wohnflächen zu schaffen.

1941 Grafendorferstraße 6, <u>WHA Lenauhof, 1926</u>, P: Wenzel Tiersch | Generalinstandsetzung, 1981–1982

Zu den Besonderheiten des dreigeschoßigen Baukörpers auf einem niedrigen, das Gelände nivellierenden Sockel zählen der H-förmige Grundriss und die hofseitige Laubengangerschließung. Ebenfalls markant sind die polygonalen, turmartigen Akzentuierungen der straßenseitigen Ecken des Innenhofs sowie die fassadengliedernden Lisenen. Das nach dem Dichter Nikolaus Lenau benannte Gebäude war mit 51 Wohnungen die erste kommunale Wohnhausanlage der Stadtgemeinde Stockerau als Bauherrin.

1942 Josef Wolfik-Straße 2, <u>Wohn- und Geschäftshaus, 1909</u>, P: Friedrich Kleibl

Am nördlichen Rand des Rathausplatzes liegt der auf den ersten Blick symmetrisch organisierte Baukörper. Er erhält seine charakteristische Silhouette durch drei Ziergiebel, der Zugang im Mittelrisalit wird durch einen auf massigen Konsolen ruhenden Erkervorbau mit markanter hufeisenförmiger Fenstereinfassung akzentuiert. Das bandrustizierte Erdgeschoß mit Natursteinsockel wird durch segmentbogenförmige Öffnungen gegliedert, aufwendig gestaltetes und variantenreiches Jugendstil-Dekor mit verschiedenartigen Schlusssteinen, Gesimsen, Fensterumrahmungen und Ziergiebeln prägt das Fassadenbild. Bei genauerem Hinsehen zeigen sich die Unterschiede in der Gestaltung der beiden seitlichen Flügel. So weist die Sockelzone versetzt angeordnete Zugänge zu den Geschäftslokalen auf, die Abstände der Fensterachsen in den Obergeschoßen sind nicht gleich groß und die Gestaltung der Seitenrisalite in Details unterschiedlich. Das Gebäude geht auf einen Ende des 19. Jahrhunderts errichteten Bau zurück und wurde von Friedrich Kleibl aufgestockt und teilweise neu errichtet.

Einfamilienhäuser

1943 Neubau 1–3, <u>WKNÖ Bezirksstelle Stockerau-Korneuburg, ehem. Villa Himmelbauer, 1904</u>, P: Max Conrad Kropf, AF: Leopold Holdhaus | Sanierung, 1995 ●

Im Gegensatz zu seinen anderen historischen Wohnbauten ist die von Max Conrad Kropf für die Seifensieder-Großindustriellenfamilie Himmelbauer entworfene Villa in ihrer äußeren Formensprache zurückhaltender, in ihrem Inneren jedoch wurde der späthistoristischen Begeisterung für das Vermengen verschiedener Stile freier Lauf gelassen. Jedes der Zimmer verfügt auf Wunsch des Bauherrn über eine unterschiedliche Deckengestaltung – von Holzkassettendecken über rustikale Jagdmotive zu mythologischen Allegorien in weißem, vom Rokoko inspiriertem, mit Girlanden gerahmtem Stuck. Die WKO erwarb das Gebäude in den 1960er-Jahren und ließ es 1995 schonend sanieren, sodass – bis auf kleine Büroeinbauten – der Originalzustand erhalten blieb.
▶ Foto: *Jagdzimmer*

1944 Neubau 2, <u>Haus Krehan, 1932</u>, P: Karl Krehan, AF: Wenzel Tiersch

Das Wohnhaus im Stil der Neuen Sachlichkeit wurde vom jung verstorbenen Architekten Karl Krehan für seine Eltern errichtet.

Hotels, Heime, Klöster, Kasernen

1945 Landstraße 16, <u>Pflegeheim, ehem. Krankenhaus, 1909–1910</u>, P: Max Conrad Kropf

Erst seit 1995, nach Fertigstellung des nördlich versetzten Neubaus, wird der zentrale, 1910 errichtete Erweiterungstrakt des ehemaligen Stockerauer Krankenhauses als Altersheim genützt.

Industrie

1946 Ernstbrunnerstraße 31–33, Erweiterung Maschinenfabrik Heid AG, 1961, P: Wilhelm Kroupa ●

1947 Schießstattgasse 47, Metallwarenfabrik, 1938–1939, BH: Jessernigg & Urban | Erweiterung Gießerei und Tischlerei, 1947

Energie

1948 48°24'01.1"N 16°12'03.1"E, L29, Senningerstraße, Trinkwasserbehälter des Städtischen Wasserwerks, 1927–1928, P: Fritz Weigl

1949 Schießstattgasse 4, Geschäftshaus, ehem. Kraftwerk, 1897–1900, BH: Stadtgemeinde Stockerau

    1897 wurde die ehemalige „Kirchenmühle" von der Stadtgemeinde angekauft und zu einem Kraftwerk umgebaut. Seit Auflassung des Werks wurde das asymmetrische, in neobarocken Formen gestaltete Gebäude mit geschwungenem Giebel und großer Palladio-Fensterlösung als Turnhalle und aktuell im Erdgeschoß als Konditorei genutzt.

Verkehr

1950 48°22'57.1"N 16°12'34.3"E, südlich der Bahntrasse, Aubrücke, 1923–1924, P: Gustav Adolf Wayss, BH: Stadtgemeinde Stockerau

1951 Bahnhofplatz 4, Bahnhof, 1978–1982, P/BH: Bundesbahndirektion Wien

    Im Zuge der Elektrifizierung und Verlängerung der Wiener Schnellbahn von Stockerau nach Hollabrunn errichteten die Bundesbahnen ein neues Aufnahmegebäude und Stellwerk sowie die charakteristischen modularen Bahnsteigüberdachungen mit Stahlrohrträgern und Wartehallen des Schnellbahntyps. Das bemerkenswerte Aufnahmegebäude wurde größtenteils in Fertigteilbauweise errichtet. Der beidseitig eingeschoßige Flachbau ist im Mittelteil um ein Obergeschoß erhöht und teilweise unterkellert. Als tragende Elemente dienen profilierte Stahlbetonpfeiler, zwischen denen Fertigteilplatten aus Stahlbeton eingesetzt sind. Über einer Dämmschicht fungieren vertikal reliefierte Betonstrukturplatten – dem einheitlichen Muster im Oberflächendesign der Schnellbahnbauten – als Fassadenelemente der Wandpaneele. Die Decken wurden teilweise in Ortbeton und teilweise mittels Fertigteilplatten, das kiesbedeckte Flachdach auf einer Holzbinderkonstruktion ausgeführt. Das Erdgeschoß nimmt die Räumlichkeiten für die Reisenden mit Wartehallen und Personenkassa, Gaststätte sowie Personal- und Sanitärräume auf. Lager- und Technikräume wurden im Keller, Sozialräume und weitere technische Räume im Obergeschoß untergebracht. Die modular aufgebaute, sichtbare Rasterkonstruktion bestimmt auch die stark plastisch ausgebildete Fassade: Das Stahlbetonskelett mit vorgefertigten Bauteilen bleibt an der Fassade sichtbar, die Stützen werden zinnenartig über die Traufe verlängert und bekrönen die durch ein metallenes Gesims abgeschlossene Fassade. Deren Aufbau und Struktur mit einem Betonrelief betonen die Serialität und gleichmäßige Taktung, die sinnbildlich für den modernen Schnellbahnverkehr stehen. Sämtliche Metallprofile der Fenster, Türen und des Gesimses sind in der Kontrastfarbe Rot gehalten.

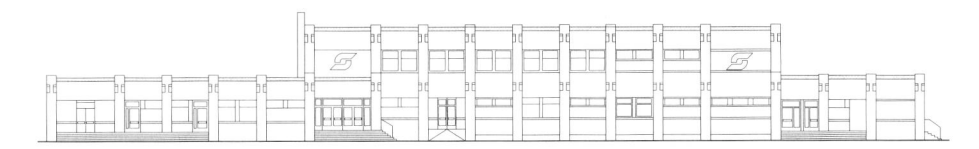

Die Fassade wird somit selbst zum Symbol für Bewegung und Verkehr und im Entwurf, der an den äußeren Blindfenstern des Obergeschoßes je einen großformatigen „Pflatsch" vorsah, das 1974 eingeführte Signet der ÖBB, zum skulpturalen Bildträger.

In den öffentlichen Innenräumen setzte sich die Fassadengestaltung an den reliefiert abgehängten Deckenpaneelen fort, die durch zeittypische Oberflächen mit hochformatigen Wand- und hexagonalen Bodenfliesen in Braun- und Rottönen ergänzt wurden.

Mit dem Neubau der Feuerwehr (→ 1931) wurde in Stockerau bereits 1975 bis 1978 ein prominenter Sichtbetonbau realisiert, für das Konzept des Aufnahmegebäudes entstand in Bruck an der Leitha 1977 ein formell vorbildhafter Bau auf burgenländischer Gemarkung.

Stockern 3744
Gemeinde: Meiseldorf, Bezirk: Horn

Religion, Kult

1952 48°39'12.7"N 15°44'12.7"E, bei Stockern 55, <u>Pfarrkirche Hl. Herz Jesu, 1908</u>, P: Karl Steinhofer, AF: Karl Proksch, K: Julius Oherr (Bildhauer Außenbau), Siegmund Heilmann (Wandmalerei), Josef Riffesser (Altäre und Kunststeinfiguren) •

Im 18. Jahrhundert wurde in dem kleinen Ort Stockern eine schlichte Kirche erbaut. Da der Bauplatz in einem sumpfigen Gebiet lag, wurde die Kirche durch die Feuchtigkeit zunehmend desolat und schließlich unbenutzbar. Im Jahr 1907 wurde daher ein Neubau auf einem besser geeigneten Grundstück beschlossen. Die alte Pfarrkirche wurde aufgelassen und dem Verfall preisgegeben; sie steht – bereits in sehr ruinösem Zustand – heute noch in der Nähe des Schlosses. Mit der Auflage, „mit einer kleinen Bausumme eine große Kirche" (Pfarrchronik) zu errichten, wurde dem Wiener Architekten Karl Steinhofer der Bauauftrag erteilt. Obwohl der Ort damals nur rund 200 Einwohner*innen verzeichnete, konzipierte er einen Bau mit 600 Plätzen und entwarf einen imposanten neogotischen Sichtziegelbau, dem unverkennbar die Wiener Kirchenbauten Friedrich Schmidts als Vorbild dienten. Neben der Größe ist auch die sehr aufwendige und damit durchwegs kostspielige Gestaltungsweise des Baukörpers bemerkenswert. Polygonal gestaltete querhausartige Formulierungen am Langhaus, Kapellenanbauten am Chor, Treppentürmchen und weitere Anbauten verleihen dem Bauwerk insgesamt einen plastisch gegliederten, repräsentativen Habitus, der durch den großzügigen Einsatz von wie teurer Sandstein wirkenden Elementen aus Portlandzement unterstrichen wird. Zur Finanzierung des Kirchenneubaus wurden drei aus der alten Pfarrkirche stammende Gemälde von Kremser Schmidt nach Wien verkauft.

Die ebenfalls aufwendige Innenausstattung ist einheitlich im neogotischen Stil gestaltet.

Wohnbauten

1953 Stockern 62–63, <u>Wohnhäuser, um 1911</u>, P: Karl Zotter •

Die zwei spiegelsymmetrischen, traufständigen Wohnhäuser bilden das Zentrum der aufgelockerten Bebauung am Ortsrand. Pointiert wird die Raumkante durch schmale Zwerchhäuser, deren Rundbogenfenster nur am südlichen Haus erhalten sind.

Ungewöhnlich ist die feldseitige Erschließung, während Zimmer und Kabinette straßenseitig angeordnet sind.

Stollhofen 3133
Gemeinde: Traismauer, Bezirk: St. Pölten

Wohnbauten

1954 Am Hafen 11–20, <u>Ferienhäuser, 1979</u>, P: Harald Wallner •

Energie

1955 Kraftwerkgasse 23, <u>Kraft- und Umspannwerk, 1920–1922</u>, BH: Stollhofner Elektrizitätswerke Genossenschaft, ab 1922 NEWAG •

Stopfenreuth 2292
Gemeinde: Engelhartstetten,
Bezirk: Gänserndorf

Bildung

1956 Uferstraße 4, <u>Landeskindergarten, ehem. Schule, 1906</u>, AF: Josef Wildner | Umnutzung zum Kindergarten, 1971 | Um- und Zubau, 1999 und 2019, P: Ewald Sodl ●

Stranzendorf 3702
Gemeinde: Rußbach, Bezirk: Korneuburg

Hotels, Heime, Klöster, Kasernen

1957 Heimstraße 15, <u>Wohnhaus, ehem. Erholungsheim der Bezirkskrankenkasse Floridsdorf in Wien, 1912–1913</u>, P: Hubert Gessner | mehrmalige Zu- und Umbauten ●

Strasshof an der Nordbahn 2231
Gemeinde: Strasshof an der Nordbahn,
Bezirk: Gänserndorf

Religion, Kult

1958 Antoniusstraße 26, <u>Pfarrkirche hl. Antonius von Padua, 1923–1925</u>, P: August Kirstein

Wohnbauten

1959 Bahnhofplatz 18, 19, 20, <u>WHA, ehem. Bediensetetenwohnhäuser, 1909</u>, P/BH: k. k. Nordbahndirektion ●

Nur im U-förmigen Grundriss vom Beamt*innenwohnhaus (→ 1960) abweichend, entstanden die drei Personalwohnhäuser ebenso als mächtige, dreigeschoßige Ziegelbauten mit flachen Walmdächern, die kleine Vorhöfe vor zentralen Stiegenhaustürmen ausbilden. Die ziegelsichtigen Fassaden mit reicher horizontaler Profilierung sind typisch für die Beamt*innenarchitektur der späten Monarchie.

1960 Bahnhofplatz 21, 23, <u>WHA, ehem. Aufnahmegebäude und Beamt*innenwohnhaus, 1909</u>, P/BH: k. k. Nordbahndirektion ●

Nach Verstaatlichung der Nordbahn errichtete die k. k. Nordbahndirektion 1908 die weiträumige Anlage aus Verschubbahnhof und Bahnstation in Strasshof. Südlich entstanden das zunächst auch als Aufnahmegebäude dienende Beamt*innenwohnhaus sowie der als „Kaserne" bezeichnete Flachbau mit Unterkunft und Diensträumen für Eisenbahner*innen, der noch vor 1914 aufgestockt wurde. Die symmetrischen Ziegelbauten waren sowohl gestalterisch als auch durch ihre wechselnden Raumnutzungen als Volksschule, Arztpraxis, Gendarmerieposten und zur Nahversorgung prägend für den Ort. Die Eisenbahner*innenkolonie verzeichnete ein reges Wachstum, und es entstanden umfangreiche private Pläne zur Errichtung einer Wohnstadt für Arbeiter*innen mit Anbindung an Wien.

1961 Bahnhofstraße 8a, 8b, Pernerstorferstraße 10, <u>ehem. Vereinshaus des Reichsbunds Deutscher Eisenbahner, 1911</u>, P: Karl Lubowsky, BH: Reichsbund deutscher Eisenbahner in Österreich ●

Der dreigeschoßige Bau aus hellen Sandsteinziegeln beherbergte bis in die 1980er-Jahre eine Gaststätte im Erdgeschoß, die auf die ehemaligen Vereinsräume zurückging. Bis 1922 dienten diese auch der Volksschule und den sonntäglichen Messen. Mit dem Vereinshaus versuchte die nationalkonservative deutsche Verkehrsgewerkschaft, deren hauptsächlich böhmische und mährische Mitglieder nach Strasshof versetzt wurden, in der Monarchie und nahe Wien an Einfluss gegenüber den etablierten, parteinahen Gewerkschaften zu gewinnen. Das Flachdach geht auf die Gefahrenlage im Feuerradius der Bahnanlagen zurück, kombiniert mit der nüchternen Fassade samt geometrischem Ziegelornament und gebrochenem Dreiecksgiebel realisierte Karl Lubowsky, ein mährisch-schlesischer Architekt, einen sachlichen Industriebau.

1962 Dr.-Viktor-Adler-Gasse 10–12, <u>WH, ehem. Haus der Terraingesellschaft, 1912</u>, BH: Terraingesellschaft Strasshof

Der repräsentative Neubau diente als Amts- und Wohngebäude der 1911 gegründeten Terraingesellschaft, die als Errichtergesellschaft weitere Wohnhäuser realisierte und maßgeblich an der Projektierung der Wohn- und Industriestadt in Strasshof beteiligt war.

1963 Hauptstraße 140–144, Heinestraße 2, Schuhmeierstraße 4–8, <u>WHA „Rote Burg", 1925–1926</u>, P: Carl Caufal

Die als „Rote Burg" bekannte Wohnhausanlage für Eisenbahner*innenfamilien wurde nach Vorbild der Gemeindebauten Wiens als blockartig angelegte, von frei stehenden, zwei- bis dreigeschoßigen Zeilen- und Einzelbauten ausgebildete Anlage errichtet. Sie stellt jedoch die einzige tatsächlich in Strasshof realisierte, derartig verdichtete Anlage dar.

Einfamilienhäuser

1964 Althofer Gasse 10, <u>EFH, 1926</u> | Zubau und Ausbau Dachgeschoß, 1950, P/AF: Franz Immervoll ●

Verkehr

1965 Sillerstraße 123, <u>Eisenbahnmuseum, ehem. Heizhaus, 1942–1947</u>, BH: Deutsche Reichsbahn, Österreichische Bundesbahnen, AF: Wiener Brückenbau- und Eisenkonstruktions-AG •

Nach Übernahme der Österreichischen Bundesbahnen durch die Deutsche Reichsbahn 1938 plante diese ein großflächiges neues Betriebsgelände, das an der Nordbahn strategisch vorteilhaft für die aggressive Ostpolitik und Kriegsführung des NS-Regimes gelegen war. Es wurde mit der Errichtung von umfassenden Gleisanlagen, Wasserturm, Heizhaus und Verwaltungsgebäude begonnen, der Bau 1944 jedoch kriegsbedingt eingestellt und erst um 1947 durch die ÖBB vollendet, die den gesamten Zugförderbetrieb auf das Gelände verlegten. Durch den Bedeutungsverlust der Nordbahn nach dem Zweiten Weltkrieg wurde das Werk entbehrlich und 1976 mit Einstellung des Dampfbetriebs in Österreich geschlossen. Bis dahin wurden von Strasshof die letzten Dampflokomotiven eingesetzt. Die querrechteckige Halle des Heizhauses wird von beidseitigen Flügelbauten flankiert. In Form eines flach geneigten Satteldachs wird die imposante Hallenkonstruktion geschlossen und mit Oberlichten und verglasten Giebelwänden belichtet. Innen wird die Halle von den eisernen Fachwerkträgern und tief hängenden Rauchfängen über den Gleisen, die das Anheizen der Lokomotiven ermöglichten, dominiert. Seit 1984 ist auf dem Gelände und im Heizhaus das Eisenbahnmuseum Strasshof eingerichtet.

Streithofen 3451
Gemeinde: Michelhausen, Bezirk: Tulln

Einfamilienhäuser

1966 Spitaler Weg 2, Villa, 1900 •

Strohmarkt 3345
Gemeinde: Göstling an der Ybbs, Bezirk: Scheibbs

Einfamilienhäuser

1967 Strohmarkt 29, EFH, 1983, P: Fritz Gerhard Mayr | Umbau Wintergarten, 2005 •

Der Entwurf des Einfamilienhauses entstand in enger Abstimmung mit dem Bauherrn, einem Bildhauer. Der mit Fichtenholzverschalung verkleidete Massivbau wurde auf einem abschüssigen Grundstück hoch über der im Tal verlaufenden Straße errichtet. Im Untergeschoß des abgetreppten Baukörpers befindet sich das Atelier, im Obergeschoß liegen die Wohnräume, die über gezielt platzierte Fensteröffnungen den Blick in die Natur freigeben. Das ortsunübliche Pultdach wurde erst nach einem langwierigen und aufwendigen Bauverfahren bewilligt.

Sulz im Wienerwald 2392
Gemeinde: Wienerwald, Bezirk: Mödling

Wohnbauten

1968 Am Kögerl 191, Gemeinschaftswohnanlage, ab 1983, AB: Cooperative, P: Peter Raab •

In die Topografie des Wienerwalds eingefügt, entstanden in Ortsrandlage zwei gegenüberliegende, in Kubatur und im Geländeniveau gestaffelte Häusergruppen. Die raumsparende Anordnung in zwei kompakten, jeweils hangseitigen Bauzonen um einen überdachten Innenhof und die modulare Holzbauweise unterstreichen den ökologischen Charakter. Im Zentrum verbindet der überdachte Steg die durch den Taleinschnitt getrennten Teile und erschließt die Höfe mit den Zugängen. Das Gemeinschaftsprojekt zeichnet sich durch individuelle Grundrisse und Fassaden mit Wintergärten sowie großzügig verglaste Flächen der Satteldächer und Giebelbereiche aus.

T–Z
1969–2287

Teesdorf 2524
Gemeinde: Teesdorf, Bezirk: Baden

Industrie

1969 Spinnerei A, B, WH, ehem. Baumwollspinnerei, ab 1802, BH: Johann Baptist Freiherr von Puthon | Umbau, 1908–1910, P: Bruno Bauer, BH: Josef Broch | Stilllegung, 1993 | Umbau und Umnutzung, 2013–2016, P: Gerhard Holpfer GmbH, BH: Gemeinnützige Wohnungsgesellschaft Arthur Krupp GmbH, AF: Jägerbau – Jäger GmbH •

Ternitz 2620, 2630
Gemeinde: Ternitz, Bezirk: Neunkirchen

Da für die in Ternitz beschriebenen Objekte mehrere Postleitzahlen vergeben sind, werden diese in den folgenden Steckbriefen ergänzend zur Adressangabe angeführt.

Zentren

1970 Hans Czettel-Platz 1, 2, 2630, Gemeindeverwaltungszentrum, 1978–1983, AB: Architekturbüro NÖ SÜD (Herbert Mitteregger, Heinz Seiser), BH: Stadtgemeinde Ternitz •

Nicht zu verwechseln mit dem Projekt von Roland Rainer aus den 1950er-Jahren (→ 1974), das den Streusiedlungen der umliegenden Schwerindustrie einen Lebensmittelpunkt gab, sollte dieses Zentrum der Gemeindeverwaltung dienen. Die zwischen 1978 und 1983 geplanten und erbauten postmodernen Blöcke mit großzügigen Grünflächen im Norden wurden seit ihrer Fertigstellung kaum verändert, lediglich 2017 wurden die Gebäude an barrierefreie Standards angepasst.

Amts-, Verwaltungs-, Kommunal-, Bürobauten

1971 Hauptstraße 2, 2630, Bürohochhaus, ehem. Verwaltung Schoeller-Bleckmann, 1961–1972 | Sanierung und Innenumbau, ab 2016 •

Das für die Schoeller-Bleckmann Stahlwerke errichtete Bürogebäude stellt eines der wenigen Beispiele eines Bürohochhauses in Niederösterreich dar. Innen komplett neu konzipiert, wurde im Zuge der Generalsanierung die Kubatur des Hochhauses erhalten.

Religion, Kult

1972 Th. Körner-Platz 1, 2630, Stadtpfarrkirche Hl. Herz Jesu, 1959, P: Josef Vytiska, BH: Erzdiözese St. Pölten, AF: Firma Karl Schuster KG, K: Lois Pregartbauer (Altarwandmosaike), Eduard Föderl (Kreuzweg), Karl Steiner (Glasfenster) •

In Ternitz gab es jahrzehntelang nur eine Notkirche, die 1926 in einer ehemaligen Sargfabrik eingerichtet worden war. Die wachsende Bevölkerung erforderte schließlich den Bau einer Kirche, mit dem 1956 Josef Vytiska, ein Schüler von Oskar Strnad und Peter Behrens, beauftragt wurde. Der im Kirchenbau bereits erfahrene Architekt entwarf einen großen kubischen Betonbau mit einer flachen Stahlbetondecke und einem erhöhten Chorraum. Die Seitenwände bestehen aus schmalen, schräg gestellten Mauerscheiben und dazwischen eingefügten Buntglasbahnen. Der hohe seitlich gestellte Turm ist in Felder gerastert und von einem in der Nacht leuchtenden Kreuz bekrönt.

Generell reagierte der Kirchenbau der 1950er-Jahre durch die Planung von Saalräumen auf die liturgischen Erneuerungsbewegungen der 1930er-Jahre. Zugleich zeigte sich aber, wie schwer es vielen Architekt*innen fiel, sich dem traditionellen Kanon eines konventionellen Langhaustypus zu entziehen. So wandelte auch Vytiska den nach außen wie ein großer Saal wirkenden Raum im Kircheninneren durch die Unterteilung mit Betonsäulen dann doch in einen dreischiffigen Langhausbau um, und auch der eingezogene, durch Stufen erhöhte Chorraum entspricht dem herkömmlichen Schema.

Interessant ist, dass Vytiska bei der Errichtung der Kirche hl. Jakobus d. Ä. in Guntramsdorf 1949 bis 1952 umgekehrt vorgegangen ist, indem er den Außenbau dreischiffig und den Innenraum als Saalraum konzipierte (→ 0577). Bemerkenswert ist auch die Chorraumgestaltung der Ternitzer Kirche: Vytiska ließ den Fußboden des Hauptraums zum Altarraum hin abfallen und schrägte gleichzeitig auch die erhöhte Chorraumdecke nach hinten ab. So entstand eine große bühnenartige Umrahmung für den durch Stufen erhöhten Altar. Schwarz-weiße Linoleumbahnen, die am Fußboden pfeilartig Richtung Altar verlegt sind, erhöhen die theatralische Raumwirkung. Die Kirche bietet Platz für 3.000 Besucher*innen. Wegen ihrer imposanten Größe und dem weithin sichtbaren 38 Meter hohen Turm wird sie oft auch als „Ternitzer Dom" bezeichnet.

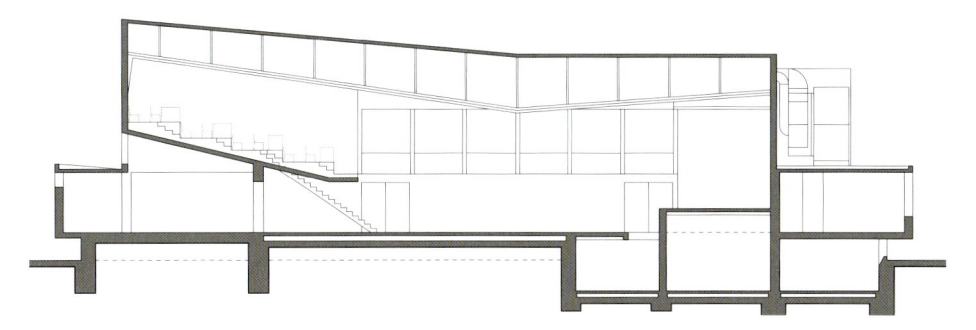

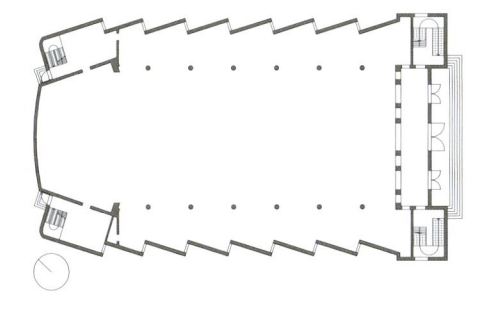

Kultur, Veranstaltung

1973 Dammstraße 4, 2630, <u>Kino, 1920</u>, P: Leo Kammel sen. | spätere Modernisierungsarbeiten

1974 Th. Körner-Platz 2, 2630, <u>Stadthalle und Konzept für ein Stadtzentrum, 1957–1959</u>, P: Roland Rainer, BH: Stadtgemeinde Ternitz | Sanierung und Innenraumumbau, 2002, P: Mario Teynor, Josef Schmidt, BH: Stadtgemeinde Ternitz ●

Ab den 1950er-Jahren war Roland Rainer wiederholt mit Planungen für die Gemeinde Ternitz beschäftigt. Um 1955 stellte er bauliche Überlegungen zur Schaffung eines Stadtzentrums an, welches das Bedürfnis nach zentralen, öffentlichen Einrichtungen in der aufgelockerten und niedrig bebauten Industriestadt befriedigen sollte. Als Zentrum sah Rainer eine Stadthalle vor, um sie herum gruppieren sich im Masterplan eine Kirche (→ 1972), ein Rathaus und ein Volksheim. Zwischen dem Ortskern und der bereits nach seinen Plänen realisierten damaligen Hauptschule (→ 1975) war auch Raum für Wohnbebauung (→ 1979) vorgesehen, ein Freibad (→ 1977) liegt südwestlich der Schule.

Rainer, der mit der Errichtung der Wiener Stadthalle 1953 bis 1958 international große Beachtung erfuhr und in dessen Œuvre eine Vielzahl von nationalen und internationalen Hallenprojekten zu finden ist, plante für Ternitz einen verhältnismäßig kleinen Bau mit einem Fassungsvermögen von rund 1.000 Personen, der für kulturelle und sportliche Veranstaltungen, Versammlungen, Tagungen und Bälle dienen sollte. Der Hallenraum ist zweigeschoßig über unregelmäßig hexagonalem Grundriss angelegt und im Erdgeschoß von einem großzügigen Foyer umschlossen. In der Außenerscheinung bildet das rechteckige Erdgeschoß eine Basis, von der sich das Obergeschoß des Hallenraums baulich und gestalterisch abhebt. Die hexagonale Form des Hauptraums ist hier von außen ablesbar, und die Form der leicht ansteigenden Galerie im Obergeschoß bildet sich in der Dachform ab. Für Technik- und Lagerzwecke ist das Gebäude teilweise unterkellert, das Untergeschoß ist jedoch nicht ganz versenkt und in den Abmessungen etwas kleiner, wodurch das Erdgeschoß durch einen Vorsprung und eine Art Schattenfuge weniger massiv erscheint. Der Zugang erfolgt über jeweils zwei Treppen an den Längsseiten, die Fassaden zwischen den Zugängen sind im Erdgeschoß raumhoch verglast. Im Obergeschoß versorgt ein breites Fensterband den Saal mit Tageslicht. Wie auch bei seinen großen Hallenentwürfen folgt Rainer bei der Halle in Ternitz dem Entwurfsansatz, eine polygonale Form in Grundriss und Volumen zu entwickeln, welche sich aus den Sichtlinien ergibt und die Akustik begünstigt.

Im Zuge einer Sanierung erfolgten Anfang des 21. Jahrhunderts Umbauten im Innenraum sowie eine Änderung der äußeren Erscheinung durch einen roten Anstrich des ursprünglich weißen Hallenkörpers im Obergeschoß.

▶ *Plan: Zustand um 1959*

Bildung

1975 F. Lichtenwörther-Gasse 1, 2630, Mittelschule und Polytechnische Schule, 1952–1954, P: Roland Rainer | Zubau Polytechnische Schule, 1972, P: Roland Rainer | Zubau Turnhalle und Aufstockung Polytechnische Schule, 2018–2020, AB: Teynor/Schmidt Architects ZT GmbH (Mario Teynor, Josef Schmidt) ●

Funktionalität und der Verzicht auf monumentale Gestaltung prägen den ersten Schulbau Roland Rainers. Über einen offenen Portalbau wurde der quer liegende Trakt mit verglaster Pausenhalle im Erdgeschoß und Sonderunterrichtsräumen in den Obergeschoßen erreicht. Dieser stellte die Verbindung der beiden zweigeschoßigen Trakte mit den nach Südosten orientierten Klassenräumen her. Der Turnsaal mit Garderoben war im Norden des Areals als eigener Baukörper an den Gebäudekomplex angeschlossen. Zwischen den Trakten bildeten sich ein Turnhof und ein Schulhof. 1972 wurde nach Rainers Plänen im Westen ein Anbau für die Polytechnische Schule errichtet. Das Gebäude wurde mehrmals verändert, ein Gebäudeteil aufgestockt und Fenster und Türen getauscht, ohne dabei jedoch die konsequente Architekturgestaltung von Rainer zu beeinträchtigen. Die letzte größere Umgestaltung brachte allerdings massive Eingriffe in die klare Gebäudestruktur mit sich: Der Portalbau und der Innenhof mussten einem großen Turnsaal mit Nebenräumen weichen, die Polytechnische Schule wurde aufgestockt und umgebaut, der alte Turnsaal wurde abgerissen.

▶ *Plan: Zustand um 1954*

1976 Grundackergasse 5, 2630, Landeskindergarten, 1978, AB: Architekturbüro NÖ SÜD (Herbert Mitteregger, Heinz Seiser) ●

Je zwei rechtwinkelig aufeinander stehende Gruppenräume mit Steildächern liegen symmetrisch um einen mit Flachdach und Lichtkegel gedeckten Zentralbereich. Über zwei Eingänge werden die Garderoben der vier Gruppenräume sowie die zentral liegende Halle, die den Bewegungsraum und die Administrationsräume erschließt, erreicht. Die Innenräume wurden von den holzverkleideten Dachschrägen und Deckenträgern, den Einbaumöbeln aus Eschenholz sowie den grün und gelb gestrichenen Fenstern geprägt. Das ursprüngliche Farbkonzept wurde bei der letzten Sanierung 2016 verworfen und neue weiße Fenster eingebaut sowie die Decken und Wände weiß gestrichen.

Freizeit

1977 Brückengasse 2, 2630, Parkbad, 1958–1963, P: Roland Rainer, BH: Stadtgemeinde Ternitz | Abbruch und Neuerrichtung Sanitärtrakt, 1970er-Jahre | Generalsanierung, 1986 ●

Als Teil der Zentrumsplanung für die Stadt Ternitz konzipierte Rainer eine Freibadanlage aus terrassenförmig auf dem ansteigenden Gelände angelegten Becken, Plattformen, Liegeflächen und baulichen Teilen, die alle einer klaren Geometrie folgen. Rainer reagierte auf den hohen Grundwasserstand, indem er das tiefe Sprungbecken als Hochbau ausführte. Diese unkonventionelle oberirdische Situierung wurde durch den Einschnitt von schmalen Unterwasserfenstern in die Beckenwände, die ein spezifisches Licht- und Farbenspiel ergeben, gestalterisch inszeniert. Durch die bauliche Erhöhung wirkt zudem der elegant proportionierte Sprungturm noch erhabener.

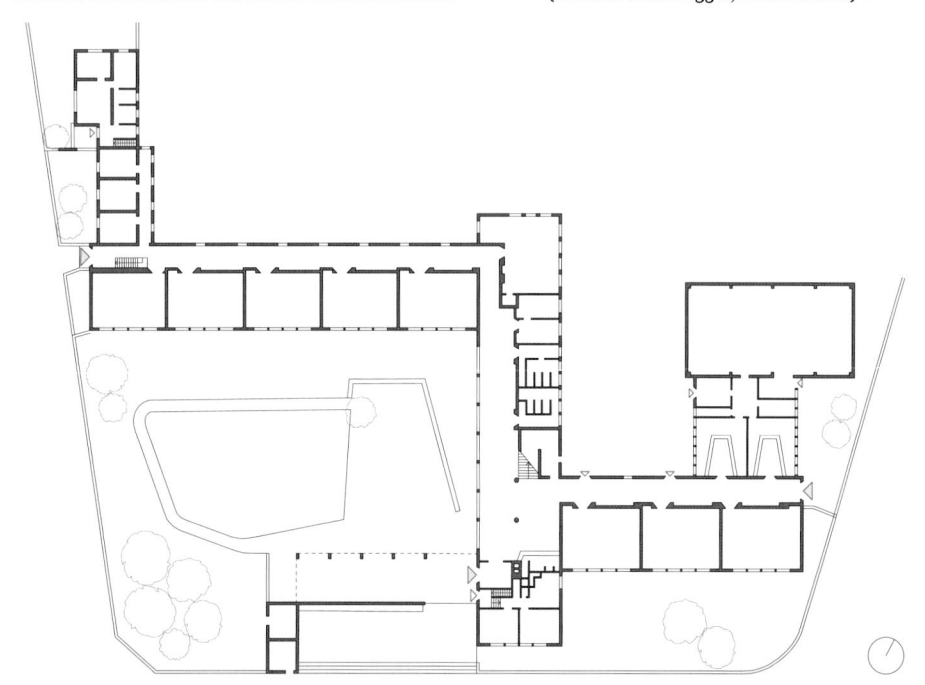

Die Ästhetik der Anlage war durch die schalrein belassenen, klarlinigen Betonbaukörper, das Schattenspiel von Wandscheiben aus perforierten Betongittersteinen und das Zusammenspiel von bunten Garderobenkästchen und weiß-schwarzen Holzelementen mit den Betonoberflächen bestimmt. Im Zuge von Umbauten und Sanierungen wurde nicht nur die Gebäudekubatur am nun zweigeschoßigen Sanitärtrakt, sondern auch die Gesamterscheinung durch einen zuletzt türkisen Farbanstrich stark verändert. Die Betonbausteinwände im Eingangsbereich, der Kästchenbereich, ein Betonsteg im Kinderbereich sowie Sprungturm und -becken sind in ihrer Substanz aus der Errichtungszeit erhalten; die Kassenzone wurde nach Vorbild des Ursprungskonzepts neu errichtet.

Wohnbauten

1978 F. Dinhobl-Straße 24–28, 2630, Arbeitergasse 1–4, 2–5, Kurze Gasse 2, F. Weigl-Gasse 3–11, Schwarzatalerplatz 1, 2, 3, Donauland 1–11, Werkwohnungen, 1938–1945, P: Kurt Klaudy, Georg Lippert ●

1979 F. Lichtenwörther-Gasse 10–12, Gahnsgasse 1–7, 2630, RH-Siedlung, 1956–1961, P: Roland Rainer ●

Auf einem rechteckigen Grundstück im Ortszentrum von Ternitz liegen insgesamt 16 zweigeschoßige Einfamilien-Reihenhäuser in Nordwest-Südost-Ausrichtung. Die zu dritt, zu viert bzw. zu fünft unter jeweils einem flach geneigten Satteldach zusammengefassten Einheiten befinden sich auf 150 bis 250 Quadratmeter großen Parzellen. Ursprünglich weiße Fassaden erhielten ihr kontrastreiches Erscheinungsbild durch dunkelgrau gestrichene Fenster- und Türrahmen. Jede Einheit hat eine von schalreinem Beton umgebene Terrasse und einen eigenen Garten. Die tragenden Quermauern bestehen aus Vollziegeln, die Außenmauern aus Hohlblocksteinen und die Innenwände aus Hohlziegeln. Die Siedlung kann als Rainers Beitrag zum zeitgenössischen und zugleich zeitlosen Diskurs nach der Wirtschaftlichkeit unterschiedlicher Wohnformen gesehen werden.

Einfamilienhäuser

1980 F. Weigl-Gasse 17–51, 2630, RH-Siedlung, 1. Bauphase 1965, 2. Bauphase 1967, P: Roland Rainer

Industrie

1981 Josef Huber-Straße 4, 4 A–B, 6, 2620, ehem. Baumwollspinnerei, 1905–1906 | Stilllegung, 1987 ●

Die bereits 1840 errichtete Spinnerei wurde 1905 durch einen Großbrand weitestgehend zerstört. Neben dem Wiederaufbau wurde das Areal im Norden um ein neues Spinnereigebäude erweitert, das mit 48.000 Spindeln ausgestattet war und bauzeitlich als modernste Spinnerei Österreich-Ungarns galt. Die zwölfschiffige Shedhalle in Stahlbeton-Skelettkonstruktion mit Sichtziegelfassade weist sowohl barocke als auch bauzeitliche secessionistische Gestaltungselemente auf.

Energie

1982 Forststraße 2A, 2620, Umspannwerk, 1917–1926, P: Ternitzer Stahl- und Eisenwerke Schoeller & Co | Erweiterungen, 1936–1938, 1962 | Umbauten, 1975, 1983–1984, 1995–1997

Thann 3342
Gemeinde: Opponitz, Bezirk: Amstetten

Einfamilienhäuser

1983 Thann 15, 25, Schloss und Gut Seeburg, 1880–1892, P (Gutshof): Carl Adam Romstorfer, BH: Ritter von Klein ●

Die Großvilla ist in einer weitläufigen Parkanlage situiert, der zweigeschoßige Fachwerkbau besteht aus zwei Gebäudetrakten und einem polygonalen Treppenturm mit Spitzhelm. Der ehemalige Meierhof liegt ca. 100 Meter östlich der Villa. Die bereits von Weitem sichtbare, lang gestreckte zweigeschoßige Fassade ist durch ziegelsichtige Lisenen rhythmisch gegliedert.

Thunau am Kamp 3571
Gemeinde: Gars am Kamp, Bezirk: Horn

Freizeit

1984 Strandgasse 180, Strandbad, 1928 | spätere Erweiterung um Freibecken und Wasserrutsche ●

Direkt gegenüber der Badeanstalt von Gars am Kamp am anderen Ufer des Kamp-Flusses (→ 0427)

liegt das weitläufige, 1928 angelegte Strandbad Thunau. Seine rot-weiß gestreifte Holzarchitektur lehnt sich stilistisch an die der zeitgleich entstehenden Wiener Kinderfreibäder an, benutzt aber auch gestalterische Merkmale der Sommerfrische-Architektur. So wird der Mittelpavillon durch einen polygonalen, zirkuszeltartigen Turmaufbau überragt. Die zweizeilig angeordneten, flankierenden Kabinentrakte zeigen in ihrer Holzveranda fein aufgefächerte und farblich akzentuierte Kopfbänder zur unverwechselbaren Charakteristik dieses wahrscheinlich gestalterischen Höhepunkts der Flussbäder am Kamp.

Hotels, Heime, Klöster, Kasernen

1985   Taborgasse 8, ehem. Hotel und Terrassencafe Blauensteiner, 1926, P: vermutl. Johann Buhl ●

Das ehemalige Hotel mit Satteldach und schlicht gestalteter Fassade stammt im Kern aus dem späten 19. Jahrhundert und wurde von ca. 1893 bis 1901 von Ernestine Šimunek als einfaches Hotel betrieben. Um 1926 ließ das Ehepaar Ignaz und Anna Hofer das Hotel aufwendig umgestalten; in der Literatur wird in diesem Zusammenhang der Garser Baumeister und Architekt Johann Buhl genannt, jedoch lässt sich seine Beteiligung nicht belegen. Die neue Fassade mit dem eklektizistisch gestalteten Altan, der dem Vorgängerbau dem Kamp zugewandt vorgelagert wurde, und der darunterliegenden, mächtigen, namensgebenden Terrasse mit ihrem halbrunden Erker im ersten Stock und der Loggia im Erdgeschoß machten das Hotel zu einer der schönsten Sommerfrischeunterkünfte der Gegend. Auch die Ausstattung mit einem großen Veranstaltungssaal, einem Buffetraum, dem Terrassencafé und einem eigenen Tennis- bzw. Eislaufplatz bot den Gästen von 1930 bis in die 1970er-Jahre allen erdenklichen Luxus. Seit 1980 wurde das Gebäude jedoch vernachlässigt und seit 1992 steht es endgültig leer und verfällt zunehmend.

Thurnberg 3593
Gemeinde: Krumau am Kamp, Bezirk: Krems

Energie

1986   48°36'15.1"N 15°28'35.7"E, Staustufe Thurnberg-Wegscheid, 1949–1952, P: Hans Hoppenberger (Krafthaus), BH: NEWAG | Sanierung der Staumauer, 2019

→ 0992, → 1372

Traisen 3160
Gemeinde: Traisen, Bezirk: Lilienfeld

Amts-, Verwaltungs-, Kommunal-, Bürobauten

1987   Mariazeller Straße 78, Gemeindeamt, 1908 ●

An der Hauptfassade des zweigeschoßigen späthistoristischen Amtsgebäudes sind die mittleren drei Fensterachsen durch einen unkonventionell ornamentierten, spitzen und mit obeliskartigen Dachaufsätzen geschmückten Giebel betont und der Zugang somit markiert.

Religion, Kult

1988   48°02'24.3"N 15°36'18.9"E, Kirchengasse, am Friedhof, Aufbahrungshalle, 1930, P: Josef W. Pihaule ●

Stadtbaumeister Pihaule hat keine Experimente gewagt und verlieh der Aufbahrungshalle das Aussehen eines kleinen Einfamilienhauses.

1989   Kirchengasse 1, Pfarrkirche Jesus Christus Erlöser der Welt, 1961–1962, P: Erwin Koch, K: Robert Helfert (Altäre, Fensterrose), Karl Knapp (Glasfenster) ●

Erwin Koch plante die massiv wirkende Kirche im konventionellen Schema einer Wegkirche mit Langhaus, eingezogenem Chor und erhöhtem Altarbereich. Für die Konstruktion des Baukörpers wählte er jedoch den modernen Baustoff Eisenbeton. Die Satteldachkonstruktion des schlichten Saalraums besteht aus sichtbaren Dreiecksbetonbindern, die auf halber Höhe der Langhauswände enden und zwischen die effektvoll hohen, ornamentalen Rechteckfenster eingesetzt sind. Der helle Chor kontrastiert mit dem Eingangsbereich, der nur durch eine große Glasbetonrose belichtet wird. Im Gegensatz zu den allgemein üblich gewordenen niederen, massiven, quaderartigen Türmen plante Koch einen außergewöhnlich hohen Turm, dem er durch die Verjüngung nach oben eine gewisse Leichtigkeit verlieh.

Kultur, Veranstaltung

1990 Rathausplatz 3, Volksheim, 1959–1965, P: Othmar Augustin, BH: Marktgemeinde Traisen | K: Rudolf Hausner (Ausgestaltung Foyer und großer Saal) | Umbauten Wirtschafts- und Sanitärräume, Zubau Sesseldepot | Sanierung, 1997 ●

Als Versammlungs- und Veranstaltungsort errichtet, finden sich im Volksheim nicht nur ein Bühnenraum und mehrere Aufenthaltsräumlichkeiten, sondern auch ein Gastronomiebetrieb und eine Kegelbahn. Der ursprünglich weiße Baukörper ist heute durch die vermutlich in den frühen 1970er-Jahren erstmals eingeführte Farbgebung in Rot-Orange geprägt. Durch Anbringung einer vollflächigen Beschilderung am schrägen Flugdach des Haupteingangs wurde dessen ehemals filigrane Wirkung mit bekrönendem Neon-Schriftzug stark verändert.
▶ Foto: Zustand um 1975

Wohnbauten

1991 Berthold-Fischer-Lände 2, 3, MFH, 1914, BH: Traisenwerke | Wiederaufbau, um 1950 ●

1992 Ebnerstraße 5–25, 8–22, Dolezalstraße 3–33, 4–14, 37–55, Linzer Hof 1–9, 2–10, Hoysstraße 2–78, 1–25, WAG-Siedlung, ehem. NS-Arbeiter*innensiedlung „Hermann Göring", 1939–1943, BH: Oesterreichisch-Alpine Montangesellschaft (ÖAMG) | Erweiterung, 2. Hälfte 20. Jh. ●

Das großflächige, für mehrere Bautypen im NS-Siedlungsbau musterhafte Projekt entstand bis 1943 für Angehörige der ÖAMG. Lang gestreckte Zeilen traufständiger ein- bis zweigeschoßiger Ein- und Mehrfamilien-Reihenhäuser prägen die einheitlichen Raumkanten. Charakteristisch sind die Satteldächer und hohe segmentbogige Durchgänge. Die eingeschoßigen Zeilen in der Hoysstraße werden durch Gauben und turmartig erhöhte Torbauten besonders akzentuiert. Gegenüber ergänzt eine abweichende Reihe giebelständiger, durch niedrige Querflügel verbundene Einfamilienhäuser die Siedlung um ein dörfliches Motiv, im Norden umschließen orthogonal angeordnete Wohnblöcke großzügige, begrünte Zwischenräume. Sechs quer gestellte Wohnblöcke mit Satteldächern bilden eine durch grüne Höfe untergliederte Anlage aus, die ihrerseits exemplarisch für den Wiederaufbau der 1940er- und 1950er-Jahre steht.

1993 Hainfelder Straße 44, 46, Beamt*innenwohnhäuser, 1919 ●

1994 Mariazeller Straße 53, Wohn- und Geschäftshaus, 1911 ●

Traiskirchen 2514
Gemeinde: Traiskirchen, Bezirk: Baden

Religion, Kult

1995 Otto Glöckel-Straße 16, evang. Kirche A. B. und H. B., 1913, AB: Theiss & Jaksch (Siegfried Theiss, Hans Jaksch), K: Bildhauerklasse Josef Breitner, k. k. Kunstgewerbeschule (Holzschnitzereien) ●

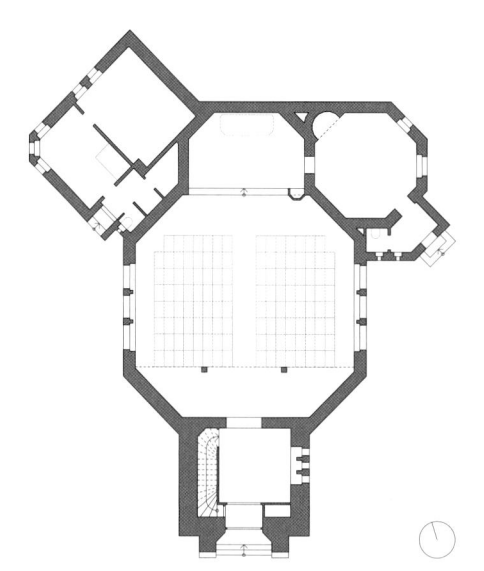

1910 wurde ein Wettbewerb für die Errichtung einer Kirche ausgeschrieben, den das Architektenteam Siegfried Theiss und Hans Jaksch gewann. Wie in der *Österreichischen Wochenschrift für den öffentlichen Baudienst* zu lesen ist, zwang die „Beschränktheit der Mittel" die Architekten, die „Wirkung durch rein architektonische Mittel" zu erzielen. Diese Wirkung aber sollte dem „ländlichen Charakter" des Orts entsprechen, was jedenfalls eine malerische Gestaltungsweise erforderte. Die Architekten „zerlegten" den Baukörper in mehrere Einzelteile – den Hauptraum mit dem angefügten Chor, die Sakristei sowie den Pfarrhausanbau – und vereinigten sie unter unterschiedlichen Dachformen. Der mächtige, quadratische, an Burgenromantik erinnernde Fassadenturm steigert die Gesamtwirkung. Den Vorstellungen des im protestantischen Kirchenbau federführenden Architekten Otto Bartnings folgend, ist der Hauptraum als Zentralraum gestaltet, der Altar befindet sich allerdings in einem Choranbau. Der hell gefärbte Innenraum wird von der hölzernen Innenausstattung dominiert, die eine unterschiedliche Bearbeitung erfuhr. Brüstung und Stützen der Orgelempore sind mit Holzschnitzereien versehen, die Kanzel und der Altar aus dunkel gebeiztem Holz hergestellt, die Holzverkleidung der Deckenkonstruktion ist grün und gelb gestrichen und die Kirchenbänke sind aus weichem, mit der „Lötflamme angekohltem Holz" (*Österreichische Wochenschrift für den öffentlichen Baudienst*) verfertigt. Die dekorative Ausgestaltung folgt mit secessionistischem Vokabular dem Zeittrend, keinesfalls kann das Gebäude jedoch als „Jugendstil-Kirche" bezeichnet werden, wie dies häufig geschieht.

Kultur, Veranstaltung

1996 Hauptplatz 18, Stadtsäle, ehem. Kulturheim, 1962-1963, P: Herbert Ortner sen., BH: Stadtgemeinde Traiskirchen | Umbau, 2007, P: Werner Stingl ●

Die Bezeichnung als „Kulturheim" wird dem umfassenden Raumprogramm des ursprünglichen Gebäudes nicht gerecht. Neben zwei Veranstaltungssälen bot das Heim Sitzungszimmer, ein Fotolabor, eine Kegelanlage, 18 Fremdenzimmer sowie eine am Dach eingerichtete und 1967 eröffnete Sternwarte. Die später nach dem Initiator der Errichtung benannte „Franz-Kroller-Sternwarte" stellte die erste Volkssternwarte Niederösterreichs dar. Unter dem Namen „Stadtsäle" werden die 2007 sanierten Veranstaltungsräume heute vermietet. Die Kegelbahnen sind einer neuen Garderobe für die Stadtsäle und die Fremdenzimmer im zweiten Stock schon bald Büroräumlichkeiten gewichen. Ein nachträglich errichteter gläserner Verbindungssteg führt von den Büroräumen ins benachbarte Gebäude des Arkadia-Zentrums.

Bildung

1997 Karl Hilber-Straße 1, Volksschule, 1904, P: Moritz Hinträger, Karl Hinträger | Zubau, 1928 | Zubau Doppelturnhalle, 1999 ●

Wohnbauten

1998 Gregor Mendel-Straße 11-13, Kapellengasse 5-7, Schwechatzeile 47-49, WHA, um 1973, P: Sepp Müller, BH: Austria AG, Neue Heimat Wien ●

Unweit der Schwechat liegen die sechs flach gedeckten, kubischen Baukörper in lockerer zeilenförmiger Anordnung auf einem begrünten Grundstück. Sie bestehen jeweils aus dem gleichen, paarweise oder zu dritt zusammengefassten, achtgeschoßigen Wohnblock-Modul über T-förmigem Grundriss und wurden in Fertigteilbauweise errichtet. Nicht wenige der Richtung Osten und Westen ausgerichteten Loggien sind mittlerweile geschlossen.

1999 Oskar Helmer-Straße 13, Industriestraße 11-47, Freiherr von Eichendorff-Weg 1-21, 14-22, WHA, 1970, P: Roland Rainer | Verglasung der Stiegenhäuser, Laubengänge und Loggien sowie thermische Sanierung, ab 1998 ●

Auf zwei durch eine Straße getrennten Grundstücken, direkt neben der Bahnstraße, liegt die vielgestaltige und unterschiedliche Wohnformen umfassende Wohnhausanlage. Sie besteht auf der südöstlichen Straßenseite aus sechs gleichartigen, viergeschoßigen Mehrfamilienhäusern in kammartiger Gruppierung und einem niedrigen Bauteil für Geschäftsläden sowie begrünten Freiflächen. Über einen west- bzw. nordseitigen, verglasten Laubengang werden die ursprünglich fünf Wohnungen pro Stockwerk erschlossen. Vier dieser Wohnungen verfügen über eigene Loggien, deren Brüstungen die für die Anlage charakteristischen kreisförmigen Eintiefungen aufweisen. Auf der anderen Straßenseite befinden sich ein- und zweigeschoßige Reihenhäuser mit südorientierten Loggien und Gärten, die als „Wohnraum ohne Dach" den privaten Wohn- und Freibereich miteinander verschränken. Die 2000 durchgeführten Maßnahmen zur Verbesserung des Wärmeschutzes veränderten das ursprüngliche Erscheinungsbild teilweise erheblich.

▶ *Plan: Entwurf 1968*

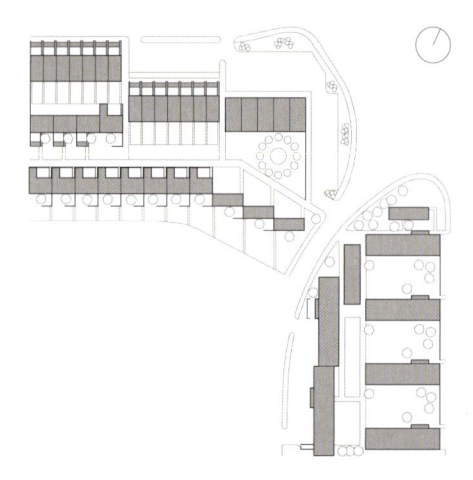

Industrie

2000 Badener Straße 9–11, Fabrikareal Österreichische Linoleum-, Wachstuch- und Kunstlederfabriken AG (ÖLW), 1922, BH: Leopold Blum, Leopold Haas | Stilllegung, 2008 •

2001 Wienersdorfer Straße 20–24, Gewerbepark, ehem. Gummiwarenfabrik, 1897, BH: József Miskolczy | Zubau Kraftwerk, 1942, P: Eugen Carl Kastner, Fritz Waage, BH: Semperit Österreichisch-Amerikanische Gummiwerke AG | Zubau Kordfabrik, 1960–1961, P: Friedrich Frank | Zubau Reifenfabrik und Forschungs- und Entwicklungszentrum, 1964–1967, P: Sepp Müller | Zubau Reifenlager, 1972, P: Sepp Müller •

Traismauer 3133
Gemeinde: Traismauer, Bezirk: St. Pölten

Wohnbauten

2002 Siedlungsring 1–15, 2–30, Donaustraße 1–13, 2–16, Siedlung, 1939 •

Industrie

2003 Venusberger Straße 22–34, Umbau Stahlwerk Martin Miller & Sohn, 1939–1944, P: Carl Appel, Eugen Carl Kastner, Fritz Waage, Wilhelm Kroupa, BH: Martin Miller AG | Stilllegung, 2013 •

1869 wurde das ehemalige Mühlengelände von Franz Matthias Miller, dem Sohn von Martin Miller, übernommen und in eine Stahlwarenfabrik umgebaut. Ab 1939 wurde das Unternehmen umfassend für die Zulieferung zum Kampfflugzeugbau umgestaltet. Es entstanden unter anderem auch das von Kastner, Waage und Kroupa geplante Gefolgschaftshaus, einige Industrie- und Bürogebäude sowie Arbeiter*innenhäuser von Carl Appel. 1997 wurde die Fabrik von der Böhler Uddeholm Precision Group übernommen und aufgrund der Produktionsverlegung nach Kematen 2013 stillgelegt (→ 2004).

Energie

2004 Venusberger Straße 14, Betriebsstätte, ehem. Kraftwerk, 1904–1905, BH: Martin Miller | Stilllegung, 1951 | Umnutzung Betriebsstätte Böhler Uddeholm, 1997 •

Trumau 2521
Gemeinde: Trumau, Bezirk: Baden

Amts-, Verwaltungs-, Kommunal-, Bürobauten

2005 Dr. Körner-Straße 49, Verwaltungsgebäude Mayer & Drössler & Co KG, 1976–1978, P: Theo Gabler, BH: Mayer & Drössler & Co KG, S: Willibald Zemler •

Das ursprünglich zweigeschoßige und später aufgestockte Verwaltungsgebäude wurde für das bereits bestehende Kabelwerk über polygonalem Grundriss in Stahlbetonkonstruktion ausgeführt.

Bildung

2006 Gmoserweg 2, Landeskindergarten, 1975–1979, P: Friedrich Florian Grünberger | Zubau, 2012, P: Hermann Schmidt •

Industrie

2007 Dr. Körner-Straße 55, „Trum" Schlosserhalle mit Bar, 1998–2000, AB: pool Architektur ZT GmbH (Christoph Lammerhuber, Evelyn Rudnicki, Florian Wallnöfer, Axel Linemayr), BH: Ernst Hofmann, Uschi Hofmann | Erweiterung der Halle, 2007–2009, AB: pool Architektur ZT GmbH

Der am Ortsrand angesiedelte Schlossereibetrieb samt Bar wurde inmitten der Landschaft als monolithischer Solitär ausgeführt. Rostende Stahlbleche im Außenraum sowie unverkleidet belassene Konstruktionen und Materialien im Innenraum verleihen dem Gebäude eine der industriellen Nutzung entsprechende Ästhetik. Die Fassade öffnet sich an der östlichen Gebäudeschmalseite zur Straße hin und betont so den über eine auffällige Rampe erfolgenden Zugang zur ursprünglich öffentlichen, heute firmenintern genutzten Bar. Der Innenraum der Bar erstreckt sich über zwei Ebenen, der Tresen liegt im oberen Bereich und folgt dem abgetreppten, ansteigenden Bodenniveau des Raums. Großzügige Verglasungen geben hier den Blick zur angrenzenden Werkhalle frei und inszenieren den Schlossereibetrieb. 2007 bis 2009 wurde die Halle Richtung Westen um vier Fensterachsen erweitert und die Nutzfläche somit fast verdoppelt.

Tulbing 3434
Gemeinde: Tulbing, Bezirk: Tulln

Einfamilienhäuser

2008 Steferngasse 18, EFH Lenhart, 1988–1989, P: Georg W. Reinberg •

Dem auf den ersten Blick unscheinbaren, quadratischen Wohnhaus mit einer modernen, flachen Laterne mit dem Pyramidendach ist ein Aussichtsturm aus Holz und Glas angeschlossen. Dieser dient dem Niedrigenergiehaus auch zur Energiegewinnung und Wärmespeicherung. Das Innere des Hauses wird von hölzernen Trennwänden bestimmt, die den Wohnraum zwischen den vier tragenden Säulen gliedern.

Tulbingerkogel 3001
Gemeinde: Tulbing, Bezirk: Tulln

Sonderbauten

2009 48°16'55.3"N 16°08'55.6"E, oberhalb Tulbingerkogel 1, Leopold-Figl-Warte, 1965–1968, P: Clemens Holzmeister

Clemens Holzmeister plante die eindrucksvolle Warte mit einem runden Stahlbetonkern, der in ca. 17 Meter Höhe eine Aussichtsplattform trägt. Der Aufstieg erfolgt bis auf halbe Höhe über eine einläufige, massiv ausgeführte Betontreppe, die gerade auf den Betonkern zuläuft. Darüber wendelt sich die Treppe um den Turmschaft und führt schließlich zur offenen Plattform, die von einem 6,5 Meter großen Eisenkreuz bekrönt wird.

Leopold Figl, erster Bundeskanzler der Zweiten Republik und Landeshauptmann Niederösterreichs, setzte sich für den Bau der Warte ein, welche einen hölzernen Vorgängerbau aus 1897 ersetzte.

Als Figl kurz vor Baubeginn verstarb, wurde ihm die Warte gewidmet und mit einer Gedenkwand beim Treppenantritt auf ihn verwiesen.

Wohnbauten

2010 Wohndorfweg 16–18, Wohndorf Les Palétuviers, 1979–1980, P: Fritz Matzinger ●

Die Grundidee für den Entwurf dieses Projekts basiert auf dem gemeinschaftlichen Dorfgedanken. Die beiden solitären Baukörper verfügen mittig über jeweils ein gemeinsames Atrium, das als Kommunikationsraum die zweigeschoßigen Wohnungen erschließt, welche jeweils über private vorgelagerte Grünflächen und Dachterrassen verfügen. Die Überdachung der Innenhöfe ist mobil angelegt und lässt sich der jeweiligen Jahreszeit und den Witterungsverhältnissen entsprechend öffnen. Unterhalb der Wohnungen liegen Garagen, Kellerräume und Gemeinschaftseinrichtungen sowie eine Schwimmhalle, die sich nach Süden öffnen lässt. Die Wohnungen wurden aus Raumzellen mit 3 × 6 Meter Normmaß vorgefertigt. Innerhalb des Planungssystems ergaben sich verschiedenartige Raumverbindungen, die modulare Organisation diente als Primärstruktur und als Basis bei den Entscheidungsprozessen der Mitplanenden.

Dieses Projekt war bereits die vierte Siedlung mit sozialem und ökologischem Anspruch des Linzer Architekten.

Einfamilienhäuser

2011 Groissaustraße 4, Ferienhaus, 1972–1974, P: Fritz Waclawek, BH: Familie Glück ●

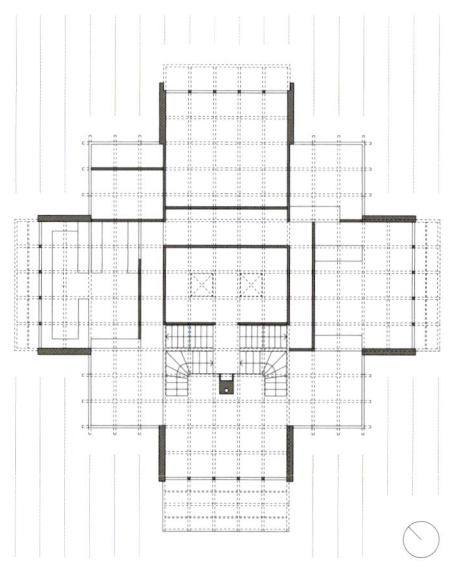

Das Wohnhaus erhebt sich über dem Grundriss eines griechischen Kreuzes, in dessen Ecken weitere Wohnräume eingepasst wurden. Die Ausführung wurde nach modernsten Vorstellungen der 1970er-Jahre umgesetzt, die versetzten Ebenen im Inneren, die sich um das zentrale Wohnzimmer zwischen den Stiegenläufen anordnen, entstanden ebenso wie die Verwendung lokaler Hölzer für Innenvertäfelung, Zwischenwände, Kassettendecken und das flache Holzdach auf expliziten Wunsch der Bauherren. Die tragenden Vollziegelscheiben erfüllen eine für den Südhang ideale Wärmespeicherwirkung und die leichte, durchfensterte Holzbauweise erlaubt die volle Entfaltung des Panoramas.

Hotels, Heime, Klöster, Kasernen

2012 Tulbingerkogel 1, Hotel Tulbinger Kogel, 1932, P: Max Fellerer, Eugen Wörle | Innenausbau, 1951, P: Willy Frühwirth | Zubau, 1976 | Zubau, 2001, AB: Archisphere Gabriel Kacerovsky ZT GmbH ●

1932 übernahmen die Wiener Architekten Max Fellerer und Eugen Wörle das von Baumeister Kaufmann begonnene Projekt für die Errichtung einer Hotelanlage. Fellerer und Wörle ergänzten den eher traditionellen Hoteltrakt mit Sattelwalmdach mit einem avantgardistischen Speisesaal im Geiste der frühen 1930er-Jahre, der 1951 im Inneren eine Überarbeitung von Willy Frühwirth erfuhr. 1976 wurde die Hotelanlage um einen Neubau im Nordosten erweitert, der wiederum 2001 von Archisphere um acht Zimmer und einen Wellnessbereich – in formaler Anlehnung an die Anlage aus den 1970er-Jahren und doch ganz eindeutig von ihr unterscheidbar – erweitert wurde. Clemens Holzmeister, der die Leopold-Figl-Warte an der Hügelkuppe im Norden des Hotels errichtete (→ 2009), reichte in den 1960er-Jahren ebenfalls Umbaupläne für das auch für Regierungszusammenkünfte genutzte Hotel ein, die jedoch nie verwirklicht wurden.

Tulln an der Donau 3430
Gemeinde: Tulln an der Donau, Bezirk: Tulln

Amts-, Verwaltungs-, Kommunal-, Bürobauten

2013 Hauptplatz 33, Bezirkshauptmannschaft Tulln, 1892, P: Ferdinand Nebesky

Religion, Kult

2014 Anton-Bruckner-Straße 12, Kirche und Seelsorgezentrum hl. Severin, 1971–1972, P: Rudolf Sigmund, K: Kurt Czernia (Glasmalerei) | Erweiterung infolge der Pfarrerhebung, neue Dachform, 1989–1990, AB: Binder & Binder (Monika Binder, Franz Binder) | Zubau Glockenturm, 2001

Kultur, Veranstaltung

2015 48°20'01.6"N 16°03'10.0"E, an der Donaulände, Donaubühne, 1999, P: Eduard Neversal

Längs zum Donau-Ufer ist die filigrane Stahlkonstruktion der Donaubühne am Wasser verankert. Die schwimmende Bühne wird mit einer durch vier schräg auskragende Pfeiler und Stahlseile gespannten Membran überdeckt. Um Blickbeziehungen in die umgebende Natur zu ermöglichen, sind die Schmalseiten der Bühne mit Glaselementen verkleidet; die Bühnenhinterwand ist zum Fluss hin offen, kann im Bedarfsfall aber durch eine Plane geschlossen werden. Im Zuge der Errichtung der Bühne wurde auch eine bereits bestehende mobile Sitztribüne erweitert. Die größte Flussbühne Europas ist durch zusätzliche schwimmende Elemente erweiterbar und kann so auf die verschiedenen Bespielungsformate reagieren.

Bildung

2016 Donaulände 72, Liese-Prokop-Platz 1, Bundesschulzentrum, 1975–1980, P: Annemarie Obermann | Sanierung und Erweiterung, 2009–2013, AB: Schwinde Architekten Partnerschaft (Peter Schwinde, Robert Kürz) •

Im Erdgeschoß und Souterrain sind eine große Aula und die Zentralgarderoben situiert, die Klassen der verschiedenen Schulformen befinden sich in den Obergeschoßen, die Turnsäle liegen in einem eigenen Trakt im Osten. 2009 bis 2013 wurde das Gebäude saniert, funktional umstrukturiert und um einen Zubau mit 14 Stammklassen und einer Dreifachsporthalle erweitert.

Freizeit

2017 Karl-Metz-Gasse 1a, Hallenbad, 1972–1975, P: Friedrich Florian Grünberger, BH: Stadtgemeinde Tulln | Umbau Jugendtreff, 1985, P: Erich Millbacher | Zubau Ruheraum und Solarien, 1992 | Generalsanierung, Um- und Zubau, 2013–2014, P: Ernst Karl PlanungsgesmbH •

Das Hallenbad entstand, ebenso wie eine Reihe weiterer Bäder dieser Zeit in Österreich und Deutschland, nach Grünbergers Konzept des „Europa-Bades". Ab 1967 entwickelte er im Auftrag des Europarats ein variables Baukonzept, nach welchem auch in kleineren Gemeinden günstig (Hallen-)Bäder mit individueller Schwerpunktsetzung errichtet werden konnten. Hauptaspekt des Modells war, dass das bisher übliche Kombinationsbecken durch mehrere Einzelbecken ersetzt wird und somit größere Flexibilität in Bauart, Becken- und Raumgröße und somit eine Kostenreduktion ermöglicht. Die durch ein neues Spindkastensystem erreichte Optimierung der Raumökonomie im Umkleidebereich trug ebenfalls zur Steigerung der Wirtschaftlichkeit bei.

Wohnbauten

2018 Franz-Lehar-Straße 1–23, 4–12, Wohnsiedlung, 1980, P: Erich Millbacher

Insgesamt 17 zweigeschoßige Wohnhäuser wurden entlang des Straßenzugs beidseitig und abgesetzt durch kleine Vorgärten angeordnet. Die verputzten Bauten mit partieller Verkleidung aus rotbraunen Eternitplatten greifen traditionelle Formen der traufständigen Verbauung mit Satteldach und Erker auf, sind im Süden der Straße gekuppelt ausgeführt und setzen sich in der linearen Organisation der Baukörper durch Vor- und Rücksprünge sowie durch zwischengeschaltete Garagen voneinander ab. Die Wohnungen verfügen über zum südlichen Garten hin ausgerichtete Terrassen und Balkone.

2019 Langenlebarner Straße 15, WH, 1971–1973 •

Einfamilienhäuser

2020 Birkenweg 5, EFH mit Arztpraxis, ca. 1992, P: Horst Klaus Neu •

Hotels, Heime, Klöster, Kasernen

2021 Minoritenplatz 1, Amts- u. Museumsgebäude, ehem. Minoritenkloster, 1995, AB: Oszwald & Oszwald (Hans Oszwald, Alfred Oszwald), P: Johannes Zieser •

Der Großteil des heutigen Erscheinungsbildes des als Rathaus und Museum genutzten ehemaligen Minoritenklosters stammt von einem Mitte des 19. Jahrhunderts erfolgten Umbau des Klosters in eine Kaserne. 1995 verbanden die Architekten Oszwald und Zieser die beiden Seitenflügel der U-förmigen Anlage mit einem gläsernen Bauteil, der wie eine Brücke die Wege zwischen den Flügeln erleichtern sollte; die somit entstandene Hofsituation wurde mit einer Stahlträgerkonstruktion überdacht. Als Stahl- und Stahlbetonkonstruktionen mit Glasfassaden grenzen sich die unterhalb der bestehenden Traufkante abschließenden neu errichteten Teile klar vom Bestand ab. Historische Baureste der ursprünglichen Anlage, mittelalterliche Reste des Klosters und römische Spuren, die auf dem Areal gefunden wurden, sind im Glaskörper des Neubaus museal inszeniert. Nachdem die seit den Umbauten hier angesiedelten Museen neue Quartiere bezogen hatten, übersiedelte 2009 das Rathaus in das Gebäude. Neben den Amtsräumen beherbergt das ehemalige Kloster heute das Zuckermuseum sowie mehrere Veranstaltungsräume.

Geschäftslokale, Einkaufszentren, Banken

2022 Rathausplatz 8, Bankgebäude, 1928–1929, P: Robert Kalesa, BH: Städtische Sparkasse

Das repräsentative frei stehende Bankgebäude wurde anstelle des alten Rathauses errichtet und erhielt eine charakteristische vertikale Gliederung durch massive, abgeschrägte Pfeilervorlagen. Das vorgelagerte Entree wurde nachträglich ergänzt und mehrfach umgestaltet.

Energie

2023 Staasdorfer Straße 65–69, Umspannwerk, 1955, P: Bauabteilung NEWAG, K: Sepp Zöchling (Sgraffito)

Verkehr

2024 48°20'05.9"N 16°01'39.8"E, Rosenbrücke, 1995, P: Alfred Pauser, BH: NÖ Landesregierung, S: FCP Fritsch, Chiari & Partner ZT Ges.m.b.H.

Tullnerbach-Lawies 3013, 3021
Gemeinde: Tullnerbach, Bezirk: St. Pölten

Da für die in Tullnerbach-Lawies beschriebenen Objekte mehrere Postleitzahlen vergeben sind, werden diese in den folgenden Steckbriefen ergänzend zur Adressangabe angeführt.

Gesundheit

2025 Weidlingbachstraße 14, 3021, Sonderkrankenanstalt Wilhelmshöhe, ehem. Erholungsheim für Gewerbetreibende, 1910, P: Anton Krones sen., Anton Krones jun., BH: Verein Christliche Familie •

1910 wurde der Grundstein für das Erholungsheim für Gewerbetreibende auf der Wilhelmshöhe gelegt. Das Gebäude ist für die damalige Zeit ungewöhnlich schlicht gestaltet, entsprach aber „den modernsten Anforderungen" *(Wiener Bauindustrie-Zeitung)*. Seine Wirkung erhält es durch eine ausgewogene Proportionalität sowie einen vorkragenden, von einer Kuppel bekrönten Eingangsrisalit, der die Mitte des symmetrisch ausgeführten Bauwerks betont. Während des Nationalsozialismus fand das Gebäude als „Landesführerschule Ostmark" Verwendung. In den 1950er-Jahren wurde das Gebäude vom Justizministerium als Außenstelle der Justizanstalt Wien Josefstadt erworben und die Sonderkrankenanstalt Wilhelmshöhe eingerichtet, wo Häftlinge mit schweren Erkrankungen oder psychologischem Betreuungsbedarf untergebracht werden.

Einfamilienhäuser

2026 Franz Schubertstraße 12, 3013, Villa, um 1898, P: Franz Schönthaler jun., BH: Rudolf Igler •

2027 Lawieser Straße 35, 3013, EFH, 1993–1995, P: Fritz Waclawek, S: Anton Harrer

Das lanzettförmige, den dichten Baumbestand des Grundstücks berücksichtigende Wohnhaus steht an einem leicht abfallenden Südhang. Es umfasst zwei entlang der Querachse halbgeschoßig versetzte Wohnebenen und wird von einem nahezu flachen, grasbewachsenen Dach abgeschlossen. Ein nach Norden ausgerichtetes Oberlicht belichtet den im Zentrum des Hauses positionierte Erschließungsbereich, im Süden vollendet ein pergolaartiger Vorbau die Lanzettform des Daches.

Ulmerfeld 3363
Gemeinde: Amstetten, Bezirk: Amstetten

Religion, Kult

2028 Kirchenplatz 1, Pfarrkirche hll. Petrus und Paulus, 1951–1955, P: Franz Barnath, Adolf Treberer-Treberspurg, AF: Firma Rauscher & Söhne

Ungerndorf 2133
Gemeinde: Laa an der Thaya, Bezirk: Mistelbach

Religion, Kult

2029 Ungerndorf 1, Filialkirche Hl. Familie, 1959–1960, P: Kurt Stögerer | Renovierung, 2011–2013

Unterdambach 3051
Gemeinde: Neulengbach, Bezirk: St. Pölten

Gesundheit

2030 Odilienweg 1, Campus Wienerwald, ehem. Blindenheim „Harmonie", 1972–1976, P: Johann Staber, BH: Verein Hilfsgemeinschaft der Blinden und Sehschwachen Österreichs | Erweiterung, 1981–1984, P: Udo Schrittwieser •

Im Jahr 1951 erwarb der Verein „Hilfsgemeinschaft für Blinde und Sehschwache Österreichs" die Villa Harmonie und adaptierte sie als Sommererholungsheim für seine Mitglieder. Zwanzig Jahre später wurde der Architekt Johann Staber beauftragt, einen großzügig dimensionierten Neubau zu errichten, der eine vielfältige Nutzung ermöglichte. Es konnte zwischen Urlaubs- oder Daueraufenthalten gewählt werden, ein Seniorenheim wurde eingerichtet und betreutes Wohnen angeboten. Staber, der vor allem als Architekt der Wiener UNO-City (1973–1979) bekannt ist, war bestrebt, den in modern sachlichem Stil errichteten Gebäudekomplex durch eine vielfältige Gliederung und unterschiedlich hohe Bauteile stimmig in die umgebende Hügellandschaft einzufügen. Das Blindenheim verfügte über Einzelzimmer und Garçonnièren sowie ein vielfältiges Freizeitangebot. Für diverse Veranstaltungen gab es einen Festsaal und zusätzlich eine Freiluftbühne, ein Schwimmbad, eine akustische Kegelbahn, Gymnastikräume, Musikzimmer und vieles mehr. Der große Zuspruch veranlasste den Verein, 1981 von Udo Schrittwieser weitere vier Häuser errichten zu lassen, die durch überdachte Gänge miteinander und mit dem Haupthaus verbunden wurden. Die mit der Zeit notwendig gewordenen Sanierungs- und Modernisierungsarbeiten konnte der Verein nicht leisten und 2014 wurde das Heim geschlossen. Nachdem es einige Jahre leer gestanden hatte, fand sich 2017 ein Käufer, der das christlich geführte Veranstaltungszentrum „Campus Wienerwald" gründete. Seitdem entsteht in den Gebäuden schrittweise ein Zentrum für „generationsübergreifendes, inklusives Lernen, Wohnen und Arbeiten".

Unter Oberndorf 3034
Gemeinde: Maria Anzbach, Bezirk: St. Pölten

Einfamilienhäuser

2031 Feldgasse 8, Solarhaus, 1983, P: Roland Hagmüller •

Unterolberndorf 2123
Gemeinde: Kreuttal, Bezirk: Mistelbach

Einfamilienhäuser

2032 48°26'06.2"N 16°28'41.1"E, hinter Rußbachstraße 16–18, EFH, 1999, P: Gabriele Hochholdinger-Knauer

2033 Parkgasse 15, Villa, 1901 | Zubau Garage, 1989, P: Alfred Zauner | Ausbau Dachgeschoß, 1994, P: Alfred Zauner •

2034 Schulstraße 15, EFH, 1911 | Umbau, 2020 •

Unterradlberg 3105
Gemeinde: St. Pölten, Bezirk: St. Pölten

Industrie

2035 Dr. Hübscher-Gasse 22–26, Holzwollefabrik, 1841, BH: F. Zwierzina | Wiederaufbau, 1899–1902, BH: J. B. Kirschnek | Erweiterung, 1919, BH: Oscar Bukowitz, Sigmund Schratter | Stilllegung, 1967 •

Energie

2036 48°15'15.6"N 15°40'57.0"E, an Werksbachgasse, Laufwasserkraftwerk, 1899–1907, BH: Hanf- und Flachsspinnerei und Seilerwarenfabrik J. B. Kirschnek •

Unterretzbach 2074
Gemeinde: Retzbach, Bezirk: Hollabrunn

Religion, Kult

2037 48°44'47.8"N 16°02'48.6"E, Südmährer Warte, 1980–1985, K: Hans Krappel •

Entlang der Nordgrenze Niederösterreichs wurden zahlreiche Gedenkstätten für die heimatvertriebenen Südmährer*innen errichtet. Der aus einem kleinen Ort in der Nähe von Znaim/Znojmo stammende Bildhauer und Steintechniker Hans Krappel hat hier ein eindrucksvolles Denkmal mit der Inschrift „Heimatrecht ist Menschenrecht" geschaffen.

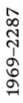

Vierzig Stufen führen auf eine Aussichtsplattform, von der man einen Rundblick über das Retzer und Znaimer Land genießen kann.

Unterrohrbach 2105
Gemeinde: Leobendorf, Bezirk: Korneuburg

Religion, Kult

2038 48°23'05.2"N 16°16'50.1"E, bei Leobendorfer Straße 6, Filialkirche Johannes der Täufer, 1970–1971, P: Erwin Plevan

Untersiebenbrunn 2284
Gemeinde: Untersiebenbrunn, Bezirk: Gänserndorf

Amts-, Verwaltungs-, Kommunal-, Bürobauten

2039 Hauptstraße 16, Gemeindeamt, 1922–1923, P: Gotthard Heisig, BH: Gemeinde Untersiebenbrunn | Sanierung, 1977–1982, P: Hannes Braune | Umbau, 1993, P: Bernhard Liebscher | Sanierung 2013, P: Ewald Sodl ●

Der ursprüngliche Zustand des zweigeschoßigen Gebäudes mit eingezogenem Eckturm ist im Wesentlichen erhalten. Die Einfriedung der straßenseitigen Fassade wurde im Zuge des Umbaus 1993 entfernt und eine neue Außenerschließung vor dem Haupteingang errichtet. Die zwei mittleren Fensterachsen der Hauptfassade sind durch Lisenen betont, eine horizontale Gliederung erfolgt durch Gesimse.

Unterthürnau 2095
Gemeinde: Drosendorf-Zissersdorf, Bezirk: Horn

Wohnbauten

2040 Unterthürnau 12, Pension Zweitwohnsitz, ehem. WH, 1932, P: Erich Franz Leischner, BH: Ferdinand Kiesling, AF: Ignaz Olexinzer, K: Friedrich Zerrtisch (Fresko, 1934) ●

Erich Franz Leischner machte sich als Architekt des Wiener Stadtbauamts einen Namen, wo er unter anderem für die Errichtung des Kongressbades, mehrerer Wiener Gemeindebauten und der

Höhenstraße verantwortlich zeichnete. Für den Mühlenbesitzer Karl Kiesling entwarf er ein einzigartiges Gebäude, das sowohl Einflüsse des Wiener Wohnbaus als auch der autochthonen Architektur vereint. Zur Straße hin bietet das Gebäude ein städtisch anmutendes Erscheinungsbild: Über einem aus Stein gemauerten Sockel erhebt sich eine zweigeschoßige, durch Fenster rhythmisch gegliederte Fassade mit abgerundeter Ecke, aus der ein kubischer Turm ragt. Die Hofseite steht hingegen in der Tradition des ländlichen Wohnens: Der L-förmige Baukörper ist mit einem Satteldach gedeckt, die Wohnräume öffnen sich unter einem umlaufenden Balkon zu einer Veranda. Das geräumige Wohnhaus mit vielen Zimmern bot genügend Platz für den Mühlenbesitzer und seine gesamte Familie inklusive der zahlreichen unverheirateten Schwestern. Die von Leischner gestaltete Ausstattung ist zum Teil noch erhalten.

Unterwagram 3100
Gemeinde: St. Pölten, Bezirk: St. Pölten

Freizeit

2041 Dr. Adolf Schärf-Straße 25, NÖ Landessportschule, 1988–1990, P: Wolfgang Mistelbauer, MA: Ekkehard Krainer, Klaus Pinter | Tennishalle, 1992–1993, P: Ekkehard Krainer, Bernhard Eder, MA: Friederike Brauneck | Tennisanlage, 1995, P: Johannes Zieser, MA: Ronald Franz | Ballsporthalle, 2003 | Eissporthalle, 2005–2007 | Gymnastikhalle, 2013, P: Irene Ott-Reinisch, Franz Sam | Sanierung und Zubau Eingangshalle, 2016–2018, AB: Architekt Scheibenreif ZT GmbH | Leichtathletikhalle, 2021 in Planung ●

Geschäftslokale, Einkaufszentren, Banken

2042 Wiener Straße 211, Engelbert Laimer-Straße 4, Motorradgeschäft Harley-Davidson, ehem. Autohaus Teuschl, 1997, P: Martin Mittermair

An die 755 Quadratmeter große, mit geschwungener und zum Dach hin nach außen geneigter Glasfassade versehene Ausstellungshalle ist im rückwärtigen Bereich eine Werkstätte angegliedert.

Verkehr

2043 48°13'08.3"N 15°38'44.4"E, Dr. Adolf Schärf-Straße, Straßenbrücke über die Traisen, 1988–1989, P: Helmut Stefan Haiden, K: Robert Hefert (Metallplastik am Abgang zum Fußweg)

Urgersbach 2770
Gemeinde: Gutenstein, Bezirk: Wiener Neustadt

Einfamilienhäuser

2044 Urgersbach 2, Umbau Villa Flora, 1900, P: Ludwig Baumann | Aufstockung, 1909, P: Alfred Wildhack, BH: Oskar Berl

2045 Urgersbach 3, Villa Berl, 1887, P: Julius Deininger, BH: David Berl, K: Andreas Groll (Fresken), Bernhard Ludwig (Holzvertäfelungen) ●

In einem abgelegenen Talschluss ließ der Kohlegrubenbesitzer David Berl ein Villenensemble mit Nebengebäuden errichten. Die umliegende Gebirgslandschaft dient als malerische Kulisse für die herrschaftlichen Bauwerke, deren Kernbau die schlossartige Großvilla mit Elementen der Neorenaissance sowie des Heimatstils und einer reichen Dachlandschaft darstellt. Neben der Villa wurde 1900 ein Glashaus von der Firma Ignaz Gridl errichtet. Ein Gärtnerhaus und eine Gemeinschaftsküche (Urgersbach Nr. 1, P: Hans Jauernig, um 1890), eine Meierei und eine Portierswohnung (Nr. 9), ein Gesindehaus (Nr. 4), ein zur Villa umgebauter ehemaliger Bauernhof (Nr. 2, → 2044) und ein Mausoleum komplettieren das Ensemble.

Velm 2245
Gemeinde: Velm-Götzendorf, Bezirk: Gänserndorf

Landwirtschaft

2046 Mühlgasse 1, WH, ehem. Leopold-Teufelhart-Mühle, 1912 ●

Die 1968 stillgelegte Mühle wird seit den frühen 1990er-Jahren als Wohnhaus genutzt.

Viehdorf 3322
Gemeinde: Viehdorf, Bezirk: Amstetten

Bildung

2047 Schulstraße 18, Volksschule, 1975–1976, P: Heinz Schimek, Bruno Stadlbauer, K: Georg Schmid, Epi Schlüsselberger (künstlerische Ausgestaltung) | Zubau Kindergarten, 1995 ●

Der Baukörper fügt sich durch seine interessante Dachform und die gestaffelte Höhenentwicklung gut in das abfallende Gelände ein. Die Schule wird über eine Halle erschlossen, um die sich im Erdgeschoß die Garderobe, Räumlichkeiten für den Schulwart und der Landeskindergarten gruppieren. Die vier Klassenräume und die Direktionsräume befinden sich im Obergeschoß, der Turnsaaltrakt liegt im Norden. 1995 wurde ein zweigruppiger Kindergarten im Nordwesten des Areals angebaut, seit 2018 werden diese Räume ebenfalls für den Schulbetrieb genutzt.

Vitis 3902
Gemeinde: Vitis, Bezirk: Waidhofen an der Thaya

Industrie

2048 Bahnhofstraße 35, Brennerei, 1926–1927, BH: Brennereigenossenschaft Vitis | Zubau, 1932 | Abbruch Schornstein, 2013 ●

Das Betriebs- und Verwaltungsgebäude der Brennerei für die 1926 gegründete Brennereigenossenschaft Vitis wurde 1927 fertiggestellt. Im rückwärtigen Bereich erfolgte – laut Giebelinschrift auf dem Feldsteinmauerwerk im Jahr 1932 – der Zubau eines Lagergebäudes für die zu verarbeitenden Kartoffeln. Der Betrieb wurde vor einigen Jahren stillgelegt und der Schornstein 2013 aufgrund baulicher Sicherungsmaßnahmen abgetragen.

Vois 2662
Gemeinde: Schwarzau im Gebirge, Bezirk: Neunkirchen

Religion, Kult

2049 47°48'22.5"N 15°45'12.3"E, bei Vois 27, Ortskapelle Mariä Himmelfahrt, 1913 ●

Die kleine weiß getünchte Ortskapelle fügt sich mit einem polygonalen Chor, einem offenen Vorbau mit geschnitzten Säulen, der Freitreppe, dem Natursteinsockel sowie dem Walmdach mit dem kleinen Dachreiter malerisch in die umgebende Landschaft ein. Die Idee, Kugeln auf die Vorhallenbrüstung zu setzen, erinnert an Josef Plečnik. Die Holzdecke im Kircheninneren ist mit Schablonenmalerei versehen. Die Kapelle wurde wahrscheinlich von einem örtlichen Baumeister errichtet. Einmal im Jahr wird hier eine Messe gelesen.

Völtendorf 3100
Gemeinde: St. Pölten, Bezirk: St. Pölten

Energie

2050 48°09'54.4"N 15°36'42.7"E, im Brunnenfeld Süd, Pumpenhaus, 1927, P: Rudolf Wondracek | Umbau, 1984 ●

Der zur Grundwasserförderung errichtete Baukörper weist eine symmetrische Dreiteilung auf, das mittige Pumpenhaus mit fünf hohen, schmalen Fenstern ist von zwei niedrigeren, leicht aus der Gebäudeflucht hervorspringenden Eingangsbauteilen mit Vordächern flankiert. Ein heute nicht mehr erhaltener Springbrunnen vor dem Pumpenhaus verlieh zudem der technischen Anlage bauzeitlich eine gewisse Repräsentanz.

1984 wurde eine Drucksteigerungsanlage zur Erhöhung der Leistung eingebaut und um 1995 das umgebende Terrain des Wasserschutzgebiets in ein öffentliches Naherholungsgebiet umgewandelt.

Vorderbruck 2770
Gemeinde: Gutenstein, Bezirk: Wiener Neustadt

Einfamilienhäuser

2051 Vorderbruck 27, Villa Schaumann, 1890, P: Julius Deininger ●

Vösendorf 2334
Gemeinde: Vösendorf, Bezirk: Mödling

Hotels, Heime, Klöster, Kasernen

2052 Nordring 20, Hotel, 1977, P: Robert Kanfer, AB: ARGE Architekten Saarbrücken, BH: Kurhotel GesmbH Pörtschach Nachfolge KG ●

2053 Parkallee 2, Eventhotel Pyramide, 1983, P: Franz Wojnarowski, Heinz Brunner, Wolfgang Brunbauer | Umbau, 2000 ●

Moderne Pyramiden könnten in ihrer Nutzung international nicht unterschiedlicher sein; von Hotels über Kirchen zu Museen sticht in Österreich die Pyramide Vösendorf mit ihrer Funktion hervor. 1983 als Teil eines als „Erlebniswelt" konzipierten Gebäudekomplexes erbaut, sollte sie tropisches Flair nach Niederösterreich bringen. Die 40 Meter hohe Stahl- und Glaskonstruktion überspannte eine heute verschwundene Badelandschaft, deren Spuren jedoch noch in dem ab 2000 umgestalteten Veranstaltungsraum zu finden sind. Das angeschlossene Hotel sowie die Restaurants blieben weiter in Betrieb.

Geschäftslokale, Einkaufszentren, Banken

2054 Shopping City Süd, 1974–1975, P/AF: Georg Frankl, Universale Hoch- und Tiefbau AG, BH: Shopping Center Planungs- und Entwicklungsgesellschaft mbH | Erweiterung, 1986–1988, P: Ferdinand Riedl | laufende Erweiterungen, AB: Architekturbüro Riedl

Waidhofen an der Thaya 3830
Gemeinde: Waidhofen an der Thaya, Bezirk: Waidhofen an der Thaya

Amts-, Verwaltungs-, Kommunal-, Bürobauten

2055 Aignerstraße 1, Bezirkshauptmannschaft, 1971–1972, P: Hans-Peter Trimbacher, AF: Reißmüller Bau GmbH ●

Bildung

2056 Bahnhofstraße 19, Mittelschule, 1908, P: Vinzenz Baier, AF: Karl Breitenthaler ●

Das dreigeschoßige Gebäude mit U-förmigem Grundriss wurde nach einem Wettbewerb als Volksschule für Knaben und Volks- und Bürgerschule für Mädchen erbaut. Die Ecken des Gebäudes sind durch hohe Mansarddächer, der Mittelrisalit ist durch ein Türmchen mit Uhr bekrönt; die Fassaden sind im secessionistischen Stil gestaltet.

2057　Gymnasiumstraße 1, BG/BRG, 1909, P: Erich Gschöpf | Erweiterung und Generalsanierung, 1990, P: Udo Kulcsar-Mecsery, Wolfgang Stark ●

Das dreigeschoßige Bauwerk mit hohem Mansarddach verfügt über secessionistische Gestaltungselemente. Der Zubau passt sich in seiner Struktur und Materialität an den Altbau an.

2058　Gymnasiumstraße 3, Musikschule, ehem. Konvikt, 1909, P: Erich Gschöpf | Generalsanierung und Ausbau Dachgeschoß, 2011, P: Franz Friedreich, Reinhard Litschauer ●

Der mehrgliedrige dreigeschoßige Jugendstil-Bau mit hohen Mansardwalmdächern wurde mit übrig gebliebenen Geldern aus dem Bau des Bundesgymnasiums finanziert und bis in die 1970er-Jahre als Schüler*innenheim genutzt. Danach wurde das heute „Kulturschlössl" genannte Gebäude zunächst von der Schule für Klassenräume und als Jugendgästehaus genutzt, ab 1992 zog die Musikschule ein, für die das Gebäude in einer Generalsanierung 2011 mit barrierefreier Erschließung und Dachgeschoßausbau adaptiert wurde.

2059　Heubachstraße 9, Landeskindergarten, 1997, P: Heinz Planatscher

Freizeit

2060　Badgasse 5–9, Flussbad an der Thaya mit Badehaus, um 1906 ●

Teile der Flussbadeanlage, wie etwa das Badehaus (Nr. 5), sind im späthistoristisch-secessionistischen Stil errichtet und datieren um 1906. Der Kabinentrakt (Nr. 9) dürfte einer ähnlichen Entstehungszeit entstammen. Das steile Satteldach und die zarten Ständer deuten auf eine frühe Form der klassischen Waldviertler Bäderarchitektur hin. Wie bei der nicht mehr vorhandenen Anlage in Gars am Kamp gibt es hier noch die Mischung aus Massiv- und Holzskelettbau. Die ziegelgemauerte und verputzte Badevilla mit dem Ecktürmchen, dem Vollwalmdach und dem geschwungenen Mittelgiebel mit dem darin liegenden Ovalfenster sowie dem Portalvorbau mit Tempelgiebel und flankierenden Säulen könnte das Wannenbad beherbergt haben. Der Kabinentrakt verweist schon deutlich auf die Typologie der Flussbadeanlagen.

Wohnbauten

2061　Bahnhofstraße 6, Wohn- und Geschäftshaus, um 1907 ●

2062　Böhmgasse 26, Wohn- und Geschäftshaus, um 1910 ●

2063　Perneggstraße 1–39, RHA, 1980–1981, AB: Atelier KPK (Werner Kessler, Robert Poschacher, Odo Kulcsar) ●

Die am Stadtrand gelegene Siedlung folgt in linearer Anordnung entlang des Straßenverlaufs dem ansteigenden Gelände und besteht aus mit flachen Satteldächern gedeckten Baukörpern. Die Häuser in Nord-Süd-Ausrichtung sind von der Straße durch kleine Vorgärten und voneinander durch Vor- und Rücksprünge abgesetzt. Sie weisen gegen Süden gestaffelte, teilweise überdachte Terrassen auf und ermöglichen einen direkten Zugang in den im Verhältnis zum Straßenniveau tiefer gelegenen Garten. Ihr einheitliches und zugleich kontrastreiches Erscheinungsbild erhält die Anlage, neben der kompakten Silhouette der gestaffelten Baumassen, durch die Kombination von hellem Putz und dunklen Dachflächen, Garagentoren und Fensterrahmungen, aber auch durch sich wiederholende Elemente, wie die gartenseitigen Fensterbänder und die Kaminabdeckungen. Die Häuser sind unterkellert und verfügen jeweils über eine eigene Garage.

2064　Raiffeisenstraße 8, WH, um 1900 ●

Der unweit des Bahnhofs liegende, traufständige und zweigeschoßige Bau mit weit auskragendem Satteldach und steinsichtigem Sockel weist Gliederungselemente in Jugendstil-Formen auf.

2065 Vitiserstraße 43–45, zwei Wohnhäuser, 1981, AB: Atelier KPK (Werner Kessler, Robert Poschacher, Odo Kulcsar) •

Einfamilienhäuser

2066 Bahnhofstraße 33, Raiffeisenstraße 1, Doppel-WH, um 1900 •

Geschäftslokale, Einkaufszentren, Banken

2067 Hauptplatz 22, Sparkasse, vor 1982, AB: Atelier KPK (Werner Kessler, Robert Poschacher, Odo Kulcsar) •

Landwirtschaft

2068 Raiffeisenstraße 14, Raiffeisen-Lagerhaus, 1961–1964, P: Rudolf Reißmüller, BH: Verband ländlicher Genossenschaften in NÖ, K: Carl Hermann •

Der Entwurf des 52 Meter hohen Siloturms stammt aus dem Jahr 1961, ihm wich ein nur wenige Jahre zuvor ausgeführter, kleinerer Bau. Die angrenzenden Lagerhaushallen und die Tankstelle wurden 1981 bzw. 1990 und 1997 hinzugefügt. Der Turm hat ein Fassungsvermögen von 4.500 Tonnen Schwergetreide, als Fundierung diente eine etwa 1,50 Meter dicke Stahlbetonplatte. Auf der Südseite prangt die weithin sichtbare, zwölf Meter hohe Plastik eines Sämanns von Carl Hermann. Die aus Kunststeinmasse gegossene Figur musste in die Statik des Gebäudes eingeplant werden und soll die Bedeutung des Bauerntums symbolisieren.

Verkehr

2069 48°48'49.3"N 15°17'16.4"E, Robert-Hamerling-Brücke, 1910–1911, P: k. k. Bau-Expositur Horn, Karl Proksch, Robert Adam, AF: Ed. Ast & Co, Teudloff & Dittrich | Sanierung, 1981–1982 •

Unterhalb der erhaltenen Stadtbefestigung bildet die schlichte Eisenfachwerkbrücke eine zweite markante Horizontale in der Stadtlandschaft. Kennzeichnend ist die grün gefasste Eisenkonstruktion auf den Widerlagern und einem Strompfeiler aus Eisenbeton, die jedoch die Oberfläche von Steinquadern samt Fugen imitieren. Strukturierte, hohe Pylone stehen rechtsseitig an beiden Brückenköpfen kürzeren, laternenbekrönten Pfeilern auf der linken Seite gegenüber.

Waidhofen an der Ybbs 3340
Statutarstadt

Nach dem Niedergang der Kleineisenindustrie im 19. Jahrhundert legte der unter dem liberalen und weitblickenden Bürgermeister Theodor Freiherr von Plenker 1894 beschlossene und vom St. Pöltner Ingenieur Johann Schirmen verfasste Stadtregulierungsplan die Basis für den Aufschwung der Statutarstadt Waidhofen an der Ybbs im 20. Jahrhundert. Die planmäßig vorangetriebene Stadterweiterung verlieh insbesondere den Stadtteilen Leithen und Wasservorstadt ihr Gepräge; der maßgeblich von der Familie Rothschild mitfinanzierte Ausbau der Infrastruktur verlieh der Stadt ein neues soziales und ökonomisches Profil als Tourismusdestination und Schulstadt. Erheblichen Einfluss auf das Stadtbild hatte der als Bauamtsleiter und selbstständiger Architekt tätige Miklós Bukovics, der neben dem Krankenhaus weitere öffentliche und private Gebäude plante. Wegweisend im Kraftwerk- und Industriebau wirkte Alfred Schmid um 1925 als Leiter der Bauabteilung der Böhler-Werke, deren Generaldirektor und Gesellschafter er später wurde.

Die NS-Zeit brachte 1941 unter Bürgermeister Emmerich Zinner einen weiteren Stadterweiterungsplan und zahlreiche Bauvorhaben mit sich. Umgesetzt wurden 1939/40 die Neugestaltung des Parkbades, die Arbeiter*innenwohnsiedlung in Reifberg, der Umbau der Villa Blaimschein zur „Kreisschulungsburg", der Umbau des Rathauses sowie die Errichtung eines Kinos und eines Molkereigebäudes. Unrealisiert blieben unter anderem die Pläne für eine Garage für 70 Autos und eine Stadthalle.

In der Nachkriegszeit entwickelte sich das Ende des 18. Jahrhunderts als Tischlerei gegründete Unternehmen Bene zu einem industriellen Büromöbelhersteller, dessen Betriebsareal prägend für den Stadtteil Zell wurde. Wachstum und Internationalisierung brachten ab den 1980er-Jahren die sukzessive Absiedlung in die neue Firmenzentrale am Stadtrand (Ortner & Ortner) mit sich. Das 2002 endgültig stillgelegte alte Fabrikgelände in Zentrumsnähe befindet sich seit 2018 unter dem Titel „Beta-Campus" in Transformation zu einem neuen Stadtteil für Wohnen, Arbeiten und Ausbildung.

Anfang der 1990er-Jahre wurde unter intensiver Bürger*innenbeteiligung und der Federführung von Architekt Ernst Beneder unter dem Titel „Stadtprojekt Waidhofen a/d Ybbs" ein städtebauliches Entwicklungsprogramm in Angriff genommen. Von der Revitalisierung von historischen Gebäuden über ein integrales Verkehrssystem bis hin zu landschaftsplanerischen Konzepten steht das Zusammenwirken vieler einzelner Maßnahmen im Mittelpunkt der Betrachtung. Hatte sich dieses Leitprojekt primär der Stärkung der Innenstadt angenommen, wurde daran anknüpfend 25 Jahre später im „Stadtprojekt 2.0_17" der Blick auf das Stadtganze und seine künftige Entwicklung gelenkt.

Zentren

2070 Oberer und Unterer Stadtplatz, Platzgestaltung, 1994–2002, P: Ernst Beneder, BH: Stadtgemeinde Waidhofen an der Ybbs •

Das seit Beginn der 1990er-Jahre anvisierte Projekt wurde nur teilweise realisiert, wobei der Brunnen am Unteren Stadtplatz besonders zu beachten ist.

Amts-, Verwaltungs-, Kommunal-, Bürobauten

2071 Oberer Stadtplatz 28, Umbau Rathaus, 1993–1995, P: Ernst Beneder, MA: Anja Fischer, BH: Immoconsult Fünf im Auftrag der Stadt Waidhofen an der Ybbs, S: Alfred Schaufler •

Mitte der 1990er-Jahre wurde das seit 1922 als Rathaus dienende – und zuvor als Gasthaus genutzte – Gebäudekonglomerat im Stadtzentrum saniert. Das vom Waidhofner Architekten Beneder infolge eines Wettbewerbs umgesetzte Konzept des „offenen Rathauses" ist nicht nur ideell, sondern auch baulich zu verstehen und umfasste unter anderem die Entfernung der Gewölbedecke über dem Hauseingang, die Neuregelung der Erschließung und ein gläsernes, den Innenhof überspannendes Pultdach.

Kultur, Veranstaltung

2072   Oberer Stadtplatz 32, Stadtgalerie, ehem. Heimatsaal, 1997–1998, P: Ernst Beneder, Anja Fischer, BH: Stadtgemeinde Waidhofen an der Ybbs

Von außen nicht erkennbar, wurde das Erdgeschoß eines historischen Gebäudes, das vormals ein Heimatmuseum beherbergt hatte und aktuell als Ärztezentrum genutzt wird, von Beneder und Fischer in eine Ausstellungsfläche verwandelt; diese wird – baulich unverändert – seit 2012 unter dem Namen „Stadtgalerie" geführt. Massive, grau gestrichene Stahlunterzüge tragen die teils tonnengewölbten Decken, im Hauptraum lasten die Träger auf vier in Raummitte positionierten H-Profilen und schaffen einen ansonsten stützenfreien Raum. Partiell schwenkbare Ausstellungswände sind den unebenen feuchten Mauern des Bestands und der Fensterzone als „Raum-im-Raum" (Ernst Beneder) vorgelagert und ermöglichen eine variable Bespielung; dahinter sind Nebenräume verborgen. Ein ehemals abgemauertes Stiegenhaus wurde als Lichtschacht reaktiviert, der Stiegenaufgang liegt rückwärtig der mit rohem Blech vertäfelten Bestandswände, welche auf die historische Rolle der Stadt als Zentrum der Eisenverarbeitung anspielen.

Gesundheit

2073   Hötzendorfstraße 1, Therapiezentrum Buchenberg, 1971–1973, P: Josef Schöggl | Um- und Zubauten, 1994–1997, P: Josef Schöggl, BH: Pensionsanstalt öffentlicher Bediensteter | Um- und Zubauten, 2014–2016, P: Michael Schöggl ●

1971 bis 1973 wurde von Josef Schöggl anstelle des 1917 errichteten Offiziersherholungsheims Buchenbergheim ein Neubau errichtet und dieser von 1994 bis 1997 durch Zubauten erweitert. 2014 bis 2016 führte der Sohn des Architekten, Michael Schöggl, neuerliche Zu- und Umbauten aus und errichtete einen gläsernen Verbindungsgang zum benachbarten Landeskrankenhaus.

▶ *Foto: Zustand vor Zubau 1994*

2074   Pocksteinerstraße 33, Kindergarten und WH, ehem. Kur- und Wasserheilanstalt, 1897, BH: Anton Mühlberger | mehrere Umbauten und Ausbau, 1908, P: Miklós Bukovics, BH: Franz Werner | Zubau, 2011, BH: Städtisches Bauamt ●

Das mächtige dreigeschoßige Gebäude wurde 1897 als Kur- und Wasserheilanstalt errichtet. Den siebenachsigen Bau über rechteckigem Grundriss zierten zwei geschwungene Giebel und durchlaufende Holzbalkone an der Ostseite, die nur wenige Jahre nach der Errichtung überdacht wurden. Bereits kurz danach erfolgte die Errichtung eines vierachsigen Quertrakts und eines eingeschoßigen Anbaus an der Nordseite. 1908 wurde dieser aufgestockt und um einen hölzernen Saal und Loggien an der Nordostecke erweitert. Vermutlich in den 1920er-Jahren erfolgte der eingeschoßige südseitige Anbau. 1943 wurde das Sanatorium geschlossen und als Kinderlandverschickungslager genutzt. In diesem Zeitraum wurden vermutlich die hölzernen Balkone und Loggien an der Ostseite entfernt. 1959 erwarb die Gemeinde das Gebäude und adaptierte es 1960 als Kindergarten und Wohnhausanlage; 1973 erfolgte der Ausbau einer dritten Kindergartengruppe. 2011 wurde im Süden der eingeschoßige Bauteil um ein Geschoß aufgestockt und an der Westseite ein neuer Eingang zum Kindergarten geschaffen.

Während das äußere Erscheinungsbild des historischen Baukörpers trotz der vielen Eingriffe und Umbauten heute einen einheitlichen Gesamteindruck aufweist, verzichten die Zubauten aus 2011 auf einen Dialog mit dem Altbestand und treten durch ihre auffällig rote Farbgebung und die großformatige Proportionierung der Fensteröffnungen in deutlichen Kontrast.

▶ *Foto: Zustand vor Zubau 2011*

2075   Ybbsitzerstraße 112, Landesklinikum, ehem. Kaiser Franz Joseph Jubiläums-Krankenhaus, 1908–1910, P: Miklós Bukovics, BH: Stadtgemeinde Waidhofen an der Ybbs | Erweiterung und Umbauten, 2002–2013, P: Erich Hofbauer, AB: Architekten Maurer & Partner ZT GmbH (Ernst Maurer, Christoph Maurer, Thomas Jedinger) ●

Anlässlich des 60-jährigen Regierungsjubiläums Kaiser Franz Josephs I. beschloss die Gemeinde, ein Krankenhaus zu errichten. Miklós Bukovics entwarf ein vielfältig zergliedertes Gebäude mit Heimatstil-Elementen – eine Gestaltungsweise, die damals als harmonisch-malerische Einbettung in die Landschaft ästhetisch wahrgenommen und hoch geschätzt wurde. Umfassende Um- und Zubauten von Erich Hofbauer und Maurer & Partner in den Jahren 2002 bis 2013 lassen den ursprünglichen Bau nur mehr in Details erkennen.

▶ *Foto (nächste Seite): Zustand vor Umbau 2002*

Wohnbauten

2076 Plenkerstraße 57–59, WH, 1927 •

2077 Raifberg 4–52, 5–51, Siedlung Raifberg, 1939–1943, P: Baubüro Böhler, Karl Hoffmann, BH: Gemeinnützige Mürz-Ybbstal Siedlungsanlage GmbH (GEMYSAG) •

Die durch die GEMYSAG errichtete Volkswohnsiedlung entstand für die Stahlarbeiter der Böhlerwerke, für die Waidhofen aufgrund der vorhandenen Infrastruktur und des Einkaufs- und Freizeitangebots gute Voraussetzungen bot. Insgesamt 56 „Volkswohnungen" und ein Laden wurden in das steil ansteigende Gelände gesetzt. Seit der Fertigstellung des ersten Bauabschnitts im Jahr 1941 erfolgten wiederholt Erweiterungen.

2078 Riedmüllerstraße 2, WH, um 1900 •

Von der Straße abgerückt und in einer Flucht mit den anderen Baukörpern des Straßenzugs liegt der dreigeschoßige Eckbaukörper mit Bruchsteinsockel und rauer Stuckputzfassade. Eine an der Riedmüllerstraße mittig symmetrisch angelegte Fassade mit leicht hervortretenden, von Krüppelwalmdächern bekrönten Erkern, die einen über dem zentralen Haupteingang liegenden Holzerker flankieren, sowie ein die Ecke akzentuierender Runderker kennzeichnen das Gebäude.

2079 Riedmüllerstraße 8, WH, um 1900 •

Das Eckhaus besteht aus einem asymmetrisch angelegten, zweigeschoßigen Baukörper und wird durch eine pittoreske Fassadenkomposition an der Riedmüllerstraße geprägt.

Links und rechts bilden risalitartige Vor- und Rücksprünge mit jeweils einer Fensterachse und turmähnlicher Überhöhung eine bauliche Klammer; dazwischen befindet sich im Obergeschoß links vom Eingang ein hölzerner Balkon, rechts davon ein korbbogenförmiges Fenster. Oberhalb des rau verputzten Sockels werden die Fenster von einer Schuppenbänderung zusammengefasst und die Oberlichter teilweise mit Backsteindekor gerahmt.

Einfamilienhäuser

2080 Ederstraße 11, Villa, um 1899, P: Miklós Bukovics, K: Robert Hugo Jaeckel

Miklós Bukovics, der nicht nur aufgrund seiner architektonischen Tätigkeit, sondern auch wegen seiner Dicht- und Schauspielkunst in Waidhofen eine bekannte Persönlichkeit war, gestaltete das Wohnhaus mit einem mächtigen Schopfwalmdach und einem mit schuppenartig gesetzten Dachschindeln verkleideten Erker. Im Eingangsbereich befindet sich eine Malerei von Robert Hugo Jaeckel.

2081 Hintergasse 31, Weinkeller Bieber, 1998, AB: archiguards ZT GmbH (Andreas Heizeneder, Alexander Nieke, Arnold Pastl, Gerd Zehetner)

2082 Höhenstraße 36a, EFH, 1992, P: Ernst Beneder, MA: Heinz Plöderl, Anja Fischer •

Auf einem stark abschüssigen Bauplatz, der nur über eine schmale Grundstücksfahne erschlossen wird, entwickelte Beneder ein Terrassenhaus mit drei Geschoßen, das sich nicht den damaligen strikten Vorschriften der Ortsbildpflege für Dachformen, Stilelemente und Materialien unterwarf. Eine mit Glas gedeckte Stahlbrücke führt zum Hauseingang, wo sich ein in drei Stufen abgetreppter Baukörper an den steilen Hang schmiegt. Die Fassaden werden durch den Einsatz verschiedener Materialien, etwa verputztes Mauerwerk, Sichtbeton oder Holzverschalungen, und die breiten Fensterbänder gegliedert. Aus den begrünten Flachdächern ragt ein hoher Doppelkamin aus Edelstahl, ein großer Trog aus Stahlbeton sammelt das Regenwasser. Im Inneren leitet ein acht Meter hoher Vertikalraum das Tageslicht bis in die unterste Wohnebene, zwei Treppen – eine Wendeltreppe liegt hangseitig in einem Turm, die Haupttreppe durchbricht von außen gut sichtbar den gestaffelten Baukörper – erschließen die einzelnen Ebenen.

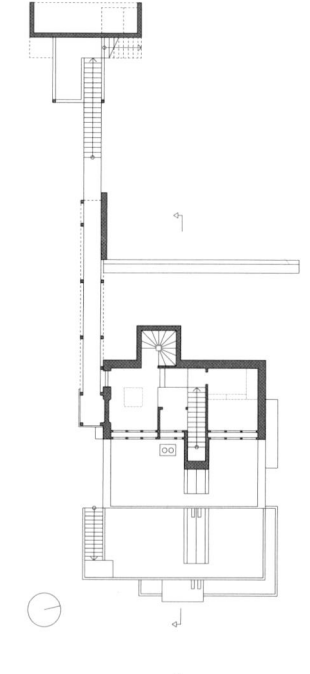

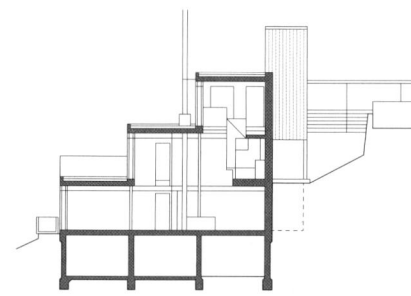

2083 Oberer Stadtplatz 31, Turmausbau, 1987–1992, P: Ernst Beneder, MA: Anja Fischer, Heinz C. Plöderl, AF: Wolfgang Deseyve, S: Alfred Schaufler •

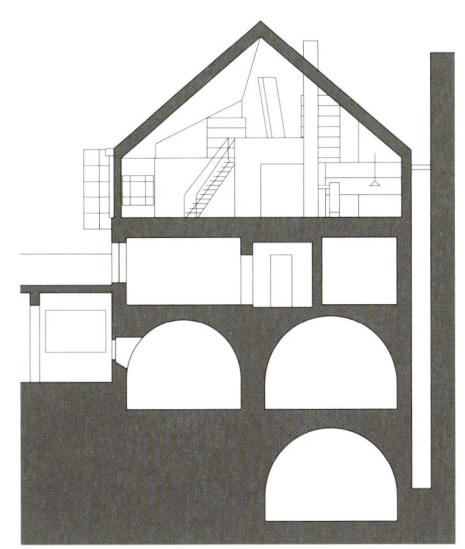

Der seit vielen Jahrzehnten zu Wohnzwecken genutzte polygonale Stumpf des mittelalterlichen Befestigungsturms wurde um eine Etage mit einem Zeltdach aus Sichtbeton aufgestockt und die Erschließungswege neu gestaltet. Trotz der modernen Materialien passt sich der Wohnturm gut in die Dachlandschaft der Umgebung ein. Ein auskragender Bauteil erinnert an mittelalterliche Wehrgänge, das lange schmale Dachfenster liegt bündig in der Dachhaut und sorgt für eine sich ständig wandelnde Ausleuchtung. Der hohe Innenraum bleibt in seiner Gesamtheit erlebbar, da die notwendigen Einbauten in frei in den Raum gestellten und auf unterschiedlichen Niveaus begehbaren Blöcken situiert sind.

2084 Plenkerstraße 35, EFH, 1981–1982, P: Luigi Blau •

2085 Pocksteinerstraße 35, Villa, nach 1900, P: Carl Deseyve, BH: Carl Kronsteiner •

2086 Pocksteinerstraße 41, Villa, 1904, BH: Carl Hanaberger •

Das EFH wurde 1904 für Carl Hanaberger, den Forst- und Domänendirektor des Fürsten Rothschild in Waidhofen an der Ybbs erbaut. Die Fachwerk-Bauelemente im Obergeschoß, die verspielten Fensterlösungen – wie im südlich gerichteten Dachboden oder die mehrteiligen Fenster gegen Osten – und die Altane entsprechen dem Originalzustand, allerdings sind die ursprünglich angebrachten Fensterläden nicht mehr vorhanden. Das Haus wurde in den frühen 2010er-Jahren sorgsam saniert.

2087 Riedmüllerstraße 4, EFH, 1905 •

Zu den Besonderheiten des traufständigen, zweigeschoßigen Baukörpers mit Satteldach zählen die verzierten Holzteile unter dem Giebelfeld des Mittelrisalits, der durch einen zentralen hölzernen Balkon mit einem darüberliegenden segmentbogenförmigen Fenster betont wird. Beiderseits schließen zwei Fensterachsen mit variierten Fensterrahmungen die symmetrisch angelegte Fassade ab.

2088 Riedmüllerstraße 6, EFH, 1901, P: Carl Deseyve •

Das Erscheinungsbild des asymmetrisch organisierten, zweigeschoßigen Baukörpers wird durch die von Holzteilen gestützte Traufe und das abgetreppte Giebelfeld sowie durch das darunterliegende korbbogenförmige Fenster im Risalit bestimmt. Die pittoresk gestaltete Fassade besteht aus steinsichtigen Teilen und einem hölzernen Vorbau mit Veranda und Balkon.

Hotels, Heime, Klöster, Kasernen

2089 Unterer Stadtplatz 25, Umbau ehem. Hotel Inführ, um 1910, P: Miklós Bukovics, AF: Carl Deseyve •

Seit 1876 im Besitz der Familie Inführ, war das Haus, das an der Stelle des 1872 geschliffenen Weyrer Tors der Stadtbefestigung errichtet wurde, unzähligen Umbauten unterworfen. Jener Umbau, der das Gebäude in seine glorreichen Zeiten als gepriesenes Hotel mit großem Tanz- und Konzertsaal und Holzveranda führen sollte, geschah unter der Hand von Bukovics zwischen 1910 und 1912. Bereits in den 1960er-Jahren wurde das zentral am Hauptplatz gelegene Haus nicht mehr als Hotel geführt, und zahlreiche Fassadenadaptierungen, Teilabbrüche infolge von Straßenverbreiterungen sowie Einbauten von Geschäftsflächen haben das Erscheinungsbild immer wieder stark verändert. Lediglich die Südfassade mit den unterschiedlich rustizierten ersten beiden Geschoßen und der von Kolossalpilastern gegliederten Giebelzone entsprechen heute noch dem Entwurf von Bukovics.

Energie

2090 Ybbsitzerstraße 55, Kaiser-Jubiläums-Kraftwerk, 1899–1900, P: Carl Deseyve, BH: Stadtgemeinde Waidhofen an der Ybbs | Umbau, 1995–1997, P: Helmut Werner, AF: Friedrich Glaser, Waagner Biro AG ●

Zur Amtszeit des Bürgermeisters Theodor von Plenker, der u. a. auch das Kaiser Franz Josef Jubiläums-Krankenhaus errichten ließ (→ 2075), wurde 1896 der Beschluss zum Bau eines Kraftwerks gefasst; der Stadtbaumeister Carl Deseyve lieferte die Pläne. Nach der ersten elektrischen Probebeleuchtung der Straßen Waidhofens im Jahr 1900 fand am 1. Februar die feierliche Eröffnung statt. Miklós Bukovics, der Architekt des Krankenhauses, wurde ab 1902 als Betriebsleiter des Kraftwerks eingesetzt.

Das Krafthaus ist ausschließlich vom gegenüberliegenden Ybbs-Ufer aus gut zu sehen. Die klassisch gestaltete Fassade mit Putzornamentik im Giebelfeld und zeittypisch gestalteter Inschrift täuscht einen zweigeschoßigen Bau vor. Tatsächlich befindet sich im Inneren jedoch ein eingeschoßiger, hoher Maschinenraum mit Galerie, der neben Schalttafeln und Schaltkästen auch mit einer Kranbahn ausgestattet ist.

Schwellöd, ein weiteres Kraftwerk, wurde oberhalb des Jubiläumswerks 1923 fertiggestellt. Für beide Kraftwerke fiel nach einer Zustandsanalyse von 1988 der Beschluss, Neubauten zu errichten. Umgesetzt wurden die Pläne 1995 bis 1997, wobei die Krafthäuser erhalten blieben und das Kraftwerk Schwellöd als Schaukraftwerk zugänglich gemacht wurde.

Verkehr

2091 47°57'29.2"N 14°46'20.2"E, Schwarzbach-Viadukt, 1896, BH: Ybbstalbahn AG, AF: Leitner & Fröhlich ●

Auf einer Länge von 194 Metern überspannt der größte Kunstbau der Ybbstalbahn den breiten Taleinschnitt am westlichen Rand der Altstadt. Beidseitig queren zunächst die in Summe 13 Viaduktbögen aus Bruchstein das abfallende Terrain, die Talsohle überspannen zwei markante eiserne Fachwerkträger in Balken- und Bogenform mit aufliegendem Gleiskörper. Die imposante Konstruktion des 50 Meter langen Fischbauchträgers wirkt auf den umgebenden städtischen Raum charakterbildend und war gleichzeitig vorbildhaft für die folgenden Brückenbauten der westlichen Strecke (→ 0406).

2092 47°57'33.4"N 14°46'40.7"E, Obere Zellerbrücke, 1898, P: Gustav Adolf Wayss, AF: G. A. Wayss & Cie. | Sanierungen, 1969–1970, 2016 ●

Die imposante Stahlbetonbogenbrücke verband Waidhofen 1898 mit dem damals noch selbstständigen Zell. Die zwei Brückenbögen sind nach französischem Vorbild als Moniergewölbe ausgeführt, die Fahrbahn aufgeständert. Ein Viaduktbogen mit 21,4 Meter Stützweite verbindet zunächst den Waidhofener Brückenkopf mit dem Strompfeiler am Ybbs-Ufer, von dem sich der Zeller Brückenbogen über 44,6 Meter zum dortigen Ufer spannt.

2093 Unter der Leithen, Ybbsuferweg, 1999–2002, P: Ernst Beneder

Als Teil eines größeren Stadtgestaltungsprojekts realisierte Beneder ab 1999 die Neugestaltung eines verwilderten mittelalterlichen Ybbsuferwegs. Als infrastrukturelle Maßnahme fügt sich der etwa 700 Meter lange, teilüberdachte Wanderweg zwischen Ybbsturm und Schaukraftwerk Schwellöd zurückhaltend und harmonisch zwischen Architektur und Natur ein. Mit mehreren bewusst gesetzten – jedoch unauffällig gestalteten – Zugangspunkten steht er in Bezug zur Entwicklungsgeschichte Waidhofens und verfolgt einen didaktischen Ansatz.

Waldenstein 3961
Gemeinde: Waldenstein, Bezirk: Gmünd

Bildung

2094 Waldenstein 62, Volksschule, 1960–1965, P: Johann Staber

Waldkirchen an der Thaya 3844
Gemeinde: Waldkirchen an der Thaya,
Bezirk: Waidhofen an der Thaya

Amts-, Verwaltungs-, Kommunal-, Bürobauten

2095 Waldkirchen an der Thaya 65, <u>Gemeindehaus, 1959</u>, P: Eduard Böhm | Sanierung, 1995 | Umbau, 2011

Wallsee 3313
Gemeinde: Wallsee-Sindelburg,
Bezirk: Amstetten

Freizeit

2096 Schloss Wallsee 1, <u>Reithalle, 1898,</u>
P: Hofbaudirektion Prag, BH: Erzherzogin Marie Valerie und Erzherzog Franz Salvator

Im Zuge einer Revitalisierung des Schlosses aus dem 14. Jahrhundert entstand südöstlich der Hauptanlage die große, heute denkmalgeschützte Reithalle im Sinne des romantischen Historismus und in Anlehnung an den historischen Bestand in mittelalterlicher Formensprache.

Wartenstein 2640
Gemeinde: Raach am Hochgebirge,
Bezirk: Neunkirchen

Einfamilienhäuser

2097 47°39'01.8"N 15°56'24.0"E, <u>EFH, ehem. Gewächshaus der Villa Kranz 1915–1917,</u>
P: Oskar Strnad, BH: Josef Kranz | Umbau, 1999, AB: Architekturstudio Bulant & Wailzer (Aneta Bulant-Kamenova, Klaus Wailzer) ●

Hierbei handelt es sich um eine Adaptierung eines zur Villa Kranz (Wartenstein 4) gehörenden Gewächshauses. Oskar Strnad übernahm 1915 den von Friedrich Ohmann begonnenen Bau und die Ausstattung des prächtigen Landsitzes des Industriellen Josef Kranz; aufgrund der explodierenden Baukosten kam es 1917 zu einem Baustopp und einem medienwirksamen Prozess, bei dem Strnad den nach dem neuesten Luxus strebenden Kranz auf horrende ausstehende Summen verklagte, welcher wiederum Strnad überzogene und unnötige Kostenabrechnungen vorwarf. Der Umbau der Villa wurde schließlich nach Ende des Kriegs wieder von Ohmann fortgesetzt, und das bereits fertiggestellte Gewächshaus behielt nur wenige Jahre seine von Strnad entworfene Gestalt. Das Glasdach verschwand schnell, heute steht an seiner Stelle eine von Bulant & Wailzer geplante, von leichten Stahlstreben getragene Dachkonstruktion. Im Zuge des gleichen Umbaus wurde das von nun an als Wohnhaus genutzte Gebäude nach Osten und Westen gleichmäßig erweitert und somit Strnads südlich vorgelagerte, zentrale Kolonnade noch mehr hervorgehoben.

Wasenbruck 2452
Gemeinde: Mannersdorf am Leithagebirge,
Bezirk: Bruck an der Leitha

Religion, Kult

2098 Kirchengasse 1a, <u>Filialkirche hl. Josef der Arbeiter, 1959–1960,</u> P: Johann Rezac

Nachdem sich das unbewohnte Gebiet rund um eine Wassermühle zu einem dicht besiedelten Industrieort entwickelt hatte, wurde Johann Rezac 1959 mit dem Bau einer Kirche beauftragt. Der wie ein Schneckenhaus spiralförmig angelegte Grundriss schließt den Kirchenraum, den Eingangsbereich, die Pfarrräume sowie die Sakristei mit ein. Der Eingangsbereich befindet sich im Erdgeschoß des ca. 18 Meter hohen, sich nach oben verjüngenden Turms. Beim Turm setzte der Architekt in der Höhe von zwölf Metern die Dachkonstruktion des Hauptraums an und schraubte sie – dem Oval des Baukörpers folgend – auf ca. drei Meter Raumhöhe herunter. Schmale Fensterschlitze, die durch kleine trapezförmige Öffnungen rhythmisiert sind, betonen als ein in der Höhe abnehmendes Fensterband die spiralförmige Konstruktion des Gebäudes und erzeugen im Kircheninneren eine mystische Lichtwirkung. Der erhöhte Altarbereich ist durch Stufen noch ganz im traditionellen Sinn deutlich vom Laienbereich getrennt. Er wird an zwei Seiten von geraden Wänden umfasst, die auch als Abgrenzung zu den Nebenräumen dienen. Der weithin unbekannt gebliebene Architekt Rezac hat zweifellos eine der innovativsten und außergewöhnlichsten vorkonziliaren Kirchen in Niederösterreich errichtet. In der Zeit, als mittels geometrischer Formen neue Lösungsansätze für den Kirchenbau gesucht wurden, hat er als Einziger die Ellipse gewählt – die von anderen Architekt*innen erst in den 1990er-Jahren als mögliche Grundrissform „entdeckt" wurde, so etwa von Heinz Tesar bei der evangelischen Kirche in Klosterneuburg (→ 0866).

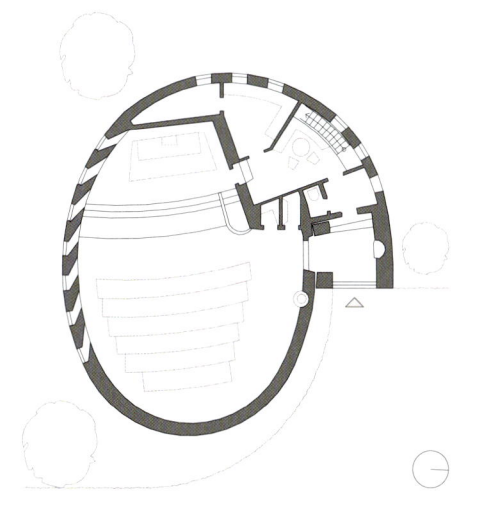

Weidling 3400
Gemeinde: Klosterneuburg, Bezirk: Tulln

Einfamilienhäuser

2099 Anton Schurz-Gasse 10, EFH, 1981, P: Franz Claudius Demblin •

2100 Elisabethgasse 41, Zubau Haus G., 1990–1993, P: Walter Stelzhammer, MA: Erwin Steiner

Die kleine Villa aus der Jahrhundertwende sollte um einen die spektakuläre Hanglage betonenden Gartentrakt erweitert werden. Der seitlich anschließende, mit einer großflächig verglasten Holzskelettkonstruktion und flach geneigtem Blechdach realisierte Pavillon wurde daher dem Terrain folgend über drei drittelgeschoßige Zwischenebenen aufwärts geführt. Das obere Ende bildet ein an die Gartenterrasse anschließender, sich über quadratischem Grundriss erhebender Diwanraum mit Alkoven.

2101 Elisabethgasse 49, EFH, 1995–1997, P: Dieter Wallmann, Claus Radler, MA: Jon Prix, S: Peter Schedl

Das in einen nach Norden abfallenden, im Süden von einem Mischwald bewachsenen Hang gesetzte Einfamilienhaus umfasst neben einem kleineren Kellergeschoß ein massives, nach Norden ausgerichtetes Sockelgeschoß und ein um 90 Grad gedrehtes, sich zur Wohnterrasse im Osten öffnendes Obergeschoß. Der Wohnbereich des Hauses liegt in diesem aus dem Hang herausgehobenen obersten Geschoß, das durch den Vorsprung über der Garageneinfahrt, die gelbe Stülpschalung und das auskragende Pultdach leichter wirkt als das Sockelgeschoß.

2102 Feldergasse 25, Villa Kronimus, 1906, P: Josef Wondrak •

2103 Herthergasse 5, Vila Meran, 1911, P: Hans Prutscher, AF: J. Carl Schömer

Vom Tischlermeister und architektonischen Autodidakten Hans Prutscher – dem Bruder des weitaus bekannteren Otto Prutscher – entworfen, zeigt die Villa mit den getrennten Wohneinheiten einen extravaganten eklektischen Stilmix und die Anwendung unterschiedlicher ornamentaler Formen und Materialien; vor allem die bunt glasierten Keramikschindeln sind zu beachten.

2104 Josef Trat-Gasse 3, EFH, 1964, P: Karl Mang, Eva Mang-Frimmel, FRP: Roberto Burle Marx •

Eva und Karl Mang stapeln die quaderförmigen Volumen des Bauwerks entlang einer Hanglage zu einer kunstvoll inszenierten Komposition aus weiß geschlämmten Wänden und Fensterflächen mit zahlreichen Ein-, Aus- und Durchblicken. Die Nordfassade liegt repräsentativ über der Garageneinfahrt mit einem streng gegliederten quer liegenden Bauteil, aus dem ein Volumen mit großer Fensteröffnung auskragt. Von Süden aus betrachtet, wird der Eindruck eines eingeschoßigen Bungalows geweckt. Diese oberste Ebene enthält den gesamten Wohnbereich, der durch unterschiedliche Raumhöhen gegliedert wird. Das mittlere Stockwerk beinhaltet neben der Eingangshalle ein Schwimmbad und Nebenräume. Auf Straßenniveau liegen die Garage und Kellerräume. Die Freiflächen wurden von dem brasilianischen Gartengestalter Roberto Burle Marx geplant.

2105 Kierlinger Gasse 33, EFH, 1981, P: Wolf Jürgen Reith •

2106 Kierlinger Gasse 36, EFH, 1982–1985, AB: Henke Schreieck Architekten ZT GmbH (Dieter Henke, Marta Schreieck) •

Hoch über der Straße auf einem Hanggrundstück am Rande von Klosterneuburg ist der auf einem Ziegelsockel ruhende weiße Baukörper situiert. Unter der gekrümmten Dachschale öffnen sich die Wohnräume in Richtung Süden und geben durch großzügige Glasflächen den Blick in die Natur frei.

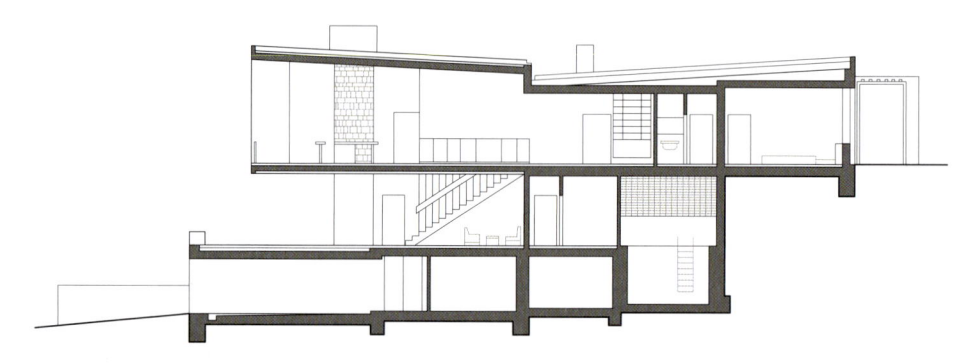

2107 Stöllngasse 12, EFH, 1990–1992, P: Franziska Ullmann ●

Viele Stufen führen zu dem roten Einfamilienhaus, das hoch über der Straße und nahe am Waldrand auf einem stark abfallenden Grundstück situiert ist. Der Baukörper besteht aus zwei Quadern: Der rot-graue, massive Sockel mit Küche, Essplatz und Nebenräumen ragt aus dem Hang hervor, auf ihm liegt quer, durch zwei schlanke Stahlbetonpfeiler gestützt, das ebenfalls rote Wohn- und Schlafgeschoß, das mit einem weit auskragenden Dach gedeckt ist. Alle Nebenräume sind zum Hang nach Norden orientiert, der großzügige Wohnschlafbereich kann durch raumhohe Schiebetüren geteilt werden.

2108 Weidlinger Hauptstraße 52, Villa Olbricht, 1899, P: Franz Olbricht

Im Gegensatz zu vielen Sommerhäusern der Jahrhundertwende kommt die Villa Olbricht ohne Zitate bäuerlicher Architektur oder Fachwerkelemente aus. Der ebenerdige, L-förmige Bau orientiert sich stattdessen an Villen des Venetos und manieristischen und klassizierenden Vorbildern.

Weidlingbach 3400
Gemeinde: Klosterneuburg, Bezirk: Tulln

Einfamilienhäuser

2109 Kellergrabengasse 46, EFH, 1995, P: Silvia Fracaro, Alexander Fitzek

Weikertschlag an der Thaya 3823
Gemeinde: Raabs an der Thaya, Bezirk: Waidhofen an der Thaya

Amts-, Verwaltungs-, Kommunal-, Bürobauten

2110 Weikertschlag an der Thaya 74, Zollwachabteilung der Polizei, ehem. Zollhaus, 1929

Weinern 3812
Gemeinde: Groß-Siegharts, Bezirk: Waidhofen an der Thaya

Religion, Kult

2111 48°48'51.6"N 15°26'19.3"E, Ortskapelle Herz Jesu, 1911, P: Karl Steinhofer ●

Im Jahr 1911 erhielten die rund 70 Bewohner*innen des kleinen Orts Weinern eine eigene Kirche. Der schlichte neoromanische Sichtziegelbau mit seitlichen Fassadenturm wirkt wie aus einem Musterbuch des 19. Jahrhunderts für „Einfache kleine Landkirchen" entnommen. In der Giebelfassade verweist als Tympanonrelief eine Halbfigur Christi auf die Dedikation der Kirche.

Weissenbach an der Triesting 2564
Gemeinde: Weissenbach an der Triesting, Bezirk: Baden

Amts-, Verwaltungs-, Kommunal-, Bürobauten

2112 Kirchenplatz 1, Rathaus, 1948–1953, P: Friedrich Florian Grünberger | Sanierung und Umbau, 2019

Religion, Kult

2113 Kirchenplatz 2, Pfarrkirche Herz Jesu, 1892–1893, P: Ludwig Schöne, BH: Adolf Freiherr von Pittel ●

Adolf Freiherr von Pittel gilt als einer der Pioniere der österreichischen Zement- und Betonindustrie. Eine seiner Fabriken lag in Weissenbach an der Triesting, wo er auch seinen Wohnsitz hatte. Pittel war ein großer Förderer dieses Ortes, er ließ zahlreiche Arbeiter*innenhäuser erbauen und stiftete 1892 gemeinsam mit seiner Ehefrau die Herz-Jesu-Kirche. Der kleine, noch ganz der historistischen Tradition verpflichtete neogotische Kirchenbau entsprach dem damaligen Zeitgeist. Bemerkenswert ist, dass dank des fortschrittlich gesinnten Bauherrn das Gebäude – für die damalige Zeit äußerst innovativ – aus Betonfertigteilen errichtet wurde. Eine Lindenallee stellt eine ästhetische Beziehung zwischen Natur und Architektur her.

Wohnbauten

2114 Further Straße 49–53, Arbeiter*innenhäuser, 1905–1910 ●

Die drei zwei- bis dreigeschoßigen Arbeiter*innenwohnhäuser mit Mittelrisalit und secessionistischen Gestaltungselementen wurden von der Familie Prym, die an der Further Straße eine Metallwarenfabrik betrieb, in Auftrag gegeben. Die Gebäude sollen abgebrochen und durch Neubauten ersetzt werden.

Einfamilienhäuser

2115 Further Straße 17–21, Villen, zwischen 1880 und 1890 ●

2116 Further Straße 23, Villa, um 1900 ●

2117 Hainfelder Straße 64, EFH, 1905, P: Hans Grabenweger

2118 Wegwartgasse 6, EFH, um 1900, P: Wenzel Wegwart

Weitersfeld 2084
Gemeinde: Weitersfeld, Bezirk: Horn

Landwirtschaft

2119 Weitersfeld 209, Lagerhaus, 1960–1961, P: Bauabteilung Verband ländlicher Genossenschaften in NÖ, BH: Landwirtschaftliche Genossenschaft Weitersfeld in Weitersfeld, K: Robert Pertermann | Reparaturwerkstätte, 1982–1983 ●

Wie Mühlen an fließende Gewässer gebunden sind, so benötigen Silos, Getreidespeicher und Baustofflager die Bahntrassen, die die Anlieferung des tonnenschweren Rohmaterials erlauben. In Weitersfeld wird das durch die beiden unabhängig voneinander entstandenen Silotürme (hier und → 2120) und die zugehörigen Nebengebäude ersichtlich, die früher knapp nebeneinander, gedrängt an den Bahnhof und somit ihre Versorgungsader, errichtet wurden. Heute gehören beide Bauten der Raiffeisenbank, und ihre Aufgaben wurden den neuen Anforderungen entsprechend verteilt. Der östlich des Bahnhofs gelegene ältere Siloturm stammt aus den Jahren 1960/61; im ersten Jahr seines Betriebs bewältigte der 37 Meter hohe Turm mit der zeitlos wirkenden, durchfensterten Oberzone und dem Sgraffito von Robert Pertermann an der Ostseite einen Jahresmengenumsatz von 3.034 Waggons à zehn Tonnen. Das angrenzende Lager gleicht nicht nur optisch einem historischen Schüttkasten, es ist in der Tat Bestandteil eines älteren Komplexes, dem der Siloturm zugefügt wurde.

2120 Weitersfeld 265, Lagerhaus Baustoffe Getreidesilo, 1980–1981, BH: Raiffeisen-Lagerhaus Weitersfeld in Weitersfeld ●

Der 55 Meter hohe Siloturm glich in einem ersten Entwurf von 1980 deutlicher den anderen, stärker durchfensterten und glatteren Türmen der Gegend. Ein Jahr später wurde der weitaus massiver wirkende, quadratische Bau mit dem gewalmten Dach eingereicht und realisiert, er besteht bis heute.

Weitra 3970
Gemeinde: Weitra, Bezirk: Gmünd

Bildung

2121 Karl-Egon-Straße 200, Mittelschule, ehem. Julius-Raab-Schule, 1961, P: Paul Lalics | erweiternder Umbau des Turnsaals, 1970, P: Norbert Mandl | Zubau eines neuen Turnsaals sowie weitere Umbauten, 1987, P: Erich Sadilek ●

Wohnbauten

2122 Pfarrhofgasse 112, WH-Anbau, 1932, P: Ludwig Knapp ●

Das bestehende Wohnhaus an der alten Friedhofsmauer wurde 1932 durch den Weitraer Baumeister Ludwig Knapp grundlegend umgebaut, erweitert und um das charakteristische Mansardengeschoß aufgestockt. Am Gebäudekopf entstand der im Obergeschoß großzügig verglaste, erkerartige Vorbau.

2123 Rathausplatz 33, WH, 1902–1905, P: Ludwig Knapp, BH: Ludwig Zechmann | Fassadensanierung, 1975

2124 Zwettler Straße 245, 246, Wohnhäuser, Nr. 246, 1972–1974, P: Norbert Mandl, BH: Gemeinde Weitra | Anbau Nr. 245, 1974–1977

Um modernen Wohnraum zu schaffen, errichtete die Gemeinde ab 1972 den viergeschoßigen, traufständigen Wohnbau Nr. 246 mit Satteldach. Im Erdgeschoß sind Garagen und Aufenthaltsräume der Feuerwehr angeordnet, in den drei Obergeschoßen befinden sich neun Wohneinheiten. Die Fenster des schlichten Zeilenbaus sind durch farbige Putzflächen zu horizontalen Bändern zusammengefasst, auf die Nutzung im Erdgeschoß verweist ein Mosaik, das den hl. Florian zeigt. Nach Fertigstellung wurde bis 1977 der breitere Anbau Nr. 245 errichtet, der an der Fassade des aus der Flucht vortretenden Mittelteils die Lösung der horizontalen Bänder fortsetzt. Im Anbau wurden 16 Wohneinheiten realisiert, von denen je eine als Arztwohnung sowie als Ordination reserviert wurde.

Einfamilienhäuser

2125 Bahnhofstraße 129–131, 130–132, 135, 136, Villenkolonie, 1902–1905, P/AF: Ignaz Knapp •

Schon 1902 setzte der Anpflanzungs- und Verschönerungsverein entlang der Bahnhofstraße Alleebäume. In dieser Zeit erwarb Baumeister Ignaz Knapp Grundstücke an der neuen Zufahrtsstraße und errichtete dort eine Reihe von Häusern, die er dann zum Kauf anbot. So entstand ein beachtliches Villenensemble aus der Zeit unmittelbar nach der Jahrhundertwende, das den Übergang vom Historismus zum Jugendstil widerspiegelt. Während die Fassade der Hausnummer 129 noch eher historisierend konzipiert ist, sind die Häuser Nr. 130, 131, 135 und 136 am geradlinigeren Jugendstil orientiert.

Hotels, Heime, Klöster, Kasernen

2126 Zwettler Straße 197, Kuenringer-Kaserne, 1955–1959, P: Anton Liebe

Architektonisch einfach gehalten, zeichnen sich die Barackenanlagen im Südosten des Zentrums vor allem durch ihren Fortbestand aus. Bereits kurz nach Unterzeichnung des Staatsvertrags als Wiederbelebungsmaßnahme der durch den Eisernen Vorhang und Absiedelung bedrohten Gegend geplant, überstand sie auch das Schließen der Kleinkasernen und wurde 1968 und 1991 geringfügig erweitert.

Industrie

2127 Veitsgraben 140, Molkerei, um 1930

Verkehr

2128 48°10'11.5"N 15°10'28.1"E, Veitsgraben-Viadukt, 1901–1902, BH: Niederösterreichisches Landeseisenbahnamt

→ 0637

2129 Bahnhofstraße 127, Bahnhof, 1901–1902, BH: Niederösterreichisches Landeseisenbahnamt

→ 0637

Wiener Neudorf 2351
Gemeinde: Wiener Neudorf, Bezirk: Mödling

Amts-, Verwaltungs-, Kommunal-, Bürobauten

2130 Palmersstraße 6–8, Bürogebäude, ehem. Palmers-Hochhaus, zuvor Verwaltungsgebäude der Firma Eumig, 1969–1974, P: Siegfried Maierhofer, BH: Eumig | Umbau, 1993, P: Architekt Schröfl | Sanierung, 2020

Auf einem 1956 bis 1958 nach Plänen von Oswald Haerdtl errichteten Fabrikareal des unter anderem Tonprojektoren und Filmkameras produzierenden Eumig-Konzerns entstand ab 1969 nach dem Konzept des firmeneigenen Baumeisters Maierhofer ein Hochhaus als neuer Verwaltungssitz. Nach dem Konkurs des Eumig-Konzerns 1982 übernahm die Firma Palmers das Bürogebäude und nutzte es bis 2014; nach einigen Jahren Leerstand ist es heute im Besitz der Firma Hygiene Austria LP GmbH.

Die zwölfgeschoßige, in Stahlbeton-Fertigbauweise errichtete Hochhausscheibe überragt das umliegende Industrieareal zwischen Südautobahn und Triester Straße und wird so bis heute als Landmark wahrgenommen. Ursprünglich mit horizontalen Fensterbändern und vorgehängten Waschbeton-Fertigteilen versehen, zeigt sich die Fassade seit dem Umbau nach einem Großbrand 1993 in verspiegelter Gesamtverglasung; die Terrasse des ursprünglich allseitig zurückspringenden Dachgeschoßes wurde fassadenbündig zu einem Vollgeschoß geschlossen, die Eingangssituation verändert und ein bereits 1974 vorhandener, südlich an die Scheibe anschließender flacher Bauteil zusätzlich erweitert. Seit 2021 trägt das Hochhaus zudem eine riesige LED-Werbefläche, welche dem Fassadenbereich der obersten fünf Stockwerke vorgeblendet ist.
▶ Foto: Zustand 2020

Wohnbauten

2131 Hauptstraße 50, Werk- und Gemeindesiedlung, um 1961, P: Josef Vytiska, Waldemar Zelfel, BH: Gemeinde Wiener Neudorf, Brown Boveri Werke AG •

Als gemeinsames Projekt errichteten die Gemeinde und die Brown Boveri Werke die Siedlung, bestehend aus zwölf zweigeschoßigen, orthogonal versetzten Wohnblocks mit flachen Satteldächern in Zeilenbauweise. Einer der Bauten ist abweichend viergeschoßig ausgeführt und bildet gemeinsam mit einem punktförmigen, fünfgeschoßigen Wohnbau eine Dominante. Von den 170 Wohneinheiten entfallen 100 auf den Anteil der Werksiedlung, 70 auf jenen der Gemeinde. Es entstanden fünf unterschiedliche, kompakte Wohnungstypen mit ein bis drei Räumen, teilweise lediglich mit Kochnischen, jedoch mit Balkon oder Loggia.

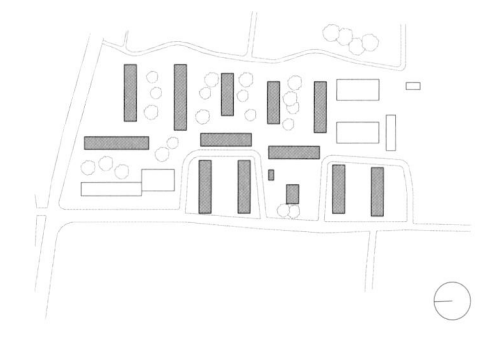

Geschäftslokale, Einkaufszentren, Banken

2132 Griesfeldstraße 7, Obj. N/19, Licht-Schauraum und Büro, 1990, P: Peter Seiffarth, BH: Licht- und Beleuchtungstechnik GmbH, S: Gregor Pribek ●

Das zweigeschoßige Büro- und Ausstellungsgebäude wurde über quadratischem Grundriss errichtet. Die Büros sind um eine in der Mitte liegende Halle angeordnet, die sich über beide Geschoße erstreckt und über ein Oberlicht in Form einer achtseitigen Pyramide belichtet wird. Das Gebäude ist nicht parallel zur Straße angelegt, sondern um 45 Grad verdreht, wodurch die über zwei Geschoße reichenden Eckfenster den vier Himmelsrichtungen zugewandt sind. Drei Terrassen sind von den Büroräumen des Obergeschoßes aus zugänglich. Ein an der südöstlichen Fassade angesetzter Verbindungsgang mit Werkstätte führt zur Lagerhalle.

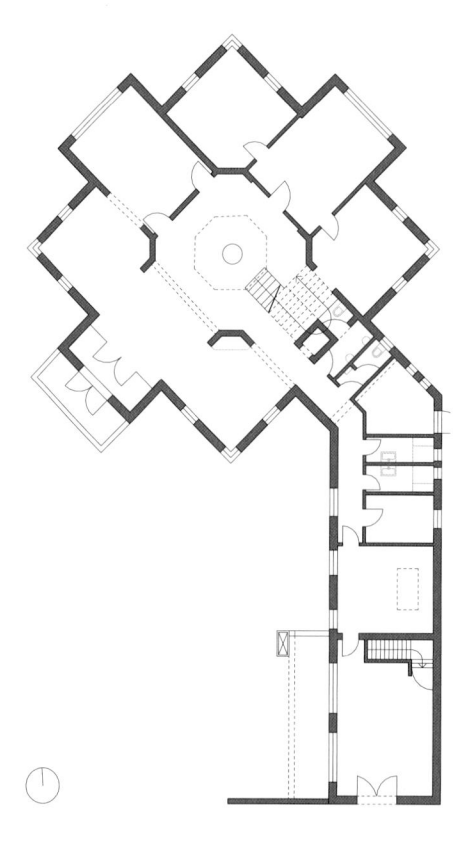

Industrie

2133 Brown-Boveri-Straße 1, Maschinenfabrik, 1958–1960, P: Ernst Mühlberg, BH: Österreichische Brown Boveri Werke AG ●

An den Produktionskomplex aus drei Werkhallen ist im Süden ein dreigeschoßiger Verwaltungstrakt angeschlossen, dessen Fassade durch Fensterbänder und fünf vorspringende Stiegenhäuser geprägt ist. Im Westen und Osten der Werkhallen sind Lager, Spedition und diverse Nebenanlagen untergebracht. Bis auf die in Stahlkonstruktion ausgeführten Werkhallen wurden die Baukörper in Stahlbeton errichtet.

2134 Brown-Boveri-Straße 2, Metallbau Heidenbauer, 1994, P: Günther Domenig, Hermann Eisenköck

2135 IZ NÖ-SÜD Straße 1, Obj. 36, AluKönigStahl GmbH, 1975, P: Franz Hirschegger-Ramser, AB: Atelier Neufra (Heinz Neumann, Sepp Frank), BH: AluKönigStahl GmbH ●

1975 ließ die AluKönigStahl GmbH in Wiener Neudorf zwei Lagerhallen und Lager- und Musterwerkstätten für Aluminium- und Stahlkonstruktionen sowie Stahlhohlprofile errichten. Die produzierten Werkstoffe zeigen sich auch in der Architektur: Die Hallenkonstruktion besteht aus RHS-Stahlfachwerk-Verbindungen und RHS-Stützen. Für die Fassaden wurden vertikal angeordnete Profilbleche als Außenschale über Stahlblechkassetten verwendet. Je nach Nutzung variieren die Kubaturen der Bauteile, die Fassadengestaltung erfolgte hingegen einheitlich. Nachträgliche Erweiterungen bzw. Aufstockungen haben die Kubatur des Gebäudes verändert, die Materialität jedoch beibehalten.

2136 IZ NÖ-Süd Straße 3, Obj. 1, Bürogebäude Isovolta, 1999–2000, AB: ATP (Achammer Tritthart und Partner), BH: Isovolta AG

Wiener Neustadt 2700
Statutarstadt

Als „Gründungsstadt" im 12. Jahrhundert unter dem Babenberger Herzog Leopold V. sozusagen auf dem Reißbrett im unbesiedelten Steinfeld geschaffen, wurde die Stadt in einer streng geometrischen Form innerhalb von Stadtmauern, deren Reste noch heute das Bild des Stadtzentrums prägen, angelegt. Die beginnende Industrialisierung und der Zuzug von Arbeitskräften sorgten dafür, dass die Stadt im Jahr 1910 bereits knapp 33.000 Einwohner*innen zählte. Ab dem ausgehenden 19. Jahrhundert wurden westlich des Bahnhofs die „Zehnergärten" mit Ein- und Mehrfamilienhäusern im Stil des Historismus und im Jugendstil erbaut. Industrieansiedlungen und Wohnhausanlagen ließen die Stadt rasch auch über die historischen Vorstädte hinauswachsen.

Theiss & Jaksch prägten mit der Artilleriekaserne (1909), dem Posthof in der Wiener Straße (1910, nicht erhalten), dem zum Wahrzeichen gewordenen

Wasserturm (1910), der evangelischen Kirche am Ferdinand-Porsche-Ring (1911), der Fliegerkaserne sowie einer Wohnhausanlage am Flughafengürtel (1914–1917) das Stadtbild der 1910er-Jahre.

Mit dem „Anschluss" Österreichs an Deutschland wurde Wiener Neustadt aufgrund der vorhandenen Infrastruktur – wie Flugfeld, Kasernen, die Gebäude der ehemaligen Oesterreichischen Flugzeugfabrik AG, der Daimler Motoren AG und der Wiener Neustädter Lokomotivfabrik – zu einem Zentrum der Rüstungsindustrie. Wenig verwunderlich nahmen die Kriegszerstörungen katastrophale Ausmaße an. 1946 lobte der Stadtsenat unter vier Architektengruppen einen Wettbewerb für die Stadtplanung des Wiederaufbaus aus. Die Entscheidung fiel zugunsten des Vorschlags von Karl Kupsky, der so zum Architekten des modernen Wiener Neustadts wurde.

Mit der Etablierung eines Stadtgartenamts, dessen erster Direktor der deutsche Landschaftsarchitekt Heinz Schulze war, wurden die bestehenden Grünanlagen, wie beispielsweise der 1872 auf dem Glacis südlich der Stadtmauer angelegte Stadtpark, revitalisiert und neue Grünflächen, wie der Spitalsgarten, angelegt. Im Mai 1974 wurde in der Neunkirchner Straße die erste Fußgängerzone der Stadt eröffnet, drei Jahre später folgten die Herzog-Leopold-Straße und 1987 die Wiener Straße.

Den 1997 von Eichinger oder Knechtl neu gestalteten Hauptplatz beschrieb der Architekturkritiker Walter Chramosta seinerzeit als „eine der ambitiösesten Platzreformen [...], die in den letzten zehn Jahren in Österreich in Angriff genommen wurden".

In die 1990er-Jahre fällt auch die Begründung des neuen Stadtviertels Civitas Nova im Norden der Stadt zwischen Flugfeld und Josefstadt, wo neben der Fachhochschule unter anderem auch Freizeiteinrichtungen und Betriebe angesiedelt wurden und das nach wie vor eines der wichtigsten Gebiete der Stadtentwicklung ist.

Im Umbruch ist auch die Innenstadt. In der Bahngasse soll auf dem Areal eines ehemaligen Möbelhauses auf 23.000 Quadratmetern ein neuer Stadtteil entstehen. In nächster Nähe wurden 2019 anlässlich der Landesausstellung „Welt in Bewegung" vom slowenischen Architektenteam Bevk Perović die „Kasematten" für eine neue Nutzung als Ausstellungs- und Veranstaltungszentrum revitalisiert. Schon zuvor wich das nächst dieser ehemaligen Verteidigungsanlagen im Stadtpark gelegene Stadtgartenamt einem Hotelneubau. Damit verschwand 2017 auch eine Besonderheit aus der Ära Schulze, der zehn Meter hohe Ruthner-Turm, aus dem Stadtbild. Im Inneren des 1964/65 errichteten Turmgewächshauses des Wiener Ingenieurs Othmar Ruthner transportierte eine Art Paternoster die Pflanzen permanent im Kreislauf. Dies ist ein frühes Beispiel für das heute wieder zum Zweck der Reduktion der Anbauflächen und Verkürzung der Transportwege im Trend liegende „Vertical Farming". Ein solcher Turm stand in höherer Ausführung auch auf der Wiener Internationalen Gartenschau 1964 (WIG 64) im Wiener Donaupark, zuvor wurden schon zwei dieser Türme in der Gartenbauschule Langenlois erprobt. Auch in Deutschland wurden mehrere dieser vertikalen Gewächshäuser aufgestellt. Das Wiener Neustädter Exponat war das letzte funktionsfähige seiner Art.

Zentren

2137   Hauptplatz, Neugestaltung Hauptplatz, 1995–1997, AB: Eichinger oder Knechtl (Gregor Eichinger, Christian Knechtl) | Teilumgestaltung, 2017, P: Josef Panis GesmbH & CO KG ●

Wie der Name impliziert, wurde Wiener Neustadt 1194 als vollkommen neue Stadt geplant – und zwar auf einem rechteckigen Grundriss, in dessen Zentrum sich der ca. 180 × 80 Meter messende Hauptplatz und Markt befanden. Bei der Umgestaltung in den 1990er-Jahren wurde auf diesen Ursprung Bezug genommen und die sich am Äquator orientierende Ausrichtung durch die Farbgebung der Granitplatten betont. Die Beleuchtung ist mit den Sitzgelegenheiten und Teilen der angrenzenden Fassaden verschmolzen sowie mit Lichtpunkten im Boden eingelassen. Boxen aus Glas und Beton dienen als Wartehäuschen für die Buslinie, Telefonzellen oder Sanitäranlagen. Der Marienmarkt im Zentrum des Platzes wurde 2017 mit permanenten Gastronomieständen umgestaltet.

Amts-, Verwaltungs-, Kommunal-, Bürobauten

2138   Burgplatz 2, Bundespolizeidirektion und Vermessungsamt, 1955–1957, P: Leopold Scheibl ●

Auf dem Areal des im Zweiten Weltkrieg stark beschädigten Zeughauses entstand der dreigeschoßige Neubau als Dreiflügelanlage, die zur Grazer Straße durch eine Mauer abgeschlossen war. Zwei erhaltene Renaissance-Portale des Vorgängerbaus aus dem Jahr 1524 wurden in den Neubau integriert und stehen unter Denkmalschutz. Die Anlage wurde 2000 bis 2001 um einen vierten Flügel im Osten ergänzt.

2139   Ferdinand Porsche-Ring 2, Kollonitschgasse 1, CA Verwaltungsgebäude, 1976–1978, P: Carl Appel ●

Als Reaktion auf die städtebauliche Situation der spitz zulaufenden Straßenkreuzung und entsprechend vielen Sichtachsen entwarf Appel einen fünfgeschoßigen Verwaltungsbau in Stahlbeton-Fertigteilkonstruktion über oktogonalem Grundriss. Zur Erschließung der Obergeschoße ist dem Zentralbau westlich ein Stiegenhaus- und Aufzugsturm angeschlossen. Die auf Betonkragarmen aufgesetzten, umlaufenden Betonpflanztröge gliedern die Fassade und schafften mit sommer- und winterfester Bepflanzung eine klimaregulierende und schattige Arbeitsatmosphäre.

Das Gebäude wurde durch mehrere Eingriffe, wie etwa den Tausch der Fenster, die Anbringung von Werbeflächen im Erdgeschoß oder das Entfernen der Bepflanzung an der Fassade, im Laufe der Jahre merklich verändert.

2140   Neunkirchner Straße 38, EVN-Zentrale, 1998, P: Paul Katzberger, Karin Bily, BH: EVN AG

Religion, Kult

2141 47°48'4".7"N 16°14'1".1"E, neben Ferdinand Porsche-Ring 4, evang. Auferstehungskirche, 1910–1911, AB: Theiss & Jaksch (Siegfried Theiss, Hans Jaksch) | Wiederherstellung, 1951 | Änderung Dachform, 1981 | Sanierung 2009–2011, P: Gert Zachmann ●

Bereits 1787 wurde in der ehemaligen Karmeliterkirche ein evangelisches Bethaus eingerichtet. 1908 erfolgte ein Wettbewerb für einen Kirchenneubau, bei dem das Architekturbüro Theiss & Jaksch, das bereits 1898 das Pfarrhaus errichtet hatte, den Auftrag zur Realisierung erhielt. Die Architekten planten einen rechteckigen Saalraum mit einem hohen Satteldach und einem seitlich der Fassade angesetzten mächtigen quadratischen Turm. Die so entstandene breite Fassade ist durch das durchfensterte Erdgeschoß, das geschoßtrennende Gesimsband sowie ein großes Christusrelief in einer hohen Rundbogennische aufgelockert. Der weiß verputzte Baukörper, rote Ziegeldächer, markante Eckquaderungen, neoromanische Rundbogenfenster sowie nicht mehr erhaltene Rundbogenfriese verliehen dem Kirchenbau ein malerisches Erscheinungsbild, das mit hoher Akzeptanz der Kirchenbesucher*innen rechnen konnte. Die Kirche wurde im Zweiten Weltkrieg durch Fliegerbomben stark beschädigt, aber 1951 – aus Kostengründen mit einigen Änderungen – wieder hergestellt. Das Satteldach des Hauptraums wurde nun weniger steil ausgebildet, der Turm nur bis zur Glockenstube wieder errichtet und mit einem flachen Zeltdach abgeschlossen. Das Glockengeschoß sowie der hohe Pyramidenspitzhelm erhielten erst 1981 die heutige, nicht ganz dem Ursprungsbau entsprechende Form. 2009 bis 2011 erfolgte durch Architekt Zachmann eine umfassende Renovierung des gesamten Gebäudes sowie eine Neugestaltung des Kircheninnenraums.

2142 Pottendorfer Straße 117, Pfarrkirche Herz Mariä, 1957–1959, P: Josef Patzelt, K: Florian Jakowitsch (Betonglasfenster in Apsis)

Die in Beton ausgeführte Saalkirche mit flachem Walmdach samt westlich angebautem zweigeschoßigem Pfarrhof und südwestlich angeordnetem Kirchturm ist der erste Sakralbau des Architekten Patzelt und wegweisend für sein weiteres Œuvre.

2143 Wiener Straße 108, Friedhof, Denkmal für die Opfer der Sturmkatastrophe, 1916, AB: Theiss & Jaksch (Siegfried Theiss, Hans Jaksch) ●

Am 10. Juli 1916 wurden Teile von Wiener Neustadt von einem Tornado verwüstet. Mit rund 300 Kilometern pro Stunde war er der bisher stärkste Tornado in Österreich, der mindestens 34 Todesopfer und 328 Verletzte forderte. Zum Gedenken an die Opfer wurde vom Büro Theiss & Jaksch ein würfelförmiger Gedenkstein errichtet, in dem die Namen der Todesopfer eingraviert sind. Zwei Jahre später kam es in der nahe gelegenen Munitionsfabrik in Wöllersdorf zu einer verheerenden Brandkatastrophe, bei der 423 Menschen starben. Die Opfer waren fast ausschließlich Frauen und Mädchen, die wegen der versperrten Fabriktore nicht rechtzeitig fliehen konnten. Zur Erinnerung an dieses verhängnisvolle Ereignis wurde von der „Arbeiter und Beamtenschaft der Wöllersdorfer-Werke" eine Gedenktafel gestiftet, die an der Rückseite des Mahnmals angebracht wurde.

2144 Wiener Straße 108, Friedhofskapelle, 1910, P: Richard Jordan | Zubau, 1979–1982, P: Klaus Ruzicka ●

Richard Jordan, ein Schüler von Friedrich Schmidt, ist vor allem als Erbauer von Kirchen bekannt geworden. Wie sein Lehrer plante er die Neubauten vorwiegend in Sichtziegel-Bauweise und auch die Friedhofskapelle ist in diesem typischen neogotischen „Schmidt-Stil" errichtet. Zwischen den symmetrisch angeordneten Grabreihen führt vom Haupteingang ein breiter Weg zur Kapelle, die Jordan als Zentralbau mit einem mächtigen, polygonalen Vierungsturm zu einem *point de vue* inszenierte. In den Jahren 1979 bis 1982 wurde die Kapelle von Klaus Ruzicka durch einen Anbau an der Eingangsfront zur Aufbahrungshalle erweitert, an der Rückseite erhielt sie einen Zubau für diverse Nutzräume.

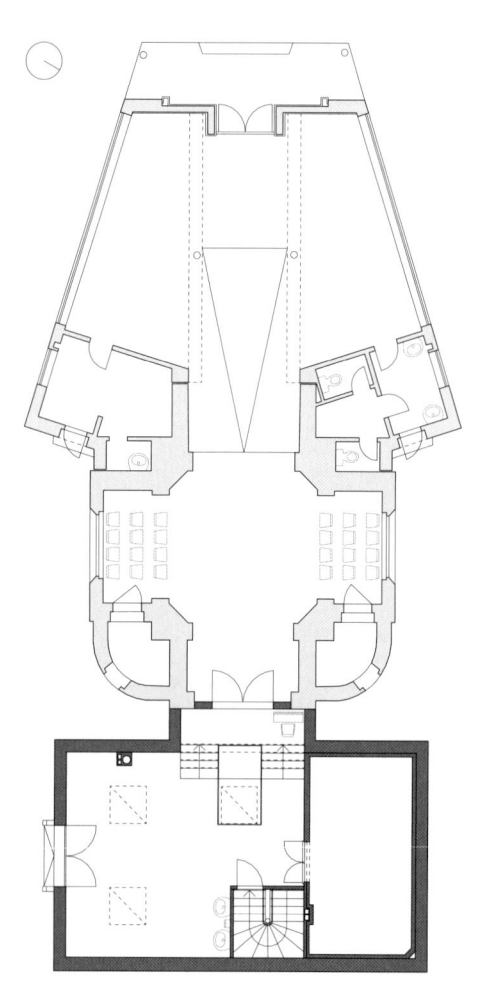

Bildung

2145 Dr. Eckener-Gasse 2, HTL, 1974, P: Heinrich Baier, Franz Tontur | Zubau Turnhalle, 1978 | Zubau Klassentrakt, 2001

Durch die kammförmige Anordnung der verschiedenen Lehr- und Werkstättengebäude kann in allen Räumen gute Belichtung gewährleistet werden, außerdem entstehen zwischen den einzelnen Trakten Pausenhöfe für die Schüler*innen. Die Fassaden weisen mit langen Fensterbändern und Feldern aus Wasch- und Sichtbeton typische Gestaltungselemente der 1970er-Jahre auf. Ein gläserner Zubau an der Nordseite des Areals ergänzt den Schulkomplex seit 2001.

2146 Europaallee 1, Europaschule, 1978–1980, P: Paul Kutscha-Lissberg, Peter Thiem, Josef Fülöp, Klaus Buben, Helmut Hasendorfer, K: Michael Haas, Elfriede Tschoch ●

Die Fassade des dreigeschoßigen, in Stahlbeton-Skelettbauweise errichteten Gebäudes wird durch die rhythmischen Fensterteilungen und die breite Treppenanlage beim Haupteingang gegliedert. Von dort wird die zentrale Halle mit Galerie erreicht, um die sich die Klassen und der Musiksaal gruppieren. Im Anschluss daran befindet sich im Freien ein Schüler*innenforum mit Sitzstufen, das auch für Veranstaltungen genutzt werden kann. Der Turnsaaltrakt liegt durch einen niedrigeren Baukörper abgesetzt im Nordosten der Anlage.

2147 Gröhrmühlgasse 27, Erweiterung und Umbau Burkhard-Villa zu BRG, 1977–1981, P: Alois Machatschek, Gerhard Holzbichler | Zubau, seit 2022, AB: Ederer, Haghirian Architekten ZT-GmbH (Franz Ederer, Armin Haghirian) ●

Das Bundesrealgymnasium wurde am ehemaligen Fabrikareal des Drahtstiftfabrikanten Franz Burkhard's Söhne gebaut. Neben der 1884 bis 1885 von Georg Wilhelm Mayer errichteten repräsentativen Fabrikantenvilla, die für die Unterbringung der Klassen des musischen Zweigs adaptiert wurde, planten Machatschek und Holzbichler einen Neubau, der in seiner Kubatur und Materialität auf den Bestandsbau Bezug nimmt. Die Fassade des zwei- bis dreigeschoßigen Gebäudes ist mit horizontalen Bändern aus Beton und rotem Sichtziegel gestaltet, der Baukörper setzt sich aus drei Kuben und einem niedrigeren Turnsaaltrakt zusammen. Eine Halle mit Treppe bildet das Zentrum, um das sich die Klassenräume gruppieren: Sonderunterrichtsräume im Westen und Klassenräume in Vierergruppen an der Ost- und Südseite. Im Souterrain befindet sich die Zentralgarderobe, im Erdgeschoß sind Administration und Pausenflächen situiert. 2020 wurde ein Wettbewerb für einen Erweiterungsbau an der Westseite der Schule durchgeführt.

2148 Primelgasse 12, Sportmittelschule, 1993–1996, P: Ernst Maurer, K: Karl Fischer (Farbkonzept), Werner Feiersinger, Kurt Ingerl (Plastiken) ●

Der Baukörper entwickelt sich aus gestapelten Volumina aus unterschiedlichen Materialien – Glas, verputzte Mauer und Metall. Im langen Klassentrakt liegen im Erdgeschoß auf zwei verschiedenen Niveaus die öffentlichen Bereiche, der Musiksaal und eine Pausenhalle, die sich mit großzügigen Verglasungen zum Hof mit Biotop orientiert. Über die dreigeschoßige Ganghalle wird das Licht bis zur Pausenhalle im Erdgeschoß geführt. In den Obergeschoßen befinden sich südseitig die Stamm- und nordseitig die Sonderklassenräume. Der Turnsaaltrakt bildet im rechten Winkel dazu den Abschluss zum Hof. Das räumliche Zusammenspiel der unterschiedlichen Niveaus, der Aus- und Durchblicke und das Farbkonzept von Karl Fischer erzeugen interessante Raumwirkungen.

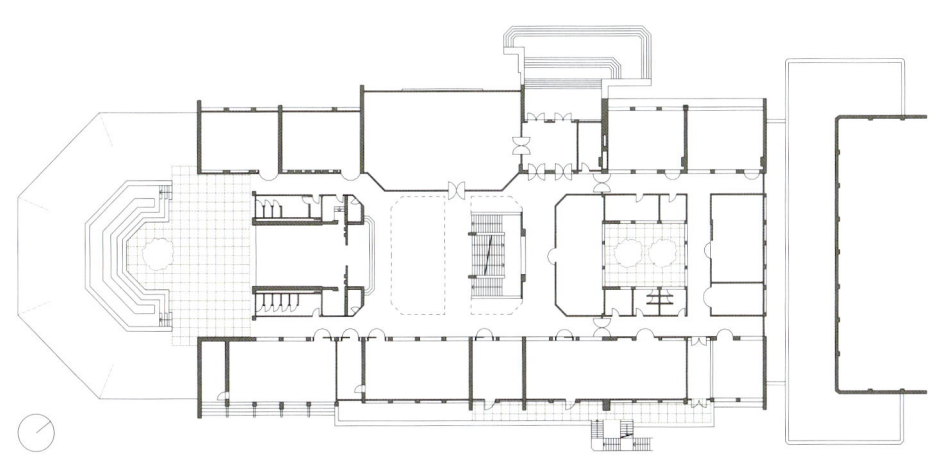

2149 Zehnergasse 15, BG, 1965, AB: Theiss & Jaksch (Siegfried Theiss, Hans Jaksch), K: Florian Jakowitsch, Maximilian Melcher, Kurt Ingerl | Zubau, 2012–2013, P: Gabu Heindl, K: Manfred Wakolbinger, Almut Rink ●

Plan: Zustand nach Zubau

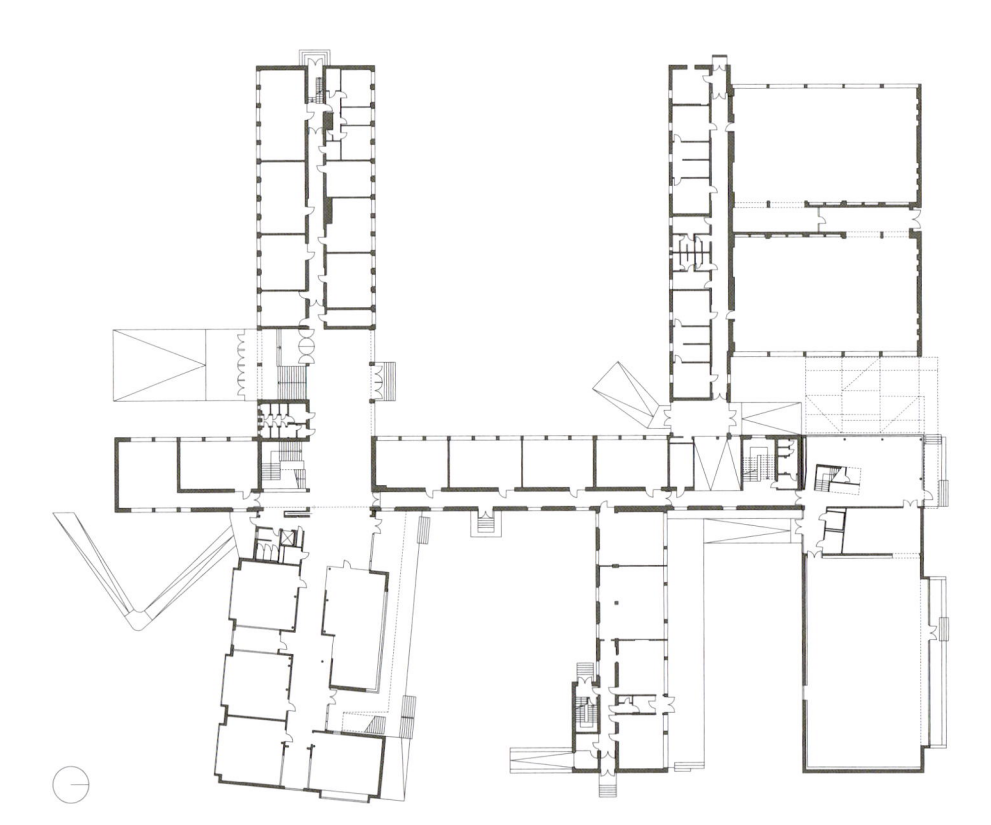

Klarheit und Einfachheit prägen den Entwurf des Schulhauses. Ein lang gestreckter, einhüftiger Klassentrakt verbindet die drei darauf orthogonal stehenden Baukörper: den Eingangsbereich mit Aula und Konferenzzimmer, einen Trakt mit Sonderunterrichtsräumen und den Turnsaalbereich. 2013 wurden Zubauten für Klassen und Turnsäle angefügt. Der neue Klassentrakt dreht sich leicht aus dem orthogonalen Raster und offenbart sich somit bereits im Grundriss als spätere Ergänzung. Zwischen den einzelnen Bauteilen sind Pausen- und Lernhöfe angelegt.

Freizeit

2150 Neudörfler Straße 1, Restaurant, ehem. Eingangsgebäude des Ungarbads, 1916–1917, P: Hugo Wilcenc, BH: Stadtgemeinde Wiener Neustadt | Umbau zum Familienbad, 1927 | Abbruch Schwimmbad, 2012 ●

Das 1917 eröffnete Freibad war bis zum Umbau im Jahr 1927 in ein Damen- und ein Herrenbad getrennt. Von der 2007 für den Badebetrieb geschlossenen Anlage ist heute nur noch der unter Denkmalschutz stehende Eingangsbauteil erhalten, welcher sich zur Straßenkreuzung hin als oktogonaler Mitteltrakt mit V-förmig vorgelagerten kleineren Eckpavillons zeigt und gastronomisch genutzt wird.

2151 Rudolf-Deisel-Straße 30, Arena Nova, 1995, AB: UBP GmbH & BRUMI Architekten (Ursula Brunbauer, Wolfgang Brunbauer), AF: Graf-Holztechnik | Erweiterungsbauten Halle 2–4, 2002–2007

Für die Handball-Weltmeisterschaft der Frauen 1995 und als erster Baustein des neuen Stadterweiterungsgebiets Civitas Nova wurde im vormaligen Industriegebiet eine Mehrzweckhalle auf einer Grundstücksfläche von 6.000 Quadratmetern errichtet. Die Halle mit einem Fassungsvermögen von bis zu 6.500 Personen war durch die leicht adaptierbare Konstruktion der Teleskoptribüne bereits zu Baubeginn für Veranstaltungen mit unterschiedlichsten Anforderungen (Sportveranstaltungen, Messen, Konzerte etc.) konzipiert. Fünf ausladende Zugangsrampen führen die Besucher*innen vom Parkplatz an der Längsseite des tonnengewölbten Gebäudes in das Obergeschoß, das je nach Bedarf entweder als Tribünenabgang oder als Galerie dient. Alternativ kann die Halle auch über das Foyer im Erdgeschoß erschlossen werden. Ein massiver Sockel beherbergt Servicebereiche, Büros und Garderoben.

Das im Inneren sichtbare Raumholzfachwerk schafft einen frei von Stützen gehaltenen Raum und trägt erheblich zum Gesamteindruck der Halle bei. Durch die Verwendung des von Hermann Blumer

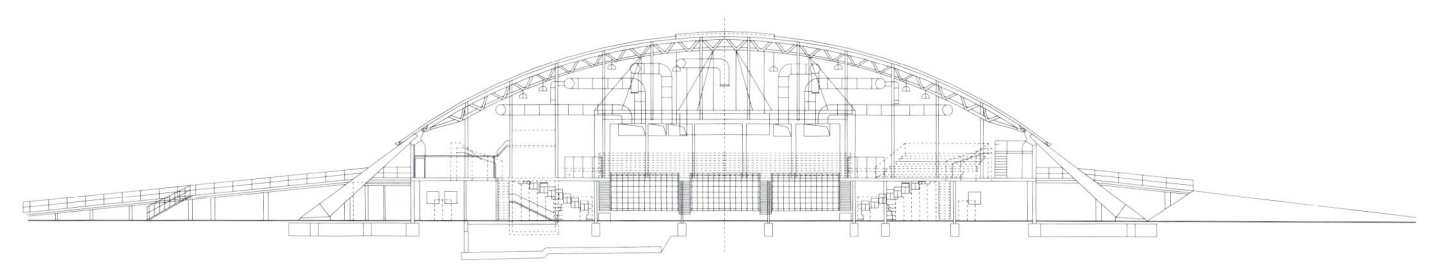

1983 patentierten BSB-Verbundsystems (Blumer-System-Binder) konnte ein schlankeres Tragwerk in der Höhe von nur 1,24 Metern ausgeführt werden. Zudem war es durch das Verbundsystem möglich, einen hohen industriellen Vorfertigungsgrad zu erzielen; die Fachwerke wurden in Viertelbögen in der Werkhalle vorgefertigt, die einzelnen Fachwerkbögen auf der Baustelle zusammengebaut und an den Beton-Auflagern mit Gelenkbolzen befestigt. Die gesamte Hallenkonstruktion besteht aus 36 Dreigelenk-Bogenbindern mit jeweils zwei Obergurten und einem Untergurt, die mittels Druck- und Zugstäben miteinander verbunden wurden.

Sonderbauten

2152 Straße der Gendarmerie 5, Pavillon, 1993, P: Martin Feiersinger, K: Werner Feiersinger (Bildhauer) ●

Aus einem 1991 durchgeführten Realisierungswettbewerb zur Außenraumgestaltung des ehemaligen Gendarmerie-Einsatzkommandos Wiener Neustadt (heute Einsatzkommando Cobra/Direktion für Spezialeinheiten) gingen die Brüder Martin und Werner Feiersinger als Sieger hervor. Sie entwarfen einen skulpturalen Bau aus unbehandeltem Aluminium, der einen Durchmesser von zehn Metern aufweist und prominent vor dem Antreteplatz in der Hauptzufahrtsachse des U-förmig angeordneten Gebäudekomplexes liegt. Das Zentrum des Pavillons bildet ein achssymmetrischer, siebeneckiger Kernraum, um welchen sieben idente, viertelkreissegmentierte Raumzellen angeordnet sind. Durch diese Anordnung ist die Raumwahrnehmung je nach Standort eine andere, und es ergeben sich spannende Ein- und Ausblicke. In seiner Konzeption stellt der Pavillon gewissermaßen eine Synthese aus Architektur und Bildhauerei dar.

Wohnbauten

2153 Arbeitergasse 2–6, Wöllersdorfer Straße 4–8, Steinabrückler Gasse 2–8, 3–7, WHA, um 1920

Östlich des Flugplatzes liegt die weitläufige Wohnhausanlage bestehend aus mehreren, teilweise frei stehenden und durch Risalite und verschiedene Traufhöhen gestalteten, zwei- und dreigeschoßigen Baukörpern. Die variantenreiche Dachlandschaft setzt sich aus Walm- bzw. Schopfwalmdächern mit vereinzelten Zwerch- und Schweifgiebeln zusammen.

2154 Bahngasse 38, WH Bürgerhof, 1901–1902, P: Georg W. Mayer

In der Nähe des Bahnhofs liegt der repräsentative, symmetrisch angelegte und viergeschoßige Baukörper mit reichhaltig gegliederter, historischer Fassade. Das Erd- und Mezzaningeschoß sind durch eine übergreifende Bandrustika zusammengefasst. Im dreiachsigen, walmdachbekrönten Mittelrisalit liegt ein Rundbogenportal mit toskanischer Säulen- bzw. Pilasterrahmung, darüber ein geschwungenes Gebälk mit Puttengruppen. Die beiden obersten Geschoße sind im Bereich des Mittelrisalits durch gedoppelte Kolossalpilaster verklammert, zudem sind die dazwischenliegenden Fenster des zweiten Obergeschoßes durch Rundbogenverdachungen akzentuiert.

2155 Burgplatz 4, Dr. Edmund Bousek-Hof, 1929–1931, BH: Wiener Neustädter Sparkasse

2156 Ezilingasse 20–36, Fischlgasse 22–25, 36–37, 48–51, Ulschalkgasse 21–37, Arndtgasse 17, 20, 23, 26, WHA, 1922, BH: Gemeinnützige Ein- und Mehrfamilienhäuser Baugenossenschaft ●

2157 Flugfeldgürtel 76–102, Wielandgasse 12–16, 13–17, Wöllersdorfer Straße 12, 21–27, Kreßgasse 16–22, Wiesenbachgasse 3–7, Nittnergasse 4, 5, 7, 10, 11, 13, Matthias Schönerer-Gasse 2–12, 7–17, Fliegergasse 65–69, Flugfeldsiedlung Dr.-Karl-Renner-Hof, 1918–1922, AB: Theiss & Jaksch (Siegfried Theiss, Hans Jaksch) ●

Bereits 1915 bis 1916 für die Arbeiter*innen der Rüstungsindustrie konzipiert, wurde die erste große kommunale Wohnhausanlage der Republik Österreich für den Wohnungsfürsorgefonds der Stadt Wiener Neustadt ab 1917 neu geplant und errichtet. Die zwei- und dreigeschoßige Randbebauung aus acht walmdachgedeckten Baublöcken bildet große, zusammenhängende und relativ geschlossene Höfe. Die in der Wielandgasse symmetrisch gestaltete Achse ist auf das Portal der gegenüberliegenden Fliegerkaserne ausgerichtet. Gestalterisch charakteristisch ist die repräsentativ angelegte dreiachsige Arkadeneinfahrt in der Wöllersdorfer Straße. Zu den Besonderheiten zählt die Umsetzung der damals modernsten Erkenntnisse und Standards des sozialen Wohnbaus, wie etwa eine halb offene Bauweise, große Fenster zur Versorgung der Wohnräume mit Luft, Licht und Sonne und die Einplanung der entsprechenden Infrastruktur. So befinden sich in der Wielandgasse und Matthias Schönerer-Gasse hinter Rundbogenportalen und -fenstern mehrere Geschäftslokale zur Nahversorgung der Bewohner*innen der damals noch als außerhalb der Stadt liegend wahrgenommenen Anlage. Der ursprüngliche Fassadendekor, der teilweise aus akzentuierenden Art-déco-Elementen bestand, wurde nach 1945 partiell entfernt.

2158 Pernerstorferstraße 11–11a, WHA, ehem. Reichsbahnhäuser, 1939, P: Wilhelm Hubatsch, Fritz Grüll

Zwei größtenteils walmdachgedeckte Baublocks sind jeweils U-förmig um einen Innenhof angelegt. Über je einen zentralen Durchgang werden die hofseitigen, leicht vorspringenden Zugänge zu den Stiegenhäusern erschlossen. Die schlicht gehaltenen Blocks bestehen aus drei- und viergeschoßigen Baukörpern auf niedrigen Sockeln.

Ursprünglich für Betriebsangehörige der Reichsbahn errichtet, erfolgte die Einreichung als Wohnbau im Juni 1938.

2159 Pernerstorferstraße 13a–17, Mießlgasse 22–30, Steinfeldgasse 21, Pernerstorferhof, 1928, K: Grete Hartmann (Brunnen)

Der kommunale Wohnbau auf einem spitzwinkeligen Grundstück besteht aus zusammenhängenden, variantenreich gestalteten und unterschiedlich gegliederten drei- und viergeschoßigen Trakten mit abwechslungsreicher Dachlandschaft und umgibt einen zentralen Innenhof. Die Anlage zeichnet sich insbesondere durch verschiedenartige Vor- und Rücksprünge, Erker, Loggien, Giebel und Arkaden aus. Im Hof befindet sich der Pernerstorfer-Brunnen von Grete Hartmann aus dem Jahr 1928.

2160 Raimundgasse 1–3, Schelmergasse 4–8, Freiligrathgasse 1–3, Alramsgasse 2–4, WHA, um 1925 ●

Die Anlage besteht aus insgesamt neun, teilweise gekuppelten, vorwiegend jedoch frei stehenden ein- bis viergeschoßigen Baukörpern, die in lockerer Anordnung die zugehörigen Grünflächen straßenseitig begrenzen. Erschlossen werden die satteldachgedeckten Gebäude jeweils über polygonale, mittelrisalitartige Vorsprünge.

2161 Ungargasse 39–49, Burgenlandgasse 2–32, WHA Gregorhof, 1930

Die am Kehrbach liegende, weitläufige und weitgehend dreigeschoßige Wohnhausanlage besteht aus drei mehrteiligen Baukörpern. Sie zeichnet sich in der Ungargasse durch zwei vorgezogene, viergeschoßige Ecktrakte mit Eckloggien sowie durch zwei den zentralen Zugang flankierende Seitenrisalite aus und verfügt in der Sockelzone über einige Geschäftslokale. Die entlang des Kehrbachs angeordneten Trakte sind an der südöstlichen Seite mit Balkonen und Vorgärten ausgestattet und werden nordwestseitig jeweils über zentrale, leicht vorspringende Zugänge erschlossen. Der Bau geht auf die Initiative des Heiligenkreuzer Abtes Gregor Pöck zurück.

Einfamilienhäuser

2162 Ferdinand Porsche-Ring 27, Haus und Atelier Patzelt, 1961, P/BH: Josef Patzelt

2163 Komarigasse 17B, EFH, 1980–1981, P: Wolfgang Schöfl ●

2164 Walthergasse 3, EFH, 1912, AB: Theiss & Jaksch (Siegfried Theiss, Hans Jaksch) ●

Hotels, Heime, Klöster, Kasernen

2165 Burgplatz, 1 Obj. 97, MILAK – Institut für Offiziersweiterbildung, 1986–1989, P: Peter P. Pontiller, Peter Swienty, K: Gottfried Bechtold, Sylvia Taraba ●

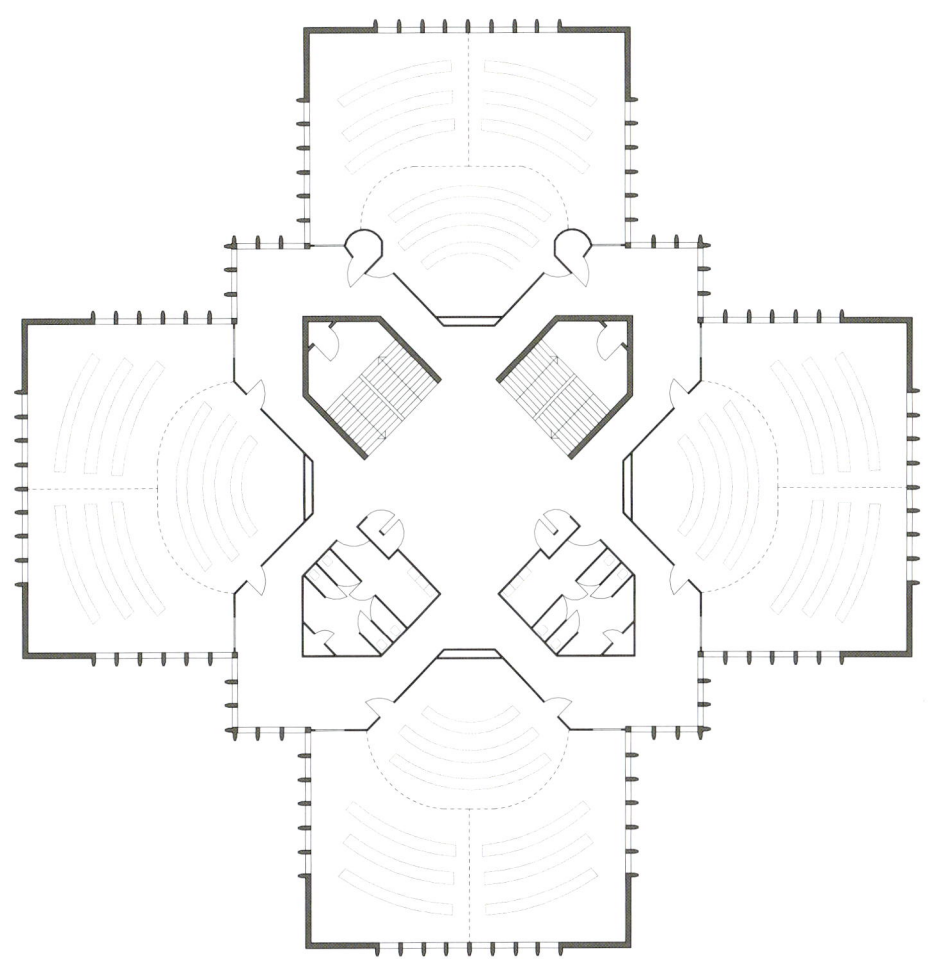

Die Wiener Neustädter Burg kann auf über 800 Jahre Geschichte zurückblicken. Seit 1751 beherbergt sie die im selben Jahr gegründete Theresianische Militärakademie und ringt mit der Accademia Militare di Modena um den Titel der ältesten noch bestehenden und durchgehend geöffneten Offiziersschule der Welt. Unter den Nationalsozialisten wurde der Komplex im Süden um die Daun-Kaserne erweitert, ein Bau, der auch heute noch Schul- und Internatszwecken dient. Mit Ende des Zweiten Weltkriegs brannte die Kaserne vollständig aus und wurde von 1946 bis 1958 nach historischen Plänen wiederaufgebaut. 1977 fügten Peter P. Pontiller und Peter Swienty den ersten, südlicheren und mehr dem Soldatenstadtschema entsprechenden Kreuzbau hinzu, der von der Stabskompanie genützt wird (Obj. 66). Als ab 1986 der Wunsch nach einer gesonderten Offiziersweiterbildungsstätte aufkam, errichteten die Architekten bis 1989 auf gleicher Achse einen modifizierten Kreuzbau mit Aufenthaltsräumen, Unterkünften und einem Filmstudio in den unteren beiden Geschoßen sowie jeweils einen modernen Hörsaal in den vier Kreuzarmen des obersten Geschoßes (Obj. 97). Ihre Belichtung erfolgt durch der Länge nach gestaffelte Fensterschlitze, die die sonst so sachlichen Außenwände rhythmisieren und den Eindruck eines geschnitzten Kreuzes erwecken. Die Aula zwischen den Hörsälen wurde von den Künstler*innen Gottfried Bechtold und Sylvia Taraba mitgestaltet.

2166 Fischauer Gasse 66, <u>Maximilian-Kaserne, 1911</u>, AB: Theiss & Jaksch (Siegfried Theiss, Hans Jaksch) | Zubau Küche, 1983 •

Bei dem monumentalen, neoklassizistischen Bau handelt es sich um das Mannschaftshaus des ersten verwirklichten Kasernenentwurfs des Architektenduos Theiss & Jaksch. 1911 im Zuge der Kasernentransaktion fertiggestellt, galt die Maximilian-Kaserne auch noch nach dem Ersten Weltkrieg als „modernste Kaserne Österreichs". Der Bau mit seiner – im Gegensatz zu späteren Kasernen aufwendigeren Fassadengestaltung – etwa mit den Mittelrisalit gliedernden Pilastern, das Kranzgesims tragenden Atlanten, Tropaionreliefs mit martialischen Motiven sowie einem dem Dreiecksgiebel vorgeblendeten Doppeladler – erlitt im Zweiten Weltkrieg starke Beschädigungen. Ab 1957 wurde das viergeschoßige Mannschaftshaus (inklusive Attikageschoß) notdürftig wieder benutzbar gemacht, aber erst Anfang der 1980er-Jahre vollständig saniert und die Innenausstattung modernem Komfort angepasst. Die 1983 im Nordhof errichtete Küche dient seit dem Jahr 2010 als eine der vier zentralen Küchen des Bundesheeres, von denen aus alle Stützpunkte versorgt werden.

2167 Flugfeldgürtel 15, <u>Flugfeld-Kaserne, 1914–1916</u>, AB: Theiss & Jaksch (Siegfried Theiss, Hans Jaksch) | Zubauten, 1977, P: Peter P. Pontiller, Peter Swienty •

Bereits zu Beginn des 19. Jahrhunderts wurde das Feld in Wiener Neustadt, noch ohne fixe Kaserne oder Zubauten, für Flugmanöver verwendet. So wurden 1815 erste Raketen erprobt und 1848 Bombenballone getestet. 1909 feierte Igo Etrich hier seine ersten erfolgreichen Flüge mit der „Etrich Taube", die als eines der ersten Motorflugzeuge in größerer Stückzahl produziert wurde. Schon vor Beginn des Ersten Weltkriegs gab es den Wunsch, eine Flugkaserne an dem Standort zu errichten, der 1914 eilig vorangetrieben wurde; den Auftrag erhielten die Architekten Theiss & Jaksch. Ihren Entwurf konnten sie jedoch bis 1917 nicht vollständig umsetzen. Teile des gewaltigen Areals wurden nach dem Vertrag von Saint-Germain, der die Vernichtung der gesamten Flugmaschinerie vorsah, als Kindergärten und als die erste Ausbildungsstätte für Kindergärtnerinnen Österreichs verwendet. Mit Ende des Zweiten Weltkriegs war die Anlage fast völlig zerstört, lediglich das Eingangsportal, das Offizierswohnhaus und das in der Zwischenkriegszeit zur Kirche umgebaute ehemalige Heizhaus blieben bis heute erhalten. Das Tor, einem antiken Propyläon gleich, erinnert in seiner martialischen Form und Funktion an Peter Nobiles Tor am Heldenplatz, auch wenn hier das Gesims nur einen einfachen Zahnschnitt als ornamentale Gestaltung aufweist. Ursprünglich thronte eine von Karl Wollek geschaffene, überlebensgroße Skulptur über der Tordurchfahrt, doch der aus Lindabrunner Konglomerat gehauene germanische Halbgott Wieland ist heute verloren. An das Offizierswohnheim mit seinen subtilen Pilaster- und Lisenengliederung war der prächtig ausgestattete Festsaal angeschlossen, der nicht nur in seiner Fassadengestaltung Barockzitate einschloss, sondern auch über einen kleinen Garten verfügte. Dieser Saal ist ebenfalls verloren, doch wurde dem ehemaligen Offizierswohnheim ein moderner Tower aufgesetzt, der den heutigen Flugschulverkehr regelt. 1977 wurde südwestlich ein Kreuzblock von Pontiller und Swienty für das zu dieser Zeit dort untergebrachte Jagdkommando errichtet. Weitere Teile des Flugfelds wurden im Jahr 1982 an das am westlichen Ende erbaute Einsatzkommando der Cobra abgetreten.

Geschäftslokale, Einkaufszentren, Banken

2168 Pottendorfer Straße 131, Volksbank, 1979–1980, P: Klaus Buben, Helmut Hasendorfer, BH: Volksbank Wiener Neustadt ●

Das frei stehende, einem Pavillon gleichende Bankgebäude setzt sich aus kubisch in Höhe und Tiefe gestaffelten, symmetrischen Bereichen zusammen. Die Wirkung der geometrischen Formen wird durch die orthogonal segmentierten, verspiegelten Glasflächen und die braun eloxierten Stahl-Aluminiumpaneele der vorgehängten Fassade verstärkt.

Industrie

2169 Pottendorfer Straße 47, Werkhalle, ehem. Halle Raxwerke Serbenhalle, 1942–1943 | Stilllegung, 1945 ●

Nach der Beschlagnahmung von zwei Werkhallen und einer Kesselschmiede in Kraljevo (Serbien) durch die deutsche Wehrmacht wurden diese Objekte für die Erweiterung der Zweigstelle der Wiener Lokomotivfabrik AG demontiert und in Wiener Neustadt wieder aufgebaut. Die Montagearbeiten wurden in Zwangsarbeit von Insass*innen der KZ-Außenstelle Wiener Neustadt ausgeführt, die in einem Anbau der Halle einquartiert waren.

Die heute noch vorhandene „Große Serbenhalle" misst 297 × 66 Meter mit einer Höhe von 27 Metern. Die ehemals daneben errichtete „Kleine Serbenhalle" besteht heute nicht mehr. Seit 2005 erinnert eine vor dem Gebäude von Markus Grabenwöger und Michael Rosecker errichtete Gedenkstätte an die 1.700 Opfer, die 1941 von der Wehrmacht in dieser Halle in Kraljevo ermordet wurden.

Energie

2170 47°48'27.7"N 16°14'34.9"E, bei Günser Straße 2, Wasserturm, 1909–1910, AB: Theiss & Jaksch (Siegfried Theiss, Hans Jaksch), AF: Anton Koblischek, C. Korte & Co | Wiederaufbau, 1950–1951 | Restaurierung, 2013 ●

2171 Am Kanal 25, Elektrizitätswerk Ungarfeld, 1915–1916, BH: Gemeinde Wiener Neustadt, AF: Ed. Ast & Co, Franz & Schmid | Zubau Schalt- und Transformatorenstation, 1921 ●

Verkehr

2172 Willendorfer Gasse 36, Straßenmeisterei Wiener Neustadt, 1978–1980, P: Anton Presoly, Egon Presoly, MA: Eva Presoly, Wilhelm Pokorny, BH: NÖ Landesregierung, Landesstraßenverwaltung ●

Die Hochbauten der Anlage sind in drei Einheiten aus Verwaltungsbau mit Magazin und Garagen, zwei Werkstättenbauten mit Lkw-Garage sowie der frei stehenden Streuguthalle gruppiert. Westlich wird das Areal durch eine gestufte Zeile der Garagen- und Lagerbauten mit Flugdächern begrenzt. Besonderes Merkmal der Flachbauten sind die profilierten Betonstützen, Fertigteilwände in Sichtbeton sowie die Kombination dunkler Klinkerverblendungen mit feingliedrigem Trapezblech und breiten Fensterbändern an den Fassaden.

Wieselburg 3250
Gemeinde: Wieselburg, Bezirk: Scheibbs

Amts-, Verwaltungs-, Kommunal-, Bürobauten

2173 Hauptplatz 26, Rathaus, 1927–1929, P: Anton Valentin, BH: Stadtgemeinde Wieselburg, K: Rudolf Holzinger, Kurt Weiß | Zubau 1985, P: Johannes Scheruga ●

Mitunter aus Kostengründen wurde nach einem Wettbewerb 1926 nicht der erstgereihte Entwurf von Wilhelm Baumgarten und Josef Hofbauer, sondern jener von Anton Valentin umgesetzt. Der zwei- bis viergeschoßige Bau zeigt im Umgang mit der städtebaulichen Zwickelsituation des Bauplatzes ein interessantes Gebäudevolumen: Der Längstrakt entlang der Scheibbser Straße knickt zur Ecke des Hauptplatzes hin um etwa 45 Grad, überecke ist an der Grestner Straße ein zweiter, turmartiger Gebäudeteil angefügt. Im sich durch diese Anordnung ergebenden Eckbereich liegt, von einem loggiaartigen Vorbau überdacht, der Haupteingang. Expressionistische Elemente, wie die an den Ecken spitzwinkelig nach oben gezogenen Dachkanten im Bereich des östlichen Bauteils sowie der spitz hervortretende Erker, zeichnen das Gebäude aus.

Der schräg gestellte Pfeiler an der Vorhalle des Haupteingangs vermittelt gemeinsam mit dem massiven Eckturm, den vergitterten Rundbogenfenstern im Erdgeschoß an der Grestner Straße und dem schrägen, hohen Sockel einen wehrhaften Charakter.

Die sich über zwei Seiten der Gebäudeecke erstreckende Turmuhr ist durch eine Malerei von Rudolf Holzinger gestaltet, welche Tag und Nacht zum Thema hat. An der Nordwand ist der Tag mit Sonne und Vögeln im Ziffernblatt illustriert, darunter ist eine Darstellung des hl. Michaels zu sehen – mit dem von Valentin entworfenen Stadtwappen über der linken und einem Schwert in der rechten Hand. Die Ostwand hingegen ist der Nacht gewidmet; unter dem mit einer Mondsichel hinterlegten Ziffernblatt ist der vom hl. Michael aus dem Himmel gestürzte Drache abgebildet. Auch im Inneren sind das Bürgermeisterzimmer und der Sitzungssaal mit Wandmalereien von Holzinger ausgestattet, die Südwand des Sitzungssaals wurde von Kurt Weiß gestaltet.

Im Rathaus waren außerdem ein Lebensmittelgeschäft, eine Trafik, zwei Wohneinheiten, eine Polizeistation und eine Postfiliale untergebracht.

Die Schalterhalle des Post- und Telegrafenamts befand sich im Erdgeschoß hinter den Rundbogenfenstern. Ein von Valentin geplanter Zubau an der Grestner Straße wurde nie ausgeführt, stattdessen ließ die Post hier 1985 einen von Johannes Scheruga entworfenen Zubau errichten: Der dreigeschoßige Bau nimmt starken Bezug zum Rathaus. Neben der gleichen Traufhöhe und einem angedeuteten, hohen Sockel sind vor allem die spitz aus der Fassade ragenden Erker auffällig, welche im Gesims zu einer Spitze zusammenlaufen. Die arkadenartigen Fenster im Erdgeschoß nehmen Bezug zur ehemaligen Schalterhalle im Rathaus. Auch sind die Fenster der Obergeschoße mit ihren feingliedrigen Quersprossen an jene des Rathauses angepasst. Die ehemalige Überbauung des Eingangsbereichs existiert heute nicht mehr.

Bildung

2174 Erlaufpromenade 1, BG/BRG, 1979, P: Reinhard Pfoser | Zubau, 2000–2005, P: Robert Ruderstaller, Herbert Stögerer

Freizeit

2175 Stadionstraße 8, Freibad und Freizeitzentrum, 1975–1979, P: Oskar Scholz, BH: Marktgemeinde Wieselburg | Umbau Sauna, Duschen, Tauchbecken, Aufenthaltsraum, Garderobe, Ruheraum, 2000, AB: Lorenz & Partner | Um- und Zubau Sauna, 2009, AB: Lorenz & Partner ●

Der Bau des Freibads wurde nach Plänen des Scheibbser Architekten Oskar Scholz umgesetzt und ergänzte einen bestehenden Sportplatz mit Trainingseinrichtungen für verschiedenste Disziplinen um einen großen Freibadbereich sowie eine Tennisanlage samt Nebengebäuden. Die für das Freibad erforderlichen Räume wurden als Pavillons angelegt. Drei größere, zweigeschoßige Gebäude markieren dabei den Eingangsbereich: Ein Espresso-Pavillon sowie jeweils einer für den Saunabereich und die Bademeister*innenwohnung sind im Erdgeschoß baulich miteinander verbunden; ein Technik-Pavillon liegt leicht von ihnen abgerückt. Hinter dem Espresso- und Saunagebäude sind entlang einer Achse sechs kleinere Pavillons mit Umkleiden und Sanitäranlagen paarweise angeordnet. Die kubischen Baukörper sind mit charakteristischen flachen Zeltdächern gedeckt und im Erdgeschoßbereich teilweise aufgeständert, wodurch die Anlage baulich aufgelockert wird. Die Gebäude wurden bei den erfolgten Um- und Zubauarbeiten in ihrer Form erhalten.

Wohnbauten

2176 Breiteneicher Straße 7, WH, ehem. Kommandogebäude des Kriegsgefangenenlagers, 1915, BH: k. k. Militärbauleitung •

Während des Ersten Weltkriegs ließ die Militärbauleitung den stattlichen, zweigeschoßigen Bau mit Satteldach und Heimatstil-Elementen als Kommandogebäude des Wieselburger Kriegsgefangenenlagers errichten. Mit einer angedachten – erschütternden – Kapazität von bis zu 57.000 Inhaftierten stellte es das größte Gefangenenlager der Doppelmonarchie dar. Der gestalterisch anspruchsvolle Bau enthielt Verwaltungsräume im Erd- und Offizierswohnungen im durch eine Holzlattenverschalung abgesetzten Obergeschoß. Er vereint eine konservativ-solide Architektur mit militärischem Gestus mit durchaus abwechslungsreichen Formen – so kombiniert er etwa die dorischen Säulen am Halbrund des Portikus mit hochovalen Fensteröffnungen. Nach zwischenzeitlicher Nutzung als Jugenderholungsheim dient der Bau heute reinen Wohnzwecken.

Landwirtschaft

2177 Anton-Fahrner-Gasse 8, ehem. Bruckmühle, ca. 1760, BH: Familie Fahrner | Elektrizitätswerk, 1911 | Umbau Mühle, 1928 | Staustufensanierung, 2020, BH: EVN Energievertrieb GmbH & Co KG •

Auf der bereits im 1./2. Jahrhundert von den Römern genutzten Fläche an einer Biegung der Erlauf finden sich ab der Mitte des 13. Jahrhunderts Spuren einer Mühlennutzung. Ab ca. 1760 betrieb die Familie Fahrner verschiedene Mühlformen, 1911 wurde das Elektrizitätswerk errichtet, 1928 die Getreidemühle umgebaut und um einen 290 Tonnen fassendes Silo erweitert. Die Mühle mit dem Mansarddach wurde 1966 stillgelegt und 1973 ein anschließendes Sägewerk abgetragen. Bis in die späten 1990er-Jahre war das Kraftwerk im Familienbesitz; heute wird das mehrmals erneuerte und modernisierte Werk von der EVN betrieben, die zuletzt 2020 die Staustufe sanierte und einen Fischsteig schuf.

Verkehr

2178 48°07'49.9"N 15°08'37.8"E, Eisenbetonbrücke, 1937, P/S: Franz Visintini | Neuerrichtung Tragwerk, 1988–1990, BH: Stadtgemeinde Wieselburg •

Die 50 Meter lange Stahlbetonbrücke ersetzte 1990 eine mehrfeldrige Fachwerkbrücke nach dem System Visintini, die ihrerseits 1937 einen hölzernen Vorgängerbau abgelöst hatte. Die stählernen Bogenleuchten, die sich über den äußeren Pfeilern erheben, sind den gleichförmigen Betonleuchtern an gleicher Stelle des Vorgängerbaus nachempfunden.

Wiesmannsreith 3620
Gemeinde: Maria Laach am Jauerling, Bezirk: Krems

Freizeit

2179 Wiesmannsreith 16, Skianlage mit Skihütte und Kassahaus, 1998, AB: ertl und henzl architektur (Martin Ertl, Franz Henzl), Architekturbüro Kanfer – Riß ZT GmbH (Robert Kanfer, Max Riß) | Erweiterung Skihütte und Errichtung Zielhäuschen, 2002 | Stehbar bei der Skihütte, 2003

Wildendürnbach 2164
Gemeinde: Wildendürnbach, Bezirk: Mistelbach

Religion, Kult

2180 48°45'22.6"N 16°30'02.8"E, bei Wildendürnbach 161, Pfarrkirche hl. Petrus, 1972–1974, P: Johann (Hans) Petermair, AF: ARGE Erwin Amon/Josef Schüller, K: Heinrich Tahedi (Glasmalerei), Gottfried Fuetsch (Holzschnittplastik) •

Die spätmittelalterliche Pfarrkirche war zu klein geworden, und 1972 wurde ein Neubau beschlossen. Um Platz zu schaffen, musste die alte Kirche gesprengt werden. Da der sieben Meter hohe Turmhelm dabei nahezu unbeschädigt erhalten blieb, wurde er als Erinnerungszeichen auf einem nahe gelegenen Hügel, dem Galgenberg, auf einem erhöhten Sockel aufgestellt. Mit dem Kirchenneubau wurde Johann Petermair beauftragt, der sich vor allem mit Kirchenentwürfen in Wien und Niederösterreich einen Namen gemacht hat. Der Architekt plante über einem kreuzförmigen Grundriss einen Stahlbetonbau, der durch die Ausfachung mit Klinkermauerwerk eine spannungsreiche Verbindung von traditionellem und modernem Material herstellt. Der 25 Meter hohe Turm greift die Gestaltungsweise auf und ist frei stehend neben dem Hauptraum errichtet. Der Kirchenraum erhielt einen mit Holz vertäfelten, offenen Dachstuhl und wird von der farbenprächtigen Betonglas-Fensterwand der Apsisrundung dominiert.

Wilhelmsburg 3150
Gemeinde: Wilhelmsburg, Bezirk: St Pölten

Kultur, Veranstaltung

2181 Bahnhofstraße 3, Volkshaus, ehem. Arbeiter*innenheim, 1907, P: Andreas Ullmann | Umbauten, 1968, 1971, 1977 | Umbau- und Sanierungsarbeiten, 2014–2023 •

Das Arbeiter*innenheim wurde 1907 durch Adaptierung mehrerer Bestandsgebäude für die 1865 gegründete Wilhelmsburger Steingut- und Porzellanfabrik geschaffen. Das Gebäude zeigt neobarocke Elemente sowie Jugendstil-Motive an der Fassade; mit dem zweigeschoßigen Festsaal ist eine gewisse Referenz an die Entwicklung der Bauaufgabe aus dem Theaterbau gegeben. Ein Umbau des Eingangsbereichs im Jahr 1971 veränderte die Wirkung des Gebäudes stark.

Wohnbauten

2182 Grubtalstraße 2, Wohn- und Geschäftshaus, 1930er-Jahre •

Das an der Straßenecke gelegene, dreigeschoßige Gebäude wird durch einen Runderker, die seitliche Ziegelrahmung des danebenliegenden Fensters sowie durch ein Rundfenster im Sockel akzentuiert. In den Obergeschoßen des Eckbereichs unterstreicht zudem eine zeittypische, die Fensterachsen verbindende Putzgestaltung die horizontale Schichtung des Baukörpers, der entlang der Lilienfelder Straße mit Schauflächen für Ladenlokale in der Sockelzone zweigeschoßig ausgeführt wurde.

2183 Kreisbacher Straße 3, Niedrigenergie-WHA, 1997–2000, P: Roland Hagmüller, BH: Siedlungsgenossenschaft Neunkirchen

Zurückgehend auf einen städtebaulichen Wettbewerb zur Umnutzung einer Industriebrache, besteht das Bebauungskonzept aus einer Niedrigenergie-Wohnhausanlage und einem nördlich davon liegenden Senior*innenheim. Die Wohnhausanlage setzt sich aus einem straßenseitigen Kopfbauwerk und einem daran anschließenden viergeschoßigen Trakt zusammen. Diesem 62 Wohnungen umfassenden Bauteil liegen vier, dem Verlauf der Traisen zeilenförmig folgende Baukörper mit insgesamt 40 Maisonettewohnungen und dazwischenliegenden Gärten gegenüber. Zwischen den Trakten befinden sich zudem die Erschließung und vielgestaltige Freiräume. Das markant auskragende Dach aus Aluminumwellblech sowie die außen liegenden überdachten Treppen, die das obere Geschoß erschließen, prägen das Erscheinungsbild. Hochwärmegedämmt und zur Nutzung der passiven Sonnenenergie entsprechend ausgerichtet, erfolgt die Energieversorgung über eine Grundwasser-Wärmepumpe und ein Heizhaus, das Ferngas weiterleitet. Die Struktur besteht aus Stahlbeton, gefärbte Holzzementplatten dienen der äußeren Gestaltung. Das Farbkonzept aus den Primärfarben Rot, Gelb und Blau ist abgestimmt auf die Umgebung und die Orientierung der jeweiligen Fassadenseite zur Sonne.

2184 Kreisbacher Straße 5, Wohn- und Geschäftshaus, um 1900 •

Der viergeschoßige Bau der ehemaligen Lederfabrik Flesch zeichnet sich durch das hohe Walmdach und den breiten zweiachsigen Erker auf teilweise gedoppelten Konsolen aus. Unter dem Erker befindet sich ein Relief, das lederverarbeitende Putti zeigt. Das heutige Erscheinungsbild ist insbesondere in der Sockelzone stark verändert.

2185 Siedlerstraße 18–24, WH-Gruppe, 1951, BH: Gemeinnützige Ein- und Mehrfamilienhäuser Baugenossenschaft •

Einfamilienhäuser

2186 Flesch-Platz 1, Villa, 1906 •

Die zweigeschoßige Fabrikantenvilla enthält Bausubstanz aus dem 16./17. Jahrhundert, das äußere Erscheinungsbild mit seinem burgartigen Charakter und den Heimatstil-Elementen stammt aus dem Jahr 1906.

2187 Pestalozzigasse 14, Villa, um 1900 •

2188 Rametzbergstraße 1, Villa Immenhof, um 1900 •

Hotels, Heime, Klöster, Kasernen

2189 Mühlgasse 14, Landespensionist*innenheim, 1998, P: Roland Hagmüller, FRP: Maria Auböck

Geschäftslokale, Einkaufszentren, Banken

2190 Hauptplatz 1, Warenhaus Kreissl, um 1936, P: Friedrich Schlossberg •

Energie

2191 Mariazeller Straße 100, ehem. E-Werk, 1904 | Zubau, 2004, P: Martin Wakonig

Wimpassing im Schwarzatale 2632
Gemeinde: Wimpassing im Schwarzatale, Bezirk: Neunkirchen

Religion, Kult

2192 Pater-Josef-Klementh-Platz, Pfarrkirche Unbeflecktes Herz Mariä, 1951, P: Johann (Hans) Petermair, BH: Erzdiözese Wien, AF: Robert Haydt, K: Josef Zöchling (Sgraffito), Alexey Krassowsky (Hängekreuz), Max Poosch-Gablenz (Wandfresken), Maria Schwamberger-Riemer (Emailbilder Tabernakel) •

Johann Petermair realisierte mit dem einschiffigen Saalbau und der nur leicht eingezogenen Rundapsis einen Grundrisstypus, den Dominikus Böhm schon 1929 entworfen hatte. Um den liturgischen Reformbestrebungen der 1920er/30er-Jahre zu entsprechen, ist durch die Breite des Chorraums eine weitgehende Verbindung mit dem Hauptraum hergestellt und auf diese Weise ein Gemeinschaftsraum entstanden.

Trotzdem ist die traditionelle Hervorhebung des Chorraums bewahrt und mit einem polygonalen Kapellenanbau sowie einem barocken Zwiebelhelm hat Petermair weitere Motive des konventionellen Kirchenbaus aufgegriffen. Kennzeichnend für die Kirche ist die hohe Vorhalle mit drei Rundbogenportalen und einem Rundfenster, das in das großflächige Sgraffito von Josef Zöchling einbezogen ist. Der Kirchenraum erhielt eine flache Kassettendecke, Buntglasfenster sind im Chor zu einem Lichtband verbunden.

2193 Pottschacher Straße 19, Aufbahrungshalle, um 1960 | Umnutzung zur evang. Kirche, 1963 | Adaptierung als Wohnhaus, 2003

Kultur, Veranstaltung

2194 Bundesstraße 30a, Kino, 1959, P: Leo Kammel jun.

In einer Ecksituation zwischen einem Wohnbau sowie einem kurz zuvor vom selben Architekten errichteten Wohnhochhaus (→ 2196) gelegen, ist das Kino als niedriger Baukörper mit konvex geschwungener Fassade ausgeführt. Als seltenes Beispiel unter den zahlreichen in den 1950er-Jahren errichteten kleinen Kinobauten konnte das Gebäude in Wimpassing dem „Kinosterben" der 1960er- und 1970er-Jahre trotzen, ist heute noch in Betrieb und auch im Innenraum weitgehend authentisch erhalten.

Bildung

2195 Pater-Josef-Klementh-Platz 1, Zubau Pfarrkindergarten, 1992–1993, P: Stefan Bukovac

Zu Beginn der 1990er-Jahre wurde der seit den 1950er-Jahren bestehende und bereits in den 1960er-Jahren vergrößerte Pfarrkindergarten um einen Allzweckraum erweitert.

Dabei vermittelt der mit einem Blechdach ausgeführte Anbau durch einen verglasten Wintergarten, der neben einem dreiseitig umlaufenden Oberlichtband die Hauptlichtquelle darstellt, zum Garten. Durch eine in den Grünraum fortgeführte, mit bodennahen Fensteröffnungen versehene Mauer entstand zudem ein geschützter Übergangsbereich.

Wohnbauten

2196 Bundesstraße 30, Hochhaus, 1957, P: Leo Kammel jun. | Kinoanbau, 1959, P: Leo Kammel jun.

Das frei stehende Hochhaus entstand auf Initiative des Architekten und unter dem kritischen Blick der Politik und der Bevölkerung. Es liegt nur eine Straßenbreite vom benachbarten Wald entfernt und setzt sich mit seinen ursprünglich 54 Wohnungen auf insgesamt zwölf Geschoßen über einem kompakten rechteckigen Grundriss deutlich von der umgebenden Bebauung ab. Die Attikazone wird durch ein zurückspringendes Dachgeschoß gebildet, wodurch sich in Verbindung mit dem auskragenden Flachdach die Wirkung einer umlaufenden gedeckten Terrasse ergibt. Die Gliederung des symmetrisch angelegten Baukörpers erfolgt durch schmale Seitenrisalite mit angrenzenden Balkonen sowie segmentbogenförmige Loggien an den Schmalseiten.

2197 Dr.-Karl-Renner-Gasse 1–3, WHA mit Geschäftslokalen, 1952, P: Leo Kammel jun., AF: Karl Schuster, K: Karl Steiner (Sgraffito)

An der Geländekante zur Wiener Neustädter Straße gelegen, wurden zwei dreigeschoßige Trakte aus gekuppelten und zueinander leicht versetzten Baukörpern errichtet. Der Kopfbau nimmt Geschäftslokale auf, vier weitere lang gestreckte Baukörper sind entlang des Straßenzugs angeordnet. Die Dachlandschaft aus steilen Walmdächern wird durch Schornsteine aus Sichtziegelmauerwerk und Dachhäuschen rhythmisiert. Die insgesamt schlicht gehaltene Fassadengestaltung erhält am Kopfbau ihren gestalterischen Akzent durch ein Sgraffito von Karl Steiner.

Geschäftslokale, Einkaufszentren, Banken

2198 Bundesstraße 50, Raiffeisenbank, vor 1982, AB: Architekturbüro NÖ SÜD (Herbert Mitteregger, Heinz Seiser), BH: Raiffeisenbank Wimpassing

Industrie

2199 Bundesstraße 26, Erweiterung Semperit-Werk, 1959, P: Sepp Müller, Karl Weigel, BH: Semperit AG | Zubau Forschungs- und Entwicklungszentrum, 1999–2001, AB: Najjar Najjar Architects (Karim Najjar, Rames Najjar) •

Seit 1850 werden an diesem Standort Gummiwaren erzeugt; in den 1920er-Jahren gelangte die Fabrik in den Besitz des Semperit-Konzerns. Nachdem 1955 der Kunststoffbetrieb erweitert worden war, konnten 1959 im Nordwesten des Fabrikareals die zweischiffige Schlauchfabrik und die fünfschiffige Schuhfabrik fertiggestellt werden. Die von Müller und Weigel entworfenen Hallen mit Schalendächern besitzen eine neuartige Fenstersprossenkonstruktion unter Verwendung von Eternit und Beton, durch die großflächig verglaste, feingliedrige Fassaden ermöglicht wurden. Das um die Jahrtausendwende an der östlichen Ecke des Areals ergänzte organisch geformte und aluminiumverkleidete Forschungs- und Entwicklungszentrum steht im Kontrast zu den Fabrikationsgebäuden und wirkt als architektonische Geste in den Straßenraum (→ 2200).

2200 Maretgasse 45, Voith Austria GmbH, ehem. Walzenbeschichtungswerk, 1983–1984, P: Erwin Fleckseder, Firma Mayreder, BH: Semperit-Kern GmbH •

Winzendorf 2722
Gemeinde: Winzendorf-Muthmannsdorf, Bezirk: Wiener Neustadt

Amts-, Verwaltungs-, Kommunal-, Bürobauten

2201 Frauenbachgasse 340, Feuerwehr, 1970–1972, P: Raoul Lavaulx, Manfred Nehrer, Reinhard Medek, BH: Gemeinde Winzendorf •

Das Objekt wurde als Schulungszentrum für die Feuerwehren des Wiener Neustädter Raums errichtet, zusätzlich sollte Wohnraum untergebracht werden. Das Erdgeschoß ist für die Feuerwehr vorgesehen: Hinter den vier Falltoren befindet sich die Fahrzeughalle, dahinter liegen der Schulungsraum, eine Werkstätte und die Garderobe mit sanitären Einrichtungen. Oberhalb der Falltore befinden sich in gleicher Achse die Balkone der vier im Obergeschoß liegenden Wohnungen; die in Sichtbeton ausgeführten Abschnitte dienen hier außerdem für Übungen zum Anleitern. In einem Nebentrakt hinter dem Gebäude sind dazugehörige Garagen und Nebenräume angesiedelt.

Religion, Kult

2202 Weikersdorferstraße 345, Pfarrkirchenanlage hl. Josef der Arbeiter, 1971, P: Karl Mang, Eva Mang-Frimmel, AF: Franz Müller, K: Lydia Rappolt •

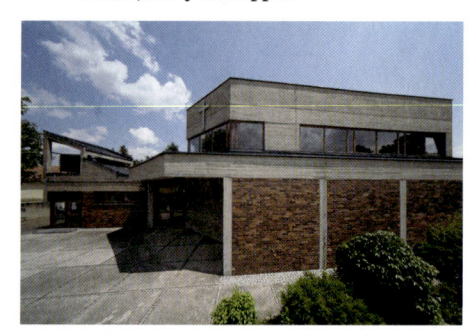

Schon im Mittelalter wurde in Winzendorf eine Kirche errichtet. Trotz späterer Erweiterungen war die Kirche zu klein und die Lage am Ende des

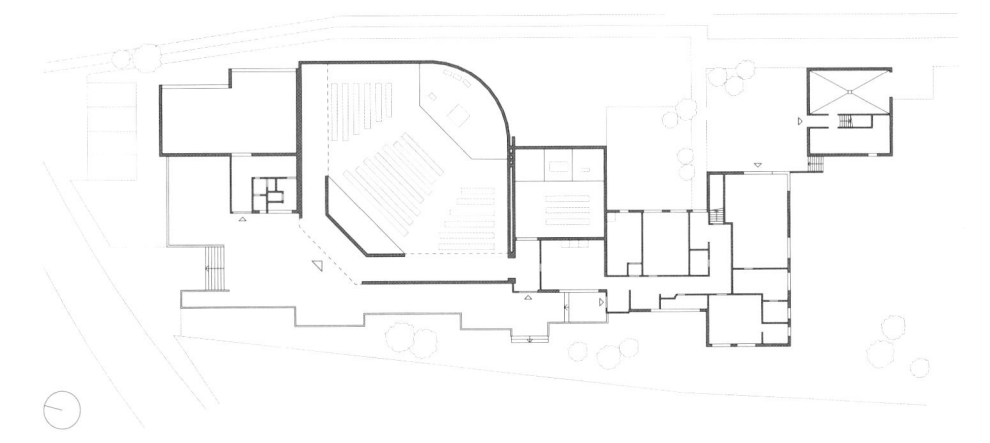

Orts erschwerte die seelsorgerliche Betreuung. 1952 konnte eine etwas günstiger gelegene Liegenschaft erworben werden. Die geringen finanziellen Mittel erlaubten jedoch nur die Errichtung einer einfachen, immerhin aber größeren Notkirche. Durch einen Grundstückstausch wurde in den 1960er-Jahren schließlich ein geeigneter Bauplatz im Zentrum des Ortes gefunden und 1969 das Wiener Architekt*innenehepaar Karl und Eva Mang mit der Planung einer Pfarrkirchenanlage betraut. Ganz im Sinne des Zweiten Vatikanischen Konzils schufen sie ein Gemeindezentrum, wobei allerdings das schmale Grundstück eine lineare Anordnung des Glockenturms, des Kirchenraums, der Werktagskapelle, des Gemeindesaals, der Pfarrerwohnung sowie weitere Nebenräume erforderte. Der gesamte Baukörper ist aus Stahlbetonträgern konstruiert, die mit Klinkermauerwerk ausgefächert sind. Der flach gedeckte Kirchenraum überragt die anschließenden Gebäude, die zum Teil mit Pultdächern versehen sind, um das Bauwerk dem Ortsbild anzupassen. Im quadratischen Kirchenraum befindet sich der Altar in einer abgerundeten Ecke. Er ist der erste in Österreich geweihte Holzaltar (zuvor musste zumindest die Tischplatte aus Stein hergestellt werden). Der Tabernakel ist in der Trennwand zur Werktagskapelle eingelassen und von beiden Seiten erreichbar. Der Raumeindruck wird durch Ziegelwände, Wandverkleidungen aus hellem Eichenholz, eine flache Betonrasterdecke sowie einen schwarzen Asphaltboden bestimmt. Hoch liegende Fensterbänder sowie eine Lichtkuppel über dem Altar schaffen eine stimmungsvolle Atmosphäre. Die künstlerische Ausstattung wurde von Lydia Rappolt, einer bekannten Künstlerin im sakralen Bereich, hergestellt.

Bildung

2203 Hauptstraße 258, <u>Mittelschule, 1952–1954,</u> P: Paul Kutscha-Lissberg, Karl Borger | Aufstockung, 1964, P: Pausa Nagl | Volksschule und Zubau Mittelschule, 1975–1979, P: Paul Lalics, Ingrid Riegler | Zubau, 1985, P: H. Laferl

Wohlfahrtsschlag 3283
Gemeinde: St. Anton an der Jeßnitz, Bezirk: Scheibbs

Verkehr

2204 Wohlfahrtsschlag 33–35, <u>Bahnhof Winterbach, 1910–1911,</u> P: Emil Hoppe, Marcel Kammerer, Otto Schönthal, BH: Niederösterreichische Landesbahnen (NÖLB) ●

→ 0520

Wolfsgraben 3012
Gemeinde: Wolfsgraben, Bezirk: St. Pölten

Einfamilienhäuser

2205 Leopold Mitterstöger-Straße 30, <u>EFH und Arztpraxis, 1982–1983,</u> P: Wilhelm Kleyhons ●

Die einfache, der Straße zugewandte und unter dem niederen Teil des steilen Pultdachs gelegene Nordfassade des Wohn- und Ordinationshauses lässt wenig von der Schönheit der Gartenfassade erahnen. Der halbrunde Bau öffnet sich weit nach Süden, Holz und Glas dominieren die zweigeschoßige Fassade, und ein zentraler Holzbalkon und eine große Terrakottaterrasse erschließen den Garten samt künstlich angelegter Wasserfläche.

Verkehr

2206 48°10'31.2"N 16°07'21.5"E, <u>Wolfsgrabenbrücke, 1966,</u> AF: Waagner Biro AG | Neuerrichtung Oberbau, 2006–2008 ●

Wolkersdorf im Weinviertel 2120
Gemeinde: Wolkersdorf im Weinviertel, Bezirk: Mistelbach

Religion, Kult

2207 Alleegasse 23, <u>Erweiterung Kapelle Maria Lourdes, 1909,</u> P: Hanns Schneider, AF: Hans Haas, K: Eduard Kerschbaum (Madonnenstatue, 1971) ●

Im Jahr 1890 wurden zu Ehren der Muttergottes von Lourdes eine Kapelle und daneben auch ein Kindergarten errichtet. 1909 bekam der Architekt Hanns Schneider den Auftrag, die Kapelle zu vergrößern. Er erbaute gerade die Pfarrkirche in Wien Simmering in neoromanischer Formensprache, und in diesem Stil gestaltete er auch den Kapellenausbau. Die bestehende gotische Kapelle hat er als Presbyterium in den Neubau miteinbezogen, das Portal ist von zwei Säulen flankiert, die von der 1889 abgebrochenen, gotischen Schlosskapelle stammen. Gleichzeitig mit der Kapellenvergrößerung wurde der Kindergarten aufgestockt, um

Räume für die Schwestern der Kongregation der Töchter der Göttlichen Liebe, die den Kindergarten betreuten, zu schaffen. Heute dient dieser Bau als Mehrfamilienwohnhaus.

Wohnbauten

2208   Haasgasse 18, Wohn- und Geschäftshaus, 1911, P: Hans Haas | Um- und Zubau, 2000, P: Peter Wenzel ●

Prägend für den zweigeschoßigen Eckbau sind das runde Erkertürmchen im Obergeschoß mit Zwiebelhaube und der schmale Giebel über dem Stiegenhaus an der östlichen Gebäudekante. Der gläserne Anbau im Norden tritt aus der Flucht der Putzfassaden mit ihrem zeittypisch reduzierten, geometrischen Ornament zurück.

2209   Hauptstraße 22, Wohn- und Geschäftshaus, 1911, P: Karl Koblischek | Ausbau Dachgeschoß, 1969, AF: Hans Lahofer Bauunternehmung ●

2210   Johann Schweiger-Gasse 3, 5, Doppelwohnhaus, 1913 | Ausbau Dachgeschoß Nr. 3, 1998 | Umbau Nr. 5, 1989 ●

Einfamilienhäuser

2211   Haasgasse 14, WH, 1935, P/BH: Hermann Haas ●

Mit seinem massiven Erscheinungsbild, der Eingliederung in die Grundstücksmauer und dem Erker mit Zwillingsfensterchen wirkt das Haus am Ufer des Russbachs wie ein Überrest einer frühneuzeitlichen Befestigungsanlage. Tatsächlich wurde es erst im Jahr 1935 von Hermann Haas, Stadtbaumeister aus Wien, für sich selbst entworfen. Er verstarb jedoch wenige Jahre später und die ebenfalls von ihm geplante Inneneinrichtung wurde in den folgenden Jahrzehnten nach Übersee verkauft. Der große Garten war ursprünglich ein für die Gegend üblicher Obstgarten; die mit der Zeit dichtere Bebauung der Nachbargrundstücke sowie die veränderte Vegetation lassen den Grünbereich heute jedoch überdurchschnittlich großzügig wirken.

2212   Haasgasse 33, Atelier und WH, 1925, P/BH/K: Franz Zelezny ●

Wöllersdorf 2752
Gemeinde: Wöllersdorf-Steinabrückl, Bezirk: Wiener Neustadt

Bildung

2213   Schulgasse 6, Volksschule, 1904, P: Anton Engert | Zubau Turnsaal, 1993, AF: Werner Zohner, Johann Rassi ●

Der repräsentative U-förmige Baukörper mit hohem Mansarddach verfügt über eine durch neobarocke und secessionistische Elemente reich dekorierte Hauptfassade. Die konvex vortretende Mittelachse ist mit einem Giebel bekrönt, Kolossalpilaster gliedern die Fassade vertikal. Der 1993 errichtete Turnsaal in postmoderner Formensprache ergänzt mit seiner vertikalen Fassadengliederung mit abgetreppten Lisenen und Fenstern mit quadratischer Sprossenteilung harmonisch das Bestandsgebäude.

Wohnbauten

2214   Villenkolonie 214–224, 215–217, 221–225, Offizierswohnhäuser, 1913–1917, P: Fritz Herzmanovsky-Orlando, BH: Feuerwerkanstalt ●

Für Offiziere des nahen Munitionswerks entstand auf einem ausgedehnten, bewaldeten Areal in den 1910er-Jahren das Cottage-Viertel mit zwölf großzügigen Villen in einem mit durchaus modernen Motiven versehenen Heimatstil, von denen sich elf erhalten haben. Anhand der Grund- und Aufrisse sowie Fassaden unterscheiden sich die Bauten stark, gemein sind ihnen zwei Geschoße und steile Walmdächer.

Industrie

2215   Kirchdorfer Platz 1, Bürogebäude, ehem. Munitionsfabrik, 1914–1916, P: Ludwig Müller, BH: k. u. k. Artilleriezeugsanstalten ●

Bereits um 1800 wurde dieser Standort zur Rüstungsproduktion genutzt, wobei sich die Spezialisierung auf Raketenwaffen erst um die Jahrhundertwende zum 20. Jahrhundert vollzog. Von der ehemals größten Munitionsfabrik Österreich-Ungarns sind heute nur noch die Offizierswohnhäuser sowie die Elektroschalt- und Verteilerhalle erhalten. Die Seitenflügel des zentralen Schaltraums sind mit einem weiteren, von der Straße aus gesehen hinter dem Bau liegenden, konvex angelegten Schaltraum verbunden. Es ergibt sich ein halbkreisförmiger Grundriss, der an eine Schlossanlage erinnert. Nach dem Ersten Weltkrieg wurde die Munitionsfabrik zu einer Metallwarenfabrik umgenutzt. Heute wird die Verteilerhalle als Verwaltungsgebäude des ansässigen Bauunternehmens genutzt.

▶ Foto: ehemalige Elektritzitätszentrale

Wopfing 2754
Gemeinde: Waldegg, Bezirk: Wiener Neustadt

Gesundheit

2216 Wopfing 165, Austrotherm GmbH, ehem. Genesungsheim der Gremial-Krankenkasse, 1914, P: Siegmund Katz, AF: F. T. Schmidt | Erweiterung, 1922–1923, P: Johann Rothmüller ●

Im Jahr 1914 wurde das von der Wiener Kaufmannschaft gestiftete Genesungsheim eröffnet. Die für die Aufnahme von 40 Frauen und Mädchen bestimmte Heilstätte war sehr komfortabel ausgestattet und bot die Möglichkeit für verschiedene Wasser- bzw. Schlammkuren. „Das Heim ist in dem modernen Stil gehalten, in dem man jetzt so schöne Bauten auf dem Lande errichtet" (*Arbeiter-Zeitung*). Ein Gebäude auf dem Land galt damals als modern, wenn es sich durch eine Gestaltungsweise in die umgebende Natur harmonisch einfügte. In diesem Sinne hat Siegmund Katz den Baukörper vielteilig aufgelöst und zusammen mit vielsprossigen Fenstern, grünen Fensterläden sowie einer bewegten Dachlandschaft die gewünschte malerische Qualität erzielt. Nachdem das Heim während des Ersten Weltkriegs als Genesungsheim für Soldaten übernommen worden war, erfolgte nach dem Krieg eine umfassende Sanierung und ein – stilistisch angeglichener – Anbau, der die Bettenkapazität verdoppelte. Im Jahr 1936 übernahm die Firma Siemens das Heim und stellte es als Erholungsheim seinen Angestellten zur Verfügung. Während des Zweiten Weltkriegs diente es als Tuberkuloseheilstätte für Soldaten. Seit 1995 ist der Bau der Sitz der Firma Austrotherm GmbH, die die notwendigen Adaptierungsarbeiten mit viel Umsicht durchführte und die Außengestaltung im Originalzustand beließ.

Wördern 3423
Gemeinde: St. Andrä-Wördern, Bezirk: Tulln

Amts-, Verwaltungs-, Kommunal-, Bürobauten

2217 Altgasse 30, Gemeindeamt, 1980, P: Wilhelm Schmid

Bildung

2218 Altgasse 28, Bücherei, ehem. Kindergarten, 1964–1968, P: Anton Schweighofer ●

Sichtziegelmauerwerk, Sichtbeton und großzügige bis zum Boden reichende Verglasungen geben dem Gebäude eine markante Gestalt. Eine zentrale Halle erschließt den Bewegungsraum und die beiden Gruppen. Besonderes Augenmerk wurde auf die räumlichen Übergänge zwischen den verschiedenen Nutzungszonen gelegt: Es gibt keine Gänge, die Bereiche zwischen Spielnischen, Gruppenraum und Garderoben sind über Eckaufschließungen mit Lichtkuppeln miteinander verbunden. Die Anordnung der einzelnen Bereiche ermöglicht eine gute Übersicht und zahlreiche Durchblicke, aber auch Rückzugsbereiche. Das Gebäude wird seit 2010 als Bücherei genutzt.

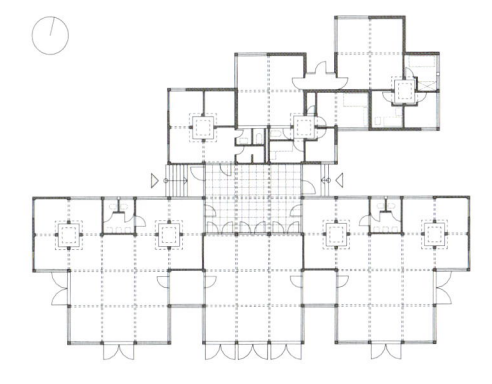

Einfamilienhäuser

2219 Gärtnergasse 3, Atelier und WH, 1992–1993, P: Anton Schweighofer, MA: Maria Flöckner, Peter Weber, S: Wolfdietrich Ziesel ●

Der oktogonale, sechsstöckige Wohnturm aus Holz zeichnet sich durch die Wandelbarkeit der lichtdurchfluteten Räume und die Aussicht in die umgebende Kulturlandschaft aus.

2220 Greifensteinerstraße 156, Zubau Villa Pflaum, 1976–1979, P: Hermann Czech, Ingrid Capaine, Volker Thurm ●

Die von Ludwig Förster und dem jungen Theophil Hansen historistische, mit romantisierenden Elementen aus der venezianischen und islamischen Baukunst gestaltete Villa aus dem Jahr 1849 wurde lange Zeit von der Stadt Wien als Kinderheim angemietet. Als sich über 100 Jahre später bei den Besitzer*innen der Wunsch einer besseren Nutzung ihres Grundes auftat, errichtete Hermann Czech zwischen 1976 und 1979 ein auf dem ehemaligen Umfahrungsweg stehendes, an den Altbau angrenzendes Wohn- und Ferienhaus. Der Neubau besteht aus zwei ineinandergeschobenen Teilen. Der erste, eingeschoßige Bauteil schließt über Eck an die Altbauaußenwand an, wobei er unterhalb der Kämpfer der rundbogigen

Altbaufenster endet, um die Belichtung des alten Erdgeschoßes weiterhin zu ermöglichen. Der zweite Teil wird von einem höheren, zweigeschoßigen Betonkubus gebildet, der die Höhe des Altbauerdgeschoßes ebenfalls nicht übersteigt. Das Innere der Kuben ist trotz der geringen Grundfläche mit verschiedenen Ebenen räumlich geschickt konzipiert. Nachdem die Stadt Wien 1981 das Kinderheim aufgegeben hatte, gestaltete Czech auch die Räume des Altbaus in einzelne Wohneinheiten um.

2221 Kernstockstraße 5, EFH, 1989–1991, P: Werner Stolfa

Das Haus des Architekten Werner Stolfa schließt giebelständig an die südlich vorbeiführende Straße an und besteht aus einer gemauerten sowie in Holzständerkonstruktion errichteten Hälfte. Während im massiveren, zweigeschoßigen Gebäudeteil die kleineren Zimmer und Nebenräume Platz finden, umfasst der hölzerne, etwas niedrigere Abschnitt eine große Wohnhalle, die durch eine hohe Fensterwand eine Verbindung zwischen Küche und Garten herstellt.

Industrie

2222 Eduard-Klinger-Straße 21, Kunststoffwerk, 1980, P: Christine Kordon, Walther Kordon, BH: Internorm Fenster GmbH ●

Wullersdorf 2041
Gemeinde: Wullersdorf, Bezirk: Hollabrunn

Bildung

2223 Hauptplatz 28, Arztpraxis, ehem. Kaiser-Josef-Jubiläumsschule, 1898 ●

Wulzeshofen 2064
Gemeinde: Laa an der Thaya, Bezirk: Mistelbach

Bildung

2224 Wulzeshofen 53, Volksschule, 1911, AF: Franz Brandhuber | Sanierung, 1998–2011 ●

Würnitz 2112
Gemeinde: Harmannsdorf, Bezirk: Korneuburg

Religion, Kult

2225 48°25'45.3"N 16°25'29.6"E, bei Kirchengasse 1, Pfarrkirche hl. Vitus/hl. Veit, 1971, P: Erwin Plevan, AF: Anton Eisinger, K: Gertrude Stöhr (Tabernakel, Taufbrunnen, Kreuzweg), Hermann Bauch (Glasfenster, Mosaik) ●

1971 wurde beschlossen, die im 18. Jahrhundert errichtete Kirche bis auf den Turm abzureißen und einen Neubau zu errichten. Der Architekt Erwin Plevan plante den Neubau nach dem Konzept einer geometrischen Ordnung im Modulsystem aus fünf Quadraten und stellte mit einem niederen Anbau eine Verbindung zum Turm her. Der Hauptraum besteht aus einem großen Kubus, der von einem hohen Zeltdach überdeckt ist. An den vier Ecken des Zentralraums ist je ein quadratischer „Lichtturm" eingefügt. Diese Türme sind in Sichtbeton ausgeführt, Dächer aus Glasbausteinen dienen zur Belichtung des Raums. Ein Turm wurde zur Sakramentskapelle mit einer Tabernakelstele bestimmt, einer als Taufkapelle, ein weiterer als Beichtkapelle. Im vierten Turm wurde der Marienaltar der alten Kirche aufgestellt. Die vier Türme wiederholen die Grundform des bestehenden Kirchturms und stellen eine spannungsreiche Beziehung zwischen Tradition und Moderne her. Bei der Gestaltung des Innenraums hat Plevan sehr früh auf die Bestimmungen des Konzils aus dem Jahr 1967 reagiert: Den neuen liturgischen Vorgaben entsprechend ist der Altar im Zentrum situiert und die Bankblöcke sind an drei Seiten angeordnet. Die Seitenwände bestehen aus grob verputzten Betonsteinen, nur die Wand hinter dem Altar ist durch eine Verkleidung mit Sichtziegeln hervorgehoben. Das niedrige Verbindungsglied zwischen Turm und Kirchengebäude dient als Einsegnungsraum, der auch von außen zugänglich ist.

Ybbs an der Donau 3370
Gemeinde: Ybbs an der Donau, Bezirk: Melk

Religion, Kult

2226 48°10'44.2"N 15°04'42.7"E, beim Kirlteich, Freiheitsdenkmal, 1913, P: Leo Christophory, AF: Emil Stohl, K: Joseph Baumgartner (Adler) ●

Zum 100. Jahrestag der Völkerschlacht bei Leipzig wurde 1913 am sogenannten Kirl, einem Hügel am Rande von Ybbs, ein Denkmal errichtet. Das weithin sichtbare Wahrzeichen ist 16 Meter hoch und wurde aus Beton und Kunststein hergestellt. An der Spitze befindet sich ein „nach dem Feinde auslugender mächtiger Adler" (*Der Bautechniker*), der nach dem Entwurf des Bildhauers Josef Baumgartner in Kunststein gegossen wurde. Zwischen zwei Pylonen führt eine Treppe zu dem Wahrzeichen, an dem eine große Gedenktafel aus Kupfer mit den Worten „Für Ehre Freiheit Vaterland" angebracht ist.

2227 Göttsbacher Straße 2, Aufbahrungshalle kath. Friedhof, 1960–1961, P: Norbert Mandl ●

Norbert Mandl, der in den 1950er- und 1960er-Jahren vor allem als Architekt von Wohnhausanlagen für die Gemeinde Wien tätig war, errichtete die schlicht konzipierte Aufbahrungshalle aus unverputzten Stahlbetonelementen, die er mit einem weit vorkragenden Flugdach zusammenfügte.

Kultur, Veranstaltung

2228 Kaiser-Josef-Platz 2, Stadthalle, 1965, BH: Stadtgemeinde Ybbs an der Donau | Generalsanierung, 2019–2021, P: Stefan Huber •

Das Gebäude wurde unter kommunaler Bauherrschaft für Großveranstaltungen errichtet. Auch wenn die Innenräume mit zeittypischer Materialpalette und gestalterischen Feinheiten bei einer Sanierung samt Entkernung um 2000 verloren gingen, zeugt die Außenerscheinung auch heute noch von der Ursprungsgestalt im Stil einer gemäßigten Moderne. Die der Donaulände zugewandte Fassade mit einer die beiden Hauptgeschoße umfassenden, gebogenen Panorama-Fensterfläche entspricht weitgehend dem Ursprungsbild, an der straßenseitigen Front fanden im Bereich des Haupteingangs Veränderungen statt.
▶ Foto: bauzeitlicher Zustand des Eingangs

Freizeit

2229 Schulring 3, Turnvereinsgebäude, 1898 | Erweiterung, 1923, P: Leo Christophory •

Der 1885 gegründete Turnverein Ybbs ließ 1898 seine Turnhalle mit einer neobarocken, durch genutete Lisenen und Rundbogenfenster gegliederten, längs gestreckten Fassade mit hoher Attika errichten. 1923 wurde dieser Bau um einen quer dazu gestellten Bühnenzubau mit einer vorkragenden, spätklassizistischen Tempelfassade erweitert – eine Gestaltung, die von großem bürgerlichem Selbstbewusstsein des Turnvereins zeugt. Ein vergleichbarer Turnhallenbau entstand von 1895 bis 1897 am Schillerring in Herzogenburg (→ 0644).

Wohnbauten

2230 Kirchengasse 3, Fassade Wohn- und Geschäftshaus, 1929, P: J. Scheiblauer •

Ein markanter Attikaaufsatz akzentuiert den dreigeschoßigen Baukörper, der oberhalb der großzügig durchfensterten Sockelzone durch schmale Gesimse gegliedert wird. Mit dünnen Putzrahmen eingefasste Fenster liegen aufgrund der wenig eingetieften Laibungen beinahe in einer Flucht mit der Fassadenebene. Auffallend ist der Achsmaßversatz innerhalb der Fassade: Das Gebäude verfügt im ersten Obergeschoß über drei Fensterachsen mit jeweils zweiteiligen Fenstern, darüber und versetzt liegen zwei dreiteilige Fenster.

2231 Prof.-Wirtinger-Gasse 3–5, 14–18, Stauwerkstraße 14–16, WHA, um 1970, P: Leo Kammel jun. •

2232 Prof.-Wirtinger-Gasse 6–12, WHA, 1951

Die unweit der Donaulände liegende Anlage besteht aus vier parallel zueinander angeordneten zweigeschoßigen Gemeindebauten unter steilem Walmdach, an die jeweils eine zugehörige Grünfläche angrenzt.

2233 Trewaldstraße 10–12, WH, um 1900 •

2234 Trewaldstraße 24, Hermann Schulz-Haus, ehem. WH für Angestellte der Stadt Wien, 1930–1931 •

Einfamilienhäuser

2235 Trewaldstraße 34, Villa, vor 1946 •

Industrie

2236 Pfaffengraben 2, Wohn- und Bürogebäude, ehem. Pinsel- und Bürstenfabrik, vor 1931, BH: Franz Kirch, Erweiterung, 1949, P: Anton Aichmayr, BH: Franz Kirch | Zubau, 1968, P: Johann Oberleitner & Co, BH: Franz Kirch | Zubau, 1971, P: Johann Oberleitner & Co, BH: Margareta Reichl | Umbau, 1990–1991, P: Josef Pöchhacker, BH: Margareta Nawratil •

Zu dem bereits vor 1931 bestehenden Ursprungsgebäude hat sich nur ein undatierter Entwurf von Rudolf Mischke und Karl Odowy erhalten, welcher ein eingeschoßiges Gebäude mit ausgebautem Dachgeschoß und Dachgauben zeigt – ob dieser umgesetzt wurde, ist unklar. Ein Einreichplan für die maschinelle Ausstattung von 1931 zeigt das Betriebsgebäude den Grundrissen zufolge weitestgehend im heutigen Zustand als zweigeschoßigen Bau mit großen Industriefenstern. Neben dem Werkgebäude befindet sich das Wohnhaus des Eigentümers auf dem Fabrikareal. Über die Folgejahre fanden mehrere Erweiterungen des Betriebsgebäudes statt, etwa ein Magazin 1949 oder eine Lagerhalle 1971. Vor 1990 wurde die Bürsten- und Pinselfabrik stillgelegt und seitdem als Wohn- und Bürogebäude genutzt.

Verkehr

2237 48°09'50.7"N 15°05'38.8"E, Laabenbachbrücke, 1904, P/AF: Betonunternehmen G.A. Wayss & GE. | angepasster Ersatzneubau, 1997, P/BH: Abteilung Brückenbau Land NÖ ●

Die Fachwerkbrücke stellte mit ihrem markanten Eisenbetontragwerk mit historistischem Ornament um die Jahrhundertwende eine bemerkenswerte Bauform dar und wurde 1997 durch einen Neubau aus Stahlbeton in gleicher Formensprache ersetzt.

Ybbsitz 3341
Gemeinde: Ybbsitz, Bezirk: Amstetten

Amts-, Verwaltungs-, Kommunal-, Bürobauten

2238 Markt 1, Rathaus, 1992, P: Peter Casapicola, BH: Gemeinde Ybbsitz ●

Bildung

2239 Maisbergstraße 13, Mittelschule, 1976, P: Anton Lenhardt, Bruno Riegler | Sanierung und Umbau, 2014, P: Wolfgang Hochmeister ●

Wohnbauten

2240 Markt 4, WH, 1907 ●

Nahe dem südlichen Ufer der Kleinen Ybbs befindet sich der frei stehende, dreigeschoßige Bau mit Schopfwalmdach und markantem Volutengiebel über dem zentralen, mit einem Flachbogenfenster besetzten Erker. Dieser wird von Stützen aus Metall getragen und überdacht ein hohes korbbogenförmiges Portal. Neben der symmetrisch organisierten Fassade und den Gliederungselementen und Fenstereinfassungen in der Formensprache des Jugendstils zählen die an den Schmalseiten liegenden polygonalen Erker sowie die bandrustizierte Sockelzone zu den baulichen Akzenten.

Verkehr

2241 47°56'02.7"N 14°53'53.4"E, In der Noth, Erlebnisbrücke, 1995–1996, P: Franz Wahler, Sepp Eybl, Robert Schwan

Bei einer Spannweite von 24 Metern überwindet der hohe Brückenbogen ähnlich einer Parabel die lediglich fünf Meter voneinander entfernt liegenden Ufer des Prollingbachs. Der Bogen aus Stahlrohr-Fachwerk mit V-förmigem Querschnitt definiert einen dreiteiligen Erlebnisraum aus Aufstieg, Überschreiten des Scheitelpunkts und abschließendem Abstieg zum anderen Ufer.

Yspertal 3683
Gemeinde: Yspertal, Bezirk: Melk

Wohnbauten

2242 Altenmarktstraße 40, WH, ehem. Kaiser-Jubiläums-Arbeiter*innenheim, 1908–1909, P: Ignaz Landstetter ●

Zagging 3123
Gemeinde: Obritzberg-Rust, Bezirk: St. Pölten

Religion, Kult

2243 Ziegelofen 1, Ortskapelle Zagging, 1914–1919, P/AF: Russische Kriegsgefangene | Renovierung, 1997 ●

Während des Ersten Weltkriegs wurde im Gefangenenlager Spratzern von russischen Kriegsgefangenen eine kleine russisch-orthodoxe Holzkirche errichtet. Nach Kriegsende wurde das Lager aufgelöst, für die Kirche bestand kein Bedarf mehr und sie wurde dem Bestand der „Hauptanstalt für Sachdemobilisierung" in Wien einverleibt. Anfang der 1930er-Jahre erhielt Spratzern eine Kirche (→ 1651). Da der nahe gelegene kleine Ort Zagging keine eigene Kirche besaß, beschlossen im Jahr 1921 einige engagierte Bewohner*innen, die Kirche zu kaufen, die Bestandteile in ihren Ort zu transferieren und sie hier neu aufzubauen. Die Kapelle ist ein geosteter Saalbau mit angeschlossenem Westturm in Holzriegel-Bauweise. Große Thermenfenster an den Seitenwänden und Rundfenster im Altarbereich sorgen für einen hellen, freundlichen Innenraum, der verputzt und weiß ausgemalt ist. In den Jahren 1973 bis 1974 wurde im Zuge der Verbreiterung der vorbeiführenden Hauptstraße der Eingang von der Vorder- an die Seitenfront des Turms verlegt. Im Rahmen einer Gesamtrenovierung im Jahr 1997 wurden die noch originalen Holzwände mit einer Lärchenholzverschalung geschützt und stabilisiert. Derzeit wird in dieser kleinen Kapelle zweimal im Jahr ein Gottesdienst gefeiert.

Zell-Markt 3340
**Gemeinde: Waidhofen an der Ybbs,
Bezirk: Waidhofen an der Ybbs**

Amts-, Verwaltungs-, Kommunal-, Bürobauten

2244 Sonnenstraße 15, Haus Bene, 1999, P: Karl-Heinz Eggl

Einfamilienhäuser

2245 Sonnenstraße 10, EFH, 1989–1991, P: Ernst Linsberger, MA: Inge Andritz

2246 Sonnenstraße 12, WH am Hang, 1990–1992, P: Karin Proyer

Ziersdorf 3710
Gemeinde: Ziersdorf, Bezirk: Hollabrunn

Amts-, Verwaltungs-, Kommunal-, Bürobauten

2247 Hauptplatz 1, Rathaus, 1910 | Umbau, 2017–2019, P: Werner Zita

Kultur, Veranstaltung

2248 Horner Straße 7, Konzerthaus Weinviertel, ehem. „Jugendstilsaal", 1910, P: Heinrich Blahosch, BH: Ernest Fröhlich, AF: Ludwig Streicher | Sanierung und Zubau, 2004–2005, AB: LindnerArchitektur ZT GmbH (Gerhard Lindner), BH: Gemeinde Ziersdorf

1910 gab der Gastwirt Ernest Fröhlich in Ergänzung zu seinem Gasthaus die Errichtung eines Saals in Auftrag, der nach Plänen des Wiener Stadtbaumeisters Heinrich Blahosch durch den Ziersdorfer Baumeister Ludwig Streicher ausgeführt wurde. Die heutige Bezeichnung als „Ludwig-Streicher-Saal" bezieht sich auf den berühmten Kontrabassisten und gleichnamigen Enkelsohn des Baumeisters.

Der sich durch sein eindrucksvolles Jugendstil-Dekor auszeichnende Saal ist in einem rechteckigen, weiß verputzten Baukörper mit Satteldach angelegt; über das der Fassade vorgelagerte und ebenfalls secessionistisch dekorierte, kubische Stiegenhaus kann die auf drei Seiten laufende Galerie

betreten werden. Die teils vergoldeten Dekorelemente wurden wahrscheinlich vom Stuckateur Franz Twaroch ausgeführt. Aufgrund seiner besonderen Ausgestaltung entwickelte sich der „Jugendstilsaal" zu einem weithin bekannten und beliebten Veranstaltungsort.

Als aufgrund des Zweiten Weltkriegs die Nachfrage nachließ, wurde der Saal zum Wein- und Gerümpellager umfunktioniert und geriet in Vergessenheit. Nachdem auch das Gasthaus 1971 geschlossen wurde, verfiel die Anlage zunehmend, bis 2003 der Entschluss gefasst wurde, den Ballsaal wieder instand zu setzen. Im Zuge der von der Gemeinde Ziersdorf in Auftrag gegebenen und von Gerhard Lindner durchgeführten Revitalisierung wurden die weiße Kalkoberfläche und die flachen Zier- und vergoldeten Stuckelemente im Ballsaal wiederhergestellt. Durch einen behutsamen Umgang mit dem Bestand und eine durchdachte Integration der Haustechnik – teilweise konnten noch im Original erhaltene Lüftungsöffnungen wieder in Betrieb genommen werden – konnte der Saal in seiner ursprünglichen Gestaltung erhalten bleiben. Im Zuge der Restaurierungsarbeiten wurde 2005 das ehemalige Gasthaus abgerissen und ein zweigeschoßiger, sich gestalterisch abgrenzender Erweiterungsbau errichtet, der ein Foyer, das Bühnenlager, zwei Seminarräume und ein Café aufnimmt.

Wohnbauten

2249 Horner Straße 27, Wohn- und Geschäftshaus Streicher-Hof, 1911

Einfamilienhäuser

2250 Kürnbachstraße 19, Passivhaus, 1994–1995, P: Josef Kiraly

Bereits in den 1970er-Jahren an der noch neuen Passivhausidee interessiert, versuchte Josef Kiraly mit seinem ersten „Sonnenhaus" in Sistrans in Tirol (1978) mit der Vorstellung, wie ein Passivhaus auszusehen hätte, zu brechen und stattdessen helle, lichtdurchflutete Räume aus Glas zu schaffen, die trotzdem eine positive Wärmebilanz erreichen. In Ziersdorf wurde die gleiche Idee durch die Südausrichtung der halbrunden Glasfassade verfolgt, der nördlich gerichtete Teil des Hauses fungiert hierbei als Pufferzone und bietet mit seiner erhöhten Dachschräge einen idealen Anbringungsort für Sonnenkollektoren. Weiters zeichnet die kontrollierte Raumlüftung, die durch die von einem zentralen Holzofen geleitete Thermodynamik unterstützt wird, das von reichem Grün umgebene Haus des Wintergartentyps als Passivhaus aus.

Zillingdorf-Bergwerk 2491
Gemeinde: Zillingdorf, Bezirk: Wiener Neustadt

Religion, Kult

2251 Lindengasse 20, Filialkirche hl. Barbara, 1971–1975, P: Josef Patzelt

Zissersdorf 2094
Gemeinde: Drosendorf-Zissersdorf, Bezirk: Horn

Industrie

2252 Zissersdorf 113, ehem. Brennerei, 1928, P: Franz Friedreich, BH: Landwirtschaftliche Braugenossenschaft für Zissersdorf | Stilllegung 1998 ●

Zistersdorf 2225
Gemeinde: Zistersdorf, Bezirk: Gänserndorf

Amts-, Verwaltungs-, Kommunal-, Bürobauten

2253 Hauptstraße 12, Rathaus, Sparkasse, Bezirksgericht, 1906–1907, P: Eugen Sehnal, Julius Müller | Wiederaufbau, 1946–1949, P: Anton Steflicek ●

Das von 1906 bis 1907 von Eugen Sehnal und Julius Müller errichtete Rathaus im Stil der Renaissance wurde im Zweiten Weltkrieg zerstört und in zeittypischen Formen wiederaufgebaut; neben der Funktion als Amts- und Bankgebäude wurde hierbei ein Stadtkino eingerichtet. Die Fensterachsen und der Erker im zweiten Obergeschoß der Hauptfassade sowie der Turmaufbau mit Uhr wurden an gleicher Stelle belassen, jedoch in moderne, kubische Formensprache übersetzt.

Bildung

2254 Kirchengasse 1, Neu- und Umbau Mittelschule, 1985–1986, AB: Nehrer + Medek Architekten (Manfred Nehrer, Reinhard Medek), MA: Hans Bojer, BH: Hauptschulgemeinde Zistersdorf, S: Wolfdietrich Ziesel ●

An der Stelle der alten Hauptschule, die 1874 nach Plänen von Karl Simon Rausnitz als Volks- und Bürgerschule errichtet und durch Um- und Zubauten 1908 und 1971 adaptiert worden war, entstand in den 1980er-Jahren das Um- und Neubauprojekt nach Plänen von Nehrer + Medek. Die neue Mittelschule wurde als Zubau unter Einbeziehung von Teilen des historischen Schulgebäudes errichtet, der sich trotz seiner großen Kubatur in die umliegenden Gebäude einfügt. Im Altbau wurden die Sonderunterrichtsklassen, Verwaltung, WC-Gruppen und die Garderoben untergebracht, der Neubau beherbergt im Untergeschoß den Turnsaal, darüberliegend die Stammklassen und im Dachgeschoß einen Mehrzweckraum und Aufent-

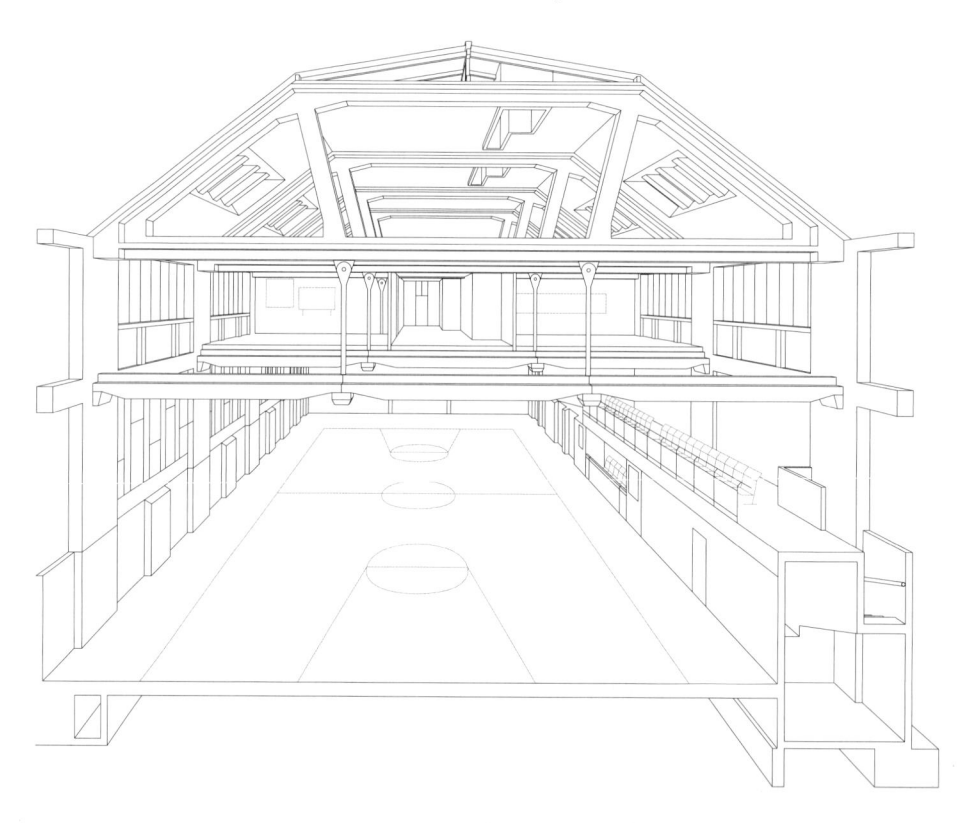

haltsräume. Im turmartigen Mittelrisalit, der die beiden Gebäudeteile verbindet, befinden sich der Eingang und die vertikale Erschließung. Um die benötigte große Spannweite für den Turnsaal zu erreichen und die Konstruktion trotzdem möglichst schlank zu halten, wurden die Decken an lange im Dachraum sichtbare Stahlbetonbinder gehängt.
▶ *Darstellung: Zustand um 1986*

2255 Schlossplatz 5, Volks- und Sonderschule, 1966–1967, P: Rupert Weber | Zubau, 2004–2005, AB: NMBP Architekten (Sascha Bradic, Manfred Nehrer, Herbert Pohl) ●

Das ab 1966 errichtete Schulhaus mit einem zweigeschoßigen Trakt zum Schlossplatz und drei eingeschoßigen Trakten, in denen sich die Klassenräume um einen Innenhof gruppieren, wurde bereits 1969 wegen Platzmangels aufgestockt. 2004 wurde die Schule erneut erweitert und eine Sonderschule in das Gebäude integriert.
▶ *Foto: Zustand vor Zubau*

Freizeit

2256 Badgasse 2, WH, ehem. Hallenbad, um 1930 ●

Die „Städtische Kaiser Franz Josefs Jubiläums-Schwimm- & Badeanstalt" aus der zweiten Hälfte des 19. Jahrhunderts erhielt um 1930 einen neoklassizistischen Hallenbad-Anbau. Das Gebäude wird heute für Wohnzwecke genutzt.

Wohnbauten

2257 Friedensgasse 1, 2–8, Siedlung „Schönere Zukunft", um 1961, P: Rupert Weber ●

Neben einem viergeschoßigen Mehrfamilienhaus entstanden drei gleichförmige, zweigeschoßige Wohnhäuser mit je vier Einheiten sowie ein Laubenganghaus mit zwölf Wohneinheiten und einem geschlossenen Vorbau mit Stiegenhaus. Hervorgehoben wurden bauzeitlich die ökonomischen und platzsparenden Vorteile dieser Bauweise. Charakteristisch sind die flachen Satteldächer mit Welleternitdeckung und die zugehörigen Balkonbrüstungen in gleicher Form.

Industrie

2258 Dürnkruter Straße 57, Werkstatt Popp, ehem. Zweigwerk der Wiener Schwachstromwerke, 1961–1962, P: Siegfried Enna, BH: Siemens-Halske GmbH, S: Manfred Wicke | Stilllegung, 1987 ●

Der Ausbau des Unternehmens erfolgte durch die Errichtung eines Zweigwerks für schwachstromtechnische Produktion in Zistersdorf. Die Bebauung umfasst eine große Halle mit Anbau und eine Energiezentrale in einem zweiten Baublock. Die Halle besteht aus acht Sheds, deren Tragbalken im Inneren je von einem in der Mitte stehenden Y-förmigen Pfeiler gestützt werden. Über nach Norden ausgerichtete, drei Meter hohe Fensterbänder im Sheddach erfolgt die Belichtung. Neben der Nutzung als Montagewerkstätte diente die Shedhalle als Lager und Versandstelle. Im unmittelbar westlich angegliederten, zweigeschoßigen und unterkellerten Anbau waren die Verwaltung sowie Betriebs- und Sozialräume untergebracht. In dem zweiten lang gestreckten Baublock östlich der Shedhalle befindet sich die Energiezentrale, u. a. mit Kesselhaus und Transformatorenstation. Aufgrund der Umstellung auf digitalen Telefonanlagenbau und die damit verbundene Arbeitskraftreduzierung wurde die Produktion am Standort Zistersdorf 1987 eingestellt.

Zitternberg 3571
Gemeinde: Gars am Kamp, Bezirk: Horn

Einfamilienhäuser

2259 Zitternberg 42, Villa Hanebeck, um 1901, BH: Emil Hanebeck ●

Die zweigeschoßige Villa mit dem ortsuntypischen flachen Mansardwalmdach wurde für den Nadelfabrikanten Emil Hanebeck, den Sohn einer Fabrikantenfamilie aus Iserlohn, errichtet. 1924 verlegte Hanebeck seinen Wohnsitz in die von Josef Hoffmann für ihn entworfene Villa Gretl in Gars am Kamp (→ 0445).

Industrie

2260 Zitternberg 100, Fabrik Häusermann, ehem. Nadelfabrik, 1901, BH: Emil Hanebeck | Stilllegung, um 1974 •

Die ursprüngliche Bauernmühle (Zitternberg Nr. 19) wurde 1901 von Emil Hanebeck zu einer Nadelfabrik umgebaut. Der Betrieb wurde vor 1938 geschlossen und das Areal nach der Besetzung Österreichs von der Firma Häusermann-Fabrik chemischer Gravuren übernommen. Anfang der 1970er-Jahre wurde der Betrieb stillgelegt, ein angegliedertes Kraftwerk liefert heute Strom für das öffentliche Netz. 2017 übernahm die KSG GmbH die Fabrik, wobei sich das heute genutzte Fabrikareal südlich der Bauten von 1901 befindet.

Zlabern 2135
Gemeinde: Neudorf im Weinviertel, Bezirk: Mistelbach

Einfamilienhäuser

2261 Am Landmann 2, Ferienhaus, 1979, P: Brigitte Pintar •

Das als Ferienhaus für zwei Familien konzipierte Doppelhaus zeichnet sich neben seiner an abstrahierte Jagdhäuser erinnernden Gestaltung besonders durch die leichte, von lokalen Zimmermeistern nach einem Grundrissraster vorgefertigte Holzbautechnik im Inneren aus.

Zöbing 3561
Gemeinde: Langenlois, Bezirk: Krems

Kultur, Veranstaltung

2262 Mühlweg 5, Festhalle, 1929–1931, BH: Christlicher Turnverein Zöbing | Sanierung, 1956 | Zubauten für Schanklager, 2004, AF: Steiner Bau GmbH und Sanitäranlagen | Zubauten, 2010, AF: Area Verde KG | Sanierung, 2019, AB: Atelier Langenlois – Kerzan & Vollkrann GmbH •

Ursprünglich als Turnhalle errichtet, wurde das Gebäude ab 1960 zur Festhalle umgestaltet und von verschiedenen Vereinen genutzt. Der Bau wurde nach der Eingemeindung Zöbings in die Großgemeinde Langenlois 1972 von der Stadtgemeinde übernommen. Dem großen satteldachgedeckten Hallenraum ist straßenseitig ein zweigeschoßiger Vorbau angefügt, zwei vorkragende, abgerundete Baukörper flankieren den Haupteingang im Erdgeschoß.

Sonderbauten

2263 48°29'16.3"N 15°42'12"E, Kamptalwarte am Heiligenstein, 1897, BH: Österreichischer Touristenklub | Renovierung, 1913 | Wiederaufbau nach Kriegsschäden, 1951 | Sanierungen, 1982–1983, 1996–1997 | Solarpaneele und Beleuchtungsanlage, 2002 •

Landwirtschaft

2264 Mühlweg 1, Umbau ehem. Mühle zur Möbelfabrik, 1905–1906 | Zubau Elektrizitätswerk, 1921 •

Die aus dem 16. Jahrhundert stammende Getreidemühle wurde zwischen 1905 und 1906 stillgelegt und anschließend in eine Sesselfabrik umgebaut. Die einen Hof umschließenden ein- bis dreigeschoßigen Gebäudetrakte mit Satteldächern umfassen Verwaltungs- und Wohnhaus sowie Fabrikgebäude und das 1921 errichtete, noch in Betrieb stehende Elektrizitätswerk über dem Mühlbach. Als Baumaterialien wurden Natur- und Ziegelsteine verwendet, die Dachkonstruktionen beschränken sich ausschließlich auf Holz.

Zwentendorf an der Donau 3435
Gemeinde: Zwentendorf an der Donau, Bezirk: Tulln

Energie

2265 48°21'16.7"N 15°53'05.6"E, Atomkraftwerk, 1972–1978, P: Heinz Scheide, Rudolf Nitsch, BH: Gemeinschafts-Kraftwerk-Tullnerfeld GmbH (GKT), P/AF: Siemens Österreich •

Der nie in Betrieb genommene Siedewasserreaktor war als Grundlastwerk geplant, sollte aber auch der Deckung von Lastspitzen dienen. Er hätte vor allem zu solchen Zeiten eingesetzt werden sollen, in denen die Wasserkraftwerke den Bedarf nicht hätten decken können. 1978 veranlasste das Parlament aufgrund der wachsenden Kernenergie-Gegnerschaft die erste Volksabstimmung der Zweiten Republik, und die Bevölkerung sprach sich gegen die Inbetriebnahme aus. Zu diesem Zeitpunkt war der große, kubische und fensterlose Betonblock bereits annähernd fertiggestellt.

2005 kaufte die EVN das Kraftwerk und errichtete Photovoltaikanlagen auf dem Gelände, die seit 2009 in Betrieb sind. Ein Jahr später gründete die EVN gemeinsam mit der TU Wien das Photovoltaik-Forschungszentrum Zwentendorf.

Zwettl-Niederösterreich 3910
Gemeinde: Zwettl-Niederösterreich, Bezirk: Zwettl

Amts-, Verwaltungs-, Kommunal-, Bürobauten

2266 Galgenbergstraße 40, EVN Zwettl, 1979, P: Paul Katzberger, Karin Bily

2267 Gartenstraße 3, Erweiterung Stadtamt, ehem. Krankenhaus, 1935, P: Josef Schabes | Erweiterung, 1951–1956, K: Rudolf Pertermann (Wandbild) | Umbau, 1979–1982 | Umbau, 2017–2019, P: Gerhard Macho •

Dort, wo sich heute die Caritas-Werkstatt befindet, stand das urkundlich erstmals 1564 erwähnte Siechenhaus. Ab Mitte des 19. Jahrhunderts wurde das Gebäude sukzessive erweitert und zu einem Spital adaptiert. 1899 besaß das Krankenhaus eine Bettenkapazität von 24, einen Operationssaal und eine Küche. Der südliche Trakt, in dem sich heute die Registratur und das Kulturbüro befinden, wurde 1935 nach Plänen von Josef Schabes realisiert. Während des Zweiten Weltkriegs wurden einige Baracken auf dem Gelände errichtet. In den 1950er-Jahren entstand parallel zur Gartenstraße in zwei Etappen ein Erweiterungsbau. Nachdem das Krankenaus 1979 in einen Neubau übersiedelte, wurde das bestehende Gebäude erneut umgebaut und die Caritas bezog 1980 den Bau; das Stadtamt folgte 1982. Bei den Umbauten von 2017 bis 2019 wurde das Dach des Trakts aus den 1950er-Jahren abgerissen und neu aufgestockt, die Dachgauben im Bau von 1935 durch Dachflächenfenster ersetzt und mehrere Umbauten im Inneren vorgenommen. Das Wandbild an der Gartenstraße stammt von Rudolf Pertermann, der unter anderem das Wandbild an der Pfarrkirche in Langau sowie mehrere prominent sichtbare Wandbilder an Lagerhäusern schuf (→ 0459, → 2119).

Religion, Kult

2268 48°36'29.3"N 15°09'50.5"E, hinter Weitraer Straße 11, evang. Auferstehungskirche, 1903–1904, P: Josef Schabes, BH: Georg Ritter von Schönerer | Renovierung, ab 1992, K: Linde Waber (Glasfenster), Josef Elter (Christusfigur), Helga Jurenitsch (Innenausstattung) •

Der kleine, ursprünglich „Schönerer Gedächtniskirche" genannte, historistische Kirchenbau ist nicht von den katholischen Kirchen zu unterscheiden, die im 19. Jahrhundert in zahlreichen Orten Niederösterreichs erbaut wurden. Der Bauherr war Georg Ritter von Schönerer, Eigentümer des Schlosses Rosenau und Politiker. Er war Befürworter eines Großdeutschen Reichs, Antisemit und Verfechter der knapp vor 1900 entstandenen „Los-von-Rom-Bewegung". Da es damals in Zwettl gerade einmal acht evangelische Gläubige gab, wird vielfach vermutet, dass Schönerers Kirchenstiftung vor allem als Provokation gegen den katholischen Klerus gedacht war.

Bildung

2269 Hammerweg 2, Volksschule und Stadtsaal, 1967–1970, P: Oskar Scholz | Generalsanierung und Umbau, 1998–2000, P: Heinz Planatscher •

Gesundheit

2270 Propstei 5, Landesklinikum Zwettl, ehem. Krankenhaus Zwettl, 1973–1979, P: Anton Schweighofer, BH: Stadtgemeinde Zwettl, S: Wolfdietrich Ziesel | Zubau, 2002–2006, AB: Architekten Maurer & Partner ZT GmbH (Ernst Maurer, Christoph Maurer, Thomas Jedinger) •

Das aus dem ehemaligen Siechenhaus entstandene Krankenhaus entsprach trotz mehrmaliger Vergrößerungen schon längst nicht mehr den modernen Anforderungen. Da weitere Zubauten aus Platzgründen nicht möglich waren, wurde ein Neubau beschlossen und Anton Schweighofer mit der Planung beauftragt. Mehrere Bauplätze standen zur

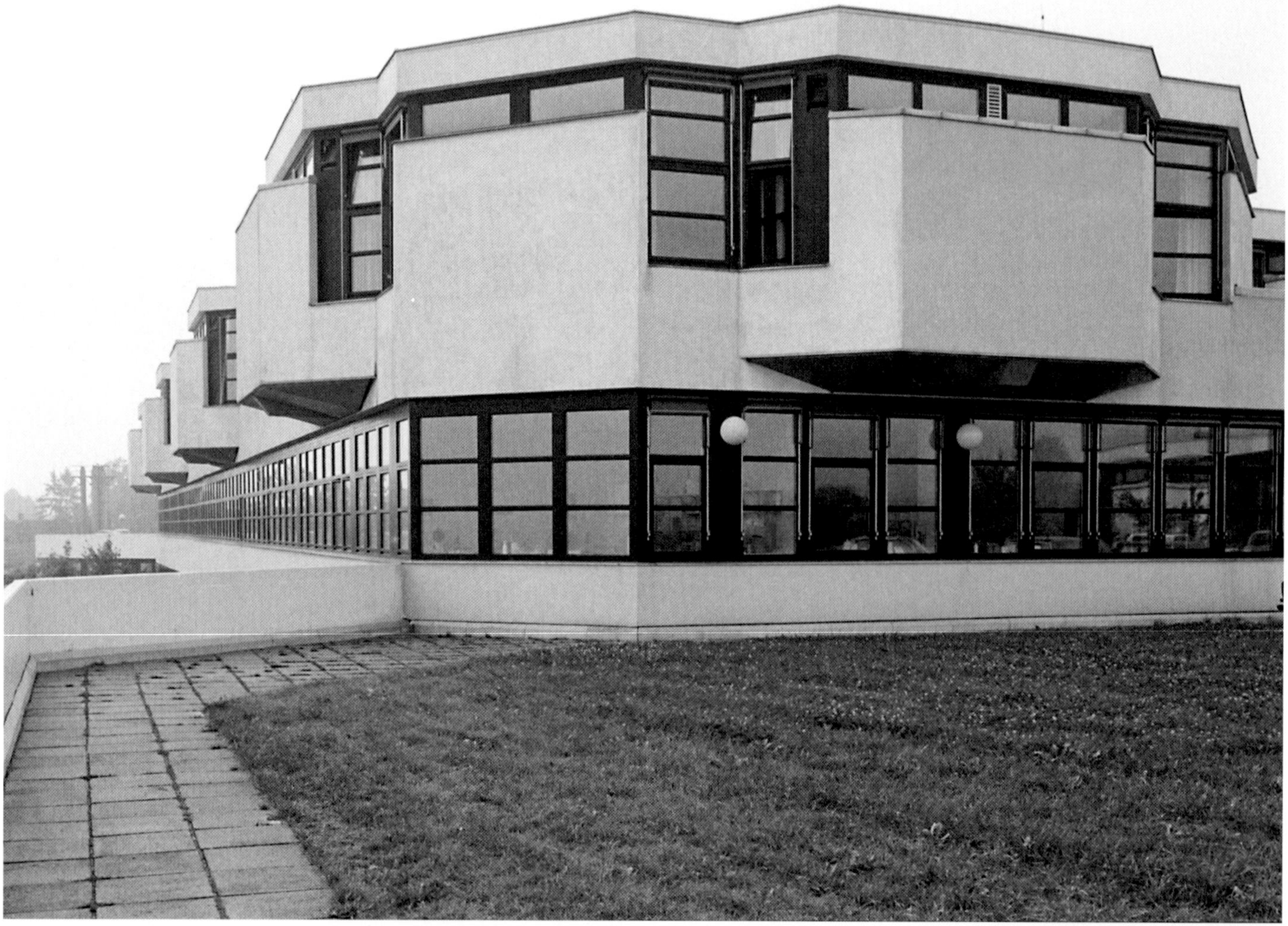

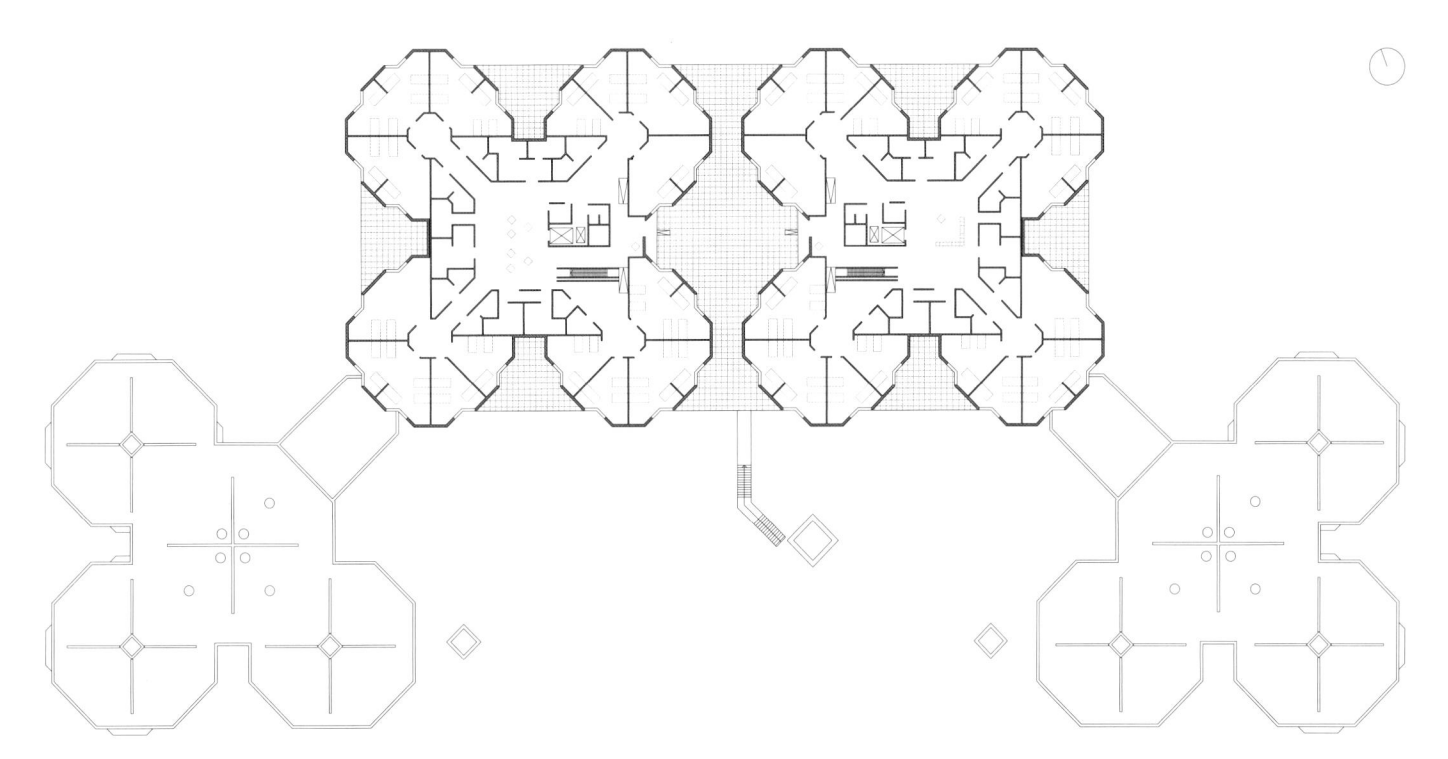

Auswahl, und der Architekt entschied, das Krankenhaus am Satzberg am Rand der Stadt zu errichten. Der Bau zeigt eine bemerkenswerte Modifizierung des im 19. Jahrhundert üblich gewordenen Pavillonsystems. Schweighofer entwarf ein Haupthaus, in dem die Bereiche für die medizinische Behandlung sowie die Versorgung untergebracht wurden. Den Pflegebereich, also die Krankenzimmer, verlegte er hingegen in vier Pavillons. Zwei davon platzierte er auf dem Dach des Behandlungstrakts, zwei schloss er mit Verbindungsgängen an das Hauptgebäude an. In den Pflegepavillons sind die Krankenzimmer in je vier Oktogonen untergebracht, die um einen von oben belichteten Zentralraum gruppiert sind, in dem sich der Schwesternstützpunkt sowie ein Aufenthaltsraum und ein Speisesaal befinden. Schweighofer interpretierte das Krankenzimmer als Ort des temporären Wohnens und sorgte für eine dementsprechend wohnliche Innenausstattung. Die meisten Krankenzimmer verfügen über einen eigenen Freibereich, der in der Regel auch von außen zugänglich ist. Während der Errichtung verursachten statische Berechnungsfehler eine erhebliche Durchbiegung der Deckenplatten. Dem wirkte Schweighofer mit der Anbringung von mächtigen Trägerkreuzen entgegen, die den Pavillons schließlich ihre charakteristische Silhouette verliehen. Die Pavillons am Hauptgebäude werden von zwei markanten, mit Glasziegeln ausgefachten Türmen überragt. Die rein praktische Funktion – sie enthalten die Aufzüge und Treppenanlagen – tritt durch die architektonische Gestaltung in den Hintergrund.

Zweifellos ließ sich der Architekt von Bruno Tauts Stadtplanungskonzept „Stadtkrone" inspirieren. Dies zeigt sich nicht nur bei den lichtdurchfluteten Türmen, sondern bereits bei der Wahl des Bauplatzes. Ohne Tauts Emphase hat Schweighofer ein Krankenhaus „als weithin sichtbare, kraftvolle Umsetzung eines sozialen Gedankens" (Christian Kühn) errichtet. Das Krankenhaus erfuhr im In- und Ausland große Beachtung. Als in den 2000er-Jahren eine Erweiterung notwendig wurde, haben die Architekten Maurer & Partner einen neuen Trakt bewusst in einiger Entfernung vom bestehenden Bau errichtet und nur durch zwei transparente Gänge eine Verbindung hergestellt.

▶ *Plan: Entwurf, Grundriss Obergeschoß*

Freizeit

2271 48°35'50.2"N 15°10'06.5"E, nahe Bründlkirche, Sonnenbad Zwettl, 1924, BH: Stadtgemeinde Zwettl ●

Die 1899 errichtete Badeanlage am linken Kamp-Ufer wurde im Jahr 1924 an den heutigen Platz, weiter flussaufwärts an das rechte Ufer, verlegt. Dabei wurde ein schlichtes hölzernes Kabinengebäude nach Vorbild des alten Bades errichtet. Im Gegensatz zur Vorgängeranlage wurde für den Badebetrieb im Schwimmbereich nun keine Trennung zwischen Männern und Frauen mehr vorgenommen. Nach erheblichen Hochwasserschäden wurde das Gebäude 2002 nach altem Vorbild wieder aufgebaut.

Wohnbauten

2272 Bahnhofstraße 2, Jubiläums-Wohngebäude, 1898, P: Moritz Hinträger, Karl Hinträger

Der zweigeschoßige und repräsentativ gestaltete Baukörper wird über einen Eingang in der abgeschrägten Ecke erschlossen. Der auffällige Gliederungsapparat mit seitenrisalitartigen Akzenten, einem kräftigen Kranzgesims und einer durchgehenden Betonung der Horizontalen wird ergänzt durch Detailformen wie Fenstergiebel und Oculi und steht knapp vor der Jahrhundertwende noch in der Tradition des Späthistorismus.

2273 Landstraße 3, WH, ehem. Franz Kastners-Warenhalle | secessionistische Umgestaltung, 1910 ●

2274 Landstraße 10, Umbau Wohn- und Geschäftshaus, 1904 ●

Das am Hauptplatz liegende und auf eine ältere Bestandsstruktur zurückgehende Gebäude verfügt platzseitig über ein ortstypisches Schopfwalmdach; diesem gegenüber liegt ein Volutengiebel über zartem Kranzgesims. Der Baukörper erhielt sein heutiges Erscheinungsbild mit Eckerker, der ebenfalls mit einem von Voluten gefassten und mit einem Oculus besetzten Giebelfeld bekrönt ist, Anfang des 20. Jahrhunderts.

2275 Landstraße 24, Amts- und Wohngebäude, um 1901, P: Moritz Hinträger, Karl Hinträger ●

Der vier- bzw. fünfgeschoßige Bau mit Mansarddach und hofseitiger Erschließung wurde in das zur Promenade abfallende Gelände eingepasst.

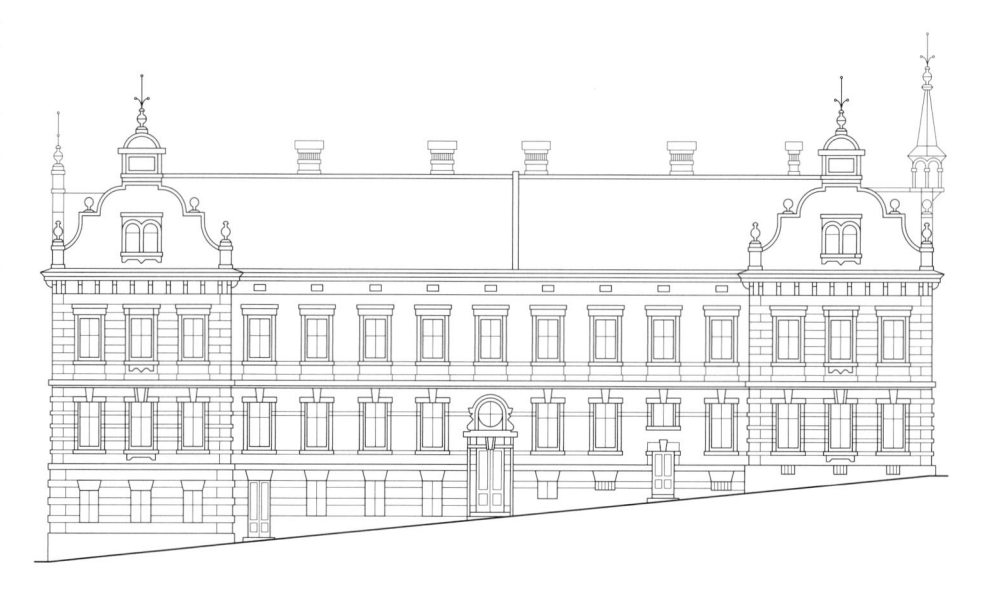

Der ursprüngliche Entwurf zeigt späthistoristisches und gotisierendes Gliederungs- und Formenrepertoire mit vereinzelten Heimatstil-Formen, wie etwa in der Kuenringerstraße liegende Seitenrisalite mit geschweiften Knickgiebeln. Heute zeigt sich der Baukörper jedoch wesentlich reduzierter gegliedert.
▶ *Plan: Entwurf um 1901*

Einfamilienhäuser

2276 Bahnhofstraße 4, Villa, 1907, P: Rudolf Six | Zubau Kabinett und Veranda, 1912, P: Rudolf Six ●

Die malerische Villa mit Eckturm, konkavem Eingangsrisalit und geschwungenem Giebel weist Dekorationselemente des Heimatstils auf.

2277 Hermann-Feucht-Straße 3, EFH, 1972–1973, P: Haimo Hofer ●

Hotels, Heime, Klöster, Kasernen

2278 Am Statzenberg 3, ehem. Schwestern- und Personalhaus, 1967–1970, P: Anton Schweighofer •

In Hanglage einen Halbstock gegeneinander versetzt, sind zwei Baukörper über den Grundrissen griechischer Kreuze miteinander verschnitten; in ihrer Schnittfläche ist eine gemeinsame Halle eingefasst. Die Erdgeschoßzone ist großzügig verglast, während die restlichen Fassadenflächen durch asymmetrisch eingesetzte Fenster und Fensterschlitze gegliedert werden.

Gastronomie

2279 Bahnhofstraße 1, Umbau ehem. Gasthaus Stadtturm, 1925–1926, P: Rudolf Six •

Rudolf Six verfasste 1925 Pläne für den Umbau und die Aufstockung des seit 1874 als Gasthaus geführten Hauses. Beim Entwurf der auffälligen Eingangsfassade mit ihrem von Voluten gesäumten „Torturm" und der Verkleidung in Steinoptik orientierte sich der Architekt – wie auch der Name der Gastwirtschaft andeutete – an dem gegenüberliegenden Antonturm. Dieser gut erhaltene Turm der Stadtbefestigungsanlage aus dem Jahr 1430 verbindet ebenfalls spätmittelalterliche Elemente mit Renaissance-Arkaden. Seit Jahren leer stehend, verfällt das Gebäude mit seinen Zubauten aus den 1960er-Jahren langsam und wurde 2021 zum Verkauf angeboten.

Geschäftslokale, Einkaufszentren, Banken

2280 Andre Freyskorn Straße 16, Billa, 1997–1998, P: Gottfried Haselmeyer, Heinz Frühwald

Industrie

2281 Syrnauer Straße 22–25, Privatbrauerei Zwettl, ab 1890, BH: Georg Schwarz | Umbauten, 1900–1902, 1954, 1959–1968, 1963–1974, 1983

Verkehr

2282 48°36'54.3"N 15°11'58.4"E, Kammertorbrücke, um 1921, BH: Stift Zwettl •

2283 48°35'58.5"N 15°10'03.6"E, Brücke über den Kamp, um 1913, P/S: Franz Visintini, Rudolf Six, BH: Stadtgemeinde Zwettl •

2284 48°36'31.9"N 15°10'15.9"E, Kamptalviadukt, 1906, BH: Lokalbahn Zwettl-Martinsberg, AF: Waagner Biro AG | Generalsanierung und Neuerrichtung Stahltragwerk, 1998–1999 •

Unmittelbar südlich des Bahnhofs quert der imposante Viadukt der als Lokalbahn errichteten Strecke nach Martinsberg-Gutenbrunn zunächst mit vier gemauerten Bögen, anschließend über vier Joche aus balkenförmigem Eisenfachwerk sowie zwei abschließenden Bruchsteinbögen das Kamptal. Die bis zu 20 Meter hohen und mit Steinquadern verkleideten Mittelpfeiler überragen die direkt angrenzende Bebauung teils erheblich. Signifikante Veränderung brachte der Ersatz der Stahltragwerke sowie die stellenweisen Betonverstärkungen der Pfeiler Ende der 1990er-Jahre.

2285 48°36'15.8"N 15°10'10.0"E, Gartenstraße, Parkgarage, 1996–1997, P: Georg Thurn-Valsassina, BH: Stadtgemeinde Zwettl

Die spiralförmige, eine kreisförmige Grünfläche umschließende Garage erstreckt sich über eineinhalb oberirdische Geschoße sowie zweieinhalb Ebenen in den Untergrund. Akzentuierungen erfolgen durch die zwei verglasten Stiegenhaustürme, die resultierende querende Achse wird durch einen den Bau überspannenden Bogen aus zwei Stahlrohren markiert.

Zwölfaxing 2322
Gemeinde: Zwölfaxing, Bezirk: Bruck an der Leitha

Religion, Kult

2286 Himberger Straße 1, <u>Pfarrkirche Hl. Dreifaltigkeit mit Pfarrhaus und Jugendheim, 1966–1967</u>, P: Clemens Holzmeister, AF: Josef Zahm, K: Jakob Adlhart (Altarkreuz, Portalschnitzerei), Clarisse Praun (Betonglasfenster), Gudrun Wittke-Baudisch (Tabernakelnische und Tabernakel), Oskar E. Höfinger (Kreuzweg) ●

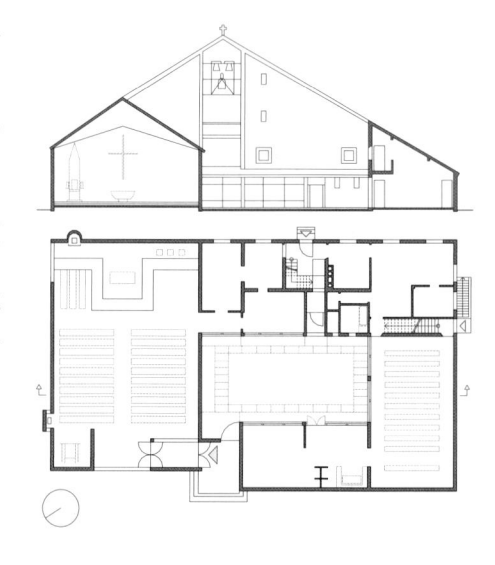

Clemens Holzmeister hat die Gebäude der Kirche, der Pfarrhoftrakte und des Jugendheims – die Giebel und Pultdächer der umliegenden Häuser aufgreifend – um einen kleinen Hof zu einer „Gottessiedlung" (Clemens Holzmeister) gruppiert. An der Straßenfront kennzeichnet ein großes, ornamental gestaltetes, die Giebelform aufgreifendes Buntglasfenster den eigentlichen Kirchenbau. An der Rückseite der „Siedlung" werden die Kirche und die Pfarrheimtrakte zu einer mächtigen Giebelfront vereinigt, die – einen Turm ersetzend – mit großen Schallöffnungen für die Glocken und mit drei massiven Steinkreuzen am First ausgestattet ist. Die Spitze des Giebels liegt allerdings nicht über dem Kirchenraum, sondern in der Achse eines niederen Durchganges, der von der Straße in den kleinen Innenhof führt. Der Kircheneingang befindet sich seitlich in diesem Durchgang. Man betritt zuerst einen Vorraum, der durch eine Glaswand den Blick in den sich seitlich erstreckenden Hauptraum ermöglicht. Von dem Vorraum gelangt man jedoch zunächst in die Taufkapelle, die vom großen Fenster der Straßenfront erhellt wird und zum Hauptraum geöffnet ist. Von der Taufkapelle erreicht man sodann einen Beichtraum, der an der Seitenfront durch einen seichten Erker mit schmalen seitlichen Fenstern gekennzeichnet ist. Gegenüber der Eingangszeile erstreckt sich der Altarbereich über die gesamte Breite des rechteckigen Saalraums. Er ist mit einer geraden Altarwand abgeschlossen, leicht erhöht und durch ein seitliches Glasfenster belichtet. Der Architekt nahm hier eine ähnliche Dreiteilung wie beim Eingangsbereich vor. Um den Gläubigen das „Altargeschehen möglichst nahe zu bringen" (Clemens Holzmeister), hat er den mittleren Teil mit dem Altar in den Hauptraum vorgezogen und die Kirchenbänke fast unmittelbar an den Altar angeschlossen. Auf subtile Weise hat er hier praktisch ein traditionelles Element neu formuliert, indem er das Presbyterium, das üblicherweise an den Hauptraum angebaut war, gleichsam in den Raum hineingezogen hat. Um die „Zelebration [...] in jeder Form möglich zu machen", hat Holzmeister zudem den Altar von der Altarwand abgerückt. Zu beiden Seiten des Altars springt das Podest zurück, auf einer Seite befindet sich die Sessio, auf der anderen Seite eine Nische für den Tabernakel. Die schmale und hohe Formulierung dieser Nische erinnert an eine Gebetsnische einer Moschee und ist vielleicht eine

Reminiszenz Holzmeisters an seinen langjährigen Aufenthalt in der Türkei. Allerdings ist ihr durch den gotisierenden Giebel das Orientalische genommen. Interessant ist, dass Holzmeister die traditionelle mittige Apsis, die er dem Altar verwehrt, nun – an die Seite verrückt – der Tabernakelnische zuweist. Zeigt die Nischenformulierung manieristische Züge, so deutet die halbrunde, an der mächtigen Außenwand extrem klein wirkende und wie ein Erker in der Luft schwebende Apsis im Äußeren schon auf postmoderne Tendenzen hin. Die gesamte expressionistische Innenausstattung stammt aus der Bauzeit. Bemerkenswert ist das mächtige geschnitzte Kruzifix, an dessen weit ausladenden Kreuzbalken figürliche Darstellungen der vier Evangelisten angebracht sind. Bemerkenswert ist auch, dass Holzmeister seine Konzeption in subtiler Vielfalt auf die Dedikation der Kirche, die Hl. Dreifaltigkeit, ausrichtete: Die Zahl drei zeigt sich nicht nur im Innenraum bei der Dreiteilung des Eingangs- bzw. Altarbereichs. An der Straßenfront bilden auch drei Giebel gleichsam die Hauptfassade des Seelsorgezentrums und die Anzahl der Kreuze am höchsten First findet damit ihre Erklärung.

Hotels, Heime, Klöster, Kasernen

2287 48°06'34.0"N 16°28'00.6"E, <u>Burstyn-Kaserne, 1940</u> | Zubau, nach 1977 ●

Unter den Nationalsozialisten als „Flugfeld Zwölfaxing" errichtet, um der wachsenden Luftwaffe Platz zu bieten, unterlief die Anlage zahlreiche Umwidmungen durch das Heer und ist nun seit 2006 ein über 100 Hektar großer Garnisonsübungsplatz.

Anhang

Personenregister

In folgender Tabelle sind die Namen aller Personen sowie Architekturbüros oder Firmen indexiert, die in den Objekt-Steckbriefen unter P (Planung) und AB (Architekturbüro) angeführt wurden.

Planung

A

A. R. Bergmann und Co   0871
Abel, Lothar   1562
Ableidinger, Willibald   1027
Acham, Paul   1250
Achammer, Fred   1747
Adam, Robert   2069
Adler, Viktor   0370
Adolf, Heinrich   1426
Afuhs, Eva   1373
Ahorner, Richard   0719
Aichberger, Friedrich   0855, 1287, 1457
Aicher, Herbert   1810
Aichinger, Hermann   1151, 1416
Aichmayr, Anton   2236
Albrecht, Friedrich   1188
Allmayer-Beck, Renate   1829
Alpen-Elektrowerke AG   1926
Alvera, Alessandro   0270
Amann, Daniela   1219
Ambrozy, Heinz Geza   0359, 1298
Amon, Erich   0265, 0711
Andre, Franz   1244
Angelides, Rudolf   0244, 0473
Appel, Carl   0304, 0310, 0478, 0982, 2003, 2139
Armellini, Ute   1078
Arthofer, Ernst   0409
Artner, Alfred   1022, 1023
Aspetsberger, Ulrich   0927
Ast, Eduard   1386
Auböck, Carl   0817, 1277, 1310
Auböck, Maria   0424
Augendoppler, Heinz   1162
Augeneder, Sigrid   1208
Augustin, Othmar   1023, 1700, 1990
Axmann, Anton   0600
Aydt, Ralf   0886

B

Bachheimer, Karl   0717, 0741, 0742
Badstieber, Karl   0108
Baier, Heinrich   1306, 2145
Baier, Vinzenz   2056
Bamberger, Gustav   0940, 0943, 0965
Barnath, Franz   0564, 1641, 1657, 1677, 1678, 1718, 1924, 2028
Barnath, Reinhard   0564, 1678
Bartak, Kurt   0102, 0116–0118, 0373
Barth, Michael   0876
Barth Sedelmayer, Martina   0876
Bartning, Otto   0941
Bastl, Alfred   0915, 0917
Baubüro Böhler   2077
Baudisch, Hans   1174
Bauer, Anton   1300
Bauer, Bruno   0214, 0215, 0219, 0337, 1969
Bauer, Georg   1128
Bauer, Johann   0554, 0561
Bauer, Josef   0990
Bauer, Leopold   1515, 1516
Baumann, Ludwig   0090, 0159, 0179, 0186, 0188, 2044
Baumeister, Walter   1008
Baumschlager, Carlo   1355, 1835
Bauplanung Schaupp   1915
Bauunternehmung Pabst & Wedl   0345
Beitl, Theodor   0296
Beneder, Ernst   0204, 0205, 0642, 1295, 1494, 1632, 2070–2072, 2082, 2083, 2093
Benedikt, Walther   1743
Benes, Viktor   0706
Benirschke, Hans   1334
Berg, Franz   1198, 1207
Berger, Franz   0335
Berger, Norbert   1174
Bergmann, Julius   0831, 0835, 1032, 1495
Bergmann, Rainer   0228
Bernard, Carl   0505
Berrek, Roland   0328
Bertele, Karl von   0548
Besin, Franz   1162
Bettelheim, Eveline   0095
Bily, Karin   0322, 0979, 1133, 1372, 1413, 1422, 1424, 1425, 1671, 1754, 1776, 2140, 2266
Binder, Franz   2014
Binder, Monika   0518, 2014
Bing, Ewald   0686
Bittner, Josef   1363
Blab, Sonja   1166
Blahosch, Heinrich   2248
Blaschek, Felix   1630
Blau, Luigi   2084

Blei, Gustav   0292, 0651, 0829, 0830
Böck, Erwin   0318
Bodenseer, Christian   0985
Böhm, Eduard   0344, 2095
Böhmer & Prem BaugesmbH   0876
Böhm-Raffays, Arch.   1911
Bohn, Alois   0116
Bolldorf-Reitstätter, Martha   0707, 1446
Boltenstern, Erich   0657, 1652, 1815
Boog, Carlo von   0861, 1182, 1675
Borger, Karl   2203
Borkowski, Carl Ritter von   1201
Bösch, Andreas   0422
Brabenetz, Hans   0739, 0740
Bradaczek, M.   0996
Bradic, Sascha   2255
Brandhofer, Walter   1128
Brandhuber, Franz   1014
Brandhuber, Walther   1014
Brandt, Gerhard   0532
Brang, Peter Paul   0088, 1009
Braune, Hannes   2039
Bredl, Rudolf   0241, 0243
Breitenecker, Gregor   1415
Breitenthaler, Karl   1103
Brenner, Wolfgang   0939
Breyer, Anton   0129, 0152, 0161
Breyer, Louis   0088
Breyer, Martin   1260, 1267
Brizzi, Carl   1379
Brodl, Karl   1405
Brosig, Ern(e)st   0725, 0740, 0744
Brosig, Robert   0724, 1572
Brückner, Arnold   0661
Brunar, Hugo   0585
Brunbauer, Ursula   2151
Brunbauer, Wolfgang   1740, 2053, 2151
Brunetti, List und Radel   1117
Brunner   1748
Brunner, Alice   1595
Brunner, Heinz   2053
Brunner, Herbert   0150
Brunner, Karl   0384
Brustbauer, Bernhard   0376
Buben, Klaus   2146, 2168
Buchinger, Christa   1261
Buchta-Charon, Leopold   0876
Budik, Guido   0421
Buhl, Johann   0427, 0428, 0430, 0437, 0439, 0443, 0444, 0446, 0447, 0452, 0558, 0744, 0781, 1477, 1610, 1985
Bukovac, Stefan   0104, 0145, 0639, 1396, 2195
Bukovics, Miklós   1843, 2074, 2075, 2080, 2089
Bulant-Kamenova, Aneta   2097
Bürgler, Wolfgang   0978
Burgstaller, Volkmar   1828
Burian, Karl   0409

C
Cabek, Carl   0875
Capaine, Ingrid   2220
Casapicola, Peter   2238
Cäsar, Roland   1794
Castelliz, Alfred   0464, 0804, 1878, 1879
Caufal, Carl   1963
Ceska, Eva   0518
Christen, Helmut   0266, 0271, 0894, 1168, 1691, 1895
Christophory, Leo   2226, 2229
Chromy, Wolfgang   1247
Cserni, Martin   1241
Cserni, Rosemarie   1241
Czada, Franz   0618
Czastka, Josef   1199
Czech, Hermann   1390, 1403, 1825, 2220

D
Dané, Wolfgang   0150
Deininger, Julius   0587–0589, 2045, 2051
Deininger, Wunibald   0588
Demblin, Franz Claudius   0896, 2099
Deseyve, Carl   2084, 2088, 2090
Deubner, Helmut   0418, 0582
Domenig, Günther   1311, 1672, 2134
Drexler, Anton   0625, 0928
Drexler, Josef   0625, 0928
Driendl, Georg   1057
Drill, Siegfried   0067
Düh, Gerhard   1136
Dumpelnik, Mario   0109
Duniecki, Artur Paul   0198
Dunkl, Josef   1227
Düringer, Heinz   1249
Dürschmid, Walter   0201, 0769
Dworschak, Franz   0268

E
Eberhardt, Julius   1293, 1733
Eberle, Dietmar   1355, 1835
Ebner, Michael   1212
Echerer, Bruno   0662, 1158
Eckel, Kurt   0010, 1401

Ed. Ast & Co   0833
Edelmüller, Bernhard   1184
Eder, Bernhard   2041
Eder, Karl Franz   0207
Ederer, Franz   2147
Edler von Emperger, Friedrich Ignaz   0801
Edlinger, Florian   1357
Eduard Etlinger OHG   1504
Egerer, Eric   0255, 0306, 0619, 1916, 1917
Eggl, Karl-Heinz   2244
Eiblmayr, Judith   1261
Eichinger, Gregor   2137
Eisenhofer, Erich   1029, 1206, 1894, 1899
Eisenköck, Hermann   2134
Ekhart, Heinz   1107
Endlweber, Ignaz   1448, 1449
Engelmann, Eduard, jun.   1070, 1854
Engert, Anton   2213
Enna, Siegfried   2258
Enriquez-Reinberg, Martha   1896
Enzinger, Wolfgang   1097, 1770
Erblich, Peter   0375, 0687, 1366, 1752
Erdmann, Willi   0276, 1345
Erharrt, Otto   0549, 0930, 1034
Erich, Rudolf   1267, 1782
Ernst Karl PlanungsgesmbH   2017
Ertl, Martin   2179
Erwin Hackl Bauplanungs-GesmbH   1295
Estermann, Anton   0596
Export, Valie   0020
Eybl, Sepp   2241

F
Falkner, Rupert   0019, 0925, 1146, 1147
Fanta, Heinrich   1912
Fasching, Franz   0138
Fasching, Karl   0122
Fassbender, Eugen   0118
Fehringer, Franz   0014, 0072, 0118, 0416, 0417, 0758, 0797, 0919, 1042, 1183, 1215, 1222, 1229, 1519, 1523, 1835
Feichtinger, Dietmar   1919
Feichtinger, Hannelore   0252
Feiersinger, Martin   2152
Feketitsch, Heinrich   1569
Fellerer, Andreas   0518
Fellerer, Max   2012
Fellner, Ferdinand, II.   0110, 0137, 0180, 0926, 1502, 1865–1869
Fenzel, H.   1022

Fenzl, Viktor Josef 1397, 1419
Ferenczfy, Julius 0130
Ferstel, Max von 0809, 1484
Feuerstein, Günther 1272
Fiala, Viktor 0190, 0193
Fichtner, Tomm 0139, 1266, 1406
Fick, Gottfried 0913
Fickl, Gottfried 0374, 1808
Fischel, Hartwig 0243
Fischer, Anja 0642, 1494, 2072
Fischer, Friedrich 1013, 1018
Fischer, Josef 0117
Fischer, Joseph 0113
Fischl, Karl Adalbert 1171
Fitzek, Alexander 2109
Fleckseder, Erwin 1832, 2200
Fleischmann, Gudrun 0598
Flicker, Gottfried 1185
Flossmann, Klemens 1626, 1659, 1674, 1695, 1725, 1727
Fonatti, Franco 1297
Förster, Heinrich 1099
Fox, Anton 1446
Fracaro, Silvia 2109
Frank, Friedrich 0667, 2001
Frank, Irmgard 0909
Frank, Josef 0163, 1316–1319
Frank, Rudolf 1504
Frank, Sepp 0641, 1030, 1217, 1397, 2135
Frankl, Georg 2054
Frass, Rudolf 0280, 1069, 1108, 1382, 1504–1507, 1698, 1710, 1717, 1730, 1734
Frass, Wilhelm 1191, 1648
Frauenfeld, Eduard von 1853
Frauenfeld, Richard 1639, 1737, 1746
Fraunlob, Oscar 0190, 1468
Freudenthaler, Franz 0978
Fried, Jakob 0338
Friedl, Josef 0038, 0485, 0828, 1369, 1762
Friedreich, Franz 0019, 2058, 2252
Friedrich, Lothar 1814
Friedrich, V. 0293
Fritsch, Rudolf 1116
Fritscher-Notthaft, Herbert 0087
Fröhlich, Gunther 1747
Frötscher, Helmut 0088
Frühwirth, Willy 1212, 2012
Fuchs, Ernst J. 0700
Fuchs, Horst 0886

Fuchs, Jakob 1062
Fuchs, Viktor 0576
Fülöp, Josef 2146
Fürnsinn, Johann (Hans) 0033, 0482, 0507, 0508, 0513
Fürth, Albert 0929

G
Gabler, Theo 2005
Gabriel, Reinhold 0638
Gach, Richard 0425, 1086, 1230, 1364, 1365
Galli, Christian 0376, 0377
Gallister, Reinhard 0392
Gallowitsch, Ignaz 0667
Gangemi, Gerhard 1170
Gangl, Hubert 0196, 1027, 1237, 1349
Gangl, Johann 1447, 1453, 1915
Gantar, Norbert 1039
Garstenauer, Rudolf 0544, 1466
Gasser, Guido 0740
Gassinger, Heinrich 0703
Gattermann, Albert 1023
Gaugg, Franz Josef 0376
Gebrüder Böhler & Co. AG 0878
Gebrüder Schlarbaum 0703
Gebrüder Steingassner 0084
Gellert, Thomas 1491, 1598
Geppert, Ulf 1918
Gerhard Holpfer GmbH 0305, 1423, 1969
Gessner, Franz 0476, 1830
Gessner, Hubert 0476, 0477, 1074, 1076, 1254, 1269, 1309, 1687, 1824, 1830, 1957
Getz, Josef 1790, 1791
Geyer, Anton 1226
Geyling, Rolf 0873
Ghega, Carl Ritter von 1875
Gieselmann, Reinhard 1439, 1772
Glaser, Ferdinand 0719, 0738
Glaser, Hans 0450
Glück, Harry 0817, 1252
Gnilsen, Guido 1029, 1206, 1894, 1899
Göbl, Friedrich 0516, 0950, 1092, 1376
Göbl, Lukas 1666
Goder, Rudolf 0871
Goebel, Rudolf 0698
Goess, Karl 1079
Goldner, Franz Xaver 0821
Goldschmied, Hans 0082
Gölles, Franz 1556
Gosch, Max 1322

Gotthilf, Ernst 0839
Götz, Bettina 1534
Götzinger, Baumeister 1882
Götzl, Koloman 0252
Grabenweger, Hans 0190, 1087, 2117
Graf, Alexander 1206
Graf, Herwig 1341
Gräff, Karl 0425
Gridl, Ignaz 0173, 0683, 0685, 1088, 1540, 1564
Grillmayer, Architektin 0917
Groag, Jacques 1411
Gröbl, Franz 0708, 0281
Gross, Fritz 0875
Gruber, Franz 0615
Gruber, Josef 1924
Gruber, Karl 0289
Gruber, Roland 0591
Grüll, Fritz 1253, 2158
Grünanger, K. M. 0132
Grünberger, Friedrich Florian 0115, 0257, 0475, 0570, 1140, 1400, 1864, 1939, 2006, 2017, 2112
Grünberger, Leopold 0878
Grünwald, Markus 1357
Gschöpf, Erich 0653, 1182, 2057, 2058
Gschwantner, Franz 0465, 0466, 0946, 1760
Guby, Franz 0505
Gulle, Dietmar 0591
Gürlich, Anton 0590, 1205

H
Haas, Hans 0991, 2208
Haas, Hermann 2211
Haas, Karl 1161
Haas, Siegfried 1937
Haas, Wilhelm 0875
Hable, Franz 1166, 1494
Hacker, Oskar 1771
Hackhofer, Josef 1156
Hackl, Christian 1711
Hadler, Günther 0815
Haerdtl, Oswald 0117, 0118
Haferl, Baumeister 1178
Haghirian, Armin 2147
Hagmüller, Roland 0604, 0840, 0843, 2031, 2183, 2189
Hahn, Albert 1788, 1789
Haiden, Helmut Stefan 1453, 1678, 2043
Haiden, Leopold 0842
Haider, Helmut 1097
Haidl, Johann 0749, 0753

Haller, Martin   0927
Handler, Peter   1868
Harberger, Karl   1421
Harnoncourt, Marie-Therese   0700
Hartl, Herbert   1810, 1811
Hartl, Wenzl   0016, 0312, 0799, 1341
Haselmeyer, Gottfried   0852, 1721, 2280
Hasendorfer, Helmut   2146, 2168
Haßlinger, Wilhelm   1142, 1143, 1145, 1149, 1245
Hattinger, Gottfried   1662
Haun, Herbert   0876, 1312
Hauschka, Karl   0279
Häuselmayer, Otto   1282
Havlicek, Werner   1335
Haybäck, Karl   0120, 0283, 0994, 1399
Hayde, Dieter   1827
Haydn, Florian   0700
Hegele, Max   0181, 1172, 1487
Hein, Maximilian   0475
Heindl, Gabu   2149
Heintschel, Ludwig   1670
Heinz, Karl   0258
Heinz, Raimund   1488
Heinzel & Mokesch (Baufirma)   0498, 0503, 0509, 0512
Heinzle, Josef   1275
Heisig, Gotthard   2039
Heizeneder, Andreas   2081
Hellmayr, Alfred   0313, 1447, 1453, 1498, 1915
Hellmer, Edmund   1935
Helmer, Hermann   0110, 0137, 0180, 0926, 1502, 1865–1869
Hempel, Helmut   1046, 1297
Hengl, Willy   0595
Henke, Dieter   0174, 1826, 2106
Henzl, Franz   2179
Hermann, Hubert   0254, 0899
Herzmanovsky-Orlando, Fritz   2214
Herzog, Gerhard   1464
Hetmanek, Alfons   1121, 1122
Hiebler, W.   0424
Hierzegger, Heiner   0667
Hiesmayr, Ernst   0521, 1228, 1320
Hildebrand, Walter   1164
Himmelmayer, Wilhelm   0774, 0782, 0783, 0790
Hinterndorfer, Kurt   0952
Hinterreitner, Christoph   1666
Hinträger, Karl   0372, 1469, 1485, 1551, 1997, 2272, 2275

Hinträger, Moritz   0372, 1469, 1485, 1551, 1997, 2272, 2275
Hirner, Josef   0810, 1365, 1876
Hirsch, R.   1577
Hirsch, Verena   0065
Hirschegger-Ramser, Franz   1029, 2135
Hirschler, Manfred   0115, 0375, 0687, 1366, 1752
Hirtenberger Patronen-, Zündhütchen- und Metallwarenfabrik AG   0688
Hitzginger, Helmut   0533, 0849, 1209
Hlaweniczka, Kurt   0984, 1082, 1827
Hobik, Elisabeth   0119
Höblinger & Zefferer   1504
Hoch, Adolf   0839, 1037, 1835
Hochholdinger-Knauer, Gabriele   2032
Hochmeister, Wolfgang   2239
Hofbauer, Erich   2075
Hofbauer, Josef   1184
Hofer, Haimo   0847, 2277
Höfer, Oberstleutnant   0796
Höfer, Werner   1252
Hoffmann, Ernst   1242, 1642, 1658, 1662, 1665
Hoffmann, Johann (Hans)   0076, 0410, 0812
Hoffmann, Josef   0117, 0118, 0155, 0445, 0709, 0902, 1516, 1624
Hoffmann, Karl   2077
Hofmann, Ernst Otto   1037
Hofmann, Peter   1188
Hoheisl, Leopold   0325
Hohengasser, Sonja   0025
Holdhaus, Ed.   1900
Holdhaus, Leopold   1568, 1900, 1933
Holey, Karl   0081, 0299, 0545, 1130, 1283, 1325, 1622
Holk-Hrebicek, Lois   0260
Hollein, Hans   0307, 1664
Holletschek, Bernhard   1140
Hollmann, Gustav   1593
Holpfer, Gerhard   0305, 1423, 1969
Holzbauer, Wilhelm   0696
Holzbichler, Gerhard   2147
Holzhacker, Wolfgang   0898
Holzleithner   1770
Holzmeister, Clemens   0236, 0237, 0327, 0474, 0486, 0746, 1063, 1128, 2009, 2286
Höniger, Alfred   1818
Höniger, Josef   1818
Hopf & Köhler   1189
Hoppe, Diether S.   0524, 0610, 1392, 1467

Hoppe, Emil   0300, 0520, 1264, 1870, 2204
Hoppe, Paul   0969, 1919
Hoppe, Theodor   1099
Hoppenberger, Hans   0992, 1372, 1926, 1986
Horacek, Josef   1023
Horetzky, Anton   0917
Horn, Ludwig   1929
Hörndler, Leopold   0025
Horner, Christine   1666
Hoyer, Josef   1769
Hruska, Ladislaus   0086, 0794, 1600, 1923
Hubatsch, Erhard   1140
Hubatsch, Sepp   0251, 1160, 1247
Hubatsch, Wilhelm   0755, 1133, 1140, 1141, 1221, 1253, 2158
Huber, Carl   0571
Huber, Franz   1821
Huber, Heinrich   0467
Huber, Jakob   0571
Huber, Leopold   1127
Huber, Stefan   2228
Hübner, Stefan   0865
Hudetz, Josef   1645
Hummer, Josef   1813
Humpelstetter, Karl   1130
Hums, Josef   0713, 1545, 1546, 1817, 1820
Hundertwasser, Friedensreich   0083
Hupfbauer, Axel   1084
Hurka, Maria   0328
Huss, Ernst H.   0222
Huth, Eilfried   1311

I

Illichmann, Franz   0136
Ilz, Erwin   0692, 0694
Immervoll, Franz   1964
Ingenieure Lutz und Brand   0697
Ing. Potzmader BauplanungsgmbH   1782

J

Jabornegg, Christian   1830
Jaeger, Henry G.   0162, 0566, 1501
Jäger, Hans Wolfgang   1335
Jäger, Rudolf   1693, 1706
Jägersberger, Alfred   1185
Jagersberger, Karl   0143
Jaksch, Hans   0209, 0211, 0212, 0305, 0308, 0330, 0382, 0665, 0901, 1137–1139, 1152, 1153, 1159, 1190, 1193, 1194, 1196, 1197, 1208, 1805, 1995, 2141, 2143, 2149, 2157, 2164, 2166, 2167, 2170
Jaksch, Walter   0665, 1150

Janisch, Erich 0298
Janowetz, Ulrike 0166
Jaray, Karl 1315
Jeblinger, Raimund 0038
Jedinger, Thomas 0721, 0730, 0874, 1193, 1639, 2075, 2270
Jelinek, Herbert 1933
Jell, Siegfried 1770
Johann Oberleitner & Co 2236
Joli, Max Hans 0346, 0347
Jordan, Richard 0326, 0837, 2144
Josef Molzer & Sohn 0931
Josef Panis GesmbH & CO KG 2137
Junger, Wolfgang 0123
Jungwirth, Alois 0369

K

Kabas, Robert 0402, 0858
Kada, Klaus 0628, 1663, 1699
Kahler, Franz 1336
Kainrath, Anton 0576
Kaiserreiner, Johann 0598
Kajaba, Heinz-Dieter 0269, 0415
Kalbac, Josef 1012, 1934
Kalesa, Robert 1248, 2022
Kaltenbacher, Franz 0978
Kammel, Leo, jun. 0009, 0388, 2194, 2196, 2197, 2231
Kammel, Leo, sen. 0107, 1303, 1973
Kammerer, Marcel 0520, 2204
Kamper, Hans 0773
Kanfer, Robert 2052, 2179
Kapfinger, Otto 1410
Kargel, Erhard 0552, 1756
Kargl, Hans 1643
Kargl, Johann 0376, 0528, 1050–1052
Kargl, Juliana 1047
Karhan, Kurt 1140
Karplus, Arnold 1299
Kaspar, Johann 0066
Kassin, Josef Valentin 0096
Kastner, Eugen Carl 2001, 2003
Katherl, Günther 0927
Katscher, Maximilian 0118, 0422
Kattner, Clemens 0484
Katz, Siegmund 2216
Katzberger, Paul 0322, 0979, 1133, 1372, 1395, 1413, 1422, 1424, 1425, 1671, 1754, 1776, 2140, 2266
Kaucky, Birgit 0661
Kaufmann, Günter 0056, 0076, 0841

Kauweith, Martin 1018
Kaym, Franz 1121, 1122
Keimel, Rudolf 1174
Keller, Alfred 0622
Keller, Leo 1680
Kelz, Adolph-Herbert 1742
Kerndl, Franz 1049
Kessler, Werner 0291, 0562, 1370, 2063, 2065, 2067
Kickinger, Franz 0226
Kiener, Franz 0267, 0568, 1133, 1141, 1169
Kienzl, Gerhard 0255, 0306, 0619, 0916, 1917
Killmayer, Walter 0413
Kinzelbach, Erhard An-He 1645
Kiraly, Josef 2250
Kirpicsenko, Walter 0020
Kirschner, Leopoldine 1033
Kirstein, August 0077, 1958
Kislinger, Hans 0093, 0488
Kislinger, Johannes 0368, 0718, 0772
Kitt, Ferdinand 1234
Klaudy, Kurt 1093, 1094, 1835, 1978
Klauser, Thomas 1812
Kleibl, Friedrich 1571, 1576, 1591, 1942
Kleindienst, Eleonore 0745
Klette, Peter Klaus 0547
Kleyhons, Wilhelm 0860, 2205
Klimscha, Franz 1015
Klinger, Jörg 0420
Klose, Josef 1639
Knapp, Ignaz 2125
Knapp, Ludwig 2122, 2123
Knechtl, Christian 2137
Knepper, Wilhelm 1514
Kniefacz, Robert 0080
Köb, Roland 0139, 1266, 1406
Koblischek, Karl 0686, 2209
Koch, Erwin 1989
Kohlbauer, Martin 0534
Köhler, Gerd 1594
Köhler, Karl 0147
Kohlseisen, Josef 0949, 0964, 1091, 1481
Kolbe, Gerhard F. 1745
Koller-Buchwieser, Helene 0469, 0471, 0656, 0660, 0661, 1150, 1258
König, Anton 0906
Konrad, Karl 0872
Konzett, Andrea 1062
Kopetschny, Carl 1616, 1619
Koppelhuber, Franz 1769

Koppler, Vilmut 1442
Kordon, Christine 2222
Kordon, Walther 2222
Kosar, F. 1350
Kospa, Anton 0734
Kowalski, Karla 1155
Kraft, Viktor 0240, 1213, 1218, 1223
Kräftner, Johann, sen. 0224, 0836, 1286, 1660
Krahle, Wilhelm 0187
Krainer, Ekkehard 2041
Kramer, Eduard 0872, 0875, 0904
Krammer, Erwin 0971, 1044
Krampf, Gerhard 1832
Kramreiter, Robert 0315, 0378, 0624, 0712, 0851, 1314, 1882
Krapfenbauer, Robert 0180, 0275, 1343
Kratochwil, Leopold 0287, 0601
Kratschmann, Edda 0855, 0933
Kraupa, Alfred 0450
Kraus, Johannes 0451
Krauß, Franz 0119, 0154, 1486, 1849
Krausz, Rudolf 0100, 0106
Krawina, Josef 0574, 1270, 1541
Krebel, Rudi 0843
Krebitz, Hans 0078
Krehan, Karl 1944
Krejci, Anton 0436, 0439, 0771, 0759, 0778, 1610
Kreuzer, Hans Georg 1068
Krischanitz, Adolf 0628, 0948, 1410, 1919, 1921
Krist, Karl 1464
Kroh, Reinhold 1461
Kronaus, Christian 1645
Krones, Anton, jun. 1294, 1296, 1869, 2025
Krones, Anton, sen. 2025
Kronfuss, Carl 0877
Kropf, Max Conrad 0911, 0912, 0923, 0924, 1936, 1943, 1945
Kroupa, Wilhelm 1946, 2003
Kubacsek, Karl 0476, 0480
Kuchler, Friedrich 0920, 1938
Kuchler, Martin 0420
Kuhn, Franz 1363, 1629
Kühn, Max 1912
Kukula, Hans 0415
Kulcsar, Odo 0291, 0562, 1370, 2057, 2063, 2065, 2067
Kumpf, Gottfried 0525
Kupelwieser, Hans 1111, 1647
Kurrent, Friedrich 0364, 1892

Kurz, Anton 0968
Kürz, Robert 1818, 2016
Kutscha-Lissberg, Paul 2146, 2203

L

Labacher, Gerhart 1828
Lackner, Karlheinz 1458
Laferl, H. 2203
Lainer, Rüdiger 0365, 1079
Lalics, Paul 0527, 0711, 1887, 2121, 2203
Lambert, Ulrike 1079, 1711
Lammerhuber, Christoph 0411, 2007
Landertinger, Christian 0599, 0963
Landstetter, Ignaz 2242
Landthaler und Faulhammer 1692, 1724
Lang, Friedrich 1012
Lang, Lukas 0055, 0091, 0802
Langer, Ferdinand 1549, 1930
Laske, Oskar, jun. 0193
Laske, Oskar, sen. 0190, 0193
Laub, Georg 0580
Lautner, Günter 0397
Lavaulx, Raoul 1417, 2201
Lechner, Johann 1738
Lehr, Ferdinand 0432, 0433, 0439, 0449
Lehrmann, Karl 0348, 0351, 0916, 1157, 1243, 1247, 1257
Leierer, Helmut 0717, 0718, 0720, 0722, 0729, 1423
Leipold, Gerhart 0253
Leischner, Erich Franz 2040
Leitner, Alois 0832
Leitner, Bernhard 0400
Leitner, Josef 0832
Leitner, Klaus 0889
Leixner von Grünberg, Othmar 0918, 0929, 1462, 1908
Lendenfeld, Tassilo 1670
Lengenfelder, Franz 0245
Lenhardt, Anton 2239
Lenhardt, Friedrich 0320
Lenz, Josef 0620, 1773
Lenz, Wolfhard 1174
Leopold, Otto 1042
Leuzendorf, Egon von 0295, 0680
Levonyak Bau GmbH 0570
Leyrer, Anton 0504, 0542
Lichtblau, Andreas 0675
Liebe, Anton 2126
Liebscher, Bernhard 2039
Liehmann, Carl 0028

Linder, Christine 0772
Linder, Gerhard 0329, 0753, 0754, 0771
Lindner, Ernst 1065
Lindner, Gerhard 0105, 0114, 0192, 0752, 1557, 2248
Lindner, Peter 0840, 0843
Linemayr, Axel 0411, 2007
Linsberger, Ernst 0954, 0957, 2245
Lintl, Hannes 0984
Lippert, Georg 1093–1095, 1430, 1978
Litschauer, Reinhard 2058
Litschke, Robert 0225
Litzka, Eduard 1893
Locher, Helmuth 0742
Loeb, J. 1858
Lojen, Erika 0419
Lojen, Gerhard 0419
Loos, Adolf 0573, 1383
Loos, Walter 0987
Lorenz, Karl Raimund 1873
Lottersberger, Christoph 0109
Loudon, Michael 1671
Löwe, Max 1004
Lubowsky, Karl 1961
Ludwig, Günther 0612, 0613
Lukele, Adolf 0092
Luksch, Wilhelm Eduard 0088, 0125, 0168
Lurgi GmbH 1831
Lusser, Emil S. 1864
Lutter, Heinz 0886, 1265, 1489
Lutz, Florian 1219
Lutz, Henry 1736
Lux, Josef 0614, 0616, 1775, 1797

M

Machatschek, Alois 2147
Macho, Gerhard 0489, 0713, 0749, 2267
Mader-Schwab 0616
Maier, Markus 0119
Maierhofer, Siegfried 2130
Majores, Erich 1142, 1144, 1145, 1932
Manahl, Richard 1534
Mandl, Hubert 1166
Mandl, Norbert 0487, 0489, 0490, 1801, 1802, 2121, 2124, 2227
Mang, Engelbert 1547
Mang, Karl 0101, 0277, 0572, 0750, 1621, 2104, 2202
Mang-Frimmel, Eva 0101, 0277, 0572, 0750, 1621, 2104, 2202
Marchart, Christian 1405
Marchart, Peter 0379

Marek, Oskar 0453
Marek, Richard 0453
Maresch, Hubert 0008, 1418
Marik, Karl 1452, 1602
Marszalek, Florian 1401
Marszalek, Herbert 1401
Marte, Bernhard 0948
Marte, Stefan 0948
Masanz, Franz 1834
Mascha, Christian 0139, 1266, 1406
Mathoi, Dieter 0258
Mattner, Johann 0286
Mattner, Robert 1483
Matzinger, Fritz 2010
Maurer, Christoph 0721, 0730, 0874, 1193, 1639, 2075, 2270
Maurer, Ernst 0471, 0717, 0720, 0721, 0730, 0874, 1193, 1423, 1639, 2075, 2148, 2270
Mayer, Edmund 1902
Mayer, Georg W. 0082, 2154
Mayer, Hugo 1547
Mayerhofer, Franz 0693
Mayr, Fritz Gerhard 1967
Mayreder, Julius 1342
Mayreder, Karl 0814
Mayr-Keber, Gert-Michael 0202, 0893, 1412, 1414
Medek, Reinhard 0414, 2201, 2254
Melan, Joseph 1758
Melcher, Karl 1852
Melicher, Theophil 0029
Merz, Richard 1431
Messner, Richard 0109
Mezricky, Jiri 0462, 0649, 0824, 1359
Michel, Johannes Daniel 1140
Micheroli, Adolf 0429, 0439, 0440, 0442
Michl, Walter 0889
Miklik, Anton 1195
Mikolasch, Hans-Peter 1546
Milde, Benjamin 0451
Millbacher, Erich 2017, 2018
Miller & Hetzel 1022
Miller, Wolfgang 1822
Mischke, Rudolf 1300
Mistelbauer, Wolfgang 0112, 0146, 2041
Mitteregger, Herbert 1970, 1976, 2198
Mitterer, Fritz 1100
Mittermair, Martin 0053, 2042
Mittermayer, Peter 1132
Mokesch Bau und Zimmermeister GmbH 0509

Mokesch, Karl 0509
Molnar, J. 0424
Morpurgo, Robert 0997, 1870–1872
Mörth, Franz 0370, 0371, 1764, 1765
Mörth, Siegfried 1764, 1765
Mühlberg, Ernst 0874, 2133
Müller, Anton 1814
Müller, Armin 0132, 0142, 0149
Müller, Julius 2253
Müller, Jutta 0305
Müller, Ludwig 2215
Müller, Michael 1836
Müller, Sepp 0248, 0671, 1085, 1319, 1516, 1998, 2001, 2199
Müller, Siegmund 1855
Müller, Zoltan 0960
Müller-Hartburg, Herbert 0399, 1110
Müllner, Klaus 1404
Müllner, Kurt 1404
Müllner, Raimund 1441
Münch, Rudolf 0034, 0040, 0229, 0230
Münster, Josef 0983
Muttoné, Hans 1682

N

Nageler, Peter 0591
Nagl, Pausa 2203
Najjar, Karim 2199
Najjar, Rames 2199
Nawrath, Heinrich 0609, 0955
Nebehosteny, Josef 1023
Nebesky, Ferdinand 2013
Nedoschill, Werner 0109
Nehrer, Manfred 0414, 2201, 2254, 2255
Nemecic, Felix 0672, 0705
Nemetz, Roland 0117–0119, 0123, 0168, 0180
Nemetz, Walter 0119. 0120
Neu, Horst Klaus 2020
Neubauer, Bernd 0719, 1931
Neubauer, Kurt 1429, 1432
Neumann, Alexander 1743
Neumann, Franz von, jun. 0676, 1857, 1860–1862
Neumann, Gustav 0470, 1845, 1846
Neumann, Heinz 0401, 1030, 1397, 2135
Neumayer, Franz 0740
Neururer, Alois 0974
Neuwirth, Franz 1628
Neversal 1893
Neversal, Eduard 1666, 2015
Neversal, Gerd 1158

Nieke, Alexander 2081
Niemann, Sascha 0978
Nitsch, Rudolf 2265
Nobis, Otto 1165, 1898
Notthaft, Anton 0688, 0690
Novotny, Friedrich 1682
Nussbaumer, Stefan 1767

O

Oberhofer, Alfons 1757
Oberhofer, Günther 0574, 1270
Oberländer, Adolf 0668
Obermann, Annemarie 2016
Oberstaller, Christophe 1570
Oeller, Karl 1571
Oerley, Robert 1781
Oherr, Julius W. 1054
Ohmann, Friedrich 0077, 0546
Oksakowski, Georges 0833
Olbrich, Joseph Maria 0664, 1726
Olbricht, Franz 2108
Opferkuch, Karl Johann 1122
Orglmeister, Gustav 1059, 1444, 1833
Ornstein, Ernst 0189
Ortner, Herbert, sen. 0097, 0113, 1996
Ortner, Laurids 0936
Ortner, Manfred 0936
Ostermaier 1020
Österreicher, Franz 0844
Österreicher, R. 0030
Oswald, Thomas 0598
Oszwald, Alfred 1180, 1229, 1423, 2021
Oszwald, Hans 1180, 1423, 2021
Ott, Erich 0014, 0416, 0417, 0758, 0797, 0919, 1042, 1215, 1222, 1229, 1519, 1523
Ottel, Brigitte 0182
Ottel, Ruprecht 0182
Ottendorfer, Baumeister 0177
Ott-Reinisch, Irene 2041

P

Pálffy, András 1830
Palmitschka, Rudolf 0037
Panzl, Josef 1857
Pardametz, Josef 1769
Pasdirek-Coreno, Adalbert 0353
Passini, Wilhelm 0634
Pastl, Arnold 2081
Patzelt, Josef 0942, 1435, 2142, 2162, 2251
Pauly, Max 1240
Pauser, Alfred 2024

Pawek, Gustav 1015
Payer, Hans 1336
Payer, Peter 0631
Pecha, Albert Hans 0381
Peichl, Gustav 0947, 1133, 1141, 1387, 1681
Pelnöcker, Karl 0749
Peretti, Friedrich 0117, 0118, 1827
Peretti, Liselotte 0117, 0118
Perthen, Rudolf 1399
Peschl, Hans 0181
Peter, Johannes 1249
Petermair, Johann (Hans) 0103, 0264, 0531, 0543, 0715, 0826, 2180, 2192
Pfaffenbichler, Ferdinand 1637, 1841
Pfaffenbichler, Paul 0491, 0592, 0605, 0756, 0951, 0993, 1645, 1652, 1661, 1668, 1679, 1777, 1778
Pfann, Hans 0117, 0118, 0692, 0694
Pfeffer, Fritz 1835
Pfeil, Franz 1475, 1492, 1522, 1532, 1666
Pfeiller, Kurt 1111
Pfletschinger, Josef 0344
Pfoser, Reinhard 0612, 1354, 1668, 1734, 1741, 2174
Pfoser, Wolfgang 1347, 1644, 1654, 1674, 1733–1735, 1741
Pichelmann, Gustav 0803
Pichler, Josef 0728
Pichler, Martin 0422
Pietschmann, Friedrich 1709
Pihaule, Josef W. 1643, 1988
Pind, Walter 0378
Pindt, Fritz 1573
Pintar, Brigitte 2261
Pittner, Franz 1653
Piva, Paolo 0365
Pivoda, Josef 0613
plafog Planungsgesellschaft mbH 0874
Planatscher, Heinz 2059, 2269
Plank, Hans 0338
Plečnik, Josef 1199
Plevan, Erwin 0064, 0394, 0813, 1326, 1395, 2038, 2225
Plischke, Ernst Anton 0483, 0870, 0892
Pöchhacker GmbH 0042
Pöchhacker, Josef 2236
Podgorschek, Wolfgang 1374
Podivin, Hans 0238, 0569, 0570, 0578, 0581, 1148, 1243, 1268, 1378, 1469
Podrecca, Boris 0666, 0935, 1025, 1638, 1644
Pohl, Herbert 2255

Pointner, Alfred 0165
Pölz, Eduard 1901
Pölz, Franz 0875
Polzer, Franz 0876
Pongratz, Franz 0567, 0800
Pontiller, Peter P. 0054, 0623, 0796, 1011, 2165, 2167
Popp, Alexander 0929
Poppe, Helmut 1763
Poschacher, Robert 0291, 0562, 1370, 2063, 2065, 2067
Postelberg, Viktor 0463, 0468, 1650
Postl, Carl 0681, 0999–1003, 1005–1007, 1384, 1380
Potyka, Anton 0481
Potyka, Hugo 0986, 1623
Prader, Herbert 0014, 0072, 0416, 0417, 0758, 0797, 0919, 1042, 1183, 1215, 1222, 1229, 1519, 1523
Prader, Wolfgang 0088
Pradler, Raimund 0482
Prager, Alois 0771, 1611
Prandl, Eduard 0165
Prantl, Christa 0579, 0674, 1072
Prantl, Florian 0265, 0704
Prantl, Walter 1014, 1019
Prasser, Christian 0364
Praun, Richard 0539
Prehal, Andreas 1763
Prehsler, Herbert 1636
Presoly, Anton 1073, 2172
Presoly, Egon 1073, 1077, 1554, 1848, 2172
Priesner, Friedrich 0518
Prinz, Walter 0922
Prinzgau-Podgorschek, Brigitte 1374
Prix, Josef 0606
Prix, Wolf D. 1839
Prochazka, Elsa 1246
Proche, Raoul 1827
Prödl, Erich 0641
Prohazka, Rudolf 0818, 0827, 1432
Prokop, Alexander 1220
Prokop, Josef 1669, 1746
Prokop, Lutz & Wallner 1692, 1698, 1724, 1731
Proksch, Karl 2069
Proyer, Karin 2246
Prutscher, Hans 2103
Prutscher, Otto 0156, 0157, 0333
Prutscher, Walter 0805
PSB Planung-Statik-Bauleitungs GmbH 0627
Puchhammer, Hans 0077, 0250, 1149, 1154, 1245, 1408, 1420

Puchleitner, Martin 1822
Pumm, Karl 0731, 0733
Purin, Hans 1609
Putz, Andreas 0052
Putz, Monika 1427, 1541, 1819

Q

R

Raab, Peter 1185, 1255, 1259, 1355, 1443, 1688, 1719, 1722, 1968
Raab, Peter Julius 1731
Radler, Claus 2101
Raffeiner, Carlo 0811
Rainer, Arnulf 1658
Rainer, Roland 0583, 0716, 1058, 1123, 1281, 1685, 1763, 1974, 1975, 1977, 1979, 1980, 1999
Rainer, Wolfgang 1515, 1516, 1827
Raith, Erich 1298, 1518
Raith-Strömer, Karin 1298
Rakowitz, Friedrich 0358, 0859
Ramberger, August 0153
Ramler, Ludwig 0625, 0635
Rammel, Michael 0735, 0738
Ramstorfer, Paulus 0158
Ranner, Karl 1595
Rausch, Franz 0736
Rausch, Wolfgang 1043
Rautter, Konrad 1719, 1722
Rehak, August 1172, 1487
Reichel, Wilhelm 0461, 0755
Reinberg, Georg W. 1356, 1518, 1521, 1524, 1525, 1531, 1896, 2008
Reiner, Karl 0108
Reinhart, Architekt 0971
Reinhold, Josef 0714
Reiser, Hans 0494, 0495, 0499, 0967
Reißmüller, Rudolf 0558, 2068
Reith, Wolf Jürgen 2105
Rella, Attilo 1008
Renhardt, Manfred 0534
Resch, Manfred F. 0328
Restar, Martin C. 1836, 1837
Rettenbacher, Eduard 1008
Retter, Werner 1910
Rezac, Johann 2098
Richard Denk (Firma) 1027
Richter, Hermann 1702, 1703, 1715
Richter, Julius 0890
Riedl, Ferdinand 2054
Riedl, Hans 0755

Riedl, Wolfgang 0881
Rieger, Erwin 1737
Riegler, Bruno 2239
Riegler, Florian 0111
Riegler, Ingrid 2203
Riesenhuber, Jörg 1518, 1524
Riewe, Roger 0111
Riß, Max 2179
Ritter, Wilhelm 1693
Rodinger, Herbert 0941, 0972, 0973, 1083, 1732
Rodler, Alfred 0445
Rodler, Julius 1874
Roese, Rudolf 0245
Rohn, Hans 1202
Rohringer, Helmut 1488
Rokizan, Paul 1028
Rollig, Heinz 0802, 0953, 0985, 0989
Rollinger, Franz 1922
Rollwagen, Friedrich 0037
Rollwagen, Rudolf 0881
Romstorfer, Carl Adam 1983
Ronacher, Herwig 1555
Rosenbaum, Fritz 0988
Rosner, Karl 1628
Roth, Ladislaus J. 1262
Rothmüller, Johann 0131, 2216
Roubitschek, Max 1019
Ruderstaller, Robert 1936, 2174
Rudnicki, Evelyn 0411, 2007
Runser, Alexander 0579, 0674, 1072
Ruttkovsky, Manfred 0458
Ruzicka, Klaus 2144

S

Sacher, Hans 1827
Sackmauer, Othmar 0875
Sadilek, Erich 0482, 0487, 0489–0491, 0630, 0631, 0756, 1800, 1801, 2121
Saitz, Adolf 1268
Sallmann, Werner 0150
Salzer, Robert 1774
Sam, Franz 0798, 0975, 1346, 2041
Sammer, Andreas 0725, 1570
Santres, Rudolf 1854
Sautner, Helmut 0249, 0255, 0306, 0619, 1916, 1917
Schabes, Josef 2267, 2268
Schachner, Friedrich 0297
Schaffer, Fritz 1023
Schania, Anton 1901
Scharl, Andreas 1140

Schartner, Franz 0321
Scheffel, Karl 0450
Scheibl, Leopold 2138
Scheiblauer, J. 2230
Scheide, Heinz 0279, 2265
Scheifinger, Hermann 0180
Scheifinger, Peter 0397
Schellander, Meina 0937
Schenk, Sebastian 1937
Schermann, Konrad 0324, 0807, 1627
Scheruga, Johannes 2173
Scheufler, Peter 0115, 0375, 0687, 1163, 1366, 1752
Schiffner, Franz 0349
Schimek, Heinz 0042, 0592, 1398, 2047
Schimek, Josef 0051
Schimitzek, Hans 0951, 1778
Schimka, Anton 1835
Schindler, Yvonne 1140
Schirmen, Johann 1755
Schläfrig, Gustav 0493–0495, 0499, 0967
Schlag, Karl Ritter von 0200
Schläger, Frank 0802
Schlager, Matthäus 0828, 1655
Schlauss, Kurt 0522, 0611, 1060
Schleicher, A. Ferdinand 1246
Schlesinger, Norbert 0863, 0869, 0883
Schlögl, Gerd 1362
Schlögl, Karl 1204
Schlossberg, Friedrich 2190
Schmalzhofer, Josef 0398, 0699
Schmid, Alfred 0233, 0234, 0878
Schmid, Heinrich 1416
Schmid, Peter 1520
Schmid, Wilhelm 0377, 2217
Schmid-Miejska, Maria 1520
Schmidt, Franz-Xaver 0141, 0160, 0164, 0176
Schmidt, Hermann 2006
Schmidt, Josef 0126, 0157, 1974, 1975
Schmidt, Robert 0167
Schmidt, Stefan 0082
Schmoll, Leo 0851
Schmoll, Karl 1119, 1120
Schneeweiß, Martin 1097
Schneider, Hanns 2207
Schneider, Hermann 1104
Schneider, Josef 0451
Schneider, Manfred 1247
Schneider, Raimund 1387
Schober, Oskar 0303

Schobermayer, J. J. 0421
Schoderböck, F. 1272
Schöfl, Wolfgang 0903, 1012, 1333, 2163
Schöggl, Josef 2073
Schöggl, Michael 2073
Scholz, Oskar 1509, 1782, 2175, 2269
Schömer, Carl 0838
Schömer, Josef 0838, 0891
Schöne, Ludwig 0663, 2113
Schönthal, Otto 0300, 0520, 1264, 1870, 2204
Schönthaler, Franz, jun. 2026
Schopper, Helmut 0294, 1048, 1053
Schottenberger, Otto 1651
Schreieck, Marta 0174, 1826, 2106
Schreier, Theodor 1065, 1650
Schreihofer, Johann 0045
Schremmer, Bernhard 1770
Schremmer, Helga 1770
Schrimpf, Alois 0289, 1231
Schrittwieser, Udo 0456, 0457, 2030
Schröfl, Architekt 2130
Schrom, Georg 0532
Schubauer, Josef 0105, 0170
Schüller, Franz 0049
Schumacher, Lukas 1062
Schüssler, Eugen 0960
Schustala, Adolf 0239, 0242, 1868
Schuster, Alexander 0850
Schuster, Alois 1602
Schuster, Franz 1433
Schuster, Hans 0739
Schuster, Josef 1393, 1816
Schuster, Manfred 0744
Schuster, Markus 1733
Schütte-Lihotzky, Margarete 1731
Schwan, Robert 2241
Schwanzer, Karl 1125, 1672
Schwarz, Anton 1490
Schwarz, Karl-Heinz 1089
Schwarz-Viechtbauer, Karin 1089
Schweiger, Rupert 0945
Schweighofer, Anton 0017–0019, 0658, 0751, 0925, 1146, 1147, 1216, 2218, 2219, 2270, 2278
Schwinde, Peter 1818, 2016
Schwingenschlögl, Rudolf 0630, 0631, 1801, 1810
Sdraule, Franz 1203
Sebastian Makoschitz Baumeister und Ingenieure 0313
Sedlaczek, Rudolf 1499

Seebacher, Alexander 0317
Seebacher, Alois 0317, 0998, 1558, 1560
Seeber, Paul 0471
Seeböck, Otto 1832
Seelig, Robert 1381
Seemann, Anton 1389
Seethaler, Christian 0139, 1266, 1406
Sehnal, Eugen 0282, 1222, 1268, 1646, 1683, 2253
Seib, Wilhelm 1897
Seidl, Emanuel von 0395
Seidl, Vinzenz 1014
Seiffarth, Peter 2132
Seiser, Heinz 1970, 1976, 2198
Seiz, E. 1473
Seliger, Alois 0713, 1545, 1817, 1820
Semrad, Gustav 0952
Siebert, Friedrich 0694
Siedek, Viktor 1909
Siegl, Anton 0113
Siegl, Julius 1165
Sigmund, Rudolf 2014
Silber, Wolfgang 1127
Silbermayr, Werner 0365, 1079, 1711
Simlinger, Franz 0749
Simony, Leopold 1131
Simony, Stephan 1275
Six, Rudolf 2276, 2279, 2283
Slama, Oswald 1087
Sodl, Emmerich 1832
Sodl, Ewald 1863, 1956, 2039
Sollak, Friedrich 1124
Somer, Elif 0886
Sommer, Herbert 0319
Sowa, Rudolf 1013
Soyka, Georg 1127
Soyka, Wolfgang 1127
Spalt, Johannes 0362–0365, 1527
Spauwen, Alexander 0876
Speigner, Simon 1084
Spendlingwimmer, Dominik 1766
Sperber, Heinz 1625
Sperber, Karl-Heinz 0749
Spielmann, Ernst 1559
Spitzer, Peter 1931
Splett, Leo 0169
Spreitzer, Leopold, jun. 0044, 0048, 0050, 0051
Staber, Johann 0513, 0514, 0630, 1084, 1798, 1801, 1802, 2030, 2094
Stadlbauer, Bruno 0042, 2047

Stadlbauer, Ernst   1109
Stark, Wolfgang   2057
Stättermayer, Julius   0398
Steflicek, Anton   2253
Stein, Sepp   0010, 1241
Steinbach, Friedrich B.   0772
Steinbacher, Friedrich   1361
Steineder, Hans   0976
Steiner, Eric   0401
Steiner, Johann   0761–0764, 0766–0768, 0775–0777, 0779–0781, 0784, 0789, 0791–0793, 1601, 1603–1608
Steingassner, Josef   1479
Steingassner, Martin   1225
Steingassner, Mathias   1087
Steinhofer, Karl   1952, 2111
Steixner, Gerhard   0900, 1057, 1064
Stelzer, Johann   0367, 0650
Stelzer, Rüdiger   0285
Stelzhammer, Walter   0887, 0895, 2100
Stelzl, Michael   1331
Stenitzer, Horst   1620, 1673
Stepanek, Karl   1940
Sterlich, Gerald   0876
Stika, Felix   0116
Stingl, Werner   1996
Stockreiter, Josef   1473
Stögerer, Herbert   2174
Stögerer, Kurt   1080, 2029
Stojan, Hans   0031, 0032
Stolfa, Werner   0324, 1627, 2221
Stoppel, Franz   0648
Stoppel, Johann   0541, 1728
Stosius, Gustav Adolf   1010
Straeche, Otto   1243
Straitz, Adolf   0199, 1251
Stransky, Karl   0516, 0871, 1936
Straßer, Rupert   0527
Streli, Jörg   0258
Strixner, Heinrich   1011
Strnad, Oskar   2097
Strobl, Karl   0967
Strobl, Robert   0567, 0800
Stummer von Traunfels, Josef   0036
Sturm, Franz   0565, 0938, 0953, 0966, 1187, 1304, 1508, 1577
Sturmberger, Armin   0596
Stwertnik, Emanuel   1864
Suchanek, Kurt   1178

Südbau   1447
Süss, Ernest   0203, 1267, 1402
Swiczinsky, Helmut   1839
Swienty, Peter   0054, 0623, 0796, 1011, 2165, 2167
Swoboda, Arthur   1059
Szauer, Matthias   0374, 1808
Szedenik, Rudolf   0397
Szyszkowitz, Michael   1155

T
Tamussino, Hermann   1247, 1251, 1274
Tatto, Klaus   1208
Teller, Alfred   1559
Ternitzer Stahl- und Eisenwerke Schoeller & Co   1982
Tesar, Heinz   0864, 0866, 0868, 0880, 1391
Tessenow, Heinrich   1547
Teynor, Mario   1974, 1975
Thaler, Hans   1836
Theisen, August (Pater)   1135
Theiss, Siegfried   0209, 0211, 0212, 0305, 0308, 0330, 0382, 0665, 0901, 1137–1139, 1152, 1153, 1159, 1190, 1193, 1194, 1196, 1197, 1208, 1805, 1995, 2141, 2143, 2149, 2157, 2164, 2166, 2167, 2170
Theodoru-Neururer, Elena   0974
Thetter, Christoph   1526
Theuer, Max   0318
Theyer, Leopold   0013
Thiem, Peter   2146
Thurm, Volker   2220
Thurnher, Rochus   0564
Thurn-Valsassina, Georg   0550, 2285
Tiersch, Wenzel   1941
Tillner, Silja   0875
Tinhofer, Bruno   0380, 0579, 1239
Tobler, Walter Jakob   0897
Tölk, Josef   0119, 0154, 1486, 1849
Tölzer, Maria   0092
Tölzer, Peter   0092
Tominschek, Franz   1174
Toms, Bernd   1569
Tontur, Franz   1306, 2145
Tragseil, Karl   0667
Trampler, Adolf   0335
Traschler, Karl   0771
Traunfellner, Anton   1779
Treberer-Treberspurg, Adolf   2028
Treberspurg, Martin   0263, 1518, 1521, 1533
Tremmel, Ludwig   0959

Trimbacher, Hans-Peter   2055
Trinanes, Hernan   0591
Tritthart, Sigfrid   1747
Trojan, Emanuel, Ritter von Bylanow   0871
Trojan, Theo   1073
Troll, Karl   0541
Trubel, Oskar   1134
Tuma, Roland   1402
Tuscher, Dieter   1618
Twaruschek, Leopold   1573–1575, 1579–1581, 1586
Tziortzis, Nikos   0564

U
Uhl, Ottokar   0723, 1192
Ullmann, Andreas   2181
Ullmann, Franziska   1529, 2107
Ullmann, Friedrich   1268
Ullreich, Gerhard   1297
Ulrich, Wolfgang   0237
Unger, Johann   1587
Unger, Josef   0879
Urban, Joseph   0121, 1787, 1859
Urbanek, Arch.   1708
Utz, Josef, jun.   0944, 0958, 0962, 0977

V
Valentin, Anton   1285, 2173
Valentiny, François   0254, 0899
Vendl, Jiri   0518
Vesselinov, Zachari   0375, 0687, 1366, 1752
Vetter, Hans Adolf   1263
Visintini, Franz   0272, 0621, 0684, 1358, 1477, 1881, 2178, 2283
Vock, Hans   0689, 0690
Vogel, Werner   1530
Vogelauer, Kurt   1631
Vogl, Anton   0226
Vogler, Otto   1796
Vorderegger, Rudolf   0098, 0966
Votzi, Andreas   1733
Všetečka, Ladislav   1584, 1588
Vytiska, Josef   0577, 1173, 1972, 2131

W
Waage, Fritz   2001, 2003
Waagner Biro AG   1302, 1834
Waagner, Rudolph Philip   1117, 1920
Waas, Ing.   0035
Wachberger, Hedy   0785, 0949, 1546, 1714
Wachberger, Michael   0785
Waclawek, Fritz   1371, 1375, 1528, 2027
Wagner, Josef   0071

Wagner, Leopold 1864
Wagner, Roland 1081, 1803
Wagner, Susanna 0675
Wahler, Franz 0858, 2241
Wailzer, Klaus 2097
Wakonig, Martin 2191
Waldbauer, Peter 1817
Wallmann, Dieter 0261, 2101
Wallner, Fritz 0390
Wallner, Harald 0060, 1463, 1954
Wallner, Thomas 1357
Wallnöfer, Florian 0411, 2007
Walter, Rüdiger 0351, 1157, 1257
Wanderley, Hugo 0730
Wanko, Alfred 1636
Wastl, Karl 0030
Wawrik, Gunther 0250, 1149, 1154, 1245, 1420
Wawrowetz, Richard 0051
Wayss, Gustav Adolf 1512, 1950, 2092, 2237
Weber, Anton 1008
Weber, Joseph P. 0723
Weber, Rudolf Felix 1681
Weber, Rupert 0046, 0123, 1011, 1013, 2255, 2257
Weber, Wilhelm 0052
Wedl, Stefan 0422
Wegwart, Wenzel 0190, 1472–1474, 2118
Wehdorn, Manfred 1919
Weidenhiller, Erich 1763, 1768
Weidinger, Josef 1693
Weidinger, Wolfgang 0720
Weigang, Franz, jun. 0870
Weigel, Karl 2199
Weigl, Fritz 1948
Weinbrenner, Carl 0262, 0274, 0825, 1214, 1224, 1324
Weinkopf, Johann 1539
Weinlich, Robert 0914
Weinmann, Eduard 0560
Weinmann, Ferdinand 1643
Weinzettel, Carl 1377
Weiser, Heinz H. 0246
Weiss, Franz 0816
Weisse, Richard 0117, 0118
Weissenböck, Walter 1305, 1307, 1308, 1500
Welzl, Guido 1079
Wenzel, Peter 0003, 0816, 2208
Wenzl Hartl (Firma) 0016, 0312, 0799, 1341
Werkraum Ingenieure 1111
Werl, Josef 1822

Werner, Helmut 2090
Wicherer & Tinter 1690
Wichtl, Anton 0102
Widtmann, Heimo 1135
Widy, Josef 1806
Wiegail, Johann 1888
Wiener Eisenbau AG 1210
Wiesbauer, Josef 1723
Wieser, Harald 0094
Wieser, Leopold 0441
Wilcenc, Hugo 2150
Wilda, Bernd 0066, 0703
Wildhack, Alfred 0241, 0997, 1844, 1847, 1856, 1863, 1870–1872, 2044
Wilhelm Hasslinger und Co 1447
Wilke, Heinz 1835
Wimberger, Michael 0978
Wimmer, Albert 0060
Wimmer, Helmut 1026
Wimmer, Peter 1078
Windbrechtinger, Traude 0039, 0047, 0231, 1181, 1436
Windbrechtinger, Wolfgang 0039, 0047, 0231, 1181, 1436
Winter, Johann 0411, 1255, 1259, 1443
Wirnsberger, Jürgen P. 0025
Witte, Herbert 0908, 1135
Witzmann, Carl 0888, 1399
Wlach, Oskar 0163
Wobornik, Paul 0932
Wohlfahrtstätter, Peter 1757
Wohlmeyer & Raab 1749
Wohlmeyer, Heinrich 1098, 1505, 1729, 1737
Wohlmeyer, Josef 1731
Wohlmeyer, Johann 1689
Wohlmeyer, Robert 0602, 1667
Wohlmuth, Julius 0985
Wöhnhart, Josef 0677
Wojnarowski, Franz 2053
Wolf Systembau Ges.m.b.H. 1931
Wölfl, Hans 0379
Wollek, Karl 1799
Wolschner, Karl 0079
Wondracek, Rudolf 0867, 1353, 1643, 1694, 1696, 1697, 1701, 1886, 2050
Wondracek, Rudolf, sen. 1656, 1684
Wondrak, Josef 2102
Wörle, Eugen 1256, 2012
Wozak, Franz 1822

Wright, Henry 1748
Wurm-Arnkreuz, Alois 0695
Wytrlik, Otto 0882, 0884, 0885, 1437

X

Y

Z

Zabrana, Rudolf 0986
Zachmann, Gert 2141
Zahel, Günther 1777
Zahlbruckner, Hans 0302, 1704
Zajíćek, Franz 0534
Zapletal, Josef 1255, 1259, 1433
Zauner, Alfred 2033
Zauner, Gerald 1407
Zechner, Christoph 0041, 0060
Zechner, Martin 0041, 0060
Zehetner, Alois 0035, 0627, 1496
Zehetner, Gerd 2081
Zehetner, Wolfgang 1649
Zeidner, Robert 1394
Zeiler, Hans 0460
Zeilinger, Johann 1649, 1686, 1713, 1735
Zeininger, Angelika 1186
Zeininger, Johannes 1186
Zeinitzer, Klaus 1798
Zeitlhuber, Richard 0225, 1347, 1368, 1649
Zeleny, Eduard 1895
Zelezny, Franz 2212
Zelfel, Waldemar 2131
Zellhofer, Helmuth 0099, 0144, 0175, 0407
Zeman, Günther 0516
Zieritz, Werner 0225, 1696, 1771
Zieser, Johannes 0043, 0754, 0872, 1182, 1566, 2021, 2041
Zimmermann, Hugo, jun. 0151
Zita, Hans 1651
Zita, Werner 0455, 0603, 2247
Zobel, Gerhard 0165
Zobl, Engelbert 0253, 1184, 1398, 1423
Zöhrer, Kurt 1013
Zotter, Eduard 0597
Zotter, Karl 0332, 1953
Zotti, Josef 0347
Zwerina, Adolf 0757
Zwick, Helmar 0669
Zwingl, Christine 1829
Zwirchmayr, Gerhard 0139, 1266, 1406

Architekturbüros

A

AH3 Architekten ZT GmbH (Johannes Kislinger)   0368, 0718
Alois Prager & Sohn   0771
AMP Architekten (Johannes Daniel Michel, Yvonne Schindler)   1140
archiguards ZT GmbH (Andreas Heizeneder, Alexander Nieke, Arnold Pastl, Gerd Zehetner)   2081
archipel architekten (Johannes Kraus, Benjamin Milde)   0451
Archisphere Gabriel Kacerovsky ZT GmbH   2012
Architekt Scheibenreif ZT GmbH   0420, 2041
Architekt ZT Schwingenschlögl GmbH (Rudolf Schwingenschlögl)   0630, 0631, 1801, 1810
Architekten Maurer & Partner ZT GmbH (Ernst Maurer, Christoph Maurer, Thomas Jedinger)   0721, 0730, 0874, 1182, 1193, 1222, 1639, 2075, 2270
Architekten Soyka/Silber/Soyka ZT GmbH (Georg Soyka, Wolfgang Silber, Wolfgang Soyka)   1127
Architekten Szyszkowitz-Kowalski ZT GmbH (Michael Szyszkowitz, Karla Kowalski)   1155
Architekten Wimmer-Armellini (Ute Armellini, Peter Wimmer)   1078
Architektengruppe Linz (Wolfgang Enzinger, Siegfried Jell, Helga + Bernhard Schremmer, Holzleithner)   1770
Architektur- und Konstruktions-Atelier für Ausstellungsindustrie, Möbel und Vergnügungsbauten (Hans Glaser, Alfred Kraupa, Karl Scheffel)   0450
Architekturbüro Barnath (Franz Barnath, Reinhard Barnath)   0564, 1678
Architekturbüro Kanfer – Riß ZT GmbH (Robert Kanfer, Max Riß)   2179
Architekturbüro NÖ SÜD (Herbert Mitteregger, Heinz Seiser)   1970, 1976, 2198
Architekturbüro Pfeiler 1 (Rochus Thurnher, Nikos Tziortzis)   0564
Architekturbüro Reinberg (Georg W. Reinberg, Martha Enriquez-Reinberg)   1896
Architekturbüro Riedl   2054
Architekturstudio Bulant & Wailzer (Aneta Bulant-Kamenova, Klaus Wailzer)   2097
area project GmbH   1432
ARGE Architekten Saarbrücken   2052
ARTEC Architekten (Bettina Götz, Richard Manahl)   1534
Atelier 4 (Peter Scheufler, Zachari Vesselinov, Manfred Hirschler, Peter Erblich)   0375, 0687, 1366, 1752
Atelier 6B (Tomm Fichtner, Roland Köb, Christian Mascha, Christian Seethaler, Gerhard Zwirchmayr)   0139, 1266, 1406
Atelier Fellner & Helmer (Ferdinand Fellner II., Hermann Helmer)   0110, 0137, 0180, 0926, 1502, 1865–1869
Atelier für Architektur Krauß und Tölk (Franz Krauß, Josef Tölk)   0119, 0154, 1486, 1849
Atelier für naturnahes Bauen Deubner (Helmut Deubner)   0418
Atelier Graf (Alexander Graf)   1206
Atelier Gustav Pichelmann   0803
Atelier Hirschegger   1206
Atelier KPK (Werner Kessler, Robert Poschacher, Odo Kulcsar)   0291, 0562, 1370, 2063, 2065, 2067
Atelier Langenlois – Kerzan & Vollkrann Gmbh   2262
Atelier Neufra (Heinz Neumann, Sepp Frank)   1397, 2135
Atelier P + F (Herbert Prader, Franz Fehringer, Erich Ott [ab 1965])   0014, 0072, 0416, 0417, 0758, 0797, 0919, 1042, 1183, 1215, 1222, 1229, 1519, 1523
atelier4architects (Manfred Hirschler, Peter Scheufler)   0115
ATF Achammer Tritthart Fröhlich (Fred Achammer, Sigfrid Tritthart, Gunther Fröhlich)   1747
ATP (Achammer Tritthart und Partner)   2136

B

Bauer-Brandhofer Architekten (Georg Bauer, Walter Brandhofer)   1128
Baukünstlerkollektiv Ges.b.R. (Peter Raab, Johann Winter, Josef Zapletal)   1255, 1259, 1443
Baumschlager Eberle Architekten (Carlo Baumschlager, Dietmar Eberle)   1835, 1355
bausache bm GmbH   0794
Berger Lenz Architekten (Norbert Berger, Wolfhard Lenz)   1174
BFA Büro für Architektur (Heinz Lutter, Ralf Aydt, Horst Fuchs, Elif Somer)   0886
Binder & Binder (Monika Binder, Franz Binder)   2014
BKK-2 (Christoph Lammerhuber, Axel Linemayr, Evelyn Rudnizki, Florian Wallnöfer, Johann Winter)   0411
BLP Brigitte Löcker Projects   1238
Brüder Drexler (Anton Drexler, Josef Drexler)   0625, 0928
Buchgraber & Heinrich   1268

C

Caramel Architekten (Günther Katherl, Martin Haller, Ulrich Aspetsberger)   0927
Chromy + Schneider Ges.n.b.R. (Wolfgang Chromy, Manfred Schneider)   1247
Coop Himmelb(l)au (Wolf D. Prix, Helmut Swiczinsky)   1839
Cserni & Schifko ZT GmbH (Martin Cserni, Rosemarie Cserni)   1241

D

driendl * steixner (Georg Driendl, Gerhard Steixner)   1057

E

Ederer, Haghirian Architekten ZT-GmbH (Franz Ederer, Armin Haghirian)   2147
Eichinger oder Knechtl (Gregor Eichinger, Christian Knechtl)   2137
ertl und henzl architektur (Martin Ertl, Franz Henzl)   2179

F

FLEOS architektur ZT KG (Gudrun Fleischmann, Thomas Oswald)   0598
Florian Lutz . Daniela Amann . Architekten ZT OG   1219
Forum Architekten und Ingenieure ZT GmbH   1808
frötscher x prader architekten (Helmut Frötscher, Wolfgang Prader)   0088

G

Gaugg+Brustbauer Architektur ZT GmbH (Bernhard Brustbauer, Franz Josef Gaugg)   0376
goebl architecture ZT GmbH (Lukas Göbl)   1666

H

H&W architekten (Sonja Hohengasser, Jürgen P. Wirnsberger)   0025
Heinz & Mathoi & Streli Architekten (Karl Heinz, Dieter Mathoi, Jörg Streli)   0258
Henke Schreieck Architekten ZT GmbH (Dieter Henke, Marta Schreieck)   0174, 1826, 2106
Hermann & Valentiny (Hubert Hermannn, François Valentiny)   0254, 0899

Hinterwirth Architekten ZT OG 1399
Hlaweniczka & Partner 1827
Hübner ZT GmbH 0488

I
Itten+Brechbühl AG 1835

J
Jabornegg & Pálffy Architekten (Christian Jabornegg, András Pálffy) 1830
Jäger Architektur ZT GmbH 1668
Justin & Partner (Hernan Trinanes) 0591

K
KABE Architekten ZT GmbH (Birgit Kaucky, Arnold Brückner) 0661
Kaiblinger & Vonwald Plan- und Baumanagement GmbH 1436
kaltenbacher architektur ZT GmbH (Franz Kaltenbacher) 0978
koup_architekten ZT GmbH 1432
Kuchler ZT GmbH (Martin Kuchler) 0420

L
Laske & Fiala (Viktor Fiala, Oskar Laske sen.) 0190, 0193
lichtblauwagner architekten (Andreas Lichtblau, Susanna Wagner) 0675
limit architects (Wolfgang Bürgler, Franz Freudenthaler, Sascha Niemann, Michael Wimberger) 0978
LindnerArchitektur ZT GmbH (Gerhard Lindner) 0105, 0114, 0192, 0752, 1557, 2248
Lorenz & Partner 2175
lottersberger-messner-dumpelnik architekten (Christoph Lottersberger, Richard Messner, Mario Dumpelnik) 0109

M
Marszalek Architekten (Florian Marszalek, Herbert Marszalek) 1401
Marte.Marte Architekten ZT GmbH (Bernhard Marte, Stefan Marte) 0948
Missing Link (Otto Kapfinger, Adolf Krischanitz) 1410
MOoS.architektur (Andreas Sammer, Christophe Oberstaller) 1570
Moser Architects ZT GmbH 1222

N
Najjar Najjar Architects (Karim Najjar, Rames Najjar) 2199
Nehrer + Medek Architekten (Manfred Nehrer, Reinhard Medek) 0414, 2254

Neururer & Neururer (Elena Theodoru-Neururer, Alois Neururer) 0974
NMBP Architekten (Sascha Bradic, Manfred Nehrer, Herbert Pohl) 2255
nonconform (Roland Gruber, Dietmar Gulle, Peter Nageler) 0591

O
Objektplaner.at 1039
Ortner & Ortner Baukunst (Manfred Ortner, Laurids Ortner) 0936
Oszwald & Oszwald (Hans Oszwald, Alfred Oszwald) 1180, 1423, 2021

P
Peretti & Peretti (Liselotte Peretti, Friedrich Peretti) 0117, 0118
pfeil architekten ZT GmbH (Franz Pfeil) 1666
planB Architektur (Roland Nemetz, Elisabeth Hobik, Markus Maier) 0119
pool Architektur ZT GmbH (Christoph Lammerhuber, Evelyn Rudnicki, Florian Wallnöfer, Axel Linemayr) 2007
Poppe-Prehal Architekten ZT GmbH (Helmut Poppe, Andreas Prehal) 1763

Q
R
RATAPLAN Architektur ZT GmbH 1664
raumpunkt architekten (Martin Puchleitner, Wolfgang Miller) 1822
Riegler Riewe Architekten ZT GmbH (Florian Riegler, Roger Riewe) 0111
Ruderstaller Architektur ZT GmbH (Robert Ruderstaller) 1936
Runser-Prantl-Architekten (Alexander Runser, Christa Prantl) 0579, 0674, 1072

S
Schwalm-Theiss und Gressenbauer ZT GmbH 0305, 0592
schwerKRAFT ZT GmbH (Markus Grünwald, Thomas Wallner, Florian Edlinger) 1357
Schwinde Architekten Partnerschaft (Peter Schwinde, Robert Kürz) 1818, 2016
sglw architekten (Werner Silbermayr, Karl Goess, Ulrike Lambert, Guido Welzl) 1079
SOLID architecture ZT GmbH (Christine Horner, Christoph Hinterreitner) 1666
Spur Wien (Sigrid Augeneder, Klaus Tatto) 1208
syntax architektur (Alexander Spauwen, Martina Barth Sedelmayer, Michael Barth) 0876

T
Teynor/Schmidt Architects ZT GmbH (Mario Teynor, Josef Schmidt) 1975
the POOR BOYs ENTERPRISE (Ernst J. Fuchs, Marie-Therese Harnoncourt, Florian Haydn) 0700
Theiss & Jaksch (Siegfried Theiss, Hans Jaksch) 0209, 0211, 0212, 0305, 0308, 0330, 0382, 0901, 1137–1139, 1152, 1153, 1159, 1190, 1193, 1194, 1196, 1197, 1208, 1805, 1995, 2141, 2143, 2149, 2157, 2164, 2166, 2167, 2170
Theiss & Jaksch (Siegfried Theiss, Hans Jaksch, Walter Jaksch) 0665

U
UBP GmbH & BRUMI Architekten (Ursula Brunbauer, Wolfgang Brunbauer) 2151

V
W
W30 Architektur (Andreas Bösch, Martin Pichler, Stefan Wedl) 0422

X
Y
Z
Zechner & Zechner (Christoph Zechner, Martin Zechner) 0041
Zeininger Architekten (Angelika Zeininger, Johannes Zeininger) 1186

#
4juu architekten (Karl Gruber) 0289

Anhang

Ortsregister

Ort	Gemeinde	Objektnummer(n)
A		
Absdorf	Statzendorf	0001, 0002
Absdorf	Absdorf	0003–0006
Abstetten	Sieghartskirchen	0007
Achau	Achau	0008, 0009
Aderklaa	Aderklaa	0010
Aggsbach-Dorf	Schönbühel-Aggsbach	0011
Aggsbach Markt	Aggsbach	0012
Alland	Alland	0013
Allentsteig	Allentsteig	0014–0024
Allhartsberg	Allhartsberg	0025
Alt-Dietmanns	Dietmanns	0026
Altenberg	St. Andrä-Wördern	0027, 0028
Altenmarkt an der Triesting	Altenmarkt an der Triesting	0029
Altenwörth	Kirchberg am Wagram	0030
Alt-Nagelberg	Brand-Nagelberg	0031–0033
Amstetten	Amstetten	0034–0060
Anderlfabrik	Schrems	0061–0063
Angern an der March	Angern an der March	0064–0068
Anzenhof	Wölbing	0069, 0070
Arbesbach	Arbesbach	0071
Aschbach-Markt	Aschbach-Markt	0072
Aspang Markt	Aspang-Markt	0073
Asparn an der Zaya	Asparn an der Zaya	0074
Atzenbrugg	Atzenbrugg	0075
Auggenthal	Haugsdorf	0076
B		
Bad Deutsch-Altenburg	Bad Deutsch-Altenburg	0077–0080
Bad Erlach	Bad Erlach	0081
Bad Fischau	Bad Fischau-Brunn	0082, 0083
Bad Pirawarth	Bad Pirawarth	0084, 0085
Bad Traunstein	Bad Traunstein	0086
Bad Vöslau	Bad Vöslau	0087–0095
Baden	Baden	0096–0176
Berging	Schönbühel-Aggsbach	0177
Berndorf	Berndorf	0178–0195
Bernhardsthal	Bernhardsthal	0196
Bernreit	Rohrbach an der Gölsen	0197
Biedermannsdorf	Biedermannsdorf	0198–0200
Bisamberg	Bisamberg	0201, 0202
Blindenmarkt	Blindenmarkt	0203–0205
Blumau-Neurißhof	Blumau-Neurißhof	0206–0220
Bockfließ	Bockfließ	0221
Böheimkirchen	Böheimkirchen	0222–0227
Böhlerwerk	Sonntagberg	0228–0234
Breitenau	Breitenau	0235

Breitenfurt bei Wien	Breitenfurt bei Wien	0236-0238
Breitenstein	Breitenstein	0239-0243
Bruck an der Leitha	Bruck an der Leitha	0244-0248
Brunn am Gebirge	Brunn am Gebirge	0249-0259
Brunn an der Schneebergbahn	Bad Fischau-Brunn	0260
Buchberg am Kamp	Gars am Kamp	0261
Bullendorf	Wilfersdorf	0262
Burgerwiesen	Altenburg	0263

C

D

Deutsch-Wagram	Deutsch-Wagram	0264-0271
Diendorf	Würmla	0272
Dimling	Waidhofen an der Thaya	0273
Dobermannsdorf	Palterndorf-Dobermannsdorf	0274
Doberndorf	Horn	0275
Dobersberg	Dobersberg	0276-0278
Donaudorf	Ybbs an der Donau	0279
Dörfl	Lilienfeld	0280-0283
Dörfles	Ernstbrunn	0284
Dornbach	Wienerwald	0285
Drasenhofen	Drasenhofen	0286, 0287
Drosendorf Stadt	Drosendorf-Zissersdorf	0288-0293
Droß	Droß	0294
Dürnkrut	Dürnkrut	0295, 0296
Dürnstein	Dürnstein	0297-0301

E

Ebenfurth	Ebenfurth	0302, 0303
Ebergassing	Ebergassing	0304
Ebreichsdorf	Ebreichsdorf	0305-0311
Echsenbach	Echsenbach	0312
Eckartsau	Eckartsau	0313, 0314
Edlach an der Rax	Reichenau an der Rax	0315-0317
Edlitz	Edlitz	0318, 0319
Egelsee	Krems an der Donau	0320-0322
Eggenburg	Eggenburg	0323-0336
Eggendorf	Eggendorf	0337
Eibesthal	Mistelbach	0338
Eitental	Weiten	0339
Emmersdorf an der Donau	Emmersdorf an der Donau	0340
Engelmannsbrunn	Kirchberg am Wagram	0341
Ennsdorf	Ennsdorf	0342
Enzersdorf an der Fischa	Enzersdorf an der Fischa	0343, 0344
Enzesfeld-Lindabrunn	Enzesfeld-Lindabrunn	0345-0347
Ernstbrunn	Ernstbrunn	0348-0355
Ernsthofen	Ernsthofen	0356
Erpersdorf	Zwentendorf an der Donau	0357-0360
Eschenau	Eschenau	0361
Etsdorf am Kamp	Grafenegg	0362-0366
Etzersdorf	Kapelln	0367, 0368

Euratsfeld	Euratsfeld	0369
F		
Feichtenbach	Pernitz	0370, 0371
Felixdorf	Felixdorf	0372–0375
Fels am Wagram	Fels am Wagram	0376, 0377
Fischamend	Fischamend	0378–0383
Föhrenhain	Purgstall an der Erlauf	0384, 0385
Franzhausen	Nußdorf ob der Traisen	0386
Frättingsdorf	Mistelbach	0387
Freiland	Türnitz	0388
Frühwärts	Gastern	0389
Furth	Furth an der Triesting	0390, 0391
Furth	Böheimkirchen	0392
Furthof	Hohenberg	0393
G		
Gaaden	Gaaden	0394, 0395
Gablitz	Gablitz	0396–0399
Gaindorf	Ravelsbach	0400
Gainfarn	Bad Vöslau	0401
Gaisberg	Purgstall an der Erlauf	0402
Gaming	Gaming	0403–0407
Gänserndorf	Gänserndorf	0408–0421
Garnberg	Hollenstein an der Ybbs	0422
Gars am Kamp	Gars am Kamp	0423–0454
Gaweinstal	Gaweinstal	0455–0459
Gerasdorf	Gerasdorf bei Wien	0460
Gerasdorf am Steinfeld	St. Egyden am Steinfeld	0461
Getzersdorf	Inzersdorf-Getzersdorf	0462
Gföhl	Gföhl	0463–0468
Gießhübl	Gießhübl	0469–0471
Gloggnitz	Gloggnitz	0472–0481
Gmünd	Gmünd	0482–0514
Gollarn	Sieghartskirchen	0515
Göllersdorf	Göllersdorf	0516, 0517
Gölsen	Hainfeld	0518, 0519
Gösing an der Mariazeller Bahn	Puchenstuben	0520
Gossam	Emmersdorf an der Donau	0521
Göstling an der Ybbs	Göstling an der Ybbs	0522, 0523
Göttlesbrunn	Göttlesbrunn-Arbesthal	0524, 0525
Graben	Schwarzau im Gebirge	0526
Grafenwörth	Grafenwörth	0527–0529
Gramatneusiedl	Gramatneusiedl	0530
Greifenstein	St. Andrä-Wördern	0531–0533
Gresten	Gresten	0534–0538
Griesleiten	Reichenau an der Rax	0539
Grieswang	Wang	0540
Grillenberg	Hernstein	0541
Grillenstein	Gmünd	0542
Grimmenstein	Grimmenstein	0543, 0544

Großau	Bad Vöslau	0545, 0546
Groß-Enzersdorf	Groß-Enzersdorf	0547, 0548
Groß Gerungs	Groß Gerungs	0549
Großgöttfritz	Großgöttfritz	0550
Großkadolz	Seefeld-Kadolz	0551
Großmotten	Gföhl	0552
Groß-Siegharts	Groß-Siegharts	0553–0563
Grünau	Hofstetten-Grünau	0564
Grünbach am Schneeberg	Grünbach am Schneeberg	0565, 0566
Grund	Wullersdorf	0567
Gschwendt	Maria Anzbach	0568
Gumpoldskirchen	Gumpoldskirchen	0569–0576
Guntramsdorf	Guntramsdorf	0577–0584
Gutenstein	Gutenstein	0585–0589
H		
Haag	Haag	0590–0598
Hadersdorf am Kamp	Hadersdorf-Kammern	0599, 0600
Hadres	Hadres	0601
Hafnerbach	Hafnerbach	0602
Hagenbrunn	Hagenbrunn	0603, 0604
Haidershofen	Haidershofen	0605
Hainburg an der Donau	Hainburg an der Donau	0606–0611
Hainfeld	Hainfeld	0612–0621
Haraseck	Ramsau	0622
Haschendorf	Felixdorf	0623
Haslau an der Donau	Haslau-Maria Ellend	0624
Haugsdorf	Haugsdorf	0625, 0626
Hausmening	Amstetten	0627, 0628
Heidenreichstein	Heidenreichstein	0629–0637
Heiligenkreuz	Heiligenkreuz	0638, 0639
Heinrichsreith	Drosendorf-Zissersdorf	0640
Hennersdorf	Hennersdorf	0641
Herzogenburg	Herzogenburg	0642–0652
Heuberg	Pyhra	0653
Himberg	Himberg	0654, 0655
Hinterbrühl	Hinterbrühl	0656–0669
Hinterleiten	Reichenau an der Rax	0670, 0671
Hinterleiten	Golling an der Erlauf	0672, 0673
Hintersdorf	St. Andrä-Wördern	0674, 0675
Hirschwang an der Rax	Reichenau an der Rax	0676–0686
Hirtenberg	Hirtenberg	0687–0690
Hobersdorf	Wilfersdorf	0691
Hochegg	Grimmenstein	0692–0695
Hochneukirchen	Hochneukirchen-Gschaidt	0696, 0697
Hochschneeberg	Puchberg am Schneeberg	0698
Hochstraß	Stössing	0699
Hof am Leithaberge	Hof am Leithaberge	0700
Hofamt	Hohenberg	0701
Hofarnsdorf	Rossatz-Arnsdorf	0702

Hohenau an der March	Hohenau an der March	0703-0706
Hohenberg	Hohenberg	0707-0709
Hoheneich	Hoheneich	0710
Hohenruppersdorf	Hohenruppersdorf	0711
Hohe Wand	Hohe Wand	0712
Hollabrunn	Hollabrunn	0713-0745
Hollenstein	Ziersdorf	0746
Hollenstein an der Ybbs	Hollenstein an der Ybbs	0747, 0748
Horn	Horn	0749-0801
Hundsheim	Hundsheim	0802

I

Imbach	Senftenberg	0803, 0804
Innermanzing	Neustift-Innermanzing	0805
Inzersdorf ob der Traisen	Inzersdorf-Getzersdorf	0806, 0807

J

Jaidhof	Jaidhof	0808, 0809
Japons	Japons	0810
Jedenspeigen	Jedenspeigen	0811
Jetzelsdorf	Haugsdorf	0812

K

Kalladorf	Wullersdorf	0813
Kaltenleutgeben	Kaltenleutgeben	0814-0818
Kamegg	Gars am Kamp	0819, 0820
Kapellerfeld	Gerasdorf bei Wien	0821
Kapelln	Kapelln	0822
Karlstein an der Thaya	Karlstein an der Thaya	0823
Kasten bei Böheimkirchen	Kasten bei Böheimkirchen	0824
Katzelsdorf	Bernhardsthal	0825
Katzelsdorf	Katzelsdorf	0826, 0827
Kematen	Kematen an der Ybbs	0828-0834
Kernhof	St. Aegyd am Neuwalde	0835
Kienberg	Gaming	0836
Kierling	Klosterneuburg	0837-0840
Kilb	Kilb	0841, 0842
Kirchbach	St. Andrä-Wördern	0843
Kirchberg am Wagram	Kirchberg am Wagram	0844-0849
Kirchschlag in der Buckligen Welt	Kirchschlag in der Buckligen Welt	0850
Kledering	Schwechat	0851
Kleinhain	Obritzberg-Rust	0852
Klein-Harras	Matzen-Raggendorf	0853
Kleinpertholz	Heidenreichstein	0854
Klein-Pöchlarn	Klein-Pöchlarn	0855-0857
Kleinprolling	Ybbsitz	0858
Kleinschönbichl	Zwentendorf an der Donau	0859
Klein-Wien	Furth bei Göttweig	0860, 0861
Kleinzell	Kleinzell	0862
Klosterneuburg	Klosterneuburg	0863-0904
Klostertal	Gutenstein	0905, 0906
Kollmitzdörfl	Raabs an der Thaya	0907

Kollnitz	Münichreith-Laimbach	0908
Königstetten	Königstetten	0909
Kopfstetten	Eckartsau	0910
Korneuburg	Korneuburg	0911-0932
Kottes	Kottes-Purk	0933
Kranichberg	Kirchberg am Wechsel	0934
Kreilhof	Waidhofen an der Ybbs	0935, 0936
Krems	Krems an der Donau	0937-0981
Kreuth	Muggendorf	0982
Kreuzberg	Payerbach	0983
Kritzendorf	Klosterneuburg	0984-0990
Kronberg	Ulrichskirchen-Schleinbach	0991
Krumau am Kamp	Krumau am Kamp	0992
Krummnußbaum	Krummnußbaum	0993, 0994
Küb	Payerbach	0995-1008
L		
Laa an der Thaya	Laa an der Thaya	1009-1024
Laab im Walde	Laab im Walde	1025-1027
Lackenhof	Gaming	1028-1030
Ladendorf	Ladendorf	1031
Landersdorf	Krems an der Donau	1032-1034
Landstal	Hainfeld	1035
Langau	Langau	1036, 1037
Langau	Gaming	1038
Langenlebarn	Tulln an der Donau	1039
Langenlois	Langenlois	1040-1056
Langenschönbichl	Langenrohr	1057
Langenzersdorf	Langenzersdorf	1058-1066
Langschlag	Langschlag	1067
Langseitenrotte	Annaberg	1068-1071
Lanzendorf	Mistelbach	1072
Lanzenkirchen	Lanzenkirchen	1073
Lassee	Lassee	1074-1076
Lassing	Göstling an der Ybbs	1077, 1078
Laxenburg	Laxenburg	1079-1082
Lengenfeld	Lengenfeld	1083
Leobendorf	Leobendorf	1084, 1085
Leobersdorf	Leobersdorf	1086-1088
Leopoldsdorf	Leopoldsdorf	1089
Leopoldsdorf im Marchfelde	Leopoldsdorf im Marchfeld	1090
Lerchenfeld	Krems an der Donau	1091-1095
Lichtenwörth	Lichtenwörth	1096
Lilienfeld	Lilienfeld	1097-1100
Limberg	Maissau	1101, 1102
Litschau	Litschau	1103-1105
Loosdorf	Loosdorf	1106-1110
Lunz am See	Lunz am See	1111-1113
M		
Maiersdorf	Hohe Wand	1114

Maisberg	Ybbsitz	1115-1117
Mank	Mank	1118-1120
Mannersdorf am Leithagebirge	Mannersdorf am Leithagebirge	1121-1125
Mannersdorf an der March	Angern an der March	1126
Mannswörth	Schwechat	1127
Marbach an der Donau	Marbach an der Donau	1128
Marchegg	Marchegg	1129-1132
Maria Enzersdorf	Maria Enzersdorf	1133-1160
Maria Gugging	Klosterneuburg	1161
Maria-Lanzendorf	Maria-Lanzendorf	1162, 1163
Maria Roggendorf	Wullersdorf	1164
Maria Taferl	Maria Taferl	1165
Markersdorf an der Pielach	Markersdorf-Haindorf	1166, 1167
Markgrafneusiedl	Markgrafneusiedl	1168
Markt Piesting	Markt Piesting	1169-1171
Markthof	Engelhartstetten	1172
Matzen	Matzen-Raggendorf	1173-1179
Mauer bei Amstetten	Amstetten	1180-1183
Mauerbach	Mauerbach	1184-1186
Mautern an der Donau	Mautern an der Donau	1187, 1188
Meidling	Paudorf	1189
Melk	Melk	1190-1211
Michelhausen	Michelhausen	1212
Mistelbach	Mistelbach	1213-1232
Mitterarnsdorf	Rossatz-Arnsdorf	1233, 1234
Mitterbach am Erlaufsee	Mitterbach am Erlaufsee	1235, 1236
Mitterbach-Seerotte	Mitterbach am Erlaufsee	1237
Mittergrabern	Grabern	1238
Mitterndorf an der Fischa	Mitterndorf an der Fischa	1239
Mitterretzbach	Retzbach	1240
Mödling	Mödling	1241-1274
Mold	Rosenburg-Mold	1275, 1276
Möllersdorf	Traiskirchen	1277, 1278
Mönichkirchen	Mönichkirchen	1279
Muggendorf	Muggendorf	1280
Mühlhofen	Weinburg	1281
Münichreith am Ostrong	Münichreith-Laimbach	1282

N

Neubau	Ladendorf	1283
Neubruck	Scheibbs	1284
Neuda	Golling an der Erlauf	1285-1293
Neuhaus	Weissenbach an der Triesting	1294
Neuhofen an der Ybbs	Neuhofen an der Ybbs	1295
Neulengbach	Neulengbach	1296-1299
Neumarkt an der Ybbs	Neumarkt an der Ybbs	1300-1302
Neunkirchen	Neunkirchen	1303-1313
Neusiedl	Waidmannsfeld	1314-1319
Neusiedl am Steinfeld	St. Egyden am Steinfeld	1320, 1321
Neusiedl an der Zaya	Neusiedl an der Zaya	1322

Neustadtl-Markt	Neustadtl an der Donau	1323
Niederabsdorf	Ringelsdorf-Niederabsdorf	1324
Niederkreuzstetten	Kreuzstetten	1325-1331
Niederndorf	Erlauf	1332
Niederranna	Mühldorf	1333
Nodendorf	Niederleis	1334
O		
Ober-Grafendorf	Ober-Grafendorf	1335-1338
Oberkogelsbach	Göstling an der Ybbs	1339, 1340
Oberland	Reichenau an der Rax	1341
Oberloiben	Dürnstein	1342
Obermarkersdorf	Schrattenthal	1343
Oberndorf am Gebirge	Traismauer	1344
Oberndorf bei Raabs	Raabs an der Thaya	1345
Oberndorf in der Ebene	Herzogenburg	1346-1348
Obersdorf	Wolkersdorf im Weinviertel	1349
Obersiebenbrunn	Obersiebenbrunn	1350, 1351
Obersulz	Sulz im Weinviertel	1352
Oberwagram	St. Pölten	1353-1356
Oberwaltersdorf	Oberwaltersdorf	1357, 1358
Oberwölbling	Wölbling	1359
Ofenberg	Opponitz	1360
Oisberg	Hollenstein an der Ybbs	1361
Ollern	Sieghartskirchen	1362
Opponitz	Opponitz	1363
Orth an der Donau	Orth an der Donau	1364-1367
Ossarn	Herzogenburg	1368
Ottenheim	Eichgraben	1369
Ottenschlag	Ottenschlag	1370, 1371
Ottenstein	Rastenfeld	1372
P		
Paasdorf	Mistelbach	1373, 1374
Pameth	Maria Anzbach	1375
Paudorf	Paudorf	1376
Payerbach	Payerbach	1377-1388
Pellendorf	Himberg	1389
Perchtoldsdorf	Perchtoldsdorf	1390-1426
Pernegg	Pernegg	1427
Pernitz	Pernitz	1428-1434
Persenbeug	Persenbeug-Gottsdorf	1435-1437
Perzendorf	Hausleiten	1438
Petronell-Carnuntum	Petronell-Carnuntum	1439
Petzenkirchen	Petzenkirchen	1440
Peygarten-Ottenstein	Rastenfeld	1441, 1442
Pfalzau	Pressbaum	1443
Pischelsdorf	Götzendorf an der Leitha	1444
Pitten	Pitten	1445-1450
Plank am Kamp	Schönberg am Kamp	1451, 1452
Pöchlarn	Pöchlarn	1453-1462

Pöggstall	Pöggstall	1463
Pottendorf	Pottendorf	1464-1468
Pottenstein	Pottenstein	1469-1478
Poysdorf	Poysdorf	1479-1483
Prein an der Rax	Reichenau an der Rax	1484
Preinrotte	Reichenau an der Rax	1485, 1486
Pressbaum	Pressbaum	1487-1493
Prinzersdorf	Prinzersdorf	1494-1497
Prottes	Prottes	1498
Puchberg am Schneeberg	Puchberg am Schneeberg	1499-1503
Puchenstuben	Puchenstuben	1504-1507
Purgstall	Purgstall an der Erlauf	1508-1513
Purkersdorf	Purkersdorf	1514-1532
Putzing	Großebersdorf	1533
Pysdorf	Raasdorf	1534
Q		
R		
Raabs an der Thaya	Raabs an der Thaya	1535-1540
Raach am Hochgebirge	Raach am Hochgebirge	1541
Rabenstein an der Pielach	Rabenstein an der Pielach	1542
Raggendorf	Matzen-Raggendorf	1543
Rainfeld	St. Veit an der Gölsen	1544
Rannersdorf	Schwechat	1545-1548
Rappottenstein	Rappottenstein	1549, 1550
Ravelsbach	Ravelsbach	1551-1554
Raxendorf	Raxendorf	1555
Reichenau an der Rax	Reichenau an der Rax	1556-1564
Reidling	Sitzenberg-Reidling	1565
Reinsberg	Reinsberg	1566
Retz	Retz	1567-1593
Ried am Riederberg	Sieghartskirchen	1594
Riederberg	Sieghartskirchen	1595
Rohrbach an der Gölsen	Rohrbach an der Gölsen	1596
Rohr im Gebirge	Rohr im Gebirge	1597
Roseldorf	Sitzendorf an der Schmida	1598
Rosenau am Sonntagberg	Sonntagberg	1599
Rosenburg	Rosenburg-Mold	1600-1615
Rossatz	Rossatz-Arnsdorf	1616-1619
Rottersdorf	Statzendorf	1620
Ruders	Gastern	1621
Rust im Tullnerfeld	Michelhausen	1622
S		
Sallingberg	Sallingberg	1623
St. Aegyd am Neuwalde	St. Aegyd am Neuwalde	1624-1626
St. Andrä vor dem Hagenthale	St. Andrä-Wördern	1627
St. Georgen	Emmersdorf an der Donau	1628
St. Georgen am Reith	St. Georgen am Reith	1629
St. Georgen bei Wagram	Traismauer	1630
St. Georgen in der Klaus	Waidhofen an der Ybbs	1631, 1632

St. Leonhard am Forst	St. Leonhard am Forst	1633-1635
St. Martin	St. Martin	1636
St. Peter in der Au-Markt	St. Peter in der Au	1637
St. Pölten	St. Pölten	1638-1761
St. Valentin	St. Valentin	1762-1771
St. Valentin-Landschach	Grafenbach-St. Valentin	1772
St. Veit an der Gölsen	St. Veit an der Gölsen	1773-1775
Scheibbs	Scheibbs	1776-1785
Scheiblingkirchen	Scheiblingkirchen-Thernberg	1786, 1787
Schleinbach	Ulrichskirchen-Schleinbach	1788-1791
Schmidsdorf	Payerbach	1792
Schönberg am Kamp	Schönberg am Kamp	1793-1795
Schottwien	Schottwien	1796
Schrambach	Lilienfeld	1797
Schrems	Schrems	1798-1807
Schwadorf	Schwadorf	1808, 1809
Schwarzenau	Schwarzenau	1810, 1811
Schwarzenbach	Hochneukirchen-Gschaidt	1812
Schwarzois	Ybbsitz	1813
Schwechat	Schwechat	1814-1838
Seibersdorf	Seibersdorf	1839, 1840
Seitenstetten	Seitenstetten	1841-1843
Semmering-Kurort	Semmering	1844-1875
Senftenberg	Senftenberg	1876-1879
Senftenbergeramt	Senftenberg	1880
Siegersdorf	Asperhofen	1881
Sierndorf	Sierndorf	1882, 1883
Sigmundsherberg	Sigmundsherberg	1884-1889
Sitzendorf an der Schmida	Sitzendorf an der Schmida	1890
Sollenau	Sollenau	1891
Sommerein	Sommerein	1892, 1893
Sonnberg	Hollabrunn	1894
Sonndorf	Burgschleinitz-Kühnring	1895
Sooß	Sooß	1896
Spannberg	Spannberg	1897
Spillern	Spillern	1898-1900
Spitz	Spitz	1901-1908
Staatz-Kautendorf	Staatz	1909
Stallegg	Rosenburg-Mold	1910
Stangental	Lilienfeld	1911, 1912
Starrein	Weitersfeld	1913
Steinabrückl	Wöllersdorf-Steinabrückl	1914
Steinakirchen am Forst	Steinakirchen am Forst	1915
Stein an der Donau	Krems an der Donau	1916-1920
Steinaweg	Furth bei Göttweig	1921
Steinbach	Ernstbrunn	1922
Steinbach	Mauerbach	1923
Stephanshart	Ardagger	1924
Stetteldorf am Wagram	Stetteldorf am Wagram	1925

Stetten	Stetten	1926
Stiefern	Schönberg am Kamp	1927
Stillfried	Angern an der March	1928, 1929
Stockerau	Stockerau	1930-1951
Stockern	Meiseldorf	1952, 1953
Stollhofen	Traismauer	1954, 1955
Stopfenreuth	Engelhartstetten	1956
Stranzendorf	Rußbach	1957
Strasshof an der Nordbahn	Strasshof an der Nordbahn	1958-1965
Streithofen	Michelhausen	1966
Strohmarkt	Göstling an der Ybbs	1967
Sulz im Wienerwald	Wienerwald	1968

T

Teesdorf	Teesdorf	1969
Ternitz	Ternitz	1970-1982
Thann	Opponitz	1983
Thunau am Kamp	Gars am Kamp	1984, 1985
Thurnberg	Krumau am Kamp	1986
Traisen	Traisen	1987-1994
Traiskirchen	Traiskirchen	1995-2001
Traismauer	Traismauer	2002-2004
Trumau	Trumau	2005-2007
Tulbing	Tulbing	2008
Tulbingerkogel	Tulbing	2009-2012
Tulln an der Donau	Tulln an der Donau	2013-2024
Tullnerbach-Lawies	Tullnerbach	2025-2027

U

Ulmerfeld	Amstetten	2028
Ungerndorf	Laa an der Thaya	2029
Unterdambach	Neulengbach	2030
Unter Oberndorf	Maria Anzbach	2031
Unterolberndorf	Kreuttal	2032-2034
Unterradlberg	St. Pölten	2035, 2036
Unterretzbach	Retzbach	2037
Unterrohrbach	Leobendorf	2038
Untersiebenbrunn	Untersiebenbrunn	2039
Unterthürnau	Drosendorf-Zissersdorf	2040
Unterwagram	St. Pölten	2041-2043
Urgersbach	Gutenstein	2044, 2045

V

Velm	Velm-Götzendorf	2046
Viehdorf	Viehdorf	2047
Vitis	Vitis	2048
Vois	Schwarzau im Gebirge	2049
Völtendorf	St. Pölten	2050
Vorderbruck	Gutenstein	2051
Vösendorf	Vösendorf	2052-2054

W

Waidhofen an der Thaya	Waidhofen an der Thaya	2055-2069

Waidhofen an der Ybbs	Waidhofen an der Ybbs	2070-2093
Waldenstein	Waldenstein	2094
Waldkirchen an der Thaya	Waldkirchen an der Thaya	2095
Wallsee	Wallsee-Sindelburg	2096
Wartenstein	Raach am Hochgebirge	2097
Wasenbruck	Mannersdorf am Leithagebirge	2098
Weidling	Klosterneuburg	2099-2108
Weidlingbach	Klosterneuburg	2109
Weikertschlag an der Thaya	Raabs an der Thaya	2110
Weinern	Groß-Siegharts	2111
Weissenbach an der Triesting	Weissenbach an der Triesting	2112-2118
Weitersfeld	Weitersfeld	2119, 2120
Weitra	Weitra	2121-2129
Wiener Neudorf	Wiener Neudorf	2130-2136
Wiener Neustadt	Wiener Neustadt	2137-2172
Wieselburg	Wieselburg	2173-2178
Wiesmannsreith	Maria Laach am Jauerling	2179
Wildendürnbach	Wildendürnbach	2180
Wilhelmsburg	Wilhelmsburg	2181-2191
Wimpassing im Schwarzatale	Wimpassing im Schwarzatale	2192-2200
Winzendorf	Winzendorf-Muthmannsdorf	2201-2203
Wohlfahrtsschlag	St. Anton an der Jeßnitz	2204
Wolfsgraben	Wolfsgraben	2205, 2206
Wolkersdorf im Weinviertel	Wolkersdorf im Weinviertel	2207-2212
Wöllersdorf	Wöllersdorf-Steinabrückl	2213-2215
Wopfing	Waldegg	2216
Wördern	St. Andrä-Wördern	2217-2222
Wullersdorf	Wullersdorf	2223
Wulzeshofen	Laa an der Thaya	2224
Würnitz	Harmannsdorf	2225
X		
Y		
Ybbs an der Donau	Ybbs an der Donau	2226-2237
Ybbsitz	Ybbsitz	2238-2241
Yspertal	Yspertal	2242
Z		
Zagging	Obritzberg-Rust	2243
Zell-Markt	Waidhofen an der Ybbs	2244-2246
Ziersdorf	Ziersdorf	2247-2250
Zillingdorf-Bergwerk	Zillingdorf	2251
Zissersdorf	Drosendorf-Zissersdorf	2252
Zistersdorf	Zistersdorf	2253-2258
Zitternberg	Gars am Kamp	2259, 2260
Zlabern	Neudorf im Weinviertel	2261
Zöbing	Langenlois	2262-2264
Zwentendorf an der Donau	Zwentendorf an der Donau	2265
Zwettl-Niederösterreich	Zwettl-Niederösterreich	2266-2285
Zwölfaxing	Zwölfaxing	2286-2287

Kurzbiografien Autor*innen

Atreju Allahverdy
Kunst- und Architekturhistoriker; 2012–2018 Studium der Kunstgeschichte mit Medienwissenschaft in Marburg. Ab 2015 als studentische Hilfskraft und anschließend als wissenschaftliche Hilfskraft am DFG-Sonderforschungsbereich 138 Dynamiken der Sicherheit am Kunstgeschichtlichen Institut der Philipps-Universität Marburg; seit 2018 Universitätsassistent am Forschungsbereich Kunstgeschichte der TU Wien. Arbeits-, Forschungs- sowie Lehrschwerpunkte: Architektur- und Kunstgeschichte des 19. und 20. Jahrhunderts, besonders zum Fin de Siècle sowie die Nachkriegszeit ab 1945 mit aktuellem Fokus auf der Schnittstelle von Architekturen des Verkehrs, der Infrastruktur und Mobilität mit der Stadtentwicklung in der zweiten Hälfte des 20. Jahrhunderts.

Markus Gesierich
Studium der Architektur an der TU Wien. Bis 2016 Studienassistent, anschließend bis 2022 Universitätsassistent am Forschungsbereich Kunstgeschichte; seit 2022 bei Blaich + Delugan Architekten; Lehrauftrag an der TU Wien. Arbeits-, Forschungs- und Lehrschwerpunkte liegen auf der Geschichte der Architekturdarstellung und den Medien der Architektur in Theorie und Praxis; Mitarbeit bei Ausstellungs- und Publikationsprojekten, darunter Theophil Hansen (2013), Maiden Tower in Baku (2013–2015), Franz Wallack und die Großglockner Hochalpenstraße (2016), Theater in der Josefstadt (2016–2021), Karlskirche (2021) und zuletzt Wohnbau in Niederösterreich (2020–2023); Spezialisierung auf 3D-Rekonstruktion und Illustration historischer und rezenter Entwürfe, Bauwerke und Bauphasen.

Doris Grandits
Studium der Architektur an der TU Wien. Ab 2009 Mitarbeit in diversen Architekturbüros; bis 2016 Studienassistentin, anschließend bis 2020 Universitätsassistentin am Forschungsbereich Denkmalpflege und Bauen im Bestand, wissenschaftliche Mitarbeit bei Forschungsprojekten im In- und Ausland (u. a. Indonesien) sowie ab 2022 Mitglied des wissenschaftlichen Beirats des UNESCO Besucherzentrums Welterbe Regensburg; ab 2020 Teil der Projektleitung des Forschungsprojekts AFNÖ (Architekturführer Niederösterreich) und freischaffend im Bereich der denkmalpflegerischen Beratung tätig. Seit 2023 Referentin für Baudenkmalpflege im Bundesdenkmalamt, Landeskonservatorat Wien. Forschungsschwerpunkte: Theorie und Praxis der Denkmalpflege, Architektur der Nachkriegszeit und Postmoderne sowie Architekturdokumentation und -vermittlung.

Ingrid Holzschuh
Studium der Kunstgeschichte an der Universität Wien; Promotion 2011. Seit 2010 freie Kunst- und Architekturhistorikerin mit eigenen Forschungsprojekten und Ausstellungskuratorin sowie wissenschaftliche Mitarbeiterin, Lehrbeauftragte und Gastvortragende an diversen Universitäten. Forschungen, Publikationen und Ausstellungen zur Kunst- und Architekturgeschichte des 19. und 20. Jahrhunderts mit den Schwerpunkten Architektur und Städtebau zwischen faschistischen Diktaturen und demokratischen Systemen, Kunst und Kunstpolitik im Nationalsozialismus, Nachkriegsarchitektur, Frauen in der Architektur sowie Geschichte von beruflichen Netzwerken in der Baukultur, u. a. *Adelheid Gnaiger 1916–1991. Die erste Architektin Vorarlbergs* (2014), „*Wien. Die Perle des Reiches". Planen für Hitler* (2015), *BauKultur in Wien 1938–1959. Das Archiv der Zentralvereinigung der ArchitektInnen Österreichs* (2019), *Auf Linie. NS-Kunstpolitik in Wien. Die Reichskammer der bildenden Künste* (2021), *Karl Sillaber und C4 Architekten. Neues Bauen in Vorarlberg und Tirol 1960–1979* (2021), *Ungebautes Graz. Architektur für das 20. Jahrhundert* (2021), *Pionierinnen der Wiener Architektur. Das Archiv der Zentralvereinigung der ArchitektInnen Österreichs* (2022).

Caroline Jäger-Klein
Studium der Architektur an der TU Wien und an der University of Michigan, Ann Arbor. Seit 2006 Lehrbefugnis für Architekturgeschichte an der TU Wien mit Schwerpunkt auf der österreichischen Architektur des 19. und 20. Jahrhunderts. Publikationen unter anderem zu den Strombädern und Wochenendkolonien an der Donau sowie den modernen Heil- und Pflegeanstalten in Klosterneuburg und Am Steinhof in Wien; Tätigkeitsschwerpunkt in der Erforschung und dem Erhalt des Architekturerbes am Balkan; 2018 ERC-Grant zur orientalisierenden Architektursprache in Bosnien unter der Habsburger-Verwaltung am Institut für Kunstgeschichte der Universität Wien. Derzeit ist sie Präsidentin von

ICOMOS Austria, was eine intensive Auseinandersetzung mit der Schnittstelle Recht und kulturelles Erbe bedingt.

Juliane Johannsen
Kunst- und Architekturhistorikerin mit dem Forschungsschwerpunkt Architektur und Städtebau des 20. Jahrhunderts; Studium der Kunstgeschichte an der Philipps-Universität Marburg. Anschließend wissenschaftliche Hilfskraft am DFG-Projekt „Erschließung und Digitalisierung von Architekturzeichnungen des Hessischen Staatsarchivs Marburg"; Autorin und redaktionelle Mitarbeiterin bei der Publikation *Das andere Potsdam. DDR-Architekturführer* (2016). Sie ist als freie Lektorin tätig und verfasst als freie Redakteurin seit 2022 Multimediaguides für Museen und Stadtrundgänge.

Gabriele Kaiser
Freie Architekturhistorikerin und -publizistin sowie Kuratorin; 1996–2000 Redakteurin bei *architektur aktuell* (Springer Verlag Wien New York); von 2000–2003 wissenschaftliche Mitarbeiterin am Institut für Geschichte und Theorie der Architektur an der Universität für angewandte Kunst in Wien; 2001–2010 Kuratorin und Redakteurin im Architekturzentrum Wien, 2003–2010 Forschungsmitarbeit am Band III/3 des Führers *Österreichische Architektur im 20. Jahrhundert* von Friedrich Achleitner; 2010–2016 Leiterin des architekturforum oberösterreich (afo); seit 2009 Lehrauftrage an der Kunstuniversität Linz und am Mozarteum in Salzburg; seit 2016 Vorstandsmitglied der Österreichischen Gesellschaft für Architektur (ÖGFA); Textbeiträge in Ausstellungskatalogen und Fachmagazinen (Schwerpunkt Österreichische Architektur und Architekturpublizistik im 20. Jahrhundert). Lebt und arbeitet in Wien.

Theresa Knosp
Studium der Kunstgeschichte an der Universität Wien sowie Architektur an der TU Wien. Ab 2015 am Institut für Kunstgeschichte, Bauforschung und Denkmalpflege in Forschung und Lehre tätig; 2018 und 2019 Inventarisierung des Nachlasses von Roland Rainer am Architekturzentrum Wien und Bearbeitung des Forschungsdesiderats zur Wiener Stadthalle; ab 2020 Teil der Projektleitung des Forschungs- und Publikationsprojekts AFNÖ (Architekturführer Niederösterreich) und seit 2022 als Universitätsassistentin am Forschungsbereich Kunstgeschichte der TU Wien. Arbeitsschwerpunkte: Dokumentations- und Vermittlungsstrategien von Architektur sowie Grafikdesign und Layout für Publikationen, Tagungen und Ausstellungen; Forschungsschwerpunkte u. a. (kommunale) Veranstaltungsbauten im 20. Jahrhundert.

Franziska Leeb
Studium der Kunstgeschichte in Wien und Innsbruck. Mitarbeit in verschiedenen Architekturbüros und im Kunstbetrieb; 1996–2003 Journalistin für die Tageszeitung *Der Standard*; 2003–2006 Geschäftsführerin von ORTE Architekturnetzwerk Niederösterreich, seit 2019 ehrenamtliche Vorsitzende von ORTE; ständige Mitarbeiterin beim *Spectrum* der Tageszeitung *Die Presse*, freie Mitarbeiterin bei *architektur.aktuell*, Beiträge für internationale Fachmedien; Moderation und Konzeption von Symposien und Workshops und Autorin und Herausgeberin zahlreicher Bücher. Lebt in Wien als freiberuflich tätige Architekturpublizistin und -vermittlerin.

Agnes Liebsch
Studium der Architektur an der TU Wien und der Kunstgeschichte an der Universität Wien; 2013 Ziviltechnikerprüfung der Kammer für ZiviltechnikerInnen und ArchitektInnen Wien; 2020 Doktorat an der TU Wien zum Thema *Dvořák TV – über die Vermittlung denkmalpflegerischer Themen im deutschsprachigen Fernsehen*. Ab 2008 Mitarbeit in verschiedenen Architekturbüros in Wien; ab 2012 Universitäts- und Projektassistentin sowie Lehrbeauftragte an den Forschungsbereichen für Denkmalpflege und Bauen im Bestand und Baugeschichte und Bauforschung der TU Wien; Lehrbeauftragte an der Hochschule RheinMain im Studiengang Baukulturerbe; seit 2021 Referentin für Baudenkmalpflege im Bundesdenkmalamt, Landeskonservatorat Wien. Forschungsschwerpunkte und Interessengebiete im Bereich der Vermittlung von Baukultur und des Entwurfs im denkmalgeschützten Bestand.

Monika Platzer
Studium der Kunstgeschichte an der Universität Wien mit Promotion. Seit 1998 im Az W tätig, Leiterin der Sammlung und Kuratorin; Forschungsschwerpunkt: österreichische Architektur- und Kulturgeschichte des 20. Jahrhunderts; kuratorische Tätigkeit bzw. Leitung bei nationalen und internationalen Forschungs- und Ausstellungsprojekten: u. a. *Hot Questions – Cold Storage. Die neue Schausammlung des Az W* (2022), *Kalter Krieg und Architektur. Beiträge zur Demokratisierung Österreichs nach 1945* (2019), „*Wien. Die Perle des Reiches*". *Planen für Hitler* (2015), *a_schau. Österreichische Architektur im 20. und 21. Jahrhundert* (2016), *Lessons from Bernard Rudofsky* (2007), *Kinetismus. Wien entdeckt die Avantgarde* (2006), *Mythos Großstadt. Architektur und Stadtbaukunst in Zentraleuropa 1890-1937* (1999). Lehrtätigkeit an der Universität Wien und TU Wien; Editorin von *icam-print* (2004–2020), Mitgliedschaftszeitschrift der International Confederation of Architectural Museums; 2014 Visiting Scholar am Center for European Studies, Harvard University, USA. Forschungsschwerpunkt: transnationale Architekturgeschichte. Umfangreiche Vortrags- und Publikationstätigkeit.

Inge Scheidl
Freiberufliche Kunst- und Kulturhistorikerin. Forschungsschwerpunkt: Architektur- und Kulturgeschichte des 19. und 20. Jahrhunderts, insbesondere architekturhistorische Analyse unter Berücksichtigung der gesellschafts- und kulturpolitischen Rahmenbedingungen und der zeitgenössischen architekturtheoretischen Strömungen. 2003–2013 Wissenschaftliche Leiterin des vom FWF geförderten Forschungsprojekts „Architektenlexikon Wien 1770-1945" am Architekturzentrum Wien.

Elisabeth Schnattler
Studium der Kunstgeschichte an der Universität Wien. 2016–2020 Studienassistentin am Forschungsbereich Kunstgeschichte der TU Wien und Mitarbeit an den von Robert Stalla verfassten Publikationen; ab 2020 Fortsetzung der Forschungsarbeit Friedrich Achleitners als Co-Autorin bei der Publikation *Architektur in Niederösterreich im 20. Jahrhundert nach Friedrich Achleitner* und seit 2023 im Bereich Publishing und Special Projects bei Coop Himmelb(l)au tätig; freischaffende Kunst- und Kulturvermittlerin mit breitgefächerten Schwerpunkten von britischer Klassikrezeption über Kultur- und Zensurpolitik der österreichisch-ungarischen Monarchie bis hin zur österreichischen Architektur des 21. Jahrhunderts.

Autor*innenverzeichnis

Atreju Allahverdy

→ 0012	→ 1015	→ 1685
→ 0024	→ 1025	→ 1687
→ 0049	→ 1034	→ 1688
→ 0051	→ 1055	→ 1691
→ 0057	→ 1056	→ 1694
→ 0060	→ 1060	→ 1695
→ 0227	→ 1092	→ 1697
→ 0320	→ 1093	→ 1698
→ 0329	→ 1102	→ 1704
→ 0340	→ 1141	→ 1705
→ 0345	→ 1142	→ 1706
→ 0383	→ 1143	→ 1708
→ 0384	→ 1145	→ 1710
→ 0385	→ 1146	→ 1711
→ 0406	→ 1147	→ 1716
→ 0407	→ 1149	→ 1718
→ 0454	→ 1152	→ 1758
→ 0481	→ 1183	→ 1760
→ 0496	→ 1210	→ 1761
→ 0497	→ 1211	→ 1775
→ 0538	→ 1236	→ 1796
→ 0565	→ 1240	→ 1835
→ 0580	→ 1252	→ 1836
→ 0611	→ 1253	→ 1838
→ 0632	→ 1257	→ 1873
→ 0635	→ 1258	→ 1874
→ 0660	→ 1304	→ 1875
→ 0684	→ 1355	→ 1906
→ 0686	→ 1358	→ 1910
→ 0689	→ 1385	→ 1917
→ 0759	→ 1386	→ 1920
→ 0771	→ 1387	→ 1951
→ 0772	→ 1402	→ 1953
→ 0801	→ 1433	→ 1959
→ 0910	→ 1477	→ 1960
→ 0952	→ 1478	→ 1961
→ 0953	→ 1512	→ 1962
→ 0957	→ 1550	→ 1963
→ 0960	→ 1554	→ 1965
→ 0961	→ 1564	→ 1968
→ 0962	→ 1575	→ 1992
→ 0964	→ 1576	→ 2069
→ 0966	→ 1577	→ 2091
→ 0967	→ 1614	→ 2092
→ 0968	→ 1615	→ 2122
→ 0970	→ 1682	→ 2124
→ 0981	→ 1683	→ 2131
→ 1014	→ 1684	→ 2172
→ 2176	→ 2214	→ 2257
→ 2178	→ 2237	→ 2284
→ 2208	→ 2241	→ 2285

Markus Gesierich

→ 0005	→ 0476	→ 1144
→ 0021	→ 0498	→ 1167
→ 0022	→ 0501	→ 1185
→ 0025	→ 0571	→ 1194
→ 0046	→ 0572	→ 1195
→ 0047	→ 0581	→ 1254
→ 0070	→ 0593	→ 1255
→ 0126	→ 0607	→ 1256
→ 0127	→ 0608	→ 1259
→ 0129	→ 0609	→ 1291
→ 0130	→ 0615	→ 1308
→ 0131	→ 0702	→ 1309
→ 0132	→ 0723	→ 1359
→ 0133	→ 0725	→ 1378
→ 0134	→ 0727	→ 1403
→ 0136	→ 0729	→ 1405
→ 0137	→ 0730	→ 1421
→ 0141	→ 0732	→ 1443
→ 0160	→ 0734	→ 1444
→ 0161	→ 0735	→ 1454
→ 0162	→ 0757	→ 1489
→ 0186	→ 0769	→ 1501
→ 0201	→ 0776	→ 1518
→ 0231	→ 0777	→ 1519
→ 0238	→ 0808	→ 1520
→ 0247	→ 0817	→ 1521
→ 0250	→ 0832	→ 1522
→ 0251	→ 0847	→ 1523
→ 0252	→ 0852	→ 1524
→ 0253	→ 0879	→ 1525
→ 0267	→ 0880	→ 1526
→ 0268	→ 0881	→ 1535
→ 0269	→ 0882	→ 1538
→ 0276	→ 0883	→ 1546
→ 0281	→ 0884	→ 1547
→ 0291	→ 0885	→ 1552
→ 0357	→ 0888	→ 1555
→ 0380	→ 0919	→ 1594
→ 0415	→ 0921	→ 1595
→ 0418	→ 0958	→ 1764
→ 0428	→ 1046	→ 1765
→ 0429	→ 1061	→ 1797
→ 0430	→ 1081	→ 1824
→ 0431	→ 1098	→ 1853
→ 0462	→ 1106	→ 1903

→ 1940
→ 1941
→ 1942
→ 1979
→ 1998
→ 1999
→ 2010
→ 2018
→ 2063
→ 2064
→ 2077

→ 2078
→ 2079
→ 2087
→ 2088
→ 2153
→ 2154
→ 2157
→ 2158
→ 2159
→ 2160
→ 2161

→ 2182
→ 2183
→ 2184
→ 2196
→ 2197
→ 2230
→ 2232
→ 2240
→ 2272
→ 2274
→ 2275

Doris Grandits
→ 0020
→ 0027
→ 0084
→ 0089
→ 0089
→ 0096
→ 0105
→ 0106
→ 0107
→ 0108
→ 0110
→ 0124
→ 0125
→ 0180
→ 0184
→ 0245
→ 0275
→ 0298
→ 0307
→ 0382
→ 0390
→ 0492
→ 0550
→ 0551
→ 0603

→ 0659
→ 0675
→ 0696
→ 0697
→ 0700
→ 0850
→ 0868
→ 0886
→ 0897
→ 0897
→ 0934
→ 0945
→ 0946
→ 1111
→ 1127
→ 1223
→ 1297
→ 1343
→ 1354
→ 1373
→ 1374
→ 1426
→ 1480
→ 1493
→ 1517

→ 1561
→ 1636
→ 1652
→ 1661
→ 1664
→ 1732
→ 1784
→ 1812
→ 1817
→ 1822
→ 1850
→ 1852
→ 1931
→ 1937
→ 1939
→ 2007
→ 2009
→ 2015
→ 2071
→ 2093
→ 2138
→ 2142
→ 2151
→ 2152
→ 2248

Caroline Jäger-Klein
→ 0016
→ 0077
→ 0088
→ 0290
→ 0316
→ 0326
→ 0327
→ 0396
→ 0424
→ 0427
→ 0453

→ 0532
→ 0553
→ 0587
→ 0644
→ 0673
→ 0751
→ 0856
→ 0873
→ 0875
→ 0876
→ 0877

→ 0878
→ 0918
→ 0929
→ 0985
→ 0988
→ 0989
→ 0990
→ 1045
→ 1216
→ 1246
→ 1251

→ 1286
→ 1288
→ 1289
→ 1290
→ 1292
→ 1293
→ 1377
→ 1451
→ 1462

Juliane Johannsen
→ 0001
→ 0026
→ 0035
→ 0036
→ 0056
→ 0058
→ 0062
→ 0071
→ 0097
→ 0099
→ 0100
→ 0177
→ 0193
→ 0195
→ 0198
→ 0206
→ 0212
→ 0219
→ 0233
→ 0248
→ 0258
→ 0259
→ 0261
→ 0279
→ 0292
→ 0304
→ 0309
→ 0325
→ 0337
→ 0339
→ 0355
→ 0376
→ 0382
→ 0386
→ 0387
→ 0404
→ 0451
→ 0461
→ 0507

→ 1557
→ 1558
→ 1597
→ 1620
→ 1662
→ 1663
→ 1665
→ 1680
→ 1800
→ 0510
→ 0511
→ 0512
→ 0513
→ 0514
→ 0524
→ 0527
→ 0530
→ 0533
→ 0555
→ 0562
→ 0566
→ 0574
→ 0575
→ 0583
→ 0585
→ 0590
→ 0597
→ 0620
→ 0636
→ 0641
→ 0649
→ 0650
→ 0651
→ 0672
→ 0682
→ 0690
→ 0706
→ 0710
→ 0749
→ 0750
→ 0824
→ 0826
→ 0833
→ 0848
→ 0857
→ 0864
→ 0865
→ 0930

→ 1908
→ 1984
→ 2060
→ 2181
→ 2228
→ 2229
→ 2256

→ 0936
→ 0955
→ 0959
→ 0993
→ 1023
→ 1066
→ 1070
→ 1089
→ 1091
→ 1101
→ 1105
→ 1115
→ 1116
→ 1121
→ 1123
→ 1125
→ 1133
→ 1142
→ 1143
→ 1148
→ 1180
→ 1189
→ 1190
→ 1209
→ 1213
→ 1232
→ 1242
→ 1273
→ 1276
→ 1281
→ 1284
→ 1285
→ 1301
→ 1303
→ 1312
→ 1315
→ 1316
→ 1321
→ 1340

→ 1347
→ 1357
→ 1363
→ 1372
→ 1391
→ 1392
→ 1428
→ 1434
→ 1459
→ 1465
→ 1475
→ 1476
→ 1493
→ 1497
→ 1504
→ 1532
→ 1567
→ 1568
→ 1592
→ 1593
→ 1613
→ 1629
→ 1639
→ 1642
→ 1643
→ 1644
→ 1692
→ 1693
→ 1712

Theresa Knosp
→ 0028
→ 0041
→ 0042
→ 0043
→ 0072
→ 0082
→ 0094
→ 0107
→ 0109
→ 0123
→ 0178
→ 0199
→ 0203
→ 0218
→ 0229
→ 0246
→ 0319
→ 0469
→ 0471

→ 1740
→ 1741
→ 1742
→ 1743
→ 1746
→ 1748
→ 1769
→ 1771
→ 1792
→ 1798
→ 1809
→ 1827
→ 1830
→ 1831
→ 1833
→ 1834
→ 1839
→ 1840
→ 1843
→ 1884
→ 1889
→ 1894
→ 1905
→ 1919
→ 1925
→ 1932
→ 1949
→ 1971
→ 1981

→ 0472
→ 0491
→ 0534
→ 0542
→ 0553
→ 0562
→ 0578
→ 0585
→ 0591
→ 0606
→ 0656
→ 0661
→ 0675
→ 0679
→ 0705
→ 0715
→ 0717
→ 0722
→ 0737

→ 1986
→ 1987
→ 2003
→ 2005
→ 2023
→ 2039
→ 2042
→ 2048
→ 2050
→ 2090
→ 2114
→ 2130
→ 2132
→ 2133
→ 2135
→ 2139
→ 2168
→ 2169
→ 2173
→ 2199
→ 2201
→ 2215
→ 2236
→ 2253
→ 2258
→ 2260
→ 2264
→ 2265
→ 2267

→ 0749
→ 0752
→ 0810
→ 0829
→ 0831
→ 0859
→ 0863
→ 0869
→ 0874
→ 0904
→ 0915
→ 0917
→ 0944
→ 0947
→ 0948
→ 1040
→ 1067
→ 1080
→ 1140

→ 1143	→ 1509	→ 1931	→ 0755	→ 1249	→ 1732	→ 1298	→ 1896	→ 2195
→ 1251	→ 1566	→ 1933	→ 0785	→ 1282	→ 1763	→ 1368	→ 2027	→ 2221
→ 1268	→ 1571	→ 1938	→ 0795	→ 1306	→ 1777	→ 1531	→ 2100	
→ 1269	→ 1639	→ 1971	→ 0815	→ 1317	→ 1801	→ 1757	→ 2101	
→ 1278	→ 1658	→ 1974	→ 0816	→ 1318	→ 1802	**Inge Scheidl**		
→ 1295	→ 1666	→ 1977	→ 0820	→ 1319	→ 1808	→ 0010	→ 0463	→ 0941
→ 1303	→ 1667	→ 1990	→ 0830	→ 1342	→ 1810	→ 0013	→ 0470	→ 0942
→ 1335	→ 1668	→ 1996	→ 0855	→ 1375	→ 1811	→ 0014	→ 0474	→ 0951
→ 1339	→ 1674	→ 2017	→ 0870	→ 1383	→ 1818	→ 0015	→ 0484	→ 0982
→ 1348	→ 1681	→ 2022	→ 0871	→ 1397	→ 1847	→ 0019	→ 0485	→ 0984
→ 1357	→ 1793	→ 2072	→ 0892	→ 1398	→ 1848	→ 0038	→ 0486	→ 0996
→ 1361	→ 1794	→ 2096	→ 0897	→ 1406	→ 1859	→ 0064	→ 0541	→ 1010
→ 1395	→ 1807	→ 2130	→ 0899	→ 1407	→ 1862	→ 0078	→ 0545	→ 1027
→ 1396	→ 1820	→ 2150	→ 0900	→ 1408	→ 1887	→ 0086	→ 0569	→ 1058
→ 1400	→ 1821	→ 2175	→ 0949	→ 1409	→ 1914	→ 0102	→ 0577	→ 1068
→ 1401	→ 1839	→ 2194	→ 0978	→ 1412	→ 1915	→ 0104	→ 0579	→ 1097
→ 1421	→ 1892	→ 2262	→ 0994	→ 1413	→ 1967	→ 0115	→ 0586	→ 1130
→ 1465	→ 1897	→ 2271	→ 0999	→ 1416	→ 1975	→ 0116	→ 0602	→ 1134
→ 1492	→ 1898		→ 1001	→ 1417	→ 1976	→ 0117	→ 0629	→ 1135
→ 1494	→ 1921		→ 1011	→ 1420	→ 1983	→ 0118	→ 0638	→ 1136
Agnes Liebsch			→ 1012	→ 1426	→ 2016	→ 0119	→ 0657	→ 1137
→ 0017	→ 0349	→ 0521	→ 1013	→ 1432	→ 2040	→ 0120	→ 0658	→ 1138
→ 0018	→ 0351	→ 0539	→ 1019	→ 1436	→ 2045	→ 0121	→ 0676	→ 1139
→ 0023	→ 0361	→ 0552	→ 1033	→ 1447	→ 2047	→ 0122	→ 0692	→ 1153
→ 0029	→ 0370	→ 0556	→ 1042	→ 1464	→ 2056	→ 0179	→ 0693	→ 1172
→ 0039	→ 0371	→ 0568	→ 1043	→ 1473	→ 2057	→ 0207	→ 0694	→ 1173
→ 0112	→ 0374	→ 0573	→ 1059	→ 1486	→ 2058	→ 0208	→ 0695	→ 1182
→ 0113	→ 0377	→ 0588	→ 1073	→ 1488	→ 2074	→ 0223	→ 0698	→ 1191
→ 0138	→ 0379	→ 0589	→ 1099	→ 1496	→ 2082	→ 0224	→ 0712	→ 1192
→ 0145	→ 0397	→ 0592	→ 1103	→ 1505	→ 2083	→ 0228	→ 0721	→ 1193
→ 0155	→ 0411	→ 0612	→ 1112	→ 1508	→ 2104	→ 0242	→ 0756	→ 1214
→ 0181	→ 0414	→ 0618	→ 1128	→ 1533	→ 2106	→ 0249	→ 0805	→ 1215
→ 0182	→ 0419	→ 0619	→ 1160	→ 1551	→ 2107	→ 0262	→ 0806	→ 1222
→ 0190	→ 0422	→ 0625	→ 1174	→ 1561	→ 2145	→ 0264	→ 0811	→ 1237
→ 0196	→ 0432	→ 0630	→ 1181	→ 1562	→ 2146	→ 0274	→ 0812	→ 1244
→ 0225	→ 0435	→ 0631	→ 1184	→ 1563	→ 2147	→ 0287	→ 0813	→ 1245
→ 0241	→ 0437	→ 0639	→ 1198	→ 1569	→ 2148	→ 0288	→ 0814	→ 1277
→ 0255	→ 0438	→ 0645	→ 1199	→ 1618	→ 2149	→ 0297	→ 0821	→ 1283
→ 0270	→ 0440	→ 0646	→ 1201	→ 1621	→ 2186	→ 0315	→ 0825	→ 1287
→ 0277	→ 0441	→ 0664	→ 1202	→ 1623	→ 2213	→ 0323	→ 0828	→ 1296
→ 0280	→ 0442	→ 0680	→ 1219	→ 1670	→ 2218	→ 0348	→ 0835	→ 1305
→ 0285	→ 0445	→ 0711	→ 1220	→ 1671	→ 2254	→ 0367	→ 0836	→ 1314
→ 0289	→ 0449	→ 0718	→ 1221	→ 1672	→ 2255	→ 0398	→ 0837	→ 1323
→ 0299	→ 0467	→ 0719	→ 1234	→ 1703	→ 2259	→ 0399	→ 0839	→ 1325
→ 0300	→ 0488	→ 0720	→ 1247	→ 1730	→ 2276	→ 0408	→ 0851	→ 1334
→ 0305	→ 0489	→ 0739	→ 1248	→ 1731		→ 0409	→ 0866	→ 1341
→ 0317	→ 0490	→ 0748	**Claudia Lingenhöl**			→ 0410	→ 0867	→ 1349
→ 0328	→ 0505	→ 0753	→ 0091	→ 0359	→ 0889	→ 0423	→ 0872	→ 1353
→ 0338	→ 0506	→ 0754	→ 0263	→ 0392	→ 1155	→ 0426	→ 0916	→ 1364

→ 1376	→ 1654	→ 2030	→ 0791	→ 1118	→ 1456	→ 1864	→ 2287
→ 1389	→ 1659	→ 2037	→ 0793	→ 1120	→ 1467	→ 1865	
→ 1399	→ 1660	→ 2049	→ 0794	→ 1132	→ 1468	→ 1866	
→ 1430	→ 1679	→ 2073	→ 0796	→ 1145	→ 1491	→ 1867	
→ 1431	→ 1762	→ 2075	→ 0799	→ 1156	→ 1502	→ 1868	
→ 1435	→ 1772	→ 2098	→ 0800	→ 1157	→ 1506	→ 1869	
→ 1438	→ 1773	→ 2111	→ 0804	→ 1158	→ 1527	→ 1870	
→ 1439	→ 1778	→ 2113	→ 0807	→ 1164	→ 1528	→ 1872	
→ 1441	→ 1799	→ 2141	→ 0809	→ 1165	→ 1529	→ 1878	
→ 1446	→ 1815	→ 2143	→ 0827	→ 1170	→ 1534	→ 1880	
→ 1487	→ 1816	→ 2144	→ 0843	→ 1171	→ 1539	→ 1890	
→ 1495	→ 1845	→ 2180	→ 0860	→ 1177	→ 1541	→ 1895	
→ 1514	→ 1846	→ 2192	→ 0861	→ 1187	→ 1581	→ 1902	
→ 1515	→ 1849	→ 2202	→ 0887	→ 1188	→ 1582	→ 1904	
→ 1516	→ 1885	→ 2207	→ 0909	→ 1206	→ 1583	→ 1930	
→ 1600	→ 1886	→ 2216	→ 0911	→ 1208	→ 1584	→ 1943	
→ 1622	→ 1924	→ 2225	→ 0922	→ 1217	→ 1585	→ 1944	
→ 1624	→ 1935	→ 2226	→ 0923	→ 1228	→ 1586	→ 1945	
→ 1631	→ 1952	→ 2227	→ 0924	→ 1229	→ 1591	→ 1970	
→ 1648	→ 1972	→ 2243	→ 0926	→ 1243	→ 1602	→ 1985	
→ 1649	→ 1988	→ 2268	→ 0931	→ 1260	→ 1604	→ 2008	
→ 1650	→ 1989	→ 2270	→ 0937	→ 1262	→ 1610	→ 2011	
→ 1651	→ 1995	→ 2286	→ 0974	→ 1264	→ 1612	→ 2012	
→ 1653	→ 2025		→ 0975	→ 1267	→ 1619	→ 2021	

Elisabeth Schnattler

→ 0006	→ 0205	→ 0518	→ 0976	→ 1279	→ 1626	→ 2046
→ 0011	→ 0243	→ 0529	→ 0977	→ 1294	→ 1630	→ 2053
→ 0053	→ 0256	→ 0546	→ 0983	→ 1299	→ 1635	→ 2068
→ 0054	→ 0257	→ 0547	→ 0986	→ 1310	→ 1638	→ 2070
→ 0073	→ 0311	→ 0548	→ 0987	→ 1311	→ 1726	→ 2086
→ 0074	→ 0312	→ 0567	→ 0991	→ 1320	→ 1733	→ 2089
→ 0090	→ 0321	→ 0576	→ 1006	→ 1345	→ 1734	→ 2097
→ 0092	→ 0324	→ 0584	→ 1008	→ 1351	→ 1735	→ 2103
→ 0140	→ 0335	→ 0595	→ 1018	→ 1352	→ 1736	→ 2119
→ 0143	→ 0343	→ 0599	→ 1026	→ 1356	→ 1737	→ 2120
→ 0146	→ 0344	→ 0600	→ 1029	→ 1368	→ 1738	→ 2125
→ 0147	→ 0362	→ 0622	→ 1030	→ 1369	→ 1739	→ 2126
→ 0148	→ 0366	→ 0623	→ 1041	→ 1389	→ 1766	→ 2137
→ 0150	→ 0388	→ 0666	→ 1054	→ 1390	→ 1767	→ 2165
→ 0156	→ 0400	→ 0667	→ 1057	→ 1411	→ 1781	→ 2166
→ 0157	→ 0401	→ 0668	→ 1065	→ 1415	→ 1787	→ 2167
→ 0165	→ 0420	→ 0671	→ 1069	→ 1419	→ 1789	→ 2177
→ 0167	→ 0443	→ 0681	→ 1072	→ 1421	→ 1791	→ 2205
→ 0168	→ 0450	→ 0691	→ 1077	→ 1423	→ 1806	→ 2211
→ 0169	→ 0464	→ 0699	→ 1084	→ 1427	→ 1825	→ 2219
→ 0171	→ 0472	→ 0709	→ 1095	→ 1437	→ 1855	→ 2220
→ 0191	→ 0477	→ 0744	→ 1107	→ 1442	→ 1856	→ 2250
→ 0200	→ 0508	→ 0745	→ 1108	→ 1444	→ 1858	→ 2261
→ 0204	→ 0517	→ 0788	→ 1109	→ 1449	→ 1861	→ 2278
			→ 1113	→ 1452	→ 1863	→ 2279

Quellenverzeichnis

Detaillierte Quellen- und Literaturangaben zu den einzelnen Objekten sind in der digitalen Projektdatenbank erfasst, die zukünftig als Teil der Sammlungsdatenbank des Architekturzentrum Wien zugänglich sein wird. An dieser Stelle können aufgrund des Umfangs nur ausgewählte Quellen angeführt werden.

Adressen, Namensgut, Verwaltungsgrenzen
NÖ Atlas: Amtliche Informationen des Landes Niederösterreich; atlas.noe.gv.at

Bauakte auf den Bauämtern der Gemeinden
Einsichtnahmen respektive Auskunft der Gemeinde- und Bauämter

Archivmaterial und weitere Unterlagen
Architekturzentrum Wien, Sammlung, Friedrich Achleitner Archiv

Firmen- und Privatarchive

Material von Planer*innen und Architekturbüros

Gemeinde- und Pfarrchroniken sowie Festschriften

Bundesdenkmalamt, Heritage Information System (HERIS)

Archiv TU Wien, Unterlagen der Stadtbauaufnahmen von Hans Koepf

TU Wien Bibliothek, Gebäudeanalysen und Gebäudelehre-Arbeitsblätter des Instituts für Architektur und Entwerfen, Forschungsbereich Gebäudelehre und Entwerfen

Überblickswerke
Bundesdenkmalamt (Hg.), *Dehio-Handbuch: Die Kunstdenkmäler Österreichs, Niederösterreich nördlich der Donau*, Wien 1990.

Bundesdenkmalamt (Hg.), *Dehio-Handbuch: Die Kunstdenkmäler Österreichs, Niederösterreich südlich der Donau*, Teil 1 und 2, Horn/Wien 2003.

Hauenfels, Theresia / Elke Krasny: *Architekturlandschaft Niederösterreich. Mostviertel*, Salzburg/München 2007.

Hauenfels, Theresia / Elke Krasny: *Architekturlandschaft Niederösterreich. Industrieviertel*, Salzburg/München 2009.

Hauenfels, Theresia / Elke Krasny / Andrea Nussbaum: *Architekturlandschaft Niederösterreich. Waldviertel*, Wien 2011.

Hauenfels, Theresia / Elke Krasny / Andrea Nussbaum: *Architekturlandschaft Niederösterreich. Weinviertel*, Wien u. a. 2013.

Hauenfels, Theresia / Iris Meder / Andrea Nussbaum: *Architekturlandschaft Niederösterreich, 1848–1918*, Zürich 2017.

Zschokke Walter / ORTE Architekturnetzwerk Niederösterreich (Hg.): *Architektur in Niederösterreich 1986–1997*, Basel u. a. 1997.

Zschokke, Walter / Marcus Nitschke: *Architektur in Niederösterreich 1997–2007*, Basel u. a. 2007.

Online-Ressourcen
Architekturzentrum Wien, Architektenlexikon Wien 1770–1945; www.architektenlexikon.at

nextroom. Verein zur Förderung der kulturellen Auseinandersetzung mit Architektur; www.nextroom.at

Österreichische Nationalbibliothek, ANNO, Austrian Newspapers Online; www.anno.onb.ac.at

Verein Kunstbank Ferrum – Kulturwerkstätte, Datenbank architekturlandschaft.niederösterreich; www.architektur-noe.at

Zeitschriften
architektur.aktuell. The art of building, Wien, seit 1967.

Architekturjournal / Wettbewerbe. Das Magazin für Baukultur, Wien, 1977–2015.

Architektur- & Bauforum. Das österreichische Magazin für Baukultur, Wien, seit 1990.

Bauforum. Fachzeitschrift für Architektur, Bau, Design, Wien, seit 1967.

Denkmalpflege in Niederösterreich. Mitteilungen aus Niederösterreich, Amt der NÖ Landesregierung, Abteilung Kunst und Kultur, St. Pölten/Wien, seit 1985.

Der Architekt. Monatshefte für Bau- und Raumkunst, Wien, 1895–1921.

Der Aufbau. Fachzeitschrift für Planen, Bauen, Wohnen, hrsg. vom Stadtbauamt Wien, Wien, 1946–1988.

Der Bau (ab 1965 *Bau*). Bau- und Architekturzeitschrift der Zentralvereinigung der Architekten, Wien, 1946–1971.

Eternit. Zeitschrift der Eternit-Werke Ludwig Hatschek, Vöcklabruck, 1955–1975.

Wiener Bauindustrie-Zeitung. Organ für Architekten, Ingenieure, Baumeister usw. u. alle Bauinteressenten, Wien, 1883–1919/1920.

Weitere Publikationen
Buchinger, Günther: *Villenarchitektur am Semmering*, Wien u. a. 2006.

Grassegger, Friedrich / Theresia Hauenfels / Alexandra Tischler: *Bau(t)en für die Künste. Zeitgenössische Architektur in Niederösterreich*, Wien u. a. 2010.

Kapfinger, Otto / Michaela Steiner: *St. Pölten neu. Das Bild der Landeshauptstadt*, Wien u. a. 1997.

Kitlitschka, Werner: *Historismus und Jugendstil in Niederösterreich*, St. Pölten/Wien 1984.

Laggner, Walter (Hg.): *Zeitgenössische Baukunst in Österreich*, Bd. I und II, Graz 1982.

Lowitzer, Otmar: *Kirchenbauten in Österreich 1945–1970*, Wien, Univ., Diss., 2007.

Nehrer, Manfred et al.: *Schulbau in Österreich von 1945 bis heute*, Horn/Wien 1982.

Rodt, Norbert: *Kirchenbauten in Niederösterreich 1945–1978*, Wien 1979.

Schubert, Peter / Ruth Schubert: *Jugendstil in Niederösterreich*, Berndorf 2016.

Stadler, Gerhard A.: *Das industrielle Erbe Niederösterreichs: Geschichte, Technik, Architektur*, Wien u. a. 2006.

Wehdorn, Manfred / Ute Georgeacopol-Winischhofer: *Baudenkmäler der Technik und Industrie in Österreich*, Bd. 1, *Wien, Niederösterreich, Burgenland*, Wien u. a. 1984.

Abkürzungsverzeichnis

Abkürzungen Steckbriefe

P	Planung
AB	Architekturbüro
MA	Mitarbeit
BH	Bauherr*innenschaft
AF	Ausführung
S	Statik
K	Kunst (am Bau)
FRP	Freiraumplanung

Abkürzungen allgemein

A. B.	Augsburgisches Bekenntnis
A. ö. Krankenhaus	Allgemeines öffentliches Krankenhaus
Az W	Architekturzentrum Wien
BG	Bundesgymnasium
BHAK/BHAS	Bundeshandelsakademie/ Bundeshandelsschule
BORG	Bundesoberstufenrealgymnasium
BRG	Bundesrealgymnasium
BUWOG	Bauen und Wohnen GmbH
DDSG	Erste Donau-Dampfschiffahrts-Gesellschaft
EVN	Energieversorgung Niederösterreich
GEDESAG	Gemeinnützige Donau-Ennstaler Siedlungs-AG
GEMYSAG	Gemeinnützige Mürz-Ybbstal Siedlungsanlage GmbH
H. B.	Helvetisches Bekenntnis
HBLA	Höhere Bundeslehranstalt
HLW/FW	Höhere Lehranstalt für wirtschaftliche Berufe/ Fachschule für wirtschaftliche Berufe
NEWAG	Niederösterreichische Elektrizitätswirtschafts-AG
NIOGAS	Niederösterreichische Gasvertriebs-GmbH
ÖBB	Österreichische Bundesbahnen
ÖGB	Österreichischer Gewerkschaftsbund
STRABAG	Straßenbau-Aktien-Gesellschaft
TU Wien	Technische Universität Wien
USIA	Uprawlenje sowjetskim imuschestwom w Awstrij = Verwaltung des Sowjetischen Vermögens in Österreich

Abbildungsnachweis

Abbildungen Essayteil

Essay 01
Alle Abbildungen: Andreas Buchberger

Essay 02
Abb. 1 *Österreich baut, Bauen + Wohnen,* 19. Jg., H. 9, 1965.
Abb. 2 Friedrich Achleitner, „Entwicklung und Situation der österreichischen Architektur seit 1945", in: *Österreich baut, Bauen + Wohnen,* 19. Jg., H. 9, 1965, S. 339.
Abb. 3 Friedrich Achleitner, „Kirche in Neu-Kagran", in: *Abendzeitung,* Rubrik „Bausünden", 12.9.1961, S. 5.
Abb. 4 Friedrich Achleitner, „Filialgebäude Hoffmann-La Roche", in: *Die Presse,* Rubrik „Neues Bauen, kritisch betrachtet", 7.12.1962, S. 12.
Abb. 5 Friedrich Achleitner, *Österreichische Architektur im 20. Jahrhundert,* Bd. I, *Oberösterreich, Salzburg, Tirol, Vorarlberg,* Salzburg u. a. 1980.

Essay 03
Abb. 1 Gabriele Kaiser
Abb. 2 Architekturzentrum Wien, Sammlung, Foto: Margherita Spiluttini
Abb. 3 Doris Grandits, Theresa Knosp
Abb. 4 Architekturzentrum Wien, Sammlung, Friedrich Achleitner Archiv

Essay 04
Abb. 1 Architekturzentrum Wien, Sammlung, Friedrich Achleitner Archiv
Abb. 2 Helmut Heistinger, zur Verfügung gestellt von Margarethe Cufer
Abb. 3 Doris Grandits, Theresa Knosp
Abb. 4 Doris Grandits, Theresa Knosp, Architekturzentrum Wien, Sammlung, Friedrich Achleitner Archiv
Abb. 5 Doris Grandits, Theresa Knosp, Architekturzentrum Wien, Sammlung, Friedrich Achleitner Archiv
Abb. 6 Doris Grandits, Theresa Knosp
Abb. 7 Doris Grandits, Theresa Knosp
Abb. 8 Doris Grandits, Theresa Knosp
Abb. 9 Architekturzentrum Wien, Sammlung, Foto: Friedrich Achleitner

Fotos Objektteil

Alle Schwarz-Weiß-Fotografien
Architekturzentrum Wien, Sammlung, Friedrich Achleitner Archiv, Fotos: Friedrich Achleitner

Alle Farbfotografien
Elmar Bertsch
Außer:

Doris Grandits, Theresa Knosp

→0042	→0948	→1577
→0082	→0949	→1643
→0096	→0953	→1661
→0099	→0955	→1663
→0100	→0959	→1663
→0102	→0961	→1664
→0106	→0966	→1668
→0107	→0967	→1687
→0109	→0974	→1714
→0116	→1008	→1808
→0129	→1010	→1809
→0162	→1042	→1820
→0167	→1143	→1870
→0547	→1144	→1919
→0722	→1148	→1931
→0815	→1253	→1943
→0919	→1423	→1951
→0931	→1464	→2037
→0941	→1545	→2053
→0944	→1568	→2130
→0945	→1569	→2152
→0947	→1576	

Caroline Jäger-Klein

→0398	→0929	→1286
→0399	→0918	→1596
→0644	→0876	
→0855	→1289	

Agnes Liebsch

→0370	→1059

Atreju Allahverdy

→1682	→1704	→1718
→1698	→1710	

Plandarstellungen Objektteil

Christoph Paul Hofmann

→0017	→0658	→1182
→0054	→0667	→1185
→0057	→0711	→1277
→0077	→0737	→1397
→0094	→0753	→1403
→0146	→0756	→1416
→0150	→0804	→1421
→0179	→0812	→1436
→0199	→0829	→1519
→0228	→0837	→1621
→0250	→0843	→1642
→0257	→0866	→1650
→0299	→0880	→1653
→0335	→0899	→1670
→0338	→0941	→1691
→0384	→0948	→1742
→0411	→0964	→1995
→0414	→0974	→1999
→0474	→0984	→2011
→0513	→0985	→2040
→0513	→1033	→2082
→0545	→1081	→2104
→0572	→1123	→2275
→0579	→1146	

Lukas Aegidius Pichelmann

→0039	→1080	→1760
→0046	→1128	→1835
→0047	→1135	→1836
→0104	→1137	→1938
→0117	→1138	→1951
→0203	→1141	→1972
→0249	→1155	→2010
→0307	→1244	→2098
→0406	→1375	→2131
→0578	→1376	→2132
→0591	→1389	→2144
→0661	→1421	→2149
→0821	→1480	→2151
→0850	→1486	→2165
→0868	→1523	→2202
→0878	→1594	→2218
→0917	→1654	→2219
→0947	→1664	→2270
→0981	→1681	→2286

Moritz Koegel

→0010	→0686	→1383
→0018	→0698	→1387
→0042	→0722	→1396
→0092	→0752	→1401
→0110	→1029	→1412
→0118	→1046	→1430
→0145	→1072	→1636
→0277	→1181	→1772
→0315	→1192	→1849
→0371	→1216	→1974
→0420	→1234	→2083
→0486	→1316	→2254

Doris Grandits

→0666	→1091	→1521
→0874	→1127	→1691
→0886	→1245	→1691
→1025	→1268	→1839
→1058	→1297	

Edith Fuchs

→0145	→0253	→0568
→0250	→0280	→0574
→0250	→0547	
→0250	→0568	

Didier Letouzé

→1026	→1489	→2286
→1256	→1711	

Eva Kodžoman

→1255	→1297	→1522

Lukas Stampfer

→0641	→0827	→1447
→0641	→1397	→1663

Fabian Steiner

→0953	→1355	→1825
→1258	→1432	→1921

Clemens Rauber

→0843	→1408	→1917
→0990	→1433	

Philipp Hausladen

→0873

Agnes Liebsch

→0630	→0900	→1464

Markus Gesierich

Grafische Überarbeitung der Plandarstellungen

Impressum

Publikation

Ein Kooperationsprojekt zwischen
Technische Universität Wien, Architekturzentrum Wien, Forum Morgen Privatstiftung

Herausgeber*innen
Doris Grandits, Caroline Jäger-Klein, Theresa Knosp, Architekturzentrum Wien

Basierend auf der Buchreihe *Österreichische Architektur im 20. Jahrhundert* von Friedrich Achleitner unter Aufarbeitung seines Archivs zu Niederösterreich

Autor*innen
Atreju Allahverdy, Markus Gesierich, Doris Grandits, Ingrid Holzschuh, Caroline Jäger-Klein, Juliane Johannsen, Gabriele Kaiser, Theresa Knosp, Franziska Leeb, Agnes Liebsch, Monika Platzer, Inge Scheidl, Elisabeth Schnattler

Konzept und Redaktion
Doris Grandits, Theresa Knosp

Lektorat
Brigitte Ott

Index/Register
Doris Grandits, Theresa Knosp, Brigitte Ott

Gestaltung
seite zwei
(Christoph Schörkhuber, Stefan Mayer, Christian Begusch)

Datenbank
Elmar Bertsch

Scripting
Roland Dreger

Fotografien
Friedrich Achleitner, Elmar Bertsch u. a.

Pläne
Christoph Paul Hofmann, Moritz Koegel, Lukas Aegidius Pichelmann u. a.

Koordination Planerstellung
Doris Grandits

Grafische Überarbeitung
Markus Gesierich

Projektbetreuung Verlag
Katharina Holas, Birkhäuser Verlag, A-Wien

Lithografie
Mario Rott

Druck
Holzhausen, die Buchmarke der Gerin Druck GmbH, A-Wolkersdorf

Papier
Magno Volume 115 g/m²

Schriften
HAL Timezone, Unica77

Library of Congress Control Number: 2023936683

Bibliografische Information der Deutschen Nationalbibliothek

Die Deutsche Nationalbibliothek verzeichnet diese Publikation in der Deutschen Nationalbibliografie; detaillierte bibliografische Daten sind im Internet über http://dnb.dnb.de abrufbar.

Dieses Werk ist urheberrechtlich geschützt. Die dadurch begründeten Rechte, insbesondere die der Übersetzung, des Nachdrucks, des Vortrags, der Entnahme von Abbildungen und Tabellen, der Funksendung, der Mikroverfilmung oder der Vervielfältigung auf anderen Wegen und der Speicherung in Datenverarbeitungsanlagen, bleiben, auch bei nur auszugsweiser Verwertung, vorbehalten. Eine Vervielfältigung dieses Werkes oder von Teilen dieses Werkes ist auch im Einzelfall nur in den Grenzen der gesetzlichen Bestimmungen des Urheberrechtsgesetzes in der jeweils geltenden Fassung zulässig. Sie ist grundsätzlich vergütungspflichtig. Zuwiderhandlungen unterliegen den Strafbestimmungen des Urheberrechts.

ISBN 978-3-0356-2708-4

© 2024 Birkhäuser Verlag GmbH, Basel
Im Westfeld 8, 4055 Basel, Schweiz
Ein Unternehmen der Walter de Gruyter GmbH, Berlin/Boston

9 8 7 6 5 4 3 2 1   www.birkhauser.com

Forschungsprojekt

Ein Kooperationsprojekt zwischen
Technische Universität Wien, Architekturzentrum Wien, Forum Morgen Privatstiftung

Angesiedelt am
Institut für Kunstgeschichte, Bauforschung und Denkmalpflege, Forschungsbereich Baugeschichte und Bauforschung

Projektleitung
Dietmar Steiner (bis 2019), Doris Grandits, Caroline Jäger-Klein, Theresa Knosp (ab 2019)

Koordination und Umsetzung
Doris Grandits, Theresa Knosp

Datenbank
Elmar Bertsch

Recherche
Atreju Allahverdy, Markus Gesierich, Doris Grandits, Caroline Jäger-Klein, Juliane Johannsen, Theresa Knosp, Agnes Liebsch, Claudia Lingenhöl, Inge Scheidl, Elisabeth Schnattler

Mitarbeit Inventarisation
Dijana Bojić, Maria Harman, Romana Kobermann, Lisa Lamberty, Claudia Lingenhöl sowie Studierende der TU Wien im Zuge von Lehrveranstaltungen

Primärforschung und Befahrungen
Doris Grandits, Theresa Knosp

Projektkoordination Az W
Ingrid Holzschuh, Monika Platzer

Digitales Management Az W
Iris Ranzinger

Finanzmanagement
Ulrike Herbig

Lehrveranstaltungen an der TU Wien
Doris Grandits, Caroline Jäger-Klein, Theresa Knosp

Dank

Wenn wir unseren Dank formulieren, so müssen wir zweifellos mit der zentralen Person für das Zustandekommen des Projekts beginnen: Dietmar Steiner, der die Fertigstellung der Publikation leider nicht miterleben kann. Trotz der Gewissheit, dass er in der Umsetzung dieses Werks nicht zu ersetzen sein würde, waren wir in Gedenken an ihn stets bemüht, unser gemeinsames Vorhaben auch in seinem Sinne zu verwirklichen. An dieser Stelle wollen wir uns auch bei Margarethe Cufer, seiner Frau, bedanken, die uns stets eine wichtige Ansprechperson war.

Großen Dank möchten wir an die Kooperationspartner*innen richten: die Privatstiftung Forum Morgen, die das Projekt als Auftraggeberin finanziell getragen hat, die Abteilung Kunst und Kultur des Landes Niederösterreich, die administrativ und pekuniär unterstützend auftrat, und das Architekturzentrum Wien als Leihgeber der Archivmaterialien Friedrich Achleitners und Mitherausgeber der Publikation.

Eine Grundvoraussetzung, um die Bearbeitung der großen Menge an Bauten des 20. Jahrhunderts in Niederösterreich bewältigen zu können, stellte ein qualifiziertes und engagiertes Team dar. Deshalb möchten wir uns bei dem gesamten Autor*innenteam für die so angenehme, unkomplizierte und produktive Zusammenarbeit bedanken: bei Atreju Allahverdy, Markus Gesierich, Caroline Jäger-Klein, Juliane Johannsen, Agnes Liebsch, Inge Scheidl und Elisabeth Schnattler für die Objektbeiträge, bei Ingrid Holzschuh, Monika Platzer, Gabriele Kaiser und Franziska Leeb für die Essay-Beiträge sowie bei Franziska Leeb überdies auch für die Ortstexte.

Die Mammutaufgabe des Lektorats, das nicht nur große Text- und Datenmengen, sondern auch eine herausfordernd kleinteilige Struktur und einen sehr zeitaufwendigen Workflow umfasste, wurde von Brigitte Ott übernommen. Wir ziehen den Hut vor ihrer akribischen Korrektur und sind dankbar für ihre unermessliche Geduld und Ausdauer, die einen wesentlichen Anteil zur Qualität des Buches beigetragen haben.

Bei Christoph Schörkhuber vom Design-Studio seite zwei bedanken wir uns herzlich für die produktive Zusammenarbeit. Im Spannungsfeld zwischen Anlehnung an die bestehenden Achleitner-Bände und einer Neuinterpretation war das Buchdesign keine einfache Aufgabe. Vielen Dank für die feinsinnige Gestaltung, die Expertise und die gewissenhafte und unerschütterlich geduldige Umsetzung der Publikation.

Ein großes Dankeschön ergeht zudem an Elmar Bertsch, den Meister der Datenbank, der, sofern er nicht gerade mit der Programmierung unserer Sonderwünsche beschäftigt war, monatelang durch Niederösterreich tourte, um auch die abgelegensten Objekte fotografisch für die Publikation zu dokumentieren. Wir danken ihm für sein unermüdliches Engagement und seine Flexibilität.

Wir freuen uns sehr, dass diese Publikation im Birkhäuser Verlag erscheint, und bedanken uns bei Katharina Holas für die überaus positive Zusammenarbeit.

Hinsichtlich der Projektumsetzung sei zudem Ulrike Herbig gedankt, die die anbahnenden Gespräche für die Kooperation führte und in weiterer Folge für die Abwicklung der vertraglichen und budgetären Angelegenheiten zuständig war. Weiters wollen wir Ingrid Holzschuh danken, die in der Phase der Übernahme des Friedrich Achleitner Archivs durch die TU Wien von August 2019 bis Februar 2020 als Koordinatorin zwischen Az W und TU Wien tätig war. Dank ergeht zudem an das Az W, das uns die Struktur seiner Achleitner-Datenbank bereitstellte, und insbesondere an Iris Ranzinger, die uns bei Fragen zur Datenbank des Az W immer weiterhelfen konnte. Ganz besonderen Dank möchten wir Monika Platzer aussprechen, die uns mit ihrem wertvollen Rat in schwierigen Fragen über die gesamte Projektlaufzeit hinweg unterstützt und stets weitergeholfen hat.

Für die Mithilfe bei den ersten Arbeitsschritten zur Aufarbeitung der Archivunterlagen gilt unser Dank einerseits allen Studierenden der TU Wien, die im Rahmen von Lehrveranstaltungen an den Forschungsarbeiten mitgewirkt haben und andererseits Dijana Bojić, Maria Harman, Romana Kobermann, Lisa Lamberty und Claudia Lingenhöl, die über FFG-Praktika im Sommer 2019 angestellt werden konnten. Claudia Lingenhöl sei überdies für ihre

Unterstützung bei redaktionellen Einzelproblemen gedankt.

Großer Dank gebührt auch all jenen Studierenden, die wir über die Jahre hinweg in verschiedenen Lehrveranstaltungen betreuen durften. An der Umsetzung der im Rahmen der Lehre veranstalteten ArchitekTOUREN waren sie maßgeblich beteiligt und eine große Bereicherung; ihre engagierten Arbeiten haben zu großartigen Ergebnissen geführt. Danke an dieser Stelle auch an Stadtrat Hans Hornyik und Bürgermeister Stefan Szirucsek in Baden und Bürgermeister Christian Haberhauer sowie Markus Brandstetter, Mario Holzer, Maria Huemer und Thomas Leitsberger in Amstetten für die Zusammenarbeit in der Umsetzung dieser Architektur-Spaziergänge.

Für die Entstehung der ebenfalls in Lehrveranstaltungen umgesetzten Kurzdokumentarfilme sei zudem Regisseur und Filmemacher Sebastian Schmidl gedankt, der mit seiner Expertise den Weg zu qualitätsvollen Resultaten bereitete.

Als es zur Präsentation dieser öffentlichen Inhalte um die Erstellung einer Projekt-Homepage ging, war es unser Kollege Didier Letouzé, der sich, ohne zu zögern, dazu bereit erklärte, die technische Umsetzung zu übernehmen – vielen Dank für die Ausdauer bei der Realisierung unserer grafischen Vorstellungen und das Ergebnis, über das wir uns immer wieder freuen.

Die Erstellung des Planmaterials war ebenfalls nur als Teamleistung durchführbar. Hier waren es Christoph Paul Hofmann, Moritz Koegel und Lukas Aegidius Pichelmann, die dankenswerterweise das Gros der Planzeichnungen für die Publikation anfertigten.

Weiters möchten wir uns bei unseren Freund*innen und Kolleg*innen, bedanken, die unter großem Zeitdruck die letzten Planzeichnungen mit uns produziert haben: Edith Fuchs, Didier Letouzé, Eva Kodžoman, Lukas Stampfer, Fabian Steiner, Clemens Rauber, Philipp Hausladen und Agnes Liebsch. Ein herzliches Danke auch an Markus Gesierich, der die zeitaufwendige Reinzeichnung und Vereinheitlichung aller Planzeichnungen gewissenhaft übernommen hat, und an Susanne Knosp, die uns beim letzten Korrekturdurchgang des Textes eine große Hilfe war.

Expliziten Dank für die Unterstützung bei den Recherchen möchten wir an Paulus Ebner und Alexandra Wieser vom Archiv der TU Wien sowie an Paul Mahringer und die Abteilung für Denkmalforschung des Bundesdenkmalamts richten.

Zuletzt möchten wir uns noch einmal ausdrücklich bei all jenen Bürgermeister*innen, Stadtarchivar*innen und Bauamts- und Gemeindemitarbeiter*innen sowie Eigentümer*innen bedanken, die unsere Forschungsarbeiten unterstützt und unsere Recherchen mit ihrem Wissen bereichert haben.

Es war uns eine Freude!
D A N K E !

Doris Grandits und Theresa Knosp